Marco Aurélio
Gastaldi Buzzi

Claudia **Lima Marques**

Trícia **Navarro Xavier Cabral**

Juliana **Loss De Andrade**

2024

COORDENADORES

CB035553

SUPERENDIVIDAMENTO DOS CONSUMIDORES

ASPECTOS MATERIAIS E PROCESSUAIS

Marco Aurélio Gastaldi Buzzi • **Adalberto** Pasqualotto • **Adriana** Hernandez Perez • **Aline** Avila Ferreira dos Santos • **Anderson** Schreiber • **André** Perin Schmidt Neto • **Andrea** Maia • **Andréia** Ramos Pereira • **Andréia** Fernandes de Almeida Rangel • **Anselmo** Moreira Gonzalez • **Antonio** Ali Brito • **Antonio** Herman Benjamin • **Benedito** Gonçalves • **Camila** da Silva Barreiro • **Camile** Sabino • **Carlos Eduardo** Marques Silva • **Carolina Gabriele** Spinardi Pinto • **Catarina** de Macedo Rodrigues Buzzi • **Cíntia** Muniz de Souza Konder • **Claudia** Lima Marques • **Cristina** Gaulia • **Daniel** Bucar • **Diógenes** Faria de Carvalho • **Eric** Brasil • **Fabiane** Sena Freitas • **Fabíola** Sampaio • **Fernanda** Bragança • **Fernando** Rodrigues Martins • **Flávia** do Canto • **Francisco Emilio** de Carvalho Posada • **Gabriel** Fraga Hamester • **Gilmar** Ferreira Mendes • **Glauber** S. Tatagiba do Carmo • **Guilherme** Mucelin • **Hiasmine** Santiago • **Humberto** Martins • **Igor** Costa Vieira • **Isabela** Tavares • **João Otávio** de Noronha • **João Paulo** Peixoto Stival • **João Pedro** de Souza Mello • **Jordana Maria** Ferreira de Lima • **Juliana** Loss • **Káren Rick** Danilevicz Bertoncello • **Larissa** Cerqueira de Oliveira • **Leonardo** Garcia • **Lisandre** Borges Fortes da Costa Figueira • **Lúcia** Souza d'Aquino • **Luis Vicente** de Chiara • **Marcelo** Navarro Ribeiro Dantas • **Marcos** Ferrari • **Marcos Vinícius** Jardim Rodrigues • **Maria Eliza** Mac Culloch • **Maria Paula** Bertran • **Paulo** Dias de Moura Ribeiro • **Paulo** Skaf • **Pedro Augusto** Gregorini • **Rafaela** Santos Martins da Rosa • **Renata** Braga • **Reynaldo** Soares da Fonseca • **Richard** Pae Kim • **Rissiane** dos Santos Goulart • **Rodrigo** Garcia Duarte Rodrigues Buzzi • **Salise** Monteiro Sanchotene • **Sandra** Lengruber da Silva • **Tatiana** Cardoso Squeff • **Thais Caroline** Brecht Esteves Gouveia • **Trícia** Navarro Xavier Cabral • **Vitor Hugo** do Amaral Ferreira • **Wadih** Damous

Dados Internacionais de Catalogação na Publicação (CIP) de acordo com ISBD

S959

    Superendividamento dos consumidores: aspectos materiais e processuais / coordenado por Claudia Lima Marques ... [et al.]. - Indaiatuba, SP : Editora Foco, 2024.

    720 p. ; 17cm x 24cm.

      Inclui bibliografia e índice.

      ISBN: 978-65-5515-939-4

        1. Direito. 2. Direito do consumidor. 3. Superendividamento dos consumidores. I. Marques, Claudia Lima. II. Andrade, Juliana Loss de. III. Buzzi, Marco Aurélio Gastaldi. IV. Cabral, Trícia Navarro Xavier. V. Título.

2023-2766

                                      CDD 342.5   CDU 347.451.031

Elaborado por Vagner Rodolfo da Silva - CRB-8/9410

Índices para Catálogo Sistemático:

1. Direito do consumidor 342.5

2. Direito do consumidor 347.451.031

Marco Aurélio
Gastaldi Buzzi

Claudia **Lima Marques**

Trícia **Navarro Xavier Cabral**

Juliana **Loss De Andrade**

COORDENADORES

SUPERENDIVIDAMENTO DOS CONSUMIDORES

ASPECTOS MATERIAIS E PROCESSUAIS

Marco Aurélio Gastaldi Buzzi • **Adalberto** Pasqualotto • **Adriana** Hernandez Perez • **Aline** Avila Ferreira dos Santos • **Anderson** Schreiber • **André** Perin Schmidt Neto • **Andrea** Maia • **Andréia** Ramos Pereira • **Andréia** Fernandes de Almeida Rangel • **Anselmo** Moreira Gonzalez • **Antonio** Ali Brito • **Antonio** Herman Benjamin • **Benedito** Gonçalves • **Camila** da Silva Barreiro • **Camile** Sabino • **Carlos Eduardo** Marques Silva • **Carolina Gabriele** Spinardi Pinto • **Catarina** de Macedo Rodrigues Buzzi • **Cíntia** Muniz de Souza Konder • **Claudia** Lima Marques • **Cristina** Gaulia • **Daniel** Bucar • **Diógenes** Faria de Carvalho • **Eric** Brasil • **Fabiane** Sena Freitas • **Fabíola** Sampaio • **Fernanda** Bragança • **Fernando** Rodrigues Martins • **Flávia** do Canto • **Francisco Emilio** de Carvalho Posada • **Gabriel** Fraga Hamester • **Gilmar** Ferreira Mendes • **Glauber** S. Tatagiba do Carmo • **Guilherme** Mucelin • **Hiasmine** Santiago • **Humberto** Martins • **Igor** Costa Vieira • **Isabela** Tavares • **João Otávio** de Noronha • **João Paulo** Peixoto Stival • **João Pedro** de Souza Mello • **Jordana Maria** Ferreira de Lima • **Juliana** Loss • **Káren Rick** Danilevicz Bertoncello • **Larissa** Cerqueira de Oliveira • **Leonardo** Garcia • **Lisandre** Borges Fortes da Costa Figueira • **Lúcia** Souza d'Aquino • **Luis Vicente** de Chiara • **Marcelo** Navarro Ribeiro Dantas • **Marcos** Ferrari • **Marcos Vinícius** Jardim Rodrigues • **Maria Eliza** Mac Culloch • **Maria Paula** Bertian • **Paulo** Dias de Moura Ribeiro • **Paulo** Skaf • **Pedro Augusto** Gregorini • **Rafaela** Santos Martins da Rosa • **Renata** Braga • **Reynaldo** Soares da Fonseca • **Richard** Pae Kim • **Rissiane** dos Santos Goulart • **Rodrigo** Garcia Duarte Rodrigues Buzzi • **Salise** Monteiro Sanchotene • **Sandra** Lengruber da Silva • **Tatiana** Cardoso Squeff • **Thais Caroline** Brecht Esteves Gouveia • **Trícia** Navarro Xavier Cabral • **Vitor Hugo** do Amaral Ferreira • **Wadih** Damous

2024 © Editora Foco

Coordenadores: Marco Aurélio Gastaldi Buzzi, Claudia Lima Marques, Trícia Navarro Xavier Cabral e Juliana Loss de Andrade

Autores: Adalberto Pasqualotto, Adriana Hernandez Perez, Aline Avila Ferreira dos Santos, Anderson Schreiber, André Perin Schmidt Neto, Andrea Maia, Andréia Fernandes de Almeida Rangel, Andréia Ramos Pereira, Anselmo Moreira Gonzalez, Antonio Ali Brito, Antonio Herman Benjamin, Benedito Gonçalves, Camila da Silva Barreiro, Camile Sabino, Carlos Eduardo Marques Silva, Carolina Gabriele Spinardi Pinto, Catarina de Macedo Rodrigues Buzzi, Cíntia Muniz de Souza Konder, Claudia Lima Marques, Cristina Gaulia, Daniel Bucar, Diógenes Faria de Carvalho, Eric Brasil, Fabiane Sena Freitas, Fabíola Sampaio, Fernanda Bragança, Fernando Rodrigues Martins, Flávia do Canto, Francisco Emilio de Carvalho Posada, Gabriel Fraga Hamester, Gilmar Ferreira Mendes, Glauber S. Tatagiba do Carmo, Guilherme Mucelin, Hiasmine Santiago, Humberto Martins, Igor Costa Vieira, Isabela Tavares, João Otávio de Noronha, João Paulo Peixoto Stival, João Pedro de Souza Mello, Jordana Maria Ferreira de Lima, Juliana Loss, Káren Rick Danilevicz Bertoncello, Larissa Cerqueira de Oliveira, Leonardo Garcia, Lisandre Borges Fortes da Costa Figueira, Lúcia Souza d'Aquino, Luis Vicente de Chiara, Marcelo Navarro Ribeiro Dantas, Marco Aurélio Gastaldi Buzzi, Marcos Ferrari, Marcos Vinícius Jardim Rodrigues, Maria Eliza Mac Culloch, Maria Paula Bertran, Paulo Dias de Moura Ribeiro, Paulo Skaf, Pedro Augusto Gregorini, Rafaela Santos Martins da Rosa, Renata Braga, Reynaldo Soares da Fonseca, Richard Pae Kim, Rissiane dos Santos Goulart, Rodrigo Garcia Duarte Rodrigues Buzzi, Salise Monteiro Sanchotene, Sandra Lengruber da Silva, Tatiana Cardoso Squeff, Thais Caroline Brecht Esteves Gouveia, Trícia Navarro Xavier Cabral, Vitor Hugo do Amaral Ferreira e Wadih Damous

Diretor Acadêmico: Leonardo Pereira

Editor: Roberta Densa

Assistente Editorial: Paula Morishita

Revisora Sênior: Georgia Renata Dias

Capa Criação: Leonardo Hermano

Diagramação: Ladislau Lima e Aparecida Lima

Impressão miolo e capa: DOCUPRINT

DIREITOS AUTORAIS: É proibida a reprodução parcial ou total desta publicação, por qualquer forma ou meio, sem a prévia autorização da Editora FOCO, com exceção do teor das questões de concursos públicos que, por serem atos oficiais, não são protegidas como Direitos Autorais, na forma do Artigo 8º, IV, da Lei 9.610/1998. Referida vedação se estende às características gráficas da obra e sua editoração. A punição para a violação dos Direitos Autorais é crime previsto no Artigo 184 do Código Penal e as sanções civis às violações dos Direitos Autorais estão previstas nos Artigos 101 a 110 da Lei 9.610/1998. Os comentários das questões são de responsabilidade dos autores.

NOTAS DA EDITORA:

Atualizações e erratas: A presente obra é vendida como está, atualizada até a data do seu fechamento, informação que consta na página II do livro. Havendo a publicação de legislação de suma relevância, a editora, de forma discricionária, se empenhará em disponibilizar atualização futura.

Erratas: A Editora se compromete a disponibilizar no site www.editorafoco.com.br, na seção Atualizações, eventuais erratas por razões de erros técnicos ou de conteúdo. Solicitamos, outrossim, que o leitor faça a gentileza de colaborar com a perfeição da obra, comunicando eventual erro encontrado por meio de mensagem para contato@editorafoco.com.br. O acesso será disponibilizado durante a vigência da edição da obra.

Impresso no Brasil (10.2023) – Data de Fechamento (10.2023)

2024

Todos os direitos reservados à
Editora Foco Jurídico Ltda.
Rua Antonio Brunetti, 593 – Jd. Morada do Sol
CEP 13348-533 – Indaiatuba – SP

E-mail: contato@editorafoco.com.br
www.editorafoco.com.br

PREFÁCIO

Missão por demais honrosa é a de prefaciar esta obra, *"Superendividamento dos consumidores: aspectos materiais e processuais"*, coordenada por afamadas juristas, a Professora Claudia Lima Marques, a Advogada Juliana Loss de Andrade, e a Juíza de Direito Trícia Navarro, além deste subscritor, a qual resulta de sugestão apresentada pelo Grupo de Trabalho criado por intermédio da Portaria 55/2022, do Conselho Nacional de Justiça – CNJ. A concretização dessa iniciativa surgiu a partir do propósito de registrar e reunir as valiosas contribuições obtidas ante renomados operadores do Direito, especializados no tema de defesa do consumidor, como produto final dos trabalhos realizados por ocasião do Seminário Acadêmico, cujo nome deu o título a este livro, realizado em Brasília, no dia 30 de novembro de 2022, no auditório do Superior Tribunal de Justiça.

Naquele marcante evento, além dos debates e reflexões acerca da implementação e do aperfeiçoamento dos novos procedimentos introduzidos pela Lei 14.181/2021, no seio do Código de Defesa do Consumidor, também ocorreram valiosíssimas discussões alusivas a questões sensíveis tratadas pela novel legislação, tendo sido por demais proveitoso compartilhar relatos de vivências, projetos e programas já desenvolvidos, com êxito, em diversos pontos desse país verdadeiramente continental, tudo no precioso afã de dar efetividade à lei, a bem da defesa do Sistema de Consumo, responsável pelo *ethos vivendi* da atual sociedade.

Sem a equivocada e pretensiosa intenção de esgotar, neste suscinto prefácio, o riquíssimo conteúdo reunido na obra ora apresentada, recomenda-se, agora sim, com uma pontinha de orgulho, a leitura atenta dos belos textos aqui colecionados, aparentando-se oportuno, desde já, anunciar que, em momento algum, houve preocupação de uniformizar pontos de vista e entendimentos esboçados pelos diversos conteudistas, ante os quais é merecido e indispensável depositar elogiosas referências, tanto em razão da produção científica, adiante exposta, nas quais defendem, com firmeza, aspectos referentes, por exemplo, à indispensável e valiosa segurança jurídica, quanto por, em outras ocasiões, proporem arrojadas metas cujo propósito maior, então, tcm a ver com a busca, quase utopica, da concretude do direito e do seu efetivo parâmetro prestacional, fins tão almejados pela sociedade atual.

Ainda assim, é importante tecer algumas breves considerações sobre o assunto.

O fenômeno do superendividamento tem se revelado um problema decorrente de diversos fatores, os quais vão além da temática exclusivamente econômica.

O estímulo ao consumo, a presença do comércio eletrônico, bem como a facilidade de obtenção de crédito, são elementos que, dentre tantos outros, influenciaram no aumento do endividamento em massa da população.

Esse cenário ganhou dimensões tão amplas que levou o legislador brasileiro a editar a Lei 14.181/2021, a qual promoveu inovações no Código de Defesa do Consumidor:

a) delimitou, para fins do tratamento previsto na lei, o conceito de superendividamento (art. 54-A);

b) estabeleceu um procedimento para facilitar o pagamento das dívidas, por meio de audiências de conciliação com todos os credores, com possibilidade de revisão dos contratos (arts. 104-A a 104-C, CDC);

c) inseriu novos princípios, no que pertine à Política Nacional das Relações de Consumo, tais como o fomento de ações direcionadas à educação financeira e ambiental como forma de evitar a exclusão social do consumidor (art. 4º, CDC); e

d) previu, ainda, novos instrumentos para a execução dessa política nacional, ao positivar a necessidade de se criarem núcleos de conciliação e mediação de conflitos oriundos de superendividamento (art. 5º, CDC).

O sistema introduzido pela nova lei objetiva não só o tratamento, mas também a prevenção do superendividamento, que não se limita ao campo do direito do consumidor, abrangendo diversos ramos do Direito, além de se conectar à formulação de políticas públicas.

Sem dúvida, o advento da Lei de Prevenção e Tratamento do Superendividamento representa uma das principais ferramentas para garantir a cidadania e viabilizar assistência aos indivíduos superendividados. Assim, mediante ações de inclusão e reeducação, com a cooperação de todos os envolvidos, almeja-se superar a situação de ruína cultura da dívida e de exclusão, e alcançar uma mentalidade de pagamento.

Diante da inovação legislativa, no âmbito do Poder Judiciário, a edição da nova lei ensejou a criação do Grupo de Trabalho, antes referido, o qual foi instituído pelo então Presidente do CNJ, Ministro Luiz Lux, por intermédio da Portaria n. 55, de 17 de fevereiro de 2022, cujas atividades foram prorrogadas pela atual Presidente, Ministra Rosa Weber, as quais consistem, basicamente, em promover o aperfeiçoamento de fluxos e procedimentos e, com isso, facilitar o trâmite dos processos alusivos ao Superendividamento.

É sob essa perspectiva que o GT examina, acompanha e promove a disponibilização de ações, estudos e projetos que abordam os aspectos materiais e processuais das questões relacionadas ao superendividamento, o que inclui o estímulo à autocomposição, por meio de uma conciliação global, com a presença de todos os credores do consumidor, e o aperfeiçoamento dos CEJUSCs para o recebimento dessas demandas.

O senso pragmático venceu e ganhou, com isso, aquele segmento da população brasileira formada pelos menos favorecidos economicamente.

Foi esse o intento almejado pelas presidências do STF e CNJ, quando da criação e manutenção do Grupo de Trabalho alusivo ao superendividamento, encarregado de atrelar aos atuais CEJUSC's (Centrais Judiciais de Solução Consensual de Conflitos) – estes, sim, já instalados e em pleno funcionamento em aproximadamente 1.700 pontos geográficos distintos em todo o imenso território nacional – os denominados "Núcleos de Conciliação e Mediação de Conflitos oriundos de Superendividamento" (art. 1º, da Resolução 125/2021-CNJ).

Vale consignar que o referido Grupo de Trabalho é composto por 24 (vinte e quatro) integrantes, oriundos de distintos órgãos e instituições relacionadas à prevenção e tratamento do consumidor superendividado, além dos colaboradores, cujo arranjo foi montado justamente buscando assegurar a heterogeneidade e multidisciplinariedade inerentes à própria temática.

Agora, retomando o enfoque para este livro, na sua abertura, o primeiro capítulo aborda aspectos gerais do superendividamento.

No segundo capítulo, trata-se do papel colaborativo e complementar dos entes governamentais e privados na efetivação dos mecanismos legais introduzidos pela Lei n. 14.181/2021.

O terceiro capítulo traz consigo o desenvolvimento dos meios mais adequados para a proteção e tratamento do superendividamento do consumidor.

Por fim, o quarto capítulo é destinado a discorrer sobre as influências da tecnologia na problemática do superendividamento, com ênfase na implementação de soluções para monitoramento financeiro, orçamentação e gestão de dívidas, auxílio ao cidadão no controle de suas finanças, entre outras ferramentas voltadas à prevenção e à resolução dos conflitos.

A simples leitura do sumário permite afirmar que esta obra reúne grandes nomes do Direito, os quais, além de promoverem reflexões amplas sobre a temática, com abordagens detalhadas e específicas, articulam, de maneira clara, acessível e envolvente, o mundo real com a teoria contida em conceitos e definições.

E, a propósito, ao leitor afeito às práticas de negociação, mediação e conciliação, é necessário esclarecer que é bem conhecido de todos os envolvidos na presente obra as práticas alusivas ao Programa Desenrola Brasil, o qual é operado pelo Poder Executivo, frisando-se que, ultimamente, tem-se percebido o surgimento de animo voltado à absorver não apenas os débitos de pessoas físicas, mas também de empresas e indústrias, propiciando aos devedores em geral, uma vez atendidos determinados requisitos, a renegociação de passivos, de modo a superar as dificuldades econômicas relatadas, sobrepujá-las de sorte a evitar as consequências de uma "quebra".

Por todas essas razões agora sumariamente expostas, é possível assegurar que o presente livro representa valiosa contribuição como fonte de consulta não só para juristas, advogados, enfim, para os operadores do Direito, mas também para o público em geral, vez que o conhecimento sobre os diversos aspectos que orbitam a temática do superendividamento do consumidor auxilia no aperfeiçoamento da cidadania.

Por fim, cabe um merecido e sincero agradecimento a todos os integrantes do Grupo de Trabalho (GT-CNJ) e, em especial, às coordenadoras desta obra pela parceria nessa frente, bem como aos autores e autoras pela disponibilidade e pelo comprometimento com o aprimoramento do assunto no Brasil, parabenizando, ainda, a editora FOCO que, prontamente, acolheu o projeto e, em tempo exíguo, fez possível a publicação.

Boa leitura!
Brasília, agosto de 2023.

Marco Aurélio Gastaldi Buzzi
Ministro do STJ.

APRESENTAÇÃO

É um grande prazer poder apresentar o livro "Superendividamento dos Consumidores: aspectos materiais e processuais", coordenado pelo eminente Min. Marco Buzzi e por mim e pela Juíza de Direito Tricia Navarro e pela Professora Juliana Loss. Como especificou o belo prefácio do Ministro Marco Buzzi, do Superior Tribunal de Justiça e Presidente do Grupo de Trabalho do CNJ sobre superendividamento (Portaria 55/2022) este livro é um esforço coletivo deste GT e de vários atores preocupados com a eficácia da Lei 14.181/2021 que atualizou o Código de Defesa do Consumidor para prevenir e tratar o superendividamento dos consumidores.

Neste sentido, a obra vem dividida em quatro capítulos, o primeiro sobre aspectos gerais do superendividamento, o segundo sobre o papel das instituições no superendividamento dos consumidores e o terceiro como se dará esta proteção e tratamento adequado do superendividado e o quarto sobre o uso de tecnologia para a prevenção e tratamento do superendividamento dos consumidores no país. Ao todo temos mais de 30 artigos de grandes especialistas na matéria, que abrilhantam este volume.

A beleza e a profundidade dos textos que compõe este volume analisam todos os aspectos da prevenção e do tratamento do superendividamento do consumidor e praticamente esgotam a temática, assim que tive alguma dificuldade em escolher o que tratar neste prefácio. Agradeço esta honra, não só a gentileza e fidalguia que caracteriza o Min. Marco Buzzi, mas também o fato do ter sido Relatora-Geral da Comissão do Senado Federal de Atualização do CDC, a convite do amigo e brilhante Ministro Antonio Herman Benjamin, também Superior Tribunal de Justiça e grande liderança no tema da defesa dos consumidores e do meio ambiente no Brasil. Assim, para bem honrar este duplo convite, gostaria de refletir rapidamente neste prefácio sobre o novo princípio do CDC, que vem esculpido no seu Art. 4º, inciso X: princípio de combate à exclusão social.

Esta nova regra tem por finalidade complementar a Política Nacional de Defesa do Consumidor imposta pelo Art. 4º do CDC, artigo principiológico e artigo mais citado do CDC, ajudando na interpretação teleológica dos capítulos e regras introduzidos pela Lei 14.181/2021. Em outras palavras, estas regras "reforçam o vínculo entre a ação política e a educação dos consumidores, tanto financeira, como ambiental, e valorizam o CDC, o SNDC e a política pública de proteção do consumidor superendividado, como forma de evitar a exclusão social".[1]

Evitar a exclusão social, esta é a finalidade da nova política de combate ao superendividamento. A Atualização do CDC pela Lei 14.181,2021 trouxe como novo princípio

---

1. MARQUES, Claudia Lima. Art. 4º. In: MARQUES, Claudia Lima; BENJAMIN, Antonio Herman; MIRAGEM, Bruno. *Comentários ao Código de Defesa do Consumidor.* 7. ed. São Paulo: Ed. RT, 2021 (no prelo).

orientador da política nacional de relações de consumo a "prevenção e tratamento do superendividamento como forma de evitar a exclusão social do consumidor". A beleza desta frase é profunda, pois combate à discriminação e à segregação, orienta os esforços dos novos capítulos sobre prevenção e tratamento e sobre conciliação no superendividamento do consumidor ao combate de uma mazela social e econômica, que é a exclusão de milhões de consumidores no Brasil do mercado de consumo.

Como ensina Gilles Paisant, a primeira lei francesa, Lei de 29 de julho de 1989, que levava em conta a realidade do superendividamento passivo (aquele que sofre um acidente da vida, desemprego, redução de renda, morte ou doença na família, divórcio etc.), "encontrava sua origem em um projeto de lei relativo à exclusão social emanando do Ministério do Trabalho".[2] A segunda atualização desta lei francesa de 1998 já se intitulava 'lei de combate à exclusão pelo superendividamento', pelos efeitos deletérios que o superendividamento tem nas pessoas, famílias e sociedades.

Realmente, se consumo é inclusão,[3] este sistema da 'reeducação financeira' do consumidor superendividado através de um plano de pagamento, que não inclui o perdão, mas sim uma temporização e repactuação para garantir o mínimo existencial e a dignidade da pessoa humana, tem direta relação com o 'combate à exclusão social'. Como já escrevi:

> ...consumo é inclusão,[4] inclusão no acesso a produtos e serviços, sem discriminação, sem contratos de escravidão, pois o consumo é também realização dos direitos fundamentais, e traz pertencimento à nossa sociedade globalizada e de conhecimento.[5] Os sociólogos destacam que há muitas formas de 'ver' esta exclusão, seja como divisão (o virtual divide, da tecnologias digitais, por exemplo), através da exclusão em si da sociedade pelo 'nome sujo', pela vergonha da dívida, pelo sentimento de 'falência' econômica e psicológica, pela falta de acesso a bens básicos, mas também pela perda da liberdade. Este aspecto é pontuado por Martha Fineman, afirmando que a sociedade capitalista atual não tolera a 'dependência' daquele que necessita de ajuda e não pode mais se ajudar sozinho.[6] O superendividamento é uma situação tal, comprometendo seu mínimo existencial, compromete também a sua atuação no mercado e se submete de forma dependente às vontades do credor. Mister evoluirmos, portanto, para combater esta exclusão, renovando a cooperação e ajudando para que o 'bom-fim' do contrato de crédito, que é o pagamento, possa ocorrer.[7]

---

2. PAISANT, Gilles. A reforma do procedimento de tratamento do superendividamento pela lei de 1 de agosto de 2003 sobre a cidade e a renovação urbana, *Revista de Direito do Consumidor*, v. 56, p. 221-242, out./dez 2005; *Doutrinas Essenciais de Direito do Consumidor*, v. 2, p. 645-670, abr. 2011, DTR\2005\647.

3. Veja MARQUES, Claudia Lima. Consumo como igualdade e inclusão social, *Revista Jurídica da Presidência*, Brasília, v. 13. n. 101 p. 405 a 424, Out. 2011/Jan. 2012 e a obra MARQUES, Claudia Lima; CAVALLAZZI, Rosângela Lunardelli; LIMA, Clarissa Costa de (Org.). *Direitos do Consumidor endividado II*: vulnerabilidade e inclusão. São Paulo: Ed. RT, 2016. p. 264-290.

4. MARQUES, Claudia Lima. Consumo como igualdade e inclusão social, *Revista Jurídica da Presidência*. Brasília, v. 13, n. 101 p. 405 a 424. Out. 2011/Jan. 2012.

5. SAHIÁN, José Humberto. *Dimensión constitucional de la tutela a los consumidores*. Buenos Ares: La Ley, 2017.

6. FINEMAN, Martha A, Dependency and Social debt. In: GRUSKY, DAVID B; KANDUR, Ravi (Ed.). *Poverty and Inequality*. Stanford Univerity Press, 2006,(p. 133-150), p. 138 e s.

7. MARQUES, CLAUDIA LIMA, Art. 4, In: BENJAMIN, Antônio Herman; MARQUES, Claudia Lima; LIMA, Clarissa Costa de; VIAL, Sophia Martini. *Comentários à Lei 14.181/2021*: a atualização do CDC em matéria de superendividamento. São Paulo: Thomson Reuters-Brasil, 2021, p. 190.

Aqui temos uma mudança de cultura, da cultura da dívida e da exclusão social, para uma cultura do pagamento e da reinclusão do consumidor na sociedade ativa de consumo. Como escrevi:

> Prevenir o superendividamento significa regular o crédito responsável, novo paradigma imposto pela Lei 14.181,2021. Tratar significa organizar um plano de pagamento para que a pessoa possa ter de novo seu nome 'limpo' no mercado e volte a consumir, preservando para tal seu mínimo existencial. O substitutivo do PL 283,2012 do Senado, aprovado por unanimidade, e de Relatoria do Senador Ricardo Ferraço já inclui a menção a finalidade de combater a exclusão social, talvez mais próxima da realidade de nossa sociedade onde todos conhecem alguém excluído pelo nome sujo, pela vergonha de não poder mais fazer parte do mercado, em virtude de uma dívida não paga. Aprovada a Lei 14.181 inclui na política nacional de relações de consumo este importante inciso, um princípio de prevenção e tratamento[8] (expressão que vem da 'doença', por influência francesa,[9] e não fazia parte de nosso linguajar jurídico) do superendividamento dos consumidores, a estabelecer no Brasil mais um fundamento para o chamado 'Direito Privado Solidário'.[10-11]

A utilidade do novo inciso X do Art. 4º do CDC na aplicação e interpretação do CDC será grande, pois através deste novo princípio a própria Lei 14.181,2021 impõe um olhar contextual de re-inclusão do consumidor e de prevenção do superendividamento (Art. 4º, X e Art. 5º,VI). Um olhar para o todo da situação do consumidor e não só de suas 'dívidas' ou contratos individuais. Esta visão do todo, da necessidade de reincluir este sujeito-consumidor no mercado através da prevenção e tratamento do superendividamento, sendo necessária mudança de perspectiva em cada contrato, publicidade, informação, esclarecimento, avaliação responsável do crédito (Art. 6º, XI), visando sempre preservar mínimo existencial (art. 6º, XII), para manter a dignidade do consumidor e evitar a sua exclusão social (Art. 4º, X). A norma do Art. 54-A também define o superendividamento e esclarece as finalidades do Capítulo, quais seja a "de prevenir o superendividamento da pessoa natural e de dispor sobre o crédito responsável e sobre a educação financeira do consumidor".[12]

Por fim, conclua-se com o Min. Luiz Fux, que o tema do superendividamento dos consumidores no Brasil é tema de grande interdisciplinaridade, uma vez que "as questões relacionadas ao superendividamento não se restringem ao aspecto meramente técnico-jurídico, mas pressupõem programas de prevenção e tratamento, calcados em eixos

---

8. Veja sobre a importância do tratamento do superendividamento, MARQUES, Claudia Lima; LIMA, Clarissa Costa de. Notas sobre as Conclusões do Relatório do Banco Mundial sobre o tratamento do superendividamento e insolvência da pessoa física, *Revista de Direito do Consumidor*, v. 89, 2013, p. 153 e s.

9. Veja, por todos, MARTINS DA COSTA, Geraldo de Faria. *Superendividamento*: a proteção do consumidor de crédito em direito comparado brasileiro e francês. São Paulo: Ed. RT, 2002, 20 e s. E, na comparação com outros direitos europeus, GIANCOLI, Brunno Pandori. *O Superendividamento do consumidor como hipótese de revisão dos contratos de crédito*. Porto Alegre: Ed. Verbo Jurídico, 2008, p. 140 e s.

10. MARQUES, Claudia Lima; MIRAGEM, Bruno. *O novo direito privado e a proteção dos vulneráveis*. 2. ed. São Paulo: Ed. RT, 2014, p. 25ss.

11. MARQUES, CLAUDIA LIMA, Art. 4, In: BENJAMIN, Antonio Herman; MARQUES, Claudia Lima; LIMA, Clarissa Costa de; VIAL, Sophia Martini. *Comentários à Lei 14.181/2021*: a atualização do CDC em matéria de superendividamento. São Paulo: Thomson Reuters-Brasil, 2021, p. 191.

12. Veja MARQUES, CLAUDIA LIMA, Breve introdução à Lei 14.181/2021 e a nova noção de superendividamento do consumidor. In: BENJAMIN, Antonio Herman; MARQUES, Claudia Lima; LIMA, Clarissa Costa de; VIAL, Sophia Martini. *Comentários à Lei 14.181/2021*: a atualização do CDC em matéria de superendividamento. São Paulo: Thomson Reuters-Brasil, 2021, p. 36-43.

de atuação diversos, a saber: jurídico, pedagógico (educação financeira), psicológico e econômico-social".[13]

Efetivamente, o tema é de grande importância e repercussão práticas, assim, agradecemos em nome de todo o Grupo de Trabalho a todos os autores pelos magníficos textos que compõe esta obra e que muito colaborarão para a aplicação e interpretação, conforme o princípio do combate à exclusão social, destas novas regras do CDC. Agradecemos também o excelente trabalho do CNJ em organizar e em propiciar esta importante publicação, que esperamos trará luz ao tema do superendividamento dos consumidores e aos esforços de trazer maior eficácia às normas regras do CDC no tema. A todos, boa leitura!

Claudia Lima Marques

Doutora em Direito pela Universidade de Heidelberg. Mestre em Direito Civil e Internacional Privado pela Universidade de Tübingen. Especialista pela Universidade do Sarre, Alemanha. Presidente da IACL – International Association of Consumer Law (Bélgica) e do Comitê de Proteção Internacional dos Consumidor, ILA (Londres). Membro do GT do CNJ em Superendividamento. Professora Titular e Diretora da Faculdade de Direito da UFRGS (2020-2024) e do Centro de estudos Europeus e Alemães-CDEA. Professora Permanente do PPGD UFRGS e UNINOVE, Ex-Presidente da ASADIP e do Brasilcon. Líder do Grupo de Pesquisa CNPq 'Mercosul, Direito do Consumidor e Globalização', Pesquisadora 1 A do CNPq. E-mail: dirinter@ufrgs.br.

---

13. FUX, Luiz. Prefácio. *CNJ, Cartilha sobre o tratamento do superendividamento do consumidor*. Brasília: CNJ, 2022, p. 7. Disponível em: cartilha-superendividamento.pdf (cnj.jus.br).

SUMÁRIO

PREFÁCIO

Marco Aurélio Gastaldi Buzzi V

APRESENTAÇÃO

Claudia Lima Marques IX

CAPÍTULO I
SUPERENDIVIDAMENTO: ASPECTOS GERAIS

O SUPERENDIVIDAMENTO E A CULTURA DE CONSUMO

Marco Aurélio Gastaldi Buzzi 3

BREVE NOTA SOBRE A ATUALIZAÇÃO DO CDC PELA LEI 14.181/2021: A DIMENSÃO CONSTITUCIONAL-PROTETIVA DO MICROSSISTEMA DO CDC

Antonio Herman Benjamin 15

A AMPLIAÇÃO DOS DIREITOS SUBJETIVOS DO CONSUMIDOR SUPERENDIVIDADO: REFLEXÕES SOBRE A LEI 14.181/2021

Gilmar Ferreira Mendes 29

O CONSUMIDOR NO CENÁRIO DO SUPERENDIVIDAMENTO: A IMPORTÂNCIA DAS NOVAS REGRAS TRAZIDAS PELA LEI 14.181/2021 COMO MODERNIZAÇÃO E REFORÇO DAS JÁ EXISTENTES

Humberto Martins 43

SUPERENDIVIDAMENTO DO CONSUMIDOR À LUZ DA LEI 14.181, DE 1º DE JULHO DE 2021

Benedito Gonçalves e Camile Sabino 55

O SUPERENDIVIDAMENTO E A NECESSIDADE DE UM FATOR DE *DISCRÍMEN* FEMININO

Marcelo Navarro Ribeiro Dantas e Thais Caroline Brecht Esteves Gouveia.............. 75

SUPERENDIVIDAMENTO DE APOSENTADOS E PENSIONISTAS

Paulo Dias de Moura Ribeiro 97

O TRATAMENTO DO CONSUMIDOR SUPERENDIVIDADO À LUZ DO PRINCÍPIO DA FRATERNIDADE

Reynaldo Soares da Fonseca e Antonio Ali Brito 115

A COMPETÊNCIA JURISDICIONAL NO PROCESSO DE SUPERENDIVIDAMENTO À LUZ DA LEI 14.181/2021

João Otávio de Noronha e Lisandre Borges Fortes da Costa Figueira 133

DEVER DE COOPERAÇÃO NO TRATAMENTO DO SUPERENDIVIDAMENTO DOS CONSUMIDORES: EVITAR A RUÍNA ATRAVÉS DA CONCILIAÇÃO OU REVISÃO-SANÇÃO DOS CONTRATOS

Claudia Lima Marques 145

AUTOCOMPOSIÇÃO EM SUPERENDIVIDAMENTO: A FUNÇÃO ORIENTADORA DO CONSELHO NACIONAL DE JUSTIÇA

Jordana Maria Ferreira de Lima e Marcos Vinícius Jardim Rodrigues 173

SERVIÇOS PÚBLICOS ESSENCIAIS DURANTE A PANDEMIA DE COVID-19 E O TRATAMENTO JURÍDICO EM FAVOR DO CIDADÃO-USUÁRIO VULNERÁVEL

Richard Pae Kim e Camila da Silva Barreiro 183

DA EDUCAÇÃO AMBIENTAL À EDUCAÇÃO CLIMÁTICA DOS CONSUMIDORES: CAMINHOS À PREVENÇÃO EFETIVA DO SUPERENDIVIDAMENTO

Salise Monteiro Sanchotene e Rafaela Santos Martins da Rosa 199

DEVER DE PROTEÇÃO EFETIVA DO ESTADO E O MICROSSISTEMA DE PREVENÇÃO E TRATAMENTO AO SUPERENDIVIDAMENTO

Wadih Damous e Vitor Hugo do Amaral Ferreira 231

CAPÍTULO II
SUPERENDIVIDAMENTO
NAS INSTITUIÇÕES

BREVES CONSIDERAÇÕES SOBRE O PAPEL DO PODER JUDICIÁRIO NA APLICAÇÃO DA LEI 14.481/2021 (LEI DO "SUPERENDIVIDAMENTO")

Trícia Navarro Xavier Cabral, Hiasmine Santiago e Fabiane Sena Freitas 261

A LEI 14.181/2021 E A OPORTUNIDADE DO PODER JUDICIÁRIO DE ASSUMIR UM PROTAGONISMO NA CONDUÇÃO DE UMA POLÍTICA PÚBLICA DE EDUCAÇÃO FINANCEIRA E DE PREVENÇÃO AO SUPERENDIVIDAMENTO

Carolina Gabriele Spinardi Pinto 289

PROJETO GESTÃO DE SUPERENDIVIDAMENTO NO TJRS: ORGANIZAÇÃO JUDICIÁRIA E ENDOPROCESSUAL NA FASE JUDICIAL DE REPACTUAÇÃO DAS DÍVIDAS

Káren Rick Danilevicz Bertoncello 303

O COMBATE AO SUPERENDIVIDAMENTO POR MEIOS AUTOCOMPOSITIVOS: O IMPORTANTE PAPEL DOS CENTROS JUDICIÁRIOS DE SOLUÇÃO DE CONFLITOS E CIDADANIA

Tatiana Cardoso Squeff, Lúcia Souza D'Aquino e Igor Costa Vieira 321

O QUE DIZEM AS (POUCAS) SENTENÇAS? AS DECISÕES ENVOLVENDO OS TERMOS "SUPERENDIVIDAMENTO" E "LEI 14.181/2021" NO TRIBUNAL DE JUSTIÇA DE SÃO PAULO

Maria Paula Bertran, Larissa Cerqueira de Oliveira e Pedro Augusto Gregorini 341

DIÁLOGO E COOPERAÇÃO INTERINSTITUCIONAL: UM CAMINHO POSSÍVEL À EFETIVAÇÃO DA LEI 14.181/2021 A PARTIR DA ANÁLISE DA ATUAÇÃO DO GRUPO DE TRABALHO INSTITUÍDO PELA PORTARIA 55/2022 DA PRESIDÊNCIA DO CNJ

Aline Avila Ferreira dos Santos e Andréia Ramos Pereira 363

O MINISTÉRIO PÚBLICO E A NOVA LEI DO SUPERENDIVIDAMENTO

Sandra Lengruber da Silva 379

RESOLUÇÃO DE CONFLITOS NO SUPERENDIVIDAMENTO: A ATUAÇÃO ESTRATÉGICA DA ADVOCACIA SOB O MARCO REGULATÓRIO

Andrea Maia, Fabíola Sampaio e Rissiane dos Santos Goulart 399

CONSIDERAÇÕES SOBRE O SUPERENDIVIDAMENTO E O TRATAMENTO CONFERIDO PELAS INSTITUIÇÕES FINANCEIRAS

Luis Vicente de Chiara e Anselmo Moreira Gonzalez 415

A INADIMPLÊNCIA, O SUPERENDIVIDAMENTO E O FATURAMENTO DAS INSTITUIÇÕES FINANCEIRAS

Glauber S. Tatagiba do Carmo 429

O JUÍZO UNIVERSAL NAS AÇÕES DE SUPERENDIVIDAMENTO

Andréia Fernandes de Almeida Rangel 439

CAPÍTULO III
PROTEÇÃO E TRATAMENTO ADEQUADO DO SUPERENDIVIDADO

O DIÁLOGO DE FONTES E A EFETIVIDADE DA LEI 14.181/2021 – ELEMENTOS HERMENÊUTICOS PARA A EFICIENTE PROTEÇÃO DO CONSUMIDOR SUPERENDIVIDADO

Cristina Gaulia 459

A LEI 14.181/2021 E A NECESSIDADE DE SUPERAÇÃO DA ABORDAGEM ESTIGMATIZANTE DOS SUPERENDIVIDADOS

Anderson Schreiber 479

O CRÉDITO RESPONSÁVEL COMO DIREITO BÁSICO DO CONSUMIDOR À LUZ DA LEI 14.181/2021

Adalberto Pasqualotto, Flávia do Canto e Gabriel Fraga Hamester 491

TRATAMENTO DO SUPERENDIVIDAMENTO E UNIDADE DO PATRIMÔNIO

Daniel Bucar 507

A JORNADA DO CONSUMIDOR SUPERENDIVIDADO: DA FRAGILIDADE DO CONSUMIDOR À PRÁTICA DA PROTEÇÃO LEGAL PELA LEI 14.181/2021

Diógenes Faria de Carvalho e João Paulo Peixoto Stival 519

NOVA LEI DE PROTEÇÃO DOS SUPERENDIVIDADOS: DAS ORIGENS NA PESQUISA JURÍDICA AOS DESAFIOS NA BUSCA PELA EFETIVIDADE

André Perin Schmidt Neto e Guilherme Mucelin 535

A NOVA LEI DO SUPERENDIVIDAMENTO: FUNDAMENTOS ECONÔMICOS E O MERCADO DE CRÉDITO NACIONAL

Eric Brasil, Adriana Hernandez Perez e Isabela Tavares 553

ASPECTOS PRÁTICOS DA REPACTUAÇÃO DE DÍVIDAS DO CONSUMIDOR PESSOA NATURAL

Francisco Emilio de Carvalho Posada 581

A INFORMAÇÃO INADEQUADA NO CONTRATO DE CARTÃO DE CRÉDITO CONSIGNADO: DIFICULDADES DE QUALIFICAÇÃO

Cíntia Muniz de Souza Konder 601

LEI DO SUPERENDIVIDAMENTO E A IMPOSSIBILIDADE DE SE DEFINIR O VALOR MÍNIMO EXISTENCIAL UNIVERSAL

Paulo Skaf... 617

O PROCEDIMENTO ESPECIAL DE REPACTUAÇÃO DE DÍVIDAS NA LEI DO SUPERENDIVIDAMENTO DO CONSUMIDOR

Catarina de Macedo Rodrigues Buzzi, Rodrigo Garcia Duarte Rodrigues Buzzi e João Pedro de Souza Mello.. 625

CAPÍTULO IV
SUPERENDIVIDAMENTO E TECNOLOGIA

TECNOLOGIA E RELAÇÕES DE CONSUMO: AS DUAS FACES DE UMA MESMA MOEDA NO SUPERENDIVIDAMENTO

Fernanda Bragança, Juliana Loss e Renata Braga....................................... 641

O PROCESSO DE REPACTUAÇÃO DA LEI DO SUPERENDIVIDAMENTO E A INTERNET DAS PESSOAS: POR UM MODELO DIGITAL PROTETIVO, INCLUSIVO E DE EFETIVIDADE NA SOLUÇÃO DE CASOS DE RUÍNA PESSOAL

Fernando Rodrigues Martins 653

DA NECESSIDADE DE IMPLANTARMOS UMA PLATAFORMA PARA O TRATAMENTO DO CONSUMIDOR SUPERENDIVIDADO

Leonardo Garcia.. 669

A VULNERABILIDADE DO CONSUMIDOR NO AMBIENTE DIGITAL E A QUESTÃO DO SUPERENDIVIDAMENTO: A ATUAÇÃO DO SETOR DE TELECOMUNICAÇÕES NO DESENVOLVIMENTO DE BOAS-PRÁTICAS PARA A PROTEÇÃO DO CONSUMIDOR VIRTUAL

Marcos Ferrari, Maria Eliza Mac Culloch e Carlos Eduardo Marques Silva 679

Capítulo I
SUPERENDIVIDAMENTO: ASPECTOS GERAIS

O SUPERENDIVIDAMENTO
E A CULTURA DE CONSUMO

Marco Aurélio Gastaldi Buzzi

Mestre em Ciência Jurídica pela Universidade do Vale do Itajaí – UNIVALI/SC (Brasil). Mestrando em Sistemas Alternativos de Resolução de Conflitos pela Universidade Nacional de Lomas de Zamora – UNLZ (Buenos Aires, Argentina) e Especialista (Pós-Graduação) em Direito do Consumo pela Universidade de Coimbra (Portugal). Ministro do Superior Tribunal de Justiça.

Sumário: 1. Introdução – 2. Do surgimento da sociedade de consumo à preconização do crédito responsável – 3. O superendividamento das populações – 4. A necessária mudança de mentalidade – 5. Considerações finais – Referências.

1. INTRODUÇÃO

O superendividamento se transformou em um problema social decorrente de diversos fatores e, sendo um fenômeno multifacetado, complexo, as soluções não se restringem a aspectos exclusivamente econômicos.

Dentre esses diversos cenários, o impulsionamento do consumo que ultrapassa a mera necessidade de aquisição de bens essenciais, o aumento de estratégias de publicidade mais agressivas, o comércio eletrônico e a própria facilidade de acesso ao crédito são circunstâncias que influenciam o superendividamento da população.

A Lei 14.181/2021 (Lei do Superendividamento) promoveu as alterações necessárias no Código de Defesa do Consumidor brasileiro, e assim o fez para tratar, destacadamente, da situação em que se encontra o devedor, com um passivo de dívidas em proporções descomunais, não conseguindo se desvencilhar e retornar ao adimplemento.

Já de início, vale frisar que o incremento da oferta e disponibilidade de recursos por parte de um novo e significativo segmento da sociedade também deve ser visto como um importante ingrediente do superendividamento, na medida em que possibilita até mesmo às pessoas não dotadas de disponibilidades financeiras a obtenção de produtos e serviços que, até pouco tempo atrás, estavam acessíveis somente àqueles economicamente mais favorecidos.

O consumo exagerado de bens, aliado à pressão provocada pela propaganda como estratégia de persuasão, tudo isso perfila a um vetor de aparente sucesso e status social, o que resultou em consequências extremamente desfavoráveis, tanto para o indivíduo quanto para a sociedade.

A busca pelo equilíbrio entre esses vieses, acima aludidos, faz com que diversos países estejam empenhados em desenvolver mecanismos de enfrentamento alusivos ao superendividamento do consumidor, seja por meio de legislações que admitem o perdão das dívidas, ou mediante sistemas que ofertam um procedimento facilitado para o pagamento de todos os débitos, juntamente à reeducação financeira do devedor.

Assim, de uma forma ou de outra, objetiva-se, por meio de políticas públicas, que o Estado desempenhe um importante papel na promoção da inclusão social do indivíduo, acrescentando-se a mudança de mentalidade e o preparo do cidadão para melhor lidar com as finanças, destacadamente nas relações de consumo.

No âmbito do ordenamento jurídico brasileiro, como bem consignado pela comissão de juristas de atualização do CDC, presidida pelo Ministro Herman Benjamim, na entrega no Relatório Final (Brasil, 2012) dos respectivos estudos, ante as características da sociedade brasileira, que já conhece limites à liquidação dos bens dos consumidores, o legislador ordinário optou por adotar mecanismos que visam tanto o tratamento, como a prevenção do superendividamento, tudo balizado nas premissas da boa-fé, da exceção à ruína e da cooperação entre todos os envolvidos.

A verdade é que, seja na esfera pessoal, seja no âmbito do sistema, incidindo sobre a coletividade de cidadão, a implementação dos novos instrumentos, no contexto das políticas públicas, exige uma verdadeira e concreta mudança de mentalidade, mediante a transição de uma cultura de inadimplemento para aquela do cumprimento das responsabilidades assumidas e estímulo às abordagens conciliatórias, tendo em mente que o objetivo maior da Lei 14.181/2021, muito além de facilitar o resgate do devedor das dificuldades resultantes da inadimplência, projetando-se na preservação e manutenção do próprio mercado de consumo, como um todo.

Essa concepção, sem dúvida, reclama o amadurecimento dos cidadãos, em geral, mas, destacadamente, de todos os operadores do direito, no sentido de compreender que as práticas autocompositivas consubstanciam uma realidade irreversível.

Assim, longe da intenção de esgotar esse instigante tema, nas poucas páginas da presente abordagem, o presente artigo pretende provocar o leitor acerca da necessidade não só de reflexões mais abrangentes sobre o alcance dessa legislação, mas, decisivamente, com igual intensidade, dedicar-se ao conhecimento desses nóveis métodos de enfrentamento das querelas típicas do superendividamento.

2. DO SURGIMENTO DA SOCIEDADE DE CONSUMO À PRECONIZAÇÃO DO CRÉDITO RESPONSÁVEL

A experiência histórica demonstra que uma das mais significantes transformações nos rumos da humanidade se deu com a revolução industrial, na segunda metade do século XVIII, momento a partir do qual o mundo superou o *ethos vivendi* de produção artesanal, marcado por populações que viviam no campo, e cujo fruto do trabalho se destinava a consumo próprio, para assumir um processo produtivo em grande escala, com abertura e ampliação de mercados externos.

Ao longo dos séculos XVIII, XIX e XX, houve uma intensificação de invenções mecânicas e tecnologias funcionais que acompanharam o desenvolvimento social, e com ele, um enorme aumento no nível de consumo e na massificação da publicidade.

Esse processo não só implementou grandes indústrias e a fabricação de produtos em série, como também fomentou, ainda mais, a difusão das práticas comerciais. Ampliaram-se os centros urbanos, nos quais o consumo passou a representar, por si só, uma metodologia, um sistema de integração social e, no seio dele, o fenômeno da comunicação instantânea, incapaz de ser controlada por limites territoriais, concorreu, decisivamente, para a concepção e fundação do que o filósofo canadense Herbert Marshall Mcluhan denominou de "aldeia global".[1]

Em que pesem as controvérsias acerca da verdadeira repercussão e relevância do fato ora abordado, ainda assim, reputa-se insuperável não referir à mensagem enviada ao Congresso dos Estados Unidos da América, na data de 15.03.1962, fruto da fala do então presidente John F. Kennedy, acerca de problemas enfrentados pelo consumidor com o crédito, a alimentação, a moradia, entre outros, o que, em décadas atrás, já apresentavam preocupação em relação à tutela dos direitos de consumo da população.

Para muitos, o discurso acima aludido constitui-se em verdadeiro marco no reconhecimento da luta pela defesa do consumidor e, para além disso, tal episódio serve de registro acerca da indiscutível existência do *ethos vivendi* típico da própria sociedade de consumo.[2]

Políticas como o *American Way Of Life* (Estilo de Vida Americano) promoveram um idealismo consumista que atrelava a ideia do "ser" ao do "ter". Determinados bens materiais, inclusive os de lazer, como televisão e rádio, passaram a ser reputados como indispensáveis para a vida cotidiana da população.

Logicamente, sem fechar os olhos para desacertos ocorridos durante esse período da história, é inconcebível imaginar o mundo contemporâneo, verdadeira aldeia global, sem a arena da concorrência e inovação, o que passou a caracterizar as atividades comerciais e industriais, responsáveis, inclusive, por balizar as diretrizes de relações políticas domésticas e internacionais.

---

1. O conceito "Aldeia Global", cunhado por Marshall McLuhan, em sua obra Understanding Media, baseia-se em entendimento segundo o qual o mundo perpassou por três grandes revoluções: a primeira seria a descoberta da escrita fonética, na Grécia antiga, marco responsável por transformar o ser humano rústico, tribal em um ser com um melhor desenvolvimento dos sentidos e maior complexidade de pensamentos; a segunda foi marcada pela invenção da imprensa, no século XV, a qual inaugurou o modelo de homem urbanizado, politizado, momento em que se deu o pontapé inicial para primeira a revolução industrial; a terceira, por sua vez, foi a chamada "Era Eletrônica", deflagrada pela invenção do telégrafo. O advento da nova fase significou a volta ao modelo do homem tribal, com a formação da denominada "Aldeia Global". Assim, a partir do advento da tecnologia e dos meios de comunicação, o mundo se apresentaria de forma conectada, globalizada, apesar das distâncias, verdadeira formação de uma espécie de aldeia contemporânea, o que oportunizaria uma intensa aproximação e troca cultural entre os povos (MCLUHAN, 1964).
2. Como não poderia deixar de ser, a expressão "sociedade de consumo" é empregada por diversos autores, entre eles, CANCLINI (1997), LIPOVETSKY (2007), DEBORD (1997), BAUMAN (2008), BOUDRILLARD (1995), com o propósito de descrever as suas características, seu surgimento e as transformações que operou.

Atualmente, não há como negar que o alto nível de consumo mensura o fator de desenvolvimento de determinada nação, aquecendo todas as relações de mercado. A movimentação do respectivo sistema financeiro, e do mercado, passa a exigir produtos cada vez mais funcionais, em termos de qualidade e sofisticação, o que implica não só no crescimento, mas no aperfeiçoamento dos padrões em geral das populações, aprimorando a própria cidadania

Há sim, em contrapartida, a preocupação com a massificação intensa das práticas de consumo, as quais seguem padrões de condutas conduzidos por estratégias de marketing. Tais comportamentos, todavia, no seio da sociedade de consumo, já constam como algo intrínseco à realidade cotidiana.

Nos dias de hoje, não é possível viver em uma sociedade da livre iniciativa sem coexistir com as influências dos anseios consumistas, e é nesta condição de vulnerabilidade que surge o endividamento exacerbado das populações.

Nesse sistema, não raras vezes, o consumo, que em um momento inicial era destinado à satisfação das necessidades materiais, passou a assumir feição de status social, com alta carga simbólica, imbricando-se com fatores de ordem emocional, pois, para alguns, a disposição de determinados bens se transformou em uma forma de demonstração de poder e *status*, quiçá refúgio da ausência de valores humanísticos básicos.

Essa verdadeira conduta de massas, impulsionada por diversas técnicas de publicidade, adentrou em um comércio digital cada vez mais integrado e de fácil acesso, passando a contar com uma aberta disponibilidade de crédito para a aquisição de bens (sejam eles essenciais para a vida do agente ou não), além de políticas de juros remuneratórios que comprometem financeiramente, de forma decisiva, o consumidor.

A ampliação quantitativa de tomadores de crédito pode ser referenciada como uma das principais causas responsáveis pelo direcionamento irrefletido do consumidor, no rumo de um profundo mar de dívidas.

Tal prática pode ser observada com a crise imobiliária ocorrida nos Estados Unidos, cujo ápice verificou-se por volta do ano de 2008, evento resultante da especulação imobiliária causada pela facilidade de acesso ao financiamento de imóveis e empréstimos hipotecários, com a falta de acompanhamento por parte dos investimentos de controle do Estado.

Exemplo semelhante ocorreu na França, no qual a significativa facilitação de crédito à população, visando principalmente a compra de imóveis residenciais, associada à elevação dos índices de desemprego e a majoração inflacionária, foi um dos motivos que desencadeou o endividamento da população e fundamentou a necessidade de uma legislação para regramento específico das operações creditórias (Lima, 2014, p. 87).

Todavia, é preciso ter em mente que o crédito, por si só, não é um fator negativo, pois o acesso a ele é extremamente relevante para o desenvolvimento nacional e influencia na circulação monetária e na economia, promovendo, ainda, a dignidade da pessoa humana.

Nesse ponto, como destaca Borja (2020):

O crédito, antes considerado uma expressão da pobreza e prodigalidade, passou a ser reconhecido pelos Estados Unidos da América, precedentemente aos países da Europa Ocidental, como um recurso através do qual é possível conferir aos cidadãos, menos favorecidos, o acesso a mercadorias industrializadas, contribuindo, em última análise, para a dinamização da economia nacional.

Dessa forma, é possível afirmar que consumo e o crédito são considerados duas faces da mesma moeda, razão pela qual o equilíbrio entre ambos permite a manutenção de um mercado sadio.

Não por acaso, a Lei 14.181/2021 insere, dentre os direitos básicos do consumidor, a "garantia de práticas de crédito responsável" (art. 6º, inc. XI, do CDC). A disciplina alusiva ao dever de prévia e adequada informação, no que se refere à concessão de financiamentos ao tomador, já existente no art. 52, do CDC, passa a ser complementada pelos arts. 54-B a 54-G, do mesmo diploma.

A cartilha sobre o Tratamento do Superendividamento do Consumidor, elaborada pela Conselho Nacional de Justiça, comtempla uma síntese dessas implementações:

> Crédito responsável é aquele esclarecido, informado, avaliado para o consumidor em especial, de boa-fé, pensando em suas expectativas legítimas (art. 54-D, incs. I, II e III), as consequências do inadimplemento, que informa a conexão de contratos (art. 54-F), sem olvidar da análise dos bancos de dados disponíveis, destinado a prevenir o superendividamento e alcançar o pagamento das dívidas (CNJ, 2022).

Portanto, condizente com uma boa educação financeira da população, a assimilação do consumo consciente e a implementação de um crédito responsável são mecanismos que proporcionam excelentes reflexos às relações sociais, trabalhistas e até mesmo para com as instituições bancárias, as quais terão garantia de melhores resultados.

3. O SUPERENDIVIDAMENTO DAS POPULAÇÕES

Desde o ano de 2012 o Banco Mundial tem expedido alertas, em termos globais, direcionados aos integrantes do respectivo sistema, acerca do vertiginoso crescimento do endividamento das pessoas naturais, mormente nos países emergentes. Os responsáveis pelo setor pertinente, da aludida instituição, por intermédio de circunstanciado relatório, afirmam que o crescimento da dívida, no âmbito dessas populações, tem apresentado os mais altos índices de expansão, em velocidade nunca antes vista, ao menos em um período que abrange os últimos 50 anos (Presse, 2019).

A mesma abalizada fonte afirma que o endividamento individual, naqueles países, alcançou o recorde histórico de algo em torno de 170% do PIB, ou, quase US$ 55 trilhões, em um considerado curto lapso temporal de oito anos (a contar de 2010).

Especificamente no Brasil, no ano de 2023, a Confederação Nacional do Comércio de Bens, Serviços e Turismo (CNC), por intermédio do PEIC (Pesquisa de Endividamento e Inadimplência do Consumidor), alcançou a informação segundo a qual 78% das famílias, economicamente ativas, entram no cômputo dos superendividados (Klein, 2023).

Não há discrepância significativa, guardadas as diferentes premissas das pesquisas realizadas, ante os dados obtidos pela SERASA e a fonte acima já referida, quando está última aponta 71,5 milhões de pessoas inadimplentes e, no nosso caso (do Brasil) R$ 334,5 bilhões de dívidas, sendo que o valor médio das inadimplências, "per capita", alcança o montante de R$ 4.762,20. Neste universo de pendências, 31,6% dizem respeito a contratos bancários (SERASA, 2023).

Em que pese não seja o escopo dessa exposição a inadimplência de contratos de crédito no âmbito das empresas que atuam na iniciativa privada, todavia, ante a relevância da informação, vale ressaltar que, de acordo com o dados também fornecidos pela SERASA (2023), o montante de estabelecimentos particulares endividados se aproxima de 6,4 milhões, o que, sob aspectos econômicos, importa, diretamente, na redução dos negócios jurídicos, e pois, na produção de bens e sua circulação.

Sim, com acerto ou não, há quem insista em recordar, frente ao tema ora abordado, aquele período em que se assistiu a deflagração de milhões de ações revisionais de contratos (precipuamente bancários), exatamente ante as proporções que, na aludida fase, atingiu a inadimplência por parte dos devedores, aos quais era inviável reunir condições para resgatar seus compromissos, destacadamente devido a aplicação de altos índices de atualização financeira.

Tal preocupação com o endividamento das massas consumidoras não ocorre apenas no Brasil, mas se faz presente em praticamente todo o mundo, ao menos em sede dos países cujo *establishment* adota as premissas da iniciativa privada. Nesse contexto, se fez necessário conceber mecanismos de enfrentamento do superendividamento.

Nos países provenientes do sistema *Common Law*, como Estados Unidos, Inglaterra, Canadá, Austrália etc., já se operam instrumentos funcionais que previnem e impedem o consumidor de se tornar débil a tal ponto de passar a depender do Estado e, assim, prejudicar o sistema de consumo.

Um exemplo de mecanismo é o *Fresh Start,* que consiste basicamente no perdão total ou parcial das dívidas, permitindo ao devedor que recupere seu *status* econômico--social, sendo que tal medida, de fato, preserva o mercado, muito embora, não verifique a preocupação do Estado com a implementação de uma mudança de mentalidade por parte do consumidor, de modo a prevenir, ou evitar, que volte a inadimplir nos mesmos moldes, ou seja, sem capacidade de se programar economicamente, de modo a evitar nova insolvência.

Nesse comparativo, analisa-se os diferentes sistemas utilizados nos países da *Civil Law*, como é o caso de Portugal, França, Bélgica, Brasil e outros Estados, nos quais constatam-se modelos de prevenção ao superendividamento do consumidor, sobretudo de cunho pedagógico, objetivando salvaguardar e modificar a mentalidade do indivíduo.

Trata-se aqui de um método voltado à reeducação financeira e ao adimplemento, construindo-se um plano de pagamento coletivo, visando o conjunto dos credores, do mesmo devedor, ante o universo dos débitos até então apresentados.

Não há um perdão das dívidas, mas, sim, um plano a ser apresentado pelo devedor no qual irá garantir um ajustamento das dívidas, e a ressalva de sua renda mínima a fim de assegurar suas necessidades básicas.

Sob a perspectiva ora em foco, é, razoavelmente, o que a Lei 14.181/2021 trouxe para o sistema jurídico brasileiro, ao efetuar as significantes modificações que introduziu no Código de Defesa do Consumidor brasileiro, por muitos festejado como o melhor diploma da espécie de todo o mundo.

> Conforme alhures mencionado, no Brasil, também foram concebidas duas fases, como no *Code de la Consommation* francês, uma conciliatória (pré ou parajudicial) e uma necessariamente judicial, igualmente dividida em dois momentos: a) fase de revisão e integração dos contratos individualmente, com a análise de eventuais abusos e nulidades porventura existentes; e b) fase de plano coletivo e compulsório do conjunto de dívidas (art. 104-B), preservando-se o mínimo existencial e o pagamento iniciado somente após o pacto conciliatório acordado com os demais credores. (CNJ, 2022)

Foi no âmbito do sistema francês que o legislador brasileiro buscou os modelos que vieram a ser introduzidos no nosso país e, não sem motivo, aqui não foi copiada a terminologia "sobreendividamento" do sistema português, no seio do qual há a atribuição patológica de responsabilidade pelo caótico quadro financeiro, ao próprio inadimplente.

É bom que se diga, no âmbito de alguns modelos (europeus), o fenômeno do exacerbado endividamento chega a ser reputado como uma conduta até mesmo doentia, fruto que pode resultar de um descontrolado ímpeto advindo de anseios das mais variadas origens, isso sem olvidar de levar em conta, evidentemente, o poder de persuasão da propaganda, a qual, cada dia mais lastreada em premissas técnicas e cientificas, consegue alcançar e manipular o inconsciente coletivo, por via da publicidade comercial.

Mesmo desconsiderando a extremada visão acima apenas referida, todavia, é preciso afirmar que no modelo por aqui adotado, diferentemente do que ocorre em outros sítios, o superendividamento não é visto como uma exclusiva falha pessoal do devedor, pois o sistema de consumo, na verdade, com suas técnicas agressivas de publicidade dos produtos, promete a ampla felicidade do espectador, introduzindo-o por qualquer meio propiciado pelo mercado, à aquisição dos bens divulgados.

Em apertada síntese, destacam-se as seguintes inovações trazidas pela novel legislação:

a) delimitou, para fins do tratamento previsto na lei, o conceito de superendividamento (art. 54-A);

b) estabeleceu um procedimento para facilitar o pagamento das dívidas, por meio de audiências de conciliação com todos os credores, além da possibilidade de revisão dos contratos (arts. 104-A a 104-C);

c) inseriu novos princípios, no que pertine à Política Nacional das Relações de Consumo, tais como o fomento de ações direcionadas à educação financeira e ambiental a fim de evitar a exclusão social do consumidor (art. 4º);

d) previu novos instrumentos para a execução dessa política nacional, ao positivar a necessidade de se criarem núcleos de conciliação e mediação de conflitos de superendividamento (art. 5º).

Esses novos paradigmas objetivam a regulação do crédito responsável e instrumentalizam suportes aos consumidores, principalmente de natureza preventiva, visando restabelecer seu status de cidadão ativo no mercado e retomar sua capacidade de consumo.

4. A NECESSÁRIA MUDANÇA DE MENTALIDADE

O superendividamento é um problema social que suplanta a mera esfera individual do consumidor, pois acarreta consequências para toda a cadeia de consumo: gera a exclusão social do indivíduo, a diminuição de circulação de bens no comércio, reduz a produção nas indústrias, e reflete no próprio Estado, pois quanto maior o índice de endividados em um país, maior é o risco para investidores internacionais, bem como para o mercado interno e, via de consequência, para a arrecadação de tributos.

Além disso, é preciso considerar que o superendividamento ultrapassa o mero inadimplemento ou dificuldades de solubilidade de uma dívida, pois se revela mediante um conjunto de adversidades as quais comprometem a sobrevivência da pessoa e de sua família.

Por conta disso, as soluções para questões relacionadas a esse fenômeno não se restringem à atuação técnico-jurídica, ou isolada do Poder Judiciário, exigindo uma espécie de "intervenção global", consistente num conjunto de ações a serem desempenhadas por vários segmentos sociais e instituições.

Bem por isso, como visto no tópico anterior, o modelo legislativo adotado pelo Brasil não admite o perdão das dívidas, mas oferece um procedimento que facilita o adimplemento dos débitos de consumo e intensifica a necessidade de uma educação financeira.

A novel legislação exige uma mudança de mentalidade. Pretende-se passar de uma cultura de inadimplência para uma cultura de cumprimento das obrigações e incentivo às práticas consensuais de solução de conflitos.

Para tanto, a Lei 14.181/2021, levou em consideração três premissas básicas, as quais devem ser interpretadas de forma sistemática: a boa-fé, a exceção à ruína e o dever de cooperação.

A *boa-fé*, no âmbito da novel legislação, consiste na observância acerca dos legítimos interesses que levaram cada uma das partes a firmar o contrato, em observância ao próprio equilíbrio inerente à relação consumerista.

De forma ostensiva, a boa-fé é mencionada no art. 54-A, do CDC, o qual traz o conceito de superendividamento:

Art. 54-A, § 1º Entende-se por superendividamento a impossibilidade manifesta de o consumidor pessoa natural, de boa-fé, pagar a totalidade de suas dívidas de consumo, exigíveis e vincendas, sem comprometer seu mínimo existencial, nos termos da regulamentação (Brasil, 1990).

Verifica-se, assim, que receberá a tutela do ordenamento somente aquele consumidor que atuou com boa-fé contratual, aplicando-se, aqui, a presunção de que o crédito objeto da dívida foi contratado com a intenção de pagar.

No que se refere à *exceção à ruína*, a concepção é trazida da própria doutrina contratualista. De acordo com Bruno Miragem:

> Como desdobramento ou derivação da teoria da base objetiva do negócio jurídico, a 'exceção da ruína' tem como fundamento a boa-fé objetiva e está baseada nos deveres de lealdade e cooperação das partes contratantes, impedindo que, em razão de alteração das circunstâncias (desde que objetivas e nunca subjetivas) o patrimônio de um dos contratantes seja sacrificado de forma tal que ele seja levado à ruína (falência). [...] Desse modo, a exceção da ruína caracteriza-se como uma espécie de exceção liberatória do devedor, impondo às partes um dever de adaptação do contrato às novas circunstâncias da realidade, com a finalidade de manter a relação jurídica sem a quebra do sistema, sendo exigível o dever de cooperação mútua para modificar o contrato de modo menos gravoso às partes (Miragem, 2018).

No âmbito do superendividamento, a adoção dessa teoria é expressada, destacadamente, nos arts. 104-A a 104-C, os quais permitem ao juiz, após a tentativa de conciliação, revisar e/ou integrar os contratos que são objeto do pedido de repactuação de dívidas.

A *cooperação*, por sua vez, impõe um dever, a todos os envolvidos, de tentar repactuar, de cooperar ativamente para auxiliar o consumidor a evitar o estado de irremediável inadimplência.

Esse instituto, sem dúvida, pode ser considerado a pedra de toque do novo sistema introduzido para o tratamento do superendividamento.

Ao estabelecer (i) uma fase conciliatória obrigatória (art. 104-A), (ii) penalidades para o credor que deixar de comparecer, injustificadamente, à audiência de conciliação (art. 104-A, § 2º), (iii) deveres ao consumidor, quando aprovado o plano de pagamento (art. 104-A, § 4º, IV), e (iv) priorizar o pagamento àqueles credores que fizeram acordo, o legislador reforça a importância das práticas autocompositivas, o que pressupõe o engajamento de todos os atores implicados no superendividamento.

Percebe-se, com isso, que, embora numa primeira leitura possa parecer que a Lei 14.181/2021 trouxe apenas benefícios ao consumidor, uma análise um pouco mais acurada e a interpretação sistemática dessas três categorias – boa-fé, exceção à ruína e cooperação, permitem extrair que a intenção legislativa foi proteger o próprio sistema de consumo.

Essa concepção, como dito, reclama o amadurecimento de todos os operadores do direito, no sentido de compreender que as práticas autocompositivas consubstanciam uma realidade irreversível, ao menos no ordenamento jurídico brasileiro, pois a Resolução 125/2010 – CNJ, a Lei 13.140/2015 (Lei de Mediação) e o Código de Processo Civil de 2015, formam o microssistema que fornece todos os fundamentos suficientes para a efetiva concretização dos serviços de mediação e de conciliação, ou seja, o incremento dos Métodos Mais Adequados de Resolução de Conflitos (Grinover, 2015).

E a Lei do Superendividamento confirma que, felizmente, caminha-se, a passos largos e firmes, para a consolidação de uma nova visão acerca dos mais variados métodos de solução de conflitos, que não mais os reputa apenas como campo de batalha entre as partes. As leis exigem, cada vez mais, personagens atuantes com perfis colaborativos, proativos, habilitados a se utilizarem das ferramentas autocompositivas como verdadeiros vetores na busca da tão desejada paz social e da concretização da dignidade da pessoa humana.

5. CONSIDERAÇÕES FINAIS

Como mencionado no início desta resenha, a temática alusiva ao superendividamento, dada a multiplicidade de fatores que o circunda e os muitos reflexos desse problema em diversos segmentos da sociedade, reclama um trabalho constante, pois o fenômeno amplia-se no contexto mundial, o que demanda um planejamento sistemático e permanente de ações e iniciativas, a bem de salvaguardar o próprio sistema.

Com êxito, o legislador brasileiro promoveu a edição de um normativo, a Lei 14.181/2021, o qual, sem embargos, representa um marco importantíssimo em matéria tanto do direito do consumidor, quanto de proteção ao sistema de consumo.

Ao promover a atualização do CDC para dispor, destacadamente, sobre a concessão do crédito responsável, e do tratamento e prevenção do superendividamento, comtemplaram-se mecanismos hábeis a fazer frente a essa grave questão de ordem social, a qual suplanta o alcance e o propósito imediato das meras soluções de ordem eminentemente legal.

Pretende-se evitar a exclusão social do elemento, o que significa garantir dignidade às pessoas, pois o consumo consciente, o acesso a bens e serviços, em especial os essenciais, representa, no mundo contemporâneo, a concretização dos direitos fundamentais, proporcionando um senso de pertencimento à nossa sociedade globalizada.

Reforça-se, uma vez mais, que o sucesso das medidas previstas na Lei 14.181/2021 reclama o engajamento de todos os atores envolvidos, não somente mediante o incremento de iniciativas e projetos, mas, principalmente por intermédio da promoção do aperfeiçoamento da cultura consumerista, com uma consistente mudança de mentalidade, consubstanciada na compreensão de que, muito além de facilitar a recondução do devedor, o objetivo é preservar e manter a higidez do mercado de consumo, como um todo, resguardando-se o próprio *establishment*, a contar de práticas responsáveis, adequadas e atentas a boa-fé de todos os atores do sistema.

REFERÊNCIAS

BAUDRILLARD, J. *A sociedade de consumo*. Trad. Artur Morão. Lisboa: Edições 70, 1995. ISBN 972-44-0776-4.

BAUMAN, Z. *Vida para consumo*: A transformação das pessoas em mercadoria. Tradução de Carlos Alberto Medeiros. Rio de Janeiro: Zahar, 2008.

BORJA, S. D. S. F. D. F. *O superendividamento dos consumidores brasileiros*: a imprescindível aprovação do Projeto de Lei 3515/2015 para a efetiva proteção dos seus direitos e a promoção da essencial educação. Dissertação (Mestrado) – Universidade Federal da Bahia. Salvador: [s.n.], 2020.

BRASIL. LEI 8.078, DE 11 DE SETEMBRO DE 1990. *Código de Defesa do Consumidor*, 1990.

BRASIL. Relatório Geral da Comissão de Juristas para atualização do Código de Defesa do Consumidor. *Senado Federal*, Brasília, 2012.

CANCLINI, N. G. *Consumidores e Cidadãos*: conflitos multiculturais da globalização. Rio de Janeiro: UFRJ, 1997.

CNJ, C. N. D. J. *Cartilha sobre o tratamento do superendividamento do consumidor*, 2022. Disponivel em: https://www.cnj.jus.br/wp-content/uploads/2022/08/cartilha-superendividamento.pdf.

DEBORD, G. *A sociedade do espetáculo*. Trad. Estrela dos Santos Abreu. Rio de Janeiro: Contraponto, 1997. ISBN 978-85-85910-17-4.

GRINOVER, A. P. *O Novo Código de Processo Civil*: questões controvertidas. São Paulo: Atlas, 2015. ISBN 978-85-97-00234-8.

KLEIN, S. Com 78% das famílias endividadas, taxa fica estável em março, aponta pesquisa. *CNN Brasil*, 2023. Disponivel em: https://www.cnnbrasil.com.br/economia/com-78-das-familias-endividadas-taxa-fica--estavel-em-marco-aponta-pesquisa/. Acesso em: jul. 2023.

LIMA, C. C. D. Tratamento do superendividamento e o direito de recomeçar dos consumidores. *Revista dos tribunais*, São Paulo, 2014.

LIPOVETSKY, G. *A Felicidade Paradoxal*: Ensaio Sobre a Sociedade do Hiperconsumo. São Paulo: Edições 70, 2007.

MCLUHAN, M. *Understanding Media*. London: Routhledge, 1964.

MIRAGEM, B. *Direito Civil, direito das obrigações*. 2. ed. São Paulo: Saraiva, 2018.

PRESSE, F. Banco Mundial alerta para onda de endividamento de países emergentes. *G1*, 2019. Disponivel em: https://g1.globo.com/economia/noticia/2019/12/19/banco-mundial-alerta-para-onda-de-endi-vidamento-de-paises-emergentes.ghtml. Acesso em: jul. 2023.

SERASA. Indicadores econômicos. *Serasa Experian*, 2023. Disponivel em: https://www.serasaexperian.com.br/conteudos/indicadores-economicos/. Acesso em: jul. 2023.

SERASA. Mapa da Inadimplência e Negociação de Dívidas no Brasil. *Serasa Limpa Nome*, 2023. Disponivel em: https://www.serasa.com.br/limpa-nome-online/blog/mapa-da-inadimplencia-e-renogociacao--de-dividas-no-brasil/. Acesso em: jul. 2023.

BREVE NOTA SOBRE A ATUALIZAÇÃO DO CDC PELA LEI 14.181/2021: A DIMENSÃO CONSTITUCIONAL-PROTETIVA DO MICROSSISTEMA DO CDC

Antonio Herman Benjamin

Ministro do Superior Tribunal de Justiça e Presidente da Comissão de Juristas do Senado Federal para a Atualização do CDC.

Sumário: 1. O contexto da mudança do CDC pela Lei 14.181/2021. Quanto ao crédito responsável e a ADIN 2591 – 2. O texto: as modificações principais no CDC atualizado ou reformado – 3. Conclusão – Referências.

Não podemos mais ser um país de superendividados! A Lei 14.181/2021, uma conquista coletiva, modifica esta situação e reforça os deveres de boa-fé e de lealdade na oferta e concessão do crédito ao consumidor, evitando a exclusão social que deriva do superendividamento. E para os milhões de consumidores que, especialmente em virtude da crise financeira causada pela COVID-19 e da massificação e assédio no crédito em nosso país, já caíram em estado de superendividamento, a lei que atualiza o CDC traz também instrumentos e medidas extrajudiciais e judiciais para o chamado tratamento do superendividamento do consumidor pessoa natural e de boa-fé, com um plano de pagamento, ou conciliatório ou judicial e compulsório, em caso de inexitosa a conciliação em bloco com todos seus credores.

Como já escrevi,[1] promulgado em 1990, o Código de Defesa do Consumidor (CDC) colocou o Brasil na vanguarda dos países que trataram da matéria, permanecendo como marco normativo revolucionário, uma das maiores conquistas legislativas do povo brasileiro na segunda metade do Século XX. Amplamente conhecido da população, que o reconhece como instrumento de efetiva garantia, facilitou o acesso à Justiça e fortaleceu a cidadania econômica de todos – ricos e pobres, analfabetos e cultos, urbanos e rurais. Com seu microssistema de normas, o CDC preparou o mercado brasileiro para o século XXI e consolidou uma nova ética empresarial, apoiada na visão moderna de valorização do consumidor como técnica eficaz de se diferenciar da concorrência e de ampliar a fidelidade dos clientes.

Depois de mais de 30 anos de vigência, o CDC não deixa, como qualquer lei, de ser prisioneiro de seu tempo, sequer mencionando o fenômeno importante do superendi-

---

1. Texto de BENJAMIN, Antonio Herman. Prefácio. In: MARQUES, Claudia Lima; CAVALLAZZI, Rosangela Lunardelli; LIMA, Clarissa Costa de. (Org.). *Direitos do consumidor endividado II*: vulnerabilidade e inclusão. São Paulo: Ed. RT, 2016, p. 9-12.

vidamento do consumidor pessoa física. Apesar de normas visionárias, não havia como imaginar em 1990 o crescimento exponencial e democratização do crédito, fenômeno que amplia as facilidades de acesso a produtos e serviços, superando esquemas elitistas e popularizando sofisticados contratos financeiros e de crédito. Como afirma a amiga Claudia Lima Marques, o "endividamento é um fato inerente à vida em sociedade, ainda mais comum na atual sociedade de consumo. Para consumir produtos e serviços, essenciais ou não, os consumidores estão – quase todos – constantemente endividando-se. A nossa economia de mercado seria, pois, por natureza, uma economia do endividamento. Consumo e crédito são duas faces de uma mesma moeda, vinculados que estão no sistema econômico e jurídico de países desenvolvidos e de países emergentes, como o Brasil".[2] O Banco Mundial já advertiu no *Report on the Treatment of the Insolvency of Natural Persons,* que o superendividamento em massa dos consumidores é um risco sistêmico macroeconômico.[3]

Esta nova realidade brasileira coloca a necessidade de aperfeiçoar os mecanismos existentes de apoio aos consumidores, especialmente os preventivos, com o intuito de reduzir conflitos, sobretudo no terreno do superendividamento, que merece tratamento legislativo.

Com este objetivo, o Senado Federal nomeou uma Comissão de Juristas para atualizar o CDC nestes dois temas materiais relevantíssimos e desafiadores, o comércio eletrônico e o superendividamento dos consumidores, bem como no acesso à Justiça. O objeto foi evoluir (nunca retroceder) a defesa do consumidor e, respeitando a sua estrutura principiológica, tratar estes novos e essenciais temas no corpo do Código, a evitar guetos normativos dissociados do espírito protetivo do CDC (veja PLS 283/2012, depois PL 3515/2015 na Câmara de Deputados, PL 1.805 na volta ao Senado, agora a Lei 14.181/2021).

Com os dois novo capítulos novos incluídos no CDC pela Lei 14.181/2021, o Brasil prepara-se para novos e melhores tempo a regular a prevenção e o tratamento do superendividamento do consumidor pessoa natural e ao revalorizar o microssistema do Código de Defesa do Consumidor. Mister refletir sobre a dimensão constitucional e inclusiva do tema e como o superendividamento do consumidor se insere no direito do consumidor, repetindo algumas de nossas observações no relatório final dos trabalhos da Comissão. Este artigo resume algumas das conclusões que cheguei e foram publicadas em livro,[4] agora de forma mais direta.

---

2. MARQUES, Claudia Lima. Sugestões para uma lei sobre o tratamento do superendividamento de pessoas físicas em contratos de crédito ao consumo: proposições com base em pesquisa empírica de 100 casos no Rio Grande do Sul. *Revista de Direito do Consumidor,* v. 55, p. 11-52, jul./set. 2005 (DTR\2005\814).

3. WORLD BANK. *Insolvency and Creditor/Debtor Regimes Task Force. 2014. Report on the Treatment of the Insolvency of Natural Persons.* World Bank, Washington, DC: "6…[O]ne of the lessons from the recent financial crisis was the recognition of the problem of consumer insolvency as a systemic risk and the consequent need for the modernization of domestic laws and institutions to enable jurisdictions to deal effectively and efficiently with the risks of individual over-indebtedness. The importance of these issues to the international financial architecture that has been recognized in various ways by the G-20 and by the Financial Stability Board". Disponível em: https://openknowledge.worldbank.org/handle/10986/17606. (15.07.2020).

4. Veja BENJAMIN, Antonio Herman et al. *Comentários à Lei 14.181/2021*: A atualização do CDC e matéria de superendividamento. São Paulo: Ed. RT, 2021, p. 91 e s.

1. O CONTEXTO DA MUDANÇA DO CDC PELA LEI 14.181/2021 QUANTO AO CRÉDITO RESPONSÁVEL E A ADIN 2591

Como já afirmamos no Relatório sobre a Atualização do CDC, o Código de Defesa do Consumidor (CDC) é uma lei de origem constitucional, mandada elaborar pelo próprio legislador constituinte (Art. 48 dos Atos e Disposições constitucionais transitórios) e como afirmou o Supremo Tribunal Federal na ADI 2591 é valor constitucionalmente fixado, como cláusula pétrea, garantido como direito fundamental pelo Art. 5º, XXXII da Constituição Federal de 1988 que o Estado, seja o Estado-juiz (a magistratura em todas as suas instâncias), seja o Estado-executivo (administração, Ministérios Públicos, Defensorias Públicas, Advocacia Pública, Procons estaduais e municipais, agências regulatórias) e o Estado-legislador (Senado Federal, Câmara de Deputados e demais órgãos dos legislativos estaduais e municipais) devem promover a defesa do consumidor. Daí a necessidade do ordenamento jurídico brasileiro não retroceder, mas evoluir na defesa do consumidor nesta alteração, que apesar de pontual e guiada pela ideia de uma intervenção mínima na ordem econômica (Art. 170, V da Constituição Federal) tem como diretriz o reforço na dimensão constitucional-protetiva do CDC (de acordo com o Art. 5º, XXXII. Art. 170 V e Art. 48 dos ADCT da CF/1988). Vejamos então o contexto dessa mudança, a vitória na ADIN 2591 e a proibição de retrocesso

A) A vitória da ADIN 2591 (A Adin dos Bancos) e seus reflexos na Comissão de Juristas: a valorização do microssistema do CDC

A lei 14.181/2021 que atualizou o CDC foi gestada na Comissão de Juristas do Senado Federal para a Atualização do CDC, por mim presidida e criada pelo Senador José Sarney justamente em virtude da vitória na ADIN 2591 no Supremo Tribunal Federal. Trata-se de um necessário reforço à dimensão constitucional do CDC.

O Código de Defesa do Consumidor regula o mercado de consumo brasileiro segundo linhas éticas e valorativas impostas pela Constituição Federal de 1988. Porém, como alertam os sociólogos, em nossa sociedade de informação e de crédito, poder ter acesso e participar da sociedade de consumo, ser consumidor, é estar incluído nas benesses da globalização e no esforço da sociedade brasileira de combate à pobreza, daí que o CDC tem uma importante função ou dimensão de inclusão social e de combate à exclusão da sociedade de consumo globalizada. Assegurando boa-fé, qualidade e segurança no fornecimento de produtos e serviços no Brasil, o CDC preparou a sociedade brasileira para o século XXI, mas este século trouxe a inclusão de novas massas de consumidores e novas tecnologias de contratação à distância e mais velozes, despersonalizadas ao extremo e ubíquas, daí a importância de reforçar as bases valorativas e éticas do CDC, explicitando ainda mais as funções da boa-fé e a função social dos contratos de consumo e de crédito, como forma de combater a exclusão social causada pelo superendividamento, pela falta de meios de tratamento global das dívidas do consumidor pessoa-física e da impossibilidade de acesso, assim como combater a discriminação de grupos ou pessoas com necessidades especiais, idosos, jovens, analfabetos, doentes e outros consumidores hipervulneráveis e o chamado assédio de consumo.

Este reforço da dimensão inclusiva do Código de Defesa do Consumidor, através da diretriz de inclusão social e probidade deste Projeto (PLS 283/2012, PL 3.515/2015, PL 1.805/2021 e Lei 14.181/2021) de Atualização do CDC, dá-se seja no sentido de criar instrumentos e normas novas para prevenir o superendividamento da pessoa física de boa-fé, seja no sentido de promover o acesso ao crédito responsável e à educação financeira do consumidor, seja no sentido de reforçar as iniciativas pioneiras de tratamento global em audiências conciliatórias com todos os credores para elaborar e aprovar planos de pagamento das dívidas dos consumidores superendividados e facilitar remédios judiciais, em caso de impossibilidade de acordo, seja ao estabelecer limites à publicidade de crédito, práticas comerciais e ao assédio de consumo em geral, protegendo em especial consumidores idosos, jovens, crianças e analfabetos, mantendo e expandindo as listas de práticas e cláusulas abusivas, sem mudança na sistemática do microcódigo. O princípio da boa-fé é basilar no Código de Defesa do Consumidor (Art. 4, III do CDC), daí que, a exemplo do Código Civil de 2002, não é necessário expandir a "diretriz da eticidade", mas sim esclarecer a função do CDC como instrumento de inclusão social, de combate à exclusão social e da pobreza em nosso país, assegurando o elevado grau de transparência, de boa-fé e probidade exigidos hoje. Em outras palavras, as normas projetadas visam assegurar, apesar do desenvolvimento avassalador da tecnologia, o acesso contínuo ao consumo e ao crédito, através de contratos cada vez mais leais e transparentes, evitando a exclusão de grande parte da população e também combatendo a exclusão social causada pelo o superendividamento, mas, caso este ocorra, assegurando o retorno do consumidor à sociedade de consumo, com a elaboração do devido plano de pagamento, preservado o mínimo existencial, logo, mantido o equilíbrio dos contratos realizados.

Em meu discurso sobre o texto e o trabalho realizado pela Comissão de Juristas do Senado Federal afirmei:

"O objeto é evoluir (nunca retroceder) a defesa do consumidor e, respeitando a sua estrutura principiológica, tratar estes novos e essenciais temas no corpo do Código, a evitar guetos normativos dissociados do espírito protetivo do CDC. Concluídas as propostas básicas de atualização, que seguiram modelos adotados na União Europeia e em outros países com tradição nestes campos, a Comissão de Juristas decidiu submetê-las a amplo debate, democrático e transparente, para que a comunidade jurídica, em todas suas carreiras, os órgãos públicos e associações de consumidores, e o setor empresarial, pudessem opinar e enviar sugestões, através de Audiências Públicas e técnicas, que foram ponderadas em mais de 30 reuniões ordinárias. Os textos ... traduzem em cada um dos seus dispositivos a participação e colaboração técnica de dezenas de especialistas nas matérias enfrentadas, aproveitando, ademais, de soluções e experiências exitosas nacionais e internacionais. Duas premissas orientaram os trabalhos da Comissão. Primeiro, que a atualização tem como objetivo somente acrescentar, nunca reduzir a proteção ao consumidor no Brasil. Daí porque o aperfeiçoamento legislativo foi tematicamente delimitado, restringindo-se aos pontos em que, segundo consenso geral, o CDC precisa ser ajustado para melhor proteger os consumidores e o próprio mercado de consumo. Segundo, que os acréscimos devem, na medida do possível, respeitar a estrutura principiológica e geral do CDC, deixando para eventual legislação especial o detalhamento da regulação. A experiência brasileira recomenda que matérias que sejam da essência das relações de consumo (como o crédito, o superendividamento e o comércio eletrônico) façam parte do corpo do CDC e beneficiem-se de sua estabilidade legislativa e principiologia microssistêmica. Evita-se, dessa maneira, que se formem, pela especialização, novos microssistemas, verdadeiros guetos normativos, divorciados, e até antagônicos ao espírito e letra do CDC. A opção por capítulos e seções novas no Código, sugerida pelas associações e órgãos de defesa do consumidor, segue esta lógica. Claro, a adoção de um modelo de regulação por princípios e normas gerais sempre enfrentará a inevitável crítica ao legislador de ter dito muito menos do que seria necessário, abrindo espaço para a insegurança jurídica e a desnecessária judicialização em resposta à omissão legislativa."

A Comissão de Juristas do Senado Federal para a Atualização do CDC, que tive a honra de presidir e que contou com a ajuda da Relatora-Geral, Dra. Claudia Lima Marques (UFRGS), da saudosa mestre e amiga, Presidente da Comissão de Elaboração do Anteprojeto de CDC, a Profa. Dra. Ada Pellegrini Grinover, assim como do Dr. Kazuo Watanabe, do Dr. Roberto Augusto Pfeiffer (todos da USP) e do Dr. Leonardo Roscoe Bessa (MPDF agora TJDF), e como assessor especial, do Dr. Wellerson Pereira, trabalhou um ano e meio até o dia 30 de março de 2012 (Ato 206/2011) com a competente ajuda da secretaria do Senado Federal.[5] Apresentou 3 anteprojetos que foram democraticamente discutidos na sociedade civil antes mesmo de serem apresentados ao Senado Federal para se tornarem os projetos: A Comissão coorganizou e realizou, com grande repercussão, 8 (oito) audiências públicas, nas cidades do Rio de Janeiro, Belo Horizonte, Cuiabá, Recife, duas em Porto Alegre, Belém e São Paulo, e ainda participou de audiência pública conjunta da Câmara de Deputados e Senado Federal em Brasília.

B) As diretrizes da Comissão de Juristas do Senado Federal: a proibição de retrocesso

Esta vitória consolida-se no Senado Federal, em 2010, quando nomeia uma Comissão de Juristas para atualizar o CDC em dois temas materiais desafiadores, o superendividamento dos consumidores (PLS 283/2012) e o comércio eletrônico (PLS 2081/2012), pois o tema do acesso à justiça (PLS 282/20212 não evoluiu no Senado). Tive a honra de ser Presidente desta Comissão. Como mencionei, o objeto foi evoluir (nunca retroceder) a defesa do consumidor e, respeitando a sua estrutura principiológica, tratar estes novos e essenciais temas no corpo do Código, a evitar guetos normativos dissociados do espírito protetivo do CDC (veja PLS 283/2012, depois PL 3.515/2015 na Câmara de Deputados, PL 1.805 na volta ao Senado, agora a Lei 14.181/2021).

A Lei 14.181/2021, além de modificações pontuais em algumas normas (arts. 4º, 5º, 6º, 51) inclui dois capítulos novos no CDC. No título I, dos direitos do consumidor,

---

5. O Ato 312/2010 da Presidência do Senado Federal designou como assessores: "Designar o Consultor Legislativo Humberto Lucena Pereira da Fonseca... para assessorar a Comissão de Juristas incumbida de oferecer subsídios para o aperfeiçoamento do Código de Defesa do Consumidor, criada pelo Ato do Presidente 308, de 2010, e o servidor Gláucio Ribeiro De Pinho... para secretariar seus trabalhos." O consultor foi substituído em 2011 pelo Consultor Legislativo Leonardo Garcia Barbosa (Ato 172/2011).

introduz o capítulo VI-A, intitulado "Da prevenção e do tratamento do superendividamento, dos Art. 54-A a 54-G, antes das sanções administrativas e , no título III da Defesa do consumidor em juízo, introduz o capítulo V, intitulado "Da conciliação no superendividamento", com os artigos 104-A a 104-C.

O projeto da Comissão de Juristas procurou sempre incluir novos direitos e evitar qualquer retrocesso. No relatório da Comissão de Juristas se lê texto da lavra de Antônio Herman Benjamin sobre a *proibição de retrocesso*: "O CDC espelha uma evolução legislativa gradual, mas progressiva – da desproteção rumo à proteção retórica e, desta, na direção da proteção efetiva e abrangente –, que ganhou corpo em 1990, mas que não se encerra aí. Por óbvio, cuida-se de evolução unidirecional (= progresso) em vez de involução (= retrocesso) no patamar das garantias asseguradas aos consumidores, tanto à sua dignidade, saúde e segurança, como ao seu patrimônio. Nesse microssistema, sem a regulação do comércio eletrônico, do crédito e do superendividamento, a proteção do consumidor transforma-se, naquilo que diz respeito a dois temas centrais do mercado atual, em um *nada-jurídico*, uma promessa vazia que certamente não esteve, nem poderia estar, no desígnio do constituinte de 1988, muito menos na esperança de dias melhores dos consumidores-beneficiários da sua obra legiferante. Nunca é demais recordar que vivemos em uma era de afirmação de direitos estatuídos, que despreza e repele a *instituição teatral* e o *uso ornamental* das normas, notadamente da Constituição. É em tal acepção que se vem a afirmar que esses três institutos integram, indubitavelmente, o "núcleo duro" do nosso *Direito do Consumidor,* na perspectiva da necessidade (ou inevitabilidade) de sua inclusão expressa no microssistema. Inclusão essa que, a ser feita pelo legislador, demandará que se observe o *princípio da proibição de retrocesso* (ou da não regressão), acolhido, implicitamente, pelo texto constitucional de 1988 e que aqui nada mais merece que uma referência apressada e superficial.[6] Se o *progresso*, como ideia-chave da modernidade e do próprio processo civilizatório, exerce uma dominação irresistível – um dogma, até –, nas instituições políticas e no instrumental jurídico que lhes dão suporte, ao ponto de se considerar, por razões evidentes, uma aberração a mera hipótese de queda nos padrões de renda, emprego e consumo da população (o pecado do declínio), nada mais justo que os controles legislativos e mecanismos de salvaguarda da integridade físico-psíquica e patrimonial do consumidor também se beneficiem desse "caminhar somente para a frente". É a perspectiva de "que a civilização moveu-se, move--se e se moverá numa direção desejável", conforme resume J. B. Bury, em sua clássica

---

6. Sobre o tema, na doutrina brasileira, cf. SARLET, Ingo Wolfgang. *A Eficácia dos Direitos Fundamentais*: Uma Teoria Geral dos Direitos Fundamentais na Perspectiva Constitucional. 10. ed. Porto Alegre: Livraria do Advogado Editora, 2009 DERBLI, Felipe. *O Princípio da Proibição de Retrocesso Social na Constituição de 1988.* Rio de Janeiro: Renovar, 2007; PINTO E NETTO, Luísa Cristina. *O Princípio de Proibição de Retrocesso Social.* Porto Alegre: Livraria do Advogado Editora, 2010; FILETI, Narbal Antônio Mendonça. *A Fundamentalidade dos Direitos Sociais e o Princípio da Proibição de Retrocesso Social.* São José: Conceito Editora, 2009; CONTO, Mário De. *O Princípio da Proibição de Retrocesso Social*: Uma Análise a Partir dos Pressupostos da Hermenêutica Filosófica. Porto Alegre: Livraria do Advogado Editora, 2008.

obra do início do Século XX;[7] ou que a humanidade "avançou no passado, continua avançando agora, e, com toda probabilidade, continuará a avançar no futuro próximo".[8] A partir dessa ideia-chave, surge o princípio da proibição de retrocesso, que expressa uma "vedação ao legislador de suprimir, pura e simplesmente, a concretização da norma constitucional que trate do núcleo essencial de um direito fundamental" e, assim, impedir, dificultar ou inviabilizar "a sua fruição, sem que sejam criados mecanismos equivalentes ou compensatórios".[9] Apesar de não se encontrar expressamente consagrada na nossa Constituição, nem em normas infraconstitucionais, e não obstante sua imprecisão, compreensível em institutos recentes e ainda em pleno processo de consolidação, a proibição de retrocesso é um *princípio geral do Direito do Consumidor*, que pode ser invocado na avaliação da legitimidade de iniciativas legislativas destinadas a reduzir o patamar de tutela legal do sujeito vulnerável no mercado de consumo, sobretudo naquilo que afete sua dignidade, segurança e esfera patrimonial. Desnecessário, aqui, debater os contornos mais precisos do princípio. Ainda a evoluir doutrinária e jurisprudencial, se nele se encontra uma conformação estática e absoluta ou, ao contrário, uma realidade dinâmica e relativa. Neste último caso, obediente a "um controle de proporcionalidade", o que interditaria, "na ausência de motivos imperiosos" ou justificativa convincente, uma diminuição do nível de proteção jurídica, com a lógica consequência de exigir do legislador uma cabal motivação ou demonstração de inofensividade da regressão operada – a manutenção do *status quo* de tutela dos bens jurídicos em questão. Isto é, a equivalência material entre a fórmula legal anterior e a proposta deve ser atestada, "a necessidade de uma modificação, demonstrada, a proporcionalidade de uma regressão, apreciada", abrindo-se, para juiz, "fiel aos valores que fundam nosso sistema jurídico", a possibilidade de controlar esses aspectos, o que não é o mesmo que "se imiscuir nas escolhas políticas".[10] Pretender reduzir o patamar de tutela jurídica do consumidor em época que demanda a sua valorização, nada mais significa que retroceder na roda do tempo, nos avanços do diálogo entre mercado, dignidade da pessoa humana, solidariedade, boa-fé e função social do contrato, diálogo este tingido e entrelaçado que está na malha da Constituição e da legislação que a densifica. No mínimo despertaria perplexidade qualquer iniciativa nessa linha, ao posicionar e direcionar, em sentidos opostos e com diferentes graus de garantia, o rumo do progresso material e o rumo do progresso da proteção dos sujeitos vulneráveis (mais ainda os hipervulneráveis) na relação de consumo. Nesses termos, inimaginável admitir-se como ético, viável ou sustentável o progresso material na vida humana sem que se afiance, por igual, o progresso nos patamares de proteção das bases éticas da vida. Os instrumentos do Direito do Consumidor, no caldo dos múltiplos matizes de origem, filiação filosófica e objetivos,

---

7. BURY, J. B. *The Idea of Progress*: An Inquiry into its Origins and Growht. London: Macmillan and Co., 1920, p. 2.

8. NISBET, Robert. *History of the Idea of Progress*. New Brunswick: Transaction Publishers, 2008, p. XI.

9. DERBLI, Felipe. Op. cit., p. 298.

10. Cf. HACHEZ, Isabelle. *Le Principe de Standstill dans le Droit des Droits Fondamentaux*: une Irréversibilité Rélative. Bruxelles: Bruylant, 2008, p. 658-660.

ostentam variegadas referências de prestígio e eficácia. Há, entre eles, os que atuam no coração da disciplina, primários, e os que representam um papel auxiliar, os instrumentais. Consequentemente, nesse "centro primordial", "ponto essencial", "núcleo duro" ou "zona de vedação reducionista" do CDC, o desenho legal infraconstitucional, uma vez recepcionado pela Constituição, com ela se funde, donde a impossibilidade de anulá-lo ou afrouxá-lo substancialmente, sem que com isso se fira ou mutile o próprio conteúdo e sentido da norma maior. É a repulsa às normas infraconstitucionais que, desinteressadas em garantir a *máxima* eficácia dos direitos constitucionais fundamentais, não se acanham e são rápidas ao negar-lhes o *mínimo* de eficácia. É pressuposto da proibição de retrocesso que os mandamentos constitucionais "sejam concretizados através de normas infraconstitucionais", daí decorrendo que a principal providência que se pode "exigir do Judiciário é a invalidade da revogação de normas", sobretudo quando tal tornar sem efeito ocorre desacompanhado "de uma política substitutiva ou equivalente", isto é, deixa "um vazio em seu lugar", a saber, "o legislador esvazia o comando constitucional, exatamente como se dispusesse contra ele diretamente".[11] Lembre-se, finalmente, que a aplicação do princípio da proibição de retrocesso no Direito do Consumidor não carreia as fortes objeções orçamentárias que incendeiam o debate em outros campos (basta lembrar o dilema da previdência social); o que se espera, na maior parte dos casos, é um *facere* ou *non facere* dos fornecedores, representados, na proteção jurídica do consumidor, normalmente como um "bem informar" e um "bem resguardar a dignidade". O maior investimento, por conseguinte, não é em *dispêndio* de escassos recursos financeiros estatais, que competem com outras prioridades do Estado, mas em valorização do consumidor por meio de obrigações intangíveis, de caráter não financeiro, a cargo dos fornecedores. Cumprir o princípio da proibição de retrocesso, em tal cenário, não acrescenta custos ao Poder Público. Claro, não se trata aqui de pretender conferir caráter absoluto ao princípio da proibição de retrocesso, sendo um exagero admitir tanto a liberdade irrestrita do legislador, como, no âmbito de sua autonomia legislativa, vedar-lhe inteiramente um certo grau de revisibilidade das leis que elabora e edita. Especificamente, no caso do CDC, a pergunta que sempre se fará será a seguinte: as alterações legislativas ampliam as garantias do sujeito vulnerável? Asseguram a proteção eficaz do núcleo duro de seus direitos? Estabelecem, naquilo que se revisa ou modifica, alternativas técnicas capazes de alcançar os mesmos ou melhores resultados da norma revogada? Reduzem ou mantêm o grau de dificuldade de implementação, bem como de cobrança administrativa e judicial (os chamados custos de transação)?"[12]

Caminhar para frente foi o que fez a Lei 14.181/2021 ao atualizar o CDC, realmente um grande avanço, sem nenhum retrocesso. Não houve retrocesso no texto, não porque agora retroceder na regulamentação – que se torna inconstitucional e viola a própria Lei, como o faz o Decreto 11.150/2021. Vejamos estas modificações no CDC.

---

11. BARROSO, Luís Roberto. *Interpretação e Aplicação da Constituição*: Fundamentos de uma Dogmática Constitucional Transformadora. 7. ed. São Paulo: Saraiva, 2009, p. 380-381.
12. SENADO FEDERAL, Relatório, p. 35 -38.

2. O TEXTO: AS MODIFICAÇÕES PRINCIPAIS NO CDC ATUALIZADO OU REFORMADO

A atualização do CDC em matéria de superendividamento na Lei 14,181,2021 para a prevenção e tratamento do superendividamento tem como fim "evitar a exclusão social" destes consumidores, consolidando os mandamentos constitucionais da ADIN 2591, que poderíamos afirmar trazem para o CDC ainda mais paradigmas de um Direito Privado Solidário de proteção dos mais vulneráveis, no caso os consumidores superendividados.[13]

A) Reforço da dimensão constitucional-protetiva do microssistema do CDC

A atualização do CDC pela Lei 14.181/2021 traz como diretriz o reforço na dimensão constitucional-protetiva do CDC (de acordo com o Art. 5º, XXXII, Art. 170 V e Art. 48 do ADCT da CF/1988).

Este reforço da dimensão constitucional-protetiva do Código de Defesa do Consumidor, através destes anteprojetos de leis [PLS 281/282 e 283/2021], dá-se seja no sentido de manter a sistemática do microcódigo intacta e preservada, apenas incluindo seções e capítulos novos e os mais necessários para preparar o CDC para a nova realidade da sociedade, do mercado e da economia brasileira, seja reforçando a sua aplicação *ex officio* pelo Poder Judiciário e Administração, seja frisando a interpretação e integração de todas as normas, não somente as de defesa do consumidor, mas as normas em geral a favor do consumidor, presumido vulnerável e parte fraca da relação de consumo frente ao fornecedor de produtos e serviços, públicos e privados, nacionais e internacionais, assim reforçando o diálogo das fontes (Art. 7º do CDC) sob a luz da Constituição e garantindo que direitos e prazos maiores presentes em outras leis e tratados serão utilizados a favor dos consumidores, seja assegurando melhores instrumentos de segurança, igualdade e privacidade na contratação a distância e na Internet, e de preservação do mínimo existencial ao consumidor superendividado, seja reforçando o acesso do consumidor à justiça, garantindo um foro privilegiado, sua defesa coletiva e evitando arbitragens compulsórias, nacionais ou internacionais.

Por fim, como resume Claudia Lima Marques a Lei 14.181/2021:

> é um verdadeiro 'divisor de águas' do Direito Privado ao revalorizar o microssistema do CDC, em tempos de 'Liberdade Econômica' e crise, sistematizando no Código as normas sobre os novos paradigmas de informação, de concessão responsável de crédito, que preserve o mínimo existencial e previna o superendividamento, aumentando os direitos do consumidor, incluindo a educação financeira, a preservação do mínimo existencial, a revisão e a repactuação da dívida, enfim reconhecendo o superendividamento (individual) do consumidor como um fator de exclusão social e um problema coletivo de política econômica e jurídico que deve ser tratado como qualquer outro mal da sociedade de consumo, com boa-fé, com informação e esclarecimentos específicos, com restrições para o marketing agressivo, com cooperação e cuidado para com os leigos, combatendo as práticas comerciais abusivas e o assédio de consumo, possibilitando identificar erros e fraudes, cooperando para o bom

---

13. MARQUES/MIRAGEM. O *Novo Direito Privado e a proteção dos vulneráveis*, p. 26.

fim dos contratos que são seus pagamentos, enfim, reforçando a prevenção do superendividamento do consumidor pessoa física. Também ao trazer novos paradigmas e instrumentos processuais de tratamento extrajudicial e judicial do superendividamento e de proteção da dignidade do consumidor pessoa natural e ao valorizar os órgãos públicos do Sistema Nacional de Defesa do Consumidor, os PROCONs e as Defensorias Pública, sempre ao lado do Ministério Público e dos Tribunais, em especial dos CEJUSCs, para destacar o trabalho de conciliação em bloco entre o consumidor superendividado e todos os seus credores, para a elaboração de um plano de pagamento. A Lei 14.181/2021 visa fomentar núcleos de conciliação e mediação de conflitos oriundos de superendividamento, do consumidor pessoa natural (ou física, que não se beneficiava do privilégio da falência). Inova também ao estabelecer o tratamento judicial para os casos em que a conciliação não for exitosa com algum credor, criando o 'processo por superendividamento' e as figuras do 'administrador' e do plano judicial compulsório. São importantes novidades e novos paradigmas que merecem uma análise detida e contextualizada para que possam ser bem compreendidos. Para que se compreenda a Lei 14.181/2021 é necessário introduzir o contexto social, econômico e constitucional em que se insere e a noção de superendividamento.[14]

Como afirmamos no relatório:

A ADIN 2591, a prática jurisprudencial brasileira e as Resoluções do DPDC-MJ, assim como as dificuldades da as ações coletivas sobre poupança popular foram usadas como modelo para as regras dos artigos 5º, 6º, 51 e 27-A do PL 283/2012. No capítulo sobre prevenção e tratamento, o princípio foi o da boa-fé e lealdade e o modelo principal foi a Diretiva Europeia e a lei sul-africana sobre inclusão bancária. Quanto ao modelo do capítulo de conciliação, o projeto tem também como a base a boa-fé e o dever de cooperar para evitar a ruína do consumidor (exceção da ruína), decorrendo diretamente da prática brasileira desenhada pelas magistradas Clarissa Costa de Lima e Karen Bertoncello, quando alunas do Mestrado do PPGD UFRGS. A inspiração de direito comparado é o modelo francês, mas o PL 283/2012 não trazia a parte judicial, nem o perdão de dívidas do modelo francês e sim aproveitava da conciliação em bloco de boa-fé desenvolvida com base nas pesquisas da UFRGS.

Segundo a doutrina do Direito Comparado, "o endividamento é um fato inerente a vida em sociedade"[15] e pode levar à exclusão social e à marginalidade,[16] daí que a maioria das sociedades dos países desenvolvidos já o regularam.[17] Agora o CDC traz claro no Art. 4, X, que as regras de ordem pública de prevenção e tratamento do superendividamento tem como finalidade o combate à exclusão social. Outro ponto importante é o direito básico, no Art. 6, X, de garantia de práticas (e não só cláusulas) de crédito responsável, permitindo o combate ao assédio de consumo (Art. 54-C, IV do CDC-Reformado). Noção de suma importância é a do mínimo existencial, que passa a ser direito básico do consumidor (Art. 6,º XI). Esta noção, criada na França, que tem a ver com a dignidade da pessoa humana, mas o mínimo existencial em matéria de crédito, apesar de ter sua

---

14. MARQUES, Claudia Lima. In: BENJAMIN et al, op. cit., p. 58-59.
15. DERRUPÉ, Jean. Rapport de synthèse. Travaux de l'Association Henri Capitant – L'endettement, *Journées Argentines*. Paris: LGDJ, t. XLVI/1995, p. 23. 1997.
16. RAMSAY, Ian. *Consumer Law and Policy*. 2. ed. Hart: Oxford, 2007, p. 579.
17. DERRUPÉ, Jean. Rapport de synthèse. Travaux de l'Association Henri Capitant – L'endettement, *Journées Argentines*. Paris: LGDJ, t. XLVI/1995, p. 23. 1997: "l'endettement est partout ... Ainsi compris, l'endettement est un fait inhérent à la vie en société. On a écrit qu'une économie de marché serait par nature une économie d'endettement, on a dit ici (Salerno) qu'une société de consommation est une société d´endettement. C'est certain".

origem na noção do direito público, seria a "quantia capaz de assegurar a vida digna do indivíduo e seu núcleo familiar destinada à manutenção das despesas de sobrevivência, tais como água, luz, alimentação, saúde, educação, transporte, entre outras".

B) Mínimo existencial e desnecessidade do Decreto regulamentador

A própria definição de superendividamento frisa como elemento principal, não a insolvência, mas sim o comprometimento ao mínimo existencial, noção constitucional sobre um mínimo de sobrevivência e dignidade do consumidor pessoa natural, que aqui se incorpora ao CDC: "Art. 54-A, § 1º Entende-se por superendividamento a impossibilidade manifesta de o consumidor pessoa natural, de boa-fé, pagar a totalidade de suas dívidas de consumo, exigíveis e vincendas, sem comprometer seu mínimo existencial, nos termos da regulamentação."

A proteção do mínimo existencial é a proteção das condições mínimas de sobrevivência do consumidor pessoa natural, logo respeita o princípio da "*dignidade da pessoa humana*" (Art. 1º, III da CF/1988), da proteção especial e ativa do consumidor (Art. 5º, XXXII da CF/1988) e concretiza o objetivo fundamental da República de "erradicar a pobreza e a marginalização e reduzir as desigualdades sociais e regionais" (Art. 3º, III da CF/1988), assim como realiza a finalidade da ordem constitucional econômica de "*assegurar a todos existência digna*" (Art. 170 da CF/1988).

No relatório do Anteprojeto da Lei 14.181/2021, que atualizou o CDC estava expressamente mencionado: O mínimo existencial, enquanto garantia "independe de expressa previsão constitucional", conforme leciona Ingo Sarlet.[18] E prossegue o autor, ensinando que "o objeto e conteúdo do mínimo existencial, compreendido também como direito e garantia fundamental, haverá de guardar sintonia com uma compreensão constitucionalmente adequada do direito à vida e da dignidade da pessoa humana como princípio constitucional fundamental." Tanto a necessidade de preservar o mínimo existencial, em especial nos contratos de crédito consignado, que retira do idoso a possibilidade de liberdade de escolha a quem pagar (despesas médicas, remédios, alimentação etc.), quanto a necessidade de reforçar o dever de informar e de esclarecimento sobre os ônus do crédito e do inadimplemento, antes da contratação, assim como a oferta prévia mantida por algum tempo, para poder o consumidor comparar ofertas e refletir melhor antes de vincular-se, devem ser levadas em consideração na proposta".[19]

Como ensina Kazuo Watanabe, "o *mínimo existencial*, além de variável histórica e geograficamente, é um conceito dinâmico e evolutivo, presidido pelo princípio da proibição de retrocesso, ampliando-se a sua abrangência na medida em que melhorem

---

18. SARLET, Ingo Wolfgang. Direitos fundamentais sociais, mínimo existencial e direito privado. *Revista de Direito do Consumidor*, São Paulo, v. 61, p. 90-125, jan./mar. 2007.

19. MARQUES, Claudia Lima e BENJAMIN, Antonio Herman. Consumer Over-indebtedness in Brazil and the need of a new consumer Bankruptcy legislation. In: RAMSAY, Iain et al (Ed.). *Consumer Over-indebtedness.* Oxford: Hart Publ, 2009, p. 156 e s.

as condições socioeconômicas do país".[20] Assim não cabe ao Decreto 11.150/2021 (ou seu Decreto atualizador) o fixar de forma única para todos os consumidores do país, seja em 303 ou 600 reais. Cada consumidor tem uma realizada, uma faixa de salário, compromissos com alimentos e dependentes diferentes, é idoso, casado, solteiro, é portador de deficiência, é arrimo de família, em suma: é diferente e tem um 'mínimo' de existência que deve ser determinado caso a caso.

3. CONCLUSÃO

Como escrevi,[21] uma lei só é boa quando sua prática é boa e orientada pelos paradigmas e princípios que a inspiraram. Como afirmou o Sr. Presidente do Senado Federal, José Sarney, na abertura dos trabalhos da Comissão de Juristas do Senado Federal para: "O sucesso do CDC é a razão para inspirar um permanente esforço legislativo, sempre no sentido de fazer avançar e de ampliar os direitos do consumidor".[22]

Espero que a Lei 14.181/2021 que atualiza o CDC para o crédito responsável, a prevenção e o tratamento do Superendividamento, seja: "um passo fundamental para superar a cultura da dívida e passar para era da cultura do pagamento, diminuindo o número de endividados instituindo o crédito responsável, reduzindo uma mazela que tem prejudicado milhões de brasileiros".

REFERÊNCIAS

BARROSO, Luís Roberto. *Interpretação e Aplicação da Constituição*: Fundamentos de uma Dogmática Constitucional Transformadora. 7. ed. São Paulo: Saraiva, 2009.

BENJAMIN, Antonio Herman et al. *Comentários à Lei 14.181/2021*: A atualização do CDC e matéria de superendividamento. São Paulo: Ed. RT, 2021.

BENJAMIN, Antonio Herman. Prefácio. In: MARQUES, Claudia Lima; CAVALLAZZI, Rosangela Lunardelli; LIMA, Clarissa Costa de. (Org.). *Direitos do consumidor endividado II*: vulnerabilidade e inclusão. São Paulo: Ed. RT, 2016.

BURY, J. B. *The Idea of Progress*: An Inquiry into its Origins and Growht. London: Macmillan and Co., 1920.

CONTO, Mário De. *O Princípio da Proibição de Retrocesso Social*: Uma Análise a Partir dos Pressupostos da Hermenêutica Filosófica. Porto Alegre: Livraria do Advogado Editora, 2008.

DERBLI, Felipe. *O Princípio da Proibição de Retrocesso Social na Constituição de 1988*. Rio de Janeiro: Renovar, 2007.

DERRUPÉ, Jean. Rapport de synthèse. Travaux de l'Association Henri Capitant – L'endettement, *Journées Argentines*. Paris: LGDJ, t. XLVI/1995, p. 23. 1997.

FILETI, Narbal Antônio Mendonça. *A Fundamentalidade dos Direitos Sociais e o Princípio da Proibição de Retrocesso Social*. São José: Conceito Editora, 2009.

---

20. WATANABE, Kazuo. Controle jurisdicional das políticas públicas mínimo existencial e demais direitos fundamentais imediatamente judicializáveis. *Revista de Processo*, v. 193, p. 13 e s., mar. 2011.
21. BENJAMIN, op. cit., p. 12.
22. Discurso do Presidente do Senado Federal, Senador José Sarney, no ato de instalação da Comissão de Juristas, em fevereiro de 2011, Brasília (DF).

HACHEZ, Isabelle. *Le Principe de Standstill dans le Droit des Droits Fondamentaux*: une Irréversibilité Rélative. Bruxelles: Bruylant, 2008.

MARQUES, Claudia Lima e BENJAMIN, Antonio Herman. Consumer Over-indebtedness in Brazil and the need of a new consumer Bankruptcy legislation. In: RAMSAY, Iain et al (Ed.). *Consumer Over-indebtedness*. Oxford: Hart Publ, 2009.

MARQUES, Claudia Lima. Sugestões para uma lei sobre o tratamento do superendividamento de pessoas físicas em contratos de crédito ao consumo: proposições com base em pesquisa empírica de 100 casos no Rio Grande do Sul. *Revista de Direito do Consumidor*, v. 55, p. 11-52, jul./set. 2005 (DTR\2005\814).

MARQUES/MIRAGEM. O *Novo Direito Privado e a proteção dos vulneráveis*. São Paulo: Ed. RT, 2012.

NISBET, Robert. *History of the Idea of Progress*. New Brunswick: Transaction Publishers, 2008.

PINTO E NETTO, Luísa Cristina. *O Princípio de Proibição de Retrocesso Social*. Porto Alegre: Livraria do Advogado Editora, 2010.

RAMSAY, Ian. *Consumer Law and Policy*. 2. ed. Hart: Oxford, 2007.

SARLET, Ingo Wolfgang. *A Eficácia dos Direitos Fundamentais*: Uma Teoria Geral dos Direitos Fundamentais na Perspectiva Constitucional. 10. ed. Porto Alegre: Livraria do Advogado Editora, 2009.

SARLET, Ingo Wolfgang. Direitos fundamentais sociais, mínimo existencial e direito privado. *Revista de Direito do Consumidor*, São Paulo, v. 61, p. 90-125, jan./mar. 2007.

WATANABE, Kazuo. Controle jurisdicional das políticas públicas mínimo existencial e demais direitos fundamentais imediatamente judicializáveis. *Revista de Processo*, v. 193, p. 13 e s., mar. 2011.

WORLD BANK. *Insolvency and Creditor/Debtor Regimes Task Force. 2014. Report on the Treatment of the Insolvency of Natural Persons*. World Bank, Washington, DC. Disponível em: https://openknowledge.worldbank.org/handle/10986/17606.

A AMPLIAÇÃO DOS DIREITOS SUBJETIVOS DO CONSUMIDOR SUPERENDIVIDADO: REFLEXÕES SOBRE A LEI 14.181/2021

Gilmar Ferreira Mendes

Doutor em Direito pela Universidade de Münster, Alemanha. Professor de Direito Constitucional nos cursos de graduação e pós-graduação do Instituto Brasileiro de Ensino, Desenvolvimento e Pesquisa (IDP). Ministro do Supremo Tribunal Federal (STF).

Sumário: 1. Introdução – 2. A proteção ao consumidor como direito fundamental – 3. Características e pressupostos da proteção do indivíduo superendividado – 4. A preservação do mínimo existencial – 5. Conclusão – Referências.

1. INTRODUÇÃO

A problemática do superendividamento tem assolado o país há muito tempo, mas, recentemente, alcançou níveis preocupantes, que ameaçam a sobrevivência de vários consumidores brasileiros. A magnitude desse fenômeno demonstrou a necessidade de se ampliar a visão do tema para além da questão da dívida contratual, buscando observá-lo como um desafio comum a todas as sociedades de consumo.

À vista disso, sobreveio, no Brasil, a Lei 14.181/2021, que instituiu um sistema binário de tratamento extrajudicial e judicial do superendividamento, não se restringindo ao aspecto meramente técnico-jurídico, mas abordando programas de prevenção e de resolução orientados por diferentes eixos: jurídico, pedagógico, psicológico e econômico-social.[1] No presente ensaio, busca-se compreender as raízes dessa novidade legislativa, sob o prisma do direito à proteção ao consumidor como um direito subjetivo a ser albergado pelo referido diploma.

Portanto, no primeiro tópico, discorre-se sobre o *status* constitucional da garantia de proteção conferida ao consumidor. Nesse particular, é analisado o direito fundamental sob a perspectiva do dever de proteção do Estado, o qual é orientado pela ideia de se tomar todas as providências necessárias, com a imposição das devidas restrições, para a concretização das garantias individuais.

No segundo tópico, adentra-se nas características e nos pressupostos previstos na lei sobre o indivíduo superendividado, sem deixar de recorrer ao direito comparado, principalmente ao arcabouço legal francês, que serviu de inspiração para a norma ora estudada.

---

1. BRASIL, CNJ. *Cartilha sobre o Tratamento do Superendividamento do Consumidor*. 2022. Disponível em: https://www.cnj.jus.br/wp-content/uploads/2022/08/cartilha-superendividamento.pdf. Acesso em: 10 maio 2023.

Já na terceira parte, examina-se a importância da preservação do mínimo existencial tratado na definição legal de superendividamento (art. 54-A, § 1º). Em conclusão, depreende-se que esse princípio requer uma interpretação conjunta dos demais princípios constitucionais para sua aplicação, de forma a expandir o seu conceito atual com base nessa novidade legislativa para salvaguardar as garantias básicas do consumidor superendividado.

2. A PROTEÇÃO AO CONSUMIDOR COMO DIREITO FUNDAMENTAL

A concepção que identifica os direitos fundamentais como princípios objetivos legitima a ideia de que o Estado se obriga não apenas a observar os direitos de qualquer indivíduo em face das investidas do Poder Público (direito fundamental enquanto direito de proteção ou de defesa – *Abwehrrecht*) mas também a garantir os direitos fundamentais contra agressão propiciada por terceiros (*Schutzpflicht des Staats*).[2] A forma como esse dever será satisfeito constitui tarefa dos órgãos estatais, que dispõem de ampla liberdade de conformação.[3]

A jurisprudência da Corte Constitucional alemã acabou por consolidar entendimento no sentido de que do significado objetivo dos direitos fundamentais resulta o dever de o Estado não apenas se abster de intervir no âmbito de proteção desses direitos, mas também de proteger esses direitos contra a agressão ensejada por atos de terceiros.[4] Tal interpretação do *Bundesverfassungsgericht* empresta, sem dúvida, uma nova dimensão aos direitos fundamentais, fazendo com que o Estado evolua da posição de adversário (*Gegner*) para uma função de guardião desses direitos (*Grundrechtsfreund oder Grundrechtsgarant*).[5]

É fácil ver que a ideia de um dever genérico de proteção alicerçado nos direitos fundamentais relativiza sobremaneira a separação entre a ordem constitucional e a ordem legal, permitindo que se reconheça uma irradiação dos efeitos desses direitos (*Austrahlungswirkung*) sobre toda a ordem jurídica.[6]

Assim, ainda que não se reconheça, em todos os casos, uma pretensão subjetiva contra o Estado, tem-se, inequivocamente, a identificação de um dever deste de tomar todas as providências necessárias para a realização ou concretização dos direitos fundamentais.[7]

Os direitos fundamentais não contêm apenas uma proibição de intervenção (*Eingriffsverbote*), mas expressam também um postulado de proteção (*Schutzgebote*). Haveria,

---

2. HESSE, Konrad. *Grundzüge des Verfassungsrechts, der Bundesrepublik Deutschland*. Heidelberg: C. F. Müller, 1995, p. 155-156.
3. Ibidem, p. 156.
4. Cf., a propósito, *BVerfGE*, 39, 1 e s.; 46, 160 (164); 49, 89 (140 e s.); 53, 50 (57 e s.); 56, 54 (78); 66, 39 (61); 77, 170 (229 e s.); 77, 381 (402 e s.). Ver, também, DIETLEIN, Johannes. *Die Lehre von den grundrechtlichen Schutzpplichten*. Berlin: Duncker & Humblot, 1998, p. 18.
5. Ibidem, p. 17 e s.
6. MÜNCH, Ingo von. *Grundgesetz-kommentar, Kommentar zu Vorbemerkung Art 1-19*, n. 22.
7. Idem.

assim, para utilizar a expressão de Canaris, não apenas a proibição do excesso (*Übermassverbote*) mas também a proibição de proteção insuficiente (*Untermassverbote*).[8]

E tal princípio tem aplicação especial no âmbito dos direitos sociais.

Nos termos da doutrina e com base na jurisprudência da Corte Constitucional alemã, pode-se estabelecer a seguinte classificação do dever de proteção:[9]

a) dever de proibição (*Verbotspflicht*), consistente no dever de se proibir determinada conduta;

b) dever de segurança (*Sicherheitspflicht*), que impõe ao Estado o dever de proteger o indivíduo contra ataques de terceiros mediante adoção de medidas diversas;

c) dever de evitar riscos (*Risikopflicht*), que autoriza o Estado a atuar com objetivo de evitar riscos para o cidadão em geral mediante a adoção de medidas de proteção ou de prevenção especialmente em relação ao desenvolvimento técnico ou tecnológico.

Discutiu-se intensamente se haveria um direito subjetivo à observância do dever de proteção ou, em outros termos, se haveria um direito fundamental à proteção. A Corte Constitucional acabou por reconhecer esse direito, enfatizando que a não observância de um dever de proteção corresponde a uma lesão do direito fundamental previsto no art. 2º, II, da Lei Fundamental.[10]

No entanto, o exercício dos direitos individuais pode dar ensejo, muitas vezes, a uma série de conflitos com outros direitos constitucionalmente protegidos. Daí fazer-se mister a definição do âmbito ou núcleo de proteção (*Schutzbereich*) e, se for o caso, a fixação precisa das restrições ou das limitações a esses direitos (limitações ou restrições = *Schranke oder Eingriff*).

O âmbito de proteção de um direito fundamental abrange os diferentes pressupostos fáticos (*Tatbeständen*) contemplados na norma jurídica (*v.g.* reunir-se sob determinadas condições) e a consequência comum, a proteção fundamental. Alguns chegam a afirmar que o âmbito de proteção é aquela parcela da realidade (*Lebenswirklichkeit*) que o constituinte houve por bem definir como objeto de proteção especial ou, em outras palavras, aquela fração da vida protegida por uma garantia fundamental.

Alguns direitos individuais, como o direito de propriedade e o direito à proteção judiciária, são dotados de âmbito de proteção estritamente normativo (*rechts – oder norm –geprägter Schutzbereich*). Nesses casos, não se limita o legislador ordinário a estabelecer restrições a eventual direito, cabendo-lhe definir, em determinada medida, a amplitude e a conformação desses direitos individuais. Acentue-se que o poder de conformar não

---

8. CANARIS, Claus-Wilhelm. Grundrechtswirkungen und Verhältnismässigkeitsprinzip in der richterlichen Anwendung und Fortbildung des Privatsrechts, *JuS*, p. 161 (163), 1989.

9. RICHTER, Ingo; SCHUPPERT, Gunnar Falke. *Casebook Verfassungsrecht*. 3. ed. München: C. H. Beck, 1996, p. 35-36.

10. Cf. *BVerfGE*, 77, 170 (214); ver também RICHTER; SCHUPPERT, *Casebook Verfassungsrecht*, op. cit., p. 36-37.

se confunde com uma faculdade ilimitada de disposição. Segundo Pieroth e Schlink, uma regra que rompe com a tradição não se deixa mais enquadrar como conformação.[11]

Em relação ao âmbito de proteção de determinado direito individual, faz-se mister que se identifique não só o objeto da proteção ("O que é efetivamente protegido?" – *Was ist (eventuell) geschützt?*), mas também contra que tipo de agressão ou restrição se outorga essa proteção (*Wogegen ist (eventuell) geschützt?*). Não integra o âmbito de proteção qualquer assertiva relacionada com a possibilidade de limitação ou restrição a determinado direito.

Isso significa que o âmbito de proteção não se confunde com proteção efetiva e definitiva, garantindo-se apenas a possibilidade de que determinada situação tenha a sua legitimidade aferida em face de dado parâmetro constitucional.

Na dimensão dos direitos de defesa, âmbito de proteção dos direitos individuais e restrições a esses direitos são conceitos correlatos. Quanto mais amplo for o âmbito de proteção de um direito fundamental, tanto mais se afigura possível qualificar qualquer ato do Estado como restrição. Ao revés, quanto mais restrito for o âmbito de proteção, menor possibilidade existe para a configuração de um conflito entre o Estado e o indivíduo.

Assim, o exame das restrições aos direitos individuais pressupõe a identificação do âmbito de proteção do direito fundamental ou o seu núcleo. Esse processo não pode ser fixado em regras gerais, exigindo, para cada direito fundamental, determinado procedimento.

Não raro, a definição do âmbito de proteção de certo direito depende de uma interpretação sistemática e abrangente de outros direitos e disposições constitucionais. Muitas vezes, a noção do âmbito de proteção somente há de ser obtida em confronto com eventual restrição a esse direito.

Não obstante, com o propósito de lograr uma sistematização, pode-se afirmar que a definição do âmbito de proteção exige a análise da norma constitucional garantidora de direitos, tendo em vista:

a) a identificação dos bens jurídicos protegidos e a amplitude dessa proteção (âmbito de proteção da norma);

b) a verificação das possíveis restrições contempladas, expressamente, na Constituição (expressa restrição constitucional) e a identificação das reservas legais de índole restritiva.

Essa ideia de restrição é quase trivial no âmbito dos direitos fundamentais. Além do princípio geral de reserva legal, enunciado no art. 5º, II, a Constituição refere-se expressamente à possibilidade de se estabelecerem restrições legais a direitos nos incisos XII (inviolabilidade do sigilo postal, telegráfico, telefônico e de dados), XIII (liberdade de exercício profissional) e XV (liberdade de locomoção), por exemplo.

---

11. PIEROTH, Bodo; SCHLINK, Bernhard. *Grundrechte* – Staatsrecht II. 21. ed. Heidelberg: [s. n.], 2005, p. 53.

Para indicar as restrições, o constituinte utiliza-se de expressões diversas, como, *v.g.*, "nos termos da lei" (art. 5º, VI e XV), "nas hipóteses e na forma que a lei estabelecer" (art. 5º, XII), "atendidas as qualificações profissionais que a lei estabelecer" (art. 5º, XIII), "salvo nas hipóteses previstas em lei" (art. 5º, LVIII). Por sua vez, no que concerne à defesa do consumidor, o texto constitucional também prevê que o Estado deve promovê-la "na forma da lei" (art. 5º, XXXII).

Essas normas permitem limitar ou restringir posições abrangidas pelo âmbito de proteção de determinado direito fundamental.

Assinale-se, pois, que a norma constitucional que submete determinados direitos à reserva de lei restritiva contém, a um só tempo, (a) uma norma de garantia, que reconhece e garante determinado âmbito de proteção e (b) uma norma de autorização de restrições, que permite ao legislador estabelecer limites ao âmbito de proteção constitucionalmente assegurado.

É preciso não perder de vista que as restrições legais são sempre limitadas. Cogita-se aqui dos chamados limites imanentes ou "limites dos limites" (*Schranken-Schranken*), que balizam a ação do legislador quando se restringe direitos individuais. Esses limites, que decorrem da própria Constituição, referem-se tanto à necessidade de proteção de um núcleo essencial do direito fundamental quanto à clareza, determinação, generalidade e proporcionalidade das restrições impostas.

Alguns ordenamentos constitucionais consagram a expressa proteção do núcleo essencial, como se lê no art. 19, II, da Lei Fundamental alemã de 1949 e na Constituição portuguesa de 1976 (art. 18º, III). Em outros sistemas, como o norte-americano, cogita-se, igualmente, da existência de um núcleo essencial de direitos individuais.

A Lei Fundamental de Bonn declarou expressamente a vinculação do legislador aos direitos fundamentais (LF, art. 1, III), estabelecendo diversos graus de intervenção legislativa no âmbito de proteção desses direitos. No art. 19, II, consagrou-se, por seu turno, a proteção do núcleo essencial (*In keinem Falle darf ein Grundrecht in seinem Wesengehalt angestatet werden*). Essa disposição, que pode ser considerada uma reação contra os abusos cometidos pelo nacional-socialismo, atendia também aos reclamos da doutrina constitucional da época de Weimar, que, como visto, ansiava por impor limites à ação legislativa no âmbito dos direitos fundamentais. Na mesma linha, a Constituição portuguesa e a Constituição espanhola contêm dispositivos que limitam a atuação do legislador na restrição ou conformação dos direitos fundamentais (cf. Constituição portuguesa de 1976, art. 18º, n. 3, e Constituição espanhola de 1978, art. 53, n. 1).

Dessa forma, enquanto princípio expressamente consagrado na Constituição ou enquanto postulado constitucional imanente, o princípio da proteção do núcleo essencial destina-se a evitar o esvaziamento do conteúdo do direito fundamental decorrente de restrições descabidas, desmesuradas ou desproporcionais.

Também entre nós coloca-se, não raras as vezes, a discussão sobre determinados direitos em contraposição a certos valores constitucionalmente protegidos. Nessa perspectiva, o Supremo Tribunal Federal (STF) já analisou casos relevantes em que se discutia as balizas inerentes à garantia de proteção ao consumidor.

No debate sobre a legitimidade das disposições reguladoras do preço de mensalidades escolares, por exemplo, reconheceu a Suprema Corte que, com objetivo de conciliar os princípios da livre iniciativa e da livre concorrência e os da defesa do consumidor e da redução das desigualdades sociais, em conformidade com os ditames da justiça social, "pode o Estado, por via legislativa, regular a política de preços de bens e serviços, abusivo que é o poder econômico que visa ao aumento arbitrário dos lucros".[12]

Além disso, no julgamento da ADPF 645 MC/DF, diversos princípios constitucionalmente protegidos, como cidadania, dignidade da pessoa humana, livre iniciativa (art. 1º, II, III e IV da CF/88), igualdade, legalidade e defesa do consumidor (art. 5º, *caput*, II e XXXII da CF/88), entre outros, foram confrontados com a intervenção do Estado na economia (arts. 174 e 192 da CF/88). No caso, discutia-se a constitucionalidade da norma do art. 2º, § 1º, incisos I e II, § 2º e § 3º, da Resolução 4.765, de 27 de novembro de 2019, do Conselho Monetário Nacional (CMN), que admitia a cobrança de tarifa pela disponibilização de cheque especial, mesmo sem utilização do serviço pelo cliente.

Na ocasião, ponderou-se o fato de vivermos em uma sociedade de consumo de massa, na qual o consumidor é direcionado a adquirir produtos para ter acesso a serviços diferenciados, por exemplo, cartão de crédito, pacotes de serviços bancários, descontos tarifários, cheque especial etc.

Segundo a Federação Brasileira de Bancos (Febraban), cerca de 80 milhões de brasileiros possuem limite de cheque especial superior a R$ 500,00 e muitos consideram essa disponibilidade como um complemento de renda, em cenário de aperto financeiro. Assim, ressaltava-se que toda essa realidade, que acaba por fomentar o superendividamento, deveria ser harmonizada com os postulados constitucionais, entre eles o da defesa do consumidor:

Art. 5º [...]

XXXII – o Estado promoverá, na forma da lei, a defesa do consumidor.

[...]

Art. 170. A ordem econômica, fundada na valorização do trabalho humano e na livre iniciativa, tem por fim assegurar a todos existência digna, conforme os ditames da justiça social, observados os seguintes princípios: [...]

V – defesa do consumidor;

[...]

Parágrafo único. É assegurado a todos o livre exercício de qualquer atividade econômica, independentemente de autorização de órgãos públicos, salvo nos casos previstos em lei.

Naquele caso, teria havido uma desnaturação da natureza jurídica da "tarifa bancária" para adiantamento da remuneração do capital (juros), de maneira que a cobrança

---

12. ADI-QO 319/DF, Rel. Min. Moreira Alves, DJ de 30.04.1993, RTJ 149, n. 3, p. 666-693.

dessa tarifa (pagamento pela simples disponibilização) camuflou a cobrança de juros, com outra roupagem jurídica, voltado a abarcar quem não utiliza o crédito efetivamente na modalidade de "cheque especial". Consequentemente, não se alterou apenas a forma de cobrança, mas a própria natureza da cobrança (juros adiantados), em aparente descumprimento ao mandamento constitucional de proteção ao consumidor (art. 170, V, da CF).

À luz dessas considerações, é necessária uma análise da alteração legislativa no Código de Defesa do Consumidor (CDC), de forma a ponderar de que maneira o núcleo das garantias constitucionais como a proteção ao consumidor, cidadania, dignidade da pessoa humana, livre iniciativa, mínimo existencial e outras são confrontadas com a livre concorrência, a liberdade econômica, a reserva do possível e a realidade nacional.

3. CARACTERÍSTICAS E PRESSUPOSTOS DA PROTEÇÃO DO INDIVÍDUO SUPERENDIVIDADO

Inicialmente, cabe destacar a inovação da Lei 14.181/2021, ao instituir um sistema binário de tratamento extrajudicial e judicial do superendividamento por iniciativa do consumidor. A manutenção da via autocompositiva pressupõe espaço e diálogo para manter as negociações efetivas e factíveis, sendo imperioso existir disponibilidade e compromisso para evitar que, no final, sem maiores digressões, haja a resposta tão somente que inexiste possibilidade de acordo, sem maiores considerações factuais.

A boa-fé é ínsita a quem se predispõe à via da conciliação/mediação, tendo em vista o disposto no art. 2º, VIII, da Lei 13.140/2015. Frise-se que o Conselho da Justiça Federal, na II Jornada de Prevenção e Solução Extrajudicial de Litígios, aprovou o enunciado 88, o qual dispõe que: "As técnicas de autocomposição são compatíveis com o exercício da jurisdição constitucional, inclusive na fase pré-processual, podendo ser aplicadas em ações de competência da Suprema Corte".

Nessa toada, o art. 6, inciso XI, do CDC traz a repactuação como uma das medidas para combater o superendividamento. O incentivo ao consumidor para renegociar diretamente suas dívidas antes de decair a um estado de ruína e a instauração da insolvência, passando para a conciliação em bloco ou um plano de pagamento, torna ainda mais vantajoso numa mudança de cultura consumerista[13] e de autocomposição.

Dessa forma, a Lei 14.181/2021 amplia o direito subjetivo do consumidor ao tratamento do superendividamento por meio da revisão e integração dos contratos de crédito e venda a prazo. Em caráter preventivo, uma única "audiência global de conciliação" (art. 104-C, § 1º), sob a supervisão dos órgãos públicos do Sistema Nacional de Defesa do Consumidor (SNDC), é responsável por reunir todos os credores do consumidor para que, através do "processo de repactuação de dívidas" (arts. 104-A e 104-C) entrem em acordo (art. 104-C, § 2º) acerca de um "plano de pagamento".

---

13. BRASIL, CNJ. *Cartilha sobre o Tratamento do Superendividamento do Consumidor*. 2022. Disponível em: https://www.cnj.jus.br/wp-content/uploads/2022/08/cartilha-superendividamento.pdf. Acesso em: 10 maio 2022.

Já em um segundo momento, caso a conciliação não seja exitosa, o art. 104-B prevê o "processo por superendividamento para revisão e integração dos contratos e repactuação das dívidas remanescentes mediante plano judicial compulsório", com revisão, integração dos contratos e elaboração do plano de pagamento, à luz dos deveres inerentes à concessão do crédito responsável do art. 54-D do CDC.

Apesar da conciliação global ter sido autorizada apenas para órgãos públicos do Sistema Nacional de Defesa do Consumidor (art. 104-C), o que reforça o caráter de dever de proteção do Estado ao consumidor superendividado, a cooperação e a articulação com a academia também podem ser utilizadas no combate ao superendividamento.

A nova legislação autoriza até mesmo a mediação nos conflitos de consumo, vedada, todavia, a imposição de cláusulas que "condicionem ou limitem de qualquer forma o acesso aos órgãos do Poder Judiciário" (art. 51, inciso XVII, do CDC). Busca-se, assim, a instituição de um plano de pagamento consensual, que preserve o mínimo existencial, ao tornar viável ao consumidor o pagamento de suas dívidas, com sua reinclusão na sociedade de consumo, assegurando-lhe plena dignidade.[14]

Tais formas alternativas, a propósito, já vêm sendo bastante desenvolvidas na experiência comparada. No direito alemão, por exemplo, destacam-se iniciativas de instituições financeiras e de seguradoras que mantêm estruturas de Ombudsmann incumbidas de solver conflitos consumeristas.[15] Trata-se de uma via interessante para evitar a provocação do judiciário em lides de massa que podem ser solucionadas na via negocial.

No Brasil, o Conselho Nacional de Justiça (CNJ) também tem incluído iniciativas conciliatórias na pauta da Política Judiciária Nacional desde 2010, priorizando a formação e o desenvolvimento dos Núcleos Permanentes de Métodos Consensuais de Solução de Conflitos. Nesse âmbito, o Conselho tem fomentado a realização de sessões de conciliação e mediação que ajudam a aligeirar os processos e a desobstruir o acesso ao judiciário.

O Supremo Tribunal Federal, por sua vez, criou o seu Centro de Mediação e Conciliação (CMC).[16] O CMC está subordinado diretamente à Presidência do Tribunal e deve atuar na solução de conflitos pré-processuais e processuais, buscando, por meio de mediação ou conciliação, a solução de questões jurídicas sujeitas à competência do STF para as quais, por sua natureza, a lei permita a solução pacífica.

Outro ponto relevante da implementação da Lei 14.181/2021 é sua relação com um fenômeno há muito presente no contexto econômico-social brasileiro, mas agravado por ocasião da pandemia da COVID-19.

---

14. BRASIL, CNJ. *Cartilha sobre o Tratamento do Superendividamento do Consumidor*. 2022. Disponível em: https://www.cnj.jus.br/wp-content/uploads/2022/08/cartilha-superendividamento.pdf. Acesso em: 10 maio 2022.

15. Cf. BENETI, Sidnei. Ombudsman de bancos e desjudicialização. *Justiça e cidadania*, Rio de Janeiro, n. 158, p. 9-11, out. 2013.

16. Resolução 697, de 6 de agosto de 2020.

Segundo a Pesquisa de Endividamento e Inadimplência do Consumidor (PEIC), realizada pela Confederação Nacional do Comércio (CNC), no primeiro semestre de 2021, a taxa de endividamento das famílias brasileiras atingiu o patamar recorde de 69,7% no levantamento realizado desde 2010.[17] Destaque-se que o fenômeno social, econômico e jurídico do superendividamento claramente foi agravado pela conjuntura da pandemia mundial.

Por conseguinte, passa-se a examinar a construção e a aplicação desse conceito à luz da alteração legislativa ora estudada.

O Código de Defesa do Consumidor define superendividamento como: "a impossibilidade manifesta de o consumidor pessoa natural, de boa-fé, pagar a totalidade de suas dívidas de consumo, exigíveis e vincendas, sem comprometer seu mínimo existencial, nos termos da regulamentação" (definição legal do § 1º do art. 54-A)

Fonte da Lei do Superendividamento, o *Code de la Consommation* francês, colaciona em seu art. L.330-1: "A situação de superendividamento das pessoas físicas se caracteriza pela impossibilidade manifesta para o devedor de boa-fé de honrar o conjunto de suas dívidas não profissionais, exigíveis e vincendas" (trad. livre). Nesse sentido, a princípio, não há uma quantia definidora do valor mínimo do débito para considerar o devedor como superendividado, sendo tal aferição realizada através da análise entre o ativo e passivo do indivíduo e sua família, avaliando suas necessidades.[18]

Na mesma linha, embora o endividamento excessivo gere inadimplência, seu descumprimento não significa necessariamente uma incapacidade, ainda que temporária, de o devedor proceder ao pagamento. Assim, chama atenção a necessidade de se enfrentar as situações fáticas de forma a esclarecer o sujeito jurídico alvo dessa alteração legislativa. A partir do olhar para o direito comparado, ficam mais claros alguns dos pressupostos a serem considerados.

O primeiro pressuposto a ser observado é o devedor ser pessoa natural. Voltando-se para a legislação francesa, tal parâmetro fora fortemente criticado e debatido no país, até que, como lecionado por Gilles Paisant,[19] a Corte de Cassação Francesa definiu "dívida profissional" como aquela originada para as necessidades ou por ocasião da atividade profissional do devedor. Ainda segundo o autor, essa delimitação seria motivada pela finalidade da lei de proteção ao superendividado: a contenção da proliferação do crédito desmedido ao consumo.

Já em relação à natureza do crédito, não existiriam restrições, podendo envolver tanto créditos contratuais quanto legais, a não ser de natureza alimentar e multas penais

---

17. AGÊNCIA BRASIL. CNC: semestre fecha com maior percentual de endividados desde 2010. 2021. Disponível em: https://agenciabrasil.ebc.com.br/economia/noticia/2021-07/semestre-fecha-com-maior-percentual-de--endividados-desde-2010. Acesso em: 11 maio 2023.

18. COSTA, Geraldo de Faria Martins da. *Superendividamento*: a proteção do consumidor de crédito em direito comparado brasileiro e francês. São Paulo: Ed. RT, 2002. p. 119.

19. PAISANT, Gilles. El tratamiento del sobreendeudamiento de los consumidores en derecho francés. *Revista de Direito do Consumidor*, n. 42, p. 15, abr./jun. 2002.

reparatórias. As dívidas fiscais somente foram incluídas em 2003, com a reforma que alterou o diploma legal francês. Enquanto isso, no diploma pátrio, as dívidas fiscais também são excluídas, assim como as oriundas de delitos e alimentos.

Outro pressuposto relevante é o da boa-fé, cuja presunção não pode ser afastada. No entanto, a ausência comprovada por meio de declarações inverídicas, despesas supérfluas ou suntuosas, gestão irresponsável etc., impede o auxílio ao superendividado. A jurisprudência francesa costuma levar em consideração "o número de empréstimos; o montante e a destinação dos fundos; notadamente o seu caráter suntuoso; os motivos que conduziram ao endividamento; o nível intelectual que impede a ingenuidade e a torna inescusável; o perfil socioprofissional etc.".[20]

Da mesma forma, para definir a manifesta impossibilidade, o entendimento jurisprudencial pacífico nos tribunais franceses busca realizar um estudo do ativo patrimonial mobiliário e imobiliário mais a renda mensal familiar e diminuir o passivo acumulado, bem como seus encargos mais os gastos decorrentes do mínimo vital. A diferença negativa e um resultado que evidencie a impossibilidade de cumprimento, demonstrando a tendência de aumento do passivo daquela família, caracterizam a situação.

Como afirma o seguinte aresto francês: "[n]ão há superendividamento quando o devedor dispuser de bens imobiliários independentes de sua residência. Corte de Apelação de Versailles – 4 de abril de 1991".[21] Assim, quando for possível por qualquer meio idôneo, honrar a dívida, não se pode considerar o devedor como vítima do superendividamento.

O último pressuposto, a ser abordado em tópico a seguir, trata do comprometimento com o mínimo existencial. Todas as medidas apresentadas pela nova lei conversam com o instituto do *reste à vivre* (mínimo vital ou existencial), que consiste na menor parcela da renda do consumidor-devedor que não esteja comprometida com o plano de recuperação, possibilitando que ele satisfaça as suas necessidades básicas e as de sua família.

4. A PRESERVAÇÃO DO MÍNIMO EXISTENCIAL

A doutrina do mínimo existencial, de origem germânica, tem por objeto de estudo o núcleo mínimo de condições para uma vida digna à condição de ser humano. Não havendo, no entanto, um conteúdo específico para o mínimo existencial, todo direito é potencialmente defensável pela teoria em comento, desde que "considerado em sua dimensão essencial e inalienável".[22]

---

20. COSTA, Geraldo de Faria Martins da. *Superendividamento*: solidariedade e boa-fé. In: MARQUES, Cláudia Lima; CAVALLAZZI, Rosângela Lunardelli (Coord.). *Direitos do consumidor endividado*: Superendividamento e crédito. São Paulo: Ed. RT, 2006. p. 246.

21. Apud BERTONCELLO, Karen Rick Danilevicz; LIMA, Clarissa Costa de. Tratamento do crédito ao consumo na América Latina e superendividamento. In: MARQUES, Claudia Lima; CAVALLAZZI, Rosângela Lunardelli (Coord.). *Direitos do consumidor endividado*: Superendividamento e crédito. São Paulo: Ed. RT, 2006. p. 49, trad. livre.

22. TORRES, Ricardo Lobo. O Mínimo Existencial e os Direitos Fundamentais. *Revista de Direito Administrativo*, Rio de Janeiro, n. 177, p. 29, jul./set. 1989.

Essa é a característica histórica do mínimo existencial, entendida como o potencial de mudança de seu conteúdo à medida que as necessidades da sociedade evoluem. Importa notar que qualquer direito, ainda que inicialmente não fundamental, pode vir a sê-lo na medida em que se torne imprescindível para determinado contexto sócio-histórico.

No ordenamento francês, por exemplo, o instituto do *reste à vivre* inclui, explicitamente, o direito à moradia. Como antecipa o art. L711-1 do *Code de la Consommation*, busca-se proteger o imóvel residencial do consumidor superendividado do plano de recuperação de dívidas. Permite-se, assim, que o consumidor que se enquadre na descrição legal, mesmo possuindo um imóvel residencial de valor igual ou superior ao conjunto de seus débitos, pleiteie os benefícios da recuperação das pessoas físicas.[23]

Desse modo, o mínimo existencial representa uma característica fundamental dos direitos da liberdade, sendo pré-constitucional por ser inerente ao ser humano. Constituindo direito subjetivo do cidadão, não sendo outorgado pela ordem jurídica, mas condicionando-a. Não se esgota no elenco do art. 5º da Constituição, tendo eficácia *erga omnes*, sendo dotado de historicidade, adaptando-se de acordo com o contexto social. Mas é indefinível, aparecendo sob a forma de cláusulas gerais e de tipos indeterminados.[24]

Como direito público subjetivo, o mínimo existencial é potestativo. Dessa forma, ao enquadrar determinada prestação jurídica de cunho constitucional no núcleo mínimo existencial, seria reconhecido tanto um caráter negativo de proteção contra a intervenção estatal, como um caráter positivo de exigibilidade de prestação por parte do Estado.[25] Correlaciona-se, ainda, a cláusula da proibição do retrocesso, princípio segundo o qual não seria possível extinguir direitos sociais já implementados, evitando-se, portanto, um verdadeiro retrocesso ou limitação tamanha que atinja seu núcleo essencial (efeito *cliquet*).

Nesse sentido, o mínimo existencial previsto na Lei 14.181/2021 tem por objetivo garantir um patamar mínimo de igualdade[26] para o exercício das prerrogativas constitucionais, sendo um requisito para o exercício dos demais direitos fundamentais. Portanto, no caso das previsões dessa norma, deve-se assegurar a menor parcela da renda do consumidor-devedor, possibilitando, assim, a sua subsistência mínima e a proteção de suas garantias constitucionais.

5. CONCLUSÃO

A partir do estudo acerca da Lei 14.181/2021, conclui-se que o direito de proteção ao consumidor resulta no dever de o Estado não apenas se abster de intervir no âmbito

---

23. FRANÇA. *Code de la consommation, du 26 juillet 1993*. Versão consolidada em 16 de fevereiro de 2018. Disponível em: goo.gl/GnSRM9. Acesso em: 16 maio 2023.

24. TORRES, Ricardo Lobo. O Mínimo Existencial e os Direitos Fundamentais. *Revista de Direito Administrativo*, Rio de Janeiro, n. 177, p. 32-33, jul./set. 1989.

25. CARVALHO, Diógenes Faria de. Superendividamento e mínimo existencial: teoria do *reste à vivre*. 2018. 24 f. *Revista de Direito do Consumidor*, n. 118.

26. WEBER, Thadeu. A ideia de um "mínimo existencial" de J. Rawls. *Kriterion*, Belo Horizonte, v. 54, n. 127, p. 197-210, jun. 2013. Disponível em: ref.scielo.org/d9h4 xs. Acesso em: 17 maio 2023.

de proteção desses direitos, mas também de proteger esses direitos contra a agressão ensejada por atos de terceiros.

Quanto mais amplo for o âmbito de proteção de um direito fundamental, mais se afigura possível qualificar qualquer ato do Estado como restrição. Ao contrário, quanto mais restrito for o âmbito de proteção, menor possibilidade existe para a configuração de um conflito entre o Estado e o indivíduo.

Nesse sentido, a lei em exame amplia o direito subjetivo do consumidor ao tratamento do superendividamento por meio da revisão e integração dos contratos de crédito e venda a prazo, aumentando a resolução e tratamento de dívidas através da autocomposição e incentivando, assim, o diálogo e o maior controle do devedor no processo. Nota-se, ainda, a importância do *Code de la Consommation* para a aplicação dessa legislação, principalmente em relação aos pressupostos por ela delimitados, como a pessoa natural, a impossibilidade manifesta, a natureza dos créditos e a boa-fé.

Desses pressupostos, destaca-se o chamado mínimo existencial, o qual demanda uma interpretação conjunta dos demais princípios fundamentais, sobretudo os da vedação ao retrocesso, da igualdade, do Estado Democrático Social de Direito, da dignidade da pessoa humana, da máxima efetividade das normas definidoras de direitos fundamentais e da proteção da confiança. Dessa forma, somente a compreensão conjunta de tais fundamentos traz o entendimento necessário do mínimo existencial requerido na definição do superendividado, capaz de efetivamente ampliar o direito subjetivo disposto na legislação pátria analisada.

REFERÊNCIAS

AGÊNCIA BRASIL. *CNC*: semestre fecha com maior percentual de endividados desde 2010. 2021. Disponível em: https://agenciabrasil.ebc.com.br/economia/noticia/2021-07/semestre-fecha-com-maior-percentual-de-endividados-desde-2010. Acesso em: 11 maio 2023.

BENETI, Sidnei. Ombudsman de bancos e desjudicialização. *Justiça e Cidadania*. Rio de Janeiro, n. 158, out. 2013.

BERTONCELLO, Karen Rick Danilevicz; LIMA, Clarissa Costa de. Tratamento do crédito ao consumo na América Latina e superendividamento. In: MARQUES, Claudia Lima; CAVALLAZZI, Rosângela Lunardelli (Coord.). *Direitos do consumidor endividado*: Superendividamento e crédito. São Paulo: Ed. RT, 2006.

BRASIL, CNJ. Cartilha sobre o Tratamento do Superendividamento do Consumidor. 2022. Disponível em: https://www.cnj.jus.br/wp-content/uploads/2022/08/cartilha-superendividamento.pdf. Acesso em: 10 maio 2023.

CANARIS, Claus-Wilhelm. Grundrechtswirkungen und Verhältnismässigkeitsprinzip in der richterlichen Anwendung und Fortbildung des Privatsrechts, *JuS*, 1989.

CARVALHO, Diógenes Faria de. Superendividamento e mínimo existencial: teoria do reste à vivre.. *Revista de Direito do Consumidor*, n. 118. 2018.

CORREIA, Érica Paula Barcha; CORREIA, Marcus Orione Gonçalves (Coord.). *Direitos Fundamentais Sociais*. São Paulo: Saraiva, 2010.

COSTA, Geraldo de Faria Martins da. *Superendividamento*: a proteção do consumidor de crédito em direito comparado brasileiro e francês. São Paulo: Ed. RT, 2002.

COSTA, Geraldo de Faria Martins da. Superendividamento: solidariedade e boa-fé. In: MARQUES, Claudia Lima; CAVALLAZZI, Rosângela Lunardelli (Coord.). *Direitos do consumidor endividado*: Superendividamento e crédito. São Paulo: Ed. RT, 2006.

DIETLEIN, Johannes. *Die Lehre von den grundrechtlichen Schutzpplichten*. Berlin: Duncker & Humblot, 1998.

FRANÇA. Code de la consommation, du 26 juillet 1993. Versão consolidada em 16 de fevereiro de 2018. Disponível em: goo.gl/GnSRM9. Acesso em: 16 maio 2023.

HESSE, Konrad. *Grundzuge des Verfassungsrechts der Bundesrepublik Deutschland*. 20. ed. Heidelberg: [s. n.], 1995.

MÜNCH, Ingo von. *Grundgesetz-kommentar*. Kommentar zu Vorbemerkung Art 1-19, n. 22.

PAISANT, Gilles. El tratamiento del sobreendeudamiento de los consumidores en derecho francés. *Revista de Direito do Consumidor*, n. 42, abr./jun. 2002.

PIEROTH, Bodo; SCHLINK, Bernhard. *Grundrechte* – Staatsrecht II. 21. ed. Heidelberg: [s. n.], 2005.

RICHTER, Ingo; SCHUPPERT, Gunnar Falke. *Casebook Verfassungsrecht*. 3. ed. München: C. H. Beck, 1996.

SCHMIDT NETO, André Perin. Superendividamento do consumidor: conceito, pressupostos e classificação. *Doutrina Nacional*, São Paulo, v. 18, n. 71, p. 9-33, jul./set. 2009.

TORRES, Ricardo Lobo. O Mínimo Existencial e os Direitos Fundamentais. *Revista de Direito Administrativo*, Rio de Janeiro, n. 177, jul./set. 1989.

WEBER, Thadeu. A ideia de um "mínimo existencial" de J. Rawls. *Kriterion*, Belo Horizonte, v. 54, n. 127, p. 197-210, jun. 2013. Disponível em: ref.scielo.org/d9h4 xs. Acesso em: 17 maio 2023.

O CONSUMIDOR NO CENÁRIO DO SUPERENDIVIDAMENTO: A IMPORTÂNCIA DAS NOVAS REGRAS TRAZIDAS PELA LEI 14.181/2021 COMO MODERNIZAÇÃO E REFORÇO DAS JÁ EXISTENTES

Humberto Martins

Ministro do Superior Tribunal de Justiça.

Sumário: 1. Introdução – 2. A normatização da proteção do consumidor brasileiro; 2.1 Constituição Brasileira de 1988; 2.2 Código de Defesa do Consumidor; 2.2.1 A noção de vulneráveis e hipervulneráveis; 2.2.2 O direito à informação e o dever de informar – 3. O superendividamento do consumidor; 3.1 Aspectos gerais; 3.2 Lei 14.181/2021: a prevenção e o tratamento do superendividamento – 4. Conclusão – Referências.

1. INTRODUÇÃO

O superendividamento do consumidor é um fenômeno global e nocivo presente na sociedade de consumo, inclusive com comprometimento do mínimo existencial. Trata-se de uma realidade imbricada a muitas outras, como a insolvência e a boa-fé do devedor, embora com estas não se confunda.

No Brasil, a Constituição Federal de 1988 considerou como direito fundamental a proteção do consumidor, de modo que cabe ao legislador e aos operadores do direito atuarem em sua defesa.

No âmbito infraconstitucional, o Código de Defesa do Consumidor (Lei 8.078/1990) traz, em sua estrutura principiológica protetiva do polo mais fraco nas relações negociais, vários princípios fundamentais, dos quais são exemplos a proteção (art. 1º), a vulnerabilidade (art. 4º, inc. I), a hipossuficiência (art. 6º, inc. VIII) e a boa-fé objetiva (art. 4º, inc. III) do consumidor, bem como os princípios fundamentais da transparência (arts. 4º, *caput*, e 6º, inc. III), da função social do contrato (implícita no diploma), da equivalência negocial (art. 6º, inc. II) e da reparação integral dos danos (art. 6º, inc. VI) nas relações de consumo.

Recentemente, a Lei 14.181/2021 alterou o Código de Defesa do Consumidor e o Estatuto do Idoso, para aperfeiçoar a disciplina do crédito ao consumidor e estabelecer regras de prevenção e tratamento do superendividamento.

Este texto cuida, portanto, desse novo e auspicioso cenário de proteção do consumidor superendividado, no qual é indispensável reabilitar economicamente essas pessoas naturais.

2. A NORMATIZAÇÃO DA PROTEÇÃO DO CONSUMIDOR BRASILEIRO

2.1 Constituição Brasileira de 1988

A Constituição Federal de 1988 conferiu ao cidadão brasileiro o *status* de consumidor, figura até então ausente na legislação nacional.

No inciso XXXII do art. 5º, a Constituição Federal estabelece que "o Estado promoverá, na forma da lei, a defesa do consumidor".

A "defesa do consumidor" também é um dos princípios gerais da atividade econômica, como dispõe o inciso V do art. 170 da CF.

O direito do consumidor é um dos importantes caminhos para o desenvolvimento da cidadania e, forte nesse mister, por ocasião de sua promulgação, a Constituição determinou, no art. 48 do ADCT, que o Congresso Nacional elaborasse o Código de Defesa do Consumidor, trabalho que resultou na Lei 8.078/1990.

2.2 Código de Defesa do Consumidor

O Código de Defesa do Consumidor representou e representa não apenas uma inovação no cenário jurídico pátrio, mas também um instrumento de resgate da cidadania brasileira. Passa-se, pois, a destacar alguns elementos e conceitos presentes nesse diploma.

O art. 4º, *caput*, do CDC estabelece que a Política Nacional das Relações de Consumo objetiva "o atendimento das necessidades dos consumidores, o respeito à sua dignidade, saúde e segurança, a proteção de seus interesses econômicos, a melhoria da sua qualidade de vida, bem como a transparência e harmonia das relações de consumo (...)". Trata-se de uma norma-objetivo, pois aponta os resultados a serem alcançados na Política Nacional das Relações de Consumo. A existência dessa norma-objetivo também significa que todas as normas consumeristas devem ser interpretadas teleológica e finalisticamente, de modo que o tipo de interpretação não é uma faculdade do intérprete, mas é predeterminada pelo próprio Código de Defesa do Consumidor. As normas consumeristas devem ser interpretadas, portanto, de sorte a possibilitarem o devido cumprimento dos objetivos traçados pelo art. 4º do CDC.

O referido art. 4º aponta alguns dos importantes princípios do microssistema de proteção do consumidor, como: o princípio do reconhecimento da vulnerabilidade do consumidor (inc. I); o princípio da educação e informação de fornecedores e consumidores quanto aos seus direitos e deveres (inc. IV); e o princípio da coibição e repressão de todos os abusos praticados no mercado de consumo (inc. VI).

Na questão do superendividamento do consumidor, o estudo de alguns desses princípios é essencial para a compreensão da razão das alterações trazidas pela Lei 14.181/2021, a exemplo da proteção dos vulneráveis e hipervulneráveis; a harmonia dos interesses dos partícipes na relação de consumo; o direito à informação e o dever de informar; e o combate às práticas abusivas.

2.2.1 A noção de vulneráveis e hipervulneráveis

Por um lado, o sentido de consumidor tem um significado exegético complexo. O art. 2º, *caput*, do CDC dispõe que "consumidor é toda pessoa física ou jurídica que adquire ou utiliza produto ou serviço como destinatário final".

O parágrafo único do referido art. 2º do CDC equipara a consumidor "a coletividade de pessoas, ainda que indetermináveis, que haja intervindo nas relações de consumo".

O art. 17 do CDC também equipara a consumidor todas as vítimas do dano causado pelo fato do produto e do serviço.

O art. 29 do CDC dispõe que equivalem a consumidor todas as pessoas, determináveis ou não, expostas às práticas comerciais, as quais fazem jus à proteção contratual.

Tais dispositivos oferecem uma dimensão da perspectiva abrangente que o Código de Defesa do Consumidor adota para definir quem são os consumidores. Até quem não é parte em uma relação contratual, mas potencialmente poderia ou poderá vir a ser, é equiparado a consumidor para proteção contratual. Cuida-se do mecanismo escolhido pelo Código para que o maior número possível de consumidores ou equiparados sejam abrangidos pelos instrumentos de prevenção de lesões às relações de consumo, garantindo-se efetivamente o bem-estar de toda a coletividade. Logo, nos termos do art. 4º, inc. I, do CDC, a universalidade dos consumidores deve ser reconhecida como vulnerável no mercado de consumo.

Por outro lado, se é amplo o conceito de "consumidor", também é ampla a acepção de "fornecedor" prevista no art. 3º do CDC, para que um maior número de relações de consumo comporte a aplicação das normas consumeristas, pois importa mais a presença do consumidor na relação de consumo, e menos quem vem a ser contraparte fornecedora. São fornecedores, por isso, todos os participantes que integrem a cadeia geradora ou manipuladora de bens e serviços quando existe ato ou fato, omissivo ou comissivo, que coloque em risco ou ofenda um direito do consumidor de bens e serviços.

Assim, o Código de Defesa do Consumidor conceitua:

> Art. 3º Fornecedor é toda pessoa física ou jurídica, pública ou privada, nacional ou estrangeira, bem como os entes despersonalizados, que desenvolvem atividade de produção, montagem, criação, construção, transformação, importação, exportação, distribuição ou comercialização de produtos ou prestação de serviços.

Por ser ampla a acepção de "fornecedor", ampla também é a solidariedade dos partícipes do ciclo de produção, aqueles que conhecem os meandros produtivos e negociais desconhecidos pelo consumidor.

Postos esses conceitos de consumidor e de fornecedor, é importante dizer que, dentro da categoria de vulneráveis, englobam-se, ainda, os consumidores *hipervulneráveis*, tais como as pessoas de pouco conhecimento, muito jovens ou idosos, de saúde debilitada ou cuja posição social não lhe permita avaliar adequadamente o produto ou serviço. Além do respeito habitual que deve ter para o consumidor (o polo vulnerável da relação negocial), o fornecedor deve redobrar sua atenção quando se tratar da categoria hipervulnerável de consumidores.

2.2.2 O direito à informação e o dever de informar

Segundo o art. 6º, inc. II, do CDC, a liberdade de escolha é um direito assegurado à totalidade dos consumidores. Essa escolha, contudo, apenas é livre se estiver adequadamente vinculada a uma informação correta e satisfatória sobre os produtos e serviços que os fornecedores colocam no mercado de consumo. É a partir da informação sobre o produto ou serviço que o consumidor decide o que vai ou não consumir. Se a informação for adequada, o consumidor agirá com consciência. Se a informação for falsa, omissa ou inexistente, haverá ofensa ao direito de escolha do consumidor.

Se o consumidor tem direito à informação, o fornecedor, em contrapartida, tem o dever de informar como conduta necessária para o respeito aos direitos básicos do consumidor. Nessa esteira, o art. 6º, inc. III, do CDC dispõe que é essencial a "informação adequada e clara sobre os diferentes produtos e serviços, com especificação correta de quantidade, características, composição, qualidade e preço, bem como sobre os riscos que apresentem".

É ampla a obrigação de informar prevista no Código de Defesa do Consumidor, porquanto ela não se limita ao contrato, e sim abarca toda e qualquer situação na qual o consumidor manifeste o simples interesse em adquirir um produto ou solicitar um serviço. Sinteticamente, há três momentos cruciais para o dever de informar. Na fase pré-contratual, a informação antecede (ex. a publicidade) ou acompanha (ex. a embalagem) o produto ou serviço. Na fase contratual, a informação é dada na formalização do contrato preliminar ou definitivo. Na fase pós-contratual (decorrente da fase contratual), a informação persiste, por lei ou por cláusula do contrato, porque o dever de informar subsiste mesmo depois de o fornecedor cumprir a sua obrigação principal (ex. na deflagração da garantia legal ou contratual e na ocorrência de vícios redibitórios).

Na relação de consumo, o polo que detenha pleno conhecimento do produto oferecido – quer por tê-lo produzido, quer por manter vínculo com seu processo de fabricação ou distribuição – é o responsável por prestar ao polo vulnerável (que desconhece todo esse processo) o necessário esclarecimento para que o consumidor possa ter a liberdade de escolha diante do produto posto à venda no mercado.

No Código de Defesa do Consumidor, o dever de informar não é tratado como mero dever secundário, mas sim como dever básico, essencial e intrínseco às relações de consumo. Não é válida a "meia informação" ou a "informação incompleta". A informação precisa cumprir a sua função de conscientizar o consumidor sobre o bem ou produto que lhe são oferecidos. Ademais, não é suficiente oferecer a informação. É preciso saber transmiti-la, pois mesmo a informação completa e verdadeira pode vir a apresentar deficiência na forma como é exteriorizada ou recebida pelo consumidor.

A publicidade é enganosa por comissão quando o fornecedor faz uma afirmação, parcial ou total, não verdadeira sobre o produto ou serviço, capaz de induzir o consumidor em erro (art. 37, § 1º, do CDC). É enganosa por omissão a publicidade que deixa de informar dado essencial sobre o produto ou o serviço, também induzindo o consumidor em erro exatamente por não lhe esclarecer elementos fundamentais (art. 37, § 3º, do CDC).

Na relação consumerista, é desejável que o polo que domine as informações sobre o produto ou serviço seja também o principal responsável por esclarecer, sem deslealdade, o polo vulnerável (que comumente não domina os meandros do processo de produção), para que o consumidor possa agir com autodeterminação diante da oferta de um produto ou serviço, adquirindo-o ou recusando-o. Dito de outro modo:

> Por tudo isso, considera-se enganosa a informação parcialmente falsa ou omissa a ponto de levar o consumidor a erro: o CDC não admite a informação pela metade, ambígua ou incompleta. Dessa maneira, viola o CDC o fornecedor que informa, mas não transmite efetivamente a informação, visto que o fato de a informação ser completa e verdadeira não afasta possíveis deficiências na forma como essa informação é transmitida ou compreendida pelo consumidor. Em suma, a informação deverá ser tanto mais eficaz quanto mais se desconhece o consumidor e se sabe de sua vulnerabilidade.

> Existem, por fim, casos cada vez mais frequentes em que o problema não está na informação que se transmite ao consumidor, mas naquilo que o fornecedor inicial faz com as informações coletadas do consumidor (por exemplo, num contrato de adesão ou num termo de serviço), frequentemente utilizadas para fins econômicos diversos e vendidas como mercadoria a outros fornecedores.[1]

Nessa chave, a informação que não seja de todo verdadeira ou que, sendo incompleta, omita dado importante equivalerá a uma informação enganosa, porque será igualmente capaz de induzir o consumidor a erro.

Não obstante todo esse complexo arcabouço erigido pelo Código de Defesa do Consumidor, o superendividamento do consumidor brasileiro demandou inovação e aperfeiçoamento legislativo para prevenção e tratamento desse fenômeno altamente nocivo, resultando naquela que vem a ser a maior reforma pela qual já passou o diploma consumerista, isto é, a Lei 14.181/2021.

3. O SUPERENDIVIDAMENTO DO CONSUMIDOR

3.1 Aspectos gerais

Com o aumento da facilidade (oferta/procura) de crédito, aumentou também o superendividamento global do consumidor. Outros fatores também contribuem para o superendividamento, como os momentos de crise econômica, não sendo demais lembrar que se viveu recentemente a crise sanitária mundial causada pela pandemia de Covid-19, cujos efeitos econômicos ainda remanescerão por um tempo considerável.

---

1. MARTINS, Humberto. *O dever de informar e o direito à informação* (Parte I – a perspectiva do Direito do Consumidor). Disponível em: https://www.conjur.com.br/2020-fev-19/dever-informar-direito-informacao-parte. Acesso em: 29 mar. 2023.

Obviamente, as dificuldades estatísticas enfrentadas para aferição dos dados do superendividamento dificultam o conhecimento de sua real dimensão, mas, em termos nacionais, é razoável dizer que a maioria dos cidadãos brasileiros está, hoje, superendividada.[2]

Por superendividamento, os documentos internacionais entendem que é a situação na qual o consumidor (aqui entendido como a pessoa física e de boa-fé) não consegue mais adimplir integralmente suas dívidas de consumo (exigíveis e vincendas), sem comprometer o seu mínimo existencial.

Claudia Lima Marques conceitua o superendividamento "como a impossibilidade global do devedor-pessoa física, consumidor, leigo e de boa-fé, de pagar todas as suas dívidas atuais e futuras de consumo (excluídas as dívidas com o Fisco, oriunda de delitos e de alimentos)".[3]

Para a autora, são essenciais o reequilíbrio do mercado de consumo brasileiro e o sistema de tratamento do superendividamento para o consumidor brasileiro pessoa física, pois não se pode permitir que esses vulneráveis sejam simplesmente excluídos da sociedade de consumo, exclusão essa que é a consequência da outra face da "democratização do crédito", a qual atinge principalmente o consumidor idoso e aposentado.[4]

Além disso, no trabalho de prevenção e combate do superendividamento, são fundamentais a oferta responsável de crédito e a restrição ao chamado "assédio de consumo", termo esse empregado pela Diretiva Europeia sobre Práticas Comerciais Abusivas:

> É preciso mudar da cultura da dívida e da exclusão dos consumidores, de ganhar com o crédito concedido de forma irresponsável a pessoas que sequer podem o pagar, de não entregar cópia do contrato, de publicidades enganosas, sobre crédito fácil e publicidades abusivas sobre o crédito com teóricos juros zero, para a cultura do pagamento, com melhor informação, com avaliação da possibilidade

---

2. "Efetivamente, se o consumo das famílias representava 65% do PIB brasileiro em dezembro de 2019, agora com a pandemia de Covid-19 já baixou 2% e tende a baixar 4.9%. Se agora temos um número recorde de 67,1% das famílias endividadas (PEIC), e não há previsão de falência para as pessoas físicas, não é de estranhar que, segundo pesquisa de junho de 2020 da CNI, 71% dos consumidores e famílias reduziram seus gastos, sem confiança sobre o futuro." (MARQUES, Cláudia Lima; LIMA, Clarissa Costa de; VIAL, Sophia. Superendividamento dos consumidores no pós-pandemia e a necessária atualização do Código de Defesa do Consumidor. In: MALFATTI, Alexandre David; GARCIA, Paulo Henrique Ribeiro; SHIMURA, Sérgio Seiji (Coord.). *Direito do Consumidor*: reflexões quanto aos impactos da pandemia de Covid-19. São Paulo: Escola Paulista da Magistratura, v. 1, p. 107-144, 2020, p. 108-109.)

3. MARQUES, Claudia Lima. Sugestões para uma lei sobre o tratamento do superendividamento de pessoas físicas em contratos de crédito ao consumo: proposições com base em pesquisa empírica de 100 casos no Rio Grande do Sul. In: MARQUES, Claudia Lima; CAVALLAZZI, Rosângela Lunardelli (Coord.). *Direitos do consumidor endividado*: superendividamento e crédito. São Paulo: Ed. RT, 2006, p. 255.

4. MARQUES, Cláudia Lima; LIMA, Clarissa Costa de; VIAL, Sophia. Superendividamento dos consumidores no pós-pandemia e a necessária atualização do Código de Defesa do Consumidor..., op. cit., p. 108. No mesmo sentido: BENJAMIN, Antônio Herman. Prefácio. In: MARQUES, Claudia Lima; CAVALLAZZI, Rosângela Lunardelli, LIMA, Clarissa Costa (Coord.). *Direitos do Consumidor Endividado II*: vulnerabilidade e exclusão. São Paulo: Ed. RT, 2016, p. 9 e ss.; BENJAMIN, Antonio Herman. Prefácio. In: LIMA, Clarissa Costa de. *O tratamento do superendividamento e o direito de recomeçar dos consumidores*. São Paulo: Ed. RT, 2014, p. 18 e ss.; MARQUES, Claudia Lima. Mulheres, idosos e o superendividamento dos consumidores: cinco anos de dados empíricos do Projeto-Piloto em Porto Alegre. *Revista de Direito do Consumidor*, Brasília, DF, v. 100, n. 24, p. 393-423. 2015.

de pagamento dos consumidores e responsabilização dos intermediários e agentes bancários, com maior boa-fé e lealdade no mercado de crédito brasileiro.[5]

Como o Código de Defesa do Consumidor considera que todo consumidor é vulnerável, há, nesse panorama do superendividamento, uma parcela de consumidores hipervulneráveis, frequentemente idosos, à mercê dos empréstimos consignados, público alvo das fornecedoras de crédito, já que o desconto das prestações mensais é efetuado diretamente nos benefícios previdenciários dos devedores.

As alterações promovidas pela Lei 14.181/2021 ao Código de Defesa do Consumidor vêm exatamente aperfeiçoar a proteção já existente e colmatar as lacunas nessa seara do assédio de consumo que abrange o superendividamento, com especial atenção ao consumidor idoso, porquanto sua idade fragiliza ainda mais a sua capacidade de escolha e de negociação.

3.2   Lei 14.181/2021: a prevenção e o tratamento do superendividamento

A Lei 14.181/2021 entrou em vigor na data de sua publicação, qual seja, 2 de julho de 2021, e, como lei nova, não se aplica a atos e negócios havidos antes de sua vigência, muito embora se aplique aos efeitos produzidos após a sua entrada em vigor.

Inicialmente, a Lei 14.181/2021 insere três novos princípios de defesa do consumidor para além dos oito princípios existentes no já mencionado art. 4º do CPC. São eles: no inciso IX, a educação financeira e a educação ambiental dos consumidores; e, no inciso X, a prevenção e o tratamento do superendividamento como forma de evitar a exclusão social do consumidor.

Sendo o art. 4º do CDC uma norma-objetivo e um dos principais dispositivos consumeristas, os princípios dos seus incisos IX e X passam agora a fazer parte desse rol de princípios que devem ser atendidos para que a Política Nacional de Consumo realize as necessidades dos consumidores.

Na sequência, o art. 5º do CDC, que dispunha de cinco instrumentos para execução da Política Nacional de Consumo, tem a inclusão de mais dois incisos trazidos pela Le 14.181/2021: a "instituição de mecanismos de prevenção e tratamento extrajudicial e judicial do superendividamento e de proteção do consumidor pessoa natural" (inc. VI); e a "instituição de núcleos de conciliação e mediação de conflitos oriundos de superendividamento" (inc. VII).

O art. 6º, que trata dos direitos básicos do consumidor, ganhou mais três novos direitos: "a garantia de práticas de crédito responsável, de educação financeira e de prevenção e tratamento de situações de superendividamento, preservado o mínimo existencial, nos termos da regulamentação, por meio da revisão e da repactuação da dívida, entre outras medidas" (inc. XI); "a preservação do mínimo existencial, nos termos

---

5.   MARQUES, Claudia Lima; LIMA, Clarissa Costa de; VIAL, Sophia. Superendividamento dos consumidores no pós-pandemia e a necessária atualização do Código de Defesa do Consumidor..., op. cit., p. 110.

da regulamentação, na repactuação de dívidas e na concessão de crédito" (inc. XII); e "a informação acerca dos preços dos produtos por unidade de medida, tal como por quilo, por litro, por metro ou por outra unidade, conforme o caso" (inc. XIII).

Duas cláusulas abusivas são inseridas ao rol exemplificativo do art. 51 do CDC, sendo, doravante, nulas de pleno direito também as cláusulas que "condicionem ou limitem de qualquer forma o acesso aos órgãos do Poder Judiciário" (inc. XVII); e "estabeleçam prazos de carência em caso de impontualidade das prestações mensais ou impeçam o restabelecimento integral dos direitos do consumidor e de seus meios de pagamento a partir da purgação da mora ou do acordo com os credores" (inc. XVIII).

O Código de Defesa do Consumidor, na Seção III (Dos Contratos de Adesão), teve inserido o Capítulo VI-A (Da Prevenção e do Tratamento do Superendividamento), que, em suma, dispõe, em seis artigos, sobre a prevenção do superendividamento da pessoa natural; o crédito responsável; e a educação financeira do consumidor.

Entre os artigos desse novo capítulo do Código de Defesa do Consumidor, o art. 54-A, § 1º, conceitua o superendividamento:

Art. 54-A. (...)

§ 1º Entende-se por superendividamento a impossibilidade manifesta de o consumidor pessoa natural, de boa-fé, pagar a totalidade de suas dívidas de consumo, exigíveis e vincendas, sem comprometer seu mínimo existencial, nos termos da regulamentação.

O § 3º do mesmo art. 54-A indica as dívidas do consumidor que não poderão se beneficiar das regras de prevenção e tratamento do superendividamento, a saber, as contraídas mediante fraude ou má-fé; as decorrentes de contratos celebrados dolosamente no intuito de não realizar o pagamento; e as oriundas da aquisição ou contratação de produtos e serviços de luxo de alto valor. Note-se que o legislador não visou à proteção do *superendividado ativo consciente* (que contraiu dívidas de má-fé, já sabendo que não iria pagá-las), mas sim o *superendividado ativo inconsciente* (que contraiu dívidas imprevidente ou impulsivamente ou seduzido pelo assédio de consumo) e o *superendividado passivo* (que contraiu dívidas movido por circunstâncias alheias à sua vontade, como desemprego, redução salarial, doença, nascimento de filhos).

Sobreleve-se que o art. 52 do CDC já exigia um dever de informar diferenciado do fornecedor de crédito ou financiamento ao consumidor:

Art. 52. No fornecimento de produtos ou serviços que envolva outorga de crédito ou concessão de financiamento ao consumidor, o fornecedor deverá, entre outros requisitos, informá-lo prévia e adequadamente sobre:

I – preço do produto ou serviço em moeda corrente nacional;

II – montante dos juros de mora e da taxa efetiva anual de juros;

III – acréscimos legalmente previstos;

IV – número e periodicidade das prestações;

V – soma total a pagar, com e sem financiamento.

A Lei 14.181/2021, por meio da inclusão do art. 54-B ao Código de Defesa do Consumidor, exigiu a prestação de informações complementares ao consumidor que celebrar contratos de fornecimento de crédito ou venda a prazo:

Art. 54-B. No fornecimento de crédito e na venda a prazo, além das informações obrigatórias previstas no art. 52 deste Código e na legislação aplicável à matéria, o fornecedor ou o intermediário deverá informar o consumidor, prévia e adequadamente, no momento da oferta, sobre:

I – o custo efetivo total e a descrição dos elementos que o compõem;

II – a taxa efetiva mensal de juros, bem como a taxa dos juros de mora e o total de encargos, de qualquer natureza, previstos para o atraso no pagamento;

III – o montante das prestações e o prazo de validade da oferta, que deve ser, no mínimo, de 2 (dois) dias;

IV – o nome e o endereço, inclusive o eletrônico, do fornecedor;

V – o direito do consumidor à liquidação antecipada e não onerosa do débito, nos termos do § 2º do art. 52 deste Código e da regulamentação em vigor.

§ 1º As informações referidas no art. 52 deste Código e no caput deste artigo devem constar de forma clara e resumida do próprio contrato, da fatura ou de instrumento apartado, de fácil acesso ao consumidor.

§ 2º Para efeitos deste Código, o custo efetivo total da operação de crédito ao consumidor consistirá em taxa percentual anual e compreenderá todos os valores cobrados do consumidor, sem prejuízo do cálculo padronizado pela autoridade reguladora do sistema financeiro.

§ 3º Sem prejuízo do disposto no art. 37 deste Código, a oferta de crédito ao consumidor e a oferta de venda a prazo, ou a fatura mensal, conforme o caso, devem indicar, no mínimo, o custo efetivo total, o agente financiador e a soma total a pagar, com e sem financiamento.

O art. 54-C traz novas proibições na oferta de crédito ao consumidor, publicitária ou não, proibindo, expressa ou implicitamente, a oferta que: "indicar que a operação de crédito poderá ser concluída sem consulta a serviços de proteção ao crédito ou sem avaliação da situação financeira do consumidor" (inc. II); "ocultar ou dificultar a compreensão sobre os ônus e os riscos da contratação do crédito ou da venda a prazo" (inc. III); "assediar ou pressionar o consumidor para contratar o fornecimento de produto, serviço ou crédito, principalmente se se tratar de consumidor idoso, analfabeto, doente ou em estado de vulnerabilidade agravada ou se a contratação envolver prêmio" (inc. IV); e "condicionar o atendimento de pretensões do consumidor ou o início de tratativas à renúncia ou à desistência de demandas judiciais, ao pagamento de honorários advocatícios ou a depósitos judiciais" (inc. V).

O fornecedor tem novos deveres prévios, estabelecidos no art. 54-D, destinados a que o consumidor contrate o crédito de modo mais consciente:

Art. 54-D. Na oferta de crédito, previamente à contratação, o fornecedor ou o intermediário deverá, entre outras condutas:

I – informar e esclarecer adequadamente o consumidor, considerada sua idade, sobre a natureza e a modalidade do crédito oferecido, sobre todos os custos incidentes, observado o disposto nos arts. 52 e 54-B deste Código, e sobre as consequências genéricas e específicas do inadimplemento;

II – avaliar, de forma responsável, as condições de crédito do consumidor, mediante análise das informações disponíveis em bancos de dados de proteção ao crédito, observado o disposto neste Código e na legislação sobre proteção de dados;

III – informar a identidade do agente financiador e entregar ao consumidor, ao garante e a outros coobrigados cópia do contrato de crédito.

Caso o fornecedor descumpra os deveres fixados nos arts. 52, 54-C e 54-D, poderá ocorrer judicialmente, na forma do parágrafo único do art. 54-D, "a redução dos juros, dos encargos ou de qualquer acréscimo ao principal"; "a dilação do prazo de pagamento previsto no contrato original, conforme a gravidade da conduta do fornecedor e as possibilidades financeiras do consumidor"; "sem prejuízo de outras sanções e de indenização por perdas e danos, patrimoniais e morais, ao consumidor".

O art. 54-F estabelece consequências para a realização de contratos conexos, coligados ou interdependentes ao contrato principal e ao contrato acessório que assegura o financiamento, quando o fornecedor utilizar o serviço na preparação ou conclusão do contrato de crédito ou quando o serviço for oferecido no mesmo local do contrato principal. Cuida-se, aqui, da aquisição de um produto num contrato principal, estando a concessão de crédito em um contrato acessório, conquanto ambos os negócios possam ser celebrados em separado, sem uma obrigatória relação de interdependência. Por exemplo, o consumidor que deseja adquirir um carro celebra um contrato de compra e venda de veículo e pode celebrar, ainda, um contrato de *leasing* oferecido pelo banco da montadora. Contudo, se o bem apresentar um vício redibitório, haverá responsabilidade solidária entre instituição financeira e concessionária, haja vista a "operação casada" e a solidariedade dos partícipes da cadeia de produção.

Sem prejuízo das práticas abusivas previstas no art. 39 do CDC, o art. 54-G veda ao fornecedor de produto ou serviço de crédito que incorra em novas práticas abusivas, como:

Art. 54-G (...)

I – realizar ou proceder à cobrança ou ao débito em conta de qualquer quantia que houver sido contestada pelo consumidor em compra realizada com cartão de crédito ou similar, enquanto não for adequadamente solucionada a controvérsia, desde que o consumidor haja notificado a administradora do cartão com antecedência de pelo menos 10 (dez) dias contados da data de vencimento da fatura, vedada a manutenção do valor na fatura seguinte e assegurado ao consumidor o direito de deduzir do total da fatura o valor em disputa e efetuar o pagamento da parte não contestada, podendo o emissor lançar como crédito em confiança o valor idêntico ao da transação contestada que tenha sido cobrada, enquanto não encerrada a apuração da contestação;

II – recusar ou não entregar ao consumidor, ao garante e aos outros coobrigados cópia da minuta do contrato principal de consumo ou do contrato de crédito, em papel ou outro suporte duradouro, disponível e acessível, e, após a conclusão, cópia do contrato;

III – impedir ou dificultar, em caso de utilização fraudulenta do cartão de crédito ou similar, que o consumidor peça e obtenha, quando aplicável, a anulação ou o imediato bloqueio do pagamento, ou ainda a restituição dos valores indevidamente recebidos.

No empréstimo cuja liquidação seja fixada por consignação em folha de pagamento, a formalização e a entrega da cópia do contrato ou instrumento de contratação ao consumidor deverão ocorrer tão logo o fornecedor saiba, por parte da fonte pagadora, da existência de margem consignável (§ 1º do art. 54-G).

Nos contratos de adesão, deverá o fornecedor, de maneira prévia, prestar ao consumidor as informações descritas nos arts. 52 e 54-B do CDC, sem prejuízo de outras previstas na legislação de regência, devendo, ainda, entregar ao consumidor cópia do contrato, após a sua conclusão (§ 2º do art. 54-G).

Além de todas essas alterações, a Lei 14.181/2021 também tratou da conciliação do superendividamento, da repactuação de dívidas e do plano de pagamentos (arts. 104-A, 104-B e 104-C), que, para além do ineditismo da iniciativa, são instrumentos de extrema importância na sistemática da prevenção e do tratamento do superendividamento.

Por fim, a Lei 14.181/2021 acrescentou uma excludente no crime de discriminação de pessoa idosa, previsto no art. 96 do Estatuto do Idoso, incluindo-lhe o § 3º ("Não constitui crime a negativa de crédito motivada por superendividamento do idoso").

4. CONCLUSÃO

Uma tônica sempre presente no Código de Defesa do Consumidor é a proteção dos vulneráveis e hipervulneráveis no mercado de consumo, o respeito ao direito de informação do consumidor e o cumprimento do dever de informar por parte do fornecedor, bem como a prevenção e a coibição de práticas abusivas no mercado de consumo.

Nesse terreno, as alterações promovidas pela Lei 14.181/2021 vieram, sem dúvida, para colmatar lacunas, reavivar marcos e criar novas regras de proteção, providências essas há anos demandadas no cenário do superendividamento do consumidor brasileiro.

Sendo todos os consumidores considerados vulneráveis à luz do Código de Defesa do Consumidor, quis a lei nova tratar, em mais detalhes, também da situação dos hipervulneráveis idosos, cuja idade constitui, infelizmente, um componente atrativo para que o assédio de consumo praticado pelos fornecedores de produtos e serviços de crédito recaia com mais abusividade sobre essa parcela da população.

Contemporaneamente, é inimaginável viver excluído do mercado de consumo, de modo que o mercado brasileiro de oferta e procura de crédito necessitava, há tempos, de regras mais pontuais. A partir das alterações trazidas pela Lei 14.181/2001, o cidadão brasileiro pode contar, doravante, com um Código de Defesa do Consumidor mais moderno e um Estatuto do Idoso também mais efetivo. A proteção dos vulneráveis e hipervulneráveis no mercado de consumo é, antes de tudo, uma necessidade social e uma alavanca no desenvolvimento da cidadania.

REFERÊNCIAS

BAUMAN, Zygmunt. *Consuming life*. Oxford: Polity Press, 2007.

BENJAMIN, Antonio Herman. Prefácio. In: MARQUES, Claudia Lima; CAVALLAZZI, Rosângela Lunardelli, LIMA, Clarissa Costa (Coord.). *Direitos do consumidor endividado II*: vulnerabilidade e exclusão. São Paulo: Ed. RT, 2016.

BENJAMIN, Antonio Herman. Prefácio. In: LIMA, Clarissa Costa de. *O tratamento do superendividamento e o direito de recomeçar dos consumidores*. São Paulo: Ed. RT, 2014.

BRICKELL, Katherine; PICCHIONI, Fiorella; NATARAJAN, Nithya; GUERMOND, Vincent; PARSONS, Laurie; ZANELLO, Giacomo; BATEMAN, Milford. Compounding crises of social reproduction: Microfinance, over-indebtedness and the COVID-19 pandemic. *World Development*, v. 136, p. 1-4, dez. 2020.

GSELL, Beate; MELLER-HANNICH, Caroline; LIMA MARQUES, Claudia; ARTZ, Markus; HARKE, Jan Dirk. *Wer ist der Verbraucher?* Verbraucherbegriffe, Verbraucherleitbilder und situative Differenzierungen im Verbraucherschutz. Baden-Baden: Nomos, 2018.

MACEDO JR., Ronaldo Porto. *Contratos relacionais e defesa do consumidor*. 2. ed. rev. e atual. São Paulo: Ed. RT, 2007.

MANCUSO, Rodolfo de Camargo. *Manual do consumidor em juízo*. 5. ed. rev. e atual. São Paulo: Saraiva, 2013.

MARQUES, Claudia Lima. *Contratos no Código de Defesa do Consumidor*. 6. ed. São Paulo: Ed. RT, 2011.

MARQUES, Claudia Lima; MARTINS, Fernando Rodrigues. Deveres e responsabilidade no tratamento e na promoção do consumidor superendividado. In: MONTEIRO FILHO, Carlos Edison do Rêgo; MARTINS, Guilherme Magalhães; DENSA, Roberta (Coord.). *Responsabilidade civil nas relações de consumo*. Indaiatuba: Foco, 2022.

MARQUES, Claudia Lima. Mulheres, idosos e o superendividamento dos consumidores: cinco anos de dados empíricos do Projeto-Piloto em Porto Alegre. *Revista de Direito do Consumidor*, Brasília, v. 100, n. 24, p. 393-423, 2015.

MARQUES, Claudia Lima. Sugestões para uma lei sobre o tratamento do superendividamento de pessoas físicas em contratos de crédito ao consumo: proposições com base em pesquisa empírica de 100 casos no Rio Grande do Sul. In: MARQUES, Claudia Lima; CAVALLAZZI, Rosângela Lunardelli (Coord.). *Direitos do consumidor endividado*: superendividamento e crédito. São Paulo: Ed. RT, 2006.

MARQUES, Cláudia Lima; LIMA, Clarissa Costa de; VIAL, Sophia. Superendividamento dos consumidores no pós-pandemia e a necessária atualização do Código de Defesa do Consumidor. In: MALFATTI, Alexandre David; GARCIA, Paulo Henrique Ribeiro; SHIMURA, Sérgio Seiji (Coord.). *Direito do Consumidor*: reflexões quanto aos impactos da pandemia de Covid-19. São Paulo: Escola Paulista da Magistratura, 2020. v. 1.

MARTINS, Humberto. A revisão judicial dos contratos: boa-fé, questões e perspectivas. *Temas atuais e polêmicos na Justiça Federal*. Salvador: JusPodivm, 2018.

MARTINS, Humberto. *O dever de informar e o direito à informação* (Parte I – a perspectiva do Direito do Consumidor). Disponível em: https://www.conjur.com.br/2020-fev-19/dever-informar-direito-informacao-parte. Acesso em: 29 mar. 2023.

PAISANT, Gilles. *Défense et illustration du droit de la consommation*. Paris: Lexis-Nexis, 2015.

TARTUCE, Flávio; NEVES, Daniel Amorim Assumpção. *Manual de direito do consumidor*: direito material e processual. 7. ed., rev., atual. e ampl. Rio de Janeiro: Forense; São Paulo: Método, 2018.

SUPERENDIVIDAMENTO DO CONSUMIDOR À LUZ DA LEI 14.181, DE 1º DE JULHO DE 2021

Benedito Gonçalves

Mestre em Direito. Especialista em Direito Processual Civil. Formado em Ciências Jurídicas e Sociais pela Faculdade Nacional de Direito, da Universidade Federal do Rio de Janeiro (UFRJ). Ministro do Superior Tribunal de Justiça (STJ). Corregedor-Geral da Justiça Eleitoral (CGE).

Camile Sabino

Pós-Graduada em Contratos e Responsabilidade Civil pelo Instituto de Desenvolvimento e Pesquisa – IDP. Especialização em Governo e Direito na Universidad Autonoma de Madrid. Especialização em "Sharing the experience of the European Union and its Member States: Leadership, Management, Transparency and Corruption Control" na École Nationale D'administration – L'ÉNA, em Paris e Strasbourg. Especialização em Combate à Corrupção na École Nationale D'administration – L'ÉNA, em Paris. Bacharel em Ciência Política pela Universidade de Brasília. Bacharel em Direito pelo Centro Universitário Unieuro. Ex-Subconsultora Jurídica da Consultoria Jurídica do Distrito Federal. Assessora do Gabinete do Ministro Benedito Gonçalves.

Sumário: 1. Introdução – 2. O princípio do crédito responsável – 3. O superendividamento à luz da Lei 14.181/2021 – 4. A proteção do mínimo existencial – 5. O consumidor de produtos de luxo e a Lei 14.181/2021 – 6. Procedimento judicial do superendividamento – 7. Diferença entre superendividamento ativo e superendividamento passivo – 8. Transparência e práticas abusivas na oferta de crédito – 9. Abusividade de cláusula que dificulta o acesso ao judiciário pelo consumidor ou que imponha desistência de ação judicial como condição de oferta de crédito – 10. Conclusão – Referências.

1. INTRODUÇÃO

A Lei 14.181, de 1º de julho de 2021, altera a Lei 8.078, de 11 de setembro de 1990 (Código de Defesa do Consumidor – CDC) e a Lei 10.741, de 1º de outubro de 2003 (Estatuto do Idoso). Trata-se de um verdadeiro marco legal, criado com o objetivo de aperfeiçoar a disciplina do crédito ao consumidor e dispor sobre a prevenção e o tratamento do superendividamento.

Consumidores que, por qualquer desventura da vida, colecionavam dívidas impagáveis, não possuíam qualquer expectativa de solução para seus problemas financeiros. Não havia nenhuma saída antes do advento da Lei 14.181/21. Com o nome negativado, sem reputação ilibada ou crédito na praça, restava a esses consumidores a conformação com a exclusão social ou a busca por soluções heterodoxas, utilizando por exemplo, o nome de terceiros, na tentativa de conseguir crédito.

A Lei do Superendividamento nasceu, portanto, com o objetivo de suprir esses hiatos.

Isso porque os indivíduos superendividados sofrem um tipo de "morte social", vez que, muitas vezes, experimentam a repulsa da sociedade, vivenciando diariamente a exclusão social. Para além disso, os consumidores superendividados enfrentam situações inconcebíveis, como ter quase a totalidade de sua renda líquida comprometida por instituições financeiras.

Tais indivíduos têm o brio atingido, vez que o mínimo existencial para subsistência resta arruinado, lesionando frontalmente o princípio da dignidade humana.

O superendividamento é um fenômeno muito comum no Brasil e que necessitava, segundo Marques,[1] de:

> algum tipo de saída ou solução pelo Direito do Consumidor, a exemplo do que aconteceu com a falência e concordata no Direito da Empresa, seja o parcelamento, os prazos de graça, a redução dos montantes, dos juros, das taxas, e todas as demais soluções possíveis para que possa pagar ou adimplir todas ou quase todas as suas dívidas, frente a todos os credores, fortes e fracos, com garantias ou não. Estas soluções, que vão desde a informação e controle da publicidade, direito de arrependimento, para prevenir o superendividamento, assim como para tratá-lo, são fruto dos deveres de informação, cuidado e principalmente de cooperação e lealdade oriundas da boa-fé para evitar a ruína do parceiro (exceção da ruína), que seria esta sua 'morte civil', exclusão do mercado de consumo ou sua 'falência' civil com o superendividamento.

Em uma sociedade consumista, a inesgotável oferta de crédito e de produtos faz com que os consumidores muitas vezes comprem excessivamente, gastando além do condizente com seus rendimentos.

O desprezo aos consumidores superendividados demonstrava uma visão absolutamente distorcida da realidade brasileira, ignorando que práticas comerciais abusivas e obscuras geram efeitos nefastos no mercado de consumo.

Haja vista reconhecimento da vulnerabilidade desses consumidores e do direito fundamental de proteção estabelecido pelo artigo 170, V, da CF, a Lei do Superendividamento possui o papel de reintegrá-los na sociedade e protegê-los de dívidas adquiridas em decorrência do assédio ao crédito.

A Lei sob análise cria políticas e ações com o escopo de evitar o superendividamento, bem como formas para reinserir um consumidor superendividado ao mercado.

O objetivo do presente artigo é analisar, ainda que de forma sucinta, as inovações advindas da Lei 14.181/2021, como marco regulatório do princípio do crédito responsável, sustentado na preocupação com a dignidade da pessoa humana e do mínimo existencial.

---

1. MARQUES, Claudia Lima. Sugestões para uma lei sobre o tratamento do superendividamento de pessoas físicas em contratos de consumo: proposições com base em pesquisa empírica de 100 casos no Rio Grande do Sul. *Revista de Direito do Consumidor*. São Paulo: Ed. RT, 55/11-52, p. 12, jul./set. 2005.

2. O PRINCÍPIO DO CRÉDITO RESPONSÁVEL

Inicialmente, é preciso definir o significado de crédito na Lei 14.181/2021. Nesse contexto, deve ser entendido como o direito ao cumprimento de uma obrigação que, geralmente, é pecuniária.[2]

Por seu turno, o crédito responsável é aquele que orienta o ordenamento jurídico em prol da adoção de práticas negociais saudáveis, das mais variadas formas de crédito. O crédito responsável é aquele utilizado com parcimônia e planejamento, contribuindo para que o consumidor adquira os bens que deseja, sem comprometer seu orçamento ou a sua segurança financeira e a de sua família.

O princípio do crédito responsável decorre de uma norma implícita na Constituição e foi concretizado pela Lei do Superendividamento mediante alterações no CDC e no Estatuto do Idoso advindas da Lei 14.181/2021, consistente em promover o crédito responsável, ou seja, a prática adotada por credores, por devedores e pelo Poder Público com o objetivo de coibir o superendividamento.

As condutas para que o crédito responsável seja alcançado envolve três principais orientações.

A primeira se refere ao Poder Público, a quem cabe direcionar atos normativos, políticas públicas e atividades de fiscalização, com o intuito de coibir práticas que ofendam o crédito responsável.

A segunda orientação é aos credores. Isso porque há uma obrigação de não oferecer créditos irresponsáveis, os quais claramente não poderão ser pagos pelo devedor. Tal dever está ligado à boa-fé objetiva. A fim de mitigar as perdas, o credor tem a obrigação de colaborar com o devedor, para que não seja estimulado o aumento da dívida. Em suma, o credor não deve estimular o endividamento imprudente do devedor.

Por derradeiro, a terceira orientação é feita aos devedores, que devem ser prudentes ao se endividarem, evitando assumir compromissos além de sua capacidade de pagamento.

O princípio do crédito responsável requer do devedor, além de prudência, a boa-fé objetiva ao arcar com suas dívidas. Faz-se importante ressaltar que a vulnerabilidade econômica ou o simples fato de um devedor contrair dívida acima do seu potencial de pagamento não necessariamente indica ter agido de má-fé.

Em sentido diverso, para o devedor de fato tenha agido com dolo, com a intenção de praticar um crime, não há amparo legal.

---

2. GAGLIANO, Pablo Stolze. ELIAS, Carlos. *Comentários à "Lei do Superendividamento" (Lei 14.181, de 1º de julho 2021) e o Princípio do Crédito Responsável*: uma primeira análise. Disponível em: https://www.jusbrasil. com.br/artigos/comentarios-a-lei-do-superendividamento-lei-n-14181-de-01-de-julho-de-2021-e-o-princi-pio-do-credito-responsavel-uma-primeira-analise/1240597511. Acesso em: 27 abr. 2023.

3. O SUPERENDIVIDAMENTO À LUZ DA LEI 14.181/2021

O *caput* do art. 54-A, acrescentado ao CDC pela Lei 14.181/2021, afirma que o Capítulo VI-A dispõe sobre a prevenção do superendividamento da pessoa natural, sobre o crédito responsável e sobre a educação financeira do consumidor.

Para Marques e Benjamin,[3] o superendividamento pode ser assim definido:

O superendividamento pode ser definido como impossibilidade global do devedor-pessoa física, consumidor, leigo e de boa-fé, de pagar todas as suas dívidas atuais e futuras de consumo (excluídas as dívidas com o Fisco, oriundas de delitos e alimentos) em um tempo razoável com sua capacidade atual de rendas e patrimônio.

Por sua vez, assim conceituam Carpena e Cavallazzi:[4]

O superendividado é sempre um consumidor, adotando-se para este fim um conceito ainda mais restrito do que o estabelecido pelo Código de Defesa do Consumidor, visto que não se concede a tutela à pessoa jurídica. Trata-se, portanto, da pessoa física que contrata a concessão de crédito, destinado à aquisição de produtos ou serviço que, por sua vez, visam atender a uma necessidade pessoal, nunca profissional do adquirente. A mais importante característica refere-se à condição pessoal do consumidor, que deve agir de boa-fé.

No CDC, o superendividamento é definido como a situação em que o consumidor de boa-fé assume sua impossibilidade de arcar com todas as dívidas que contraiu, sem comprometer o mínimo para a sua sobrevivência, nos seguintes termos:

Art. 54-A. Este Capítulo dispõe sobre a prevenção do superendividamento da pessoa natural, sobre o crédito responsável e sobre educação financeira do consumidor.

§ 1º Entende-se por superendividamento a impossibilidade manifesta de o consumidor pessoa natural, de boa-fé, pagar a totalidade de suas dívidas de consumo, exigíveis e vincendas, sem comprometer seu mínimo existencial, nos termos da regulamentação.

A nova redação do CDC, trazida pela Lei em comento estabelece, como obrigação dos fornecedores ou intermediários, cientificar corretamente o consumidor, além das informações obrigatórias previstas no art. 52 do CDC e na legislação aplicável à matéria, prévia e adequadamente, no momento da oferta, sobre custos, taxas, encargos e o que mais contribuir para o aumento do preço final do produto ou serviço ofertado, senão vejamos:

Art. 54-B. No fornecimento de crédito e na venda a prazo, além das informações obrigatórias previstas no art. 52 deste Código e na legislação aplicável à matéria, o fornecedor ou o intermediário deverá informar o consumidor, prévia e adequadamente, no momento da oferta, sobre:

---

3. MARQUES, Claudia Lima; BENJAMIN, Antonio Herman V.; MIRAGEM, Bruno. *Comentários ao Código de Defesa do Consumidor*. 3. ed. São Paulo: Ed. RT, 2010, p. 1.051.

4. CARPENA, Heloísa. CAVALLAZZI, Rosângela Lunardelli. Superendividamento: proposta para um estudo empírico e perspectiva de regulação. In: CAVALLAZZI, Rosângela Lurnadelli. MARQUES, Claudia Lima (Org.). *Direitos do consumidor endividado*: superendividamento e crédito. São Paulo. Ed. RT, 2006, Cap. 11, p. 329.

I – o custo efetivo total e a descrição dos elementos que o compõem;

II – a taxa efetiva mensal de juros, bem como a taxa dos juros de mora e o total de encargos, de qualquer natureza, previstos para o atraso no pagamento;

III – o montante das prestações e o prazo de validade da oferta, que deve ser, no mínimo, de 2 (dois) dias;

IV – o nome e o endereço, inclusive o eletrônico, do fornecedor;

V – o direito do consumidor à liquidação antecipada e não onerosa do débito, nos termos do § 2º do art. 52 deste Código e da regulamentação em vigor.

[...]

A referida Lei dispõe, ainda, que a oferta de crédito ao consumidor, publicitária ou não, jamais deve ocorrer de forma ostensiva, que se configura em pressão ou assédio para que o consumidor adquira um produto ou contrate um serviço, conforme disposto no art. 54-C.

Art. 54-C. É vedado, expressa ou implicitamente, na oferta de crédito ao consumidor, publicitária ou não:

I – (Vetado);

II – indicar que a operação de crédito poderá ser concluída sem consulta a serviços de proteção ao crédito ou sem avaliação da situação financeira do consumidor;

III – ocultar ou dificultar a compreensão sobre os ônus e os riscos da contratação do crédito ou da venda a prazo;

IV – assediar ou pressionar o consumidor para contratar o fornecimento de produto, serviço ou crédito, principalmente se se tratar de consumidor idoso, analfabeto, doente ou em estado de vulnerabilidade agravada ou se a contratação envolver prêmio;

V – condicionar o atendimento de pretensões do consumidor ou o início de tratativas à renúncia ou à desistência de demandas judiciais, ao pagamento de honorários advocatícios ou a depósitos judiciais.

Parágrafo único. (Vetado).

4. A PROTEÇÃO DO MÍNIMO EXISTENCIAL

O superendividamento está diretamente relacionado com o mínimo existencial do indivíduo, conforme explicam Gagliano e Oliveira:[5]

O superendividamento contém traços de uma morte civil social. O indivíduo com o "nome sujo" e sem margem de crédito tende ao ostracismo. Não consegue montar novos negócios. Enfrenta estigmas ao buscar emprego. Sujeita-se a viver "de favor". Enfim, o superendividamento pode levar o indivíduo a um estado de desesperança e, nas palavras de Raul Seixas, na música Ouro de Tolo, ficar sentado 'no trono de um apartamento, com a boca escancarada cheia de dentes, esperando a morte chegar. O motivo é que o superendividamento fulmina o mínimo existencial do indivíduo.

O artigo 1º da Lei 14.181/2021, a lei altera o artigo 6º do CDC, incluindo o inciso XII, que aborda o direito básico do consumidor à preservação do mínimo existencial, nos termos da regulamentação, na repactuação de dívidas e na concessão de crédito.[6]

---

5. GAGLIANO, Pablo Stolze; OLIVEIRA, Carlos Eduardo Elias de. Op. cit.

6. JOELSONS, Marcela. MUNHOZ, Nathália. A Lei do Superendividamento e o conceito de mínimo existencial. *Consultor Jurídico*. Disponível em: https://www.conjur.com.br/2021-out-20/opiniao-lei-superendividamento-conceito-minimo-existencial. Acesso em: 17 abr. 2023.

Art. 6º (...)

(...)

XII – a *preservação do mínimo existencial*, nos termos da regulamentação, na repactuação de dívidas e na concessão de crédito.

A Lei do Superendividamento também aborda o mínimo existencial no art. 54-A, § 1º, senão vejamos:

Art. 54-A. Este Capítulo dispõe sobre a prevenção do superendividamento da pessoa natural, sobre o crédito responsável e sobre a educação financeira do consumidor.

§ 1º Entende-se por superendividamento a impossibilidade manifesta de o consumidor pessoa natural, de boa-fé, pagar a totalidade de suas dívidas de consumo, exigíveis e vincendas, *sem comprometer seu mínimo existencial*, nos termos da regulamentação'.

[...] (grifos nossos)

É necessário, portanto, que o juiz, observando o caso concreto e considerando o padrão do homem médio, avalie o que é mínimo existencial.

O princípio da dignidade é alicerce à proteção do consumidor superendividado e nele se respalda o direito ao mínimo existencial, cuja previsão infraconstitucional foi sedimentada pelo Poder Legislativo na Lei 14.181/21, que, ao atualizar o CDC, instituiu um microssistema de crédito ao consumo.

Veja-se que o Código atualizado previu a dupla dimensão do supraprincípios, dos quais derivam todos os demais princípios e regras do direito administrativo, ao considerar, de formas explícita e implícita, nos artigos 4º, X; 5º, XI, XII; 104-A; 104-B; e 104-C, da Lei 14.181/21, a necessidade de preservação do mínimo existencial como maneira de coibir a exclusão social do consumidor superendividado, conforme ensinado pelo jurista, advogado e ex-magistrado brasileiro Ingo Wolfgang Sarlet.[7]

Ainda de acordo com as lições de SARLET (2007),[8] o mínimo existencial se refere a "um direito fundamental (e, portanto, também de uma garantia fundamental) às condições materiais que asseguram uma vida com dignidade".

O mínimo existencial tem como principal função "assegurar a qualquer pessoa condições mínimas para uma vida condigna", avalizando o núcleo essencial dos próprios direitos fundamentais firmados na Constituição Federal de 1988.

Apesar de ter sua principal função bem definida, o estabelecimento do conceito de "mínimo existencial" é uma das questões mais sensíveis no tema superendividamento, considerando a amplitude e indeterminação de definição de um conceito universal, conforme bem observado pela Juíza Karen Bertoncello.[9]

---

7. SARLET, Ingo Wolfgang. *Dignidade da pessoa humana e direitos fundamentais na Constituição Federal de 1988*. Porto Alegre: Imprenta, Livr. do Advogado, 2019. 199 p.

8. SARLET, Ingo Wolfgang. Direitos fundamentais sociais, mínimo existencial e direito privado. *Revista de Direito do Consumidor*, São Paulo, n. 61, p. 100, jan./mar. 2007.

9. BERTONCELLO, Karen Rick Danilevicz. *Superendividamento do consumidor*: mínimo existencial: casos concretos. São Paulo: Ed. RT, 2015.

Definir no que consiste o patrimônio essencial a um indivíduo significa delimitar quais bens são imprescindíveis ao seu sustento e ao de sua família. Qual o patrimônio mínimo indispensável à vida digna, sem o qual o consumidor, de fato, tem ferido o princípio da dignidade?

Diante à inexistência de uma definição objetiva, o direito do consumidor à preservação do mínimo existencial cabe aos julgadores. Portanto, a construção da tese sobre o mínimo existencial exige dos juízes especial atenção quanto à observância de balizadores, tais como o princípio constitucional da dignidade humana e a utilização de uma "hermenêutica crítica e construtiva da codificação civil moderna".[10]

Essa universalidade conceitual é necessária, pois é justamente o que o mantém aberto às alterações das concepções verificadas como necessárias pelo aplicador do Direito.

No âmbito do Superior Tribunal de Justiça, o mínimo existencial tem sido avaliado diante das peculiaridades do caso concreto e tendo por base o exame do acervo fático e probatório dos autos.

A jurisprudência do STJ tem mantido o entendimento, por exemplo, de que é possível, em situações excepcionais, a relativização da regra de impenhorabilidade das verbas salariais prevista no art. 833, IV, do CPC/2015, a fim de alcançar parte da remuneração do devedor para a satisfação de crédito não alimentar, preservando-se o suficiente para garantir a sua subsistência digna e a de sua família, não havendo, assim, ofensa ao princípio da dignidade humana.

Nesse sentido:

> Agravo interno no agravo interno no agravo em recurso especial – Autos de agravo de instrumento na origem – Decisão monocrática que negou provimento ao reclamo. Insurgência recursal da parte agravante.
>
> 1. "A jurisprudência do STJ caminha no sentido de que é possível, em situações excepcionais, *a mitigação da impenhorabilidade dos salários para a satisfação de crédito não alimentar, desde que observada a Teoria do Mínimo Existencial, sem prejuízo direto à subsistência do devedor ou de sua família, devendo o Magistrado levar em consideração as peculiaridades do caso e se pautar nos princípios da proporcionalidade e razoabilidade.*" (AgInt no AREsp 1.537.427/MS, Rel. Min. Raul Araújo, Quarta Turma, julgado em 11.02.2020, DJe 03.03.2020). 2. Agravo interno desprovido.
>
> (AgInt no AgInt no AREsp 2.196.887/MS, Rel. Min. Marco Buzzi, Quarta Turma, julgado em 17.04.2023, DJe de 20.04.2023) (grifos nossos)
>
> Agravo interno no agravo em recurso especial. Ação monitória. Cumprimento de sentença. Penhora de percentual
>
> Do salário do devedor. Comprometimento do mínimo existencial. Impossibilidade. Agravo interno desprovido.
>
> (...)

---

10. POMPEU, Ivan Guimarães; POMPEU, Renata Guimaraes. A teoria do patrimônio mínimo *versus* o superendividamento: análise jurídico-econômica sobre o acesso a bens e a serviços. *Revista Jurídica da Faculdade Uma de Contagem*, v. 2, n. 2. 2015.

2. *A jurisprudência do STJ tem entendimento de que é possível, em situações excepcionais, a mitigação da impenhorabilidade dos salários para a satisfação de crédito não alimentar, desde que observada a Teoria do Mínimo Existencial, sem prejuízo direto à subsistência do devedor ou de sua família, devendo o magistrado levar em consideração as peculiaridades do caso e se pautar nos princípios da proporcionalidade e razoabilidade.* Precedentes.

3. No caso, o Tribunal de origem concluiu que o deferimento de penhora de 30% sobre o salário do devedor significaria prejudicar seu mínimo existencial. A pretensão de revisar tal entendimento demandaria revolvimento fático-probatório. Incidência da Súmula 7/STJ.

4. Agravo interno a que se nega provimento.

(AgInt no AREsp 1931623/SP, Rel. Min. Raul Araújo, Quarta Turma, julgado em 14.02.2022, DJe 24.02.2022) (grifos nossos)

Agravo interno no recurso especial – Cumprimento de sentença – Decisão monocrática que negou provimento reclamo. Insurgência da agravante.

1. *Em situações excepcionais, admite-se a relativização da regra de impenhorabilidade das verbas salariais prevista no art. 833, IV, do CPC/15, a fim de alcançar parte da remuneração do devedor para a satisfação de crédito não alimentar, preservando-se o suficiente para garantir a sua subsistência digna e a de sua família.*

2. Agravo interno desprovido.

(AgInt no REsp 1819394/RO, Rel. Min. Marco Buzzi, Quarta Turma, julgado em 31.05.2021, DJe 04.06.2021) (grifos nossos)

Agravo interno. Recurso especial. Omissão no julgado. Inexistência. Impenhorabilidade de salários. Relativização.

Possibilidade. Precedentes desta corte superior. Incidência da súmula 83 do STJ. Reexame de fatos e provas. Inviabilidade.

1. "*A jurisprudência do STJ caminha no sentido de que é possível, em situações excepcionais, a mitigação da impenhorabilidade dos salários para a satisfação de crédito não alimentar, desde que observada a Teoria do Mínimo Existencial, sem prejuízo direto à subsistência do devedor ou de sua família, devendo o Magistrado levar em consideração as peculiaridades do caso e se pautar nos princípios da proporcionalidade e razoabilidade.*" (AgInt no AREsp 1.537.427/MS, Rel. Ministro Raul Araújo, Quarta Turma, julgado em 11.02.2020, DJe 03.03.2020)

2. "Não se conhece do recurso especial pela divergência, quando a orientação do tribunal se firmou no mesmo sentido da decisão recorrida" (Súmula 83/STJ).

3. Inviável, em recurso especial, reexaminar matéria fático-probatória. Incidência da Súmula 7 do Superior Tribunal de Justiça.

4. Agravo interno a que se nega provimento.

(AgInt no REsp 1864197/DF, Rel. Min. Maria Isabel Gallotti, Quarta Turma, julgado em 21.09.2020, DJe 24.09.2020) (grifos nossos)

Agravo interno no recurso especial. Processual civil. Agravo de instrumento. Cumprimento de sentença. 1. Penhora de percentual de salário. Relativização da regra da impenhorabilidade. Precedentes. Incidência das súmulas 7 e 83/STJ. 2. Multa do art. 1.021, § 4º, do CPC/2015. Não incidência, na espécie. 3. Agravo improvido.

1. De fato, *a Corte Especial do STJ tem entendimento de que há possibilidade de mitigação da impenhorabilidade absoluta da verba salarial, desde que preservada a dignidade do devedor e observada a garantia de seu mínimo existencial.*

1.1. A revisão da conclusão do Tribunal de origem (acerca da razoabilidade do percentual a ser penhorado) demandaria o reexame do conjunto fático-probatório dos autos, o que não é possível no âmbito do recurso especial, nos termos da Súmula 7 do STJ.

2. O mero não conhecimento ou a improcedência de recurso interno não enseja a automática condenação à multa do art. 1.021, § 4º, do NCPC, devendo ser analisado caso a caso.

3. Agravo interno a que se nega provimento.

(AgInt no REsp 1847503/PR, Rel. Min. Marco Aurélio Bellizze, Terceira Turma, julgado em 30.03.2020, DJe 06.04.2020) (grifos nossos)

5. O CONSUMIDOR DE PRODUTOS DE LUXO E A LEI 14.181/2021

A tutela da Lei do Superendividamento não abarca consumidores que, por exemplo, não têm condições de comprar voos de primeira classe ou de comprar bolsas de grifes sofisticadas. Isso porque tais direitos são considerados supérfluos, não essenciais.

De maneira análoga, o contrato de financiamento de uma casa essencial à sobrevivência de uma determinada família, por exemplo, não pode ser interpretado da mesma forma que um contrato de financiamento de um carro de luxo.

Assim, de acordo com o art. 54-A, § 3º, do CDC:

Art. 54-A. Este Capítulo dispõe sobre a prevenção do superendividamento da pessoa natural, sobre o crédito responsável e sobre a educação financeira do consumidor.

§ 3º O disposto neste Capítulo não se aplica ao consumidor cujas dívidas tenham sido contraídas mediante fraude ou má-fé, sejam oriundas de contratos celebrados dolosamente com o propósito de não realizar o pagamento ou decorram da aquisição ou contratação *de produtos e serviços de luxo de alto valor*.

Resta claro que o dispositivo não confere proteção do superendividamento caso este tenha decorrido de dívidas relacionados com a aquisição ou contratação de produtos e serviços de luxo de alto valor.

Isso porque, de acordo com o princípio da proteção simplificada do luxo,[11] o Direito protege situações de luxo sem o mesmo prestígio de situações essenciais ou úteis. Os direitos podem ser classificados, quanto à essencialidade, em: essenciais, úteis e supérfluos. Ou seja, quanto menor o grau de essencialidade do direito, menor deve ser a intervenção do Direito.

Trata-se de aplicação, pela lei, do "princípio da proteção simplificada do luxo", segundo o qual, no entender de Gagliano e Oliveira:[12]

o Direito protege situações de luxo sem o mesmo prestígio de situações essenciais ou úteis. Esse conceito está atrelado ao conceito de paradigma da essencialidade, revelado pela Professora Teresa Negreiros.

---

11. OLIVEIRA, Carlos Eduardo Elias de. *O princípio da proteção simplificada do luxo, o princípio da proteção simplificada do agraciado e a responsabilidade civil do generoso.* Brasília: Núcleo de Estudos e Pesquisas/CONLEG/Senado, Dezembro/2018 (Texto para Discussão 254). Disponível em: www.senado.leg.br/estudos.

12. GAGLIANO, Pablo Stolze; OLIVEIRA, Carlos Eduardo Elias de. Op. cit.

Segundo a jurista carioca, os direitos devem ser classificados quanto à essencialidade em direitos essenciais, direitos úteis e direitos supérfluos. Quanto menor for o grau de essencialidade do direito, menor deve ser a intervenção do Direito. Esse princípio guia também a proteção dada aos casos de superendividamento.

O intervencionismo estatal em favor de quem está em situação de superendividamento não deve alcançar casos oriundos de aquisição de produtos de luxo de alto valor, mesmo no caso de consumo. Quem, por exemplo, endivida-se por adquirir um veículo luxuoso de altíssimo valor não pode, posteriormente, invocar as ferramentas interventivas da Lei do Superendividamento. Sobram-lhe, apenas, as proteções gerais do Direito, sem prestígios interventivos. A própria Lei de Superendividamento é expressa nesse sentido (art. 54-A, § 3º, CDC).

6. PROCEDIMENTO JUDICIAL DO SUPERENDIVIDAMENTO

A Lei 14.181/21 aborda o procedimento judicial do superendividamento, caso não ocorra acordo voluntário entre consumidor e credor. É o chamado "processo de repactuação de dívidas", disposto no art. 104-A e seguintes do CDC.[13]

O processo judicial a requerimento do consumidor no qual será fixada data para audiência de conciliação presidida pelo juiz ou conciliador credenciado, na presença de todos os credores de dívidas, as quais estão previstas no art. 54-A do CDC e, em seu § 2º, expressamente remontam aos "compromissos financeiros assumidos decorrentes de relação de consumo, inclusive operações de crédito, compras a prazo e serviços de prestação continuada".

Insta destacar que não serão abarcadas pelo processo de repactuação de dívidas aquelas provenientes de contratos celebrados dolosamente sem o propósito de realizar pagamento, bem como dívidas provenientes de contratos de crédito com garantia real, de financiamentos imobiliários e de crédito rural (art. 104-A, § 1º, do CDC).

Ademais, o art. 104-A, § 2º, do CDC estabelece severas sanções aos credores que não comparecerem à audiência injustificadamente, o que acarretará:

a) a suspensão da exigibilidade do débito;

b) a interrupção dos encargos de mora; e

c) a sujeição compulsória ao plano de pagamento da dívida se o montante devido ao credor ausente for certo e conhecido pelo consumidor.

Por fim, o credor ausente também será preterido em relação aos demais no momento da quitação das dívidas.

No caso de conciliação, o plano de pagamento homologado por sentença terá eficácia de título executivo e força de coisa julgada e deverá determinar (art. 104-A, § 4º, I-IV do CDC):

---

13. PORTO, RENATO. A Lei do Superendividamento (Lei 14.181, de 1º de julho de 2021) e reflexos nas relações comerciais. Direito Popular. *Revista Jurídica Eletrônica.* Disponível em: https://direitopopular. com/a-lei-do-superendividamento-lei-no-14-181-de-1o-de-julho-de-2021-e-reflexos-nas-relacoes-comerciais/#:~:text=A%20Lei%2014.181%5C21%20regulamentou,de%20cr%C3%A9dito%20tende%20 ao%20ostracismo. Acesso em: 24 mar. 2023.

a) medidas de dilação dos prazos de pagamento e de redução dos encargos da dívida;

b) a suspensão ou extinção das ações judiciais em curso;

c) a data a partir da qual haverá a exclusão do consumidor dos bancos de dados e cadastros de inadimplentes; e

d) o condicionamento dos efeitos do plano à abstenção, pelo consumidor, de condutas que importem no agravamento de sua situação de superendividamento.

Nesse sentido, são determinadas apenas obrigações aos fornecedores, mas também condicionada a conduta do consumidor endividado, vez que fica impossibilitado de agir para prejudicar sua própria situação.

Se a conciliação em audiência não restar exitosa, o juiz poderá, a pedido do consumidor, instaurar "processo por superendividamento" para revisão e integração de contratos e repactuação de dívidas remanescentes, mediante plano judicial compulsório, procedendo à citação dos fornecedores que não integraram o acordo porventura celebrado para, em 15 dias, juntarem documentos e razões para não aderir ao plano de pagamento.

O juiz poderá nomear administrador, desde que isso não onere as partes, o qual, no prazo de até 30 (trinta) dias, após cumpridas as diligências eventualmente necessárias, apresentará plano de pagamento que contemple medidas de temporização ou de atenuação dos encargos.

O plano judicial compulsório assegurará aos credores, no mínimo, o valor do principal devido, corrigido monetariamente por índices oficiais de preço, e preverá a liquidação total da dívida, após a quitação do plano de pagamento consensual previsto no art. 104-A do CDC, em, no máximo, 5 (cinco) anos, sendo que a primeira parcela será devida no prazo máximo de 180 (cento e oitenta) dias, contado de sua homologação judicial, e o restante do saldo será devido em parcelas mensais iguais e sucessivas (art. 104-B do CDC).

Em síntese, a Lei 14.181/21 se demonstra como inovador instrumento jurídico com o escopo de novamente incluir o consumidor na sociedade, garantindo o mínimo existencial e, por conseguinte, sua dignidade.

Agravo em Recurso Especial 2267930 – RS (2022/0393992-6)

Ementa

Agravo em recurso especial. Embargos à execução. Agravo de instrumento. Superendividamento. Repactuação de dívidas.

Procedimento. Questão oportunamente suscitada. Negativa de prestação jurisdicional configurada. Retorno dos autos à origem para novo julgamento dos declaratórios. Agravo conhecido para dar provimento ao recurso especial.

Decisão

Trata-se de agravo interposto por Cooperativa de Crédito, Poupança e Investimento de Carlos Barbosa – SICREDI Serrana RS contra decisão que não admitiu seu recurso especial, este por sua vez, manejado, com fundamento no art. 105, inciso III, a e c, da Constituição Federal, visando reformar acórdão do Tribunal de Justiça do Estado do Rio Grande do Sul assim ementado (e-STJ, fl. 66):

Agravo de Instrumento. Embargos à Execução. Nota de crédito rural.

Superendividamento. Conciliação. Cabimento.

A Lei 14.181/2021 estabelece um procedimento específico destinado a assegurar ao consumidor superendividado o direito a renegociar as dívidas, com o fito de facilitar a elaboração de plano de pagamento, preservado o mínimo existencial.

Hipótese em que configurado o superendividamento do devedor e a necessidade de assegurar o mínimo existencial à sobrevivência.

Agravo de Instrumento provido.

Opostos embargos de declaração, foram rejeitados (91-92).

Nas razões do recurso especial (e-STJ, fls. 101-109), a insurgente alegou, além de dissídio jurisprudencial, violação aos arts. 489, II, e 1.022, I e II, do CPC/2015; 104-A e 104-B do CDC.

Sustentou, preliminarmente, a ocorrência de negativa de prestação jurisdicional, porque o colegiado de origem não se manifestou sobre as suas alegações a respeito do procedimento a ser adotado no processo de repactuação de dívidas, sobretudo em relação à necessidade da presença de todos os credores do recorrido no respectivo feito.

No mérito, defendeu, em síntese, que é descabida a instauração de audiência de conciliação nos autos dos embargos à execução, tendo em vista que o processo de repactuação de dívidas do consumidor superendividado requer procedimento próprio, envolvendo todos os credores do requerente e a apresentação da proposta de pagamento de todas as dívidas.

Contrarrazões apresentadas (e-STJ, fls. 118-124).

O Tribunal estadual não admitiu o processamento do recurso especial, o que levou as insurgentes à interposição de agravo.

Contraminuta às fls. 155-159 (e-STJ).

Brevemente relatado, decido.

...

Segundo a nova Lei 14.181/21, de 1º de julho de 2021, denomina-se superendividamento a impossibilidade manifesta do consumidor, pessoa natural e de boa-fé, pagar a totalidade de suas dívidas de consumo, exigíveis e vincendas, sem comprometer seu mínimo existencial.

Cumpre destacar que as normas protetivas previstas nos arts. 54-A a 54-G do CDC não se aplicam (i) se as dívidas do consumidor tiverem sido contraídas mediante fraude ou má-fé;(ii) se forem oriundas de contratos celebrados dolosamente com o propósito de não realizar o pagamento; ou (iii) se decorrerem da aquisição ou contratação de produtos e serviços de luxo de alto valor (§ 3º do art. 54-A).

Ainda, prevê a mencionada Lei, ao acrescentar o inciso XII ao artigo 6º do Código do Direito do Consumidor: XII – a preservação do mínimo existencial, nos termos da regulamentação, na repactuação de dívidas e na concessão de crédito;

Além disso, a nova lei trouxe o art. 104-C do CDC, prevendo que os órgãos do Sistema Nacional de Defesa do Consumidor também podem fazer a fase conciliatória e preventiva, denominada Conciliação Administrativa.

Essas novas regras possibilitarão a renegociação de valores que, certamente, amenizarão as enormes dificuldades amargadas e nitidamente aceleradas pela pandemia.

No caso em apreço, a parte demonstra sua situação de superendividamento, através da documentação acostada, bem como a pretensão de renegociação das dívidas, o que leva a conclusão de que encontram-se reunidas as condições essenciais para propiciar o agendamento de audiência conciliatória, na forma pretendida.

Acrescento que, a dívida mantida junto à embargada envolve dívidas pretéritas, incluindo dívida oriunda de cheque especial, uma vez que "O Embargado se utiliza dos créditos de uma Nota de Crédito Rural para fins de pagamento de outras dívidas bancárias", tendo em vista essa praxe bancária, não se pode enquadrar tal dívida na exceção contida no art. 104-A, § 1º, in fine, do CDC.

Por fim, acrescento que os embargos à execução foram opostos antes da vigência da nova lei, impossibilitando a tentativa de conciliação na via administrativa na forma prevista na legislação anunciada, razão pela qual se faz conveniente a oportuna tentativa de conciliação na via judicial, sob pena de tolher o direito do consumidor.

Isto posto, voto no sentido de dar provimento ao agravo de instrumento, na forma da fundamentação supra.

A então embargante, por sua vez, nas razões dos declaratórios, apontou a ocorrência de negativa de prestação jurisdicional no julgado acima referido, ao argumento de que não houve análise pelo colegiado local quanto às especificidades do procedimento a ser adotado no aludido processo de repactuação de dívidas, sobretudo em relação à necessidade da presença de todos os credores do devedor no respectivo feito para a apresentação da proposta de pagamento global, nos termos da legislação de regência (e-STJ, fls. 74-75):

A embargante entende, entretanto, que a decisão é obscura.

Isso porque o art. 104-A do Código de Defesa do Consumidor prevê que o procedimento de conciliação deve ser realizado mediante procedimento próprio, com a presença de todos os credores, na qual o devedor deverá apresentar sua proposta de pagamento. O inciso II do §2º do mesmo dispositivo, prevê, inclusive a possibilidade de suspensão das ações judiciais em curso.

Dessa forma, a audiência de conciliação prevista no Código de Defesa do Consumidor não deveria ser realizada nos autos de embargos à execução, mas mediante procedimento próprio, com intimação de todos os credores para participar do procedimento, nos termos do precitado dispositivo legal.

De outro lado, uma vez que o pedido foi acolhido para determinar a realização de audiência de conciliação nos autos dos embargos à execução, cujo objeto é limitado à dívida da execução vinculada ,o acórdão se mostra obscuro ao não esclarecer qual o procedimento que deverá ser adotado, especialmente em relação aos demais credores do executado.

No julgamento dos aclaratórios, o colegiado local, reconhecendo inexistirem vícios no julgado embargado concernentes à matéria, limitou-se a reiterar a conclusão vertida no aresto combatido (e-STJ, fls. 91-92).

Desse modo, tendo em vista que o referido tema foi oportunamente suscitado pela recorrente, o Tribunal local deveria ter examinado as alegações que, a esse respeito, foram-lhe submetidas. Nesse contexto, a persistência na omissão, diante da rejeição dos embargos de declaração sem apreciação de questões jurídicas relevantes, deu azo à violação do art. 1.022 do CPC/2015.

Impõe-se, assim, o retorno dos autos para que o órgão competente realize novo julgamento dos embargos de declaração, com a devida apreciação da referida questão alegada pela parte então embargante.

A propósito:

Embargos de Declaração. Agravo Interno. Agravo em Recurso Especial.

Omissão. Obscuridade. Contradição. Existência.

1. Não havendo o Tribunal de origem apreciado as matérias suscitadas nos embargos de declaração opostos pela ora embargante, configurada está a ofensa ao artigo 1.022 do Código de Processo Civil, a impor o retorno dos autos à origem para complementar a devida prestação jurisdicional.

2. Embargos de declaração acolhidos com efeitos modificativos.

Decisão e acórdão proferidos por esta Corte anulados.

(EDcl no AgInt no AREsp 1.624.710/MS, Rel. Ministra Maria Isabel Gallotti, Quarta Turma, julgado em 07.06.2021, DJe 09.06.2021). Recurso especial. Direito civil. Ação de compensação por danos materiais e morais. Serviços advocatícios. Advogado credenciado a sindicato. Atuação negligente. Discussão sobre a possibilidade de responsabilização solidária do causídico e da entidade sindical.

Omissão. Existência. Retorno dos autos ao tribunal de origem para novo julgamento.

1. No recurso em julgamento, a controvérsia reside sobre a possibilidade de responsabilizar o sindicato, solidariamente com o advogado a ele credenciado, por ato negligente praticado pelo causídico.

2. É verdade que, nos termos da jurisprudência do STJ, "é admitido ao Tribunal de origem, no julgamento da apelação, utilizar, como razões de decidir, os fundamentos delineados na sentença (fundamentação *per relationem*), medida que [por si só] não implica negativa de prestação jurisdicional" (AgInt no AREsp 1779343/DF, Terceira Turma, DJe 15.04.2021; AgInt no AREsp 855.179/SP, Quarta Turma, DJe 05.06.2019). Entretanto, restará configurada a negativa de prestação jurisdicional, se o órgão julgador "não enfrentar todos os argumentos deduzidos no processo capazes de, em tese, infirmar a conclusão adotada pelo julgador" (art. 489, IV, do CPC/2015).

3. No caso dos autos, o Tribunal de origem deixou de se manifestar sobre alegações fundamentais ao deslinde da controvérsia, sendo imperativa a cassação do acórdão recorrido.

4. Recurso especial conhecido e provido, com o retorno dos autos à Corte de origem.

(REsp 1908213/RS, Rel. Ministra Nancy Andrighi, Terceira Turma, julgado em 18.05.2021, DJe 20.05.2021) Em face do reconhecimento da apontada nulidade por negativa de prestação jurisdicional, fica prejudicada, por ora, a apreciação das demais teses apresentadas pela recorrente.

Ante o exposto, conheço do agravo para dar provimento ao recurso especial a fim de, reconhecida a violação do art. 1.022 do CPC/2015, determinar ao Tribunal de origem que realize novo julgamento dos embargos de declaração, devendo se pronunciar, como entender de direito, sobre as relevantes questões que lhe foram submetidas pela parte embargante.

Fiquem as partes cientificadas de que a apresentação de recursos manifestamente inadmissíveis ou protelatórios contra esta decisão ensejará a imposição, conforme o caso, das multas previstas nos arts. 1.021, § 4º, e 1.026, § 2º, do CPC/2015.

Publique-se.

Brasília, 14 de fevereiro de 2023.

Ministro Marco Aurélio Bellizze, Relator.

(AREsp 2.267.930, Ministro Marco Aurélio Bellizze, DJe de 1º.03.2023) (grifos nossos)

7. DIFERENÇA ENTRE SUPERENDIVIDAMENTO ATIVO E SUPERENDIVIDAMENTO PASSIVO

O superendividado ativo é aquele que dá causa, por exemplo, aquele que gasta mais do que ganha.

O passivo é aquele que sofre os chamados acidentes da vida (um divórcio, morte de uma pessoa que mantém aquela família, uma doença).

Além disso, é preciso destacar o ativo consciente, que é aquele que deliberadamente está de má-fé. É o que já faz dívida sabendo que não poderá pagar. E o ativo inconsciente, que sofre pelo excesso de marketing, fácil acesso ao crédito etc. Pessoas idosas são hipervulneráveis. Sofrem enxurradas de ofertas de créditos. Marketing agressivo.

A lei trata dos superendividados ativo inconsciente e do passivo, não abrangendo o superendividado de má-fé, objetivando:

a) regular a publicidade; temas como incitar, não consultar o SPC, abuso com hipervulneráveis;

b) regular direitos e deveres relacionados à informação: trabalhar todas as condições, risco, custo efetivo total e o crédito responsável;

c) contemplar o direito de arrependimento;

d) estimular o crédito responsável;

e) estabelecer que o contrato acessório seguirá sempre o principal; e

f) estabelecer sanções: suspensão de exigibilidade, redução dos juros, moratória afastada. A função da lei é prevenir o superendividamento e dar ao superendividado o direito de recomeçar.

8. TRANSPARÊNCIA E PRÁTICAS ABUSIVAS NA OFERTA DE CRÉDITO

O art. 6º, XIII, o art. 54-B, o art. 54-C, I a IV, o art. 54-D e o art. 54-G do CDC assim afirmam:

Art. 6º São direitos básicos do consumidor:

XIII – *a informação acerca dos preços dos produtos por unidade de medida*, tal como por quilo, por litro, por metro ou por outra unidade, conforme o caso.

Art. 54-C. *É vedado, expressa ou implicitamente, na oferta de crédito ao consumidor, publicitária ou não*:

I – (Vetado);

II – *indicar que a operação de crédito poderá ser concluída sem consulta a serviços de proteção ao crédito ou sem avaliação da situação financeira do consumidor;*

III – *ocultar ou dificultar a compreensão sobre os ônus e os riscos da contratação do crédito ou da venda a prazo;*

IV – *assediar ou pressionar o consumidor* para contratar o fornecimento de produto, serviço ou crédito, *principalmente se se tratar de consumidor idoso, analfabeto, doente ou em estado de vulnerabilidade agravada ou se a contratação envolver prêmio;*

V – *condicionar o atendimento de pretensões do consumidor ou o início de tratativas à renúncia ou à desistência de demandas judiciais*, ao pagamento de honorários advocatícios ou a depósitos judiciais.

Art. 54-D. Na oferta de crédito, previamente à contratação, o fornecedor ou o intermediário deverá, entre outras condutas:

I – *informar e esclarecer adequadamente o consumidor*, considerada sua idade, sobre a natureza e a modalidade do crédito oferecido, sobre todos os custos incidentes, observado o disposto nos arts. 52 e 54-B deste Código, e sobre as consequências genéricas e específicas do inadimplemento;

II – *avaliar, de forma responsável, as condições de crédito do consumidor*, mediante análise das informações disponíveis em bancos de dados de proteção ao crédito, observado o disposto neste Código e na legislação sobre proteção de dados;

III – informar a identidade do agente financiador e entregar ao consumidor, ao garante e a outros coobrigados cópia do contrato de crédito.

Parágrafo único. O descumprimento de qualquer dos deveres previstos no *caput* deste artigo e nos arts. 52 e 54-C deste Código poderá acarretar judicialmente a redução dos juros, dos encargos ou de qualquer acréscimo ao principal e a dilação do prazo de pagamento previsto no contrato original, conforme a gravidade da conduta do fornecedor e as possibilidades financeiras do consumidor, sem prejuízo de outras sanções e de indenização por perdas e danos, patrimoniais e morais, ao consumidor."

Art. 54-G. Sem prejuízo do disposto no art. 39 deste Código e na legislação aplicável à matéria, é vedado ao fornecedor de produto ou serviço que envolva crédito, entre outras condutas:

I – realizar ou proceder à cobrança ou ao débito em conta de qualquer quantia que houver sido contestada pelo consumidor em compra realizada com cartão de crédito ou similar, enquanto não for adequadamente solucionada a controvérsia, desde que o consumidor haja notificado a administradora do cartão com antecedência de pelo menos 10 (dez) dias contados da data de vencimento da fatura, vedada a manutenção do valor na fatura seguinte e assegurado ao consumidor o direito de deduzir do total da fatura o valor em disputa e efetuar o pagamento da parte não contestada, podendo o emissor lançar como crédito em confiança o valor idêntico ao da transação contestada que tenha sido cobrada, enquanto não encerrada a apuração da contestação;

II – recusar ou não entregar ao consumidor, ao garante e aos outros coobrigados cópia da minuta do contrato principal de consumo ou do contrato de crédito, em papel ou outro suporte duradouro, disponível e acessível, e, após a conclusão, cópia do contrato;

III – impedir ou dificultar, em caso de utilização fraudulenta do cartão de crédito ou similar, que o consumidor peça e obtenha, quando aplicável, a anulação ou o imediato bloqueio do pagamento, ou ainda a restituição dos valores indevidamente recebidos.

§ 1º Sem prejuízo do dever de informação e esclarecimento do consumidor e de entrega da minuta do contrato, no empréstimo cuja liquidação seja feita mediante consignação em folha de pagamento, a formalização e a entrega da cópia do contrato ou do instrumento de contratação ocorrerão após o fornecedor do crédito obter da fonte pagadora a indicação sobre a existência de margem consignável.

§ 2º Nos contratos de adesão, o fornecedor deve prestar ao consumidor, previamente, as informações de que tratam o art. 52 e o *caput* do art. 54-B deste Código, além de outras porventura determinadas na legislação em vigor, e fica obrigado a entregar ao consumidor cópia do contrato, após a sua conclusão. (grifos nossos)

Tais dispositivos destacam, em suma, a necessidade de transparência perante o consumidor nas operações de crédito, afirmando que práticas comerciais abusivas na oferta de créditos devem ser recriminadas.

Os dispositivos colecionados demonstram a preocupação do legislador em viabilizar a cláusula geral de boa-fé, especialmente no que tange à lealdade e à obrigatoriedade de o fornecedor dar informações completas e detalhadas ao consumidor, com vistas a evitar o superendividamento.

9. ABUSIVIDADE DE CLÁUSULA QUE DIFICULTA O ACESSO AO JUDICIÁRIO PELO CONSUMIDOR OU QUE IMPONHA DESISTÊNCIA DE AÇÃO JUDICIAL COMO CONDIÇÃO DE OFERTA DE CRÉDITO

O art. 51, XVII, e o art. 54-C, V, do CDC, assim dispõem:

Art. 51. (...).

(...)

XVII – condicionem ou limitem de qualquer forma o acesso aos órgãos do Poder Judiciário;

Art. 54-C. É vedado, expressa ou implicitamente, na oferta de crédito ao consumidor, publicitária ou não:

V – condicionar o atendimento de pretensões do consumidor ou o início de tratativas à renúncia ou à desistência de demandas judiciais, ao pagamento de honorários advocatícios ou a depósitos judiciais.

Os normativos acima destacados visam proibir qualquer óbice ou limite ao acesso ao Poder Judiciário.

Tal coibição não se restringe ao oferecimento de crédito. Ao contrário, abrange qualquer relação de consumo em que haja cláusula abusiva que condicione ou limite o acesso à Justiça.

No entanto, acordos judiciais ou extrajudiciais são meios consensualmente permitidos de solução de conflitos. O que os dispositivos acima condenam é a prática de abusiva de fornecedores que obstem a judicialização.

10. CONCLUSÃO

Em 30 de novembro de 2022, o STJ promoveu o seminário "O Tratamento do Consumidor Superendividado à Luz da Lei 14.181/2021: da trajetória legislativa à sua efetivação".

Sob a coordenação-geral do ministro Marco Buzzi e coordenação científica das Professoras Cláudia Lima Marques (UFRGS), Juliana Loss de Andrade (FGV) e do Professor Dr. Anderson Schreiber (UERJ), o seminário teve por objetivo estimular a reflexão e o aperfeiçoamento dos novos procedimentos trazidos pela Lei 14.181/2021, mediante compartilhamento de vivências e projetos já existentes, além de promover o debate acerca de algumas questões sensíveis da nova legislação.

O evento foi idealizado pelo grupo de trabalho instituído por intermédio da Portaria 55/2022 do Conselho Nacional de Justiça (CNJ) com o objetivo de aperfeiçoar os procedimentos administrativos para facilitar o trâmite dos processos de tratamento do superendividado.

É nítida, portanto, a amplitude do tema superendividamento neste Tribunal da Cidadania, traduzindo os fatos que ocorrem no cotidiano dos cidadãos. Vasta é a gama de desafios a serem juridicamente enfrentados.

Isso porque tratar de superendividamento é, de fato, falar sobre a realidade de grande parte das famílias brasileiras. Seguramente, há de se considerar que uma legislação tão poderosa quanto a Lei 14.181/2021 precisa de concretude, precisa chegar aos seus destinatários e os desafios são gigantescos.

Em busca de vencer tais desafios, assim como o STJ, o Conselho Nacional de Justiça, a Ordem dos Advogados do Brasil e a comunidade científica têm envidado todos os esforços nos debates para a efetivação da Lei 14.181/2021.

As estatísticas divulgadas não deixam o problema do superendividamento passar despercebido e confirmam um fato já perceptível na sociedade. Uma parte significativa da população brasileira economicamente ativa está endividada.

O Brasil obteve recorde de endividados em janeiro de 2023 e o valor das dívidas está cada vez maior. De acordo com o Serasa Experian, a quantidade de brasileiros inadimplentes passou de 59,3 milhões em janeiro de 2018 para 70,1 milhões em janeiro de 2023.

Além de o número de endividados ter aumentado consideravelmente, os valores dos débitos também aumentaram cerca de 19% nos últimos cinco anos. Enquanto no início de 2018, a média das dívidas era de R$ 3.926,40, agora, cada inadimplente deve cerca de R$ 4.612,30.

Em relação à faixa etária, os idosos com 60 anos ou mais estão entre os mais impactados, com aumento de 17% em relação a janeiro de 2018. Enquanto isso, a quantidade de endividados de outras faixas etárias cresceu 12% na mesma base.

Já em outro recorte, o estudo do Serasa mostrou que as mulheres se encontram com mais dívidas a pagar em relação aos homens: os débitos do público feminino cresceram 18% no em cinco anos, para a média de R$ 4.066. Já entre os homens, os valores subiram 16%, a R$ 5.222.[14]

Segundo dados da Pesquisa de Endividamento e Inadimplência do Consumidor (Peic), divulgada em 08/02/2023 pela Confederação Nacional do Comércio de Bens, Serviços e Turismo (CNC), entre os brasileiros que ganham até três salários mínimos, os endividados são 79,2%. Já aqueles que ganham mais de dez salários são 74,4%.[15]

Essa realidade acarreta exclusão social. Pessoas negativadas deixam de ter acesso a crédito, a bens, a serviços essenciais. Dessa forma, resta evidente que o superendividamento não é um problema individual, pois afeta o sistema financeiro e de consumo, como um todo.

O cotidiano de diversas pessoas e empresas é afetado pelo superendividamento. Há, de certo, um longo caminho a ser trilhado, o qual requer constante fomento de discussões e debates, para os quais se exige especial dedicação ao tema.

O assunto ainda é novo e, portanto, demanda estudos e constante observação, para que os elementos teleológicos que dão sustentação às inovações no CDC sejam, de fato, colocados em prática, com vistas a diminuição os índices de superendividamento.

Por fim, são inquestionáveis os pontos de contato entre a Lei do Superendividamento e o respeito à dignidade da pessoa humana e à cidadania, uma vez que as inovações legais possibilitaram a mitigação do superendividamento, prestigiando o crédito responsável e a promoção da educação financeira.

---

14. Inadimplência em Alta. Disponível em: https://www.seudinheiro.com/2023/economia/brasil-tem-recorde--de-endividados-em-janeiro-serasa-miql/. Acesso em: 28 abr. 2023.
15. ABDALA, Vitor. *Percentual de famílias endividadas se mantém em 78%*. Disponível em: https://agenciabrasil. ebc.com.br/economia/noticia/2023-02/percentual-de-familias-endividadas-se-mantem-em-78. Acesso em: 28 mar. 2023.

REFERÊNCIAS

ABDALA, Vitor. *Percentual de famílias endividadas se mantém em 78%*. Disponível em: https://agenciabrasil. ebc.com.br/economia/noticia/2023-02/percentual-de-familias-endividadas-se-mantem-em-78. Acesso em: 28 mar. 2023.

BENJAMIN, Antonio Herman. *Código Brasileiro de Defesa do Consumidor comentado pelos autores do anteprojeto*. 8. ed. Rio de Janeiro: Forense, 2004.

BERTONCELLO, Káren Rick Danilevicz. *Mínimo existencial deve expressar a necessária proteção do Estado*. Disponível em: https://www.conjur.com.br/2022-jul-30/karen-bertoncello-minimo-existencial-expressar-protecao-necessaria. Acesso em: 04 abr. 2023.

BRASIL. [Constituição (1988)]. Constituição da República Federativa do Brasil de 1988. Brasília, DF: Presidência da República, [2022]. Disponível em: http://www.planalto.gov.br/ccivil_03/constituicao/constituicao.htm. Acesso em: 23 mar. 2023.

BRASIL. Lei 8.078, de 11 de setembro de 1990. Código de Proteção e Defesa do Consumidor. Brasília, DF: Presidência da República, [2022]. Disponível em:. http://www.planalto.gov.br/ccivil_03/leis/L8078compilado.htm. Acesso em: 04 abr. 2023.

CAPEZ, Fernando. *Nova Lei do Superendividamento*: uma rápida visão. Disponível em: https://www.conjur.com.br/2021-out-21/controversias-juridicas-lei-superendividamento-rapida-visao Acesso em: 03 ago. 2022.

CARPENA, Heloísa; CAVALLAZZI, Rosângela Lunardelli. Superendividamento: proposta para um estudo empírico e perspectiva de regulação. In: CAVALLAZZI, Rosângela Lurnadelli; MARQUES, Claudia Lima (Org.). *Direitos do consumidor endividado*: superendividamento e crédito. São Paulo. Ed. RT, 2006.

CAVALIERI FILHO, Sergio. *Programa de Responsabilidade Civil*. 7. ed. São Paulo: Atlas, 2008.

DE AZEVEDO, Fernando Costa. *Tolerância e diálogo no tratamento jurídico das famílias superendividadas*. Disponível em: https://www.conjur.com.br/2022-jul-27/garantias-consumo-tolerancia-tratamento-juridico-familias-superendividadas. Acesso em: 04 ago. 2022.

DE MELLO, Celso Antônio Bandeira. *Curso de Direito Administrativo*. 27. ed. São Paulo: Malheiros, 2010.

DI PIETRO, Maria Sylvia Zanella. *Direito administrativo*. 30. ed. São Paulo: Atlas, 2017. p. 414.

FACHIN, Luiz Edson. *Estatuto Jurídico do Patrimônio Mínimo*. 2. ed. Rio de Janeiro: Renovar, 2006.

GAGLIANO, Pablo Stolze; OLIVEIRA, Carlos Eduardo Elias de. Comentários à Lei do Superendividamento (Lei 14.181, de 1º de julho de 2021) e o princípio do crédito responsável. Uma primeira análise. *Revista Jus Navigan*di, ISSN 1518-4862, Teresina, ano 26, n. 6575, 2 jul. 2021. Disponível em: https://jus.com.br/artigos/91675. Acesso em: 28 abr. 2023.

GARCIA, Leonardo de Medeiros. *Código de Defesa do Consumidor Comentado*. 13. ed. Salvador: JusPodivm, 2017.

GRAU, Eros Roberto. *Ensaio e discurso sobre a interpretação do direito*. São Paulo: Malheiros, 2009.

GONÇALVES, Carlos Roberto. *Comentários ao Código Civil*. São Paulo: Saraiva, 2005.

HÍGIDIO, José. *Crise e falta de mínimo existencial atrasam efeitos da Lei do Superendividamento*. Disponível em: https://www.conjur.com.br/2022-jul-30/crise-minimo-existencial-prejudicam-lei-superendividamento. Acesso em: 04 ago. 2022.

JOELSONS, Marcela. MUNHOZ, Nathália. A Lei do Superendividamento e o conceito de mínimo existencial. *Consultor Jurídico*. Disponível em https://www.conjur.com.br/2021-out-20/opiniao-lei-superendividamento-conceito-minimo-existencial. Acesso em: 17 abr. 2023.

LIMA, Clarissa Costa de. *O tratamento do superendividamento e o direito de recomeçar dos consumidores*. São Paulo: Ed. RT, 2014.

MACEDO, Maria Fernanda Soares. *Superendividamento do Consumidor e Teoria do Patrimônio Mínimo*: Breves Apontamentos. Disponível em: https://www.diaadiaforense.com.br/superendividamento-do-consumidor-e-teoria-do-patrimonio-minimo-breves-apontamentos. Acesso em: 03 ago. 2022.

MARQUES, Claudia Lima. Sugestões para uma lei sobre o tratamento do superendividamento de pessoas físicas em contratos de consumo: proposições com base em pesquisa empírica de 100 casos no Rio Grande do Sul. *Revista de Direito do Consumidor*. São Paulo: Ed. RT, 55/11-52, p. 12, jul./set. 2005.

MARQUES, Claudia Lima. Justiça e superendividamento: um estudo de caso sobre decisões judiciais no Brasil, de Marília de Ávila e Silva Sampaio. *Revista de Direito do Consumidor*. São Paulo: Ed. RT, v. 107. ano 25. p. 635-648. set./out. 2016 (Disponível em: https://revistadedireitodoconsumidor.emnuvens. com.br/rdc/article/view/743.

MARQUES, Claudia Lima (Org.). *Direitos do consumidor endividado: superendividamento e crédito*. São Paulo: Ed. RT, 2006, Cap. 11, p. 329.

MARQUES, Claudia Lima; BENJAMIN, Antonio Herman V.; MIRAGEM, Bruno. *Comentários ao Código de Defesa do Consumidor*. 3. ed. São Paulo: Ed. RT, 2010.

NEGREIROS, Tereza. *Teoria do Contrato* – Novos Paradigmas. 2. ed. Rio de Janeiro: Renovar, 2006.

OLIVEIRA, Carlos Eduardo Elias de. *O princípio da proteção simplificada do luxo, o princípio da proteção simplificada do agraciado e a responsabilidade civil do generoso*. Brasília: Núcleo de Estudos e Pesquisas/ CONLEG/Senadodez. 2018 (Texto para Discussão 254). Disponível em: www.senado.leg.br/estudos.

POMPEU, Ivan Guimarães; POMPEU, Renata Guimaraes. A teoria do patrimônio mínimo versus o superendividamento: análise jurídico-econômica sobre o accsso a bens e a serviços. *Revista Jurídica da Faculdade Uma de Contagem*, v. 2, n. 2. 2015.

PORTO, RENATO. A Lei do Superendividamento (Lei 14.181, de 1º de julho de 2021) e reflexos nas relações comerciais. Direito Popular. Revista Jurídica Eletrônica. Disponível em: https://direitopopular. com/a-lei-do-superendividamento-lei-no-14-181-de-1o-de-julho-de-2021-e-reflexos-nas-relacoes-comerciais/#:~:text=A%20Lei%2014.181%5C21%20regulamentou,de%20cr%C3%A9dito%20 tende%20ao%20ostracismo. Acesso em: 24 mar. 2023.

SARLET, Ingo Wolfgang. *Dignidade da pessoa humana e direitos fundamentais na Constituição Federal de 1988*. Imprenta: Porto Alegre, Livr. do Advogado, 2019.

SARLET, Ingo Wolfgang. Direitos fundamentais sociais, mínimo existencial e direito privado. *Revista de Direito do Consumidor*, São Paulo, n. 61, p. 100, jan./mar. 2007.

SIQUEIRA, Carlos André Cassani; Campeão, Paula Soares. A cessação dos efeitos do inadimplemento obrigacional por não mitigação da perda pelo Credor. *Congresso Nacional do CONPEDI, XX*, 2011, Vitória. Anais do [Recurso eletrônico] / XX Congresso Nacional do CONPEDI. Florianópolis: Fundação Boiteux, 2011.

O SUPERENDIVIDAMENTO E A NECESSIDADE DE UM FATOR DE *DISCRÍMEN* FEMININO

Marcelo Navarro Ribeiro Dantas

Doutor e Mestre em Direito pela PUC/SP. Professor da UFRN/UnB e da UniNove. Ministro do STJ.

Thais Caroline Brecht Esteves Gouveia

Doutoranda em Direito Empresarial pela UNINOVE. Professora da ESAMC. Juíza de Direito do Tribunal de Justiça de São Paulo.

Sumário: 1. Introdução – 2. O consumidor endividado; 2.1 O superendividamento; 2.1.1 Superendividamento e suas formas; 2.2 O grupo dos hipervulneráveis ou em condição de vulnerabilidade agravada – 3. A lei no tratamento do consumidor superendividado – 4. A mulher na Lei 14.181/2021 – 5. O estereótipo feminino e sua hipervulnerabilidade; 5.1 Sociedade patriarcal?; 5.2 Desigualdade substancial da mulher: a feminização da pobreza; 5.3 Fator de *discrímen* feminino – 6. Conclusão – Referências.

1. INTRODUÇÃO

O tratamento do consumidor endividado é um tema que ressalta a importância do consumo como elemento integrante da dignidade da pessoa humana – norma constitucional, portanto – e tem natureza macroeconômica, na medida em que afeta – além do consumidor diretamente – sua família e a sociedade.[1]

O superendividamento, por si só, viola os pressupostos da dignidade da pessoa humana ao impedir o consumo e, portanto, afastar o indivíduo de se desenvolver em sua integralidade. Se a categoria dos superendividados já insere tais consumidores dentro de uma análise discriminatória, não se pode olvidar que, dentro dela, há outro grupo em situação agravada a merecer uma análise especial: as mulheres.

As mulheres integram o grupo dos hipervulneráveis sob a perspectiva dos abusos perante a ordem constitucional e consumerista brasileiras, bem como em relação à

---

1. Diógenes Faria de Carvalho e Frederico Oliveira Silva ressaltam que a proteção do consumidor pela Constituição Federal é bivalente: "é direito fundamental e também princípio da ordem econômica. Topograficamente, o instituto se encontra no Título II ("Dos direitos e garantias fundamentais") do Capítulo I ("Dos direitos e deveres individuais e coletivos") da Carta Magna, especificamente em seu artigo 5º, inciso XXXII [...] A segunda forma de manifestação constitucional pela defesa do consumidor é seu enquadramento entre os princípios fundamentais da ordem econômica (art. 170, inciso V, da Constituição de 1988)" de maneira que o consumidor deve ser especialmente tutelado e sua tutela assume caráter interventivo e promocional. CARVALHO, Diógenes Faria de; SILVA, Frederico Oliveira. Superendividamento e mínimo existencial: teoria do reste à vivre. *Revista de Direito do Consumidor*, São Paulo, v. 27, n. 118, p. 367, jul./ago. 2018.

noção de violência simbólica dos homens no tocante a elas, estampada no mercado de trabalho e na perpetuação de uma visão sexista.

A forma como o mercado trata as mulheres, seja a partir de uma visão estereotipada, seja assediando-as ao consumo, ou então inserindo em produtos "femininos" um sobrepreço supostamente justificado por uma qualidade diferenciada, despoja as mulheres de uma condição financeira similar à dos homens, agravando o fato de serem discriminadas no mercado de trabalho.

Um modelo econômico agressivo e discriminatório em relação à mulher viola seus direitos transindividuais e impele as mulheres em direção ao superendividamento.

Se os consumidores endividados passaram a merecer um olhar especial sob a ótima do consumo como direito fundamental e sua tutela busca uma reinserção no mercado, é certo que as mulheres gozam de uma situação de hipervulnerabilidade dentro do contexto social. O endividamento feminino desponta como um exemplo de uma crise de desigualdade muito mais ampla e cruel e deve ser analisado de forma particular.

Em outras palavras, se o grupo dos superendividados merece uma atenção peculiar da ordem jurídica e o das mulheres idem, a fração de mulheres superendividadas representa a sobreposição de duas situações de vulnerabilidade, o que resulta sua situação como especialmente sensível.

2. O CONSUMIDOR ENDIVIDADO

Antes de analisar a especial situação da mulher no cenário dos consumidores endividados, necessário esclarecer a própria noção de endividamento.

Ele está diretamente relacionado com a oferta de crédito, pois este, que passou a ser mais expressivo a partir de meados de 1994, acompanhando o processo de estabilização da moeda brasileira, viabiliza a aquisição de bens e serviços essenciais à vida, ou seja, proporcionam o consumo e até o incentivam.

Atualmente o crédito integra o planejamento familiar como instrumento de gestão, e por ele passam a aquisição de bens como veículos, imóveis, material escolar, telefones, entre outros bens sem os quais o consumidor estaria alijado da vida em sociedade.

O consumidor arca com despesas de dispêndio imediato necessário, como por exemplo, contas de consumo – luz, água, gás, internet, saúde etc. – e vale-se do crédito para, muitas vezes, conseguir obter instrumentos de seu trabalho, roupas, transporte, ou seja, bens essenciais que o mercado oferece com formas de parcelamento e oferta de crédito.

O consumidor, assim, aproveita o crédito fornecido tanto para satisfazer necessidades básicas e socorrer-se em situações imprevistas – há hoje, por exemplo, inúmeros supermercados que parcelam compras até de alimentos – e também para satisfazer o desejo por consumo, muitas vezes insuflado de forma agressiva pelos fornecedores em sua publicidade, podendo-se citar o caso de lançamentos de celulares com modelos mais atuais, vinculando um estilo de vida desejado, ligado a objetos de consumo ou determinados serviços.

O crédito muitas vezes é concedido pelo próprio fornecedor, na forma de parcelamento, ou então é aquele concedido por uma instituição financeira, seja pelo uso do cartão de crédito, seja por empréstimos na forma consignada ou não. O crédito e o consumo são facetas da mesma moeda.[2]

Fato é que as sociedades capitalistas tendem a viver em uma cultura de endividamento, o que é agravado pela concessão desmedida de crédito, numa realidade que, no Brasil, convive com taxas reais de juros entre as maiores do mundo,[3] somando-se a isso o estímulo predatório ao consumo.

O resultado é o superendividamento, consistente numa condição em o consumidor pessoa física encontra-se diante da falta de recursos financeiros suficientes para saldar suas dívidas sem prejuízo da subsistência própria ou de sua família.

Observa-se, por conseguinte, a ineficácia horizontal do direito fundamental do consumo, que é regido por um microssistema balizado por disposições constitucionais.

O superendividamento é conceituado pela doutrina de duas formas, quais sejam: superendividamento ativo, aquele causado pela prática de um ato pelo consumidor, podendo ser consciente ou inconsciente; e o superendividamento passivo, que advém de circunstâncias alheias à sua vontade, como no caso de desemprego repentino ou doença incapacitante.

2.1   O superendividamento

O superendividamento, portanto, pode ser reultado de diversos fatores, sejam eles endógenos ou exógenos. Entre os endógenos pode-se considerar hipóteses de desvio de comportamento que conduzem ao consumo exagerado ou crises familiares, entre os exógenos, situações inesperadas, crises como uma pandemia ou guerra e influência negativa do mercado. O resultado consiste, portanto, no aumento de suas dívidas em face de seus rendimentos.[4] O percentual das famílias endividadas tem sido crescente e

---

2. "Consumo e crédito são duas faces de uma mesma moeda, vinculados que estão no sistema econômico e jurídico de países desenvolvidos e de países emergentes, como o Brasil". MARQUES, Claudia Lima. Breve introdução à Lei 14.181/2021 e a nova noção de superendividamento do consumidor. In: BENJAMIN, Antonio Herman; MARQUES, Claudia Lima; LIMA, Clarissa Costa de; VIAL, Sophia Martini. *Comentários à Lei 14.181/2021*: a atualização do CDC em matéria de superendividamento. São Paulo: Thomson Reuters, 2021. p. 28.

3. TAXA de juro: lista de países. *Trading Economics*, [s. l.], 2023. Disponível em: https://tradingeconomics.com/country-list/interest-rate. Acesso em: 02 mar. 2023.

4. Segundo dados da Pesquisa de Endividamento e Inadimplência do Consumidor (Peic), realizada pela Confederação Nacional do Comércio de Bens, Serviços e Turismo (CNC), o mês de junho de 2021 teve o maior percentual de famílias endividadas no Brasil desde 2010. O primeiro semestre do ano acabou com *69,7% das famílias brasileiras endividadas*, uma de alta de 1,7% em relação a maio e de 2,5% em comparação a junho de 2020. Pela segunda vez seguida houve também alta na inadimplência. Percentual de famílias com dívidas chega a 70% e Brasil atinge o maior nível em 11 anos, aponta CNC. Percentual de famílias com dívidas chega a 70% e Brasil atinge o maior nível em 11 aos, aponta CNC. *G1 Economia*, Rio de Janeiro, 2021. Disponível em: https://g1.globo.com/economia/noticia/2021/07/01/percentual-de-familias-com-dividas-chega-a-70percent-e-bra-

pesquisa atual revelou um percentual de 73,1% de famílias endividadas com um nível de inadimplência de 25%.[5]

Claudia Lima Marques formulou conceito sobre superendividamento:

> O superendividamento pode ser definido como impossibilidade global do devedor pessoa física, consumidor, leigo e de boa-fé, de pagar todas as suas dívidas atuais e futuras de consumo (excluídas as dívidas com Fisco, oriunda de delitos e de alimentos) em um tempo razoável com sua capacidade atual de rendas e patrimônio.[6]

O superendividamento, por conseguinte, inclui as hipóteses de boa-fé, em que o consumidor pretende efetuar o pagamento das dívidas, contudo seus rendimentos são insuficientes.

No conceito de Maria Manuel Leitão Marques é apontado o fato do superendividamento ser também pelas características de ser durável e estrutural, ou seja, não implicaria em mero endividamento momentâneo ou simples descumprimento de obrigações.

Por se tratar de um fenômeno jurídico social, o tema demandou tratamento legal atual, inserido no Código de Defesa do Consumidor.

2.1.1 Superendividamento e suas formas

Conforme foi apontado, o superendividamento por ser caracterizado como como de má-fé ou consciente – o consumidor assume dívidas sabendo-se incapaz de as quitar, buscando propositalmente fornecedores que não realizam pequisas relativas a sua liquidez – ou de boa-fé – acredita que conseguirá arcar com o pagamento, contudo por distintos motivos se torna inadimplente, endógenos ou exógenos, e passivos ou ativos, conceituados estes últimos por Cláudia Lima Marques:

> O superendividado ativo é fruto de uma acumulação inconsiderada de dívidas, desde que de boa fé, conhecido também como endividamento compulsório. Já o superendividamento passivo é aquele provocado por um imprevisto da vida moderna, ou seja, a dívida proveniente do desemprego, da doença que acomete uma pessoa da família, pela separação do casal, entre outros.[7]

---

sil-atinge-o-maior-nivel-em-11-anos-aponta-cnc.ghtml. Acessado em 28 de fevereiro de 2023. Em 2023, o percentual subiu para 77,9% das famílias endividadas. O maior porcentual desde 2011. PESQUISA da CNC revela que 77,9% das famílias estão endividadas. Percentual é o maior desde 2011. *Extra*, Rio de Janeiro, 2023. Disponível em: https://extra.globo.com/economia-e-financas/pesquisa-da-cnc-revela-que-779-das-familias--estao-endividadas-percentual-o-maior-desde-2011-rv1-1-25647003.html. Acesso em: 28 fev. 2023.

5. FECOMÉRCIO. *Inadimplência atinge 25% das famílias paulistanas em janeiro*. São Paulo: Fecomércio, 2022. Disponível em: https://fecomercio.com.br/noticia/inadimplencia-atinge-25-das-familias-paulistanas-em-janeiro-1. Acesso em: 9 mar. 2023.

6. MARQUES, Claudia Lima. Sugestões para uma lei sobre o tratamento do superendividamento de pessoas físicas em contratos de crédito ao consumo: proposições com base em pesquisa empírica de 100 casos no Rio Grande do Sul. *In*: MARQUES, Cláudia Lima; CAVALLAZZI, Rosângela Lunardelli (Coord.). *Direitos do consumidor endividado*: superendividamento e crédito. São Paulo: Ed. RT, 2006.

7. MARQUES, Claudia Lima. Sugestões para uma Lei sobre o tratamento do superendividamento de pessoas físicas em contratos de crédito ao consumo: proposições com base em pesquisa empírica de 100 casos no Rio Grande do Sul. *Revista de Direito do Consumidor*, São Paulo, n. 55, p. 1152, jul./set. 2005.

O superendividamento ativo ocorre pela prática de um ato do consumidor, por outro lado, quando o consumidor não tem controle dos fatores que levaram à dívida, ou seja, são alheios à sua vontade, se configura como passivo.

Outra classificação possível seria o endividamento ativo inconsciente, que ocorre quando não há má-fé, vez aque pretende quitar suas dívidas, porém falta-lhe cautela e até mesmo conhecimento sobre finanças pessoais. Calcula mal, pois, a proporção entre seus rendimentos e gastos e não raro ignora o impacto dos juros no resultado dessa equação.

Felipe Kirchner descreve a situação do endividamento ativo inconsciente:

> [...] o devedor superestima o seu rendimento por incapacidade de administrar seu orçamento ou por ceder às tentações do consumo e da publicidade, na busca por um padrão de vida mais elevado, que ele próprio (psicológica e socialmente) se impõe.[8]

A distinção entre o endividamento ativo consciente e inconsciente, dessarte, exige uma análise minuciosa para identificar a presença ou não da boa-fé, que é seu ponto medular. Logo, reconhecer o pertencimento ou não do consumidor a um grupo hipervulnerável é de essencial importância para balizar a ideia da boa-fé e o alcance que a publicidade tem na formação do seu convencimento.

2.2 O grupo dos hipervulneráveis ou em condição de vulnerabilidade agravada

Inserida na problemática de consumidores superdividados encontra-se o subgrupo dos hipervulneráveis. Se o Código de Defesa do Consumidor pressupõe que "todos os consumidores são vulneráveis", conforme teor da Resolução 39/248, editada pela Organização das Nações Unidas (ONU) em sua 106ª. Sessão Plenária,[9] atualmente se reconhece um grupo com uma fragilidade ainda maior.

A vulnerabilidade decorreria da própria hipossuficiência do consumidor frente aos meios de produção e poder econômico do fornecedor numa tentativa de buscar a igualdade substancial, enquanto os hipervulneráveis[10] (ou em vulnerabilidade agravada) seriam aqueles que, em razão de uma condição fática e objetiva especial – como por exemplo idosos, crianças, pessoas com deficiência, analfabetos, silvícolas – ou então, pessoas que algum motivo sensíveis ao consumo de certos produtos (celíacos, intolerantes a lactose, universitários, entre outros) – ficam hiperexpostos à publicidade do fornecedor. Assim já decidiu em Rescurso Especial o Ministro Antônio Herman de

---

8. KIRCHNER, Felipe. Os novos fatores teóricos de imputação e concretização do tratamento do superendividamento de pessoas físicas. *Revista de Direito do Consumidor*, São Paulo, v. 17, n. 65, p. 74, jan./mar. 2008.
9. NEGRÃO, Cassiano Luiz Crespo Alves (Org.). *Código de Defesa do Consumidor*. 11. ed. Brasília: Câmara dos Deputados, 2020. p. 29. Recurso eletrônico.
10. SCHMITT, Cristiano Heineck. *Consumidores hipervulneráveis*: a proteção do idoso no mercado de consumo. São Paulo: Atlas, 2014. p. 217.

Vasconcellos e Benjamin.[11] As características pessoais de tais grupos seriam aparentes ou conhecidas pelo fornecedor.[12]

A conclusão se dá no sentido de que, na atual sociedade de consumo, pautada pela produção em massa e marcada pelo avanço vertiginoso das técnicas de *marketing* e publicidade, inclusive com o uso de motivações subliminares, não se pode dizer que as manifestações de vontade sejam sempre livres. Ao contrário, voltadas para uma incessante oferta de produtos e serviços que não para de se inovar, força o consumo por um falseamento das necessidades humanas.

A massificação das relações contratuais, impulsionada pela padronização dos contratos (de adesão), desencadeou uma crise na teoria contratual clássica, uma vez que o acordo de vontades deixou de ser real, passando a ser fictício ou aparente.[13]

Ainda, a diversidade de formas de pactuações contratuais difundidas por redes sociais e amplas formas de pagamento, também leva ao consumo e à dificuldade em fazer algum controle financeiro sobre ele.

Em redes sociais como o Instagram, por exemplo, há uma verdadeira avalanche de ofertas de produtos e serviços que, valendo-se de algorítimos, são sugeridos para determinados grupos suscetíveis. Basta abrir uma página, ser seduzido por determinada publicidade e acessar links que levam ao pagamento ou a outras redes sociais que encaminham para o pagamento. Cadastros são automaticamente feitos e o consumidor passa a receber diversas ofertas, muitas vezes levando a compras impensadas.

Diversos produtos e serviços, igualmente, por sua natureza de essencialidade, denotam dependência ou mesmo cativeiro, como é o caso de planos e seguros-saúde para idosos e enfermos. O direito Privado, pois, adquire um papel transcendental de proteção do justo, como forma de inclusão social e não aviltamento do consumo, afastando formas de abuso de poder familiar ou econômico, condutas contrárias à boa fé, aos fins sociais e econômicos do direito, bem como aos bons costumes.[14]

A noção de hipervunerabilidade e o reconhecimento de proteção especial desponta como uma vertente do capitalismo humanista e tem sido reconhecido pela jurisprudência, conforme foi pontuado: "[...] a categoria ético-política, e também jurídica, dos

---

11. "Ao Estado Social importam não apenas os vulneráveis, mas sobretudo os hipervulneráveis, pois são esses que, exatamente por serem minoritários e amiúde discriminados ou ignorados, mais sofrem com a massificação do consumo e a 'pasteurização' das diferenças que caracterizam e enriquecem a sociedade moderna." BRASIL. Superior Tribunal de Justiça. *REsp 586.316/MG*. Relator: Ministro Herman Benjamin. Julgado em 17 de abril de 2007. Disponível em: https://scon.stj.jus.br/SCON/GetInteiroTeorDoAcordao?num_registro=200301612085&dt_publicacao=19/03/2009. Acesso em: 28 fev. 2023.
12. SCHMITT, Cristiano Heineck. *Consumidores hipervulneráveis*: a proteção do idoso no mercado de consumo. São Paulo: Atlas, 2014. p. 233.
13. SCHWARTZ, Fábio. *A Defensoria Pública e a proteção dos (hiper)vulneráveis no mercado de consumo em Tribuna da Defensoria*. Disponível em: https://www.conjur.com.br/2016-jul-19/proteção-hipervulneráveis-mercado-consumo?utm_source=twitterfee. Acesso em: 13 mar. 2023.
14. MARQUES, Claudia Lima; MIRAGEM, Bruno. *O novo direito privado e a proteção dos vulneráveis*. São Paulo: Ed. RT, 2012. p. 121.

sujeitos vulneráveis inclui um subgrupo de sujeitos hipervulneráveis, entre os quais se destacam, por razões óbvias, as pessoas com deficiência física, sensorial ou mental [...]".[15]

3. A LEI NO TRATAMENTO DO CONSUMIDOR SUPERENDIVIDADO

Os devedores civis – no caso dos superendividados – acabam por buscar mecanismos periféricos de proteção, como a proibição da penhora sobre salários ou bem de família, entre outros, em razão do caráter vexatório de se valerem do processo da insolvência civil ou em especial em virtude do mecanismo antecipado do vencimento das obrigações, sem que exista no sistema brasileiro o "fresh start" como aquele do modelo americano, que permite aos devedores perdão da dívida ou um efetivo prazo estendido para pagamento das obrigações.[16]

A realidade do consumidor superendividado ou sobre-endividado gerou proposição de projeto de Lei 3.515/2015, aprovado em 1º.07.2021, vetado parcialmente e finalmente transformado na Lei 14.181/2021. A longa tramitação permitiu a apresentação de substitutivos e de pareceres, resultando numa redação que, apesar de parcialmente divorciada do projeto inicial, busca disciplinar o crédito ao consumidor, bem como prevenir e tratar o seu superendividamento, para evitar seu aviltamento no mercado de consumo.

A atualização feita no Código de Defesa do Consumidor busca estabelecer um novo paradigma de crédito, buscando sua concessão e aquisição de forma responsável, privilegiando uma visão de educação financeira e suplantando o consumo como aspecto de autoafirmação social.[17]

O fim máximo seria evitar a exclusão social por comprometimento com o mínimo existencial e se baseou no modelo francês.

Com a reforma, o §1º do artigo 54-A do Código de Defesa do Consumidor dispõe que "entende-se por superendividamento a impossibilidade manifesta de o consumidor pessoa natural, de boa-fé, pagar a totalidade de suas dívidas de consumo, exigíveis e vincendas, sem comprometer seu mínimo existencial, nos termos da regulamentação (Incluído pela Lei 14.181, de 2021)".

A Lei 14.181/21 definiu o conceito de superendividamento, assim como o *Code de la Consommation* da França, que em seu sistema não menciona o mínimo existencial. A teoria do *reste à vivre* se apura por outros elementos:

---

15. BRASIL. Superior Tribunal de Justiça. *REsp 931.513/RS*. Relator: Ministro Herman Benjamin. Julgado em 25 de janeiro de 2009. Disponível em: https://www.jusbrasil.com.br/jurisprudencia/stj/16804625/inteiro-teor-16804626. Acesso em: 28 fev. 2023.

16. MELLO, Flávio Citro Vieira de. A proteção do sobre-endividado no Brasil à luz do direito comparado. *Revista Luso-Brasileira de Direito do Consumo*, Curitiba, v. 1, n. 2, jun. 2011. Disponível em: https://www.bonijuris.com.br/bonijuris/arquivos/finalizada_p011.pdf. Acesso em: 10 mar. 2023.

17. SOUZA, Adriano Stanley Rocha de; THEBALDI, Isabela Maria Marques. Consumo consciente: a responsabilidade do consumidor da aquisição ao descarte. In: SOUZA, Adriano Stanley Rocha de; ARAÚJO, Marinella Machado (Coord.). *Temas de Direito Civil*. Belo Horizonte: D'Plácido, 2013. p. 9.

Com efeito, na França, a caracterização da situação de superendividamento é realizada pelo artigo L711-1 do Code de la Consommation, que erige cinco critérios: 1) restrição a pessoas físicas; 2) boa-fé do consumidor na contração das dívidas; 3) incapacidade do consumidor de quitar o conjunto de suas dívidas; 4) natureza não profissional das dívidas; 5) consideração das dívidas vencidas e vincendas.[18]

Da redação da lei brasileira, por sua vez, observa-se que os elementos da definição de superendividamento são subjetivos, materiais e finalísticos.

Os elementos subjetivos, ou seja, em razão da pessoa, estabelecem, primeiramente, que o conceito só se aplica às pessoas naturais, pois as pessoas jurídicas já se beneficiam do procedimento da Recuperação Judicial da Lei 11.101/2005.

Consiste na criação de uma espécie de recuperação de empresas para o consumidor pessoa natural, que se sujeita ao fenômeno da exclusão social e havendo discussão sobre a aplicação da teoria finalista mitigada em relação ao conceito do consumidor no que tange à Lei do Superendividamento.[19]

O segundo elemento subjetivo consubstancia-se na boa-fé do consumidor, na modalidade de boa-fé objetiva, que já representa um elemento de interpretação do negócio jurídico nos termos do art. 113 do Código Civil Brasileiro. A má-fé, fraude ou dolo, pois, deverão ser demonstrados pois, o elemento geral é de presunção da boa-fé objetiva.

Por sua vez, os elementos objetivos ou materiais dependem de uma análise formal – e no caso concreto – e resultam da impossibilidade manifesta de pagar a totalidade das dívidas. *"Por impossibilidade "manifesta" entende-se aquela que é evidente, notória, ou facilmente percebida de que o consumidor não dispõe de recursos suficientes para realizar o pagamento de todas as dívidas de consumo no vencimento"* (grifo nosso).[20]

Não basta à análise material, pois, o mero cálculo aritmético quanto à impossibilidade de pagamento das dívidas, mas também se faz necessária a análise dos aspectos patrimoniais do consumidor – sua renda, gastos, situação financeira, natureza da relação empregatícia ou profissional, situações circunstanciais e emergenciais, entre outras.

O segundo aspecto dentre os materiais é a existência de dívidas exigíveis e vincendas de consumo, ou seja, aquelas pelas quais o consumidor já pode ser cobrado imediatamente pelo credor e aquelas que ainda estão por vencer. Os valores devem ser relativos a consumo, portanto, estão relacionadas aos bens de consumo adquiridos pelo consumidor. Excluem-se, pois, as dívidas tributárias fiscais e parafiscais, as de alimentos e a relacionadas às atividades profissionais, dentre as quais podem-se citar as dívidas

---

18. CARVALHO, Diógenes Faria de Carvalho. Superendividamento e mínimo existencial: teoria do reste à vivre. *Revista do Direito do Consumidor*, v. 27, n. 118, p. 369, jul./ago. 2018. Disponível em: https://revistadedireito-doconsumidor.emnuvens.com.br/rdc/article/view/1236/1161. Acesso em: 13 mar. 2023.

19. OLIVEIRA, Júlio Moraes. Breves considerações sobre a aplicação da Lei do Superendividamento ao empresário e à sociedade empresária através da teoria finalista mitigada. *Magis*: portal jurídico, 2021. Disponível em: https://magis.agej.com.br/breves-consideracoes-sobre-a-aplicacao-da-lei-do-superendividamento-ao-empresario-e--a-sociedade-empresaria-atraves-teoria-finalista-mitigada/. Acesso em: 24 fev. 2023.

20. MARQUES, Claudia Lima; BENJAMIN, Antonio Herman V.; MIRAGEM, Bruno. *Comentários ao Código de Defesa do Consumidor*. 7. ed. rev. atual. e ampl. São Paulo: Thomson Reuters, 2021. p. 1257.

oriundas do Fies, do Programa Minha Casa, Minha Vida e de crédito rural. Contudo, não devem ser meramente ignoradas, pois, apesar de não admitirem repactuação, devem necessariamente ser consideradas por afetar a renda global do consumidor.

O último elemento seria o elemento teleológico ou finalístico, que implica a fixação do denominado mínimo existencial, consistente na garantia de um patrimônio intocável que preserva a dignidade do devedor.

Sua origem seria o artigo 1º, III, da Constituição da República, que concretiza, como objetivo fundamental desta a erradicação da pobreza, da marginalização e a redução das desigualdades sociais e regionais (artigo 3º, III, da CF), de maneira que as dívidas do consumidor não comprometam de forma extrema a sua sobrevivência, ficando preservada a capacidade financeira para quitar seus débitos mínimos.[21]

Tal visão se coaduna com a noção de que referida norma constitucional não tem natureza programática, mas sim, eficácia imediata, entrelaçada, pois, com a visão moderna de um capitalismo a exercido sob os holofotes da dignidade da pessoa humana. O direito patrimonial, pois, seria um viés da proteção à dignidade da pessoa humana.

Luiz Edson Fachin afirma que o patrimônio mínimo vai ao encontro das tendências de "despatrimonialização" das relações civis e privadas, uma vez que coloca em primeiro plano a pessoa e suas necessidades fundamentais.[22]

O mínimo existencial,[23] pois, adquire natureza fluída e aberta, sujeita à interpretação dos operadores do direito, e deve, necessariamente, abranger as necessidades e possibilidades de cada pessoa, seu âmbito familiar, local onde vive, particularidades familiares e profissionais e até mesmo de perspectivas de desenvolvimento dentro do meio social onde vive.

A regulamentação posterior do mínimo existencial foi prevista na lei, de maneira que o Decreto 11.150/2022 estabeleceu em seu artigo 3º:

> Art. 3º No âmbito da prevenção, do tratamento e da conciliação administrativa ou judicial das situações de superendividamento, considera-se mínimo existencial a renda mensal do consumidor

---

21. O Enunciado 4 da Primeira Jornada de Pesquisa CDEA sobre superendividamento UFRGS-UFRJ: "A menção ao mínimo existencial, constante da Lei 14.181/2021, deve abranger a teoria do patrimônio mínimo, com todas as suas aplicações doutrinárias e jurisprudenciais". JORNADA da UFRGS e UFRJ aprova enunciados sobre a lei do superendividamento, *Consultor Jurídico*, São Paulo, 2021. Disponível em: https://www.conjur.com.br/2021-ago-26/jornada-aprova-enunciados-lei-superendividamento. Acesso em: 3 mar. 2023.

22. FACHIN, Luiz Edson. *Estatuto Jurídico do Patrimônio Mínimo*. Rio de Janeiro: Renovar, 2001. p. 11-12.

23. "O mínimo existencial substancial (ou mínimo existencial propriamente dito) pode ser identificado ao momento, quanto à forma e quanto ao conteúdo, a saber: a) quanto ao momento, é identificado na fase conciliatória, quando alcançado o entendimento entre devedor e credor (es), com a formatação de acordo com homologado pelo juiz; ou, na fase judicial, através da prolação da sentença; b) quanto à forma (moldura), o mínimo existencial substancial deve ser assegurado *ex officio*, é irrenunciável, não podendo ser ficado aprioristicamente; c) quanto ao conteúdo (pintura), deve ser apurado quando da apreciação do caso concreto com a preservação de parte do orçamento pessoal do devedor para garantir que viva em condições dignas e viabilizando o pagamento das despesas básicas". BERTONCELLO, Karen. *Superendividamento do consumidor*: mínimo existencial: casos concretos. São Paulo: Ed. RT, 2015. p. 123.

pessoa natural equivalente a vinte e cinco por cento do salário mínimo vigente na data de publicação deste Decreto.[24]

Não há, todavia, previsão de reajustamento automático:

§ 2º O reajustamento anual do salário mínimo não implicará a atualização do valor de que trata o *caput*.

§ 3º Compete ao Conselho Monetário Nacional a atualização do valor de que trata o *caput*.

Ainda, na regulamentação legal, no parágrafo único do art. 3º., foram excluídas da aferição da preservação e do não comprometimento do mínimo existencial as dívidas não relacionadas com bens de consumo, e inclusive parcelas das dívidas "h) decorrentes de operação de crédito consignado regido por lei específica."

Logo, observa-se que em nosso sistema legal estabeleceu-se um mínimo existencial superior àquele de uma cesta básica,[25] circunstância que tem sido objeto de debates a fim de se buscar a efetivação da finalidade da lei. Afinal, o superendividamento é tido como um fator de estrangulamento das finanças domésticas.[26]

A necessidade de intepretação da Lei 14.181/2021 conforme suas finalidades e os vácuos normativos nela presentes levaram à aprovação de Enunciados na "I Jornada CDEA Sobre Superendividamento e Proteção do Consumidor UFRGS-UFRJ" das Universidades Federais do Rio Grande do Sul e Rio de Janeiro.[27]

4. A MULHER NA LEI 14.181/2021

A hipervulnerabilidade pode ser definida como uma situação social fática e objetiva de agravamento da vulnerabilidade da pessoa física consumidora, em razão de características pessoais aparentes ou conhecidas pelo fornecedor.[28]

O art. 54-C, inciso IV, foi inserido no Código de Defesa do Consumidor pela Lei 14.181/2021 e previu ser vedado, expressa ou implicitamente, na oferta de crédito ao consumidor, publicitária ou não "IV – assediar ou pressionar o consumidor para contratar o fornecimento de produto, serviço ou crédito, principalmente se se tratar de

---

24. MINISTÉRIO da Economia aumenta valor de salário mínimo para 2023: medida provisória estabelece salário mínimo de R$ 1.302, a ser pago a partir de 1º de janeiro. *Gov.br*, Brasília, 2022. Disponível em: https://www.gov.br/pt-br/noticias/financas-impostos-e-gestao-publica/2022/12/ministerio-da-economia-aumenta-valor-de-salario-minimo-para-2023. Acesso em: 20 fev. 2023.

25. Em Brasília, por exemplo, R$ 729,73 em fevereiro de 2023. DEPARTAMENTO INTERSINDICAL DE ESTATÍSTICA E ESTUDOS SOCIOECONÔMICOS. *Cesta básica de alimentos*. Brasília: DIEESE, 2023. Disponível em: https://www.dieese.org.br/cesta/. Acesso em: 21 fev. 2023.

26. LIMA, Clarissa Costa de. *Superendividamento aplicado*: aspectos doutrinários e experiência no Poder Judiciário. Rio de Janeiro: GZ Editora, 2010. p. 27-28.

27. JORNADA da UFRGS e UFRJ aprova enunciados sobre a lei do superendividamento, *Consultor Jurídico*, São Paulo, 2021. Disponível em: https://www.conjur.com.br/2021-ago-26/jornada-aprova-enunciados-lei-supe-rendividamento. Acesso em: 3 mar. 2023.

28. SCHMITT, Cristiano Heineck. *Consumidores hipervulneráveis*: a proteção do idoso no mercado de consumo. São Paulo: Atlas, 2014. p. 233.

consumidor idoso, analfabeto, doente ou em estado de vulnerabilidade agravada ou se a contratação envolver prêmio".[29]

Considerou, pois, como grupos hipervulneráveis, os consumidores idosos, analfabetos, doentes ou em estado de vulnerabilidade agravada, este último demandando interpretação por se tratar de conceito genérico, cuja previsão de regulamentação não consta em lei, ao contrário de outros conceitos, como o relativo ao mínimo existencial.

O legislador, assim, optou por enumerar de forma exemplificativa os grupos hipervulneráveis e acabou por atribuir secundariamente ao intérprete da lei a missão de estabelecer parâmetros para a hipervulnerabilidade.

Sucede, contudo, que a ausência da previsão das mulheres como grupo com vulnerabilidade agravada, acabou por criar um "vácuo" legal, que demandará o reconhecimento de sua condição de forma indireta, no momento da aplicação da lei. A palavras, a previsão expressa da mulher como figura hipervulnerável no mercado de consumo, tornaria mais efetiva sua tutela.

Refira-se, ainda, que a Resolução no. 11/21 do Mercosul, visando a harmonizar as normas em matéria de defesa do consumidor no âmbito dos países integrantes, em seu art. 1º. estabeleceu o que considera situação de hipervulnerabilidade e que portanto *"provoquem especiais dificuldades para exercer com plenitude seus direitos como consumidores no ato concreto de consumo que realizarem"* (grifo nosso).[30]

Em seu art. 2º., por sua vez, previu de forma exemplificativa os grupos de pessoas com vulnerabilidade agravada, entre eles: criança ou adolescente, idoso, pessoa com deficiência, migrante, turista, integrante de comunidades indígenas, pessoa com problemas graves de saúde, sem contudo, prever explicitamente o grupo das mulheres, em que pese a situação vivenciada em razão da discriminação por gênero.

No caso da Resolução 11/21 do Mercosul seria possível, por interpretação e com base no caso concreto, incluir a mulher nas seguintes previsões do art. 2º: "g) encontrar-se em situação de vulnerabilidade socioeconômica; h) pertencer a uma família monoparental a cargo de filhas/os menores de idade ou com deficiência", contudo, como afirmado em relação à legislação brasileira, a ausência de previsão expressa prejudica a tutela da mulher como figura hipervulnerável.

5. O ESTEREÓTIPO FEMININO E SUA HIPERVULNERABILIDADE

A inclusão da mulher de forma explícita no grupo de hipervulneráveis permitiria que a lei se inclinasse em direção à igualdade substancial e seria o reconhecimento de uma situação de fato e objetiva vivenciada pelas mulheres na sociedade.

---

29. BRASIL. *Lei 14.181, de 1º de julho de 2021*. Brasília: Presidência da República, 2021. Disponível em: https://www.planalto.gov.br/ccivil_03/_ato2019-2022/2021/lei/l14181.htm. Acesso em: 3 mar. 2023.

30. MERCOSUL. *Proteção ao consumidor hipervulnerável*. Montevidéu, 2021. (MERCOSUL/GMC/RES. N. 11/21). Disponível em: https://normas.mercosur.int/ simfiles/normativas/85763_RES_011-2021_PT_ Protecao%20 Consumidor% 20Hipervulneravel.pdf. Acesso em: 28 fev. 2023.

O reconhecimento de sua situação especial de hipervulnerabilidade se sobreporia, por conseguinte, a um estereótipo da figura da mulher, realizando o princípio constitucional da igualdade.

Importante salientar que os direitos humanos não se bastam e têm necessidade de reinvenção constante, sendo o ponto de partida para uma sociedade sustentável.[31]

A mulher, de forma frequente, é tratada no mercado de consumo de forma sexista. Não é raro o seu tratamento depreciativo e inserido num papel subjugado aos seus companheiros e demais homens da sociedade.

Comuns são as imagens de mulheres, seja em filmes, séries, novelas e até propagandas, em que são representadas por papéis fúteis, cunhadas apenas para a estética e o consumo. A figura de uma mulher desajeitada enquanto carrega inúmeras sacolas ao fazer compras é empregada nas mais diversas situações. Da mesma forma, mulheres que se valem de recursos financeiros de seus maridos ou companheiros, fazendo uso de cartões de crédito ou satisfazendo-se à base de consumo desenfreado, são papéis descritos em piadas e situações que, sob a desculpa de intenção apenas jocosa, reforçam o sexismo presente na sociedade.[32]

Logo, quando um estudo[33] revela que as mulheres integram o maior percentual de superendividados, corre-se o risco de, em uma análise rasa, reforçar-se o mesmo estereótipo já imposto a elas, renegando-lhes o verdadeiro papel que desempenham na sociedade.

Não se trata de endividamento decorrente da vaidade feminina, mas sim resultado da mulher como fonte de sustento em famílias monoparentais ou sem contribuição do companheiro ou marido.[34] A situação agravada do superendividamento revela um percentual maior de mulheres, divorciadas, que recebem até 2 (dois) salários-mínimos e revela o endividamento também de mulheres idosas,[35] prejudicadas com uma aposentadoria mais baixa, resultado dos anos de trabalho em que foi mais mal remunerada.

---

31. Nesse sentido: HERRERA FLORES, Joaquín. *A(re)invenção dos direitos humanos*. Florianópolis: Fundação Boiteux, 2009. p. 21.

32. Objeto de estudo em artigo anterior dos autores do presente artigo: "Pode-se dizer que o sexismo presente no mercado de consumo se subdivide em duas abordagens: ora funciona na criação de um mercado segmentado "feminino" – do rosa, do delicado, ou então a imagem feminina empoderada – que é imposto às mulheres e que acaba legitimando a fixação de preços diferenciados em desfavor delas; ora posiciona a mulher como objeto sexual ou inferior ao homem, em mensagens muitas vezes subliminares". DANTAS, Marcelo navarro Ribeiro; GOUVEIA, Thais Caroline Brecht Esteves. A figura da mulher no mercado de consumo: necessária mudança de paradigma. Congresso sobre o Capitalismo Humanista Feminino da Universidade Nove de Julho, 1., 2021, São Paulo. *Anais do...* São Paulo: UniNove, 2021.

33. MARQUES, Claudia Lima. Mulheres, idosos e o superendividamento dos Consumidores. *Revista de Direito do Consumidor*, São Paulo, ano 24, n. 100, p. 393-399, jul./ago. 2015.

34. PALMEIRA, Carolina Silvino de Sá; BARLETTA, Fabiana Rodrigues. Reflexões sobre direitos humanos e o superendividamento de mulheres na pandemia do Coronavírus. *Revista Eletrônica de Direito do Centro Universitário Newton Paiva*, Belo Horizonte, n. 43, p. 347-363, jan./abr. 2021. Disponível em: https:// revistas. newtonpaiva.br/redcunp/wp-content/uploads/2021/06/DIR43-20.pdf. Acesso em: 3 mar. 2023.

35. MARQUES, Claudia Lima Marques. *Conciliação em matéria de superendividamento dos consumidores*: principais resultados de um estudo empírico de 5 anos em Porto Alegre. Disponível em: https://www.enfam.jus.br/ wp-content/uploads/2020/05/11-Artigo-CLM-Coimbraconciliacao6fimenv-4.1.pdf. Acesso em: 3 mar. 2023.

Dentre as causas do superendividamento estão motivos que revelam sua passividade e circunstâncias que dificultam o seu retorno ao consumo.

A situação experimentada pelas mulheres consiste em ser assediada por um mercado que pretende lhe impor um padrão de consumo exacerbado – e que falsamente estaria fixada nas noções de feminilidade – em contraponto com o fato de ser remunerada em patamar mais baixo no mercado de trabalho e socialmente alijada de um tratamento diferenciado quando provedora do lar.

5.1   Sociedade patriarcal?

O estereótipo da mulher é reflexo de uma sociedade patriarcal que, embora tenha evoluído no sentido de inserir a mulher como força de trabalho e na chefia de famílias, falseia uma igualdade através de noções de liberdade sexual e empoderamento feminino.

O trabalho doméstico, por exemplo, ostensivamente e subliminarmente é imputado às mulheres e tal noção é reproduzida de forma transgeracional desde os brinquedos infantis (fogõezinhos, geladeiras, entre outros itens *cor de rosa* destinados às mulheres), canções de ninar, letras de músicas, comerciais de televisão em que mulheres analisam produtos de limpeza e até em âmbito familiar com meninas chamadas a ajudar nos trabalhos domésticos.

Expoentes de mulheres de sucesso no mercado de trabalho não são raros, mas apenas esfumaçam a situação de divisão de trabalhos dentro das famílias. Há movimentos em redes sociais, inclusive, com influenciadores com milhares de "seguidores", que se autointitulam "redpills",[36] entre outros grupos, a disseminar discursos misóginos e discriminatórios da mulher, a demonstrar que a realidade de igualdade de gênero encontra-se longe de se dissipar. Tais grupos defendem que homens não devem ser relacionar com mulheres com filhos, e que devem tratar as mulheres de forma rude.

Essa realidade demonstra que a suposta neutralidade dos direitos humanos e a dificuldade que decorre de sua implementação conforme a configuração de cada sociedade.

A política adequada, por conseguinte, deve observar a cultura brasileira e seus conceitos determinantes, considerando-se necessariamente o ideal feminino da sociedade atual, de cunho ainda machista e misógino.

5.2   Desigualdade substancial da mulher: a feminização da pobreza

O *Observatorio de Igualdad de Género de América Latina y el Caribe – CEPAL* publicou em 07/03/2017, na coleção "Nota para la Igualdad", um estudo em que a taxa de

---

36.   Significado de *Redpill* Por BigStr (RJ) em 16.05.2022. Movimento masculino surgido e popularizado por volta da década de 20, do ano 2000. Que defende que homens não devem se casar ou namorar, mas, apenas fazerem sexo. Por dizerem que mulheres não são fiéis e nem possuem bom caráter para com os homens. REDPILL. *Dicionário informal*. São Paulo, 16 maio 2022. Acesso em: https://www.dicionarioinformal.com.br/red%20 pill/. Acesso em: 2 mar. 2023.

empregabilidade da mulher permaneceu inalterada, enquanto os homens experimentaram uma redução no número de desemprego.[37]

O observatório indicou em seus estudos uma diferença salarial entre homens e mulheres, resultado da discriminação no mercado de trabalho. A própria quantificação do tempo de trabalho não remunerado e rendimentos entre os sexos é desigual.[38]

No mês de março de 2023, em razão do Dia Internacional da Mulher, diversos estudos e artigos foram divulgados. Expondo sua opinião, o Secretário Geral da ONU, António Guterres, apontou dados segundo os quais "Em todo o mundo, o progresso dos direitos das mulheres está desaparecendo diante de nossos olhos. As últimas estimativas apontam que com a tendência atual, levaremos mais 300 anos para alcançar a plena igualdade de gênero".[39]

O abismo salarial entre homens e mulheres, conhecido como *Gender Pay* (ou *wage*) *Gap*, em 2022 era de 17% em média. Ao analisar os dados de forma pormenorizada, conclui-se, por exemplo, que as latinas receberam apenas 58% do valor recebido por homens não hispânicos em 2020, revelando que há uma disparidade enorme em alguns âmbitos sociais.[40]

No site da Organização para a Cooperação e Desenvolvimento Econômico – OCDE, é possível analisar uma tabela que estampa o "gender wage gap", numa tradução literal "fosso salarial de gênero",[41] o que demonstra tratar-se de fenômeno mundial.

---

37. COMISSÃO ECONÔMICA PARA AMÉRICA LATINA E CARIBE (CEPAL). Mujeres: las más prejudicadas por el desempleo. *Notas para la Igualdad*, [s. l.], n. 22. Disponível em https://oig.cepal.org/sites/default/files / ndeg22_desempleo_esp.pdf. Acesso em: 27 fev. 2023.
38. COMISSÃO ECONÔMICA PARA AMÉRICA LATINA E CARIBE (CEPAL). Mujeres: las más prejudicadas por el desempleo. *Notas para la Igualdad*, [s. l.], n. 22. Disponível em https://oig.cepal.org/sites/default/files/ ndeg22_desempleo_esp.pdf. Acesso em: 28 fev. 2023.
39. NAÇÕES UNIDAS. Discriminação contra mulheres na ciência é resultado de séculos de patriarcado. *ONU News*: Perspectiva Global em Reportagens Humanas, [s. l.], 2023. Disponível em: https://news.un.org/pt/ story/2023/03/1811047. Acesso em: 9 mar. 2023.
40. Dentre as principais conclusões:
Em 2022, as mulheres ganharam 17% menos do que os homens, em média.
As mulheres ganham apenas 82 centavos por cada dólar que um homem ganha.
Os homens na indústria jurídica ganham uma média de 59% a mais do que as mulheres.
As mulheres de cor estão entre as trabalhadoras mais mal pagas nas áreas rurais, com as mulheres rurais negras e hispânicas ganhando apenas 56 centavos de dólar por cada dólar que os homens brancos rurais e não hispânicos ganham.
As latinas foram compensadas apenas 54% do que os homens brancos não hispânicos receberam em 2021.
As mulheres negras receberam 58% do que os homens brancos não hispânicos receberam em 2020.
As mulheres nativas americanas normalmente recebem apenas 60 centavos por cada dólar pago a homens brancos e não hispânicos.
Uma mulher de 20 anos que acaba de começar a trabalhar em tempo integral durante todo o ano pode perder US $ 407.760 ao longo de uma carreira de 40 anos em comparação com sua contraparte masculina. HAAN, Kathy. Gender pay gap statistics en 2023. *Forbes Advisor*, [s. l.], 2023. Disponível em: https://www.forbes.com/ advisor/business/gender-pay-gap-statistics/. Acesso em: 1 mar. 2023.
41. OECD. *Gender wage gap*. Disponível em: www.oecd.org/gender/data/gender-wage-gap.htm. Acesso em: 3 mar. 2023.

O *Institute for Women´s Policy Research* projeta que a igualdade salarial de gênero não se tornará uma realidade até 2059, apesar de as mulheres representarem em média 47% da força de trabalho, apontando uma perpetuação da desigualdade, dados divulgados pelo IWPR – Institute for War & Peace Reporting[42] Estima-se que, caso seja mantido o ritmo atual, a disparidade global entre homens e mulheres levará 257 anos para se dissipar.

Especificamente, o Brasil se encontra na 92ª colocação entre 153 países quando se trata de igualdade salarial,[43] conforme consta da 14ª edição do *report* do Fórum Econômico Mundial, publicado em 2020.

A pandemia mundial de covid 19 intensificou a situação da mulher em situação de pobreza, e portanto, de superendividamento, conforme resultado de estudos do Cepalstat.[44]

A pandemia aprofundou as lacunas e prejudicou desproporcionalmente as mulheres, que se encontram nos setores mais afetados pela perda do emprego, de maneira que o desenvolvimento sustentável não se opera sem políticas públicas de igualdade de gênero e nos direitos e autonomia das mulheres.

Observou-se, ainda, que no cenário pós pandemia o desemprego das mulheres – intensificado durante a crise – não retornou aos níveis anteriores, demonstrando séria fragilidade do alcance das mudanças na igualdade de gênero.

A lei do superendividamento revela a faceta da singularidade da mulher dentro da sociedade vez que contrapõe de um lado uma lei que não reconhece a situação hipervulnerável da mulher e, de outro, uma situação social em que a mulher sofre discriminação.

A discriminação deve ser considerada em seu sentido amplo:

Observa-se que a discrepância salarial no mercado de trabalho em razão do gênero é uma realidade global e em alto índice no Brasil, que se encontra mal colocado entre os países, quanto à igualdade de gênero.

A diferença salarial baseada no gênero representa dificuldades ao efetivo e real poderio econômico das mulheres, com consequências que repercutem em seus grupos familiares, haja vista o crescente aumento do número de mulheres como chefes de família.[45]

---

42. INSTITUTE FOR WOMEN'S POLICY RESEARCH. *Economia, Segurança, Mobilidade e Equidade (ESME)*. [*S. l.*], 2022. Disponível em: https://iwpr.org/esme/. Acesso em: 1º mar. 2023.
43. WORLD ECONOMIC FORUM. *Global Gender Gap Report*: 2020. Genebra: World Economic Fórum, 2019. p. 7. Disponível em: https://www3.weforum.org/docs/WEF_GGGR_2020.pdf. Acesso em: 27 fev. 2023.
44. COMISSÃO ECONÔMICA PARA A AMÉRICA LATINA (CEPAL). *A autonomia das mulheres, a igualdade de gênero e a construção de uma sociedade do cuidado são uma condição, um caminho e um catalisador para o desenvolvimento sustentável*. Vitacura: Cepal, 2022. Disponível em: https://www.cepal.org/pt-br/comunicados/autonomia-mulheres-igualdade-genero-construcao-sociedade-cuidado-sao-condicao-caminho. Acesso em: 26 fev. 2023.
45. RETRATO das desigualdades de gênero e raça. Brasília: Ipea, 2016. Disponível em: https://www.ipea.gov.br/retrato/indicadores_chefia_familia.html. Acesso em: 1º mar. 2023.

Soma-se a tal circunstância a situação de sobrepreço pago pelas mulheres no mercado de consumo, conhecido por *pink tax*, que consiste em diferenciações de preço com base no gênero do consumidor, porém, não para favorecer as mulheres, mas ao contrário, estipulando-se sobrepreço dos produtos dirigidos ao público feminino.[46]

Na prática de mercado e na realidade econômica, a mulher sofre, pois, os efeitos da desigualdade salarial, de oportunidades, e também se submete aos efeitos de um marketing direcionado e agressivo dos produtos e serviços "rosa", muitas vezes oferecidos com técnicas coercitivas de assédio de consumo.

5.3   Fator de *discrímen* feminino

O binômino "*gender pay gap – pink tax*" desfavorável à mulher é imposto por um capitalismo afastado dos princípios da igualdade, perpetuando a discriminação.

Ainda, a associação da mulher com a busca por um corpo perfeito e inserção social diferenciada, colocam o público feminino como alvo de publicidade para alcançar tais padrões, tornando-o hipervulnerável dentro do mercado de consumo.

Contudo, apropriar-se da ideia e afirmar que o superendividamento feminino sobrevém da abusividade do mercado ao imbuir a necessidade de consumo seria justamente repetir o estereótipo raso e inadequado da mulher, exatamente o que está sendo combatido.

O que importa é uma análise jurídica mais ampla e multidisciplinar, pois a mulher se submete a um estímulo agressivo de consumo, mas, principalmente, sofre com desigualdade salarial extremamente agravada em razão dos variados papéis que acaba por desempenhar e consequentemente, custear.

Acrescenta-se, ainda, que um percentual significativo de mulheres é responsável não somente pelos filhos, mas por genitores idosos e, além das despesas alimentares básicas, flagra-se diante de inúmeras despesas extras: que fazem parte de seu papel plural e a inserem num contexto de necessidade financeira, levando-as, inúmeras vezes, ao superendividamento.

Nota-se que a situação de hipervulnerabilidade multifacetada da mulher caminha ao lado do superendividamento, não se podendo olvidar a interrelação entre eles.

A mulher, assim, é inserida numa situação de vulnerabilidade magnificada, sujeita ao assédio da publicidade, que lhe retira a liberdade de escolha, na medida em que esta está direcionada a alcançar padrões que foram estabelecidos a partir da subvalorização

---

46. Um estudo datado de dezembro de 2015 realizado pelo *Department of Consumer Affairs (DCA)* da cidade de Nova Iorque concluiu que mulheres pagam uma média de 7% (sete por cento) a mais em produtos similares ou idênticos àqueles masculinos, a depender da natureza do bem adquirido, o que estimulou um projeto de lei, nos Estados Unidos, para coibir a diferenciação de preços baseada no gênero. DEPARTMENT OF CONSUMER AFFAIRS. *From cradle to cane*: the cost of being a female consumer: a study of gender pricing in New York city. New York: DCA, 2015. Disponível em: https://www.nyc.gov/assets/dca/downloads/pdf/ partners/ Study-of-Gender-Pricing-in-NYC.pdf. Acesso em: 14 mar. 2023.

de seu gênero, ao mesmo tempo em que reforça o abismo salarial e de despesas previsíveis – ou não – que devem ser suportadas na condição de chefes de família.

O dano que se concretiza é transindividual, aviltando a mulher de um direito fundamental, que é o consumo, necessitando-se de uma ação afirmativa do Estado.

Logo, emerge da situação vivenciada pela mulher um necessário fator de discrímen feminino. O questionamento de Celso Antônio Bandeira de Mello norteia o entendimento: "Quando é vedado à lei estabelecer discriminações? Ou seja: quais os limites que adversam este exercício normal, inerente à função legal de discriminar?"[47]

Nesse sentido:

Além da base geral em que se assenta o princípio da igualdade perante a lei, consiste no tratamento igual a situações iguais e tratamento desigual a situações desiguais [...] As constituições anteriores enumeravam as razões impeditivas do discrime: sexo, raça, trabalho, credo religioso e convicções políticas. Esses fatores continuam a ser encarecidos como possíveis fontes de discriminação odiosas e, por isso desde logo proibidas expressamente, como consta no art. 3º, IV [...] Proíbe-se também diferença de salários, de exercício de funções e de critério de admissão por motivo de sexo, idade, cor, estado civil ou posse de deficiência (art. 7º, XXX, XXXI). A Constituição assim o faz porque essas razões preconceituosas são as que mais comumente se tornam como fundamento do discrímen.[48]

O mercado de consumo atual acaba por potencializar as lesões aos interesses das mulheres, as quais devem ser inseridas no grupo de hipervulneráveis, seja em razão dos abusos praticados em relação a elas, como consumidoras, seja em razão da própria situação peculiar de vida que empurra as mulheres em direção à condição de superendividadas.

Marcelo Campos Galuppo interpretando Habermas esclarece que:

Exatamente porque o termo identidade e igualdade não são sinônimos, a discriminação não é necessariamente atentatória da igualdade. Discriminar significa diferenciar, e diferença é termo que se liga, como antônimo, à identidade (e não a igualdade). A discriminação é compatível com a igualdade se não for, ela também, fator de desigualdade injustificável racionalmente. E, mais que isso, a discriminação é fator que pode contribuir para a produção da igualdade. Tendo em vista toda minha argumentação desenvolvida ao longo do livro, creio que a discriminação pode ser legitimamente entendida como um critério de produção de igualdade toda vez que ela implicar maior inclusão dos cidadãos nos procedimentos públicos de justificação e aplicação das normas jurídicas e de gozo dos bens e políticas públicas.[49]

Deve haver, pois, uma ligação de essencialidade entre a discriminação e o fato, e é exatamente o que se constata a fim de se cumprir os fundamentos do Estado Democrático de Direito e alcançar o desenvolvimento sustentável aguardado desde a promulgação da Constituição Federal de 1988.

---

47. MELLO, Celso Antônio Bandeira de. *Conteúdo jurídico da igualdade*. 3. ed. São Paulo: Malheiros, 2010. p. 13.
48. SILVA, José Afonso. *Curso de Direito Constitucional Positivo*. 38. ed. São Paulo: Malheiros, 2014. p. 223.
49. GALUPPO, Marcelo Campos. *Igualdade e diferença*: Estado Democrático de Direito a partir do pensamento de Habermas. Belo Horizonte: Mandamentos, 2002. p. 216.

Se é possível identificar um fator de descrímen não considerado pelo legislador, e se esse fator tem respaldo constitucional e conduz à proteção de direito fundamental, cabe ao intérprete do direito o considerar, seja no preenchimento de lacunas existentes na Lei, seja como elemento de formação de convencimento em suas decisões.

6. CONCLUSÃO

A igualdade, em caráter constitucional, encontra-se presente no artigo 5° *caput* do Diploma Constitucional de 1988, e, especificamente, aquela de gênero, é determinada pelo inciso I do referido artigo.

Inconcebível o direito de consumo das mulheres divorciado dos princípios da igualdade e da dignidade da pessoa humana e desfocado da Constituição Federal.

A aplicação de uma ação afirmativa do Estado, reconhecendo a inserção da mulher dentro do grupo de hipervulneráveis para a aplicação das normas relativas ao superendividamento integra o espírito do capitalismo humanista e direciona o sistema para a igualdade real.

A batalha pela igualdade de gênero se mostra longa e tortuosa. Contudo, ao se lançar o olhar para a especial situação da mulher, cria-se um círculo de proteção que permite o fortalecimento de ações afirmativas em seu favor.

A igualdade de gênero é um dos objetivos de desenvolvimento sustentável da ONU, o qual se funda no maior empoderamento econômico e social de todas as mulheres e meninas. A Agenda 2030 da ONU, que estipula 17 Objetivos de Desenvolvimento Sustentável, elege como um deles a igualdade de gênero.

Opera-se, assim, o reconhecimento do consumidor feminino como categoria hipervulnerável, criando em seu favor toda uma proteção material e processual capaz de atenuar os efeitos de sua vulnerabilidade econômica em relação aos detentores dos meios de produção, e sua inserção no tratamento do superendividamento de forma clara fundamenta sua proteção.

A consolidação de um Estado Democrático de Direito exige o cumprimento de seus próprios fundamentos e objetivos fundamentais, entre eles a igualdade de gênero e dignidade da pessoa humana, considerando-se o consumo como direito fundamental.

A situação da mulher o tratamento dos superendividados não demanda apenas a análise dos aspectos fáticos e econômicos, mas também os comportamentos resultantes da convivência humana, que repercutem numa situação agravada da mulher.

E sem a igualdade de gênero não se alcança o desenvolvimento sustentável, tampouco se garante a existência digna da presente e das futuras gerações.

Algumas lutas não precisam ser vencidas sozinhas, de maneira que as mulheres podem e devem ser consideradas de forma global, inclusive enxergando-as em risco agravado para o superendividamento. Assim, não se trata de privilégio, mas de justiça.

REFERÊNCIAS

BERTONCELLO, Karen. *Superendividamento do consumidor*: mínimo existencial: casos concretos. São Paulo: Revista dos Tribunais, 2015.

BRASIL. *Lei 14.181, de 1º de julho de 2021*. Brasília: Presidência da República, 2021. Disponível em: https://www.planalto.gov.br/ccivil_03/_ato2019-2022/2021/lei/l14181.htm. Acesso em: 3 mar. 2023.

BRASIL. Superior Tribunal de Justiça. *REsp 586.316/MG*. Relator: Ministro Herman Benjamin. Julgado em 17 de abril de 2007. Disponível em: https://scon.stj.jus.br/SCON/ GetInteiroTeorDoAcordao?num_registro=200301612085&dt_publicacao=19/03/2009. Acesso em: 28 fev. 2023.

BRASIL. Superior Tribunal de Justiça. *REsp 931.513/RS*. Relator: Ministro Herman Benjamin. Julgado em 25 de janeiro de 2009. Disponível em: https://www.jusbrasil.com.br/ jurisprudencia/stj/16804625/inteiro-teor-16804626. Acesso em 28 fev. 2023.

CARVALHO, Diógenes Faria de; SILVA, Frederico Oliveira. Superendividamento e mínimo existencial: teoria do reste à vivre. *Revista de Direito do Consumidor*, São Paulo, v. 27, n. 118, p. 363-386. jul./ago. 2018. Disponível em: https://revistadedireitodoconsumidor.emnuvens.com.br/rdc/article/view/1236/1161. Acesso em: 13 mar. 2023.

COMISSÃO ECONÔMICA PARA A AMÉRICA LATINA (CEPAL). *A autonomia das mulheres, a igualdade de gênero e a construção de uma sociedade do cuidado são uma condição, um caminho e um catalisador para o desenvolvimento sustentável*. Vitacura: Cepal, 2022. Disponível em: https://www.cepal.org/pt-br/comunicados/autonomia-mulheres-igualdade-genero-construcao-sociedade-cuidado-sao-condicao--caminho. Acesso em: 26 fev. 2023.

COMISSÃO ECONÔMICA PARA AMÉRICA LATINA E CARIBE (CEPAL). Mujeres: las más prejudicadas por el desempleo. *Notas para la Igualdad*, [s. l.], n. 22, mar. 2017. Disponível em https://oig.cepal.org/sites/default/files/ndeg22_desempleo_esp.pdf. Acesso em: 27 fev. 2023

DANTAS, Marcelo navarro Ribeiro; GOUVEIA, Thais Caroline Brecht Esteves. A figura da mulher no mercado de consumo: necessária mudança de paradigma. Congresso sobre o Capitalismo Humanista Feminino da Universidade Nove de Julho. São Paulo. *Anais do....* São Pulo: UniNove, 2021.

DEPARTMENT OF CONSUMER AFFAIRS. *From cradle to cane*: the cost of being a female consumer: a study of gender pricing in New York city. New York: DCA, 2015. Disponível em: https://www.nyc.gov/assets/dca/downloads/pdf/partners/Study-of-Gender-Pricing-in-NYC.pdf. Acesso em: 14 mar. 2023.

DEPARTAMENTO INTERSINDICAL DE ESTATÍSTICA E ESTUDOS SOCIOECONÔMICOS. *Cesta básica de alimentos*. Brasília: DIEESE, 2023. Disponível em: https://www.dieese.org.br/cesta/. Acesso em: 21 fev. 2023

FACHIN, Luiz Edson. *Estatuto Jurídico do Patrimônio Mínimo*. Rio de Janeiro: Renovar, 2001.

FECOMÉRCIO. *Inadimplência atinge 25% das famílias paulistanas em janeiro*. São Paulo: Fecomércio, 2022. Disponível em: https://fecomercio.com.br/noticia/inadimplencia-atinge-25-das-familias-paulistanas--em-janeiro-1. Acesso em: 9 mar. 2023.

GALUPPO, Marcelo Campos. *Igualdade e diferença*: Estado Democrático de Direito a partir do pensamento de Habermas. Belo Horizonte: Mandamentos, 2002.

HAAN, Kathy. Gender pay gap statistics en 2023. *Forbes Advisor*, [s. l.], 2023. Disponível em: https://www.forbes.com/advisor/business/gender-pay-gap-statistics/. Acesso em: 1º mar. 2023.

HERRERA FLORES, Joaquín. *A (re)invenção dos direitos humanos*. Florianópolis: Fundação Boiteux, 2009.

INSTITUTE FOR WOMEN'S POLICY RESEARCH. *Economia, Segurança, Mobilidade e Equidade (ESME)*. [S. l.], 2022. Disponível em: https://iwpr.org/esme/. Acesso em: 1º mar. 2023

JORNADA da UFRGS e UFRJ aprova enunciados sobre a lei do superendividamento, *Consultor Jurídico*, São Paulo, 2021. Disponível em: https://www.conjur.com.br/2021-ago-26/jornada-aprova-enunciados-lei--superendividamento. Acesso em: 3 mar. 2023.

KIRCHNER, Felipe. Os novos fatores teóricos de imputação e concretização do tratamento do superendividamento de pessoas físicas. *Revista de Direito do Consumidor*, São Paulo, v. 65, p. 63-113, 2008.

LIMA, Clarissa Costa de. *Superendividamento aplicado*: aspectos doutrinários e experiência no poder judiciário. Rio de Janeiro: GZ Editora, 2010.

MARQUES, Claudia Lima; BENJAMIN, Antonio Herman V.; MIRAGEM, Bruno. *Comentários ao Código de Defesa do Consumidor*. 7. ed. rev. atual. e ampl. São Paulo: Thomson Reuters, 2021.

MARQUES, Claudia Lima. Breve introdução à Lei 14.181/2021 e a nova noção de superendividamento do consumidor. In: BENJAMIN, Antonio Herman; MARQUES, Claudia Lima; LIMA, Clarrisa Costa de; VIAL, Sophia Martini. *Comentários à Lei 14.181/2021*: a atualização do CDC em matéria de superendividamento. São Paulo: Thomson Reuters, 2021.

MARQUES, Claudia Lima. Sugestões para uma Lei sobre o tratamento do superendividamento de pessoas físicas em contratos de crédito ao consumo: proposições com base em pesquisa empírica de 100 casos no Rio Grande do Sul. *Revista de Direito do Consumidor*, São Paulo, n. 55, p. 1152, jul./set. 2005.

MARQUES, Claudia Lima. Sugestões para uma lei sobre o tratamento do superendividamento de pessoas físicas em contratos de crédito ao consumo: proposições com base em pesquisa empírica de 100 casos no Rio Grande do Sul. In: MARQUES, Claudia Lima; CAVALLAZZI, Rosângela Lunardelli (Coord.). *Direitos do consumidor endividado*: superendividamento e crédito. São Paulo: Ed. RT, 2006.

MARQUES, Claudia Lima Marques. *Conciliação em matéria de superendividamento dos consumidores*: principais resultados de um estudo empírico de 5 anos em Porto Alegre. Disponível em: https://www.enfam.jus.br/wp-content/uploads/2020/05/11-Artigo-CLM-Coimbraconciliacao6fimenv-4.1.pdf. Acesso em: 3 mar. 2023.

MARQUES, Claudia Lima; MIRAGEM, Bruno. *O novo direito privado e a proteção dos vulneráveis*. São Paulo: Ed. RT, 2012.

MARQUES, Claudia Lima. Mulheres, idosos e o superendividamento dos Consumidores. *Revista de Direito do Consumidor*, São Paulo, ano 24, n. 100, p. 393-423, jul./ago. 2015.

MELLO, Celso Antônio Bandeira de. *Conteúdo jurídico da igualdade*. 3. ed. São Paulo: Malheiros, 2010.

MELLO, Flávio Citro Vieira de. A proteção do sobre-endividado no Brasil à luz do direito comparado. *Revista Luso-Brasileira de Direito do Consumo*, Curitiba, v. 1, n. 2, jun. 2011. Disponível em: https://www.bonijuris.com.br/bonijuris/arquivos/finalizada_p011.pdf. Acesso em: 10 mar. 2023

MERCOSUL. *Proteção ao consumidor hipervulnerável*. Montevidéu, 2021. (MERCOSUL/GMC/RES. N. 11/21). Disponível em: https://normas.mercosur.int/simfiles/ normativas/85763_RES_011-2021_PT_Protecao%20Consumidor% 20Hipervulneravel.pdf. Acesso em: 28 fev. 2023

MINISTÉRIO da Economia aumenta valor de salário mínimo para 2023: MEDIDA provisória estabelece salário mínimo de R$ 1.302, a ser pago a partir de 1º de janeiro. *Gov.br*, Brasília, 2022. Disponível em: https://www.gov.br/pt-br/noticias/financas-impostos-e-gestao-publica/2022/12/ministerio-da-economia-aumenta-valor-de-salario-minimo-para-2023. Acesso em: 20 fev. 2023.

NAÇÕES UNIDAS. Discriminação contra mulheres na ciência é resultado de séculos de patriarcado. *ONU News*: Perspectiva Global em Reportagens Humanas, [*s. l.*], 2023. Disponível em: https://news.un.org/pt/story/2023/03/1811047. Acesso em: 9 mar. 2023

NEGRÃO, Cassiano Luiz Crespo Alves (Org.). *Código de Defesa do Consumidor*. 11. ed. Brasília: Câmara dos Deputados, 2020.

OECD. *Gender wage gap*. Disponível em: www.oecd.org/gender/data/gender-wage-gap.htm. Acesso em: 3 mar. 2023.

OLIVEIRA, Júlio Moraes. Breves considerações sobre a aplicação da Lei do Superendividamento ao empresário e à sociedade empresária através da teoria finalista mitigada. *Magis*: portal jurídico, 2021. Disponível em: https://magis.agej.com.br/breves-consideracoes-sobre-a-aplicacao-da-lei-do-superendividamento-ao-empresario-e-a-sociedade-empresaria-atraves-teoria-finalista-mitigada/. Acesso em: 24 fev. 2023.

PALMEIRA, Carolina Silvino de Sá; BARLETTA, Fabiana Rodrigues. Reflexões sobre direitos humanos e o superendividamento de mulheres na pandemia do Coronavírus. *Revista Eletrônica de Direito do Centro Universitário Newton Paiva*, Belo Horizonte, n. 43, p. 347-363, jan./abr. 2021. Disponível em: https://revistas.newtonpaiva.br/redcunp/wp-content/uploads/2021/06/DIR43-20.pdf. Acesso em: 3 mar. 2023.

PERCENTUAL de famílias com dívidas chega a 70% e Brasil atinge o maior nível em 11 aos, aponta CNC. *G1 Economia*, Rio de Janeiro, 2021. Disponível em: https://g1.globo.com/economia/noticia/2021/07/01/percentual-de-familias-com-dividas-chega-a-70percent-e-brasil-atinge-o-maior-nivel-em-11-anos--aponta-cnc.ghtml. Acesso em: 28 fev. 2023.

PESQUISA da CNC revela que 77,9% das famílias estão endividadas. Percentual é o maior desde 2011. *Extra*, Rio de Janeiro, 2023. Disponível em: https://extra.globo.com/economia-e-financas/pesquisa-da-cnc--revela-que-779-das-familias-estao-endividadas-percentual-o-maior-desde-2011-rv1-1-25647003.html. Acesso em: 28 fev. 2023.

REDPILL. *Dicionário informal*. São Paulo, 16 maio 2022. Acesso em: https://www.dicionarioinformal.com.br/red%20pill/. Acesso em: 2 mar. 2023.

RETRATO das desigualdades de gênero e raça. Brasília: Ipea, 2016. Disponível em: https://www.ipea.gov.br/retrato/indicadores_chefia_familia.html. Acesso em: 1º mar. 2023.

SCHMITT, Cristiano Heineck. *Consumidores hipervulneráveis*: a proteção do idoso no mercado de consumo. São Paulo: Atlas, 2014.

SCHWARTZ, Fábio. *A Defensoria Pública e a proteção dos (hiper)vulneráveis no mercado de consumo* em Tribuna da Defensoria. Disponível em: https://www.conjur.com.br/2016-jul-19/proteção-hipervulne-ráveis-mercado -consumo?utm_source=twitterfee. Acesso em: 13 mar. 2023.

SILVA, José Afonso. *Curso de Direito Constitucional Positivo*. 38. ed. São Paulo: Malheiros, 2014.

SOUZA, Adriano Stanley Rocha de; THEBALDI, Isabela Maria Marques. Consumo consciente: a responsabilidade do consumidor da aquisição ao descarte. In: SOUZA, Adriano Stanley Rocha de; ARAÚJO, Marinella Machado (Coord.). *Temas de Direito Civil*. Belo Horizonte: D'Plácido, 2013.

TAXA de juro: lista de países. *Trading Economics*, [s. l.], 2023. Disponível em: https://tradingeconomics.com/country-list/interest-rate. Acesso em: 2 mar. 2023.

U.S. GOVERNMENT INFORMATION. *H. R. 5686*. Washington, 2016. Disponível em: http://pink.tax/galaxy-cms-resources/backend/file/0/183_636563890048828811_sphvoi.pdf. Acesso em: 16 fev. 2023.

WORLD ECONOMIC FORUM. *Global Gender Gap Report*: 2020. Genebra: World Economic Fórum, 2019. p. 7. Disponível em: https://www3.weforum.org/docs/WEF_GGGR_2020.pdf. Acesso em: 27 fev. 2023.

SUPERENDIVIDAMENTO DE APOSENTADOS E PENSIONISTAS

Paulo Dias de Moura Ribeiro

Pós-Doutor em Direito pela Universidade de Lisboa. Doutor em Direito Civil pela PUC/SP. Mestre em Direito Civil pela PUC/SP. Coordenador Científico do Curso de Direito da UNISA. Professor Titular da FDSBC. Professor do Curso de Pós-Graduação da UNINOVE. Ministro do Superior Tribunal de Justiça. Conselheiro do Conselho da Justiça Federal.

Sumário: 1. Introdução – 2. A raiz constitucional do tratamento do superendividado – 3. Rio 92 e agenda 2030 – 4. O arcabouço jurídico para a proteção dos superendividados – 5. Conclusão.

1. INTRODUÇÃO

Honrado com o convite que me foi dirigido pelo d. Ministro Marco Buzzi, com quem integro a Segunda Seção do Superior Tribunal de Justiça, que veio subscrito pela em. Cláudia Lima Marques, pela coleta Trícia Navarro Xavier Cabral e pela Advogada Juliana Loss de Andrade, cuidei de me pôr em campo, arregaçando as mangas para atender a nímia deferência com que fui distinguido, um artigo sobre tema veiculado pela nova Lei 14.181/2021, centrado no tratamento do consumidor superendividado.

A nova lei implementa, em boa hora, o preâmbulo da nossa Constituição Federal que afirma que o nosso Estado democrático instituído pela Assembleia Nacional Constituinte para tanto convocado, buscou assegurar o exercício dos direitos sociais e individuais dentre outros, fundados em valores supremos como, por exemplo, uma sociedade fraterna.

2. A RAIZ CONSTITUCIONAL DO TRATAMENTO DO SUPERENDIVIDADO

Se estamos falando que o Brasil tem assento, dentre outros valores, em uma sociedade fraterna, então devemos admitir, por consequência, que a compreendemos como uma sociedade sustentável, adequada, solidária.

E, se assim é, então, a localização constitucional do tema "superendividamento" tem embasamento no art. 1º, incisos II e III, que assim dispõe:

Art. 1º A República Federativa do Brasil, formada pela união indissolúvel dos Estados e Municípios e do Distrito Federal, constitui-se em Estado Democrático de Direito e tem como fundamentos:

[...]

II – a cidadania;

III – a dignidade da pessoa humana;

Mas, se não bastasse, vale a pena deitar os olhos sobre os fundamentos da República Federativa do Brasil, inseridos no art. 3º, incisos III e IV, da Constituição Federal que estabelece:

> Art. 3º Constituem objetivos fundamentais da República Federativa do Brasil:
>
> [...]
>
> III – erradicar a pobreza e a marginalização e reduzir as desigualdades sociais e regionais;
>
> IV – promover o bem de todos, sem preconceitos de origem, raça, sexo, cor, idade e quaisquer outras formas de discriminação.

De outra vertente, também cuida do tema os Princípios Gerais da Atividade Econômica, domiciliados no art. 170 da Constituição Federal, em especial o seu inciso V, a saber:

> Art. 170. A ordem econômica, fundada na valorização do trabalho humano e na livre iniciativa, tem por fim assegurar a todos existência digna, conforme os ditames da justiça social, observados os seguintes princípios:
>
> [...]
>
> V – defesa do consumidor;

3. RIO 92 E AGENDA 2030

Saindo da raiz constitucional do tema "superendividamento", é bem de ver que dentre os princípios da Rio 92, a competência das Nações Unidas sobre Meio Ambiente e Desenvolvimento lançou, dentre os seus princípios, o de número 12 que ganhou a seguinte luminosidade:

> Os Estados devem cooperar para promover um sistema econômico internacional favorável e aberto, o qual levará ao crescimento econômico e ao desenvolvimento sustentável de todos os países.

Em reforço, imperioso lembrarmos dos Objetivos de Desenvolvimento Sustentável (ODS) da Agenda 2030, de números 1, 2, 5 e 8 que cravam o respeito à dignidade humana:

> Objetivo 1. Acabar com a pobreza em todas as suas formas, em todos os lugares;
>
> Objetivo 2. Acabar com a fome, alcançar a segurança alimentar e melhoria da nutrição e promover a agricultura sustentável;
>
> Objetivo 5. Alcançar a igualdade de gênero e empoderar todas as mulheres e meninas;
>
> Objetivo 8. Promover o crescimento econômico sustentado, inclusivo e sustentável, emprego pleno e produtivo e trabalho decente para todos.

4. O ARCABOUÇO JURÍDICO PARA A PROTEÇÃO DOS SUPERENDIVIDADOS

Todos os princípios destacados abriram ensejo à edição da benfazeja Lei 14.181/2021, o que permitiu a análise do REsp 1.358.057/PR, de minha relatoria, o qual transcrevo na íntegra porque abarca tudo o que foi alinhavado anteriormente.

Convido, pois, o leitor a acompanhar o debate e o desfecho do caso que se fortaleceu na cidadania e na dignidade humana.

Anoto, ainda, que aderiu ao meu voto a em. Ministra Nancy Andrighi com razões que com melhores luzes emolduraram o tema.

O retrato do caso julgado condizia com a discussão em ação civil pública sobre a validade do contrato de cartão de crédito sênior ofertado pela UNICARD, com financiamento automático do UNIBANCO, no caso do não pagamento integral da fatura mensal.

Assim, a demanda coletiva visava resguardar interesses individuais homogêneos de toda uma categoria de consumidores idosos, e por isso hipervulneráveis, porque portadores de discernimento cognitivo mais fraco que a população em geral, tanto que merecedores da proteção da Lei 10.741/2003 (Estatuto do Idoso).

Quanta discriminação indigesta ao idoso, que não é sinônimo de tolo.

Veja-se o voto:

Recurso especial. Direito civil e processual civil. *Irresignação submetida ao CPC/73*. Ação civil pública. Contratação de cartão de crédito por aposentados e pensionistas. Alegação de que a sistemática contratual favorece o superendividamento. Tratamento discriminatório dispensado aos idosos. Recurso especial provido.

1. Inaplicabilidade do NCPC ao caso conforme o Enunciado 2 aprovado pelo Plenário do STJ na Sessão de 09.03.2016: Aos recursos interpostos com fundamento no CPC/1973 (relativos a decisões publicadas até 17 de março de 2016) devem ser exigidos os requisitos de admissibilidade na forma nele prevista, com as interpretações dadas até então pela jurisprudência do Superior Tribunal de Justiça.

2. Discute-se, no caso, a validade do contrato de Cartão de Crédito Sênior ofertado pelo UNICARD, com financiamento automático do UNIBANCO, no caso de não pagamento integral da fatura.

3. Não há negativa de prestação jurisdicional se o Tribunal de origem decidiu a matéria controvertida de forma fundamentada, enfrentando os argumentos capazes de, em tese, infirmar a conclusão adotada na sentença recorrida.

4. Na linha dos precedentes desta Corte, o princípio processual da instrumentalidade das formas, sintetizado pelo brocardo pas de *nullité sans grief* e positivado nos arts. 249 e 250 do CPC/73 (arts. 282 e 283 do NCPC), impede a anulação de atos inquinados de invalidade quando deles não tenham decorrido prejuízos concretos. No caso, o Tribunal de origem afirmou que a falta de remessa dos autos ao Revisor não implicou prejuízo para a parte, porque o projeto de voto foi previamente remetido para todos os desembargadores que participaram do julgamento.

5. O agravo retido manejado com o objetivo de majorar a multa fixada para a hipótese de descumprimento da tutela antecipada não poderia ter sido conhecido, porque referida decisão interlocutória jamais chegou a vigorar, tendo em vista a liminar expedida por esta Corte Superior no julgamento da MC 14.142/PR e a subsequente prolação de sentença de mérito, julgando improcedente o pedido.

6. A demanda coletiva proposta visou resguardar interesses individuais homogêneos de toda uma categoria de consumidores idosos, e não apenas os interesses pessoais de um único contratante do Cartão Sênior. Impossível sustentar, assim, que o pedido formulado era incompatível com a via judicial eleita ou que o Ministério Público não tinha legitimidade ativa para a causa.

7. A Corte de origem concluiu que a sistemática de funcionamento do Cartão Sênior causava dúvidas ao cliente e favorecia o superendividamento, porque pressupôs que os idosos, sendo uma categoria hipervulnerável de consumidores, teriam capacidade cognitiva e discernimento menores do que

a população em geral. Nesses termos, a pretexto de realizar os fins protetivos colimados pela Lei 10.741/2003 (Estatuto do Idoso) e também pela Lei 8.078/1990 (CDC), acabou por dispensar tratamento discriminatório indevido a essa parcela útil e produtiva da população.

8. Idoso não é sinônimo de tolo.

9. Ainda cumpre destacar que a sistemática de funcionamento do Cartão Sênior de certa forma foi adotada como regra geral pela Resolução BACEN 4.549, de 26.01.2017, não sendo possível falar, assim, em prática comercial abusiva.

10. Alegada abusividade da taxa de juros não demonstrada.

11. Na linha dos precedentes desta Corte, o Ministério Público não faz jus ao recebimento de honorários advocatícios sucumbenciais quando vencedor na ação civil pública por ele proposta. Não se justificando, de igual maneira, conceder referidos honorários para outra instituição.

12. Recurso especial provido.

[...]

(6 e 7) Desconto em folha

UNIBANCO e UNICARD alegaram que o Cartão Sênior não contempla uma operação de crédito consignado no próprio benefício do INSS, mas de desconto no valor depositado em conta bancária dos usuários. Nesses termos, não haveria ofensa aos arts. 1º e 6º da Lei 10.820/2003; 9º e 10, VI e VIII, da Lei 4.595/1964, 649, IV, do CPC/73 e 114 da Lei 8.213/1991.

Quanto ao ponto é preciso destacar, em primeiro lugar, que o acórdão recorrido, conforme assinalado, não pressupôs que o desconto incidiria diretamente sobre os proventos do INSS. O Tribunal de origem estava bastante ciente de que o débito atingia valores já depositados em conta bancária.

Confira-se, nesse sentido, a seguinte passagem do aresto:

Veja-se ser o *desconto bancário* do benefício previdenciário efetivado por meio do nominado pagamento mínimo, cuja sistemática de operacionalização (e-STJ, fl. 890).

Demais disso, o acórdão não reputou ilegal, de forma genérica e abstrata, a estipulação contratual por meio da qual o aposentado permitia o "débito automático" de sua fatura do cartão de crédito. Afirmou, simplesmente, que, no caso concreto, o mecanismo de funcionamento do Cartão Sênior transmuda a usual metodologia do crédito consignado aos aposentados e pensionistas do INSS, sob roupagem capaz de infligir a eles custos ou encargos financeiros superiores aos legalmente previstos àquela modalidade de mútuo (e-STJ, fls. 891).

Diante desse cenário, a invocação de ofensa aos arts. 1º e 6º da Lei 10.820/2003; 9º e 10, VI e VIII, da Lei 4.595/1964, 649, IV, do CPC/73 e 114 da Lei 8.213/1991 esbarra nas Súmulas 283 e 284 do STF.

Com efeito, os dispositivos legais apontados como violados, muito embora possam servir para sublinhar a legalidade, em abstrato, da contratação de um empréstimo com consignação em folha ou com desconto direto em conta bancária, não são capazes de afastar as conclusões alcançadas pelo Tribunal de origem a respeito da onerosidade excessiva e a deficiência de informação que, no caso concreto, diante das peculiaridades fáticas, conduziria à invalidade do pacto.

Perceba-se que não se está aqui a afirmar que o desconto do valor mínimo da fatura na conta bancária de quem recebe seus proventos previdenciários constitui prática comercial ou bancária ilegal. Não é.

A Quarta Turma, inclusive, já se manifestou pela validade de estipulação contratual semelhante.

Anote-se:

Recurso especial. Prestações de mútuo firmado com instituição financeira. Desconto em conta-corrente e desconto em folha. Hipóteses distintas. Aplicação, por analogia, da limitação legal ao empréstimo consignado ao mero desconto em conta-corrente, superveniente ao recebimento da remuneração. Inviabilidade. Dirigismo contratual, sem supedâneo legal. Impossibilidade.

1. A regra legal que fixa a limitação do desconto em folha é salutar, possibilitando ao consumidor que tome empréstimos, obtendo condições e prazos mais vantajosos, em decorrência da maior segurança propiciada ao financiador. O legislador ordinário concretiza, na relação privada, o respeito à dignidade humana, pois, com razoabilidade, limitam-se os descontos compulsórios que incidirão sobre verba alimentar, sem menosprezar a autonomia privada.

2. O contrato de conta-corrente é modalidade absorvida pela prática bancária, que traz praticidade e simplificação contábil, da qual dependem várias outras prestações do banco e mesmo o cumprimento de pagamento de obrigações contratuais diversas para com terceiros, que têm, nessa relação contratual, o meio de sua viabilização. A instituição financeira assume o papel de administradora dos recursos do cliente, registrando lançamentos de créditos e débitos conforme os recursos depositados, sacados ou transferidos de outra conta, pelo próprio correntista ou por terceiros.

3. Como característica do contrato, por questão de praticidade, segurança e pelo desuso, a cada dia mais acentuado, do pagamento de despesas em dinheiro, costumeiramente o consumidor centraliza, na conta-corrente, suas despesas pessoais, como, v.g., luz, água, telefone, tv a cabo, cartão de crédito, cheques, boletos variados e demais despesas com débito automático em conta.

4. *Consta, na própria petição inicial, que a adesão ao contrato de conta-corrente, em que o autor percebe sua remuneração, foi espontânea, e que os descontos das parcelas da prestação - conjuntamente com prestações de outras obrigações firmadas com terceiros - têm expressa previsão contratual e ocorrem posteriormente ao recebimento de seus proventos, não caracterizando consignação em folha de pagamento.*

5. Não há supedâneo legal e razoabilidade na adoção da mesma limitação, referente a empréstimo para desconto em folha, para a prestação do mútuo firmado com a instituição financeira administradora da conta-corrente. Com efeito, no âmbito do direito comparado, não se extrai nenhuma experiência similar – os exemplos das legislações estrangeiras, costumeiramente invocados, buscam, por vezes, com medidas extrajudiciais, solução para o superendividamento ou sobreendividamento que, isonomicamente, envolvem todos os credores, propiciando, a médio ou longo prazo, a quitação do débito.

6. À míngua de novas disposições legais específicas, há procedimento, já previsto no ordenamento jurídico, para casos de superendividamento ou sobreendividamento – do qual podem lançar mão os próprios devedores –, que é o da insolvência civil.

7. A solução concebida pelas instâncias ordinárias, em vez de solucionar o superendividamento, opera no sentido oposto, tendo o condão de eternizar a obrigação, visto que leva à amortização negativa do débito, resultando em aumento mês a mês do saldo devedor. Ademais, uma vinculação perene do devedor à obrigação, como a que conduz as decisões das instâncias ordinárias, não se compadece com o sistema do direito obrigacional, que tende a ter termo.

8. O art. 6º, parágrafo 1º, da Lei de Introdução às Normas do Direito Brasileiro confere proteção ao ato jurídico perfeito, e, consoante os arts. 313 e 314 do CC, o credor não pode ser obrigado a receber prestação diversa da que lhe é devida, ainda que mais valiosa.

9. A limitação imposta pela decisão recorrida é de difícil operacionalização, e resultaria, no comércio bancário e nas vendas a prazo, em encarecimento ou até mesmo restrição do crédito, sobretudo para aqueles que não conseguem comprovar a renda.

10. Recurso especial do réu provido, julgado prejudicado o do autor.

(REsp 1.586.910/SP, Rel. Ministro Luis Felipe Salomão, Quarta Turma, DJe 03.10.2017)

Acrescente-se que, na hipótese dos autos, não é possível, igualmente, pretender a nulidade da disposição contratual em questão com base no vício da lesão. Isso porque o art. 157 do CC/02, estatui como requisito objetivo para a aplicação desse instituto, a existência de prestação manifestamente desproporcional ao valor da prestação oposta. A lesão constitui vício que apenas pode ocorrer, portanto, em contratos bilaterais comutativos, quando ferido o mutualismo que deveria ter sido respeitado, isto é, o equilíbrio entre as prestações e as contraprestações devidas pelas partes.

Nesse sentido a lição de Nestor Duarte:

Ocorrerá lesão, apta a invalidar o negócio jurídico, quando, em negócio *comutativo*, uma das partes por inexperiência ou necessidade premente, se obriga a prestação significativamente desproporcional à outra. (DUARTE, Nestor. In PELUSO, Cezar (Org.) *Código Civil Comentado*. 7 ed. Barueri: Manole. 2013, p. 124).

No caso, não se evidencia referido desequilíbrio e nem sequer se viu necessidade premente de assinar o contrato de Cartão Sênior.

Feitas essas considerações paralelas o mais importante é ressaltar que os fundamentos indicados pelo acórdão recorrido para concluir no sentido da invalidade do desconto automático não foram devidamente impugnados. Cumpria aos recorrentes atacar os argumentos deduzidos pelo Tribunal de origem relativos à onerosidade excessiva e a deficiência de informação que, no caso concreto, e não em abstrato, estariam configurados, o que não ocorreu. Por isso é que, incidem, vale repetir, as Súmulas 283 e 284 do STF:

Súmula 283: É inadmissível o recurso extraordinário, quando a decisão recorrida assenta em mais de um fundamento suficiente e o recurso não abrange todos eles.

Súmula 284: É inadmissível o recurso extraordinário, quando a deficiência na sua fundamentação não permitir a exata compreensão da controvérsia.

(8) e (9) Mecanismo de operação do Cartão Sênior e Discriminação

As razões recursais trouxeram à baila que o mecanismo de operação do Cartão Sênior não afrontaria os arts. 6º, III e IV, 36, 39, IV e V, 52, I, II e IV, 51, IV, do CDC e que o Tribunal de origem, negando aos aposentados e pensionistas a possibilidade de pactuarem livremente suas obrigações financeiras, teria dispensado tratamento discriminatório a essa parcela da população, contrariando, assim, os arts. 3º, 4º e 43 da Lei 10.741/2003 (Estatuto do Idoso).

O acórdão recorrido concluiu que a previsão de débito automático apenas da parcela mínima da fatura do cartão de crédito e correlata exigência do pagamento do saldo remanescente pelo próprio cliente, sob pena de financiamento imediato com altos encargos, causava confusão e favorecia o superendividamento dos aposentados e pensionistas.

Confira-se:

Avançando na conceituação do sistema de crédito Sênior, percebe-se que, caso o segurado não quite a integridade da dívida (sim, pois o débito automático feito pelo UNIRANCO corresponde ao valor mínimo de pagamento da fatura, cabendo ao segurado adimplir o restante), o saldo devedor é direta e automaticamente financiado pela UNICARD, instituição financeira que não possui convênio com o INSS e que, portanto, passou a ter livre trânsito para exigir encargos abusivos, aproveitando-se da boa-fé e por vezes da pouca instrução dos segurados.

[...]

Agrava-se a situação dos aposentados e pensionistas pelo fato de que não há clareza quanto às condições da contratação (valor das prestações taxa de juros, limites de crédito etc.), o que fere frontalmente os arts. 39. IV e V e 52, incisos I, II, e IV do CDC.

Cabe o registro de que os juros praticados nestas operações pelas instituições financeiras recorrentes, apurados pelo Ministério Público Federal, alcançam patamares altíssimos (de 8,99 a 11% ano mês) (e-STJ, fl. 886 e 888).

Perceba-se que a Corte de origem, somente concluiu que a sistemática de funcionamento do Cartão Sênior causava dúvidas ao cliente e favorecia o seu superendividamento, porque pressupôs que os idosos, sendo uma categoria hipervulnerável de consumidores, teriam uma capacidade perceptiva e um discernimento menores do que a população em geral. Precisamente por isso é que seria necessário tutelá-los em suas relações bancárias de modo a evitar que contraíssem obrigações muito onerosas.

Todavia, a orientação em referência, a pretexto de realizar os fins protetivos colimados pela Lei 10.741/2003 (Estatuto do Idoso) e também pela Lei 8.078/1990 (CDC), acabou por dispensar tratamento discriminatório indevido a essa parcela da população.

O princípio da igualdade, previsto no art. 5º, *caput*, da CF, estabelece, por sua dimensão material, que os desiguais devem ser tratados desigualmente, na medida dessa desigualdade, a fim de se alcançar uma verdadeira e substancial isonomia. Pelo seu conteúdo político-ideológico, o postulado veda não apenas que o tratamento diferenciado dispensado pela norma se converta em um privilégio, mas empece, igualmente, que ele se transmude em uma perseguição ou prejuízo.

Idoso não é sinônimo de tolo, repita-se.

No caso concreto, negar aos aposentados e pensionistas em geral a possibilidade de contratar um cartão de crédito com as características do Cartão Sênior, ao invés de promover uma isonomia material, acaba por cercear, indevidamente, a liberdade contratual desses que lhes deve ser preservada.

Presumir que a sistemática de funcionamento do Cartão Sênior se aproveita do pouco esclarecimento ou discernimento desse público, ou então que os idosos não são plenamente capazes de gerir suas obrigações financeiras e bancárias apenas reforça o estigma e o preconceito que, infelizmente, já é difundido na sociedade.

O Estatuto do Idoso, Lei 10.741/2003, estabelece que:

Art. 4º Nenhum idoso será objeto de qualquer tipo de negligência, discriminação, violência, crueldade ou opressão, e todo atentado aos seus direitos, por ação ou omissão, será punido na forma da lei.

§ 1º É dever de todos prevenir a ameaça ou violação aos direitos do idoso.

§ 2º As obrigações previstas nesta Lei não excluem da prevenção outras decorrentes dos princípios por ela adotados.

Celso Antônio Bandeira de Melo ensina que o tratamento discriminatório autorizado pelo princípio da igualdade apenas pode ser considerado legítimo quando o discrímen erigido pela norma coincidir com valores prestigiados pelo sistema jurídico constitucional e quando a desigualdade concretamente proclamada esteja racional e abstratamente de acordo com esses valores (O conteúdo jurídico do princípio da igualdade. 3 ed. São Paulo: Malheiros, 2000. p. 12).

Ora, não há como presumir, geral e abstratamente, que todos os idosos, por sua constituição física mais frágil, sejam intelectualmente débeis e, por isso, vítimas fáceis da armadilha alegadamente criada pelo UNIBANCO e pelo UNICARD de modo a se lhes interditar a contratação do Cartão Sênior.

Com efeito, parece muito mais razoável sustentar que eventual superendividamento de um ou outro contratante, bem como as causas desse lastimável fenômeno, devam ser examinados separadamente, em processos individuais.

Vale acrescentar que a sistemática de funcionamento do Cartão Sênior, que prevê o financiamento automático do débito remanescente após o pagamento da fatura mínima antecipou, de certa forma, o que veio a ser estabelecido como regra geral pela Resolução 4.549/20017 do BACEN.

De acordo com essa normativa, o cliente do cartão de crédito só pode pagar a fatura mínima uma única vez, sendo necessário que, nos meses subsequentes, caso não tenha condições de pagar a integralidade da dívida, contraia financiamento bancário com essa finalidade, o qual estará submetido a condições mais favoráveis.

Nesses termos, o recurso especial também deve ser provido para julgar improcedente o pedido anulatório deduzido na ação civil pública.

(10) Enriquecimento indevido

As razões do recurso especial aduziram que o acórdão recorrido, ao acolher o pedido principal formulado na petição inicial acabou por liberar os aposentados e pensionistas do pagamento dos encargos contratuais moratórios, propiciando, assim, ao arrepio do art. 844 do CC/02, o enriquecimento indevido de cada um deles se morosos.

Tendo em vista o acolhimento da pretensão recursal para reconhecer a validade da contratação (item 9 supra), fica prejudicado o exame dessa questão.

(11) Irretroatividade da norma

UNIBANCO e UNICARD ponderaram que o Tribunal de origem não poderia ter desconstituído negócio jurídico perfeito por reputá-lo contrário à Lei 10.820/2003 se essa norma adveio em momento posterior à celebração do contrato. Sustentaram, nesse sentido, ofensa ao art. 6º da LINDB que trata da irretroatividade da norma jurídica.

Tendo em vista o acolhimento da pretensão recursal para reconhecer a validade da contratação (item 9 supra), também fica prejudicado o exame dessa questão.

(12) Julgamento ultra petita

As razões do recurso especial ainda pontuaram que a petição inicial da ação civil pública não requereu que fosse realizada campanha publicitária para esclarecer o público idoso quanto a sistemática de funcionamento do contrato e aos riscos envolvidos, de modo que a decisão judicial prolatada nesse sentido seria ultra petita. Nesses termos apontou contrariedade aos arts. 128 e 460 do CPC/73.

O acórdão recorrido mencionou a necessidade de realização de campanha publicitária na seguinte passagem do acórdão:

Arrematando, comungo do entendimento mencionado pelo MPF, acerca da possibilidade/necessidade de realização de campanha publicitária capaz de atingir o público-alvo do cartão de crédito comercializado pela ré, a fim de serem tais pessoas objetivamente informadas sobre sua sistemática de funcionamento, riscos e efetivos ônus financeiros. Tal medida, cuja viabilidade encontra respaldo na letra do artigo 461, § 5º, do CPC, deve ostentar dimensão similar à(s) campanha(s) ultimadas pela ré na divulgação do aludido cartão (e-STJ, fl. 892).

Mais uma vez, tendo em vista o acolhimento da pretensão recursal para reconhecer a validade da contratação (item 9 supra), fica prejudicado o exame dessa questão.

(13) Honorários advocatícios

As razões recursais discutiram, por fim, que o Tribunal de origem teria violado os arts. 20, caput, do CPC/73; 22 e 23 da Lei 8.906/94, uma vez que a Defensoria Pública do Paraná não faria jus a honorários advocatícios sucumbenciais, especialmente se não foi ela parte no processo.

No julgamento da apelação, o Tribunal assim se pronunciou:

O provimento do recurso ministerial e do apelo INSS revela sucumbência da parte ré, acarretando a necessidade de arbitramento de honorários advocatícios. E isso porque o preceituado no artigo 18 da Lei da ACP ostenta previsão direcionada ao autor da ação coletiva e não ao réu. Nesse sentido, o seguinte aresto do colendo STJ.

(...)

Dessa forma, à hipótese incide o disposto no artigo 20, § 3º do CPC, em face da regra do artigo 19 da Lei 7.347/85. Assim sendo, arbitro a verba honorária em R$ 50.000,00 (cinquenta mil reais), cifra que julgo adequada para satisfazer ao comando dos citados dispositivos legais. Esse montante deverá ser atualizado no instante do pagamento mediante critérios constantes no Manual de orientação para os Cálculos da Justiça Federal.

Não obstante, o valor não deverá ser revertido em favor do Ministério Público Federal, em virtude da necessidade de interpretação e manutenção da harmonia do sistema. Ora, sendo indevida a verba honorária pela parte autora, hipótese excepcionada pela comprovada má-fé, impertinente seria a destinação da verba honorária ao Parquet. Nesse sentido:

(...)

Todavia, ao revés de deixar de arbitrar tal quantum, mantenho-o tal qual indicado acima, destinando-o, entretanto, à Defensoria Pública da União no Paraná. A opção deriva da circunstância de ser a Defensoria a instituição responsável pela defesa daqueles hipossuficientes que litigam perante a Justiça Federal e cuja efetividade no atendimento à população local será incrementado mediante o aporte do aludido montante pecuniário.

Na linha dos precedentes desta Corte, o Ministério Público não faz jus ao recebimento de honorários advocatícios sucumbenciais quando vencedor na ação civil pública proposta por ele.

Nesse sentido:

Processual civil. Agravo interno no recurso especial. Recurso manejado sob a égide do NCPC. Ação civil pública. Honorários advocatícios em favor do ministério público. Não cabimento. Precedentes. Recurso manifestamente inadmissível. Incidência da multa do art. 1.021, § 4º, do NCPC. Agravo não provido.

1. Aplica-se o NCPC a este julgamento ante os termos do Enunciado Administrativo 3 aprovado pelo Plenário do STJ na sessão de 09.03.2016: Aos recursos interpostos com fundamento no CPC/2015 (relativos a decisões publicadas a partir de 18 de março de 2016) serão exigidos os requisitos de admissibilidade recursal na forma do novo CPC.

2. A jurisprudência pacífica desta Corte é firme no sentido de que, pela aplicação do princípio da simetria, em ação civil pública, não são devidos honorários advocatícios pelo vencido a favor do Ministério Público. Precedentes.

(AgInt no REsp 1.600.165/SP, de minha relatoria, Terceira Turma, DJe 30.06.2017).

Embargos de divergência. Processo civil. Ação civil pública. Honorários advocatícios. Ministério público autor e vencedor.

1. Na ação civil pública movida pelo Ministério Público, a questão da verba honorária foge inteiramente das regras do CPC, sendo disciplinada pelas normas próprias da Lei 7.347/85.

2. Posiciona-se o STJ no sentido de que, em sede de ação civil pública, a condenação do Ministério Público ao pagamento de honorários advocatícios somente é cabível na hipótese de comprovada e inequívoca má-fé do Parquet.

3. Dentro de absoluta simetria de tratamento e à luz da interpretação sistemática do ordenamento, não pode o parquet beneficiar-se de honorários, quando for vencedor na ação civil pública. Precedentes.

4. Embargos de divergência providos.

(EREsp 895.530/PR, Rel. Ministra Eliana Calmon, Primeira Seção, DJe 18.12.2009).

A discussão que se coloca diz respeito a possibilidade de redirecionar a verba que, em tese, seria devida ao MPF, para outra instituição. No caso concreto, o Tribunal de origem, assinalando que o Parquet Federal não fazia jus ao recebimento de honorários, resolveu atribuí-los à Defensoria Pública da União.

Parece, contudo, que a medida não se mostra adequada.

Com efeito, em primeiro lugar porque o Ministério Público Federal, nos termos dos precedentes colacionados, simplesmente não faz jus ao recebimento de honorários advocatícios, razão pela qual impossível cogitar do redirecionamento de uma verba que não lhe era cabível.

Além disso, consoante previsto nos termos dos arts. 20 do CPC/73, 85 do NCPC, 22 e 23 da Lei 8.906/1994, os honorários advocatícios sucumbenciais, ao contrário das multas processuais, constituem remuneração devida ao advogado que atuou no feito. Assim, se a Defensoria Pública da União não atuou no caso, não haveria como lhe encaminhar a verba em questão.

Seja como for, esse tema está prejudicado pelo acolhimento do recurso especial exposto no item 9 supra.

O Ministro Paulo de Tarso Sanseverino apresentou voto-vista divergindo parcialmente das conclusões aqui adotadas. Asseverou que a cláusula contratual que previa a sistemática de funcionamento do cartão de crédito Sênior seria nula porque imporia aos aposentados e pensionistas encargos financeiros superiores aos legalmente previstos nos contratos de crédito consignado.

Nesse sentido, destacou passagem do acórdão recorrido que confronta os índices de juros remuneratórios previstos no contrato de cartão de crédito e no contrato de crédito consignado para, com base, nessa discrepância, afirmar que houve abusividade.

Parece-me, contudo, com todos respeito, que as modalidades contratuais em testilha não podem ser comparadas.

Em primeiro lugar, porque sempre ficou à disposição dos clientes do cartão sênior a possibilidade de pagar integralmente o valor indicado na fatura, hipótese em que estaria afastada, por completo, a incidência de qualquer encargo.

Além disso porque o credor, no empréstimo consignado, tem uma garantia muito maior de pagamento da dívida.

Nesse sentido, inclusive, já se manifestou a Terceira Turma, no julgamento da MC 14.142/PR, Rel. Ministro Ari Pargendler, Rel. p/ Acórdão Ministra Nancy Andrighi, Terceira Turma, DJe 16.04.2009.

Anote-se:

– Não é possível equiparar o presente cartão de crédito ao empréstimo consignado previsto na Lei 10.820/03, visto que neste o banco tem assegurado o recebimento da totalidade do valor financiado, enquanto naquele a garantia de recebimento só existe durante o período em que estiver autorizado o desconto do mínimo, garantia esta que pode se esvair pela vontade unilateral do devedor.

– Essa circunstância tem reflexo direto nas taxas de juros que incidem sobre uma e outra modalidade de empréstimo, visto que a composição dessas taxas leva em consideração, principalmente, o risco de inadimplemento. Diante disso, não há como sujeitar o cartão de crédito em questão às taxas de juros fixadas para o crédito consignado.

Liminar deferida.

(MC 14.142/PR, Rel. Ministro Ari Pargendler, Rel. p/ Acórdão Ministra Nancy Andrighi, Terceira Turma, DJe 16.04.2009).

Vale registrar que, na sistemática do cartão de crédito Sênior, quando não verificado o pagamento integral da fatura, o valor restante era automaticamente financiado, como sucede em todas as operações da espécie, com a única diferença que, no cartão Sênior, esse financiamento era feito pelo UNIBANCO (sucedido pelo ITAÚ) e, nos demais casos, o financiamento é feito pela própria empresa de cartão de crédito.

Assim, não parece adequado afirmar que as taxas de juros mencionadas eram abusivas apenas porque superiores aos dos contratos de empréstimo consignado. Com efeito, a comparação mais razoável que se pode propor é com relação aos juros médios do crédito rotativo cobrados por outras empresas de cartões de crédito.

Na petição inicial da ação civil pública, o MPF afirmou que o restante do pagamento deve ser feito voluntariamente pelo aposentado, sob pena de ficar a dívida em aberto, corrente juros de aproximadamente 11% (onze por cento) ao mês (e-STJ, fl. 5).

Esse patamar de juros, segundo reconhecido na referida MC 14.142/PR, estava abaixo da média das taxas incidentes em operações congêneres. Confira-se, a propósito, a seguinte passagem do voto vencedor.

Disso resulta que, no crédito consignado, o banco tem assegurado o recebimento da totalidade do valor financiado, enquanto no cartão Sênior a garantia de recebimento só existe durante o período em que estiver autorizado o desconto do mínimo, garantia esta que pode se esvair pela vontade unilateral do devedor.

SUPERENDIVIDAMENTO DE APOSENTADOS E PENSIONISTAS **107**

Evidentemente, essa circunstância tem reflexo direto nas taxas de juros que incidem sobre uma e outra modalidade de empréstimo, visto que a composição dessas taxas leva em consideração, principalmente, o risco de inadimplemento.

Tanto isso é verdade que as taxas de juros aplicadas ao cartão Sênior – entre 8% e 11% – estão abaixo da média das taxas incidentes sobre cartões de crédito desvinculados de qualquer garantia.

(MC 14.142/PR, Rel. Ministro Ari Pargendler, Rel. p/ Acórdão Ministra Nancy Andrighi, Terceira Turma, DJe 16.04.2009).

Em resumo e com todo acatamento, não há como cogitar de abusividade dos juros remuneratórios no cartão Sênior.

Nessas condições, pelo meu voto, *dou provimento* ao recurso especial para a) julgar prejudicado o agravo retido manejado oralmente pelo MPF (e-STJ, fl. 536) de modo a esclarecer que o UNIBANCO e o UNICARD não podem ser compelidos a cumprir o acórdão que deferiu a antecipação de tutela, muito menos sob pena de multa, porque referido aresto não chegou a produzir efeitos em razão da liminar concedida por este eg. STJ na MC 14.142/PR (e-STJ, fls. 688/689); e, b) restabelecer a sentença que julgou improcedente o pedido de reconhecimento de nulidade do contrato de adesão do cartão de crédito Sênior deduzido na ação civil pública, sem fixação de honorários. (destaques no original)

Voto-Vista

Ministra Nancy Andrighi

[...]

Voto do Ministro Relator: i) não reconheceu a negativa de prestação jurisdicional e nulidade do acórdão pelo falta de remessa dos autos ao Juiz Revisor, alegadas pelos recorrentes; ii) entendeu pela incidência da Súmula 7 do STJ quanto ao argumento recursal da desconsideração das provas produzidas nos autos; iii) concluiu pela legitimidade ativa do Ministério Público Federal para a propositura da ação civil pública em debate; iv) firmou a incidência da Súmula 283 e 284 do STF quanto a alegada violação dos arts. 1º, 6º da Lei 10.820/2003; 9º e 10, VI e VIII, da Lei 4.595/64, 649, IV do CPC/73 e 114 da Lei 8.213/91; dispositivos legais que, em abstrato, fundamentam a legalidade da contratação de um empréstimo com consignação em folha ou com desconto direto em conta bancária, tendo em vista que o acórdão "não pressupôs que o desconto incidiria diretamente sobre os proventos do INSS. O Tribunal de origem estava bastante ciente de que o débito atingia valores já depositados em conta bancária." (fl. 23 do voto).

Deu provimento ao recurso para declarar prejudicado o agravo retido do MPF, e restabelecer a sentença que julgou improcedente o pedido de reconhecimento de nulidade do contrato de adesão do cartão de crédito sênior deduzido na ação civil pública.

Em consequência, julgou prejudicado o exame das teses i) do enriquecimento indevido (art. 884 do CC); ii) da irretroatividade da norma (art. 6º da LINDB); iii) do julgamento além do pedido; iv) dos honorários advocatícios arbitrados em favor do Ministério Público Federal e redirecionados para a Defensoria Pública da União.

Voto Vista do Ministro Paulo de Tarso Sanseverino: i) não reconheceu a negativa de prestação jurisdicional e nulidade do acórdão pela falta de remessa dos autos ao Juiz Revisor, alegadas pelos recorrentes ii) entendeu pela incidência da Súmula 7 do STJ quanto ao argumento recursal da desconsideração das provas produzidas nos autos; iii) concluiu pela legitimidade ativa do Ministério Público Federal para a propositura da ação civil pública em debate, iv) entendeu pela impossibilidade do julgamento referente à violação do art. 6º da LINDB por sua índole constitucional; e pela ausência de julgamento além do pedido em decorrência da condenação dos recorrentes em realizar campanha publicitária de esclarecimento; v) aplicou a Súmula 283 do STF quanto aos arts. 1º, 6º da Lei 10.820/2003; 9º e 10, VI e VIII, da Lei 4.595/64, 649, IV do CPC/73 e 114 da Lei 8.213/91.

Divergiu do voto do Ministro Relator ao concluir que "a sistemática de operacionalização do desconto bancário do benefício previdenciário efetivado por meio do nominado pagamento mínimo, amolda-se, perfeitamente, ao disposto na Lei 10.820/2003 e, por conseguinte, à Instrução Normativa 121/2005, do INSS, razão pela qual, ao contrário do alegado pelas recorrentes, é possível a equiparação do contrato do cartão de crédito sênior ao empréstimo consignado," (fl. 24 do voto); e deu parcial provimento ao recurso especial apenas para declarar a impossibilidade de conhecimento do agravo retido interposto pelo Ministério Público Federal; e, afastar a condenação dos recorrentes em honorários advocatícios, apesar do redirecionamento à Defensoria Pública da União.

Na sessão de julgamento de 10.04.2018 pedi vista dos autos.

Para evitar desnecessária repetição do julgamento do Ministro Relator, o acompanho integralmente quanto i) ao não reconhecimento da negativa de prestação jurisdicional e nulidade do acórdão pela falta de remessa dos autos ao Juiz Revisor, alegadas pelos recorrentes; ii) à incidência da Súmula 7 do STJ quanto ao argumento recursal da desconsideração das provas produzidas nos autos; iii) à conclusão pela legitimidade ativa do Ministério Público Federal para a propositura da ação civil pública em debate; e, iv) à incidência da Súmula 283 e 284 do STF quanto a alegada violação dos arts. 1º, 6º da Lei 10.820/2003; 9º e 10, VI e VIII, da Lei 4.595/64, 649, IV do CPC/73 e 114 da Lei 8.213/91.

Prossigo.

Na oportunidade da análise perfunctória da MC 14.142/PR (DJe de 16.04.2009), cuja pretensão era a suspensão do acórdão do TRF da 4ª Região que submeteu o cartão de crédito sênior às regras da Lei 10.820/03 e Instrução Normativa 121/2005 do INSS (e-STJ fls. 446/458), conclui pela impossibilidade de equiparação entre o contrato de cartão de crédito em debate e o contrato de empréstimo consignado aos aposentados.

Com a devolução dos autos ao STJ, para o julgamento do RESP contra o acórdão recorrido que deu provimento às apelações do Ministério Público e INSS, verifica-se que a sentença julgou improcedentes os pedidos do Ministério Público Federal por entender que "além de absolutamente inaplicáveis as regras da Lei 10.820/2003 ao caso dos autos, a forma com que a parte ré vem conduzindo a comercialização e operacionalização desses contratos não padece das eivas aventadas na inicial" (e-STJ fl. 770). Declarou, ainda, que o "próprio Ministério Público Federal terminou por reconhecer, em suas alegações finais, que o financiamento realizado no âmbito do aludido cartão de crédito não seria espécie de financiamento consignado" (e-STJ fl. 763).

Seguindo essa linha de raciocínio, o acórdão recorrido declara que "não se discute, por outro lado, o fato de que o 'cartão de crédito sênior' não nasceu como modalidade de operação de crédito regida pela Lei 10.820/2003." (e-STJ fl. 886).

Continua afirmando que o aposentado tem "a liberdade de transferir o pagamento do benefício para outra instituição financeira", e que os juros foram fixados, exatamente porque o banco não tem garantia de que continuará recebendo o valor (e-STJ fl. 888), do que se infere a possibilidade real da retratação e revogação da autorização do débito em conta corrente. Basta que assim pretenda o contratante aposentado.

Partindo das premissas delineadas pelo Tribunal de origem, não há como equiparar o risco do inadimplemento no empréstimo consignado onde as parcelas devidas são descontadas, "de maneira irrevogável e irretratável" (art. 6º da Lei 10.820/2003) diretamente do salário do devedor; e no cartão de crédito que o devedor pode cancelar o débito automático e a própria conta quando bem lhe aprouver.

Essas circunstâncias têm reflexo direto nas taxas de juros que incidem sobre uma e outra modalidade de empréstimo, visto que a composição dessas taxas leva em consideração, precipuamente, o risco de inadimplemento.

Por isso, não se mostra razoável admitir como parâmetros legais dos juros do cartão de crédito contratado a Lei 10.820/2003 e a IN 121/2005, que tratam, especificamente, sobre os procedimentos da consignação em pagamento para os aposentados.

A taxa contratual do cartão de crédito sênior poderia ser considerada abusiva, se comprovado cabalmente nos autos, que o percentual cobrado destoa da taxa média do mercado para *a mesma operação financeira*. O que não ocorreu.

O segundo fundamento do acórdão recorrido para declarar a nulidade do contrato do cartão de crédito sênior refere-se à fragilidade intelectiva, causada pela idade avançada, dos aposentados que o contrataram.

Contudo, o fato dos contratantes serem idosos não lhes retiram, por si só, a plena capacidade para a vida civil e o tornam absolutamente vulneráveis. Sua indução em erro nos negócios jurídicos não deve ser simples consequência genérica do avanço da idade.

Segundo lecionam Cristiano Chaves de Farias e Nelson Rosenvald: "A incapacidade, portanto, diz respeito a limitações ao livre exercício da plena aptidão para praticar atos jurídicos. E, bem, por isso, tais restrições têm de ser admitidas em caráter excepcional, devendo ser 'encaradas restritivamente'" (*Curso de Direito Civil*, v. 1. Salvador: JusPodivm, 2018. p. 360).

Assim, além da justificativa da idade avançada, não foi evidenciado nos autos qualquer ponto adicional, que demonstrasse vício na manifestação de vontade do contratante do cartão de crédito, capaz de acarretar a anulação do negócio jurídico.

Forte nessas razões, como não restou demonstrado i) a vulnerabilidade causada pela idade avançada dos aposentados que contrataram o cartão de crédito; e, ii) a abusividade da cobrança dos encargos cobrados nos contratos dos cartões de crédito sênior; adiro ao voto do Ministro Relator para dar provimento ao recurso especial; e, restabelecer a sentença que julgou improcedente o pedido de reconhecimento de nulidade do contrato de adesão do cartão de crédito sênior deduzido na ação civil pública. (destaques no original)

Cito, ainda, outros casos apreciados pelo Superior Tribunal de Justiça que se debruçou sobre hipóteses de consumidor superendividado.

As ementas são autoexplicativas, conforme se pode constatar:

Recurso especial. Negócios jurídicos bancários. Renegociação de dívida. Desconto em conta-corrente. Possibilidade. Limitação a 30% da remuneração do devedor. Superendividamento. Preservação do mínimo existencial. Astreintes. Ausência de indicação do dispositivo de lei federal violado. Óbice da súmula 284/STF.

1. Validade da cláusula autorizadora de desconto em conta-corrente para pagamento das prestações do contrato de empréstimo, ainda que se trate de conta utilizada para recebimento de salário.

2. Os descontos, todavia, não podem ultrapassar 30% (trinta por cento) da remuneração líquida percebida pelo devedor, após deduzidos os descontos obrigatórios (Previdência e Imposto de Renda).

3. Preservação do mínimo existencial, em consonância com o princípio da dignidade humana. Doutrina sobre o tema.

4. Precedentes específicos da Terceira e da Quarta Turma do STJ.

5. Recurso especial desprovido.

(REsp 1.584.501/SP, relator Ministro Paulo de Tarso Sanseverino, Terceira Turma, julgado em 06.10.2016, DJe de 13.10.2016).

Recurso especial. Direito do consumidor. Direito processual civil. Violação do art. 535 do CPC/1973. Não ocorrência. Ação civil pública. Cadastro de passagem. Licitude. Comunicação prévia do consumidor. Imprescindibilidade. Art. 43, § 2º do CDC. Ausência de comunicação. Responsabilidade da mantenedora do cadastro. Dano moral coletivo. Não configuração.

1. Ação civil pública questionando a legalidade, à luz das normas protetivas do Código de Defesa do Consumidor, tanto da manutenção do chamado "cadastro de passagem" ou "cadastro de consultas anteriores" quanto da utilização das informações neles inseridas como justificativa para a restrição de crédito solicitado por consumidores.

2. Acórdão recorrido que, confirmando a sentença primeva, julgou improcedente o pedido inicial.

3. O "cadastro de passagem" ou "cadastro de consultas anteriores" é um banco de dados de consumo no qual os comerciantes registram consultas feitas a respeito do histórico de crédito de consumidores que com eles tenham realizado tratativas ou solicitado informações gerais sobre condições de financiamento ou crediário.

4. A despeito de ser lícita a manutenção do cadastro de passagem, que é banco de dados de natureza neutra, ela está subordinada, como ocorre com todo e qualquer banco de dados ou cadastro de consumo, às exigências previstas no art. 43 do CDC.

5. A disponibilização das informações constantes de tal banco de dados – que ali foram inseridas sem prévia solicitação das pessoas a elas relacionadas – só é permitida, a teor do que expressamente dispõe o § 2º do art. 43 do CDC, após ser comunicado por escrito o consumidor de sua respectiva inclusão cadastral.

6. No caso, restou evidenciada a ausência de comunicação prévia dos consumidores que tiveram seus dados inseridos no cadastro de passagem objeto da controvérsia. Tal prática, e não o cadastro de passagem em si, é que se revela ilegal, mesmo porque, sem ter ciência da própria existência de registros em seu nome, fica o consumidor indiretamente impedido de solicitar "acesso às informações existentes em cadastros, fichas, registros e dados pessoais e de consumo arquivados sobre ele" (art. 43, caput, do CDC) e de, consequentemente, exigir a imediata correção de eventual inexatidão, prerrogativa que lhe é expressamente assegurada pelo § 3º do próprio art. 43 do CDC.

7. A responsabilidade de adequar-se ao comando inserto no art. 43, § 2º, do CDC é exclusiva da mantenedora do banco de dados ora questionado. É sobre ela, por isso, que devem recair tanto a obrigação de abstenção da prática aqui reconhecida como ilícita quanto a obrigação de reparar e compensar eventuais prejuízos de ordem material e moral que, comprovadamente, tenham sido suportados por consumidores em virtude de injusta negativa de concessão de crédito fundada única e exclusivamente nas anotações constantes do chamado "cadastro de passagem".

8. O dano moral coletivo, compreendido como o resultado de uma lesão à esfera extrapatrimonial de determinada comunidade, se dá quando a conduta agride, de modo totalmente injusto e intolerável, o ordenamento jurídico e os valores éticos fundamentais da sociedade em si considerada, a provocar repulsa e indignação na consciência coletiva (arts. 1º da Lei 7.347/1985, 6º, VI, do CDC e 944 do CC, bem como Enunciado 456 da V Jornada de Direito Civil).

9. Não basta a mera infringência à lei ou ao contrato para a caracterização do dano moral coletivo. É essencial que o ato antijurídico praticado atinja alto grau de reprovabilidade e transborde os lindes do individualismo, afetando, por sua gravidade e repercussão, o círculo primordial de valores sociais. Com efeito, para não haver o seu desvirtuamento, a banalização deve ser evitada.

10. Na hipótese, o simples fato de a mantenedora do "cadastro de passagem" não ter se desincumbido do ônus de providenciar a comunicação prévia do consumidor que teve seus dados ali incluídos, ainda que tenha representado ofensa ao comando legal do § 2º do art. 43 do CDC, passou ao largo de produzir sofrimentos, intranquilidade social ou alterações relevantes na ordem extrapatrimonial coletiva, descaracterizando, assim, o dano moral coletivo.

11. Recurso especial parcialmente provido.
(REsp 1.726.270/BA, relatora Ministra Nancy Andrighi, relator para acórdão Ministro Ricardo Villas Bôas Cueva, Terceira Turma, julgado em 27.11.2018, DJe de 07.02.2019).

Recurso especial. Ação civil pública. Negativa de prestação jurisdicional. Rejeitada. Compreensão da pessoa idosa como realidade biológica e cultural. Operações financeiras. Racionalidade técnico-funcional. Limites. Controle normativo de razoabilidade eticamente densificada. Avaliação das razões que justificam o tratamento diferenciado. Superendividamento. Limite de operações por cliente. Alternativas financeiras além do empréstimo consignado. Conduta abusiva do banco. Não configurada. Riscos compreendidos. Justificação razoável da limitação contratual.

1. Ação ajuizada em 30.06.2016. Recurso especial interposto em 16.08.2018 e concluso ao gabinete em 12.12.2018.

2. O propósito recursal consiste em dizer da negativa de prestação jurisdicional pelo Tribunal de origem e se existe discriminação abusiva de idosos na restrição ao empréstimo consignado em instituição financeira quando a soma da idade do cliente com o prazo do contrato for maior que 80 anos.

3. A linha de raciocínio do Tribunal de origem não contém vício de julgamento nem representa negativa de prestação jurisdicional, pois apenas importa conteúdo contrário aos interesses da parte recorrente, insuficiente a caracterizar qualquer hipótese do art. 1.022, II, do CPC, tampouco violação do art. 489, § 1º, VI, do CPC.

4. A partir da reflexão sobre o valor humano no tratamento jurídico dos conflitos surgidos na sociedade diante do natural e permanente envelhecimento da população, torna-se imprescindível avaliar também sobre a racionalidade econômica e suas intencionalidades de eficiência pragmática na organização da comunidade, por vezes, (con)fundida com a ética utilitarista de "garantir a cada um o máximo possível".

5. Indispensável compreender a velhice em sua totalidade, como fato biológico e cultural, absorvendo a preocupação assinalada em âmbito internacional (v.g. Plano de Ação Internacional sobre o Envelhecimento, fruto da Assembleia Mundial sobre o Envelhecimento, da Organização das Nações Unidas) e nacional (sobretudo o Estatuto do Idoso) de respeito e valorização da pessoa idosa.

6. A adoção de critério etário para distinguir o tratamento da população em geral é válida quando adequadamente justificada e fundamentada no Ordenamento Jurídico, sempre atentando-se para a sua razoabilidade diante dos princípios da igualdade e da dignidade da pessoa humana.

7. O próprio Código Civil se utiliza de critério positivo de discriminação ao instituir, por exemplo, que é obrigatório o regime da separação de bens no casamento da pessoa maior de 70 anos (art. 1.641, II).

8. A instituição financeira declinou as razões acerca da realidade de superendividamento da população idosa, da facilidade de acesso ao empréstimo consignado e o caráter irrevogável da operação, ao mesmo tempo em que registrou disponibilizar outras opções de acesso ao crédito em conformidade aos riscos assumidos na sua atividade no mercado financeiro.

9. O critério de vedação ao crédito consignado – a soma da idade do cliente com o prazo do contrato não pode ser maior que 80 anos – não representa discriminação negativa que coloque em desvantagem exagerada a população idosa que pode se socorrer de outras modalidades de acesso ao crédito bancário.

10. Recurso especial conhecido e não provido.

(REsp 1.783.731/PR, relatora Ministra Nancy Andrighi, Terceira Turma, julgado em 23.04.2019, DJe de 26.04.2019).

Recurso especial. Prestações de mútuo firmado com instituição financeira. Desconto em conta-corrente e desconto em folha. Hipóteses distintas. Aplicação, por analogia, da limitação legal ao empréstimo consignado ao mero desconto em conta-corrente, superveniente ao recebimento da remuneração. Inviabilidade. Dirigismo contratual, sem supedâneo legal. Impossibilidade. 1. A regra legal que fixa a limitação do desconto em folha é salutar, possibilitando ao consumidor que tome empréstimos, obtendo condições e prazos mais vantajosos, em decorrência da maior segurança propiciada ao financiador. O legislador ordinário concretiza, na relação privada, o respeito à dignidade humana, pois, com razoabilidade, limitam-se os descontos compulsórios que incidirão sobre verba alimentar, sem menosprezar a autonomia privada.

2. O contrato de conta-corrente é modalidade absorvida pela prática bancária, que traz praticidade e simplificação contábil, da qual dependem várias outras prestações do banco e mesmo o cumprimento de pagamento de obrigações contratuais diversas para com terceiros, que têm, nessa relação contratual, o meio de sua viabilização. A instituição financeira assume o papel de administradora dos recursos do cliente, registrando lançamentos de créditos e débitos conforme os recursos depositados, sacados ou transferidos de outra conta, pelo próprio correntista ou por terceiros.

3. Como característica do contrato, por questão de praticidade, segurança e pelo desuso, a cada dia mais acentuado, do pagamento de despesas em dinheiro, costumeiramente o consumidor centraliza, na conta-corrente, suas despesas pessoais, como, v.g., luz, água, telefone, tv a cabo, cartão de crédito, cheques, boletos variados e demais despesas com débito automático em conta.

4. Consta, na própria petição inicial, que a adesão ao contrato de conta-corrente, em que o autor percebe sua remuneração, foi espontânea, e que os descontos das parcelas da prestação – conjuntamente com prestações de outras obrigações firmadas com terceiros – têm expressa previsão contratual e ocorrem posteriormente ao recebimento de seus proventos, não caracterizando consignação em folha de pagamento. 5. Não há supedâneo legal e razoabilidade na adoção da mesma limitação, referente a empréstimo para desconto em folha, para a prestação do mútuo firmado com a instituição financeira administradora da conta-corrente. Com efeito, no âmbito do direito comparado, não se extrai nenhuma experiência similar – os exemplos das legislações estrangeiras, costumeiramente invocados, buscam, por vezes, com medidas extrajudiciais, solução para o superendividamento ou sobreendividamento que, isonomicamente, envolvem todos os credores, propiciando, a médio ou longo prazo, a quitação do débito.

6. À míngua de novas disposições legais específicas, há procedimento, já previsto no ordenamento jurídico, para casos de superendividamento ou sobreendividamento – do qual podem lançar mão os próprios devedores –, que é o da insolvência civil.

7. A solução concebida pelas instâncias ordinárias, em vez de solucionar o superendividamento, opera no sentido oposto, tendo o condão de eternizar a obrigação, visto que leva à amortização negativa do débito, resultando em aumento mês a mês do saldo devedor. Ademais, uma vinculação perene do devedor à obrigação, como a que conduz as decisões das instâncias ordinárias, não se compadece com o sistema do direito obrigacional, que tende a ter termo.

8. O art. 6º, parágrafo 1º, da Lei de Introdução às Normas do Direito Brasileiro confere proteção ao ato jurídico perfeito, e, consoante os arts. 313 e 314 do CC, o credor não pode ser obrigado a receber prestação diversa da que lhe é devida, ainda que mais valiosa.

9. A limitação imposta pela decisão recorrida é de difícil operacionalização, e resultaria, no comércio bancário e nas vendas a prazo, em encarecimento ou até mesmo restrição do crédito, sobretudo para aqueles que não conseguem comprovar a renda.

10. Recurso especial do réu provido, julgado prejudicado o do autor.

(REsp 1.586.910/SP, relator Ministro Luis Felipe Salomão, Quarta Turma, julgado em 29.08.2017, DJe de 03.10.2017).

Conflito de competência – Código de Defesa do Consumidor – Ação de repactuação de dívidas – Superendividamento – Concurso de credores previsto nos artigos 104-A, B e C, do CDC, na redação conferida pela lei 14.181/21 – polo passivo composto por diversos credores bancários, dentre eles, a caixa econômica federal – exceção à regra de competência prevista no art. 109, i, da CF/88 – exegese do col. Supremo tribunal federal definida em repercussão geral – declaração de competência da justiça comum do distrito federal.

1. O Superior Tribunal de Justiça é competente para o conhecimento e processamento do presente incidente, pois apresenta controvérsia acerca do exercício da jurisdição entre juízos vinculados a Tribunais diversos, nos termos do artigo 105, I, "d", da Constituição Federal.

2. A discussão subjacente ao conflito consiste na declaração do juízo competente para o processar e julgar ação de repactuação de dívidas decorrentes do superendividamento do consumidor, em que é parte, além de outras instituições financeiras privadas, a Caixa Econômica Federal.

3. A alteração promovida no Código de Defesa do Consumidor, por meio do normativo legal 14.181/2021, de 1º de julho de 2021, supriu lacuna legislativa a fim de oferecer à pessoa física, em situação de vulnerabilidade (superendividamento), a possibilidade de, perante seus credores, rediscutir, repactuar e, finalmente, cumprir suas obrigações contratuais/financeiras.

4. Cabe à Justiça comum estadual e/ou distrital processar e julgar as demandas oriundas de ações de repactuação de dívidas decorrentes de superendividamento – ainda que exista interesse de ente federal – porquanto a exegese do art. 109, I, do texto maior, deve ser teleológica de forma a alcançar, na exceção da competência da Justiça Federal, as hipóteses em que existe o concurso de credores.

5. Conflito conhecido para declarar a competência do r. juízo comum do Distrito Federal e Territórios para processar e julgar a ação de repactuação de dívidas por superendividamento, recomendando-se ao respectivo juízo, ante à delicada condição de saúde do interessado, a máxima brevidade no exame do feito.

(CC 193.066/DF, relator Ministro Marco Buzzi, Segunda Seção, julgado em 22.03.2023, DJe de 31.03.2023).

5. CONCLUSÃO

A Lei 14.181/2021 veio ao mundo jurídico em boa hora porque o consumidor superendividado não pode perder a sua cidadania e nem sequer a sua dignidade pelo simples fato de, por algum motivo, até mesmo pelos destinos insólitos da vida, o inesperado, ser tratado de forma diferente de um empresário que talvez, pelos mesmos motivos, tenha chegado a um ponto de insolvência civil.

A cidadania e a dignidade humana carecem, mais de que garantias, de efetivação e proteção.

Bem-vinda Lei 14.181/2021.

O TRATAMENTO DO CONSUMIDOR SUPERENDIVIDADO À LUZ DO PRINCÍPIO DA FRATERNIDADE

Reynaldo Soares da Fonseca

Pós-doutor em Direitos Humanos na Universidade de Coimbra – Portugal. Doutor em Direito Constitucional – FADISP. Mestre em Direito Público – PUC/SP. Especialista em Direito Penal e Processual Penal – UnB. Especialista em Direito Constitucional – UFMA/UFSC. Professor da Universidade Federal do Maranhão (UFMA), em colaboração técnica com a Universidade de Brasília (UnB). Ministro do Superior Tribunal de Justiça.

Antonio Ali Brito

Acadêmico de Direito no Instituto Brasileiro de Ensino, Desenvolvimento e Pesquisa (IDP). Estagiário em Gabinete de Ministro do Supremo Tribunal Federal.

Sumário: 1. Introdução – 2. O princípio da fraternidade enquanto categoria jurídica – 3. O tratamento do consumidor superendividado e a Lei 14.181/2021 – 4. O fenômeno do superendividamento enfrentado à luz do princípio da fraternidade: tutela do consumidor hipossuficiente – 5. Conclusões – Referências.

1. INTRODUÇÃO

Vivemos em um cenário de profunda pobreza e marginalização social, em que os mais frágeis e vulneráveis padecem de uma tutela que lhes permita alcançar uma situação de estabilidade socioeconômica.

Essa marginalização pode ocorrer nos mais diversos campos comunitários, sendo observadas nas relações entre particulares, ou mesmo nas relações entre o Estado e particulares. Uma das maiores manifestações desse fenômeno se sucede na esfera das relações consumeristas.

Nessas últimas, é observado que os dramas sociais, dos quais são vítimas os mais vulneráveis, trazem repercussões no cumprimento de seus compromissos financceiros, o que enseja em um estado de prejuízos econômicos insanáveis, fenômeno conhecido como superendividamento.

Por outro lado, a nossa Constituição estabelece a fraternidade como um parâmetro de operação do ordenamento jurídico, no sentido de promover a responsabilidade recíproca entre os indivíduos, fazendo-se com que os instrumentos de atuação do Estado estejam direcionados, também, na construção de uma sociedade livre, justa e solidária, no desenvolvimento, na erradicação da pobreza e na redução de desigualdades, conforme dispõe o art. 3º da Carta Magna.

Assim, o presente trabalho visa estudar como o princípio da fraternidade terá incidência na tutela de proteção estatal sobre os consumidores, partes vulneráveis e hipossuficientes nessas relações consumeristas, fazendo garantir seu direito de vida com dignidade.

Para tanto, serão analisados os impactos da legislação expressa na Lei 14.181/2021, representando um verdadeiro marco no combate ao superendividamento, assim como nas posições jurisprudenciais adotadas pelos Tribunais, notadamente no Superior Tribunal de Justiça, acerca da preservação das garantias desses consumidores superendividados, tratando-se, assim, de expressão concreta do princípio da fraternidade.

2. O PRINCÍPIO DA FRATERNIDADE ENQUANTO CATEGORIA JURÍDICA[1]

Uma comum objeção ao uso da fraternidade como categoria jurídica consiste na origem religiosa da expressão, o que não se compatibilizaria com a secularização do Estado e da sociedade civil levada ao cabo na modernidade. De fato, observa-se no mundo ocidental a persistência de uma retórica fraterna influenciada pela religião cristã, desde o Novo Testamento, perpassando por diversos sentidos teológicos. Na verdade, a ideia de fraternidade detém assento fundante em diversas civilizações como ideal de orientação e inspiração das relações humanas, como se depreende, por exemplo, de Caim e Abel, Antígona e Ismene, Rômulo e Remo.[2]

Nesse sentido, antes mesmo da apropriação cultural do termo pela Revolução Francesa, verifica-se que a fraternidade já possuía função notável na dinâmica pública no medievo e na era moderna, ao se traduzir em uma ligação universal entre seres igualmente dignos, cuja resultante seria um complexo sistema de solidariedade social e atenção aos necessitados, previamente à própria falência do Estado liberal.

Por sua vez, com o advento da Revolução de 1789, a fraternidade é recolocada como elemento conectivo entre a liberdade e a igualdade, distinguindo-se destes por sua peculiar fundação relacional em favor de um projeto moderno de sociedade. Pouco tempo depois de referido movimento, a categoria fraternal do tripé republicano recai em desuso, ao contrário das expressões do binômio entre liberdade e igualdade, passíveis de expressão como princípios constitucionais e diretrizes de movimentos políticos, progressivamente antagônico a partir de sistemas de produção e de governo, ou mesmo de visões de sociedade, tal como a Guerra Fria exemplificou.[3]

Nesses termos, já constam no art. 2º da Declaração Universal dos Direitos do Homem e do Cidadão, de 26 de agosto de 1789, que os direitos naturais e imprescritíveis do homem, cuja conservação é função de toda a associação política: a liberdade, a propriedade, a segurança e a resistência à opressão.

---

1. Trechos retirados da palestra "O princípio jurídico da fraternidade na jurisprudência do STF e do STJ", proferida perante a Escola de Assistência Jurídica da Defensoria Pública do Distrito Federal, em 2020.
2. BAGGIO, Antonio Maria. The Forgotten Principle: Fraternity in Its Public Dimension. Claritas – *Journal of Dialogue and Culture*, West Lafayette-EUA, v. 2, n. 2, p. 38, 2013.
3. Ibidem, p. 36.

Por conseguinte, na prática histórica do Estado liberal, a necessária afirmação de que todos os homens são livres e iguais em direitos traduz-se em uma "filosofia individualista que justifica a concepção atomística da sociedade (concebida como o mero somatório de indivíduos isolados) e que serve de fundamento ao contratualismo, que foi um dos pilares do liberalismo econômico e do estado liberal".[4]

Sendo assim, por ausência de finalidade específica na consolidação dessa nova ordem jurídica do Estado capitalista pós-absolutismo, a fraternidade tornou-se um "princípio esquecido"[5] e se interdita qualquer intelecção de uma categoria política ou jurídica. Assim, a fraternidade persiste com multifuncionalidade na tradição cristã, mas atrai pouca atenção no paradigma racional-científico. Quando muito, diante do esgotamento do Estado mínimo, o princípio da solidariedade satisfaz no âmbito do Estado Providência, em alguma medida, o papel que a fraternidade desempenharia, como, por exemplo, na assistência social ou entidades beneméritas. Porém, note-se a maior abrangência da fraternidade, pois esta não admite subordinação entre os sujeitos, haja vista que pressupõe a horizontalidade das relações, em contraposição à verticalidade observável entre Estado e cidadão, ricos e pobres, bem como uma dimensão de reciprocidade para além de uma gratidão impassível de retribuição.

De acordo com Antonio Baggio, há uma crise existencial do Estado, o que significa o desaparecimento de sujeitos políticos e civis capazes de assumir as responsabilidades da democracia e das suas instituições, sendo que esta ausência é verificável nos planos procedimental e substancial. Ainda, segundo o professor italiano, essa crise manifesta-se como uma rejeição dos valores da política atual, inatingibilidade dos fundamentos morais necessários ao próprio Estado e da insignificância de valores, com a perda de importância da ética pública.[6]

Nesse contexto, o mínimo que se espera de um "pensamento de possibilidades" é a alternativa do resgaste ao princípio da fraternidade, por ser esta "a categoria de pensamento capaz de conjugar a unidade e a distinção a que anseia a humanidade contemporânea".[7] Isso porque a experiência e a metodologia concernentes à fraternidade, tal como proposta por Chiara Lubich, são caracterizadas pelos seguintes elementos: (i) compreensão da fraternidade como experiência possível, (ii) o estudo e a interpretação da história, à luz da fraternidade, (iii) a colaboração entre teoria e prática da fraternidade na esfera pública, (iv) a interdisciplinaridade dos estudos e (v) o diálogo entre culturas.[8]

---

4. NUNES, António José Avelãs. *A Revolução Francesa*: As Origens do Capitalismo: A Nova Ordem Jurídica Burguesa. Belo Horizonte: Fórum, 2017, p. 127.
5. BAGGIO, Antonio Maria. *O Princípio Esquecido*. São Paulo: Cidade Nova, 2008. v. 1.
6. BAGGIO, Antonio Maria. Fraternidade, Democracia e Direito na Crise Existencial do Estado. *III Congresso Nacional de Comunhão e Direito*. Caururu: CeD, 2016, p. 15-18.
7. LUBICH, Chiara. *Mensagem ao I Congresso Nacional sobre o Tema Direito e Fraternidade*. (Mariápolis Ginetta 25 a 27 jan. de 2008) Disponível em: http://groups.google.com/group/comunhao-e-direito/files?hl=pt-BR. Acesso em: 8 dez. 2008.
8. BAGGIO, Antonio Maria. The Forgotten Principle: Fraternity in its Public Dimension. Claritas – *Journal of Dialogue and Culture*, West Lafayette-EUA, v. 2, n. 2, p. 44, 2013.

Com essa diretriz metodológica, torna-se possível tratar a fraternidade como categoria política com aptidão a refundar a prática democrática, ao compatibilizar o relacionamento entre a igualdade (paridade) e a liberdade (diferença), em prol de uma causa unificante. Logo, o conteúdo mínimo desse princípio político expressa-se como a condição de igualdade entre irmãos e irmãs de modo a ser possível que cada um seja livre na sua própria diversidade.[9]

Sendo assim, a fraternidade abre-se a possibilidades atuais e futuras, ganhando universalidade perante a humanidade e a própria condição humana. Enfim, esse princípio jurídico tem o potencial de atuar como método e conteúdo da política, ao tornar-se parte constitutiva do processo de tomada de decisões políticas, assim como guia hermenêutico das demais normas em interação dinâmica, inclusive em ambiente jurisdicional.

Por outro lado, dado que é valor jurídico-político próprio do constitucionalismo, também possui conteúdo no âmbito do Direito cuja estruturação emana da dignidade da pessoa humana. Ao traduzir-se no código jurídico, a fraternidade possui natureza normativa principiológica, servindo para a construção hermenêutica de outras normas, mas impondo comandos deônticos mediante a soberania estatal.

A respeito disso, recorre-se ao escólio de Clara Cardoso Machado Jaborandy:

> Defende-se, portanto, que fraternidade é princípio fundamental introduzido de maneira expressa ou implícita no texto constitucional que atua como vetor interpretativo na construção de significado de outros enunciados, além de fomentar no indivíduo o reconhecimento da dignidade humana e realizar o princípio da responsabilidade no âmbito estatal, individual e coletivo. Além disso, o princípio da fraternidade é fonte direta de direitos e deveres transindividuais na medida em que constitui fundamento jurídico-normativo de tais direitos. Assim, direitos fundamentais transindividuais que não estejam expressamente enumerados na Constituição serão protegidos em razão da fraternidade (...) O conteúdo da fraternidade realiza-se quando cada um, desempenhando sua função social, reconhece a existência e dignidade do outro, e é tratado pela sociedade individualmente com necessidades e fins próprios de forma que a felicidade, que é um fim individual por excelência, se realize em comunidade.[10]

Por conseguinte, considerada a Constituição como o estatuto jurídico do político, a fraternidade possui guarida como princípio explícito ou implícito na Constituição da República de 1988, como bem destaca Carlos Augusto Alcântara Machado:

> A Constituição do Brasil de 1998, já no preâmbulo, assume tal compromisso, ao referir-se, de forma expressa, que perseguirá, como garantia de determinados valores, a sociedade fraterna. Adiante, indica como objetivo fundamental, além dos tradicionais e clássicos misteres estatais com a liberdade e a igualdade, a construção de uma sociedade solidária (art. 3º, I – CF). Ademais, o sistema jurídico constitucional brasileiro, além de garantir direitos de status diferenciado, como destacado, busca assegurar o bem-estar de todos os que se submetem à ordem jurídica pelo constituinte plasmado por meio e a partir da Constituição de 1988. Assim, em oito oportunidades, considerando a dimensão fraterna I do constitucionalismo, refere-se ao bem-estar, inicialmente como valor supremo de uma

---

9. Ibidem, p. 47.
10. JABORANDY, Clara Cardoso Machado. *A Fraternidade no Direito Constitucional Brasileiro*: Um Instrumento para Proteção de Direitos Fundamentais Transindividuais. Tese (Doutorado) – Universidade Federal da Bahia, Salvador, 2016, p. 71.

sociedade fraterna, no preâmbulo da Constituição Federal, e depois em campos específicos do seu disciplinamento normativo: no art. 23, parágrafo único (bem-estar nacional); no art. 182, caput (bem--estar dos habitantes da cidade); art. 186, IV (bem estar dos proprietários e trabalhadores – requisito para aferição da função social da propriedade rural); art. 193, *caput* (bem-estar social); art. 219, *caput* (bem-estar da população); art. 230, *caput* (bem-estar dos idosos) e art. 231, §1º (bem-estar dos índios).[11]

Em síntese, revela-se coerente e adequada a utilização da categoria jurídica da fraternidade como chave analítica normativamente válida para enfrentar a temática das ações afirmativas orientadas ao objetivo de remediar desigualdades históricas entre grupos étnicos e sociais.

Nessa linha de raciocínio, a Revolução Francesa de 1789 recepcionou a liberdade, a igualdade e a fraternidade como princípios universais, que influenciaram e vão continuar influenciando as instituições, as normas jurídicas e os ideais no mundo contemporâneo. A sociedade hodierna convive, pois, com a dicotomia dos valores liberdade e igualdade e não questiona sua ambientação jurídica. Já a fraternidade tornou-se um princípio esquecido do Direito, como já dito.

Nesse sentido, "da tríade francesa, obtiveram relevância jurídica exclusivamente a liberdade, com os direitos fundamentais dela decorrentes (direitos civis e políticos) e a igualdade, também na condição de princípio constitucional e os consequentes direitos sociais, econômicos e sociais, exigência do *Welfare State*".[12]

Provavelmente, o esquecimento da fraternidade como categoria jurídica decorreu da clássica característica da norma jurídica: força coercível, pois é evidente que a fraternidade é livre, espontânea e não pode ser imposta.

Todavia, tal panorama de esquecimento jurídico não pode mais prevalecer. As experiências históricas de realização da igualdade à custa da liberdade (totalitarismo) ou do sacrifício da igualdade (de oportunidades, inclusive) em nome da liberdade (sentido especialmente econômico: mercado) revelam o desastre de uma tentativa de transformação social não alicerçada na fraternidade.

Assim, a redescoberta do princípio da fraternidade apresenta-se como um fator de fundamental importância, tendo em vista a complexidade dos problemas sociais, jurídicos e estruturais ainda hoje enfrentados pelas democracias ocidentais.

Nessa linha de raciocínio, após duas guerras mundiais, surge a Declaração Universal dos Direitos Humanos (1948) reconhecendo, com clareza solar, a fraternidade como valor universal: "todas as pessoas são dotadas de razão e consciência e devem agir em relação umas às outras com espírito de fraternidade".

Com efeito, a fraternidade não exclui o direito e vice-versa, mesmo porque a fraternidade, enquanto valor, vem sendo proclamada por diversas Constituições modernas ao lado de outros valores historicamente consagrados como a igualdade e a liberdade.

---

11. MACHADO, Carlos Augusto Alcântara. *A Garantia Constitucional da Fraternidade*: Constitucionalismo Fraternal. 272 f. Tese (Doutorado) – Pontifícia Universidade Católica de São Paulo, São Paulo, 2014, p. 130.
12. Ibidem, p. 64.

No ponto, aliás, entre o final do Século XX e início deste Século, despontaram estudos sobre a fraternidade no campo do Direito, especialmente na Itália, na Áustria, na Argentina e no Brasil, aqui com o pioneirismo da doutrina do Ministro Carlos Ayres Britto nas obras *Teoria da Constituição* (2003) e *O humanismo como categoria constitucional* (2007).

Nessa mesma perspectiva, do Movimento dos Focolares,[13] que vive o ecumenismo e proclama a espiritualidade da unidade, nasce uma inundação chamada Comunhão e Direito, a qual objetiva encontrar uma visão do Direito e da Justiça a partir de uma estreita relação com os pontos que advêm da mensagem evangélica e da prática concreta da "regra de ouro", presente em todas as grandes religiões ("não fazer ao outro o que não gostaria que fosse feito a si"). A fraternidade passa a ser, então, um instrumento de transformação social.

Relembre-se, uma vez mais, a ponderação da saudosa Chiara Lubich: "a fraternidade é a categoria de pensamento capaz de conjugar a unidade e a distinção a que anseia a humanidade contemporânea".[14]

No caso brasileiro, a Constituição vigente absorveu os três valores da Revolução de 1789 ao registrar como o primeiro objetivo da República Federativa a construção de uma sociedade livre (liberdade), justa (igualdade) e solidária (fraternidade) – art. 3º.

Já no Preâmbulo da CF/88, proclamou-se:

Nós, representantes do povo brasileiro, reunidos em Assembleia Nacional Constituinte para instituir um Estado Democrático, destinado a assegurar o exercício dos direitos sociais e individuais, a liberdade, a segurança, o bem-estar, o desenvolvimento, a igualdade e a justiça como valores supremos de uma sociedade fraterna, pluralista e sem preconceitos, fundada na harmonia social e comprometida, na ordem interna e internacional, com a solução pacífica das controvérsias, promulgamos, sob a proteção de Deus, a seguinte Constituição da República Federativa Do Brasil.

Nesse diapasão, o constitucionalismo moderno pátrio ultrapassa o liberalismo (constitucionalismo liberal – dimensão política) e a social-democracia (constitucionalismo social – dimensão social), enveredando pelo chamado constitucionalismo fraternal (ou altruístico). Resgata-se, pois, o Direito natural, com raiz no humanismo cristão, segundo Nalini,[15] e como "virtude da cidadania, que supera as fronteiras da pátria ou da nação (cidadania interna), em uma perspectiva universal da pessoa humana (cidadania global)", segundo Machado.[16]

---

13. de inspiração cristã, fundado em 1943, em Trento, na Itália, por Chiara Lubich.

14. LUBICH, Chiara. *Mensagem ao I Congresso Nacional sobre o Tema "Direito e Fraternidade"*. (Mariápolis Ginetta 25 a 27 jan. de 2008). Disponível em: http://groups.google.com/group/comunhao-e-direito/files?hl=pt- BR. Acesso em: 8 dez. 2008.

15. NALINI, José Renato. Ética e Humanismo na Carta Cidadã. In: SOUZA, C. A. M. & CAVALCANTI, T. N. *Princípios Humanistas Constitucionais*: Reflexões sobre o Humanismo do Século XXI. São Paulo: Letras Jurídicas – Cidade Nova, 2010.

16. MACHADO, Carlos Augusto Alcântara. A Fraternidade e o Direito Constitucional Brasileiro: Anotações sobre a Incidência e a Aplicabilidade do Princípio/Valor Fraternidade no Direito Constitucional Brasileiro a Partir da sua Referência no Preâmbulo da Constituição Federal de 1988. In: PIERRE, Luiz Antonio de Araújo et al. (Org.). *Fraternidade como Categoria Jurídica*. Vargem Grande Paulista, SP: Editora Cidade Nova, 2013.

No tópico, o Ministro Britto pondera que o constitucionalismo fraternal é sua terceira e última fase. É o constitucionalismo do futuro. Depois de assumir uma feição liberal ou libertária, uma função social ou igualitária, agora chega à terceira fase, a fraternidade, para ombrear todas as pessoas em termos de respeito, referência e consideração. Confira-se:

> (...) Efetivamente, se considerarmos a evolução histórica do constitucionalismo, podemos facilmente ajuizar que ele foi liberal, inicialmente, e depois social. Chegando nos dias presentes, à etapa fraternal da sua existência. Desde que entendamos por Constitucionalismo Fraternal esta fase em que as Constituições incorporam às franquias liberais e sociais de cada povo soberano a dimensão da fraternidade; isto é, a dimensão das ações estatais afirmativas que são atividades assecuratórias da abertura de oportunidades para os segmentos sociais historicamente desfavorecidos, como, por exemplo, os negros, os deficientes físicos e as mulheres (para além, portanto, da mera proibição de preconceitos). De par com isso, o constitucionalismo fraternal alcança a dimensão da luta pela afirmação do valor do Desenvolvimento, do Meio Ambiente ecologicamente equilibrado, da Democracia e até de certos aspectos de urbanismo como direitos fundamentais. Tudo na perspectiva de se fazer uma comunhão de vida, pela consciência de que, estando todos em um mesmo barco, não tem como escapar da mesma sorte ou destino histórico.[17]

Ressalte-se, a propósito, que uma sociedade fraterna não se limita a ações distributivas (plano econômico). Trata-se de uma sociedade sem preconceitos e pluralista, que busca a integração comunitária verdadeira, ultrapassando a inclusão social.

Conforme Ricardo Hasson Sayeg,[18] da PUC/SP, a sociedade fraterna é uma "vindicação constitucional à antropofilia, isto é, uma sociedade que supera o antropocentrismo e descola o homem do centro do universo para o meio difuso de todas as coisas, estabelecendo, entre todos e tudo uma conexão universal, que já vem admitida na mais aceita teoria física do início do universo, a do Big Bang, ao reconhecer a partícula elementar que os cientistas apelidaram de 'Partícula de Deus'. Essa conexão quanto à vida também está confirmada pela biologia na decodificação do DNA".

Em suma, vivemos em uma sociedade complexa, multifacetada, que, há muito tempo, abandonou a roupa velha da vingança privada. Optamos pelo chamado constitucionalismo fraternal (CF/88, art. 3º) – expressão tão bem defendida, como visto, no Brasil, pelo ex-Presidente do Supremo Tribunal Federal, Ministro-Poeta Britto, em que os princípios da fraternidade, da solidariedade e da paz são valores indispensáveis.

A fraternidade, nesses termos, pode, então, ser considerada uma categoria jurídica. É, portanto, conforme leciona Edvaldo Brito, "um conceito cristalizado pela experiência, formado por predicados costumeiramente identificados com um determinado gênero, podendo servir, por isso, de elemento para compor outros conceitos"[19] incorporados ao mundo jurídico.

---

17. BRITTO, Carlos Ayres. *Teoria da Constituição*. Rio de Janeiro: Forense, 2006, p. 216.
18. SAYEG, Ricardo Hasson & BALERA, W. *O Capitalismo Humanista*: Filosofia humanista de Direito Econômico. POD. Petrópolis: KBR, 2011, p. 101.
19. BRITO, Edvaldo Pereira de. *O Conceito Tributo*. Tese (Doutorado) – Universidade de São Paulo, São Paulo, 1997, p. 66.

3. O TRATAMENTO DO CONSUMIDOR SUPERENDIVIDADO E A LEI 14.181/2021

A professora Claudia Lima Marques nos alerta que o superendividamento é entendido como "a impossibilidade global de o devedor pessoa física, consumidor, leigo e de boa-fé, pagar todas as suas dívidas atuais e futuras de consumo (excluídas as dívidas com o fisco, oriundas de delitos e de alimentos)".[20]

Esse fenômeno pode ser vislumbrado a partir de três esferas:

a) Social: É claro o propósito de evitar a exclusão do consumidor da sociedade de consumo, preservando o seu mínimo existencial, possibilitando a existência e o crescimento de consumidores em cada uma das classes sociais;

b) Econômica: As tendências observadas nas economias em desenvolvimento demonstram que são pautadas pelo endividamento, e não pela poupança, considerando o alto investimento dos consumidores em despesas básicas;

c) Jurídica: Nesse aspecto, é entendido como o saldo passivo de um devedor no bojo de uma relação jurídica, ocasionando na superação do próprio patrimônio que dispõe.

Com o advento da chamada sociedade de consumo, observou-se que as necessidades elementares da população passaram a estar intrinsecamente ligadas ao seu poder aquisitivo.

Em um processo de transição, marcado pelo decaimento da ideia do chamado "Estado Prestador", esse poder aquisitivo, estimulado ou não pelo próprio Estado, adquiriu dimensão central na vida de todos os cidadãos, cuja ausência importou na concepção de uma nova condição jurídica, a de superendividado, tornando essencial, portanto, observar seus reflexos e pressupostos para que o Estado, por sua vez, assuma um novo papel, desta vez na proteção do superendividado.

Em *primeiro lugar*, a necessidade de o consumidor ser uma pessoa física, cujas despesas elevadas – ensejando, portanto, no superendividamento – não sejam oriundas de sua atividade profissional, nem como deveres/sanções impostos por relações jurídicas, sejam elas fiscais, penais ou mesmo civis.

Em *segundo lugar*, releva assinalar que a tutela do Estado para amparar estes cidadãos exige que o excesso de débitos se dê mediante ações praticadas com boa-fé, afinal, é de todos conhecido o brocardo segundo o qual ninguém deve se beneficiar por sua própria torpeza.

Em *terceiro lugar*, a verificação de um estado duradouro de insolvência, no qual o pagador sequer teria condições de, com seus bens, satisfazer todas as suas dívidas.

---

20. MARQUES, Cláudia Lima. Sugestões Para uma Lei Sobre o Tratamento do Superendividamento de Pessoas Físicas em Contratos de Crédito ao Consumo: Proposições com Base em Pesquisa Empírica de 100 Casos no Rio Grande Do Sul. In: MARQUES, Claudia Lima; CAVALLAZZI, Rosângela Lunardelli (Coord.). *Direitos do consumidor endividado*: Superendividamento e crédito. São Paulo: Ed. RT, 2006, p. 256).

Assim, vislumbrava-se, tradicionalmente, dois modelos de tratamento para estes vulneráveis ou "hipervulneráveis".

O primeiro, mais comum nos Estados Unidos, denominado de *fresh start*, no qual o consumidor tem a prerrogativa de tentar um "novo começo", focando no perdão integral de suas dívidas, para que possa, novamente, desenvolver suas atividades econômicas sem qualquer obstáculo posto pelas suas obrigações em face de outrem.

Na Europa, são comumente apresentados planos de reeducação financeira, fazendo com que essa conciliação possa se dar gradativamente, com uma margem de dez anos para o reembolso destas dívidas.

Assim, surgiu, no país, a adoção de uma tutela do Estado, dessa vez sistematizada pelo Poder Legislativo, cuja atuação passará a ser demandada, vez que, em virtude desta inércia, somente poderia ser observada uma posição de protagonismo do Poder Judiciário, conforme será, mais a frente, analisado.

Em outros países, como a França, já víamos, desde debates de 1989, preocupações que ensejaram em disposições como a do L.330-1 do *Code de la Consommation*, segundo o qual a situação de superendividamento das pessoas físicas se caracteriza pela impossibilidade manifesta para o devedor de boa-fé de honrar o conjunto de suas dívidas não profissionais, exigíveis e vincendas.

No Brasil, enfim, foi proposto o Projeto de Lei PLS 283/2012, transformado, com a mudança de tramitação do Senado Federal para a Câmara dos Deputados, no famoso PL 3515/2015.[21]

Para tanto, foi formada uma comissão de juristas liderada pelo Eminente Ministro Herman Benjamin, com o fim de elaborar justamente um anteprojeto que cuidasse de incluir essa temática no Código de Defesa do Consumidor.

S. Exa., ao entregar o relatório da comissão ao Presidente do Senado Federal, disse:

> Depois de 20 anos de vigência, o CDC não deixa, como qualquer lei, de ser prisioneiro de seu tempo. Apesar de normas visionárias, não havia como prever em 1990 o crescimento exponencial das técnicas de contratação à distância, as transformações tecnológicas e o crescente comércio eletrônico de consumo, assim como imaginar a verdadeira democratização do crédito, fenômeno que amplia as facilidades de acesso a produtos e serviços, superando esquemas elitistas e popularizando sofisticados contratos financeiros e de crédito. Esta nova realidade brasileira coloca a necessidade de aperfeiçoar os mecanismos existentes de apoio aos consumidores, especialmente os preventivos, com o intuito de reduzir conflitos, sobretudo no terreno do superendividamento.
>
> Com este objetivo, o Senado Federal nomeou uma Comissão de Juristas para atualizar o CDC nestes dois temas relevantíssimos e desafiadores, o comércio eletrônico e o superendividamento dos consumidores, bem como no acesso à Justiça. O objeto é evoluir (nunca retroceder) a defesa do consumidor

---

21. Citem-se outros como: PL 5.173/2013, PL 1.982/2015, PL 3.402/2015, PL 4.010/2015, PL 4.405/2016, PL 7.585/2017, PL 7.590/2017, PL 7.840/2017, PL 7.884/2017, PL 8.336/2017, PL 10.380/2018, PL 9.837/2018, PL 2.825/2019, PL 3.721/2019, PL 420/2019, PL 4.331/2019, PL 4.728/2019, PL 4.857/2019, PL 507/2019, PL 5.394/2019, PL 5.551/2019, PL 5.974/2019, PL 6.237/2019 e o PL 5/2020.

e, respeitando a sua 4 estrutura principiológica, tratar estes novos e essenciais temas no corpo do Código, a evitar guetos normativos dissociados do espírito protetivo do CDC.

Concluídas as propostas básicas de atualização, que seguiram modelos adotados na União Europeia e em outros países com tradição nestes campos, a Comissão de Juristas decidiu submetê-las a amplo debate, democrático e transparente, para que a comunidade jurídica, em todas suas carreiras, os órgãos públicos e associações de consumidores, e o setor empresarial, pudessem opinar e enviar sugestões, através de Audiências Públicas e técnicas, que foram ponderadas em reuniões ordinárias, contabilizando mais de 30 reuniões. O texto é assim conhecido de todos, com ampla participação, aproveitando do conhecimento técnico, assim como das soluções e experiências exitosas nacionais e internacionais.

Feito o discurso e prosseguida a tramitação, com a consequente aprovação do PL, foi sancionada a Lei 14.181/2021.

4. O FENÔMENO DO SUPERENDIVIDAMENTO ENFRENTADO À LUZ DO PRINCÍPIO DA FRATERNIDADE: TUTELA DO CONSUMIDOR HIPOSSUFICIENTE

A premissa inicial para examinar o presente tema deve ser a de que o superendividamento se funda em uma falha de mercado, e não, propriamente, em uma falha do consumidor.

E assim pode ser considerado, na medida em que:

O endividamento não é um problema em si mesmo, quando ocorre em um ambiente favorável de crescimento econômico, queda de juros e, sobretudo, se não atingir camadas sociais com rendimentos próximos do limiar da pobreza. Todavia, o endividamento assume uma dimensão patológica, com repercussões econômicas, sociais, psicológicas e até médicas, quando o rendimento familiar não é mais capaz de suportar o cumprimento dos compromissos financeiros. Neste caso, o endividamento é identificado no direito comparado como superendividamento, falência ou insolvência dos consumidores.[22]

Claudia Lima Marques, ainda em pesquisa sobre o perfil dos consumidores superendividados na comarca de Porto Alegre/RS, percebeu que os consumidores:

Não são 'endividados ativos', ou seja, 'consumistas', que gastam compulsivamente mais do que ganham ou que não sabem administrar bem as possibilidades de cartão de crédito e as facilidades do autofinanciamento de hoje. Ao contrário, mais de 70% deles são superendividados passivos, que se endividaram em face de um 'acidente de vida', desemprego, morte de algum parente, divórcio, doença na família, nascimento de filhos etc.[23]

É, portanto, medida visando reduzir a vulnerabilidade desses consumidores no contexto do mercado atual. Segundo o Ministro Herman Benjamin, o consumidor pode assumir, inclusive, a posição de "hipervulnerável":

---

22. LIMA, Clarissa Costa de; BERTONCELLO, Karen Rick Danievicz. *Superendividamento Aplicado*: Aspectos Doutrinários e Experiência no Poder Judiciário. Rio de Janeiro: GZ Ed., 2012, p. 27-28.
23. MARQUES, Claudia Lima. Sugestões para uma Lei sobre o Tratamento do Superendividamento de Pessoas Físicas em Contratos de Crédito ao Consumo: Proposições com Base em Pesquisa Empírica de 100 Casos no Rio Grande do Sul. In: MARQUES, Claudia Luma; CAVALLAZZI, Rosângela Lunardelli (Coord.). *Direitos do Consumidor Endividado*: Superendividamento e Crédito. São Paulo: d. RT, 2006, p. 302.

> A categoria ético-política, e, também, jurídica dos sujeitos vulneráveis, inclui um subgrupo de sujeitos hipervulneráveis, (...) Ao se proteger o hipervulnerável, a rigor quem verdadeiramente acaba beneficiada é a própria sociedade, porquanto espera o respeito ao pacto coletivo de inclusão social imperativa, que lhe é caro, não por sua faceta patrimonial, mais precisamente por abraçar a dimensão intangível e humanista dos princípios da dignidade da pessoa humana e da solidariedade. Assegurar a inclusão judicial (isto é, reconhecer a legitimação para agir) dessas pessoas hipervulneráveis, inclusive dos sujeitos intermediários a quem incumbe representá-las, corresponde a não deixar nenhuma ao relento da Justiça por falta de porta-voz de seus direitos ofendidos.[24]

Em outro julgamento, no REsp 586.316/MG, Sua Excelência, na ementa, também reconhece que:

> Ao Estado Social importam não apenas os vulneráveis, mas sobretudo os hipervulneráveis, pois são esses que, exatamente por serem minoritários e amiúde discriminados ou ignorados, mais sofrem com a massificação do consumo e a "pasteurização" das diferenças que caracterizam e enriquecem a sociedade moderna. 19 Ser diferente ou minoria, por doença ou qualquer outra razão, não é ser menos consumidor, nem menos cidadão, tampouco merecer direitos de segunda classe ou proteção apenas retórica do legislador.

Nesse contexto, poderemos analisar a temática à luz do princípio da fraternidade, na medida em que tal vetor hermenêutico posiciona o intérprete no sentido de considerar o ordenamento jurídico na "dimensão das ações estatais afirmativas, que são atividades assecuratórias da abertura de oportunidades para os segmentos sociais historicamente desfavorecidos".[25]

Aliás, isso reforça a necessidade de interpretação dos tribunais na direção do constitucionalismo fraternal, já aludido acima, que os guia na tutela humanística do consumidor vulnerável e, portanto, hipossuficiente.

O Superior Tribunal de Justiça já reconhecera expressamente a fraternidade como parâmetro de interpretação do ordenamento jurídico, como no REsp 1.389.952/MT, Rel. Ministro Herman Benjamin; RMS 26.089/PR, Rel. Ministro Felix Fischer; HC 389.348/SP, Rel. Ministro Reynaldo Soares da Fonseca, e HC 391.501/SP, Rel. Ministro Reynaldo Soares da Fonseca.

No que tange especificamente a este fenômeno, observamos, também no STJ, manifestações como a do Ministro Paulo de Tarso Sanseverino, alertando que:

> De todo modo, constitui dever do Poder Judiciário o controle desses contratos de empréstimo para evitar que abusos possam ser praticados pelas instituições financeiras interessadas, especialmente nos casos de crédito consignado. Não se desconhece que esses contratos financeiros foram celebrados com a anuência do consumidor, no exercício dos poderes outorgados pela liberdade contratual.

No julgamento em tela, o REsp 1.584.501-SP,[26] determinou-se a impossibilidade de manutenção de desconto de empréstimo consignado, cujo montante estava perto de

---

24. STJ, REsp 931.513/RS, Rel. p/ acórdão Ministro. Herman Benjamin, 1ª Seção, j. 25.11.2009, DJe 27.09.2010.
25. BRITTO, Carlos Ayres. *Teoria da Constituição*. Rio de Janeiro: Forense, 2003, p. 216.
26. Recurso especial. Negócios jurídicos bancários. Renegociação de dívida. Desconto em conta-corrente. Possibilidade. Limitação a 30% da remuneração do devedor. Superendividamento. Preservação do mínimo existencial.

exceder o próprio patrimônio do devedor, sob a argumentação de que a ameaça à sua subsistência não poderia se sobrepor, naquele caso, à autonomia privada contratual.

Defender o consumidor hipossuficiente implica no reconhecimento do princípio da fraternidade como verdadeiro farol na interpretação do direito, considerando, nesse contexto, a sua "dimensão de reduzir as desigualdades sociais e proteção dos direitos fundamentais, bem como o fundamento primordial da Constituição da República, que seria a dignidade da pessoa humana".[27]

Seguindo este *leading case*, destaco outros importantes precedentes do STJ, na tratativa deste tema:

a) REsp 1.586.910:[28] Discutindo a cobrança de débitos correspondentes a aproximadamente a 50% do patrimônio de um policial militar, o Tribunal entendeu que as

---

Astreintes. Ausência de indicação do dispositivo de lei federal violado. Óbice da súmula 284/STF. 1. Validade da cláusula autorizadora de desconto em conta corrente para pagamento das prestações do contrato de empréstimo, ainda que se trate de conta utilizada para recebimento de salário. 2. Os descontos, todavia, não podem ultrapassar 30% (trinta por cento) da remuneração líquida percebida pelo devedor, após deduzidos os descontos obrigatórios (Previdência e Imposto de Renda). 3. Preservação do mínimo existencial, em consonância com o princípio da dignidade humana. Doutrina sobre o tema. 4. Precedentes específicos da Terceira e da Quarta Turma do STJ. 5. Recurso especial desprovido.

27. HC 376.140/SP, Rel. Ministro Sebastião Reis Júnior, Sexta Turma, julgado em 16.05.2017, DJe 24.05.2017.

28. Recurso especial. Prestações de mútuo firmado com instituição financeira. Desconto em conta-corrente e desconto em folha. Hipóteses distintas. Aplicação, por analogia, da limitação legal ao empréstimo consignado ao mero desconto em conta corrente, superveniente ao recebimento da remuneração. Inviabilidade. Dirigismo contratual, sem supedâneo legal. Impossibilidade. 1. A regra legal que fixa a limitação do desconto em folha é salutar, possibilitando ao consumidor que tome empréstimos, obtendo condições e prazos mais vantajosos, em decorrência da maior segurança propiciada ao financiador. O legislador ordinário concretiza, na relação privada, o respeito à dignidade humana, pois, com razoabilidade, limitam-se os descontos compulsórios que incidirão sobre verba alimentar, sem menosprezar a autonomia privada. 2. O contrato de conta corrente é modalidade absorvida pela prática bancária, que traz praticidade e simplificação contábil, da qual dependem várias outras prestações do banco e mesmo o cumprimento de pagamento de obrigações contratuais diversas para com terceiros, que têm, nessa relação contratual, o meio de sua viabilização. A instituição financeira assume o papel de administradora dos recursos do cliente, registrando lançamentos de créditos e débitos conforme os recursos depositados, sacados ou transferidos de outra conta, pelo próprio correntista ou por terceiros. 3. Como característica do contrato, por questão de praticidade, segurança e pelo desuso, a cada dia mais acentuado, do pagamento de despesas em dinheiro, costumeiramente o consumidor centraliza, na conta corrente, suas despesas pessoais, como, v.g., luz, água, telefone, tv a cabo, cartão de crédito, cheques, boletos variados e demais despesas com débito automático em conta. 4. Consta, na própria petição inicial, que a adesão ao contrato de conta corrente, em que o autor percebe sua remuneração, foi espontânea, e que os descontos das parcelas da prestação – conjuntamente com prestações de outras obrigações firmadas com terceiros têm expressa previsão contratual e ocorrem posteriormente ao recebimento de seus proventos, não caracterizando consignação em folha de pagamento. 5. Não há supedâneo legal e razoabilidade na adoção da mesma limitação, referente a empréstimo para desconto em folha, para a prestação do mútuo firmado com a instituição financeira administradora da conta corrente. Com efeito, no âmbito do direito comparado, não se extrai nenhuma experiência similar – os exemplos das legislações estrangeiras, costumeiramente invocados, buscam, por vezes, com medidas extrajudiciais, solução para o superendividamento ou sobre-endividamento que, isonomicamente, envolvem todos os credores, propiciando, a médio ou longo prazo, a quitação do débito. 6. À míngua de novas disposições legais específicas, há procedimento, já previsto no ordenamento jurídico, para casos de superendividamento ou sobre-endividamento – do qual podem lançar mão os próprios devedores –, que é o da insolvência civil. 7. A solução concebida pelas instâncias ordinárias, em vez de solucionar o superendividamento, opera no sentido oposto, tendo o condão de eternizar a obrigação, visto que leva à amortização negativa do débito, resultando em aumento mês a mês do saldo devedor. Ademais, uma vinculação perene do devedor à obrigação, como a que conduz as decisões das instâncias ordinárias, não se compadece com o sistema do direito obrigacional, que tende

instituições financeiras não poderiam se valer de cálculos exorbitante no valor a ser pago, justamente em prejuízo daqueles que não possuíam condições para satisfazer esse crédito;

b) AREsp 1.386.648:[29] Em outro caso envolvendo militares, decidiu-se que, no bojo de um empréstimo consignado, deveria se obedecer ao limite de 70% de sua remuneração para efeito de descontos, a fim de que consiga manter o mínimo para sua subsistência;

c) REsp 1.358.057:[30] Em julgamento envolvendo o superendividamento de idosos em ação coletiva, o Tribunal considerou não ser razoável inferir que todos os idosos se-

---

a ter termo. 8. O art. 6º, parágrafo 1º, da Lei de Introdução às Normas do Direito Brasileiro confere proteção ao ato jurídico perfeito, e, consoante os arts. 313 e 314 do CC, o credor não pode ser obrigado a receber prestação diversa da que lhe é devida, ainda que mais valiosa. 9. A limitação imposta pela decisão recorrida é de difícil operacionalização, e resultaria, no comércio bancário e nas vendas a prazo, em encarecimento ou até mesmo restrição do crédito, sobretudo para aqueles que não conseguem comprovar a renda. 10. Recurso especial do réu provido, julgado prejudicado o do autor.

29. Administrativo. Civil. Empréstimo consignado. Militar das forças armadas. Medida provisória 2.215-10/2001. Norma específica. Limite de desconto de 70% da remuneração ou proventos, incluídos descontos obrigatórios e autorizados. 1. A jurisprudência desta Corte tem aplicado aos servidores públicos o entendimento de que "os arts. 2º, § 2º, inc. I, da Lei 10.820/2003, e 45, parágrafo único, da Lei 8.112/1990, estabelecem que a soma dos descontos em folha de pagamento referentes às prestações de empréstimos, financiamentos e operações de arrendamento mercantil não poderá exceder 30% da remuneração do servidor" (AgRg no REsp 1.182.699/RS, Rel. Ministro Og Fernandes, Sexta Turma, julgado em 06.08.2013, DJe 02.09.2013). 2. Contudo, no que diz respeito às controvérsias relativas a empréstimos consignados em folha de pagamento dos militares das Forças Armadas, deve ser aplicada a Medida Provisória 2.215-10/2001, que é o diploma específico da matéria. 5. Desse modo, ao contrário do que estabelecem as leis que regulam o tema em relação ao trabalhadores vinculados ao regime da CLT (Lei 10.820/2003) e aos servidores públicos civis (Lei 8.112/90 e Decreto 6.386/2008), a legislação aplicável aos militares não fixou um limite específico para empréstimos consignados em folha de pagamento, mas, antes, limitou-se a estipular que, aplicados os descontos obrigatórios e autorizados, o integrante das Forças Armadas não poderá perceber quantia inferior a trinta por cento da sua remuneração ou proventos. 6. Assim, o limite dos descontos em folha do militar das Forças Armadas corresponde ao máximo 70% (setenta por cento) de sua remuneração, aí incluídos os descontos obrigatórios (artigo 15 da Medida Provisória 2.215-10/2001) e os descontos autorizados (definidos, pelo artigo 16 da mesma MP, como aqueles efetuados em favor de entidades consignatárias ou de terceiros, conforme regulamentação de cada força). 7. Em suma, a parcela da remuneração disponível para empréstimos consignados será aferida, em cada caso, após o abatimento dos descontos considerados obrigatórios, de modo que o militar das Forças Armadas não perceba quantia inferior a trinta por cento da sua remuneração ou proventos. 8. Conclui-se, portanto, que, em relação aos descontos facultativos em folha de pagamento dos militares das Forças Armadas, deve ser observada a regra específica prevista no artigo 14, § 3º, da Medida Provisória 2.215-10/2001. 9. Agravo interno não provido.

30. Recurso especial. direito civil e processual civil. Irresignação submetida ao CPC/73. Ação civil pública. Contratação de cartão de crédito por aposentados e pensionistas. Alegação de que a sistemática contratual favorece o superendividamento. Tratamento discriminatório dispensado aos idosos. Recurso especial provido. 1. Inaplicabilidade do NCPC ao caso conforme o Enunciado 2 aprovado pelo Plenário do STJ na Sessão de 09.03.2016: Aos recursos interpostos com fundamento no CPC/1973 (relativos a decisões publicadas até 17 de março de 2016) devem ser exigidos os requisitos de admissibilidade na forma nele prevista, com as interpretações dadas até então pela jurisprudência do Superior Tribunal de Justiça. 2. Discute-se, no caso, a validade do contrato de Cartão de Crédito Sênior ofertado pelo UNICARD, com financiamento automático do UNIBANCO, no caso de não pagamento integral da fatura. 3. Não há negativa de prestação jurisdicional se o Tribunal de origem decidiu a matéria controvertida de forma fundamentada, enfrentando os argumentos capazes de, em tese, infirmar a conclusão adotada na sentença recorrida. 4. Na linha dos precedentes desta Corte, o princípio processual da instrumentalidade das formas, sintetizado pelo brocardo 'pas de nullité sans grief' e positivado nos arts. 249 e 250 do CPC/73 (arts. 282 e 283 do NCPC), impede a anulação de atos inquinados de invalidade quando deles não tenham decorrido prejuízos concretos. No caso, o Tribunal de origem afirmou que a falta de remessa dos autos ao Revisor não implicou prejuízo para a parte, porque o projeto de voto foi previamente remetido para todos os desembargadores que participaram do julgamento. 5. O agravo retido manejado com o objetivo de majorar a multa fixada para a hipótese de descumprimento da tutela antecipada não poderia ter sido conheci-

riam incapazes a ponto de não terem consciência de como gerir seus passivos financeiros, de modo que a não ser possível vislumbrar a situação de todos de maneira uniforme, devendo ser analisadas individualmente;

d) REsp 1.783.731:[31] Em caso envolvendo a limitação de idade de 80 anos para contratação de empréstimos consignados perante a Caixa Econômica Federal, enten-

---

do, porque referida decisão interlocutória jamais chegou a vigorar, tendo em vista a liminar expedida por esta Corte Superior no julgamento da MC 14.142/PR e a subsequente prolação de sentença de mérito, julgando improcedente o pedido. 6. A demanda coletiva proposta visou resguardar interesses individuais homogêneos de toda uma categoria de consumidores idosos, e não apenas os interesses pessoais de um único contratante do Cartão Sênior. Impossível sustentar, assim, que o pedido formulado era incompatível com a via judicial eleita ou que o Ministério Público não tinha legitimidade ativa para a causa. 7. A Corte de origem concluiu que a sistemática de funcionamento do Cartão Sênior causava dúvidas ao cliente e favorecia o superendividamento, porque pressupôs que os idosos, sendo uma categoria hipervulnerável de consumidores, teriam capacidade cognitiva e discernimento menores do que a população em geral. Nesses termos, a pretexto de realizar os fins protetivos colimados pela Lei 10.741/2003 (Estatuto do Idoso) e, também, pela Lei 8.078/1990 (CDC), acabou por dispensar tratamento discriminatório indevido a essa parcela útil e produtiva da população. 8. Idoso não é sinônimo de tolo. 9. Ainda cumpre destacar que a sistemática de funcionamento do Cartão Sênior de certa forma foi adotada como regra geral pela Resolução BACEN 4.549, de 26/1/2017, não sendo possível falar, assim, em prática comercial abusiva. 10. Alegada abusividade da taxa de juros não demonstrada. 11. Na linha dos precedentes desta Corte, o Ministério Público não faz jus ao recebimento de honorários advocatícios sucumbenciais quando vencedor na ação civil pública por ele proposta. Não se justificando, de igual maneira, conceder referidos honorários para outra instituição. 12. Recurso especial provido.

31. Recurso especial. Ação civil pública. Negativa de prestação jurisdicional. Rejeitada. Compreensão da pessoa idosa como realidade biológica e cultural. Operações financeiras. Racionalidade técnico-funcional. Limites. Controle normativo de razoabilidade eticamente densificada. Avaliação das razões que justificam o tratamento diferenciado. Superendividamento. Limite de operações por cliente. Alternativas financeiras além do empréstimo consignado. Conduta abusiva do banco. Não configurada. Riscos compreendidos. Justificação razoável da limitação contratual. 1. Ação ajuizada em 30.06.2016. Recurso especial interposto em 16.08.2018 e concluso ao gabinete em 12.12.2018. 2. O propósito recursal consiste em dizer da negativa de prestação jurisdicional pelo Tribunal de origem e se existe discriminação abusiva de idosos na restrição ao empréstimo consignado em instituição financeira quando a soma da idade do cliente com o prazo do contrato for maior que 80 anos. 3. A linha de raciocínio do Tribunal de origem não contém vício de julgamento nem representa negativa de prestação jurisdicional, pois apenas importa conteúdo contrário aos interesses da parte recorrente, insuficiente a caracterizar qualquer hipótese do art. 1.022, II, do CPC, tampouco violação do art. 489, § 1º, VI, do CPC. 4. A partir da reflexão sobre o valor humano no tratamento jurídico dos conflitos surgidos na sociedade diante do natural e permanente envelhecimento da população, torna-se imprescindível avaliar também sobre a racionalidade econômica e suas intencionalidades de eficiência pragmática na organização da comunidade, por vezes, confundida com a ética utilitarista de "garantir a cada um o máximo possível". 5. Indispensável compreender a velhice em sua totalidade, como fato biológico e cultural, absorvendo a preocupação assinalada em âmbito internacional (v.g. Plano de Ação Internacional sobre o Envelhecimento, fruto da Assembleia Mundial sobre o Envelhecimento, da Organização das Nações Unidas) e nacional (sobretudo o Estatuto do Idoso) de respeito e valorização da pessoa idosa. 6. A adoção de critério etário para distinguir o tratamento da população em geral é válida quando adequadamente justificada e fundamentada no Ordenamento Jurídico, sempre atentando-se para a sua razoabilidade diante dos princípios da igualdade e da dignidade da pessoa humana. 7. O próprio Código Civil se utiliza de critério positivo de discriminação ao instituir, por exemplo, que é obrigatório o regime da separação de bens no casamento da pessoa maior de 70 anos (art. 1.641, II). 8. A instituição financeira declinou as razões acerca da realidade de superendividamento da população idosa, da facilidade de acesso ao empréstimo consignado e o caráter irrevogável da operação, ao mesmo tempo em que registrou disponibilizar outras opções de acesso ao crédito em conformidade aos riscos assumidos na sua atividade no mercado financeiro. 9. O critério de vedação ao crédito consignado – a soma da idade do cliente com o prazo do contrato não pode ser maior que 80 anos – não representa discriminação negativa que coloque em desvantagem exagerada a população idosa que pode se socorrer de outras modalidades de acesso ao crédito bancário. 10. Recurso especial conhecido e não provido.

CONSUMIDOR SUPERENDIVIDADO À LUZ DO PRINCÍPIO DA FRATERNIDADE **129**

deu-se ser razoável tal restrição etária, não por desrespeito à pessoa humana, mas pela fundamentação nas situações de limitação de crédito perante o mercado em geral;

e) REsp 1.726.270:[32] Ao julgar o chamado "cadastro de passagem", pelo qual os comerciantes criavam um banco de dados com informações superficiais sobre o histórico de créditos de consumidores, notadamente aqueles superendividados, foi considerado se tratar de indevida manipulação dos dados dos consumidores, discriminando-os do mercado e restringindo sua atividade econômica, razão pela qual tais bancos de dados deveriam obedecer ao dever de transparência na informação fixado no art. 43 do Código de Defesa do Consumidor.

É, assim, responsável por um legado imenso na proteção e tutela do consumidor, expressando o ideal da fraternidade, podendo ser destacados diversos avanços, assim

---

32. Recurso especial. Direito do consumidor. Direito processual civil. Violação do art. 535 do CPC/1973. Não ocorrência. Ação civil pública. Cadastro de passagem. Licitude. Comunicação prévia do consumidor. Imprescindibilidade. Art. 43, § 2º do CDC. Ausência de comunicação. Responsabilidade da mantenedora do cadastro. Dano moral coletivo. Não configuração. 1. Ação civil pública questionando a legalidade, à luz das normas protetivas do Código de Defesa do Consumidor, tanto da manutenção do chamado "cadastro de passagem" ou "cadastro de consultas anteriores" quanto da utilização das informações neles inseridas como justificativa para a restrição de crédito solicitado por consumidores. 2. Acórdão recorrido que, confirmando a sentença primeva, julgou improcedente o pedido inicial. 3. O "cadastro de passagem" ou "cadastro de consultas anteriores" é um banco de dados de consumo no qual os comerciantes registram consultas feitas a respeito do histórico de crédito de consumidores que com eles tenham realizado tratativas ou solicitado informações gerais sobre condições de financiamento ou crediário. 4. A despeito de ser lícita a manutenção do cadastro de passagem, que é banco de dados de natureza neutra, ela está subordinada, como ocorre com todo e qualquer banco de dados ou cadastro de consumo, às exigências previstas no art. 43 do CDC. 5. A disponibilização das informações constantes de tal banco de dados – que ali foram inseridas sem prévia solicitação das pessoas a elas relacionadas – só é permitida, a teor do que expressamente dispõe o § 2º do art. 43 do CDC, após ser comunicado por escrito o consumidor de sua respectiva inclusão cadastral. 6. No caso, restou evidenciada a ausência de comunicação prévia dos consumidores que tiveram seus dados inseridos no cadastro de passagem objeto da controvérsia. Tal prática, e não o cadastro de passagem em si, é que se revela ilegal, mesmo porque, sem ter ciência da própria existência de registros em seu nome, fica o consumidor indiretamente impedido de solicitar "acesso às informações existentes em cadastros, fichas, registros e dados pessoais e de consumo arquivados sobre ele" (art. 43, *caput*, do CDC) e de, consequentemente, exigir a imediata correção de eventual inexatidão, prerrogativa que lhe é expressamente assegurada pelo § 3º do próprio art. 43 do CDC. 7. A responsabilidade de adequar-se ao comando inserto no art. 43, § 2º, do CDC é exclusiva da mantenedora do banco de dados ora questionado. É sobre ela, por isso, que devem recair tanto a obrigação de abstenção da prática aqui reconhecida como ilícita quanto a obrigação de reparar e compensar eventuais prejuízos de ordem material e moral que, comprovadamente, tenham sido suportados por consumidores em virtude de injusta negativa de concessão de crédito fundada única e exclusivamente nas anotações constantes do chamado "cadastro de passagem". 8. O dano moral coletivo, compreendido como o resultado de uma lesão à esfera extrapatrimonial de determinada comunidade, se dá quando a conduta agride, de modo totalmente injusto e intolerável, o ordenamento jurídico e os valores éticos fundamentais da sociedade em si considerada, a provocar repulsa e indignação na consciência coletiva (arts. 1º da Lei 7.347/1985, 6º, VI, do CDC e 944 do CC, bem como enunciado 456 da V Jornada de Direito Civil). 9. Não basta a mera infringência à lei ou ao contrato para a caracterização do dano moral coletivo. É essencial que o ato antijurídico praticado atinja alto grau de reprovabilidade e transborde os lindes do individualismo, afetando, por sua gravidade e repercussão, o círculo primordial de valores sociais. Com efeito, para não haver o seu desvirtuamento, a banalização deve ser evitada. 10. Na hipótese, o simples fato de a mantenedora do "cadastro de passagem" não ter se desincumbido do ônus de providenciar a comunicação prévia do consumidor que teve seus dados ali incluídos, ainda que tenha representado ofensa ao comando legal do § 2º do art. 43 do CDC, passou ao largo de produzir sofrimentos, intranquilidade social ou alterações relevantes na ordem extrapatrimonial coletiva, descaracterizando, assim, o dano moral coletivo. 11. Recurso especial parcialmente provido.

considerados como verdadeiros paradigmas, que foram cristalizados com o advento da Lei 14.181/2021:[33]

1) Educação financeira e ambiental do dos consumidores: A partir da previsão do art. 4º, IX, da nova Lei, que estimula "ações direcionadas à educação financeira e ambiental dos consumidores", é perceptível a preocupação com o uso consciente do crédito e o consumo sustentável;

2) Combate à exclusão social: partindo do pressuposto que o consumo é uma forma de inclusão na sociedade, a iniciativa de restituir as famílias endividadas ao corpo social é uma demonstração de proteção da sua dignidade;

3) Prevenção do superendividamento: A inclusão do primado do crédito responsável no CDC, que ganhou um capítulo específico para tratar sobre o tema (arts. 54-A a 54-G), reforça a ideia de transparência nas relações consumeristas, evitando que o consumidor se possa exercer sua atividade econômica com informações seguras, impedindo, portanto, que seja alvo de abusos/fraudes que ensejem, justamente, no superendividamento;

4) Tratamento (extrajudicial e judicial) do superendividamento: A nova Lei estimula a realização da tutela estatal tanto pelos meios judiciais, como, especialmente, pelos extrajudiciais, por meio de um processo de repactuação de dívidas, disposto entre os arts. 104-A e 104-C, prevendo uma "audiência global de conciliação" (art. 104-C, § 1º), para que que se chegue a um acordo sobre um plano de pagamento a ser implementado nos CEJUSCs, ou mesmo nos órgãos de defesa de consumidor, como os PROCONs e outros. Posteriormente, na via judicial, prevê a revisão e a integração dos contratos e, também, a aferição de valores inclusos no plano de pagamento;

5) Proteção especial do consumidor pessoa natural: com a finalidade de dar cumprimento ao mandamento constitucional de igualdade, existência digna e de justiça social, a nova Lei inclui a necessidade de "prevenção e tratamento do superendividamento do consumidor pessoa natural, como forma de evitar a exclusão social deste consumidor", em seu art. 4º, X, novidade no CDC;

6) Crédito responsável e reforço da informação: com a já aludida inclusão do crédito responsável (art. 4º, inc. X, 6º, inc. XI, e 54-D do CDC), buscou-se ampliar a tutela da vulnerabilidade do consumidor, reforçando a previsibilidade nas publicidades/compras e acesso a informações transparentes, assegurando que possa tomar suas decisões de forma esclarecida, e com base na boa-fé e a ciência do cumprimento de suas expectativas legítimas;

7) Preservação do mínimo existencial: com inspiração do primado constitucional do mínimo existencial, a Lei busca garantir ao consumidor vulnerável superendividado, que possa ter uma existência digna por meio da repactuação de dívidas, assim como na concessão de crédito analisado abaixo;

---

33. Cf. Cartilha sobre o tratamento do superendividamento do consumidor. CNJ, 2022.

8) Repactuação de dívidas: o art. 6, XI, disciplina justamente a repactuação aludida acima, através de planos de pagamento, cooperação global e consensual, prevenindo, assim, a entrada do consumidor nas situações de insolvência;

9) Revisão (e integração) dos contratos de crédito e venda a prazo por superendividamento: Os incs. XI e XII, "d", além do art. 104-C, incluídos no CDC pela nova Lei, tratam da chamada "exceção da ruína", demonstrada na obrigatoriedade de cooperação com o consumidor superendividado, ensejando, especificamente na fase judicial, a "revisão, integração e repactuação das dívidas remanescentes", considerando a diretriz da concessão do crédito responsável;

10) Fixação de sanções para a quebra da boa-fé: o estabelecimento da necessidade de comportamento de acordo com a boa-fé na concessão de crédito ao superendividado demonstra a busca pela efetiva obediência aos deveres anexos, assim como pelo cumprimento com qualidade do serviço ao consumidor, revendo sanções no processo judicial de revisão e integração dos contratos (art. 54-D, parágrafo único, e art. 104-B, ambos do CDC).

Trata-se, portanto, de notável avanço na proteção do consumidor no Brasil, contribuindo fortemente para o seu desenvolvimento econômico e social.

5. CONCLUSÕES

O exposto permite concluir que o princípio fraternidade não se resume ao ideal considerado em nosso ordenamento apenas no plano axiológico, mas, sim, como um molde para todo o nosso sistema jurídico, no sentido de promover a responsabilidade recíproca entre os membros do corpo social, transformando-o em um meio mais justo e solidário.

Outrossim, também se conclui que o princípio da fraternidade deve ser adotado como premissa de atuação, não só no Poder Legislativo, na elaboração de normas, mas, também, pelo Poder Judiciário, já na condição de um parâmetro de interpretação, sendo algo reforçado pelos diversos julgados expostos e comentados ao longo do presente trabalho.

No contexto específico da defesa do consumidor, ainda observamos que sua roupagem jurídica não pode ser restrita à uma relação entre dois polos considerados como equivalentes, deve, porém, ser vislumbrada a partir da situação da hipossuficiência do consumidor, o que demanda a interpretação destes casos à luz, também, do princípio da fraternidade.

Nessa circunstância, não pode ser ignorado o problema do superendividamento como um fenômeno social, decorrente da marginalização daqueles que sofrem de condições menos privilegiadas, o que enseja em um estado de completo descalabro, ocasionado por falhas de mercado.

Assim, é que a Lei 14.181/2021 pode ser considerada como uma expressão do princípio da fraternidade nessa tutela do consumidor hipossuficiente, na medida em que lhe confere meios de se recuperar de sua situação de instabilidade social e econômica, e permitindo que possa viver com dignidade.

REFERÊNCIAS

BAGGIO, Antonio Maria. *O Princípio Esquecido*. São Paulo: Cidade Nova, 2008. v. 1.

BAGGIO, Antonio Maria. *Fraternidade, democracia e Direito na Crise Existencial do Estado*. III Congresso Nacional de Comunhão e Direito. Cauraru: CeD, 2016.

BAGGIO, Antonio Maria. The Forgotten Principle: Fraternity in its Public Dimension. Claritas – *Journal of Dialogue and Culture*, West Lafayette-EUA, v. 2, n. 2, p. 35-58, 2013.

BRITO, Edvaldo Pereira de. *O Conceito Tributo*. Tese (Doutorado) – Universidade de São Paulo, São Paulo, 1997.

BRITTO, Carlos Ayres. *Teoria da Constituição*. Rio de Janeiro: Forense, 2006.

CONSELHO NACIONAL DE JUSTIÇA. *Cartilha Sobre o Tratamento do Superendividamento do Consumidor*. Brasília: CNJ, 2022.

JABORANDY, Clara Cardoso Machado. *A Fraternidade no Direito Constitucional Brasileiro*: Um Instrumento Para Proteção de Direitos Fundamentais Transindividuais. Tese (Doutorado) – Universidade Federal da Bahia, Salvador, 2016.

LIMA, Clarissa Costa de; BERTONCELLO, Karen Rick Danievicz. *Superendividamento Aplicado*: Aspectos Doutrinários e Experiência no Poder Judiciário. Rio de Janeiro: GZ Ed., 2012.

LUBICH, Chiara. *Mensagem ao I Congresso Nacional Sobre o Tema "Direito e Fraternidade*. (Mariápolis Ginetta 25 a 27 jan. de 2008) Disponível em: http://groups.google.com/group/comunhao-e-direito/files?hl=pt- BR. Acesso em: 8 dez. 2008.

MACHADO, Carlos Augusto Alcântara. *A Garantia Constitucional da Fraternidade: constitucionalismo fraternal*. 272 f. Tese (Doutorado) – Pontifícia Universidade Católica de São Paulo, São Paulo, 2014.

MACHADO, Carlos Augusto Alcântara. A fraternidade e o direito constitucional brasileiro: Anotações sobre a incidência e a aplicabilidade do princípio/valor fraternidade no direito constitucional brasileiro a partir da sua referência no preâmbulo da Constituição Federal de 1988. In: PIERRE, Luiz Antonio de Araújo et al (Org.). *Fraternidade como categoria jurídica*. Vargem Grande Paulista, SP: Editora Cidade Nova, 2013.

MARQUES, Claudia Lima. Sugestões para uma Lei sobre o tratamento do superendividamento de pessoas físicas em contratos de crédito ao consumo: proposições com base em pesquisa empírica de 100 casos no Rio Grande do Sul. In: MARQUES, Claudia Luma; CAVALLAZZI, Rosângela Lunardelli (Coord.). *Direitos do consumidor endividado*: superendividamento e crédito. São Paulo: Ed. RT, 2006.

NALINI, José Renato. Ética E Humanismo Na Carta Cidadã. In: SOUZA, C. A. M. & CAVALCANTI, T. N. *Princípios Humanistas Constitucionais*: Reflexões sobre o humanismo do século XXI. São Paulo: Letras Jurídicas – Cidade Nova, 2010.

NUNES, António José Avelãs. *A Revolução Francesa: as origens do capitalismo*: a nova ordem jurídica burguesa. Belo Horizonte: Fórum, 2017.

SAYEG, Ricardo Hasson & BALERA, W. *O capitalismo humanista*: Filosofia humanista de Direito Econômico. POD. Petrópolis: KBR, 2011.

A COMPETÊNCIA JURISDICIONAL NO PROCESSO DE SUPERENDIVIDAMENTO À LUZ DA LEI 14.181/2021

João Otávio de Noronha

Ministro do Superior Tribunal de Justiça.

Lisandre Borges Fortes da Costa Figueira

Juíza de Direito do Tribunal de Justiça de Minas Gerais.

> "– Como foi que faliu? – perguntou Bill.
> – De duas maneiras – disse Mike.
> – Primeiro, gradualmente, e depois de súbito."
> Ernest Hemingway em "O sol também se levanta".

Sumário: 1. Considerações iniciais – 2. Reabilitação da pessoa física superendividada – 3. Da fixação do juízo universal para tratamento do superendividamento – 4. Créditos titularizados por ente federal e competência do juízo no processo de superendividamento – 5. Conclusão – Referências.

1. CONSIDERAÇÕES INICIAIS

"Não, não dá pé. Ele já se sente cansado, mas compreende que ainda precisa nadar um pouco. Dá cinco ou seis braçadas, e tem a impressão de que não saiu do lugar. Pior: Parece que está sendo arrastado para fora. Continua a dar braçadas, mas está exausto [...]" (Braga, 2020, p. 39).

Assim inicia Rubem Braga o conto "O Afogado", em que narra o diálogo interno de um sujeito que luta para sair do mar, enquanto avista a margem de areia, não muito distante de onde se encontra.

Embora exausto, com a força dos músculos esgotada, a respiração curta e opressa, meio sem querer, o "quase afogado" solta um grito de desespero, seguido de enorme vergonha por receio de que os banhistas na praia o tenham ouvido. Apesar da situação desesperadora, não quer demonstrar a perda da dignidade. Precisa mostrar aos outros – que, na realidade, estão totalmente alheios à sua situação – ter condições de salvar-se.

A agonia do "quase afogado" de Rubem Braga pode ser tomada como metáfora do sujeito "afundado" em dívidas que tenta, de todas as formas, evitar a própria morte civil e vencer a maré de cobranças.

A literatura é rica em personagens que precisam tomar decisões, por vezes, moralmente duvidosas para livrar-se da avalanche de débitos.

Naziazeno, protagonista de "Os Ratos", de Dyonélio Machado, representa um desses "afogados" em dívidas.

Logo pela manhã, na porta de casa, acabou de ser insultado pelo leiteiro na frente da esposa e dos vizinhos. A ameaça de interrupção do fornecimento de leite, principal alimento da família, o faz perambular por Porto Alegre em busca de uns trocados para pagar o leiteiro. Ao passar pela sapataria e pelo consultório médico, com os quais também está em débito, relembra das humilhantes ameaças dos credores e da indignidade de não ter o mínimo para sustentar a família (MACHADO, 2022).

A obra de Dyonélio Machado retrata, com perfeição, o drama psicológico enfrentado pela pessoa superendividada, o estigma decorrente do inadimplemento sistêmico e o problema da exclusão social.

Obras clássicas como "O Mercador de Veneza", de Shakespeare, e "História da grandeza e da decadência de César Birotteau", de Honoré de Balzac, entre outras, também têm como tema central o drama de personagens falidos ou à beira da bancarrota.

No passado, diante de uma crise de adimplemento, na ausência de bens suficientes para pagamento, ao inadimplente era imposta a prisão civil, como bem retratado na pintura de William Hogarth. Contudo, após a Revolução Francesa, a solução patrimonial passou a predominar no campo obrigacional.

A romancista Margaret Atwood, na obra "*Payback*: A dívida e o lado sombrio da riqueza", reflete sobre a noção de dívida desde a antiguidade e sobre suas implicações sociais e familiares decorrentes, seja pelo insucesso de um investimento financeiro, seja pelo consumismo irrefreado.

"Toda dívida", afirma Atwood, "implica um enredo". "Como caímos na dívida, o que fizemos, dissemos e pensamos enquanto estávamos endividados. [...] As metáforas ocultas são reveladoras: 'cair' na dívida, como numa prisão, num atoleiro, num poço, ou talvez numa cama; 'sair' dela, como quem emerge, vindo de dentro de um buraco" (Atwood, 2022, p. 78).

Fazendo alusão a um naufrágio ou afogamento – o que nos remete novamente ao conto de Rubem Braga –, ela lembra que, "quando somos 'tragados' pela dívida, a imagem possivelmente é a de um navio indo a pique, com o mar e as ondas a nos cobrir inexoravelmente enquanto nos debatemos e vamos sendo asfixiados" (Atwood, 2022, p. 78).

Além de um enredo, toda dívida implica, obviamente, dois lados: o do credor e o do devedor. E a balança varia, de tempos em tempos, colocando a culpa pelo endividamento extremo ora na ganância das instituições de crédito, das empresas de publicidade e dos fornecedores de bens e serviços, ora na prodigalidade e descontrole comportamental do consumidor.

Se, de um lado, consumir e tomar crédito são fundamentais para manter o sistema econômico saudável, de outro, quando a balança se desequilibra, instalando-se a crise de inadimplemento, a dívida do consumidor passa a ser vista socialmente como uma espécie de "pecado", como analisa Atwood:

> Há inclusive, programas de TV sobre dívida, dívida, que têm como que uma aura familiar de *revival* religioso. Há relatos de orgias consumistas durante as quais você não sabe o que se passou e tudo estava meio enevoado, com confissões lacrimosas dos que se acabaram em tremedeiras insones de endividamento desesperador, tendo que recorrer, como resultado, a mentiras, trapaças, roubo e emissão de cheques sem fundos. Há testemunhos de famílias e entes queridos cujas vidas foram destruídas pelo comportamento irresponsável do devedor. Há reprimendas compreensivas mas duras por parte do apresentador da televisão, que funciona como uma espécie de padre ou conselheiro. Há um momento de visão da luz, seguido de arrependimento e juras de nunca mais voltar a fazer isso. Há uma penitência imposta — *snip, snip*, a tesoura cortando o cartão de crédito —, seguida por um regime rígido de controle de gastos; finalmente, se tudo sair bem, as dívidas são quitadas, os pecados esquecidos, a absolvição é assegurada e raia um novo dia em que você, um homem mais triste porém solvente, desperta para o amanhã. (Atwood, 2022, p. 41-42.)

Na "sociedade de hiperconsumo", expressão cunhada por Gilles Lipovetsky, a economia não é definida apenas pela lógica financeira, sendo inseparável a expansão da chamada "economia do comprador", na qual "o consumidor se impõe como o senhor do tempo", evidenciando uma profunda revolução comportamental e do imaginário de consumo (2007, p. 13).

Para Lipovetsky, "um *Homo consumericus* de terceiro tipo vem à luz, uma espécie de turbo-consumidor desajustado, instável e flexível, amplamente liberto das antigas culturas de classe, imprevisível em seus gostos e suas compras", que passa a ser um tipo de "hiperconsumidor à espreita de experiências emocionais e de maior bem-estar, de qualidade de vida e de saúde, de marcas e de autenticidade, de imediatismo e de comunicação" (2007, p. 14).

Tais características demonstraram o paradoxo do hiperconsumidor. Se, por um lado, esse sujeito se afirma bem informado, livre, com um leque de escolhas, podendo consultar "comparadores de custo e aproveitar produtos de baixo custo", por outro, "os modos e vida, os prazeres e os gostos mostram-se cada vez mais sob a dependência do sistema mercantil" (Lipovetsky, 2007, p. 15).

A abrangente oferta de crédito, somada à lógica hiperconsumista disfuncional e às sucessivas crises econômicas mundiais, acabou por incrementar significativamente o endividamento das pessoas naturais, podendo-se falar em "cultura do endividamento". Conforme enfatiza Claudia Lima Marques, a economia de mercado é, por natureza, uma "economia do endividamento", tendo o consumo e o crédito como duas faces de uma moeda (Marques & Cavallazzi, 2006, p. 256).

A propósito, a Confederação Nacional do Comércio (CNC) sinalizou que, em 2022, o percentual de famílias endividadas no Brasil chegou a 78%, quadro seriamente agravado após a pandemia de Covid-19, em especial em relação às pessoas hipervulneráveis, como, por exemplo, os idosos.

Exigia-se, com urgência, a edição de um sistema de prevenção e solução do problema do superendividamento dos consumidores.

2. REABILITAÇÃO DA PESSOA FÍSICA SUPERENDIVIDADA

Mesmo após o Código de Processo Civil de 2015, segundo o art. 1.052, a crise patrimonial da pessoa física continuou a ser tratada apenas pelo procedimento da insolvência, previsto no Código de Processo Civil de 1973, nos arts. 748 a 786-A, instituto jurídico severamente criticado pela doutrina.

A propósito, lembra Daniel Bucar Cervasio:

> É neste quadro que (supostamente) vigora a disciplina da insolvência civil. Seu completo desajuste com a atual função do patrimônio titularizado pela pessoa humana apenas reforça o repúdio à normativa vigente. Abandonado pela doutrina, rejeitado por devedores e evitado pelos credores, o concurso universal da pessoa humana não empresária se tornou um engodo legislativo, desprovido de qualquer funcionalidade. Trata-se de lamentável fato na história da relevante disciplina de responsabilidade patrimonial no direito brasileiro. (Cervasio, 2017, p. 29.)

As soluções legislativas até então adotadas, definitivamente, não eram adequadas para prevenção do superendividamento dos consumidores.

O crescente desequilíbrio da balança crédito-débito exigia a instituição de novo mecanismo para equacionamento da crise de inadimplemento dos consumidores, sobretudo em razão dos severos impactos do aumento do desemprego e da perda de renda das famílias integrantes das classes C e D após a pandemia de Covid-19.

É nesse contexto socioeconômico que foi editada a Lei do Superendividamento (Lei 14.181/2021), tendo por norte os princípios da dignidade da pessoa humana, da boa-fé objetiva e da função social dos contratos.

Ao acrescentar os incisos VI e VII ao art. 5º do Código de Defesa do Consumidor, a nova lei passa a dispor sobre novos instrumentos para prevenção e tratamento extrajudicial e judicial do superendividamento e proteção do consumidor pessoa natural, bem como sobre a instituição de núcleos de conciliação e mediação de conflitos oriundos de superendividamento.

Nos termos do § 1º do art. 54-A do Código de Defesa do Consumidor, "entende-se como superendividamento a impossibilidade manifesta de o consumidor pessoa natural, de boa-fé, pagar a totalidade de suas dívidas de consumo, exigíveis e vincendas, sem comprometer seu mínimo existencial".

O superendividamento pode ser ativo ou passivo. Será considerado ativo quando decorrente do abuso de crédito pelo consumidor ou da má administração das despesas familiares. Já o passivo pode advir dos acidentes da vida, das situações críticas que levam ao desequilíbrio financeiro, como a morte do provedor familiar, divórcio, desemprego etc.

Independentemente da causa, se ativa ou passiva, o resultado é o mesmo: dificuldade ou impossibilidade de pagamento da integralidade das dívidas atuais e futuras pela pessoa natural sem prejuízo do sustento próprio ou familiar.

O elemento finalístico dos procedimentos para tratamento judicial do superendividamento é preservar o mínimo existencial e a dignidade do consumidor e de seus familiares.

O procedimento previsto nos arts. 104-A, 104-B e 104-C do Código de Defesa do Consumidor adota o chamado "modelo da reeducação", em que, por meio do comprometimento da renda, o consumidor submete-se a um plano de pagamento.

A repactuação das dívidas traz benefícios tanto para o devedor quanto para o mercado. Traz inequívoco alívio emocional, reduzindo distúrbios de sono, transtornos de ansiedade e depressão. Ao lado disso, incentiva os credores à concessão de crédito responsável, em especial, para a população mais vulnerável, como a idosa ou a de baixa instrução (Lima e Vial, 2022, p. RB-7.2).

A nova legislação distanciou-se do tratamento adotado na insolvência e na falência empresarial, nas quais prepondera a solução patrimonial, com a liquidação do patrimônio do consumidor para satisfação dos credores e, consequente, inabilitação do devedor para o retorno ao mercado. Também não há previsão de perdão de dívidas.

"A ideia central do procedimento de superendividamento", acentua Clarissa Costa de Lima, "é reabilitar economicamente o consumidor, encorajando-o a tornar-se produtivo, a participar do mercado de consumo, contraindo novos créditos, desde que adequados a sua capacidade de reembolso" (2014, p. 137).

Assim, para alcançar o escopo de reabilitação econômica do consumidor, a partir da Lei 14.181/2021, deve-se ter um panorama global da crise de inadimplemento enfrentada pelo consumidor, o que vai além da visão fragmentária ou atomista das obrigações vencidas e não pagas.

A democratização do crédito e o aumento da inadimplência, a longo prazo, acarretaram uma avalanche de demandas revisionais de contratos em que, muitas vezes, a pretensão do devedor é, primordialmente, renegociar a dívida.

Afogado em dívidas, a estratégia do consumidor era distribuir uma ação revisional para cada contrato, as quais eram successivamente pulverizadas em diversos juízos, dificultando a análise e o tratamento sistêmico do problema.

Ademais, a visão fragmentada das ações dificultava a adoção de uma solução coletiva que permitisse ao consumidor propor aos credores um plano de pagamento que atendesse aos interesses destes, sem prejuízo da preservação do mínimo para sua subsistência.

Mesmo antes da edição da Lei 14.181/2021, o Superior Tribunal de Justiça já enunciava a imprescindibilidade de preservação do mínimo existencial na hipótese de demanda de renegociação de dívidas, em consonância com o princípio da dignidade da pessoa humana (REsp 1.584.501/SP, relator Ministro Paulo de Tarso Sanseverino, Terceira Turma, julgado em 06.10.2016, DJe de 13.10.2016).

Claudia Lima Marques (2022, p. RB-2.1) ainda enfatiza que o superendividamento é mais que uma falência do consumidor, é a morte civil do *homo economicus*, a exigir uma atuação coletiva para evitar sua exclusão social (art. 4º, X, do Código de Defesa do Consumidor). Ao mesmo tempo, retomando a expressão de Gilles Lipovetsky, representa também a aniquilação do *homo consumericus*, numa economia em que ter crédito é fundamental principalmente para aquisição de produtos básicos, essenciais à subsistência das famílias.

A inadimplência sistêmica é, sem dúvida, um problema social que não afeta apenas o consumidor individualmente, mas sobretudo a dignidade do núcleo familiar e a sociedade de forma mais ampla.

Nesse contexto, as alterações trazidas pela Lei 14.181/2021 vêm em boa hora e reforçam o microssistema de proteção ao consumidor em situação de vulnerabilidade fática e jurídica, passando a disciplinar o tratamento judicial do superendividamento por meio de um sistema binário previsto nos arts. 104-A a 104-C do Código de Defesa do Consumidor.

3. DA FIXAÇÃO DO JUÍZO UNIVERSAL PARA TRATAMENTO DO SUPERENDIVIDAMENTO

Em muitos casos, frustradas as tentativas de renegociação extrajudicial, o reequilíbrio da balança crédito-débito em caso de superendividamento dependerá da intervenção do Poder Judiciário.

Nesse momento, embora o contexto fático evidencie que a balança está a pesar sobre o devedor, o ordenamento jurídico conclama a Justiça não para vindicar exclusivamente os interesses dos credores, mas para reconhecer a vulnerabilidade fático-jurídica do consumidor; para restabelecer o equilíbrio de forças entre as partes, tendo em vista a harmonização das relações de consumo (art. 4º, III, do Código de Defesa do Consumidor); e para possibilitar ao consumidor o retorno ao mercado de consumo.

Nesse ponto, salienta Bruno Miragem (2020, p. RB-1.45) que o equilíbrio da relação entre consumidor e fornecedor é protegido não apenas pela relação contratual mas também pelo equilíbrio processual das partes, garantido pelo papel ativo do juiz na lide.

Conforme previsto na Lei 14.181/2021, o tratamento do superendividamento se dá em duas fases distintas: a) a primeira, conciliatória, que tem por objetivo a renegociação voluntária dos débitos; e b) a segunda, o estabelecimento de um plano judicial compulsório de pagamento.

Mesmo na fase conciliatória, é fundamental que a Justiça veja, de um ponto de vista diferenciado, a situação do consumidor superendividado, examinando os débitos em bloco, globalmente, a permitir a proposição de solução coletiva da crise econômico-financeira.

Nessa etapa, de acordo com o disposto no art. 54-A, § 2º, do Código de Defesa do Consumidor, integrarão a proposta de plano de pagamento as dívidas exigíveis e vincendas decorrentes de contratos de consumo. Estarão excluídos do plano os débitos de natureza fiscal e alimentar; os fixados em ações de indenização cível ou criminal; os que advenham da contratação de produtos ou serviços de luxo de alto valor (art. 54-A, § 3º); os de contratos firmados de má-fé com uso abusivo do crédito; os de contratos de crédito com garantia real, de financiamentos imobiliários e de crédito rural.

É essencial que estejam presentes todos os credores (excetuados os titulares de créditos previstos no § 1º do art. 104-A do Código de Defesa do Consumidor), a possibilitar uma solução comum, com identificação do montante das dívidas e definição de prazos para pagamento. Caso contrário, haverá risco de comprometimento do propósito teleológico da norma, a saber, a garantia de preservação do mínimo existencial e a prevenção da ruína pessoal e familiar do consumidor.

À luz da teoria do patrimônio mínimo, ainda que o procedimento do superendividamento tenha como elemento objetivo apenas as dívidas exigíveis e vincendas oriundas de relações de consumo, importa que aquelas excluídas que comprometem a renda mensal do devedor também sejam consideradas para elaboração da proposta do plano de pagamento.

Na forma do art. 104-B do Código de Defesa do Consumidor, não obtida a conciliação em relação às dívidas remanescentes que não tenham sido objeto de acordo na fase anterior, iniciar-se-á "o processo por superendividamento para revisão e integração dos contratos e repactuação das dívidas remanescentes mediante plano judicial compulsório [...]".

Lembram Clarissa Costa de Lima e Sophia Martini Vial que a inicial da ação por superendividamento deve apontar, obrigatoriamente:

a) os dados socioeconômicos do superendividado, principalmente relativos à renda média mensal individual e familiar com indicação do valor disponível para o pagamento das dívidas;

b) motivo(s) ou causa(s) do superendividamento, a exemplo do desemprego, redução de renda, divórcio, doença, morte;

c) valor das despesas mensais de subsistência que permitam calcular o mínimo existencial, a exemplo dos gastos com luz, água, locação, taxa de condomínio, alimentação, educação, saúde, impostos, telefone/internet;

d) dados relativos aos credores: identificação dos credores, valor das dívidas vencidas e vincendas, forma de pagamento e encargos contratados. (Lima e Vial, 2022, p. RB-7.4.)

Presentes os pressupostos processuais, surge a questão quanto à definição do juízo competente para julgar o procedimento previsto nos arts. 104-A e 104-B do Código de Defesa do Consumidor.

Considerando o princípio da tipicidade das competências, é certo que as regras para sua definição estão delimitadas nas leis, tendo por fundamento as normas constitucionais.

"Competência vem da norma, não se presume", pontua Jorge Miranda, mas "tanto pode ser explícita quanto implícita". Acrescenta o catedrático português:

> Quer dizer tanto pode assentar numa norma que, explicitamente, a declare como assentar em norma cujo sentido somente seja descoberto através de técnicas interpretativas e que surja como consequência de outra norma ou nela esteja contida. Não há diferença entre poderes explícitos e implícitos; há somente diferença de graus de leitura.
>
> A afirmação de poderes implícitos de certo órgão é muitas vezes feita para aumentar a sua influência ou a sua competência em detrimento de outros órgãos. Tal intuito afigura-se, evidentemente, inadmissível.
>
> Os poderes implícitos de um órgão não podem brigar com os poderes – explícitos e implícitos – de quaisquer outros. (Miranda, 2018, p. 502.)

Quanto à competência do juízo para conhecer de ações ajuizadas pelo consumidor e julgá-las, o entendimento firmado pelo Superior Tribunal de Justiça é no sentido de que cabe àquele escolher o local que melhor lhe convier, podendo optar pelo foro de seu domicílio, do domicílio do réu, do local de cumprimento da obrigação (art. 53, III, *a*, do Código de Processo Civil) ou pelo foro de eleição.

Embora a Lei 14.181/2021 não tenha definido explicitamente o juízo competente, a interpretação sistemática e teleológica das normas processuais, conjugadas com os princípios vetores do microssistema do Código de Defesa do Consumidor, permite concluir pela possibilidade de transposição do mesmo entendimento jurisprudencial já assentado em relação às ações revisionais propostas pelo consumidor contra os fornecedores de bens e serviços para a ação de superendividamento.

Portanto, caberá ao consumidor optar pelo foro que melhor lhe aprouver para deduzir a ação de superendividamento, seja no seu domicílio, seja no local em que se concentrar o maior número de obrigações, de modo a facilitar o acesso à Justiça.

Por outro lado, diante da crise de inadimplemento, instalado o concurso de credores, ajuizado o processo de superendividamento no foro escolhido pelo consumidor, deve-se estabelecer o juízo universal para concentração das ações conexas, no qual deverão ser relacionados todos os débitos do consumidor, estabelecendo-se um único plano de pagamento.

Ainda que o processo de superendividamento disciplinado nos arts. 104-A a 104-C não importe em declaração de insolvência, conforme expressamente previsto no § 5º do art. 104-A, há inequívocos pontos de contato com o procedimento de recuperação judicial das empresas previsto na Lei 11.101/2005, dispondo o § 3º do art. 104-B do Código de Defesa do Consumidor inclusive sobre a nomeação de administrador judicial, a quem caberá apresentar o plano global de pagamento.

Considerando que o Código de Defesa do Consumidor é lei de função social cujos princípios máximos são a boa-fé objetiva e o equilíbrio das relações de consumo, a definição do juízo competente para julgamento das ações de superendividamento deve observar o princípio da competência adequada. Ou seja, havendo juízos concorrentes, deverá ser fixada a competência universal daquele que melhor atenda aos interesses do consumidor em situação de vulnerabilidade e que resulte na solução jurisdicional mais eficiente para prevenção da exclusão social do devedor de boa-fé.

Assim, a fixação do juízo universal para julgamento das ações de superendividamento facilitará a atuação do julgador, que terá visão mais ampla do montante dos débitos, bem como da situação pessoal, familiar e patrimonial do devedor, tendo melhores condições de examinar eventuais cláusulas abusivas e compor adequadamente o conflito de interesses.

A universalidade do processo de superendividamento revela-se, sobretudo, sob o aspecto subjetivo, pois devem estar abrangidos todos os credores do consumidor endividado, exceto os titulares dos créditos previstos no art. § 1º do art. 104-A do Código de Defesa do Consumidor, não alcançados pelo princípio da universalidade.

Portanto, não há dúvida quanto à necessidade de fixação de um único juízo para conhecer do processo de superendividamento e julgá-lo, ao qual competirão a revisão e integração dos contratos firmados pelo consumidor endividado e o poder-dever de aferir eventuais ilegalidades nessas negociações.

4. CRÉDITOS TITULARIZADOS POR ENTE FEDERAL E COMPETÊNCIA DO JUÍZO NO PROCESSO DE SUPERENDIVIDAMENTO

Resta examinar a competência do juízo quando um ente federal figurar no polo passivo da ação de superendividamento. Questiona-se: nessas circunstâncias, haveria ou não o deslocamento da competência para a Justiça Federal, nos termos do art. 109, I, da Constituição Federal?

Ao examinar a matéria, Gagliano e Oliveira defendem que o art. 109, I, da Constituição Federal (CF) merece interpretação teleológica, abarcando o procedimento concursal relativo ao superendividamento. Pontuam que, "embora o referido preceito fixe a competência da Justiça Federal quando empresa pública federal for parte, essa regra é excepcionada nas causas de falência. A referência à falência, aí, é constitucional. Não pode, pois, ser tomada no sentido técnico estrito. Abrange, em verdade, todos os procedimentos de natureza concursal" (2021, p. 4).

De fato, observa-se que, assim como a falência, o procedimento de recuperação judicial, disciplinado na Lei 11.101/2005, e os procedimentos de liquidação previstos na Lei 9.656/1998 e na Lei 6.024/1974, por terem natureza concursal, também estão excluídos da competência da Justiça Federal, entendendo-se que são exceções ao art. 109, I, da Constituição Federal.

A propósito, o Supremo Tribunal Federal, no julgamento do Tema 859, pela sistemática de repercussão geral, fixou a tese de que a insolvência civil está entre as exceções do art. 109, I, da Constituição Federal, excluindo-se da competência da Justiça Federal, porquanto "a falência, no contexto do rol de exceções à competência da Justiça Federal de primeira instância, significa tanto a insolvência da pessoa jurídica, quanto a insolvência da pessoa física, considerando que ambas envolvem, em suas respectivas essências, concurso de credores".[1]

Em idêntico norte, o Superior Tribunal de Justiça se posicionou no sentido de que compete à Justiça estadual julgar os processos de insolvência civil e de superendividamento, ainda que seja parte ou interessado ente federal.

No julgamento do Conflito de Competência 194.750/SP, pontuou o Ministro Paulo de Tarso Sanseverino que "as empresas públicas, excepcionalmente, sujeitam-se à competência da Justiça Estadual, justamente em razão do caráter concursal e de pluralidade de partes envolvidas, nos termos previstos pelo artigo 45, I do CPC, que excepciona a competência da Justiça Federal em casos de recuperação judicial, falência, insolvência civil e acidente de trabalho".

Assim, a despeito de o processo por superendividamento não importar em declaração de insolvência, ainda que listados pelo consumidor créditos titularizados por ente federal, considerando a natureza concursal do procedimento, deve haver exceção ao disposto no art. 109, I, da Constituição Federal, fixando-se a competência do juízo estadual ou distrital.

5. CONCLUSÃO

A superação da grave crise de inadimplemento enfrentada pelos consumidores de boa-fé à beira do "naufrágio" financeiro exige a adoção urgente de mecanismos que permitam a renegociação coletiva dos débitos.

Em atenção aos princípios do equilíbrio e da harmonização das relações de consumo, à luz da Lei 14.181/2021, ao Poder Judiciário é atribuída a relevante tarefa de mediar e compor os conflitos de interesses entre consumidores superendividados e credores.

A visão e o tratamento sistêmico da situação de superendividamento do consumidor somente serão possíveis se as ações se concentrarem num único juízo.

Frise-se que, embora o processo de superendividamento disciplinado nos arts. 104-A a 104-C do Código de Defesa do Consumidor, conforme expressamente previsto no § 5º do art. 104-A, não importe em declaração de insolvência (arts. 748 a 786 Código de Processo Civil de 1973), a adoção de medidas, em regra, de natureza urgente para evitar a ruína total do consumidor e preservar o mínimo existencial demanda a defini-

---

1. Ementa: Recurso Extraordinário. Competência. Justiça federal. Insolvência civil. Exceção da parte final do artigo 109, i, da constituição da república. Recurso extraordinário a que se nega provimento. 1. A questão constitucional em debate, neste recurso extraordinário com repercussão geral reconhecida (Tema 859), é se a insolvência civil está, ou não, entre as exceções postas na parte final do artigo 109, I, da Constituição da República, para fins de definição da competência da Justiça Federal de primeira instância. 2. A falência, no contexto do rol de exceções à competência da Justiça Federal de primeira instância, significa tanto a insolvência da pessoa jurídica, quanto a insolvência da pessoa física, considerando que ambas envolvem, em suas respectivas essências, concurso de credores. 3. Assim sendo, diante do caso dos autos, fixa-se a seguinte tese: "A insolvência civil está entre as exceções da parte final do artigo 109, I, da Constituição da República, para fins de definição da competência da Justiça Federal." 4. Recurso extraordinário a que se nega provimento.

ção de um juízo universal, no qual serão relacionados todos os débitos do consumidor e respectivos credores, estabelecendo-se um único plano de pagamento.

Por fim, considerando o princípio da competência adequada, ainda que um ente federal integre o polo passivo, a demanda deverá ser proposta no juízo estadual ou distrital, por se tratar de competência implícita, devendo ser excetuada a regra prevista no art. 109, I, da Constituição Federal, entendimento que tem prevalecido na jurisprudência em relação ao processo de insolvência.

REFERÊNCIAS

ATWOOD, Margaret. *Payback*: *A dívida e o lado sombrio da riqueza*. Rio de Janeiro: Rocco, 2022.

BALZAC, Honoré de. *História da grandeza e da decadência de César Birotteau*. Rio de Janeiro: Editora Globo, 2012.

BRAGA, Rubem. O Afogado. *A Borboleta Amarela*. São Paulo: Global Editora, 2020.

BRASIL. Constituição (1988). *Constituição da República Federativa do Brasil*. Disponível em: https://www.planalto.gov.br/ccivil_03/constituicao/constituicao.htm. Acesso em: 23 maio 2023.

BRASIL. *Lei 6.024, de 13 de março de 1974*. Disponível em: https://www.planalto.gov.br/ccivil_03/leis/L6024.htm. Acesso em: 23 maio 2023.

BRASIL. *Lei 8.078, de 11 de setembro de 1990*: Código de Defesa do Consumidor. Disponível em: https://www.planalto.gov.br/ccivil_03/leis/l8078compilado.htm. Acesso em: 23 maio 2023.

BRASIL. *Lei 9.656, de 3 de junho de 1998*. Disponível em: https://www.planalto.gov.br/ccivil_03/leis/l9656.htm. Acesso em: 23 maio 2023.

BRASIL. *Lei 11.101, de 9 de fevereiro de 2005*. Disponível em: https://www.planalto.gov.br/ccivil_03/_ato2004-2006/2005/lei/l11101.htm. Acesso em: 23 maio 2023.

BRASIL. *Lei 14.181, de 1º de julho de 2021*. Disponível em: https://www.planalto.gov.br/ccivil_03/_ato2019-2022/2021/lei/l14181.htm. Acesso em: 23 maio 2023.

BRASIL. Superior Tribunal de Justiça. *CC 194.750/SP*, relator Ministro Paulo de Tarso Sanseverino, decisão de 10.02.2023, DJe de 15.02.2023. Disponível em: https://scon.stj.jus.br/SCON/pesquisar.jsp. Acesso em: 23 maio 2023.

BRASIL. Superior Tribunal de Justiça. *REsp 1.584.501/SP*, relator Ministro Paulo de Tarso Sanseverino, Terceira Turma, julgado em 06.10.2016, DJe de 13.10.2016. Disponível em: https://scon.stj.jus.br/SCON/pesquisar.jsp. Acesso em: 23 maio 2023.

BRASIL. Supremo Tribunal Federal. *RE 678.162/AL*, relator Ministro Marco Aurélio, redator do acórdão Ministro Edson Fachin, Plenário, julgado em 29.03.2021, DJe de 13.05.2021. Disponível em: https://portal.stf.jus.br/processos/downloadPeca.asp?id=15346406989&ext=.pdf. Acesso em: 23 maio 2023.

CERVASIO, Daniel Bucar. *Superendividamento*: reabilitação patrimonial da pessoa humana [e-book]. São Paulo: Saraiva, 2017.

GAGLIANO, Pablo Stolze; OLIVEIRA, Carlos Eduardo Elias de. Lei do Superendividamento: questões práticas no procedimento judicial de repactuação das dívidas. *Revista Jus Navigandi*, Teresina, ano 26, n. 6.723, 6 dez. 2021. Disponível em: https://jus.com.br/artigos/95307/lei-do-superendividamento--questoes-praticas-no-procedimento-judicial-de-repactuacao-das-dividas/2. Acesso em: 23 maio 2023.

HEMINGWAY, Ernest. *O sol também se levanta*. 10. ed. Rio de Janeiro: Bertrand Brasil, 2015.

HOGARTH, William. *A Prisão*. 1734. Óleo sobre tela. Sir John Soane's Museum, Londres. Disponível em: http://collections.soane.org/object-p46. Acesso em: 23 maio 2023.

LIMA, Clarissa Costa de. *O Tratamento do Superendividamento e o Direito de Recomeçar dos Consumidores*. São Paulo: Ed. RT, 2014.

LIMA, Clarissa Costa de; VIAL, Sophia Martini. Da cultura do pagamento: tratamento e conciliação em bloco em caso de superendividamento do consumidor. In: BENJAMIN, Antonio Herman et al. *Comentários à Lei 14.181/2021*: a atualização do CDC em matéria de superendividamento [*e-book*]. São Paulo: Thomson Reuters Brasil, 2022.

LIPOVETSKY, Gilles. *A Felicidade Paradoxal*: Ensaio sobre a Sociedade do Hiperconsumo. São Paulo: Companhia das Letras, 2007.

MACHADO, Dyonélio. *Os Ratos* [*e-book*]. São Paulo: Todavia, 2022.

MARQUES, Claudia Lima. Breve introdução à Lei 14.181/2021 e a nova noção de superendividamento do consumidor. In: BENJAMIN, Antonio Herman et al. *Comentários à Lei 14.181/2021*: a atualização do CDC em matéria de superendividamento [*e-book*]. São Paulo: Thomson Reuters Brasil, 2022.

MARQUES, Claudia Lima; CAVALLAZZI Rosângela Lunardelli (Org.). Sugestão para uma lei sobre o tratamento do superendividamento de pessoas físicas em contratos de crédito ao consumo. *Direitos do consumidor endividado*: superendividamento e crédito. São Paulo: Ed. RT, 2006.

MIRAGEM, Bruno. *Curso de Direito do Consumidor* [*e-book*]. 8. ed. São Paulo: Ed. RT, 2020.

MIRANDA, Jorge. *Teoria do Estado e da Constituição* [*e-book*]. 5. ed. São Paulo: Grupo GEN, 2018.

SHAKESPEARE, William. *O Mercador de Veneza*. Porto Alegre: L&PM Editores, 2007.

DEVER DE COOPERAÇÃO NO TRATAMENTO DO SUPERENDIVIDAMENTO DOS CONSUMIDORES: EVITAR A RUÍNA ATRAVÉS DA CONCILIAÇÃO OU REVISÃO-SANÇÃO DOS CONTRATOS

Claudia Lima Marques

Pós-doutoramento (2003) e Doutorado (Doctor Iuris Utriusque) pela Universidade de Heidelberg (1996). Mestre na Universidade de Tübingen (1987). Professora Permanente do PPGD UFRGS e UNINOVE. Relatora-Geral da Comissão de Juristas do Senado Federal para a Atualização do Código de Defesa do Consumidor. Líder do Grupo de Pesquisa CNPq 'Mercosul, Globalização e Direito do Consumidor' UFRGS. Coordenadora brasileira da Rede Alemanha-Brasil de Pesquisas em Direito do Consumidor (DAAD-CAPES). Diretora do Observatório do Crédito e Superendividamento da UFRGS. Bolsista produtividade 1A do CNPq. Membro do GT Superendividamento do CNJ. dirinter@ufrgs.br.

Sumário: 1. Introdução – 2. O 'processo por superendividamento para a revisão e integração dos contratos e repactuação das dívidas remanescentes' do art. 104-B e o ofício do juiz – 3. Instrumentos para incentivar a conciliação e a elaboração de planos de pagamentos: os artigos 4º, 5º, 6º e 104-a do CDC e o 'Concilia Super App da UFRGS-UPF' – 4. Considerações finais – Referências.

1. INTRODUÇÃO

O dever de cooperação entre credor e devedor emana do princípio da boa-fé objetiva[1] e se qualifica em caso de ruína (exceção da ruína)[2] ou de perigo de ruína (colapso ou falência).[3] Em 2 de julho de 2021, em plena pandemia, entrava em vigor, sem *vacacio legis*, a Lei 14.181, de 1 de julho de 2021 (Art. 5º da Lei), que atualizou o Código de Defesa do Consumidor (CDC) para a prevenção e o tratamento do superendividamento do consumidor pessoa natural.[4] Se a prevenção ao superendividamento é importante, no pós-pandemia é necessário uma concentração nas medidas e instrumentos legais criados

---

1. MENEZES CORDEIRO, António. *Da boa-fé no direito civil*. Coimbra: Almedina, Reimp., 1997, p. 1011 e ss.
2. MARTINEK, Michael, Die Lehre von den Neuverhandlungspflichten – Bestandaufnahme, Kritik... und Ablehnung. *Archiv für die Civilistische Praxis (AcP)* 198, 1998 *AcP*, relata esta teoria, que é majoritária na Alemanha, à p. 393 ss.
3. Assim aceita o e. STJ, veja os leading cases no AgRg no REsp 1210136/SP, rel. Min. Marco Buzzi, j. 19.09.2013, *DJe* 27.09.2013 e REsp 1.479.420/SP, Rel. Ministro Ricardo Villas Bôas Cueva, Terceira Turma, julgado em 01.09.2015, DJe 11.09.2015.
4. Sobre a evolução histórica de quase 10 anos do Projeto de Lei do Senado 283/2012, criado pela Comissão de Juristas de Atualização do Senado Federal, presidida pelo eminente Ministro Antonio Herman Benjamin, veja BENJAMIN, Antonio Herman, MARQUES, Claudia Lima; LIMA, Clarissa Costa de; VIAL, Sophia. *Comentários à Lei 14.181/2021*: a atualização do CDC em matéria de superendividamento. São Paulo: Ed. RT, 2021, p. 115 a 178.

para o tratamento efetivo deste risco sistêmico que significa o superendividamento em massa dos consumidores.[5]

Destaque-se que o CDC atualizado pela Lei 14.181/2021 traz um capítulo sobre a 'conciliação no superendividamento' (Art. 104-A a 104-C), que visualiza o superendividamento pessoal do consumidor como um problema de ordem pública e interesse social (Art. 1º do CDC). Este capítulo processual do CDC, prevê um tratamento em bloco e global de todas as suas dívidas (a semelhança de uma recuperação extrajudicial) para preservar o mínimo existencial (Art. 6º, XI do CDC) e (re)incluí-lo na sociedade de consumo (Art. 4º, X do CDC).[6]

O CDC impõe agora aos agentes do mercado brasileiro (intermediários e fornecedores de produtos, serviços e de crédito) um novo direito básico do consumidor 'de *tratamento* das situações de superendividamento', 'por meio da revisão e da repactuação da dívida' (Art. 6º, XI do CDC). Traz uma política guiada pelo princípio do combate à exclusão social dos consumidores (Art. 4º, X do CDC), com regras fortes de proteção do consumidor pessoa natural e uma fase extrajudicial e uma fase judicial do tratamento do superendividamento (Art. 5º, VI do CDC), valorizando a conciliação em bloco, a cultura do pagamento e a cooperação para evitar a ruína.[7]

O objetivo do presente artigo é destacar a necessária sinergia entre as duas fases do tratamento do superendividamento dos consumidores introduzido na parte processual do CDC, a fase extrajudicial (da repactuação) dos Artigos 104-A e 104-C e a fase judicial (da revisão) do Art. 104-B.[8]

Em 16 de agosto de 2022, o Conselho Nacional de Justiça-CNJ lançou a cartilha sobre o tratamento do superendividamento do consumidor, em bela cerimônia no CNJ, fruto dos trabalhos dos 26 membros da Comissão. Tive a honra de trabalhar nesta cartilha, em especial da primeira redação do texto, com as magistradas Clarissa Costa de Lima, Aline Avila dos Santos, Andreia Ramos Pereira e Trícia Navarro Cabral, a quem muito agradeço.[9] A Cartilha do CNJ sobre tratamento do superendividamento teve como base inicial alguns extratos e textos de meu capítulo do Manual de Direito do Consumidor – com adaptações – foram utilizados, o que muito me honra. A cartilha destaca a função

---

5. Assim o Enunciado 1 da II Jornada do CDEA. A Lei 14.181/21 é de ordem pública e de interesse social, e reconhece que o fenômeno do superendividamento do consumidor pessoa natural é estrutural da sociedade de crédito e consumo, constituindo grave risco sistêmico e de exclusão social, que deve ser prevenido e tratado através do princípio da boa-fé e práticas de crédito responsável. (Autor: Prof. Dr. Fernando Martins, Prof. Dr. Ricardo Sayeg e Profa. Dra. Dr. h.c. Claudia Lima Marques).

6. MARQUES, Claudia Lima. *Contratos no Código de Defesa do Consumidor*. São Paulo: Ed. RT, 2022, p. 1457 e s.

7. Assim o relatório da Comissão de Juristas, BRASIL, Antonio Herman Benjamin et al. Senado Federal. *Relatório Final*: Comissão de Juristas de Atualização do Código de Defesa do Consumidor. 2012, p. 148 e s. Disponível também em: http://www.senado.gov.br/senado/codconsumidor/pdf/extrato_relatorio_final.pdf.

8. Veja também MARQUES, C.L.; MIRAGEM, B. Art. 104-B. In: MARQUES, Claudia Lima; BENJAMIN, Antonio Herman; MIRAGEM, Bruno. *Comentários ao Código de Defesa do Consumidor*. 7. ed. São Paulo: Ed. RT, 2021, p. 1841.

9. A primeira redação teve como base o meu capítulo sobre tratamento do superendividamento do MARQUES, Claudia Lima, Cap. 12, in BENJAMIN, A. H.; MARQUES, C. L.; BESSA, L. R. *Manual de Direito do Consumidor*. 10. ed. São Paulo: Ed. RT, 2022, p. 485 e s.

'substancial' dos processos especiais introduzidos pela Lei 14.181, de 1º de julho de 2021, no CDC, o 'processo *de repactuação* de dívidas' (pré – e parajudiciais) e do '*processo por superendividamento* para a *revisão* e integração *dos contratos* e repactuação das dívidas remanescentes'.

Inspirada pelos ensinamentos do eminente Min. Marco Buzzi, coordenador deste Grupo de Trabalho do CNJ, assim como pelas discussões na preparação da Cartilha, ouso escrever um artigo sobre os aspectos mais 'pragmáticos-processuais' desta 'revisão-sanção' (I) da Lei 14.181/2021, que fui relatora geral, sob a condução sábia e presidência do eminente Min. Antônio Herman Benjamin, do e. STJ. Considero que a Lei 14.181/2021 só encontrará maior impacto se houver sinergia entre estas duas fases, a extrajudicial (da repactuação) e a judicial (da revisão), e uso dos novos instrumentos (II) criados para o tratamento do superendividamento dos consumidores introduzido no CDC.

Vejamos, pois, em uma primeira parte, os detalhes deste 'processo por superendividamento para a revisão e integração dos contratos' e o ofício do juiz nesta revisão e na posterior 'repactuação das dívidas remanescentes', como prevê expressamente o Art. 104-B do CDC. E, em uma segunda parte, quero informar sobre os vários instrumentos criados para realizar esta política de tratamento do superendividamento dos consumidores, não como problemas individuais, mas sim como problemas sistêmicos e funcionais do mercado, como os 'NAS', núcleos interdisciplinares criados pela Lei 14.181/2021, a Recomendação 125/2021 do CNJ,[10] a criação da categoria de superendividamento do E-Proc e a Cartilha sobre Superendividamento, todos oriundos dos trabalhos do GT sobre Superendividamento do CNJ, sob a condução sábia do Min. Marco Buzzi do e. STJ; assim como dar notícia do aplicativo criado pela UFRGS e UPF, o 'Concilia Super App', para facilitar a conciliação e o cálculo do plano de pagamento pelos conciliadores e advogados.

2. O 'PROCESSO POR SUPERENDIVIDAMENTO PARA A REVISÃO E INTEGRAÇÃO DOS CONTRATOS E REPACTUAÇÃO DAS DÍVIDAS REMANESCENTES' DO ART. 104-B E O OFÍCIO DO JUIZ

"Cooperar é não levar conscientemente o parceiro contratual a ruína".[11] A base do tratamento do superendividamento dos consumidores nos Artigos 104-A, 104-B e 104-C do CDC é a cooperação de boa-fé do fornecedor-credor com o consumidor em ruína, o consumidor superendividado. Conhecemos do princípio da boa-fé objetiva, a exceção

---

10. Destaque-se, com o 13º Encontro do FONAMEC, que segundo art. 2º da Resolução 125/2010 do CNJ para a implementação da "política nacional de tratamento adequado de conflitos, para a boa qualidade dos serviços e para disseminação da cultura de pacificação social, será observada a centralização das estruturas judiciais". A atualização do Código de Defesa do Consumidor contemplou a criação de "núcleos de conciliação e mediação de conflitos oriundos de superendividamento", de acordo com art. 5º, VII, demonstrando a importância da especialização da unidade para atuação temática e priorizando a fase consensual do tratamento do superendividamento, com foco na atuação cooperativa dos credores, consoante prevê o art. 104-A, § 2º do CDC. Justificativa enunciado 35.

11. BRASIL, Antonio Herman Benjamin et al. Senado Federal. *Relatório Final*: Comissão de Juristas de Atualização do Código de Defesa do Consumidor. 2012, p. 148.

da ruína, que apareceu muitas vezes durante a pandemia da COVID-19 e a crise econômica que gerou: aquele que sabe da ruína de seu devedor não pode aumentar seus lucros ('*duty to mitigate your loss*') ou não cooperar, não repactuando ou não renegociando de forma a levar, definitivamente, o parceiro que o escolheu e que ele escolheu, à ruína total ou ao superendividamento. Esta 'exceção da ruína' do princípio da boa-fé ganha agora contornos de direito positivo no CDC e no seu novo sistema (binário: extrajudicial e judicial) de tratamento do superendividamento do consumidor, definido Art. 54-A, § 1º. Se há uma aposta no CDC na conciliação extrajudicial,[12] através do processo especial *de repactuação da dívida* do Art. 104-A, que é o coração do tratamento do superendividado,[13] não podemos ser ingênuos, ela só terá eficácia e 'dentes'[14] com a valorização da outra fase, a judicial, de revisão dos contratos!

Como destaca Otávio Luiz Rodrigues Júnior, em sua obra sobre revisão do contrato, o 'longo processo de transformação'[15] da revisão dos contratos passou pelo Art. 6º, V do CDC, que trouxe a quebra da base do negócio, mas ainda exigia a mudanças das circunstâncias em geral.[16] O que a Lei 14.181/2021 trouxe para o CDC foi a mudança das circunstâncias individuais, com a ruína do consumidor superendividado (exceção da ruína), a exigir uma cooperação de boa-fé para retirar este consumidor superendividado do estado de ruína e permitir o pagamento de suas dívidas.[17] Assim, a revisão dos contratos prevista no Art. 104-B do CDC, sob roupagem processual, não é mais a mesma revisão dos contratos do século XX, encontra nova 'fase' e 'função' neste CDC, atualizado pela Lei 14.181/2021, é uma sanção a 'não cooperação', um exame dos abusos cometidos na concessão irresponsável ou agressiva do crédito.[18]

Como bem identifica a doutrina, a Lei 14.181/2021 para prevenir e tratar o superendividamento do consumidor pessoa natural criou no CDC "dois procedimentos

---

12. Assim o relatório da Comissão de juristas, BRASIL, Antonio Herman Benjamin et al. Senado Federal. *Relatório Final*: Comissão de Juristas de Atualização do Código de Defesa do Consumidor. 2012, p. 66.
13. MARQUES, Claudia Lima; MIRAGEM, Bruno. Art. 104-B. In: MARQUES, Claudia Lima; BENJAMIN, Antonio Herman; MIRAGEM, Bruno. *Comentários ao Código de Defesa do Consumidor*. 7. ed. São Paulo: Ed. RT, 2021, p. 1840.
14. Vejam-se os enunciados acadêmicos sobre as sanções previstas no CDC: Enunciado 18 da I Jornada CDEA UFRGS-UFRJ sobre superendividamento: "O não comparecimento injustificado de qualquer credor, ou de seu procurador com poderes especiais e plenos para transigir, à audiência de conciliação perante os órgãos do SNDC acarretará a suspensão da exigibilidade do débito e a interrupção dos encargos da mora" (Autores: Professor Dr. Fernando Martins e Professora Dra. Keila Pacheco Ferreira); Enunciado 25 da I Jornada CDEA UFRGS-UFRJ sobre superendividamento: "É ônus do fornecedor provar o cumprimento dos deveres de boa-fé impostos nos artigos 52, 54-B, 54-C e 54-D do CDC, de forma a evitar as sanções previstas no parágrafo único do Art. 54-D." (Autor: Prof. Dr. André Perin Schmidt Neto).
15. Veja RODRIGUES JÚNIOR, Otávio Luiz. *Revisão Judicial dos Contratos*. São Paulo: Atlas, 2002, p. 27.
16. RODRIGUES JÚNIOR, Otávio Luiz. *Revisão Judicial dos Contratos*. São Paulo: Atlas, 2002, p. 164.
17. Veja sobre a exclusão social trazida pelo estado de superendividamento, MARQUES, Claudia Lima; MIRAGEM, Bruno. Art. 104-B. In: MARQUES, Claudia Lima; BENJAMIN, Antonio Herman; MIRAGEM, Bruno. *Comentários ao Código de Defesa do Consumidor*. 7. ed. São Paulo: Ed. RT, 2021, p. 234-235.
18. Veja sobre crédito irresponsável, MARQUES, Claudia Lima; MIRAGEM, Bruno. Art. 104-B. In: MARQUES, Claudia Lima; BENJAMIN, Antonio Herman; MIRAGEM, Bruno. *Comentários ao Código de Defesa do Consumidor*. 7. ed. São Paulo: Ed. RT, 2021, p. 301-302.

especiais sucessivos e eventuais".[19] Tratam-se de processos diferentes e especiais em relação ao CPC: o primeiro é um processo conciliatório e não-contencioso, visando o equacionamento de todas as dívidas do consumidor superendividado do Art. 104-A do CDC; já o segundo, do Art. 104-B do CDC, é processo judicial contencioso visando a 'revisão e integração' de alguns contratos dos credores que não conciliaram[20] – a significar a revisão contratual obrigatória e a consequente retirada das abusividades e integração dos contratos –,[21] como forma de estimular a primeira fase extrajudicial –,[22] seguida de 'integração' dos contratos a verificar quais 'dívidas remanescentes' deverão integrar o futuro plano compulsório de pagamento.[23] Esta diferença tem significado material e de finalidade (e ofício do juiz), como pretendo demonstrar.

A) A divisão em dois processos diferentes no tratamento do superendividamento no CDC e seu significado apesar do Decreto 11.150/2022

O protagonismo judicial no processo denominado pelo CDC de 'processo por superendividamento para a revisão e integração dos contratos e repactuação das dívidas remanescentes', previsto no Art. 104-B, é decisivo para a efetividade da Lei.[24] Quero destacar aqui a função deste processo especial de tratamento judicial e contencioso do superendividamento dos consumidores, previsto no Art. 104-B do CDC, como estímulo à conciliação ou à fase extrajudicial conciliatória, prevista no Art. 104-A e 104-C do CDC.

Assim, queria iniciar frisando que o nome legal do processo especial contencioso do Art. 104-B do CDC é 'processo por superendividamento para a *revisão* (e integração) dos contratos (e repactuação das dívidas remanescentes)'. Este *nomen iuris* deve ser valorizado pelos juízes, advogados, defensores e representantes dos consumidores, pois indica que é obrigatória uma primeira fase do tratamento judicial do

---

19. TARTUCE, Flávio; ASSUNÇÃO NEVES, Daniel A. *Manual de Direito do Consumidor*. 11. ed. São Paulo: GEN--Método, 2022, p. 847.

20. Veja-se sobre este sistema binário no tratamento do superendividamento, MARQUES, Claudia Lima, O exame dos 10 paradigmas da Lei 14.181/2021. In: BENJAMIN, Antonio Herman, MARQUES, Claudia Lima; LIMA, Clarissa Costa de; VIAL, Sophia. *Comentários à Lei 14.181/2021*: a atualização do CDC em matéria de superendividamento. São Paulo: Ed. RT, 2021, p. 75-76.

21. LIMA, Clarissa, Art. 104-B e seus parágrafos, in BENJAMIN, Antonio Herman, MARQUES, Claudia Lima; LIMA, Clarissa Costa de; VIAL, Sophia. *Comentários à Lei 14.181/2021*: a atualização do CDC em matéria de superendividamento. São Paulo: Ed. RT, 2021 p. 331-332: "Caberá ao juiz o controle do conteúdo dos contratos de créditos que integrarão o plano judicial compulsório, declarando a nulidade das cláusulas abusivas (Art. 51 do CDC) ou a ineficácia das cláusulas não suficientemente informadas ou destacadas ao consumidor (Art. 46 do CDC e 54, § 4º do CDC)."

22. Assim MARQUES, Claudia Lima; MIRAGEM, Bruno. Art. 104-B. In: MARQUES, Claudia Lima; BENJAMIN, Antonio Herman; MIRAGEM, Bruno. *Comentários ao Código de Defesa do Consumidor*. 7. ed. São Paulo: Ed. RT, 2021, p. 1840.

23. Veja MARQUES, Claudia Lima; LIMA, Clarissa Costa de; VIAL, Sophia. Nota à atualização do Código de Defesa do Consumidor para aperfeiçoar a disciplina do crédito, para a prevenção e o tratamento do superendividamento e proteção da pessoa natural. *Revista de Direito do Consumidor*. v. 136, p. 517-538. jul./ago. 2021.

24. Assim MARQUES, Claudia Lima. MIRAGEM, Bruno. Art. 104-B. In: MARQUES, Claudia Lima; BENJAMIN, Antonio Herman; MIRAGEM, Bruno. *Comentários ao Código de Defesa do Consumidor*. 7. ed. São Paulo: Ed. RT, 2021, p. 1842.

superendividamento do consumidor, denominada como 'revisão-sanção' (expressão de Bruno Miragem).[25] Revisão de alguns (e não todos) os contratos, com integração dos contratos que deve ocorrer *ex officio* para a retirada das nulidades, superando a Súmula 381 do STJ.

Mister, portanto, frisar que primeiro processo de tratamento extrajudicial do superendividamento do consumidor no CDC é conciliatório não-contencioso.[26] Este pode ser pré-processual nos CEJUSCs (previsto no Art. 104-A)[27] ou parajudicial nos PROCONs (processo administrativo previsto no Art. 104-C) e foi denominado por lei, no Art. 104-A do CDC, como 'processo de *repactuação de dívidas*'.[28] O segundo processo especial do Art. 104-B, processo independente do primeiro e novamente de iniciativa (potestiva e constitutiva) somente do consumidor, foi por lei denominado expressamente de forma diferente de 'processo *por superendividamento para revisão e integração dos contratos* e repactuação das dívidas *remanescentes*'. Os dois processos especiais do CDC para tratar o superendividamento dos consumidores têm denominações e finalidades diferentes, mas complementares e sinérgicos.

Parte da doutrina critica esta divisão e preferiria um processo só, que teria uma só finalidade: "o equacionamento das dívidas do consumidor superendividado".[29] Data máxima vênia, a finalidade do tratamento contencioso do Art. 104-B é diferente do Art. 104-A do tratamento conciliatório e extrajudicial, pois o tratamento judicial é subsidiário ao conciliatório e – como o próprio nome legal indica – visa primeiramente a revisão e a integração dos contratos que ainda não foram conciliados, com a consequente retirada das abusividades ali presentes e integração pelo juiz das lacunas criadas por essa eventual decretação de nulidade absoluta (por força dos Artigos 39, 46, 51, 52, 54-B, 54-C, 54-D e 54-G do CDC), de forma a incentivar a participação conciliatória dos credores na fase extrajudicial (Art. 5º, VI do CDC). Só em um segundo momento, é que haverá

---

25. A expressão foi utilizada pela primeira vez in MIRAGEM, B. A lei do crédito responsável altera o CDC, acessível in A lei do crédito responsável altera o Código de Defesa do Consumidor – Migalhas . A expressão é utilizada pelo autor também quanto ao Art. 54-D, parágrafo único, veja enunciado da II Jornada CDEA: "Enunciado 6. Os deveres de informação, de esclarecimento, de avaliação da situação financeira do consumidor previstos nos artigos. 52, 54-B, 54-C e 54-D, são a base do crédito responsável junto com os deveres de entrega da cópia do contrato, de verificação da margem consignada, de pesquisa nos bancos de dados, de prestar uma informação leal e útil à compreensão dos riscos e ônus da contratação, sob a pena de incorrer na revisão-sanção do parágrafo único (art. 54-D parágrafo único)." (Autores: Prof. Dr. Bruno Miragem, Profa. Dra. Andréia Rangel e Profa. Dra. Dr. h. c. Claudia Lima Marques).

26. Veja destacando o aspecto não contencioso, ALMEIDA, Fabrício Bolzan de. *Direito do Consumidor Esquematizado*. 10 ed. São Paulo: Saraiva, p. 988 e s.

27. Veja-se o Enunciado 35 aprovado na Assembleia realizada em 14.04.2023, em Belo Horizonte/MG, no 13º Encontro do FONAMEC: "Os CEJUSCs, sempre que possível, deverão desenvolver programa de tratamento e prevenção do superendividamento, com a realização das audiências coletivas de conciliação pré-processual previstas no art. 104-A do Código de Defesa do Consumidor".

28. MARQUES, Claudia Lima. MIRAGEM, Bruno. Art. 104-A. In: MARQUES, Claudia Lima; BENJAMIN, Antonio Herman; MIRAGEM, Bruno. *Comentários ao Código de Defesa do Consumidor*. 7. ed. São Paulo: Ed. RT, 2021, p. 1827.

29. TARTUCE, Flávio; ASSUNÇÃO NEVES, Daniel A. *Manual de Direito do Consumidor*. 11. ed. São Paulo: GEN--Método, 2022, p. 849.

a repactuação das dívidas remanescentes, isso é as que não forem abusivas e a aplicação das penas previstas no CDC para o crédito irresponsável.[30]

Tratar este segundo processo judicial do Art. 104-B, como se fosse idêntico ao extrajudicial do Art. 104-A (e Art. 104-C) do CDC significaria, na prática, que o processo contencioso iniciado pelo consumidor beneficiaria somente o 'credor-que-não cooperou-conciliou', ganhando esse um 'cobrador' de dívidas na atuação do Judiciário. Se fosse assim o juiz só teria como função elaborar um plano de pagamento a favor deste credor-que-não-conciliou, equacionando as dívidas em uma vantagem desleal em relação aos outros credores que cooperaram com a situação de ruína do consumidor na fase conciliatória, o que claramente violaria o princípio da boa-fé e o dever de renegociar e cooperar para evitar a ruína, que guia esta parte nova do CDC, introduzida pela Lei 14.181/2021.

Realmente, se na fase conciliatória extrajudicial não se analisa necessariamente os abusos e assédios cometidos na concessão do crédito e nos contratos em si daí resultantes, já na fase contenciosa do Art. 104-B do CDC esta questão da validade é analisada[31] e no plano judicial só pode integrar – após a expressamente prevista 'a revisão dos contratos' – o montante da dívida que não for a abusivo. Aqui há implícito um poder do juiz, um verdadeiro ofício do juiz do superendividamento, que está sendo pouco destacado pela doutrina, motivo deste nosso artigo.

Vejamos em resumo o objeto do processo especial do Art. 104-B do CDC, que vem destacado até no *nome* iuris ('processo por superendividamento para a revisão e integração dos contratos e repactuação das dívidas remanescentes') do Art. 104-B do CDC. O objeto do processo especial é triplo:

1) Objetiva *a revisão dos contratos*, com a identificação de abusos praticados contra o consumidor superendividado e sua retirada com a nulidade absoluta imposta pelo CDC (Art. 51, 53, 53, 54, 54-B, 54-C, 54-D e 54-G) ou com a decretação de sua ineficácia por falta de informação e destaque (Art. 46 c/c Art. 52, Art. 54, 54-B, 54-G e 54-F do CDC), tanto de práticas (Art. 30, 34, 37, 38, 48, 52, 54-B, 54-C, 54-D e 54-G), quanto de cláusulas abusivas (Art. 51,53 , 54, 54-F). Trata-se de uma revisional especial e 'global', que atingirá somente os contratos que não foram objeto da conciliação e do plano conciliatório extrajudicial anterior, em última análise é uma atividade do juiz do superendividamento, de verificar a licitude do crédito, dos contratos e das práticas realizadas frente ao consumidor (se houve assédio de consumo, aproveitamento da fraqueza do consumidor idoso, analfabeto, em situação de vulnerabilidade agravada etc.), revisar o conteúdo dos contratos assinados (ou que o fornecedor afirma terem sido assinados, inclusive sua autenticidade etc.). Trata-se de hipótese de 'revisão-sanção' (expressão criada para frisar sua obrigatoriedade para aqueles contratos em que não houve concilia-

---

30. Neste sentido o Enunciado 12 da III Jornada do CDEA: "O plano de pagamento quinquenal do art. 104-B, § 4º, do CDC (plano judicial compulsório), poderá ser ampliado, para além dos 5 (cinco) anos, bem como ter por afastada a correção monetária do principal, na hipótese de violação, pelo fornecedor, do art. 54-D, incisos I a III, devendo ser avaliada a gravidade da conduta do fornecedor e as possibilidades financeiras do consumidor, conforme estabelece o art. 54-D, parágrafo único, do CDC." (Autores: Prof. Me. Ronaldo Vieira Francisco, Profa. Me. Thais Caroline Brecht Esteves Gouveia, Des. Manoel de Queiroz Pereira Calças).

31. BESSA, Leonardo Roscoe. *Código de Defesa do Consumidor*. 2. ed. São Paulo: GEN-Forense, 2022, p. 664 afirma: "No processo por superendividamento o consumidor pode alegar os vícios que afetem a validade dos contratos de crédito para análise e decisão dos magistrados".

ção), pois o procedimento visa a proteção especial do consumidor pessoa natural (Art. 5, VI in fine), um poder-dever de proteção do juiz em relação ao sujeito constitucionalmente protegido na lista de direitos fundamentais (Art. 5, XXXII da CF/1988).

2) Objetiva *a integração das lacunas criadas nestes contratos pela retirada das abusividades*, seja pela nulidade absoluta ou pela ineficácia das cláusulas e práticas dos fornecedores que caírem na 'rede' da revisão prévia ocorrida. Note-se que a revisão é dos contratos e suas práticas e cláusulas e não revisão ou integração 'das dívidas'. Como escrevemos, há que se reconhecer que o mandamento presente no *nomen iuris* do processo especial por superendividamento 'para revisão e integração dos contratos' impõe a integração e o colmatar das lacunas nestes contratos a favor do consumidor, assim se o juro do contrato for considerado abusivo, não há porque 'integrar' contra o consumidor e utilizar a taxa média de mercado. Aqui a integração deve ser a favor do consumidor superendividado, tanto que é mencionado apenas o principal (histórico) da dívida, corrigido. Em outras palavras é esta atividade de integração dos contratos que determinará quais as dívidas serão 'remanescentes' para constar do plano (ai compulsório e judicial) de repactuação.

3) Por fim, após a revisão e a integração dos contratos, *objetiva repactuar as dívidas remanescentes e não abusivas*. Note-se que o *nomen iuris* ('processo por superendividamento para a revisão e integração dos contratos e repactuação das dívidas remanescentes') deixa bem claro a soma destes ofícios do juiz. Não se trata de alternativa, pois se assim o fosse o CDC utilizaria a expressão 'ou repactuação', mas sim de cumulação no tempo destas atividades: a Lei 14.181/2021 ao atualizar o CDC utilizou a expressão 'e repactuação das dívidas remanescentes', indicando a necessária e subsequente atuação objetiva do juiz nestes três sentidos, revisar, integrar e repactuar o que ainda for remanescente. Em outras palavras: "A elaboração do plano judicial compulsório tem por objeto obrigações válidas e eficazes das quais o consumidor seja devedor".[32]

A doutrina e a jurisprudência consolidada do Superior Tribunal de Justiça[33] bem ensina que as nulidades do Código de Defesa do Consumidor são absolutas e de ordem pública, assim não sanam pela nova manifestação de vontade (Art. 1º c/c Art. 39, 46, 48, 51, 52, 53 e 54 do CDC e agora Art. 54-B a 54-G do CDC-Atualizado). A Súmula 286 do STJ dispõe: "A renegociação de contrato bancário ou a confissão da dívida não impede a possibilidade de discussão sobre eventuais ilegalidades dos contratos anteriores".

Se, em contratos empresariais e paritários, foi a Súmula 286 do STJ flexibilizada pelas novas regras do Código Civil introduzidas pela Lei de Liberdade Econômica, o que fez a Lei 14.181/2021 foi exatamente o contrário, revitalizando em norma de ordem pública (Art. 1º c/c Art. 104-B do CDC) a Súmula 286 do STJ em matéria de relações de consumo, pois realmente a renegociação entre consumidor e fornecedor 'de contrato bancário ou a confissão da dívida não impede a possibilidade de discussão sobre eventuais ilegalidades dos contratos anteriores' e agora esta 'discussão' foi mandada fazer

---

32. MARQUES/MIRAGEM, Art. 104-B. In: MARQUES, Claudia Lima; BENJAMIN, Antonio Herman; MIRAGEM, Bruno. *Comentários ao Código de Defesa do Consumidor*. 7. ed. São Paulo: Ed. RT, 2021, p. 1841-1842.

33. Veja-se a ementa: "Direito civil. Agravo interno no agravo em recurso especial. Ação monitória. Ilegalidade contratual. Renegociação. Perda do objeto. Afastamento. Súmula 286/STJ. Agravo interno desprovido. 1. No presente caso, houve renegociação da dívida e ajuizamento de reconvenção em que o ora agravado pretendeu a revisão contratual a fim de revisar supostas ilegalidades contratuais. 2. Conforme entendimento desta Corte Superior: "A renegociação de contrato bancário ou a confissão da dívida não impede a possibilidade de discussão sobre eventuais ilegalidades dos contratos anteriores" (Súmula 286/STJ). 3. Agravo interno desprovido" (STJ, AgInt no AREsp 2.181.007/PR, relator Ministro Raul Araújo, Quarta Turma, julgado em 12.12.2022, DJe de 14.12.2022).

através do Art. 104-B do CDC: a revisão-sanção, que terá também como objeto não só os contratos originais, como os renegociados e as confissões de dívidas.

Vejam que o Art. 104-B, em suas 3 fases, não destaca o 'plano compulsório' das dívidas remanescentes, como apenas aquelas que não foram objeto da conciliação, mas –como estou aqui destacando- são todas as dívidas remanescentes da revisão-sanção ai prevista, que retirará as abusividades da relação de consumo com o consumidor em ruína ('situação de superendividamento'), para que possa ser reincluído na sociedade de consumo. A revisão dos contratos é fase obrigatória e inicial deste processo especial por superendividamento previsto em lei de ordem pública. Assim, só com a realização destas revisões *ex officio* (sem prejuízo dos advogados requerem estas revisões de todas as cláusulas e práticas abusivas dos contratos de crédito não conciliados) é que se alcançará a finalidade do Art. 104-B que é a de estimular e dar efetividade ao dever de cooperar na conciliação (fase extrajudicial).

Conclua-se, repetindo, que os poderes de revisão dos juízes são *ex officio* no Art. 104-B, pois é o objeto e nome do próprio *processo por superendividamento para a revisão e integração dos contratos*, logo aqui não há que se depender do pedido do consumidor e sim do objeto e finalidade mesmo de ordem pública (Art. 1º c/c Art. 104-B do CDC) do processo especial, que permite uma revisão total de todos os contratos,[34] que ainda estiverem neste processo por superendividamento para serem ainda examinados pelo juiz do superendividamento.

Aqui há clara superação da Súmula 381 do STJ que pode continuar a valer em contratos bancários empresariais e nas demais ações do CPC, mas não nos que chegarem ao especial processo por superendividamento do Art. 104-B do CDC. Defender a aplicação da Súmula 381 do STJ, que proíbe os julgadores de identificarem *ex officio* uma abusividade em contratos bancários significaria dizer que a Súmula superaria a força de uma Lei, ou que um processo especial criado em uma lei especial como o CDC, com a finalidade específica e expressa, "processo por superendividamento para a revisão... dos contratos" não revisaria os contratos? Tratando-se de súmula sobre eficácia *ex officio* ou não de cláusula contratual, a Súmula 381 do STJ não pode se sobrepor a regra específica processual, de direito público (Art. 104-B do CDC) e em Código especial e de ordem pública e interesse social (Art. 1 do CDC). Esta seria uma interpretação inconstitucional, além de a-técnica, pois a regra expressa de processo civil em lei especial das relações de consumo não pode ser superada por uma anterior Súmula do STJ.

Em outras palavras, como vimos, a regra de processo civil especial introduzida no CDC pela Lei 14.181,2021 cria um processo especial 'por superendividamento para a revisão (e integração) dos contratos' e assim deve ser aplicada pelos juízes do superendividamento. Sob pena da advocacia poder alegar a violação à decisão da ADIN 2.591, a famosa ADIN dos Bancos, que foi bem clara sobre a aplicação do CDC aos contratos bancários de consumo, que levam ao superendividamento, logo, pode o advogado do

---

34. MARQUES/MIRAGEM, Art. 104-B. In: MARQUES, Claudia Lima; BENJAMIN, Antonio Herman; MIRAGEM, Bruno. *Comentários ao Código de Defesa do Consumidor*. 7. ed. São Paulo: Ed. RT, 2021, p. 1841.

consumidor pedir a representação diretamente ao Supremo Tribunal Federal por desrespeito ao CDC (e à decisão por 9 votos favorável do e. STF).[35]

Resumindo, a Súmula 381 do STJ pode continuar a ser aplicada em outras searas e processos, mas não no de superendividamento para revisão dos contratos, previsto expressamente no Art. 104-B do CDC.[36] Note-se que a Lei 14.181/2021 expressamente reforçou o direito de revisão no caso de superendividamento, ao também o incluir na lista de direitos básicos do consumidor: "a garantia...de prevenção e tratamento de situações de superendividamento, preservado o mínimo existencial..., por meio da revisão ... da dívida, entre outras medidas" (Art. 6º, XI do CDC).[37]

Destaque-se, por fim, que em dois momentos, a Lei 14.181/2021 mencionou a revisão-sanção e os poderes (poderes-deveres) do juiz:

1) no Art. 104-B, como norma imperativa de processo civil a ser cumprida *ex officio* pois esta é finalidade do processo especial 'por superendividamento para a revisão', regra de direito público e obrigatória, uma vez que só existe esta regra para o processo por superendividamento, logo, não importando o pedido e a especificação das cláusulas abusivas ou não no pedido do consumidor e,

2) no parágrafo único do Art. 54-D do CDC, aí sim, afirmando a regra substancial nova de direito privado do CDC que a sanções dependem de pedido judicial e o magistrado 'pode' ou não.

Vemos aqui a grande diferença e a necessidade de superarmos o entendimento da Súmula 381 do STJ no processo judicial por superendividamento. A regra do Art. 104-B do CDC é clara, porém, dos outros objetos da ação ou processo por superendividamento: eventual integração das lacunas criadas pelas nulidades e ineficácias identificada pelo magistrado e a residual repactuação das dívidas, mas só das dívidas que remanescerem à conciliação (Art. 104-A) e à revisão (Art. 104-B).

B) Depois da revisão a 'Integração dos contratos' não conciliados e a residual 'repactuação das dívidas remanescentes'

No CDC, atualizado pela Lei 14.181/2021, o tratamento judicial é residual ao extrajudicial e conciliatório. Como já escrevemos, se não houver conciliação voluntária com algum dos credores do consumidor superendividado, o CDC agora prevê um processo especial para o superendividamento "para revisão e integração dos contratos e repactuação das dívidas remanescentes" (Art. 104-B), que também tem duas fases (revisão-integração obrigatória e plano de pagamento judicial compulsório), sendo aqui

---

35. MARQUES, Claudia Lima. Art. 1º. In: MARQUES, Claudia Lima; BENJAMIN, Antonio Herman; MIRAGEM, Bruno. *Comentários ao Código de Defesa do Consumidor*. 7. ed. São Paulo: Ed. RT, 2021, p. 71.

36. Assim o Enunciado que propus e foi aprovado por unanimidade na I jornada CDEA: "*Enunciado 2*. A Lei 14.181/21 reforça a dimensão constitucional do dever de proteção do Estado ao consumidor (Art. 5º, XXXII da CF/1988) e o princípio da prevenção e tratamento do superendividamento pressupõe a aplicação ex officio das regras do Código de Defesa do Consumidor em caso de superendividamento do consumidor pessoa natural (Art. 4º, X e Art. 5º, VI do CDC), superando a Súmula 381 do Superior Tribunal de Justiça".

37. Veja MARQUES, Claudia Lima. In BENJAMIN, Antonio Herman; MARQUES, Claudia Lima; LIMA, Clarissa Costa de; VIAL, Sophia Martini. *Comentário à Lei 14.181/2021*: A atualização do CDC em matéria de superendividamento. São Paulo: Ed. RT, 2021, p. 79-80.

o cuidado é que se revise todas as práticas e cláusulas contratuais, para que consumidor pague somente o principal não abusivo e somente após o plano conciliatório, para que este seja sempre o incentivado, pois ali a cooperação consumidor-credor ocorre mais fortemente, com descontos e facilitações do pagamento. Trata-se de fase residual, que deve ser 'forte' de forma a incentivar a conciliação extrajudicial (e mesmo a prevenção do superendividamento), mencionadas anteriormente.[38]

Em outras palavras, no "processo por superendividamento para a revisão e integração dos contratos" do Art. 104-B, só após esta atuação 'saneadora e expurgadora dos abusos nos contratos que dão origem às dívidas e preenchimento das lacunas contratuais que aparecerão, então haverá a fase do processo especial denominada de e repactuação das dívidas remanescentes'.

A mencionada 'revisão' dos contratos por superendividamento tem como base os princípios da boa-fé, combate ao abuso e função social dos contratos de crédito e de consumo, e se consubstancia na análise das cláusulas abusivas. Se faz necessário fazer a análise dos contratos e da jurisprudência sobre estas cláusulas e práticas abusivas, com a consequente decretação de nulidade das cláusulas e práticas abusivas, como o assédio de consumo. Note-se que se a finalidade é sancionar os abusos na contratação, em especial na contratação do crédito e nas compras a prazo, como frisa o CDC. Neste sentido, a interpretação deve ser a favor do consumidor, por isso defendo que se os juros ou suas cláusulas de determinação são abusivas, o juiz não determina a substituição por juros de mercado e sim, determinar o perdimento dos juros abusivos e quaisquer encargos abusivos. Face ao determinado pelo Art. 46 e 54-D do CDC, do dever de bem esclarecer os juros e de não ocultar, fica superada a tese 234 do STJ. Face a situação de superendividamento do consumidor, o pedido básico do consumidor no Art. 104-B e no processo por superendividamento aí criado é para revisar os contratos, integrar as lacunas a seu favor (e não a favor do fornecedor) e elaborar um plano para que possa pagar só as dívidas não abusiva e remanescentes, que não foram conciliadas. Só assim se estimulará a conciliação extrajudicial.

Note-se que aqui há possibilidade de indicar administrador ou um perito judicial ou contador, que podem ser chamados para analisar contrato, juros, encargos etc.[39] Os Núcleos previstos no Art. 5º do CDC podem ter convênios com Institutos de Ensino Superior e Faculdades, de forma a integrar saberes para serem utilizados neste momento. Também o Fundo dos Bens Lesados e fundos públicos podem ser utilizados para ajudar nas despesas do administrador e peritos (Art. 104-B, § 3º). Nesta fase, com a ajuda do administrador ou sem esta ajuda, o juiz passa a integrar as lacunas deixadas pela revisão dos contratos, pois após retiradas as abusividades (práticas na concessão do crédito e da venda a prazo de produtos e serviços) e cláusulas abusivas presentes nos contratos

---

38. MARQUES, Claudia Lima. In BENJAMIN, Antonio Herman; MARQUES, Claudia Lima; LIMA, Clarissa Costa de; VIAL, Sophia Martini. *Comentário à Lei 14.181/2021*: A atualização do CDC em matéria de superendividamento. São Paulo: Ed. RT, 2021, p. 82.

39. Estes parágrafos estão reproduzindo textos de MARQUES, Claudia Lima. *Manual de Direito do Consumidor*. São Paulo: Ed. RT, 2022, p. 485 e s.

restam vazios, lacunas contratuais devem ser preenchidas. A ideia nesta fase de revisão e integração de cada um dos contratos é verificar em cada contrato revisado o valor e determinar o quantum a pagar é remanescente, sem abusividades. Importante destacar que a revisão é de todo o iter da dívida. Aqui se pode utilizar a Súmula 286 do STJ, para bem frisar que as renegociações entre as partes anteriores não 'sanam' as abusividades (absolutas segundo o Arts. 1º e 51 do CDC) e não impedem que se retire as abusividades desde o início da dívida.

Destaque-se que na fase judicial, o processo especial visa a revisão dos contratos individualmente (aqueles que não conciliaram-cooperaram). O superendividamento é um problema global (bosque), que coloca em perigo o mínimo existencial e a permanência do consumidor na sociedade de consumo (sua exclusão é o resultado), mas para tratá-lo é necessário concentrar primeiro nos contratos *in concreto* que formam o bolo da dívida e revisar estes contratos, retirando todas as abusividades dos contratos que formam o 'bolo' da dívida. A revisão dos contratos e a integração das lacunas a favor do consumidor diminui a dívida a ser paga e é uma espécie de 'sanção' pelo credor não ter cooperado com o plano de pagamento (pois na fase conciliatória, teria todo o débito, sem revisão e retirada das abusividades). A prática jurisprudencial é assim chave para o sucesso deste modelo ou os credores preferirão não conciliar e deixar o juiz 'cobrar' a sua dívida...

C) Aplicação imediata do processo especial do tratamento judicial do superendividamento no CDC e suas diferenças para com o regime geral do CPC

Dois aspectos mais 'processuais' ainda devem chamar nossa atenção no entendimento da revisão e integração dos contratos prevista no Art. 104-B e a residual 'repactuação das dívidas remanescentes': tal regra vai se aplicar de forma imediata e aos contratos em curso de crédito ao consumidor (1) e suas diferenças em relação ao regime geral do CPC (2). Vejamos.

1. Aplicação imediata a contratos assinados antes de 02.07.2021

A Lei 14.181,2021, que atualizou o CDC quanto à prevenção e tratamento do superendividamento, por seu Art. 5º entrou em vigor na data de sua publicação, a saber em 02.07.2021, dia inicial de sua vigência, e abrangendo os efeitos atuais dos contratos anteriormente assinados, como esclarece o Art. 3º Esta aplicação imediata é importante, se bem que todas as normas processuais, como as aqui discutidas do Art. 104-A, 104-B e 104-C, tenham normalmente aplicação imediata.

O Art. 3º da Lei 14.181/2021 atualizadora do CDC, inspirado pelo CC/02 dispõe:

> Art. 3º A validade dos negócios e dos demais atos jurídicos de crédito em curso constituídos antes da entrada em vigor desta Lei obedece ao disposto em lei anterior, mas os efeitos produzidos após a entrada em vigor desta Lei subordinam-se aos seus preceitos.

Esta norma especifica claramente que a validade dos contratos em curso será regulada pela lei anterior, mas os efeitos atuais dos contratos em curso serão regulados pela lei nova e sua nova ordem pública de prevenção e tratamento do superendividamento. A regra permite ao magistrado, nos processos em curso, que se discutam o pagamento de dívidas oriundas de contratos assinados antes do dia 2 de julho de 20221, mesmo assim aplicar as sanções e regras do CDC atualizado pela Lei 14.181/2021.

Como escrevemos, a

Lei 14.181,2021 traz vários tipos de regras e muitas delas tem aplicação imediata a todos os contratos em curso e também podem ser utilizadas, por sua natureza, nas disputas judiciais já em curso, versando sobre contratos assinados antes da entrada em vigor da lei. Explico, segundo a teoria geral do direito, princípios, novos direitos, regras interpretativas de regras antigos do CDC e regras processuais novas tem aplicação imediata. Vejamos os tipos de regras da Lei 14.181,2021: 1) princípios (os dos artigos 4º e 5º), que são de aplicação imediata e geral, em todos os casos; 2) direitos materiais e processuais novos (Art. 6º e Art. 104-A, 104-B, 104-C), que são de aplicação imediata e geral, em todos os casos; 3) regras interpretativas[40] sobre a oferta, regulada pelo Art. 30, 31, 33, 34, 35, 39,46, 48 e 54 do CDC, e agora esclarecida pelos Artigos 54-C, que são de aplicação imediata ajudando na interpretação dos casos e litígios em curso; 4) regras interpretativas sobre a conexão do contrato principal de consumo e o contrato acessório de crédito já prevista no Art. 52 do CDC, que são de aplicação imediata ajudando na interpretação dos casos e litígios em curso.[41]

Como frisamos,

sem ferir as normas constitucionais, o legislador decidiu que para que o CDC atualizado pela Lei 14.181/2021 seja uma lei eficiente para regular o mercado, para guiar as condutas desejadas e para proteger o sujeito constitucionalmente escolhido, o consumidor, e para manter o mercado saudável macroeconomicamente e sem superendividamento em massas, as regras devem repercutir imediatamente e aplicarem-se aos efeitos atuais dos contratos em curso.[42]

A inspiração do Art. 3º da Lei 14.181/2021 é claramente o caput do Art. 2.035 do CC/2002, porém a regra do Art. 2035 do CC/2002 permite a disposição pelas partes de como se dará a 'execução' do contrato, já o Art. 3º da Lei 14.181,2021 não permite esta disposição. Aqui temos claramente mais uma diferença imperativa e especial do regime do CDC, pois as normas todas do Código tutelar dos consumidores são de ordem pública por força de seu Art. 1º e da origem constitucional de um dever de proteção estatal ao consumidor (Art. 5, XXXII da CF/1988). Como o próprio parágrafo único do Art. 2.035 do CC/2002 especifica as regras sobre a função social dos contratos são normas

---

40. Veja sobre a aplicação imediata e geral destas regras e o que é denominado 'retroatividade' das leis interpretativas, DELGADO, Mário Luiz. *Novo Direito Intertemporal* – Da retroatividade das leis civis. São Paulo: Saraiva, 2014, p. 180 e s.
41. MARQUES, Claudia Lima, BENJAMIN, Antonio Herman. Disposições transitórias e em outras leis. In: BENJAMIN, Antonio Herman, MARQUES, Claudia Lima; LIMA, Clarissa Costa de; VIAL, Sophia. *Comentários à Lei 14.181/2021*: a atualização do CDC em matéria de superendividamento. São Paulo: Ed. RT, 2021, p. 360.
42. MARQUES, Claudia Lima, BENJAMIN, Antonio Herman. Disposições transitórias e em outras leis. In: BENJAMIN, Antonio Herman, MARQUES, Claudia Lima; LIMA, Clarissa Costa de; VIAL, Sophia. *Comentários à Lei 14.181/2021*: a atualização do CDC em matéria de superendividamento. São Paulo: Ed. RT, 2021, p. 359.

de ordem pública e aqui estamos tratando de regras do CDC sobre a função social dos contratos de consumo e de crédito incluídas no CDC e são todas de ordem pública.

2. As diferenças: propositura pelo consumidor, aproveitamento dos documentos e demais informações da fase extrajudicial e a gratuidade

Quero aqui também destacar as diferenças 'processuais' deste regime especial instituído pelo CDC para combater a exclusão a social do superendividamento (e o risco sistêmico que representa para economia) com o regime geral do CPC, e devo iniciar pela aplicação imediata aos contratos em curso, por força do Arts. 3º e 5º da Lei 14.181/2021, que atualizou o CDC, deste regime de revisão-sanção.

Para a fase judicial, o legitimado único é o consumidor (art. 104-B *caput*) e, normalmente, será concedido o benefício da assistência judiciária gratuita. A Recomendação 125/2021 do CNJ traz fluxo sobre esta fase e a primeira atividade do magistrado (se já não tiver sido feita antes) é a homologação do plano voluntário, por exemplo, alcançado nos PROCONs. A finalidade desta fase é respeitar o plano voluntário alcançado e que será pago em 5 anos (logo, a fase judicial tende a procrastinar o pagamento destas dívidas para mais de 5 anos), assim o juiz só fará a revisão dos contratos e das dívidas dos credores que não conciliaram (art. 104-B caput). Interessante que o CDC permite ao magistrado utilizar os documentos (contratos, extratos, ofertas, renegociações voluntárias, ofertas recebidas, prospectos, documentos etc.) entregues na fase conciliatória, seja nos PROCONs ou nos CEJUSCs.[43]

Note-se que esta subfase judicial é uma revisional especial do CDC por superendividamento, logo, o magistrado não utiliza o Art. 330 do CPC e delibera *ex officio* se é necessária, provisoriamente, a suspensão da exigibilidade das dívidas remanescentes e as sanções do § 2º do Art. 104-A, para que aquele credor que não conciliou, não fique 'lucrando' com sua não cooperação (Rec. 125 do CNJ).

Segue-se a citação dos credores remanescentes. O despacho de citação dos credores remanescentes que não conciliaram já pode pedir documentos (série de contratos, novações, renegociações, cessões contratuais etc., para ver o principal e atualização da dívida) e pedir a descrição de como se deu a oferta e quando, nome dos intermediários, gravações etc., concedendo 15 dias para credores citados juntaram documentos e as razões da negativa. Na contestação e juntada de documentos pelos credores, é este o momento que o eventual 'dolo' contratual do consumidor em algum dos contratos, pode ser provado (art. 104-A, § 1º), com a consequente retirada desta dívida do plano, como sanção.

Essa revisional 'especial' por superendividamento deve examinar uma a uma as práticas de crédito responsável e a conduta de boa-fé ou não, que aconteceu na prática

---

43. MARQUES, Claudia Lima; MIRAGEM, Bruno. Art. 104-B. In: MARQUES, Claudia Lima; BENJAMIN, Antonio Herman; MIRAGEM, Bruno. *Comentários ao Código de Defesa do Consumidor.* 7. ed. São Paulo: Ed. RT, 2021, p. 1841.

(forte nos artigos 30, 34, 37, 52 e 54-B, 54-D, 54-G), com a consequente determinação *ex officio* da nulidade das práticas e cláusulas abusivas, segundo o CDC (Art. 30, 39, 51,52,53 a 54-F). Aqui também há fases: Fase 1. *Ex officio* e conforme a gravidade da conduta do fornecedor e frente as possibilidades daquele consumidor em especial para quem o crédito foi concedido de forma irresponsável e sem cumprimento de algum dever de boa-fé, determinação de uma u mais sanções do Art. 54-D Par. Único, a saber: a) reduzir juros (até '0'); b) reduzir encargos (até '0'); c) reduzir qualquer acréscimo ao principal (até '0'); d) Concessão de prazo (dilação ou moratória) para pagamento daquela dívida.

Na I Jornada de Pesquisa CDEA sobre superendividamento UFRGS-UFRJ, foram aprovados por unanimidade dois enunciados sobre as diferenças de regime do CDC e do CPC:

> Enunciado 21 – O processo por superendividamento para revisão e integração dos contratos e repactuação das dívidas previsto no art. 104-A e 104-B do CDC, com a redação dada pela Lei 14.181/21, é procedimento especial e não se aplicam as disposições contidas nos §§2º e 3º do art. 330 do CPC/15, que imporiam ao consumidor superendividado o pagamento/depósito do valor incontroverso, barreira de acesso à justiça que prejudicaria a finalidade da lei de combater a exclusão social (Art. 4º, X do CDC).(Autor: Prof. Dr. André Perin Schmidt Neto).

> Enunciado 22. Art. 104-A. Em atendimento ao direito de amplo acesso à justiça, deve ser deferida a gratuidade de justiça ou o recolhimento de custas judiciais ao final nos processos de superendividamento do consumidor. (Autoras: Prof. Dra. Cíntia Muniz de Souza Konder e Prof. Dra. Andréia F. de Almeida Rangel).[44]

A gratuidade é a mais importante destas, pois seria sem sentido e assistemático, verdadeira barreira ao acesso ao Judiciário se o superendividado para aproveitar dos processos do CDC tivesse ainda que arcara com as custas.[45]

Em resumo, trata-se de procedimento especial criado pela Lei 14.181/2021, ao qual não se aplicam as disposições contidas nos §§ 2º e 3º do art. 330 do CPC/15, que imporiam ao consumidor superendividado o pagamento/depósito do valor incontroverso, barreira de acesso à justiça que deve ser facilitado (Art. 6º, VII), que prejudicaria a finalidade do CDC de combater a exclusão social (Art. 4º, X).

Neste sentido, recomenda o Enunciado 15 da III Jornada CDEA, que se permita inclusive a emenda da petição inicial:

> Considerando que créditos são contratos de trato sucessivo e segundo o Art. 3º da Lei 14.181/2021 esta é aplicável aos efeitos atuais dos contratos em curso, nas ações em curso e revisionais, deve ser dada ao consumidor a possibilidade de emenda da petição inicial para adaptar ao rito especial da Lei 14.181/2021, se a fase processual permitir, ou, em caso negativo, de optar pela desistência da ação

---

44. Veja MARQUES, Claudia Lima; RANGEL, Andréia Fernandes. A, Enunciados das I e II Jornadas de Pesquisa CDEA: Superendividamento e proteção do consumidor, UFRGS-UFRJ-Brasilcon-PUCRS-UNINOVE-PRO-CON-SP. *Revista de Direito do Consumidor*, v. 139, p. 400 e s. jan./fev. 2022.

45. Veja MARQUES, Claudia Lima; MIRAGEM, Bruno. Art. 104-B. In: MARQUES, Claudia Lima; BENJAMIN, Antonio Herman; MIRAGEM, Bruno. *Comentários ao Código de Defesa do Consumidor*. 7. ed. São Paulo: Ed. RT, 2021, p. 1843.

e introdução de nova demanda sob o rito da Lei 14.181/2021, visando a preservação de seu mínimo existencial. (Autora: Profa. Dra. Karen D. Bertoncello).

E seguindo o modelo da falência, traz um processo universal, como sugere a doutrina[46] e determina o e. STJ:

> Cabe à Justiça comum estadual e/ou distrital processar e julgar as demandas oriundas de ações de repactuação de dívidas decorrentes de superendividamento – ainda que exista interesse de ente federal – porquanto a exegese do art. 109, I, do texto maior, deve ser teleológica de forma a alcançar, na exceção da competência da Justiça Federal, as hipóteses em que existe o concurso de credores... Conflito conhecido para declarar a competência do r. juízo comum do Distrito Federal e Territórios para processar e julgar a ação de repactuação de dívidas por superendividamento, recomendando-se ao respectivo juízo, ante à delicada condição de saúde do interessado, a máxima brevidade no exame do feito (STJ, CC 193.066/DF, relator Ministro Marco Buzzi, Segunda Seção, julgado em 22.03.2023, DJe de 31.03.2023).[47]

Realmente, considerando a natureza concursal, deve competir "à Justiça estadual ou distrital conhecer do processo de superendividamento previsto nos arts. 104-A e 104-B do Código de Defesa do Consumidor, com a redação da Lei 14.181/2021, e julgá-lo, ainda que um ente federal integre o polo passivo, tratando-se de exceção ao art. 109, I, da Constituição Federal" (CC 192.140/DF, relator Ministro João Otávio de Noronha,

---

46. Veja da III Jornada do CDEA UFRGS-UFRJ-UNINOVE-PROCON/SP, o Enunciado 7. O Juízo competente para o processamento e julgamento de ação de repactuação de dívidas do consumidor superendividado possui *vis atracttiva*, aplicando-se analogicamente o constante do art. 45, inciso I, do Código de Processo Civil em relação a ações relativas a dívidas de consumo mencionadas no art. 54-A, § 1º, do CDC, inclusive as exigidas por empresas públicas federais. (Autores: Prof. Dr. Luis Alberto Reichelt e Profa Me Fabiana Prietos Peres) e o Enunciado 8. É competente a Justiça Estadual para o processamento e julgamento do processo de repactuação de dívidas do consumidor superendividado também nos casos em que figurar como parte empresa pública federal.(Autores: Prof. Dr. Luis Alberto Reichelt e Profa Me Fabiana Prietos Peres) e Enunciado 16. Em respeito ao juízo universal, as ações de superendividamento do consumidor conforme a Lei 14.181/2021 em trâmite na Justiça Federal, analogicamente as causas de falências e recuperação extrajudicial, podem ser processadas na Justiça Estadual. (Autora: Profa. Dra. Karen D. Bertoncello).

47. A bela ementa ensina: "Conflito de competência – Código de Defesa do Consumidor – Ação de repactuação de dívidas – Superendividamento – Concurso de credores previsto nos artigos 104-A, B e C, do CDC, na redação conferida pela Lei 14.181/21 – Polo passivo composto por diversos credores bancários, dentre eles, a caixa econômica federal – exceção à regra de competência prevista no art. 109, I, da CF/88 – exegese do col. Supremo tribunal federal definida em repercussão geral – declaração de competência da justiça comum do distrito federal. 1. O Superior Tribunal de Justiça é competente para o conhecimento e processamento do presente incidente, pois apresenta controvérsia acerca do exercício da jurisdição entre juízos vinculados a Tribunais diversos, nos termos do artigo 105, I, "d", da Constituição Federal. 2. A discussão subjacente ao conflito consiste na declaração do juízo competente para o processar e julgar ação de repactuação de dívidas decorrentes do superendividamento do consumidor, em que é parte, além de outras instituições financeiras privadas, a Caixa Econômica Federal. 3. A alteração promovida no Código de Defesa do Consumidor, por meio do normativo legal 14.181/2021, de 1º de julho de 2021, supriu lacuna legislativa a fim de oferecer à pessoa física, em situação de vulnerabilidade (superendividamento), a possibilidade de, perante seus credores, rediscutir, repactuar e, finalmente, cumprir suas obrigações contratuais/financeiras. 4. Cabe à Justiça comum estadual e/ou distrital processar e julgar as demandas oriundas de ações de repactuação de dívidas decorrentes do superendividamento – ainda que exista interesse de ente federal – porquanto a exegese do art. 109, I, do texto maior, deve ser teleológica de forma a alcançar, na exceção da competência da Justiça Federal, as hipóteses em que existe o concurso de credores. 5. Conflito conhecido para declarar a competência do r. juízo comum do Distrito Federal e Territórios para processar e julgar ação de repactuação de dívidas por superendividamento, recomendando-se ao respectivo juízo, ante à delicada condição de saúde do interessado, a máxima brevidade no exame do feito." (STJ, CC 193.066/DF, relator Ministro Marco Buzzi, Segunda Seção, julgado em 22.03.2023, DJe de 31.03.2023).

Segunda Seção, julgado em 10.05.2023, DJe de 16.05.2023). Aqui mais uma diferença do regime geral processual.

Destacada algumas das diferenças, mister concluir que o Artigo 4º do CDC estabelece novo princípio da política nacional de defesa do consumidor, cujos instrumentos estão consubstanciados no Art. 5º do CDC. Vejamos, por fim, estes instrumentos e os que foram criados nestes primeiros dois anos da Lei 14.181/2021.

3. INSTRUMENTOS PARA INCENTIVAR A CONCILIAÇÃO E A ELABORAÇÃO DE PLANOS DE PAGAMENTOS: OS ARTIGOS 4º, 5º, 6º E 104-A DO CDC E O 'CONCILIA SUPER APP DA UFRGS-UPF'

Muitos foram os instrumentos criados pela Lei 14.181/2021 para incentivar a conciliação em matéria de superendividamento, incentivar a cooperação a evitar a ruína dos consumidores. Em especial, no Art. 4º do CDC, aposta-se no 'fomento de ações direcionadas à educação financeira dos consumidores' (IX); assim como ações (e sanções) para a 'prevenção e tratamento do superendividamento como forma de evitar a exclusão social do consumidor' (X). No Art. 5º do CDC, há a 'instituição de mecanismos de prevenção e tratamento extrajudicial e judicial do superendividamento' e 'de proteção do consumidor pessoa natural' (VI) e, em especial, a instituição de núcleos de conciliação e mediação de conflitos oriundos de superendividamento (VII). No Art. 6º temos a 'garantia de práticas de crédito responsável, de educação financeira e de prevenção e tratamento de situações de superendividamento, preservado o mínimo existencial, nos termos da regulamentação, por meio da revisão e da repactuação da dívida, entre outras medidas' (XI) e a 'preservação do mínimo existencial, nos termos da regulamentação, na repactuação de dívidas e na concessão de crédito' (XII).

Nesta segunda parte, destacarei para comentar do CDC, os instrumentos da preservação do mínimo existencial e da criação dos Núcleos de Assistência aos Superendividados, os NAS (A). Como a resposta das instituições foram também positivas, também destacarei a criação do GT de Superendividamento no CNJ (B) e a contribuição da academia e advocacia, com um aplicativo criado pela UFRGS e UPF para ajudar os Balcões do Consumidor e Núcleos de Práticas Jurídicas Inovadoras (Procons e CEJUSCs) nas Universidades e o cálculo dos planos de pagamento pelos advogados e consumidores, que devem apresentar um plano inicial (C).

A) A garantia de preservação do mínimo existencial e os 'Núcleos de conciliação e mediação de conflitos oriundos de superendividamento' (ou 'NAS')

Há uma nova garantia de mínimo existencial no superendividamento e a primeira função da noção de mínimo existencial do consumidor superendividado é a de ajudar na definição de superendividamento do Art. 54-A, parágrafo primeiro.[48] Assim Enunciado

---

48. O superendividamento do consumidor pode ser definido academicamente como a impossibilidade global de o devedor pessoa-física, consumidor, leigo e de boa-fé, pagar todas as suas dívidas atuais e futuras de consumo (excluídas as dívidas com o Fisco, oriundas de delitos e de alimentos) sem prejudicar sua existência.

10 da III Jornada CDEA. "Para que haja a aplicação do complexo normativo trazido pela lei 14.181/21 no CDC, não se faz necessário demonstrar a destinação empregada a todos os recursos financeiros oriundos da concessão de crédito, bastando que a maioria seja de consumo. A constatação do consumidor superendividado depende da situação fática de impossibilidade global de pagamento do conjunto das dívidas, a comprometer o mínimo existencial".

A segunda função do mínimo existencial na Lei 14.181/2021 que atualizou o CDC para o tratamento do superendividamento é assegurar que o plano de pagamento seja um sucesso. Por isso, a Lei 14.181/2021 foi incluída no CDC, que é sistema de ordem pública e prevê nulidades absolutas, sem possibilidade de flexibilização, sanação ou não cumprimento, como deixou bem claro a ADIn 2591. O novo capítulo do CDC não traz perdão de dívidas e visa reeducar o consumidor através do pagamento do plano conciliatório em 5 anos, que será decidido em audiência global do consumidor com todos os seus credores (Art. 104-A e 104-C), parece claro que é necessário preservar o seu mínimo existencial (Art. 6, XI e Art. 104-A caput) ou há o perigo do consumidor não pagar o plano de pagamento, como 80% dos feirões de dívidas não são pagos, justamente porque o consumidor prefere a sobrevivência a pagar as dívidas renegociadas.

Na procura de cooperação e boa-fé, é o consumidor que deve propor o plano de pagamento, pois é ele que sabe quais são suas despesas mínimas de sobrevivência, assim não cabe na conciliação do Art. 104-A dos CEJUSCs e do Art. 104-B nos PROCONs, Defensorias e Balcões do Consumidor nas Universidades utilizar o Decreto 11.150/2022, que é inconstitucional formal e materialmente, como veremos a seguir.[49] O Decreto 11.150/2022, atualizado pelo Decreto 11567/2023 tenta impor um mínimo existencial único, seja de 303 ou 600 reais, para toda a população (seja solteira, casada, com um filho, com 4 dependentes ou não importando a faixa de renda).

A finalidade do tratamento do superendividamento do CDC é combater a exclusão social e não condenar à exclusão e à pobreza por 5 anos os consumidores. Conforme o Art. 5º, XXXII da Constituição Federal de 1988, é dever do Estado a proteção do consumidor, na forma da lei e não na forma de um Decreto, contrário à lei que pretende regulamentar.

Das I Jornadas CDEA da UFRGS-UFRJ[50] se retiram importantes enunciados sobre a noção do mínimo existencial:

Enunciado 4. A menção ao mínimo existencial, constante da Lei 14.181/2021, deve abranger a teoria do patrimônio mínimo, com todas as suas aplicações doutrinárias e jurisprudenciais.

Autor: Prof. Dr. Flávio Tartuce

Enunciado 5. A falta de regulamentação do mínimo existencial, que tem origem constitucional, não impede o reconhecimento do superendividamento da pessoa natural e a sua determinação no caso concreto.

---

49. Veja MARQUES, Claudia Lima. Decreto 11.150/2022: A inconstitucional tentativa de esvaziar a Lei 14.181/2021 e retroceder o dever do Estado de proteção do consumidor. *Revista de Direito do Consumidor*. v. 143, p. 393-401. 2022.

50. Veja os Enunciados disponíveis em: https://www.ufrgs.br/ocsc/enunciados/ (10.06.2023).

Autora: Prof. Dra. Ana Carolina Zancher

Enunciado 6. Considera-se mínimo existencial, aos efeitos do disposto da Lei 14.181/21, os rendimentos mínimos destinados aos gastos com a subsistência digna do superendividado e de sua família, que lhe permitam prover necessidades vitais e despesas cotidianas, em especial com alimentação, habitação, vestuário, saúde e higiene.

Autores: Prof. Dra. Ana Carolina Zancher e Profa. Dr. André Perin Schmidt.

Como já escrevi,[51] o Decreto 11.150, 2022 que tentou regulamentar o mínimo existencial previsto no CDC deve ser considerado inconstitucional material e formalmente, pois está a:

a) ferir o dever de proteção do Estado ao consumidor e o direito fundamental assegurado no Art. 5º, XXXII da CF/1988, em matéria bancária de crédito e financeira já interpretado pela Supremo Tribunal Federal na ADI 2591 (o ADIN dos Bancos), negando efeito útil ao Código de Defesa do Consumidor e violando a proibição de retrocesso, em virtude de injustificada diminuição do nível de proteção jurídica por Decreto infralegal e sem qualquer proporcionalidade.

b) ferir os Arts. 6º e 7º, IV da CF e o direito fundamental implícito do mínimo existencial ao reduzi-lo na prevenção e tratamento e conciliação do superendividamento dos consumidor à extrema pobreza a valor fixo de R$ 303,05 (25% do salário mínimo), liberando para serem comprometidos créditos e pagamento 75% do salários de todos os brasileiros, não importando se ganham um ou mais salários mínimos;[52]

c) ferir o direito de acesso à Justiça de forma a esvaziar a proteção do consumidor superendividada, na forma da Lei 14.181/2021, no que se refere ao seu mínimo existencial no superendividamento (do Art. 54-A parágrafo primeiro do CDC), no 'processo de repactuação de dívidas' do Art. 104-A do CDC, seja procedimento administrativo nos PROCONs do Art. 104-C do CDC ou, no judicial, no 'processo de superendividamento para a revisão e integração dos contratos e repactuação das dívidas remanescentes' do Art. 104-B do CDC, além de

d) extrapolar o poder regulamentador transferido pela Lei 14.181,2021, criando por decreto regulamentador exclusões que a lei não fez e esvaziando direitos básicos e garantias, asseguradas em Lei por Decreto e tornando sem efeito a própria lei superior e que deveria apenas regular.[53]

Esperamos que em breve tal Decreto 11.150/2022 e sua atualização pelo Decreto 11567/2023 venham a ser declarados inconstitucionais pelo egrégio Supremo Tribunal Federal, mas enquanto isso não ocorre, em controle difuso, mister que a magistratura negue eficácia ao Decreto 11.150,2022 para não inviabilizar as regras inseridas pela Lei

---

51. MARQUES, Claudia Lima. Decreto 11.150/2022: A inconstitucional tentativa de esvaziar a Lei 14.181/2021 e retroceder o dever do Estado de proteção do consumidor. *Revista de Direito do Consumidor*, v. 143, p. 393 e s. 2022.

52. Como afirmo o pedido de Decreto-Legislativo: "Ao prever o mínimo existencial como um valor fixo desvinculado às características e necessidade do consumidor individualmente considerado e ainda, em valor inferior ao salário mínimo, o chefe do Poder Executivo, claramente, extrapolou os ditames do Código de Defesa do Consumidor (Lei federal 8.078, art. 4º, X e art. 6º, XII) e a Constituição Federal art. 7º, IV, cabendo ao Congresso Nacional, mediante aplicação dos freios e contrapesos da nossa democracia, sustar o referido ato." MARQUES, Claudia Lima. Decreto 11.150/2022: A inconstitucional tentativa de esvaziar a Lei 14.181/2021 e retroceder o dever do Estado de proteção do consumidor. *Revista de Direito do Consumidor*, v. 143, p. 393 e s. 2022

53. MARQUES, Claudia Lima. Decreto 11.150/2022: A inconstitucional tentativa de esvaziar a Lei 14.181/2021 e retroceder o dever do Estado de proteção do consumidor. *Revista de Direito do Consumidor*, v. 143, p. 395. 2022.

14.181/2021 no CDC. No processo judicial, o magistrado deve obediência ao Art. 5º, XXXII da CF/1988, que inviabiliza conceder ao Decreto 11.150/2022 qualquer eficácia.

Como afirma o Enunciado 40 do 13º Encontro do FONAMEC:

> Na pactuação do plano de pagamento das dívidas do consumidor superendividado deverá ser respeitado o mínimo existencial, considerando a situação concreta vivenciada pelo consumidor e sua entidade familiar, de modo a não comprometer a satisfação de suas necessidades básicas, observados os parâmetros estabelecidos no artigo 7º, inciso IV, da Constituição da República.[54]

A última função do mínimo existencial no CDC é de prevenção do superendividamento, é a de garantir um crédito responsável no Brasil, um crédito concedido de forma responsável que não seja um contrato de escravidão.[55] Recentemente em precedente que autorizou qualquer tipo de desconto em conta corrente o STJ frisou a necessidade de lei para regular o mínimo existencial (REsp 1.863.973/SP, relator Ministro Marco Aurélio Bellizze, Segunda Seção, julgado em 9/3/2022, DJe de 15/3/2022). Data máxima vênia, não é indevida a intervenção judicial nos contratos para a prevenção do superendividamento e preservação do mínimo existencial do consumidor após a entrada em vigor da Lei 14.181/2021, sendo assim deve ser revista esta decisão. Sobre esta função preventiva do mínimo existencial ainda poderíamos escrever muito, mas não é aqui por questões de espaço e tempo, que poderemos fazer. É preferível continuar refletindo sobre os instrumentos criados pela Lei 14.181/2021.

Por fim, estes instrumentos a procura da eficácia do CDC, atualizado pela Lei 14.181/2021 foram criado não só pela lei atualizadora do CDC, mas também pelas instituições para alcançar o tratamento adequado ao superendividamento. Vejamos dois deles.

B) A atuação do CNJ: Rec. 125/2021 e a Cartilha sobre Superendividamento

Destaque-se, na efetivação da atualização do CDC através da Lei 14.181/2021, a colaboração excelente e o grande papel representado pelo do CNJ, criando um Grupo de Trabalho, liderando tanto na Recomendação 125/2021, como na criação da categoria de superendividamento do E-PROC e todos oriundos dos trabalhos do GT sobre Superendividamento do CNJ, sob a condução firme e sábia do Min. Marco Buzzi do e. STJ.

---

54. Veja-se a justificativa, assim redigida: "Justificativa: A leitura do Decreto 11.150, de 26 de julho de 2022, confrontou o superprincípio da dignidade da pessoa, cuja função precípua era conferir-lhe unidade material. O princípio da dignidade atua como fundamento à proteção do consumidor superendividado e criador do direito ao mínimo existencial, cuja previsão infraconstitucional foi sedimentada pelo Poder Legislativo na Lei 14.181/21, que atualizou o Código de Defesa do Consumidor, instalando um microssistema de crédito ao consumo. Para além da redação do regulamento determinado no Código do Consumidor atualizado, artigo 6º, XI, a eficácia horizontal direta dos direitos fundamentais nas relações privadas, para a preservação da dignidade da pessoa, era avanço doutrinário e jurisprudencial pátrios já reconhecidos, a partir da previsão do art. 5º, parágrafo 1º, da CF/88. Afinal, a garantia de 25% do salário mínimo a qualquer família brasileira, sem considerar a situação socioeconômica e individualizar as necessidades que comportam as despesas básicas de sobrevivência, não representa interpretação harmônica com os valores constitucionais. Assim, resta evidente a possibilidade de composição sem incidência do Decreto 11.150/22, em controle difuso de constitucionalidade".

55. Veja detalhes na bela obra de BERTONCELLO, Karen. *Superendividamento do consumidor* – mínimo existencial – casos concretos. São Paulo: Ed. RT, 2015, p. 18 e s.

O "Grupo de Trabalho para aperfeiçoar os fluxos e procedimentos administrativos para facilitar o tramite dos processos de tratamento do superendividado" foi criado pela Portaria 55/2022 e teve sua atuação prorrogada pela Portaria 28/2022. As atribuições do GT são, em especial, de 'monitorar a judicialização do superendividamento no âmbito do Poder Judiciário'; 'aperfeiçoar os fluxos e procedimentos administrativos para facilitar o tramite dos processos de tratamento do superendividado'; 'sugerir a realização de eventos e atividades de capacitação de magistrados atuantes em demandas de superendividamento, inclusive na modalidade a distância'; e 'apresentar propostas de recomendações, provimentos, instruções, orientações e outros atos normativos, destinados ao aperfeiçoamento das atividades dos órgãos do Poder Judiciário.'

Como afirma a notícia do STJ:

> Ao longo de um ano de atuação, o grupo de trabalho viabilizou, junto ao CNJ, a inclusão do assunto "superendividamento" na Tabela Processual Unificada (TPU), a fim de monitorar o quantitativo de demandas sobre esse tema distribuídas no Poder Judiciário, bem como apresentou proposta de ato normativo, que resultou na edição da Recomendação CNJ 125/2021, a qual indicou aos tribunais a criação de Núcleos de Conciliação e Mediação de Conflitos relativos a questões de superendividamento, sugerindo que sejam aproveitadas, para tal fim, as estruturas dos Centros Judiciários de Solução de Conflitos e Cidadania (Cejusc) já existentes.[56]

Quero aqui destacar a importância da cartilha do CNJ criada pelo GT do CNJ e que tive a honra de participar da redação inicial. Além do texto doutrinário, traz fluxogramas, tabelas resumidas das duas fases processuais (extrajudicial e judicial), assim, sendo útil aos CEJUSCs e Procons, traz modelos de atas de audiência, de acordos com planos de pagamento e, sobretudo, traz o formulário de 'entrada' e diagnose do superendividamento, desenvolvido pelo Observatório do Crédito e Superendividamento da UFRGS. Trata-se, pois, de instrumento muito útil e prática, disponível online para todo o país.[57]

Como recomenda o Enunciado 17 da I Jornada do CDEA UFRGS-UFRJ:

> Com a entrada em vigor da Lei 14.181/21, recomenda-se aos tribunais brasileiros a implementação de Núcleos de Conciliação e Mediação de Conflitos para a conciliação pré-processual (art. 104-A do CDC) das dívidas de consumo, exigíveis e vincendas, que comprometam o mínimo existencial do consumidor pessoa natural e de boa-fé. (Autora: Prof. Dra. Clarissa Costa de Lima).

Também chamados de NAS, 'Núcleos de Atenção ao Superendividados', este instrumento foi previsto no Art. 5º, inciso VII do CDC, com a noção que somente um grupo de experts em um núcleo que permita a conciliação e a mediação de conflitos oriundos de superendividamento, pode ajudar os PROCONs e os CEJUSCs a bem tratar o problema do superendividamento dos consumidores.

Na Terceira Jornada CDEA foram realizadas uma série de recomendações no mesmo sentido, a saber:

---

56. Prorrogado prazo para estudos sobre superendividamento (stj.jus.br) (12.06.2023).
57. Cartilha-superendividamento.pdf (cnj.jus.br) (12.06.2023).

> Recomendações da III Jornada CDEA sobre Superendividamento UFRGS-UFRJ-UNINOVE-PROCON-SP
>
> 1. A criação de um 'Sistema Público de Apoio à Renegociação Coletiva e Conciliação no Superendividamento', a exemplo do sistema português do SISPACSE de Portugal (Decreto-Lei 105/2020), em cooperação entre o CNJ e a Senacon, capacitando os conciliadores dos CEJUSCs e os servidores dos PROCONs para atuarem como conciliadores, mediadores e facilitadores das renegociações e audiências de conciliação dos superendividamento, previstas pelo CDC.
>
> 2. A criação de 'Núcleos de Conciliação e Mediação de conflitos oriundos de superendividamento', previstos no Art. 5, VII do CDC, nos PROCONs e CEJUSCs deve vir acompanhada de convenções de cooperação com o apoio das Instituições de Educação Superior e com as Associações de Proteção do Consumidor.
>
> 3. A SENACON, o conjunto de PROCONs estaduais e municipais, o CNJ e as Escolas da Magistratura deverão incluir nas capacitações regras básicas sobre educação financeira e sobre os capítulos do CDC sobre prevenção e tratamento do superendividamento.

Muitas destas recomendações estão sendo encaminhadas pela colaboração constante do GT do CNJ e da SENACON, os cursos da ENFAN, das Escolas Judiciais e da Advocacia. A evolução já tem sido sentida, prejudicada apenas pelo Decreto 11.150/2021.

Por fim, destaque-se que a cartilha do CNJ fica clara a união entre as regras substanciais, e seu objetivo de combater a exclusão social (Art. 4, X do CDC), e os instrumentos e regras processuais, que igualmente ajudam nestes objetivos 'substanciais' de proteção especial do consumidor pessoa natural (Art. 5, VI do CDC). É este somar de forças e iniciativas que quero aqui destacar, também com a contribuição da academia e da advocacia.

C) A atuação da Academia e Advocacia: o aplicativo UFRGS-UPF "Concilia Super App"

Neste esforço conjunto para garantir a efetividade das modificações da Lei 14.181/2021 no CDC, a UFRGS e a UPF, em conjunto com o Observatório do Crédito e Superendividamento UFRGS, desenvolveram um aplicativo denominado 'Concilia Super App', para facilitar a atuação dos conciliadores nos núcleos do superendividamento do CDC, sejam os balcões do consumidor das Universidades (parceiras entre a UPF-UFRGS e o Procon-RS), sejam nos CEJUCs, PROCONs, ou Defensorias, sejam os advogados e consumidores, que muitas vezes não conseguem propor um plano de pagamento para negociar. Foram usadas verbas do CNPq e do Fundo de Reconstituição dos Bens Lesados do Ministério Público – RS para criar este.

O 'Concilia Super App' possui um simulador de planos de pagamentos em 5 anos, que ajudará os consumidores e seus advogados a ter um plano inicial, a calcular o mínimo existencial daquele consumidor em particular e, sobretudo, poderá ajudar a cooperação na hora da audiência que deve ser síncrona e global, todos juntos a demonstrar cooperação e boa-fé para evitar a ruína do consumidor. O Concilia Super app organiza relatórios visuais das despesas, dos gastos mensais, do que é disponível para pagar, pode dar moratórias, descontos padrões ou descontos individuais, pode projetá-los nas telas e recalcular em tempo real o plano.

Com a parceria do GT do CNJ em Superendividamento, coordenado pelo eminente Ministro Marc Buzzi do STJ e da SENACON-MJ, sob a coordenação do Secretário Nacional, Wadih Damos, o Concilia Super App foi lançado em 1º de junho de 2023 e está na fase final de testes nas 5 regiões do país, em 22 Unidades (CEJUSCs, PROCONs, Defensorias e em especial, Balcões dos consumidores, locais para os quais foi inicialmente pensado o 'Concilia Super App', pois foi criado, desenhado e registrado no nome da Professora da UFRGS e Advogada, Claudia Lima Marques e do Professor Liton Pilau da UPF, para ajudar os conciliadores dos Balcões, os advogados dos consumidores, os consumidores e principalmente as equipes de estudantes e professores que procuram alcançar o acordo conciliado no plano de pagamento das dívidas do consumidor superendividado, previsto o CDC.

Como o 'Concilia Super app' foi desenvolvido pela equipe da UPF-UFRGS, com verbas do CNPq (dois editais 'Universais', um da UFRGS e um da UPF) e do Fundo de Reconstituição dos Bens Lesados do Ministério Público – RS, repassadas à UPF, será repassado gratuitamente ao CNJ para sua evolução. As verbas públicas recebidas pela UPF e UFRGS permitiram também criar a Plataforma 'Memorial visual da história do direito do consumidor', com toda a história, testemunhos, materiais e vídeos da evolução do CDC e de sua atualização em 2021 pela Lei 14,181/2021 de prevenção e tratamento do Superendividamento.

Assim, o Concilia Super app, ao contrário de outros aplicativos oferecidos aos Tribunais, que visam 'lucrar' com o superendividamento dos consumidores, é um aplicativo que já foi cedido ao CNJ e à Senacon e deve ser sempre cedido gratuitamente, sem quaisquer custos ou remuneração, para uso nacional, no que puder colaborar com a efetividade da Lei 14.181/2021. Inicialmente concebido para ajudar os advogados dos consumidores a apresentarem um plano de pagamento inicial, foi se transformando em instrumento para se 'visualizar' o mínimo existencial daquela consumidor em particular, com os relatórios visuais que podem ser projetados na audiência global, para facilitar a conciliação. Assim, hoje, além de calcular e recalcular o plano de pagamento (em simulações que podem ser impressas e distribuídas na audiência aos credores), ele facilita a conciliação.

Na fase atual de testes e na fase II, o 'Concilia super app' será movimentado de forma uniforme, fará estatísticas e diagnósticos, apenas para os órgão públicos do Sistema Nacional de Defesa do Consumidor e CNJ e ajudará os conciliadores, advogados e consumidores, sendo que ambas as universidades UFRGS e UPF estudaram os resultados para melhorar o aplicativo. Na Fase III, ele será suportado pelas plataformas oficiais do CNJ e da SENACON e será implantado, atualizado e modificado conforme as necessidades dos conciliadores em todo o país.

Desenvolvido originalmente para os celulares dos advogados e consumidores, hoje o 'Concilia Super App' está na versão 'desktop', para que cada administrador dos Balcões do Consumidor das Universidades, CEJUSCS e PROCONs possa acompanhar o relatório dos casos e das negociações em curso. Após o teste, os criadores e as Universidades não terão mais acesso aos dados, somente de suas unidades. É necessário destacar que a elaboração do aplicativo , além do trabalho dos criadores, Claudia Lima Marques e Liton Pilau Jr., contou com decisiva ajuda da equipe do Observatório do Crédito e Superendividamento da UFRGS, das Codiretoras do Observatório, Dra. Karen Bertoncello e Dra. Clarissa Costa de Lima, magistradas do TJRS, do Prof. Dr. Bruno Miragem, que conseguiu verba do CNPq para a UFRGS, do Prof. Dr. Vitor Hugo do Amaral, então doutorando do PPGD UFRGS e da Dr. Ana Carolina Zacher da Defensoria Pública do Rio Grande do Sul.

Esperamos que este aplicativo possa facilitar, com suas simulações de planos de pagamento, com a preservação do mínimo existencial de cada um dos consumidores, assim como a visualização do esforço cooperativo, com descontos e dilações necessárias, para que um maior número de planos de pagamento possa existir no país e a crise do superendividamento da população brasileira possa ser superada.

4. CONSIDERAÇÕES FINAIS

A Lei 14.181/2021 ao atualizar o CDC para prevenir e tratar o superendividamento institui um procedimento em duas fases, uma extrajudicial e uma judicial (Art. 5º, VI) e há uma sinergia entre as duas fases, incentivando-se sempre a conciliatória, através dos rigores da judicial.

Assim, se não houver conciliação voluntária com algum dos credores do consumidor superendividado, o CDC agora prevê um processo especial para o superendividamento, a ser iniciado somente pelo consumidor de forma a recorrer a um juiz do superendividamento, é o "processo por superendividamento para revisão e integração dos contratos e repactuação das dívidas remanescentes" (Art. 104-B), que também tem duas fases como destacamos neste artigo: a revisão-sanção, seguida da integração obrigatória e a fase de elaboração de um plano de pagamento judicial compulsório. Como destacamos acima, exige o CDC que o magistrado revise todas as práticas e cláusulas contratuais, para que consumidor pague no plano compulsório somente o 'principal' não abusivo. E ainda, que pague somente após os 5 anos do plano conciliatório, para que este seja sempre o incentivado.[58]

Em resumo, com a sentença que estabelece a revisão e o plano judicial compulsório do Art. 104-B, § 4º, o magistrado deve incentivar a conciliação extrajudicial e judicial

---

58. Neste sentido os Enunciados da III Jornada CDEA: "Enunciado 11. Caso não seja possível formular plano para pagamento de todo o passivo do consumidor em até cinco anos, este prazo poder ser ampliado, seja por consenso das partes na conciliação, seja por determinação judicial, desde que tal medida se revele necessária à preservação do mínimo existencial e da dignidade da pessoa humana." (Autores: Prof. Dr. Ricardo Sayeg, Profa. Me. Mônica Di Stasi e Prof. Me. Luiz Felipe Rossini). "Enunciado 12. O plano de pagamento quinquenal do art. 104-B, § 4º, do CDC (plano judicial compulsório), poderá ser ampliado, para além dos 5 (cinco) anos, bem como ter por afastada a correção monetária do principal, na hipótese de violação, pelo fornecedor, do art. 54-D, incisos I a III, devendo ser avaliada a gravidade da conduta do fornecedor e as possibilidades financeiras do consumidor, conforme estabelece o art. 54-D, parágrafo único, do CDC." (Autores: Prof. Me. Ronaldo Vieira Francisco, Profa. Me. Thais Caroline Brecht Esteves Gouveia, Des. Manoel de Queiroz Pereira Calças).

através de suas decisões quanto ao plano compulsório, diminuindo as 'vantagens' do pagamento da dívida para os fornecedores que não conciliaram e não cooperaram dando descontos voluntários até o máximo.

A fase judicial deve ser subsidiária e a ênfase deve ser dada na revisão dos contratos, mais do que no seu pagamento, para evitar que o crédito irresponsável dê lucro aos credores. Levar o consumidor ao superendividamento não pode ficar sem sanção. O processo especial do Art. 104-B (processo por superendividamento para revisão e integração dos contratos e repactuação das dívidas remanescentes) não é um processo de cobrança de dívida e sim de reinclusão do consumidor na sociedade de consumo, daí toda ênfase deve ser dada à boa-fé, lealdade, manutenção do mínimo existencial e pagamento somente após o pagamento dos credores que conciliaram e deram descontos.

Como vimos, cooperar para evitar a ruína e combater a exclusão social do consumidor (Art. 4º, X do CDC) no superendividamento, por meio da 'revisão e da repactuação da dívida' é novo direito básico do consumidor, ex vi Art. 6º, XI. Na Lei 14.181/2021, que atualizou o Código de Defesa do Consumidor. Em outras palavras, se a base do tratamento do superendividamento do consumidor, pessoa natural e de boa-fé no CDC atualizado é a exceção da ruína[59] e o incentivo à conciliação global com plano de pagamento cooperativo entre todos os credores e o consumidor superendividado, a 'revisão' dos contratos individuais aparece como sanção àquele credor que não 'cooperou' para permitir ao consumidor em ruína sair do superendividamento e pagar suas dívidas a todos. Esta função 'promocional' da revisão especial e *ex ofício*, prevista no Art. 104-B do CDC, acaba por se somar à função natural da revisão contratual, de retirada dos abusos contratuais e de reequilíbrio da relação contratual face à 'nova circunstância' do consumidor cocontratante, situação de superendividamento. Acaba assim por promover o crédito responsável e contratos mais claros, informados, e justos no nosso mercado brasileiro, é a função 'substancial' do processo por superendividamento previsto no Art. 104-B do CDC.

Conclui-se, portanto, que há uma função 'substantiva' deste processo especial de tratamento judicial do superendividamento dos consumidores, previsto no Art. 104-B do Código de Defesa do Consumidor, que é valorizar o capítulo do crédito responsável (Art. 54-B, 54-C, 54-D, 54-F e 54-G), assim como uma função de estímulo à conciliação ou à fase extrajudicial conciliatória, prevista no Art. 104-A e 104-C deste Código. Sem esta revisão-sanção do Art. 104-B a finalidade substancial do tratamento perde em efetividade e passaria ser uma simples 'cobrança' de dívidas. O CDC, atualizado pela Lei 14.181/2021, frisa bem que a iniciativa é do consumidor e visa combater a exclusão social do consumidor superendividado, pessoa natural e de boa-fé, logo, este ofício do juiz contribuirá para efetividade do tratamento pensado pelo CDC para a proteção especial do consumidor-pessoa natural. É uma sinergia de esforços, que envolve não só

---

59. Veja MARQUES, Claudia Lima. Os 10 pontos-chave para entender as mudanças. In: BENJAMIN, Antonio Herman, MARQUES, Claudia Lima; LIMA, Clarissa Costa de; VIAL, Sophia. *Comentários à Lei 14.181/2021*: a atualização do CDC em matéria de superendividamento. São Paulo: Ed. RT, 2021, p. 65 e s.

a Lei posta, mas também as instituições, o CNJ, a academia e a advocacia. Esperamos que o aplicativo 'Concilia Super App' e este artigo também possa contribuir para dar efetividade ao tratamento do superendividamento dos consumidores no Brasil.

REFERÊNCIAS

ALMEIDA, Fabrício Bolzan de. *Direito do Consumidor Esquematizado*. 10 ed. São Paulo: Saraiva, 2022.

ALMEIDA, João Batista. A revisão dos contratos no Código do Consumidor. *Revista de Direito do Consumidor* 33, p. 143-150.

BANCO MUNDIAL (trad. Ardyllis Soares). Conclusões do Relatório do Banco Mundial sobre tratamento do superendividamento e insolvência da pessoa física – Resumo e conclusões finais. *Revista de Direito do Consumidor*, v. 89, 2013, p. 435 e s.

BARLETTA, Fabiana Rodrigues. *A revisão contratual no Código Civil e no Código de Defesa do Consumidor*. São Paulo: Saraiva, 2002.

BENJAMIN, Antonio Herman, MARQUES, Claudia Lima; LIMA, Clarissa Costa de; VIAL, Sophia. *Comentários à Lei 14.181/2021*: a atualização do CDC em matéria de superendividamento. São Paulo: Ed. RT, 2021.

BENJAMIN, A. H.; MARQUES, C. L.; BESSA, L. R. *Manual de Direito do Consumidor*. Ed. Thomson Reuters, 2022.

BERTONCELLO, Karen. Superendividamento do consumidor – *mínimo existencial – casos concretos*. São Paulo: Ed. RT, 2015.

BERTONCELLO, Karen. Núcleos de conciliação e mediação de conflitos nas situações de superendividamento: conformação de valores da atualização do Código de Defesa do Consumidor com a Agenda 2030. *Revista de Direito do Consumidor*, v. 138, set./out., 2021.

BESSA, Leonardo Roscoe. *Código de Defesa do Consumidor*. 2. ed. São Paulo: GEN-Forense, 2022.

BRASIL. Antonio Herman Benjamin et al. Senado Federal. Relatório Final: Comissão de Juristas de Atualização do Código de Defesa do Consumidor. 2012. Disponível em: http://www.senado.gov.br/senado/codconsumidor/pdf/extrato_relatorio_final.pdf.

BUCAR, Daniel. *Superendividamento*: reabilitação patrimonial da pessoa humana. São Paulo: Saraiva, 2017.

DELGADO, Mário Luiz. *Novo Direito Intertemporal* – Da retroatividade das leis civis. São Paulo: Saraiva, 2004.

DI STASI, Mônica; MOURA RIBEIRO, Paulo Dias de. O superendividamento dos consumidores no Brasil: a importância da aprovação da Lei 14.181/2021 em meio à crise gerada pela pandemia de Covid-19. *Revista de Direito do Consumidor*. v. 136, p. 49-65, jul./ago. 2021.

DONNINI, Rogério Ferraz. *A revisão dos contratos no Código Civil e no Código de Defesa do Consumidor*. São Paulo: Saraiva, 1999.

EHRHARDT, Marcos Jr. *Revisão contratual*. Salvador: JusPodivm, 2008.

FERREIRA DA SILVA, Luís Renato. *Revisão dos contratos*: do Código Civil ao Código do Consumidor. Rio de Janeiro: Forense, 1998.

FERREIRA DA SILVA, Luís Renato. Causas de revisão judicial dos contratos. *Revista de Direito do Consumidor* 26, p. 125-135.

FRANTZ, Laura Coradini. *Revisão dos contratos*. São Paulo: Saraiva, 2007.

KLANG, Mário. *A teoria da imprevisão e a revisão dos contratos*. São Paulo: Ed. RT, 1983.

LIMA, Clarissa Costa de. *O tratamento do superendividamento e o direito de recomeçar dos consumidores*. São Paulo: Ed. RT, 2014.

MARQUES, Claudia Lima; BENJAMIN, Antonio Herman; MIRAGEM, Bruno. *Comentários ao Código de Defesa do Consumidor*. 7. ed. São Paulo: Ed. RT, 2021.

MARQUES, Claudia Lima; MIRAGEM, Bruno. Art. 104-A, Art. 104-B e Art. 104-C. In: MARQUES, Claudia Lima; BENJAMIN, Antonio Herman; MIRAGEM, Bruno. *Comentários ao Código de Defesa do Consumidor*. 7. ed. São Paulo: Ed. RT, 2021.

MARQUES, Claudia Lima. Conciliação em matéria de superendividamento dos consumidores. Principais resultados de um estudo empírico de 5 anos em Porto Alegre. In: MARQUES, Claudia Lima; CAVALLAZZI, Rosângela Lunardelli; LIMA, Clarissa Costa de (Org.). *Direitos do Consumidor endividado II*: vulnerabilidade e inclusão. São Paulo: Ed. RT, 2016.

MARQUES, Claudia Lima. Consumo como igualdade e inclusão social. *Revista Jurídica da Presidência*. Brasília, v. 13, n. 101, p. 405 a 424, out. 2011/jan. 2012.

MARQUES, Claudia Lima. *Contratos no Código de Defesa do Consumidor*. São Paulo: Ed. RT, 2021.

MARQUES, Claudia Lima; LIMA, Clarissa Costa de; BERTONCELLO, Káren. Dados da pesquisa empírica sobre o perfil dos consumidores superendividados da Comarca de Porto Alegre nos anos de 2007 a 2012 e notícia sobre o Observatório do Crédito e Superendividamento UFRGS-MJ. *Revista de Direito do Consumidor*. v. 99, p. 411-437.2015.

MARQUES, Claudia Lima; RANGEL, Andréia Fernandes. A, Enunciados das I e II Jornadas de Pesquisa CDEA: Superendividamento e proteção do consumidor, UFRGS-UFRJ-Brasilcon-PUCRS-UNINOVE-PROCON-SP. *Revista de Direito do Consumidor*. v. 139, p. 400 e s. jan./fev. 2022.

MARQUES, Claudia Lima; LIMA, Clarissa Costa de; VIAL, Sophia. Nota à atualização do Código de Defesa do Consumidor para aperfeiçoar a disciplina do crédito, para a prevenção e o tratamento do superendividamento e proteção da pessoa natural. *Revista de Direito do Consumidor*, v. 136, p. 517-538, jul./ago. 2021.

MARQUES, Claudia Lima; LIMA, Clarissa Costa de; BERTONCELLO, Karen. Prevenção e Tratamento do Superendividamento. *Caderno de Investigação Científica*. Brasília: DPDC/SDE, 2010.

MARQUES, Claudia Lima. Sugestões para uma lei sobre o tratamento do superendividamento de pessoas físicas em contratos de crédito ao consumo: proposições com base em pesquisa empírica de 100 casos no Rio Grande do Sul. *Revista de Direito do Consumidor*. v. 55, p. 11-52, jul./set. 2005.

MARTINEK, Michael. *Die Lehre von den Neuverhandlungspflichten* – Bestandaufnahme, Kritik... und Ablehnung. Archiv für die Civilistische Praxis (AcP) 198, 1998.

MARTINS DA COSTA, Geraldo de Faria Martins da. *Superendividamento*: a proteção do consumidor de crédito em Direito Comparado brasileiro e francês. São Paulo: Ed. RT, 2002.

MENEZES CORDEIRO, António. *Da boa-fé no direito civil*. Coimbra: Almedina, Reimp. 1997.

MIRAGEM, Bruno. *Curso de Direito do Consumidor*. 8. ed. São Paulo: Ed. RT, 2019.

MIRAGEM, Bruno. Nulidade das cláusulas abusivas nos contratos de consumo entre o passado e o futuro do direito do consumidor brasileiro. *Revista de Direito do Consumidor* 72, p. 42.

MIRAGEM, Bruno; LIMA, Clarissa Costa de. Patrimônio, contrato e a proteção constitucional da família. estudo sobre as repercussões do superendividamento sobre as relações familiares. *Revista de Direito do Consumidor*, v. 91, p. 85-117, 2014.

MIRANDA, Custódio Ubaldino. *Interpretação e integração dos negócios jurídicos*. São Paulo: Ed. RT, 1989.

NEVES, Luciana S.; MEDEIROS, Alexandre Dimitri Moreira de; RAMIDOFF, Mário Luiz. A sociedade fraterna e a nova lei do superendividamento (Lei Claudia Lima Marques): Breves comentários e interpontos entre a sociedade fraterna e o resgate do superendividado. *Revista de Direito do Consumidor*, v. 140, p. 17-35, mar./abr. 2022.

TARTUCE, Flávio; ASSUNÇÃO NEVES, Daniel A. *Manual de Direito do Consumidor*. 11. ed. São Paulo: GEN-Método, 2022.

AUTOCOMPOSIÇÃO EM SUPERENDIVIDAMENTO: A FUNÇÃO ORIENTADORA DO CONSELHO NACIONAL DE JUSTIÇA

Jordana Maria Ferreira de Lima

Doutora em Direito Constitucional. Mestre em Direito e Políticas Públicas. Especialista em Gestão Pública. Assessora-chefe de gabinete de conselheiro no Conselho Nacional de Justiça. mini-bio: 901.670.151.68.

Marcos Vinícius Jardim Rodrigues

Mestrando em Direito Constitucional. Presidente da OAB/AC em dois biênios – 2013/2015 e 2016/2018. Conselheiro do Conselho Nacional de Justiça desde 2019 até a data atual. mini-bio: 024.918.367.69.

Sumário: 1. Introdução – 2. O *locus* constitucional de Conselho Nacional de Justiça – 3. Aspectos relevantes da Lei 14.181/2021 – 4. A atuação do conselho na aplicação da lei – Referências.

1. INTRODUÇÃO

Este trabalho cuida da aptidão orientadora do Conselho Nacional de Justiça (CNJ), tendo como objeto de observação sua atuação no tratamento adequado da litigiosidade atual vivenciada por consumidores brasileiros.

Desde o nascedouro, o órgão administrativo em tela visa reconstruir a gestão judiciária, de modo a aprimorá-la, utilizando-se de seu papel regulamentador para imprimir técnicas inovadoras no Poder Judiciário, sem descurar, no entanto, a legalidade, impessoalidade, moralidade, publicidade e, especialmente, eficiência: princípios constitucionais inerentes ao atuar da Administração Pública.

Optou-se, então, pela divisão o artigo em três partes: i) detalhamento sobre atribuições do Conselho, situando-o na reforma do Poder Judiciário ocorrida em 2004; ii) olhar sobre os mecanismos consensuais de solução de conflitos instituídos pela Lei 14.181/2021; iii) atividade do CNJ para orientar na implementação efetiva da norma no âmbito do Poder Judiciário.

2. O *LOCUS* CONSTITUCIONAL DE CONSELHO NACIONAL DE JUSTIÇA

Peculiar quando comparado a outros órgãos do Poder Judiciário brasileiro – também o é em relação aos seus congêneres estrangeiros[1] – o CNJ . Assim, para que seja

---

1. A título de comparação, traz-se o modelo do Conselho italiano cuja composição é de 27 membros, tendo na sua presidência o próprio presidente da República. Também integram o Conselho Superior da Magistratura

democrática e clara a leitura deste trabalho, viu-se por salutar a explicação os principais caracteres do CNJ.

De início, anote-se que a independência judicial deve ser vista como um processo evolutivo, incluindo as restrições e conquistas historicamente obtidas ao longo das constituições brasileiras, até chegar no formato atual. Isso porque ao CNJ foi atribuída a função de assegurar a independência do juiz, zelando pela autonomia do judiciário (art. 103-B, § 4º, inc. I, CF/88).

A desejada independência judicial, todavia, fundamentou o receio de parte considerável dos juízes brasileiros sobre a criação do Conselho, ensejando a propositura de ação para ver declarada a inconstitucionalidade do CNJ pelo STF. Realmente, a possibilidade de que o órgão pudesse exercer papel repressor das atividades jurisdicionais fundamentou demanda proposta pela Associação dos Magistrados Brasileiros (AMB) contra a instituição do CNJ. Todavia, com o avanço da redemocratização, denotou-se que o que causava desconfiança, na verdade, era a existência de um Poder cujos membros pareciam não se submeter a sistemas de controle.

O CNJ surge, nesse contexto, como possível controlador do Judiciário e tem sua constitucionalidade questionada em momento anterior à própria publicação oficial da Emenda Constitucional (EC) 45, quando do ajuizamento da Ação Direta de Inconstitucionalidade (ADI) 3.367-1/DF, pela AMB.

Em suma, os argumentos da Associação cingiram-se à composição e à forma de escolha dos membros do Conselho – que esbarrariam na Súmula 649 do STF[2] – e ao fato

---

da Itália, o presidente da Corte de Cassação e procurador geral da Corte de Cassação. Os outros 24 membros são assim distribuídos: 16 eleitos entre os próprios juízes, sendo: dois juízes de Cassação, 10 juízes ordinários (giudici di mérito), quatro juízes do Ministério Público (magistrati requirenti). Oito integrantes são escolhidos pelo parlamento entre juízes leigos, políticos, professores e advogados, de onde sai o Vice-Presidente; três juízes leigos do Movimento 5 Estrela; dois da Liga do Norte; dois do partido Força Itália e um do 1 Partido Democrático.

A competência do Conselho italiano é consultiva, punitiva, além de ser ali que se decide sobre provimento de cargos, promoção e transferência de juízes. Situa-se o Conselho fora do sistema judiciário, mas é órgão constitucional.

Entre as sanções aplicáveis a juízes na Itália, estão: 1) ammonimento (advertência); 2) censura; 3) perdita dell'anzianità (perda de tempo de antiguidade); 4) incapacità temporânea – incapacidade temporária para o exercício de cargo diretivo; 5) sospenzione dele funzioni – suspensão das funções, com o congelamento da remuneração; 6) rimozione dal servizio: demissão. 7) pena acessória: transferência de ofício. As penalidades são aplicadas nos casos de negligência reiterada e injustificada, demora na liberação de presos; crimes, comportamento incorreto com as partes e atos jurisdicionais sem motivação. Fontes: http://www.finoaprovacontraria.it/sanzioni-ai-magistrati-numeri/.

https://www.studiocataldi.it/guide_legali/responsabilita-magistrati/la-responsabilita-disciplinare-dei-magistrati.asp. Acesso em: 17 abr. 2023.

2. Súmula 649

Enunciado

É inconstitucional a criação, por Constituição estadual, de órgão de controle administrativo do Poder Judiciário do qual participem representantes de outros Poderes ou entidades.

Data de Aprovação

Sessão Plenária de 24.09.2003

Fonte de publicação

DJ de 09.10.2003, p. 3; DJ de 10.10.2003, p. 3; DJ de 13.10.2003, p. 3.

de que sua criação violaria o Pacto Federativo, na medida em que submeteria todos os órgãos do Judiciário a uma supervisão de órgão da União. A ADI foi julgada improcedente pelo plenário do Supremo, em acórdão[3] que iniciou a sedimentação do CNJ. Constitucionalidade reconhecida via ADI 3.367-1/DF, há aspectos que merecem assento sobre o Conselho: i) Caráter nacional que não pode ser replicado nas unidades da federação; ii) Natureza exclusivamente administrativa; iii) Órgão interno do judiciário, apesar de ser controlador; iv) Competência para atuar sobre todos os tribunais e juízes, exceto o STF; v) Os atos do CNJ são passíveis de controle judicial; vi) A penalidade máxima passível de aplicação pelo CNJ a juiz é aposentaria compulsória; vi) Aos membros que sejam advogados, durante o mandato no CNJ, são vedados o exercício da advocacia e a atuação política.[4]-[5]

Referência Legislativa

Constituição Federal de 1988, art. 2º.

Precedentes

ADI 98 Publicação: DJ de 31.10.1997 ADI 137 Publicações: DJ de 03.10.1997 RTJ 188/394 ADI 135 Publicações: DJ de 15.08.1997 RTJ 166/363.

3. Sobre a ADI 3.367-1/DF, merecem destaques os trechos abaixo extraídos de sua ementa:
   Ementa:[...] Ação direta. Emenda Constitucional 45/2004. Poder Judiciário. Conselho Nacional de Justiça. Instituição e disciplina. Natureza meramente *administrativa*. Órgão *interno* de controle *administrativo, financeiro e disciplinar da magistratura*. Constitucionalidade reconhecida. Separação e independência dos Poderes. História, significado e alcance concreto do princípio. *Ofensa* a cláusula constitucional imutável (cláusula pétrea). *Inexistência*. Subsistência do núcleo político do princípio, mediante *preservação da função jurisdicional*, típica do Judiciário, e das *condições materiais* do seu exercício imparcial e independente. Precedentes e súmula 649. Inaplicabilidade ao caso. Interpretação dos *arts. 2º e 60, § 4º, III, da CF*. Ação julgada improcedente.
   [...] 4. Poder Judiciário. Conselho Nacional de Justiça. Órgão de natureza exclusivamente administrativa. Atribuições de controle da atividade administrativa, financeira e disciplinar da magistratura. *Competência* relativa apenas aos órgãos e juízes situados, *hierarquicamente, abaixo do Supremo Tribunal Federal*. Preeminência deste, como órgão máximo do Poder Judiciário, sobre o *Conselho, cujos atos e decisões estão sujeitos a seu controle jurisdicional*. [...] O Conselho Nacional de Justiça *não tem nenhuma competência sobre o Supremo Tribunal Federal e seus ministros*, sendo esse o órgão máximo do Poder Judiciário nacional, *a que aquele está sujeito*. 5. Poder Judiciário. Conselho Nacional de Justiça. Competência. Magistratura. Magistrado vitalício. Cargo. *Perda mediante decisão administrativa*. Previsão em texto *aprovado pela Câmara dos Deputados* e constante do Projeto que resultou na Emenda Constitucional 45/2004. *Supressão pelo Senado Federal*. Reapreciação pela Câmara. Desnecessidade. Subsistência do sentido normativo do texto residual *aprovado e promulgado* (art. 103-B, § 4º, III). Expressão que, ademais, ofenderia o disposto no art. 95, I, parte final, da CF.
   [...] 6. PODER JUDICIÁRIO. Conselho Nacional de Justiça. Membro. *Advogados e cidadãos. Exercício do mandato. Atividades incompatíveis com tal exercício*. Proibição não constante das normas da Emenda Constitucional 45/2004. Pendência de projeto tendente a torná-la expressa, mediante acréscimo de § 8º ao art. 103-B da CF. Irrelevância. Ofensa ao princípio da isonomia. Não ocorrência. *Impedimentos* já previstos à conjugação dos *arts. 95, § único, e 127, § 5º, II, da CF*. Ação direta de inconstitucionalidade. Pedido aditado. Improcedência. Nenhum dos advogados ou cidadãos membros do Conselho Nacional de Justiça pode, durante o exercício do mandato, exercer atividades incompatíveis com essa condição, tais como exercer outro cargo ou função, salvo uma de magistério, dedicar-se a atividade político-partidária e exercer a advocacia no território nacional. (ADI 3367, Relator(a): Min. Cezar Peluso, Tribunal Pleno, julgado em 13.04.2005, DJ 17-03-2006 PP-00004 EMENT VOL-02225-01 PP-00182 Republicação: DJ 22.09.2006 PP-00029).

4. Ambas são vedações endereçadas a todo juiz, assim, considerando que o cargo de conselheiro do CNJ se equipara a ministro de tribunal superior, a ele se aplicam as restrições do art. 36 da LOMAN, inclusive *II – exercer cargo de direção ou técnico de sociedade civil, associação ou fundação, de qualquer natureza ou finalidade, salvo de associação de classe, e sem remuneração*".

5. Anote-se que a constitucionalidade do CNJ não foi reconhecida de forma unânime no STF. O ministro Marco Aurélio considerava que a criação do CNJ afrontava a CF/88, tendo, entre seus argumentos, o fato de que

Outra demanda constitucional da qual se pode extrair mais característica do Conselho é a Ação Declaratória de Constitucionalidade (ADC) 12, pela qual restou bem evidenciada a função normativa do CNJ.

Na ADC 12, o foco foi o combate ao nepotismo veiculado pelo CNJ via Resolução CNJ 7 ("Disciplina o exercício de cargos, empregos e funções por parentes, cônjuges e companheiros de magistrados e de servidores investidos em cargos de direção e assessoramento"), produzindo irritação na estrutura de pessoal em todos os níveis do Judiciário.

A prática de nepotismo era comum à época (2005), contexto em que o CNJ funcionou com certo grau de desconstrução da cultura do país, considerando que a prática,[6] por certo, prejudicava e incomodava a maioria da população brasileira. Todavia, aqui interessa sobre a ADC 12, os seguintes aspectos sobre balizas ao atuar do CNJ: i) ato normativo do Conselho pode estar revestido dos atributos da generalidade, impessoalidade e abstratividade, pode possuir, ainda, caráter normativo primário,[7] pois retira seu fundamento de validade diretamente da CF/1988; ii) esses atos podem ser descritores e prescritores, ou seja, atos "com âmbito temporal de vigência em aberto, pois claramente vocacionado para renovar de forma contínua o liame que prende suas hipóteses de incidência aos respectivos mandamentos" (fls. 8 da MC na ADC 12); iii) os normativos do CNJ sujeitam-se ao controle objetivo de constitucionalidade; iv) o Conselho não é órgão estranho ao judiciário e não se submete à autoridade dos outros dois poderes: Executivo e Legislativo; iv) apesar de o art. 125 da CF/1988 deferir aos estados atribuição de organizar seu próprio sistema judiciário, tal organização deve ocorrer conforme os princípios constitucionais (art. 37).

Verifica-se, portanto, que o STF conferiu, pela ADC 12, relativa estabilidade às deliberações do CNJ, inclusive na elaboração de políticas judiciárias nacionais, o que encorajou e fundamentou o trabalho do Conselho na idealização da política de tratamento adequado de conflito de interesses, política judiciária que abarca a Recomendação CNJ 125, de 24 de dezembro de 2021, pela qual o Conselho dispôs sobre "mecanismos de prevenção e tratamento do superendividamento e a instituição de Núcleos de Conciliação e Mediação de conflitos oriundos de superendividamento, previstos na Lei 14.181/2021".

---

membros – que não aqueles egressos do próprio judiciário – careceriam de qualificação certificada e aprovada pelo judiciário, a despeito do que ocorre com as indicações ao quinto constitucional nos tribunais, as quais são submetidas à triagem do respectivo tribunal. Encampavam o coro crítico sobre a composição heterogênea do Conselho, à época, os ministros Carlos Velloso e Ellen Gracie. Excluindo apenas os dois cidadãos indicados pela Câmara dos Deputados e pelo Senado Federal, votava o min. Sepúlveda Pertence (ADI 3367, p. 117-119). Enfim, vencidos os ministros acima, e mantidos os incisos X, XI, XII e XIII do artigo 103-B na CF/88, o Conselho teve sua constitucionalidade afirmada e foi implantado, em prédio do STF, no dia 14 de junho de 2005.

6. Cultura esta que se baseava na manutenção da elite burocrática e detentora do poder por seus laços de família.

7. E justifica o Ministro Ayres Britto, sobre o caráter de normativo primário (fls. 2 do acórdão na MC na ADC 12): "dado que arranca diretamente do § 4º do art. 103-B da Carta-cidadã e tem como finalidade debulhar os próprios conteúdos lógicos dos princípios constitucionais de centrada regência de toda a atividade administrativa do Estado, especialmente o da impessoalidade, o da eficiência, o da igualdade e o da moralidade".

3. ASPECTOS RELEVANTES DA LEI 14.181/2021

Imprimir eficiência e profissionalismo dos serviços judiciários está, como visto, no DNA do CNJ que é responsável por elaborar, acompanhar e disseminar medidas para atingimento desse fim. No contexto de demandas de consumo, extrai-se – do Relatório Justiça em Números 2021 (ano-base 2020) – que se trata de assunto com representativa quantidade de processos judiciais em trâmite perante a Justiça Estadual, ensejando a necessidade de se observar e compreender essa litigiosidade excessiva.

Mecanismos com potencial desjudicializador, nessa esteira, foram instituídos pela Lei 14.181/2021 que alterou o Código de Defesa do Consumidor e no Estatuto da Pessoa Idosa, aperfeiçoando a disciplina de crédito e débito consumerista, com a inovação de impulsionar a "prevenção e o tratamento do superendividamento".

Na Lei federal aludida, foi inserto um capítulo denominado *da prevenção e do tratamento do superendividamento*, delimitando, de início, seu endereçamento: a "pessoa natural" que seja consumidora. No mesmo capítulo, o legislador definiu o superendividamento como sendo "a impossibilidade manifesta de o consumidor pessoa natural, de boa-fé, pagar a totalidade de suas dívidas de consumo, exigíveis e vincendas, sem comprometer seu mínimo existencial, nos termos da regulamentação".

Em seguida, balizou o objeto a ser passível de negociação coletiva: dívidas que englobarem "quaisquer compromissos financeiros assumidos decorrentes de relação de consumo, inclusive operações de crédito, compras a prazo e serviços de prestação continuada". Exclui, de outro lado, as advindas de fraude ou má-fé, "sejam oriundas de contratos celebrados dolosamente com o propósito de não realizar o pagamento ou decorram da aquisição ou contratação de produtos e serviços de luxo de alto valor".

Especificamente sobre a "*conciliação no superendividamento*", a Lei 14.181 dispôs a partir do art. 104-A, indicando algumas etapas para que referida diligência possa ocorrer no Judiciário, dentre as quais, destacam-se: i) requerimento da pessoa natural; ii) após verificações legais, pode ser instaurado processo de repactuação de dívidas; iii) ato contínuo, realiza-se de audiência conciliatória, por juiz ou conciliador credenciado no juízo, com a presença dos credores; iv) o consumidor apresenta proposta de plano de pagamento com prazo máximo de cinco anos, "preservados o mínimo existencial, nos termos da regulamentação, e as garantias e as formas de pagamento originalmente pactuadas".

Dispositivo que ainda enseja divergência é o que prevê penalidade pelo não comparecimento injustificado de credor à audiência de conciliação acima. Sanção: "suspensão da exigibilidade do débito e a interrupção dos encargos da mora, bem como a sujeição compulsória ao plano de pagamento da dívida".

Ainda em seu lado didático, a Lei mencionada elenca o que deve conter o plano de pagamento do superendividado. A saber a síntese do conteúdo mínimo de um plano: a) as medidas destinadas a facilitar o pagamento da dívida, a exemplo de dilação dos prazos de pagamento e de redução dos encargos; b) as ações judiciais em curso e respectivo andamento; c) a data para a exclusão do nome de cadastros de inadimplentes; d) o comprometimento na abstenção, pelo consumidor proponente, de condutas que possam agravar sua situação.

A legislação ora estudada, de modo preventivo, veda que o consumidor utilize os mecanismos previstos de modo exagerado. Para tanto, previu que o procedimento de repactuação de consumidor de boa-fé superendividado somente pode ser repetido "decorrido o prazo de 2 (dois) anos, contado da liquidação das obrigações previstas no plano de pagamento homologado".

Voltando às etapas processuais indicadas na Lei 14.1818, caso não exista conciliação em relação a quaisquer credores, pode ser instaurado "processo por superendividamento para revisão e integração dos contratos e repactuação das dívidas remanescentes mediante plano judicial compulsório". Na sequência, ocorre a citação dos credores que não compuseram o plano que, em 15 dias, responderão à demanda.

Para a elaboração deste segundo instrumento, também o legislador previu limites, dentre os quais, merecem nota: i) o plano judicial compulsório deve assegurar, "no mínimo, o valor do principal devido, corrigido monetariamente por índices oficiais de preço"; ii) terá o prazo máximo de cinco anos, "sendo que a primeira parcela será devida no prazo máximo de 180 (cento e oitenta) dias, contado de sua homologação judicial".

Perceptível, pelas breves descrições sobre dispositivos da Lei 14.181, que se pretendeu dar um tratamento adequado a uma temática que assola parte importante de brasileiros e brasileiras, gerando adoecimentos, exclusão social e, em casos graves, até a suicídios.

No entanto, o procedimento autocompositivo diferenciado legalmente veiculado demandou orientações para a adequada atuação do Poder Judiciário, pensadas e levadas a termo pelo Conselho e que constituem o objeto da próxima mirada.

4. A ATUAÇÃO DO CONSELHO NA APLICAÇÃO DA LEI

A partir do marco legislativo estudado, eclodiu a necessidade, âmbito do Poder Judiciário, de medidas para a efetivação da lei. No caso do Judiciário, aliás, a Lei o atribuiu papel fundamental na consecução do escorreito tratamento do indesejável fenômeno chamado de superendividamento.

Contudo, o tema exige uma abordagem interinstitucional e colaborativa do Sistema de Justiça, o que o CNJ pretendeu ao instituir o Grupo de trabalho (GT), por meio da Portaria CNJ 55, de 17 de fevereiro de 2022.[8] Pelo normativo do Conselho, as atividades do GT durariam um ano, após o qual seria apresentado o relatório final e das propostas elaboradas. Ao microcolegiado, foram atribuídas as seguintes tarefas: i) monitorar a judicialização do superendividamento no âmbito do Poder Judiciário; ii) aperfeiçoar os fluxos e procedimentos administrativos para facilitar o trâmite dos processos de

---

8. Posteriormente alteradas pelas Portarias 125, de 11 de abril de 2022, e 219, de 23 de junho de 2022.

tratamento do superendividado; iii) sugerir a realização de eventos e atividades de capacitação de magistrados atuantes em demandas de superendividamento; iv) apresentar propostas de recomendações, provimentos, instruções, orientações e outros destinados ao aperfeiçoamento das atividades dos órgãos do Poder Judiciário.

Após diversas reuniões e interlocuções com diversas instituições públicas e privadas decorrentes da própria composição do GT,[9] o Conselho Nacional de Justiça ofertou os seguintes produtos, nesta ordem: i) Inclusão de novo assunto na Tabela Processual Unificada (TPU), concernente ao "Superendividamento", a fim de monitorar o quantitativo de demandas distribuídas ao Poder Judiciário, pertinentes ao tema; ii) Recomendação 125/2021; iii) Cartilha sobre o tratamento do superendividamento do consumidor, contendo diretrizes, orientações, fluxos de trabalhos, além de exemplos de convênios e expedientes para prática judicial e extrajudicial; iv) idealização, planejamento e organiza-

---

9. Portaria CNJ 55/2022.

Art. 2º Integram o Grupo de Trabalho:

I – Marco Aurélio Gastaldi Buzzi, Ministro do Superior Tribunal de Justiça;

II – Sidney Pessoa Madruga, Conselheiro do CNJ;

III – Ricardo Fioreze, Secretário Especial de Programas, Projetos e Gestão Estratégica do CNJ; (redação dada pela Portaria 355, de 03.10.2022)

IV – Lívia Cristina Marques Peres, Juíza Auxiliar da Presidência do CNJ; (redação dada pela Portaria 355, de 03.10.2022)

V – Waldih Nemer Damous Filho, representante do Ministério da Justiça e Segurança Pública; (redação dada pela Portaria 8, de 07.02.2023)

VI – Nabor Batista de Araújo Neto, Procurador da Fazenda Nacional, representante do Ministério da Economia;

VII – Stanislaw Zmitrowicz e Ricardo Constant Dickstein, representantes do Banco Central do Brasil;

VIII – Luis Vicente Magni de Chiara, representante da Federação Brasileira de Bancos (Febraban);

IX – Fernando Rodrigues Martins, Diretor do Brasilcon;

X – Sandra Lemgruber, Promotora de Justiça do Estado do Espírito Santo;

XI – Fábio Schwartz, Defensor Público do Estado do Rio de Janeiro;

XII – Leonardo Garcia, Procurador do Estado do Espírito Santo;

XIII – Cláudia Lima Marques, Professora da Universidade Federal do Rio Grande do Sul (UFRGS);

XIV – Anderson Schreiber, Professor Titular de Direito Civil da Universidade do Estado do Rio de Janeiro (Uerj);

XV – Juliana Loss, Advogada e Professora da Fundação Getúlio Vargas (FGV);

XVI – Carolina Sanches, representante da Associação Brasileira de Bancos (ABBC);

XVII – Maria Eliza Mac-Culloch, representante da Conexis Brasil Digital;

XVIII – Fabiola Xavier, representante do Instituto para Desenvolvimento do Varejo (IDV);

XIX – François Martins, representante da Associação Zetta;

XX – Cintia Ramos Falcão, representante da Associação Nacional das Instituições de Crédito, Financiamento e Investimento (Acrefi);

XXI – Vitor Moraes de Andrade, Instituto de Pesquisas e Estudos da Sociedade e Consumo (IPS Consumo);

XXII – Aline Ávila Ferreira dos Santos, Juíza de Direito do Tribunal de Justiça do Estado de Santa Catarina, atualmente convocada como Juíza Auxiliar no Superior Tribunal de Justiça; (incluído pela Portaria 125, de 07.04.2022)

XXIII – Clarissa Costa de Lima, Juíza de Direito do Tribunal de Justiça do Estado do Rio Grande do Sul; e (incluído pela Portaria 125, de 07.04.2022)

XXIV – Karen Rick Danilevicz Bertoncello, Juíza de Direito do Tribunal de Justiça do Estado do Rio Grande do Sul. (incluído pela Portaria 125, de 07.04.2022)

ção de ação educacional consistente em um seminário, realizado no dia 30 de novembro de 2022, no Superior Tribunal de Justiça, com o tema: O Tratamento do Consumidor Superendividado à luz da Lei 14.181/2021: da trajetória legislativa à sua efetivação.[10]

A criação de novo assunto na Tabela Processual Unificada (TPU), pertinente ao "Superendividamento", é de suma importância para possibilitar o acompanhamento e mensuração de demandas judiciais. Relembre-se de que a TPU, criada pela Resolução CNJ 46/2007, é o documento de uniformização taxonômica e terminológica de classes, assuntos, movimentação e documentos processuais no Judiciário, a serem empregados em sistemas processuais.

Por seu turno, a Recomendação 125/2021[11] trouxe importante carga orientadora aos procedimentos – a cargo do juízo – para o cumprimento da Lei 14.181, além de dois didáticos anexos: um sobre o fluxograma sugerido para o tratamento de consumidores superendividado e outro com um modelo de formulário-padrão para preenchimento de modo a iniciar a operacionalização da Lei.

A Cartilha sobre o tratamento do superendividamento do consumidor, bem mais completa, elenca diretrizes, orientações, fluxos de trabalhos, além de exemplos de convênios e expedientes para prática judicial e extrajudicial. Do documento, exsurge logo em sua parte introdutória a intenção de combater a exclusão social do consumidor – pessoa natural de boa-fé superendividada – do sistema consumerista brasileiro.

Na cartilha, contextualiza-se a o recurso legislativo – conciliação no superendividamento – instituído via Lei 14.181, indicando a pretensão de que "não se olhe mais a árvore (o contrato e a dívida), mas o bosque (visão ampla)", justamente por ser o fenômeno a própria ruína pessoal e global, a merecer prevenção e, se for o caso, tratamento. Elucida a referida cartilha que o superendividamento pode ser ocasionado por diversas circunstâncias: "perda de emprego, redução de renda, morte ou doença na família, separação, divórcio, nascimento de filhos", ou mesmo por descontrole financeiro apto a comprometer a capacidade de pagamento das obrigações.

Mais à frente, o documento arrola e explica termos e "princípio-guias" do superendividamento, a exemplo do: i) princípio da boa-fé e da confiança; ii) preservação do mínimo existencial (art. 6º, XII, Lei 14.181); iii) concessão informada, consciente e racional de crédito (art. 52, 54-A, 54-D); iv) educação financeira e ambiental dos consumidores; v) crédito responsável; vi) repactuação de dívidas (planos de pagamento e cooperação global/consensual); vi) "revisão (e integração) dos contratos de crédito e venda a prazo por superendividamento"; vii) consequências da violação do dever de boa-fé.

Na segunda parte da Cartilha, são cuidados temas como o procedimento de conciliação global com os credores para a reinclusão do consumidor; não se obtendo êxito na etapa pretérita, a cartilha também descreveu como se dará o processo judicial para

---

10. A íntegra do evento encontra-se disponível no canal do Superior Tribunal de Justiça na plataforma digital YouTube, no seguinte link: https://youtu.be/km6XFJEQKLM. Acesso em: 15 maio 2023.
11. Íntegra disponível em: https://atos.cnj.jus.br/atos/detalhar/4299. Acesso em: 15 maio 2023.

a revisão e integração dos contratos e repactuação das dívidas remanescentes (plano compulsório).

Na parte seguinte, a Cartilha veicula aspectos mais práticos do tratamento, como quadros-resumos das fases e fluxogramas pertinentes. Em complemento, a quarta parte da Cartilha elenca modelos variados: desde Termos de Audiências de Conciliação até modelos de: a) Termo de Cooperação Técnica entre Poder Judiciário, Defensoria Pública, Ministério Público e Instituição de Ensino; b) Termo de Cooperação para instituição de um núcleo multidisciplinar de atendimento ao Superendividado; c) Quesitos para a atuação de administrador judicial.

Ao término da Cartilha, há uma espécie de FAQ,[12] contendo as principais perguntas e respostas sobre o superendividamento, em linguagem simples, clara e acessível à população como um todo.

---

12. Entre outras questões, destacam-se:

4. Como se avalia a capacidade de desembolso do consumidor?

Na falta de critério quantitativo ou fórmula matemática para identificar o superendividamento, avalia-se a capacidade de desembolso pela comparação entre o passivo (conjunto das dívidas) e o ativo (renda disponível), tendo em consideração as necessidades básicas de subsistência da família (despesas com aluguel, condomínio, água, energia elétrica, alimentação, transporte etc.).

5. O superendividamento está relacionado à pobreza?

Não. O superendividamento está presente, com maior ou menor intensidade, em todos os países e classes sociais (baixa, média ou alta), apesar das diferenças econômicas, sociais e culturais que os separam. No entanto, os consumidores desfavorecidos, que vivem próximos do limiar da pobreza e com baixo grau de instrução, têm aumentado o risco de superendividamento. Neste caso, mesmo que se trate de pessoa que se esforça para cumprir seus compromissos, pequena alteração no seu rendimento pode impossibilitar o pagamento das dívidas assumidas.

[...]

10. Que espécies de parcerias podem ser firmadas para a minoração dos efeitos do superendividamento?

Dado o caráter multidisciplinar do fenômeno, é imprescindível a atuação dos mais variados profissionais na busca da minoração das consequências do superendividamento. Por isso, qualquer entidade pública ou privada que ofereça algum tipo de orientação aos funcionários, aos clientes e/ou ao público em geral, conscientizando-os sobre a existência do fenômeno, causas e formas possíveis de tratamento, estará contribuindo positivamente com a sociedade. Exemplo disso, situam-se os serviços prestados no PROCON, Defensoria Pública, Serviços de Assistência Judiciária Gratuita das Universidades, Associações Civis (como a Associação das Donas de Casa), Assistências Sociais dos Municípios, entre outros.

[...]

14. O tratamento do superendividamento só se aplica aos contratos novos?

Não, é uma lei de ordem pública aplicada aos contratos em curso.

[...]

21. Todos os credores devem ser chamados a renegociar?

A renegociação global permite a reorganização do orçamento do consumidor em relação a todas as obrigações. Por isso, a importância da participação de todos os credores.

22. O que é juízo universal do superendividamento?

É a reunião de competência para processar e julgar todos os contratos do consumidor no mesmo processo e juízo, permitindo a elaboração do plano global de pagamento.

23. O mínimo existencial equivale a um percentual da renda?

De acordo com o regulamento (Decreto 11.150, de 26 de julho de 2022), considera-se mínimo existencial a renda mensal do consumidor pessoa natural equivalente a vinte e cinco por cento do salário mínimo vigente na data de publicação do decreto.

[...]

Por fim sobre a atuação orientadora do Conselho para a efetivação da Lei 14.181/2021, houve a ação educacional consistente no 1º Seminário sobre o Tratamento do Consumidor Superendividado à luz da Lei 14.181/2021: da trajetória legislativa à sua efetivação, realizado no dia 30 de novembro de 2022, no Superior Tribunal de Justiça. No evento, palestraram grandes juristas com expertise na temática como os ministros Marco Buzzi e Herman Benjamin, o professor Kazuo Watanabe e as professoras Claudia Lima Marques (UFRGS) e Juliana Loss de Andrade (FGV).

Cada um dos produtos elencados possui peculiaridades e nuances que, *per si*, demandariam um artigo próprio. Todavia, aqui, sugere-se a leitura e audição do quanto produzido, exatamente por retratar a importância do Conselho na consecução e concretização de novos direitos, o que pode se dar pela orientação para a aplicação da Lei, como visto no presente escrito.

REFERÊNCIAS

BRASIL. Cartilha sobre o tratamento do superendividamento do consumidor. CNJ. 2022.

BRASIL. Recomendação CNJ 125, de 24.12.2021.

BRASIL. Resolução CNJ 7, de 18.10.2005.

BRASIL. Resolução CNJ 46, de 18.12.2007.

BRASIL. Resolução CNJ 125, de 29.11.2010.

BRASIL. Senado Federal. Código de Defesa do Consumidor.

BRASIL. Senado Federal. Constituição Federal de 1988.

BRITTO, Carlos Ayres. *O Humanismo como categoria constitucional*. Belo Horizonte: Fórum. 2007.

LIMA, Clarissa Costa de. *O tratamento do superendividamento e o direito de recomeçar dos consumidores*. São Paulo: Ed. RT, 2014.

MARQUES, Claudia Lima; BESSA, Leonardo Roscoe. *Manual de Direito do Consumidor*. 10. ed. São Paulo: Ed. RT, 2022.

MIRAGEM, Bruno. *Direito Civil*. Direito das obrigações. 3. ed. rev. e atual. Rio de Janeiro: Forense, 2021.

---

26. *Os credores são obrigados a comparecer à audiência de conciliação/mediação?*

Sim. É exigida presença qualificada, ou seja, com poderes para transigir. A ausência importará suspensão da exigibilidade do crédito, suspensão dos encargos de mora e recebimento do pagamento após os credores que participaram do plano consensual.

SERVIÇOS PÚBLICOS ESSENCIAIS DURANTE A PANDEMIA DE COVID-19 E O TRATAMENTO JURÍDICO EM FAVOR DO CIDADÃO-USUÁRIO VULNERÁVEL

Richard Pae Kim

Doutor e Mestre em Direito pela USP. Pós-doutorado em políticas públicas pela UNI-CAMP. Conselheiro do Conselho Nacional de Justiça (CNJ). Conselheiro do Conselho Nacional de Direitos Humanos (CNDH). Professor do Curso de Mestrado em Direito Médico da UNISA. Juiz de Direito do TJSP.

Camila da Silva Barreiro

Graduada em Direito pela USP. Pós-graduação em Novas Tendências do Direito Público pelo UniCEUB. Analista Judiciária no Supremo Tribunal Federal. Ex-Chefe de Gabinete da Secretaria Especial de Programas, Projetos e Gestão Estratégica do Conselho Nacional de Justiça. Chefe de Gabinete de Conselheiro do CNJ.

Sumário: 1. Introdução – 2. A pandemia de COVID-19, a dignidade da pessoa humana, o mínimo existencial e o papel do Estado – 3. A figura do cidadão-usuário – 4. Do direito à moratória dos débitos relativos ao consumo de água e energia elétrica originados durante o período pandêmico – 5. Considerações finais – Referências.

1. INTRODUÇÃO

A pandemia de COVID-19 trouxe uma série de prejuízos e dificuldades, sobretudo aos mais vulneráveis e hipossuficientes.

Essa parcela da população, a qual já é naturalmente castigada e submetida a privações viu-se ainda mais penalizada pelo súbito e forçado isolamento, pela queda da atividade econômica, pelas restrições impostas ao funcionamento do comércio e da indústria, pelo desemprego repentino e pela necessidade de, em alguns casos e de forma abrupta, tornar-se arrimo de família.

Todas essas vicissitudes tiveram como natural consequência a inevitável elevação dos índices de superendividamento, os quais atingiram níveis alarmantes – tão preocupantes que levaram o Congresso Nacional a editar a Lei 14.181/2021. Aliás, alarmantes não apenas porque se mostraram expressivamente altos, mas sobretudo pelo seu impacto concreto sobre o quadro socioeconômico de todos os cidadãos brasileiros.

Infelizmente, no país alcançou-se a triste marca de 63 milhões de pessoas inadimplentes, o que corresponde a 40% da população adulta, de acordo com a Confederação Nacional dos Dirigentes Lojistas (CNDL) e o Serviço de Proteção ao Crédito (SPC

Brasil). A metade é considerada superendividada, alcançando cerca de 32 milhões de indivíduos que não conseguem pagar suas dívidas sem o comprometimento dos custos relacionados ao seu sustento básico como moradia, alimentação, água e luz.[1]

O superendividamento fica caracterizado quando o devedor de boa-fé se encontra incapaz de quitar suas dívidas sem a preservação do mínimo existencial.[2] Diz, portanto, com o bem-estar dos indivíduos, com a dignidade da pessoa humana e com a garantia de direitos tão basilares como o adequado acesso aos serviços de educação, saúde, transporte, saneamento básico etc.

A situação de desamparo aos vulneráveis deste país gerada pela pandemia de coronavírus levou a um cenário preocupante de inviabilização do acesso a alguns direitos fundamentais sociais.

Se o superendividamento, antes da crise global de saúde, recaía sobremaneira sobre contas de consumo, dívidas com cartão de crédito e contratos bancários; a partir de 2020, o que se viu foi a elevação dos números de pessoas privadas de alimentação e de acesso a serviços básicos, como o fornecimento de água e de energia elétrica, *verbi gratia*.

Aliás, em se tratando de água e energia elétrica, não há qualquer dúvida de que cuida-se de suprimentos essenciais a uma existência digna. Por isso constituem serviços públicos os quais, por expressa previsão constitucional e legal, cabe à Administração Pública disponibilizar, seja diretamente, por intermédio de ente da administração direta ou indireta, ou por meio de empresa privada, prestadora de serviço público.

Fundados na percepção de que o superendividamento oriundo do momento pandêmico constitui evento de força maior, alguns órgãos públicos passaram a compreender a necessidade de se evitar a interrupção do fornecimento desses serviços públicos.

Na esteira desse justo movimento público de proteção aos vulneráveis, o Conselho Nacional de Direitos Humanos (CNDH) editou, por exemplo, a Recomendação 37, de 6 de outubro de 2022, a qual recomenda à Confederação Nacional de Municípios (CNM) medidas voltadas a viabilizar efetivo acesso à energia elétrica aos consumidores de baixa renda.

Referida recomendação acentua que é obrigatório o parcelamento de qualquer atraso de pagamento por parte de unidades consumidoras residenciais de baixa renda, devendo a empresa local de distribuição de energia elétrica notificar previamente o consumidor quanto à existência do débito. Este normativo também estabeleceu diversos

---

1. LEWGOY, Júlia. Projeto de lei que pode ajudar 30 milhões de superendividados avança na Câmara. Disponível em: https://valorinveste.globo.com/. Acesso em: 3 mar. 2023.
2. O superendividamento do cidadão brasileiro já atinge um patamar de cerca de aproximadamente 66,3% por cento da população no ano de 2021, de acordo com pesquisa realizada pela Confederação Nacional do Comércio de Bens, Serviços e Turismo (CNC), um aumento de 0,7 pontos percentuais em relação ao ano anterior (cf. CONFEDERAÇÃO NACIONAL DO COMÉRCIO DE BENS, SERVIÇOS E TURISMO (Distrito Federal). Pesquisa de Endividamento e Inadimplência do Consumidor (Peic) – fevereiro de 2021. Brasília: CNC, 2021. Disponível em: https://www.portaldocomercio.org.br/publicacoes/pesquisa-de- endividamento-einadimplencia-do-consumidor-peic-fevereiro-de- 2021/320317. Acesso em: 3 mar. 2023.

procedimentos específicos que deverão ser observados por órgãos públicos de todos os entes federados da República, a fim de garantir esses direitos.

Pelo mesmo fundamento, a moratória das dívidas decorrentes do fornecimento de água e de energia elétrica contraídas durante a pandemia impõe-se como solução necessária e que se encontra abarcada por princípios constitucionais, posto que assim garantir-se-á, minimamente, com a sua regulação pelo Estado e o reconhecimento pelos credores, a dignidade da pessoa humana.

Neste trabalho se pretende desenvolver os fundamentos jurídicos pelos quais os órgãos reguladores devem garantir não só o acesso aos referidos serviços e bens essenciais, mesmo aos superendividados, como também o respeito ao direito à moratória dos débitos relativos ao consumo de água e de energia elétrica originados durante o período pandêmico, na medida em que são cidadãos-usuários e não podem ter violado o núcleo essencial de cada um de seus direitos fundamentais.

2. A PANDEMIA DE COVID-19, A DIGNIDADE DA PESSOA HUMANA, O MÍNIMO EXISTENCIAL E O PAPEL DO ESTADO

Consoante apontam Andrea Sanchez e Érico Melo, citando relatório do Banco Central sobre o endividamento da população brasileiro no Sistema Financeiro Nacional, publicada em junho de 2020, embora não se possa afirmar rigorosamente a existência de uma convergência entre os endividados de risco e os superendividados, há possivelmente uma propensão a que os primeiros encontrem-se, simultaneamente, superendividados ou eventualmente possam chegar a esse estágio em caso de não adoção de ações preventivas.

O referido relatório sinalizava, ainda, que esses fatores estavam propensos a ser fortemente influenciados pela conjuntura de disfunção econômica observada após a propagação da COVID-19.[3]

Corroborando com as conclusões do BACEN, pesquisas demonstraram que, de fato, os índices de superendividamento foram, indubitavelmente, agravados pela pandemia, trazendo prejuízo inclusive à satisfação das necessidades mais básicas dos indivíduos:

> O CONJUSCS – Observatório de Políticas Públicas, Empreendedorismo e Conjunta da Universidade Municipal de São Caetano do Sul310, ao analisar os dados cadastrados pelos consumidores da região do ABC Paulista, no Programa de Apoio ao Superendividado (PAS) 311, no período de 10 de outubro de 2015 até 14 de setembro de 2018, concluiu que o descontrole financeiro dos consumidores superendividados saiu do patamar de 58,3% para chegar em 38,2% no 2º semestre de 2018, perdendo espaço para o desemprego.

> Ao atualizar a análise, inserindo os cadastros realizados pelos consumidores no ano de 2020 – período pandêmico – o CONJUSCS constatou que além de situações como descontrole financeiro e desemprego, a redução de renda passou a compor o cenário de causas do superendividamento; assim como a alteração do grau de escolaridade. Se na primeira pesquisa a maior parte dos consumidores

---

3. SANCHEZ, Andrea da Silva Souza; MELO, Érico Rodrigues de. *O combate ao superendividado como promoção de direitos fundamentais*: considerações teóricas e práticas, p. 294. Disponível em: https://www.enfam.jus.br/wp-content/uploads/2020/05/11-Artigo-CLM-Coimbraconciliacao6fimenv-4.1.pdf. Acesso em: 10 mar. 2023.

cadastrados possuíam ensino superior, com a pandemia a maioria dos cadastrados passaram a ser consumidores com ensino médio 312; revelando que *o superendividamento em tempos de pandemia alcança de forma mais agressiva pessoas de baixa renda. As dívidas passam a ser decorrentes de necessidades básicas para subsistência.*

Na mesma esteira, uma pesquisa realizada pelo ProconSP 313, com 5.007 consumidores, entre os meses de fevereiro e março de 2021, demonstrou que 69,76% (3.493) dos entrevistados tiveram diminuição de sua renda individual; 55,30% (2.769) afirmaram possuir *dívidas em atraso*, sendo que dívidas com cartão de crédito foram apontadas como as dívidas mais comuns (1.633), *seguidas de contas de consumo* (1.265) e empréstimos bancários (1.202).

Destaque-se que as dívidas de consumo, assim consideradas as decorrentes de inadimplência com contas de consumo como de água, luz e gás representaram 45,68% dos 2.769 consumidores que afirmaram possuir dívidas em atraso, tratando-se também de um indicador de que os rendimentos dos consumidores, na pandemia, não estão sendo suficientes nem para o mais básico, ou seja, o superendividamento está sendo em decorrência da necessidade de sobrevivência.

Não difere em muito a conclusão da Pesquisa de Endividamento e Inadimplência do Consumidor realizada pela Fecomercio 314 – Federação do Comércio do Estado de São Paulo, também no mês de março de 2021, a qual detecta que das 2,41 milhões de famílias endividadas somente na capital 732,5 mil delas estão com contas atrasadas e que 77,7% dos lares têm alguma dívida em cartão e crédito, considerando que o cartão de crédito passou a ser a única alternativa para os consumidores fazerem compras básicas 315, ou seja, para subsistência.

A pesquisa realizada pela Proteste, no mesmo período de março de 2021, constatou que 72% dos 500 consumidores entrevistados responderam que se consideravam envidados; 81% consideraram que a principal causa de endividamento era o cartão de crédito; 37% afirmaram ter dívidas em atraso e *36% afirmaram que no último ano deixaram de pagar a conta de luz.*[4]

A situação é alarmante.

Isso porque, o superendividamento está intrinsecamente ligado à exclusão social e financeira dos consumidores mais vulneráveis.

Pesquisa levada a cabo pelo Observatório do Crédito e Superendividamento da Universidade Federal do Rio Grande do Sul, em parceria com o Tribunal de Justiça do Rio Grande do Sul, notou que, dos consumidores superendividados que recorriam ao projeto-piloto de renegociação de dívidas, 81,7% ganhavam até 3 (três) salários mínimos, 23,2% eram aposentados e pensionistas e as causas dos débitos eram majoritariamente relacionadas a redução de renda (26,5%), desemprego (24,3%), doença (18%), divórcio e separação (4,8%) e morte (2,5%).[5]

Informa também o estudo que a maioria dos(as) consumidores(as) auxiliados(as) financeiramente eram mulheres sozinhas (divorciadas, solteiras, viúvas e separadas)

---

4. SANCHEZ, Andrea da Silva Souza; MELO, Érico Rodrigues de. *O combate ao superendividado como promoção de direitos fundamentais*: considerações teóricas e práticas, p. 295-297. Disponível em: https://www.enfam.jus. br/wp-content/uploads/2020/05/11-Artigo-CLM-Coimbraconciliacao6fimenv-4.1.pdf. Acesso em: 10 mar. 2023.

5. MARQUES, Claudia Lima. Conciliação em matéria de superendividamento dos consumidores. Principais resultados de um estudo empírico de 5 anos em Porto Alegre. In: CAVALLAZZI, Cláudia Lima Marques; LUNARDELLI, Rosângela. (Org.). *Direitos do consumidor endividado II*: vulnerabilidade e inclusão. São Paulo: Ed. RT, 2016. p. 264-290, p. 268.

e arrimos de família, ganhando até 3 (três) salários mínimos, bem como idosos, aposentados e pensionistas, que sem a ajuda do Estado certamente não seriam capazes de renegociar suas dívidas e/ou adimplir seus débitos.

Como se nota, desde muito antes do período pandêmico, o superendividamento encontra-se umbilicalmente ligado a camadas de vulnerabilidade superpostas. E o que se viu a partir da situação caótica implantada com a COVID-19 foi não só o aprofundamento das vulnerabilidades socioeconômicas, mas também a inclusão de novos indivíduos nesse grupo.

Não há qualquer dúvida de que o corte do fornecimento de serviços essenciais como o de água ou de energia elétrica – e já passou o tempo de ajustar-se essa categoria de serviços dentro do direito administrativo, a fim de que passem a ser compreendidos como bens essenciais para garantir minimamente a dignidade dos indivíduos[6] – importará em evidente prejuízo ao mínimo existencial dessa população, cuja proteção foi garantida pela Lei 14.181/2021.

As consequências do abandono jurídico e assistencial desses consumidores à própria sorte são deletérias. Não apenas porque implicaria abandonar seres humanos à em situação de penúria, sonegando-lhes os produtos mais essenciais à vida digna, como também criaria barreiras intransponíveis ao cidadão para o seu acesso ao crédito, para a continuidade das relações contratuais e, consequentemente, para a aquisição de bens básicos.

Assim, atuar para solucionar a questão do superendividamento, sobretudo nas hipóteses aventadas neste artigo, é atuar não apenas para evitar a exclusão socioeconômica do devedor, mas também viabilizar seu retorno ao mercado de trabalho.[7] Diversas pessoas acabam por ser violentadas mais de uma vez: não apenas por restarem privadas de bens imprescindíveis, como também por terem as chances de ingresso no mercado de trabalho formal diminuídas em virtude da inadimplência, num ciclo aviltante que se retroalimenta.

Diante disso, não é dado ao Estado omitir-se. Seja porque o legislador constituinte impôs-lhe o dever de agir para assegurar a dignidade da pessoa humana (art. 1º, inciso II, CF), seja porque a ele incumbe promover a defesa do consumidor (art. 5º, inciso XXXII e art. 170, inciso V da CF), e ainda, porque a nossa Carta Magna garantiu aos cidadãos os direitos fundamentais à saúde e à assistência aos desamparados (art. 6º, *caput*, CF).

Dando densidade a esses direitos e deveres, existem no âmbito infraconstitucional, ainda, as disposições do Código de Defesa do Consumidor e da Lei do Superendividamento, reflexos da preocupação do legislador em assegurar o mínimo existencial e evitar a exclusão social do consumidor. Nesse sentido, é como bem assinalou o eminente

---

6. Aliás, vincular a noção de taxa ou de tarifa para justificar ser essencial ou não determinado serviço público não nos parece ser parâmetro jurídico adequado para diferenciar esses preços.

7. OLIVEIRA, Fabiana Guilherme Machado de. Superendividamento do consumidor. *Cadernos Jurídicos Da Faculdade De Direito De Sorocaba*, 2(1), p. 268-304. Disponível em: https://www.fadi.br/revista/index.php/cadernosjuridicos/article/view/60. Acesso em: 10 mar. 2023. p. 275.

Ministro Herman Benjamin no julgamento do Recurso Especial 586.316/MG (Segunda Turma, j. 17.04.2007):

> [A]o Estado Social não importam apenas os vulneráveis, mas sobretudo os hipervulneráveis, pois são esses que, exatamente por serem minoritários e discriminados ou ignorados, mais sofrem. Ser diferente ou minoria, por doença ou por qualquer outra razão, não é ser menos consumidor, nem menos cidadão, tampouco merecer direitos de segunda classe ou proteção apenas retórica do legislador.[8]

É, também, como bem pontuam Andrea Sanchez e Érico Melo:

> A pandemia de COVID-19 trouxe impactos socioeconômicos sem precedentes. Um deles está relacionado justamente com o superendividamento dos brasileiros. A elevação dos preços de produtos essenciais e a diminuição da renda, dentre outros fatores, afetaram significativamente a vida financeira de muitos consumidores, em especial os de menor renda. Esse é um cenário propício para o aumento do número de pessoas superendividadas, muitas das quais tem sido privadas de seus direitos mais básicos. Nesse contexto, o Estado e a sociedade têm a obrigação de conferir o necessário protagonismo à defesa do consumidor, como ferramenta para a garantia de direitos fundamentais.
>
> A intervenção estatal para proteção dos vulneráveis é corolário do Estado Social de Direito, o qual não entrega seus cidadãos às intempéries do livre mercado. Nessa esteira, o Código de Defesa do Consumidor elenca como princípio da Política Nacional das Relações de Consumo, ação governamental efetiva de proteção ao consumidor, por meio da "presença do Estado no mercado de consumo" (art. 4º, II, "c", CDC). Em um cenário de recessão econômica e superendividamento, o Estado brasileiro tem o dever de agir (...).[9]

Como desdobramento dessa obrigação de agir, vislumbram-se possibilidades de atuação que vão além do simples auxílio na renegociação das dívidas.

Tratando-se de serviços públicos, nos quais o Estado não é um terceiro, mas o responsável pela prestação, seja direta ou indiretamente, e o consumidor, mais do que consumidor, figura como cidadão com direito à percepção do serviço por determinação do legislador, o grau de envolvimento do ente estatal e mesmo o espectro de concessão hão de ser maiores. Aqui, visto o indivíduo não só como consumidor, mas também como cidadão com direitos, é possível superar a ideia de facultatividade da renegociação e avançar para a obrigatoriedade.

3. A FIGURA DO CIDADÃO-USUÁRIO

Embora profunda a divergência da noção de serviço público nas doutrinas jurídicas nacional e estrangeiras, não há como negar que ainda prevalece a utilização desta terminologia para todos os serviços públicos prestados diretamente pelo Estado ou por seus delegados e que se revestem também de interesses coletivos e privatísticos.[10]

---

8. Recurso Especial 586.316/MG, relator Ministro Herman Benjamin, Segunda Turma, julgado em 17.04.2007, DJe de 19.03.2009.
9. SANCHEZ, Andrea da Silva Souza; MELO, Érico Rodrigues de. Op. cit., p. 291-292.
10. KIM, Richard Pae. Serviços e relação de consumo. *Revista de Direito e Legislação*. Campinas: Lex Editora, v. 6, p. 7-48, 2005.

Juristas como José Afonso da Silva defendem que o serviço público, pela sua natureza estatal e por visar ao atendimento de necessidades comuns da coletividade, deve submeter-se ao regime jurídico de direito público e, por isso, não poderia ser confundido com a atividade econômica estatal, sob a orientação de administradores de empresa privada e sob regime de liberdade econômica.[11]

Com todo o respeito aos que pensam de forma diferente, não é possível conceber o serviço público exclusivamente como uma atividade econômica, baseada nos princípios da ordem econômica estabelecidos no art. 170 da Carta da República. Isso porque a ordem econômica está fundada na valorização do trabalho humano e na iniciativa privada, ou seja, a Constituição consagra uma economia de mercado, de natureza capitalista, o que não se pode admitir quando se cuida de um serviço no qual o objetivo é atender essencialmente aos interesses da coletividade.[12]

Os fundamentos sociais, ideológicos e jurídicos da ordem econômica estão respaldados nas atividades criadora e lucrativas, essencialmente. E, embora a Constituição determine que deva ser respeitada a valorização do trabalho humano conforme os ditames da justiça social, para o fim de se buscar moderar os excessos do capitalismo, tem-se que o sistema capitalista continua a ser, essencialmente, individualista.

Conforme escólio de Cristiane Derani, "a eficiência da administração é medida pelo restabelecimento de um Estado de direito responsável pela concretização do interesse coletivo, com a supressão da miséria, da exploração, da desigualdade das condições sociais". E, ainda que o Estado exerça atividade econômica por meio de suas empresas estatais, sua eficiência "é encontrada com a satisfação social, através de produção de produto socialmente disponível e necessário à coletividade em geral".[13]

Ainda que o serviço seja prestado por concessionária, permissionária ou sob qualquer outra forma de empreendimento, e ainda que sob a lógica concorrencial, por se tratar de atividade executada por particular,

> [...] os serviços públicos devem se inspirar na solidariedade, o que implica escolhas sobre a extensão e a natureza das prestações ditadas pelo interesse coletivo e não pelo lucro. Isto não significa que a lógica concorrencial e a lógica social estejam em contradição, mas simplesmente que é necessário atingir o melhor equilíbrio entre os dois, quer dizer, que a rentabilidade e o valor da solidariedade devem ser conciliados.[14]

Se é certo que o empresário, ou ainda, a sociedade empresária, possui como elemento de definição de sua atividade a intenção de lucro, por sua vez, a eficiência de sua atuação como prestador de serviço público e empresário deve ser o de equilibrar a busca pela concretização do interesse coletivo, da satisfação do usuário pela qualidade e do lucro.

---

11. SILVA, José Afonso da. *Curso de Direito Constitucional positivo*. São Paulo: Malheiros, 2002. p. 777-778.
12. SILVA, José Afonso da. Op. cit., p. 764.
13. DERANI, Cristiani. *Privatização e serviços públicos*. São Paulo: Max Limonad, 2002. p. 150-151.
14. DERANI, Cristiani. Op. cit., p. 152.

Consoante se extrai, quando se está a tratar do fornecimento de serviços públicos, não se pode falar simplesmente em consumidor, sob uma ótica exclusivamente privada. Aqui o que se tem é figura do usuário, a qual superpõem-se à do cidadão. Não se está a tratar de bens de consumo, supérfluos, mas sim da fruição propriamente de direitos: o direito ao mínimo existencial, o direito à saúde, o direito a uma vida digna.

Não fosse o bastante, não estamos a lidar com serviços cujo fornecimento consiste em mera liberalidade: a própria Carta da República impõe ao Estado que proveja o acesso.

Não se trata de meras relações de consumo: a oferta de serviços públicos, de serviços básicos como água e energia elétrica, é obrigação da Administração Pública, imposto pelo legislador constituinte e o tratamento jurídico há de levar em conta todos os beneficiários – desde as grandes empresas aos cidadãos mais vulneráveis.

Disso decorre que a impossibilidade de adimplemento de contas de serviços básicos originadas no curso da pandemia de COVID-19 não poderá ser tratada como questão consumerista ordinária.

A disponibilização do serviço consiste em uma forma de efetivação da cidadania, de cumprimento do dever constitucional do Estado e, por consequência, de fruição de um direito garantido pela Carta Magna.

E vistas as coisas sob tal prisma, havendo contraposição entre o direito do cidadão de contar com fornecimento de água e luz e o direito do Estado ou de qualquer concessionária de serviço de auferir remuneração pelos serviços prestados, em um contexto de emergência e de força maior como o ora examinado, não há dúvidas de que deve prevalecer o primeiro.

Em primeiro lugar, porque a disponibilização do acesso a essas prestações é direito do cidadão e dever do ente estatal. Em segundo lugar, pelo próprio dever do Estado de proteger os vulneráveis.

O problema, portanto, não deve ser visto como uma simples questão de inadimplemento de uma dívida, mas sim como uma situação na qual uma pessoa vulnerável, hipossuficiente, viu-se privada, por circunstâncias alheias a sua vontade, do mínimo existencial, consubstanciado aqui nos direitos mais básicos a que os cidadãos têm direito e que o Estado tem a obrigação de prestar.

Sendo assim, o usuário endividado, ainda que em situação de inadimplemento, dispõe da faculdade de opor à Administração Pública a sua prerrogativa, seu direito a ter acesso ao serviço e o dever desta última de viabilizá-lo.

A relação pende naturalmente em favor do consumidor-usuário e, diante disso, este último tem direito, em primeiro lugar, à continuidade do fornecimento dos serviços, mesmo que inadimplente e, em segundo lugar, à renegociação do débito em condições diferenciadas ou até mesmo, caso possível, ao seu perdão em situações-limite.

Além do direito ao percebimento do serviço, não se pode olvidar que, tratando-se de serviço público, hão de ser observados alguns princípios e regras de direito público, dentre eles o da solidariedade, o qual, na esfera do direito administrativo, deve ser compreendido também como dever de agir para prestar o imediato socorro ou assistência. É como assinala Francisco Eugênio Cunha Silva:

> Concebe-se da sistemática que a Administração deve reconhecer o princípio da solidariedade como ferramenta norteadora que dirige a solução mais digna de lidar com os problemas cotidianos. Assim deve agir para minimizar os danos de todos os envolvidos, seguindo a tendência da jurisprudência, que não pode ser encarada como mera faculdade, mas sim um dever.
>
> O movimento de cooperação atrelado ao Direito Administrativo é a expressão sólida do princípio da solidariedade, pois, diante da situação fática, a Administração coopera com o cidadão envolvido para concretização do objetivo pretendido pela Constituição e evita não só a lesão, mas também age de forma a concretizar a sua obrigação de defensora da Constituição, dos direitos fundamentais e realiza o verdadeiro interesse público. Assim, nada mais lógico afirmar que o princípio da solidariedade orienta não apenas o Direito Administrativo, mas também é parâmetro de solução de controvérsias, sendo que a ofensa a tal comando desconfigura a própria natureza do Estado.
>
> (...)
>
> Como exemplo, no contrato administrativo ele irá reger o comportamento entre as partes. É possível que ele inspire o comportamento adequado para atingir o objetivo do contrato e assim permitir as partes a agirem de forma paliativa em relação aos prejuízos que podem existir da relação contratual, em especial, em prol do cidadão para diminuir o dano.[15]

Disso exsurge que, a par do próprio direito ventilado, incide sobre o assunto também o princípio da solidariedade, o qual, como acertadamente frisou o autor mencionado, impõe que a Administração (aqui prestadora do serviço público, direta ou indiretamente) coopere com o cidadão para a concretização do objetivo pretendido pela Constituição e evite não apenas a lesão, mas também aja de forma a concretizar sua obrigação de defensora da Constituição da República e dos direitos fundamentais, atuando, ainda, em prol da realização do verdadeiro interesse público.

A Constituição Federal, em seu Título I, ao tratar dos princípios fundamentais, mais precisamente, em seu artigo 3º, consagra, em rol meramente exemplificativo,[16] os objetivos fundamentais da República Federativa do Brasil. Logo no primeiro inciso do citado texto normativo, a Carta dispõe que são objetivos fundamentais de nosso Estado "construir uma sociedade livre, justa e solidária". Trata-se de norma de conteúdo programático, comando-valor, e não comando-regra.[17]

Assim, o princípio da solidariedade autoriza o legislador a afastar a ideia de proporcionalidade em algumas situações jurídicas, impondo deveres que poderiam ser considerados inconstitucionais por desproporcionais e ofensivos a determinados bens jurídicos, como à propriedade ou ao lucro. Um bom exemplo, para Barcellos, seria a autorização, por meio do princípio da solidariedade, destinada ao legislador para

---

15. SILVA, Francisco Eugênio Cunha. *O Princípio da Solidariedade e o direito administrativo*. Dissertação (Mestrado em Direito) – Instituto CEUB de Pesquisa e Desenvolvimento, Centro Universitário de Brasília, Brasília, 2015. p. 110.

16. MORAES, Alexandre de. *Direito Constitucional*. 37. ed. São Paulo: Atlas, 2021. p. 51.

17. VASCONCELOS, Clever. *Curso de Direito Constitucional*. 5. ed. Saraiva: São Paulo, 2018. p. 66.

criar encargos financeiros nos sistemas de seguridade social, com a função de custear benefícios que não serão necessariamente usufruídos por aqueles que pagam,[18] não se podendo olvidar, contudo, que a opção será do cidadão, representado legitimamente pelo parlamentar.

Dessa maneira, conclui-se que, seja porque o fornecimento dos serviços públicos é um direito do cidadão e um dever do Estado, seja pelo dever estatal de proteger os vulneráveis e de assegurar a dignidade da pessoa humana, seja ainda pela incidência do princípio da solidariedade, os débitos relativos a contas de água e luz originados durante a pandemia de COVID-19 (e em especial naquelas situações de superendividamento) hão de merecer tratamento privilegiado, sendo oponível ao Estado o direito de não ter a prestação interrompida mesmo em caso de inadimplemento e tendo o consumidor-usuário direito também à renegociação das dívidas, tudo de forma a não se interromper a fruição dos bens essenciais.

Não foi por outro motivo que, durante a pandemia, diversos estados brasileiros, por atos normativos específicos, garantiram o fornecimento de gás, água e energia aos inadimplentes, em especial, durante os primeiros anos da pandemia – um exemplo foi o estado de São Paulo (2020 a 2021).[19] No Estado do Paraná, a Sanepar manteve a suspensão do corte no fornecimento de água por falta de pagamento até o dia 31 de maio de 2023, ao menos, e a companhia também resolveu estender o prazo de adesão ao programa de parcelamento de débitos.[20]

O Distrito Federal, por sua vez, publicou a Lei Distrital 6.551/2020, a qual assegurou que os consumidores ou usuários de serviços públicos essenciais de água, luz, internet e gás canalizado, não poderiam ter o fornecimento dos mencionados serviços interrompidos por falta de pagamento durante situações de calamidade pública, como a atual pandemia do coronavírus. Em regra específica, estabeleceu que o acesso aos serviços essenciais durante estado de emergência é direito do consumidor que passe por dificuldades financeiras (hipossuficiente) e proíbe que os fornecedores cortem o serviço enquanto perdurar a situação extraordinária.

Segundo essa lei, para ser considerado consumidor hipossuficiente é necessário ser pessoa física que preencha os seguintes requisitos: (i) ser beneficiário(a) de algum programa de assistência social de renda mínima do governo federal ou distrital que não

---

18. BARCELLOS, Ana Paula. *Curso de Direito Constitucional*. 2. ed. Rio de Janeiro: Forense, 2019. p. 148.

19. No Estado de São Paulo, por exemplo, por acordo entre o Governo do Estado, Agência Reguladora de Saneamento de Energia do Estado de São Paulo (Arsesp) e a Secretaria de Infraestrutura e Meio Ambiente (SIMA) com as empresas Companhia de Gás de São Paulo (Comgás), Gás Natural de São Paulo (Naturgy), Gás Brasiliano Distribuidora e Sabesp, durante todo o ano de 2020, ao menos, garantiram a prorrogação mensal a esses benefícios. Vide notícia: Disponível em: https://www.infraestruturameioambiente.sp.gov.br/2020/06/governo-de-sp-garante-fornecimento-de-gaseaguadurantepandemia/#:~:text=As%20a%C3%A7%C3%B5es%20garantem%20servi%C3%A7os%20essenciais,enfrentamento%20%C3%A0%20pandemia%20do%20coronav%C3%ADrus.&text=%E2%80%9CO%20Governo%20de%20S%C3%A3o%20Paulo,as%20pessoas%20de%20baixa%20renda. Acesso em: 10 mar. 2023.

20. Vide anúncio oficial: Disponível em https://www.aen.pr.gov.br/Noticia/Sanepar-suspende-corte-de-agua-por-falta-de-pagamento-e-prorroga-adesao-renegociacao. Acesso em: 10 mar. 2023.

esteja isenta, por outra norma ou ato, do pagamento de tarifas; (ii) cuja renda familiar não ultrapasse 3 (três) salários mínimos e cujo somatório mensal das tarifas dos serviços seja inferior a 1/3 do salário mínimo vigente; (iii) cuja saúde dependa de aparelhos elétricos e eletrônicos, assim como do uso de água e acesso à internet; (iv) cuja renda familiar seja inferior a 3 (três) salários mínimos e tenha sofrido redução superior a 25% por conta de medidas legislativas que autorizem redução salarial do trabalhador.

Infelizmente não houve uma normativa nacional para todos os serviços públicos essenciais nesse mesmo sentido, o que poderia ter sido alcançado, a exemplo, com a aprovação do Projeto de Lei 167/2019 (aprovado apenas na Câmara dos Deputados), o que não ocorreu.

Impende destacar, ademais, que também o Poder Judiciário não ficou alheio ao quadro observado.

Logo após a edição da Lei 14.181/2021 e como forma de ajudar no tratamento jurídico do superendividamento, preocupantemente ampliado pela pandemia de COVID-19, o Conselho Nacional de Justiça editou a Recomendação 125, de 24 de dezembro de 2021, a qual dispõe sobre os mecanismos de prevenção e tratamento do superendividamento e a instituição dos Núcleos de Conciliação e Mediação de conflitos oriundos de superendividamento.

A par disso, instituiu um grupo de trabalho para aperfeiçoar os fluxos e procedimentos administrativos para facilitar o trâmite dos processos de tratamento do superendividado, coordenado pelo eminente Ministro Marco Buzzi (Portaria CNJ 55, de 17.02.2022).

Dos trabalhos desse GT adveio a "Cartilha sobre o Tratamento do Superendividamento do Consumidor", lançada em 16.08.2022. Além de explicar o que é o superendividamento e suas causas, a publicação traz diretrizes, orientações e modelos de audiência de conciliação e exemplos de convênios e expedientes úteis para que os tribunais realizem acordos e possibilitem que devedores e devedoras quitem suas dívidas.

A partir das atividades desse GT, realizou-se também um seminário em parceria com o Superior Tribunal de Justiça. Intitulado "O tratamento do consumidor superendividado à luz da Lei 14.181/2021: da trajetória legislativa à sua efetivação", o evento, cuja gravação pode ser encontrada no *Youtube*, ocorreu no dia 30.11.2022 e debateu uma série de assuntos afetos à temática, inclusive o tratamento do superendividamento como desdobramento do acesso à justiça e efetivação da cidadania.

Por fim, o Conselho, mais uma vez como fruto do já mencionado GT, promoveu uma atualização das Tabelas Processuais Unificadas, com vistas a conseguir mapear o fenômeno do superendividamento no Brasil. A criação de um novo assunto permitirá às equipes dos tribunais identificarem um processo judicial originado do superendividamento de uma pessoa. Dessa forma, poderá ser calculado o número de ações que chegam à Justiça a cada ano, por exemplo.

4. DO DIREITO À MORATÓRIA DOS DÉBITOS RELATIVOS AO CONSUMO DE ÁGUA E ENERGIA ELÉTRICA ORIGINADOS DURANTE O PERÍODO PANDÊMICO

Uma das faculdades advinda da prerrogativa acima detalhada é a concessão de moratória, isto é, o prolongamento do prazo para quitação da dívida em casos em que o endividamento esteja afetando o mínimo existencial.

Se via de regra a moratória resulta de um acordo entre as partes, nas hipóteses tratadas nesse artigo o caso é de prerrogativa do devedor (usuário-cidadão), a quem o Estado deve, além da prestação do serviço público, também proteção, especialmente no caso dos hipervulneráveis, como aqueles inscritos no CadÚnico (em que essa hiper-vulnerabilidade é presumida).

Como se sabe, o Cadastro Único para Programas Sociais do Governo Federal (CadÚnico) foi instituído pela Lei 14.284, de 2021, que normatizou este novo registro público no art. 6º-F da Lei 8.742, de 7 de dezembro de 1993, conhecida como Lei de Organização da Assistência Social – LOAS.

Este é, atualmente, o principal instrumento de identificação e caracterização da situação socioeconômica das famílias de baixa renda que residem em território nacional. É a inscrição no Cadastro Único que permite às famílias de baixa renda o acesso aos Programas Sociais do Governo Federal como o Bolsa Família, a Tarifa Social de Energia Elétrica,[21] o Benefício de Prestação Continuada (BPC) entre outros, e outros entes federativos têm se utilizado da inscrição nesse cadastro para conceder benefícios de suas políticas sociais próprias – estaduais, distrital ou municipal.

No âmbito federal, podem se inscrever no Cadastro Único as famílias que possuam renda mensal por pessoa de até meio salário mínimo; possuam renda mensal familiar total de até três salários mínimos; e que possuam renda acima dessas, mas que estejam vinculadas ou pleiteando algum programa ou benefício que utilize o Cadastro Único em suas concessões. Nos demais estados, embora se possa exigir em seus programas o cadastramento neste sistema nacional, as demais exigências, como renda mensal ou

---

21. Antes mesmo da pandemia, a população mais vulnerável tinha acesso a este importante benefício, denominado de Tarifa Social de Energia Elétrica – TSEE, que foi criada pela Lei 10.438, de 26 de abril de 2002. Por meio dela, são concedidos descontos para os consumidores enquadrados na Subclasse Residencial Baixa Renda. A Lei 12.212, de 20 de janeiro de 2010 e o Decreto 7.583, de 13 de outubro de 2011, regulamentam esse benefício. Os consumidores da subclasse Residencial Baixa Renda são beneficiados com a isenção do custeio da Conta de Desenvolvimento Energético – CDE e do custeio do Programa de Incentivo às Fontes Alternativas de Energia Elétrica – Proinfa, e além dessas isenções, no restante da tarifa residencial são aplicados os descontos, de modo cumulativo, conforme regime jurídico específico, sendo que possuem direito ao benefício: (i) a família inscrita no Cadastro Único para Programas Sociais do Governo Federal – Cadastro Único, com renda familiar mensal per capita menor ou igual a meio salário-mínimo nacional; ou os idosos com 65 (sessenta e cinco) anos ou mais ou pessoas com deficiência, que recebam o Benefício de Prestação Continuada da Assistência Social – BPC, nos termos dos arts. 20 e 21 da Lei 8.742, de 7 de dezembro de 1993; ou ainda, qualquer família inscrita no Cadastro Único com renda mensal de até 3 (três) salários-mínimos, que tenha portador de doença ou deficiência (física, motora, auditiva, visual, intelectual e múltipla) cujo tratamento, procedimento médico ou terapêutico requeira o uso continuado de aparelhos, equipamentos ou instrumentos que, para o seu funcionamento, demandem consumo de energia elétrica.

por pessoa, podem ser mais restritivas como veremos abaixo, na medida em que os programas ou projetos sociais federais não vinculam diretamente os dos demais entes.

Retomando a temática, o Conselho Nacional de Direitos Humanos editou a Recomendação 37, de 6 de outubro de 2022, na qual recomendou à Confederação Nacional de Municípios que esclareça aos municípios que é obrigatório o parcelamento de qualquer atraso de pagamento por parte de unidades consumidoras residenciais de baixa renda, devendo a empresa local de distribuição de energia elétrica notificar previamente o consumidor quanto à existência do débito.

A ANEEL, na Resolução Normativa 1.000, de 7 de dezembro de 2021 previu, em seu art. 344, *caput* que a distribuidora pode parcelar ou reparcelar o débito, mediante solicitação expressa do consumidor e demais usuários. Previu ainda, no art. 344, § 1º, que no caso de unidade consumidora classificada em uma das subclasses residencial de baixa renda, o parcelamento do débito que não tenha sido anteriormente parcelado é obrigatório, desde que haja solicitação do consumidor e observado o mínimo de 3 (três) parcelas.

Por fim, também a própria Lei 14.181/2021, ao incluir no Código de Defesa do Consumidor o art. 104-B, dispôs que se não houver êxito na conciliação em relação a quaisquer credores, o juiz, a pedido do consumidor, instaurará processo por superendividamento para revisão e integração dos contratos e repactuação das dívidas remanescentes mediante plano judicial compulsório e procederá à citação de todos os credores cujos créditos não tenham integrado o acordo porventura celebrado.

Disso se extrai que o direito ao parcelamento dos débitos e/ou extensão do prazo para sua quitação, sobretudo para aqueles mais vulneráveis, com o mínimo existencial ameaçado (em especial os integrantes do CadÚnico) é algo que resulta não apenas da interpretação de regras de direito público e de princípios como a dignidade da pessoa humana e a solidariedade, mas de leis e atos normativos infralegais dotados de força vinculante.

Se antes das supracitadas regulamentações já seria possível falar, pelos motivos elencados no item "3" deste trabalho, em direito à moratória por parte do consumidor endividado em situação de vulnerabilidade, as normativas indicadas acima vieram detalhar aquilo que já era a vontade do próprio legislador constitucional e tornar ainda mais explícito o direito não só ao acesso aos serviços públicos, como também à proteção do Estado, sobretudo em situações de força maior.

Na hipótese, tal proteção descortina-se na assunção de um prejuízo ou ônus por parte do ente estatal (o qual acaba por assumir esse ônus em cumprimento a um dever constitucional) a fim de que o cidadão-usuário possa, por meio do parcelamento ou da dilação do prazo para quitação de seu débito, continuar a fruir de bens essenciais, como água e energia elétrica, garantindo-se, a este último, o acesso ao mínimo existencial – o que, recorde-se, consubstancia seu direito fundamental.

É evidente que, na medida em que se alterarem as situações que levaram ao reconhecimento do estado de emergência e se levantarem as restrições às liberdades em função do arrefecimento dos efeitos da pandemia, a concessão da moratória ou a suspensão dos cortes de serviços poderão ser encerradas. Isto há de ser verificado por cada Estado soberano, observados os efeitos econômicos junto aos vulneráveis. Em Portugal, por exemplo, a proibição do corte de fornecimento de água, luz, gás e telecomunicações, encerrou-se a partir de 5 de fevereiro de 2023. Entretanto, seguem as renegociações dos contratos naquele país.

Aliás, como anotado por Claudia Lima Marques, Clarissa Costa de Lima e Sophia Vial, a preservação do mínimo existencial consiste em ponto nodal para uma conciliação bem-sucedida, devendo o mediador ou conciliador "ter muita cautela para não comprometer excessivamente a renda do consumidor no acordo; do contrário, o plano de pagamento está fadado ao descumprimento (...) e que deverá ser reservado para a despesa de subsistência".[22]

5. CONSIDERAÇÕES FINAIS

A pandemia de COVID-19, a par de causar um grave quadro de saúde pública, trouxe também severo impacto socioeconômico, gerou diversas situações de vulnerabilidade a agravar, inclusive, aquelas já existentes.

Inúmeras pessoas viram-se, abruptamente, por motivo de força maior, privadas de suas fontes de renda, sem poder arcar, por consequência, com seus gastos mais elementares e impedidas, ainda, de retornar ao mercado de trabalho formal em virtude das dívidas contraídas.

Para os grupos tradicionalmente mais penalizados, a situação de impossibilidade de acesso ao mínimo existencial foi ainda pior, de sorte que o que se viu é um número significativo de pessoas impedidas de acessar até mesmo serviços públicos essenciais, em especial os de fornecimento de água e energia elétrica.

Esse cidadão-usuário do serviço público endividado, ainda que em situação de inadimplemento, pela ótica desenvolvida neste trabalho, passa a dispor de uma faculdade de opor à Administração Pública a sua prerrogativa, seu direito a ter acesso ao serviço, de forma ininterrupta, bem como o dever desta última de viabilizá-lo durante o período de emergência de saúde pública. Cuida-se de garantia constitucional fundado no princípio da solidariedade e nas regras infraconstitucionais que reconheceram, justamente, o direito desses cidadãos vulneráveis socioeconomicamente de receber proteção ao seu crédito e ao mínimo existencial.

A relação pende naturalmente em favor do consumidor-usuário e, diante disso, este último tem direito, em primeiro lugar, à continuidade do fornecimento dos serviços,

---

22. MARQUES, Cláudia Lima; LIMA, Clarissa Costa de; VIAL, Sophia. Superendividamento dos consumidores no pós-pandemia e a necessária atualização do Código de Defesa do Consumidor. In: MALFATTI, Alexandre David; SHIMURA, Sérgio Seiji. *Direito do Consumidor*: reflexões quanto aos impactos da pandemia de Covid-19. São Paulo: Escola Paulista da Magistratura, p. 2020, v. 1, p. 107-144, p. 126.

mesmo que inadimplente e, em segundo lugar, à renegociação do débito em condições diferenciadas ou até mesmo, caso possível, ao seu perdão.

Tal prerrogativa, que já consistia em uma decorrência lógica da própria interpretação dos princípios constitucionais, agora encontra-se também positivada em textos normativos como a Resolução 1000/2021 da Aneel, a Lei 14.181/2021, e que foram ratificados pela Recomendação 37/2022 do CNDH as quais, esmiuçando e regulamentando a vontade do legislador constitucional, instituíram expressamente o direito e a vinculação dos órgãos públicos competentes de realizar o parcelamento dos débitos e/ou a concessão de prazos para sua quitação.

O Conselho Nacional de Justiça, enquanto órgão central de formulação e orientação das políticas públicas para o Poder Judiciário, também prestou sua colaboração, ao proceder à edição da recomendação e da cartilha citadas anteriormente e ainda, à realização de eventos e outras iniciativas voltados a dar efetividade à Lei do Superendividamento (com foco na conciliação e na mediação) num momento em que mais do que nunca esta se faz necessária e no qual o Judiciário é chamado a auxiliar diretamente na garantia do mínimo essencial aos hipossuficientes, inclusive no que diz respeito ao acesso a serviços básicos.

Da mesma forma, o Conselho Nacional dos Direitos Humanos, ao editar não apenas a Recomendação 37/2022, a qual tratou especificamente da temática desse artigo, mas diversas outras normas voltadas à proteção de direitos fundamentais durante o período pandêmico fez valer seu papel de órgão de promoção e defesa dos direitos humanos no Brasil através de ações preventivas, protetivas, reparadoras e sancionadoras das condutas e situações de ameaça ou violação a esses últimos. A atuação do CNDH mostrou-se fundamental para que milhares de brasileiros tivessem seu mínimo existencial garantido.

Arrematamos pontuando que as prerrogativas defendidas neste artigo constituem medidas de justiça social e que se traduzem em efetivo cumprimento do dever do Estado, as quais devem ser garantida até que efetivamente se alcance a normalidade econômica do país e enquanto perdurarem os efeitos dessa situação de força maior que incidiu nas relações entre o Estado e seus delegatários de um lado e o cidadão-usuário dos serviços públicos, vulnerável e superendividado, de outro.

REFERÊNCIAS

BARCELLOS, Ana Paula. *Curso de Direito Constitucional*. 2. ed. Rio de Janeiro: Forense, 2019.

BRASIL. Recomendação 37, de 6 de outubro de 2022. Recomenda à Confederação Nacional de Municípios (CNM) medidas acerca do acesso à energia elétrica aos consumidores de baixa renda. Brasília, DF, 6 out. 2022. Disponível em: https://www.gov.br/participamaisbrasil/recomendacao-n37-2022. Acesso em: 10 mar. 2023.

BRASIL. Superior Tribunal de Justiça. Recurso Especial 586.316/MG. Recorrente: Ministério Público do Estado de Minas Gerais. Recorrido: Associação Brasileira das Indústrias da Alimentação – ABIA. Relator Ministro Herman Benjamin, Segunda Turma, julgado em 17.04.2007, DJe de 19.03.2009). Disponível em: https://scon.stj.jus.br/SCON/GetInteiroTeorDoAcordao?num_registro=200301612085&dt_publicacao=19/03/2009. Acesso em: 10 mar. 2023.

BRASIL. Lei 14.181, de 1 de julho de 2021. Altera a Lei 8.078, de 11 de setembro de 1990 (Código de Defesa do Consumidor), e a Lei 10.741, de 1º de outubro de 2003 (Estatuto do Idoso), para aperfeiçoar a disciplina do crédito ao consumidor e dispor sobre a prevenção e o tratamento do superendividamento. Brasília, DF, 1 jul. 2021. Disponível em: https://www.planalto.gov.br/ccivil_03/_ato2019-2022/2021/lei/l14181.htm.

DERANI, Cristiani. *Privatização e serviços públicos*. São Paulo: Max Limonad, 2002.

KIM, Richard Pae. O cidadão como usuário de serviço público na Constituição Brasileira. In, LOUREIRO, Francisco Eduardo Loureiro; PRETTO, Renato Siqueira de; KIM, Richard Pae. *A vida dos direitos nos 30 anos da Constituição Federal*. São Paulo: Escola Paulista da Magistratura, 2019.

KIM, Richard Pae. Serviços e relação de consumo. *Revista de Direito e Legislação*. Campinas: Lex Editora, v. 6, p. 7-48. 2005.

MARQUES, Claudia Lima. Conciliação em matéria de superendividamento dos consumidores. Principais resultados de um estudo empírico de 5 anos em Porto Alegre. In: CAVALLAZZI, Cláudia Lima Marques; LUNARDELLI, Rosângela. (Org.). *Direitos do consumidor endividado II*: vulnerabilidade e inclusão. São Paulo: Ed. RT, 20160.

MARQUES, Claudia Lima; LIMA, Clarissa Costa de; VIAL, Sophia. Superendividamento dos consumidores no pós-pandemia e a necessária atualização do Código de Defesa do Consumidor. In: MALFATTI, Alexandre David; SHIMURA, Sérgio Seiji. *Direito do Consumidor*: reflexões quanto aos impactos da pandemia de Covid-19. São Paulo: Escola Paulista da Magistratura, 2020. v. 1.

MORAES, Alexandre de. *Direito Constitucional*. 37. ed. São Paulo: Atlas, 2021.

OLIVEIRA, Fabiana Guilherme Machado de. Superendividamento do consumidor. *Cadernos Jurídicos Da Faculdade De Direito De Sorocaba*, 2(1), p. 268-304. Disponível em: https://www.fadi.br/revista/index.php/cadernosjuridicos/article/view/60. Acesso em: 10 mar. 2023.

SANCHEZ, Andrea da Silva Souza; MELO, Érico Rodrigues de. *O combate ao superendividado como promoção de direitos fundamentais: considerações teóricas e práticas*. Disponível em: https://www.enfam.jus.br/wp-content/uploads/2020/05/11-Artigo-CLM-Coimbraconciliacao6fimenv-4.1.pdf. Acesso em: 10 mar. 2023.

SILVA, Francisco Eugênio Cunha. *O Princípio da Solidariedade e o direito administrativo*. Dissertação (Mestrado em Direito) – Instituto CEUB de Pesquisa e Desenvolvimento, Centro Universitário de Brasília, Brasília, 2015.

SILVA, José Afonso da. *Curso de Direito Constitucional positivo*. São Paulo: Malheiros, 2002.

VASCONCELOS, Clever. *Curso de Direito Constitucional*. 5. ed. Saraiva: São Paulo, 2018.

DA EDUCAÇÃO AMBIENTAL À EDUCAÇÃO CLIMÁTICA DOS CONSUMIDORES: CAMINHOS À PREVENÇÃO EFETIVA DO SUPERENDIVIDAMENTO

Salise Monteiro Sanchotene

Doutora em Direito Público e Filosofia Jurídica pela *Universidad Autónoma de Madrid* (2017). Desembargadora Federal no Tribunal Regional Federal da 4ª Região. Conselheira no Conselho Nacional de Justiça. Presidente da Comissão Permanente de Acompanhamento dos Objetivos de Desenvolvimento Sustentável e da Agenda 2030 no Conselho Nacional de Justiça. E-mail: gabinete.salise@cnj.jus.br.

Rafaela Santos Martins da Rosa

Doutora em Direito pela Universidade do Vale do Rio dos Sinos (2023). Pesquisadora Visitante na *University of California Berkeley Law* (2021). Mestre em Direito pela Universidade do Vale do Itajaí/SC (2013), com período de pesquisa no Programa de Mestrado em Direito e Sustentabilidade da Universidade de Alicante/Espanha (2012). Juíza Federal Substituta na 12ª Vara Federal de Porto Alegre/RS. E-mail: rafaela.rosa@trf4.jus.br.

Sumário: 1. Introdução – 2. Premissa: a educação climática como parte indissociável da educação ambiental – 3. A urgência de qualidade e de atualidade das ações educacionais sobre mudanças climáticas; 3.1 Balizas mínimas à educação sobre mitigação das mudanças climáticas – 4. Efeitos da difusão da educação climática nos consumidores: das alterações na normatização consumerista ao crescimento da litigância em desfavor de práticas de lavagem climática (*climate washing*) – 5. Avanços esperados com a difusão da educação climática de consumidores no Brasil – 6. Considerações finais – Referências.

1. INTRODUÇÃO

A Lei 14.181/2021 é reconhecidamente[1] um marco na estruturação de um sistema de tutela voltado ao resguardo do mínimo existencial[2] dos consumidores no Brasil. Nisto, assimilam as alterações apostas na codificação consumerista os dados de realidade sobre o crescimento exponencial do fenômeno do superendividamento no país,[3] e a demanda urgente de atuação sobre as causas e as consequências deste cenário.

---

1. Por todos, confira-se: MARQUES, Claudia Lima et. al. *Comentários à Lei 14.181/2021*: A atualização do CDC em matéria de Superendividamento. São Paulo (SP): Ed. RT, 2022.
2. Sobre a busca de fixação do conceito de mínimo existencial na legislação consumerista, confira-se: Sanseverino, Paulo de Tarso Vieira; Marques, Claudia Lima. Superendividamento do consumidor – Mínimo existencial – Casos concretos, de Káren Rick Danilevicz Bertoncello. *Revista de Direito do Consumidor*. São Paulo: Ed. RT, v. 101. ano 24. p. 575-580. set./out. 2015.
3. O índice de superendividados no Brasil bateu recorde em 2022, na avaliação da Confederação Nacional do Comércio de Bens, Serviços e Turismo (CNC). De acordo com a Pesquisa de Endividamento e Inadimplência do Consumidor (Peic) de 2022, 17,6% das pessoas ouvidas na análise se declararam "muito endividadas". Esta é uma parcela recorde na série histórica da pesquisa, iniciada em 2010. Dados e informações sobre a Peic de 2022 podem ser obtidos no sítio eletrônico da Confederação Nacional do Comércio de Bens, Serviços e Turismo (CNC): www.portaldocomercio.org.br/publicacoes/categoria/pesquisas/22. Acesso em: 17 mar. 2023.

Do conjunto amplo de modificações empreendidas, observa-se a mirada em dois grandes eixos de abordagem. No primeiro deles, empenha-se a legislação em reforçar a imprescindibilidade do tratamento preventivo ao superendividamento, elencando-se mecanismos que almejam concretamente evitar o fenômeno em si, sumarizados pelos pilares da concessão ética e responsável de crédito, bem como pela educação financeira e ambiental dos consumidores. No segundo eixo, por sua vez, volta-se a legislação ao acolhimento, judicial e extrajudicial, dos consumidores que, de boa-fé, encontram-se impossibilitados de adimplirem com suas dívidas de consumo. Neste, materializa-se um plexo de iniciativas que se voltam a evitar a exclusão social de consumidores superendividados,[4] cumprindo a norma consumerista com o resguardo à dignidade da pessoa humana, cuja proteção multidimensional[5] estende-se constitucionalmente à figura do consumidor no Brasil[6-7] (artigo 1º, III, artigo 5º, XXXII, e artigo 170, V, todos da Constituição Federal de 1988).

Pois bem, dado este macro contexto trazido pela vigência das alterações promovidas na codificação consumerista, o recorte particular desta escrita volta-se ao primeiro eixo de atuação atentado pela novel legislação. Para tanto, parte-se da constatação elementar de que, conquanto sabidamente confluam inúmeras causas para o superendividamento de consumidores,[8] e que parcela considerável destes atinge tal condição em razão da inadimplência de itens essenciais à sadia sobrevivência, o fenômeno igualmente decorre da propensão ao hiperconsumo[9] e ao consumo conspícuo,[10] e que estas tendências

---

4. Consoante reflete o Ministro Herman Benjamin: "A categoria ético-política, e também jurídica, dos sujeitos vulneráveis inclui um subgrupo de sujeitos hipervulneráveis, (...) Ao se proteger o hipervulnerável, a rigor quem verdadeiramente acaba beneficiada é a própria sociedade, porquanto espera o respeito ao pacto coletivo de inclusão social imperativa, que lhe é caro, não por sua faceta patrimonial, mas precisamente por abraçar a dimensão intangível e humanista dos princípios da dignidade da pessoa humana e da solidariedade. Assegurar a inclusão judicial (isto é, reconhecer a legitimação para agir) dessas pessoas hipervulneráveis, inclusive dos sujeitos intermediários a quem incumbe representá-las, corresponde a não deixar nenhuma ao relento da Justiça por falta de porta-voz de seus direitos ofendidos". STJ, REsp 931.513/RS, rel. p/ Acórdão Min. Herman Benjamin, 1ª Seção, j. 25.11.2009, DJe 27.09.2010.

5. BARROSO, Luis Roberto, 'Here, There and Everywhere': Human Dignity in Contemporary Law and in the Transnational Discourse' (August 30, 2011). *Boston College International and Comparative Law Review*, v. 35, n. 2, 2012. Disponível em: https://ssrn.com/abstract=1945741. Acesso em: 17 de mar. 2023.

6. BENJAMIN, Antônio Herman; MARQUES, Claudia Lima; BESSA, Leonardo R. *Manual de Direito ao Consumidor*. 6. ed. São Paulo: Ed. RT, 2015.

7. A proteção do consumidor é valor constitucionalmente fixado como cláusula pétrea, garantido como direito fundamental pelo art. 5º, XXXII da CF/1988. Neste sentido, o *leading case* firmado pelo STF no julgamento da ADIn 2.591, relator o Ministro Carlos Velloso, julgada em 22.02.2006 e publicada no DJe de 29.09.2006.

8. Sobre as causas do superendividamento, confira-se: LIMA, Clarissa Costa de. Superendividamento no Brasil, de Antônio José Maristrello Porto, Danielle Borges, Melina de Souza Rocha Lukic, Patrícia Regina Pinheiro Sampaio (Org.). *Revista de Direito do Consumidor*. São Paulo: Ed. RT, v. 102. ano 24. p. 525-528. nov./dez. 2015.

9. Por todos, confira-se: LIPOVETSKY, Gilles. A Felicidade Paradoxal. Ensaio sobre a sociedade do hiperconsumo. Lisboa: Edições 70, 2010, p. 6. O autor divide a evolução do capitalismo de consumo em três fases, a da produção em massa (1), passando pela do consumo de massa (2), até chegar na atual, marcada pelo chamado consumo emocional (3), na qual o valor da novidade supera o da durabilidade.

10. ALMEIDA, Felipe. Thorstein Veblen and Albert Bandura: A Modern Psychological Reading of the Conspicuous Consumer. *Journal of Economic Issues*, v. 48, n. 1, p. 109-22. 2014. JSTOR, http://www.jstor.org/stable/43905773. Acesso em: 16 mar. 2023.

comportamentais[11] atingem todas as camadas e espectros sociais.[12] Por conseguinte, ao se afirmar a educação ambiental dos consumidores como meio de prevenção ao superendividamento, positiva a norma consumerista o viés pedagógico do texto legal para impulsionar o fomento e difusão do ensino quanto aos limites do consumo[13] em face de um ambiente que vive, em alusão à linguagem do sistema Nações Unidas, uma tripla crise planetária (climática, de biodiversidade e de poluição).[14]

Consoante reflete Claudia Lima Marques, a atualização do CDC pela Lei 14.181 inaugurou a normatização do tema do consumo sustentável na legislação consumerista brasileira.[15] Elencou-se, em seu artigo 4, inciso IX, como um dos princípios-guias da política nacional de consumo o "fomento de ações direcionadas à educação financeira e ambiental dos consumidores".

A norma consumerista brasileira, ao assim dispor, alinhou-se e harmonizou-se,[16] sobretudo, com os Objetivos de Desenvolvimento Sustentável da Agenda 2030 das Nações Unidas,[17] notadamente os de número 12 e 4, que contemplam o consumo e a produção responsáveis, assim como o acesso à educação de qualidade. Ambos, por evidente, contemplados em diálogo transversal com todos os demais insertos no panorama da Agenda.

---

11. BAUMAN, Zygmunt. *Vida para consumo*: a transformação das pessoas em mercadoria. Rio de Janeiro: Jorge Zahar, 2008.

12. BARBER, Benjamin R. *Consumido*. Como o mercado corrompe crianças, infantiliza adultos e engole cidadãos. São Paulo: Editora Record, 2009, p. 352.

13. Desde 1987, data em que publicado o Relatório Brundtland, documento conhecido como nosso futuro comum, já se consignava quanto aos limites do consumo que: "Padrões de vida que estejam além do mínimo básico só são sustentáveis se os padrões gerais de consumo tiverem por objetivo alcançar o desenvolvimento sustentável a longo prazo. Mesmo assim, muitos de nós vivemos acima dos meios ecológicos do mundo como demonstra, por exemplo, o uso da energia. As necessidades são determinadas social e culturalmente, e o desenvolvimento sustentável requer a promoção de valores que mantenham os padrões de consumo dentro do limite das possibilidades ecológicas a que todos podem, de modo razoável, aspirar". COMISSÃO MUNDIAL SOBRE MEIO AMBIENTE E DESENVOLVIMENTO. *Nosso futuro comum*. 2. ed. Rio de janeiro: Fundação Getúlio Vargas, 1991. 50 p.

14. Tripla crise planetária (*Triple Planetary Crises*) é a expressão síntese utilizada pelas Nações Unidas para descrever os três principais desafios interligados que a humanidade enfrenta atualmente em matéria ambiental: mudanças climáticas, poluição e perda de biodiversidade. Sobre o conceito proposto pelas Nações Unidas, confira-se: https://unfccc.int/blog/what-is-the-triple-planetary-crisis. Acesso em: 17 mar. 2023.

15. A Lei 12.305/2010 (Política Nacional de Resíduos Sólidos) já havia disposto sobre o conceito de produção e consumo sustentável, referindo no art. 3º, XIII, que os padrões sustentáveis de produção e consumo consistem na produção e consumo de bens e serviços de forma a atender as necessidades das atuais gerações e permitir melhores condições de vida, sem comprometer a qualidade ambiental e o atendimento das necessidades das gerações futuras. Sobre a conexão entre a Política Nacional de Resíduos Sólidos e os Objetivos de Desenvolvimento Sustentável, confira-se: GONÇALVES, Isabelle Carvalho; GRANZIERA, Maria Luiza Machado. A Lei 12.305/2010 à Luz dos Objetivos de Desenvolvimento Sustentável (ODS) sobre produção e consumo sustentáveis: mecanismos de efetividade. Periódicos Unisantos. *Leopoldianum*, ano 44, 2018, n. 124, p. 31-43. Disponível em: https://periodicos.unisantos.br/leopoldianum/article/view/849/718. Acesso em: 17 mar. 2023.

16. BERTONCELLO, Karen. Núcleos de conciliação e mediação de conflitos nas situações de superendividamento: conformação de valores da atualização do Código de Defesa do Consumidor com a Agenda 2030. *Revista de Direito do Consumidor*. v. 138, p. 49-68, set./out. 2021.

17. Sobre os Objetivos de Desenvolvimento Sustentável das Nações Unidas, consulte-se: https://sdgs.un.org/goals.

Na expressa consignação do princípio, renovou-se na política legal de consumo o diálogo colaborativo entre o Direito do Consumidor e o Direito Ambiental.[18] Materializou-se, ainda, a aproximação com a Lei 13.186, de 2015, que instituiu a política de educação para o consumo sustentável, enaltecendo-se o diálogo das fontes[19] em que figura como um dos elos o CDC.

Normatizou-se, ademais, no regime jurídico brasileiro, o teor da primeira expansão feita nas Diretrizes sobre Proteção dos Consumidores pelas Nações Unidas,[20] ocorrida em 1999, e que se centrou notadamente na inclusão do consumo sustentável entre as diretrizes vigentes. Na mais recente revisão do documento, de 2015, foram elencadas finalidades que as diretrizes almejam promover, consignando-se, entre elas, a educação dos consumidores, e detalhando-se de modo expresso que essa envolve o ensino sobre as consequências ambientais, econômicas e sociais das escolhas de consumo.[21] Ressaltou-se que os objetivos dos programas educacionais desenvolvidos devem permitir sobremaneira que as pessoas atuem como consumidores exigentes, capazes de fazerem escolhas informadas de bens e de serviços, de modo a demonstrarem consciência de seus direitos e de suas correspondentes responsabilidades.

Por conseguinte, a legislação consumerista brasileira, ao agora positivar a demanda principiológica expressa de que seja fomentada a educação ambiental dos consumidores, reverbera no contexto doméstico a consciência outrora já fixada no âmbito das Nações Unidas. Em ambas, renova-se o reconhecimento quanto à aptidão da educação como ferramenta transformadora, que possibilita aos consumidores não apenas a realização de escolhas de consumo conscientes, mas igualmente é hábil a lhes fornecer informações essenciais para que demandem pelas necessárias transformações nos modos de produção dos bens majoritariamente ainda praticados.

Neste sentido, com o propósito de se buscar efetividade às pretensões almejadas pelo princípio aposto na norma consumerista (e evitar que a novidade legislativa se torne mera aspiração programática e simbólica), não há como prescindir de uma reflexão basilar a qualquer estruturação de conteúdos e de programas sobre educação ambiental, sejam as ações educativas voltadas aos consumidores em ambientes de ensino não formais, sejam a quaisquer ações educativas promovidas nos espaços formais de ensino.[22]

---

18. FRANZOLIN, Cláudio José. Proteção ambiental e direito do consumidor: para um consumo sustentável em construção. *Revista de Direito do Consumidor*. v. 119. ano 27. p. 129-165. São Paulo: Ed. RT, set./out. 2018.
19. MARQUES, Claudia Lima. Superação das antinomias pelo Diálogo das Fontes: O modelo brasileiro de coexistência entre o Código de Defesa do Consumidor e o Código Civil de 2002. *Revista da Escola Superior da Magistratura de Sergipe (ESMESE)*, n. 7, 2004.
20. As Diretrizes das Nações Unidas para a Proteção do consumidor (UNGCP) sumarizam um conjunto de princípios que norteiam as características essenciais do que se deve considerar uma legislação eficaz de proteção ao consumidor. A versão original das diretrizes foi adotada pela Assembleia Geral das Nações Unidas na Resolução 39/248, de 16 de abril de 1985, sendo expandidas em julho de 1999, e revisadas pela Assembleia Geral na Resolução 70/186 de dezembro de 2015.
21. Íntegra da Resolução 70/186 da UNGCP pode ser consultada em: https://unctad.org/system/files/official-document/ares70d186_en.pdf. Acesso em: 23 mar. 2023.
22. Usualmente, a diferença entre ensino formal e ensino não formal ou informal é estabelecida tomando por base o espaço escolar. Consoante refletem Marandino e Selles, as ações educativas escolares seriam formais e aquelas

Necessariamente será preciso, como racionalidade vocacionada ao cumprimento do preceito preconizado, inicialmente depurar exatamente o que está implicado na referência normativa à expressão "educação ambiental" na atualidade.

A rigor, uma análise aclaradora dos conteúdos que integram a noção de educação ambiental já foi empreendida no âmbito da Organização das Nações Unidas para Educação, Ciência e Cultura (UNESCO), assim como já resta transposta ao regime jurídico doméstico. É dizer, já existem balizas recomendadas em caráter voluntário no ambiente da UNESCO, mas cogentes no plano normativo pátrio, que definem a amplitude e os sentidos do termo "educação ambiental". E estas balizas, cumpre fixar, necessariamente devem incidir na introdução da expressão educação ambiental feita na norma consumerista.

Entre as temáticas contempladas, importa particularmente para as reflexões desta escrita observar que houve uma relevantíssima convergência, em específico, na integração da educação climática como um conteúdo e doravante parte indissociável da noção de educação ambiental. Esta premissa passa a ser detalhada no item seguinte, pois é a partir dela que se permite minudenciar algumas das principais implicações concretas desta integração.

2. PREMISSA: A EDUCAÇÃO CLIMÁTICA COMO PARTE INDISSOCIÁVEL DA EDUCAÇÃO AMBIENTAL

A UNESCO, em maio de 2021, em cooperação com o Ministério Federal de Educação e Pesquisa da Alemanha e com a Comissão Alemã para UNESCO como parceira consultiva, realizou a Conferência Mundial sobre Educação para o Desenvolvimento Sustentável.[23] Como resultado desta Conferência, foi adotada a Declaração de Berlim sobre Educação para o Desenvolvimento Sustentável (EDS),[24] a fim de tornar a EDS um princípio fundamental da educação em todos os níveis de ensino.

Os signatários da Declaração de Berlim,[25] nos quais se inclui o Brasil, comprometeram-se a garantir que a educação para o desenvolvimento sustentável seja um elemento fundamental em todos os níveis de educação, e expressamente consignaram que o ensino sobre mudanças climáticas deveria ser um componente central dos currículos educacionais. Em acréscimo, a Declaração ainda reconheceu as mudanças climáticas como uma área prioritária da educação para o desenvolvimento sustentável, reforçando sua particular relevância em pequenos Estados insulares em desenvolvimento, em razão da crescente vulnerabilidade aos efeitos das mudanças climáticas.

---

realizadas fora da escola seriam consideradas não formais e informais. MARANDINO, Martha; SELLES, Sandra Escovedo; FERREIRA, Marcia Serra. *Ensino de Biologia*: histórias e práticas em diferentes espaços educativos. São Paulo: Cortez, 2009, p. 133.

23. Sobre a Conferência Mundial de Educação para o Desenvolvimento Sustentável conduzida pela UNESCO em 2021, confira-se: https://en.unesco.org/events/ESDfor2030.

24. Íntegra da Declaração de Berlim sobre Educação para o Desenvolvimento Sustentável pode ser acessada no sítio eletrônico da UNESCO: https://en.unesco.org/sites/default/files/esdfor2030-berlin-declaration-en.pdf.

25. O Brasil é Estado membro da UNESCO desde novembro de 1946. Listagem completa dos países que integram a UNESCO pode ser consultada em: https://pax.unesco.org/countries/ListeMS.html.

Enaltece a Declaração de Berlim, portanto, que a educação sobre mudanças climáticas é um conteúdo que integra a noção de educação para o desenvolvimento sustentável. A Declaração de Berlim foi seguida pelo Manifesto *Youth4Climate*[26] de Milão e pelo programa *Glasgow Work on Action for Climate Empowerment*, ocorrido na COP26.[27]

Constou expressamente da Decisão –CP/26,[28] publicada em novembro de 2022, no que respeita à educação sobre mudanças climáticas, que os Estados Partes da UNFCCC e os interessados não Partes são incentivados a colaborar, promover, facilitar, desenvolver e implementar programas formais e não formais de educação e treinamento focados nas mudanças climáticas em todos os níveis. As partes são encorajadas, pela Decisão, a integrarem o aprendizado sobre mudanças climáticas nos currículos das escolas e outras instituições que fornecem educação formal e apoiar a educação não formal e informal sobre mudanças climáticas, incluindo respeito e consideração dos saberes indígenas e tradicionais, bem como a fortalecerem a educação, o treinamento e o desenvolvimento de habilidades em instituições nacionais para realizarem ações de aprendizagem sobre mudanças climáticas.

No ambiente normativo doméstico, por sua vez, embora originalmente tanto a Política Nacional de Educação Ambiental (Lei 9.795/1999), quanto as Diretrizes Curriculares Nacionais para a Educação Ambiental fossem genéricas quanto aos temas compreendidos na noção legal de educação ambiental,[29] fato é que a Política Nacional de Educação Ambiental foi atualizada em julho de 2022 pela Lei 14.393.

A Lei 14.393, a bom termo, incorporou na Política Nacional de Educação Ambiental Brasileira elementos e linguagem atualíssimos no que respeita, entre outros temas contemplados (biodiversidade, recursos hídricos etc.), ao ensino sobre mudanças climáticas. E estas incorporações, já vigentes, ora demandam o aprofundamento da educação climática no Brasil, seja no ambiente de ensino formal, seja no ensino não formal, onde se enquadram, sem distinção, os consumidores como um dos públicos-alvo.

---

26. Íntegra do manifesto *Youth4Climate* lançado em Milão pode ser consultada em: https://unfccc.int/sites/default/files/resource/Youth4Climate-Manifesto.pdf. Acesso em: 21 mar. 2023.

27. Em seguimento, a *Greening Education Partnership* foi lançada na Cúpula da Educação Transformadora da ONU de 2022, com o objetivo de preparar todos os alunos para o clima. Para contribuir com os esforços globais de ações coordenadas por meio da Parceria, a UNESCO está realizando o projeto "Esverdeando todas as escolas", cujo primeiro componente envolve o codesenvolvimento de um guia curricular verde com jovens. Dados sobre estas iniciativas podem ser consultados em: https://www.un.org/en/transforming-education-summit/transform-the-world. Acesso em: 21 mar. 2023.

28. Íntegra da Decisão UNFCCC – CP/26 pode ser consultada em: https://unfccc.int/sites/default/files/resource/cop26_auv_3b_Glasgow_WP.pdf. Acesso em: 21 mar. 2023.

29. A Resolução 2, de junho de 2015, do Ministério da Educação, ao estabelecer as diretrizes curriculares nacionais para a educação ambiental, já fazia alusão quanto à conexão entre mudanças climáticas e padrões de consumo. Demandava-se, contudo, tão somente que os planejamentos curriculares estimulassem o estabelecimento desta conexão. Assim era aposto no artigo 17: "Considerando os saberes e os valores da sustentabilidade, a diversidade de manifestações da vida, os princípios e os objetivos estabelecidos, o planejamento curricular e a gestão da instituição de ensino devem: I – estimular: o estabelecimento das relações entre as mudanças do clima e o atual modelo de produção, consumo, organização social, visando à prevenção de desastres ambientais e à proteção das comunidades". Consulte-se a íntegra de Resolução no Portal do Ministério da Educação: http://portal.mec.gov.br/dmdocuments/rcp002_12.pdf. Acesso em: 21 mar. 2023.

No contexto dos acréscimos apostos na Seção III do capítulo II da Política Nacional de Educação Ambiental, a norma brasileira consigna inicialmente que a educação ambiental não formal compreende as ações e práticas educativas voltadas à sensibilização da coletividade sobre as questões ambientais, e expressamente aporta que também integram a educação ambiental as ações de organização e de participação na defesa da qualidade do meio ambiente. Nesta Seção houve a significativa inserção do artigo 13-A ao texto, instituindo-se a chamada Campanha Junho Verde,[30] a ser realizada anualmente como parte das atividades da educação ambiental não formal.

A promoção da Campanha foi posta pela Lei como responsabilidade compartilhada por todos (poderes públicos federal, estadual, distrital e municipal em parceria com escolas, universidades, empresas públicas e privadas, igrejas, comércio, entidades da sociedade civil, comunidades tradicionais e populações indígenas), sendo então exemplificadas temáticas a serem abordados nas ações educativas propostas. É nelas, sobremaneira, que se percebe o avanço da Política sobre Educação Ambiental Brasileira no detalhamento das pautas prioritárias das atividades educacionais.

Entre as temáticas elencadas consignou-se a educação ambiental para a sensibilização acerca da redução de padrões de consumo, da reutilização de materiais, da separação de resíduos sólidos na origem e da reciclagem, bem como o fomento de ações educacionais sobre mudanças climáticas. A referência expressa a atividades educacionais sobre mudanças climáticas coloca, portanto, a Política Nacional de Educação Ambiental no Brasil em consonância com a normatização há muito vigente em matéria de mudanças climáticas.

Desde a norma inaugural[31] do regime jurídico internacional sobre o tema, materializada pela Convenção-Quadro das Nações Unidas de 1992, conclamava-se todas as nações partes (artigo 4º, 'i') a promoverem e cooperarem na educação, treinamento e conscientização pública em relação à mudança do clima, e a estimularem a mais ampla participação nos processos educativos. No mesmo sentido, o vigente Acordo de Paris,[32] em seu artigo 12, enaltece que às Partes compete cooperar na adoção de medidas para

---

30. A escolha pelo mês de junho guarda relação com o tema da conscientização ambiental, que desde a edição do Decreto Presidencial 86.028, em 1981, instituiu a primeira semana de junho como a Semana Nacional do Meio Ambiente.

31. As principais referências mundiais na sistematização jurídica do fenômeno das mudanças climáticas antropogênicas mostram-se uníssonas em afirmar que a Convenção-Quadro das Nações Unidas sobre a Mudança do Clima, a UNFCCC, firmada em 1992, materializa o surgimento do Direito das Mudanças Climáticas enquanto ramo jurídico próprio na dimensão internacional. Confira-se: FREESTONE, David. The United Nations Framework Convention on Climate Change – the basis for the climate change regime. *In*: CARLARNE, Cinnamon P.; GRAY, Kevin R.; TARASOFSKY, Richard G. (ed.). The Oxford handbook of international climate change law. Oxford, UK: Oxford University Press, 2016. cap. 2, p. 97-119. BRUNNÉE, Jutta; RAJAMANI, Lavanya. International climate change law. Oxford, UK: Oxford University Press, 2017. 416 p. BODANSKY, Daniel. The United Nations Framework Convention on Climate Change: a comentary, *Yale J. Int'l. L.*, [*S. l.*], n. 18, p. 451, 1993.

32. Íntegra da Decisão 1/CP.21 na qual as Partes da UNFCCC adotam o Acordo de Paris pode ser consultada em: UNITED NATIONS. United Nations Framework Convention on Climate Change (UNFCCC). COP 21 – Decisions. [*S. l.*], 2021. Disponível em: https://unfccc.int/ process-and-meetings/conferences/past-conferences/paris-climate-change-conference-november-2015/cop-21/cop-21-decisions. Acesso em: 21 mar. 2023. No

melhorar a educação, o treinamento, a conscientização pública, a participação pública e o acesso público à informação sobre mudanças climáticas, reconhecendo o texto a importância dessas medidas no que se refere ao fortalecimento de ações no âmbito do cumprimento do próprio Acordo.

Em similar direção, entre as metas específicas do ODS 13 da Agenda 2030 das Nações Unidas, consta a meta 13.3, que objetiva melhorar a educação, aumentar a conscientização e a capacidade humana e institucional sobre mitigação, adaptação, redução de impactos e alerta precoce das mudanças climáticas. A meta 13.3 da Agenda é detalhista, aliás, em demandar a exigência da promoção de educação sobre mitigação,[33] educação sobre adaptação[34] e educação sobre redução de impactos e alertas precoces, em linguagem claramente alusiva ao campo das perdas e danos[35] associados às mudanças climáticas, expressamente inclusos também no artigo 8º do Acordo de Paris.

No regime jurídico doméstico, a Política Nacional sobre Mudanças Climáticas (Lei 12.187/2009) igualmente demandou em suas diretrizes a promoção da disseminação de informações, a educação, a capacitação e a conscientização pública sobre a mudança do clima (artigo 5º, inciso XII). Idêntico direcionamento foi expresso pelas legislações subnacionais sobre mudanças climáticas, a exemplo da Política de Mudanças Climáticas do Estado de São Paulo (Lei 13.798/2009), precursora no trato do tema.[36]

Brasil, é o Decreto 9.073, de 05 de junho de 2017 que promulga o Acordo de Paris: Disponível em: http://www.planalto.gov.br/ccivil_03/_ato2015-2018/2017/decreto/d9073.htm. Acesso em: 05 mar. 2023.

33. O glossário do AR6 do IPCC conceitua Mitigação (das mudanças climáticas) como uma intervenção humana para reduzir as emissões ou aumentar os sumidouros de gases de efeito estufa. Mitigação, portanto, diz respeito a ações que promovem a redução das emissões de gases de efeito estufa, ou que preservam os sumidouros naturais de emissões. MATTHEWS, J. B. R. et al. (Ed.). Annex VII: glossary. In: MASSON-DELMOTTE, V. et al. (Ed.). *Climate change 2021*: the physical science basis. Contribution of Working Group I to the Sixth Assessment Report of the Intergovernmental Panel on Climate Change. Cambridge: Cambridge University Press, 2021. Disponível em: https://www.ipcc.ch/report/ar6/wg1/downloads/ report/IPCC_AR6_WGI_Annex_VII.pdf. Acesso em: 22 jan. 2023.

34. O AR6 do IPCC também conceituou adaptação em seu glossário, considerando adaptação em sistemas humanos como o processo de ajuste ao clima atual ou ao esperado e seus efeitos, para moderar os danos ou explorar oportunidades benéficas. MATTHEWS, J. B. R. et al. (Ed.). Annex VII: glossary. In: MASSON-DELMOTTE, V. et al. (Ed.). *Climate change 2021*: the physical science basis. Contribution of Working Group I to the Sixth Assessment Report of the Intergovernmental Panel on Climate Change. Cambridge: Cambridge University Press, 2021. Disponível em: https://www.ipcc.ch/report/ar6/wg1/downloads/report/IPCC_AR6_WGI_Annex_ VII. pdf. Acesso em: 22 jan. 2023.

35. Como observam Verheyen e Mace, não existe uma definição precisa do conceito de "perdas e danos" no regime normativo internacional sobre mudanças climáticas, seja na Convenção-Quadro, seja no Acordo de Paris. Todavia, conforme complementam, há uma espécie de consenso no sentido de que a expressão sumariza a intenção das nações mais vulneráveis aos efeitos das mudanças climáticas de viabilizar um reconhecimento normativo no âmbito do regime internacional de que existem efeitos deletérios adversos a partir do aquecimento antropogênico do sistema climático. Inferem que estes efeitos seriam aqueles que não poderiam ser evitados por medidas de mitigação e de adaptação, assim como também não poderão ser evitados no futuro por medidas de adaptação apropriadas. MACE, M. J.; VERHEYEN, Roda. Loss and damage and responsibility after COP 21 all options open for the Paris agreement. *Review of European*, [S. l.], v. 25, n. 2, p. 197-214, July 2016. Disponível em: https://www.researchgate.net/publication/305695003_Loss_Damage_and_Responsibility_after _COP21_All_Options_Open_for_the_Paris_Agreement. Acesso em: 04 abr. 2023.

36. Eis o teor do artigo 21 da Política Estadual de Mudanças Climáticas de São Paulo: "Artigo 21 – Ao Poder Público incumbirá, juntamente com a sociedade civil: I – desenvolver programas de sensibilização, conscientização, mobilização e disseminação de informações, para que a sociedade civil possa efetivamente contribuir com a

A Lei 12.533, de dezembro de 2011, já havia instituído um "dia nacional de conscientização sobre as mudanças climáticas" (em 16 de março), instando a que, nesta data, escolas promovessem atos, eventos, debates e mobilizações relacionados. Contudo, com os acréscimos ora feitos na Política Nacional de Educação Ambiental, nitidamente o tema ganha uma demanda normativa de escala e dimensões distintas, que instam impulsionar-se o avanço de ações educativas muito mais substanciais sobre mudanças climáticas.

A alteração da Política Nacional de Educação Ambiental já deveria, por evidente, ter disposto que os temas referidos pelo artigo 13-A passariam a integrar todos os níveis de ensino formal, como inclusive conclamou a Declaração de Berlim de 2021, não se limitando as ações específicas sobre mudanças climáticas ao ambiente não formal de educação, como restou consignado. Este direcionamento limitado da temática ao ambiente de ensino não formal ora já se vê, contudo, sendo superado no Brasil por demandas de incorporação da educação climática como disciplina dos currículos de ensino.

Além de engajamentos voluntários[37] de redes de escolas neste sentido, somam-se iniciativas legislativas[38] que ora promovem o ingresso do ensino sobre mudanças climáticas na rede pública. Neste sentido, exemplo recente provém do Estado do Rio de Janeiro, que aprovou em janeiro de 2023 a Lei 9.949/23, autorizando o Poder Executivo a implementar o ensino de educação climática na rede estadual de educação, incluídas as unidades escolares vinculadas à Fundação de Apoio à Escola Técnica (Faetec).

Com a introdução do artigo 13-A, portanto, chancela-se na normatização brasileira a integração da educação sobre mudanças climáticas como parte indissociável da educação ambiental. Todavia, é fundamental perceber-se que o avanço contido nos acréscimos trazidos pela Lei 14.393/2022 é deveras mais significativo.

---

proteção do sistema climático, em particular divulgar informações ao consumidor sobre o impacto de emissões de gases de efeito estufa dos produtos e serviços; II – apoiar e facilitar a realização de estudos, pesquisas e ações de educação e capacitação nos temas relacionados às Mudanças Climáticas, com particular ênfase na execução de inventários de emissões e sumidouros, bem como na identificação das vulnerabilidades decorrentes do aumento médio da temperatura do planeta, para fins de promover medidas de prevenção, adaptação e de mitigação; III – estimular linhas de pesquisa sobre as mudanças climáticas, impactos, mitigação, vulnerabilidade, adaptação e novas tecnologias de menor emissão de gases de efeito estufa, inclusive mediante convênios públicos com universidades e institutos; IV – integrar às ações de governo os resultados das pesquisas técnico-científicas; V – fomentar e articular ações em âmbito municipal, oferecendo assistência técnica em tópicos como transporte sustentável, uso do solo, recuperação florestal, conservação de energia, gerenciamento de resíduos e mitigação de emissões de metano."

37. Exemplo neste sentido é o movimento Escolas pelo Clima, coordenado pela Reconectta e instituições parceiras, que congrega escolas públicas e privadas comprometidas com o ensino sobre mudanças climáticas. Atualmente, o movimento registra 537 instituições signatárias, as quais comprometem-se em difundirem conhecimentos relevantes sobre ação climática: https://www.reconectta.com/escolaspeloclima. Acesso em: 21 de mar. 2023.

38. O município de Recife é pioneiro no país na inclusão formal da educação sobre mudanças climáticas como componente de ensino. A partir do ano letivo de 2020, essa passou a integrar a Política de Ensino no currículo do Ensino Fundamental do 6º ao 9º ano, e da Fase II da modalidade de Educação de Jovens e Adultos, bem como na matriz de Geografia dos Anos Iniciais e da Fase I da EJA: http://www.portaldaeducacao.recife.pe.gov.br/sites/default/files/arquivos_informativos_home/sustentabilidade_e_mudancas_climaticas_-_politica_de_ensino_da_rmer_-_ensino_fundamental_e_eja_2021.pdf, https://www2.recife.pe.gov.br/node/290239. Acesso em: 21 mar. 2023.

Uma leitura atenta ao teor dos incisos consignados no artigo 13-A desvela que foi pontuada pela norma doméstica a exigência de que as ações de educação ambiental a serem desenvolvidas no país se proponham ao fomento de debates sobre mudanças climáticas de modo genérico (inciso IX), mas que, concomitantemente, de modo específico e detalhado, deva haver em tais ações a transmissão de conteúdos educacionais apropriados sobre "transição ecológica das cadeias produtivas", sobre economia de "baixo carbono" e sobre o conceito de "carbono neutro" (incisos VI e XI).

Ao detalhar este nível de profundidade, em rol evidentemente exemplificativo de temas que devem permear as ações educacionais, a norma brasileira demonstra um inédito e relevantíssimo avanço de exigência de atualidade das ações educativas sobre mudanças climáticas. Os conceitos de transição ecológica das cadeias produtivas, economia de baixo carbono e carbono neutro são complexos, porém sumarizam noções fundamentais de compreensão, principalmente, quanto ao nível de exigência da demanda mitigatória, ou seja, do patamar de redução líquida de emissões de gases de efeito estufa atualmente compatível para a pretensão de conter o avanço inconteste no aquecimento do sistema climático.[39]

Os termos apostos na norma brasileira, a rigor, reverberam a exigência de contínuas e crescentes reduções das emissões, condutas prescritas pela comunidade científica como imprescindíveis para ainda se buscar viabilizar a contenção do aumento médio da temperatura terrestre no patamar mais ambicioso pactuado pelo artigo 2° do Acordo de Paris. A meta pretendida (de conter o aquecimento em 1,5 °C), aliás, mostra-se cada dia mais improvável de ser cumprida,[40] considerando estarem as emissões de gases de efeito estufa ainda crescendo globalmente.[41]

O destaque dado pela norma brasileira aos principais conceitos postos pela comunidade científica quanto à demanda mitigatória enaltece a própria deferência ao aporte periódico das informações oriundas da ciência, como exigido pelo próprio Acordo de Paris. Em várias passagens (preâmbulo, artigo 4°, parágrafo 1°, artigo 7°, parágrafo 5°),

---

39. Sobre as bases para configuração do sistema climático como bem jurídico objeto de resguardo pelo Direito das Mudanças Climáticas, confira-se: CARVALHO, Délton Winter de; ROSA, Rafaela Santos Martins da. Premissas para a configuração do sistema climático como bem jurídico. *Revista de Direito Ambiental*, São Paulo, ano 26, v. 104, p. 299-324, out./dez. 2021

40. A publicação intitulada *United in Science 2022*, conduzida pela Organização Meteorológica Mundial, mostra que a concentração de gases de efeito estufa continua a subir para níveis recordes. As taxas de emissão de combustíveis fósseis estão agora acima dos níveis anteriores à Pandemia, após uma queda temporária devido a bloqueios. A ambição das promessas de redução de emissões para 2030 precisa, segundo o Relatório, ser sete vezes maior para estar alinhada com a meta de 1,5°C do Acordo de Paris. Há uma chance de 48% de que, durante pelo menos um ano nos próximos 5 anos, a temperatura média anual seja temporariamente 1,5°C superior à média de 1850-1900. Íntegra do Relatório United in Science pode ser consultada em: WORLD METEOROLOGICAL ORGANIZATION (WMO). United in science 2022. A multi-organization high-level compilation of the most recent science related to climate change, impacts and responses. Madagascar, Sept. 2022. Disponível em: https://public.wmo.int/en/resources/united_in_science. Acesso em: 03 dez. 2022.

41. No Relatório da Agência Internacional de Energia (IEA) sobre o panorama das emissões de gases de efeito estufa relacionadas à produção de energia em 2022, reportou-se um aumento de 0,9% das emissões de CO2 para a produção de energia em 2022. Íntegra do Relatório *CO2 Emissions in 2022* da IEA pode ser consultada em: https://www.iea.org/reports/co2-emissions-in-2022. Acesso em: 22 mar. 2023.

o Acordo refere que, no trato envolvendo mudanças climáticas, sempre se deve buscar, como base à tomada de qualquer decisão, o uso do melhor conhecimento científico já disponível.

Logo, na pretensão de promover atividades educacionais vocacionadas à transmissão de conhecimentos sobre mudanças climáticas, já reconhece a norma brasileira, em endosso aos termos apostos pelo Acordo de Paris, que não basta a formulação de conteúdos genéricos ou tampouco defasados. A alusão à educação ambiental não só pressupõe, portanto, a inserção de conteúdos educacionais específicos sobre mudanças climáticas, mas compele que tal inserção deva ser compromissária da atualidade das informações científicas postas. E esta imposição, por evidente, aplica-se à inserção do princípio da educação ambiental na norma consumerista.

Tendo esta exigência normativa como bússola, no item seguinte, apontam-se algumas lacunas já mapeadas para a adequada implementação da educação climática no Brasil, e sintetizam-se, em contraponto, o que se reputam como conteúdos educacionais mínimos condizentes com um ensino atual e contextualizado, notadamente, sobre as demandas de mitigação de emissões, dado o papel fundamental do público consumidor nesta seara.

3. A URGÊNCIA DE QUALIDADE E DE ATUALIDADE DAS AÇÕES EDUCACIONAIS SOBRE MUDANÇAS CLIMÁTICAS

Educação e acesso à informação são pré-condições para a participação de todos os grupos sociais nas decisões, públicas e privadas, sobre os modos como se pretende moldar o modo de vida no mundo de hoje e do amanhã.[42] No regime jurídico brasileiro, além de se constituir em direito social de ordem constitucional (artigos 6º e 205 da CF/1988), há uma demanda expressa para que o acesso ao ensino seja ao ensino de qualidade (artigo 4º, inciso IX da Lei 9.394/96).

Neste sentido, especificamente quanto ao ensino sobre mudanças climáticas, o cumprimento da exigência de qualidade converge com a demanda normativa (seja oriunda do Acordo de Paris, seja pela Política Nacional de Educação Ambiental) de atualidade dos conhecimentos a serem, transmitidos. Para tanto, algumas barreiras, já conhecidas, necessariamente terão que ser transpostas.

Como subsídio aos termos da Declaração de Berlim e mesmo providências posteriores conduzidas pelas Nações Unidas sobre o tema, a UNESCO realizou uma sequência de pesquisas no último biênio buscando mapear o estágio evolutivo do ensino sobre mudanças climáticas em distintos países, bem como compilar as demandas suscitadas quanto à qualificação da educação da temática.

---

42. Esta afirmação foi feita em 07 de dezembro de 2022 por Jennifer Morgan, atual Secretária de Estado e representante para a Política Climática Internacional da Alemanha, durante a 23ª Edição do projeto "Diálogos Futuros Sustentáveis", coordenado pela embaixada da Alemanha no Brasil e pelo Instituto Clima e Sociedade. Íntegra do painel com a participação de Morgan pode ser consultada em: https://www.youtube.com/watch?v=LwWA-i5mrnwc&t=918s. Acesso em: 22 mar. 2023.

Consoante os dados reportados pela UNESCO em dezembro de 2021,[43] quase metade dos 100 países analisados (incluindo o Brasil) ainda não mencionam mudanças climáticas em suas estruturas curriculares. Embora a maioria dos professores entrevistados considerasse importante ensinar sobre as mudanças climáticas, apenas cerca de 23% asseverou poder explicar detalhadamente como tomar medidas de enfrentamento às mudanças climáticas. Menos de 40% dos professores pesquisados pela UNESCO reportaram estarem confiantes em ensinar sobre a gravidade das mudanças climáticas, e apenas cerca de um terço se sentia capaz de explicar os efeitos da mudança climática em sua região ou localidade.

Em pesquisa posterior, publicada em 2022 pela UNESCO,[44] focada em identificar as demandas de qualificação do ensino sobre mudanças climáticas, a maioria dos participantes (91%) ouvidos afirmou já ter aprendido algo sobre mudanças climáticas em ambientes de ensino. No entanto, os participantes expressaram preocupação com a qualidade da educação sobre mudanças climáticas que receberam. Na América Latina e Caribe, a pesquisa da UNESCO identificou, aliás, o menor percentual de respondentes que afirmou ter conhecimento e saber explicar sobre mudanças climáticas (21%), percentual inferior aos que reportaram já ter ouvido falar sobre mudanças climáticas, mas serem incapazes sequer de explicar o que essas são (24%). A maioria apenas referiu saber explicar noções elementares (52%).

O cenário apontado pelos dados da UNESCO sobre o Brasil confirma o diagnóstico de pesquisadores brasileiros, a exemplo dos estudos conduzidos por Zesso e Coltri em 2022,[45] e por Brandli, Salvia, Mazutti e Reginatto[46] em 2021, que analisaram trabalhos publicados sobre educação em mudanças climáticas no contexto nacional, destacando as lacunas, tanto de acesso quanto, particularmente, de qualidade, ainda latentes.

Ora, ao se enunciar o princípio da educação ambiental e nele ressaltar a integração do ensino sobre mudanças climáticas (o que é válido tanto para o CDC quanto para a Política Nacional de Educação Ambiental), será fundamental, portanto, desde logo, empenhar-se em garantir a promoção de educação de qualidade, abrangente e universal sobre o tema. Por evidente, as ações educativas devem buscar difundir os conhecimentos, habilidades, valores e atitudes para lidar com as causas e consequências das mudanças climáticas.

---

43. A UNESCO publicou em dezembro de 2021 o Relatório "Getting every school climate ready". O Relatório é o resultado das conclusões de estudos selecionados pela UNESCO e seus parceiros sobre como as questões das alterações climáticas estão integradas na educação. Íntegra do Relatório pode ser consultada em: https://www.unesco-floods.eu/wp-content/uploads/2021/12/379591eng.pdf. Acesso em: 22 mar. 2023.

44. A UNESCO organizou uma pesquisa e uma série de consultas com mais de 17.000 jovens de 166 países como base para a elaboração do Relatório intitulado "Youth demand for quality climate change education". Íntegra do Relatório final da pesquisa pode ser consultada em: https://unesdoc.unesco.org/ark:/48223/pf0000383615. Acesso em: 22 mar. 2023.

45. ZEZZO, Larissa Vieira; COLTRI, Priscila Pereira. Educação em mudanças climáticas no contexto brasileiro: uma revisão integrada. *Terrae* Didática. *Revista da Unicamp*, Universidade Estadual de Campinas, vol. 19, 2022, p. 1012. Disponível em: https://periodicos.sbu.unicamp.br/ojs/index.php/td/article/view/8671305/30855. Aceso em: 22 mar. 2023.

46. BRANDLI, L.L., SALVIA, A.L., MAZUTTI, J., & REGINATTO, G. Higher Education Institutions Facing Climate Change: The Brazilian scenario. Transforming Universities for a Changing Climate *Working Paper Series*, n. 5, 2021. Körber Stiftung. GUC Hamburgo.

A educação evidentemente deverá ter uma abordagem holística, integrando conhecimentos originários e locais, perspectiva de gênero, auxiliando a promover mudanças nos estilos de vida, atitudes e comportamentos, garantindo que se compreenda tanto a abrangência e os sentidos das nominadas demandas de transição das cadeias produtivas e de descarbonização (que sintetizam as metas mitigatórias de emissões) quanto os meandros que permeiam e interconectam a noção geral de resiliência climática (que conjuga tanto objetivos de adaptação dos sistemas humanos e naturais aos efeitos negativos das mudanças em curso, quanto de redução das perdas e danos), como ações complementares e igualmente fundamentais.[47]

Particularmente, contudo, no que respeita às ações educacionais vocacionadas à conscientização do público consumidor, atenção especial impõe ser dada ao ensino sobre as exigências postas de mitigação das emissões de gases de efeito estufa. E isto por uma razão elementar.

É apenas a partir de uma adequada difusão dos conhecimentos quanto à urgência do trato mitigatório – quanto ao alcance imprescindível de reduções contínuas nas emissões de gases de efeito estufa –, que se pode pretender assegurar aos consumidores capacidade informacional para fazerem escolhas conscientes sobre a intensidade de emissões envolvidas com a elaboração, transporte, consumo e descarte dos produtos e serviços que consomem. É dizer, difundir a educação sobre o ciclo de vida dos produtos sob a ótica das mudanças climáticas.

Somente com um letramento climático minimamente razoável sobre o que significa haver uma janela temporal exígua para viabilizar a demanda de mitigação é que se pode pretender que os consumidores no Brasil desempenhem um papel ativo no movimento pela transição das cadeias produtivas para produtos descarbonizados ou de baixo carbono. Apenas se os consumidores compreenderem, entre outros, o que são os escopos 1, 2 e 3 de emissões[48] de uma determinada cadeia produtiva, o que significa identificar um produto como um produto carbono neutro, e souberem distinguir quando esta informação não possui respaldo que lhes assegure credibilidade fática, é que se pode esperar que o público consumidor atue verdadeiramente consciente em suas escolhas de consumo, e que também adote postura ativa para demandar aos fornecedores de bens todos os ajustes de conduta que se mostrarem necessários.

---

47. Sobre a conjugação entre o ensino de mitigação e de adaptação às mudanças climáticas, consulte-se: Anderson, A. (2012). Climate Change Education for Mitigation and Adaptation. Journal of Education for Sustainable Development, v. 6, n. 2, p. 191-206. Disponível em: DOI: https://doi.org/10.1177/0973408212475199 DOI: https://doi.org/10.1177/0973408212475199. Acesso em: 22 mar. 2023.

48. De acordo com o Glossário do AR6 do IPCC, as chamadas emissões do Escopo 1 são (geralmente) as emissões de gases de efeito estufa de fontes que pertencem ou são controladas pela fonte emissora. Por exemplo, emissões de um veículo de empresa. As emissões do Escopo 2 são (geralmente) emissões de gases de efeito estufa da geração da eletricidade adquirida. Por exemplo, emissões de eletricidade gerada em uma usina a carvão usada para carregar um veículo elétrico da empresa. Por fim, as emissões do Escopo 3 são (geralmente) as emissões de gases de efeito estufa que são indiretas ou uma consequência de atividades, mas ocorrem a partir de fontes não pertencentes ou controladas.

Existem, por conseguinte, balizas mínimas a serem cumpridas na educação climática especificamente sobre a demanda mitigatória, obviamente a serem postas ao alcance de todos, incluindo os consumidores, nas ações educacionais. O subitem seguinte dedica-se a sumarizá-las, reforçando tratarem-se de temas essenciais ao empenho de assegurar efetividade ao princípio-guia aposto na norma consumerista.

3.1 Balizas mínimas à educação sobre mitigação das mudanças climáticas

Educar sobre mitigação das mudanças climáticas, seja em ações educacionais para consumidores em particular, seja de modo geral nos currículos formais de ensino, pressupõe a difusão de conhecimentos atuais e fidedignos, condizentes com o real cenário fático e normativo em curso.

Por conseguinte, na base de toda e qualquer proposta educativa deve-se atentar em consolidar a compreensão quanto à existência e respectivas funções do Órgão Intergovernamental constituído para sumarizar o conhecimento científico sobre as mudanças climáticas. É preciso assentar-se a devida compreensão de que o nominado Painel Intergovernamental sobre Mudanças Climáticas (IPCC) periodicamente documenta em seus relatórios o estado da arte sobre mudanças climáticas, sendo ele reconhecido como legítimo provedor do quadro factual sobre o tema.[49]-[50] No presente momento, a credibilidade de seus Relatórios já deixou de ser passível de pretensões de campanhas de desinformação,[51] que há muito se revelaram uma engenhosa[52] e deliberada[53] articulação para a manipulação do conhecimento e da informação pública, mediante reiteradas

---

49. Assim os Magistrados da Corte Constitucional Alemã afirmaram, em julgamento proferido em 29 de abril de 2021, na apreciação do litígio Neubauer v. Alemanha, que o IPCC é o sumo científico que atesta o quadro factual das mudanças climáticas antropogênicas. Na ação, apresentada em fevereiro de 2020, um grupo de jovens alemães apresentou uma contestação legal à Lei Federal de Proteção Climática da Alemanha de 2019 *("Bundesklimaschutzgesetz"* ou *"KSG"*), argumentando que a meta do KSG de reduzir as emissões de gases de efeito estufa em 55% até 2030 em relação aos níveis de 1990 era insuficiente. Os autores alegaram que o KSG, portanto, violava seus direitos humanos protegidos pela Constituição da Alemanha. Íntegra da decisão e demais documentos relevantes do caso podem ser consultadas em: GERMANY. Federal Constitutional Court. Neubauer, et al. v. Germany. [*S. l.*], 2020. Disponível em: http://climatecasechart.com/climate-change-litigation/non-us-case/neubauer-et-al-v-germany/. Acesso em: 08 mar. 2023.
50. No mesmo sentido a abertura do voto de autoria do Ministro Edson Fachin nos autos da ADPF 708, quando referiu: "O recentíssimo relatório (AR6) do Painel Intergovernamental sobre Mudanças Climáticas (IPCC) está repleto de dados que não nos permitem fechar os olhos. O extenso documento de quase 3 mil páginas, assinado por 278 especialistas do mundo todo, enfoca a questão da mitigação: o que pode ser feito para reduzir as emissões de carbono e diminuir o ritmo de aquecimento do planeta." Íntegra do voto pode ser consultada em: https://portal.stf.jus.br/processos/detalhe.asp?incidente=5951856. Acesso em: 04 abr. 2023.
51. ORESKES, Naomi; CONWAY, E.; SHINDELL, *M. From chicken little to Dr. Pangloss*: William Nierenberg, global warming, and the social deconstruction of scientific knowledge. Historical Studies in Natural Sciences, of doubt: how a handful of scientists obscure the truth on issues from tobacco smoke to climate change. [S. l.], v. 38, n. 1, p. 109-152, Feb. 2008; ORESKES, Naomi; CONWAY, E. Merchants of doubt: how a handful of scientists obscure the truth on issues from tobacco smoke to climate change. [S. l.]: Bloomsbury Press, 2010.
52. KLEIN, Naomi. *This changes everything*: capitalism vs. The climate. [S. l.]: Simon & Schuster, 2014.
53. CENTER FOR INTERNATIONAL ENVIRONMENTAL LAW (CIEL). *Smokes and fumes*. The legal and evidentiary basis for holding big oil accountable for the climate crisis. of doubt: how a handful of scientists obscure the truth on issues from tobacco smoke to climate change. [S. l.], 2017. Disponível em: https://www.ciel.org/reports/smoke-and-fumes/. Acesso em: 01 mar. 2023.

tentativas de se solapar o robusto cabedal de dados científicos[54] produzidos sobre mudanças climáticas antropogênicas.

O IPCC acaba, inclusive, de publicar o Relatório Síntese do Sexto Ciclo amplo de avaliação da produção científica sobre mudanças climáticas, o chamado AR6, concluído em 20 de março de 2023.[55] Nele, assevera em grau de certeza científica que as atividades humanas, principalmente através da emissão de gases de efeito estufa, têm causado inequivocamente o aquecimento do sistema climático, com a temperatura da superfície global atingindo 1,1°C acima de 1850-1900 em 2011-2020.

Reporta a comunidade científica sumarizada pelo Painel a certeza de que as emissões contínuas de gases de efeito estufa causarão o aumento do aquecimento do sistema climático, com a melhor estimativa de atingir 1,5°C já no curto prazo, isto é, ainda nesta década. Reforça o Relatório Síntese que as promessas de mitigação atuais são insuficientes para conter o aumento da temperatura nos patamares já prescritos como imprescindíveis. Ressalta o IPCC, em alta confiança, que cada emissão importa doravante, e que todo e qualquer incremento do aquecimento intensificará perigos múltiplos e simultâneos, exemplificando com a severidade e a magnitude dos eventos climáticos extremos, para os quais igualmente há certeza científica quanto à sobrecarga em curso.

O sumo mais atual de conhecimento sobre mudanças climáticas é categórico ao pontuar que a humanidade vive, portanto, a chamada década decisiva de mitigação[56] das emissões. Não se pode propor, portanto, qualquer ação educativa sobre mitigação de mudanças climáticas que não contemple este dado fundamental.

Há um consenso científico de que são os próximos dez anos que definirão a possibilidade de medidas de redução de emissões de gases de efeito estufa ainda prescritas como efetivas para conterem o ritmo e padrão das mudanças climáticas em curso, e evitar a superação de limites reputados como seguros à capacidade adaptativa da humanidade a um sistema climático em elevado e intenso ritmo de aquecimento. Existe igualmente consenso científico de que não há mais como serem postergadas as ações mitigatórias. Limitar o aquecimento causado pelas ações humanas requer, por conseguinte, que se consiga alçar um horizonte de emissões líquidas zero, principalmente de dióxido de

---

54. Assim sintetizou recentemente o Ministro Herman Benjamin: "(...) atualmente as mudanças climáticas representam um fenômeno incontestável: suas consequências estão porta a parte e a ninguém poupam ... já não pairam incertezas sobre a realidade, causas antrópicas e efeitos avassaladores das mudanças climáticas na comunidade da vida planetária e no cotidiano da humanidade. Embora ainda exista muito a descobrir e a estudar, ... nem mesmo quem acredita em Papai Noel consegue negar os dados acumulados nas últimas décadas". STJ, AgInt em REsp. 2.188.380/SE, 2ª Turma, Relator Min. Herman Benjamin, julgado em 06.03.2023.

55. O IPCC finalizou o Relatório Síntese para o Sexto Ciclo de Avaliação (AR6) entre 13 e 19 de março de 2023. Íntegra do Relatório Síntese do IPCC pode ser consultada em: https://www.ipcc.ch/report/sixth-assessment-report-cycle/. Acesso em: 23 mar. 2023.

56. A urgência está sumarizada no item C1 das manchetes do Relatório Síntese do AR6 do IPCC de 20 de março de 2023: "A mudança climática é uma ameaça ao bem-estar humano e à saúde planetária (confiança muito alta). Há uma janela de oportunidade que se fecha rapidamente para garantir um futuro habitável e sustentável para todos (confiança muito alta). As escolhas e ações implementadas nesta década terão impactos agora e por milhares de anos (alta confiança)."

carbono (CO2), associado a expressivas reduções de metano (CH4), mais tardar em meados deste século (2050).

Reporta o IPCC em alta confiança que serão, portanto, as escolhas e ações de mitigação implementadas por agentes públicos e privados nesta década (entre 2020 e 2030), aquelas hábeis a produzirem impactos agora e por milhares de anos no aquecimento sistema climático. As consequências de se superar os patamares de temperatura acordados em caráter praticamente universal pelas nações no Acordo de Paris são apontadas pelo Painel como simplesmente catastróficas. Elas materializam o risco de transposição dos pontos de não retorno do sistema climático (*tipping points*[57-58]) e implicam a perda do controle antrópico sobre o ritmo e o padrão do aquecimento a se seguir.

Por conseguinte, na correta difusão da educação climática sobre o nível de mitigação hoje demandado pela comunidade científica, não se pode prescindir de aclarar qual seja o patamar de redução de emissões indicado como necessário para não se romper a barreira dos pontos de inflexão do sistema climático. Deve-se reportar nas ações de ensino que este patamar possui amplo consenso da comunidade científica, e que este consenso foi, inclusive, acolhido pelas distintas esferas normativas que atuam sobre a temática.

No exemplo concreto do Brasil, impõe-se dar conhecimento de que há um alinhamento normativo que endossa os patamares de mitigação sumarizados pela ciência. Desde o objetivo central do Acordo de Paris, recentemente reconhecido como norma supralegal pelo Supremo Tribunal Federal no âmbito da ADPF 708,[59] passando pelos compromissos assumidos na contribuição nacionalmente determinada brasileira (que apontam para a neutralidade emissões em 2050[60]), e pelas legislações subnacionais alusivas às políticas sobre mudanças climáticas.[61] O regime jurídico brasileiro já aquiesce

---

57. Sobre os riscos mapeados de alcance dos pontos de inflexão do sistema climático, consulte-se: LENTON, Timothy et al. Climate tipping points too risk to be agaisnt. *Nature*, [S. l.], v. 575, n. 7784, p. 592-595, nov. 28, 2019. Disponível em: https://www.nature.com/articles/d41586-019-03595-0. Acesso em: 07 jan. 2022. ARSMTRONG, David Mckay et al. Exceeding 1.5°C global warming could trigger multiple climate tipping points. Science, [S. l.], v. 377, n. 6611, Sep. 9, 2022. DOI: 10.1126/science.abn7950. Acesso em: 07 de jan. 2023.

58. No apagar das luzes de 2022, sobreveio o Relatório da OECD intitulado *Climate Tipping Points Insights for Effective Policy Action*. A OECD argumenta no documento que não é mais apropriado considerar o risco de cruzar pontos de inflexão do sistema climático como um risco de baixa probabilidade. Reforça que ultrapassar 1,5°C provavelmente levará a impactos graves e irreversíveis na funcionalidade do sistema, que devem ser evitados, aumentando a urgência de reduzir drasticamente as emissões nesta década. OECD, 2022. Climate Tipping Points Insights for Effective Policy Action. Íntegra do Relatório pode ser consultada em: ORGANISATION FOR ECONOMIC CO-OPERATION AND DEVELOPMENT (OECD). Climate tipping points: insights for effective policy action. Paris: OECD Publishing, Dec. 02, 2022. Disponível em: https://www.oecd.org/environment/climate-tipping-points-abc5a69e-en. htm. Acesso em: 23 dez. 2022

59. BRASIL. Supremo Tribunal Federal (STF). Arguição de descumprimento de preceito fundamental ADPF 708. Requerente: Partido Socialista Brasileiro – PSB. Requerente: Partido Socialismo e Liberdade (P-SOL). Relator: Ministro Luís Roberto Barroso. julgado pelo Plenário Virtual em 24.06.2022, publicado no DJ número 194, em 28.09.2022. Disponível em: . Acesso em: 04 abr. 2023.

60. A última Contribuição Nacionalmente Determinada brasileira foi enviada à UNFCCC em março de 2022. Íntegra do documento pode ser acessada em: https://unfccc.int/sites/default/files/NDC/2022-06/Updated%20-%20First%20NDC%20-%20%20FINAL%20-%20PDF.pdf. Acesso em: 04 abr. 2023.

61. A maioria dos entes subnacionais brasileiros, notadamente a partir do ano de 2021, normatizaram compromissos com o alcance da neutralidade de emissões, em alinhamento à demanda científica mitigatória. Exemplos neste sentido são: Amapá, Decreto 4014/2021, Amazonas, Decreto 44.716/2021; Ceará, Decreto 34.283/2021; Espírito

com a imprescindibilidade da promoção de reduções de emissões, nos percentuais e no ritmo indicados pela comunidade científica sumarizada pelo IPCC.

As ações educativas igualmente devem pormenorizar que o grau de consenso sobre a demanda mitigatória é amplamente endossado também pelos agentes do setor privado,[62] sejam eles empresas produtoras e fornecedoras de bens e de serviços, sejam os agentes do sistema financeiro[63]-[64] que aportam os recursos necessários ao desenvolvimento destas atividades. O maior risco global também aos mercados, consoante reforça o mais recente relatório do Fórum Econômico Mundial, é o risco de se falhar na mitigação climática.[65]

Educar que tanto os agentes públicos quanto os agentes privados anuam amplamente com a demanda de mitigação apontada pela ciência como imprescindível aos objetivos de Paris é elementar aos intentos das ações educacionais sobre mudanças climáticas. A qualidade estará assegurada, todavia, sobretudo se houver habilidade em apontar no que residirão justamente as questões decisivas, portanto, ao espectro mitigatório: o necessário adimplemento das normas, dos planos e das metas de reduções reconhecidos como imprescindíveis.

Com as corretas bases informacionais, permite-se compreender a fundamental importância de que os empenhos, públicos e privados, de fornecimento de produtos

---

Santo, Decreto 4.938/2021; Paraná, Decreto 8.937/2021; Rio Grande do Sul, Decreto 56.347/2022. Compilado das legislações estaduais vigentes em matéria de mudanças climáticas pode ser acessado no sítio eletrônico do projeto JusClima2030, laboratório de inovação para mudanças climáticas mantido pela Justiça Federal do Rio Grande do Sul. Disponível em: https://jusclima2030.jfrs.jus.br/legislacao/. Acesso em: 04 abr. 2023.

62. O *The Climate Pledge*, por exemplo, é um compromisso cofundado em 2019, que hoje soma uma lista crescente de empresas que a ele aderiram. Seus signatários concordam com as premissas de atuação concreta vocacionada a uma descarbonização de ponta a ponta de suas atividades. Na rota do que é preciso fazer na prática, consigna este exemplo de compromisso que as corporações devem medir e reportar regularmente as emissões de gases com efeito de estufa, que devem implementar estratégias de descarbonização alinhadas com o Acordo de Paris por meio de mudanças e inovações reais nos modelos de negócios, incluindo melhorias de eficiência, energia renovável, redução de materiais e outras estratégias de eliminação de emissões de carbono e dos demais gases. Acresce, ainda, que seus signatários devem neutralizar quaisquer emissões restantes com compensações adicionais, quantificáveis, reais, permanentes e socialmente benéficas para atingir emissões líquidas anuais de carbono zero. Informações sobre o Projeto *The Climate Pledge* e corporações que aderiam ao mesmo em: THE CLIMATE PLEDGE. Seattle, WA, 2022. Disponível em: https://www.theclimatepledge.com/#main-navigation. Acesso em: 25 abr. 2023.

63. Sobre o histórico de criação dos Princípios do Equador, estrutura de auto-regulação do setor bancário para gerir riscos sob uma perspectiva ambiental e climática, confira se: WRIGHT, Christopher. Setting standards for responsible banking: examining the role of the international finance corporation in the emergence of the Equator Principles. Conventry: Universtiy of Warwick, 2007. Disponível em: https://warwick.ac.uk/fac/soc/pais/research/csgr/csgr-events/workshops/wbbled/papers/wright.pdf. Acesso em: 19 mar. 2023. AMALRIC, Franck. The Equator principles: a step towards sustainability? Zurich: Centre for Corporate Responsibility and Sustainability, Jan. 2005. Disponível em: https://www.nachhaltigkeit.info/media/1317385761 php OHcawW. pdf. Acesso em: 19 set. 2022.

64. Íntegra da quarta atualização dos Princípios do Equador, que expressamente refere o alinhamento dos financiamentos bancários aos objetivos do Acordo de Paris, pode ser consultada em: THE EQUATOR PRINCIPLES ASSOCIATION. EP4. [S. l.], July 2020. Disponível em: https://equator-principles.com/app/uploads/The-Equator-Principles_EP4_July2020.pdf. Acesso em: 07 abr. 2023.

65. WORLD ECONOMIC FORUM. Global risks report 2022. 17th ed. [S. l.]. 11 jan. 2022. Disponível em: https://www.weforum.org/reports/global-risks-report-2022/digest. Acesso em: 25 abr. 2023.

e serviços reduzidos ou neutros em emissões, assim como o alcance de um cenário de neutralidades de emissões[66] sejam, de fato, verossímeis[67] e consigam ser adimplidos.

Educar sobre mitigação das mudanças climáticas passa, portanto, por difundir a compreensão de que, a rigor, se não fidedignos[68] e tampouco exequíveis os planos públicos e privados de redução de emissões, muito em breve ocorrerá a suplantação dos pontos de inflexão já identificados no sistema climático, e esta superação implica que as mudanças climáticas passarão a agir de modo abrupto e não linear, se auto perpetuarão e reduzirão, sobremaneira, a capacidade de adaptação humana reputada como possível. Como acaba de sintetizar o Relatório final do ciclo do AR6 do IPCC, a humanidade, perigosamente, aproxima-se de atingir os limites conhecidos de adaptação, na medida em que está reiteradamente falhando em cumprir com as promessas de mitigação das emissões.

Logo, na base de difusão da educação ambiental e climática a todos em geral, e aos consumidores em particular, é patente a urgência de se difundirem as informações que habilitem também o discernimento entre as ações que são realmente consideradas mitigatórias pela comunidade científica, e cuja hierarquia de iniciativas é detidamente exposta e conhecida. Reconhece-se que apenas se estas premissas de entendimento forem difundidas pelas ações educativas sobre mitigação das mudanças climáticas de modo correto é que será possível construir bases robustas para as decisões sobre a implicação climática dos bens e produtos a serem consumidos.[69]

É dizer, o fomento da educação climática aos consumidores enseja o empenho de todos em buscar a efetividade da previsão posta. O princípio é, em si, um forte guia orientativo de que, finalmente, esta é uma pauta prioritária no Brasil, mas a urgência de se evoluir tanto no acesso, quanto na qualidade dos conteúdos trabalhados nas ações educativas (que pressupõe atualidade informativa), é que será definidora do real contributo que a educação climática pode desempenhar doravante.

---

66. Sobre a insuficiência dos compromissos públicos e privados com metas de net-zero, consulte-se o panorama compilado em 2022 pela iniciativa *Net Zero Tracker*: https://zerotracker.net/insights/pr-net-zero-stocktake-2022. Acesso em: 22 mar. 2023.

67. O relatório *Net Zero* 2022 da South Pole, por exemplo, indicou que um número crescente de empresas está apoiando seus compromissos *net zero* com metas baseadas na ciência, mas, surpreendentemente, uma em cada quatro empresas pesquisadas não planeja publicizar de modo detalhado estas metas. Íntegra da Pesquisa e do Relatório conduzido pela South Pole pode ser acessada em: NET ZERO AND BEYOND. South Pole, [*S. l.*], 2022. Disponível em: https://www. southpole.com/publications/net-zero-and-beyond. Acesso em: 25 abr. 2023.

68. Pesquisa conduzida pela Universidade de Nova Iorque (NYU), e publicada na revista *Climatic Change* em março de 2021, examinou dados das maiores empresas de carne e de laticínios do mundo, e detalhou de modo robusto a insuficiência de seus planos de descarbonização tornados públicos. LAZARUS, O.; MCDERMID, S.; JACQUET, J. The climate responsibilities of industrial meat and dairy producers. Climatic Change, [*S. l.*], n. 30, v. 165, 2021. Disponível em: https://doi.org/10.1007/s10584-021-03047-7. Acesso em: 25 abr. 2023.

69. Similares considerações, por evidente, podem ser feitas quanto ao ensino sobre adaptação às mudanças climáticas, e mesmo sobre as implicações do insucesso mitigatório e adaptativo, sintetizado pela exacerbação e descontrole das perdas e danos associados. Apenas dessa forma, em somatório do ensino sobre as diversas dimensões e complexidades da temática, concebe-se que haverá formação do pensamento crítico necessário a todos os destinatários de ações educacionais sobre mudanças climáticas.

De outra parte, não há qualquer dúvida quanto aos múltiplos efeitos benéficos que a difusão da educação climática será capaz de promover. Consequências positivas de avanços pontuais na promoção da educação sobre mudanças climáticas aos consumidores já se mostram visíveis em muitos países no mundo, notadamente naqueles que há muito promovem ações voltadas à difusão da temática.

Consumidores letrados sobre a crise climática preconizam economias circulares e de baixo carbono, são desinfluenciadores do hiperconsumo e de qualquer consumo que não mais se justifique quando contraposto às demandas imprescindíveis de redução das emissões de gases de efeito estufa. Consumidores conscientes sobre a gravidade da crise climática igualmente estão pressionando por mudanças no modo de produção dos bens ofertados a consumo,[70] bem como impulsionando uma verdadeira revolução na normatização afeta ao tema. Há mudanças em andamento nas normas consumeristas, ordenando-se que reflitam a urgência de comportamentos públicos e privados compatíveis com a gravidade do cenário de aquecimento em curso, e consumidores igualmente já exercem sua parcela de responsabilidade em demandarem perante instâncias decisórias tanto a exequibilidade, quanto a verossimilhança necessária das rotas de redução de emissões alardeadas pelos fornecedores de bens e de serviços ofertados.

Nos itens seguintes, a partir de exemplos concretos oriundos do ambiente europeu, ilustram-se dois grandes impactos positivos impulsionados pelo incremento e difusão da educação climática dos consumidores: o avanço nas normas de consumo para contextualizarem a demanda mitigatória de emissões e a litigância climática correlata.

4. EFEITOS DA DIFUSÃO DA EDUCAÇÃO CLIMÁTICA NOS CONSUMIDORES: DAS ALTERAÇÕES NA NORMATIZAÇÃO CONSUMERISTA AO CRESCIMENTO DA LITIGÂNCIA EM DESFAVOR DE PRÁTICAS DE LAVAGEM CLIMÁTICA (*CLIMATE WASHING*)

Entre a vasta miríade de temas relacionados ao enfrentamento das mudanças climáticas que ora se observa afetar de modo direto o ambiente de normatização consumerista, especial atenção está sendo dada justamente aos ajustes normativos que atualizam a noção de conteúdo publicitário inverídico em matéria de mitigação às mudanças climáticas. Há um amplo e notório movimento em curso que, em síntese, passa a contextualizar a regulação sobre os chamados anúncios (*claims*) de sustentabilidade para as demandas de mitigação das emissões de gases de efeito estufa.

É dizer, avançam as legislações para exigir a veracidade e a comprovação da robustez das iniciativas de ambição climática de fornecedores de bens e de serviços. Importa sublinhar que tais mudanças ilustram o grau de acurácia técnica hábil de ser exigido

---

70. Sobre a evolução dos movimentos cidadãos de desobediência civil climática, confira-se: BAUER, Luciana; ROSA, Rafaela Santos Martins da. O Direito Constitucional de Resistência Climática. TRF4, Escola da Magistratura (EMAGIS) Seção Direito Hoje, 14.07.2022. Disponível em: https://www.trf4.jus.br/trf4/controlador.php?acao=pagina_visualizar&id_pagina=2410. Acesso em: 04 abr. 2023.

também pelas próprias normas de consumo sobre a pauta mitigatória, habilitando os consumidores a demandarem concretamente por seus cumprimentos.

Na França, por exemplo, o Código do Consumidor Francês, assim como o Brasileiro, já prevê uma série de penalidades em caso de práticas comerciais abusivas ou enganosas ao consumidor de modo amplo. O Código, contudo, foi recentemente alterado pela *Climate and Resilience Law*, que complementou o segundo parágrafo do artigo L. 121-2. Regulamentado o acréscimo, foi editado o Decreto 2022-539,[71] de 13 de abril de 2022, dispondo de modo específico sobre práticas de "compensações de carbono" e reivindicações de "neutralidade de carbono" em campanhas publicitárias. O Decreto implementou, então, o artigo 12 da lei de resiliência climática acima mencionada.

Aludido Decreto também criou uma nova seção sobre reivindicações ambientais no Código Ambiental Francês. O escopo desta nova seção é cobrir os anunciantes que afirmam que um produto ou serviço é "neutro em carbono ", é "carbono zero", possui "uma pegada de carbono zero", é "neutro ao clima", é "totalmente compensado", é "100% compensado" ou que "usam qualquer formulação de significado ou escopo equivalente ". O Decreto ainda define os termos e as condições para os anunciantes comunicarem sobre a neutralidade de carbono de seus produtos ou serviços.

Sobre os métodos para compensar as emissões residuais de gases de efeito estufa, as reduções e sequestros de emissões resultantes de projetos próprios, ordena-se o cumprimento dos princípios estabelecidos pelo artigo L. 229-55 do Código Ambiental Francês (ou seja, as compensações de emissões apresentadas devem ser mensuráveis, verificáveis, permanentes e adicionais). O Decreto francês se aplica a todos os anúncios e campanhas transmitidos a partir de 1º de janeiro de 2023.[72]

O exemplo já vigente na França ora se vê com o potencial de incidência a todos os países do bloco europeu. Na União Europeia, já vigoram tanto a Diretiva 2006/114/CE relativa à publicidade enganosa e comparativa (Diretiva "MCA"), que visa proteger os comerciantes contra a publicidade enganosa de outras empresas, quanto a Diretiva de Práticas Comerciais Desleais (Diretiva "UCP"), que define principalmente as práticas comerciais desleais em relação aos consumidores e que são proibidas na União Europeia. Todos os Estados Membros da UE já transpuseram estas Diretivas para suas respectivas legislações nacionais.

---

71. Íntegra do Decreto 2022-539, o ***Décret 2022-539 du 13 avril 2022 re,latif à la compensation carbone et aux allégations de neutralité carbone dans la publicite***, pode ser consultada em: https://www.legifrance.gouv.fr/jorf/id/JORFTEXT000045570611. Acesso em: 22 mar. 2023.

72. Um segundo Decreto na França (Decreto 2022-538), também foi aprovado em 13 de abril de 2022, estabelece as condições em que o descumprimento dos requisitos acima mencionados pode ser objeto de sanções administrativas. De acordo com o decreto, o ministério responsável pelo meio ambiente deve enviar previamente uma carta à empresa desenquadrada, que terá o prazo de um mês para dar sua resposta. Com base na resposta, o Ministério poderá emitir uma notificação formal, exigindo que a empresa cumpra suas obrigações dentro de um determinado período de tempo. Se a empresa não cumprir a notificação para atender ao prazo fixado, o Ministério determina o pagamento de uma multa administrativa de 100.000 euros, que pode ser aumentada até ao valor total das despesas com o anúncio incumpridor. Íntegra do Decreto pode ser consultada em: Décret 2022-538 du 13 avril 2022 définissant le régime de sanctions applicables en cas de méconnaissance des dispositions relatives aux allégations de neutralité carbone dans la publicite. Acesso em: 23 mar. 2023.

Contudo, o *European Green Deal*[73] colocou ainda mais ênfase na importância desta matéria para o legislador europeu. Um marco significativo sobreveio em 30 de março de 2022, quando a Comissão da União Europeia apresentou um pacote de propostas[74] que inclui a disposição para abordar práticas comerciais desleais que impedem os consumidores de fazerem escolhas de consumo sustentáveis, como alegações ambientais enganosas, alterando a legislação existente, especificamente a Diretiva UCP.

Avançado ainda mais no tema, e agora discorrendo de modo específico, entre outros, sobre os anúncios e campanhas publicitárias em matéria de mitigação das mudanças climáticas, acaba de ser apresentada (em 22 de março de 2023) proposta de Diretiva da União Europeia sobre a comprovação das chamadas "reinvindicações verdes".[75] A proposta faz parte do *Green Deal* do bloco, integrando-se a Parte 3 do Pacote de propostas. Nela, são introduzidos requisitos mínimos sobre a fundamentação e a comunicação de alegações ambientais que estão sujeitas a verificação por terceiros, a serem entregues antes de a alegação ser utilizada em comunicações comerciais em todo o ambiente europeu. O objetivo final da Proposta é garantir que os consumidores recebam informações ambientais e climáticas confiáveis, comparáveis e verificáveis, para que possam desempenhar um papel ativo na transição para uma economia de baixo carbono.

Especificamente quanto às alegações relacionadas às mudanças climáticas em anúncios, os considerados da Proposta de Diretiva reconhecem que essas tendem a ser particularmente propensas a serem pouco claras e ambíguas e a enganarem os consumidores. Isso se refere, consoante é exposto, principalmente a alegações ambientais de que produtos ou entidades são "neutros em termos climáticos", "neutros em carbono", "100% compensados por CO2" ou serão "líquidos zero" em um determinado ano futuro ou similar.

---

73. O European Green Deal – ou Acordo Ecológico Europeu – é um esforço do bloco em se tornar o primeiro continente com neutralidade climática. Neste sentido, a Comissão Europeia adotou um conjunto de propostas para tornar as políticas de clima, energia, transporte e tributação da União Europeia adequadas para reduzir as emissões líquidas de gases de efeito estufa em pelo menos 55% até 2030, em comparação com os níveis de 1990. Informações sobre o Acordo, assim como o teor das normas a ele relacionadas, podem ser consultados em: https://commission.europa.eu/strategy-and-policy/priorities-2019-2024/european-green-deal_en. Acesso em: 23 mar. 2023.
74. Europa e Comissão, Proposta de Diretiva do Parlamento Europeu e do Conselho que altera as Diretivas 2005/29/CE e 2011/83/UE, no que diz respeito à capacitação dos consumidores para a transição verde através de uma melhor proteção contra práticas desleais e melhor informação, disponível em: https://www.europarl.europa.eu/doceo/document/A-9-2023-0099_PT.html. Acesso em: 04 abr. 2023.
75. A proposta de Diretiva tem por base o artigo 114.º do Tratado sobre o Funcionamento da União Europeia (TFUE), que se aplica a medidas que visem a estabelecer ou assegurar o funcionamento do mercado interno, tendo por base um elevado nível de proteção ambiental. A proposta está em conformidade com o artigo 38.º da Carta dos Direitos Fundamentais, segundo o qual a UE deve assegurar um elevado nível de proteção do consumidor. Segundo exposto em seu teor, isso será garantido assegurando-se a confiabilidade, comparabilidade e verificabilidade das alegações ambientais e abordando o *greenwashing* e o uso de alegações e rótulos ambientais não confiáveis e não transparentes. A proposta reforça também o direito a um elevado nível de proteção ambiental e à melhoria da qualidade do ambiente, conforme consagrado no artigo 37º da Carta dos Direitos Fundamentais. Íntegra da proposta pode ser acessada em: https://environment.ec.europa.eu/publications/proposal-directive-green-claims_en. Acesso em: 24 mar. 2023.

Ressalta a Proposta que tais declarações geralmente se baseiam na compensação das emissões de gases de efeito estufa por meio de créditos de carbono gerados fora da cadeia de valor das empresas, a exemplo de projetos florestais ou de energia renovável. Pondera-se, então, que as metodologias que sustentam as compensações variam muito e nem sempre são transparentes, precisas ou consistentes, e que isso leva a riscos significativos de superestimativas e contagem dupla de emissões evitadas ou reduzidas, devido à falta de adicionalidade, permanência, linhas de base de crédito ambiciosas e contabilidade precisa.

Esses fatores, reforça a proposta de Diretiva, resultam em créditos de compensação de baixa integridade ambiental e credibilidade, e por isso são anúncios que enganam os consumidores quando são invocados em reivindicações ambientais explícitas. A compensação, reforça a Proposta, também pode impedir as empresas de promoverem o que de fato importa: as reduções de emissões em suas próprias operações e cadeias de valor.

Portanto, consoante a Proposta, a comprovação de alegações relacionadas à mitigação de emissões deve considerar quaisquer compensações de emissões de gases de efeito estufa usadas pelos comerciantes, separadamente das emissões de gases de efeito estufa da empresa ou do produto. Além disso, essas informações também devem especificar a parcela do total de emissões que é abordada por meio de compensação, se essas compensações estão relacionadas a reduções de emissões ou aumento de remoções e qual foi a metodologia aplicada.

No corpo da proposta de Diretiva, importa sublinhar sobremaneira o teor do Artigo 3, I, nominado "comprovação de reivindicações ambientais explícitas".[76] Nesse dispositivo, estipula-se entre outras exigências que se separe, nas reivindicações voluntárias, quaisquer compensações de emissões de gases de efeito estufa usadas das emissões de gases de efeito estufa apresentadas como informações ambientais adicionais, que se especifique se essas compensações estão relacionadas a reduções ou remoções de emissões, e que se descreva como as compensações são consideradas de alta integridade (por que elas devem ser consideradas confiáveis) e se estão contabilizadas corretamente para refletirem o impacto positivo reivindicado na mitigação das mudanças climáticas. A Proposta agora precisará ser debatida pelo Parlamento Europeu e pelo Conselho antes de ser adotada em sua forma final, de modo que a redação ainda poderá mudar.

Em movimento concomitante aos incrementos no plano normativo, o que se vê a partir da difusão de educação climática entre os consumidores é também o alavancar do manuseio de contendas (administrativas ou judiciais) por eles impulsionadas, individual ou coletivamente. Na base destas iniciativas, enaltece-se sobretudo o direito elementar dos consumidores de não serem enganados, e o que significa ser enganado sobre o ponto de vista de promessas de reduções de emissões de gases de efeito estufa no ciclo de vida de produtos ou de serviços.

---

76. Íntegra do dispositivo proposto pode ser consultada em: https://eur-lex.europa.eu/legal-content/EN/TXT/?uri=COM%3A2023%3A0166%3AFIN. Acesso em: 24 mar. 2023.

Conforme assevera o Ministro Herman Benjamin, o direito de não ser enganado antecede o próprio nascimento do direito do consumidor. Sobre produto ou serviço oferecido, bem enaltece o Ministro que ao fornecedor é lícito dizer o que quiser, para quem quiser, quando e onde desejar, e da forma que lhe aprouver, desde que não engane, ora afirmando, ora omitindo.[77]

Nesse sentido, consoante compilaram os pesquisadores Benjamin, Setzer, Tandon e outros,[78] em publicação conduzida pela *London School of Economics* em 2022 e dedicada a sumarizar as tendências da chamada litigância contra falseamentos especificamente climáticos (*climate washing*), há um nicho e perfil de litígios em curso sobre mudanças climáticas, no qual campanhas publicitárias são levadas a instâncias decisórias acusadas de enganarem ou exagerarem o desempenho mitigatório anunciado de seus produtos.

Os autores destas iniciativas buscam tanto danos monetários, penalidades civis ou liminares com sanções para os danos causados por comunicações enganosas e supostamente esverdeadas. São contendas impulsionadas por consumidores e que destacam, em síntese, a lacuna entre as promessas mitigatórias e as ações reais de fornecedores de bens e serviços. A publicação reporta-se a exemplos concretos de litígios já apreciados sob estas alegações, em diferentes sistemas judiciais, sendo possível perceber a influência da litigância para robustecer também a base dos conteúdos que ora foram apostos na Proposta de Diretiva da EU, anteriormente referida.

Sob as bases da legislação consumerista europeia, seguem em curso litígios emblemáticos por desafiarem os principais tipos de lavagem climática corporativa sob as bases da legislação consumerista da União Europeia. Ações contra a companhia petrolífera *Total Energies*, contra empresas aéreas – a exemplo da KLM –, e contra produtores agropecuários[79] – como a *Danish Crown* (maior produtora de carne suína da Europa) –, são significativas por ressaltarem o nível de maturidade assumido pelos consumidores para buscarem assegurar o direito a não serem enganados quando em voga compromissos com mitigação de emissões.

Na primeira demanda, um conjunto de organizações não governamentais argumenta que a campanha publicitária da *Total Energies* (acompanhando sua mudança de marca de Total para *Total Energies*) engana consumidores alegando, falsamente, que a empresa está no caminho para a neutralidade de carbono até 2050, que a companhia é um ator importante na transição energética e que o biocombustível e o gás natural são ferramentas importantes e ecologicamente corretas na transição energética.

---

77. STJ, REsp 1.828.620, Relator Ministro Antonio Herman Benjamin, julgado em 03.12.2019, publicado no DJe de 05.10.2020.

78. BENJAMIN, Lisa; BHARGAVA, Akriti; FRANTA, Benjamin; MARTÍNEZ Toral, Karla; SETZER, Joana; and TANDON, Aradhna. 2022. "Climate-Washing Litigation: Legal Liability for Misleading Climate Communications." Policy Briefing, The Climate Social Science Network. January 2022.

79. Sobre a parcela de responsabilidade da produção de carnes e de laticínios no somatório das emissões globais de gases de efeito estufa, confira-se: Lazarus, O., McDermid, S. & Jacquet, J. The climate responsibilities of industrial meat and dairy producers. Climatic Change 165, 30 (2021). https://doi.org/10.1007/s10584-021-03047-7. Acesso em: 23 mar. 2023.

Na segunda contenda, as autoras *Fossielvrij NL*, *Reclame Fossielvrij* e *ClientEarth* argumentam que a companhia aérea KLM está enganando seus clientes por meio de sua campanha *"Fly Responsably"* e que, ao vender um produto de compensação de carbono, rotulam-no como "CO2 ZERO". Este produto financiaria projetos de reflorestamento ou a compra de biocombustíveis pela KLM, e os autores afirmam que estas ações não contribuem significativamente para a redução da pegada climática da KLM e não compensam realmente as emissões liberadas pelo voo adquirido pelos consumidores. A KLM, argumentam, está assim dando uma falsa impressão de que as viagens aéreas podem ser facilmente compensadas.[80]

Na terceira ação,[81] três organizações não governamentais dinamarquesas insurgem-se contra a *Danish Crown*, alegando que a cooperativa está enganando os consumidores por meio de sua campanha, a qual afirma que sua produção de carne suína é "mais amigável ao clima do que você imagina." A parte autora alega que a Ré está deturpando sua pegada climática em anúncios e assim violando a legislação sobre publicidade. Em janeiro de 2022, o processo judicial iniciou no Tribunal Superior do Oeste da Dinamarca e, embora a Ré tenha postulado que o caso fosse ouvido no Tribunal Marítimo e Comercial, o Tribunal Superior negou o pleito, e o caso segue para apreciação pelo Supremo Tribunal Federal da Dinamarca.

Recentemente, a aferição sobre práticas de *climate washing* aportou também ao mercado financeiro, com o inédito banimento de anúncios publicitários supostamente verdes do HSBC pelo órgão regulador do Reino Unido.[82] O órgão fiscalizador de publicidade do Reino Unido proibiu uma série de anúncios do HSBC por serem enganosos sobre suas credenciais verdes ao não mencionarem a persistência de financiamentos do banco a projetos de combustíveis fósseis e tampouco conexões com o desmatamento ilegal, ambas práticas contrárias às premissas científicas de mitigação de emissões.

A decisão, aliás, estabeleceu um precedente pioneiro para o setor financeiro, marcando a primeira vez que o regulador britânico barrou anúncios de um banco por motivos de lavagem climática. A Autoridade de Padrões de Publicidade (*Advertising Standards*

---

80. Os autores pedem que a KLM pare e remova os anúncios enganosos contestados e o marketing de compensações 'CO2ZERO', além de qualquer publicidade e marketing em que a KLM sugira que o voo possa ser feito de forma responsável ou sustentável, e não faça tais reivindicações no futuro. Que a KLM envie um aviso de retificação corrigindo suas declarações a todos os clientes que compraram uma passagem no ano anterior e ao público em geral, publicando-o online e em cinco jornais nacionais holandeses. As ONGs dizem que o aviso de retificação deve esclarecer que voar não é sustentável e que a única maneira de reduzir significativamente o impacto de voar no clima e contribuir para atingir as metas climáticas é não voar. Eles também dizem que a KLM deve colocar um aviso claro em seu site e nas passagens aéreas que esclareça o impacto de voar. Peças e informações sobre a ação podem ser consultadas em: http://climatecasechart.com/non-us-case/fossielvrij-nl-v-klm/. Acesso em: 23 mar. 2023.

81. Peças e informações sobre o litígio *Vegetarian Society et. al. of Denmark v. Danish Crown* podem ser consultadas em: http://climatecasechart.com/non-us-case/vegetarian-society-et-al-of-denmark-v-danish-crown/. Acesso em: 23 mar. 2023.

82. Íntegra da decisão tomada pela Advertising Standards Authority (ASA) do Reino Unido pode ser consultada em: https://www.asa.org.uk/rulings/hsbc-uk-bank-plc-g21-1127656-hsbc-uk-bank-plc.html. Acesso em: 23 mar. 2023.

Authority ou ASA), considerou, em outubro de 2022, que o HSBC não poderia mais executar a série publicitária que promovia o plantio de árvores pelo credor e seus planos de atingir emissões líquidas zero de gases de efeito estufa. Os consumidores, considerou o órgão regulador, não entenderiam necessariamente que o HSBC, que fez "afirmações não qualificadas sobre seu trabalho ambientalmente benéfico", estaria "envolvido no financiamento de negócios que fizeram contribuições significativas para emissões de dióxido de carbono e outros gases de efeito estufa".

No Reino Unido, inclusive, no último 10 de fevereiro de 2023, a reguladora de anúncios publicitários anunciou[83] o lançamento de novas orientações para anunciantes que fazem reivindicações de sustentabilidade ambiental aos consumidores, incluindo o uso de termos "neutro em carbono" e carbono "líquido zero". A nova orientação da ASA inclui recomendações para evitar o uso de declarações neutras em carbono, zero líquido ou semelhantes em publicidade e para garantir que informações explicando a base das declarações sejam incluídas, para que os profissionais de marketing incluam informações precisas sobre o grau para o qual eles estão reduzindo ativamente as emissões de carbono ou estão baseando reivindicações em compensações, e que reivindicações baseadas em metas futuras tenham lastro em estratégias verificáveis para alcançá-las. Além disso, consignou-se que reivindicações baseadas em compensação devem incluir informações sobre os esquemas de compensação usados, permitindo a checagem por todos da verossimilhança.

Por evidente, o manuseio de demandas ancoradas na legislação consumerista é um fenômeno que se soma a muitos outros movimentos de litigância sobre mudanças climáticas em curso.[84]-[85] Dada a urgência sumarizada pela breve janela de eficácia prescrita para a mitigação do aquecimento do sistema climático, não há dúvidas de que todos estes movimentos agregam e importam na tentativa de contribuir para o cumprimento efetivo das demandas de mitigação das emissões.

Ao se observar, por fim, estes recentes impulsos em prol da atuação assertiva de consumidores frente à mitigação das mudanças climáticas, não há como deixar de se refletir sobre os horizontes de progresso ainda necessários e esperados no contexto normativo, regulatório e de apreciação judicial brasileiro. A eles dedica-se o tópico derradeiro desta escrita.

---

83. Íntegra do anúncio feito pela Advertising Standards Authority (ASA) do Reino Unido pode ser consultada em: https://www.asa.org.uk/news/updated-environment-guidance-carbon-neutral-and-net-zero-claims-in-advertising.html. Acesso em: 23 mar. 2023.

84. Sobre as principais tendências em litigância vocacionadas ao enfrentamento da emergência climática, consulte-se: GARAVITO, César. Litigating the climate emergency: the global rise of human rights-based litigation for climate action. Cambridge: Cambridge University Press, June 4, 2021b. (Globalization and Human Rights Book Series). Disponível em: https://ssrn.com/abstract=3860420orhttp:// dx.doi.org/10.2139/ssrn.3860420. Acesso em: 21 dez. 2022.

85. Sobre o panorama mundial de incremento da litigância climática, confira-se: UNITED NATIONS ENVIRONMENT PROGRAMME (UNEP). Global climate litigation report: 2020 status review. Nairobi, 26 Jan. 2021. Disponível em: https://www.unep.org/ resources/report/global-climate-litigation-report-2020-status-review. Acesso em: 04 dez. 2022.

5. AVANÇOS ESPERADOS COM A DIFUSÃO DA EDUCAÇÃO CLIMÁTICA DE CONSUMIDORES NO BRASIL

É inegável a relação promissora e virtuosa que se poderá construir a partir da adequada difusão da educação climática dos consumidores. A educação tem a aptidão de provocar tanto o amadurecimento comportamental individual (e nisso diretamente coibir a propensão ao consumo desmedido e ao endividamento), quanto impulsionar a demanda por aperfeiçoamentos da própria legislação consumerista, e vocacionar os consumidores como agentes com aptidão para perseguir concretamente os cumprimentos (voluntários ou mediante *enforcement*) das promessas mitigatórias tornadas públicas.

No Brasil, observa-se o proliferar de iniciativas que auxiliam os consumidores a identificarem todas as emissões de gases de efeito estufa geradas no curso das cadeias produtivas dos bens postos ao consumo, a exemplo de produtos oriundos da atividade pecuária.[86] Contudo, é patente a urgência de se avançar sobremaneira na pauta, considerando que igualmente proliferam no país anúncios (públicos e privados) de produtos e serviços supostamente benéficos ao sistema climático, sendo imperioso desvelar-se os informes verossímeis das campanhas sem qualquer respaldo de credibilidade.

Nesse sentido, um passo fundamental será buscar avançar na própria normatização afeta aos anúncios e demais conteúdos publicitários veiculados no país com promessas alusivas à mitigação de emissões, de modo similar ao que se observa no ambiente europeu e no Reino Unido. Embora as normas consumeristas brasileiras vigentes já vedem a prática de propaganda enganosa ou abusiva, é evidente que será preciso viabilizar, desde logo, o aprimoramento normativo (ou ao menos seu alargamento interpretativo), para que se aprofunde e se detalhe o que se pode considerar como uma publicidade verossímil quando se trata, entrementes, dos empenhos dos fornecedores que anunciam compromissos de ambição climática.[87]

No país, desde 2011 o Conselho Nacional de Autorregulamentação Publicitária (CONAR) possui definição das normas éticas que regulamentam os apelos para sustentabilidade na publicidade veiculada. O anexo "U" é específico sobre este perfil de

---

86. Do "pasto ao prato" é um dos inúmeros exemplos de aplicativos que permitem aos consumidores brasileiros identificarem a origem dos produtos que consomem, contribuindo para escolhas mais conscientes no momento da compra. Dados sobre o aplicativo em: https://www.dopastoaoprato.com.br/.

87. A codificação consumerista brasileira vigente já impõe que a publicidade veiculada aos consumidores seja de fácil e imediata identificação (artigo 36), devendo ser mantidos os elementos que compravam a veracidade das campanhas publicitárias (artigo 36, § único). Veda-se tanto a publicidade enganosa quanto a abusiva, detalhando-se as minúcias de ambas vedações (artigo 37 e parágrafos), e está contemplado, entre outros, o desrespeito a valores ambientais, incluindo-se a publicidade enganosa por omissão (§ 3º). A legislação inclusive tipifica como infrações penais a afirmação falsa ou enganosa ou omissa sobre elemento relevante de bens e serviços, promoção de publicidade enganosa ou abusiva (artigo 67), a publicidade que sabidamente induz o comportamento prejudicial dos consumidores (artigo 68) assim como a proposital falta de organização dos dados fáticos, técnicos e científicos que dão base à publicidade (artigo 69). A Lei 8.137/90, também define crimes contra as relações de consumo e, em seu artigo 7º, inclui a indução a erro dos consumidores (inciso VII), pela indicação ou afirmação falsa ou enganosa sobre a natureza, qualidade do bem ou serviço, utilizando-se de qualquer meio, inclusive a veiculação ou divulgação publicitária.

apelos. Na regulação,[88] contudo, nenhuma referência, nem mesmo indireta, é feita sobre mudanças climáticas nas definições do CONAR.

É evidente que os requisitos ali já postos (concretude, veracidade, exatidão, clareza, comprovação de fontes, ente outros) para os anúncios devem habilitar, desde logo, a aferição das campanhas publicitárias que envolvem promessas de neutralidade de carbono, compensações de carbono e produtos carbono neutro.

Indicando consciência, a propósito, desta pendente lacuna de regulamentação, em agosto de 2022 sobreveio publicação intitulada como "Guia Global sobre *Claims* de Sustentabilidade em Marketing e Comunicação".[89] A publicação é uma parceria entre a ABA, Associação Brasileira de Anunciantes, o CONAR e a *World Federation of Advertisers*.

No Guia publicado, as entidades referidas compilaram orientações em torno do que nominam como "seis princípios globais de sustentabilidade" que devem guiar as comunicações de anunciantes e de profissionais comprometidos em consolidar um ambiente de marketing confiável. O Objetivo do Guia, exposto pela própria publicação desde a introdução, não deixa qualquer margem para dúvida quanto ao foco central do documento: as implicações da publicidade sobre os compromissos com a mitigação das emissões de gases de efeito estufa.

A publicação conclama os anunciantes a comprometerem-se a participar e defender a campanha global *Race to Zero*[90] das Nações Unidas, bem como a incentivarem a cadeia de produção de marketing a fazer o mesmo. Roga-se no Guia que se escale a capacidade das organizações de marketing para liderarem ações de ambição climática, fornecendo ferramentas e orientação para seus profissionais de marketing e agências. O Guia reforça que se os anunciantes não puderem apresentar suporte para os *claims* de sustentabilidade que fazem sobre mitigação, eles correm um risco real de sofrer ações de fiscalização por parte de órgãos reguladores, além de danos reputacionais às suas marcas e negócios. Por outro lado, reforça que se anunciantes fazem alegações precisas e embasadas em evidências robustas, isto contribui para a sua credibilidade e confiança perante o consumidor e, em última instância, ajuda os consumidores a fazerem escolhas menos prejudiciais ao meio ambiente.

Portanto, ainda que seja recomendável o aprimoramento da legislação consumerista brasileira no que respeita à veracidade de anúncios relacionados, entre outros temas, aos compromissos de redução de emissões, pode-se reconhecer que, no presente momento, a conjugação entre os dispositivos do CDC e as recomendações das entidades brasileiras de anúncios já fornecem balizas que certamente permitem atualizar os conceitos de propaganda enganosa ao contexto de mitigação das mudanças climáticas.

---

88. O Código Brasileiro de Auto Regulação Publicitária pode ser consultado no sítio ,eletrônico do CONAR: http://www.conar.org.br/codigo/codigo.php. Acesso em: 23 de mar. 2023.

89. Íntegra do "Guia Global sobre *Claims* de Sustentabilidade em Marketing e Comunicação" pode ser consultada em: https://twosides.org.br/BR/guia-global-sobre-claims-de-sustentabilidade-em-marketing-e-comunicacao/. Acesso em: 23 de mar. 2023.

90. Informações sobre a campanha *Race to Zero* conduzida pelas Nações Unidas, consulte-se: https://climatechampions.unfccc.int/join-the-race/. Acesso em: 23 mar. 2023.

No ambiente jurisprudencial brasileiro é consolidado, ademais, sobre os anúncios de produtos e serviços, o entendimento de que o ônus da prova da veracidade e da correção da informação divulgada cabe, nos termos do art. 38 do CDC, a quem as patrocina. Trata-se de inversão *ope legis*, e este entendimento evidentemente deve ser aplicado ao contexto das publicidades enganosas em matéria de mitigação climática.

No presente momento, ainda não há registro de litígios propostos por consumidores (individual ou coletivamente) com fundamentos em práticas de lavagem climática.[91] Mas, ao que tudo indica, é mera questão de tempo para que se vejam em curso postulações concretas quanto à veracidade dos anúncios de compromissos com a ambição climática no Brasil, a incidir reflexões similares aos casos já apreciados em outras jurisdições.

A judicialização, neste caso, ancorada também nas normas consumeristas, refletirá sobretudo a adequada difusão da educação sobre mitigação das mudanças climáticas nos consumidores brasileiros, potencializando sua capacidade de igualmente atuarem[92] de modo assertivo na exigência de cumprimento das reduções de emissões reconhecidas como indispensáveis à contenção do ritmo do aquecimento imposto ao sistema climático.

6. CONSIDERAÇÕES FINAIS

Há um novo panorama trazido pela Lei do Superendividamento à legislação consumerista brasileira. Entre a miríade de inovações contempladas, positivou-se como princípio-guia preventivo ao superendividamento a educação ambiental dos consumidores. Nesta salutar inserção, conforme trabalhado na escrita, integra-se e não mais se dissocia a promoção da educação climática, consoante preconiza a Declaração de Berlim de Educação para o Desenvolvimento Sustentável, e acolhe o teor da Política Nacional sobre Educação Ambiental. A educação climática pressupõe, contudo, a adequada transmissão de dados fidedignos sobre o estágio avançado da crise climática.

Reforçou-se que apenas se isso for proporcionado de modo urgente, escalável e com qualidade, é que se pode almejar a efetividade do preceito principiológico incluso na norma consumerista. Sustentou-se que a educação climática é um mecanismo hábil a promover a transformação dos consumidores em atores cientes tanto do nível de aquecimento do sistema climático e suas causas conhecidas, quanto de seus direitos básicos, habilitando-os a também atuarem para prevenir as múltiplas consequências que as falsas promessas mitigatórias de emissões representam.

---

91. Os litígios climáticos em tramitação ou já apreciados no Brasil podem ser consultados na base de dados sobre litigância climática brasileira elaborada pelo JusClima2030, projeto ancorado no laboratório de inovação da Justiça Federal do Rio Grande do Sul: https://jusclima2030.jfrs.jus.br/litigio/. Acesso em: 23 mar. 2023.
92. Assim sintetiza o Ministro Herman Benjamin: "Enganar o consumidor ou dele abusar vai muito além de dissabor irrelevante ou aborrecimento desprezível, de natural conduta cotidiana, aceitável na vida em sociedade. Reagir judicialmente contra o engano e o abuso na relação de consumo não revela faniquito exaltado ou mimimi ético, mas sim corresponde a acreditar em direitos conferidos pelo legislador – por meio de norma cogente de ordem pública e interesse social – e a judicializá-los quando desrespeitados". STJ, REsp 1.828.620, Relator Ministro Antonio Herman Benjamin, julgado em 03.12.2019, publicado no DJe de 05.10.2020.

Neste sentido, reforçando o saldo positivo gerado pela difusão apropriada da educação climática, foram elencados exemplares de recentes alterações e propostas de mudanças em normas consumeristas no ambiente europeu. São movimentos normativos que almejam compatibilizar a vedação a anúncios inverossímeis no contexto das ambições climáticas mitigatórias, aos quais somam-se caminhos trilhados no âmbito da litigância climática, também ancorada no respeito às normas de consumo e às regulações sobre anúncios publicitários.

Refletiu-se, finalmente, que a legislação consumerista brasileira ainda deverá avançar no que respeita à educação climática dos consumidores, seja no grau de detalhamento dos conhecimentos a serem transmitidos, seja na vedação pormenorizada da prática de propaganda inverossímil sobre a ótica, entre outros, das demandas de mitigação, de modo a que se espelhe o âmbito da vedação de anúncios com compromissos de redução de emissões sem respaldo adequado.

Acredita-se que o aperfeiçoamento da educação sobre mudanças climáticas potencializa a exigência, pelo público em geral e pelos consumidores em particular, de compromissos reais com a veracidade, a transparência e o cumprimento das metas de mitigação de emissões de gases de efeito estufa. Nisso, espera-se um futuro incremento de judicialização no país, a ser conduzido por genuínos superconsumidores. Estes, agentes ativos e cientes de seus direitos, ao invés de invocarem a legislação consumerista como defesa do mínimo existencial pela dívida, irão invocar a defesa do mínimo existencial fundamental e pertencente solidariamente a todos: um sistema climático compatível com a vida humana atual e futura.

REFERÊNCIAS

ALMEIDA, Felipe. Thorstein Veblen and Albert Bandura: A Modern Psychological Reading of the Conspicuous Consumer. *Journal of Economic Issues*, v. 48, n. 1, p. 109-22, 2014. JSTOR. Disponível em: http://www.jstor.org/stable/43905773. Acesso em: 16 mar. 2023.

AMALRIC, Franck. *The Equator principles*: a step towards sustainability? Zurich: Centre for Corporate Responsibility and Sustainability, Jan. 2005. Disponível em: https://www.nachhaltigkeit.info/media/1317385761 php OHcawW.pdf. Acesso em: 19 set. 2022.

ANDERSON, A. (2012). Climate Change Education for Mitigation and Adaptation. *Journal of Education for Sustainable Development*, v. 6, n. 2, p. 191-206. DOI: https://doi.org/10.1177/0973408212475199 DOI: https://doi.org/10.1177/0973408212475199.

ARSMTRONG, David Mckay et al. Exceeding 1.5°C global warming could trigger multiple climate tipping points. *Science*, [S. l.], v. 377, n. 6611, Sep. 9, 2022. DOI: 10.1126/science.abn7950. Acesso em: 07 de jan. 2023.

BARBER, Benjamin R. *Consumido*. Como o mercado corrompe crianças, infantiliza adultos e engole cidadãos. São Paulo: Editora Record, 2009, p. 352.

BAUER, Luciana; ROSA, Rafaela Santos Martins da. *O Direito Constitucional de Resistência Climática*. TRF4, Escola da Magistratura (EMAGIS) Seção Direito Hoje, 14.07.2022. Disponível em: https://www.trf4.jus.br/trf4/controlador.php?acao=pagina_visualizar&id_pagina=2410. Acesso em: 04 abr. 2023.

BAUMAN, Zygmunt. *Vida para consumo*: a transformação das pessoas em mercadoria. Rio de Janeiro: Jorge Zahar, 2008.

BARROSO, Luis Roberto. 'Here, There and Everywhere': Human Dignity in Contemporary Law and in the Transnational Discourse' (August 30, 2011). *Boston College International and Comparative Law Review*, v. 35, n. 2, 2012. Disponível: https://ssrn.com/abstract=1945741. Acesso em: 17 mar. 2023.

BENJAMIN, Antonio Herman; MARQUES, Claudia Lima; BESSA, Leonardo R. *Manual de Direito ao Consumidor*. 6. ed. São Paulo: Ed. RT, 2015.

BENJAMIN, Lisa; BHARGAVA, Akriti; FRANTA, Benjamin; Martínez Toral, Karla; SETZER, Joana; and TANDON, Aradhna. 2022. *Climate-Washing Litigation*: Legal Liability for Misleading Climate Communications. Policy Briefing, The Climate Social Science Network. January 2022.

BERTONCELLO, Karen. Núcleos de conciliação e mediação de conflitos nas situações de superendividamento: conformação de valores da atualização do Código de Defesa do Consumidor com a Agenda 2030. *Revista de Direito do Consumidor*. v. 138, p. 49-68, set./out. 2021.

BODANSKY, Daniel. *The United Nations Framework Convention on Climate Change*: a comentary, Yale J. Int'l. L., [S. l.], n. 18, p. 451, 1993.

BRANDLI, L.L., SALVIA, A.L., MAZUTTI, J., & REGINATTO, G. (2021). *Higher Education Institutions Facing Climate Change*: The Brazilian scenario. Transforming Universities for a Changing Climate Working Paper Series, n. 5. Körber Stiftung. GUC Hamburgo.

BRUNNÉE, Jutta; RAJAMANI, Lavanya. *International climate change law*. Oxford, UK: Oxford University Press, 2017.

CARVALHO, Délton Winter de; ROSA, Rafaela Santos Martins da. Premissas para a configuração do sistema climático como bem jurídico. *Revista de Direito Ambiental*, São Paulo, ano 26, v. 104, p. 299-324, out./dez. 2021.

COMISSÃO MUNDIAL SOBRE MEIO AMBIENTE E DESENVOLVIMENTO. *Nosso futuro comum*. 2. ed. Rio de janeiro: Fundação Getúlio Vargas, 1991.

FRANZOLIN, Cláudio José. Proteção ambiental e direito do consumidor: para um consumo sustentável em construção. *Revista de Direito do Consumidor*. v. 119. ano 27. p. 129-165. São Paulo: Ed. RT, set./out. 2018.

FREESTONE, David. The United Nations Framework Convention on Climate Change – the basis for the climate change regime. In: CARLARNE, Cinnamon P.; GRAY, Kevin R.; TARASOFSKY, Richard G. (Ed.). *The Oxford handbook of international climate change law*. Oxônia, UK: Oxford University Press, 2016.

GARAVITO, César. *Litigating the climate emergency*: the global rise of human rights-based litigation for climate action. Cambridge: Cambridge University Press, June 4, 2021b. (Globalization and Human Rights Book Series). Disponível em: https://ssrn.com/abstract=3860420orhttp://dx.doi.org/10.2139/ssrn.3860420. Acesso em: 21 dez. 2022.

GONÇALVES, Isabelle Carvalho; GRANZIERA, Maria Luiza Machado. A Lei 12.305/2010 à Luz dos Objetivos de Desenvolvimento Sustentável (ODS) sobre produção e consumo sustentáveis: mecanismos de efetividade. *Periódicos Unisantos*. Leopoldianum, ano 44, 2018, n. 124, p. 31-43. Disponível em: https://periodicos.unisantos.br/leopoldianum/article/view/849/718. Acesso em: 17 mar. 2023.

IPCC-Intergovernmental Panel on Climate Change. (2021). *Climate Change 2021*: The Physical Science Basis. Contribution of Working Group I to the Sixth Assessment Report of the Intergovernmental Panel on Climate Change [V. P. Masson-Delmotte et al., (Eds.)]. Cambridge University Press. Disponível em: https://www.ipcc.ch/report/ar6/wg1/. Acesso em: 21 de mar. 2023.

KLEIN, Naomi. *This changes everything*: capitalism vs. The climate. [S. l.]: Simon & Schuster, 2014.

LAZARUS, O., McDermid, S. & Jacquet, J. The climate responsibilities of industrial meat and dairy producers. *Climatic Change 165*, 30 (2021). https://doi.org/10.1007/s10584-021-03047-7. Acesso em: 23 de mar. 2023.

LENTON, Timothy et al. Climate tipping points too risk to be agaisnt. *Nature*, [S. l.], v. 575, n. 7784, p. 592–595, Nov. 28, 2019. Disponível em: https://www.nature.com/articles/d41586-019-03595-0. Acesso em: 07 jan. 2022.

LIMA, Clarissa Costa de. Superendividamento no Brasil, de Antônio José Maristrello Porto, Danielle Borges, Melina de Souza Rocha Lukic, Patrícia Regina Pinheiro Sampaio (Org.). *Revista de Direito do Consumidor*. São Paulo: Ed. RT, v. 102. ano 24. p. 525-528. nov./dez. 2015.

LIPOVETSKY, Gilles. *A Felicidade Paradoxal*. Ensaio sobre a sociedade do hiperconsumo. Lisboa: Edições 70, 2010.

MACE, M. J.; VERHEYEN, Roda. Loss and damage and responsability after COP 21 all options open for the Paris agreement. *Review of European*, [S. l.], v. 25, n. 2, p. 197-214, July 2016. Disponível em: https://www. researchgate.net/publication/305695003_Loss_Damage_and_Responsibility_after_COP21_All_Options_Open_for_the_Paris_Agreement. Acesso em: 04 abr. 2023.

MARANDINO, Martha; SELLES, Sandra Escovedo; FERREIRA, Marcia Serra. *Ensino de Biologia*: histórias e práticas em diferentes espaços educativos. São Paulo: Cortez, 2009.

MARQUES, Claudia Lima et. al. *Comentários à Lei 14.181/2021*: A atualização do CDC em matéria de Superendividamento. São Paulo (SP): Ed. RT, 2022.

MARQUES, Claudia Lima. Superação das antinomias pelo Diálogo das Fontes: O modelo brasileiro de coexistência entre o Código de Defesa do Consumidor e o Código Civil de 2002. *Revista da Escola Superior da Magistratura de Sergipe* (ESMESE), n. 7, 2004.

ORESKES, Naomi; CONWAY, E.; SHINDELL, M. *From chicken little to Dr. Pangloss*: William Nierenberg, global warming, and the social deconstruction of scientific knowledge. Historical Studies in Natural Sciences, of doubt: how a handful of scientists obscure the truth on issues from tobacco smoke to climate change. [S. l.], v. 38, n. 1, p. 109-152, Feb. 2008.

SANSEVERINO, Paulo de Tarso Vieira; MARQUES, Claudia Lima. Superendividamento do consumidor – Mínimo existencial – Casos concretos, de Káren Rick Danilevicz Bertoncello. *Revista de Direito do Consumidor*. v. 101. ano 24. p. 575-580. São Paulo: Ed. RT, set./out. 2015.

ZEZZO, L. V.; COLTRI, P. Educação em mudanças climáticas no contexto brasileiro: uma revisão integrada. *Terrae* Didatica, Campinas, SP, v. 18, n. 00, p. e022039, 2022. DOI: 10.20396/td.v18i00.8671305. Disponível em: https://periodicos.sbu.unicamp.br/ojs/index.php/td/article/view/8671305. Acesso em: 4 mar. 2023.

DEVER DE PROTEÇÃO EFETIVA DO ESTADO E O MICROSSISTEMA DE PREVENÇÃO E TRATAMENTO AO SUPERENDIVIDAMENTO

Wadih Damous

Mestre em Direito Constitucional e do Estado (PUC/RJ). Secretário Nacional do Consumidor, no Ministério da Justiça e Segurança Pública. Presidente da Ordem dos Advogados do Brasil, Seção Rio de Janeiro (2007 a 2012). Deputado Federal PT/RJ (2015 a 2018).

Vitor Hugo do Amaral Ferreira

Doutor em Direito, ênfase em direito do consumidor e concorrencial (UFRGS). Co-ordenador-geral de Estudos e Monitoramento de Mercado, da Secretaria Nacional do Consumidor, no Ministério da Justiça e Segurança Pública.

Sumário: 1. Introdução – 2. O dever de proteção efetiva do Estado – 3. Perspectivas à tutela efetiva ao consumidor (super)endividado – 4. Conclusão – Referências.

1. INTRODUÇÃO

Reconhecer a vulnerabilidade é a essência da defesa dos consumidores e consumidoras, razão que nutre a existência do próprio Código de Defesa do Consumidor. Tratar a vulnerabilidade é condição para promover a igualdade, identificando as diferenças e tutelando os mais frágeis. De modo especial, nas relações de consumo, o consumidor é mais sensível ao mercado. Eis o papel do Estado: reconhecer, instrumentalizar e atuar na defesa dos consumidores.

O Código invoca não apenas a proteção dos consumidores diante do que elencou como princípio da vulnerabilidade, mas também uma proteção efetiva ao que se constata como princípio da efetividade. Sendo assim, qual a projeção de futuro ao direito do consumidor? O caminho para o seu encontro exige o (re)conhecimento de uma teoria (geral) da vulnerabilidade, diante da legislação de defesa do consumidor, como base principiológica fundamental.[1]

A pretensão posta repassa pelo reconhecimento de uma política de efetividade, que emancipe uma tutela de efetividade, baseando-se no dever de proteção, consubstanciado à percepção que a proteção aos vulneráveis, em especial o consumidor, é indissociável da

---

1. Ao tema, de forma específica, já foi construído estudo que corrobora ao ideal de efetividade, veja FERREIRA, Vitor Hugo do Amaral. In: BENJAMIN, Antonio Herman; MARQUES, Claudia Lima (Coord.). *Tutela de efetividade no direito do consumidor brasileiro*: a tríade prevenção-proteção-tratamento revelada nas relações de crédito e consumo digital. São Paulo: Thomson Reuters, 2022.

dignidade da pessoa humana. Para tanto, é preciso refletir sobre o paradigma do dever de proteção do Estado tendo por base a Política Nacional das Relações de Consumo. A este propósito, o texto toma norte prático ao cenário do consumo de crédito em perspectivas à tutela efetiva do consumidor (super)endividado a partir da modernização do Código de Defesa do Consumidor, com origem na Lei 14.181/2021.

2. O DEVER DE PROTEÇÃO EFETIVA DO ESTADO

O Código de Defesa do Consumidor é a previsão legal de normas protetivas, que não encontra, em todo modo, instrumentos para efetividade. A Política Nacional das Relações de Consumo vem como norma, guarnecida em uma lógica de princípios, mas que a distanciam da prática pela ausência de articulação política, por intervenções descontínuas ou pelo prejudicial não fazer do Estado.

A questão que vem ao texto questiona onde está a Política Nacional de Defesa do Consumidor? A resposta cruza pelo cumprimento do Estado em seu dever de proteção, ou ainda, à resposta antecede outra pergunta: o Estado cumpre o dever de proteção aos consumidores? Três décadas depois da vigência do Código de Defesa do Consumidor uma avaliação é possível. Se por um lado a sociedade de consumo inegavelmente avançou, ela apresenta outros modelos de oferta que atingem significativamente as relações de consumo clássicas. O Estado, porém, acompanhou essa transformação? Após 60 anos do emblemático discurso do presidente John Kennedy ainda se está a pensar em direito à informação, liberdade de escolha, participação e segurança.

A política efetiva seleciona quatro aspectos: a identificação do consumidor; a implementação de políticas; objetivos da política; elaboração da lei. A intervenção do Estado ao garantir direitos aos consumidores cumpre sua função (*funcionalidade*). O contrário designa a crise funcional e desencadeia efeitos na legitimidade dos órgãos de defesa do consumidor, abrindo espaço para uma crise de identidade. O Código de Defesa do Consumidor trouxe o anseio de efetividade da tutela legal constitucional, um direito fundamental do consumidor com necessidade de materialização.

A prevenção como lei não é capaz de realizar a efetividade sem agentes que a garantam; o tratamento, tampouco, terá efeito sem a prevenção-previsão que o sustente. A concepção embrionária da defesa do consumidor no Brasil perpassa por vários marcos,[2] mas em caráter normativo é de se contar, de forma significativa, a partir da Constituição

---

2. Em 1850 foi editado o Código Comercial, em 1916, o Código Civil, além do Decreto 22.626, de 1933, que cuidava da usura; o Decreto-Lei 869, de 1938, versava sobre crimes contra a economia popular; e Lei 4.137, de 1962 sobre a repressão ao abuso econômico. Em competência estadual o Procon de São Paulo era criado em 1978, por meio da Lei 1.903, de 1978, e no ano de 1985, em esfera federal, foi o Conselho Nacional de Defesa do Consumidor, por meio do Decreto 91.469. É de se fazer menção ainda à criação da Associação de Defesa do Consumidor de Porto Alegre/RS, em 1970, do Instituto de Defesa do Consumidor (IDEC), na década de 80. Ao campo legislativo, em 1985, a Lei 7.347, trouxe a Ação Civil Pública, pautando a responsabilidade diante dos consumidores em interesses difusos. SODRÉ, Marcelo Gomes. *Formação do Sistema Nacional de Defesa do Consumidor*. São Paulo: Ed. RT, 2007; e SODRÉ, Marcelo Gomes. *A construção do direito do consumidor*: um estudo sobre as origens das leis principiológicas de defesa do consumidor. São Paulo: Atlas, 2009.

Federal de 1988 e da publicação do Código de Defesa do Consumidor em 1990. Questões de ordem política, social e econômica antecedem a publicação das regulações e, no Brasil, não foi diferente. As mobilizações sociais aos temas que envolviam o consumo, em especial o alto custo de vida, impulsionaram um desejo legislativo para criação de normas.[3]

Os primeiros órgãos de defesa do consumidor são da década de 70,[4] mas foi a crise econômica acentuada dos anos 80 que marca a expansão do movimento em defesa dos consumidores, que impulsiona, no ano de 1985, por meio do Decreto 91.469,[5] a criação do Conselho Nacional de Defesa do Consumidor.

Ao contexto, a Constituição Federal de 1988 assegurou a defesa do consumidor como direito fundamental e a elevou como princípio da ordem econômica, sendo que o art. 48, das Disposições Transitórias da Constituição, determinou (mando constitucional) a elaboração do Código de Defesa do Consumidor. Em 11 de setembro de 1990, por meio da Lei 8.078/90, o Código de Defesa do Consumidor se estabelece como norma de ordem pública e interesse social.[6]

---

3. Sobre as fases da formação econômica e da sociedade de consumo no Brasil ver SODRÉ, Marcelo Gomes. *Formação do Sistema Nacional de Defesa do Consumidor*. São Paulo: Ed. RT, 2007, p. 23-83.

4. Associação de Proteção ao Consumidor de Porto Alegre, a Associação de Defesa e Orientação do Consumidor de Curitiba (ADOC) e o Grupo Executivo de Proteção ao Consumidor, atual Fundação Procon São Paulo. (SODRÉ, Marcelo Gomes. *Formação do Sistema Nacional de Defesa do Consumidor*. São Paulo: Ed. RT, 2007).

5. Art. 1º Fica criado o Conselho Nacional de Defesa do Consumidor – CNDC, com a finalidade de assessorar o Presidente da República na formulação e condução da Política Nacional de Defesa do Consumidor. Art. 2º Ao Conselho Nacional de Defesa do Consumidor competirá: I – estudar e propor medidas visando a prestação, pelo Estado, do adequado resguardo dos interesses e direitos do consumidor; II – estudar e promover formas de apoio técnico e financeiro às organizações de defesa do consumidor; III – estudar e promover programas especiais de apoio ao consumidor mais desfavorecidos; IV – propor medidas para coibir fraudes e abusos contra o consumidor; V – incentivar medidas de formação e informação do consumidor; VI – coordenar a atividade dos diversos organismos de defesa, direta ou indireta, do consumidor, dispersos nos vários Ministérios, visando à uniformização de suas políticas de atuação; VII – propor a fusão, extinção, incorporação de órgãos que atuam, direta ou indiretamente, no âmbito da defesa do consumidor; VIII – propor o aperfeiçoamento, a compilação, a consolidação ou a revogação de textos normativos relativos às relações de consumo. Art. 3º O Conselho Nacional de Defesa do Consumidor será composto: I – pelo Ministro Extraordinário para Desburocratização, pelo Ministro da Agricultura, pelo Ministro da Saúde, pelo Ministro da Indústria e do Comércio, pelo Ministro da Fazenda e pelo Ministro da Justiça; II – pelo Secretário Executivo do Programa Nacional de Desburocratização; III – pelo Presidente do Conselho Nacional de Autorregulamentação Publicitária-CONAR; IV – por dois (2) dirigentes de entidades públicas estaduais de defesa do consumidor; V – por três (3) dirigentes de entidades do setor privado ligadas ao Interesse do consumidor; VI – por um cidadão de notória atuação no âmbito da defesa do consumidor; VII – por um membro do Ministério Público, ligado à defesa do consumidor, proposto pelo Procurador-Geral. (SODRÉ, Marcelo Gomes. *Formação do Sistema Nacional de Defesa do Consumidor*. São Paulo: Ed. RT, 2007). Sobre o tema em perspectiva atualizada à criação de um novo Conselho de Defesa do Consumidor ver RÊGO, Maria Lúcia Anselmo de Freitas; FERREIRA, Vitor Hugo do Amaral. O (re)inventar do Conselho Nacional de Defesa do Consumidor: comentário preliminar ao Decreto 10.417/2020. *Revista de Direito do Consumidor*. São Paulo: Ed. RT, v. 131. ano 29. 2020.

6. Depois de três décadas da publicação da Lei 8.078/1990 o Brasil tem uma estrutura legislativa qualificada em conteúdo de proteção e defesa do consumidor, uma ordem de cooperação e coordenação jurídica em que se destaca o Decreto 7.962/2013 que regulamenta a Lei 8.078, de 11 setembro de 1990, para dispor sobre a contratação no comércio eletrônico. Decreto 6.523/2008 que regulamenta a Lei 8.078, de 11 de setembro de 1990, para fixar normas gerais sobre o Serviço de Atendimento ao Consumidor. Decreto 5.903/2006 que regulamenta a Lei 10.962, de 11 de outubro de 2004, e a Lei 8.078, de 11 de setembro de 1990. Decreto 2.181/1997 que dispõe sobre a organização do Sistema Nacional de Defesa do Consumidor, estabelece as normas gerais de aplicação

O cenário nacional replicou o efeito da Resolução 39/248, publicada pela Organização das Nações Unidas, em 1985, com as Diretrizes para a Proteção do Consumidor,[7] em que estabeleceu a importância dos Estados na criação de políticas públicas de defesa do consumidor. Movimento enraizado no marco histórico da antes citada declaração do presidente do Estados Unidos da América, John Kennedy, em 15 de março de 1962.[8]

O Código nasce como uma "filosofia de ação".[9] A ausência de norma jurídica é a inexistência de um sistema de proteção e defesa. A vigência é necessária, mas não basta.[10] Com base no artigo 1º, da Constituição Federal, de 1988, identifica-se o princípio da efi-

---

das sanções administrativas previstas na Lei 8.078, de 11 de setembro de 1990; além das normas correlatas: Lei 13.455/2017 sobre a diferenciação de preços de bens e serviços oferecidos ao público em função do prazo ou do instrumento de pagamento utilizado; Lei 12.965/2014 que estabelece princípios, garantias, direitos e deveres para o uso da Internet no Brasil. Lei 12.741/2012 que dispõe sobre as medidas de esclarecimento ao consumidor, de que trata o § 5º, do artigo 150, da Constituição Federal; Lei 12.529/2011 sobre a estrutura do Sistema Brasileiro de Defesa da Concorrência e dispõe sobre a prevenção e repressão às infrações contra a ordem econômica; Lei 12.414/2011 que disciplina a formação e consulta a bancos de dados com informações de adimplemento, de pessoas naturais ou de pessoas jurídicas, para formação de histórico de crédito. Lei 12.291/2010 que torna obrigatória a manutenção de exemplar do Código de Defesa do Consumidor nos estabelecimentos comerciais e de prestação de serviços. Lei 10.962/2004 que dispõe sobre a oferta e as formas de afixação de preços de produtos e serviços para o consumidor. Lei 9.870/1999 que dispõe sobre o valor total das anuidades escolares e dá outras providências; Lei 9.656/1998 que dispõe sobre os planos e seguros privados de assistência à saúde; Lei 8.987/1995 sobre o regime de concessão e permissão da prestação de serviços públicos previsto no art. 175 da Constituição Federal; Lei 8.137/1990 que define crimes contra a ordem tributária, econômica e contra as relações de consumo, e dá outras providências; Decreto-lei 2.848/1940 Código Penal; Decreto 8.771/2016 que regulamenta a Lei 12.965, de 23 de abril de 2014, para tratar das hipóteses admitidas de discriminação de pacotes de dados na internet e de degradação de tráfego, indicar procedimentos; Decreto 7.963/2013 que instituiu o Plano Nacional de Consumo e Cidadania e cria a Câmara Nacional das Relações de Consumo; Decreto 4.680/2003 que regulamenta o direito à informação, assegurado pela Lei 8.078, de 11 de setembro de 1990, quanto aos alimentos e ingredientes alimentares destinados ao consumo humano ou animal; Decreto 1.306/1994 que regulamenta o Fundo de Defesa de Direitos Difusos, entre outras.

7. As Diretrizes tiveram a sua primeira atualização em 1999 com a discussão do consumo sustentável (inclusão da alínea G – Promoção de modalidades sustentáveis de consumo) e, em 2015, a terceira e significativa atualização que cuidou de traçar o alinhamento das Diretrizes à sociedade de consumo contemporânea, incluindo: II. Campo de aplicação e III. Princípios gerais, que foram expandidos para inserir comércio eletrônico, serviços financeiros, proteção de dados, privacidade, acesso e energia renováveis, serviços públicos, turismo e reforçar a cooperação internacional no tema. No item *IV Princípios de boas práticas* reforçou a informação e transparência, proteção da privacidade dos consumidores, métodos de resolução de controvérsias, prevenção dos litígios, promoção do consumo sustentável, comércio eletrônico, serviços financeiros, novas regras sobre energia, serviços públicos e turismo; no item VI Cooperação internacional reforçou a proteção internacional diante de fraudes, e no ponto VII foi assegurada a criação de um grupo intergovernamental de direito do consumidor. Sobre o tema MARQUES, Claudia Lima. 25 anos de Código de Defesa do Consumidor e as Sugestões traçadas pela revisão de 2015 das Diretrizes da ONU de proteção dos consumidores para atualização. *Revista de Direito do Consumidor.* São Paulo: Ed. RT, v. 103. ano 25. 2016.

8. O discurso fez menção a quatro pilares fundamentais para proteção do consumidor: direito à segurança, direito à informação, direito de liberdade de escolha, direito a ser ouvido (participação). Ao tema e SODRÉ, Marcelo Gomes. *A construção do direito do consumidor*: um estudo sobre as origens das leis principiológicas de defesa do consumidor. São Paulo: Atlas, 2009, p. 22-25.

9. FILOMENO, José Geraldo Brito. Dos Direitos do Consumidor. In: GRINOVER, Ada Pellegrini; BENJAMIN, Antonio Herman de Vasconcelo; FINK, Daniel Roberto et. al. *Código Brasileiro de Defesa do Consumidor*: comentado pelos autores do anteprojeto. 9 ed. Rio de Janeiro: Forense Universitária, 2007, p. 17.

10. SODRÉ, Marcelo Gomes. *Formação do Sistema Nacional de Defesa do Consumidor*. São Paulo: Ed. RT, 2007, p. 285.

cácia, que se faz presente no comando do artigo 1º, do Código de Defesa do Consumidor. Há uma "tradução" da norma constitucional no diploma de proteção aos consumidores.

A política de tutela ao consumidor nasce como direito fundamental na Constituição Federal e materializa-se no artigo 4º, do Código. O artigo 5º, do mesmo diploma legal, lança novamente o dever do Estado (poder público) em promover a defesa do consumidor, com o acréscimo dos instrumentos de execução (*de efetividade*) em cinco campos. São os instrumentos da Política Nacional das Relações de Consumo, aos quais se identificam os *elementos de efetividade à ordem jurídica justa de tutela aos consumidores:*[11] a) assistência jurídica, integral e gratuita; b) Promotorias de Justiça de Defesa do Consumidor; c) Delegacias de Polícia especializadas; d) Juizados Especiais e Varas Especializadas; e) Associações de Defesa do Consumidor, f) instituição de prevenção e tratamento do superendividamento e g) Núcleos de conciliação e mediação de conflitos oriundos de superendividamento, estes dois últimos pontos inseridos pela Lei 14.181/2021.

A proteção do consumidor é a "opção-política que revela a evolução qualitativa do Estado".[12] Por *política* o Código de Defesa do Consumidor estabeleceu a *política nacional das relações de consumo* e neste contexto se firma a articulação do Sistema Nacional de Defesa

---

11. Em nota preliminar, a Constituição Federal consagra entre seus dispositivos legais, mais especificamente em seu artigo 5º, o rol dos direitos e garantias fundamentais, dentre eles, o direito do consumidor e o direito ao acesso à justiça. Neste sentido, quanto ao acesso à justiça, importante a lição de Mauro Cappelletti e Bryant Garth ao examinar os obstáculos referentes a tal garantia fundamental, buscando precisamente diversas explicações para a problemática entre o funcionamento do judiciário e o acesso à justiça (ainda que descrevam que acesso à justiça é mais que acesso ao judiciário, eis parte do sentido da expressão *acesso à ordem jurídica justa*). Desta forma, estabelecem um exame dessas barreiras ao acesso, como se vê, revelou um padrão: os obstáculos criados no sistemas jurídicos são mais pronunciados para as pequenas causas e para os autores individuais, especialmente os pobres; ao mesmo tempo, as vantagens pertencem de modo especial aos *litigantes organizacionais*, adeptos do uso do sistema judicial para obterem seus próprios interesses. Refletindo sobre essa situação, é de se esperar que os indivíduos tenham maiores problemas para afirmar seus direitos quando a reivindicação deles envolva ações judiciais por danos relativamente pequenos, contra grandes organizações. Os novos direitos substantivos, que são característicos do moderno Estado de bem estar social, no entanto, têm precisamente esses contornos: por um lado, envolvem esforços para apoiar os cidadãos contra os governos, os consumidores contra os comerciantes, o povo contra os poluidores, os locatários contra os locadores, os operários contra os patrões (e os sindicatos); por outro lado, o interesse econômico de qualquer indivíduo – como autor ou réu – será provavelmente pequeno. É evidentemente uma tarefa difícil transformar esses direitos novos e muito importantes – para todas as sociedades modernas – em vantagens concretas para as pessoas comuns. Supondo que haja vontade política de mobilizar os indivíduos para fazerem valer seus direitos, ou seja, supondo que esses direitos sejam para valer, coloca-se a questão fundamental de como fazê-lo. CAPPELLETTI, Mauro; GARTH, Bryant. *Acesso à justiça.* Trad. Ellen Gracie Northfleet. Porto Alegre: Fabris, 1988, p. 28. O termo acesso à ordem jurídica justa foi desenvolvido no Brasil de forma especial por Kazuo Watanabe, em: WATANABE, Kazuo. *Acesso à ordem jurídica justa:* conceito atualizado de acesso à justiça, processos coletivos e outros estudos. Belo Horizonte: Dei Rey, 2019. Ainda sobre o tema em delimitação aos espaços de autocomposição ver CHIESI FILHO, Humberto. *Um novo paradigma de acesso à justiça:* autocomposição como método de solução de controvérsias e caracterização do interesse processual. Belo Horizonte: Editora D´Plácido, 2019; e LORENZETTI, Ricardo Luis. *A arte de fazer justiça:* a intimidade dos casos mais difíceis da Corte Suprema da Argentina. Maria Laura Delaloye (tradução). São Paulo: Editora dos Tribunais, 2015; de forma especial ao estudo do superendividamento do consumidor ver FRADE, Catarina. A resolução alternativa de litígios e o acesso à justiça: a mediação do sobreendividamento. *Revista Crítica de Ciências Sociais* [online], 65/2003, p. 111-112. Disponível em: http://rccs.revues.org/1184. Acesso em: 12 abr. 2021.

12. FILOMENO, José Geraldo Brito. *Manual de Direitos do Consumidor.* 9 ed. São Paulo: Atlas, 2007, p. 2-6.

do Consumidor. A Secretaria Nacional do Consumidor, em atenção ao já mencionado princípio da intervenção do Estado ou princípio do dever de proteção efetiva do Estado, foi criada pelo Decreto 7.738, de 28 de maio de 2012, integrando o Ministério da Justiça, com atribuições estabelecidas no artigo 106, do Código de Defesa do Consumidor e no artigo 3º, do Decreto 2.181, de 1997.[13] O Departamento de Proteção e Defesa do Consumidor (DPDC), por sua vez, é o órgão que auxilia na execução da Política Nacional das Relações de Consumo. Para tanto, deve acompanhar o avanço do mercado de consumo, dialogar com os setores, realizar a cooperação técnica, exercer a advocacia do consumidor, por meio do acompanhamento, análise e manifestação acerca de propostas normativas com impacto para o consumidor, promover ações voltadas à saúde e segurança, prestar orientação permanente aos membros do Sistema Nacional de Defesa do Consumidor, atuar na prevenção e repressão de práticas de infrações aos direitos dos consumidores, em questões que tenham repercussão nacional e interesse geral.[14]

Neste sentido, para efetividade da estrutura e a organização da defesa do consumidor no Brasil resta o entendimento que se materializa com o Código de Defesa do Consumidor, "um microssistema de normas protetivas, que visam a garantia fundamental de proteção estatal do consumidor realizada por órgãos públicos de defesa em âmbito Federal, Estadual e Municipal".[15]

O caminho que percorre o objetivo da harmonização das relações de consumo repassa pelos princípios da vulnerabilidade do consumidor, ação governamental e educação para o consumo. Pontos de extrema relevância quando se pretende mais que

---

13. Em transcrição da página virtual da SENACON consta que sua atuação concentra-se no planejamento, elaboração, coordenação e execução da Política Nacional das Relações de Consumo, com os objetivos de: (i) garantir a proteção e exercício dos direitos dos consumidores; (ii) promover a harmonização nas relações de consumo; (iii) incentivar a integração e a atuação conjunta dos membros do Sistema Nacional do Consumidor (SNDC) – que congrega os Procons, o Ministério Público, a Defensoria Pública, as Delegacias de Defesa do Consumidor e as Organizações Civis de defesa do consumidor, que atuam de forma articulada e integrada com a Senacon; e (iv) participar de organismos, fóruns, comissões ou comitês nacionais e internacionais que tratem da proteção e defesa do consumidor ou de assuntos de interesse dos consumidores, dentre outros. A Senacon também atua na análise de questões que tenham repercussão nacional e interesse geral, na promoção e coordenação de diálogos setoriais com fornecedores, na cooperação técnica com órgãos e agências reguladoras, na advocacia normativa de impacto para os consumidores, na prevenção e repressão de práticas infrativas aos direitos dos consumidores. No âmbito internacional, a Secretaria representa os interesses dos consumidores brasileiros e do SNDC junto a organizações internacionais como Mercosul, a Organização dos Estados Americanos (OEA) e a ONU. Dentre as principais ações da Senacon, destacam-se a articulação e integração dos órgãos que compõe o Sistema Nacional, por meio de reuniões ordinárias e grupos de trabalho, a prevenção e solução de conflitos de consumo por meio do Sistema Nacional de Informações de Defesa do Consumidor – Sindec e do Consumidor.gov.br. Também são ações da Senacon as atividades de cooperação e educação por meio da Escola Nacional de Defesa do Consumidor, as ações voltadas à proteção da Saúde e Segurança do Consumidor, a proteção ao consumidor no âmbito dos serviços regulados, do pós-venda de produtos e serviços, da sociedade da informação, e na implementação do Plano Nacional de Consumo e Cidadania (Plandec). Disponível em: https://www.defesado-consumidor.gov.br/portal/a-senacon. Acesso em: 25 maio 2021.
14. Sobre o tema a pioneira obra RÊGO, Lúcia. *A tutela administrativa do consumidor*: regulamentação estatal. São Paulo: Ed. RT, 2007; e a atual PEREIRA, Flávia do Canto. *Proteção administrativa do consumidor*: Sistema Nacional de Defesa do Consumidor e a ausência de critérios uniformes para aplicação de multas. São Paulo: Thomson Reuters Brasil, 2021. Importante o artigo de AZEVEDO, Fernando Costa de. Uma introdução ao direito brasileiro do consumidor, *Revista de Direito do Consumidor*. São Paulo: Ed. RT, v. 69. 2009.
15. PEREIRA, Flávia do Canto. *Proteção administrativa do consumidor*: Sistema Nacional de Defesa do Consumidor e a ausência de critérios uniformes para aplicação de multas. São Paulo: Thomson Reuters Brasil, 2021, p. 39.

uma política pública, mas uma política de efetividade. São estes os pontos da delimitação que o texto percorre.

Para Thierry Bourgoignie a política efetiva perpassa quatro aspectos: a) o consumidor deve ser identificado pela sua participação socioeconômica e as especificidades que o envolve nas relações de consumo; b) a implementação de políticas justifica-se diante da ordem econômica, do caráter social e de natureza política; c) as necessidades dos consumidores devem estar nos objetivos da política; e d) a elaboração da lei é o caminho que permite uma proteção do consumidor efetiva e autônoma.[16]

A Organização para Cooperação e Desenvolvimento Econômico (OCDE) tem divulgado com intensidade documento para Análise de Impacto Regulatório (*Regulatory Impact Assessment*) no desejo de orientar a elaboração de normas e políticas públicas. É neste contexto, que se visualiza a possibilidade de espaço mais assertivo de políticas públicas de proteção e defesa do consumidor, a partir da tomada de decisões embasadas em argumentos técnicos.

Assim, há indicação de seis passos para tomada de decisão em política do consumidor: 1) Qual é o problema? 2) Quão sério ele é? 3) É necessário intervir? 4) Quais são as opções?; 5) Qual é a melhor opção?; 6) A intervenção é efetiva?

Neste propósito, depois de 22 anos da vigência do Código de Defesa do Consumidor, foi criada a Secretaria Nacional do Consumidor (Senacon) – Decreto 7.738, de 28 de maio de 2012 – concentrando-se no planejamento, elaboração, coordenação e execução da Política Nacional das Relações de Consumo, com seguintes objetivos: (i) garantir a proteção e exercício dos direitos consumidores; (ii) promover a harmonização nas relações de consumo; e (iii) incentivar a integração e a atuação conjunta dos membros do Sistema Nacional de Defesa do Consumidor. Foi a primeira esperança para efetivar a política de defesa do consumidor, abalada com as alterações sofridas pelo Decreto 9.360, que inicialmente modificava inclusive o nome da Secretaria Nacional do Consumidor (Senacon) para Secretaria de Relações de Consumo, deixando-a subordinada à Consultoria Jurídica (Conjur) do Ministério da Justiça para aplicação de multas ou celebração de compromissos de ajustamento de condutas.[17]

---

16. Ver sobre o tema BOURGOINGNIE, Thierry. Conceito Jurídico de Consumidor. *Revista de Direito do Consumidor*. São Paulo: Ed. RT, v. 02. 1992; BOURGOINGNIE, Thierry. O conceito de abusividade em relação aos consumidores e a necessidade de seu controle através de uma cláusula geral. *Revista de Direito do Consumidor*. São Paulo: Ed. RT, v. 06. 1993; e VAL, Olga Maria do. Política Nacional das Relações de Consumo. *Revista de Direito do Consumidor*. São Paulo: Ed. RT, v. 11. 1995. Neste último, Thierry Bourgoignie apud Olga Maria do Val, "a política efetiva perpassa quatro aspectos: a) a identificação do consumidor, a partir de sua participação socioeconômica no desenvolvimento, e as particularidades e condições nas quais ele exerce e assume seu papel; II) justificativas para adoção dessa política, por meio de considerações d ordem econômica, de caráter social e de natureza política; III) objetivos e conteúdo dessa política, que deve atender integralmente as necessidades que surgem, tais como educação, informação, proteção e acesso do consumidor à justiça; IV) elaboração de leis que possibilitem a efetiva proteção do consumidor, de forma que o direito do consumidor seja autônomo".

17. Assim já *nos* manifestamos em CARVALHO, Diógenes Faria de; FERREIRA, Vitor Hugo do Amaral. Política pública de efetividade para defesa do consumidor e o dever de proteção do Estado. In: LAMACHIA, Claudio; MIRANDA, Marié; MARQUES, Claudia Lima. *Estudos de direito do consumidor*. Brasília: OAB, Conselho Federal, 2018.

A política pública[18] não se resume às normas que a precedem, nem, tampouco, aos atos que a materializam, isoladamente. Mais que isso, é a ação ou o exercício de *fazer política*.[19] Um conceito multidisciplinar, porém autônomo, que abraça as ciências política, social, econômica e jurídica. É preciso ir além do direito para a compreensão do assunto. Nesse sentido, os objetivos da atuação estatal tornam-se fatores determinantes para a delimitação do instituto 'políticas públicas'.

Por certo, em se tratando de direito do consumidor, política pública fica melhor compreendida pela coordenação dos meios à disposição do Estado (o Código de Defesa do Consumidor), harmonizando as atividades estatais (dever de proteção) e privadas (fornecedores do mercado de consumo) para a realização de objetivos socialmente relevantes e politicamente determinados.

Discutir política pública não é tarefa fácil, a sua efetividade é ainda de maior dificuldade. Como tratar de efetividade da política pública, quando não há a própria política? Talvez essa seja a razão de um discurso estéril, o sentimento de se jogar sementes em terreno infértil. É indiscutível a arquitetura legislativa do Código de Defesa do Consumidor, bem como tudo que sua vigência representa, mas desafia maior efetividade. A pauta é o fortalecimento do Sistema Nacional de Defesa do Consumidor; e só será possível falar de sistema se houver política pública. Para tanto, busca-se no enredo constitucional os elementos fundamentais do dever de proteção, quando cabe ao Estado a defesa do consumidor.

Ao que resta sobre Política Nacional das Relações de Consumo e Sistema de Defesa do Consumidor, é de se concluir preliminarmente que as linhas gerais para a política de defesa do consumidor estão no Código, cabendo ainda o detalhamento, a (re)organização e a coordenação dessa política.

O futuro pode se limitar ao já disposto no Código do Consumidor, contudo o fortalecimento das instituições não se consolidará por repetições de normas, mas pela efetividade, aperfeiçoamento e atualização das existentes. A Secretaria Nacional do Consumidor tem o papel fundamental de reconstruir bases para fortalecer, por meio da Política Nacional das Relações de Consumo, o sistema de defesa dos consumidores.[20]

---

18. Veja os estudos sobre direitos sociais e políticas públicas em: REIS, Jorge Renato dos; LEAL, Rogério Gesta. *Direitos sociais e políticas públicas*: desafios contemporâneos. Santa Cruz do Sul: EDUNISC, 2006; AZEVEDO, Diego Ghiringhelli de (Org.). *Estudo transdisciplinar das relações de consumo*. Jundiaí-SP: Paco, 2019; BURGER, Adriana Fagundes; BALBINOT, Christine. A importância do Sistema Municipal de Proteção e Defesa do Consumidor para efetivação dos direitos. In: REIS, Jorge Renato dos; CERQUEIRA, Katia Leão; HERMANY, Ricardo. *Educação para o consumo*. Curitiba: Multideia, 2011; SOBRINHO, Liton Lanes Pilau. A transformação da realidade social: opinião pública e políticas públicas na educação para o consumo. In: REIS, Jorge Renato dos; CERQUEIRA, Katia Leão; HERMANY, Ricardo. *Educação para o consumo*. Curitiba: Multideia, 2011; e PEREIRA, Agostinho Oli Koppe; HORN, Luiz Fernando Del Rio. *Relações de Consumo*: políticas públicas. Caxias do Sul-RS: Plenum, 2015.

19. BUCCI, Maria Paula Dallari. Direito Administrativo e Políticas Públicas. São Paulo: Saraiva, 2002; e BUCCI, Maria Paula Dallari. Notas para uma metodologia jurídica de análise de políticas públicas. *Revista Fórum Administrativo*, Belo Horizonte, n. 104, out. 2009.

20. Neste sentido, a Senacon foi signatária da Carta de União e Reconstrução da Política Nacional de Defesa do Consumidor, firmada em 03 de março de 2023, em que se comprometeu, entre outros pontos, a criar e implementar a Política Nacional de Defesa do Consumidor.

3. PERSPECTIVAS À TUTELA EFETIVA AO CONSUMIDOR (SUPER) ENDIVIDADO

É essencial, no contexto proposto, distinguir moeda e crédito. Já houve confusão nesse sentido à época do surgimento do crédito.[21] Para Jack Weatherford[22] não há dinheiro sem um contexto cultural ou social. Jamais será um objeto sem vida, mas "uma instituição social", em que se faz preciso um sistema sociocultural específico. O dinheiro – como cobre, prata, conchas e ouro – se transformou em moedas, notas, cheques, contas bancárias, cartões em plásticos, informações eletrônicas, números armazenados em *chips*.[23] A sociedade da tecnologia também revoluciona o modelo de serviço bancário, os sistemas econômicos. As instituições financeiras investem significativamente no modelo de *internet Banking* e funcionalidade *mobile*. Há uma maior autonomia, agilidade de transações e, nem sempre, representam segurança. Entre as novas tecnologias, uma proposta disruptiva ao sistema operacional econômico mundial, é a criptomoeda, o *Bitcoin* e a tecnologia *Blockchain* como base do Sistema *Bitcoin*.[24]

O crédito, ao que se conhece nos dias de hoje, como produto (dinheiro) e serviço (empréstimo), tem sua origem na possibilidade de se adquirirem bens de produção,[25] que tinham seu valor diluído em parcelas pagas com o produto a ser produzido, colhido, fabricado. Como sustentam Rosa-Maria Gelpi e François Julien-Labruyère, o crédito surge e se caracteriza como fator de extrema importância na história econômica, social e no pensamento[26] acadêmico. O fator de transição do sistema clássico de troca também é pontuado pelo crédito, fonte do fomento da urbanização e da civilização industrial ocidental. O crédito ao consumo, por sua vez, tem se mantido entre as preocupações centrais da sociedade.

---

21. Veja sobre o tema MIRAGEM, Bruno. *Direito Bancário*. São Paulo: Ed. RT, 2013, p. 47.
22. Assim que o sistema passar a existir, muitos objetos diferentes podem servir como dinheiro. Frequentemente, esses usos surgem da esfera política ou de prestígio da vida social, não das esferas comercial ou de subsistência. Tais itens podem ser usados para comprar títulos, marcar mortes, arranjar casamentos, para alegar o direito de usar encantos, ou adquirir melodias poderosas em rituais. Mais raramente, foram usados na troca de terras, de gados e outros produtos importantes, mas até mesmo essas trocas aconteciam como partes subsidiárias de uma negociação maior, política ou matrimonial, em vez de meramente atividades comerciais. (Weatherford, Jack. *A História do Dinheiro*. Rio de Janeiro: Ed. Negócio. 1999).
23. Veja Sobre o tema SILVA, Luiz Gustavo Doles. *Bitcoins e outras criptomoedas*: teoria e prática à luz da legislação brasileira. Curitiba: Juruá, 2018.
24. Sobre o tema SILVA, Luiz Gustavo Doles. Bitcoins e outras criptomoedas: teoria e prática à luz da legislação brasileira. Curitiba: Juruá, 2018, p. 12-13.
25. Na explicação de Rosa-Maria Gelpi e François Julien-Labruyère o crédito nos Estados Unidos e Europa fomentou a produção em zonas agrícolas. A aquisição de cavalos, carroças, arreios, mobílias ou sementes era paga por meio de um valor inicial e o valor faltante após a colheita. (GELPI, Rosa Maria; LABRUYÈRE, François Julien. *História do crédito ao consumo*. Trad. Carlos Peres Sebastião e Silva. São João do Estoril-Cascais: Principia Publicações Universitárias e Científicas).
26. E, curiosamente, onde deveria existir concomitância entre a teoria e a prática, este assunto deu origem a uma controvérsia milenar. Parece existir uma espécie de esquizofrenia social que, por outro lado, aparenta aceitar as práticas indispensáveis à vida coletiva e que, por outro lado, as condena em nome de ideais filosóficos. É difícil encontrar assunto mais enraizado e mais largamente aceite do que este preconceito (GELPI, Rosa Maria; LABRUYÈRE, François Julien. *História do crédito ao consumo*. Trad. Carlos Peres Sebastião e Silva. São João do Estoril-Cascais: Principia Publicações Universitárias e Científicas, 2000, p. 243).

Ao processo histórico do crédito, fica nítida a condenação pelas fontes eclesiásticas, a partir do repúdio à usura, uma vez que o crédito representava também juro. A democratização do empréstimo, em modelo de financiamento primário destinado às atividades profissionais (crédito à produção), fomentava, de forma especial, a agricultura. Este foi o perfil do crédito por muito tempo, até que passou a atender também a falta excepcional de liquidez e, ao ser massificado, atingiu a todos (crédito ao consumo). Ampliou o acesso, potencializou o risco e consequentemente criou um maior número de devedores. Em síntese, sugere-se com este estudo a identificação de 4 fases da evolução histórica do crédito: i) a negação religiosa; ii) crédito à produção; iii) crédito ao consumo; e iiii) superendividamento.

A tramitação que envolve o tema repassa pelo contexto histórico que remete aos pioneiros que cuidaram do assunto no Brasil. Ao superendividamento, José Reinaldo de Lima Lopes[27] foi o primeiro a oferecer reflexão sobre o assunto, anunciando que as disposições sobre crédito e o superendividamento já vinham sendo tratadas em legislações estrangeiras.[28] Nota-se que já se abordava os contratos de crédito na legislação brasileira, assim como os estudos do sistema financeiro diante do Código de Defesa do Consumidor,[29] o que denota também o reflexo das discussões da aplicação do Código

---

27. LOPES, José Reinaldo de Lima. Crédito ao consumo e superendividamento: uma problemática geral. *Revista de Direito do Consumidor*. n. 17. p. 57-64. São Paulo: d. RT, 1996.

28. Os primeiros estudos já faziam apontamentos da legislação comparada na União Europeia e nos países de modo especial na Dinamarca, Finlândia, França, Alemanha, Inglaterra, Bélgica, Portugal, Estados Unidos. Assim como em COSTA, Geraldo de Faria Martins da. *Superendividamento*: a proteção do consumidor de crédito em direito comparado brasileiro e francês. São Paulo: Ed. RT, 2002. É de excelente contribuição a análise em PEREIRA, Wellerson. Superendividamento e crédito ao consumidor: reflexões sob uma perspectiva de direito comparado. In: MARQUES, Claudia Lima; CAVALLAZZI, Rosângela (Org.) *Direitos do consumidor endividado*: Superendividamento e crédito. São Paulo: Ed. RT, 2006, p. 158; e PEREIRA, Wellerson Miranda. Sugestões para harmonização das soluções jurídicas sobre crédito ao consumidor no Mercosul. *Revista de Direito do Consumidor*. São Paulo: Ed. RT, n. 66. 2008. O autor analisa, frente ao volume de crédito concedido aos consumidores a elaboração de normas de proteção jurídica adequadas aos riscos suportados, legislações estrangeiras e perspectivas de tratamento em bloco regionais, como o Mercosul. Ao tema, é vasta a contribuição de MARQUES, Claudia Lima. Regulamento Comum de Defesa do Consumidor do Mercosul: Primeiras Observações sobre o Mercosul como legislador da proteção do consumidor. *Revista de Direito do Consumidor*, São Paulo: Ed. RT, n. 23-24. 1997; ARRIGHI, Jean-Michel. La protection de los consumidores y el Mercosul. *Revista de Direito do Consumidor*. São Paulo: Ed. RT, v. 2. 1992; BERGEL, Salvador D; PAOLANTONIO, Martín E. Bases para la Regulación Jurídica del Crédito al Consumo. *Revista de Direito do Consumidor*. São Paulo: Ed. RT, v. 8. 1992; BOURGOIGNIE, Thierry. *Éléments pour une théorie du droit de la consommation*. Bruxelles, Story Scientia, 1988; LORENZETTI, Ricardo. *Contratos de Servicios a los Consumidores*. Santa Fé: Rubinzal-Culzoni, 2005; MARQUES, Claudia Lima. Contratos Bancários em Tempos Pós-modernos: Primeiras Reflexões. *Revista da Faculdade de Direito da UFRGS*, Porto Alegre, v. 15, 1998; PAISANT, Gilles et al. Le crédit à la consommation dans l'Union européenne: le droit communautaire. *La nouvelle loi fédérale sur le crédit à la consommation*. Lausanne: Cedidac, v. 51, 2002; RAMSAY, Iain. Consumer Credit Law, Distributive Justice and the Welfare State, *Oxford Journal of Legal Studies*, v. 15, n. 2. 1995.

29. MARQUES, Claudia Lima. Os contratos de crédito na legislação brasileira de Proteção ao Consumidor. *Revista de Direito do Consumidor*. São Paulo: Ed. RT, n. 17, p. 35-56. 1996; EFING, Antônio Carlos. Sistema Financeiro e Código do Consumidor. *Revista de Direito do Consumidor*. São Paulo: Ed. RT, n. 17, p. 65-84. 1996. A Revista do Direito do Consumidor n. 17 é um marco histórico na doutrina brasileira sobre o tema. Neste espaço registra-se as devidas homenagens, à professora Claudia Lima Marques ao tratar sobre a confiança do consumidor na formação do contrato de crédito; ao professor Antônio Carlos Efing diante da proteção contratual conferida

aos serviços financeiros e bancários.[30] É Márcio Mello Casado, porém, que apresenta o ensaio sobre os princípios fundamentais de uma primeira análise do endividamento no Brasil[31] e Claudia Lima Marques a primeira pesquisa empírica[32] em casos de conciliação de dívidas de consumidores pessoas físicas, tendo por referência o modelo francês[33] de renegociação em bloco com preservação do mínimo existencial.[34]

---

aos consumidores nas relações de consumo, e de modo especial ao professor José Reinaldo de Lima Lopes por anunciar a reflexão sobre o superendividamento no consumo de crédito.

30. Em especial publicação em defesa da constitucionalidade do Código de Defesa do Consumidor ver MARQUES, Claudia Lima; ALMEIDA, João Baptista de; PFEIFFER, Roberto (Coord.). *Aplicação do Código de Defesa do Consumidor aos bancos*: ADin 2.591. São Paulo: Ed. RT, 2006. A decisão da ADIN 2591/2006 fez o Supremo Tribunal Federal declarar constitucional o artigo 3º, parágrafo 2º, do Código de Defesa do Consumidor, para aplicação aos contratos bancários, de crédito, financeiros e securitários. Nota-se que o efeito do da decisão judicial é a *tutela de tratamento* em grau de efetividade revelada.

31. O autor traz a definição de sobrendividamento (referência de Portugal) como sendo o sujeito que adquiriu quantidade tal de compromissos financeiros que não consegue cumprir com a renda que percebe por meio de salários ou outros tipos de rendimentos. Assim como aquele que detinha uma renda, com a qual cumpria com as obrigações creditícias assumidas, vindo perdê-la. A publicação ultrapassa duas décadas, e desde então já se avaliava a realidade econômica dos consumidores brasileiros de forma preocupante, anunciava-se o desemprego, as taxas de juros e a publicidade agressiva como fontes de uma nova realidade que demandava com urgência a positivação de um sistema que regulasse o problema do sobre-endividamento. CASADO, Márcio Mello. Os princípios fundamentais como ponto de partida para uma primeira análise do sobre-endividamento no Brasil. *Revista de Direito do Consumidor*. São Paulo: Ed. RT, n. 33, p. 142. 2000.

32. MARQUES, Claudia Lima. Sugestões para uma lei sobre o tratamento do superendividamento de pessoas físicas em contratos de crédito ao consumo: proposições com base em pesquisa empírica de 100 casos no Rio Grande do Sul. *Revista de Direito do Consumidor*. São Paulo, v. 55. 2005.

33. Sobre o modelo de tratamento do superendividamento utilizado na França ver: BERTONCELLO, Karen Rick Danilevicz; LAYDNER, Patricia Antunes. Código de Consumo Francês: tratamento das situações de superendividamento (parte legislativa). *Revista de Direito do Consumidor*. v. 87. 2013; e PAISANT, Gilles. El tratamento de las situaciones de sobreendeudamiento de los consumidores en Francia. *Revista de Direito do Consumidor*. v. 89. 2013.

34. Nessa percepção, professora Claudia Lima Marques. Sugestões para uma lei sobre o tratamento do superendividamento de pessoas físicas em contratos de crédito ao consumo: proposições com base em pesquisa empírica de 100 casos no Rio Grande do Sul [*Revista de Direito do Consumidor*. São Paulo: Ed. RT, n. 55. 2005]; MARQUES, Claudia Lima; CAVALLAZZI, Rosângela (Coord.). *Direitos do Consumidor Endividado*: superendividamento e crédito. São Paulo: Ed. RT, 2006, p. 255-309; Algumas perguntas e respostas sobre a prevenção e tratamento do superendividamento dos consumidores pessoas físicas. *Revista de Direito do Consumidor*. São Paulo: Ed. RT, n. 75. 2010; veja também LIMA, Clarissa Costa de; BERTONDELLO, Káren Rick Danilevicz; MARQUES, Claudia Lima. Anteprojeto de lei dispondo sobre a prevenção e o tratamento das situações de superendividamento de consumidores pessoas físicas de boa-fé. *Revista de Direito do Consumidor*. São Paulo: Ed. RT, v. 73. 2010. Por iniciativa das duas últimas autoras mencionadas, na função de juízas no Tribunal de Justiça do Estado do Rio Grande do Sul, implementaram no interior do estado do Rio Grande do Sul, a partir do resultado da pesquisa, projeto-piloto de conciliação voluntária do devedor de boa-fé com todos os seus credores. Este projeto piloto no ano de 2008 foi reconhecido com o prêmio INNOVARE da Magistratura e se expandiu por outras comarcas e Tribunais de Justiça no Brasil; repercutiu também novas práticas acadêmicas, com destaque a primeira parceria com o meio universitário ocorrida com a Universidade Franciscana e o Tribunal de Justiça do Estado do Rio Grande do Sul, na Comarca da cidade de Santa Maria, no ano de 2008. Esta iniciativa esta publicada e assim registrada em LIMA, Clarissa Costa e BERTONCELLO, Karen. D. *Superendividamento aplicado*: aspectos doutrinários e experiências no Poder Judiciário. Rio de Janeiro: GZ, 2010. Em evolução aos estudos sobre o tema no Brasil, registra-se aqui, menção especial à primeira obra especializada no direito do consumidor endividado foi MARQUES, Claudia Lima; CAVALLAZZI, Rosângela (Coord.). *Direitos do Consumidor Endividado*: superendividamento e crédito. São Paulo: Ed. RT, 2006; e 10 anos depois a sequência em MARQUES, Claudia Lima; CAVALLAZZI, Rosângela; LIMA, Clarissa Costa de (Coord.). *Direitos do Consumidor Endividado II*: vulnerabilidade e inclusão. São Paulo: Ed. RT, 2016. O resgate histórico dos estudos que fomentam os desdobramentos do tema também precisa reconhecer homenagem às pioneiras teses de doutoramento defendidas no

Nesse contexto, dois atos acadêmicos podem referendar o início de uma discussão teórica que ultrapassou as margens doutrinárias para alcançar o viés prático e propositivo com efeitos na sociedade para fins de alterar a realidade revelada nas pesquisas. Destaquem-se: *i)* Anteprojeto de Lei sobre prevenção e tratamento do superendividamento do consumidor pessoa física;[35] e *ii)* criação do Observatório do Crédito e Superendividamento do Consumidor.[36] É de se constar que a base de dados do Observatório pontuou a proposta acadêmica que fomentou a iniciativa de aperfeiçoamento da legislação brasileira.

Em 2010, por Ato do Presidente do Senado Federal, Ato 308/2010,[37] foi instituída a Comissão de Juristas destinada a oferecer subsídios para a atualização do Código de

---

Programa de Pós-Graduação em Direito, da Universidade Federal do Rio Grande do Sul, por Clarissa Costa de Lima *O tratamento do superendividamento e o direito de recomeçar dos consumidores* [tese com foco no direito de recomeçar dos consumidores pelo tratamento do superendividamento, analisando a possibilidade de perdão das dívidas na legislação francesa e americana] e por Káren Rick Danilevicz Bertoncelo *Superendividamento do consumidor*: mínimo existencial – casos concretos [onde aborda de forma precisa o conceito de mínimo existencial a partir dos sistemas da Common Law e da Civil Law, com ênfase no direito francês e no direito norte-americano, tratando o consumidor superendividado a partir da sua hipervulnerabilidade social]. Ao exposto, as orientações de Claudia Lima Marques, a quem se deve registrar como a maior autoridade brasileira a tratar do tema na atualidade, permitindo-a contribuir com o estudo e aperfeiçoamento do direito do consumidor, com colaboração única e de forma especial à tutela dos consumidores superendividados, há notável designação de uma verdadeira Cátedra Claudia Lima Marques. Sobre parte da contribuição significativa ao direito brasileiro ver MARTINI, Sandra Regina; JAEGER JUNIOR, Augusto; REVERBEL, Carlos Eduardo Dieder. (Org.). *O movimento do saber*: uma homenagem para Claudia Lima Marques. Porto Alegre: Gráfica e Editora RJR, 2017, 526 p.

35. MARQUES, Claudia Lima; LIMA, Clarissa Costa de; BERTONCELLO, Karen MARQUES. O anteprojeto de lei dispondo sobre a prevenção e o tratamento das situações de superendividamento de consumidores pessoas físicas de boa-fé. *Revista de Direito do Consumidor*. São Paulo: Ed. RT, v. 73, p. 345-367. 2010.

36. O Observatório do Crédito e Superendividamento do Consumidor, mantido pela Universidade Federal do Rio Grande do Sul, visa diagnosticar os principais problemas na concessão do crédito, estimular trocas de experiências e a integração das políticas públicas e ações de prevenção e tratamento do superendividamento, bem como promover estudos de Direito Comparado a propósito do quadro normativo e jurídico internacional sobre a prevenção e tratamento do superendividamento, com o apoio do Ministério da Justiça. Disponível em: http://www.ufrgs.br/ocsc/web/about/. Acesso em: 17 maio 2021.

37. O Ato 308/2010, do Presidente do Senado Federal assim se pronunciava: O Presidente do Senado Federal, no desempenho de suas atribuições, e considerando que o vigente Código de Defesa do Consumidor acaba de completar vinte anos de vigência e que não tratou, de maneira adequada, da proteção do consumidor de crédito e do superendividamento, resolve: Art. 1º Instituir Comissão de Juristas com a finalidade de apresentar, no prazo de cento e oitenta dias, contados a partir do dia 15 de dezembro de 2010, anteprojeto de aperfeiçoamento de Código de Defesa do Consumidor, no que se refere ao crédito e ao superendividamento dos consumidores. Parágrafo único. A Comissão de Juristas poderá, a seu critério, apresentar sugestões de atualização de outras matérias do Código de Defesa do Consumidor. Art. 2º A Comissão de Juristas prevista no art. 1º será presidida pelo Ministro Herman Benjamin, do Superior Tribunal de Justiça, e terá a seguinte composição: I – Ada Pellegrini Grinover; II – Claudia Lima Marques, como relatora-geral dos trabalhos; III – Leonardo Roscoe Bessa; IV – Roberto Augusto Castellanos Pfeiffer. Art. 3º A participação da referida Comissão de Juristas não será remunerada a nenhum título, constituindo serviço público relevante prestado ao Senado Federal. Art. 4º As despesas logísticas necessárias ao funcionamento da Comissão serão custeadas pelo Senado Federal, incluindo transporte, hospedagem, organização de eventos, publicações e outras similares. Parágrafo único. Serão reservados, na mesma rubrica orçamentária destinada às comissões temporárias especiais, os recursos necessários ao custeio das despesas de que trata o caput deste artigo. Art. 5º Este Ato entra em vigor na data de sua publicação. Senado Federal, 30 de novembro de 2010. Senador José Sarney. Publicado no BAP 4596, de 02.12.2010. Disponível em: http://www.ufrgs.br/ocsc/mirror/39a1b2cc21ddb742c834ed08b1fcf3f7/15.pdf. Acesso em: 17 maio 2021. A Comissão contou com a adesão do professor Kazuo Watanabe.

Defesa do Consumidor, que culminou na redação do Anteprojeto que gerou o Projeto de Lei do Senado, PLS 283/2012.

A posição foi no sentido de que a promulgação do Código de Defesa do Consumidor trouxe "vanguarda" ao Brasil, consubstanciada em: instrumento de efetiva garantia; facilitação de acesso à Justiça; e fortalecimento da cidadania econômica dos brasileiros. Todavia, a "norma visionária" de 1990 não tinha como prever o avanço das tecnologias, nem os efeitos da democratização do crédito; eis as razões que motivam o aperfeiçoamento da defesa do consumidor. Sem dúvida, o superendividamento, ao lado do comércio eletrônico e do acesso à Justiça formam o eixo da futura atualização do Código.[38]

A redação da proposta legislativa segue modelos adotados na União Europeia e em outros países com forte tradição na proteção dos consumidores endividados, de modo especial a França. Notável a discussão participativa e democrática dos agentes dos diversos setores[39] envolvidos. Duas premissas guiaram os trabalhos da Comissão:

---

38. Da entrega do Anteprojeto, a manifestação do presidente da Comissão de Juristas, Ministro Antonio Herman Benjamin. Cabe ainda destacar que a Comissão Temporária de Modernização do Código de Defesa do Consumidor, sobre os Projetos de Lei do Senado 281, de 2012, do Senador José Sarney, que altera a Lei 8.078, de 11 de setembro de 1990 (Código de Defesa do Consumidor), para aperfeiçoar as disposições gerais do Capítulo I do Título I e dispor sobre o comércio eletrônico; Projeto de Lei do Senado 282, de 2012, do Senador José Sarney, que altera a Lei 8.078, de 11 de setembro de 1990 (Código de Defesa do Consumidor), para aperfeiçoar a disciplina das ações coletivas, e Projeto de Lei do Senado 283, de 2012, do Senador José Sarney, que altera a Lei 8.078, de 11 de setembro de 1990 (Código de Defesa do Consumidor), para aperfeiçoar a disciplina do crédito ao consumidor e dispor sobre a prevenção do superendividamento. Vêm à análise desta Comissão os Projetos de Lei do Senado (PLS) 281, 282 e 283, de 2012, do Senador José Sarney, que alteram a Lei 8.078, de 11 de setembro de 1990 (Código de Defesa do Consumidor), para aperfeiçoar as disposições gerais do Capítulo I do Título I e dispor sobre o comércio eletrônico, as ações coletivas, o crédito ao consumidor e a prevenção do superendividamento. Considera-se que o Brasil mudou de 1990 até nossos dias, mudou o sistema jurídico, mudou a economia, a democratização do crédito, temos um novo Código Civil e a Internet é um novo meio de as pessoas se relacionarem. Nada mais natural que o Direito se adapte a essa nova realidade, baseado na diretriz de reforço da efetividade e da confiança no Código de Defesa do Consumidor (CDC), que conduzem à maior segurança jurídica para todos os atores no mercado de consumo e fortalecem o sistema nacional de defesa do consumidor. É nesse contexto que se insere o magnífico desempenho da Comissão de Juristas e a iniciativa do Senado, ao propor os Projetos de Lei 281/2012, 282/2012 e 283/2012. Como afirma o relatório-geral da Comissão houve reforço na dimensão constitucional-protetiva do Código de Defesa do Consumidor, evoluindo a proteção deste sujeito vulnerável, sem nenhum retrocesso nos direitos conquistados pela sociedade brasileira e fixados como valor constitucional (Art. 5º, XXXII e 170, V da Constituição Federal, que levaram à elaboração e aprovação por unanimidade no parlamento do Código de Defesa do Consumidor, conforme o Art. 48 dos ADCT da CF/1988). Os referidos Projetos de Lei reforçam igualmente a dimensão ético-inclusiva do CDC, pois a Lei 8.078/90 tem uma importante função social de inclusão da sociedade de consumo, hoje globalizada, sociedade do conhecimento, da tecnologia e do crédito. Por fim, a atualização e a admissão de novas normas têm como finalidade reforçar a dimensão da confiança, efetividade e segurança jurídica do CDC, para que este microssistema preservado e reforçado possa ser ainda mais aplicado e guiar com seus princípios e normas, adaptados para os desafios atuais e para fazer frente ao desenvolvimento da sociedade brasileira, as relações de consumo do século XXI. Parecer disponível em: https://9d56f42d-7fff-4aa4-abfe-abcba4f2a8fe.filesusr.com/ugd/5fbb10_3ea6f86954b395ab18.pdf. Acesso em: 16 maio 2021.

39. A Comissão de Juristas decidiu submetê-las a amplo debate, democrático e transparente, para que a comunidade jurídica, em todas suas carreiras, os órgãos públicos e associações de consumidores, e o setor empresarial, pudessem opinar e enviar sugestões, através de Audiências Públicas e técnicas, que foram ponderadas em reuniões ordinárias, contabilizando mais de 30 reuniões. Relatório de apresentação do PLS 283/2012, com relatoria do Senador Ricardo Ferraço. Disponível em: https://9d56f42d-7fff-4aa4-abfe-abcba4f2a8fe.filesusr.com/ugd/5fbb10_3ea6f86954b395ab18.pdf. Acesso em: 16 maio 2021.

a) acrescentar e não reduzir a proteção ao consumidor no Brasil; b) respeitar a estrutura principiológica e geral do Código de Defesa do Consumidor.[40]

Ao longo do período de quase uma década – protocolo legislativo do PLS 283/2012, em 02 de agosto de 2012, no Senado Federal, aprovado e encaminhado à Câmara dos Deputados, em 04 de novembro de 2015, com substitutivo PL 3515/2015, que foi aprovado em 11 de maio de 2021 e novamente remetido ao Senado Federal como substitutivo no PL 1805/2021, com aprovação em 09 de junho, de 2021; e depois sancionada a Lei 14.181, de 01 de julho do mesmo ano.[41] – pontua-se o crescente índice do superendividamento

---

40. Veja o que consta no relatório: a experiência brasileira recomenda que matérias que sejam da essência das relações de consumo (como o crédito, o superendividamento e o comércio eletrônico) façam parte do corpo do CDC e beneficiem-se de sua estabilidade legislativa. Evita-se, dessa maneira, que se formem, pela especialização, novos microssistemas, verdadeiros guetos normativos, divorciados, e até antagônicos ao espírito e letra do CDC. A opção por capítulos e seções novas no Código segue esta lógica. Relatório de apresentação do PLS 283/2012, com relatoria do Senador Ricardo Ferraço. Disponível em: https://9d56f42d-7fff-4aa4-abfe-abcba4f2a8fe.filesusr. com/ugd/5fbb10_dcd9be4842ae4b3ea6f86954b395ab18.pdf. Acesso em: 16 maio 2021.

41. Altera (atualiza) a Lei 8.078, de 11 de setembro de 1990 (Código de Defesa do Consumidor), e a Lei 10.741, de 1º de outubro de 2003 (Estatuto do Idoso), para aperfeiçoar a disciplina do crédito ao consumidor e dispor sobre a prevenção e o tratamento do superendividamento, e a Lei 9.492, de 10 de setembro de 1997 (Serviços de protesto de títulos e outros documentos de dívida). A sanção da Lei 14.181, de 1º de julho de 2021, representa além da atualização do Código de Defesa do Consumidor, por trazer em si um novo paradigma de proteção aos consumidores. Instrumento de cidadania e esperança aos superendividados, uma lei que faz do Código de Defesa do Consumidor, 30 anos depois, um super Código, remodelado aos anseios de uma sociedade de consumidores endividados. É o coroamento de uma nova era, de um Código que não adormeceu em seu tempo, mostra-se ainda atento às principais questões do mercado e renova-se, atualiza-se para atender a previsão que se tornou insuficiente frente à oferta e o consumo de crédito. Em que pese os vetos ao texto aprovado pelo Senado Federal, trata-se de uma grande conquista, diria que a maior desde a publicação do Código de Defesa do Consumidor. Em justificativa aos vetos, a manifestação que orientou a Presidência da República tem origem no Ministério da Economia, que optou pelo entendimento de ceifar o inciso XIX do art. 51, da Lei 8.078, de 11 de setembro de 1990, alterado pelo art. 1º do Projeto de Lei "XIX – prevejam a aplicação de lei estrangeira que limite, total ou parcialmente, a proteção assegurada por este Código ao consumidor domiciliado no Brasil." Alegando que "contrariaria interesse público tendo em vista que restringiria a competitividade, prejudicando o aumento de produtividade do País, ao restringir de forma direta o conjunto de opções dos consumidores brasileiros, especialmente quanto à prestação de serviços de empresas domiciliadas no exterior a consumidores domiciliados no Brasil, o que implicaria restrição de acesso a serviços e produtos internacionais." Assim como o inciso I, do caput e parágrafo único do art. 54-C, da Lei 8.078, de 11 de setembro de 1990, alterado pelo art. 1º do Projeto de Lei "I – fazer referência a crédito 'sem juros', 'gratuito', 'sem acréscimo' ou com 'taxa zero' ou a expressão de sentido ou entendimento semelhante; Parágrafo único. O disposto no inciso I do caput deste artigo não se aplica à oferta de produto ou serviço para pagamento por meio de cartão de crédito." Tendo como razões do veto que "o mercado pode e deve oferecer crédito nas modalidades, nos prazos e com os custos que entender adequados, com adaptação natural aos diversos tipos de tomadores, e a Lei não deve operar para vedar a oferta do crédito em condições específicas, desde que haja regularidade em sua concessão, pois o dispositivo não afastaria a oferta das modalidades de crédito referidas, entretanto, limitaria as condições concorrenciais nos mercados." Por fim, foi também vetado o art. 54-E, da Lei 8.078, de 11 de setembro de 1990, alterado pelo art. 1º e art. 4º do Projeto de Lei "Art. 54-E. Nos contratos em que o modo de pagamento da dívida envolva autorização prévia do consumidor pessoa natural para consignação em folha de pagamento, a soma das parcelas reservadas para pagamento de dívidas não poderá ser superior a 30% (trinta por cento) de sua remuneração mensal, assim definida em legislação especial, podendo o limite ser acrescido em 5% (cinco por cento) destinados exclusivamente à amortização de despesas contraídas por meio de cartão de crédito ou a saque por meio de cartão de crédito. Pelas razões do veto em que "o limite da margem de crédito já anteriormente definida pela Lei 14.131, de 30 de março de 2021, que estabeleceu o percentual máximo de consignação em quarenta por cento, dos quais cinco por cento seriam destinados exclusivamente para amortização de despesas contraídas por meio de cartão de crédito ou de utilização com finalidade de saque por meio do cartão de crédito. Assim, a restrição generalizada do limite de margem do crédito consignado reduziria a capacidade de o beneficiário acessar modalidade de crédito, cujas

DEVER DE PROTEÇÃO DO ESTADO E PREVENÇÃO E TRATAMENTO AO SUPERENDIVIDAMENTO

do brasileiro, que já requeria uma urgente regulamentação o que restou evidenciado com a Pandemia da Covid-19.[42]

Neste cenário, o Observatório do Crédito e Superendividamento do Consumidor, junto ao Grupo de Pesquisa CNPq Mercosul, Direito do Consumidor e Globalização, apresentou Manifestação Técnica pela Tramitação e Aprovação do Projeto de Lei 3515/2015, que foi acolhida pelas entidades[43] de defesa do consumidor em favor da urgência da aprovação.

A manifestação partiu das considerações referentes a conciliação em bloco das dívidas dos consumidores de 6.165 superendividados,[44] que negociaram dessa forma com os seus 15.942 credores em esfera parajudicial.[45] Os dados da pesquisa demonstram que o superendividamento atinge os mais pobres (93,8% ganham até 5 salários míni-

---

taxas de juros são, devido à robustez da garantia, inferiores a outras modalidades. A restrição acabaria, assim, por forçar o consumidor a assumir dívidas mais custosas e de maior dificuldade de pagamento. Ademais, em qualquer negócio que envolva a consignação em folha de pagamento, seja no âmbito das relações trabalhistas ou fora delas a informação sobre a existência de margem consignável é da fonte pagadora". Disponível em: http://www.planalto.gov.br/ccivil_03/_Ato2019-2022/2021/Msg/VEP/VEP-314.htm. Acesso em: 10 jul. 2021.

42. O percentual de famílias com dívidas no país subiu para 67,5% em agosto – novo recorde histórico da série iniciada em janeiro de 2010, superando a máxima anterior registrada em julho (67,4%). Confederação Nacional do Comércio de Bens, Serviços e Turismo em 2020. No ano de 2021 o número de famílias com dívidas no país alcançou, no mês de abril, o índice de 67,5% do total de entrevistados na Pesquisa de Endividamento e Inadimplência do Consumidor (Peic), realizada pela Confederação Nacional do Comércio de Bens, Serviços e Turismo, uma alta de 0,2 ponto porcentual (p.p.) em relação a março de 2021. A modalidade responsável pela maior parte do endividamento é o cartão de crédito. Em abril, 80,9% das famílias com dívidas recorreram a essa modalidade, recorde histórico. No estado de São Paulo, oito em cada dez famílias paulistas possuem dívida, são os dados de abril de 2021, o que indica 78,9% famílias paulistanas possuem alguma dívida (como a do cartão de crédito). Também é o maior número de lares endividados no cartão de crédito, na capital, desde novembro de 2019, quando ficou em 75,5%. O porcentual de lares endividados na cidade, que atingiu a marca de 61,7% em abril – o maior desde o mesmo mês do ano de 2020, quando estava em 63,7%. A taxa ficou abaixo dos 60% entre junho de 2020 e fevereiro de 2021. Em números absolutos, são 2.452 milhões de pessoas com dívidas na capital paulista. Registra-se que o objetivo da Pesquisa de Endividamento e Inadimplência do Consumidor (PEIC) é diagnosticar o nível de endividamento e inadimplência do consumidor. Das informações coletadas são apurados importantes indicadores: nível de endividamento, percentual de inadimplentes, intenção de pagar dívidas em atraso e nível de comprometimento da renda. Ver https://www.fecomercio.com.br/pesquisas/indice/peic. Acesso em: 31 maio 2021.

43. Veja a atuação destacada da Associação Nacional do Ministério Público do Consumidor (MPCON); Comissão das Defensorias Públicas do Consumido (CONDEGE); Comissão Especial de Defesa do Consumidor do Conselho Federal da Ordem dos Advogados do Brasil; Fórum Nacional das Entidades Civis de Defesa do Consumidor (FNECDC); Associação Brasileira de PROCONs (PROCONSBRASIL); Instituto Brasileiro de Defesa do Consumidor (IDEC); e Instituto Brasileiro de Política e Direito do Consumidor (BRASILCON); que acolheram a Manifestação Técnica em favor do Projeto de Lei 3515/2015 elaborada pelo O *Observatório do Crédito e Superendividamento do Consumidor*, mantido pela Universidade Federal do Rio Grande do Sul (UFRGS), com o intuito de diagnosticar os principais problemas na concessão do crédito, estimular trocas de experiências e a integração das políticas públicas e ações de prevenção e tratamento do superendividamento, junto ao *Grupo de Pesquisa CNPq Mercosul, Direito do Consumidor e Globalização*, ambos com coordenação da professora Claudia Lima Marques. MARQUES, Claudia Lima; FERREIRA, Vitor Hugo do Amaral. Manifestação Técnica em favor do Projeto de Lei de Prevenção e Tratamento do Superendividamento do consumidor brasileiro: um decálogo para aprovação do PL 3515/2015. *Revista de Direito do Consumidor*. n. 127. São Paulo: Ed. RT, 2020.

44. MARQUES, Claudia Lima; LIMA, Clarissa Costa de; BERTONCELLO, Káren. Dados da pesquisa empírica sobre o perfil dos consumidores superendividados da Comarca de Porto Alegre nos anos de 2007 a 2012 e notícia sobre o Observatório do Crédito e Superendividamento UFRGS-MJ. *Revista de Direito do Consumidor*. v. 99. 2015; MARQUES, Claudia Lima; CAVALLAZZI, Rosângela Lunardelli. (Org.). *Direitos do Consumidor endividado*: Superendividamento e Crédito. São Paulo: Ed. RT, 2006, p. 255-309.

45. LIMA, Clarissa Costa de. Adesão ao projeto Conciliar é Legal (CNJ): projeto piloto Tratamento das situações de superendividamento do consumidor. *Revista de Direito do Consumidor*. São Paulo: Ed. RT, v. 63. 2007; LIMA,

mos, 81,7% ganham até 3 salários mínimos, 13,5% ganha menos de um salário mínimo e apenas 1,2% destes consumidores ganha mais de 10 salários por mês), os quais não conseguem renegociar sozinhos (76,4% tentaram renegociar com os fornecedores), em especial, o grande número dos que são idosos (18,5% são maiores de 60 anos e 1% maiores de 80 anos, quando na população são apenas 11%),[46] pessoas que são arrimo de família (com 1 a 3 dependentes).[47]

A pesquisa demonstra empiricamente que essas pessoas estão de boa-fé e desejam saldar suas dívidas, que têm origem em um acidente da vida (76,1% sofreu um imprevisto, como redução de renda-26,8%-, desemprego-23%-, doença familiar ou pessoal-18,1%-, divórcio/separação -4,8%- e morte na família -2,5%) e limpar seus nomes (95,4% não tem qualquer processo judicial e 90,2% não estavam em bancos de dados negativos, como SPC, SERASA CADIN antes da referida dívida), querendo evoluir da 'cultura da dívida' e da 'exclusão' da sociedade de consumo (72,5% já estão nos cadastros negativos e com isso têm dificuldades até para conseguir emprego) para uma cultura do pagamento,[48] com um plano de pagamento que permita manter seu mínimo existencial[49] e sustentar sua família (40,9% são solteiros os demais são casados, viúvos, divorciados ou com companheiros) e pagar os menores credores primeiro, depois os maiores, apesar do crédito consignado ou diretamente descontado em sua pensão, aposentadoria ou conta-salário (80,3% dos casos), permitindo assim com esta conciliação retirar seu nome dos cadastros negativos[50] e quitar sua dívida com todos os credores.[51]

A pesquisa apontou, ainda, a manifestação do Banco Mundial[52], que reforça a importância de todos os países, especialmente os com menor educação financeira[53] e com

---

Clarissa Costa de; BERTONCELLO, Káren Rick Danilevicz. Conciliação aplicada ao superendividamento: estudos de casos. *Revista de Direito do Consumidor*. São Paulo: Ed. RT, v. 71. 2009.

46. MARQUES, Claudia Lima. A vulnerabilidade dos analfabetos e dos idosos na sociedade de consumo brasileira: primeiros estudos sobre a figura do assédio de consumo. In: MARQUES, Claudia Lima; GSELL, Beate. (Org.). *Novas tendências do Direito do Consumidor*: Rede Alemanha-Brasil de pesquisas em Direito do Consumidor. São Paulo: Ed. RT, 2015, p. 46-87.

47. MARQUES, Claudia Lima. Mulheres, Idosos e o Superendividamento dos Consumidores: cinco anos de dados empíricos do Projeto-Piloto em Porto Alegre. *Revista de Direito do Consumidor*. São Paulo: Ed. RT, v. 100. p. 393-423. 2015.

48. LIMA, Clarissa Costa e BERTONCELLO, Karen. D. *Superendividamento aplicado*. Rio de Janeiro: GZ, 2010, p. 269.

49. BERTONCELLO, Karen D. Identificando o mínimo existencial: proposições de concreção em casos de superendividamento do consumidor, Tese de Doutorado UFRGS (Porto Alegre), 2015. In: BERTONCELLO, Káren Rick Danilevicz. *Superendividamento do consumidor* – mínimo existencial – casos concretos. São Paulo: Ed. RT, 2015.

50. Os casos estão em: MARQUES, Claudia Lima; LIMA, Clarissa Costa de; BERTONCELLO, Karen D. Prevenção e tratamento do superendividamento. *Caderno de Investigações Científicas* 1, Brasília, DPDC/SDE, 2010.

51. Os casos estão em: MARQUES, Claudia Lima. Conciliação em matéria de superendividamento dos consumidores, in MARQUES, Claudia Lima; CAVALLAZZI, Rosangela Lunardelli; LIMA, Clarissa Costa de. (Org.). *Direitos do consumidor endividado II*: vulnerabilidade e inclusão. São Paulo: Ed. RT, 2016.

52. MARQUES, Claudia Lima; LIMA, Clarissa Costa de. Notas sobre as Conclusões do Relatório do Banco Mundial sobre o tratamento do superendividamento e insolvência da pessoa física. *Revista de Direito do Consumidor*. São Paulo: Ed. RT, v. 89. 2013.

53. Sobre o tema MARQUES, Claudia Lima, Estudo sobre a vulnerabilidade dos analfabetos na sociedade de consumo: o caso do crédito consignado a consumidores analfabetos. In: STOCO, Rui. (Org.). *Doutrinas essenciais*: dano moral. São Paulo: Ed. RT, 2015, p. 973-1023.

menor empreendedorismo da população,[54] legislarem sobre superendividamento dos consumidores pessoas físicas,[55] de forma a evitarem o risco sistêmico de uma 'falência' em massa de consumidores em seus mercados, uma das causas da crise financeira mundial nascida nos EUA, com a 'falência'[56] em massa dos consumidores de crédito *subprime* e de hipotecas.[57] É de se considerar também a análise realizada com a Pesquisa de Endividamento e Inadimplência do Consumidor (PEIC), da Confederação Nacional do Comércio de Bens, Serviços e Turismo (CNC), que além de traçar um perfil do endividamento, permite o acompanhamento do nível de comprometimento do consumidor com dívidas e sua percepção em relação à capacidade de pagamento. O percentual de famílias com dívidas é crescente.

Ao contexto é inegável o aumento da importância do crédito ao consumidor e, além dos efeitos sobre ele, à economia brasileira. Os indicadores permitem analisar a capacidade de endividamento e de consumo futuro, junto às questões que envolvem a responsabilidade pela concessão de crédito, a ausência de critérios, os juros desmedidos, o que assola o consumidor brasileiro em uma evidente morte do *homo economicus,* ou seja, a falência da pessoa física.

Os dados do Sistema de Informações de Crédito (SCR) presentes no Relatório de Economia Bancária[58] indicam que a investigação de vários aspectos envolvidos na reestruturação de dívidas constitui um valioso insumo para entender o comportamento do consumidor em momentos de dificuldade de pagamento. São informações que podem estruturar políticas (também públicas) de oferta responsável de crédito. O Relatório de Estabilidade Financeira do Banco Central do Brasil[59] menciona que a reestruturação financeira passa pela renegociação, com a percepção de instrumentos aptos a habilitar o consumidor a saldar a dívida, seja nos contratos financeiros originais ou em novos termos. Resta observar que as renegociações não devem se tornar impagáveis ou se eternizem na vida dos consumidores.

A Associação dos Magistrados Brasileiros (AMB), em nota de apoio, destacou o processo de recuperação do consumidor superendividado e sua reinserção no mercado

---

54. Veja CARVALHO, Diógenes Faria de; FERREIRA, Vitor Hugo do Amaral. Consumo(mismo) e (super)endividamento: (des)encontros entre a dignidade e a esperança, in MARQUES, Claudia Lima; CAVALLAZZI, Rosangela Lunardelli; LIMA, Clarissa Costa de. (Org.). *Direitos do consumidor endividado II*: vulnerabilidade e inclusão. São Paulo: Ed. RT, 2016, p. 171-202.

55. MARQUES, Claudia Lima. Sugestões para uma lei sobre o tratamento do superendividamento de pessoas físicas em contratos de crédito ao consumo: proposições com base em pesquisa empírica de 100 casos no Rio Grande do Sul. In: MARQUES, Cláudia Lima; CAVALLAZZI, Rosângela Lunardelli (Org.). *Direitos do Consumidor endividado*: Superendividamento e Crédito. São Paulo: Ed. RT, 2006, p. 255-309.

56. BERTONCELLO, Karen Rick Danilevicz. Breves linhas sobre o estudo comparado de procedimentos de falência dos consumidores: França, Estados Unidos da América e Anteprojeto de lei no Brasil. *Revista de Direito do Consumidor*. São Paulo: Ed. RT, v. 83. 2012.

57. Neste sentido, NEFH, James. Preventing another financial crisis: The critical role of Consumer Protection Laws. *Revista de Direito do Consumidor*. v. 89. São Paulo: Ed. RT, 2013; e RAMSAY, Iain e WILLIAMS, Toni. Anotações acerca dos contornos nacionais, regionais e internacionais da proteção financeira dos consumidores após a Grande Recessão. *Revista de Direito do Consumidor*. São Paulo: Ed. RT, v. 89. 2013.

58. Podem ser encontrados em: https://www.bcb.gov.br/pec/depep/spread/REB_2017.pdf.

59. Podem ser encontrados em: https://www.bcb.gov.br/htms/estabilidade/2018_10/refPub.pdf.

de consumo como "algo fundamental para o reaquecimento da economia nacional no pós-crise".[60] É de se registrar que um grande levante foi feito no país para a retomada da tramitação e aprovação do PL 3.515/2015 na Câmara dos Deputados. O Sistema Nacional de Defesa do Consumidor, por todos os órgãos e instituições que o compõem, trata o projeto, de forma unânime, como "marco legal imprescindível diante da lacuna na legislação nacional sobre a proteção financeira do consumidor e do superendividado, por meio de regulamentação equilibrada e sistêmica e harmonizada com as melhores práticas internacionais e da Organização para a Cooperação e Desenvolvimento Econômico".[61]

A base principiológica (artigo 4º, do Código de Defesa do Consumidor) ao estabelecer para Política Nacional das Relações de Consumo o objetivo de atender as necessidades dos consumidores – respeito à sua dignidade, saúde e segurança, a proteção de seus interesses econômicos, a melhoria da sua qualidade de vida, bem como a transparência e harmonia das relações de consumo; o reconhecimento da vulnerabilidade do consumidor no mercado de consumo, a necessidade de ação governamental no sentido de proteger efetivamente o consumidor, pela presença do Estado (também Estado-Legislador), a harmonização dos interesses dos participantes das relações de consumo e compatibilização da proteção do consumidor com a necessidade de desenvolvimento econômico e tecnológico, de modo a viabilizar os princípios nos quais se funda a ordem econômica, sempre com base na boa-fé e equilíbrio nas relações entre consumidores e fornecedores e o estudo constante das modificações do mercado de consumo – tem os subsídios necessários para dar ênfase aos 6 eixos aqui identificados na versão do PL 1805/2021, como perspectiva de futuro: I) novos princípios gerais da Política Nacional das Relações de Consumo;[62] II) novos instrumentos da Política Nacional das Relações de Consumo;[63]

---

60. Associação dos Magistrados Brasileiros. Nota de Apoio. Disponível em: https://www.amb.com.br/wp-content/uploads/2020/07/AMB_Nota-de-Apoio_PL-3515-2015.pdf. Acesso em: 15 maio 2021.

61. Assim registrou a Nota Técnica 3/2020/CGARI/GAB-SENACON/SENACON/MJ, o tema do tratamento do superendividamento é um dos mais caros aos órgãos e entidades do Sistema Nacional de Defesa do Consumidor (SDNC), pois se refere à subsistência dos consumidores enquanto participantes do mercado de consumo. São diversas as manifestações conjuntas realizadas e documentos conjuntos produzidos, destacando-se: Manifestação pela Tramitação e Aprovação do PL, do MPCON; Ato em Defesa da Aprovação do Projeto de Lei 3.515/2015, da Defensoria Pública do Estado de São Paulo; Ofício Conjunto OF/MPCON 013/2020, de 10 de junho de 2020; Parecer Técnico Econômico sobre os efeitos macroeconômicos do PL 3515/15 dos Professores Manuel Enriquez Garcia, USP, Presidente da Ordem dos Economistas do Brasil e Ricardo Sayeg, PUC-SP, Presidente do Instituto Capitalismo Humanista. Apoio a se destacar da Secretaria Nacional do Consumidor (SENACON), do Ministério da Justiça e Segurança Pública, a Associação Nacional do Ministério Público do Consumidor (MPCON), a Associação Brasileira de PROCONS (PROCONSBRASIL), o Fórum Nacional das Entidades Civis de Defesa do Consumidor (FNECDC), a Comissão Especial de Defesa dos Direitos do Consumidor do Colégio Nacional dos Defensores Públicos Gerais junto ao CONDEGE e a Comissão Especial de Defesa do Consumidor do Conselho Federal da OAB. Disponível em: https://www.defesadoconsumidor.gov.br/images/Notas_T%C3%A9cnicas/SEI_MJ_-_11961716_-_Nota_T%C3%A9cnica_3_2020.pdf. Acesso em: 15 maio 2021.

62. Art. 4º (...) IX – fomento de ações direcionadas à educação financeira e ambiental dos consumidores; X – prevenção e tratamento do superendividamento como forma de evitar a exclusão social do consumidor.

63. Art. 5º (...) VI – instituição de mecanismos de prevenção e tratamento extrajudicial e judicial do superendividamento e de proteção do consumidor pessoa natural; VII – instituição de núcleos de conciliação e mediação de conflitos oriundos de superendividamento.

III) novos direitos básicos;[64] IV) novas cláusulas abusivas;[65] V) medidas de prevenção e tratamento do superendividamento; VI) conciliação no superendividamento.[66]

---

64. Art. 6º (...) XI – a garantia de práticas de crédito responsável, de educação financeira e de prevenção e tratamento de situações de superendividamento, preservado o mínimo existencial, nos termos da regulamentação, por meio da revisão e da repactuação da dívida, entre outras medidas; XII – a preservação do mínimo existencial, nos termos da regulamentação, na repactuação de dívidas e na concessão de crédito; XIII – a informação acerca dos preços dos produtos por unidade de medida, tal como por quilo, por litro, por metro ou por outra unidade, conforme o caso.

65. Art. 51 (...) XVII – condicionem ou limitem de qualquer forma o acesso aos órgãos do Poder Judiciário; XVIII – estabeleçam prazos de carência em caso de impontualidade das prestações mensais ou impeçam o restabelecimento integral dos direitos do consumidor e de seus meios de pagamento a partir da purgação da mora ou do acordo com os credores; XIX – prevejam a aplicação de lei estrangeira que limite, total ou parcialmente, a proteção assegurada por este Código ao consumidor domiciliado no Brasil. Este último vetado, com apego à razão de que "a propositura legislativa estabelece que seriam nulas de pleno direito as cláusulas contratuais relativas ao fornecimento de serviços e produtos que previssem a aplicação de lei estrangeira que limitasse, total ou parcialmente, a proteção assegurada por este Código. Entretanto, apesar da boa intenção do legislador, a propositura contrariaria interesse público tendo em vista que restringiria a competitividade, prejudicando o aumento de produtividade do País, ao restringir de forma direta o conjunto de opções dos consumidores brasileiros, especialmente quanto à prestação de serviços de empresas domiciliadas no exterior a consumidores domiciliados no Brasil, o que implicaria restrição de acesso a serviços e produtos internacionais. Em virtude de a oferta de serviços e de produtos ser realizada em escala global, principalmente, por meio da internet, é impraticável que empresas no exterior conheçam e se adequem às normas consumeristas nacionais". Disponível em: http://www.planalto.gov.br/ccivil_03/_Ato2019-2022/2021/Msg/VEP/VEP-314.htm. Acesso em: 10 jul. 2021.

66. Art. 104-A. A requerimento do consumidor superendividado pessoa natural, o juiz poderá instaurar processo de repactuação de dívidas, com vistas à realização de audiência conciliatória, presidida por ele ou por conciliador credenciado no juízo, com a presença de todos os credores de dívidas previstas no art. 54-A deste Código, na qual o consumidor apresentará proposta de plano de pagamento com prazo máximo de 5 (cinco) anos, preservados o mínimo existencial, nos termos da regulamentação, e as garantias e as formas de pagamento originalmente pactuadas. § 1º Excluem-se do processo de repactuação as dívidas, ainda que decorrentes de relações de consumo, oriundas de contratos celebrados dolosamente sem o propósito de realizar pagamento, bem como as dívidas provenientes de contratos de crédito com garantia real, de financiamentos imobiliários e de crédito rural. § 2º O não comparecimento injustificado de qualquer credor, ou de seu procurador com poderes especiais e plenos para transigir, à audiência de conciliação de que trata o caput deste artigo acarretará a suspensão da exigibilidade do débito e a interrupção dos encargos da mora, bem como a sujeição compulsória ao plano de pagamento da dívida se o montante devido ao credor ausente for certo e conhecido pelo consumidor, devendo o pagamento a esse credor ser estipulado para ocorrer apenas após o pagamento aos credores presentes à audiência conciliatória. § 3º No caso de conciliação, com qualquer credor, a sentença judicial que homologar o acordo descreverá o plano de pagamento da dívida e terá eficácia de título executivo e força de coisa julgada. § 4º Constarão do plano de pagamento referido no § 3º deste artigo: I – medidas de dilação dos prazos de pagamento e de redução dos encargos da dívida ou da remuneração do fornecedor, entre outras destinadas a facilitar o pagamento da dívida; II – referência à suspensão ou à extinção das ações judiciais em curso; III – data a partir da qual será providenciada a exclusão do consumidor de bancos de dados e de cadastros de inadimplentes; IV – condicionamento de seus efeitos à abstenção, pelo consumidor, de condutas que importem no agravamento de sua situação de superendividamento. § 5º O pedido do consumidor a que se refere o caput deste artigo não importará em declaração de insolvência civil e poderá ser repetido somente após decorrido o prazo de 2 (dois) nos, contado da liquidação das obrigações previstas no plano de pagamento homologado, sem prejuízo de eventual repactuação. Art. 104-B. Se não houver êxito na conciliação em relação a quaisquer credores, o juiz, a pedido do consumidor, instaurará processo por superendividamento para revisão e integração dos contratos e repactuação das dívidas remanescentes mediante plano judicial compulsório e procederá à citação de todos os credores cujos créditos não tenham integrado o acordo porventura celebrado. § 1º Serão considerados no processo por superendividamento, se for o caso, os documentos e as informações prestadas em audiência. § 2º No prazo de 15 (quinze) dias, os credores citados juntarão documentos e as razões da negativa de aceder ao plano voluntário ou de renegociar. § 3º O juiz poderá nomear administrador, desde que isso não onere as partes, o qual, no prazo de até 30 (trinta) dias, após

Assim, a atualização do Código de Defesa do Consumidor surge por meio da Lei 14.181, de 01 de julho de 2021. É de se considerar que, desde a publicação do Código, em 1990, é o momento mais significativo do direito do consumidor brasileiro. Consolida-se uma prática acadêmica a partir de uma base teórica sólida, que estruturou a iniciativa legislativa e chegou à uma renovação cidadã. Tem-se um primeiro e estimado ganho que está na atualização da norma protetiva, tutela de prevenção. Os próximos passos exigem a implementação por meio de uma tutela de proteção, que reverbere em uma tutela de tratamento. Um tempo tomado por uma economia do cuidado, crédito responsável, com desejo de se estabelecer uma cultura do pagamento. Para tanto, novas diretrizes, valores e princípios sustentam instituições e instrumentos para proteção dos consumidores (super)endividados.

As bases principiológicas que fortemente endossam este estudo não poderiam deixar de cotejar a proteção dos consumidores em situação de superendividamento. Neste sentido, volta-se a análise, a partir da doutrina que referendou o desenvolvimento da exposição dos princípios,[67] reconhecendo-os como princípio da vulnerabilidade; princípio da solidariedade; princípio da boa-fé; princípio do equilíbrio; princípio da intervenção do Estado; princípio da harmonia das relações de consumo; princípio da efetividade; e, como sugestão desta tese, o princípio da atualização. Eis a leitura basilar da proteção jurídica do consumidor de modo geral e, no que

---

cumpridas as diligências eventualmente necessárias, apresentará plano de pagamento que contemple medidas de temporização ou de atenuação dos encargos. § 4º O plano judicial compulsório assegurará aos credores, no mínimo, o valor do principal devido, corrigido monetariamente por índices oficiais de preço, e preverá a liquidação total da dívida, após a quitação do plano de pagamento consensual previsto no art. 104-A deste Código, em, no máximo, 5 (cinco) anos, e a primeira parcela será devida no prazo máximo de 180 (cento e oitenta) dias, contado de sua homologação judicial, e o restante do saldo será devido em parcelas mensais iguais e sucessivas. Art. 104-C. Compete concorrente e facultativamente aos órgãos públicos integrantes do Sistema Nacional de Defesa do Consumidor a fase conciliatória e preventiva do processo de repactuação de dívidas, nos moldes do art. 104-A deste Código, no que couber, com possibilidade de o processo ser regulado por convênios específicos celebrados entre os referidos órgãos e as instituições credoras ou suas associações. 1º Em caso de conciliação administrativa para prevenir o superendividamento do consumidor pessoa natural, os órgãos públicos poderão promover, nas reclamações individuais, audiência global de conciliação com todos os credores e, em todos os casos, facilitar a elaboração de plano de pagamento, preservado o mínimo existencial, nos termos da regulamentação, sob a supervisão desses órgãos, sem prejuízo das demais atividades de reeducação financeira cabíveis. § 2º O acordo firmado perante os órgãos públicos de defesa do consumidor, em caso de superendividamento do consumidor pessoa natural, incluirá a data a partir da qual será providenciada a exclusão do consumidor de bancos de dados e de cadastros de inadimplentes, bem como o condicionamento de seus efeitos à abstenção, pelo consumidor, de condutas que importem no agravamento de sua situação de superendividamento, especialmente a de contrair novas dívidas.

67. MIRAGEM, Bruno. *Curso de Direito do Consumidor*. 8. ed. São Paulo: Ed. RT, 2019. Como assegura o autor a atualização do Código de Defesa do Consumidor trouxe novos princípios, instrumentos e direitos básicos do consumidor relativos à prevenção e tratamento do superendividamento. Aos princípios, aponta-se o princípio do fomento de ações direcionadas à educação financeira e ambiental dos consumidores e o princípio da prevenção e tratamento do superendividamento como forma de evitar a exclusão social do consumidor, ver em MIRAGEM, Bruno. *A lei do crédito responsável altera o Código de Defesa do Consumidor*: novas disposições para prevenção e o tratamento do superendividamento. Disponível em: https://www.migalhas.com.br/coluna/migalhas-contratuais/348157/a-lei-do-credito-responsavel-altera-o-codigo-de-defesa-do-consumidor. Acesso em: 16 jul. 2021.

tange à prevenção e tratamento do superendividamento, reforça a necessidade de regulação especializada.

O princípio da vulnerabilidade, desenvolvido em aproximação ao conceito de sensibilidade, é percepção mensurável diante das consequências humanas que as dívidas proporcionam, de modo especial aos consumidores idosos. O princípio da solidariedade no direito privado representa "o efeito de ampliar o âmbito de eficácia do contrato"[68] o que vai além das partes da relação. Assim, não há aproximação mais precisa da aplicabilidade do princípio do que ao contexto do superendividamento, notadamente seus efeitos transcendem os contratantes e afetam um campo generalizado a se perceber pela economia nacional.

O princípio da boa-fé tem na boa fé objetiva o seu principal componente, condição essencial aos negócios jurídicos *lato sensu* e, por certo, às relações jurídicas de consumo. Para aplicação à tutela dos consumidores superendividados, a previsão do dever de aconselhamento fortalece a confiança que simboliza cuidado, e permite o fortalecimento de uma economia do cuidado. O princípio do equilíbrio é de fundamental aplicabilidade por ser elementar à equidade econômica das prestações do contrato de consumo. O que se espera do tratamento ao superendividamento de consumidores? Equilíbrio! Na mesma razão, o princípio da harmonia tem guarida na ideia de contemplar os interesses dos que participam da relação de consumo. Sendo o crédito uma necessidade do consumidor, não há que demonizá-lo, ao contrário, ele permite que pessoas realizem sonhos – a casa própria, o financiamento de um veículo, o pagamento dos estudos. Por isso, quem concede crédito tem o interesse em receber a quantia adiantada e, quem o toma, o interesse em pagar o montante parcelado. Harmonizar interesses é permitir que isso ocorra.

Os três últimos princípios a se comentar têm relevância peculiar ao fenômeno do superendividamento e o tratamento que se queira dar a ele.

O princípio da intervenção do estado, teve seu momento Estado-legislativo e Estado-executivo quando da sanção, tendo a partir de então campo aberto para a incidência.

O princípio da atualização é por certo o que coordena a passagem do projeto para lei. Os estudos e dados empíricos da análise do mercado de consumo de crédito fornecem todos os elementos para iluminar a implementação da Lei 14.181/2021.

Por fim, desde a iniciativa que nomeou a Comissão de Juristas responsável pelo embrião que deu origem ao PLS 283/2012, passando pelo substitutivo PL 3515/2015, que em lenta tramitação voltou ao Senado Federal sob o PL 1805/2021, a efetividade é elemento de análise constante.

Maior será a insurgência do princípio da efetividade após a Lei 14.181/2021 ter atualizado o Código de Defesa do Consumidor, para a construção de uma futura efetividade da tutela legal em uma efetividade de prevenção, com efetividade de proteção para

---

68. MIRAGEM, Bruno. *Curso de Direito do Consumidor.* 8. ed. São Paulo: d. RT, 2019, p. 213.

uma efetividade de tratamento, ou seja, garantir a implementação adequada e aplicação coerente de um direito do consumidor efetivo.

Ao fenômeno do superendividamento dos consumidores no Brasil para uma *Tutela de Efetividade Revelada* tem que se considerar a *tutela de prevenção* a partir da Lei 14.181/2021, com a atualização do Código de Defesa do Consumidor. Para a análise da *tutela de proteção*, a existência de instituições apropriadas – registram-se os PROCONs, Defensorias Públicas, Universidades, Secretaria Nacional do Consumidor, Tribunais de Justiça, associações de defesa do consumidor e as esferas legislativas como Câmara de Deputados e Senado Federal – por si só não basta. Instituições que não possam atuar com uma diretriz (norma), podem até configurar a *tutela de proteção*, mas não há em seu todo uma *Tutela de Efetividade*, só parte dela. Há tutela, mas não efetiva em sua plenitude. Existe o instrumento, mas falta o insumo. O mesmo sentir orienta a *tutela de tratamento* ao caso do consumo de serviço de crédito. Eis o ponto deficitário central para conduzir ao encontro da efetividade.

Veja que a ausência de norma impede a atuação da instituição com subsídios específicos e, por consequência, não produz efeitos (tratamento). A *tutela de prevenção* tem a lei como matéria-prima. As instituições representam a vontade da norma em uma *tutela de proteção* e o efeito é a ação articulada destas duas (lei + instituição), que deve gerar um resultado de acordo com a finalidade da norma a quem se destina (tratamento dos consumidores superendividados). Neste caso, não há que se falar em prevenção, tampouco em tratamento, ainda que se tente proteger.

Quais as perspectivas à tutela efetiva do consumidor (super)endividado? Responder tal questão exige lembrar, que o estudo do mercado de consumo de crédito denota o fenômeno do superendividamento. Desta premissa, o Código de Defesa do Consumidor trouxe em seu bojo principiológico a razão do princípio da atualização e a atuação do Estado no princípio do dever de proteção efetiva.

Reconhece-se a vulnerabilidade nas relações de consumo de crédito e quando o Estado nega a atualização da norma estabelece a negativa do dever de proteção, além de violar a ordem constitucional, o que se materializou em uma década diante da tramitação lenta do aperfeiçoamento do Código.

4. CONCLUSÃO

A esperança posta com a Lei 14.181/2021 ainda é carente de efetividade, mesmo que já se percebam os efeitos positivos da criação de Núcleos de Conciliação em Superendividamento em vários espaços administrativos e judiciais. A discussão em torno da definição do mínimo existencial é ponto elementar para se aproximar dos parâmetros de efetividade. Registra-se que limitar em uma ordem métrica pode reduzir a aplicação da lei. Entende-se que o mínimo existencial está para o superendividamento como a vulnerabilidade está para o direito do consumidor. O conceito é amplo, plurissignificativo. É de se considerar a importância do mínimo existencial para a efetividade da própria lei, eis que a declaração do consumidor como superendividado, o que o faz sujeito de tutela, está atrelada à impossibilidade de pagar suas dívidas sem comprometer o mínimo existencial.[69]

O mínimo existencial também é ponto central ao se estabelecer o tratamento do consumidor superendividado, em audiência de negociação, diante da elaboração do plano de pagamento. A audiência conciliatória tem no consumidor a apresentação do plano de pagamento voluntário que deve ser organizado preservando o mínimo existencial.[70]

Com isso, percebe-se que da atualização do Código de Defesa do Consumidor, a esperança que esteve na aprovação do PL 1805/2021[71] renova-se com a publicação da Lei 14.181/2021 e desafia, com a incidência dos fatos, a aplicação do (novo) Código de Defesa do Consumidor. Uma importante etapa, mas apenas um ponto de partida, relevante por certo, mas para se afirmar a Tutela de Efetividade, após a atualização do Código de Defesa do Consumidor, há que se garantir o reconhecimento do regime legislativo e regulatório de proteção ao consumidor superendividado. Estabelecer eixos de tutela que identifiquem elementos por meio da lei, instituições e aplicação. Ainda se está a implementar os espaços de conciliação para tratamento do superendividamento, a definição de mínimo existencial carece de segurança jurídica como ponto de essencialidade à efetividade. A elaboração do plano de pagamento é tarefa complexa para consumidores e a prevenção ao superendividamento, em especial pelo princípio da educação financeira, é ordem que precisa ser estabelecida como política pública.

---

69. Art. 54-A. Este Capítulo dispõe sobre a prevenção do superendividamento da pessoa natural, sobre o crédito responsável e sobre a educação financeira do consumidor. § 1º Entende-se por superendividamento a impossibilidade manifesta de o consumidor pessoa natural, de boa-fé, pagar a totalidade de suas dívidas de consumo, exigíveis e vincendas, sem comprometer seu mínimo existencial, nos termos da regulamentação.

70. Art. 104-A. A requerimento do consumidor superendividado pessoa natural, o juiz poderá instaurar processo de repactuação de dívidas, com vistas à realização de audiência conciliatória, presidida por ele ou por conciliador credenciado no juízo, com a presença de todos os credores de dívidas previstas no art. 54-A deste Código, na qual o consumidor apresentará proposta de plano de pagamento com prazo máximo de 5 (cinco) anos, preservados o mínimo existencial, nos termos da regulamentação, e as garantias e as formas de pagamento originalmente pactuadas.

71. A atualização, por meio da Lei 14.181/2021, indica caminhos para Tutela de Efetividade, parte-se do princípio que toda norma é uma tutela de prevenção, contudo será indicado os eixos ligados à tríade de prevenção-proteção-tratamento. O Código de Defesa do Consumidor atualizado repercute a tutela de prevenção identificada no artigo 4º que se refere expressamente à prevenção e tratamento do superendividamento como forma de evitar a exclusão social do consumidor (inciso X), o mesmo acontece no artigo 6º ao garantir com direito básico práticas de crédito responsável, de educação financeira e de prevenção e tratamento de situações de superendividamento, preservado o mínimo existencial, por meio da revisão e da repactuação da dívida (inciso XI). De modo especial o Capítulo VI-A traz a regulamentação destinada à prevenção. A tutela de proteção parte do artigo 5º ao prever instituição de mecanismos de prevenção e tratamento extrajudicial e judicial do superendividamento e de proteção do consumidor pessoa natural (inciso VI), além dos núcleos de conciliação e mediação de conflitos oriundos de superendividamento (inciso VII). O capítulo V para o tratamento em si cuida de uma tutela de prevenção (lei) para execução em tutela de tratamento (ação), por meio de processo de repactuação de dívidas, com proposta de plano de pagamento e atenção ao mínimo existencial (artigo 104-A). Em um segundo momento, não havendo conciliação, há a instauração do processo por superendividamento para revisão e integração dos contratos e repactuação das dívidas, contando com um plano judicial compulsório (artigo 104-B). A tutela de proteção (instituições) surge também no artigo 104-C, quando elenca os órgãos públicos integrantes do Sistema Nacional de Defesa do Consumidor a fase conciliatória e preventiva do processo de repactuação de dívidas. A alteração do Estatuto do Idoso no que tange à negativa de crédito motivada por superendividamento não incidir crime é exemplo de tutela de prevenção.

REFERÊNCIAS

ARRIGHI, Jean-Michel. La protection de los consumidores y el Mercosul. *Revista de Direito do Consumidor.* São Paulo: Ed. RT, v. 2. 1992.

AZEVEDO, Diego Ghiringhelli de (Org.) *Estudo transdisciplinar das relações de consumo.* Jundiaí-SP: Paco, 2019.

AZEVEDO, Fernando Costa de. Uma introdução ao direito brasileiro do consumidor, *Revista de Direito do Consumidor.* São Paulo: Ed. RT, v. 69. 2009.

BERGEL, Salvador D; PAOLANTONIO, Martín E. Bases para la Regulación Jurídica del Crédito al Consumo. *Revista de Direito do Consumidor.* São Paulo: Ed. RT, v. 8. 1992.

BERTONCELLO, Karen D. Identificando o mínimo existencial: proposições de concreção em casos de superendividamento do consumidor, Tese de Doutorado UFRGS (Porto Alegre), 2015. In: BERTONCELLO, Káren Rick Danilevicz. *Superendividamento do consumidor* – mínimo existencial – casos concretos. São Paulo: Ed. RT, 2015.

BERTONCELLO, Karen Rick Danilevicz. Breves linhas sobre o estudo comparado de procedimentos de falência dos consumidores: França, Estados Unidos da América e Anteprojeto de lei no Brasil. *Revista de Direito do Consumidor.* São Paulo: Ed. RT, v. 83. 2012.

BERTONCELLO, Karen Rick Danilevicz; LAYDNER, Patricia Antunes. Código de Consumo Francês: tratamento das situações de superendividamento (parte legislativa). *Revista de Direito do Consumidor.* v. 87. 2013.

BOURGOIGNIE, Thierry. *Éléments pour une théorie du droit de la consommation,* Bruxelles, Story Scientia, 1988.

BOURGOINGNIE, Thierry. O conceito de abusividade em relação aos consumidores e a necessidade de seu controle através de uma cláusula geral. *Revista de Direito do Consumidor.* São Paulo: Ed. RT, v. 06. 1993.

BUCCI, Maria Paula Dallari. *Direito Administrativo e Políticas Públicas.* São Paulo: Saraiva, 2002.

BUCCI, Maria Paula Dallari. Notas para uma metodologia jurídica de análise de políticas públicas. *Revista Fórum Administrativo,* Belo Horizonte, n. 104, out. 2009.

BURGER, Adriana Fagundes; BALBINOT, Christine. A importância do Sistema Municipal de Proteção e Defesa do Consumidor para efetivação dos direitos. In: REIS, Jorge Renato dos; CERQUEIRA, Katia Leão; HERMANY, Ricardo. *Educação para o consumo.* Curitiba: Multideia, 2011.

CAPPELLETTI, Mauro; GARTH, Bryant. *Acesso à justiça.* Trad. Ellen Gracie Northfleet. Porto Alegre: Fabris, 1988.

CARVALHO, Diógenes Faria de; FERREIRA, Vitor Hugo do Amaral. Consumo(mismo) e (super)endividamento: (des)encontros entre a dignidade e a esperança, in MARQUES, Claudia Lima; CAVALLAZZI, Rosangela Lunardelli; LIMA, Clarissa Costa de. (Org.). *Direitos do consumidor endividado II*: vulnerabilidade e inclusão. São Paulo: Ed. RT, 2016.

CARVALHO, Diógenes Faria de; FERREIRA, Vitor Hugo do Amaral. Política pública de efetividade para defesa do consumidor e o dever de proteção do Estado. In: LAMACHIA, Claudio; MIRANDA, Marié; MARQUES, Claudia Lima. *Estudos de direito do consumidor.* Brasília: OAB, Conselho Federal, 2018.

CASADO, Márcio Mello. Os princípios fundamentais como ponto de partida para uma primeira análise do sobre-endividamento no Brasil. *Revista de Direito do Consumidor.* São Paulo: Ed. RT, n. 33. 2000.

CHIESI FILHO, Humberto. *Um novo paradigma de acesso à justiça*: autocomposição como método de solução de controvérsias e caracterização do interesse processual. Belo Horizonte: Editora D'Plácido, 2019.

COSTA, Geraldo de Faria Martins da. *Superendividamento*: a proteção do consumidor de crédito em direito comparado brasileiro e francês. São Paulo: Ed. RT. 2002.

EFING, Antônio Carlos. Sistema Financeiro e Código do Consumidor. *Revista de Direito do Consumidor*. São Paulo: Ed. RT, n. 17. 1996.

FERREIRA, Vitor Hugo do Amaral. In: BENJAMIN, Antonio Herman; MARUES, Claudia Lima (Coord.). *Tutela de efetividade no direito do consumidor brasileiro*: a tríade prevenção-proteção-tratamento revelada nas relações de crédito e consumo digital. São Paulo: Thomson Reuters, 2022.

FERREIRA, Vitor Hugo do Amaral. In: BENJAMIN, Antonio Herman; MARUES, Claudia Lima (Coord.). *Tutela de efetividade no direito do consumidor brasileiro*: a tríade prevenção-proteção-tratamento revelada nas relações de crédito e consumo digital. São Paulo: Thomson Reuters, 2022.

FILOMENO, José Geraldo Brito. Dos Direitos do Consumidor. In: GRINOVER, Ada Pellegrini; BENJAMIN, Antonio Herman de Vasconcelo; FINK, Daniel Roberto et. al. *Código Brasileiro de Defesa do Consumidor*: comentado pelos autores do anteprojeto. 9 ed. Rio de Janeiro: Forense Universitária, 2007.

FILOMENO, José Geraldo Brito. *Manual de Direitos do Consumidor*. 9. ed. São Paulo: Atlas, 2007.

FRADE, Catarina. A resolução alternativa de litígios e o acesso à justiça: a mediação do sobreendividamento. *Revista Crítica de Ciências Sociais* [online], 65/2003, p. 111/112. Disponível em: http://rccs.revues. org/1184. Acesso em: 12 abr. 2021.

GELPI, Rosa Maria; LABRUYÈRE, François Julien. *História do crédito ao consumo*. Trad. Carlos Peres Sebastião e Silva. São João do Estoril-Cascais: Principia Publicações Universitárias e Científicas, 2000.

LIMA, Clarissa Costa de. Adesão ao projeto Conciliar é Legal (CNJ): projeto piloto Tratamento das situações de superendividamento do consumidor. *Revista de Direito do Consumidor*. São Paulo: Ed. RT, v. 63. 2007.

LIMA, Clarissa Costa de.; BERTONCELLO, Káren Rick Danilevicz. Conciliação aplicada ao superendividamento: estudos de casos. *Revista de Direito do Consumidor*. São Paulo: Ed. RT v. 71. 2009.

LIMA, Clarissa Costa de; BERTONDELLO, Káren Rick Danilevicz; MARQUES, Claudia Lima. Anteprojeto de lei dispondo sobre a prevenção e o tratamento das situações de superendividamento de consumidores pessoas físicas de boa-fé. *Revista de Direito do Consumidor*. São Paulo: Ed. RT, v. 73. 2010.

LIMA, Clarissa Costa e BERTONCELLO, Karen. D. *Superendividamento aplicado*: aspectos doutrinários e experiências no Poder Judiciário. Rio de Janeiro: GZ, 2010.

LOPES, José Reinaldo de Lima. Crédito ao consumo e superendividamento: uma problemática geral. *Revista de Direito do Consumidor*. São Paulo: Ed. RT, n. 17. 1996.

LORENZETTI, Ricardo Luis. *A arte de fazer justiça*: a intimidade dos casos mais difíceis da Corte Suprema da Argentina. Trad. Maria Laura Delaloye. São Paulo: Ed. RT, 2015.

LORENZETTI, Ricardo. *Contratos de Servicios a los Consumidores*. Santa Fé: Rubinzal-Culzoni, 2005.

MARQUES, Claudia Lima, Estudo sobre a vulnerabilidade dos analfabetos na sociedade de consumo: o caso do crédito consignado a consumidores analfabetos. In: STOCO, Rui. (Org.). *Doutrinas essenciais*: dano moral. São Paulo: Ed. RT, 2015.

MARQUES, Claudia Lima. 25 anos de Código de Defesa do Consumidor e as Sugestões traçadas pela revisão de 2015 das Diretrizes da ONU de proteção dos consumidores para atualização. *Revista de Direito do Consumidor*. São Paulo: Ed. RT, v. 103. a. 25. 2016.

MARQUES, Claudia Lima. A vulnerabilidade dos analfabetos e dos idosos na sociedade de consumo brasileira: primeiros estudos sobre a figura do assédio de consumo. In: MARQUES, Claudia Lima; GSELL, Beate. (Org.). *Novas tendências do Direito do Consumidor*: Rede Alemanha-Brasil de pesquisas em Direito do Consumidor. São Paulo: Ed. RT, 2015.

MARQUES, Claudia Lima. Conciliação em matéria de superendividamento dos consumidores, in MARQUES, Claudia Lima; CAVALLAZZI, Rosangela Lunardelli; LIMA, Clarissa Costa de. (Org.). *Direitos do consumidor endividado II*: vulnerabilidade e inclusão. São Paulo: Ed. RT, 2016.

MARQUES, Claudia Lima. *Contratos Bancários em Tempos Pós-modernos*: Primeiras Reflexões. *Revista da Faculdade de Direito da UFRGS*, Porto Alegre, v. 15, 1998.

MARQUES, Claudia Lima. Mulheres, Idosos e o Superendividamento dos Consumidores: cinco anos de dados empíricos do Projeto-Piloto em Porto Alegre. *Revista de Direito do Consumidor*. São Paulo: Ed. RT, v. 100. 2015.

MARQUES, Claudia Lima. Os contratos de crédito na legislação brasileira de Proteção ao Consumidor. *Revista de Direito do Consumidor*. São Paulo: Ed. RT, n. 17. 1996.

MARQUES, Claudia Lima. Regulamento Comum de Defesa do Consumidor do Mercosul: Primeiras Observações sobre o Mercosul como legislador da proteção do consumidor. *Revista de Direito do Consumidor*. São Paulo: Ed. RT, n. 23-24. 1997.

MARQUES, Claudia Lima. Sugestões para uma lei sobre o tratamento do superendividamento de pessoas físicas em contratos de crédito ao consumo: proposições com base em pesquisa empírica de 100 casos no Rio Grande do Sul. *Revista de Direito do Consumidor*. v. 55. São Paulo, 2005.

MARQUES, Claudia Lima; ALMEIDA, João Baptista de; PFEIFFER, Roberto (Coord.). *Aplicação do Código de Defesa do Consumidor aos bancos*: ADin 2.591. São Paulo: Ed. RT, 2006.

MARQUES, Claudia Lima; CAVALLAZZI, Rosângela Lunardelli. (Org.). *Direitos do Consumidor endividado*: Superendividamento e Crédito. São Paulo: Ed. RT, 2006.

MARQUES, Claudia Lima; CAVALLAZZI, Rosângela; LIMA, Clarissa Costa de (Coord.). *Direitos do Consumidor Endividado II*: vulnerabilidade e inclusão. São Paulo: Ed. RT, 2016.

MARQUES, Claudia Lima; FERREIRA, Vitor Hugo do Amaral. Manifestação Técnica em favor do Projeto de Lei de Prevenção e Tratamento do Superendividamento do consumidor brasileiro: um decálogo para aprovação do PL 3515/2015. *Revista de Direito do Consumidor*. n. 127. São Paulo: Ed. RT, 2020.

MARQUES, Claudia Lima; LIMA, Clarissa Costa de. Notas sobre as Conclusões do Relatório do Banco Mundial sobre o tratamento do superendividamento e insolvência da pessoa física. *Revista de Direito do Consumidor*. São Paulo: Ed. RT, v. 89. 2013.

MARQUES, Claudia Lima; LIMA, Clarissa Costa de; BERTONCELLO, Káren. Dados da pesquisa empírica sobre o perfil dos consumidores superendividados da Comarca de Porto Alegre nos anos de 2007 a 2012 e notícia sobre o Observatório do Crédito e Superendividamento UFRGS-MJ. *Revista de Direito do Consumidor*. v. 99. 2015.

MARQUES, Claudia Lima; LIMA, Clarissa Costa de; BERTONCELLO, Karen MARQUES, Cláudia Lima; LIMA, Clarissa Costa de; BERTONCELLO, Karen. O anteprojeto de lei dispondo sobre a prevenção e o tratamento das situações de superendividamento de consumidores pessoas físicas de boa-fé. *Revista de Direito do Consumidor*. São Paulo: Ed. RT, v. 73. 2010.

MARQUES, Claudia Lima; LIMA, Clarissa Costa de; BERTONCELLO, Karen D. Prevenção e tratamento do superendividamento. *Caderno de Investigações Científicas* 1, Brasília, DPDC/SDE, 2010.

MARTINI, Sandra Regina; JAEGER JUNIOR, Augusto; REVERBEL, Carlos Eduardo Dieder. (Org.). *O movimento do saber*: uma homenagem para Claudia Lima Marques. Porto Alegre: Gráfica e Editora RJR, 2017.

MIRAGEM, Bruno. *A lei do crédito responsável altera o Código de Defesa do Consumidor*: novas disposições para prevenção e o tratamento do superendividamento. Disponível em: https://www.migalhas.com.br/coluna/migalhas-contratuais/348157/a-lei-do-credito-responsavel-altera-o-codigo-de-defesa-do-consumidor. Acesso em: 16 jul. 2021. Ed. RT, 2019.

MIRAGEM, Bruno. *Direito Bancário*. São Paulo: Ed. RT, 2013.

NEFH, James. Preventing another financial crisis: The critical role of Consumer Protection Laws. *Revista de Direito do Consumidor*. São Paulo: Ed. RT, v. 89. 2013.

PAISANT, Gilles. El tratamiento de las situaciones de sobreendeudamiento de los consumidores en Francia. *Revista de Direito do Consumidor*. v. 89. 2013.

PAISANT, Gilles et al. Le crédit à la consommation dans l'Union européenne: le droit communautaire. *La nouvelle loi fédérale sur le crédit à la consommation*. Lausanne: Cedidac, v. 51, 2002.

PEREIRA, Agostinho Oli Koppe; HORN, Luiz Fernando Del Rio. *Relações de Consumo*: políticas públicas. Caxias do Sul-RS: Plenum, 2015.

PEREIRA, Flávia do Canto. *Proteção administrativa do consumidor*: Sistema Nacional de Defesa do Consumidor e a ausência de critérios uniformes para aplicação de multas. São Paulo: Thomson Reuters Brasil, 2021.

PEREIRA, Wellerson Miranda. Sugestões para harmonização das soluções jurídicas sobre crédito ao consumidor no Mercosul. *Revista de Direito do Consumidor*. São Paulo: Ed. RT, n. 66. 2008.

PEREIRA, Wellerson. Superendividamento e crédito ao consumidor: reflexões sob uma perspectiva de direito comparado. In: MARQUES, Claudia Lima; CAVALLAZZI, Rosângela (Org.) *Direitos do consumidor endividado*: Superendividamento e crédito. São Paulo: Ed. RT, 2006.

RAMSAY, Iain e WILLIAMS, Toni. Anotações acerca dos contornos nacionais, regionais e internacionais da proteção financeira dos consumidores após a Grande Recessão. *Revista de Direito do Consumidor*, v. 89. São Paulo: Ed. RT, 2013.

RAMSAY, Iain. Consumer Credit Law, Distributive Justice and the Welfare State. *Oxford Journal of Legal Studies*, v. 15, n. 2. 1995.

RÊGO, Lúcia. *A tutela administrativa do consumidor: regulamentação estatal*. São Paulo: Ed. RT, 2007.

RÊGO, Maria Lúcia Anselmo de Freitas; FERREIRA, Vitor Hugo do Amaral. O (re)inventar do Conselho Nacional de Defesa do Consumidor: comentário preliminar ao Decreto 10.417/2020. *Revista de Direito do Consumidor*. v. 131. ano 29. São Paulo: Ed. RT, 2020.

REIS, Jorge Renato dos; LEAL, Rogério Gesta. *Direitos sociais e políticas públicas*: desafios contemporâneos. Santa Cruz do Sul: EDUNISC, 2006.

SILVA, Luiz Gustavo Doles. *Bitcoins e outras criptomoedas*: teoria e prática à luz da legislação brasileira. Curitiba: Juruá, 2018.

SOBRINHO, Liton Lanes Pilau. A transformação da realidade social: opinião pública e políticas públicas na educação para o consumo. In: REIS, Jorge Renato dos; CERQUEIRA, Katia Leão; HERMANY, Ricardo. *Educação para o consumo*. Curitiba: Multideia, 2011.

SODRÉ, Marcelo Gomes. *A construção do direito do consumidor*: um estudo sobre as origens das leis principiológicas de defesa do consumidor. São Paulo: Atlas, 2009.

SODRÉ, Marcelo Gomes. *Formação do Sistema Nacional de Defesa do Consumidor*. São Paulo: Ed. RT, 2007.

VAL, Olga Maria do. Política Nacional das Relações de Consumo. *Revista de Direito do Consumidor*. São Paulo: Ed. RT, v. 11. 1995.

WATANABE, Kazuo. *Acesso à ordem jurídica justa*: conceito atualizado de acesso à justiça, processos coletivos e outros estudos. Belo Horizonte: Dei Rey, 2019.

WEATHERFORD, Jack. *A História do Dinheiro*. Rio de Janeiro: Ed. Negócio. 1999.

Capítulo II
SUPERENDIVIDAMENTO NAS INSTITUIÇÕES

BREVES CONSIDERAÇÕES SOBRE O PAPEL DO PODER JUDICIÁRIO NA APLICAÇÃO DA LEI 14.481/2021 (LEI DO "SUPERENDIVIDAMENTO")

Trícia Navarro Xavier Cabral

Pós-Doutora em Direito pela USP. Doutora em Direito Processual pela UERJ. Mestre em Direito Processual pela UFES. Professora da Graduação e do PPGDIR da UFES. Juíza de Direito do Estado do Espírito Santo, no exercício do cargo de Juíza Auxiliar da Presidência do CNJ. Membro do Comitê Gestor da Conciliação do CNJ. Membro do IBDP. E-mail: tricianavarro@hotmail.com.

Hiasmine Santiago

Mestra pelo programa de Pós-Graduação em Direito Processual da Universidade do Estado do Espírito Santo. Pós-graduada em Direito Civil e Empresarial pela Faculdade Damásio de Jesus. Pós-Graduada em Direito Judiciário pela Faculdade Multivix. Assessora de Nível Superior para Assuntos Jurídicos do Tribunal de Justiça do Estado do Espírito Santo. E-mail: hiasmine_santiago@hotmail.com.

Fabiane Sena Freitas

Mestranda pelo Programa de Pós-Graduação em Direito Processual pela Universidade Federal do Espírito Santo. Pós-graduada em Direito Civil e Empresarial pela Damásio Educacional. Pós-graduada em Direito do Trabalho e Processo do Trabalho pela Damásio Educacional. Assessora de Juiz de Direito do Tribunal de Justiça do Espírito Santo.

Sumário: 1. Introdução – 2. O direito ao crédito pelo consumidor e o cenário de crise do inadimplemento – 3. Superendividamento do consumidor: conceitos e pressupostos – 4. O superendividamento como conflito estrutural – 5. Linhas gerais sobre a tutela do consumidor nos contratos de crédito – 6. O papel do Poder Judiciário no contexto do superendividamento; 6.1 A atuação do Conselho Nacional de Justiça na construção de diretrizes para tratamento dos superendividados; 6.2 Algumas considerações sobre a sistemática dos juizados especiais cíveis – 7. Enunciados do FONAMEC sobre o superendividamento – 8. Conclusão – Referências.

1. INTRODUÇÃO

A proteção do consumidor constitui uma política pública que há mais de 30 anos vem se solidificando no Brasil como relevante meio de se garantir o tratamento adequado das relações de consumo.

Na realidade a defesa do consumidor tem envergadura constitucional, nos termos dos art. 5º, XXXII, 170, inciso V, da Constituição Federal e art. 48 de suas Disposições Transitórias, da Constituição da República de 1988.

No âmbito infraconstitucional, a Lei 8.078, de 11 de setembro de 1990 passou a dispor sobre a proteção do consumidor de forma ampla e pormenorizada, tendo sofrido algumas modificações ao longo do tempo para conformá-la às necessidades e transformações sociais, como ocorreu na hipótese do superendividamento.

Isso porque o desenvolvimento do sistema capitalista, a elevada produção de bens de consumo e a abertura dos mercados imprimiram grandes mudanças na sociedade, a qual vive, nas últimas décadas, uma chamada fase denominada "sociedade de consumo", permeada por uma mudança de hábito dos indivíduos, em que tudo se concentra em torno do "ter".[1]

O Brasil não está alheio a essa construção social e, como mencionado, desde 1990, vem se preocupando com essa questão e trouxe, em uma legislação específica, o Código de Defesa do Consumidor (Lei 8.078/1990), a fim de tutelar esse tipo de relação entre o fornecedor de bens de consumo e o destinatário final dos serviços, dado o desequilíbrio existente entre os integrantes desses dois polos da relação.

O estímulo ao consumo e a facilitação de concessão de crédito, apesar de trazerem pontos positivos para a sociedade, também traz consigo um problema que vem sendo estudado: o endividamento populacional.

Dados do Mapa da Inadimplência do Brasil elaborado pelo Serasa Experian demonstram que, no mês de março de 2022, havia 65,69 milhões de pessoas inadimplentes no país, totalizando o valor de R$ 265,8 bilhões de dívidas, sendo que o setor bancário possui o maior número de débitos.[2]

A questão fica ainda mais preocupante ao se identificar que, no ano de 2021, a cada dez famílias, sete contraíram alguma dívida com o Sistema Financeiro Nacional.[3]

Esse cenário preocupante vem motivando, há alguns anos, a origem dessa escalada de débitos na sociedade, que remonta a questões sociais, culturais, econômicas e até mesmo governamentais, culminando com o estudo do denominado "Superendividamento", fenômeno em que o consumidor se vê impossibilitado de adimplir com seus débitos. O artigo 54-A do Código de Defesa do Consumidor define referida expressão como a "impossibilidade manifesta de o consumidor pessoa natural, de boa-fé, pagar a totalidade de suas dívidas de consumo, exigíveis e vincendas, sem comprometer seu mínimo existencial, nos termos da regulamentação".

Para além da análise dessa conjuntura, vê-se que muitas dessas dívidas perpassam pelo Poder Judiciário, e, coincidentemente ou não, as instituições financeiras figuram entre os maiores litigantes do país.[4] Apesar de as demandas judiciais relacionada a esses

---

1. DA SILVEIRA, Guaracy Carlos; LESSA, Bruno de S.; CONSTANTE, Fernanda Lery P. et al. *Antropologia do Consumo*. Porto Alegre: Grupo A, 2021. Disponível em: https://integrada.minhabiblioteca.com.br/#/books/9786556902210/. Acesso em: 09 maio 2022 [Livro Digital].
2. SERASA EXPERIAN. *Mapa da Inadimplência e Renegociação de Dívidas no Brasil*: março de 2022. Disponível em: https://www.serasa.com.br/assets/cms/2022/Mapa-da-inadimplencia-MARCO.pdf. Acesso em: 03 maio 2022.
3. FECOMERCIO. *Pesquisa de Endividamento e Inadimplência do Consumidor*. Disponível em: https://static.poder360.com.br/2022/01/peic-cnc-2021.pdf. Acesso em: 03 jun. 2022.
4. BRASIL. Conselho Nacional de Justiça. *Os cem maiores litigantes*. Brasília, DF, 2012. Disponível em: https://www.cnj.jus.br/wp-content/uploads/2011/02/100_maiores_litigantes.pdf. Acesso em: 06 jan. 2022.

litigantes não estarem adstrita apenas à situação de consumidores superendividados, o fato é que, essas causas integram o rol de processos que tramitam na justiça brasileira e merecem um tratamento diferenciado.

Portanto, a relevância do presente trabalho reside justamente na análise da situação de superendividamento, em cotejo com as recentes modificações normativas sobre o tema, para dar um melhor tratamento a esse tipo de conflito. O Poder Judiciário atua, nesse sentido, como uma das portas de solução de contendas e assume papel de destaque para desenvolvimento de políticas para melhoria na condição dos endividados.

Diante disso, como objetivo geral, deve-se analisar a forma como o Poder Judiciário atua para melhoria do superendividamento do país. Além disso, é necessário destacar os seguintes objetivos específicos para abordagem do assunto: (i) analisar o contexto do superendividamento no Brasil; (ii) identificar as modificações legislativas sobre o tema e a sua aplicação no ordenamento jurídico; (iii) examinar a edição da Lei 14.481/2021 e a sua relação com o Poder Judiciário; (iv) identificar como o Poder Judiciário vem tratando a questão do superendividamento, à luz da novel legislação.

Utilizou-se na presente pesquisa a análise bibliográfica, com exame da doutrina especializada sobre o tema, da lei e da jurisprudência.

2. O DIREITO AO CRÉDITO PELO CONSUMIDOR E O CENÁRIO DE CRISE DO INADIMPLEMENTO

A economia capitalista desenvolveu na sociedade uma forma de vida centralizada no consumo e o hábito de vida dos indivíduos está voltado a compras e ao relacionamento com os objetos, criando-se a cultura apenas do "ter".

A intensificação de aquisição de bens, produtos e serviços possui uma dupla perspectiva, eis que, em muitos casos, pode ser visualizado como forma de suprimento de necessidades básicas, porém, em uma outra via, também pode trazer consequências nefastas na vida dos indivíduos, caso realizada de forma desenfreada.

Sem se adentrar com profundidade à questão antropológica da chamada "sociedade de consumo", o fato é que, para fins do presente trabalho, o primeiro ponto de partida deve ser a tutela do crédito, que advém da busca pelas pessoas em consumir.

A palavra "crédito" advém da palavra latina "creditum", que significa "objeto passado em confiança" e é o particípio da palavra "credere", que significa acreditar, confiar. O primeiro aspecto relacionado ao crédito, portanto, reside na confiança entre os envolvidos, em que alguém cede um serviço a outrem, estando este em confiança de que irá efetuar a contraprestação.

Dada a multiplicidade das relações humanas, o direito obrigacional, por exemplo, tem como principal escopo a tutela do crédito, que se relaciona ao direito a uma prestação por parte de alguém, ou seja, é a relação entre dois ou mais sujeitos a respeito de bens ou valores econômicos de modo a evitarem-se conflitos e a quebra da paz social.[5]

O crédito, portanto, possui uma abrangência patrimonial e necessita das relações sociais para se desenvolver, mas pode ser relacionada tanto como principal fundamento no direito obrigacional, quanto como um serviço disponível ao consumidor o que, invariavelmente, advém também de uma relação tutelada pelo direito das obrigações. O presente estudo, contudo, debruçar-se-á sobre o segundo viés, ou seja, na tutela do crédito advindo, em geral, das instituições financeiras.

No âmbito do direito do consumidor, o crédito está caracterizado como um serviço, conforme previsão do § 1º do artigo 3º,[6] sendo um bem imaterial sob tutela também do diploma consumerista.

A concessão de crédito traz, em linhas gerais, um incremento na qualidade de vida dos sujeitos, porém, ao mesmo tempo, pode gerar um efeito "bola de neve" se não souber ser usado com responsabilidade, notadamente diante das práticas de mercado.

Em tempos de liberdade econômica e estímulo ao consumo para evitar os efeitos da pandemia, com vistas a possibilitar o aquecimento do mercado e a maior circulação de valores, é interessante pontuar que, a princípio, qualquer regulamentação sobre a tomada de crédito atingiria a liberdade individual dos sujeitos.

Entretanto, a partir do momento em que a questão se mostra um latente problema na sociedade em razão do endividamento desenfreado, prejudicando as relações interpessoais, excluindo consumidores do mercado e trazendo impactos, inclusive, para a vida familiar das pessoas, deve ser examinado como um problema social que merece a tutela do direito, pois traz estagnação até para a própria economia nacional.

Nessa perspectiva, a questão possui repercussões tanto sob o prisma do consumidor, que, muitas vezes, se vê consumindo de forma desordenada, sem noções básicas de educação financeira, quanto pelo viés dos fornecedores, que concedem crédito de forma irresponsável, sem conhecer a realidade dos clientes.

A fim de entender a relação entre o direito ao crédito pelo consumidor e o cenário de crise do inadimplemento, deve-se, inicialmente, conceituar o que é crédito, que, nas palavras de Cláudia Lima Marques pode ser definido como um "serviço especializado e oneroso que só pode ser prestado por alguns fornecedores do Sistema Financeiro Nacional". De acordo com a autora, trata-se de um contrato real, que se perfectibiliza com a entrega em dinheiro pelo fornecedor, enquanto incumbe ao consumidor o papel

---

5. RIZZARDO, Arnaldo. *Direitos das Obrigações*. 9. ed. São Paulo: Grupo GEN, 2018. Disponível em: https://integrada.minhabiblioteca.com.br/#/books/9788530980825/. Acesso em: 12 maio 2022 [Livro Digital].

6. Art. 3º [...] § 2º Serviço é qualquer atividade fornecida no mercado de consumo, mediante remuneração, inclusive as de natureza bancária, financeira, de crédito e securitária, salvo as decorrentes das relações de caráter trabalhista.

de efetuar o pagamento dos juros e devolver o montante principal corrigido, acrescido de outras tarifas pela tomada do crédito.[7]

Esse direito, por sua vez, teve destaque principalmente a partir da década de 90, com a ampliação de concessão do crédito pelo Governo, o qual possibilitou a inclusão no mercado de consumo de pessoas que até então eram segregadas, seja socialmente ou economicamente, num movimento denominado "Democratização do Crédito".[8]

Destarte, em busca de estimular o mercado de crédito e reduzir as taxas de juros, como para os empréstimos pessoais, "o governo implementou diversas medidas para intensificar a bancarização, como o incentivo e massificação da abertura de contas; a formação de cooperativas de crédito de livre associação; e por fim, políticas de maior oferta".[9]

Neste viés, a concessão de crédito é vista como algo positivo, tanto para as partes como para a economia do país, caso se desenvolva sem maiores intercorrências, uma vez que a inadimplência incontrolável dificulta a própria função social. Assim sendo, a concessão de crédito de modo irresponsável é um dos principais fatores que levam ao superendividamento do consumidor, falando-se na crise do inadimplemento.

A relação obrigacional engloba direitos e deveres recíprocos e, via de regra, espera-se que todo o contrato seja feito para ser cumprido, contemplando a regra da força obrigatória dos contratos (*pacta sunt servanda*). No entanto, o descumprimento acarreta diferentes consequências, previstas no direito brasileiro, como a ruptura dos contratos, inserção de cláusulas de penalidade, entre outras, mas que, apesar de serem importantes, muitas vezes não resolvem o problema social advindo da inadimplência existente nos contratos de crédito.

Os contratos de concessão de crédito são, no geral, de longa duração, prolongando-se no tempo, com relações contínuas e muitas vezes permanentes, de modo que diversos débitos são acumulados, o que gera um endividamento que supera sua capacidade de pagamento.[10]

Ao tratar do direito ao crédito pelo consumidor, é comum remeter-se ainda à sociedade de consumo, sendo que Bauman optou pela expressão "vida a crédito", na

---

7. MARQUES, Claudia Lima. Algumas perguntas e respostas sobre prevenção e tratamento do Ed. RT, v. 75, p. 9-42. jul./set. 2010. Disponível em: https://revistadostribunais.com.br/. Acesso em: 10 maio 2022. p. 3.

8. VERBICARO, Dennis; ATAÍDE, Camille da Silva Azevedo; LEAL, Pastora do Socorro Teixeira. Fundamentos ao reconhecimento do dano existencial nos casos de superendividamento: considerações sobre o mínimo existencial, o valor do tempo e a concepção normativa de dano. *Revista de Direito do Consumidor*, ano 27, v. 120, p. 365-397. nov./dez. 2018. Disponível em: https://revistadostribunais.com.br/. Acesso em: 30 maio 2022. p. 3.

9. SAMPAIO, Patrícia Regina Pinheiro, NOGUEIRA, Rafaela, SILVA, Gabriela Borges. Superendividamento e insolvência civil no Brasil: oportunidade de reforma no marco regulatório. *Revista de Direito do Consumidor*, v. 118, p. 293-329, jul./ago. 2018. Disponível em: https://revistadostribunais.com.br/. Acesso em: 23 maio 2022. p. 2.

10. CEZAR, Fernanda Moreira. O consumidor superendividado: por uma tutela jurídica à luz do direito civil constitucional. *Revista de Direito do Consumidor*. São Paulo: Ed. RT, n. 63, 2007. Disponível em: https://revistadostribunais.com.br/. Acesso em: 22 maio 2022. p. 3.

qual se aponta a preferência pelo consumidor como devedor permanente, como se o endividamento fosse uma característica inerente à atividade econômica, um meio de financiá-la.[11]

Nesse sentido, o endividamento torna-se "um fato inerente à vida em sociedade, ainda mais comum na atual sociedade de consumo".[12]

Diante disso, o acesso ao crédito deve ser incentivado de forma responsável, porque, de fato, possui benefícios, como a inclusão social, supramencionada. Por outro lado, deve-se rechaçar o quadro de concessão de crédito de maneira irresponsável e temerária, uma vez que isso provoca uma potencialização dos riscos, levando ao superendividamento, que será objeto do tópico seguinte.

3. SUPERENDIVIDAMENTO DO CONSUMIDOR: CONCEITOS E PRESSUPOSTOS

Nos dias atuais, o superendividamento atinge milhões de pessoas por todo o mundo, podendo ter origem tanto histórico, social, psicológica, econômica, entre outras.

No aspecto social, ressalta-se o fato de que não apenas o consumidor endividado é afetado, mas toda sua família, bem como a sociedade. Já no viés econômico, observa-se que além de comprometer o mínimo existencial do próprio consumidor, atinge, por consequência, sua família, além da macroeconômica, por representar um risco ao próprio sistema.[13]

Porto e Sampaio trazem que, segundo a Comissão Europeia, o superendividamento possui características específicas, pois envolve um indivíduo, com obrigações financeiras contratadas e sem capacidade de arcar com seus débitos sem que prejudique a sua subsistência.[14] Além disso, a realidade de inadimplemento persiste no tempo e o indivíduo se envolve em um cenário de iliquidez, pois não consegue adimplir os seus contratos nem mesmo por meio da alienação de bens ou outras fontes de recursos.

Marques define o superendividamento como "a impossibilidade global de o devedor pessoa física, consumidor, leigo e de boa-fé, pagar todas as suas dívidas atuais e futuras de consumo [...], isso sem prejudicar o mínimo existencial ou a sua sobrevivência".[15]

---

11. BAUMAN, Zigmunt. *Vida a crédito*: conversas com Citlali Rovirosa-Madrazo. Trad. Alexandre Werneck. Rio de Janeiro: Zahar, 2010. p. 28-32.
12. MARQUES, Claudia Lima; CAVALLAZZI, Rosângela Lunardelli. (Coord.). *Direitos do consumidor endividado*: superendividamento e crédito. São Paulo: Ed. RT, 2006. p. 256.
13. BENJAMIN, Antonio Herman; MARQUES, Claudia Lima; DE LIMA, Clarissa Costa; VIAL, Sophia Martin. *Comentários à Lei 14.181/2021*: a atualização do CDC em matéria de superendividamento. São Paulo: Thomson Reuters Brasil, 2022. p. 29-30.
14. PORTO, Antônio José Maristrello; SAMPAIO, Patrícia Regina Pinheiro. Perfil do superendividado brasileiro: uma pesquisa empírica. *Revista de Direito do Consumidor*, v. 101, p. 435-470, 201. Disponível em: https://revistadostribunais.com.br/. Acesso em: 23 maio 2022. p. 2-3.
15. MARQUES, Claudia Lima. Breve introdução à Lei 14.181/2021 e a noção de superendividamento do consumidor. In: BENJAMIN, Antonio Herman; MARQUES, Claudia Lima; DE LIMA, Clarissa Costa; VIAL, Sophia Martin. *Comentários à Lei 14.181/2021*: a atualização do CDC em matéria de superendividamento. São Paulo: Thomson Reuters Brasil, 2022. p. 27.

Ao tecer maiores explicações, a referida autora destaca que essa definição abrange apenas a pessoa física, excluindo-se o profissional e o empresário. Além disso, traz que a contratação de crédito se deu de boa-fé por parte do devedor, o qual se encontra impossibilitado de arcar com sua obrigação, qual seja, o pagamento das dívidas vencidas e vencíveis com sua própria renda. Outrossim, ressalta que essa situação se dá por um período indeterminado, podendo-se falar em anos para quitação da dívida.[16]

No Brasil, a preocupação com o superendividamento resultou na recente Lei 14.181/2021, a chamada "Lei do Superendividamento", trazendo mudanças no Código de Defesa do Consumidor, atualizando-o para prevenir e tratar essencialmente o superendividamento. Assim, ela acaba atuando em duas vertentes, quais sejam, "prevenção e o tratamento, fazendo-o com o objetivo de propiciar a inclusão social, preservar o mínimo existencial e proteger o consumidor pessoa natural de boa fé".[17]

Destaca-se também que a Lei do Superendividamento ou ainda conhecida como "Lei Claudia Lima Marques", em homenagem a uma de suas idealizadoras, "é um importante instrumento de atualização do Código de Defesa do Consumidor, e pretende substituir a cultura da dívida – reinante na atualidade – pela cultura do pagamento".[18]

Entre as mudanças verificadas, pode-se destacar a inclusão no Código de Defesa do Consumidor do artigo 54-A, cujo parágrafo 1º conceitua o superendividamento como "a impossibilidade manifesta de o consumidor pessoa natural, de boa-fé, pagar a totalidade de suas dívidas de consumo, exigíveis e vincendas, sem comprometer seu mínimo existencial, nos termos da regulamentação".

Marques, Lima e Vial trazem que a diferença entre o superendividamento, a insolvência e inadimplemento contratual de crédito encontra-se no comprometimento do mínimo existencial, que é uma figura constitucional.[19]

Ademais, Di Stasi distingue superendividado ativo e passivo, sendo que o primeiro é aquele "que se coloca na situação de superendividamento por alguma ação sua, seja de maneira inconsciente [...], ou de maneira consciente, contraindo dívidas deliberadamente, mesmo sabendo que não terá condições de pagar", já o segundo é aquele "que não tem problemas no momento da contratação, mas sofre [...] alguma situação inesperada que acaba por reduzir drasticamente a renda familiar".[20]

---

16. MARQUES, Claudia Lima; CAVALLAZZI, Rosângela Lunardelli. (Coord.). *Direitos do consumidor endividado*: superendividamento e crédito. São Paulo: Ed. RT, 2006. p. 258.

17. DI STASI, Mônica. A evolução social e cultural do superendividamento feminino. *Revista de Direito do Consumidor*. São Paulo: Ed. RT, v. 140. ano 31. p. 103-120. mar./abr. 2022. Disponível em: https://revistadostribunais.com.br/. Acesso em: 12 maio 2022. p. 6.

18. DI STASI, Mônica. A evolução social e cultural do superendividamento feminino. *Revista de Direito do Consumidor*. vv. 140. ano 31. p. 103-120. mar./abr. 2022. Disponível em: https://revistadostribunais.com.br/. Acesso em: 12 maio 2022. p. 6.

19. MARQUES, Claudia Lima; DE LIMA, Clarissa Costa; VIAL, Sophia. Nota à atualização do Código de Defesa do Consumidor para "aperfeiçoar a disciplina do crédito", "para a prevenção e o tratamento do superendividamento" e "proteção do consumidor pessoa natural". *Revista de Direito do Consumidor*, São Paulo: Ed. RT, v. 136, p. 517-538. jul./ago. 2021. Disponível em: https://revistadostribunais.com.br/. Acesso em: 14 maio 2022. p. 2.

20. DI STASI, Mônica. A evolução social e cultural do superendividamento feminino. *Revista de Direito do Consumidor*. São Paulo: Ed. RT, v. 140. ano 31. p. 103-120. mar./abr. 2022. Disponível em: https://revistadostribunais.com.br/. Acesso em: 12 maio 2022. p. 4.

Essa distinção tem sua relevância, porque demonstra os motivos que levaram o consumidor a se endividar exageradamente, com a ressalva de que nos dois casos, o fornecedor de crédito não deve agir de maneira abusiva.[21]

Além disso, há quem aponte que "o consumidor endividado ativo consciente não será protegido, admitindo-se, quando muito, a limitação dos empréstimos consignados, de modo a não o reduzir – e reduzir sua família – à miserabilidade. Os demais – endividado ativo inconsciente e o endividado passivo – merecerão tutela da ordem jurídica".[22]

No que concerne aos pressupostos para a caracterização do superendividamento do consumidor, antes mesmo de se pensar em uma lei que tratasse sobre isso, a doutrina já discutia a este respeito.

Nesse contexto, como pressupostos objetivos, acentuava-se se tratar de pessoa física, sendo que quanto à natureza do crédito, não há restrições. Referente à extensão do endividamento, basta que os ganhos sejam inferiores aos seus gastos, a ponto de comprometer a dignidade.[23]

Ainda, apontava-se a impossibilidade manifesta, esclarecendo-se que "a falta de liquidez momentânea não caracteriza o superendividamento".[24] Falava-se também no mínimo vital, como "um montante mínimo para garantir a sobrevivência digna do devedor".[25]

Somando-se a tudo isso, já se falava em outra exigência, qual seja, a boa-fé.

Com o surgimento da Lei do Superendividamento e a sua definição no parágrafo 1º do artigo 54-A, do Código de Defesa do Consumidor, é possível extrair os elementos subjetivos atinentes ao consumidor e os elementos objetivos relacionados à dívida, falando-se aqui na previsão do parágrafo 2º, para a caracterização da situação de superendividamento.

Nos elementos subjetivos, tem-se que a lei beneficia apenas os consumidores superendividados, pessoas naturais no geral, consumidores destinatários finais ou equiparados, excluindo-se assim as pessoas jurídicas, uma vez que estas já estão abarcadas pela Lei de Recuperação Judicial.[26]

---

21. CEZAR, Fernanda Moreira. O consumidor superendividado: por uma tutela jurídica à luz do direito civil constitucional. *Revista de Direito do Consumidor*, São Paulo: Ed. RT, n. 63. 2007. Disponível em: https://revistadostribunais.com.br/. Acesso em: 22 maio 2022. p. 4.
22. NAVAS, Barbara Gomes. Onerosidade excessiva superveniente no código civil e no código de defesa do consumidor: mora, ruína pessoal e superendividamento. *Revista de Direito Civil Contemporâneo*. São Paulo: RT, v. 1. p. 109-136. jan./mar. 2015. Disponível em: https://revistadostribunais.com.br/. Acesso em: 17 maio 2022. p. 7.
23. SCHMIDT NETO, André Perin. Superendividamento do Consumidor: conceito, pressupostos e classificação. *Revista de Direito do Consumidor*. São Paulo: Ed. RT, v. 71, p. 09-33. jul./set. 2009. Disponível em: https://revistadostribunais.com.br/. Acesso em: 13 maio 2022. p. 3.
24. SCHMIDT NETO, André Perin. Superendividamento do Consumidor: conceito, pressupostos e classificação. *Revista de Direito do Consumidor*. São Paulo: Ed. RT, v. 71, p. 09-33. jul./set. 2009. Disponível em: https://revistadostribunais.com.br/. Acesso em: 13 maio 2022. p. 3.
25. SCHMIDT NETO, André Perin. Superendividamento do Consumidor: conceito, pressupostos e classificação. *Revista de Direito do Consumidor*. São Paulo: Ed. RT, v. 71, p. 09-33. jul./set. 2009. Disponível em: https://revistadostribunais.com.br/. Acesso em: 13 maio 2022. p. 4.
26. MARQUES, Claudia Lima; BENJAMIN, Antonio Herman V.; MIRAGEM, Bruno. *Comentários ao Código de Defesa do Consumidor*. São Paulo: Ed. RT, 2022. Disponível em: https://next-proview.thomsonreuters.com/launchapp/title/rt/codigos/72654266/v7/page/RL-1.19%20. Acesso em: 1º jun. 2022. p. RL-1.19.

A título de curiosidade, vale trazer que a limitação pela pessoa natural "não impede que a jurisprudência decida se é possível a equiparação em casos coletivos".[27]

Como segundo requisito, tem-se a boa-fé, a qual é presumida, encontrando limite na comprovação de má-fé, fraude ou dolo. Neste ponto, realça-se que um dos objetivos da Lei 14.181/2021 é "impor uma boa-fé de conduta estrita (informar, esclarecer, avaliar, aconselhar, cooperar, cuidar do leigo, o consumidor pessoa natural a ser protegida de forma especial, Art. 5, VI)".[28]

No que toca ao superendividados "de má-fé", é importante consignar que este foi excluído do respectivo capítulo referente à prevenção e tratamento, visto que não se mostraria adequado beneficiar quem se endividou intencionalmente, buscando fugir das suas obrigações.[29]

Relativamente aos elementos objetivos, têm-se a "impossibilidade manifesta" e "dívidas exigíveis ou vincendas de consumo".

De um lado, a impossibilidade manifesta é aquela evidente, de modo que seja perceptível que o consumidor não possui recursos suficientes para quitar o débito, analisada no caso concreto (comparação entre ativo e passivo), concluindo-se pela inviabilidade financeira.[30]

Do outro, as dívidas exigíveis "são aquelas cujo pagamento já pode ser reclamado pelo credor e que devem ser pagas, imediatamente, pelo devedor",[31] ou seja, as dívidas vencidas, por exemplo, enquanto as dívidas vincendas "são aquelas que o devedor terá que pagar no futuro, isto é, serão exigíveis pelo credor quando vencerem".[32] Neste cenário, sublinha-se que a dívida aqui tratada é restritamente a dívida consumerista.

Por fim, aborda-se o elemento teleológico ou finalístico de proteção, que é a preservação do mínimo existencial. Segundo a doutrina de Marques, Benjamin e Miragem, "a ideia é que as dívidas oriundas de empréstimos ao consumo não comprometam

---

27. MARQUES, Claudia Lima; BENJAMIN, Antonio Herman V.; MIRAGEM, Bruno. *Comentários ao Código de Defesa do Consumidor*. São Paulo: Ed. RT, 2022. Disponível em: https://next-proview.thomsonreuters.com/launchapp/title/rt/codigos/72654266/v7/page/RL-1.19%20. Acesso em: 1º jun. 2022. p. RL-1.19.

28. MARQUES, Claudia Lima; BENJAMIN, Antonio Herman V.; MIRAGEM, Bruno. *Comentários ao Código de Defesa do Consumidor*. São Paulo: Ed. RT, 2022. Disponível em: https://next-proview.thomsonreuters.com/launchapp/title/rt/codigos/72654266/v7/page/RL-1.19%20. Acesso em: 1º jun. 2022. p. RL-1.19.

29. MARQUES, Claudia Lima; BENJAMIN, Antonio Herman V.; MIRAGEM, Bruno. *Comentários ao Código de Defesa do Consumidor*. São Paulo: Ed. RT, 2022. Disponível em: https://next-proview.thomsonreuters.com/launchapp/title/rt/codigos/72654266/v7/page/RL-1.19%20. Acesso em: 1º jun. 2022. p. RL-1.19.

30. MARQUES, Claudia Lima; BENJAMIN, Antonio Herman V.; MIRAGEM, Bruno. *Comentários ao Código de Defesa do Consumidor*. São Paulo: Ed. RT, 2022. Disponível em: https://next-proview.thomsonreuters.com/launchapp/title/rt/codigos/72654266/v7/page/RL-1.19%20. Acesso em: 1º jun. 2022. p. RL-1.19.

31. MARQUES, Claudia Lima; BENJAMIN, Antonio Herman V.; MIRAGEM, Bruno. *Comentários ao Código de Defesa do Consumidor*. São Paulo: Ed. RT, 2022. Disponível em: https://next-proview.thomsonreuters.com/launchapp/title/rt/codigos/72654266/v7/page/RL-1.19%20. Acesso em: 1º jun. 2022. p. RL-1.19.

32. MARQUES, Claudia Lima; BENJAMIN, Antonio Herman V.; MIRAGEM, Bruno. *Comentários ao Código de Defesa do Consumidor*. São Paulo: Ed. RT, 2022. Disponível em: https://next-proview.thomsonreuters.com/launchapp/title/rt/codigos/72654266/v7/page/RL-1.19%20. Acesso em: 1º jun. 2022. p. RL-1.19.

demasiadamente a renda do consumidor, colocando em risco a satisfação de suas necessidades fundamentais".[33]

4. O SUPERENDIVIDAMENTO COMO CONFLITO ESTRUTURAL

O conflito envolvendo o superendividamento tem no polo ativo um consumidor, pessoa natural, com diversas dívidas de consumo, exigíveis e vincendas, e, no polo passivo, um concurso entre diferentes credores.

Ademais, trata-se de conflito que, para a devida proteção ao superendividado, deve ser enfrentado necessariamente de forma coletiva. Isso significa que não adianta resolver apenas uma dívida do consumidor, pois remanesceria a aflição pessoal e financeira do consumidor, com o comprometimento de seu mínimo existencial, e ainda redundaria na insuficiência da tutela jurídica.

Com efeito, a Política Nacional das Relações de Consumo, traça, nos incisos IX e X, do artigo 4º, da Lei 8.078/90, princípios como o fomento de ações direcionadas à educação financeira e ambiental dos consumidores e a prevenção e tratamento do superendividamento como forma de evitar a exclusão social do consumidor.

Não obstante, importante notar que os aspectos processuais do superendividamento estão previstos no Capítulo V, art. 104-A e seguintes, os quais estão, topologicamente, vinculados ao art. 104, o qual, por sua vez, está inserido no microssistema da tutela coletiva.

Em outros termos, parece evidente que a solução individual não soluciona a crise jurídica do superendividado, dependendo, necessariamente, de um tratamento coletivo.

Conceituando o assunto, Edilson Vitorelli ensina que: "Litígio coletivo é o conflito de interesses que se instala envolvendo um grupo de pessoas, mais ou menos amplo, sendo que essas pessoas são tratadas pela parte contrária como um conjunto, sem que haja relevância significativa em qualquer de suas características estritamente pessoais".[34]

Diante disso, resta evidente que o conflito envolvendo superendividamento possui natureza coletiva e demanda o adequado tratamento processual, por meio de técnicas apropriadas para a tutela coletiva.

Não obstante, o conflito do superendividado possui características estruturais, na medida em que configura um verdadeiro descarrilhamento da capacidade do consumidor em saldar suas dívidas, devido a um descontrole financeiro, gerando grande impotência de retorno ao estado anterior, que compromete o seu mínimo existencial e a sua inclusão do mercado de consumo.

---

33. MARQUES, Claudia Lima; BENJAMIN, Antonio Herman V.; MIRAGEM, Bruno. *Comentários ao Código de Defesa do Consumidor*. São Paulo: Ed. RT, 2022. Disponível em: https://next-proview.thomsonreuters.com/launchapp/title/rt/codigos/72654266/v7/page/RL-1.19%20. Acesso em: 1º jun. 2022. p. RL-1.19.
34. VITORELLI, Edilson. *Processo civil estrutural*: teoria e prática. Salvador: JusPodivm, 2020, p. 24.

Trata-se da mesma lógica que ocorre no âmbito da recuperação judicial de empresas, cujo procedimento está previsto na Lei 11.101/2005, e que objetiva uma proteção temporária da empresa até que consiga retomar o equilíbrio econômico-financeiro, preservando suas atividades e evitando-se a falência.[35]

Acerca do conflito estrutural, novamente Edilson Vitorelli conceitua: "Litígios estruturais são litígios coletivos decorrentes do modo como uma estrutura burocrática, usualmente de natureza pública, opera. O funcionamento da estrutura é que causa, permite ou perpetua a violação que dá origem ao litígio coletivo".[36]

Registre-se, ainda, que os litígios estruturais podem envolver a proteção de [...] de quaisquer espécies de direitos fundamentais, pertencentes a diferentes gerações. [...]".[37]

Destarte, o conflito estrutural possui algumas características próprias, exigindo uma tutela que atenda às suas especificidades, o que se dá por meio do processo estrutural, que, nas palavras de Edilson Vitorelli "[...] é um processo coletivo no qual se pretende, pela atuação jurisdicional, a reorganização de uma estrutura, pública ou privada, que causa, fomenta ou viabiliza a ocorrência de uma violação a direitos, pelo modo como funciona, originando um litígio estrutural.". E a concretização desse percurso se dá por meio de fases de desenvolvimento, quais sejam: 1) diagnóstico da situação da estrutura; 2) elaboração do plano; 3) implementação do plano; 4) avaliação dos resultados do plano; e 5) revisão do plano e implementação do plano revisto.[38]

No caso do superendividamento, o consumidor constituiria essa estrutura cujo funcionamento está em crise, gerando um conflito de natureza complexa, envolvendo um concurso de credores, e que somente por meio de uma solução coletiva será possível alcançar um resultado adequado, que é a reestruturação da condição do superendividado, com o seu reequilíbrio financeiro e seu retorno às relações de consumo.

Diante disso, a Lei do Superendividamento traz um procedimento próprio, com uma lógica que o processo tradicional não atende. Pretende-se, com isso, possibilitar a readequação financeira do superendividado, por meio de uma tutela que o proteja até que consiga retomar a sua saúde financeira.

Por essa razão, o procedimento foi previsto em fases, assegurando inicialmente uma autocomposição global entre o consumidor e os credores, para, em caso de insucesso – total ou parcial–, partir-se para técnicas mais drásticas e impositivas de solução.

Portanto, conclui-se que o conflito de superendividamento se enquadra na categoria de litígio coletivo estrutural, de modo que a sua tutela jurisdicional deve ser concretizada por meio de um processo com características estruturais.

---

35. ARENHART, Sérgio Cruz; OSNA, Gustavo; JOBOM, Marco Félix. *Curso de processo estrutural*. São Paulo: Ed. RT, 2021, p. 33-37.
36. VITORELLI, Edilson. *Processo civil estrutural*: teoria e prática. Salvador: JusPodivm, 2020, p. 52.
37. PORFIRO, Camila Almeida. *Litígios estruturais*: legitimidade democrática, procedimento e efetividade. Rio de Janeiro: Lumen Juris, 2018, p. 42 e 43.
38. VITORELLI, Edilson. *Processo civil estrutural*: teoria e prática. Salvador: JusPodivm, 2020, p. 60.

5. LINHAS GERAIS SOBRE A TUTELA DO CONSUMIDOR NOS CONTRATOS DE CRÉDITO

Conforme anteriormente já mencionado, o combate ao superendividamento se justifica na necessidade de garantir ao devedor um mínimo vital, de modo a proporcionar a conservação de recurso para necessidades pessoais e familiares.[39]

Verbicaro, Ataíde e Leal consideram que o superendividamento apresenta um complexo de danos que fogem do tradicional dano moral ou dano material, "resultando no paradoxo de uma gama de alterações negativas no cotidiano da pessoa restar sem o mínimo de reparação",[40] daí a importância de se preservar esse mínimo existencial.

Deste modo, esse mínimo necessário se constitui em um direito pré-constitucional e fundamental, de modo que há um direito às condições mínimas de existência humana, "tanto em um viés negativo (proteção às ingerências do Estado no poder de autodeterminação dos indivíduos) quanto positivo (prestações estatais necessárias à garantia das condições mínimas de vida digna)".[41]

Aliás, a proteção do consumidor em si é classificada como direito fundamental, disposta no inciso XXXII, artigo 5º, da Constituição Federal, que traz que "O Estado promoverá, na forma da lei, a defesa do consumidor", incumbindo ao Estado essa proteção.

Por conseguinte, ainda no texto constitucional, tem-se a previsão do inciso V, artigo 170, que traz que "A ordem econômica, fundada na valorização do trabalho humano e na livre iniciativa, tem por vim assegurar a todos existência digna, conforme os ditames da justiça social, observados os seguintes princípios (...) V. A defesa do consumidor".

É cediço que o Código de Defesa do Consumidor é aplicável às instituições financeiras. Isso porque nos termos do *caput* do artigo 3º da legislação consumerista: "fornecedor é toda pessoa física ou jurídica, pública ou privada, nacional ou estrangeira, [...] que desenvolvem atividade de prestação de serviços", sendo que serviço, segundo o parágrafo segundo do mesmo dispositivo, "é qualquer atividade fornecida no mercado de consumo, mediante remuneração, inclusive as de natureza bancária, financeira, de crédito, salvo as decorrentes das relações de caráter trabalhista".

Aliás, o próprio Colendo Superior Tribunal de Justiça confirma pelo entendimento sumular de número 297 que "O Código de Defesa do Consumidor é aplicável às instituições financeiras".

---

39. KIRCHNER, Felipe. Os novos fatores teóricos de imputação e concretização do tratamento do superendividamento de pessoas físicas. *Revista de Direito do Consumidor*, São Paulo, n. 65, p. 63-113, jan./mar. 2008. Disponível em: https://revistadostribunais.com.br/. Acesso em: 18 maio 2022. p. 3.

40. VERBICARO, Dennis; ATAÍDE, Camille da Silva Azevedo; LEAL, Pastora do Socorro Teixeira. Fundamentos ao reconhecimento do dano existencial nos casos de superendividamento: considerações sobre o mínimo existencial, o valor do tempo e a concepção normativa de dano. *Revista de Direito do Consumidor*, ano 27, v. 120, p. 365-397. nov./dez., 2018. Disponível em: https://revistadostribunais.com.br/. Acesso em: 30 maio 2022. p. 6.

41. KIRCHNER, Felipe. Os novos fatores teóricos de imputação e concretização do tratamento do superendividamento de pessoas físicas. *Revista de Direito do Consumidor*, São Paulo, n. 65, p. 63-113, jan./mar. 2008. Disponível em: https://revistadostribunais.com.br/. Acesso em: 18 maio 2022. p. 4.

Logo, não há dúvidas de que a Lei do Superendividamento, que proporcionou mudanças no Código de Defesa do Consumidor, deve ser considerada nos contratos de crédito, tutelando, assim, o consumidor.

O artigo 4º do Código de Defesa do Consumidor, por sua vez, dispõe sobre os princípios que devem ser observados na relação consumerista, na medida que zela pela dignidade, saúde, segurança, proteção de interesses econômicos e melhoria de qualidade de vida do consumidor, assim como a transparência das relações de consumo.

No que diz respeito às alterações trazidas pela Lei do Superendividamento, ressaltam-se o artigo 6º e os incisos XI e XII, sendo que o primeiro aborda a garantia de práticas de crédito responsável, de educação financeira e de prevenção e tratamento de situações de superendividamento, ao passo que o segundo menciona a preservação do mínimo existencial.

Além da previsão legal já mencionada, é certo que também cabe ao credor mitigar suas próprias perdas, reduzir os danos suportados pelo superendividado e o dever de renegociar as dívidas. Isso porque o fornecedor de crédito, ao colaborar ativamente para o superendividamento do consumidor, distorce a função social do contrato (art. 421 do CC), rompendo com a boa-fé objetiva (art. 422 do CC). Por isso, frisa-se que a concessão de crédito deve ser realizada de forma responsável.

Ao pensar em atividades práticas que auxiliam o consumidor em situação de superendividamento, Martins, Tostes e Fortes citam o Núcleo de Defesa do Consumidor da Defensoria Pública do Estado do Rio de Janeiro, que possui um departamento específico há quase 20 (vinte) anos para atuação na área de superendividamento, de modo que o consumidor definido como "superendividado" recebe educação financeira, sendo ainda beneficiado pelas medidas de caráter extrajudicial ou mesmo judicial.[42]

Ademais, o Brasil é um dos signatários da Agenda 2030 da Organização das Nações Unidas, que busca, entre outros erradicar a pobreza a promover vida digna para todos, Di Stasi vê na atualização do Código de Defesa do Consumidor "uma medida que bem atende a tal propósito, pois traz em si elementos que permite a redução das desigualdades sociais e recuperação da dignidade de milhares de pessoas".[43]

Para tanto, a fim de delinear o conceito de mínimo existencial para proteção da pessoa superendividada, foi editado o Decreto Presidencial 11.150, em 26 de julho de 2022, considerando como parâmetro de renda mínima para sobrevivência "a renda mensal do consumidor pessoa natural equivalente a vinte e cinco por cento do salário-mínimo

---

42. MARTINS, Guilherme Magalhães; TOSTES, Eduardo Chow de Martino; FORTES, Pedro Rubim Borges. A regulação coletiva do superendividamento: um estudo de caso do mercado de empréstimos consignados e de bem-sucedida mediação coletiva de consumo. *Revista de Direito do Consumidor*, São Paulo, v. 127, p. 19-44, jan./fev. 2020. Disponível em: https://revistadostribunais.com.br/. Acesso em: 10 maio 2022. p. 4.

43. DI STASI, Mônica. A evolução social e cultural do superendividamento feminino. *Revista de Direito do Consumidor*. São Paulo: Ed. RT, v. 140. ano 31. p. 103-120. mar./abr. 2022. Disponível em: https://revistadostribunais. com.br/. Acesso em: 12 maio 2022. p. 5.

vigente" (art. 3º), o que beira o absurdo, considerando que esse percentual chegaria a pouco mais de trezentos reais.

Diante disso, tramitam perante a Suprema Corte duas Arguições de Descumprimento de Preceito Fundamental 1005 e 1006, a fim de discutir a constitucionalidade desse Decreto, tendo, inclusive, a Procuradoria Geral da República apresentado parecer desfavorável a esse diploma, entendendo, acertadamente pela inconstitucionalidade do que fora estabelecido no Decreto, o que está de acordo com as normas protetivas do consumidor.

Há notícias de que o novo governo pretende aumentar o valor do mínimo existencial para um valor que represente dignamente as necessidades básicas do consumidor.

6.   O PAPEL DO PODER JUDICIÁRIO NO CONTEXTO DO SUPERENDIVIDAMENTO

Traçadas as diretrizes trazidas pela legislação para melhor tratamento consumerista na questão do Superendividamento, deve-se analisar o papel do Poder Judiciário como um instrumento de execução da Política Nacional das Relações de Consumo.

Em primeiro lugar, importante esclarecer que a questão do superendividamento vem sendo objeto de estudo há alguns anos pela doutrina e pela jurisprudência, destacando-se que, antes mesmo da edição da lei, a prática forense já se debruçava sobre o tema, tendo, inclusive, chegado aos Tribunais Superiores.

A exemplo disso, o Superior Tribunal de Justiça já vem se manifestando sobre a questão e trouxe alguns posicionamentos para tutelar os indivíduos mais vulneráveis que podem se submeter a esse tipo de contratação, como idosos.

No julgamento do REsp 1.584.501, a Terceira Turma afastou a realização de descontos de empréstimo consignado que comprometiam quase a totalidade de rendimentos do devedor e, em atenção à preservação do mínimo existencial, autorizou apenas que houvesse descontos no percentual de 30% (trinta por cento) da remuneração líquida percebida pelo devedor, após deduzidos os descontos obrigatórios (Previdência e Imposto de Renda).[44]

Em outro caso, por meio de uma Ação Civil Pública ajuizada pelo Ministério Público Federal, o Superior Tribunal de Justiça, nos autos do Resp 1.783.731, debruçou-se sobre os contratos da Caixa Econômica Federal que restringiam a contratação de empréstimos para pessoas cuja idade, somada com o prazo do contrato, ultrapassasse 80 (oitenta) anos.

---

44.   Nesse particular, interessante pontuar que, recentemente, o Superior Tribunal de Justiça se debruçou sobre a questão e, em sede de Recurso Repetitivo (Tema 1085), enfrentou a possibilidade de aplicabilidade ou não da limitação de 30% previ prevista na Lei 10.820/2003 (art. 1º, § 1º), para os contratos de empréstimos bancários que preveem desconto em conta corrente, ainda que usada para o recebimento de salário. Na ocasião, foi firmada a tese de que são lícitos os descontos de parcelas de empréstimos bancários comuns em conta-corrente, ainda que utilizada para recebimento de salários, desde que previamente autorizados pelo consumidor e enquanto esta autorização perdurar. Foi afastada no caso a limitação do percentual de 30% prevista no § 1º do art. 1º da Lei 10.820/2003, que disciplina os empréstimos consignados em folha de pagamento.

A instituição financeira, na ocasião, afirmou, basicamente, que o intuito seria evitar o superendividamento entre consumidores idosos, além de protege-los de eventual tomada de empréstimos por pressões familiares. Contudo, a Ministra Nancy Andrighi, relatora do recurso, entendeu que a adoção do critério etário seria válida, quando adequadamente justificada e fundamentada no ordenamento jurídico, avaliando-se sua razoabilidade diante dos princípios da igualdade e da dignidade da pessoa humana.

Trata-se, portanto, de forma de proteger a população idosa na contratação de crédito com prejuízo dos seus vencimentos, ressaindo claro que é possível a contratação de crédito por outras modalidades, nos termos do voto da relatora do recurso.

Por outro lado, valendo-se do entendimento de que o idoso "não seria sinônimo de tolo, nos autos do Resp 1.358.057, o Superior Tribunal de Justiça entendeu pela possibilidade de um fornecimento de um cartão sênior oferecido por uma instituição financeira. Nesse caso, o Ministério Público Federal, por meio de ação civil pública, almejava a anulação de contrato de cartão de crédito sênior oferecido por um banco por entender que a sistemática favorecia o superendividamento.

A Corte Superior, entretanto, posicionou-se no sentido de que negar os idosos a contratar esse tipo de modalidade contratual acabaria por cessar o seu direito à liberdade contratual.

A jurisprudência do Superior Tribunal de Justiça, portanto, tutela o consumidor endividado por meio da análise do caso concreto, utilizando-se dos princípios da dignidade da pessoa humana, da boa-fé, do equilíbrio contratual, da informação e da transparência. Apesar de serem soluções relevantes, a legislação atual poderá identificar, à luz desses princípios, qual o melhor tratamento ao consumidor que se encontra nessa situação.

Vê-se, pois, que a análise da tutela do consumidor vulnerável a situações de superendividamento é casuística e, para tanto, a nova legislação será importante para melhor direcionamento dos casos concretos. Tem-se percebido que, nos últimos anos, o Poder Judiciário tem tido um protagonismo na efetivação dos direitos fundamentais e, assim, é necessária a sua atuação na novel legislação.

Ante a modificação legislativa, deve-se identificar como os tribunais lidarão com o tema, à luz das recentes alterações, notadamente porque já vinham tratando do tema antes mesmo da edição de uma lei específica para o caso.

A Lei 14.181/2021 trouxe que o Poder Público deve instituir mecanismos de prevenção e tratamento extrajudicial e judicial do superendividamento e de proteção do consumidor pessoa natural, bem como criará núcleos de conciliação e mediação para tratamento de conflitos oriundos de superendividamento. Para além dessa previsão, também houve a possibilidade de solução extrajudicial dos conflitos, entretanto, para fins do presente escrito, deve-se fazer um recorte para análise de pontos que importam apenas à questão judicial.

Referidas ações por óbvio, recaem sobre a atuação do Poder Judiciário e, conforme será exposto nos tópicos subsequentes, este vem desempenhando um importante papel para efetivação da legislação sob análise.

Ressalte-se que, antes mesmo da aplicação da lei, o tratamento do consumidor superendividado no âmbito do Poder Judiciário já era objeto de estudo, o que, inclusive, culminou com a criação do Enunciado 45 do Conselho da Justiça Federal, o qual previu a compatibilidade do tratamento do superendividamento com a conciliação e a mediação.[45] Vê-se, portanto, que a questão vem se desenvolvendo ao longo dos tempos e, conforme será visto no próximo tópico, foram editados atos normativos justamente para compatibilizar os métodos de tratamento de conflitos no âmbito da relação de consumo dos superendividados.

O artigo 104-A traz um procedimento específico de conciliação e de repactuação, para garantir a renegociação dos débitos pendentes. Assim, o juiz pode presidir audiência conciliatória ou, ainda, o ato ser dirigido por conciliador, para que todos os credores sejam chamados para que o consumidor apresente proposta de pagamento, à semelhança do que ocorre em um procedimento de recuperação judicial.

Nesse ponto, destaca-se a compatibilização da disciplina com o artigo 139, V do Código de Processo Civil, que prevê o poder-dever de o juiz promover, a qualquer tempo, a autocomposição. Obviamente que a possibilidade deve estar adstrita ao requerimento do interessado, entretanto, por força da previsão do diploma processual, não haveria óbice ao magistrado consultar às partes para se manifestarem sobre eventual possibilidade de acordo, com repactuação da dívida.

Nesses termos, para a instauração do procedimento, segundo Pablo Stolze Gagliano e Carlos Eduardo Elias de Oliveira, o consumidor endividado apresentará, na petição inicial: (i) a incapacidade financeira de garantir o mínimo existencial (art. 6º, XII, 54-A, § 1º, CDC); (ii) a ausência de má-fé ou de fraude na obtenção das dívidas (art. 54-A, § 3º, e art. 104-A, § 1º, CDC), observado que esses conceitos devem ser interpretados restritiva e teleologicamente, nos moldes do que defendemos em artigo anterior; (iii) a desvinculação entre as dívidas e a aquisição de produtos ou de serviços de luxo (art. 54-A, § 3º, CDC); (iv) a não caracterização das dívidas *sub oculi* nas seguintes exceções: crédito com garantia real, crédito de financiamento imobiliário e crédito rural (art. 54-A, § 1º, do CDC; e (iv) a apresentação de proposta de plano de pagamento (art. 104-A, *caput*, CDC).[46]

No polo passivo, serão incluídas as empresas credoras para quem o devedor almeja realizar a negociação.

Prezando-se pela boa-fé processual, as dívidas que foram contraídas dolosamente sem o propósito de realizar o pagamento estão excluídas desse procedimento, conforme consta no parágrafo 1º do artigo 104-A.

---

45. Conselho da Justiça Federal. Enunciado 45. A mediação e conciliação são compatíveis com a recuperação judicial, a extrajudicial e a falência do empresário e da sociedade empresária, bem como em casos de superendividamento, observadas as restrições legais.

46. GAGLIANO, Pablo Stolze; OLIVEIRA, Carlos Eduardo Elias de. Comentários à lei do superendividamento (Lei 14.181, de 1º de julho de 2021 (LGL\2021\9138)) e o princípio do crédito responsável. Uma primeira análise. *Revista Jus Navigandi*, ISSN 1518-4862, Teresina, a. 26, n. 6575, 02.07.2021. Disponível em: [jus.com.br/artigos/91675]. Acesso em: 30 maio 2022.

Para viabilizar o comparecimento de todos os credores e, em consequência, aumentar as chances de solucionar a questão, o parágrafo 2º do artigo 104-A traz a penalidade de a suspensão da exigibilidade do débito e a interrupção dos encargos da mora, bem como a sujeição compulsória ao plano de pagamento da dívida, caso haja o não comparecimento injustificado por qualquer credor.

Caso se mostre inexitosa a conciliação apresentada, o artigo 104-B prevê a instauração de processo de superendividamento, com a revisão dos valores objeto dos contratos pactuados, com elaboração de um plano judicial para pagamento, o que a doutrina vem denominando de "plano judicial compulsório".

Nesse particular, como bem pontuam Pablo Stolze Gagliano e Carlos Eduardo Elias de Oliveira, a legislação prevê um único processo, com duas fases procedimentais distintas: (i) a "repactuação de dívidas"; (ii) a "de revisão e integração dos contratos e repactuação das dívidas remanescentes", da qual resultará um plano judicial compulsório.[47]

Interessante pontuar que, no que toca à mediação, a nova lei trouxe apenas uma referência genérica no inciso VII do artigo 5º, que disciplina a execução da Política Nacional das Relações de Consumo, inserindo que deve haver "a instituição de núcleos de conciliação e mediação de conflitos oriundos de superendividamento". No entanto, o procedimento previsto no artigo 104-A foi reservado tão somente à conciliação e nada versa sobre a mediação.

Em verdade, analisando os conceitos de cada instituto, verifica-se que, no que se refere à guarda de valores e/ou movimentações em contas corrente ou poupança, a relação entre consumidor e instituição financeira é continuada, de forma que se mostra quase que impossível, na atualidade, um indivíduo viver sem conta bancária. Assim, interessante pontuar que as relações entre banco e consumidor, ao menos a princípio, possuem um viés de continuidade que demandaria o tratamento do conflito pela mediação.

Entretanto, analisando sob uma perspectiva mais ampla, em que as instituições integrantes do Sistema Financeiro Nacional não se resumem apenas a bancos, também é possível visualizar uma relação mais pontual entre o consumidor e a pessoa jurídica fornecedora de crédito, o que, a princípio, poderia ser tratada sob a perspectiva da conciliação.

No caso da relação com o superendividamento, o caráter de continuidade está muito presente, notadamente porque o consumidor se vê cada vez mais com dívidas que não consegue arcar e, à medida que o tempo passa, ainda se vê naquele emaranhado de débitos em seu nome. Essa permanência na relação, por certo, aproxima-se da mediação, sendo um aspecto importante para ser visualizado no âmbito do tratamento dos conflitos.

De toda forma, deve-se ressaltar que o instrumento legislativo em análise só ratifica a ideia já consagrada com a inserção do Código de Processo Civil, da Lei de Mediação,

---

47. GAGLIANO, Pablo Stolze; OLIVEIRA, Carlos Eduardo Elias de. *Lei do Superendividamento*: questões práticas no procedimento judicial de repactuação das dívidas. Disponível em: https://www.migalhas.com.br/arquivos/2021/12/EB65C2F274DCF0_ARTIGO_LeidoSuperendividamento.pdf. Acesso em: 1º jun. 2022.

das modificações na Lei de Arbitragem de que, ao lado da Resolução 125/2010 do Conselho Nacional de Justiça, o ordenamento jurídico brasileiro instaurou um verdadeiro sistema de Justiça Multiportas.

Referido argumento é reforçado com a inserção do artigo 104-C, que prevê a possibilidade de os órgãos públicos integrantes do Sistema Nacional de Defesa do Consumidor realizarem a fase conciliatória e preventiva do processo de repactuação de dívidas, nos moldes do art. 104-A, criando, assim, mais uma "porta" de tratamento de conflito.

6.1 A atuação do Conselho Nacional de Justiça na construção de diretrizes para tratamento dos superendividados

A Lei 14.481/2021 trouxe dois eixos de atuação para o tratamento do superendividamento: (i) a prevenção, por meio de fomento de ações destinadas à educação financeira, tais como campanhas educativas e publicidade consciente; e (ii) o tratamento, através, preferencialmente, dos métodos adequados de tratamento de conflitos, ponto este que tem íntima ligação com o poder público, especialmente o Poder Judiciário.

Nesse sentido, o artigo 4º, inciso X, do Código de Defesa do Consumidor já disciplina a prevenção e o tratamento do superendividamento como formas de evitar a exclusão social do consumidor.

Em compasso com a realidade social e atentando-se para a melhor prestação jurisdicional após a edição da Lei do Superendividamento, o Conselho Nacional de Justiça tem apresentado relevantes mecanismos para que o Poder Judiciário construa estratégias de tratamento do tema do superendividamento nos trâmites processuais.

Inicialmente houve a edição da Portaria CNJ 55/2022, que criou Grupo de Trabalho com o objetivo de aperfeiçoar os procedimentos administrativos para facilitar o trâmite dos processos de tratamento do superendividado. O grupo teve por objetivo a análise pormenorizada dos problemas que afetam esse tipo de relação jurídica, a fim de identificar os gargalos e imprimir melhorias no desenvolvimento dos métodos de tratamento de conflitos.

Como consequência de debates pelos especialistas que integraram o Grupo de Trabalho, foi editada Recomendação 125/2021, que traça diretrizes aos tribunais brasileiros para implementação de Núcleos de Conciliação e Mediação de Conflitos oriundos do superendividamento.

Para operacionalização dessas atividades, o artigo 1º[48] da Recomendação acima citada aproveita a estrutura já existente que existe – ou ao menos deveria existir – desde a Resolução 125/2010 do Conselho Nacional de Justiça, qual seja, a utilização dos Centros Judiciais de Solução de Conflitos e Cidadania para tratamento desse tipo de conflito.

---

48. Art. 1º Recomendar aos tribunais brasileiros a implementação de Núcleos de Conciliação e Mediação de Conflitos oriundos de superendividamento, os quais poderão funcionar perante aos CEJUSCs já existentes, responsáveis principalmente pela realização do procedimento previsto no art. 104-A, do Código de Defesa do Consumidor.

Referidos Centros já são utilizados na estrutura judiciária para realização de sessões e audiências de conciliação e mediação, sem prejuízo de outros métodos consensuais, bem como atendimento e orientação dos cidadãos, tendo um maior protagonismo após o Código de Processo Civil de 2015, o qual previu expressamente a sua criação no artigo 165, não obstante já constar na Resolução 125/2010.

Outro aspecto relevante está no Anexo da Recomendação, que traz um fluxograma sobre o procedimento adotado para melhor tratamento da questão, bem como prevê um formulário padrão de preenchimento com as informações necessárias ao caso, de forma que, ao iniciar o procedimento, o Núcleo de Mediação do Superendividamento poderá individualizar o caso concreto e ter um melhor direcionamento sobre o problema que aflige o consumidor.

Identificam-se as seguintes etapas iniciais para a realização de sessão de mediação ou conciliação no tratamento desse tipo de conflito: (i) o consumidor solicita a repactuação de dívidas; (ii) há o preenchimento formulário com dados socioeconômicos, valor das dívidas e capacidade de reembolso e mínimo existencial; (iii) há a designação de audiência de conciliação, com expedição de convite a todos os credores, com pedido de cópia dos contratos.

Feita essa etapa, é possível que haja a conciliação total ou parcial, seja em relação aos credores, seja em relação ao crédito. Os credores que não integraram a autocomposição, por sua vez, poderão ser intimados, com a continuidade do processo de repactuação de dívidas, na forma do artigo 104-A do Código de Defesa do Consumidor.

É relevante pontuar, ainda, que está prevista a realização de convênios com as entidades envolvidas no contexto do superendividamento, o que se revela muito positivo para que haja uma verdadeira intermediação do diálogo entre o consumidor e a instituição financeira. A fim de viabilizar a solução da questão em tempo hábil, primando-se pela celeridade na construção desse relacionamento, também foi recomendada a adoção de medidas para suspensão ou extinção de ações judiciais e exclusão do nome do consumidor no banco de dados e cadastro de inadimplentes.

Ademais, também para auxiliar na estatística de tramitação dos processos judiciais, o Conselho Nacional de Justiça promoveu uma nova atualização das Tabelas Processuais Unificadas (TPUs) a fim de mapear o fenômeno do superendividamento, o que permite que se identifique o assunto no acervo processual das unidades judiciárias para fins estatísticos e até mesmo de tratamento individualizado de conflitos.

A medida é relevante por permitir um controle maior do acervo que cuida dessa temática, identificação de dados concretos que tratam dessa questão de modo a facilitar o desenvolvimento de políticas específicas de tratamento do superendividado.

Diante do exposto, vê-se o papel de relevo do Conselho Nacional de Justiça na busca pelo adequado tratamento dos conflitos oriundos do endividamento dos consumidores, reforçando a sua preocupação em aperfeiçoar o trabalho do sistema judiciário brasileiro para auxílio não apenas na praxe forense, mas também nas respostas à sociedade, tão carente de medidas efetivas para a solução de seus problemas.

6.2 Algumas considerações sobre a sistemática dos juizados especiais cíveis

Os Juizados Especiais Cíveis possuem uma maior aproximação com o consumidor, especialmente diante da desnecessidade de advogado para causas de até vinte salários-mínimos, aproximando-o do Poder Judiciário.

Não obstante essa relevância, o questionamento que se coloca em discussão com a edição da Lei 14.481/2021 reside justamente na compatibilidade do procedimento trazido pelo artigo 104-B e seguintes aos Juizados Especiais.

É importante pontuar que, sendo uma lei nova, ainda não há muitos escritos sobre a questão, no entanto, mesmo que informalmente, a doutrina e a jurisprudência já começaram a enfrentar a temática, havendo divisão no entendimento de quem seria contra ou favorável ao cabimento de repactuação de dívidas perante os Juizados Especiais.

Na sistemática dos juizados vigora princípios da simplicidade, da oralidade, da informalidade e da economia processual, e, assim, há quem diga que a inserção de um procedimento diferenciado não se coaduna com o rito procedimental previsto na Lei 9.099/95, em especial no tocante ao prazo de cinco anos no processo de repactuação de dívidas. Pablo Stolze Gagliano e Carlos Eduardo Elias de Oliveira, por exemplo, já se posicionaram nesse sentido.[49]

Os argumentos contrários são no sentido de que a lei disciplinou o procedimento indistintamente e não fez nenhuma ressalva em relação à atuação dos Juizados Especiais.

Não bastasse, a própria aproximação da população ao procedimento dos juizados seria uma forma de viabilizar o melhor tratamento dos conflitos dessa natureza.

Ademais, que a própria principiologia trazida pela Lei 9099/95 coaduna-se com o tratamento do superendividado, pois a oralidade, a simplicidade, e a informalidade, tornariam efetiva e acessível a disciplina conferida pela Lei 14.481/21 ao consumidor.

Por fim, que eventual nomeação de um administrador para gestão das contas (art. 104-B, § 3º, do CDC) não traduz em tamanha complexidade que afastaria, de plano, a aplicação dos Juizados, em especial porque se trata de mera faculdade do magistrado. Corroborando com o exposto, menciona-se o enunciado 12 do Fórum Nacional dos Juizados Especiais, o qual dispõe que a perícia informal é admissível na hipótese do art. 35 da Lei 9.099/1995.

Pois bem, diante dessas divergências, o Grupo de Trabalho do CNJ oficiou ao FONAJE (Fórum Nacional dos Juizados Especiais) para saber o posicionamento de seus integrantes acerca da questão. Em resposta, informaram a deliberação no sentido de que os Juizados Especiais não teriam compatibilidade com o procedimento previsto para o superendividamento.

---

49. GAGLIANO, Pablo Stolze; OLIVEIRA, Carlos Eduardo Elias de. *Lei do Superendividamento*: questões práticas no procedimento judicial de repactuação das dívidas. Disponível em: https://www.migalhas.com.br/arquivos/2021/12/EB65C2F274DCF0_ARTIGO_LeidoSuperendividamento.pdf. Acesso em: 01 jun. 2022.

Portanto, diante das particularidades do conflito e do procedimento, a Justiça Comum deve ser a competente para a tramitação do litígio.

E quando se fala de Justiça Comum ainda remanesce a dúvida se seria a Estadual ou a Federal. Sobre o tema, o Superior Tribunal de Justiça, no Conflito de Competência 193066 – DF (2022/0362595-2), de relatoria do Ministro Marco Buzzi, decidiu caber à Justiça Comum Estadual e/ou Distrital processar e julgar as demandas oriundas de ações de repactuação de dívidas decorrentes de superendividamento, ainda que exista interesse de ente federal.

7. ENUNCIADOS DO FONAMEC SOBRE O SUPERENDIVIDAMENTO[50]

O Fórum Nacional de Mediação e Conciliação (FONAMEC), criado em 2014, tem por finalidade o aprimoramento da Política Nacional de Tratamento Adequado de Conflitos de Interesses de que trata a Resolução CNJ 125/2010. Ele é composto Magistrados Presidentes e Coordenadores dos Núcleos Permanentes de Métodos Consensuais de Solução de Conflitos (NUPEMECs) dos Estados e do Distrito Federal e pelos Magistrados Coordenadores dos Centros Judiciários de Solução de Conflitos e Cidadania (CEJUSCs).

Sua importância foi reconhecida na Emenda 2, de 2016, que alterou a Resolução CNJ 125/2010, e incluiu a Seção III-A para prever os Fóruns de Coordenação de Núcleos, sendo que, de acordo com o art. 12-A, § 2º: "Os enunciados dos Fóruns da Justiça Estadual e da Justiça Federal terão aplicabilidade restrita ao respectivo segmento da justiça e, uma vez aprovados pela Comissão Permanente de Acesso à Justiça e Cidadania ad referendum do Plenário, integrarão, para fins de vinculatividade, esta Resolução".

O FONAMEC se reúne com periodicidade, sendo que, em sua XIII Encontro, ocorrido em abril de 2023 em Belo Horizonte/MG, foram aprovados enunciados específicos para o superendividamento, os quais, se aprovados, serão vinculantes ao Poder Judiciário.

Nesse contexto, faz-se relevante indicar os enunciados e as justificativas correspondentes, pois traduzem os entendimentos atuais sobre o assunto.

Enunciado 35 – Os CEJUSCs, sempre que possível, deverão desenvolver programa de tratamento e prevenção do superendividamento, com a realização das audiências coletivas de conciliação pré-processual previstas no art. 104-A do Código de Defesa do Consumidor.

Justificativa: O art. 2º da Resolução 125/2010 do CNJ dispõe que, na implementação da política Nacional de tratamento adequado de conflitos, para a boa qualidade dos serviços e para disseminação da cultura de pacificação social, será observada a centralização das estruturas judiciais. A atualização do Código de Defesa do Consumidor contemplou a criação de "núcleos de conciliação e mediação de conflitos oriundos de superendividamento", de acordo com art. 5º, VII, demonstrando a importância da especialização da unidade para atuação temática e priorizando a fase consensual do tratamento do

---

50. Disponível em: Caderno de Enunciados até 13º FONAMEC 2023.pdf. Acesso em: 1º maio 2023.

superendividamento, com foco na atuação cooperativa dos credores, consoante prevê o art. 104-A, § 2º do CDC. A criação da competência concorrente do Sistema Nacional de Defesa do Consumidor para a fase consensual do tratamento do superendividamento, prevista no art. 104-C do CDC, corrobora a importância dos Cejusc's especializados, especialmente porque admitido o superendividamento do consumidor como fenômeno social e complexo que demanda atendimento multidisciplinar.

Enunciado 36 – Deverá constar, na notificação encaminhada aos credores, a advertência de que o não comparecimento injustificado à audiência de conciliação ou a presença de procurador sem poderes especiais e plenos para transigir acarretará a aplicação, por força de lei, das sanções previstas no art. 104-A, parágrafo 2º, do Código de Defesa do Consumidor.

Justificativa: A expressa notificação prévia e padronizada dos credores sobre a possibilidade de incidência das sanções contidas no art. 104-A, parágrafo 2º do CDC, assegura a preservação do princípio da ampla defesa, do contraditório e da não surpresa. Da mesma forma, contribui com o desenvolvimento da cultura de pacificação social e priorização das soluções autocompositivas, valores fundantes da Resolução 125 do Conselho Nacional de Justiça e da Lei 14.181/21, que atualizou o Código de Defesa do Consumidor.

Enunciado 37 – Cabe ao Juiz Coordenador do CEJUSC a aplicação, por força de lei, das sanções previstas no art. 104-A, § 2º, do Código de Defesa do Consumidor, em caso de ausência injustificada de qualquer credor ou de seu procurador com poderes especiais e plenos para transigir à audiência conciliatória do superendividamento.

Justificativa: A expressa previsão legal contida no art. 104-A, § 2º do CDC autoriza o Juiz coordenador do CEJUSC a aplicar as sanções contempladas no diploma, porque incidentes ex vi lege. Além disso, a previsão legal, do ponto de vista topológico, está situada na fase consensual e independe da existência de processo judicial ajuizado (art. 104-B, caput) ou capacidade postulatória do consumidor-devedor.

Enunciado 38 – Em caso de não comparecimento injustificado de qualquer credor à audiência de conciliação pré-processual do superendividamento, o Juiz Coordenador do CEJUSC poderá homologar a proposta de sujeição compulsória desse credor ao plano de pagamento da dívida se o montante devido ao credor ausente for certo e conhecido pelo consumidor, consoante previsão do art. 104-A, parágrafo 2º, do Código de Defesa do Consumidor.

Justificativa: A expressa previsão legal contida no art. 104-A, § 2º do CDC autoriza o Juiz coordenador do CEJUSC a aplicar as sanções contempladas no diploma, porque incidentes ex vi lege. Por "montante devido" e valor "certo e conhecido pelo consumidor" sugere-se a demonstração e registro em ata de audiência, de acordo com as informações prestadas pelo consumidor, para apreciação pelo Juiz coordenador do Cejusc.

Enunciado 39 – A simples apresentação de procuração com poderes especiais para transigir não elide a aplicação da suspensão da exigibilidade do débito e a interrupção dos encargos da mora, caso o procurador não apresente efetivas propostas de negociação para a formalização do plano de pagamento, em atenção ao dever de cooperação, devendo constar tal advertência na notificação encaminhada aos credores.

Justificativa: A ausência injustificada, bem como o comparecimento do representante do credor sem poderes reais e plenos para transigir ou, ainda, a falta de proposta dos credores, contrariam a finalidade da norma e autorizam a aplicação de sanção, em especial do art. 104-A, § 2º, do CDC. A lei não criou o dever de compor, pois violaria o princípio da autonomia privada. Contudo, uma das funções exercidas pela boa-fé, de criação de deveres anexos, endereça o dever de cooperar e o dever de cuidado com o outro, o cocontratante. No superendividamento, nasce um dever de renegociar, de repactuar, de cooperar vivamente para ajudar o leigo a sair da ruína, desde que preenchidos os pressupostos legais. Logo, os credores têm a função de boa-fé de apresentar propostas e contribuir para a construção do plano de pagamento voluntário. O tratamento diferenciado ao credor que coopera na fase consensual é identificado ao longo da legislação, a exemplo da prioridade de pagamento aos credores que compuseram nesta fase, da possibilidade de homologação de plano de pagamento apresentado pelo consumidor na hipótese do Enunciado 04, por expressa previsão legal. O Código de Processo Civil de 2015 foi embasado em vários princípios, estando entre ele o princípio da cooperação das partes, artigo 6º e o princípio da boa-fé, artigo 5º. Na essência, significa que o legislador, ao instaurar procedimento de tratamento do superendividamento do consumidor, privilegiou a atuação proativa, exigindo a presença qualificada dos credores na construção do plano de pagamento consensual. Nesse sentido, veja-se que o diploma legal em análise destinou tratamento diferenciado aos credores quando previu recebimento preferencial do pagamento no plano consensual, artigo 104-B do CDC.

Enunciado 40 – Na pactuação do plano de pagamento das dívidas do consumidor superendividado deverá ser respeitado o mínimo existencial, considerando a situação concreta vivenciada pelo consumidor e sua entidade familiar, de modo a não comprometer a satisfação de suas necessidades básicas, observados os parâmetros estabelecidos no artigo 7º, inciso IV, da Constituição da República.

Justificativa: A leitura do Decreto 11.150, de 26 de julho de 2022, confrontou o superprincípio da dignidade da pessoa, cuja função precípua era conferir-lhe unidade material. O princípio da dignidade atua como fundamento à proteção do consumidor superendividado e criador do direito ao mínimo existencial, cuja previsão infraconstitu cional foi sedimentada pelo Poder Legislativo na Lei 14.181/21, que atualizou o Código de Defesa do Consumidor, instalando um microssistema de crédito ao consumo. Para além da redação do regulamento determinado no Código do Consumidor atualizado, artigo 6º, XI, a eficácia horizontal direta dos direitos fundamentais nas relações privadas, para a preservação da dignidade da pessoa, era avanço doutrinário e jurisprudencial pátrios já reconhecidos, a partir da previsão do art. 5º, parágrafo 1º, da CF/88. Afinal, a garantia de 25% do salário-mínimo a qualquer família brasileira, sem considerar a situação socioeconômica e individualizar as necessidades que comportam as despesas básicas de sobrevivência, não representa interpretação harmônica com os valores constitucionais. Assim, resta evidente a possibilidade de composição sem incidência do Decreto 11.150/22, em controle difuso de constitucionalidade.

Enunciado 41 – Caso o consumidor ingresse diretamente em juízo, sem o cumprimento da fase obrigatória do art. 104-A do Código de Defesa do Consumidor, após a análise de eventual tutela de urgência, o juiz poderá suspender o andamento do feito e remeter os autos ao CEJUSC para a realização da audiência autocompositiva prevista no referido dispositivo legal.

Justificativa: A aplicação subsidiária do Código de Processo Civil, arts. 300 e seguintes, decorre da ausência de previsão expressa do Código de Defesa do Consumidor quanto à apreciação das tutelas de urgência e de evidência antes da realização da fase consensual obrigatória do art. 104-A. Outrossim, o combate à exclusão social, art. 4º, X, é princípio vetor do microssistema de crédito ao consumo e a preservação do mínimo existencial é direito básico do consumidor, assegurado no art. 6º, XI e XII. Daí a interpretação sobre a necessidade de apreciação da tutela de urgência antes da suspensão do processo e remessa ao Cejusc para a concretização da fase consensual.

Enunciado 42 – Por analogia ao art. 20-B, § 1º, da Lei 11.101/05, é possível que o consumidor requeira ao juízo cível a concessão de tutela cautelar para suspensão da exigibilidade de suas dívidas, antes ou depois do requerimento previsto no art. 104-A do Código de Defesa do Consumidor.

Justificativa: Em muitos casos, o consumidor superendividado pode se encontrar em situação tal de crise financeira que se revele impossível que ele aguarde, sem prejuízo de sua subsistência ou de sua família, pela data designada para a audiência conciliatória global prevista no art. 104-A do CDC. Impôs-se, portanto, que tais situações fossem solucionadas, compatibilizando-se a premência do consumidor e a observância ao procedimento bifásico previsto pela legislação, que se inicia com uma fase pré-processual. Tem-se, assim, a previsão da possibilidade de concessão de tutela cautelar, pelo juízo cível, sem que isso afaste a fase pré-processual prevista no art. 104-A do CDC. Não é nova no ordenamento jurídico a possibilidade de análise de tutelas cautelares para posterior instauração de procedimentos que não venham a tramitar no mesmo juízo que as apreciou, tal qual ocorre naquelas previstas no art. 22-A da Lei 9.307/1996 e no art. 20-B, § 1º, da Lei 11.101/05 (veja-se que pode ou não haver recuperação judicial posterior). O enunciado se vale, portanto, de compreensões já existentes e consolidadas para exprimir a ideia de que o consumidor superendividado pode se valer de uma tutela cautelar, a ser analisada pelo juízo cível competente, sem que tal requerimento prejudique a correta observância à fase conciliatória prevista no art. 104-A do CDC. Por fim, o enunciado abrange a possibilidade de que o consumidor superendividado se socorra da eventual tutela cautelar antes ou após a formulação do requerimento para designação da audiência global conciliatória (CDC, art. 104-A), já que o pressuposto fático de seu estado de premência pode ser superveniente.

Enunciado 43 – Após cumprida a fase do artigo 104-A do Código de Defesa do Consumidor, não se revela necessária a remessa do feito ao CEJUSC para nova audiência de conciliação na fase do art. 104-B do referido Diploma normativo, ressalvado eventual requerimento das partes ou determinação do juiz da causa.

Justificativa: O artigo 104-A do CDC contemplou a obrigatoriedade da fase consensual como forma de promover a aproximação e construção do plano voluntário pelas partes, priorizando e diferenciando o tratamento aos credores que nela atuaram. Contudo, a efetividade do procedimento e preservação do princípio constitucional de "razoável duração do processo", art. 5º, LXXVIII da CF, sugerem a obrigatoriedade da fase consensual em um único momento, salvo requerimento das partes ou apreciação do juiz da causa.

Enunciado 44 – Na ata da audiência autocompositiva pré-processual, caso as partes não cheguem a um acordo acerca do plano de pagamento, deverão ser registradas eventuais propostas apresentadas pelo credor e/ou consumidor, para os fins do art. 104-B, parágrafo primeiro, do Código de Defesa do Consumidor.

Enunciado 45 – Na ata da audiência autocompositiva pré-processual deverá ser registrado se os credores apresentaram propostas de negociação, ainda que não pactuado o plano de pagamento, no intuito de viabilizar a análise, pelo juiz, do cumprimento do dever de cooperação e da necessidade de eventual imposição das sanções previstas no art. 104-A, parágrafo segundo, do Código de Defesa do Consumidor.

Justificativa conjunta dos Enunciados 44 e 45: O Código de Defesa do Consumidor atualizado possui regras de ordem pública e de interesse social (art. 1º do CDC), concretizando o microssistema de crédito ao consumo com a inserção do princípio de prevenção e tratamento do superendividamento como forma de combate à exclusão social, art. 4º, X, do direito básico do consumidor à preservação do mínimo existencial, art. 6º, X, e do dever de cooperação como forma de viabilizar a construção do plano de pagamento voluntário. Nessa medida, a interpretação sistêmica do Estatuto Consumerista deve guardar conformação com o valor maior da reinserção social do consumidor, da vedação da ruína do consumidor e da cooperação das partes. Ademais, a cooperação e a atuação responsável do fornecedor são elementos exigidos desde a fase da formação da relação contratual, nos termos do art. 54-B ao 54-D, razão pela qual os registros de cooperação devem constar na ata da audiência autocompositiva para fins de valoração judicial.

Enunciado 46 – A proposta de plano de pagamento prevista no artigo 104-A, caput, do Código de Defesa do Consumidor, pode se limitar à indicação, pelo consumidor, da sua renda mensal total e das despesas mensais com a satisfação das necessidades básicas, consoante formulário socioeconômico, preferencialmente preenchido antes da audiência autocompositiva.

Justificativa: A proposta preliminar a ser apresentada pelo consumidor observará a declaração da sua renda e despesas de sobrevivência que componham o mínimo existencial, visto se tratar de informações que estão na esfera de conhecimento do devedor. A tutela legal do tratamento do superendividamento foi destinada ao consumidor pessoa natural, vulnerável por presunção legal (art. 4º, I do CDC) e hipossuficiente (art. 6º, VIII do CDC), no que diz respeito ao acesso às informações sobre atualização do valor das obrigações e identificação atual dos credores.

8. CONCLUSÃO

Os alarmantes números do chamado superendividamento no Brasil reclamam a atenção sobre essa temática, pois traz consequências nefastas tanto na vida dos indivíduos, quanto no próprio mercado, com a inadimplência que prejudica a rotatividade da economia.

Nesse sentido, editou-se a Lei 14.481/2021, que trouxe algumas alterações no Código de Defesa do Consumidor e trouxe a previsão de políticas preventivas para evitar a existência do consumidor superendividado e restritivas, com a inserção do Poder Judiciário como uma das "portas" de solução desses conflitos.

Para tanto, com o intuito de realizar a vontade da lei, o Conselho Nacional de Justiça editou normativas para direcionar os tribunais brasileiros a atuarem em demandas de superendividamento, o que demonstra o seu compromisso com a sociedade.

Diante disso, seja pelo procedimento próprio imposto na lei em referência, seja por meio de normativas do Conselho Nacional de Justiça, o Poder Judiciário confirma o seu papel de garantidor de direitos, sendo instrumento hábil, eficiente e necessário para prevenir o superendividamento e permitir ao consumidor pessoa física o direito de recomeçar com dignidade e não se abster do mínimo existencial.

REFERÊNCIAS

ARENHART, Sérgio Cruz; OSNA, Gustavo; JOBOM, Marco Félix. *Curso de processo estrutural*. São Paulo: Ed. RT, 2021.

BAUMAN, Zygmunt. *Vida a crédito:* conversas com Citlali Rovirosa-Madrazo. Trad. Alexandre Werneck. Rio de Janeiro: Zahar, 2010.

BRASIL. Conselho da Justiça Federal. *Enunciado 45.* A mediação e conciliação são compatíveis com a recuperação judicial, a extrajudicial e a falência do empresário e da sociedade empresária, bem como em casos de superendividamento, observadas as restrições legais. Disponível em: https://www.cjf.jus.br/enunciados/enunciado/900. Acesso em: 03 maio 2022.

BRASIL. Conselho Nacional de Justiça. *Os cem maiores litigantes*. Brasília, DF, 2012. Disponível em: https://www.cnj.jus.br/wp-content/uploads/2011/02/100_maiores_litigantes.pdf. Acesso em: 06 jan. 2022.

CEZAR, Fernanda Moreira. O consumidor superendividado: por uma tutela jurídica à luz do direito civil constitucional. *Revista de Direito do Consumidor*, n. 63. São Paulo: Ed. RT, 2007. Disponível em: https://revistadostribunais.com.br/. Acesso em: 22 maio 2022.

DA SILVEIRA, Guaracy Carlos; LESSA, Bruno de S.; CONSTANTE, Fernanda Lery P.; et al. *Antropologia do Consumo*. Porto Alegre: Grupo A, 2021. Disponível em: https://integrada.minhabiblioteca.com.br/#/books/9786556902210/. Acesso em: 09 maio 2022 [Livro Digital].

DI STASI, Mônica. A evolução social e cultural do superendividamento feminino. *Revista de Direito do Consumidor*. São Paulo: Ed. RT, v. 140. ano 31. p. 103-120. mar./abr. 2022. Disponível em: https://revistadostribunais.com.br/. Acesso em: 12 maio 2022.

FECOMERCIO. *Pesquisa de Endividamento e Inadimplência do Consumidor*. Disponível em: https://static.poder360.com.br/2022/01/peic-cnc-2021.pdf. Acesso em: 03 jun. 2022.

GAGLIANO, Pablo Stolze; OLIVEIRA, Carlos Eduardo Elias de. Comentários à lei do superendividamento (Lei 14.181, de 1º de julho de 2021 (LGL\2021\9138)) e o princípio do crédito responsável. Uma primeira análise. *Revista Jus Navigandi*, ISSN 1518-4862, Teresina, a. 26, n. 6575, 02.07.2021. Disponível em: jus. com.br/artigos/91675. Acesso em: 30 maio 2022.

GAGLIANO, Pablo Stolze; OLIVEIRA, Carlos Eduardo Elias de. *Lei do Superendividamento*: questões práticas no procedimento judicial de repactuação das dívidas. Disponível em: https://www.migalhas.com.br/ar-quivos/2021/12/EB65C2F274DCF0_ARTIGO_LeidoSuperendividamento.pdf. Acesso em: 1º jun. 2022.

KIRCHNER, Felipe. Os novos fatores teóricos de imputação e concretização do tratamento do superendi-vidamento de pessoas físicas. *Revista de Direito do Consumidor*, São Paulo, n. 65, p. 63-113, jan./mar. 2008. Disponível em: https://revistadostribunais.com.br/. Acesso em: 18 maio 2022.

MARQUES, Claudia Lima. Algumas perguntas e respostas sobre prevenção e tratamento do superendivi-damento dos consumidores pessoas físicas. *Revista de Direito do Consumidor*, São Paulo: Ed. RT, v. 75, p. 9-42. jul./set. 2010. Disponível em: https://revistadostribunais.com.br/. Acesso em: 10 maio 2022.

MARQUES, Claudia Lima. Breve introdução à Lei 14.181/2021 e a noção de superendividamento do consu-midor. In: BENJAMIN, Antonio Herman; MARQUES, Claudia Lima; DE LIMA, Clarissa Costa; VIAL, Sophia Martin. *Comentários à Lei 14.181/2021*: a atualização do CDC em matéria de superendividamento. São Paulo: Thomson Reuters Brasil, 2022.

MARQUES, Claudia Lima; BENJAMIN, Antonio Herman V.; MIRAGEM, Bruno. *Comentários ao Código de Defesa do Consumidor*. São Paulo: Ed. RT, 2022. Disponível em: https://next-proview.thomsonreuters. com/launchapp/title/rt/codigos/72654266/v7/page/RL-1.19%20. Acesso em: 1º jun. 2022.

MARQUES, Claudia Lima; CAVALLAZZI, Rosângela Lunardelli. (Coord.). Direitos do consumidor endi-vidado: superendividamento e crédito. São Paulo: *Revista dos Tribunais*, 2006.

MARQUES, Claudia Lima; DE LIMA, Clarissa Costa; VIAL, Sophia. Nota à atualização do Código de Defesa do Consumidor para "aperfeiçoar a disciplina do crédito", "para a prevenção e o tratamento do superendividamento" e "proteção do consumidor pessoa natural". *Revista de Direito do Consumidor*. São Paulo: Ed. RT, v. 136, p. 517-538, jul./ago. 2021. Disponível em: https://revistadostribunais.com. br/. Acesso em: 14 maio 2022.

MARTINS, Guilherme Magalhães; TOSTES, Eduardo Chow de Martino; FORTES, Pedro Rubim Borges. A regulação coletiva do superendividamento: um estudo de caso do mercado de empréstimos consignados e de bem-sucedida mediação coletiva de consumo. *Revista de Direito do Consumidor*, São Paulo, v. 127, p. 19-44, jan./fev. 2020. Disponível em: https://revistadostribunais.com.br/. Acesso em: 10 maio 2022.

ORIGEM das palavras. Disponível em: https://origemdapalavra.com.br/palavras/credito/. Acesso em: 1º maio 2022.

PORFIRO, Camila Almeida. *Litígios estruturais*: legitimidade democrática, procedimento e efetividade. Rio de Janeiro: Lumen Juris, 2018.

PORTO, Antônio José Maristrello; SAMPAIO, Patrícia Regina Pinheiro. Perfil do superendividado brasileiro: uma pesquisa empírica. *Revista de Direito do Consumidor*, v. 101, p. 435-467, set./out. 2015. Disponível em: https://revistadostribunais.com.br/. Acesso em: 23 maio 2022.

RIZZARDO, Arnaldo. *Direitos das Obrigações*. 9. ed. São Paulo: Grupo GEN, 2018. Disponível em: https:// integrada.minhabiblioteca.com.br/#/books/9788530980825/. Acesso em: 12 maio 2022 [Livro Digital].

SCHMIDT NETO, André Perin. Superendividamento do Consumidor: conceito, pressupostos e classificação. *Revista de Direito do Consumidor*. São Paulo: Ed. RT, v. 71, jul./set. p. 09-33. 2009. Disponível em: https:// revistadostribunais.com.br/. Acesso em: 13 maio 2022.

SERASA EXPERIAN. *Mapa da Inadimplência e Renegociação de Dívidas no Brasil*: março de 2022. Disponível em: https://www.serasa.com.br/assets/cms/2022/Mapa-da-inadimplencia-MARCO.pdf. Acesso em: 03 maio 2022.

VERBICARO, Dennis; ATAÍDE, Camille da Silva Azevedo; LEAL, Pastora do Socorro Teixeira. Fundamentos ao reconhecimento do dano existencial nos casos de superendividamento: considerações sobre o mínimo existencial, o valor do tempo e a concepção normativa de dano. *Revista de Direito do Consumidor*, ano 27, v. 120, p. 365-397. nov./dez., 2018. Disponível em: https://revistadostribunais.com.br/. Acesso em: 30 maio 2022.

VITORELLI, Edilson. *Processo civil estrutural*: teoria e prática. Salvador: JusPodivm, 2020.

A LEI 14.181/2021 E A OPORTUNIDADE DO PODER JUDICIÁRIO DE ASSUMIR UM PROTAGONISMO NA CONDUÇÃO DE UMA POLÍTICA PÚBLICA DE EDUCAÇÃO FINANCEIRA E DE PREVENÇÃO AO SUPERENDIVIDAMENTO

Carolina Gabriele Spinardi Pinto

Especialista em Direito Processual Civil pelo Instituto de Direito Romeu Felipe Bacellar. Juíza de Direito. Coordenadora do CEJUSC Endividados.

Sumário: 1. As causas do superendividamento e a importância do crédito – 2. Resiliência financeira – 3. O CEJUSC endividados – 4. Conclusões – Referências.

Quando se abordam as alterações legislativas trazidas pela Lei 14.181/2021, é muito comum que se tenha como foco apenas o *tratamento* do consumidor em condição de vulnerabilidade, o hipossuficiente. Como se houvesse uma automática identificação entre o superendividado e o hipossuficiente. Isto se justifica não só pela opção legislativa de inclusão da questão do superendividamento no sistema de proteção ao consumidor – que nos remete, diretamente, à noção de vulnerabilidade –, como também pelo fato de o princípio da inércia da jurisdição ser o grande vetor de funcionamento do Poder Judiciário – o que torna nova a ideia de que o Judiciário possa atuar na prevenção do problema. Com efeito, de ordinário, a atuação da jurisdição ocorre apenas depois de instalado o conflito, buscando pacificá-lo. Não há nisso nenhuma crítica ou erro de posicionamento, dado que esta é a função essencial da Justiça.

Entretanto, a Lei 14.181/2021 traz uma grande oportunidade de atuação ao Poder Judiciário, a chance de atuar não só no tratamento, como também na prevenção do superendividamento dos consumidores, aumentando a resiliência financeira dos consumidores. É este aspecto da Lei que se buscará abordar aqui. Evidentemente não se pretende esgotar o tema e traçar uma linha de ação definitiva, mas sim levantar ideias para uma nova forma de atuação do Judiciário, estimulando a cidadania e prevenindo o agravamento das condições socioeconômicas dos consumidores.

Para tanto, é importante que tratemos das causas do superendividamento e da importância do crédito em nossa sociedade. Abordaremos também a necessidade de compreensão do superendividamento como um fenômeno complexo e a sua ligação com a baixa resiliência financeira dos brasileiros. Explicaremos o conceito da resiliência financeira para o fim de indicar como a prevenção do superendividamento exige, não só a regulamentação da concessão de crédito, mas também uma abordagem sob viés comportamental, com a construção de uma política pública de educação financeira baseada em nudges[1] e no aumento da resiliência financeira.

Por fim, traremos a experiência do CEJUSC Endividados: quais foram as premissas que orientaram a sua criação (uma vez que é anterior à Lei 14.181/2021) e a criação do curso Equilibrando as Contas, qual o fluxograma do procedimento dentro da unidade e quais os resultados atingidos até o momento.

1. AS CAUSAS DO SUPERENDIVIDAMENTO E A IMPORTÂNCIA DO CRÉDITO

De início é preciso ter muito clara a impossibilidade de se apontar uma única causa para a existência do superendividamento. Não existe um único fator determinante para a sua ocorrência. A verdade é que o superendividamento do consumidor brasileiro é estrutural, consequência de uma conjuntura socioeconômica que conduz a esse resultado. São causas do superendividamento os juros abusivos, a recente ampliação do acesso ao crédito, a falta de educação financeira e os hábitos de consumo da sociedade.

No que toca às taxas de juros praticadas no Brasil, a sua "correção" não pode ser feita à força e depende do contexto macroeconômico. Com efeito, mesmo entre os economistas a discussão sobre o caminho para a diminuição dos juros no Brasil é extensa, complexa e sujeita a inúmeras variáveis.[2] A solução passa necessariamente pelos Poderes Executivo e Legislativo, com as suas escolhas quanto à política econômica e monetária, fugindo, portanto, ao controle do Judiciário.

O aumento da bancarização e o consequente acesso ao crédito é uma realidade.[3] Ao analisarmos os dados do *Global Findex 2021*, divulgados pelo Banco Central do Brasil,[4] verifica-se que de 2014 a 2021 houve um aumento significativo na bancarização da população. Em 2014, apenas 64% das pessoas entrevistadas afirmaram possuir uma conta bancária, enquanto em 2021 esse percentual passou para 84%.

---

1. "Esse *nudge*, na nossa concepção, é um estímulo, um empurrãozinho, um cutucão; é qualquer aspecto da arquitetura de escolhas capaz de mudar o comportamento das pessoas de forma previsível sem vetar qualquer opção e sem nenhuma mudança significativa em seus incentivos econômicos. Para ser considerada um *nudge*, a intervenção deve ser barata e fácil de evitar". THALER, R. H.; SUNSTEIN, C. R. *Nudge*: como tomar melhores decisões sobre saúde, dinheiro e felicidade. Rio de Janeiro: Objetiva, 2019, 14 p.

2. OREIRO, J. L.; PAULA, L. F. d.. *Macroeconomia da Estagnação Brasileira*. São Paulo: Alta Books, 2021.

3. A bancarização é tratada nas pesquisas internacionais como *financial inclusion policys*, sendo recorrente a conclusão de que o aumento do acesso a produtos financeiros (crédito, por exemplo) é uma das consequências destas políticas públicas. SALIGNAC, F. *et al*. Conceptualizing and Measuring Financial Resilience: A Multidimensional Framework. *Social Indicators Research*, v. 145, p. 17-38, 8 mar. 2019. DOI: 10.1007/s11205-019-02100-4. Disponível em: https://link.springer.com/article/10.1007/s11205-019-02100-4#citeas. Acesso em: 05 abr. 2023.

4. BANCO CENTRAL DO BRASIL. *Global Findex*: O Brasil na Comparação Internacional. Brasília: Banco Central do Brasil, 2022. Disponível em https://www.bcb.gov.br/content/cidadaniafinanceira/documentos_cidadania/serie_cidadania/serie_cidadania_financeira_7_Global_Findex.pdf. Acesso em: 05 abr. 2023. (Série cidadania financeira: estudos sobre educação, proteção e inclusão).

O mesmo estudo indica, ainda, que a maior preocupação financeira dos entrevistados era relacionada à capacidade de arcar com as contas do mês, o que diverge muito do padrão dos países do mesmo grupo do Brasil, em que as maiores preocupações financeiras são a capacidade de arcar com despesas médicas inesperadas e com a velhice.[5] Essa alta preocupação com a capacidade de pagar as contas do mês sugere uma baixa resiliência financeira, o que também se confirma pelos dados do *Global Findex.*

Resiliência financeira é a capacidade que os indivíduos têm de lidar com situações financeiras adversas (choque financeiros), sejam elas decorrentes de redução significativa de renda ou de um aumento inesperado de despesa.[6] Quanto menor for a resiliência financeira de um indivíduo, menores serão as chances de que se recupere de uma situação financeira adversa. Nesse sentido, é preocupante perceber que numa classificação de 123 países de acordo com a sua resiliência financeira, o Brasil ocupa a terceira posição. À sua frente estão apenas Jordânia e Paquistão.[7] Isso significa que a capacidade geral de os indivíduos superarem uma situação adversa no Brasil só é melhor do que na Jordânia e no Paquistão, estando os brasileiros em desvantagem em relação a todos os demais países. É inegável que quanto mais difícil for a superação de uma crise econômica, maior será a probabilidade de que os cidadãos acabem por enfrentar o superendividamento.

Há quem considere que o acesso fácil ao crédito seja uma das grandes causas do superendividamento e, por este motivo, deva ser reduzido. Ocorre que a redução do acesso ao crédito não é uma solução viável para o superendividamento. Com efeito, o crédito desempenha um papel fundamental no desenvolvimento econômico uma vez que permite a ampliação do consumo e do investimento, o que contribui para o bem-estar de uma sociedade e também eleva o nível de produtividade da economia.[8] Na verdade, o aperto de crédito é um dos elementos que constituem as crises financeiras. Mankiw bem lembra que:

> O quarto elemento de uma crise financeira é o aperto de crédito. Com muitas instituições financeiras enfrentando dificuldades, candidatos a empréstimos têm dificuldade em obter esses financiamentos, ainda que apresentem projetos de investimentos potencialmente lucrativos. Em essência, o sistema financeiro tem dificuldade de executar sua função normal de direcionar os recursos dos poupadores para as mãos de tomadores de empréstimos com as melhores oportunidades de investimento.
>
> O aperto do crédito ficou claro durante a crise financeira de 2008-2009. Como era de se esperar, quando constataram que os preços dos imóveis estavam despencando e que os padrões de concessão de empréstimos anteriores haviam sido demasiadamente negligentes, os bancos começaram a elevar os padrões para candidatos a hipotecas. Passaram a exigir maior valor para a entrada e examinar mais minuciosamente as informações financeiras dos candidatos. Mas a redução nos empréstimos não

---

5. Ibidem, 32 p.
6. SALIGNAC, F.; HANOTEAU, J.; RAMIA, I. Financial Resilience: A Way Forward Towards Economic Development in Developing Countries. *Social Indicators Research*, v. 160, p. 1-33, 5 set. 2021. DOI: 10.1007/s11205-021-02793-6. Disponível em: https://link.springer.com/article/10.1007/s11205-021-02793-6#citeas. Acesso em: 09 abr. 2023.
7. BANCO CENTRAL DO BRASIL. Op. cit., 33 p.
8. SARDENBERG, R. Crédito e desenvolvimento econômico. In: PINHEIRO, A. C.; PORTO, A. J. M.; SAMPAIO, P. (Coord.). *Direito e economia*: diálogos. Rio de Janeiro: FGV Editora, 2019, cap. 16, p. 517-542.

afetou apenas os compradores de imóveis. Pequenas empresas tiveram mais dificuldade de obter empréstimos para financiar a expansão de seus negócios ou para a aquisição de estoques. Consumidores passaram a ter mais dificuldade de se qualificar junto às administradoras de cartões de crédito ou obter financiamento para compra de um automóvel. Desse modo, os bancos reagiram aos problemas financeiros próprios tornando-se mais cautelosos na concessão de todos os tipos de empréstimo.[9]

É importante reafirmar que o acesso a produtos financeiros – e, consequentemente, ao crédito – é um dos objetivos da políticas públicas de inclusão financeira mundialmente desenvolvidas.[10] Logo, a solução das situações de superendividamento não passa por sua restrição. O caminho mais adequado parece ser justamente o adotado pela Lei 14.181/2021, qual seja, objetivamente, a responsabilidade e transparência na concessão do crédito, a informação do consumidor e a criação de ferramentas para a negociação da dívida.

2. RESILIÊNCIA FINANCEIRA

Conforme já se afirmou antes, as causas do superendividamento são muitas sendo impossível a indicação de preponderância entre elas. Entretanto, há um elemento essencial sem o qual o superendividamento não ocorre: o consumidor. Só há superendividamento quando se está diante de alguém que tomou crédito e, depois, se encontra em uma situação de choque financeiro. A compreensão de quem é este consumidor e quais são suas circunstâncias são essenciais para o enfrentamento do superendividamento.

De início, é importante consignar que não se acredita que a classificação frequentemente feita entre superendividados ativos e passivos tenha qualquer utilidade para a solução do problema. Esta diferenciação parece ainda ter raízes em um modelo de racionalidade neoclássico, similar ao adotado pela teoria econômica que considera o homem um agente racional que age para maximizar seus interesses.[11] Este modelo de racionalidade permite a construção de sistemas de *tratamento* das situações de superendividamento tal como fez a Lei 14.181/2021, mas pouco contribui para construção de políticas públicas de prevenção ao problema.

Além disso, a classificação de alguém como um superendividado ativo traz, invariavelmente, uma conotação negativa que de forma alguma ajuda a solucionar a crise financeira em que se encontra o consumidor.

Convém destacar que a Lei 14.181/2021 sabiamente não definiu o superendividado como a pessoa natural *leiga* e de boa-fé. E não o fez porque o conhecimento técnico – seja sobre economia, contabilidade, ou qualquer outra ciência – não é um fator impeditivo para a ocorrência do fenômeno do superendividamento. Com efeito, o letramento financeiro é apenas um dos elementos que compõem a resiliência financeira, este sim um

---

9. MANKIW, N. G. *Macroeconomia*. 10. ed. Rio de Janeiro: Atlas, 2021. p. 322.
10. SALIGNAC, F.; HANOTEAU, J.; RAMIA, I. Op. cit., p. 1-33.
11. PORTO, A. M.; GAROUPA, N. *Curso de análise econômica do Direito*. São Paulo: Atlas, 2020, 132 p.

conceito que se mostra mais adequado à compreensão do superendividamento como o complexo problema social que ele efetivamente é.

Retomando a ideia de que só se estará diante de superendividamento quando houver um tomador de crédito, nos parece que o melhor meio de prevenção é o aumento da resiliência financeira dos consumidores. Salignac explica que a resiliência financeira possui quatro componentes: 1) recursos econômicos; 2) produtos e serviços financeiros disponíveis; 3) conhecimento financeiro e comportamento; e 4) capital social.[12] Verifica-se, assim, que a resiliência financeira tem a mesma característica multifatorial das causas do superendividamento.

É evidente que a existência de recursos econômicos é determinante para a definição da resiliência financeira. Quanto menor a faixa de renda do consumidor, mais suscetível a choques econômicos ele estará. É importante destacar aqui que quando falamos de choque econômicos não nos referimos apenas a desemprego, doença ou outros tipos de acidente. Ao tratarmos do superendividamento é imprescindível que não percamos de vista que a própria inflação é um fator que corrompe o poder de compra do consumidor, levando-o a fazer uso de linhas de crédito para custeio de despesas ordinárias.[13]

No que toca aos produtos e serviços financeiros disponíveis, a Lei 14.181/2021 fez o correto exigir a concessão responsável do crédito, impondo um dever de informação mais intenso e concedendo ao consumidor o prazo de reflexão para a contratação. Todas estas ferramentas da Lei, contudo, dirigem-se apenas a um dos elementos da resiliência financeira, razão pela qual não podem ser considerados suficientes. Destaque-se que o legislador tem plena consciência disto, tanto é que exige dos integrantes do sistema de proteção aos direitos dos consumidores a instituição de mecanismos de prevenção, ao lado do tratamento extrajudicial e judicial do superendividamento.[14]

As questões relativas ao baixo letramento financeiro e aos aspectos comportamentais dos consumidores constituem o terceiro elemento da resiliência financeira. Especificamente no que toca a questão comportamental, é preciso entender que o Brasil tem hábitos de consumo que são absolutamente deletérios. O brasileiro consome crédito em parâmetros inimagináveis para qualquer outro país. Tudo é *parcelável*. O uso do crédito

---

12. Tradução livre: "The financial resilience framework, thus, conceptualises financial resilience across four componentes: (1) economic resources; (2) financial products and services; (3) financial knowledge and behaviour; and (4) social capital". SALIGNAC, F. et al. Op. cit., p. 17-38.

13. Quando a conta do mercado começa a subir, assim como a do combustível, a escolha não pode ser pelo parcelamento no cartão de crédito, como tão comumente ocorre. O correto seria a redução dos gastos, substituição de produtos por similares mais baratos e mesmo a substituição do uso do carro pelo transporte coletivo. Embora não haja dados coletados, a experiência ordinária nos indica que esta escolha não é feita pelo brasileiro. É aqui que, com frequência, a opção feita é pelo pagamento da parcela mínima do cartão de crédito, dando início ao ciclo de endividamento.

14. "Art. 5º Para a execução da Política Nacional das Relações de Consumo, contará o poder público com os seguintes instrumentos, entre outros: (...) VI – instituição de mecanismos de prevenção e tratamento extrajudicial e judicial do superendividamento e de proteção do consumidor pessoa natural; (...)". BRASIL. Lei 8.078, de 11 de setembro de 1990. Dispõe sobre a proteção do consumidor e dá outras providências. Brasília: Presidência da República, [1990]. Disponível em: https://www.planalto.gov.br/ccivil_03/leis/l8078compilado.htm. Acesso em: 13 abr. 2023.

para a aquisição de bens de consumo tornou-se um hábito tão arraigado em nossa cultura que ele é utilizado sem qualquer critério. Não se escolhe utilizar o crédito apenas para bens de consumo duráveis e que possam trazer um benefício financeiro maior e imediato.[15] Não, o crédito é utilizado como complementação de renda: se o consumidor não pode adquirir determinado bem à vista naquele momento, não tem problema; é só parcelar. E isso não está relacionado apenas à aquisição de bens de luxo. Como se disse acima, o brasileiro lida com a inflação, parcelando-a no cartão de crédito.

Há neste comportamento um evidente desvio comportamental. O parâmetro de racionalidade econômico indica que diante de uma corrosão do poder de compra pela inflação, o agente faria escolha de produtos diferentes a fim de otimizar os seus recursos limitados. Ocorre que não é isso que se observa. Pelo contrário, há frequentemente a influência do desvio do excesso de confiança (*overconfidence bias*): o consumidor sabe que não pode adquirir aquele bem agora, mas supervaloriza a possibilidade de que a sua condição melhore e ele possa arcar com aquele custo.[16]

Há, ainda, a influência evidente de outro desvio, chamado de *desconto hiperbólico (hiperbolic discountig)*, sob o qual os consumidores supervalorizam os custos e benefícios imediatos, enquanto os custos e benefícios futuros são subvalorizados.[17]

A existência destes desvios comportamentais não pode ser ignorada na formulação das políticas que procurem prevenir e tratar o superendividamento. Estes desvios são condições do comportamento humano que não podem ser suprimidas. Contudo, a partir do momento que se traz para o nível de consciência a existência destes desvios, é possível pensar em *nudges* que auxiliem os consumidores a efetuar melhores escolhas.

Ainda neste aspecto comportamental, é importante não cair na armadilha de culpar as mídias sociais e seus *influencers* por estabelecer padrões de consumo distantes da realidade. O fato é que, como acontece na maioria dos países subdesenvolvidos, as pessoas estão em busca de melhorar as suas condições. Enquanto nos países ricos é comum observar pais que querem dar aos filhos a mesma experiência que tiveram, a mesma escola; nos países subdesenvolvidos, a intenção é dar mais do que aquilo a que teve acesso. A forma de mostrar que a vida melhora, é consumir mais e melhor. Somos uma sociedade que utiliza consumo como forma de afirmação de sucesso pessoal.

Nesse sentido, o indivíduo não quer ter o mesmo carro importado do *influencer*, isso nem passa pela cabeça dele. Mas se alguém próximo a ele trocar de carro, os desvios comportamentais atuarão com força e ele começara a achar que *precisa mesmo* trocar de carro, afinal o seu já está com cinco anos de uso e "perdendo valor de mercado".

---

15. Como seria o desejável.
16. Esta é a própria definição do desvio do excesso de confiança: "os indivíduos tendem a ser demasiadamente otimistas e confiantes em relação à sua própria suscetibilidade a riscos". PORTO, A. J. M.; BUTELLI, P. H. O superendividado brasileiro: uma análise introdutória e uma nova base de dados. In: PORTO, A. J. M. et. al. (Org.). *Superendividamento no Brasil*. Curitiba: Juruá, 2015, p. 11-51.
17. Ibidem, p. 11-51.

Aliás, nesse ponto particular é muito interessante observar como o desvio comportamental de aversão à perda pode ser percebido com facilidade. A desvalorização de um carro usado ano a ano é percentualmente muito inferior às taxas de financiamento. Ainda assim, o que pesa mais na decisão – racionalmente limitada dos consumidores – é o medo da desvalorização de seu bem atual.

Este desvio de comportamento em particular deixa evidente também a força da falta de conhecimento financeiro sobre as decisões de consumo. Há um grande número de pesquisas indicando que a falta de letramento financeiro tem relação direta com o endividamento. A conclusão a que os pesquisadores chegam é de que a falta de letramento financeiro quanto aos débitos é a regra geral, mas é ainda mais limitado entre idosos, mulheres, certas minorias e pessoas de baixa renda. Sendo preocupante ainda perceber que alguns grupos acreditam possuir maior conhecimento do que eles efetivamente têm.[18]

A relação entre o letramento financeiro e o comportamento é evidente e precisa ser abordada por meio de uma política pública multifatorial, dada a sua complexidade. É imprescindível, também, que a educação financeira seja construída de forma a atingir aqueles que demonstram estar mais fragilizados.

A difusão do letramento financeiro tem reflexos não só para o terceiro elemento da resiliência financeira, como também para o componente final, qual seja, o capital social. O componente do capital social pode ser descrito como a rede comunitária e familiar a que as pessoas recorrem para obter ajuda em momentos de emergência. A questão é que os estudos indicam que as pessoas recorrem a esta mesma rede para obter conhecimento financeiro,[19] de onde se conclui que a disseminação da educação financeira pode ajudar no aumento da resiliência financeira por fortalecer dois de seus componentes.

Este componente do capital social está ligado também ao acesso a programas governamentais de auxílio,[20] no que a Lei 14.181/2021 merece ser aplaudida também por determinar a criação dos núcleos de conciliação e mediação de conflitos oriundos de superendividamento que inegavelmente assumem este papel institucional de auxílio na superação da situação de superendividamento.

---

18. "Low levels of debt literacy are the norm, and understanding of the basic mechanics of debt is especially limited among the elderly, women, certain minorities, and people with lower incomes and wealth. Particularly intriguing – and worthy of additional research – is the notion that certain respondent groups, like the elderly, think they know considerably more than they actually do. This disparity may help explain the incidence of financial frauds perpetrated against the elderly. Moreover, women – both young and old – exhibit substantially lower debt literacy than men". LUSARDI, A.; TUFANO, P. Debt literacy, financial experiences, and overindebtedness. *Journal of Pension Economics & Finance*, v. 14, n. 4, p. 332-368, set. 2015. DOI: 10.1017/S1474747215000232. Disponível em:https://www.cambridge.org/core/journals/journal-of-pension-economics-and-finance/article/abs/debt-literacy-financial-experiences-and-overindebtedness/6140546AF9CA1BAC33FAE47F35C5C178. Acesso em: 18 abr. 2023.
19. SALIGNAC, F. et al. Op. cit., p. 17-38.
20. "Access to community and government support services also affects resilience, especially for lower income households (Orthner et al. 2004). Income-assistance schemes, microcredit programs and other services helping with costs of living expenses are examples of iniciatives that act as safety nets for households facing economic stress and can help them cope with financial adversity". Ibidem, 6 p.

3. O CEJUSC ENDIVIDADOS

No Paraná, o atendimento ao consumidor em situação de Superendividamento começou em 2010, ainda como um projeto piloto conduzido pela Dra. Sandra Bauermann que à época atuava no 1º Juizado Especial Cível de Curitiba. O projeto contava, no seu início, com uma etapa de educação financeira, consistente em uma palestra sobre orçamento doméstico para os consumidores.

Ao longo do tempo, contudo, a manutenção da palestra mostrou-se difícil tanto pela baixa adesão dos consumidores, quanto dos palestrantes que, atuando de forma voluntária, invariavelmente acabavam deixando o projeto.

A ideia, então, da criação do CEJUSC Endividados e do curso Equilibrando as Contas, ambos ligado diretamente à 2ª Vice-Presidência do Tribunal, surge como forma de superar estes obstáculos: a concentração de atuação apenas na capital do estado e a insuficiência da etapa de educação financeira da forma como vinha sendo feita.

O CEJUSC Endividados é um órgão do Tribunal de Justiça do Paraná especializado na fase pré-processual criada pelo art. 104-A do Código de Defesa do Consumidor. Como unidade do Tribunal de Justiça, possui competência para o atendimento de demandas de todas as cidades do Estado, superando a necessidade de iniciativas individuais de implantação de projeto específico por cada umas das comarcas do Estado. Nesse ponto, é oportuno indicar que desde a sua implantação, em abril de 2020, o CEJUSC Endividados já atendeu a consumidores em cinquenta e dois municípios no Estado do Paraná, do litoral ao extremo oeste, norte a sul, de Curitiba até Goioxim, com seus seis mil habitantes.

A criação do curso Equilibrando as Contas e a sua disponibilização em plataforma de vídeos on-line é parte importante neste objetivo de democratização do acesso e reforça a importância da educação financeira como um importante instrumento de prevenção ao superendividamento. A utilização de vídeos curtos permite, ainda, o adensamento[21] do conteúdo e a otimização do tempo do consumidor, permitindo que assista às aulas de acordo com a sua disponibilidade de tempo.

É curioso contar que essa reformulação do atendimento aos consumidores em situação de superendividamento já vinha sendo feita ao final de 2019, quando foi produzido o curso. À época, contudo, ainda havia um obstáculo a ser superado para a realização das audiências. Num modelo ainda fortemente arraigado à presença das partes em juízo, imaginava-se a expedição de cartas precatórias para que os consumidores de outros municípios participassem das audiências em seus domicílios. Entretanto, com as restrições impostas pela pandemia e a adoção de novas ferramentas para atendimento dos jurisdicionados, a expansão Estadual pelo meio digital foi completa.

---

21. O curso não tem a pretensão de exaurir os temas de educação financeira, mas propõe exercícios e reflexões cuja realização em uma palestra seria inimaginável.

Deste modo, o início do atendimento passou a ser feito mediante o preenchimento on-line pelo consumidor do formulário inicial.[22] Durante a pandemia, evidentemente o preenchimento era exclusivamente on-line, mas com a revogação das limitações impostas, o atendimento passou a ser feito também pessoalmente no CEJUSC. Assim, o consumidor possui duas portas de entrada ao programa, podendo fazê-lo de forma remota ou mesmo na sede do CEJUSC, com o auxílio dos servidores.

A partir do recebimento do formulário, o consumidor é contatado por um dos servidores da unidade que solicita o envio de seus documentos pessoais para conferência de identidade. Importa destacar que neste momento inicial não é feita a solicitação de quaisquer documentos relativos às dívidas indicadas pelo consumidor. Por se tratar de uma fase conciliatória e cujo objetivo é exclusivamente a negociação e elaboração de um plano de pagamento, a listagem dos credores é suficiente para a criação do procedimento e designação da audiência.

Com o formulário e os documentos pessoais do consumidor, o procedimento é incluído no sistema Projudi e o consumidor orientado a assistir às aulas do curso Equilibrando as Contas, disponível tanto na página do CEJUSC Endividados quanto no YouTube.[23] O curso consiste em sete aulas que propõe uma reflexão sobre hábitos de consumo, ensinam como fazer um orçamento doméstico, como identificar efetivamente todos os credores e o tamanho da dívida,[24] bem como descreve como será a audiência conciliatória e como o consumidor deve se preparar para ela.

A audiência conciliatória com todos os credores a que se refere o art. 104-A do Código de Defesa do Consumidor é agendada apenas depois que o consumidor comunica ter concluído o curso e envia a Tabela de Organização das Dívidas ao CEJUSC. Para a máxima eficiência desta audiência percebeu-se a necessidade da adoção de dois cuidados específicos: 1) o envio da carta convite deve ser feito para o departamento específico das instituições credoras encarregadas da renegociação das dívidas ou dos consumidores em situação de superendividamento e não para seu setor jurídico; 2) o ideal é que essa carta seja enviada com 30 a 40 dias de antecedência.

A justificativa para a adoção destes cuidados é de ordem prática. Dada a novidade legislativa – e aqui recordo que o CEJUSC Endividados já estava fazendo estas audiências mesmo antes da Lei 14.181 – percebe-se que os advogados ainda não estão acostumados com o procedimento específico criado para o tratamento do superendividamento. Assim, quando era enviada a carta convite para o departamento jurídico dos credores, o que se recebia, com frequência, era uma contestação alegando que a "inicial" não atendia aos requisitos dos art. 320 e 321 do Código de Processo Civil e sustentando a correção

---

22. Formulário este que desde o seu início sempre foi muito semelhante ao incluído na Recomendação 215/2022 do CNJ quanto aos dados solicitados.
23. Equilibrando as Contas – Boas Vindas. 1 vídeo (2min). Publicado pelo canal 2a Vice-Presidência do TJPR. Disponível em: https://www.youtube.com/watch?v=ugcEA-eaEec&list=PLYfQ39bZtk8XMhPr_NHNWpfSJ-dtpu9mfR. Acesso em: 18 abr. 2023.
24. Não é incomum que a "Tabela de Organização das Dívidas" preenchida ao final da quinta aula traga novos credores e um valor da dívida superior àquele indicado pelo consumidor quando do preenchimento do formulário.

de todos os índices de correção monetária e taxas de juros aplicadas aos contratos. Ao direcionar o convite aos setores de renegociação de dívidas, os credores comparecem com propostas para a conciliação.

Quanto ao tempo de antecedência, verificou-se necessário tanto para permitir ao consumidor que levante todas as suas alternativas para a negociação como para possibilitar aos credores que adotem os seus procedimentos internos a fim de identificar em seus registros quem é aquele consumidor, qual a sua situação e, diante disso, quais as propostas possíveis. Antes de se caracterizar como benefício aos credores, concedendo-lhes tempo, a adoção desta última medida tem em foco a eficiência da audiência conciliatória. É preferível conceder tempo ao credor para que compareça ao ato com uma proposta a agendar uma audiência às pressas na qual proposta alguma será oferecida.

A participação das partes em audiência pode ser feita presencial ou virtualmente. Contudo, tem-se observado desde a instalação do CEJUSC que as partes preferem a realização virtual do ato. Esta escolha tem facilitado, também, a aproximação com os credores e suas centrais administrativas, evitando o envio de prepostos sem poderes para a transação.

Ao final da audiência, são homologados os acordos firmados. Caso algum credor não tenha comparecido, a pedido do consumidor, analisa-se a possibilidade de aplicação da sanção § 2º do art. 104-A do Código de Defesa do Consumidor. Na hipótese de ser positiva a análise, determina-se a expedição de ofícios às instituições respectivas para a imediata suspensão da cobrança feita.

Não havendo acordo, o procedimento é arquivado e o devedor orientado sobre a possibilidade de dar início ao processo por superendividamento para revisão e integração dos contratos e repactuação das dívidas, conforme enuncia o art. 104-B do Código de Defesa do Consumidor.

Este modelo de atuação do CEJUSC Endividados permitiu a superação dos desafios identificados inicialmente, expandindo o atendimento a todo o Estado do Paraná e intensificando a fase de educação financeira.

Isso não significa, porém, que não existam novos obstáculos a serem superados.

Um deles é o aumento dos índices de acordo. De abril de 2020[25] até o início de abril de 2023, foram atendidos 682 consumidores e firmados 177 acordos. Esse índice de acordos é baixo e acredita-se que se deve a necessidades de ajustes de ambas as partes: é preciso que as instituições compareçam à audiência com propostas mais flexíveis e também é preciso que os consumidores façam a sua parte. O que se percebe é que os consumidores veem à audiência com a esperança de um milagre ou de um perdão das dívidas. A superação de uma situação de superendividamento não se faz sem esforço e

---

25. O CEJUSC Endividados foi oficialmente instalado em 16 de abril de 2020, ainda sob o nome de CEJUSC Bancário. Com o tempo, percebeu-se a necessidade de alteração de seu nome a fim de que houvesse maior identificação dos consumidores.

sacrifício. A preservação do mínimo existencial não equivale à manutenção do padrão de vida e esta compreensão ainda está muito distante dos consumidores.[26]

Outro grande desafio é que a alteração legislativa e a possibilidade de tratamento das situações de superendividamento sejam de conhecimento dos consumidores. A despeito dos números alarmantes sobre o endividamento das famílias brasileiras, a procura por atendimento no CEJUSC ainda não os reflete.

4. CONCLUSÕES

Conforme já se afirmou, não é possível a identificação de uma única causa do superendividamento. Trata-se de um complexo problema social, multifatorial e, como tal, deve ser abordado.

Sem qualquer sombra de dúvida, a Lei 14.181/2021 trouxe um arcabouço legal que permite exigir dos fornecedores de crédito que o façam de maneira responsável e transparente, fornecendo aos consumidores todas as informações de que precisam para a tomada de decisão. Não se pode deixar de lado, contudo, que a tomada de decisão pelo consumidor não é absolutamente racional, estando limitada não só por seu conhecimento como também por desvios comportamentais inerentes a todos os seres humanos.

A mensuração da resiliência financeira da população parece, nesse ponto, ser um indicativo importante da eficiência dos programas de tratamento ao superendividamento. Deste modo, a coleta inicial dos dados sobre a atual resiliência financeira da população pode ser um ponto de partida importante. Isso porque o desenho de qualquer política pública exige a coleta e análise de dados, os quais, no campo do superendividamento, ainda são insuficientes.

Para além da coleta de dados, no desenho das políticas públicas de prevenção ao superendividamento é preciso deixar de lado pré-conceitos no sentido de que estão nesta situação apenas idosos e vulneráveis. Esta não é a realidade a que assistimos no atendimento dos consumidores que chegam ao CEJUSC. Mesmo pessoas com alta renda[27] e estabilidade financeira, v.g. funcionários públicos, enfrentam situações de superendividamento, apresentando uma baixíssima resiliência financeira.

A partir da mensuração da resiliência financeira da população, o caminho parece ser o do desenvolvimento (ou mesmo fortalecimento) de uma política pública de aumento da resiliência financeira, que passa, inexoravelmente pela educação financeira

---

26. Oportuno destacar aqui que na Alemanha, por exemplo, a própria definição de superendividamento traz em si a necessidade da redução do padrão de vida. No 2º Relatório sobre Pobreza e Riqueza, o governo alemão define uma família como superendividada "quando a sua renda, apesar de uma redução no seu padrão de vida, é insuficiente para o pagamento de todas as suas obrigações num longo período de tempo" (tradução própria). HAAS, O. J. Overindebtedness in Germany. *International Labour Office*, Geneva, n. 44, p. 10, 2006. Disponível em: hhttp://www.ilo.org/public/libdoc/ilo/2006/106B09_238_engl.pdf. Acesso em: 18 abr. 2023.

27. Lembrando que a renda domiciliar per capita média em 2022 foi de apenas R$1.625,00, fazendo com que as pessoas que recebam mais de dois salários mínimos já estejam acima da média nacional. Renda domiciliar per capita. Rio de Janeiro: IBGE, 2014. Anual. IBGE divulga o rendimento domiciliar per capita 2022. Disponível em: https://biblioteca.ibge.gov.br/visualizacao/periodicos/3100/rdpc_2022.pdf. Acesso em: 20 abr. 2023.

e pela conscientização quanto a hábitos de consumo que devem ser reformulados. É imprescindível que a população altere a forma de consumir crédito. Crédito serve para investimento e desenvolvimento. Crédito deve fomentar novas atividades, novos empreendimentos e não consumo.

A prevenção do superendividamento não se dará exclusivamente com a regulamentação da concessão do crédito e com o dever de informação ao consumidor.

Uma prevenção eficaz do superendividamento só será possível com o aumento da resiliência financeira dos consumidores o que exigirá, inexoravelmente, educação financeira (letramento financeiro) e conscientização sobre os desvios comportamentais que todos – leigos ou não – apresentamos, para o quê o uso de nudges é indispensável.

É preciso ter em mente que a mesmo a aquisição de conhecimento financeiro pode representar um custo para os consumidores,[28] razão pela qual se faz necessária a intervenção do poder público no sentido de levar a educação financeira até as pessoas de modo que este custo seja o menor possível.

Embora a educação financeira esteja incluída agora na grade curricular das escolas, temos uma multidão adulta e de jovens entrando no mercado de trabalho e, consequentemente no mercado de crédito, sem qualquer conhecimento sobre como fazer e trabalhar com um orçamento doméstico, sem saber o que é crédito e sem entender os produtos financeiros que estão à sua disposição. A política pública a ser inicialmente implantada não deve focar apenas no letramento financeiro sobre serviços e produtos de crédito, mas sim em uma verdadeira alfabetização da população sobre questões financeiras.

O sistema de tratamento do superendividamento criado pela Lei 14.181/2021, especialmente ao prever uma fase pré-judicial, permite ao Judiciário atuar diretamente na construção de uma política pública de aumento da resiliência financeira dos consumidores. O ideal de atendimento a ser perseguido consistirá na avaliação da resiliência financeira do consumidor quando ele procura o atendimento e reavaliação ao final de todo o processo de tratamento. A comparação entre estes dois resultados permitirá avaliar objetivamente a eficiência das políticas públicas implementadas e a correção de seus rumos de acordo com os resultados apresentados.

É esta a grande oportunidade do Judiciário. Estando em contato com este consumidor durante o processo de tratamento da sua situação de superendividamento, é possível acompanhar de perto a evolução de sua resiliência financeira, se o letramento financeiro apresenta resultados, se os nudges que venham a serem implementados foram eficazes na alteração do comportamento. Em síntese, acredita-se realmente que o Judiciário tem a chance de conduzir essa política pública mensurando seus resultados .

Destaque-se que a ideia não é a de que as ferramentas de educação financeira e nudges fiquem restritas aos consumidores em situação de superendividamento – até porque

---

28. LUSARDI, A.; MITCHELL, O. S. The Economic Importance of Financial Literacy: Theory and Evidence. *Journal of Economic Literature*, v. 52, n. 1, p. 5-44, mar. 2014. DOI: 10.1257/jel.52.1.5. Disponível em: https://www. aeaweb.org/articles?id=10.1257/jel.52.1.5. Acesso em: 24 abr. 2023.

se assim fosse, não se poderia afirmar que haveria um trabalho de prevenção. A partir do tratamento dos consumidores com maior vulnerabilidade econômica e sem resiliência financeira serão identificadas as ferramentas mais eficazes tanto para o aumento do letramento financeiro como para o desenho de arquitetura de escolhas melhores. Estes resultados, compartilhados com todos os Poderes e replicados no meio social podem conduzir à melhoria dos indicativos econômicos e de desenvolvimento social no país.

Não se tem a utopia de que esta seja a solução definitiva e nem o único caminho possível para a diminuição do superendividamento. Ocorre que não podemos esquecer que problemas complexos exigem soluções complexas, de forma que o caminho aqui proposto pode ser um dos elementos a integrar esta solução multifatorial.

REFERÊNCIAS

BANCO CENTRAL DO BRASIL. *Global Findex*: O Brasil na Comparação Internacional. Brasília: Banco Central do Brasil, 2022. Disponível em https://www.bcb.gov.br/content/cidadaniafinanceira/documentos_cidadania/serie_cidadania/serie_cidadania_financeira_7_Global_Findex.pdf. Acesso em: 05 abr. 2023. (Série cidadania financeira: estudos sobre educação, proteção e inclusão).

BENJAMIN, A. H. et al. *Comentários à Lei 14.181/2021*: a atualização do CDC em matéria de superendividamento. São Paulo: Thomson Reuters Brasil, 2021.

BRASIL. Lei 8.078, de 11 de setembro de 1990. Dispõe sobre a proteção do consumidor e dá outras providências. Brasília: Presidência da República, [1990]. Disponível em: https://www.planalto.gov.br/ccivil_03/leis/l8078compilado.htm. Acesso em: 13 abr. 2023.

EQUILIBRANDO AS CONTAS – Boas Vindas. 1 vídeo (2min). Publicado pelo canal 2a Vice-Presidência do TJPR. Disponível em: https://www.youtube.com/watch?v=ugcEA-eaEec&list=PLYfQ39bZtk8XMhPr_NHNWpfSJdtpu9mfR. Acesso em: 18 abr. 2023.

HAAS, O. J. Overindebtedness in Germany. *International Labour Office, Geneva*, n. 44, p. 10, 2006. Disponível em: http://www.ilo.org/public/libdoc/ilo/2006/106B09_238_engl.pdf. Acesso em: 18 abr. 2023.

LIMA, C. C. d. *O tratamento do superendividamento e o direito de recomeçar dos consumidores*. São Paulo: Ed. RT, 2014.

LUSARDI, A.; MITCHELL, O. S. The Economic Importance of Financial Literacy: Theory and Evidence. *Journal of Economic Literature*, v. 52, n. 1, p. 5-44, mar. 2014. DOI: 10.1257/jel.52.1.5. Disponível em: https://www.aeaweb.org/articles?id=10.1257/jel.52.1.5. Acesso em: 24 abr. 2023.

LUSARDI, A.; TUFANO, P. Debt literacy, financial experiences, and overindebtedness. *Journal of Pension Economics & Finance*, v. 14, n. 4, p. 332-368, set. 2015. DOI: 10.1017/S1474747215000232. Disponível em:https://www.cambridge.org/core/journals/journal-of-pension-economics-and-finance/article/abs/debt-literacy-financial-experiences-and-overindebtedness/6140546AF9CA1BAC33FAE47F35C5C178. Acesso em: 18 abr. 2023.

MANKIW, N. G. *Macroeconomia*. 10. ed. Rio de Janeiro: Atlas, 2021.

OREIRO, J. L.; PAULA, L. F. d. *Macroeconomia da Estagnação Brasileira*. São Paulo: Editora Alta Books, 2021.

PORTO, A. J. M.; BUTELLI, P. H. O superendividado brasileiro: uma análise introdutória e uma nova base de dados. In: PORTO, A. J. M. et. al. (Org.). *Superendividamento no Brasil*. Curitiba: Juruá, 2015.

PORTO, A. M.; GAROUPA, N. *Curso de análise econômica do Direito*. São Paulo: Atlas, 2020, 132 p.

RENDA DOMICILIAR PER CAPITA. Rio de Janeiro: IBGE, 2014. Anual. IBGE divulga o rendimento domiciliar per capita 2022. Disponível em: https://biblioteca.ibge.gov.br/visualizacao/periodicos/3100/rdpc_2022.pdf. Acesso em: 20 abr. 2023.

SALIGNAC, F. et al. Conceptualizing and Measuring Financial Resilience: A Multidimensional Framework. *Social Indicators Research*, v. 145, p. 17-38, 8 mar. 2019. DOI: 10.1007/s11205-019-02100-4. Disponível em: https://link.springer.com/article/10.1007/s11205-019-02100-4#citeas. Acesso em: 05 abr. 2023.

SALIGNAC, F.; HANOTEAU, J.; RAMIA, I. Financial Resilience: A Way Forward Towards Economic Development in Developing Countries. *Social Indicators Research*, v. 160, p. 1–33, 5 set. 2021. DOI: 10.1007/s11205-021-02793-6. Disponível em: https://link.springer.com/article/10.1007/s11205-021-02793-6#citeas. Acesso em: 09 abr. 2023.

SARDENBERG, R. Crédito e desenvolvimento econômico. In: PINHEIRO, A. C.; PORTO, A. J. M.; SAMPAIO, P. (Coord.). *Direito e economia*: diálogos. Rio de Janeiro: FGV Editora, 2019.

THALER, R. H.; SUNSTEIN, C. R. *Nudge*: como tomar melhores decisões sobre saúde, dinheiro e felicidade. Rio de Janeiro: Objetiva, 2019.

PROJETO GESTÃO DE SUPERENDIVIDAMENTO NO TJRS: ORGANIZAÇÃO JUDICIÁRIA E ENDOPROCESSUAL NA FASE JUDICIAL DE REPACTUAÇÃO DAS DÍVIDAS

Káren Rick Danilevicz Bertoncello

Doutora e mestre em Direito pela Universidade Federal do Rio Grande do Sul. Especialista em Direito Europeu dos Contratos pela Univérsité Savoie Mont-Blanc. Especializanda em Direito Digital pela ENFAM. Diretora do Observatório do Crédito e Superendividamento do Consumidor (MJ/UFRGS). Professora da Escola da Magistratura do RS e da Faculdade ATITUS/POA. Diretora do Brasilcon. Coordenadora do Núcleo de Inovação e Administração Judiciária da Ajuris. Juíza de Direito designada para fase judicial das ações por superendividamento, TJRS.

Sumário: 1. Introdução – 2. Gestão judiciária das ações de repactuação de dívidas da Lei 14.181/2021 – 3. Requisitos endoprocessuais na ação de repactuação das dívidas – 4. Conclusão – Referências.

1. INTRODUÇÃO

O papel desempenhado pelo exercício da jurisdição foi identificado pela "governação e regulação nas democracias atuais". Nesse sentido, os Tribunais têm assumido significativa importância nas sociedades democráticas com foco na preservação do pluralismo e da efetividade dos direitos. Daí a valorização da crescente busca de aprimoramento do sistema judicial para implementação de celeridade, desburocratização, transparência e eficiência, "na procura de uma melhor justiça e, por essa via, da garantia de uma verdadeira cidadania".[1]

Dentre os modelos destinados a otimizar a gestão pública, situa-se o *new public management*, originado do modelo europeu de excelência de gestão pela qualidade advindo da Fundação Europeia para a qualidade da Gestão, gestada em Bruxelas/1988. Este modelo "pressupõe uma renovada primazia do 'mercado', com atenção permanente ao público-alvo e, desse modo, advoga a redefinição das estruturas organizativas, a insistência em indicadores de performance e a importância de fatores como a liderança e a motivação".[2] Nesse contexto, o aperfeiçoamento da gestão pública, primando pela preservação dos direitos fundamentais e satisfação do usuário, relaciona os diferentes elementos integrantes para a concretização das profundas mudanças advindas com a atualização do Código de Defesa do Consumidor pela Lei 14.181/21, que instituiu o microssistema[3] de crédito ao consumo no Brasil.

---

1. BOCHENEK, Antônio César et al. *Manual Luso-brasileiro de gestão judicial.* São Paulo: Almedina, 2018, p. 46.
2. BOCHENEK, Antônio César et al. Idem, p. 85.
3. MARQUES, Claudia Lima. In: BENJAMIN, Antonio Herman V.; MARQUES, Claudia Lima; BESSA, Leonardo Roscoe. *Manual de Direito do Consumidor.* 9. ed. São Paulo: Ed. RT, 2020, p. 66.

A conjugação de normas de ordem pública e de interesse social (art. 1º) com regras procedimentais especiais (art. 104) atinentes à construção voluntária ou compulsória de plano de pagamento para reestruturação do passivo do consumidor configura um universo de previsões que concretizam os direitos fundamentais de preservação da dignidade da pessoa e proteção do consumidor, contidos no artigo 5º, XXXII da Constituição Federal. Nesse sentido, o espelho infraconstitucional pode ser identificado pela principiologia inserida na Política Nacional das Relações de Consumo, art. 4º, X: (...) "prevenção e tratamento do superendividamento como forma de evitar a exclusão social do consumidor".

A propósito, este microssistema de crédito ao consumo elevou a atuação de determinados agentes na concretização do combate ao fenômeno mundial[4] de exclusão social. O protagonismo, tanto para a prevenção como o tratamento, foi destinado inicialmente aos órgãos do Sistema Nacional de Defesa do Consumidor, art. 104-C do Código de Defesa do Consumidor,[5] preservando ao Poder Judiciário o papel constitucional e *residual* da apreciação em caso de lesão ou ameaça a direito.[6]

Neste ensaio, atualizamos o relato da gestão judiciária sobre a jurisdição prestada nas ações com causa de pedir em superendividamento do consumidor, no âmbito macro e endoprocessual, demonstrando a relevância da atuação coordenada interinstitucional tanto no âmbito no Poder Judiciário como no ecossistema de Justiça.

2. GESTÃO JUDICIÁRIA DAS AÇÕES DE REPACTUAÇÃO DE DÍVIDAS DA LEI 14.181/2021

O procedimento contemplado no art. 104-B do Código de Defesa do Consumidor inovou com a introdução de remédio processual intitulado "processo para revisão e integração dos contratos e repactuação das dívidas remanescentes" como forma de

---

4. PAISANT, Gilles. El tratamiento del sobreendeudamiento de los consumidores en derecho francés. *Revista de Direito do Consumidor*, São Paulo, n. 42, p. 9, abr./jun. 2002.

5. "Art. 104-C. Compete concorrente e facultativamente aos órgãos públicos integrantes do Sistema Nacional de Defesa do Consumidor a fase conciliatória e preventiva do processo de repactuação de dívidas, nos moldes do art. 104-A deste Código, no que couber, com possibilidade de o processo ser regulado por convênios específicos celebrados entre os referidos órgãos e as instituições credoras ou suas associações. § 1º Em caso de conciliação administrativa para prevenir o superendividamento do consumidor pessoa natural, os órgãos públicos poderão promover, nas reclamações individuais, audiência global de conciliação com todos os credores e, em todos os casos, facilitar a elaboração de plano de pagamento, preservado o mínimo existencial, nos termos da regulamentação, sob a supervisão desses órgãos, sem prejuízo das demais atividades de reeducação financeira cabíveis.

  § 2º O acordo firmado perante os órgãos públicos de defesa do consumidor, em caso de superendividamento do consumidor pessoa natural, incluirá a data a partir da qual será providenciada a exclusão do consumidor de bancos de dados e de cadastros de inadimplentes, bem como o condicionamento de seus efeitos à abstenção, pelo consumidor, de condutas que importem no agravamento de sua situação de superendividamento, especialmente a de contrair novas dívidas.

  "Art. 105. Integram o Sistema Nacional de Defesa do Consumidor (SNDC), os órgãos federais, estaduais, do Distrito Federal e municipais e as entidades privadas de defesa do consumidor."

6. Art. 5º, XXXV da CF: "a lei não excluirá da apreciação do Poder Judiciário *lesão* ou ameaça a *direito*".

expressamente identificar o caminho para a instrumentalização das pretensões de re-adequação das obrigações através da renegociação compulsória com o(s) credor(es).

No âmbito da organização judiciária, verificamos que a competência para o processamento e julgamento da ação observou a regra do artigo 101, I da Lei 8.078/90 por força da interpretação sistemática, seguindo-se a aplicação subsidiária do Código de Processo Civil. Aqui a observância do domicílio do consumidor como foro competente estabelece diálogo de coerência com a vulnerabilidade reconhecida no artigo 4º, I do mesmo diploma.

Inicialmente, a experiência do Poder Judiciário do Rio Grande do Sul, na Comarca de Porto Alegre, retratou hipótese de inovação para a gestão judiciária através da iniciativa do grupo de trabalho composto pelo INOVAJUS (Comissão de Inovação do TJRS), NIAJ (Núcleo de Inovação e Administração Judiciária) e Corregedoria-Geral de Justiça, instaurando expediente SEI 8.2021.0010./001387-9, pelo qual foi autorizado o regime de exceção na modalidade de jurisdição compartilhada junto às Varas Cíveis da Capital e Núcleo Bancário, a partir de setembro de 2021. A determinação canalizou o "processamento e julgamento dos processos instaurados por superendividamento para revisão e integração dos contratos e repactuação das dívidas remanescentes mediante plano judicial compulsório, quando não houver êxito na conciliação em relação a quaisquer credores (art. 104-B da Lei 14.181/21)".

O regime de exceção foi implementado através do Edital 044/2021-CGJ, por 90 dias, e depois renovado por um ano, com o Edital 048/2022-CGJ. Por previsão expressa, a instauração de competência estadual determinou: "a remessa de todos os processos eletrônicos de superendividamento do Estado, nos termos da Lei 14.181/21, que alterou os artigos 104-A e 104-B do Código de Defesa do Consumidor, os quais serão cumpridos pela Central de Atendimento Multicomarcas-Multicom".

Ato de iniciativa da Corregedoria-Geral de Justiça, sob a liderança do Desembargador Giovanni Conti, que viabilizou a unificação do processamento e julgamento das ações e respectivo cumprimento processual. Aqui vale destacar a relevância da gestão judiciária, acolhendo os fundamentos da Lei 14.181/21 com adoção de procedimento especial mais célere nas demandas de "tamanha sensibilidade social":[7]

> Com a remessa destes para o órgão Program I, o qual passará a chamar-se Superendividamento, será viável o controle estrito das demandas, considerando que o cumprimento das medidas estabelecidas pela Lei 14.181/21 necessita da adoçao de procedimento especial e será padronizado a todas as unidades do Estado, acarretando maior celeridade nas demandas de tamanha sensibilidade social como o superendividamento da população.

A atuação do Conselho Nacional de Justiça para a sistematização da tutela legal do superendividamento do consumidor, em termos de gestão judiciária, foi determinante com o Grupo de Trabalho, criado pelo Ministro Luiz Fux e sob a liderança do Ministro Marco Aurélio Gastaldi Buzzi, através da Portaria 55/2022, de 17 de fevereiro de 2022.

---

7. Edital 044/2022- COMAG, oriundo do Processo SEI 8.202.0010/000911-5, TJRS.

A inteligência coletiva[8] desempenhada por este grupo ilustra a essência da construção e metodização de práticas voltadas ao "aperfeiçoamento dos fluxos e procedimentos relacionados ao tratamento do superendividado", tendo como produto inicial a criação da Cartilha sobre o Tratamento do Superendividamento.[9] O documento visa a diferentes destinatários, estudiosos e leigos, notadamente pela didática da utilização de recursos visuais e disponibilização nas mídias virtuais.

O Grupo de Trabalho é composto por 24 integrantes, contando ainda com colaboradores, e "contempla atores oriundos de distintos órgãos e instituições relacionadas à prevenção e ao tratamento do superendividado, com o escopo de assegurar a heterogeneidade necessária ao enfrentamento do tema, ante a própria complexidade e multidisciplinaridade que lhe são inerentes".[10]

A heterogeneidade de experts do Grupo de Trabalho também contribuiu para a elaboração de material prático para facilitar a implementação das práticas exitosas no âmbito dos tribunais, como: "I) Recomendação CNJ 125/2021, com anexo (fluxograma e formulário-padrão); II) modelos de Convênios e Termos de Cooperação; III) proposta de Portaria-Modelo para os PROCONs; IV) sugestão de quesitos para o administrador judicial e modelos de termos de audiência de conciliação e mediação; e V) perguntas e respostas sobre o superendividamento (destacável para os consumidores)".[11]

Dentre os primeiros trabalhos desenvolvidos, apontamos a criação do assunto "superendividamento" na Tabela Processual Unificada (TPU) como forma de permitir "o registro das demandas envolvendo o tema e possa subsidiar o controle do acervo processual em cada tribunal, realização de estatísticas e a criação de políticas específicas de tratamento do superendividado".[12] No Tribunal de Justiça do Rio Grande do Sul, exemplificativamente, em outubro de 2022, a tramitação de ações ajuizadas sob o fundamento da causa de pedir do tratamento do superendividamento do consumidor atingiu o número de 569 processos.

A importância da gestão judiciária advinda da criação de assunto na TPU contribuiu com a organização de trabalho para a transformação do Projeto de Gestão e Racionalização das Ações de Massa para Projeto de Gestão de Superendividamento, mormente ante o significativo aumento de demandas em curto espaço de tempo, alcançando o número de 1.752 ações em 30 de abril de 2023, na oportunidade da finalização deste ensaio, em tramitação no Estado do Rio Grande do Sul.

A esse respeito, merecem registro as peculiaridades do processamento das ações de tratamento do superendividamento, que impõem a observância da fase consensual,

---

8. Exemplo de ecossistema da Justiça, o Grupo de Trabalho é composto por 24 integrantes, contando ainda com colaboradores, "atores oriundos de distintos órgãos e instituições relacionadas à prevenção e ao tratamento do superendividado".
9. Cartilha sobre o Tratamento do Superendividamento, CNJ, p. 6. Disponível em: https://www.cnj.jus.br/wp-content/uploads/2022/08/cartilha-superendividamento.pdf.
10. Cartilha sobre o Tratamento do Superendividamento, CNJ, p. 7.
11. Cartilha sobre o Tratamento do Superendividamento, CNJ, p. 8.
12. Matéria publicada no CONJUR, 1º de abril de 2022. Disponível em: https://www.conjur.com.br/2022-abr-01/cnj-atualiza-classificacao-acoes-mapear-superendividamento.

ainda que no curso da ação ajuizada, com o chamamento dos credores ao CEJUSC ou aos legitimados de forma concorrente pelo art. 104-C do CDC, e a nomeação de administrador judicial cadastrado previamente no Tribunal, de modo que a unificação para o cumprimento das diligências e encaminhamentos permitirá maior eficácia na prestação jurisdicional e respectiva proteção do vulnerável.

A geração de valor do pensamento em rede oportuniza a prototipação de métodos e procedimentos com foco na otimização da prestação jurisdicional sem prejudicar a qualidade da análise individual do caso concreto. Com esse propósito, o Poder Judiciário promove o efetivo instrumento de pacificação social pela identificação do jurisdicionado e demais agentes do ecossistema de justiça como destinatários do serviço. Esta, a compreensão da "experiência do cliente" vista como estratégia de gestão de negócios, no setor privado, mas adaptada ao desempenho do ofício judicial enquanto gestor de interesses sociais em prol da democracia e garantidor dos direitos fundamentais.

Produto do esforço comum e exemplo de gestão judiciária é ilustrado pela Cartilha sobre o Tratamento do Superendividamento,[13] que apresenta aspectos teóricos de compreensão do fenômeno do superendividamento do consumidor, no contexto do microssistema[14] legislado, porque disciplinado através da previsão de princípios e regras em dois momentos de tutela: a prevenção e o tratamento. Este último contemplando aspectos de direito material e processual, detalhando procedimentos judiciais e extrajudiciais, sempre com o olhar destinado à facilitação da sistematização do conteúdo e respectiva concretização. Com esse propósito, a seção final do "Passo a Passo do Atendimento ao Consumidor nos Núcleos de Conciliação e Mediação de conflitos oriundos do superendividamento" desenha a rotina de trabalho anteriormente tratada neste artigo, demonstrando a riqueza da diversidade de contribuições para a implementação da tutela legal do crédito responsável.[15]

Neste ensaio, destacamos a utilização de ferramentas como o fluxograma abaixo, em *visual law,* no âmbito processual como na interação com o ecossistema de Justiça para a capacitação e entrega da informação à comunidade em geral: "entendemos o *Visual Law* como subárea do *Legal Design,* como a fase final desses projetos de design, na busca pela melhor forma de entregar a informação jurídica de acordo com cada finalidade e o seu destinatário final, trazendo mais efetividade para essa relação".[16]

---

13. Cartilha sobre o Tratamento do Superendividamento, CNJ, p. 6. Disponível em https://www.cnj.jus.br/wp-content/uploads/2022/08/cartilha-superendividamento.pdf.

14. Sobre o microssistema do CDC e o superendividamento, veja-se: LIMA, Clarissa Costa de; CAVALLAZZI, Rosângela Lunardelli. A força do microssistema do CDC: tempos no superendividamento e de compartilhar responsabilidades. In: MIRAGEM, Bruno; MARQUES, Claudia Lima; OLIVEIRA, Amanda Flávio de. *25 anos do Código de Defesa do Consumidor*. São Paulo: Ed. RT, 2016 [livro eletrônico].

15. A respeito do crédito responsável, veja-se a coluna publicada no site Migalhas por Bruno Miragem, intitulada "A lei do crédito responsável altera o Código de Defesa do Consumidor". Publicação em 7 de julho de 2021. Disponível em: https://www.migalhas.com.br/coluna/migalhas-contratuais/348157/a-lei-do-credito-responsavel-altera-o-codigo-de-defesa-do-consumidor.

16. SOUZA, Bernardo de Azevedo e; OLIVEIRA, Ingrid Barbosa. *Visual law*: como os elementos visuais podem transformar o direito. São Paulo: Thompson Reuters, 2022, p. 12.

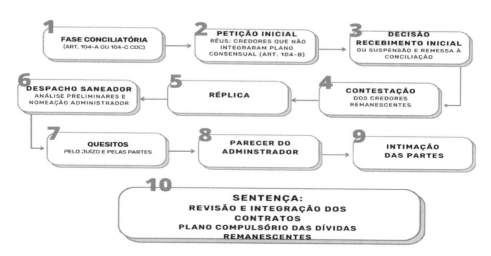

A visão de ecossistema para harmonização e unificação do procedimento, fica muito clara com a publicação da Recomendação 125/2021, que dispôs sobre os "mecanismos de prevenção e tratamento do superendividamento e a instituição de núcleos de conciliação e mediação de conflitos oriundos de superendividamento, previstos na Lei 14.181/2021", contemplando recomendações sobre a fase conciliatória nos CEJUSCs. Os fundamentos apontaram a competência do Conselho Nacional de Justiça para fiscalizar e regulamentar o Poder Judiciário frente ao microssistema de métodos adequados de tratamento de conflitos (Código de Processo Civil, Lei da mediação e Resolução 125/2010 do CNJ). E a valorização do ecossistema de tratamento do superendividamento merece atenção também na fase judicial, dada importância do diálogo constante interinstitucional para aperfeiçoamento das rotinas de trabalho, motivo pelo qual a especialização da competência, em sede de organização judiciária, oportuniza a criação de comissão mista, a exemplo do relatório apresentado à E. Corregedoria – Geral de Justiça do Tribunal de Justiça do Rio Grande do Sul, em abril de 2023.

3. REQUISITOS ENDOPROCESSUAIS NA AÇÃO DE REPACTUAÇÃO DAS DÍVIDAS

A oportunidade e a necessidade da previsão legislativa da prevenção e do tratamento do superendividamento tem sido expostas nos estudos de experts há longa data.[17] Vale lembrar a importância da contribuição do estudo comparado para adaptação de mecanismos eficazes à preservação do mínimo existencial e pagamento das obrigações do consumidor.[18]

---

17. Veja por todos: MARQUES, Claudia Lima. Mulheres, idosos e o superendividamento dos consumidores: cinco anos de dados empíricos dos projeto-piloto em Porto Alegre. *Revista de Direito do Consumidor*. São Paulo, n. 100, p. 393-423, jul./ago. 2015.
18. BERTONCELLO, Káren R. Danilevicz. Breves linhas sobre o estudo comparado de procedimentos de falência dos consumidores: França, Estados Unidos da América e Anteprojeto de Lei no Brasil. *Revista de Direito do Consumidor*, São Paulo, n. 83, p. 113-140, jul./set. 2012.

Entre nós, o modelo brasileiro de tutela aos *superendividados ativos inconscientes e passivos*[19] correspondeu à tutela existente na legislação comparada, consagrando a presunção de boa-fé já contemplada no ordenamento pátrio,[20] notadamente ante o agravamento pelo empobrecimento geral da população, precarização dos empregos e dos trabalhos formais.

Nesse passo, a tutela do consumidor superendividado é destinada à *pessoa natural*, na forma da previsão do artigo 54-A, *caput*, CDC.[21] No ponto, outrora escrevemos sobre a reflexão deste pressuposto subjetivo:

> da simples leitura do texto legal poder-se-ia afirmar que o procedimento legal tem caráter personalíssimo? Ou que a legitimidade "ad causam" poderia ser destinada ao fiador de uma das obrigações que compõem o passivo do consumidor-superendividado? Em sede de reflexão sumária, quer nos parecer que faltaria legitimidade ao fiador mover a ação com pedido de repactuação das dívidas sob o fundamento da Lei 14.181/21, se considerado um dos pressupostos por ela estabelecidos a composição do polo passivo com a totalidade dos credores que compreendem as obrigações do consumidor-superendividado. De outro lado, merece reflexão se a obrigação solidária com este fiador for representativa da totalidade do superendividamento do devedor principal, dada a consequência da renegociação depender das condições pessoais formadoras do mínimo existencial do consumidor (compreendida a fórmula proposta preliminar de pagamento e preservação das despesas básicas). De qualquer sorte, os limites de incidência do dispositivo legal resultarão da interpretação da finalidade da norma e utilidade da tutela legal, se observada a ponderação de valores.[22]

O parágrafo primeiro[23] introduz novo conceito na legislação brasileira ao prever que o consumidor deva apresentar estado de "impossibilidade manifesta" em relação às condições patrimoniais para o cumprimento das suas obrigações. A origem desta expressão encontra amparo no direito comparado francês e deve ser interpretado de forma distinta do conhecimento conceito de insolvência civil.

Note-se que "impossibilidade manifesta" não está relacionada à definição de insolvabilidade (*état d'insolvabilité),* não se confundindo com o antigo conceito de insolvência civil e não exigindo percentual fixo de comprometimento da renda para que o consumidor faça jus à tutela legal em estudo. A lógica da tutela inclusiva da legislação brasileira seguiu sistemática semelhante à da legislação francesa ao permitir o acesso do consumidor sem impor sua "morte civil" ou estivesse em situação tão grave que o restabelecimento da saúde financeira fosse lento e mais gravoso. Ademais, ao estado de insolvabilidade a legislação francesa endereça a remissão das dívidas, previsão não contemplada expressamente no direito brasileiro em matéria de superendividamento do consumidor.

---

19. Veja por todos: MARQUES, Maria Manuel Leitão et al. *O endividamento dos consumidores.* Coimbra: Almedina, 2000.
20. Art. 6º, I do CDC e art. 422 do Código Civil.
21. Art. 54-A, *caput*, CDC: Este Capítulo dispõe sobre a prevenção do superendividamento da pessoa natural, sobre o crédito responsável e sobre a educação financeira do consumidor.
22. BERTONCELLO, Káren Rick Danilevicz. O processo judicial de repactuação das dívidas: modelo brasileiro de mínimo existencial instrumental. *Revista de Direito do Consumidor*, v. 144, p. 17-36, nov./dez. 2022.
23. Art. 54-A, § 1º: Entende-se por superendividamento a impossibilidade manifesta de o consumidor pessoa natural, de boa-fé, pagar a totalidade de suas dívidas de consumo, exigíveis e vincendas, sem comprometer seu mínimo existencial, nos termos da regulamentação.

O pressuposto previsto no parágrafo 3º[24] do artigo 54-A está relacionado à *boa-fé contratual*, cuja análise é feita em relação à data da obrigação firmada, e não quando do ingresso da ação que objetiva a repactuação de dívidas para recomposição do orçamento familiar. Nesse sentido, andou bem o legislador pátrio porquanto a redação do dispositivo revela identidade de propósito com o direito comparado.[25] A boa-fé contratual guarda relação direta com a atuação do concedente de crédito, a quem o art. 54-D, II, destina o dever de "avaliar, de forma responsável, as condições de crédito do consumidor, mediante análise das informações disponíveis em bancos de dados de proteção ao crédito, observado o disposto neste Código e na legislação sobre proteção de dados". Significa dizer, que a legislação diferencia a capacidade de reembolso em, pelo menos, dois momentos diversos: na concessão do crédito e na oportunidade da elaboração do plano de pagamento. Interessante que a atualização legislativa introduziu diferentes instrumentos a amparar pretensões de direito material. Da leitura do art. 104-B, nasce a jurisdição para revisão e repactuação das obrigações existentes, mas os artigos 54-B ao 54-D, todos do CDC, destacaram especial tipificação a pautar o *standard* de conduta a ser observado pelos fornecedores. A concessão responsável do crédito por um fornecedor, de um lado, instituiu ação de direito material para a responsabilização do concedente que, de outro lado, o fez sem a adoção dos deveres de cuidado e cooperação, na forma da previsão expressa do parágrafo único do citado art. 54-D.[26]

Forçoso lembrar que a interpretação sobre o conteúdo e classificação do conceito jurídico aberto de "produtos e serviços de luxo de alto valor" dependem de contextualização frente às condições pessoais. Em verdade, não se trata de inovação legislativa, no que tange à regulamentação da tutela do superendividamento, porquanto inserida no conceito de análise sobre "impossilidade manifesta" do direito francês, cuja concreção tem sido efetuada a partir da apreciação casuística: "Cette appréciation se fait *in concret*: l'analyse se portera sur les biens selon leur valeur, bien banal ou de luxe, ou encore selon leur utilité".[27]

A *descrição do mínimo existencial* como direito básico do consumidor vem sedimentada no artigo 6º, XI e XII do CDC,[28] e pressupõe a autodeclaração efetuada na peça vestibular como forma de instrumentalizar a construção do plano de pagamento

---

24. Art. 54-A, § 3º: O disposto neste Capítulo não se aplica ao consumidor cujas dívidas tenham sido contraídas mediante fraude ou má-fé, sejam oriundas de contratos celebrados dolosamente com o propósito de não realizar o pagamento ou decorram da aquisição ou contratação de produtos e serviços de luxo de alto valor.

25. A esse respeito, veja na doutrina francesa: distinção entre boa-fé contratual e boa-fé processual e efeitos no superendividamento: JALUZOT, Béatrice. *La bonne foi dans lês* contrats: étude comparative de droit français, allemand et japonais. Paris: Dalloz, 2001, p. 205.

26. "Parágrafo único. O descumprimento de qualquer dos deveres previstos no caput deste artigo e nos arts. 52 e 54-C deste Código poderá acarretar judicialmente a redução dos juros, dos encargos ou de qualquer acréscimo ao principal e a dilação do prazo de pagamento previsto no contrato original, conforme a gravidade da conduta do fornecedor e as possibilidades financeiras do consumidor, sem prejuízo de outras sanções e de indenização por perdas e danos, patrimoniais e morais, ao consumidor".

27. BELKACEM, Karima. *De L'Emprunt au surendettement*: la situation des ménages en Frace. Condé-Sur-Noireau: L'Harmattan, 2020, p. 32.

28. Art. 6º: (...) XI – a garantia de práticas de crédito responsável, de educação financeira e de prevenção e tratamento de situações de superendividamento, preservado o mínimo existencial, nos termos da regulamentação, por

mediante a preservação da sobrevivência do devedor. Lembramos que o princípio da dignidade sempre atuou visceralmente na proteção do consumidor superendividado, cuja incidência já dependia da ponderação com os demais princípios aplicáveis em determinada relação jurídica.[29] Ingo Sarlet lecionava sobre a origem "de um direito fundamental (e, portanto, também de uma garantia fundamental) às condições materiais que asseguram uma vida com dignidade".[30] E o conteúdo não oferecia uniformidade matemática à definição de mínimo existencial, conforme Kazuo Watanabe:[31] "O *mínimo existencial*, além de variável histórica e geograficamente, é um conceito dinâmico e evolutivo, presidido pelo princípio da proibição de retrocesso, ampliando-se a sua abrangência na medida em que melhorem as condições socioeconômicas do país".

Também o direito comparado (legislações norte-americana e francesa) permitiu a conclusão sobre a inadequação de parâmetros fixos e genéricos a estabelecer o mínimo existencial a uma coletividade de devedores.[32] Da mesma forma, o Relatório Geral elaborado pela Comissão de Juristas de Atualização do Código de Defesa do Consumidor do Senado Federal delineou o conteúdo do mínimo existencial: "quantia capaz de assegurar a vida digna do indivíduo e seu núcleo familiar destinada à manutenção das despesas de sobrevivência, tais como água, luz, alimentação, saúde, educação, transporte, entre outras".[33]

E reiterando os fundamentos já externados, em especial porque matéria pendente de apreciação no Supremo Tribunal Federal, o conteúdo do Decreto 11.150/22 "confronta as lições de Robert Alexy[34] quando ensina as limitações dos 'possíveis conteúdos do direito ordinário" e denomina de 'conteúdos constitucionalmente impossíveis' pela forma como adentrou o superprincípio da dignidade da pessoa, que lhe conferiu unidade material.[35] Em verdade, o Código atualizado previu a dupla dimensão do superprincípio (princípio e regra) ao contemplar explícita e implicitamente nos artigos 4º, X; 5º, XI, XII; 104-A; 104-B; 104-C a necessidade de preservação do mínimo existencial como forma de evitar a exclusão social do consumidor superendividado.[36]-[37]

---

meio da revisão e da repactuação da dívida, entre outras medidas; XII – a preservação do mínimo existencial, nos termos da regulamentação, na repactuação de dívidas e na concessão de crédito.

29. Para aprofundamento da teoria de Alexy, veja: ALEXY, Robert. *Teoria dos direitos fundamentais*. 2. ed. São Paulo: Malheiros, 2011.

30. SARLET, Ingo Wolfgang. *Direitos fundamentais sociais, mínimo existencial e direito privado*, p. 94.

31. WATANABE, Kazuo. Controle jurisdicional das políticas públicas, mínimo existencial e demais direitos fundamentais imediatamente judicializáveis. *Revista de Processo*, São Paulo, n. 193, p. 19, mar. 2011.

32. Veja: BERTONCELLO, Káren Rick Danilevicz. *Superendividamento do consumidor*: mínimo existencial, casos concretos. São Paulo: Ed. RT, 2015.

33. BENJAMIN, Antonio Herman et al. *Atualização do Código de Defesa do Consumidor*: anteprojetos-relatório. Brasília: Gráfica do Senado Federal, 2012, p. 136.

34. ALEXY, Robert. *Teoria dos direitos fundamentais*. 2. ed. São Paulo: Malheiros, 2011, p. 543.

35. JACINTHO, Jussara Maria Moreno. *Dignidade humana*: princípio constitucional. Curitiba: Juruá, 2006. p. 207.

36. SARLET, Ingo Wolfgang. *Dignidade da pessoa humana e direitos fundamentais na Constituição Federal de 1988*, p. 83.

37. BERTONCELLO, Káren R. Danilevicz. Mínimo existencial deve expressar a necessária proteção do Estado. *Conjur*. Disponível em: https://www.conjur.com.br/2022-jul-30/karen-bertoncello-minimo-existencial-expressar-protecao-necessaria. Acesso em: 30 jul. 2022.

O endereçamento da ação também apresentou o desafio da interpretação sobre o juízo competente para processar e julgar frente à coletividade de obrigações quando presente instituição credora inserida na previsão do artigo 109, I da Constituição Federal. A leitura do dispositivo constitucional mereceu interpretação analógica à exceção destinada às causas envolvendo "falência, acidentes de trabalho e as sujeitas à Justiça Eleitoral e à Justiça do Trabalho". Assim, reconhecido o juízo universal das ações de superendividamento, corroborado pelo entendimento do Superior Tribunal de Justiça, expressado no julgamento do Conflito de Competência, CC 193.066/DF, de Relatoria do Min. Marco Buzzi.[38]

Insta, também, promover a distinção do suporte fático dos descontos em conta-corrente em casos de superendividamento frente ao conteúdo do Tema 1085 do Superior Tribunal de Justiça. Note-se que não há identidade de fundamentos com aquele que motivou a formação da tese repetitiva em comento, porquanto evidenciado que a globalidade das obrigações existentes apresentam como pano de fundo o superendividamento do consumidor, comprometendo o mínimo existencial, direito básico tutelado pelo artigo 6º, XI e XII, ambos do Código de Defesa do Consumidor. Direito básico, este, já "assegurado na fase da formação do contrato, quando da análise da capacidade de reembolso pelo concedente de crédito, de acordo com a inteligência do artigo 54-D do Código atualizado".[39]

O modelo brasileiro de tratamento do superendividamento apresenta procedimento bifásico e inicia com a fase consensual obrigatória do artigo 104-A[40] do atualizado

---

38. Conflito de competência – Código de Defesa do Consumidor – Ação de repactuação de dívidas – Superendividamento – Concurso de credores previsto nos artigos 104-A, B e C, do CDC, na redação conferida pela lei 14.181/21 – Polo passivo composto por diversos credores bancários, dentre eles, a Caixa Econômica Federal – Exceção à regra de competência prevista no art. 109, I, da CF/88 – Exegese do col. Supremo tribunal federal definida em repercussão geral – Declaração de competência da justiça comum do Distrito Federal. 1. O Superior Tribunal de Justiça é competente para o conhecimento e processamento do presente incidente, pois apresenta controvérsia acerca do exercício da jurisdição entre juízos vinculados a Tribunais diversos, nos termos do artigo 105, I, "d", da Constituição Federal. 2. A discussão subjacente ao conflito consiste na declaração do juízo competente para o processar e julgar ação de repactuação de dívidas decorrentes do superendividamento do consumidor, em que é parte, além de outras instituições financeiras privadas, a Caixa Econômica Federal. 3. A alteração promovida no Código de Defesa do Consumidor, por meio do normativo legal 14.181/2021, de 1º de julho de 2021, supriu lacuna legislativa a fim de oferecer à pessoa física, em situação de vulnerabilidade (superendividamento), a possibilidade de, perante seus credores, rediscutir, repactuar e, finalmente, cumprir suas obrigações contratuais/financeiras. 4. Cabe à Justiça comum estadual e/ou distrital processar e julgar as demandas oriundas de ações de repactuação de dívidas decorrentes de superendividamento – ainda que exista interesse de ente federal – porquanto a exegese do art. 109, I, do texto maior, deve ser teleológica de forma a alcançar, na exceção da competência da Justiça Federal, as hipóteses em que existe o concurso de credores. 5. Conflito conhecido para declarar a competência do r. juízo comum do Distrito Federal e Territórios para processar e julgar ação de repactuação de dívidas por superendividamento, recomendando-se ao respectivo juízo, ante a delicada condição de saúde do interessado, a máxima brevidade no exame do feito. (CC 193.066/DF, relator Ministro Marco Buzzi, Segunda Seção, julgado em 22.03.2023, DJe de 31.03.2023).

39. BERTONCELLO, Káren R. D.; RANGEL, Andréia Fernandes de Almeida. A repactuação de dívidas do consumidor superendividado e os descontos bancários em conta-corrente. publicação no *Conjur*, 07.12.2022.

40. Art. 104-A. A requerimento do consumidor superendividado pessoa natural, o juiz poderá instaurar processo de repactuação de dívidas, com vistas à realização de audiência conciliatória, presidida por ele ou por conciliador credenciado no juízo, com a presença de todos os credores de dívidas previstas no art. 54-A deste Código, na qual o consumidor apresentará proposta de plano de pagamento com prazo máximo de 5 (cinco) anos, preservados o mínimo existencial, nos termos da regulamentação, e as garantias e as formas de pagamento originalmente pactuadas.

Código de Defesa do Consumidor. O diferencial desta etapa situa-se especialmente na exigência de participação proativa de todos os credores declarados pelo consumidor. Assim, a iniciativa da identificação dos credores compete ao devedor-consumidor em requerimento informal e desprovido de capacidade postulatória, seguindo a prática voluntária já sedimentada na rotina de atendimento dos órgãos integrantes do Sistema Nacional de Defesa do Consumidor e Centros Judiciais de Solução de Conflitos e Cidadania do Poder Judiciário.

Veja-se que o parágrafo 2o[41] do artigo 104-A estabelece as consequências para a hipótese de não comparecimento injustificado do credor à fase conciliatória. Daí que a mera declaração de ausência de interesse em conciliar, usualmente adotada nas peças processuais firmadas pelos fornecedores de crédito, revela-se atécnica e sem efeito prático, já que o requerimento do consumidor ensejará a imediata designação de audiência de conciliação. Aliás, a lei estabelece que o *comparecimento seja qualificado*, vale dizer, o preposto ou procurador estejam habilitados a transigir para a construção do plano de pagamento, não obstante inexista obrigatoriedade ao conteúdo do mesmo nesta fase processual.[42] É o que chamamos de *presença qualificada*, cuja finalidade está em harmonia com o espírito do Código de Processo Civil ao valorizar o princípio da cooperação (art. 6o), aplicável subsidiariamente, e a própria estrutura do plano de pagamento compulsório, previsto no art. 104-B do CDC, ao destinar tratamento preferencial aos credores que construíram o plano consensual mediante entendimento.

Outro ponto que merece registro é a possibilidade do ajuizamento da ação antes do art. 104-A, *caput* do CDC. Não obstante possa parecer que a fase consensual trata-se de condição de procedibilidade, eventual interpretação nesse sentido, poderá atuar em detrimento daquele consumidor cujo comprometimento mensal esteja significativamente afetado com descontos em empréstimos consignados em folha e/ou conta-corrente, inviabilizando sua capacidade de renegociação voluntária com os demais credores. Neste caso, o juízo analisa os requisitos da petição inicial, proferindo decisão em tutela de urgência, se necessário, determina a citação e suspende o processamento para a realização da tentativa de construção do plano de pagamento de forma consensual com todos os credores.

No que tange à natureza do litisconsórcio entre os credores, não há previsão da exigência de litisconsórcio passivo necessário cuja consequência processual importaria na extinção do processo, caso assim previsto em lei. Forçoso reconhecermos o desafio do consumidor em identificar seus credores ante a comum ausência de entrega de

---

41. § 2o O não comparecimento injustificado de qualquer credor, ou de seu procurador com poderes especiais e plenos para transigir, à audiência de conciliação de que trata o caput deste artigo acarretará a suspensão da exigibilidade do débito e a interrupção dos encargos da mora, bem como a sujeição compulsória ao plano de pagamento da dívida se o montante devido ao credor ausente for certo e conhecido pelo consumidor, devendo o pagamento a esse credor ser estipulado para ocorrer apenas após o pagamento aos credores presentes à audiência conciliatória.

42. BERTONCELLO, Káren Rick Danilevicz. O processo judicial de repactuação das dívidas: modelo brasileiro de mínimo existencial instrumental. *Revista de Direito do Consumidor*, v. 144, p. 17-36, nov./dez. 2022.

contratos em suporte duradouro, não apenas em contratações digitais, como também diante de reiteradas práticas de cessão de crédito sem seu conhecimento. Nesta senda, os créditos consignados já apresentam dificuldade de identificação dos credores quando intermediados por associações, na medida em que habitualmente o nome da associação é inserido na folha de pagamento do consumidor, em lugar da instituição financeira concedente do crédito.

A jurisprudência tem entendido pela ilegitimidade da cooperativa, federação, associação de classe ou sindicato quando entidade que atuou apenas como intermediária na relação jurídica sem a concessão direta de crédito ao consumidor.[43] De outro lado, tratando-se de suposta fraude em relação a um ou mais contratos, inserida na conjuntamente na ação de repactuação movida contra todos os credores, a legitimidade da intermediária é mantida ante a evidente necessidade de apurar o defeito ocorrido. Neste caso, entende-se que ditas entidades atuam, também, como responsáveis pelo controle e encaminhamento dos descontos, pois, muitas vezes, são os responsáveis pelo repasse à instituição financeira.[44]-[45]

---

43. Apelação. Negócios jurídicos bancários. Ação revisional. Preliminar contrarrecursal. Ilegitimidade passiva ad causam. Acolhida. Manutenção da extinção por fundamento diverso. O entendimento majoritário desta Corte é no sentido de que a cooperativa, federação, associação de classe ou sindicato não são legitimados para responder à ação judicial quando sua atuação estiver limitada à intermediação da relação jurídica obrigacional entre a instituição bancária e a pessoa tomadora do empréstimo, como no caso, devendo, por isso, ser mantida a sentença extintiva, ainda que por fundamento diverso. Recurso desprovido.(Apelação Cível 51076087520218210001, Décima Sexta Câmara Cível, Tribunal de Justiça do RS, Relator: Jucelana Lurdes Pereira dos Santos, Julgado em: 1º.12.2022).

44. Apelação cível. Negócios jurídicos bancários. Ação revisional, cumulada com repetição do indébito e indenização por dano moral. Limitação de descontos de empréstimos consignados. Ação julgada parcialmente procedente. (...) 1.2. Ilegitimidade passiva. Legitimidade passiva da associação de classe que realiza o desconto na folha de pagamento da pensionista. Preliminar rejeitada. (...) Recursos desprovidos. M/AC 5.929 – S. 23.06.2022 – P 37.(Apelação Cível 5000433462018821002 7, Décima Primeira Câmara Cível, Tribunal de Justiça do RS, Relator: Aymoré Roque Pottes de Mello, Julgado em: 23.06.2022).

45. Apelações cíveis. Negócios jurídicos bancários. Ação revisional de empréstimo consignado. – Legitimidade passiva. Desconto em folha. Associação intermediária. A instituição que figura na relação jurídica obrigacional como mera intermediária entre a financeira e a pessoa tomadora do empréstimo não tem legitimidade passiva na ação que pretenda a revisão do contrato, pois este regula a relação o mútuo. No entanto, é parte legitima na que versa sobre a regularidade dos descontos em folha quando atua na arrecadação e repasse dos valores. Circunstância dos autos em que a autora postula a limitação dos descontos; a ré é legítima para responder a ação; e se impõe manter a sentença no ponto. – Desconto em folha de pagamento. Margem consignável. O desconto por consignação em folha é lícito quando na contratação é ajustado em garantia e pagamento de empréstimo, como dita a súmula 603 do superior tribunal de justiça. A redução do percentual se justifica quando o contratado extrapola a margem consignável de 30% da remuneração (bruto menos descontos obrigatórios), como orienta a jurisprudência daquele tribunal. Circunstância dos autos em que os descontos excedem a margem consignável de 30%; a limitação se aplica aos servidores estaduais; e se impõe manter a sentença recorrida. – Pena cominatória. Dosimetria. A pena cominatória é instrumento de coerção ao cumprimento de obrigações comportamentais aplicável de ofício ou a requerimento visando assegurar efetividade às decisões judiciais; e por isso o seu valor é estipulado a critério do juízo tendo em conta os princípios da proporcionalidade e razoabilidade para não perder o caráter pedagógico e nem propiciar enriquecimento. Circunstância dos autos em que se impõe manter a estipulação por adequada ao caso concreto. – Honorários advocatícios. Aplicação percentual. Incidência sobre o valor da causa. Pleito de minoração. Os honorários advocatícios, nos termos do art. 85 do CPC/15, em regra devem ser fixados em percentual sobre o valor da condenação ou do proveito econômico obtido, ou não sendo possível mensurá-lo, sobre o valor atualizado da causa, nos termos do seu § 2º, observados os critérios de valoração previstos nos respectivos incisos. pelo mesmo artigo, quando aqueles valores forem líquidos ou

Os requisitos específicos da petição inicial da ação de repactuação abrangem também a qualificação das partes: de um lado, a descrição do consumidor-superendividado impõe o completo relato das despesas rotineiras, gastos de sobrevivência, contexto familiar quanto aos dependentes que integram o núcleo a fim de viabilizar a contextualização do *mínimo existencial substancial e*; de outro, a identificação dos credores remanescentes, caso a fase consensual já tenha ocorrido, ou, na falta desta, a totalidade dos credores conhecidos.

A descrição dos fatos e fundamentos dizem diretamente com as *condições de contratação, momento e natureza*. Veja-se que o art. 104-A, § 1º apresenta vedações de ordem material quanto à pretensão deduzida em juízo para fins de repactuação compulsória, com destaque aos contratos de "dívidas provenientes de contratos de crédito com garantia real, de financiamentos imobiliários e de crédito rural".[46]

Quanto ao mais, a cronologia da concessão do crédito merece espaço no histórico da inicial, em respeito a atuação responsável daqueles concedentes de crédito que o fizeram conhecedores da capacidade de reembolso do consumidor. Eventual impossibilidade estará amparada na possibilidade de determinação de "diligências eventualmente necessárias", artigo 104-B, § 3º, assim como na inversão do ônus da prova, art. 6º, VIII do CDC.

Dentre a narrativa dos fatos, deverá constar a sugestão de *plano de pagamento preliminar do consumidor*, aqui representada pela descrição da renda, subtraindo-se desta, a quantia a ser destinada ao mínimo existencial. Oportuno registrar que os pedidos de limitação de descontos em folha/conta-corrente com fixação de determinado percentual mensal, também podem ser interpretados como plano de pagamento preliminar, visto que implicitamente importarão em repactuação compulsória ao final da ação, redimensionando o saldo devedor. No ponto, destacamos a importância do papel destinado ao Poder Judiciário em "dizer o direito", como no brocardo "Da mihi factum, dabo tibi ius", respeitado o papel constitucional em preservar o direito fundamental da dignidade da pessoa, valor fundante da Lei 14.181/21.

O procedimento previsto na Lei 14.181/21, artigo 104-B[47] tem rito especial, inviabilizando a tramitação da ação de revisão e repactuação nos Juizados Especiais Cíveis, pelo fundamentos que apontamos outrora: "a restrição conferida pelo artigo 3º da Lei

---

liquidáveis é vedada a estipulação equitativa, em quantia determinada, salvo nas situações expressas no § 8º, causas em que for inestimável ou irrisório o proveito econômico ou, ainda, quando o valor da causa for muito baixo, como disposto no seu § 6º-A. Circunstância dos autos em que a sentença estabeleceu honorários em percentual sobre o valor da causa; e se impõe manter a quantia fixada na sentença. Recursos desprovidos. (Apelação Cível 50019053120188210141, Décima Oitava Câmara Cível, Tribunal de Justiça do RS, Relator: João Moreno Pomar, Julgado em: 26.10.2022).

46. § 1º Excluem-se do processo de repactuação as dívidas, ainda que decorrentes de relações de consumo, oriundas de contratos celebrados dolosamente sem o propósito de realizar pagamento, bem como as dívidas provenientes de contratos de crédito com garantia real, de financiamentos imobiliários e de crédito rural.

47. Art. 104-B. Se não houver êxito na conciliação em relação a quaisquer credores, o juiz, a pedido do consumidor, instaurará processo por superendividamento para revisão e integração dos contratos e repactuação das dívidas remanescentes mediante plano judicial compulsório e procederá à citação de todos os credores cujos créditos não tenham integrado o acordo porventura celebrado.

9.099/95 e a eventual necessidade de nomeação do administrador judicial (para apresentação de laudo com sugestão de plano de pagamento) e, eventual, necessidade de perícia em caso de vício de consentimento".[48]

Outra característica do rito da ação de revisão e repactuação por superendividamento é a impossibilidade de depósito judicial ante a falta de conhecimento do valor incontroverso. A natureza especial do procedimento valorizou a fase consensual, proporcionando atuação positiva das partes na construção de plano voluntário e relegando ao final do processo a apreciação das consequências previstas no artigo 54-D, parágrafo único do CDC (análise das condições de concessão do crédito de cada credor) e elaboração do plano de pagamento (levando em conta as obrigações existentes e a preservação do mínimo existencial do consumidor).

Como linhas gerais de análise da petição inicial e peculiaridades do procedimento em estudo, cumpre-nos, ainda, destacar a continência da ação de revisão e repactuação de dívidas do art. 104-B frente às ações pendentes que buscam individualmente revisão de cláusulas ou encargos contratuais, mormente quando identificado o valor maior de preservação do mínimo existencial, contido no art. 6º, XI e XII do CDC.

E a inserção de novos credores no polo passivo na ação de revisão e repactuação de dívidas do art. 104-B do CDC apresenta a limitação da incidência subsidiária do Código de Processo Civil, na forma do art. 329, pelo qual poderá o devedor inserir outros credores até a citação, independentemente de anuência daqueles inicialmente indicados, ou até a fase de saneamento da ação, mediante com a concordância dos credores descritos na petição inicial.

4. CONCLUSÃO

O procedimento de revisão e repactuação de dívidas retrata o direito subjetivo disciplinado implicitamente como direito básico do consumidor, artigo 6º, incisos XI e XII, e artigo 104-B, § 4º, ambos do CDC.

A especialidade da nova tutela legal desafia hodiernamente a mudança de cultura, colocando atenção nos critérios adotados pelos fornecedores sobre a apreciação da capacidade de reembolso dos consumidores frente a renda e as despesas de sobrevivência. A origem desta tutela legal já vinha sedimentada na doutrina a partir da concreção do princípio da boa-fé objetiva e os deveres anexos dela decorrentes, como há muito ensinado a partir da incidência da vedação da exceção da ruína do parceiro contratual.[49]

Neste contexto, a gestão judiciária estudada no âmbito macro, com atuação institucional orientadora e unificadora do Conselho Nacional de Justiça e, na esfera procedimental, mediante a adoção de técnicas de *visual law,* de prototipação (a exemplo da

---

48. BERTONCELLO, Káren Rick Danilevicz. O processo judicial de repactuação das dívidas: modelo brasileiro de mínimo existencial instrumental. *Revista de Direito do Consumidor*, v. 144, p. 17-36, nov./dez. 2022.

49. Veja por todos: Rocha, Antonio Manuel da; Cordeiro, Menezes. *Da boa-fé no direito civil.* Coimbra: Almedina, 2001.

quesitação[50] elaborada para realização do laudo pelo administrador) de procedimentos, são hipóteses de valorização do ecossistema de Justiça na concretização do acesso à Justiça: "O ecossistema de inovação é uma concepção do entendimento de ambiente ou ecologia de várias instituições, atores e outros fatores que envolvem a prática de pesquisa e inovação e, não existe um único ator que possa atuar de forma independente".[51]

REFERÊNCIAS

AKOIJAM, Amitkumar Singh; e KRISHNA, Venni apud MELLO, Cleyson de Moraes; ALMEIDA NETO, José Rogério Moura de; PETRILLO, Regina Pentagna. *Educação e inovação: educação que transforma.* Rio de Janeiro: Processo, 2022.

AGUIAR JR., Ruy Rosado de. A boa-fé na relação de consumo. *Revista de Direito do Consumidor,* São Paulo, n. 14, p. 20-27, abr./jun. 1995.

BAUERMAN, Sandra. Implantação e experiência do projeto de tratamento ao superendividamento do consumidor no Poder Judiciário do Paraná. *Revista de Direito do Consumidor,* São Paulo, n. 95, p. 231-251, set./out. 2014.

BELKACEM, Karima. *De L'Emprunt au surendettement:* la situation des ménages en Frace. Condé-Sur-Noireau: L'Harmattan, 2020.

BENJAMIN, Antonio Herman et al. *Atualização do Código de Defesa do Consumidor:* anteprojetos-relatório. Brasília: Gráfica do Senado Federal, 2012.

BERTONCELLO, Káren R. D.; RANGEL, Andréia Fernandes de Almeida. A repactuação de dívidas do consumidor superendividado e os descontos bancários em conta-corrente. publicação no *Conjur,* 07.12.2022.

BERTONCELLO, Káren Rick Danilevicz. Breves linhas sobre o estudo comparado de procedimentos de falência dos consumidores: França, Estados Unidos da América e Anteprojeto de Lei no Brasil. *Revista de Direito do Consumidor,* São Paulo, n. 83, p. 113-140, jul./set. 2012.

BERTONCELLO, Káren Rick Danilevicz; LIMA, Clarissa Costa de. Conciliação aplicada ao superendividamento: estudo de casos. *Revista de Direito do Consumidor,* São Paulo: Ed. RT, v. 71. p. 106-141. jul./set. 2009.

BERTONCELLO, Káren R. D. Mínimo existencial instrumental e o papel dos CEJUSC's na restauração do vínculo da família superendividada. In: MARQUES, Claudia Lima CAVALLAZZI, ; Rosângela Lunardelli; LIMA, Clarissa Costa de (Org.). *Direitos do consumidor endividado II:* vulnerabilidade e inclusão. São Paulo: Ed. RT, 2017.

BERTONCELLO, Káren Rick Danilevicz. O processo judicial de repactuação das dívidas: modelo brasileiro de mínimo existencial instrumental. *Revista de Direito do Consumidor,* v. 144, p. 17-36, nov./dez. 2022.

BERTONCELLO, Káren Rick Danilevicz. Superendividamento e dever de renegociação. *Superendividamento aplicado: aspectos doutrinários e experiência no Poder Judiciário.* Rio de Janeiro: GZ, 2009.

BERTONCELLO, Karen Rick Danilevicz. *Superendividamento do consumidor:* mínimo existencial – casos concretos. São Paulo: Ed. RT, 2015.

BOCHENEK, Antônio César et al. *Manual Luso-brasileiro de gestão judicial.* São Paulo: Almedina, 2018.

---

50. BERTONCELLO, Káren Rick Danilevicz. O processo judicial de repactuação das dívidas: modelo brasileiro de mínimo existencial instrumental. *Revista de Direito do Consumidor.* v. 144, p. 17-36, nov./dez. 2022.

51. AKOIJAM, Amitkumar Singh; e KRISHNA, Venni apud MELLO, Cleyson de Moraes; ALMEIDA NETO, José Rogério Moura de; PETRILLO, Regina Pentagna. *Educação e inovação:* educação que transforma. Rio de Janeiro: Processo, 2022, p. 41.

CAVALLAZZI, Rosângela Lunardelli. Confiança no futuro: desconstruindo quarto mitos no tratamento do superendividamento. *Revista de Direito do Consumidor*, São Paulo: Ed. RT, v. 100 ano 24. p. 425-449. jul./ago. 2015.

DUQUE, Marcelo Schenk. A proteção do consumidor como dever de proteção estatal de hierarquia constitucional. *Revista de Direito do Consumidor*. São Paulo, n. 71, p. 142-167, jul./set. 2009.

GALAIS, Emmanuel. *La procédure de surendettement*. Vanves: Ágora Editions, 2012.

JALUZOT, Béatrice. *La bonne foi dans lês contrats*: étude comparative de droit français, allemand et japonais. Paris: Dalloz, 2001.

MARQUES, Claudia Lima. Algumas observações sobre a pessoa no mercado e a proteção dos vulneráveis no direito privado brasileiro. *Direito privado, constituição e fronteiras*: encontros da associação luso-alemã de juristas no Brasil. 2. ed. São Paulo: Ed. RT, 2014.

MARQUES, Claudia Lima. Algumas perguntas e respostas sobre prevenção e tratamento do superendividamento dos consumidores pessoas físicas. *Revista de Direito do Consumidor*, São Paulo, n. 75, p. 9-42, 2010.

MARQUES, Claudia Lima. Boa-fé nos serviços bancários, financeiros, de crédito e securitários e o Código de Defesa do Consumidor: informação, cooperação e renegociação? *Revista de Direito do Consumidor*, São Paulo, n. 43, p. 215-257, jul./set. 2002.

MARQUES, Claudia Lima. In: BENJAMIN, Antônio Herman V.; MARQUES, Claudia Lima; BESSA, Leonardo Roscoe. *Manual de Direito do Consumidor*. 9. ed. São Paulo: Ed. RT, 2020.

MARQUES, Claudia Lima; LIMA, Clarissa C. de; BERTONCELLO, Káren R. D. Dados preliminares da pesquisa empírica sobre o perfil dos consumidores superendividados da Comarca de Porto Alegre (2007 A 2012) e o "Observatório do crédito e superendividamento UFRGS-MJ". *Revista de Direito do Consumidor*. São Paulo, n. 99, p. 411-436, maio/jun. 2015.

MARQUES, Claudia Lima. Mulheres, idosos e o superendividamento dos consumidores: cinco anos de dados empíricos dos projeto-piloto em Porto Alegre. *Revista de Direito do Consumidor*. São Paulo, n. 100, p. 393-423, jul./ago. 2015.

MARQUES, Claudia Lima. Sugestões para uma lei sobre o tratamento do superendividamento de pessoas físicas em contratos de crédito ao consumo: proposições com base em pesquisa empírica de 100 casos no Rio Grande do Sul. *Revista de Direito do Consumidor*. São Paulo, n. 55, p. 11-52, jul./set. 2005.

MARQUES, Claudia Lima; Lima, Clarissa C. de; Bertoncello, Káren R. Danilevicz. *Cadernos de investigação científica*. Ministério da Justiça: Brasília, 2010.

MARQUES, Maria Manuel Leitão et al. *O endividamento dos consumidores*. Coimbra: Almedina, 2000.

MARTINEWKI, Cláudio L.; BERTONCELLO, Karen Rick Danilevicz; LAYDNER, Patrícia Antunes. Vara Cível X Empresarial: ponderações sobre a competência para julgamento das ações declaratórias de superendividamento e a preservação da dignidade do consumidor. In: BELINKEVICIUS, Juciane (Org.). *Práticas Inovadoras na Jurisdição: a experiência da Magistratura Gaúcha*. Porto Alegre: Ajuris, Escola da Magistratura, Núcleo de Inovação e Administração Judiciária, Tribunal de Justiça do Estado do Rio Grande do Sul, 2020.

MIRAGEM, Bruno. Consumer credit and overindebtedness: the brazilian experience. *Revista de Direito do Consumidor*. São Paulo, n. 130, p. 65-77, jul./ago. 2020.

MIRAGEM, Bruno; MARQUES, Claudia Lima; OLIVEIRA, Amanda Flávio de. *25 anos do Código de Defesa do Consumidor*. São Paulo: Ed. RT, 2016.

PAISANT, Gilles. El tratamiento del sobreendeudamiento de los consumidores en derecho francés. *Revista de Direito do Consumidor*, São Paulo, n. 42, p. 9-26, abr./jun. 2002.

ROCHA, Antonio Manuel da; CORDEIRO, Menezes. *Da boa-fé no direito civil*. Coimbra: Almedina, 2001.

SARLET, Ingo Wolfgang. *A eficácia dos direitos fundamentais*: uma teoria geral dos direitos fundamentais na perspectiva constitucional. Porto Alegre: Livraria do Advogado, 2009.

SARLET, Ingo Wolfgang. *Dignidade da pessoa humana e direitos fundamentais na Constituição Federal de 1988*. 9. ed. Porto Alegre: Livraria do Advogado, 2012.

SARLET, Ingo Wolfgang. Direitos fundamentais sociais, mínimo existencial e direito privado. *Revista de Direito do Consumidor*, São Paulo, n. 61, p. 91-125, jan./mar. 2007.

SARLET, Ingo Wolfgang. Mínimo existencial e direito privado: apontamentos sobre algumas dimensões da possível eficácia dos direitos fundamentais sociais no âmbito das relações jurídico-privadas. *Revista Trimestral de Direito Civil*. Rio de Janeiro, n. 29, p. 53-93, jan./mar. 2007.

SARLET, Ingo Wolfgang. Os direitos fundamentais sociais, o direito a uma vida digna (mínimo existencial), e o direito privado: apontamentos sobre a possível eficácia dos direitos sociais nas relações entre particulares. In: ALMEIDA FILHO, Agassiz; MELGARÉ, Plínio (Org.). *Dignidade da pessoa humana*. São Paulo: Malheiros, 2010.

SOUZA, Bernardo de Azevedo e; OLIVEIRA, Ingrid Barbosa. *Visual law*: como os elementos visuais podem transformar o direito. São Paulo: Thompson Reuters, 2022.

SULLIVAN, Teresa A.; WARREN, Elizabeth; WESTBROOK, Jay Lawrence. *The fragile middle class*: Americans in debt. New York: Yale University, 2000.

SULLIVAN, Teresa A.; WARREN, Elizabeth; WESTBROOK, Jay Lawrence. Women and Bankruptcy. *As we forgive our debtors*: bankruptcy and consumer credit in America. Washington: Beard, 1999.

WATANABE, Kazuo. Controle jurisdicional das políticas públicas, mínimo existencial e demais direitos fundamentais imediatamente judicializáveis. *Revista de Processo*. São Paulo, n. 193, p. 13-25, mar. 2011.

O COMBATE AO SUPERENDIVIDAMENTO POR MEIOS AUTOCOMPOSITIVOS: O IMPORTANTE PAPEL DOS CENTROS JUDICIÁRIOS DE SOLUÇÃO DE CONFLITOS E CIDADANIA

Tatiana Cardoso Squeff

Doutora em Direito Internacional pela UFRGS, com período sanduíche junto à University of Ottawa. Mestre em Direito Público pela UNISINOS, com período de estudos junto à University of Toronto. Professora adjunta da Faculdade de Direito da Universidade Uberlândia, onde atua na graduação e na pós-graduação *stricto sensu*. Expert brasileira nomeada pela SENACON para atuar junto à HCCH no projeto 'Turista/ODR'. Membro da ASADIP, ILA-Brasil e Brasilcon. Orcid: 0000-0001-9912-9047.

Lúcia Souza d'Aquino

Doutora e Mestra em Direito pela Universidade Federal do Rio Grande do Sul. Líder do Grupo de Pesquisa CNPq "Vulnerabilidades no Novo Direito Privado". Professora Adjunta no Departamento de Direito do Instituto de Ciências da Sociedade de Macaé da Universidade Federal Fluminense. Professora Permanente do Programa de Pós-Graduação em Direitos, Instituições e Negócios da Universidade Federal Fluminense. Lattes: http://lattes.cnpq.br/5248033690404165.

Igor Costa Vieira

Bacharel em Direito pela Universidade Federal de Uberlândia (UFU). Auxiliar de Gabinete de Juiz do Tribunal de Justiça do Estado de Minas Gerais (TJMG). Conciliador judicial formado pela Escola Judicial Desembargador Edésio Fernandes (EJEF). Endereço eletrônico: igor.costavieira@outlook.com. Orcid: 0000-0002-2547-9084.

Sumário: 1. Introdução – 2. A Lei 14.181 de 2021 como política pública de superação do superendividamento das famílias brasileiras – 3. Os mecanismos autocompositivos de solução de disputas consumeristas – 4. A importância dos centros judiciários de solução de conflitos e cidadania para o tratamento do superendividamento por meio da autocomposição – 5. Considerações finais – Referências.

1. INTRODUÇÃO

O endividamento das famílias é uma situação evidente e cada vez mais frequente e preocupante. O superendividamento, doutrina que tem previsões em diversos ordenamentos jurídicos[1] e que é uma situação extrema de endividamento crônico,[2] atinge um grande percentual das famílias brasileiras.

---

1. D'AQUINO, Lúcia Souza; DURANTE, Patrícia. O Projeto de Lei 3515/2015 como política pública de mitigação dos efeitos econômicos da pandemia de covid-19 no Brasil. *Revista Direito das Políticas Públicas*, [S. l.], v. 2, n. 1, p. 126-150, 2020. Disponível em: http://seer.unirio.br/rdpp/article/view/10187. Acesso em: 26 mar. 2023.
2. WODTKE, Guilherme Domingos Gonçalves; SCHMIDT NETO, André Perin. O superendividamento do consumido: as possíveis previsões legais para seu tratamento. *In*: ZAVASCKI, Liane Tabarelli; MELGARÁ,

De acordo com a Confederação Nacional do Comércio de Bens, Serviços e Turismo, 77,9% das famílias brasileiras estavam endividadas em 2022, e 17,6% delas se considerava muito endividada, o que são valores impactantes. A média de gastos dos brasileiros para o pagamento de dívidas é de R$ 302 reais a cada R$ 1 mil gastos.[3] Ainda segundo o órgão, em dados divulgados na Pesquisa de Endividamento e Inadimplência do Consumidor (PEIC) de 2022, 21,5% dos endividados gasta mais de 50% de sua renda no pagamento de suas dívidas.[4]

E diante da natural inadimplência criada por esse cenário, o aumento do número de ações judiciais voltadas à cobrança de dívidas também é crescente no país, fazendo com que as partes envolvidas – consumidores e fornecedores/produtores – distanciem-se cada vez mais, fomentando um ambiente de animosidade e de desconsideração para com a própria pessoa humana que passa por dificuldades financeiras. Dessa forma, questiona-se como se poderia reverter essa situação.

Para tanto, seguindo metodologia dedutiva e utilizando-se dos métodos descritivo e explicativo de análise, por meio de uma pesquisa documental e bibliográfica, apresenta-se inicialmente o panorama e as perspectivas da Lei 14.181 de 2021 como uma política pública apta a superar o cenário de superendividamento que atinge as famílias brasileiras. Na sequência, pondera-se sobre os meios autocompositivos de solução de disputa, com especial ênfase na mediação e na conciliação, considerando a possibilidade destes mecanismos aproximarem as partes e resgatarem a humanidade e as emoções dos envolvidos em litígios de consumo.

Ao cabo, será apresentada uma alternativa à via jurisdicional típica para tratamento dos conflitos que envolvam o superendividamento: os Centros Judiciários de Solução de Conflitos e Cidadania, cuja atuação, até então, tem se mostrado relevante para o Poder Judiciário, como facilitador do deslinde de processos, e para os jurisdicionados, que gozam dos auspícios da atribuição de segurança jurídica aos termos que eles mesmos estabelecem para pôr fim a uma demanda que, tradicionalmente, poderia levar anos para alcançar a fase de julgamento.

2. A LEI 14.181 DE 2021 COMO POLÍTICA PÚBLICA DE SUPERAÇÃO DO SUPERENDIVIDAMENTO DAS FAMÍLIAS BRASILEIRAS

O superendividamento das famílias brasileiras é um fenômeno social decorrente de uma mudança da estrutura econômica do país que permitiu uma redução de desigualda-

---

Plínio (Org.). *Diálogos de Direito Privado*: contribuições do corpo docente e discente da Faculdade de Direito da PUCRS. Porto Alegre: EDIPUCRS, 2015. p. 39-70. p. 40.

3. CAMPOS, Ana Cristina. Maioria dos endividados brasileiros em 2022 era mulher e jovem. *Agência Brasil*, 19 jan. 2023. Disponível em: https://agenciabrasil.ebc.com.br/economia/noticia/2023-01/maioria-dos-endividados-brasileiros-em-2022-era-mulher-e-jovem. Acesso em: 28 mar. 2023.

4. SARAIVA, Alessandra; MARTINI, Paula. Número de 'superendividados' no Brasil bate recorde em 2022. *Valor Investe*, 19 jan. 2023. Disponível em: https://valorinveste.globo.com/mercados/noticia/2023/01/19/numero-de-superendividados-no-brasil-bate-recorde-em-2022.ghtml. Acesso em: 28 mar. 2023.

des,[5] sem que a ascensão dos grupos econômicos mais vulneráveis fosse acompanhada de educação financeira, o que acarretou um aumento dos consumidores que muitas vezes contraíram crédito e dívidas de boa-fé e posteriormente se perceberam impedidos de quitar seus débitos e manter seu sustento e de sua família.[6]

O Brasil vem experimentando recentemente um crescimento no número de endividados, cujas dívidas se originam especialmente em fornecimento de crédito, haja vista que a aquisição de produtos e serviços não está mais ligada tanto à satisfação de necessidades básicas, mas à satisfação de desejos, uma atividade de recreação e terapia, ou mesmo uma questão de compulsão.[7] E, com o acesso ao crédito cada vez mais facilitado, não é mais necessário economizar para ter acesso a produtos e serviços de maior valor.[8]

Entretanto, juridicamente falando, o endividamento – e o superendividamento – não se restringem a dívidas oriundas de crédito, englobando todos os créditos da família, que podem ter origem em um ou mais credores e em uma ou mais dívidas. A existência de dívidas, por si só, pode não ser um problema a depender do cenário econômico e de quais camadas da população são atingidas; entretanto, adquire uma dimensão "patológica, com repercussões econômicas, sociais, psicológicas e até médicas, quando o rendimento familiar não é mais capaz de suportar o cumprimento de compromissos financeiros".[9]

O superendividamento é definido por Claudia Lima Marques como "a impossibilidade do devedor pessoa física, de boa-fé, arcar com o pagamento de todas suas dívidas, atuais e futuras, sem comprometer o mínimo existencial, (excluídas as dívidas com Fisco, oriunda de delitos e de alimentos)",[10] e ele pode ser classificado como ativo (acumulação voluntária e excessiva de dívidas em razão de má gestão financeira), podendo ser ativo consciente quando o devedor age de má-fé, pois tem ciência da sua incapacidade de pagamento ou ativo inconsciente quando o devedor contrai as dívidas imprudente e impulsivamente, crendo na sua capacidade de quitação, ou passivo (decorrente de situações imprevistas e externas que impossibilitaram o pagamento).[11] As políticas públicas de tratamento do superendividamento devem focar nesses últimos.

---

5. REYMAO, Ana Elizabeth Neirao; OLIVEIRA, Felipe Guimarães de. O superendividamento do consumidor no Brasil: um debate necessário entre o Direito e a Economia no século XXI. *Revista de Direito, Globalização e Responsabilidade nas Relações de Consumo*, Brasília, v. 2, n. 1, p. 168, jan./jun. 2016.

6. CARPENA, Heloísa. Contornos atuais do superendividamento. In: MARTINS, Guilherme Magalhães (Coord.). *Temas de Direito do Consumidor*. Rio de Janeiro: Lumen Juris, 2010. p. 232.

7. Sobre o tema, *cf.* BAUMAN, Zygmunt. *Vida Para Consumo*: a transformação das pessoas em mercadoria. Rio de Janeiro: Zahar, 2008, p. 13.

8. MOREIRA, Diogo Rais Rodrigues; BARBOSA, Nathalia Sartarello. O reflexo da sociedade do hiperconsumo no Instagram e a responsabilidade civil dos influenciadores digitais. *Revista Direitos Culturais*, Santo Ângelo, v. 13, n. 30, maio/ago. 2018. Disponível em: http://srvapp2s.urisan.tche.br/seer/index.php/direitosculturais/article/view/2706/1295. Acesso em: 30 mar. 2020.

9. LIMA, Clarissa Costa de; BERTONCELLO, Káren Rick Danilevicz. *Superendividamento aplicado*: aspectos doutrinários e experiencia no Poder Judiciário. Rio de Janeiro: GZ, 2010. p. 26-27.

10. MARQUES, Claudia Lima; CAVALLAZZI, Rosângela Lunardelli. *Direitos do consumidor endividado*: superendividamento e crédito. São Paulo: Ed. RT, 2006. [e-book]

11. LEITÃO MARQUES, Maria Manuel et al. *O endividamento dos consumidores*. Coimbra: Almedina, 2000 apud WODTKE, Guilherme Domingos Gonçalves; SCHMIDT NETO, André Perin. O superendividamento do consumido: as possíveis previsões legais para seu tratamento. In: ZAVASCKI, Liane Tabarelli; MELGARÁ,

Uma política pública pode ser definida como um conjunto de medidas tomadas pelo governo com o objetivo de efetivar os direitos e deveres previstos na Constituição. Nesse sentido, atua especialmente nos direitos sociais, buscando que o Estado aja de forma positiva para tal efetivação, devendo planejar e definir suas prioridades e metas, pensando na coletividade dos beneficiados.[12]

A fim de implementar uma política pública, o primeiro passo é a identificação e definição do problema[13] a ser tratado por ela. No caso do superendividamento, o problema é evidente e crescente: o aumento do número de cidadãos em situação de dívidas que comprometem sua subsistência e dignidade.

A seguir, cria-se uma agenda, consistente nas questões relevantes no campo do problema a ser tratado para, a partir daí, formular alternativas e objetivos a serem alcançados, bem como as estratégias para tanto, sem desconsiderar as possíveis consequências de cada uma das alternativas postas. Então, ocorre uma tomada de decisão, em que há um acordo entre os interesses envolvidos (e por vezes conflitantes), com a exposição dos problemas, das alternativas e das estratégias escolhidas para, enfim, implementar a política pública, convertendo o planejamento em ação efetiva.[14]

Compreende-se, por exemplo, que o Código de Defesa do Consumidor foi uma política pública implementada no momento da redemocratização do país a partir da identificação de um sujeito vulnerável nas relações de consumo, que demandava uma atuação positiva do Estado para sua proteção. O Código renovou o direito privado brasileiro,[15] regulando, entre outros, a teoria da qualidade e incluindo previsão expressa da boa-fé entre as partes da relação de consumo.[16]

Assim, enquanto política pública, seu ciclo envolve a avaliação, quando são examinados a sua implementação e o seu desempenho, com o intuito de verificar o estado atual da própria política a fim de verificar se ela foi capaz de reduzir o problema que deu origem à sua edificação.[17] Aqui, percebe-se que o Código foi feliz, servindo de base para uma mudança estrutural nas relações de consumo. Entretanto, ainda que visionário, o

---

Plínio (Org.). *Diálogos de Direito Privado*: contribuições do corpo docente e discente da Faculdade de Direito da PUCRS. Porto Alegre: EDIPUCRS, 2015. p. 39-70.

12. SIQUEIRA JÚNIOR, Paulo Hamilton. Cidadania e políticas públicas. *Doutrinas Essenciais de Direito Administrativo*, São Paulo, v. 3, p. 425-451, nov. 2012.

13. Aqui definido como "a diferença entre o que é e aquilo que se gostaria que fosse a realidade pública" (SECCHI, Leonardo. *Políticas públicas*: conceitos, esquemas de análise, casos práticos. 2. ed. São Paulo: Cengage Learning, 2013. p. 43).

14. SECCHI, Leonardo. *Políticas públicas*: conceitos, esquemas de análise, casos práticos. 2. ed. São Paulo: Cengage Learning, 2013. p. 46-56, passim.

15. MIRAGEM, Bruno. *Curso de direito do consumidor*. 6. ed. São Paulo: Thomson Reuters Brasil, 2019. [e-book]

16. MARQUES, Claudia Lima. 25 anos do código de defesa do consumidor e as sugestões traçadas pela revisão de 2015 das diretrizes da ONU de proteção dos consumidores para a atualização. *Revista de Direito do Consumidor*, São Paulo, v. 103, p. 55-100, jan./fev. 2016.

17. Há, ainda, a possibilidade de encerramento (extinção) da política pública, uma vez identificada a resolução do problema, a ineficácia do instrumento utilizado ou a perda da importância do problema, ainda que não resolvido. Tais hipóteses não são aplicáveis à proteção do consumidor ou à prevenção e ao tratamento do superendividamento. (SECCHI, Leonardo. *Políticas públicas*: conceitos, esquemas de análise, casos práticos. 2. ed. São Paulo: Cengage Learning, 2013. p. 63-67).

Código não foi capaz de antecipar o crescimento do superendividamento da população, impulsionado pelas contratações de crédito cada vez mais fáceis, que podem hoje ser feitas por meio de telefones celulares e da própria internet.[18] Surge, então, a necessidade de uma nova política pública para o tratamento do superendividamento.

Nesse panorama, no ano de 2021 foi promulgada a Lei 14.181, que alterou o Código de Defesa do Consumidor e o Estatuto do Idoso para "aperfeiçoar a disciplina do crédito ao consumidor e dispor sobre a prevenção e tratamento do superendividamento",[19] cuja inspiração surgiu por iniciativa de duas magistradas gaúchas que desenvolveram um projeto-piloto de tratamento do superendividamento, buscando uma aproximação dialogada entre o consumidor e seus credores para permitir seu direito de recomeçar.[20]

A lei aprovada inclui novos princípios no art. 4º do Código, buscando a educação financeira e ambiental do consumidor e a prevenção e o tratamento do superendividamento. Acrescenta, ainda, instrumentos para a execução da política pública de tratamento do superendividamento no art. 5º da norma.[21] Também são reconhecidos novos direitos básicos ao consumidor, ligados ao crédito responsável, preservação do mínimo existencial[22] e informação padronizada acerca de preços de produtos.

---

18. LIMA, Clarissa Costa de; CAVALLAZZI, Rosângela Lunardelli. A força do microssistema do CDC: tempos de superendividamento e de compartilhar responsabilidades. In: MARQUES, Claudia Lima; CAVALLAZZI, Rosângela Lunardelli; LIMA, Clarissa Costa de (Org.). *Direito do consumidor endividado II*: vulnerabilidade e inclusão. São Paulo: Ed. RT, 2006. [e-book]

19. BRASIL. Lei 14.181, de 01 de julho de 2021. Disponível em: https://www.planalto.gov.br/ccivil_03/_ato2019-2022/2021/lei/l14181.htm. Acesso em: 24 abr. 2023.

20. BERTONCELLO, Káren Rick Danilevicz. LIMA, Clarissa Costa de. Adesão ao projeto conciliar é legal - CNJ: projeto-piloto: tratamento das situações de superendividamento do consumidor. *Revista de Direito do Consumidor*, São Paulo, v. 63, p. 173-201, jul./set. 2007; LIMA, Clarissa Costa de; CAVALLAZZI, Rosângela Lunardelli. A força do microssistema do CDC: tempos de superendividamento e de compartilhar responsabilidades. In: MARQUES, Claudia Lima; CAVALLAZZI, Rosângela Lunardelli; LIMA, Clarissa Costa de (Org.). *Direito do consumidor endividado II*: vulnerabilidade e inclusão. São Paulo: Ed. RT, 2006. [e-book]

21. "Art. 5º Para a execução da Política Nacional das Relações de Consumo, contará o poder público com os seguintes instrumentos, entre outros: (...) VI – instituição de mecanismos de prevenção e tratamento extrajudicial e judicial do superendividamento e de proteção do consumidor pessoa natural; VII – instituição de núcleos de conciliação e mediação de conflitos oriundos de superendividamento" (BRASIL. Lei 8.078, de 11 de setembro de 1990. Disponível em: https://www.planalto.gov.br/ccivil_03/LEIS/L8078compilado.htm. Acesso em: 24 abr. 2023).

22. Em julho de 2022, foi promulgado Decreto regulamentando o mínimo existencial, que foi definido como "a renda mensal do consumidor pessoa natural equivalente a vinte e cinco por cento do salário mínimo vigente na data de publicação deste Decreto." (BRASIL. Decreto 11.150, de 26 de julho de 2022. Disponível em: http://www.planalto.gov.br/ccivil_03/_ato2019-2022/2022/decreto/D11150.htm. Acesso em: 24 abr. 2022.) O valor definido foi alvo de severas críticas por parte de pesquisadores e políticos, a exemplo de Sarlet, que a qualificou como infame (SARLET, Ingo Wolfgang. Notas sobre o decreto do mínimo indecente para uma vida indigna. *ConJur*, 26 set. 2022. Disponível em: https://www.conjur.com.br/2022-set-26/direitos-fundamentais-notas-decreto-minimo-indecente-vida-indigna. Acesso em: 24 abr. 2022.). Houve, também, o ajuizamento de duas Ações por Descumprimento de Preceito Fundamental, de números 1.005 e 1.006, perante o Supremo Tribunal Federal, que se encontram pendentes de julgamento. No dia 20 de abril de 2023, foi divulgada pelo governo federal a intenção de aumentar o valor atual para R$ 600,00 (GOVERNO vai aumentar valor do 'mínimo existencial' para R$ 600; entenda o que isso significa. i, 20 abr. 2023. Disponível em: https://www.infomoney.com.br/minhas-financas/governo-vai-aumentar-valor-do-minimo-existencial-para-r-600-entenda-o-que-isso-significa/. Acesso em: 24 abr. 2023).

No que tange ao direito material, a lei criou dois capítulos no Código, destinados a abordar a prevenção e o tratamento do superendividamento (Capítulo VI-A, arts. 54-A a 54-G), e a conciliação no superendividamento (Capítulo V, arts. 104-A a 104-C).

Veja-se que as regras atinentes ao superendividamento contêm em seu escopo a proteção a alguns tipos especiais de consumidores, o que demonstra o direcionamento dado pela política pública: é necessário que o consumidor superendividado seja pessoa física e que esteja de boa-fé,[23] estando excluídos do escopo da aplicação da norma aqueles que contraíram seus débitos mediante fraude ou má-fé.[24] Há também regras destinadas aos fornecedores, impondo deveres de conduta no que tange à informação,[25] oferta de crédito,[26] assédio de consumo,[27] contratos acessórios[28] e práticas abusivas.[29]

---

23. Art. 54-A. Este Capítulo dispõe sobre a prevenção do superendividamento da pessoa natural, sobre o crédito responsável e sobre a educação financeira do consumidor.

    § 1º Entende-se por superendividamento a impossibilidade manifesta de o consumidor pessoa natural, de boa-fé, pagar a totalidade de suas dívidas de consumo, exigíveis e vincendas, sem comprometer seu mínimo existencial, nos termos da regulamentação.

24. SANT'ANNA, Adriana. PEREIRA, Dirce do Nascimento. CONSALTER, Zilda Mara. Boa-fé objetiva e superendividamento do consumidor: uma abordagem crítico-reflexiva do estado da arte nas relações consumeristas e das práticas mercadológicas. *Revista de Direito do Consumidor*, São Paulo, v. 119, p. 227-266, set./out. 2018.

25. Art. 54-B. No fornecimento de crédito e na venda a prazo, além das informações obrigatórias previstas no art. 52 deste Código e na legislação aplicável à matéria, o fornecedor ou o intermediário deverá informar o consumidor, prévia e adequadamente, no momento da oferta, sobre: I – o custo efetivo total e a descrição dos elementos que o compõem; II – a taxa efetiva mensal de juros, bem como a taxa dos juros de mora e o total de encargos, de qualquer natureza, previstos para o atraso no pagamento; III – o montante das prestações e o prazo de validade da oferta, que deve ser, no mínimo, de 2 (dois) dias; IV – o nome e o endereço, inclusive o eletrônico, do fornecedor; V – o direito do consumidor à liquidação antecipada e não onerosa do débito, nos termos do § 2º do art. 52 deste Código e da regulamentação em vigor.

26. Art. 54-C. É vedado, expressa ou implicitamente, na oferta de crédito ao consumidor, publicitária ou não: I – (VETADO); II – indicar que a operação de crédito poderá ser concluída sem consulta a serviços de proteção ao crédito ou sem avaliação da situação financeira do consumidor; III – ocultar ou dificultar a compreensão sobre os ônus e os riscos da contratação do crédito ou da venda a prazo; IV – assediar ou pressionar o consumidor para contratar o fornecimento de produto, serviço ou crédito, principalmente se se tratar de consumidor idoso, analfabeto, doente ou em estado de vulnerabilidade agravada ou se a contratação envolver prêmio; V – condicionar o atendimento de pretensões do consumidor ou o início de tratativas à renúncia ou à desistência de demandas judiciais, ao pagamento de honorários advocatícios ou a depósitos judiciais.

    Art. 54-D. Na oferta de crédito, previamente à contratação, o fornecedor ou o intermediário deverá, entre outras condutas: I – informar e esclarecer adequadamente o consumidor, considerada sua idade, sobre a natureza e a modalidade do crédito oferecido, sobre todos os custos incidentes, observado o disposto nos arts. 52 e 54-B deste Código, e sobre as consequências genéricas e específicas do inadimplemento; II – avaliar, de forma responsável, as condições de crédito do consumidor, mediante análise das informações disponíveis em bancos de dados de proteção ao crédito, observado o disposto neste Código e na legislação sobre proteção de dados; III – informar a identidade do agente financiador e entregar ao consumidor, ao garante e a outros coobrigados cópia do contrato de crédito.

27. Art. 54-C. É vedado, expressa ou implicitamente, na oferta de crédito ao consumidor, publicitária ou não: (...) IV – assediar ou pressionar o consumidor para contratar o fornecimento de produto, serviço ou crédito, principalmente se se tratar de consumidor idoso, analfabeto, doente ou em estado de vulnerabilidade agravada ou se a contratação envolver prêmio;

Para as situações em que essas medidas não são suficientes e o consumidor se coloca em situação de superendividamento, a lei incluiu capítulo destinado a regular a conciliação do superendividamento. Trata-se de processo no qual o consumidor, já em situação de superendividamento, tem a oportunidade de requerer a regularização de seus débitos por meio de acordo ou de plano judicial de pagamento.

Percebe-se, assim, a importância da norma de prevenção e tratamento do superendividamento como política pública a tratar e, quiçá, resolver o problema de exclusão social dos consumidores em situação de dívidas que superem sua capacidade de pagamento, o que se dá especialmente por meio de métodos autocompositivos de resolução de disputas, tal como se debaterá na sequência.

3. OS MECANISMOS AUTOCOMPOSITIVOS DE SOLUÇÃO DE DISPUTAS CONSUMERISTAS

Diferentemente da heterocomposição, que se refere ao procedimento por meio do qual se transfere a um terceiro o poder decisório em um litígio, na autocomposição as partes, apesar de serem conduzidas por um terceiro, detêm papel central para o alcance de um denominador comum. Isso porque, os métodos autocompositivos pautam-se largamente pela autonomia da vontade dos indivíduos, concedendo-lhes um papel ativo na dissolução das controvérsias na medida em que são entendidos como "partícipes comuns de um processo consensual de construção de soluções que atendam mutuamente aos interesses dos [...] sujeitos" afetados, não havendo um 'vencedor' e/ou um 'perdedor', mas em uma solução conjuntamente alcançada, em que "todos os partícipes são vencedores".[30]

---

28. Art. 54-F. São conexos, coligados ou interdependentes, entre outros, o contrato principal de fornecimento de produto ou serviço e os contratos acessórios de crédito que lhe garantam o financiamento quando o fornecedor de crédito: I – recorrer aos serviços do fornecedor de produto ou serviço para a preparação ou a conclusão do contrato de crédito; II – oferecer o crédito no local da atividade empresarial do fornecedor de produto ou serviço financiado ou onde o contrato principal for celebrado.

29. Art. 54-G. Sem prejuízo do disposto no art. 39 deste Código e na legislação aplicável à matéria, é vedado ao fornecedor de produto ou serviço que envolva crédito, entre outras condutas: I – realizar ou proceder à cobrança ou ao débito em conta de qualquer quantia que houver sido contestada pelo consumidor em compra realizada com cartão de crédito ou similar, enquanto não for adequadamente solucionada a controvérsia, desde que o consumidor haja notificado a administradora do cartão com antecedência de pelo menos 10 (dez) dias contados da data de vencimento da fatura, vedada a manutenção do valor na fatura seguinte e assegurado ao consumidor o direito de deduzir do total da fatura o valor em disputa e efetuar o pagamento da parte não contestada, podendo o emissor lançar como crédito em confiança o valor idêntico ao da transação contestada que tenha sido cobrada, enquanto não encerrada a apuração da contestação; II – recusar ou não entregar ao consumidor, ao garante e aos outros coobrigados cópia da minuta do contrato principal de consumo ou do contrato de crédito, em papel ou outro suporte duradouro, disponível e acessível, e, após a conclusão, cópia do contrato; III – impedir ou dificultar, em caso de utilização fraudulenta do cartão de crédito ou similar, que o consumidor peça e obtenha, quando aplicável, a anulação ou o imediato bloqueio do pagamento, ou ainda a restituição dos valores indevidamente recebidos.

30. RAMOS, Fabiana D'Andrea. Métodos autocompositivos e respeito à vulnerabilidade do consumidor. *Revista de Direito do Consumidor*, São Paulo, v. 109, pp. 333-348, jan./fev. 2017, p. 337.

Exemplos de mecanismos autocompositivos são a negociação, a mediação e a conciliação – formas essas que têm sido cada vez mais utilizadas no âmbito dos litígios de consumo. Enquanto o primeiro referir-se-ia a uma 'autocomposição simples', o segundo e o terceiro referir-se-iam a 'autocomposição assistida'.[31] A diferença entre eles está no envolvimento de um terceiro imparcial para auxiliar as partes, o qual somente é encontrado nos dois últimos modelos, cujas diferenças estão prescritas no art. 165 da Lei Federal 13.105 de 2015 (Novo Código de Processo Civil).

Enquanto a mediação se dá em casos em que haja preferencialmente um vínculo anterior entre as partes, a conciliação ocorreria em casos onde não há vínculo anterior entre as mesmas.[32] Ademais, a lei aponta que o "conciliador [...] poderá *sugerir soluções para o litígio*" (§ 2º do art. 165) (destaques nossos); já o "mediador auxiliará aos interessados a compreender as questões e os interesses em conflito, de modo que eles possam, pelo restabelecimento da comunicação, identificar, por si próprios, soluções consensuais que gerem benefícios mútuos" (§ 3º do art. 165).

Tratam-se, portanto, de formas que buscam aproximar as partes em litígio, empoderando o consumidor para que ele, diante do fornecedor, tenha a possibilidade de apontar a falha na prestação de serviço ou no produto adquirido e sinalizar as suas emoções, além de ouvir o que o próprio fornecedor tem a dizer. Isso porque, existe na mediação e na conciliação um espaço para a composição do resultado, logo, em que os anseios de ambos os litigantes são exteriorizados, de maneira que a ambição do consumidor não é final ou impositiva, tal como não é a do fornecedor.

Note-se que na mediação não se impõe uma decisão; neste caso, o terceiro "atua preponderantemente como um facilitador da busca da melhor solução", viabilizando a comunicação entre as partes para que ocorra "a *restauração* do conflito inicial, através da retomada de uma comunicação eficiente, por meio da qual as próprias partes sentem-se aptas a encontrar um consenso". Tampouco há imposição de solução na própria conciliação, vez que o terceiro poderá sugerir alguma alternativa para as partes, as quais, ao seu turno, podem aceitá-la ou mesmo rechaçá-la. Por isso, pode-se afirmar que a mediação e a conciliação não contemplam um jogo de soma zero, em que, na existência de um ganhador, há necessariamente um perdedor; trata-se de um jogo de soma positiva, onde as partes em litígio dialogam para uma solução que agrade a ambas, seja ela alcançada pelo esforço conjunto delas ou sugerida pelo facilitador. Afinal, nesse ambiente, "o foco é a solução, e não o conflito".[33]

A mediação e a conciliação, como formas autocompositivas de solução de disputas, permitem uma reconexão entre as partes através do acolhimento dos interesses

---

31. RAMOS, Fabiana D'Andrea. Métodos autocompositivos e respeito à vulnerabilidade do consumidor. *Revista de Direito do Consumidor*, São Paulo, v. 109, pp. 333-348, jan./fev. 2017, p. 337.

32. BRASIL. Lei Federal 13.105 de 16 de março de 2015. Brasília, 2015. Disponível em: http://www.planalto.gov.br/ccivil_03/_ato2015-2018/2015/lei/l13105.htm. Acesso em: 31 ago. 2020. Sobre as distinções, *cf.* ainda: REHBEIN, Veridiana Maria. Soluções consensuais nas relações de consumo. *Revista de Direito do Consumidor*, São Paulo, n. 112, p. 413, jul./ago. 2017.

33. CAHALI, Francisco Jose. *Curso de Arbitragem*: resolução CNJ 125/2010. 3. Ed. São Paulo: Ed. RT, 2013, p. 41.

de ambas, de modo que seja possível haver uma conscientização mútua das ações e das posições alheias, fomentando o respeito e a compreensão para com o outro em uma verdadeira ação de restauração das relações.[34] Segundo Ramos,[35] tal "resgate aos sentimentos dos conflitos sociais parece ser uma medida não somente salutar, mas necessárias em tempos contemporâneos", em que a pessoa humana está no centro das relações jusprivatistas.

Para a professora,[36] transpor o caminho da litigiosidade para o da cooperação mostra-se essencial para que a própria reparação ocorra de maneira integral, pois, segundo ela, há situações em que a solução "não se consolida somente com o pagamento da indenização" tal como seria em um processo judicial; mas, "sobretudo e especialmente, com o respeito e a inclusão, durante o procedimento [...], de um espaço de restauração afetiva", o qual, por exemplo, os mecanismos em comento podem oferecer.

Tais mecanismos contemplam o respeito a uma série de princípios que devem ser observados para que a autocomposição atinja o seu fim, qual seja, restaurar a humanidade das relações de consumo.[37] São eles: (a) a autonomia da vontade, contemplando o empoderamento do consumidor e a voluntariedade do procedimento, (b) a imparcialidade, a independência e a competência do mediador/conciliador, e (c) a confiança e a confidencialidade.

Quando se trata de formas alternativas de solução de disputas, deve-se ter em mente a impossibilidade de que esses mecanismos sejam compulsórios, vez que essa conduta afastaria o direito humano de recorrer ao judiciário, insculpido em nossa Constituição Federal[38] e em tratados internacionais ratificados pelo Brasil.[39] Desta forma, "a opção por procedimentos de autocomposição baseados no consenso é uma escolha absoluta e completamente voluntária", que cabe as partes escolherem se querem aderir a ela ou

---

34. RAMOS, Fabiana D'Andrea. Métodos autocompositivos e respeito à vulnerabilidade do consumidor. *Revista de Direito do Consumidor*, São Paulo, v. 109, p. 337 e 341, jan./fev. 2017.

35. RAMOS, Fabiana D'Andrea. Métodos autocompositivos e respeito à vulnerabilidade do consumidor. *Revista de Direito do Consumidor*, São Paulo, v. 109, p. 340, jan./fev. 2017.

36. RAMOS, Fabiana D'Andrea. Métodos autocompositivos e respeito à vulnerabilidade do consumidor. *Revista de Direito do Consumidor*, São Paulo, v. 109, p. 341, jan./fev. 2017.

37. Busnello em posição semelhante, defende o uso da mediação para a resolução de litígios jusconsumeristas, tecendo que tal ferramenta, quando disponibilizada, enseja "nos indivíduos elementos de resgate de sua própria *Dignidade*". Cf. BUSNELLO, Saul José. *Mediação como forma autocompositiva de resolução de conflitos no Brasil*: uma alternativa à jurisdição civil. 157p. Dissertação (Mestrado em Direito) – Universidade do Vale do Itajaí (UNIVALI), Itajaí, 2017, p. 137-138 (grifo nosso). Disponível em: https://www.univali.br/Lists/TrabalhosMestrado/Attachments/2143/Dissertação%20Saul%20José%20Busnello.pdf. Acesso em 30 ago. 2022.

38. BRASIL. Constituição da República Federativa do Brasil. Brasília, 05 de outubro de 1988. Disponível em: http://www.planalto.gov.br/ccivil_03/constituicao/constituicao.htm. Acesso em: 7 dez. 2020 – art. 5º: [...] inc. XXXV – a lei não excluirá da apreciação do Poder Judiciário lesão ou ameaça a direito.

39. Exemplo disso é encontrado na Convenção Americana de Direitos Humanos, internalizada pelo Brasil em 1992 através do Decreto 678, a qual estipula em seu art. 25 o direito da proteção judicial, que contempla o direito de toda pessoa a um recurso simples e rápido, perante juízes ou tribunais competentes, que a proteja contra atos que violem seus direitos fundamentais reconhecidos pela constituição, pela lei ou pela citada Convenção (OEA. Convenção Americana de Direitos Humanos. 1969. Disponível em: https://www.cidh.oas.org/basicos/portugues/c.convencao_americana.htm. Acesso em: 07 dez. 2020).

não.[40] Assim sendo, o primeiro princípio essencial à mediação e à conciliação de consumo seria a 'autonomia da vontade e igualdade das partes'.

Segundo Ramos,[41] "a imposição do procedimento [alternativo] não é compatível com a essência da autocomposição (ainda que assistida), onde a parte precisa participar ativamente da formulação da decisão". Outrossim, ao mesmo tempo que as partes devem ser livres para optar por procedimentos alternativos, elas igualmente devem estar cientes de todos os detalhes que a sua escolha contempla, de maneira que se deve considerar as vulnerabilidades fáticas, técnicas, informacionais, jurídicas, etc., do consumidor também nesses mecanismos, de modo a fazer com que todos os envolvidos estejam minimamente equiparados. Esta é a ideia de se colocar a igualdade ao lado da autonomia, pois esta depende daquela para ser legalmente aceita.

Nesse escopo é que se encontra o empoderamento do consumidor oferecido pela mediação e conciliação de consumo: na medida em que as partes aceitam um desses modelos autocompositivos, busca-se resgatar "o protagonismo [de todos os envolvidos] na busca de solução para os seus conflitos", logo, fornecedores *e* consumidores! Noutros termos, busca-se atribuir igualdade às partes transacionantes, seja para ouvir uma as outras, seja para criar ou oferecer um encaminhamento para o problema.

Além disso, "é preciso lembrar que, por se tratar de procedimento voluntário, é permitido às partes a desistência a qualquer tempo".[42] Da mesma forma que a autonomia da vontade permite escolher a solução alternativa de litígios, como a mediação ou a conciliação de consumo, é importante lembrar que o empoderamento do consumidor igualmente contempla a possibilidade de desistência desse procedimento, sob pena de violação de preceito fundamental. Não se pode falar em empoderamento, diminuição de vulnerabilidade e, logo, igualdade material sem permitir a desistência desse procedimento.[43]

O segundo princípio que a mediação e a conciliação de consumo devem considerar é a 'imparcialidade, independência e competência do mediador'. "A imparcialidade e a independência se referem à necessidade tanto do mediador quanto do conciliador em serem "um terceiro isento, não comprometido com nenhum dos lados", sob pena de impossibilitar que as partes efetivamente cooperem entre si e componham uma solução

---

40. RAMOS, Fabiana D'Andrea. Métodos autocompositivos e respeito à vulnerabilidade do consumidor. *Revista de Direito do Consumidor*, São Paulo, v. 109, p. 342, jan./fev. 2017.
41. RAMOS, Fabiana D'Andrea. Métodos autocompositivos e respeito à vulnerabilidade do consumidor. *Revista de Direito do Consumidor*, São Paulo, v. 109, p. 342, jan./fev. 2017.
42. RAMOS, Fabiana D'Andrea. Métodos autocompositivos e respeito à vulnerabilidade do consumidor. *Revista de Direito do Consumidor*, São Paulo, v. 109, p. 343, jan./fev. 2017.
43. BRASIL. Lei 13.105 de 16 de março de 2015. Brasília: 17 de março de 2015. Disponível em: www.planalto.gov.br/ccivil_03/_ato2015-2018/2015/lei/l13105.htm. Acesso em: 10 nov. 2020 – art. 3º, § 3º: Não se excluirá da apreciação jurisdicional ameaça ou lesão a direito: [...] A conciliação, a mediação e outros métodos de solução consensual de conflitos deverão ser estimulados por juízes, advogados, defensores públicos e membros do Ministério Público, inclusive no curso do processo judicial.

entre si.[44] Essa regra está, inclusive, positivada no Código de Processo Civil brasileiro, em seu art. 166.[45]

Todavia, não se pode confundir uma atuação prol da diminuição das vulnerabilidades inerentes do consumidor na relação jurídica e na sociedade de consumo com uma atuação "parcial" ou "não isenta" por parte do mediador ou conciliador. A existência de fé pública para participar como mediador ou conciliador, por exemplo, confere a necessária imparcialidade ao procedimento optado pelas partes aos olhos do Estado, o qual, se verificada alguma irregularidade, poderá tomar as providências cabíveis segundo a legislação pátria. Ademais, tem-se que o profissional quando regular e devidamente capacitado e instruído, tal como determina o art. 167, § 1º, do Código de Processo Civil,[46] amparado ainda por um código ético de conduta, somado a um serviço de *ombudsman* ou ouvidoria, podem colaborar para que não haja nenhum tipo de obscuridade ou incerteza.

Por fim, o terceiro e último princípio é o da confiança e confidencialidade. A mediação e a conciliação devem ser sigilosas a fim de permitir que as partes possam transacionar abertamente, expondo todos os sentimentos e emoções envoltos à situação, sem que estas possam ser "utilizad[a]s como 'armas', a serem apontadas uns contra os outros, mas sim [como] instrumentos para conhecer e entender as necessidades e interesses de cada um", almejando uma solução cooperada que seja benéfica a todos os envolvidos.

Logo, as informações e as provas eventualmente produzidas devem ser mantidas em sigilo, caso o acordo venha a ser alcançado por meio da mediação ou conciliação. Nesse escopo, a confidencialidade é compreendida como um mecanismo gerador de confiança na autocomposição de consumo. Como diria Ramos,[47] "para que se possa encontrar um consenso é imprescindível que as partes possam confiar não somente uma nas outras, mas no mediador e no conciliador, e na estrutura do procedimento em si", sendo, por isso essencial pensar-se na adoção de um acordo de confidenciabilidade.

Nesse condão, nota-se que os métodos autocompositivos assistidos apresentam um papel importante não só para a retomada da comunicação entre consumidor e fornece-

---

44. RAMOS, Fabiana D'Andrea. Métodos autocompositivos e respeito à vulnerabilidade do consumidor. *Revista de Direito do Consumidor*, São Paulo, v. 109, p. 344, jan./fev. 2017.

45. BRASIL. Lei 13.105 de 16 de março de 2015. Brasília: 17 de março de 2015. Disponível em: www.planalto.gov.br/ccivil_03/_ato2015-2018/2015/lei/l13105.htm. Acesso em: 10 nov. 2020 – art. 166: A conciliação e a mediação são informadas pelos princípios da independência, da imparcialidade, da autonomia da vontade, da confidencialidade, da oralidade, da informalidade e da decisão informada.

46. BRASIL. Lei 13.105 de 16 de março de 2015. Brasília: 17 de março de 2015. Disponível em: www.planalto.gov.br/ccivil_03/_ato2015-2018/2015/lei/l13105.htm. Acesso em: 10 nov. 2020 – art. Art. 167. Os conciliadores, os mediadores e as câmaras privadas de conciliação e mediação serão inscritos em cadastro nacional e em cadastro de tribunal de justiça ou de tribunal regional federal, que manterá registro de profissionais habilitados, com indicação de sua área profissional. § 1º Preenchendo o requisito da capacitação mínima, por meio de curso realizado por entidade credenciada, conforme parâmetro curricular definido pelo Conselho Nacional de Justiça em conjunto com o Ministério da Justiça, o conciliador ou o mediador, com o respectivo certificado, poderá requerer sua inscrição no cadastro nacional e no cadastro de tribunal de justiça ou de tribunal regional federal.

47. RAMOS, Fabiana D'Andrea. Métodos autocompositivos e respeito à vulnerabilidade do consumidor. *Revista de Direito do Consumidor*, São Paulo, v. 109, p. 347, jan./fev. 2017.

dor, reestabelecendo a confiança nas relações de consumo[48-49] e destacando o papel do vulnerável neste processo, como também para o reconhecimento de que "a via litigiosa não é sempre a mais adequada" para uma efetiva reparação[50] na medida em que ela se preocupa essencialmente com o aspecto econômico.

A grande questão é como as partes poderiam optar por meios autocompositivos assistidos no âmbito dos litígios de consumo que envolvem questões de superendividamento para além daqueles já tradicionalmente encontrados, como os PROCONs ou mesmo os Serviços de Atendimento ao Consumidor (SACs). Afinal, estes, por vezes, não se mostram exitosos especialmente no que diz respeito à aproximação das partes e à restauração afetiva, como arguido. Assim sendo, cabe ponderar sobre a crescente atuação dos Centros Judiciários de Solução de Conflitos e Cidadania (CEJUSCs), pertencentes ao Poder Judiciário, para tais fins.

4. A IMPORTÂNCIA DOS CENTROS JUDICIÁRIOS DE SOLUÇÃO DE CONFLITOS E CIDADANIA PARA O TRATAMENTO DO SUPERENDIVIDAMENTO POR MEIO DA AUTOCOMPOSIÇÃO

Recentemente, a função jurisdicional exercida pelo Poder Judiciário tem se transformado. O processo, antes entendido como manifestação de uma querela instransponível pela via extrajudicial, torna-se a prova da necessidade de fomento da autocomposição como instrumento de pacificação social, culminando na adoção de políticas institucionais voltadas ao incentivo da conciliação, por exemplo, sendo a maior prova disso a edição da Resolução 125 do Conselho Nacional de Justiça (CNJ) no ano de 2010 (alterada em 2013 pela Emenda 01). Referida normativa, reconhecendo que a eficiência operacional, o acesso ao sistema de Justiça e a responsabilidade social são objetivos estratégicos do Poder Judiciário, instituiu a política pública de tratamento adequado dos conflitos de interesses, determinando a criação dos Centros Judiciários de Solução de Conflitos e Cidadania (CEJUSCs) no âmbito dos Tribunais nacionais. Ao final de 2021, já se constatavam 1.382 instalados no âmbito das justiças estaduais em todo o Brasil.[51] Com competência para atendimento nas searas cível, fazendária, previdenciária, de família ou dos Juizados Especiais Cíveis e Fazendários, a sua atuação é abrangente, pois não se restringe a iniciativas puramente judiciárias,

---

48. RAMOS, Fabiana D'Andrea. Métodos autocompositivos e respeito à vulnerabilidade do consumidor. *Revista de Direito do Consumidor*, São Paulo, v. 109, p. 341, jan./fev. 2017.

49. Trata-se de um princípio fundamental de direito privado que, quando aplicado ao ambiente jusconsumerista, resgata a personalização do contrato; a identificação das partes e de suas angústias e anseios. *Cf.* MIRAGEM, Bruno. *Curso de Direito do Consumidor*. 6. ed. São Paulo: Ed. RT, 2016, p. 254.

50. RAMOS, Fabiana D'Andrea. A desjudicialização favorece o consumidor? *Consultor Jurídico*, São Paulo, 17 jan. 2018. Disponível em: https://www.conjur.com.br/2018-jan-17/garantias-consumo-desjudicializacao-favorece-protecao-consumidor. Acesso em: 28 jan. 2023.

51. CONSELHO NACIONAL DE JUSTIÇA. Superendividamento: Acordos de mediação podem ser realizados pelo Cejusc. Brasília, 14 dez. 2021. Disponível em: https://www.cnj.jus.br/acordos-de-mediacao-em-questoes-de-superendividamento-podem-ser-realizados-pelo-cejusc/. Acesso em: 15 abr. 2023.

senão também instrutivas e educativas, colaborando, assim, para com a efetivação de políticas públicas nessas áreas.[52]

Além disso, no que toca a atuação judiciária, as suas ações não se restringem aos processos em trâmite, atendendo, também, às demandas pré-processuais.[53] Em relação a esta, insta salientar que a tríplice fundamental "decisão informada, autonomia das partes e economia processual" possibilita a adaptação da estrutura judiciária aos anseios e necessidades da comunidade em que se pretende exercer o múnus autocompositivo,[54] indicando a perquirição quantitativa que é elevado o índice de êxito das sessões de conciliação e mediação pré-processuais, tomando como exemplo, para efeito deste estudo, os dados colhidos nas comarcas de Brasília/DF,[55] Ponta Grossa/PR,[56] Goiânia/GO[57] e São Paulo/SP.[58]

Assim, e considerando que o setor de Cidadania dos CEJUSCs deve ser encarado como manifestação do elemento social que consubstancia a função essencial do Poder Público, é que se afirma que a confusão principiológica evidenciada entre os fundamen-

---

52. Por exemplo, a Recomendação 125/2010 do CNJ "orienta aos tribunais a celebrar convênios necessários para implementar os objetivos da Política Nacional das Relações de Consumo, em especial com os órgãos integrantes do Sistema Nacional de Defesa do Consumidor e instituições financeiras, para promoverem e facilitarem a solução de conflitos oriundos do superendividamento, e também oferecerem oficinas interdisciplinares de educação na área de finanças e preparação de proposta e plano de repactuação, além de prestar serviços de orientação, assistência social e acompanhamento psicológico dos consumidores superendividados, na medida das suas possibilidades econômico-financeiras". CONSELHO NACIONAL DE JUSTIÇA. Superendividamento: Acordos de mediação podem ser realizados pelo Cejusc. Brasília, 14 dez. 2021. Disponível em: https://www.cnj.jus.br/acordos-de-mediacao-em-questoes-de-superendividamento-podem-ser-realizados-pelo-cejusc/. Acesso em: 15 abr. 2023.

53. CONSELHO NACIONAL DE JUSTIÇA. Resolução 125, de 29 de novembro de 2010. Dispõe sobre a Política Judiciária Nacional de tratamento adequado dos conflitos de interesses no âmbito do Poder Judiciário e dá outras providências. Disponível em: https://atos.cnj.jus.br/atos/detalhar/156. Acesso em: 27 mar. 2023.

54. SANTOS, Rubens José dos; NEVES, Kelvyn Luiz. A conciliação pré-processual e a cultura da paz: novas formas de desjudicialização e aplicação do direito. *Revista Pensamento Jurídico*, v. 16, n. 1, p. 382-424, jan./abr. 2022, São Paulo/SP. Disponível em: https://fadisp.com.br/revista/ojs/index.php/pensamentojuridico/article/view/331. Acesso em: 27 mar. 2023.

55. BRASIL. Tribunal de Justiça do Distrito Federal e dos Territórios. CEJUSC/Super: 4 anos ajudando superendividados a lidarem com seu dinheiro. Publicado em jan. 2019. Disponível em: https://www.tjdft.jus.br/institucional/imprensa/noticias/2019/janeiro/cejusc-super-4-anos-ajudando-superendividados-a-lidarem-com-seu-dinheiro. Acesso em: 10 abr. 2023; BRASIL. Tribunal de Justiça do Mato Grosso. Cejuscs de seis estados apresentam boas práticas. Cuiabá, 15 abr. 2016. Disponível em: www.tjmt.jus.br/noticias/43960#.ZGVQh-zMLsE. Acesso em: 10 abr. 2023.

56. BIZETTO, Maria Luiza Cristani; CORDEIRO, Mariana Pisacco; CRUZ, Fabrício Bittencourt da. Atendimento pré-processual como mecanismo de efetivação do acesso à justiça: análise no contexto do CEJUSC em Ponta Grossa entre 2014 e 2021. *Revista Humanidades e Inovação*, Palmas/TO, v. 9, n. 20, p. 24-38, set. 2022. Disponível em: https://revista.unitins.br/index.php/humanidadeseinovacao/issue/view/170. Acesso em: 27 de março de 2023.

57. RODRIGUES, Milaine. *A mediação e conciliação pré-processual como meio de prevenção e solução de conflitos*: o papel do 3º Centro Judiciário de Solução de Conflitos e Cidadania de Goiânia-GO. 2016. 177 p. Dissertação (Programa 1) – Centro Universitário, Goiânia/GO. Disponível em: http://tede.unialfa.com.br/jspui/handle/tede/100#preview-link0. Acesso em: 27 mar. 2023.

58. RODRIGUES, Milaine. *A mediação e conciliação pré-processual como meio de prevenção e solução de conflitos*: o papel do 3º Centro Judiciário de Solução de Conflitos e Cidadania de Goiânia-GO. 2016. 177 p. Dissertação (Programa 1) – Centro Universitário, Goiânia/GO. Disponível em: http://tede.unialfa.com.br/jspui/handle/tede/100#preview-link0. Acesso em: 27 mar. 2023.

tos que deram ensejo à criação dos CEJUSCs e à promulgação da Lei 14.181 em 2021 permite a união de esforços e armas em prol do tratamento do superendividamento.

Com efeito, da mesma forma que o Estado deve ingerir nas relações de Direito Privado eivadas pelo desequilíbrio, a fim de garantir o restabelecimento da paridade dos interesses em questão, como nos casos de superendividamento, é através da figura do conciliador e do mediador que o Poder Judiciário se faz presente nas oportunidades de estabelecimento de acordo entre os jurisdicionados, a evitar a sobrepujança de um sobre o outro e, ainda, assegurar a observância à ordem pública e às leis vigentes. Nesse sentido:

> A ordem constitucional deve interferir nas relações civis para garantir a igualdade material entre os contratantes. O contrato deve ser ponto de encontro de direitos constitucionais através da proteção do homem e da garantia dos seus direitos de igualdade e liberdade. Ao mesmo tempo em que o contrato promove a circulação de riquezas, não se pode olvidar que ele é celebrado por sujeitos, com expectativas legítimas na contratação. Tais sujeitos buscam a realização de sonhos, o desenvolvimento de sua personalidade e o suprimento de suas necessidades. Estas expectativas, pautadas na liberdade de decisão do ser humano, devem ser necessariamente protegidas pelo Estado.[59]

Dito isso, observe-se que o Capítulo V, do Título III, do Código de Defesa do Consumidor (CDC), cuja redação remonta à Lei do Superendividamento tal como afirmamos anteriormente, trata da defesa do consumidor em Juízo e, mais especificamente, da *conciliação* no superendividamento, prevendo que o procedimento conciliatório será instaurado pelo juiz a pedido do consumidor, designando-se, desde logo, a sessão inaugural, em que será viabilizada a apresentação de um plano de pagamento das dívidas.[60] E nada obstante o artigo 104-A, *caput*, do CDC, empregue a terminologia "processo" para se referir a essa etapa procedimental, o seu cotejo com o artigo seguinte permite depreender a existência de duas etapas jurisdicionais distintas, sendo a primeira marcada pela autonomia da vontade, e a segunda pela preponderância do papel do magistrado.

Isso se deve ao fato de que, nos termos do artigo 104-B da legislação consumerista, não logrando êxito a sessão de conciliação designada a pedido do vulnerável, instaurar-se-á "[...] processo [...] para revisão e integração dos contratos e repactuação das dívidas remanescentes mediante *plano judicial compulsório* e procederá à *citação* de todos os credores cujos créditos não tenham integrado o acordo porventura celebrado"[61] (destaques nossos), no prazo de 15 dias. Vale dizer que a mencionada ritualística guarda evidente similitude com aquela prevista para o procedimento comum no processo civil.

Destarte, o consumidor deve buscar, a princípio, o estabelecimento de um acordo de pagamento com os credores, para, somente se evidenciado o desinteresse na composição, ou a inviabilidade da conciliação ou mediação, acionar a via jurisdicional regular, submetendo a lide a um terceiro (o julgador), o que importa tanto no desafogamento das

---

59. GONTIJO, Patrícia Maria Oliva. Crédito e superendividamento: uma análise em busca da concretização do princípio da dignidade da pessoa humana. *Encontro Nacional do CONPEDI*, XIX, 2010, Fortaleza. Anais... p. 8.307-8.333. Disponível em: http://www.publicadireito.com.br/conpedi/manaus/arquivos/anais/fortaleza/3966. pdf. Acesso em: 05 abr. 2023.

60. BRASIL. Código de Defesa do Consumidor. Decreto Presidencial 2.181, de 20 de março de 1997, Brasília, DF, 1997.

61. Idem.

Varas Judiciais, assoberbadas de processos de outras naturezas, quanto na consagração dos princípios da economia processual, celeridade e consensualismo, os quais são viabilizados pela atuação dos CEJUSCs em razão da "desformalização" do processo judicial.[62]

Pode-se argumentar, ao revés, que os CEJUSCs não estariam tão preparados para recepcionar a demanda dos hipervulneráveis, como os superendividados, reconhecidamente, são. Nessa linha, Luciana Pereira Franco[63] afirma que os conhecidos litigantes habituais, quais sejam, as empresas de telefonia, as instituições financeiras e os conglomerados empresariais, não se dispõem, efetivamente, à conciliação e/ou à mediação, limitando-se a enviar, para participação nestas audiências, prepostos sem proposta de acordo, ou com uma pequena margem para uma real negociação, o que acaba por inviabilizar o intento legislativo e sagrar uma estratégia comercial de desídia quanto ao cumprimento das obrigações contratuais.[64] Contudo, a lei aqui serve de *amparo*, senão veja-se.

De acordo com o artigo 104-A, § 2º, do Código de Defesa do Consumidor, o não comparecimento injustificado à audiência de conciliação importa na inviabilização da adoção de medidas vocacionadas à perseguição do pagamento da dívida assumida pelo consumidor superendividado, como a negativação perante o rol de inadimplentes, o protesto da obrigação e, em último caso, o ajuizamento da ação de cobrança (execução etc.), além de impor ao credor faltoso a submissão compulsória ao acordo e a preterição na ordem de pagamento. Tais medidas, por si só, *são* suficientes a assegurar não só a presença de representante da parte requerida, mas a presença de um representante com reais poderes para negociar, considerando que o referido dispositivo atribui à ausência de procurador com poderes especiais e plenos para transigir a mesma penalidade.

Entende-se, então, frente ao exposto, que a atribuição aos Centros de Conciliação e Cidadania da responsabilidade pela *condução* da fase autocompositiva do procedimento de tratamento do superendividamento *revigora* o papel do Juiz Coordenador dos CEJUSCs, previsto pelo art. 9º da Resolução 125 do CNJ, outorgando-lhe, em conformidade com a sua função jurisdicional típica, o dever de zelar pela proteção dos vulneráveis, aplicando, inclusive, conforme o caso, as cominações legais descritas acima, no contexto do procedimento pré-processual.

---

62. FERREIRA, Renata Alves. *Os métodos consensuais de solução de conflitos como instrumentos de celeridade e efetividade na Justiça do Trabalho*. 2019. 48 f. Monografia (Pós-graduação em Direito) – Universidade Cândido Mendes, Rio de Janeiro, 2019. Disponível em: http://www.avm.edu.br/docpdf/monografias_publicadas/K238540.pdf. Acesso em: 16 abr. 2023.

63. FRANCO, Luciana Pereira. *Os meios alternativos de solução de conflitos são vantajosos para todos os envolvidos?* Uma análise da institucionalização da mediação e conciliação no Brasil. 2020. 136 f. Dissertação (Mestrado em Direito) – Faculdade de Direito, Universidade Nove de Julho, São Paulo, 2020. Disponível em: http://bibliotecatede.uninove.br/bitstream/tede/2204/2/Luciana%20Pereira%20Franco.pdf. Acesso em: 13 abr. 2023.

64. Esse dado é interessante na medida em que outras pesquisas igualmente relatam o desconforto por parte dos fornecedores em transacionarem no âmbito dos PROCONs "por entender que a entidade busca privilegiar os interesses do consumidor", denotando, na verdade, uma falta de vontade por parte dos próprios fornecedores na autocomposição em si, parecendo preferir a via judicial. CORSO, Ardala Marta. *A mediação como instrumento de resolução dos conflitos jusconsumeristas na sociedade do espetáculo*: análise dos conflitos de consumo mediados no centro de conciliação e mediação do Foro Central de Porto Alegre. 141p. Dissertação (Mestrado em Direito) – Universidade La Salle, Canoas, 2017, p. 63.

Noutros termos, ratifica-se a adequação dos CEJUSCs para a transação alternativa das dívidas, especialmente por compor um projeto mais amplo de prevenção e tratamento do superendividamento no Brasil, em que pese a atitude de alguns credores, como relatado. A exemplo do CEJUSC do Tribunal de Justiça do Distrito Federal e dos Territórios, que nos primeiros quatro anos de funcionamento apresentou uma taxa de 48% de acordos efetivados no plano pré-processual, este mecanismo tem se mostrado uma opção importante para a redução de ações judiciais, atestando ainda mais a importância de mecanismos autocompositivos para a resolução de litígios na sociedade de consumo, assim como para a adoção de ações preventivas, na medida em que os Centros também podem oferecer orientações financeiras e psicossociais, oficinas, constelações familiares etc.[65]

5. CONSIDERAÇÕES FINAIS

O superendividamento é um problema contemporâneo que ameaça a dignidade das famílias brasileiras, e a notoriedade que o tema tem assumido no campo jurídico lançou luz ao fato de que, nada obstante o Código de Defesa do Consumidor tenha sido a inovação legislativa de sua época, inaugurando no ordenamento jurídico o sistema de defesa dos vulneráveis, personagens responsáveis pelo sucesso do modelo econômico de sociedade em que se vive, o seu espírito protecionista carece ser reavivado, de tempos e tempos, conforme se apresentam os problemas na realidade do país. Nesse contexto, a promulgação da Lei 14.181 de 2021 serve de inspiração para o desenvolvimento de políticas públicas voltadas à institucionalização e disseminação de boas práticas, especialmente aquelas que partam da identificação de problemáticas atuais e que indiquem alternativas viáveis de atuação efetiva do Estado.

A redação do respectivo marco legislativo foi especialmente feliz ao prever como aliados do tratamento do superendividamento os métodos autocompositivos de solução de conflitos, que já faziam parte da lida jurisdicional – sob outras alcunhas – e que têm se mostrado relevantes para a modernização e dinamização da máquina judiciária e para a garantia da observância de princípios basilares do processo, como a economia e a celeridade, além de resgatarem a própria humanidade e as emoções em meio a situações de stress tais como aquelas causadas pelo superendividamento.

Nas palavras de Elizabete Pellegrini e Frederico de Almeida, em alusão a um poema de Carlos Drummond de Andrade, [os métodos consensuais de solução de conflitos] são os "lírios da lei",[66] isto é, o lembrete de que o sucesso do Direito enquanto alternativa ao caos social depende não da confiança no *status quo*, mas da construção diuturna e

---

65. BRASIL. Tribunal de Justiça do Distrito Federal e dos Territórios. CEJUSC/Super: 4 anos ajudando superendividados a lidarem com seu dinheiro. Publicado em jan. 2019. Disponível em: https://www.tjdft.jus.br/institucional/imprensa/noticias/2019/janeiro/cejusc-super-4-anos-ajudando-superendividados-a-lidarem-com-seu-dinheiro. Acesso em: 10 abr. 2023.

66. ALMEIDA, Frederico de; PELLEGRINI, Elizabete. Os Lírios Que Nascem da Lei: Reflexões sobre o Acesso à Justiça da Política Nacional de Conciliação Brasileira. *Antropolítica – Revista Contemporânea de Antropologia*, n. 51, p. 188-211, 2021. Disponível em: https://periodicos.uff.br/antropolitica/article/view/44605/30042#info . Acesso em: 25 abr. 2023.

coletiva de um caminho de consensualismo, humanismo e compreensão como regra do tratamento de conflitos.

Nessa senda, tem-se que os Centros Judiciários de Solução de Conflitos e Cidadania, cuja criação pode ser considerada uma inovação procedimental relevante, pois se apresenta como ambiente adequado ao processamento inicial de conflitos envolvendo o superendividamento das famílias, uma vez que os conciliadores e mediadores vinculados aos Centros contam com o conhecimento técnico necessário à condução das audiências conciliatórias previstas pela novel legislação, e já há uma estrutura institucional pré--estabelecida, que pode ser dilatada pelos Tribunais a viabilizar a ampliação da frente de atuação do Setor Cidadania, evitando-se, com efeito, que a morosidade inerente à tramitação processual e a própria nutrição de sentimentos como a animosidade entre as partes prejudiquem a eficácia da tutela jurisdicional voltada para salvaguarda do mínimo existencial dos consumidores brasileiros.

REFERÊNCIAS

ALMEIDA, Frederico de; PELLEGRINI, Elizabete. Os Lírios Que Nascem da Lei: Reflexões sobre o Acesso à Justiça da Política Nacional de Conciliação Brasileira. *Antropolítica – Revista Contemporânea de Antropologia*, n 51, p. 188-211, 2021. Disponível em: https://periodicos.uff.br/antropolitica/article/view/44605/30042#info . Acesso em: 25 abr. 2023.

BAUMAN, Zygmunt. *Vida Para Consumo*: a transformação das pessoas em mercadoria. Rio de Janeiro: Zahar, 2008.

BERTONCELLO, Káren Rick Danilevicz. LIMA, Clarissa Costa de. Adesão ao projeto conciliar é legal – CNJ: projeto-piloto: tratamento das situações de superendividamento do consumidor. *Revista de Direito do Consumidor*, São Paulo, v. 63, p. 173-201, jul./set. 2007.

BIZETTO, Maria Luiza Cristani; CORDEIRO, Mariana Pisacco; CRUZ, Fabrício Bittencourt da. Atendimento pré-processual como mecanismo de efetivação do acesso à justiça: análise no contexto do CEJUSC em Ponta Grossa entre 2014 e 2021. *Revista Humanidades e Inovação*, Palmas/TO, v. 9, n. 20, p. 24-38, set. 2022. Disponível em: https://revista.unitins.br/index.php/humanidadeseinovacao/issue/view/170. Acesso em: 27 mar. 2023.

BRASIL. Tribunal de Justiça do Distrito Federal e dos Territórios. CEJUSC/Super: 4 anos ajudando superendividados a lidarem com seu dinheiro. Publicado em jan. 2019. Disponível em: https://www.tjdft.jus.br/institucional/imprensa/noticias/2019/janeiro/cejusc-super-4-anos-ajudando-superendividados-a-lidarem-com-seu-dinheiro. Acesso em: 10 abr. 2023.

BRASIL. Tribunal de Justiça do Mato Grosso. Cejuscs de seis estados apresentam boas práticas. Cuiabá, 15 abr. 2016. Disponível em: www.tjmt.jus.br/noticias/43960#.ZGVQh-zMLsE. Acesso em: 10 abr. 2023.

BRASIL. Lei 8.078, de 11 de setembro de 1990. Disponível em: https://www.planalto.gov.br/ccivil_03/LEIS/L8078compilado.htm. Acesso em: 24 abr. 2023.

BRASIL. Lei Federal 13.105 de 16 de março de 2015. Disponível em: http://www.planalto.gov.br/ccivil_03/_ato2015-2018/2015/lei/l13105.htm. Acesso em: 31 ago. 2020.

BRASIL. Lei 14.181, de 01 de julho de 2021. Disponível em: https://www.planalto.gov.br/ccivil_03/_ato2019-2022/2021/lei/l14181.htm. Acesso em: 24 abr. 2023.

BRASIL. Decreto 11.150, de 26 de julho de 2022. Disponível em: http://www.planalto.gov.br/ccivil_03/_ato2019-2022/2022/decreto/D11150.htm. Acesso em: 24 abr. 2022.

BUSNELLO, Saul José. *Mediação como forma autocompositiva de resolução de conflitos no Brasil*: uma alternativa à jurisdição civil. 157p. Dissertação (Mestrado em Direito) – Universidade do Vale do Itajaí (UNIVALI), Itajaí, 2017.

CAHALI, Francisco Jose. *Curso de Arbitragem*: resolução CNJ 125/2010. 3. ed. São Paulo: Ed. RT, 2013

CAMPOS, Ana Cristina. Maioria dos endividados brasileiros em 2022 era mulher e jovem. *Agência Brasil*, 19 jan. 2023. Disponível em: https://agenciabrasil.ebc.com.br/economia/noticia/2023-01/maioria-dos-endividados-brasileiros-em-2022-era-mulher-e-jovem. Acesso em: 28 mar. 2023.

CARPENA, Heloísa. Contornos atuais do superendividamento. In: MARTINS, Guilherme Magalhães (Coord.). *Temas de Direito do Consumidor*. Rio de Janeiro: Lumen Juris, 2010.

CONSELHO NACIONAL DE JUSTIÇA. Resolução 125, de 29 de novembro de 2010. Dispõe sobre a Política Judiciária Nacional de tratamento adequado dos conflitos de interesses no âmbito do Poder Judiciário e dá outras providências. Disponível em: https://atos.cnj.jus.br/atos/detalhar/156. Acesso em: 27 mar. 2023.

CONSELHO NACIONAL DE JUSTIÇA. Superendividamento: Acordos de mediação podem ser realizados pelo Cejusc. Brasília, 14 dez. 2021. Disponível em: https://www.cnj.jus.br/acordos-de-mediacao-em-questoes-de-superendividamento-podem-ser-realizados-pelo-cejusc/. Acesso em: 15 abr. 2023.

CORSO, Ardala Marta. *A mediação como instrumento de resolução dos conflitos jusconsumeristas na sociedade do espetáculo*: análise dos conflitos de consumo mediados no centro de conciliação e mediação do Foro Central de Porto Alegre. 141p. Dissertação (Mestrado em Direito) - Universidade La Salle, Canoas, 2017.

D'AQUINO, Lúcia Souza; DURANTE, Patrícia. O Projeto de Lei 3515/2015 como política pública de mitigação dos efeitos econômicos da pandemia de covid-19 no Brasil. *Revista Direito das Políticas Públicas*, [S. l.], v. 2, n. 1, p. 126–150, 2020. Disponível em: http://seer.unirio.br/rdpp/article/view/10187. Acesso em: 26 mar. 2023.

FERREIRA, Renata Alves. *Os métodos consensuais de solução de conflitos como instrumentos de celeridade e efetividade na Justiça do Trabalho*. 2019. 48 f. Monografia (Pós-graduação em Direito) – Universidade Cândido Mendes, Rio de Janeiro, 2019. Disponível em: http://www.avm.edu.br/docpdf/monografias_publicadas/K238540.pdf. Acesso em: 16 abr. 2023.

FRANCO, Luciana Pereira. *Os meios alternativos de solução de conflitos são vantajosos*

para todos os envolvidos? Uma análise da institucionalização da mediação e conciliação no

Brasil. 2020. 136 f. Dissertação (Mestrado em Direito) – Faculdade de Direito, Universidade

Nove de Julho, São Paulo, 2020. Disponível em:

http://bibliotecatede.uninove.br/bitstream/tede/2204/2/Luciana%20Pereira%20Franco.pdf.

Acesso em: 13 abr. 2023.

GONTIJO, Patrícia Maria Oliva. *Crédito e superendividamento*: uma análise em busca da concretização do princípio da dignidade da pessoa humana. In: Encontro Nacional do CONPEDI, XIX, 2010, Fortaleza. Anais... p. 8.307-8.333. Disponível em: http://www.publicadireito.com.br/conpedi/manaus/arquivos/anais/fortaleza/3966.pdf. Acesso em: 05 abr. 2023.

GOVERNO vai aumentar valor do 'mínimo existencial' para R$ 600; entenda o que isso significa. *InfoMoney*, 20 abr. 2023. Disponível em: https://www.infomoney.com.br/minhas-financas/governo-vai-aumentar-valor-do-minimo-existencial-para-r-600-entenda-o-que-isso-significa/. Acesso em: 24 abr. 2023.

LEITÃO MARQUES, Maria Manuel et al. *O endividamento dos consumidores*. Coimbra: Almedina, 2000.

LIMA, Clarissa Costa de; CAVALLAZZI, Rosângela Lunardelli. A força do microssistema do CDC: tempos de superendividamento e de compartilhar responsabilidades. In: MARQUES, Claudia Lima; CAVALLAZZI, Rosângela Lunardelli; LIMA, Clarissa Costa de (Org.). *Direito do consumidor endividado II*: vulnerabilidade e inclusão. São Paulo: Ed. RT, 2006. [e-book]

LIMA, Clarissa Costa de; CAVALLAZZI, Rosângela Lunardelli. A força do microssistema do CDC: tempos de superendividamento e de compartilhar responsabilidades. In: MARQUES, Claudia Lima; CAVALLAZZI, Rosângela Lunardelli; LIMA, Clarissa Costa de (Org.). *Direito do consumidor endividado II*: vulnerabilidade e inclusão. São Paulo: Ed. RT, 2006. [e-book]

LIMA, Clarissa Costa de; BERTONCELLO, Káren Rick Danilevicz. *Superendividamento aplicado*: aspectos doutrinários e experiencia no Poder Judiciário. Rio de Janeiro: GZ, 2010.

MARQUES, Claudia Lima; CAVALLAZZI, Rosângela Lunardelli. *Direitos do consumidor endividado*: superendividamento e crédito. São Paulo: Ed. RT, 2006. [e-book]

MARQUES, Claudia Lima. 25 anos do código de defesa do consumidor e as sugestões traçadas pela revisão de 2015 das diretrizes da ONU de proteção dos consumidores para a atualização. *Revista de Direito do Consumidor*, São Paulo, v. 103, p. 55-100, jan./fev. 2016.

MIRAGEM, Bruno. *Curso de direito do consumidor*. 6. ed. São Paulo: Thomson Reuters Brasil, 2019. [e-book]

MOREIRA, Diogo Rais Rodrigues; BARBOSA, Nathalia Sartarello. O reflexo da sociedade do hiperconsumo no Instagram e a responsabilidade civil dos influenciadores digitais. *Revista Direitos Culturais*, Santo Ângelo, v. 13, n. 30, maio/ago. 2018. Disponível em: http://srvapp2s.urisan.tche.br/seer/index.php/direitosculturais/article/view/2706/1295. Acesso em: 30 mar. 2020.

RAMOS, Fabiana D'Andrea. Métodos autocompositivos e respeito à vulnerabilidade do consumidor. *Revista de Direito do Consumidor*, São Paulo, v. 109, p. 333-348, jan./fev. 2017.

RAMOS, Fabiana D'Andrea. A desjudicialização favorece o consumidor? *Consultor Jurídico*, São Paulo, 17 jan. 2018. Disponível em: https://www.conjur.com.br/2018-jan-17/garantias-consumo-desjudicializacao-favorece-protecao-consumidor. Acesso em: 28 jan. 2023.

REHBEIN, Veridiana Maria. Soluções consensuais nas relações de consumo. *Revista de Direito do Consumidor*, São Paulo, n. 112, p. 413, jul./ago. 2017.

REYMAO, Ana Elizabeth Neirao; OLIVEIRA, Felipe Guimarães de. O superendividamento do consumidor no Brasil: um debate necessário entre o Direito e a Economia no século XXI. *Revista de Direito, Globalização e Responsabilidade nas Relações de Consumo*. Brasília, v. 2, n. 1, p. 167-187, jan./jun. 2016.

RODRIGUES, Milaine. *A mediação e conciliação pré-processual como meio de prevenção e solução de conflitos*: o papel do 3º Centro Judiciário de Solução de Conflitos e Cidadania de Goiânia-GO. 2016. 177 p. Dissertação (Programa 1) – Centro Universitário, Goiânia/GO. Disponível em: http://tede.unialfa.com.br/jspui/handle/tede/100#preview-link0. Acesso em: 27 mar. 2023.

SANT'ANNA, Adriana. PEREIRA, Dirce do Nascimento. CONSALTER, Zilda Mara. Boa-fé objetiva e superendividamento do consumidor: uma abordagem crítico-reflexiva do estado da arte nas relações consumeristas e das práticas mercadológicas. *Revista de Direito do Consumidor*. São Paulo, v. 119, p. 227-266, set./out. 2018.

SANTOS, Rubens José dos; NEVES, Kelvyn Luiz. A conciliação pré-processual e a cultura da paz: novas formas de desjudicialização e aplicação do direito. *Revista Pensamento Jurídico*, São Paulo/SP, v. 16, n. 1, p. 382-424, jan./abr. 2022. Disponível em: https://fadisp.com.br/revista/ojs/index.php/pensamentojuridico/article/view/331. Acesso em: 27 mar. 2023.

SARAIVA, Alessandra; MARTINI, Paula. Número de 'superendividados' no Brasil bate recorde em 2022. *Valor Investe*, 19 jan. 2023. Disponível em: https://valorinveste.globo.com/mercados/noticia/2023/01/19/numero-de-superendividados-no-brasil-bate-recorde-em-2022.ghtml. Acesso em: 28 mar. 2023.

SARLET, Ingo Wolfgang. Notas sobre o decreto do mínimo indecente para uma vida indigna. *ConJur*, 26 set. 2022. Disponível em: https://www.conjur.com.br/2022-set-26/direitos-fundamentais-notas-decreto-minimo-indecente-vida-indigna. Acesso em: 24 abr. 2022.

SECCHI, Leonardo. *Políticas públicas*: conceitos, esquemas de análise, casos práticos. 2. ed. São Paulo: Cengage Learning, 2013.

SIQUEIRA JÚNIOR, Paulo Hamilton. Cidadania e políticas públicas. *Doutrinas Essenciais de Direito Administrativo*, São Paulo, v. 3, p. 425-451, nov. 2012.

WODTKE, Guilherme Domingos Gonçalves; SCHMIDT NETO, André Perin. O superendividamento do consumido: as possíveis previsões legais para seu tratamento. In: ZAVASCKI, Liane Tabarelli; MELGARÁ, Plínio (Org.). *Diálogos de Direito Privado*: contribuições do corpo docente e discente da Faculdade de Direito da PUCRS. Porto Alegre: EDIPUCRS, 2015.

O QUE DIZEM AS (POUCAS) SENTENÇAS? AS DECISÕES ENVOLVENDO OS TERMOS "SUPERENDIVIDAMENTO" E "LEI 14.181/2021" NO TRIBUNAL DE JUSTIÇA DE SÃO PAULO

Maria Paula Bertran

Livre-Docente (2015), Doutora (2010) e Mestre (2006) pela Universidade de São Paulo.

Professora de Direito Econômico na Universidade de São Paulo. Cátedra em Democracia e Desenvolvimento Humano pela Comissão Fulbright (2018). *Visiting Scholar* no Kellogg Institute (2018) e *Visiting Associate* Professor em Stanford. Bolsista da Tinker Foundation (2020).

Larissa Cerqueira de Oliveira

Mestranda em Direito pela Universidade de São Paulo – USP Ribeirão Preto. Especialista em Direito Processual Civil pela Universidade Federal da Bahia (2013). Juíza Titular do Tribunal de Justiça do Estado de São Paulo (2016).

Pedro Augusto Gregorini

Mestre em Direito pela Universidade de São Paulo – USP (2021). Especialista em Direito Civil pela Universidade de São Paulo – USP (2021).

Pesquisador na área de Jurimetria e Ciência de Dados na Universidade de São Paulo.

Advogado (Direito Civil e do Consumidor).

Sumário: 1. Metodologia – 2. Subcategorias de assunto dentro de 'superendividamento' – 3. Os réus associados ao tema geral 'superendividamento' – 4. Resultados de sentença em 'repactuação de dívidas' – 5. Estatística de valor da causa em 'repactuação de dívidas' – 6. O conteúdo das sentenças sobre 'repactuação de dívidas' – 7. Os réus associados ao assunto 'repactuação de dívidas' – 8. Conclusão – Referências.

1. METODOLOGIA

Este trabalho tem como recorte de análise a Justiça Comum Estadual de São Paulo (TJ-SP), mais especificamente os processos sentenciados no período entre 20.03.2022 e 19.03.2023, cujas decisões mencionam (cumulativamente) os termos "superendividamento" e "Lei 14.181".

O objetivo é investigar a existência, o volume e as fundamentações empregadas nas sentenças que versaram sobre a repactuação de dívidas perante os credores (plano compulsório de pagamento de dívidas) prevista no artigo 104-B da Lei 14.181/2021.

A interdisciplinaridade aplicada neste trabalho articula conhecimentos da área de ciência de dados, estatística e direito. Essa combinação de áreas de conhecimento vem sendo associada ao termo "jurimetria".[1]

O principal método adotado é a análise empírica quantitativa (estatística descritiva) e qualitativa de processos judiciais cujos dados estão disponíveis no site do Tribunal de Justiça de São Paulo (revisão de amostra representativa da tutela jurisdicional do Estado relacionada ao fenômeno objeto de investigação). Mais especificamente, a investigação foi executada com a combinação da seguinte abordagem interdisciplinar:

a) técnicas e procedimentos decorrentes do campo da ciência de dados:

– *web scraping*:[2] coleta automatizada de dados de processos judiciais em larga escala diretamente do site do tribunal utilizando programa de computador desenvolvido especificamente para a finalidade desta pesquisa (*software* de desenvolvimento próprio);

– tratamento dos dados: padronização e organização dos dados coletados e compilação das informações mediante análise qualitativa e quantitativa dos dados coletados, utilizando programa de computador para auxiliar no alcance dessas finalidades (*software* já existente no mercado: *Microsoft Excel*);

b) técnicas e procedimentos decorrentes do campo da estatística descritiva: quantificação dos dados processuais e das informações compiladas através de medidas estatísticas de tendência central e de medidas de variação e formato (3) utilizando programa de computador para essa finalidade (*software* já existente no mercado: *Microsoft Excel*);

c) técnicas e procedimentos decorrentes do campo da metodologia científica em pesquisas empíricas: aplicação de métodos dedutivos e indutivos na análise quantitati-

---

1. O termo "jurimetria" foi usado pela primeira vez por Loevinger em 1949 (1). Segundo o autor, jurimetria significa a aplicação no campo do Direito de abordagens e métodos de investigação que viabilizaram o controle e o progresso nos demais campos do conhecimento. Em outras palavras, trata-se da aplicação de métodos de investigação científica na resolução de problemas jurídicos. O autor entende que a jurimetria é eminentemente prática, em contraste com as especulações filosóficas próprias do campo do direito, ou seja, a jurimetria não se contenta apenas com respostas filosóficas especulativas baseadas em argumentos de autoridade para a solução dos problemas jurídicos; visa, antes, demonstrações que satisfaçam os testes contemporâneos de veracidade e acredita que o Direito pode ser colocado em bases racionalizadas e objetivas. A jurimetria se funda na ideia de que informações confiáveis podem ser obtidas somente por meios livres e competitivos de investigação científica. Segundo o autor, as questões básicas e iniciais que a jurimetria tenta abordar são as seguintes: a) análise do comportamento de testemunhas por meios estatísticos de detecção de fraude; b) análise estatística do comportamento dos juízes em relação às diferentes categorias de casos jurídicos; c) análise do comportamento dos legisladores por meio de métricas que resumem os padrões legislativos; d) análise da linguagem e comunicação jurídica (análise semântica e detecção de núcleos de significado e distorções conceituais); e) análise de procedimentos jurídicos (maneiras mais simples e rápidas de apresentar demandas aos tribunais); f) análise de comportamentos aberrantes e prevenção de comportamentos ilegais ou antissociais; g) análise da eficiência da lei em relação à dissuasão de comportamentos e em relação a prevenção/reparação de danos; h) análise macrolegal de fenômenos jurídicos (produção de indicadores de efeitos e resultados sociais de diferentes categorias de legislação).

2. *Web Scraping* (também chamado de "*web harvesting*", "extração de dados da *web*" ou mesmo "mineração de dados da *web*"): pode ser definido como a construção de um agente para baixar, analisar e organizar dados da *web* de maneira automatizada. Ou, em outras palavras: em vez de um usuário final humano clicar em um navegador da internet e copiar e colar (transferir) partes e textos interessantes para uma planilha, as ferramentas de *web scraping* transferem essa tarefa para um programa de computador que pode executá-lo de forma mais rápida e confiável do que um ser humano (2). Trata-se de uma forma automatizada de extrair informações da internet e transferi-las para outro local.

va e qualitativa dos dados, bem como extração de inferências (4) ou conclusões, sob a perspectiva jurídica, voltadas a atender aos objetivos de pesquisa.

A área de execução da pesquisa, associada ao universo e à amostra objeto das análises, corresponde à Justiça Comum do Estado de São Paulo (justiça estadual). O universo da pesquisa corresponde ao total de dados coletados, tratados e compilados: 371 processos judiciais sentenciados entre 20.03.2022 e 19.03.2023, contendo (cumulativamente) em sua fundamentação os termos "superendividamento" e "Lei 14.181".

Nota-se que o assunto "superendividamento" ainda não está incorporado oficialmente nas tabelas processuais unificadas do Conselho Nacional de Justiça ou no sistema de processo eletrônico do Tribunal de Justiça de São Paulo.

Ou seja, nos campos de cadastro de assunto no sistema do tribunal ainda não existe a opção "superendividamento". Os processos de superendividamento são cadastrados no tribunal sob a rubrica de outros assuntos, tais como "defeito, nulidade ou anulação", "empréstimo consignado", "bancários", "revisão de saldo devedor", "interpretação / revisão de contrato", "reajuste de prestações", entre outras opções de assunto que atualmente estão disponíveis no sistema do tribunal, conforme se verifica abaixo.

Tabela 1 – Processos de superendividamento cadastrados no tribunal sob a rubrica de outros assuntos – Justiça Estadual de São Paulo – processos sentenciados entre 20.03.2022 e 19.03.2023 – em números absolutos e relativos

Processos de superendividamento cadastrados no tribunal sob a rubrica de outros assuntos	Qtde.	Percent.
Defeito, nulidade ou anulação	33	35,48%
Empréstimo consignado	11	11,83%
Bancários	10	10,75%
Revisão do Saldo Devedor	9	9,68%
Interpretação / Revisão de Contrato	7	7,53%
Reajuste de Prestações	7	7,53%
Práticas Abusivas	3	3,23%
Contratos Bancários	3	3,23%
Dever de Informação	2	2,15%
Crédito Direto ao Consumidor – CDC	1	1,08%
Pagamento em Consignação	1	1,08%
Contratos de Consumo	1	1,08%
Quitação	1	1,08%
Cédula de Crédito Bancário	1	1,08%
Liminar	1	1,08%
Cessão de Crédito	1	1,08%
Indenização por Dano Material	1	1,08%
Total Geral	93	100,00%

Fonte: Elaboração própria.

Por essa razão, traçamos a estratégia de utilizar como critério de coleta de dados as sentenças que contém em seu texto as expressões "superendividamento" e "Lei 14.181" (cumulativamente), como uma maneira de suprir a impossibilidade técnica de busca de processos pelo assunto "superendividamento" no sistema do tribunal.

Contudo, as sentenças que mencionam em sua fundamentação os termos "superendividamento" e "Lei 14.181" não necessariamente se referem a casos envolvendo o tema. As sentenças podem livremente mencionar os termos "superendividamento" e "Lei 14.181", sem que a lide se refira ao plano compulsório. Por outro lado, é pouco provável que processos referentes ao plano compulsório do superendividamento não mencionem as expressões "superendividamento" e "Lei 14.181".

Por esta razão, adotamos uma estratégia adicional: dentre os 371 processos judiciais contendo os termos "superendividamento" e "lei 14.181" na sentença, escolhemos os processos que continham mais de uma parte no polo passivo. Isso porque os casos de superendividamento normalmente envolvem dívidas em relação a múltiplos credores.

O objetivo da combinação dessas estratégias foi diminuir o risco de que fossem coletados dados de processos judiciais que não se referem ao tema do superendividamento, mas que mencionam o termo no corpo da sentença.

Com a adoção das estratégias mencionadas, o universo de pesquisa foi reduzido para 93 processos judiciais. Ou seja, dos 371 processos contendo cumulativamente os termos "superendividamento" e "Lei 14.181", apenas 93 são casos em que o polo passivo da demanda é composto por múltiplos réus.

Por fim, lemos os 93 processos judiciais selecionados e os sistematizamos. Com isso, pudemos obter a certeza de os dados trabalhados neste estudo se referem exclusivamente a processos judiciais de superendividamento.

2. SUBCATEGORIAS DE ASSUNTO DENTRO DE 'SUPERENDIVIDAMENTO'

Após a leitura do conteúdo integral das sentenças, constatamos que 66 processos, dos 93, eram sobre limitação de descontos (margem consignável), conforme se verifica abaixo.

Tabela 2 – Análise qualitativa: subcategoria de assuntos dentro do tema geral 'superendividamento' – Justiça Estadual de São Paulo – processos sentenciados entre 20.03.2022 e 19.03.2023 – em números absolutos e relativos

Subcategoria de assuntos dentro do tema geral 'superendividamento'	Qtde.	Percent.
Limitação de descontos (margem consignável)	66	70,97%
Repactuação de dívidas perante credores (plano de pagamento)	23	24,73%
Revisão contratual (juros abusivos)	2	2,15%
Sentença sem relatório	1	1,08%
Declaração de inexistência de negócio jurídico	1	1,08%
Total Geral	93	100,00%

Fonte: Elaboração própria.

Boa parte dos autores pleiteiam a limitação de descontos em um percentual de sua renda, diferentemente do que dispõe a lei de superendividamento. Dos 66 processos em que é pleiteada a limitação de descontos à margem consignável, 20 não se referem a empréstimos cuja liquidação seja feita mediante consignação em folha de pagamento (se referem a empréstimos diversos daqueles de natureza consignada).

Além disso, dentre os 93 processos sobre superendividamento, há dois casos de revisão contratual (juros abusivos, acima da média do mercado), um caso de declaração de inexistência de negócio jurídico e um caso em que a análise do assunto ficou prejudicada, em razão da sentença não conter relatório.

Por fim, verificamos que apenas 23 processos são referentes ao instrumento de repactuação de dívidas perante credores (plano de pagamento), previsto no 104-B da Lei 14.181/2021.

3. OS RÉUS ASSOCIADOS AO TEMA GERAL 'SUPERENDIVIDAMENTO'

Divulgação da Federação Brasileira de Bancos – FEBRABAN (5) afirma que o endividamento das pessoas com nomes negativados não estaria no setor de bancos/cartões. Segundo a empresa:

> quando se observa os números bancários, tem-se aumento de endividamento, em linhas de expansão do crédito/PIB, com peso grande imobiliário e das linhas seguras; crescimento e comprometimento de renda é menor por conta disso; níveis gerais de inadimplência do setor bancário mostram patamares ainda baixos (...).[3]

Os dados do estudo confrontam as afirmações da SERASA. Nas 93 ações, os bancos são os grandes protagonistas entre os réus. Ao lado das dezenas de processos que citaram vários bancos, os primeiros em número de demandas, como mostra a tabela abaixo, há alguns varejistas, duas concessionárias de água e luz, onze indivíduos, uma farmácia, algumas empresas de recuperação de crédito.

Nas 23 ações referentes ao plano compulsório de pagamento de dívidas previstas no artigo 104-B da Lei 14.181/2021, os réus são exclusivamente bancos.

---

3. FEBRABAN. Diretoria de Economia, Regulação Prudencial e Riscos Endividamento e Inadimplência das Famílias – Contexto e evolução recente. Apresentação de *power-point*. Sem data. Slide 16. Disponível online em:https://cmsarquivos.febraban.org.br/Arquivos/documentos/PDF/Dados%20Endividamento%20das%20Fam%C3%ADlias.pdf. Acesso em: 15 maio 2023.

Tabela 3 – Lista de réus e quantidade de processos associados a cada um, considerando o tema geral 'superendividamento' – Justiça Estadual de São Paulo – processos sentenciados entre 20.03.2022 e 19.03.2023 – em números absolutos

Lista de réus e quantidade de processos associados – tema geral 'superendividamento	Quantidade
Itaú	37
Bradesco	36
Santander	35
Banco do Brasil	32
Banco BMG	26
Banco Pan	25
Banco Daycoval	13
Banco Cetelem	10
C6 Bank	10
Agibank	8
Banco Mercantil	8
Banco Paraná	8
Banco Olé	7
Banco Safra	7
Banco Do Estado Do Rio Grande Do Sul	6
Banco Olé BonSucesso	4
Crefisa	4
Agiplan	3
Banco Votorantim	3
Sicredi	3
Atlântico Fundo	2
Banco Alfa	2
Banco Digio	2
BRB	2
Caixa Econômica Federal	2
Financeira Alfa	2
Itapeva	2
Portoseg	2
Qi Sociedade De Crédito	2
Sabemi Seguradora	2
Acrux Securitizadora	1
Asus	1
Ativos S.A.	1
Aymoré Crédito	1

Lista de réus e quantidade de processos associados – tema geral 'superendividamento	Quantidade
Banco Bgn	1
Banco BonSucesso	1
Banco CSF	1
Banco Inbursa	1
Banco Inter	1
Banco Losango	1
Banco Original	1
BP Promotora de Vendas	1
Carrefour	1
CCB	1
CGMP Centro	1
Companhia Paulista de Força E Luz	1
Cooperativa de Economia e Crédito Mútuo dos Funcionários Da Unesp	1
Cooperfac – Cooperativa De Economia E Crédito	1
Drogaria Matos E Melo	1
Facta Financeira	1
FC Financeira	1
Fidúcia Sociedade De Crédito	1
Fundos de Investimento em Direitos Creditórios Multisegmentos NPL Ipanema VI	1
Havan	1
Lecca Crédito	1
Linx Pay	1
Lojas Minatel	1
Madia Imóveis	1
Mercadopago	1
Money Plus	1
Nu Pagamentos	1
Podium Mercantil	1
Qualicasa Negócios Imobiliários	1
Redfactor Factoring	1
Sabemi Empréstimos	1
Up Brasil	1
W4 Capital Residencial	1
Credores Pessoas Físicas (Anonimizados)	11

Fonte: Elaboração própria.

4. RESULTADOS DE SENTENÇA EM 'REPACTUAÇÃO DE DÍVIDAS'

A maior parte das sentenças é improcedente, como ilustrado no gráfico abaixo. Em um cenário de muita improcedência, tende a haver resistência à propositura de novas demandas, por parte dos endividados.

Tabela 4 – Índices de resultado de sentença referentes à 'repactuação de dívidas perante credores (plano de pagamento)' – Justiça Estadual de São Paulo – processos sentenciados entre 20.03.2022 e 19.03.2023 – em números absolutos e relativos

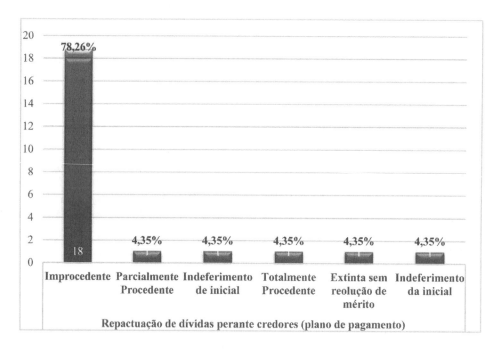

Fonte: Elaboração própria.

5. ESTATÍSTICA DE VALOR DA CAUSA EM 'REPACTUAÇÃO DE DÍVIDAS'

O valor da única demanda totalmente procedente e da única demanda parcialmente procedente é muito mais próximo do valor mínimo do que da média do valor da causa das demandas. Em outras palavras, as únicas demandas aceitas estão no piso de valores.

Tabela 5 – Estatísticas de valor da causa referentes aos procedimentos comum-cível versando sobre 'repactuação de dívidas perante credores (plano de pagamento)' – Justiça Estadual de São Paulo – processos sentenciados entre 20.03.2022 e 19.03.2023 – em números absolutos e relativos

Valor da Causa Classe: Procedimento Comum Cível Assunto: Repactuação de dívidas perante credores (plano de pagamento)	
mínimo	R$ 2.603,08
máximo	R$ 950.062,97
média	R$ 161.418,86
mediana	R$ 79.910,58
3° quartil	R$ 211.597,13

Fonte: Elaboração própria.

6. O CONTEÚDO DAS SENTENÇAS SOBRE 'REPACTUAÇÃO DE DÍVIDAS'

Dentre as 23 decisões, há notável desbalanço numérico entre as ações de determinação compulsória de um plano de pagamento das dívidas (2 casos), decisões que consideram a decisão inepta e julgaram o feito sem julgamento da causa (2 casos, em relação aos quais se anota a pertinência da decisão, mais protetiva do consumidor endividado) e absoluta maioria (19 casos) de improcedência.

Os esforços de sistematização complementam o real achado, apenas anedótico, dos casos de improcedência.

Sugerimos a leitura integral das decisões, compiladas de forma permanente e disponível através de link acesso.[4.]

Analisando as 23 sentenças, apenas duas ações foram resolvidas com adoção de planos de pagamento. Ambas determinaram, compulsoriamente, o plano oferecido pelas autoras. Reproduzimos excertos das duas sentenças abaixo.

Tabela 6 – Conteúdo da sentença proferida nos Autos 1013960-79.2021.8.26.0451 (6) – caso sobre 'repactuação de dívidas perante credores (plano de pagamento)' – Justiça Estadual de São Paulo – processos sentenciados entre 20.03.2022 e 19.03.2023

Sentença proferida nos autos 1013960-79.2021.8.26.0451
Renda da autora: A partir de março de 2022, passou a receber R$ 1.675,49 mensais.
Total da dívida e plano de pagamento compulsório: Ela havia proposto, na inicial, comprometimento de 30% de sua renda para pagamento das dívidas, o que corresponde a atuais R$ 502,64. A dívida pendente perante a Havan é de R$ 966,38. A autora questiona o montante, afirmando que inclui correção e juros. A revisão judicial compulsória não demanda, no caso da Havan, exclusão dos encargos moratórios até então devidos, bastando a isenção da autora dos devidos desde a manifestação da Havan. Pela situação pessoal da autora, justifica-se a adoção do plano de parcelamento em 12 vezes de R$ 95,82, com início de pagamento em julho próximo, até o dia 15 do mês.

---

4. Acesso ao conteúdo integral das decisões: https://docs.google.com/spreadsheets/d/13o8nWdfARRak2hsNuS-sSqI7W1Im2fW5e/edit?usp=sharing&ouid=102964197925817776702&rtpof=true&sd=true.

Sentença proferida nos autos 1013960-79.2021.8.26.0451
A Centro de Gestão de Meios de Pagamentos S.A [responsável pela marca "Sem Parar", de cobrança automática de pedágios em estradas] informa que o valor histórico é de R$ 357,17, aceitando parcelamento em quatro vezes de R$ 89,29, com início de pagamento em julho próximo, até o dia 15, o que fica acolhido, pois razoável e a parcela fica dentro das possibilidades da autora.
O débito perante a CPFL [empresa de energia elétrica], indicado na inicial, é de R$ 5.358,08. Ante a sobra restante dos 30% de comprometimento mensal, faculto o pagamento desse débito em 20 parcelas de R$ 267,90 cada uma, a primeira com vencimento em 15 de julho próximo e a as demais até o dia 15 de cada mês seguinte.
Em relação à Caixa, não tendo comparecido à audiência de conciliação, sujeita-se à previsão do § 2º do art. 104-A do CDC, isto é, só irá receber seu crédito após o pagamento dos demais credores. Como seu crédito é de R$ 4.404,70, será pago após a quitação do débito perante a CPFL, em 12 parcelas de R$ 367,05, a primeira com vencimento em 15.04.2024 e as demais nos dias 15 dos meses seguintes.
Renda da autora: R$ 5.845,45 Total da dívida: R$ 167.411,32 Características do plano proposto e judicialmente homologado: "Compromete-se aqui 51% dos rendimentos mensais da parte autora, mas pelo período de 48 meses, tudo a prevenir ou contornar o superendividamento aqui percebido."

Fonte: autos 1013960-79.2021.8.26.0451 – Tribunal de Justiça de São Paulo

Duas sentenças indeferiram a petição inicial, nos termos do artigo 330, inciso I, do Código de Processo Civil. Em consequência, declararam extinto o processo, sem julgamento do mérito, nos termos do artigo 485, VI do mesmo código. As duas sentenças de indeferimento foram provenientes do mesmo juízo.

Em ambas as sentenças, a fundamentação, idêntica no trecho reproduzida abaixo, aduz à falta de boa-fé dos devedores. Em um dos processos, a renda mensal do autor da ação era de R$ 25.000,00 (vinte e cinco mil reais). No outro, um militar da aeronáutica, a renda mensal era de R$ 8.000,00 (oito mil reais). O argumento de falta de boa-fé dos devedores é recorrente também nas decisões de improcedência, mesmo quando os autores têm renda muito inferior às mencionadas nesses dois casos. As sentenças foram proferidas pelo mesmo juízo e mesmo juiz.

Tabela 7 – Conteúdo da sentença proferida nos Autos 1036288-76.2022.8.26.0577 (7) e Autos 0003384-20.2022.8.26.0577 (8) – casos sobre 'repactuação de dívidas perante credores (plano de pagamento)' – Justiça Estadual de São Paulo – processos sentenciados entre 20.03.2022 e 19.03.2023

Sentença proferida nos autos 1036288-76.2022.8.26.0577 e autos 0003384-20.2022.8.26.0577
Consumidores superendividados são aquelas vítimas de infortúnios extraordinários da vida (por exemplo, doença, divórcio, desemprego involuntário, morte do mantenedor da família etc.) ou de fatos imprevisíveis não necessariamente negativos (por exemplo, nascimento de filhos, retorno do filho para morar na casa dos pais etc.).
Fora dessas circunstâncias, por mero descontrole pessoal de suas finanças, insucesso empresarial de mercado ou para aqueles que deliberadamente contratam sem o propósito de realizar pagamentos a teoria do superendividamento não pode ser aplicada. Em outras palavras, nos termos do artigo 54-A e artigo 104-A, caput e § 1º do CDC o essencial é a boa-fé objetiva.
Não é qualquer consumidor que se encontra em uma situação de endividamento estrutural que deva merecer a proteção oferecida pela teoria do superendividamento, mas apenas aqueles de boa-fé que contrataram operações de crédito, mas que por um infortúnio extraordinário da vida, viram-se na situação de impossibilidade material de quitar suas dívidas e de se reinserir no mercado de consumo.
De outro lado, a boa-fé também é exigida do fornecedor, que deve conceder o crédito de forma responsável como forma de proteger e garantir o chamado mínimo existencial para os consumidores, no sentido de evitar a própria ruína financeira dos consumidores.

> **Sentença proferida nos autos 1036288-76.2022.8.26.0577 e autos 0003384-20.2022.8.26.0577**
>
> Na lição da doutrina: A proteção conferida pela teoria do superendividamento destina-se a proteger os consumidores de boa fé e que, apesar de desejarem, não possuem renda ou patrimônio para honrar os compromissos assumidos. Pelo princípio da boa-fé objetiva (art. 4º, III, do Código de Defesa do Consumidor) e pelo princípio da dignidade da pessoa humana (art. 1º, inc. III, da Constituição Federal), merecem proteção estatal aqueles consumidores superendividados vítimas de infortúnios da vida (doença, divórcio, desemprego involuntário, morte do mantenedor da família etc.) ou de fatos imprevisíveis não necessariamente negativos (nascimento de filhos, retorno do filho para morar na casa dos pais etc.). Se o devedor possui patrimônio para, de alguma forma, adimplir seus débitos, não há superendividamento. (PORTO, Antônio José M. BUTELLI, Pedro Henrique. O superendividamento brasileiro: uma análise introdutória e uma nova base de dados. *Revista de Direito do Consumidor*, ano 23, v. 95, set./out. 2014).
>
> Nesse contexto, não há base jurídica para a pretensão de suspender parcialmente a exigibilidade mensal de todas as dívidas e dos descontos mensais em folha de pagamento do autor, depósito parcial nos autos até a celebração de acordo de repactuação ou realização de audiência de conciliação do artigo 104-A do CDC, tampouco possível ser instaurado no caso concreto processo por superendividamento para revisão geral e integração de todos os contratos e repactuação das dívidas mediante plano judicial compulsório nos termos do artigo 104-B do CDC.
>
> Essa pretensão relacionada a repactuação geral de todos os contratos assinados exigiria comprovação outra conforme a chamada teoria do superendividamento, a qual não se verifica desde logo na peculiaridade do caso em análise.

Fonte: autos 1036288-76.2022.8.26.0577 e autos 0003384-20.2022.8.26.0577 – Tribunal de Justiça de São Paulo

Em dezenove processos, as sentenças foram de improcedência.

Buscamos sistematizar padrões de justificativa da massiva improcedência dos pedidos. Os casos parecem ser guiados por notável formalismo processual (negação da inversão do ônus da prova, exigência de provas robustas), apego aos padrões clássicos do contrato (com predomínio da ideia de autonomia da vontade do tomador de crédito e relevo da *pacta sunt servanda*) e, possivelmente, inexperiência dos advogados.

Alguns argumentos são recorrentes para fundamentar a improcedência, a despeito de não podermos oferecer mais que casos anedóticos. Entre as percepções de argumentos recorrentes, destacam-se:

a) Alegação de falta de boa-fé do devedor, como já mencionado acima e, em razão disso, rejeição de seu pleito (9) (10);

b) Os juízes entendem que alguns planos não atenderiam aos requisitos legais, como pagamento integral do principal, com correção monetária e máximo de 60 meses. Percebemos que os magistrados não se colocam como protagonistas da eventual necessidade de determinarem o conteúdo compulsório dos planos; Ao contrário, o texto das sentenças sugere que os juízes consideraram inaceitável reduzir as expectativas creditórias dos contratos formalmente perfeitos. Assim, decidiam pela improcedência;

c) Muitas decisões rechaçam a caracterização de superendividado, feita pelos autores. Muitas decisões afirmam que, para restar caracterizada a condição de superendividamento, seria necessário que o endividamento ocorresse a ponto de as dívidas impedirem a própria subsistência da pessoa, o que nem sempre é demonstrável (11). Muitas decisões relatam insuficiência probatória da condição de endividado. Muitas decisões rechaçam a possibilidade de inversão do ônus da prova;

d) Decisões afirmaram que a Lei do Superendividamento não poderia regular débitos formalizados em contratos anteriores à promulgação da própria lei;[5]

e) Alguns juízes questionam sobre a renda familiar do endividado. Algumas sentenças afirmam não estar provado que o autor da ação não se possa sustentar pela ajuda de algum parece. Observamos que a Lei do Superendividamento não faz exigências quanto a renda familiar. Algumas decisões deixam transparecer a percepção de que o superendividamento seja situação que deva exaurir toda a família e não só o autor da demanda, para que possa ser reconhecida. Há um aparente mimetismo, sem previsão legal, com a Lei que estabelece o benefício de prestação continuada da Lei Orgânica de Assistência Social, que exige renda familiar inferior a ¼ do salário-mínimo para concessão do benefício de prestação continuada;[6]

f) Juízes afirmam que o autor superendividado fez novos empréstimos, no curso do processo ou não. Novos empréstimos, segundo a fundamentação de alguns juízes, caracterizariam a má-fé dos autores. Sabe-se da dinâmica dos superendividados, porém, que os múltiplos empréstimos são uma característica clássica;[7]

g) Destaque argumentativo da prevalência do *pacta sunt servanda*, que fundamenta a necessidade de provas robustas, ainda que as descrições do processo de endividamen-

---

5. Autos 1001707-48.2021.8.26.0390 (12): "Inicialmente, a lei em questão é irretroativa, de modo que a Lei 14.181, de 1º de julho de 2021, não se aplica aos contratos celebrados pelo autor com os Bancos, tendo em vista que todos eles são anteriores à vigência da aludida lei".

6. Autos 1002780-96.2022.8.26.0462 (11): "Ademais, não foi apresentado plano para pagamento dos débitos considerando todo o orçamento familiar". Autos 1004067-37.2021.8.26.0072 (13): "Além do mais, sob o enfoque do mínimo existencial, que a Lei do Superendividamento evidencia a relevância jurídica para viabilizar a sua aplicabilidade, permanecem em aberto, uma vez que não receberam a necessária abordagem, as necessárias respostas às indispensáveis perguntas: *a) como a autora se manteve ao longo da situação de crise por ela vivenciada? b) divide com alguém as despesas da casa, as despesas ordinárias?*

7. Autos 1000781-09.2022.8.26.0204 (9): "A parte autora tem reconhecidamente dívidas por empréstimos consignados em folha de pagamento, empréstimos com desconto em conta bancária e empréstimos pessoais outros, conforme descrito a fls. 123/127, itens 1, 2 e 3, entretanto desde 2013 é servidor público federal com proventos totais brutos superiores a R$ 25.000,00 mensais, sendo que a sua narrativa na inicial e na petição de emenda que suas dívidas retroagiriam a época de insucesso empresarial e a nascimento de seu filho (2005) e que o seu divórcio agravou sua situação são elementos que careceram de evidência minimamente indiciária. Ao reverso, segundo consta a fls. 125, em todo o ano de 2021 praticamente a cada mês, o autor contratou ou renegociou dívidas, vinculando ainda mais valores para serem descontados e sua folha e gerando maior ônus de prestação mensal, o que acabou por culminar na situação ora enfrentada, bem como repetidamente contrata crédito para finalidades pessoais não bem explicitadas" (1009672-34.2022.8.26.0005). "Em outras palavras, o que a lei pretende é livrar o consumidor de boa-fé das dívidas que o assolam, e, assim, permitir o pagamento de forma digna e justa, reabilitando-o para o mercado de consumo. Mas não é isso que se vê nos autos. A autora diz na inicial que as dívidas englobam quase 2/3 de sua renda líquida, de modo que ainda lhe sobra 1/3 do valor que recebe para seus gastos ordinários, que, aliás, sequer foram discriminados e muito menos provados nos autos. Por outro lado, observo que após o ajuizamento da ação a autora procurou a instituição financeira Banco Pan S/A e fez novo contrato de empréstimo bancário, com juros efetivos de 2,89% ao mês, a ser pago em 96 parcelas mensais de R$41,00 cada uma, a contar de 15 de julho de 2022 (fls. 211/231). Ora, diante desse fato, parece evidente que a autora não está preocupada com a chamada educação financeira e nem mesmo com o conceito de crédito responsável, mas apenas em abrir espaço no orçamento para contratação de novos empréstimos, tudo com efetivo prejuízo dos credores já existentes. Não é essa a intenção da lei ao possibilitar a repactuação de débitos."

to pareçam verossímeis, especialmente considerando ofertas de crédito por telefone e ofertas de renegociação com juros mais vantajosos, pelos mesmos credores.[8]

---

8. Autos 1003790-06.2022.8.26.0292 (14): "Alegou a requerente ter celebrado contrato de empréstimo pessoal em 24 de maio de 2017. As parcelas estavam sendo pagas através dos descontos realizados em seu benefício, não havendo nenhuma parcela em atraso. Sustentou que uma funcionária do Banco Mercantil do Brasil entrou em contato oferecendo-lhe um novo empréstimo. Ela lhe disse que os juros eram menores do que o cobrado no empréstimo que já tinha sido contratado e que o empréstimo já havia sido aprovado. Assim, em janeiro de 2019, entendendo que se tratava do mesmo empréstimo já feito, tendo em vista a redução dos juros, aceitou a oferta. O valor emprestado foi de R$ 8.487,00, que seriam pagos em 74 vezes de R$ 235,64. Salientou que foi quitado o valor de R$1.796,05 e liberado o valor de R$ 6.690,95, fato este que não lhe foi explicado com clareza. Ressaltou que os dois contratos (números 801128585 e 801847517) foram migrados da instituição financeira Banco Mercantil Brasil para o Banco Bradesco. Acrescentou que o Banco Mercantil, entrou novamente em contato, sempre com a mesma proposta de que os juros seriam menores, oferecendo empréstimo consignado em setembro de 2020, no valor de R$73,63 por mês, totalizando o valor de R$ 2.947,00, que foi aceito. Não tendo conhecimento sobre o assunto e nem instrução suficiente, acabou aceitando e passou a receber a título de aposentadoria o valor de R$ 845,77 por mês para sua subsistência. Postulou a revisão e integração do contrato e repactuação das dívidas mediante plano judicial compulsório e a condenação dos requeridos ao pagamento de indenização por danos morais no valor de R$40.000,00. Requereu a procedência da ação. No mais, a relação contratual está regularmente formada, sendo de rigor a produção dos efeitos jurídicos que lhe são próprios. A requerente, pessoa maior e capaz, contratou livre e espontaneamente, não estando evidenciado qualquer vício de consentimento a macular sua manifestação de vontade por ocasião da assinatura do instrumento contratual. O simples fato de se tratar de contrato de adesão não elide, por si, a vinculação do aderente ao quanto pactuado (pacta sunt servanda), sendo certo que de seu caráter adesivo não decorre, automaticamente, a abusividade de toda e qualquer cláusula que contrarie os interesses da parte aderente. De sua parte, o requerido cumpriu seu dever de informação, tendo dado à requerente a oportunidade de conhecer o exato teor das obrigações contratuais que estava assumindo, em especial o valor total financiado, o valor das parcelas mensais e os acréscimos legais, tudo indicado no instrumento contratual de forma clara e inteligível a qualquer pessoa leiga (fls.16/17). Não há ilegalidades no contrato. Seus termos são claros e inteligíveis; as prestações pecuniárias a cargo da requerente foram prévia e precisamente enunciadas (com a discriminação individualizada de cada taxa de juros), e mais, o número das prestações também foi indicado de forma inequívoca. Observa-se que a requerente não se declara portadora de qualquer déficit de cognição ou consciência. Ao que parece, idosa ou não, não leu atentamente todo o conteúdo dos termos firmados, deixando, negligentemente, de obter informações claras, precisas e idôneas a conferir a plena compreensão das peculiaridades e limites da obrigação assumida. Não pode, agora, desconsiderar a obrigação que validamente assumiu, sob a simples alegação de eventual falha de informação, de vício de consentimento ou de onerosidade excessiva, até porque os documentos trazidos com a própria inicial demonstram, de forma induvidosa, que a requerente teve acesso a todas as condições relacionadas à contratação do empréstimo, ao custo efetivo dos juros, e, ainda, ao valor das parcelas. Frise-se que, ainda que sob a ótica da legislação de consumo, para a modificação judicial das condições do contrato, é imprescindível a prova da efetiva ausência de consentimento, da falha de informação ou, ainda, da abusividade das disposições contratuais, o que, contudo, não restou evidenciado no caso concreto. A requerente teve acesso ao crédito fornecido pelo requerido e aderiu ao contrato de forma voluntária. Por consequência, assumiu obrigações contratuais, devendo se sujeitar ao pagamento dos encargos contratados. Também não há prova de que houve vício de consentimento. Ainda, importante destacar que as dificuldades financeiras enfrentadas pela requerente não podem ser caracterizadas como imprevisíveis ou extraordinários, sendo que para ser considerada a autorizar uma intervenção judicial na vontade contratual os fatos ocorridos devem fugir totalmente as possibilidades de previsibilidade. Por esta razão, ainda que hoje ela não concorde com as condições do negócio jurídico que voluntariamente assumiu e considere oneroso o seu cumprimento (haja vista o número de parcelas e os juros contratados), esta situação é decorrência do risco natural do negócio, eis que as disposições que levaram a isto estavam perfeitamente descritas nos instrumentos de contrato, cuja ciência é inequívoca. Quanto às taxas de juros, vale ressaltar que as instituições financeiras estão autorizadas a cobrar índices superiores aos legais (12% ao ano), haja vista que, nesse particular, estão sob a regência da Lei 4.595/64, conforme reiteradamente vem decidindo a jurisprudência, inclusive o Supremo Tribunal Federal (Súmula 596) e o Superior Tribunal de Justiça (Súmula 296). Conforme já mencionado linhas atrás, não há qualquer elemento nos autos a indicar a ocorrência de cobrança abusiva a justificar a interferência do Poder Judiciário nas cláusulas pactuadas entre as partes. Assim, não há como rever o contrato nos moldes desejados pela parte autora, razão pela qual o pedido de declaração de revisão do contrato não procede".

h)Posições não unívocas sobre o que deva ser caracterizado como "mínimo existencial". Há referências a 30% da renda (como determinado para o crédito consignado), há referências sobre padrão de vida do autor da demanda, há referências sobre a regulamentação por meio do Decreto 11.150, de julho de 2022, que previa o mínimo existencial como 25% do salário-mínimo.

Três casos são *sui generis*, mas externam situações que merecem a transcrição de excertos mais longos e lidam com delicados espaços de discricionariedade ou formalismo da lei.[9]

O primeiro relata uma situação dramática, envolvendo uma atuação profissional muito prejudicada pela pandemia e uma situação de saúde grave. A resposta judiciária parece não refletir uma postura de acolhimento, ainda que não tenhamos analisado a completude dos autos. Há busca pelo rigor probatório.

Tabela 8 – Conteúdo da sentença proferida nos Autos 1004067-37.2021.8.26.0072 (13) – caso sobre 'repactuação de dívidas perante credores (plano de pagamento)' – Justiça Estadual de São Paulo – processos sentenciados entre 20.03.2022 e 19.03.2023

Caso 1 – sentença proferida nos autos 1004067-37.2021.8.26.0072
[autora anonimizada], sob os benefícios da assistência judiciária, propôs ação de repactuação de dívidas com pedido de tutela de urgência contra Porto Seguro Cartões e banco itaucard S.A.
Alegou a autora que é microempresária e possui uma empresa de aluguel de vestidos e acessórios para festas e eventos, atividade que foi drasticamente afetada pela pandemia da COVID-19, de modo a privar a autora de sua única fonte de renda, uma vez que obteve rendimentos irrisórios de março/2020 até agosto/2021.
Além disso, em fevereiro de 2021 a autora foi diagnosticada com COVID-19, passou 17 (dezessete) dias internada na UTI e sofreu duas paradas cardiorrespiratórias, o que agravou ainda mais a sua situação financeira e levou à utilização de seus cartões de crédito para a manutenção de suas despesas ordinárias, totalizando o débito no valor de R$ 79.910,58, conforme especificado a fls. 2.
Diante de sua atual situação de insolvência, foi proposta a presente ação para repactuação das dívidas com as operadoras de cartão de crédito especificadas a fls. 3, objetivando a preservação do mínimo existencial e o reequilíbrio econômico, com proposta de pagamento de acordo com o plano de fls. 4, em consonância com o Código de Defesa do Consumidor e com a Lei 14.181/2021. (...).
Contestação apresentada pelo Banco Itaucard S/A a fls. 473/477 sustentando a regularidade da contratação e da utilização dos cartões de crédito especificados a fls. 473, ressaltando a legitimidade da constituição do débito e a legalidade dos encargos das operações financeiras, à luz da legislação de regência, consolidada a conjuntura de inadimplemento diante da força vinculante das operações assumidas, a comprometer a pretensão deduzida. (...)
A requerida Portoseg S/A – Crédito, Financiamento e Investimento apresentou contestação a fls. 638/647 com proposta de pagamento do débito consolidado na forma especificada a fls. 640, ressaltando o princípio da autonomia da vontade na contratação, de modo a ensejar a improcedência da ação. (...)
É o relatório. (...)
Improcede a ação. Sabidamente, encontra-se em vigor desde 01.07.2021 a denominada "Lei do Superendividamento", que foi elaborada objetivando "aperfeiçoar a disciplina do crédito ao consumidor e dispor sobre a prevenção e o tratamento do superendividamento", com alteração do Código de Defesa do Consumidor para viabilizar a realização de audiência conciliatória com a participação de todos os credores para análise da proposta de plano de pagamento que viabilize a preservação do mínimo existencial do devedor. E frustrou-se a conciliação, conforme termos de audiência (...)

---

9. Por serem excerto longos, deixamos de citá-los com recuo, como seria esperado pela normatização da ABNT.

Caso 1 – sentença proferida nos autos 1004067-37.2021.8.26.0072

Posta a premissa, em preciso ensinamento em torno do fundamento da obrigatoriedade dos contratos, consignou o saudoso Professor Silvio Rodrigues:

"Parece-me que a explicação da obrigatoriedade dos contratos, embora não se afaste em muito desse entendimento, assenta em pre-ocupação que ultrapassa as raias do interesse particular para atender a um anseio de segurança que é de ordem geral. Pois o problema deve ser encarado não sob o ângulo individual, mas sob o social. Aquele que, por livre manifestação da vontade, promete dar, fazer ou não fazer qualquer coisa, cria uma expectativa no meio social, que a ordem jurídica deve garantir. O propósito de se obrigar, envolvendo uma espontânea restrição da liberdade individual, provoca consequências que afetam o equilíbrio da sociedade. Por conseguinte, a ordenação jurídica, na defesa da harmonia das relações inter-humanas, cria elementos compulsórios do adimplemento. Com efeito, é a lei que torna obrigatório o cumprimento do contrato. E o faz compelir aquele que livremente se vinculou a manter sua promessa, procurando, desse modo, assegurar as relações assim estabelecidas" (Direito Civil, v. 3, 28. ed., Saraiva, 2002, p. 12-13).

O ensinamento de Silvio Rodrigues deve ser confrontado com a denominada Lei do Superendividamento, sob a perspectiva da har-monização entre segurança jurídica, razoabilidade, proporcionalidade e vedação do enriquecimento sem causa.

E no caso concreto, não se desconhece o impacto que a pandemia de COVID-19 causou nas atividades comerciais, especialmente na área de atuação da autora, que teve a sua única fonte de renda praticamente inviabilizada, além de ter sido afastada do trabalho no período em que permaneceu internada para tratamento de sua saúde.

Contudo, em uma primeira análise, depara-se com uma pretensão inicial que não apresenta uma justificativa jurídica plausível, como também não apresenta uma explicação revestida de coeficiente de razoabilidade em torno do critério utilizado para a concessão de uma anômala "autorremissão", ao elaborar o plano de pagamento especificado a fls. 4 mediante a realização de descontos aleatórios, reduzindo consideravelmente dívidas que já se encontravam consolidadas, inserindo proposta de parcelamento sem qualquer espécie de atualização monetária, ignorando ou desconsiderando a espiral inflacionária, de modo a assumir contornos de enriquecimento sem causa, que desvirtua o equilíbrio necessário que a Lei do Superendividamento nunca teve por objetivo eliminar.

Em segundo lugar, porque, sob a regência normativa do art. 320 do CPC, a petição inicial não foi instruída com a documentação indispensável à compreensão da controvérsia, uma vez que a Lei do Superendividamento não abarca toda e qualquer espécie de dívida contraída por meio de cartão de crédito, não tendo a autora apresentado um quadro demonstrativo do que foi contraído por ela como comerciante e do que foi contraído por ela como pessoa natural, uma vez que não trouxe para os autos demonstrativo de movimentação financeira que diferenciasse as operações, deixando em aberto o que era despesa de consumo e o que era despesa de insumo, que não se confundem para efeito de aplicação da Lei do Superendividamento.

Além do mais, sob o enfoque do mínimo existencial, que a Lei do Superendividamento evidencia a relevância jurídica para viabilizar a sua aplicabilidade, permanecem em aberto, uma vez que não receberam a necessária abordagem, as necessárias respostas às indispensáveis perguntas:
a) como a autora se manteve ao longo da situação de crise por ela vivenciada?
b) divide com alguém as despesas da casa, as despesas ordinárias?
c) continuou utilizando os cartões especificados na petição inicial ou outros cartões de crédito antes e depois do ajuizamento da presente ação?
d) seu nome foi negativado ou há ações judiciais em tramitação para cobrança dos débitos consolidados?
e) efetuou pagamento, ainda que parcial, de outras dívidas em relação a credores que não foram incluídos no gráfico apresentado a fls. 4?

Fonte: autos 1004067-37.2021.8.26.0072 – Tribunal de Justiça de São Paulo

O segundo caso descreve o uso de um precedente judicial que considera lícito o comprometimento de até 50% da renda do credor, sem questionar se esse percentual poderia ser excessivo no caso de pessoa inválida que ganha o salário-mínimo.

Tabela 9 – Conteúdo da sentença proferida nos Autos 1017643-12.2021.8.26.0068 (15) – caso sobre 'repactuação de dívidas perante credores (plano de pagamento)' – Justiça Estadual de São Paulo – processos sentenciados entre 20.03.2022 e 19.03.2023

Caso 2 – sentença proferida nos Autos 1017643-12.2021.8.26.0068
(...) Aduz a parte autora, aposentada por invalidez, ter contraído dez empréstimos junto à parte ré em razão de dificuldades financeiras, sendo descontados diretamente de sua folha de pagamento.   Assim, alega que os valores debitados trazem prejuízo ao seu direito de subsistência, tendo apresentado o seguinte plano de pagamento das dívidas:
"Disponibilização de 35% dos rendimentos, distribuída de forma proporcional entre os credores acima elencados. (...)   Banco réu, por sua vez, afirma inexistir direito à limitação do débito em conta ao patamar de 30% dos rendimentos do autor.
E que "apesar do Autor apresentar plano de pagamento do saldo devedor, este não apresentou fatos ou provas que comprovem seus gastos com o mínimo existencial (como saúde, alimentação, como se pode observar na própria reclamação feita ao Procon, inexistindo qualquer informação acerca de seus gastos mensais." (fls. 57).
Por outro lado, com relação ao empréstimo pessoal Banco Bradesco, R$ 4.040,24, em 48 vezes de R$ 193,18, prevalece o recente entendimento do C. STJ fixado em sede de recursos repetitivos no dia 15 de março de 2022 (Recursos Especiais 1.863.973/SP, 1.877.113/SP e 1.872.441/SP, paradigmáticos do Tema 1085), in verbis:
'São lícitos os descontos de parcelas de empréstimos bancários comuns em conta corrente, ainda que utilizada para recebimento de salários, desde que previamente autorizados pelo mutuário e enquanto esta autorização perdurar, não sendo aplicável, por analogia, a limitação prevista no § 1º do art. 1º da Lei 10.820/2003, que disciplina os empréstimos consignados em folha de pagamento'.
Neste panorama, a jurisprudência do Eg. Tribunal de Justiça de São Paulo tem adotado o entendimento de que é razoável a limitação dos descontos efetuados diretamente em conta corrente em percentual que, somado ao percentual de desconto em folha de pagamento, não ultrapasse o percentual total de 50%, in verbis:
(...) Ademais, considerando que o valor do benefício previdenciário é de R$1.341,97, observa-se que o valor de R$466,61, descontado em folha, somado ao valor de R$193,18, descontado em conta corrente, perfazem o montante de R$659,79, *o equivalente a 49,16% do benefício previdenciário da autora*. Encontra-se, portanto, dentro dos limites fixados pela jurisprudência, não havendo que se falar em situação de superendividamento, razão pela qual a improcedência da demanda é medida de rigor."

Fonte: autos 1017643-12.2021.8.26.0068 – Tribunal de Justiça de São Paulo

O terceiro caso excepcional é de uma magistrada que entende que a proposta de pagamento oferecido pela autora é muito alto e irá comprometer seu mínimo existencial, razão pela qual indefere o pedido. Interpreta que o procedimento da Lei 14.181 deve ser protetivo do consumidor e, por isso, indefere o pedido.

Tabela 10 – Conteúdo da sentença proferida nos Autos 1087718-77.2021.8.26.0100 (16) – caso sobre 'repactuação de dívidas perante credores (plano de pagamento)' – Justiça Estadual de São Paulo – processos sentenciados entre 20.03.2022 e 19.03.2023

Caso 3 - sentença proferida nos Autos 1087718-77.2021.8.26.0100
A parte autora ajuizou a presente demanda descrevendo ter contratado diversos empréstimos bancários na modalidade de crédito pessoal para fazer frente as suas despesas pessoais e dívidas bancárias anteriores, e que em razão de problemas financeiros e do alto custo de manutenção da sua família não conseguiu adimplir regularmente as parcelas dos empréstimos, incorrendo em inadimplência, o que acarretou a negativação do seu nome.
Afirma possuir renda mensal de R$17.413,00, sendo o único provedor de sua residência, e que conta com quatro dependentes financeiros, sendo três filhos menores e sua esposa. Relata morar de aluguel e que o único bem que possui é uma motocicleta utilizada para deslocamento até o trabalho. Aduz ainda que a dívida mensal das parcelas dos empréstimos totaliza o valor de R$ 13.376,51, sendo inviável o pagamento mensal diante da sua atual condição financeira. Pleiteou a renegociação das dívidas e revisão de cláusulas contratuais.

Caso 3 - sentença proferida nos Autos 1087718-77.2021.8.26.0100

Após citação e contestação, o autor aditou a sua inicial (fls. 340/343), optando pelo prosseguimento do feito apenas com relação ao pedido de repactuação das dívidas de empréstimos junto aos correqueridos Banco do Brasil e Banco Bradesco, nos termos do art. 104-A e 104-B do CDC, inseridos pela Lei 14.181/2021, destinada à prevenção e tratamento do superendividamento. (...)

Citados, os bancos apresentaram contestação, aduzindo, em preliminar, falta de interesse de agir. No mérito, alegaram total improcedência do pedido inicial, visto que os contratos foram firmados de acordo com a livre manifestação da vontade da parte autora, observado o princípio da boa-fé.

Com relação ao pedido de renegociação dos empréstimos, aduziram que a renda líquida mensal da parte autora é suficiente para fazer frente aos débitos decorrentes dos empréstimos, sem prejuízo de sua subsistência. Afirmam ainda que se trata de dívidas vencidas, não abarcadas pelo dispositivo legal que tutela débitos vincendos.
Por fim, aduzem que eventual apresentação de proposta de pagamento deve observar o prazo máximo de 5 anos previsto em lei e que nestes termos, considerando o montante total do débito da parte autora – R$429.694,40, haveria valor de parcela superior a 70% do salário líquido da parte autora, isto é, de R$7.161,58, sendo inviável a instauração do rito do superendividamento.

Proferida decisão saneadora às fls. 359/363. Os requeridos não concordaram com o plano de pagamento apresentado pela parte autora (fls. 368/369 e 370).

É a síntese do necessário. Fundamento e Decido.

A matéria discutida nos autos é essencialmente de direito e os fatos controvertidos são provados por prova documental, sendo prescindível a produção de outras provas. E, considerando que, no caso, eventuais documentos poderiam (e deveriam) estar acostados à petição inicial ou à contestação (artigo 434 do Código de Processo Civil), passo ao imediato julgamento do pedido, com fulcro no artigo 355, I, do Código de Processo Civil. (...)

No mérito, ação é improcedente.
A relação havida entre as partes é nitidamente de consumo, na exata medida em que a parte demandante é destinatário final de produtos e serviços respectivamente comercializados e prestados de forma contínua e habitual pela parte demandada.

Destarte, as partes se enquadram perfeitamente nos conceitos de consumidor e fornecedora, estatuídos pelo Código de Defesa do Consumidor, sendo aplicáveis ao caso concreto os princípios estatuídos na legislação consumerista.

Aliás, encontra-se já pacificada a incidência do Código de Defesa do Consumidor às instituições bancárias (Súmula 297 do Superior Tribunal de Justiça), que, entre outras regras, estabelece a inversão do ônus probatório a favor do consumidor.

Assim, se a parte requerida coloca um determinado serviço à disposição de seus clientes ou usuários, responde pela qualidade, segurança e adequação, possibilitando a prestação de serviço desprovida de qualquer defeito ou vício, observadas as disposições legais de proteção ao consumidor e a preservação de condições mínimas de subsistência.

Não obstante isso, o pedido inicial da parte autora não comporta acolhimento. Isso porque o plano de pagamento apresentado é inviável frente sua capacidade financeira, tendo sido ainda expressamente rejeitado pelos credores. E eventual plano de pagamento judicial deve limitação aos preceitos legais, que prevê prazo máximo para pagamento não condizente com o montante devido e a capacidade de pagamento mensal da parte autora, observado o mínimo existencial.

Ora, o caso dos autos submete-se às regras da repactuação de dívidas previstas nos art. 104-A e 104-B do Código de Defesa do Consumidor, inseridos pela Lei 14.181/2021, que tem o fim de "aperfeiçoar a disciplina do crédito ao consumidor e dispor sobre a prevenção e o tratamento do superendividamento". (...)

E assim sendo, mesmo que se admita possível o congelamento da dívida, com exclusão total dos juros, o valor da parcela é ainda superior à capacidade de pagamento do devedor, preservado seu mínimo existencial. E sendo superior, entendo impossível a imposição de plano judicial de pagamento.

Não se pode impor plano de pagamento com prazo maior do que o previsto contratualmente, observado o prazo legal quando superior ao previsto no contrato. Também não se pode impor plano judicial de pagamento com valor da parcela superior ao limite do mínimo existencial, ainda que a parte consumidora declare possuir condição de pagamento.

De acordo com o artigo 7º, IV, da Constituição Federal, o mínimo existencial é o conjunto de bens e utilidades básicas imprescindíveis para uma vida com dignidade, tais como a saúde, a moradia e a educação fundamental. Violar-se-ia, portanto, o mínimo existencial quando o comprometimento da renda do consumidor tornar inviável a manutenção das condições básicas de vida, considerando o princípio da dignidade humana.

Caso 3 - sentença proferida nos Autos 1087718-77.2021.8.26.0100
Ora, a imposição de plano judicial de pagamento com valor de parcela superior ao limite máximo de desconto, de 30% do rendimento líquido, viola, no meu entender, o princípio da dignidade humana e o mínimo existencial, não podendo, portanto, ser admitido. Com efeito, a Lei do Superendividamento surge como um incremento às regras dispostas pelo Código de Defesa do Consumidor com vistas a conceder meios necessários ao combate da vulnerabilidade representada pelo acesso indevido ao crédito por indivíduos desprovidos de educação financeira.
Tanto é que a referida lei impõe o fomento a ações direcionadas à educação financeira dos consumidores pela Política Nacional das Relações de Consumo, conforme disposto pelo art. 4º, inciso IV do CDC. (...) Vale dizer, o superendividamento pressupõe a boa-fé do consumidor, que por ser desprovido de educação financeira em um mercado de oferta desmedida de crédito acaba por comprometer o seu orçamento doméstico, atingindo o seu núcleo duro de dignidade, formado pelo mínimo existencial.
Nessa perspectiva, a meu ver, a lei existe para proteção do consumidor, e não como garantia de recebimento do crédito pelo credor. Ora, referido dispositivo, atento ao primado da ordem econômica, resguardando os princípios da livre iniciativa e da justiça social, concede novos contornos aos negócios jurídicos celebrados de forma temerária pela instituição financeira com vistas a resguardar recursos necessários ao custeio da própria subsistência do consumidor. Vale dizer, a lei busca minorar distorções de um mercado extremamente ofensivo e com publicidade ofensiva sob o público brasileiro, que possui baixa instrução.
Nessa esteira, é importante frisar que a inovação legislativa se encontra afinada com o dever de renegociar imposto aos contratantes em uma relação desequilibrada, como desiderato do princípio da boa-fé objetiva. (...)
Defronte a esse panorama, resta patente que a nova lei corporifica esse dever de renegociar relações contratuais desequilibradas, impondo, inclusive, o comparecimento à audiência de conciliação, sob pena de submeter os credores ao plano de pagamento formulado pelo devedor como forma de proteção do consumidor.
Sendo norma de proteção do consumidor, inviável a imposição de plano de pagamento com prejuízo de sua subsistência.
Dessa forma, ante a ausência de preenchimento dos requisitos legais previstos para imposição do plano de pagamento, notadamente quanto ao prazo máximo e a preservação do mínimo existencial, não há como deferir o pedido da parte autora de repactuação de dívida, com imposição de plano judicial de pagamento.

Fonte: autos 1087718-77.2021.8.26.0100 – Tribunal de Justiça de São Paulo

7. OS RÉUS ASSOCIADOS AO ASSUNTO 'REPACTUAÇÃO DE DÍVIDAS'

Quem são os réus nos processos sobre 'repactuação de dívidas perante credores (plano de pagamento)'? Por que a identificação dos réus interessa? Os superendividados se tornam superendividados por quais motivos? Agiotas? Contas de água e luz? Varejistas? Ou bancos? Responder a estas perguntas sinaliza a importância de concentrar esforços em melhor regulamentação de oferta de crédito, bancária ou não.

Selecionamos, dentre os processos com múltiplos réus, a identificação dos réus e a quantidade de vezes que eram colocadas na posição de réus. Chegamos ao seguinte resultado:

Tabela 11 – Lista de réus e quantidade de processos associados a cada um, considerando a subcategoria de assunto 'repactuação de dívidas perante credores (plano de pagamento) – Justiça Estadual de São Paulo – processos sentenciados entre 20.03.2022 e 19.03.2023 – em números absolutos

Lista de réus e quantidade de processos associados – 'repactuação de dívidas perante credores (plano de pagamento)'	Quantidade
Itaú	11
Banco do Brasil	9
Santander	6
Bradesco	3
Banco Pan	3
Banco BMG	1
Banco Daycoval	1
C6 Bank	1
Banco Mercantil	1
Banco Paraná	1

Fonte: Elaboração própria.

8. CONCLUSÃO

Busca automatizada selecionou um conjunto de 371 decisões contendo as expressões "Superendividamento" e/ou Lei 14.181. Ao resultado, aplicamos filtro pela existência de múltiplos réus, chegando a resultado de 93 decisões. Manualmente, selecionamos 23 casos que refletem a homologação compulsória estabelecida pelo artigo 104-B. Os resultados desses processos é, 18 decisões, eminentemente de improcedência.

Destacam-se dois fatores: há poucos processos sobre superendividamento, considerando um potencial universo de milhões de endividados. Os superendividados não têm estímulo para pleitear acordos de repactuação pela Lei 14.181, art. 104-B: as chances de improcedência são altíssimas.

O conjunto das decisões coletadas fornece substrato de análise para mais investigações.

REFERÊNCIAS

BROUCKE, Seppe Vanden; BAESENS, Bart. *Practical web scraping for data science*: best practices and examples with python. New York: Apress, 2018.

EPSTEIN, Lee; KING, Gary. Pesquisa empírica em direito: as regras de inferência. Trad. Fábio Morosini et al. São Paulo: FGV, 2013. *Online (PDF)*. Título original: The rules of Inference. Disponível em: https://bibliotecadigital.fgv.br/dspace/handle/10438/11444. Acesso em: 17 jul. 2020.

FEBRABAN. Diretoria de Economia, Regulação Prudencial e Riscos. Endividamento e Inadimplência das Famílias – Contexto e evolução recente. Apresentação de power-point. Sem data. Slide 16. Disponível online em: https://cmsarquivos.febraban.org.br/Arquivos/documentos/PDF/Dados%20Endividamento%20das%20Fam%C3%ADlias.pdf. Acesso em: 15 maio 2023.

LEVINE, David M.; STEPHAN, David F.; SZABAT, Kathryn A. *Estatística*: teoria e aplicações usando o microsoft excel em português. Trad. Teresa Cristina Padilha de Souza. 7. ed. Rio de Janeiro: LTC, 2016. Título original: Statistics for Managers Using Microsoft Excel.

LOEVINGER, L. Jurimetrics: the next step forward. *Minnesota Law Review*, Minneapolis, v. 33, p. 455-493, Apr. 1949. *Online (PDF)*. Disponível em: https://scholarship.law.umn.edu/mlr/1796. Acesso em: 31 jul. 2022.

SÃO PAULO. Tribunal de Justiça do Estado de São Paulo. Sentença nos Autos 1013960-79.2021.8.26.0451. Repactuação de dívidas perante credores (plano de pagamento). 5ª Vara Cível de Piracicaba. 30 de maio de 2022. Online. Disponível em: https://esaj.tjsp.jus.br/cpopg/show.do?processo.codigo=CJ000PY380000&processo.foro=451&processo.numero=1013960-79.2021.8.26.0451. Acesso em: 11 maio 23.

SÃO PAULO. Tribunal de Justiça do Estado de São Paulo. Sentença nos Autos 1036288-76.2022.8.26.0577. Repactuação de dívidas perante credores (plano de pagamento). 7ª Vara Cível de São José dos Campos. 12 de janeiro de 2023. Online. Disponível em: https://esaj.tjsp.jus.br/cpopg/show.do?processo.codigo=G1000O21N0000&processo.foro=577&processo.numero=1036288-76.2022.8.26.0577. Acesso em: 11 maio 2023.

SÃO PAULO. Tribunal de Justiça do Estado de São Paulo. Sentença nos Autos 0003384-20.2022.8.26.0577. Repactuação de dívidas perante credores (plano de pagamento). 7ª Vara Cível de São José dos Campos. 13 de maio de 2022. Online. Disponível em: https://esaj.tjsp.jus.br/cpopg/show.do?processo.codigo=G1000M44X0000&processo.foro=577&processo.numero=0003384-20.2022.8.26.0577. Acesso em: 11 maio 2023.

SÃO PAULO. Tribunal de Justiça do Estado de São Paulo. Sentença nos Autos 1000781-09.2022.8.26.0204. Repactuação de dívidas perante credores (plano de pagamento). Vara Única de General Salgado. 2 de março de 2023. Online. Disponível em: https://esaj.tjsp.jus.br/cpopg/show.do?processo.codigo=5O00010MG0000&processo.foro=204&processo.numero=1000781-09.2022.8.26.0204. Acesso em: 11 maio 23.

SÃO PAULO. Tribunal de Justiça do Estado de São Paulo. Sentença nos Autos 1009672-34.2022.8.26.0005. Repactuação de dívidas perante credores (plano de pagamento). 2ª Vara Cível de SÃO PAULO. 11 de janeiro de 2023. Online. Disponível em: https://esaj.tjsp.jus.br/cpopg/show.do?processo.codigo=05001F8ZR0000&processo.foro=5&processo.numero=1009672-34.2022.8.26.0005. Acesso em: 11 maio 23.

SÃO PAULO. Tribunal de Justiça do Estado de São Paulo. Sentença nos Autos 1002780-96.2022.8.26.0462. Repactuação de dívidas perante credores (plano de pagamento). 1ª Vara Cível de Poá. 23 de novembro de 2022. Online. Disponível em: https://esaj.tjsp.jus.br/cpopg/show.do?processo.codigo=CU0005AY50000&processo.foro=462&processo.numero=1002780-96.2022.8.26.0462. Acesso em: 11 maio 2023.

SÃO PAULO Tribunal de Justiça do Estado de São Paulo. Sentença nos Autos 1001707-48.2021.8.26.0390. Repactuação de dívidas perante credores (plano de pagamento). Vara Única de Nova Granada. 7 de setembro de 2022. Online. Disponível em: https://esaj.tjsp.jus.br/cpopg/show.do?processo.codigo=AU000P4T50000&processo.foro=390&processo.numero=1001707-48.2021.8.26.0390. Acesso em: 11 maio 2023.

SÃO PAULO. Tribunal de Justiça do Estado de São Paulo. Sentença nos Autos 1004067-37.2021.8.26.0072. Repactuação de dívidas perante credores (plano de pagamento). 1ª Vara de Bebedouro. 29 de julho de 2022. Online. Disponível em: https://esaj.tjsp.jus.br/cpopg/show.do?processo.codigo=200006YH00000&processo.foro=72&processo.numero=1004067-37.2021.8.26.0072. Acesso em: 11 maio 2023.

SÃO PAULO. Tribunal de Justiça do Estado de São Paulo. Sentença nos Autos 1003790-06.2022.8.26.0292. Repactuação de dívidas perante credores (plano de pagamento). 1ª Vara Cível de Jacareí. 6 de setembro de 2022. Online. Disponível em: https://esaj.tjsp.jus.br/cpopg/show.do?processo.codigo=840007ZBX0000&processo.foro=292&processo.numero=1003790-06.2022.8.26.0292. Acesso em: 11 maio 2023.

SÃO PAULO. Tribunal de Justiça do Estado de São Paulo. Sentença nos Autos 1017643-12.2021.8.26.0068. Repactuação de dívidas perante credores (plano de pagamento). 5ª Vara Cível de Barueri. 13 de abril de 2022. Online. Disponível em: https://esaj.tjsp.jus.br/cpopg/show.do?processo.codigo=1W001A-Y970000&processo.foro=68&processo.numero=1017643-12.2021.8.26.0068. Acesso em: 11 maio 2023.

SÃO PAULO. Tribunal de Justiça do Estado de São Paulo. Sentença nos Autos 1087718-77.2021.8.26.0100. Repactuação de dívidas perante credores (plano de pagamento). 5ª Vara Cível de Osasco. 10 de dezembro de 2022. Online. Disponível em: https://esaj.tjsp.jus.br/cpopg/show.do?processo.codigo=2S001G-F410000&processo.foro=405&processo.numero=1087718-77.2021.8.26.0100. Acesso em: 11 maio 2023.

DIÁLOGO E COOPERAÇÃO INTERINSTITUCIONAL: UM CAMINHO POSSÍVEL À EFETIVAÇÃO DA LEI 14.181/2021 A PARTIR DA ANÁLISE DA ATUAÇÃO DO GRUPO DE TRABALHO INSTITUÍDO PELA PORTARIA 55/2022 DA PRESIDÊNCIA DO CNJ[1]

Aline Avila Ferreira dos Santos

Especialista em Direito e Gestão Judiciária pela Academia Judicial (CEJUR-TJSC). Bacharela em Direito pela Universidade Federal de Santa Catarina (UFSC). Juíza Auxiliar no Superior Tribunal de Justiça, Juíza de Direito do Tribunal de Justiça do Estado de Santa Catarina e integrante do Grupo de Trabalho instituído pela Portaria 55/2022 no Conselho Nacional de Justiça (CNJ). Currículo lattes: http://lattes.cnpq.br/2266602613367785.

Andréia Ramos Pereira

Pós-Graduada em Atividade Policial e Segurança pela Faculdade Arnaldo. Pós-Graduanda em Mediação e Conciliação. Bacharel em Direito pela Universidade do Vale do Itajaí. Integrante da Equipe Operacional para desenvolvimento, acompanhamento, colheita e compilação de dados e informações pertinentes ao projeto "Diagnóstico Estrutural da Política Nacional de Tratamento de Conflitos" (CNJ). Chefe de Gabinete no Superior Tribunal de Justiça (STJ). Servidora efetiva do Tribunal de Justiça de Santa Catarina. Colaboradora do Grupo de Trabalho sobre o tratamento do consumidor superendividado (CNJ – Portaria 55/2022).

Sumário: 1. Introdução – 2. Alterações promovidas pela Lei 14.181/2021 e sua principiologia – 3. O tratamento do consumidor superendividado e a necessidade de diálogo e cooperação interinstitucional – 4. O grupo de trabalho instituído pela portaria 55/2022 da presidência do conselho nacional de justiça – CNJ: histórico, composição e objetivos – 5. Projetos desenvolvidos, entregas realizadas e futuros desafios – 6. Conclusão – Referências.

1. INTRODUÇÃO

Em um sistema predominantemente capitalista e globalizado, caracterizado por uma sociedade de consumo em massa, as relações sociais pautam-se crescentemente pelas manifestações ou expressões econômicas do indivíduo; nesse cenário, observa-se um estímulo exacerbado à aquisição de bens e fruição de serviços, os quais se afiguram como verdadeiras condicionantes ao pertencimento e reconhecimento social. O *marke-*

---

1. Institui Grupo de Trabalho para aperfeiçoar os fluxos e procedimentos administrativos para facilitar o trâmite dos processos de tratamento do superendividado.

ting torna-se essencial, havendo um incremento exponencial do consumo da moda em detrimento do consumo de subsistência.

Esse é o contexto refletido nas sociedades contemporâneas e, de conseguinte, capaz de ensejar uma série de desdobramentos no campo não apenas econômico, mas, igualmente, no âmbito social e jurídico.

A par de eventuais críticas que podem – e, por vezes, devem – ser endereçadas ao sistema de mercado atualmente vigente, admite-se que, em determinada medida, o endividamento revela-se natural e consentâneo à matriz econômica, ao alimentar a livre circulação monetária; todavia, a depender da concretização de eventos aleatórios, hábeis a reduzir a capacidade aquisitiva do indivíduo, a exemplo de pandemias, perdas de emprego, doenças etc., poderá exsurgir uma situação de superendividamento, com a consequente exclusão deste sujeito – e de seu núcleo familiar – do mercado de consumo.

Na realidade brasileira, segundo os dados da *Pesquisa de Endividamento e Inadimplência do Consumidor (Peic)*, divulgada pela Confederação Nacional do Comércio de Bens, Serviços e Turismo (CNC), a parcela de famílias brasileiras com dívidas (em atraso ou não) chegou a 78,3% em abril do corrente ano, a mesma observada no mês anterior. Prevê-se que o percentual de 78,3% se mantenha nos próximos dois meses e aumente para 78,4% em julho, segundo a CNC.[2] Trata-se, à evidência, de números expressivos e dignos de especial atenção e providências.

A dinamicidade do mercado e as consequências adversas decorrentes de tais circunstâncias (superendividamento) inspiraram os legisladores a regulamentar/disciplinar especificamente a matéria, a fim de conceber instrumentos hábeis ao seu enfrentamento. O legislador pátrio, após anos de pesquisa e debates, editou a Lei 14.181/2021, a qual introduziu modificações do Código de Defesa do Consumidor, ao versar sobre a prevenção e tratamento ao consumidor superendividado.

No Brasil, em termos normativos, o superendividamento está conceituado como "a impossibilidade manifesta de o consumidor pessoa natural, de boa-fé, pagar a totalidade de suas dívidas de consumo, exigíveis e vincendas, sem comprometer seu mínimo existencial, nos termos da regulamentação", conforme o parágrafo primeiro do artigo 54-A do Código de Defesa do Consumidor.

Apesar da aparente simplicidade do conceito acima exposto, destaca-se que o tema ora em análise afigura-se bastante complexo, compreendendo aspectos que extrapolam a análise meramente técnico-jurídica. Cuida-se de questão a merecer um enfrentamento adequado, lastreado no postulado da boa-fé e com vistas à responsabilidade compartilhada entre os atores implicados.

É neste particular que reside a temática a ser desenvolvida no presente ensaio, que tem por objetivo, em síntese, sem nenhuma pretensão de exauri-la, proceder à análise da atuação do Grupo de Trabalho instituído pela Portaria 55/2022, da Presidência do

---

2. Disponível em: https://agenciabrasil.ebc.com.br/economia/noticia/2023-05/endividamento-atinge-783-das--familias-brasileiras-diz-cnc. Acesso em: 06 maio 2023.

Conselho Nacional de Justiça – CNJ, destinado ao aperfeiçoamento dos fluxos e procedimentos administrativos para facilitar o trâmite dos processos de tratamento do superendividado, com ênfase em seus eixos de atuação, produtos e resultados obtidos desde a sua instituição em fevereiro de 2022.

O título escolhido para o ensaio bem ilustra o que se pretende demonstrar em seu desenvolvimento: conceber o Grupo de Trabalho citado como inspiração a uma atuação dialógica e cooperativa entre os atores envolvidos nas demandas pertinentes ao superendividamento e, assim, como um caminho possível à efetivação das disposições da Lei 14.181/2021.

À consecução deste propósito, estruturou-se o artigo da seguinte forma: de início, serão destacadas e sintetizadas as modificações operadas pela nova legislação, em especial a principiologia a ela correlata; em seguida, abordar-se-á a complexidade afeta ao tratamento do consumidor superendividado e a necessidade de diálogo e cooperação interinstitucional. Em um momento subsequente, será detalhado o histórico, composição e objetivos do Grupo de Trabalho objeto deste artigo para, ao final, apresentar os projetos desenvolvidos, entregas realizadas e futuros desafios.

2. ALTERAÇÕES PROMOVIDAS PELA LEI 14.181/2021 E SUA PRINCIPIOLOGIA

A concepção e edição do Código de Defesa do Consumidor representou, em 1990, importante avanço civilizatório no contexto brasileiro, colocando-o na vanguarda comparativamente a outros países que regulamentam as relações de consumo, notadamente porque suas disposições facilitaram sobremaneira o acesso à justiça, com previsão de instrumentos eficazes à garantia dos direitos nele consubstanciados. De fato, referido diploma caracteriza-se pela promoção da cidadania e por inaugurar um microssistema de normas, calcadas na valorização do consumidor.

A par da disciplina normativa substancial trazida pelo mencionado diploma, não se pode olvidar que, como toda a legislação, o Código de Defesa do Consumidor não se mostrou imune às transformações no campo social, político e econômico, a reclamar, portanto, a concepção de novos modos de enfrentamento das situações advindas da evolução das relações de consumo.

Neste particular, encontra-se precisamente o superendividamento, fenômeno complexo decorrente de causas de ordens variadas, relativas à dinâmica do sistema capitalista e da própria sociedade de consumo, marcada pelo crescente estímulo – massivo – ao consumo de produtos/bens e serviços e, de conseguinte, pela promoção da facilitação de acesso ao crédito.

Trata-se de um fenômeno visível no contexto pátrio a partir do início do Século XXI, decorrente, em grande medida, da passagem de uma fase restritiva para uma fase permissiva e de fomento do acesso ao crédito.

Nesse contexto, emergiu a necessidade de delinear novas bases, paradigmas e diretrizes para enfrentamento da problemática, o que culminou com a edição da Lei

14.181/2021. Acerca da exigência de uma tutela mais específica e voltada às referidas questões, destaca-se:

A necessidade de tutela dos interesses do consumidor a fim de se assegurar a igualdade material acentua-se pelo fato de se viver atualmente numa sociedade em que a produção, o consumo e o crédito são oferecidos em larga escala aos consumidores, tornando-os ainda mais vulneráveis. Tal expediente, adotado pelos fornecedores por intermédio de técnicas de *marketing* e de publicidade, dentre as quais se tem exemplificativamente a venda mediante o pagamento em diversas parcelas, com a informação de que não se está cobrando juros, empréstimos consignados etc., acabam forçando os consumidores a adquirirem bens e serviços, até mesmo para que possam ser reconhecidos como integrantes dessa mesma sociedade. Ocorre, todavia, que tais práticas acabaram se revelando nocivas aos consumidores que passaram a se endividar, comprometendo seus rendimentos e o acesso ao crédito, que é "considerado o motor do consumo de massa e um dos mais importantes meios da política dos poderes públicos na luta contra o subconsumo e as ameaças de desaceleração da economia" (I)

A Lei 14.181/2021 é produto de anos de pesquisa, discussão e debates, e promoveu alterações no Código de Defesa do Consumidor e no Estatuto da Pessoa Idosa, para aperfeiçoar a disciplina de concessão de crédito ao consumidor e, em especial, dispor sobre a prevenção e o tratamento do superendividamento, reforçando os deveres de boa-fé e lealdade na oferta e concessão de crédito, a fim de evitar a exclusão social dos indivíduos.

Sobre a trajetória legislativa da citada atualização, destacam-se as seguintes lições, tecidas por alguns dos integrantes da Comissão de Juristas que atuou substancialmente no processo legislativo:

A Lei 14.181/2021 atualiza o CDC ao incluir dois novos capítulos no Código, um com parâmetros para um crédito responsável, intitulado 'Da prevenção e do tratamento do superendividamento' e, um segundo, sobre a conciliação em bloco do consumidor de boa-fé com todos os seus credores, para elaboração de um plano de pagamento das dívidas, incentivando a cultura do pagamento e superando a cultura da dívida e da exclusão social. A lei foi gestada na Comissão de Juristas do Senado Federal para a Atualização do CDC, presidida por Antonio Herman Benjamin, Ministro do Superior Tribunal de Justiça, criada pelo Senador José Sarney justamente em virtude da vitória na ADIN 2591 no Supremo Tribunal Federal, mas absorvendo ideais, pesquisas empíricas e *design* de solução de controvérsias desenvolvidas no PPGD/UFRGS, no Observatório do Crédito e Superendividamento da UFRGS e pelas magistradas do TJ/RS Clarissa Costa Leite e Karen Bertoncello, além de ampla discussão democrática [...]

A principal inspiração da Lei 14.181/2021 vem do direito francês, que também oferece tutela específica ao fenômeno social do superendividamento através de normas inseridas no seu Código de Consumo. (II)

O referido diploma previu, consoante acima introduzido, medidas de natureza preventiva e repressiva, ao atualizar as disposições do Código de Defesa do Consumidor para abranger as questões relacionadas ao superendividamento. Com efeito, a novel legislação reforçou o caráter social e constitucional de seu microssistema, em atenção ao disposto no artigo 170, inciso V, da Constituição da República.[3]

---

3. Art. 170. A ordem econômica, fundada na valorização do trabalho humano e na livre iniciativa, tem por fim assegurar a todos existência digna, conforme os ditames da justiça social, observados os seguintes princípios:

Em apertada síntese, ressaltam-se as seguintes modificações operadas pela Lei 14.181/2021: a) inclusão de novos artigos na parte geral do Código, com o escopo de reforçar/aperfeiçoar os paradigmas fundamentais da proteção do consumidor; b) previsão de medidas de prevenção e repressão, especificamente no que tange à educação financeira, ao crédito responsável, além de assentar novos deveres/obrigações imputáveis ao fornecedor e preceituar modalidades de prática e cláusulas abusivas em acréscimo àquelas originariamente positivadas; c) estabelecimento de um procedimento especial para enfrentamento das demandas relacionadas ao superendividamento, de caráter bifásico, conforme o capítulo V do Código de Defesa do Consumidor.

Antes de detalhar os novos dispositivos insertos no Diploma consumerista, sem olvidar dos limites inerentes ao presente ensaio, faz-se necessário destacar a principiologia intrínseca à Lei 14.181/2021, bem assim os paradigmas por ela trazidos, e que devem nortear o intérprete e demais agentes responsáveis por sua efetivação.

No ponto, ressaltam-se as considerações deduzidas por alguns dos integrantes da comissão de juristas que participou da elaboração da novel legislação, quais sejam:

> Para aprofundar a análise dos novos paradigmas da Lei 14.181/2021, podemos iniciar resumindo que os paradigmas são de três grupos, com as dimensões antes mencionadas: no primeiro grupo estão os paradigmas derivados da lealdade e da responsabilidade na concessão do crédito; no segundo, os paradigmas relacionados à boa-fé e à cooperação no superendividamento e na repactuação das dívidas; no terceiro grupo, os paradigmas de respeito à dignidade da pessoa humana e de preservação ao mínimo existencial. (III)

Em complemento, importante sistematização também trazem os autores acima citados, ao elencarem dez paradigmas da Lei 14.181/2021, a saber: a) preservação do mínimo existencial; b) crédito responsável; c) sanção pelo descumprimento dos deveres de informação e boa-fé; d) combate ao assédio de consumo; e) justiça e correção de erros e combate às fraudes na concessão e cobranças de crédito: introdução ao direito ao 'charge back'; f) conexão dos contratos de consumo e de crédito; g) tratamento extrajudicial e judicial do superendividamento; h) proteção especial do consumidor pessoa natural; i) boa-fé e cooperação na repactuação da dívida; j) novação, educação e (re) educação financeira com o plano de pagamento: a reinclusão do consumidor e o combate à exclusão social.

A partir de tais premissas e, em análise específica aos dispositivos introduzidos no Código de Defesa do Consumidor, observa-se um reforço ao direito fundamental à informação e estabelecimento de contornos mais rígidos à publicidade (art. 54-B e 54-C), bem assim a previsão da oferta responsável de crédito, isenta de assédio de consumo (art. 54-C e art. 54-D), além da conexão entre os contratos (art. 52 e 54-F). Outrossim, o artigo 54-G preceitua novas condutas vedadas ao fornecedor, sobretudo no que concerne aos cuidados a serem adotados por ocasião da cobrança de dívidas.[4]

[...] V – defesa do consumidor.

4. Art. 54-G. Sem prejuízo do disposto no art. 39 deste Código e na legislação aplicável à matéria, é vedado ao fornecedor de produto ou serviço que envolva crédito, entre outras condutas: (Incluído pela Lei 14.181, de 2021)

Referidas medidas destinam-se, seguindo o escopo da lei, a prevenir – em caráter principal – e proceder ao tratamento do superendividamento (aspecto repressivo), com fundamento nos deveres de informação, cuidado e, sobretudo, de cooperação e lealdade, decorrentes do princípio da boa-fé. O mote é evitar a ruína do consumidor (exceção da ruína) e, em última análise, sua exclusão do mercado de consumo ou sua insolvência civil.

É digno de destaque a previsão de medidas inovadoras para a solução da problemática, consistente na disciplina de procedimento consensual extrajudicial (conciliação em bloco do consumidor e todos seus credores do art. 104-A e art. 104-C) e judicial (art. 104-B), além da possibilidade de revisão e repactuação da dívida (art. 6º, inc. XI, do CDC), caso não seja integralmente exitosa a fase consensual.

Em suma, a lei tem por escopo consolidar o paradigma da boa-fé objetiva, substrato da concepção de crédito responsável inerente à disciplina normativa do superendividamento, sobretudo em sua dimensão preventiva. À concretização desse padrão de conduta, faz-se necessária uma mudança de comportamento dos fornecedores de produtos e serviços, mormente aqueles relacionados a mútuos e financiamentos, impondo-se abstenção de práticas abusivas como assédio ou publicidade enganosa.

Todavia, as transformações de conduta não se impõem apenas aos fornecedores, estendendo-se a todos os atores envolvidos na dinâmica das relações de consumo, além do Poder Judiciário e do Sistema Nacional de Defesa do Consumidor.[5] Assim, conforme será mais bem explicitado na próxima subseção, há necessidade de um diálogo e cooperação interinstitucional para enfrentamento do tema.

I – realizar ou proceder à cobrança ou ao débito em conta de qualquer quantia que houver sido contestada pelo consumidor em compra realizada com cartão de crédito ou similar, enquanto não for adequadamente solucionada a controvérsia, desde que o consumidor haja notificado a administradora do cartão com antecedência de pelo menos 10 (dez) dias contados da data de vencimento da fatura, vedada a manutenção do valor na fatura seguinte e assegurado ao consumidor o direito de deduzir do total da fatura o valor em disputa e efetuar o pagamento da parte não contestada, podendo o emissor lançar como crédito em confiança o valor idêntico ao da transação contestada que tenha sido cobrada, enquanto não encerrada a apuração da contestação; (Incluído pela Lei 14.181, de 2021)

II – recusar ou não entregar ao consumidor, ao garante e aos outros coobrigados cópia da minuta do contrato principal de consumo ou do contrato de crédito, em papel ou outro suporte duradouro, disponível e acessível, e, após a conclusão, cópia do contrato; (Incluído pela Lei 14.181, de 2021)

III – impedir ou dificultar, em caso de utilização fraudulenta do cartão de crédito ou similar, que o consumidor peça e obtenha, quando aplicável, a anulação ou o imediato bloqueio do pagamento, ou ainda a restituição dos valores indevidamente recebidos. (Incluído pela Lei 14.181, de 2021)

§ 1º Sem prejuízo do dever de informação e esclarecimento do consumidor e de entrega da minuta do contrato, no empréstimo cuja liquidação seja feita mediante consignação em folha de pagamento, a formalização e a entrega da cópia do contrato ou do instrumento de contratação ocorrerão após o fornecedor do crédito obter da fonte pagadora a indicação sobre a existência de margem consignável. (Incluído pela Lei 14.181, de 2021)

§ 2º Nos contratos de adesão, o fornecedor deve prestar ao consumidor, previamente, as informações de que tratam o art. 52 e o *caput* do art. 54-B deste Código, além de outras porventura determinadas na legislação em vigor, e fica obrigado a entregar ao consumidor cópia do contrato, após a sua conclusão (Incluído pela Lei 14.181, de 2021)

5. O Sistema Nacional de Defesa do Consumidor (SNDC) congrega Procons, Ministério Público, Defensoria Pública e entidades civis de defesa do consumidor, que atuam de forma articulada e integrada com a Secretaria Nacional do Consumidor (Senacon). Disponível em: https://www.consumidor.gov.br/pages/conteudo/publico/6. Acesso em: 06 maio 2023.

3. O TRATAMENTO DO CONSUMIDOR SUPERENDIVIDADO E A NECESSIDADE DE DIÁLOGO E COOPERAÇÃO INTERINSTITUCIONAL

Conforme mencionado na introdução deste artigo, o Código de Defesa do Consumidor define superendividamento como: "a impossibilidade manifesta de o consumidor pessoa natural, de boa-fé, pagar a totalidade de suas dívidas de consumo, exigíveis e vincendas, sem comprometer seu mínimo existencial, nos termos da regulamentação, conceito extraído do parágrafo 1º do artigo 54-A.

Apesar de se tratar de um fenômeno visível no Brasil a partir do início do Século XXI, a disciplina legislativa do tema deu-se apenas em julho de 2021, com a entrada em vigor da multicitada Lei 14.181/2021, a qual reforça a todos os atores e instituições implicados o dever de promover/desenvolver medidas e projetos hábeis a efetivá-las, no que se inclui o Poder Judiciário.

Não é demais ressaltar que o superendividamento e as demandas correlatas não se resumem ao aspecto técnico-jurídico; do contrário, reclamam formas de atuação, relacionadas à prevenção e tratamento, a partir de eixos temáticos distintos, tais como o jurídico, pedagógico (educação financeira), psicológico e econômico-social.

De fato,

> O superendividamento do consumidor é considerado problema social, tendo em vista que afeta não só o consumidor endividado, mas também sua família e a sociedade como um todo. Realmente, como demonstrou a Crise da Covid-19, a sociedade de consumo brasileira se endivida, em sua maioria (mais de 69%), perde a confiança e diminui o empreendedorismo, fato que o Banco Mundial já alertava em 2012, pedido que países emergentes adotassem uma lei de combate ao superendividamento da pessoa natural e de insolvências das famílias. Em outras palavras, o consumidor superendividado é excluído da sociedade de consumo, ficando com o 'nome sujo' nos bancos de dados, e torna-se um pária do mercado. Pior do que isso, coletivamente, o endividamento das massas de consumidores é um freio à retomada da economia, pois a roda do mercado não funciona sem os consumidores. Assim, não há dúvidas, pois, de que o superendividamento é um fenômeno presente em todas as sociedades capitalistas e um grave problema social e de política econômica. (IV)

Em temos psicológicos, pontua-se que superendividamento transcende a esfera meramente patrimonial do indivíduo, atingindo-o em sua subjetividade. Não é inoportuno destacar que a pessoa que se encontra nesta situação, por vezes, sente-se envergonhada, angustiada, imersa em um mal-estar advindo de impressões de culpa, desânimo e apatia frente ao problema.

Ilustrativas são as considerações tecidas no artigo *Com a "Vida" no Vermelho: Psicologia e Superendividamento do Consumidor*, de Inês Hennigen e Gabriela Gehlen, a saber:

> É comum as pessoas referirem o que ocorre para além do financeiro: vergonha por causa das ligações e cartas de cobrança; relações familiares abaladas pela situação; medo de que o chefe ou colegas de trabalho saibam da situação (ou, quando desempregadas, de terem vaga negada por estarem com o "nome sujo", isto é, figurarem nos cadastros de inadimplentes); embaraço dos mais idosos em admitir ter entrado na "bola de neve" porque pouco ou nada sabiam sobre empréstimos consignados, juros e limites; adoecimento físico e psíquico (angústia, depressão, insônia, pânico das cobranças etc.);

vergonha dos credores por estar devendo, mas também raiva pelas restrições e cobranças constrangedoras que sofrem. Falar sobre a situação possibilita uma espécie de "descarga emocional"; muitos relatam que jamais tinham falado abertamente sobre a situação, pois existe um forte estigma social sobre quem está devendo. A situação é escondida no trabalho, por medo de colocar o emprego em risco, e em casa, por temor da reação do parceiro e dos filhos. Contudo, algumas pessoas só chegam à CJC amparadas por familiares, quando a situação ficou impossível de contornar. (V)

No que se refere ao aspecto pedagógico, ressalta-se a importância da educação financeira tanto para a prevenção quanto para repressão dos casos de superendividamento; em algumas hipóteses, a desorganização na gestão das despesas em comparação à renda auferida pelo indivíduo pode contribuir para a situação de superendividamento. Aliás, referida preocupação não foi descurada pelo legislador, que, a partir das modificações operadas pela lei indicada no título do presente artigo, introduziu-a no artigo 4º do Código de Defesa do Consumidor o inciso IX, a saber: [princípios da política nacional das relações de consumo] "fomento de ações direcionadas à educação financeira e ambiental dos consumidores".

Quanto ao aspecto jurídico, infere-se que o problema do superendividamento inicia-se na própria concessão do crédito, sobretudo na deficiência da implementação do direito à informação, razão pela qual se fez necessário um maior detalhamento das obrigações imputáveis ao fornecedor, inatas à ideia de crédito responsável, assim como procedeu a Lei 14.181/2021.

A propósito,

O dever das empresas está centrado no aspecto preventivo ao superendividamento do consumidor na concessão do crédito. As empresas fornecedoras de crédito ao consumidor obrigam-se perante este pelo crédito que ofertam e concedem. A concessão de crédito pelas empresas deve ser responsável, avaliando o nível de endividamento do consumidor e sua capacidade de contrair novas dívidas. Ao conceder crédito para consumidores superendividados as empresas passam a ser corresponsáveis pela concessão, devendo arcar com parte dos efeitos do inadimplemento. A responsabilidade pela concessão dos créditos ao consumidor tem maior peso para as empresas concedentes de crédito. A razão parte da vulnerabilidade do consumidor e do aparelhamento técnico das empresas financeiras. Isso significa não induzir o consumidor ao "crédito fácil" hoje que possibilite o surgimento de difícil descrédito no futuro. A regra de responsabilidade do crédito é direcionada a ambos os integrantes da relação de consumo. Tanto o consumidor deve ser responsável na tomada do crédito, quanto a empresa fornecedora de crédito o deve ser em sua concessão. (VI)

Nesse contexto, em sendo multifacetada a problemática, forçoso se inferir que, à sua solução e enfrentamento, torna-se imperiosa a realização de abordagem interdisciplinar e o desenvolvimento de projetos de caráter interinstitucional. E essa atuação deve se dar por meio da articulação de projetos comuns e em parceria, conforme se depreende do próprio artigo 5º, inciso VII, do Código de Defesa do Consumidor, ao preceituar como instrumento para execução da Política Nacional das Relações de Consumo a instituição de núcleos de conciliação e mediação de conflitos oriundos de superendividamento.

Pontua-se a utilização da expressão *núcleo*, porquanto denota a necessidade de uma atuação multidisciplinar nos casos envolvendo o superendividamento, mormente porque as audiências de conciliação ou mediação não se resumem a mero ato formal de acertamento de débitos, mas sim a eventos complexos, voltados à reinserção do consumidor no mercado de consumo, promovendo o seu empoderamento, a fim de evitar a exclusão social.

Convém destacar, sobre os referidos pontos, as lições da magistrada Karen Bertocello, pautadas em anos de experiência em projeto realizado pelo Tribunal de Justiça do Rio Grande do Sul, em parcerias com Universidades, a saber:

> [...] é que a audiência de conciliação concretiza a preservação do mínimo existencial instrumental, por intermédio da construção conjunta entre conciliador, devedor e credores, conferindo caráter pedagógico ao ato com o emprego das seguintes técnicas, específicas e impositivas: (a) municiamento do superendividado: o programa de tratamento do superendividamento, na medida da sua estrutura disponível deveria oferecer atividades voltadas ao reforço da elaboração de orçamento familiar. Essas atividades podem preceder à audiência de renegociação, permitindo que o devedor obtenha a orientação de profissionais específicos para uma melhor avaliação das propostas apresentadas pelos credores em audiência; (b) empoderamento do consumidor: o conciliador procederá à declaração de abertura da audiência, promovendo a compreensão de todos os presentes sobre a condição de fenômeno social do superendividamento, assegurando o atendimento pessoalizado ao superendividado a fim de permitir a minoração de eventual estigma enfrentado pelo devedor.

> Outrossim, o conciliador promoverá a escutatória do superendividado, se este assim o desejar, uma vez que a experiência tem demonstrado a necessidade de o devedor expor as razões que o levaram ao endividamento excessivo; (c) coleta simultânea das propostas: a voluntariedade na participação do procedimento pré-processual de tratamento do superendividamento não autoriza que o conciliador ou que o órgão público ao qual esteja vinculado escolham quais os credores deverão ser convidados para a renegociação. A escolha compete ao consumidor superendividado, salientando que a presença da totalidade dos credores oportunizará o conhecimento das condições reais e atuais de reembolso com a adequação simultânea do plano de pagamento.

> Ainda, é nesse momento que o conciliador oportunizará a harmonia no prosseguimento das relações de consumo, "elevando" a atuação conjunta das partes em alcançar a solução para o adimplemento; (d) preservação do mínimo existencial stricto sensu: a elaboração simultânea do plano de pagamento deverá observar a preservação de valor que viabilize a continuidade do pagamento das despesas relacionadas à manutenção do mínimo existencial, respeitados os limites do orçamento familiar do devedor; e o (e) reforço ao compromisso de mútuo comprometimento: o termo de audiência registrará esse comprometimento, com as advertências sobre o vencimento antecipado da dívida em caso de inadimplemento ou de fraude contra credores. O mútuo comprometimento está relacionado com as obrigações do credor em viabilizar o pagamento, fornecendo, no tempo certo, o boleto bancário, por exemplo, retirando os dados do devedor do cadastro de inadimplentes no prazo acordado, entre outras. (VII)

À luz das características acima indicadas, observa-se que a atuação do Poder Judiciário no enfrentamento das demandas envolvendo o superendividamento deve conferir ao cidadão um amplo acesso à justiça, em atenção aos múltiplos aspectos, indicados nos itens precedentes, em consonância com o princípio da dignidade da pessoa e da necessidade de preservação do mínimo existencial.

A partir da concepção delineada pela Política Judiciária Nacional do tratamento adequado dos conflitos, calcada na valorização e promoção de modos autocompositivos de solução de litígios, como também previsto na própria Lei 14.181/2021, torna-se imperiosa a abordagem interinstitucional, dialógica e cooperativa.

No particular, destaca-se o disposto no artigo 2º da Recomendação 125/2021 do Conselho Nacional de Justiça, pertinente ao desenvolvimento de parcerias, elaboração de convênios, a saber:

> Recomendar aos tribunais que envidem esforços para celebrar os convênios necessários à consecução dos objetivos da Política Nacional das Relações de Consumo, em especial com os órgãos integrantes do Sistema Nacional de Defesa do Consumidor (SNDC) e instituições financeiras, a fim de promoverem e facilitarem a solução de conflitos oriundos do superendividamento, e também oferecerem oficinas interdisciplinares de educação na área de finanças e preparação de proposta e plano de repactuação, além de prestar serviços de orientação, assistência social e acompanhamento psicológico dos consumidores superendividados, na medida das suas possibilidades econômico-financeiras.[6]

Igualmente sob esta perspectiva e, ante as atribuições intrínsecas ao Conselho Nacional de Justiça – CNJ e seu protagonismo em relação à gestão e desenvolvimento de políticas judiciárias, instituiu-se o Grupo de Trabalho (Portaria 55/2022), cuja atuação, destinada ao aperfeiçoamento dos fluxos e procedimentos relacionados ao tratamento do superendividado é objeto de análise no presente artigo, conforme será mais bem exposto a seguir.

4. O GRUPO DE TRABALHO INSTITUÍDO PELA PORTARIA 55/2022 DA PRESIDÊNCIA DO CONSELHO NACIONAL DE JUSTIÇA – CNJ: HISTÓRICO, COMPOSIÇÃO E OBJETIVOS

Como mencionado anteriormente, as modificações introduzidas pela Lei 14.181/2021 no Código de Defesa do Consumidor criaram um microssistema apto a promover um tratamento global ao superendividamento, estabelecendo medidas a serem tomadas tanto por parte do Poder Executivo quanto por parte do Poder Judiciário, algumas delas a serem desenvolvidas de maneira articulada entre os atores implicados.

O Conselho Nacional de Justiça (CNJ), para além das atribuições conferidas pela Constituição da República Federativa do Brasil, é o protagonista em termos de garantia da eficiência dos serviços judiciais. A tal órgão incumbe, assim, elaborar, fomentar e disseminar práticas vocacionadas à modernização, à celeridade e à efetividade das funções/atividades desempenhadas pelos órgãos do Poder Judiciário.

Em atenção às atribuições acima indicadas e, sobretudo, a considerar o protagonismo enquanto ente de gestão e fomento de políticas judiciárias, com o escopo de viabilizar e concretizar as inovações trazidas pela novel legislação, o Conselho Nacional de Justiça (CNJ) instituiu, por intermédio da Portaria 55, de 17 de fevereiro de 2022, e complementado pelas Portarias 125, de 11 de abril de 2022, e 219, de 23 de junho de 2022, Grupo de Trabalho – GT – para promover o aperfeiçoamento de fluxos e procedimentos, a fim de facilitar o trâmite dos processos de tratamento do superendividado.

Vale mencionar que o referido Grupo de Trabalho foi idealizado no âmbito da Comissão de Solução Adequada de Conflitos, por ocasião de um debate havido na reunião do Comitê Gestor da Conciliação, em torno da minuta de ato normativo que deu origem

---

6. Disponível em: https://atos.cnj.jus.br/files/original1456372022010761d854a59e2f5.pdf. Acesso em: 06 maio 2023.

à Recomendação 125/2021. Naquela oportunidade, ao se discutir a proposta de criação de Núcleos de Atendimento ao Superendividado (NAS), comando inserido no artigo 5º, inciso VII, do Código de Defesa do Consumidor, sugeriu-se que tais núcleos funcionassem juntos aos Centros Judiciários de Solução de Conflitos e Cidadania – CEJUSCs, aproveitando-se, na medida do possível, as unidades já existentes.

Citado direcionamento foi proposto vislumbrando-se que o tratamento do superendividamento, na forma como idealizado na lei, exigiria a ampliação das estruturas, não necessariamente físicas, mas principalmente tocante à rede de atores envolvidos no atendimento global.

Assim, a fim de discutir e propor a implementação das medidas definidas na lei, bem como o reflexo nos diversos setores afetos ao tema, foi constituído, consoante alhures mencionado, o Grupo de Trabalho alusivo ao tratamento do consumidor superendividado (Portaria 55/2022), o qual é composto por 24 (vinte e quatro) integrantes, além dos colaboradores, oriundos de distintos órgãos e instituições relacionadas à prevenção e tratamento do superendividado, cujo arranjo foi montado justamente com o escopo de assegurar a heterogeneidade necessária, ante a própria complexidade e multidisciplinariedade que são inerentes à temática.[7]

Consoante consta do ato normativo instituidor, são atribuições do Grupo de Trabalho:

Art. 3º (...)

I – apresentar cronograma de execução das atividades;

II – monitorar a judicialização do superendividamento no âmbito do Poder Judiciário;

III – aperfeiçoar os fluxos e procedimentos administrativos para facilitar o tramite dos processos de tratamento do superendividado;

---

7. Atualmente, integram o Grupo de Trabalho: Art. 2º Integram o Grupo de Trabalho: I – Marco Aurélio Gastaldi Buzzi, Ministro do Superior Tribunal de Justiça; II – Sidney Pessoa Madruga, Conselheiro do CNJ; III – Ricardo Fioreze, Secretário Especial de Programas, Projetos e Gestão Estratégica do CNJ; IV – Lívia Cristina Marques Peres, Juíza Auxiliar da Presidência do CNJ; V – Waldih Nemer Damous Filho, representante do Ministério da Justiça e Segurança Pública; VI – Nabor Batista de Araújo Neto, Procurador da Fazenda Nacional, representante do Ministério da Economia; VII – Stanislaw Zmitrowicz e Ricardo Constant Dickstein, representantes do Banco Central do Brasil; VIII – Luis Vicente Magni de Chiara, representante da Federação Brasileira de Bancos (Febraban); IX – Fernando Rodrigues Martins, Diretor do Brasilcon; X – Sandra Lemgruber, Promotora de Justiça do Estado do Espírito Santo; XI – Fábio Schwartz, Defensor Público do Estado do Rio de Janeiro; XII – Leonardo Garcia, Procurador do Estado do Espírito Santo; XIII – Cláudia Lima Marques, Professora da Universidade Federal do Rio Grande do Sul (UFRGS); XIV – Anderson Schreiber, Professor Titular de Direito Civil da Universidade do Estado do Rio de Janeiro (Uerj); XV – Juliana Loss, Advogada e Professora da Fundação Getúlio Vargas (FGV); XVI – Carolina Sanches, representante da Associação Brasileira de Bancos (ABBC); XVII – Maria Eliza Mac-Culloch, representante da Conexis Brasil Digital; XVIII – Fabiola Xavier, representante do Instituto para Desenvolvimento do Varejo (IDV); XIX – François Martins, representante da Associação Zetta; XX – Cintia Ramos Falcão, representante da Associação Nacional das Instituições de Crédito, Financiamento e Investimento (Acrefi); XXI – Vitor Moraes de Andrade, Instituto de Pesquisas e Estudos da Sociedade e Consumo (IPS Consumo); XXII – Aline Avila Ferreira dos Santos, Juíza de Direito do Tribunal de Justiça do Estado de Santa Catarina, atualmente convocada como Juíza Auxiliar no Superior Tribunal de Justiça; XXIII – Clarissa Costa de Lima, Juíza de Direito do Tribunal de Justiça do Estado do Rio Grande do Sul; e XXIV – Karen Rick Danilevicz Bertoncello, Juíza de Direito do Tribunal de Justiça do Estado do Rio Grande do Sul.

IV – sugerir a realização de eventos e atividades de capacitação de magistrados atuantes em demandas de superendividamento, inclusive na modalidade a distância; e

V – apresentar propostas de recomendações, provimentos, instruções, orientações e outros atos normativos, destinados ao aperfeiçoamento das atividades dos órgãos do Poder Judiciário.[8]

Com esses objetivos em mira, assim que iniciados os trabalhos, o GT apresentou a proposta dos produtos a serem entregues, com destaque para: a) elaboração de cartilha sobre o tratamento do consumidor superendividado; b) capacitação de juízes e servidores; c) inclusão, na TPU – Tabela Processual Unificada, do novo assunto relacionado ao superendividamento; d) realização de ação educacional; e) fomento de campanhas educativas sobre concessão responsável de crédito (FEBRABAN, Banco Central, BRASILCON e comunicação institucional – CNJ, tribunais, procuradorias, defensoria pública); f) criação de um banco de boas práticas no sítio eletrônico do CNJ, a fim de divulgar as iniciativas adotadas pelos tribunais e demais entidades envolvidas.

Evidentemente, as finalidades perseguidas pelo GT exigem um trabalho perene e progressivo (a exemplo do monitoramento de demandas e medidas daí decorrentes), sobretudo diante do ainda curto período de vigência de Lei 14.181/2021 e da circunstância de que o fenômeno do superendividamento se amplia cotidianamente no contexto socioeconômico brasileiro, o que reclama o planejamento sistemático e permanente de ações e iniciativas.

De todo modo, na concretização dos objetivos mencionados, a composição heterogênea do Grupo de Trabalho, sem dúvidas, tem possibilitado que os assuntos sejam debatidos e aperfeiçoados a partir de diversos vieses, tanto sob a perspectiva da defesa do consumidor, mas, também, levando em consideração as ponderações do mercado financeiro, resultando disso deliberações equilibradas e resultados efetivos, como se verá no próximo e último tópico deste ensaio.

5. PROJETOS DESENVOLVIDOS, ENTREGAS REALIZADAS E FUTUROS DESAFIOS

Conforme mencionado acima, a atuação harmônica e sincronizada entre os integrantes do Grupo de Trabalho permitiu que, em pouco mais de um ano de atividades, boa parte dos produtos sugeridos fossem entregues, valendo menção e destaque dos seguintes:

a) *Recomendação 125/2021, do CNJ*, com indicação para que os tribunais implantem Núcleos de Conciliação e Mediação de Conflitos relativos a questões de superendividamento, podendo se valer das estruturas dos Centro Judiciários de Solução de Conflitos e Cidadania (CEJUSC).[9]

---

8. Disponível em: https://atos.cnj.jus.br/atos/detalhar/4378. Acesso em: 06 maio 2023.
9. Disponível em: https://atos.cnj.jus.br/files/original1456372022010761d854a59e2f5.pdf. Acesso em: 06 maio 2023.

b) *Elaboração de Cartilha sobre o tratamento do superendividamento do consumidor*, lançada na 384ª Sessão Ordinária do CNJ, cujo material contempla diretrizes, orientações, fluxos de trabalhos (procedimentais), além de exemplos de convênios e expedientes úteis à prática judicial e extrajudicial para enfrentamento das demandas relacionadas ao superendividamento. Necessário pontuar que o documento em questão não visa exaurir a temática ou esgotar os modos de análise e questionamentos acerca da aplicação das disposições introduzidas pela Lei 14.181/2021. Seu conteúdo limita-se a estabelecer diretrizes mínimas e procedimentos uniformes para enfrentamento do tema, ou seja, fornecer um instrumental prático, a título de orientação, sem caráter vinculante.

A cartilha em referência se encontra disponível no sítio eletrônico do CNJ,[10] em espaço destinado às publicações institucionais.

c) *Inclusão de novo assunto na Tabela Processual Unificada* (TPU), concernente ao "Superendividamento", a fim de monitorar o quantitativo de demandas distribuídas ao Poder Judiciário, pertinentes ao tema.

d) *Redação e encaminhamento de questionário para diagnósticos dos CEJUSCs, diante da Recomendação 125/2021*. A referida ação foi articulada em conjunto com o Comitê Gestor da Conciliação (CNJ) e encontra em desenvolvimento, contando com a participação do FONAMEC – Fórum Nacional de Mediação e Conciliação.

e) *Idealização, planejamento e organização de ação educacional, consistente em um seminário*, realizado no dia 30 de novembro de 2022, na sede do Superior Tribunal de Justiça – STJ – em parceria com o CNJ e com o apoio de instituições de ensino superior – UFRGS, FVG e UERJ, com o seguinte tema: *O Tratamento do Consumidor Superendividado à luz da Lei 14.181/2021: da trajetória legislativa à sua efetivação.*

O evento está disponível, na íntegra, no canal do STJ, na plataforma digital *Youtube*.[11]

Nada obstante os produtos acima enumerados, com avanços inegáveis no enfrentamento do tema e no aperfeiçoamento do tratamento judicial e extrajudicial das questões pertinentes ao superendividamento, outras frentes encontram-se em andamento, algumas em fase bem adiantada.

Dentre essas iniciativas, merecem ser ressaltadas: a) a promoção de curso de capacitação destinado a mediadores e conciliadores que atuam na fase consensual, a ser realizado pelo CNJ, por meio de seu Centro de Formação e Aperfeiçoamento de Servidores do Poder Judiciário (CEAJud). O curso será oferecido na modalidade virtual e contará com um módulo específico sobre o superendividamento; b) acompanhamento do projeto de formação de magistrados, a ser desenvolvido pela ENFAM – Escola Nacional de Formação de Magistrado, acrescentando-se que o conteúdo programático partiu de sugestão apresentada pelo GT; c) tratativas com o Poder Executivo a fim de discutir possível parceria com o Poder Judiciário, no *Programa Desenrola*, a qual, efeti-

---

10. Disponível em: https://www.cnj.jus.br/wp-content/uploads/2022/08/cartilha-superendividamento.pdf. Acesso em: 06 maio 2023.

11. Disponível em: https://www.youtube.com/watch?v=km6XFJEQKLM. Acesso em: 05 jun. 2023.

vada, consistirá no direcionamento, aos CEJUSC, daqueles casos ou situações que não sejam abrangidas pelo programa do governo federal; d) recebimento, para testes, do aplicativo *ConciliaSuperAPP*.[12]

Em que pese esses significativos avanços, os quais permitem ao Poder Judiciário e à própria sociedade darem os passos iniciais para a entrega da prestação jurisdicional e solução de conflitos relativos ao tratamento do consumidor superendividado, há, inegavelmente, uma série de desafios a serem enfrentados.

Isso porque, deve-se ter em mente que a Lei 14.181/2021 não se limitou a criar procedimentos para facilitar o pagamento das dívidas, mas a instituir um modo de enfretamento amplo do fenômeno do superendividamento. O novel sistema, de conseguinte, busca imprimir uma educação mais consciente sobre crédito e consumo, de forma a destinar uma perspectiva preventiva às medidas a serem adotadas.

Afirma-se, portanto, que a prevenção e o tratamento do superendividamento reclama uma *intervenção global*, calcada na ideia de adimplemento, isto é, propõe a superação da cultura da dívida e, em última análise, da exclusão econômico-social, para uma cultura do pagamento/adimplemento, com a consequente reinserção do consumidor no mercado de consumo.

Em síntese, o superendividamento pressupõe não apenas a atuação do Judiciário, mas um conjunto de ações a serem desempenhadas por vários segmentos sociais e instituições, em busca da almejada mudança de mentalidade, conforme se pretendeu demonstrar por meio da atuação do Grupo de Trabalho, caracterizado pela heterogeneidade de composição.

6. CONCLUSÃO

O superendividamento é um problema social que afeta não apenas o indivíduo, em sua singularidade, ou mesmo seu núcleo familiar, mas gera reflexos no sistema econômico-financeiro como um todo, na medida em que interfere, por exemplo, no índice Risco-Brasil. Esse indicador mensura o risco de crédito a que investidores estrangeiros estão submetidos quando investem no país; quanto mais alto o risco, maior é o aumento da taxa de juros e menor da disponibilidade de crédito.

Trata-se, portanto, de fenômeno que ultrapassa a esfera meramente individual do consumidor e não se confunde com simples hipótese de inadimplemento. De fato, consoante defendido ao longo deste ensaio, as circunstâncias que o caracterizam levam em consideração aspectos fáticos que comprometem a sua sobrevivência e a de sua família, a ponto de necessitar de uma intervenção estatal para o reabilitar no sistema de consumo, preservando o seu mínimo existencial.

---

12. A tecnologia foi desenvolvida por solicitação do "Observatório do Crédito", em parceria com a UFRGS – Universidade Federal do Rio Grande do Sul e UPF – Universidade de Passo Fundo, e é uma ferramenta que auxiliará o conciliador na elaboração do plano de pagamento. O aplicativo ainda permite a realização da audiência *online*, bem como produz relatórios, de modo que a situação do consumidor (despesas, receitas, endividamento) fique visível, por gráficos. O próximo passo é o aplicativo ser testado, na prática, em algumas unidades de PROCONS e CEJUSCs. Para isso, já foram realizadas reuniões preliminares para apresentação da ferramenta e suas funcionalidades, pendendo, nessa fase, da adesão dos órgãos escolhidos para o início dos experimentos.

No Brasil, a temática recebeu tratamento legislativo a partir da edição da Lei 14.181/2021, produto de anos de pesquisa, discussão e debates, a qual modificou o microssistema consumerista para aperfeiçoar a disciplina de concessão de crédito ao consumidor e, em especial, dispor sobre a prevenção e o tratamento do superendividamento, reforçando os deveres de boa-fé e lealdade. Com o marco legislativo, intensificaram-se as obrigações e deveres atribuídos a cada partícipe do sistema nacional de consumo a fim de concretizar o escopo do legislador.

Consoante assentado, a atuação do Poder Judiciário no enfrentamento das demandas envolvendo o superendividamento, tanto na dimensão preventiva quanto repressiva, deve conferir ao cidadão um amplo acesso à justiça, em atenção aos múltiplos aspectos inerentes aos fenômeno, quais sejam o jurídico, o econômico, o social, bem assim o pedagógico e psicológico, em consonância com o princípio da dignidade da pessoa e da necessidade de preservação do mínimo existencial.

O Grupo de Trabalho instituído pelo Conselho Nacional de Justiça (CNJ), por intermédio da Portaria 55, de 17 de fevereiro de 2022 (Presidência), e complementado pelas Portarias 125, de 11 de abril de 2022, e 219, de 23 de junho de 2022, com o objetivo de promover o aperfeiçoamento de fluxos e procedimentos e facilitar o trâmite dos processos de tratamento do superendividado, bem representa essa necessidade de uma atuação interinstitucional.

Consoante se pretendeu demonstrar a partir do presente artigo, o Grupo de Trabalho em comento consubstancia uma inspiração a uma atuação dialógica e cooperativa entre os todos os atores envolvidos nas demandas relacionadas ao superendividamento e, assim, reflete um caminho possível à efetivação das disposições da Lei 14.181/2021.

Isso porque, ao longo de mais de um ano de existência, produziram-se medidas de inegável avanço no enfrentamento do tema relacionado ao superendividamento, a exemplo de uniformização de assunto processual (TPU), Recomendação, Cartilha e fomento à capacitação de agentes, o que contribuiu sobremaneira para o aperfeiçoamento do tratamento judicial e extrajudicial da temática.

Em conclusão, observa-se que nada obstante os objetivos alcançados até aqui, o superendividamento reclama um trabalho perene e progressivo, notadamente por que o aludido fenômeno se amplia cotidianamente no contexto socioeconômico brasileiro, a se inferir pela necessidade de planejamento sistemático e permanente de ações e iniciativas.

REFERÊNCIAS

BENJAMIN, Antonio Herman; MARQUES, Claudia Lima; LIMA, Clarissa Costa de; VIAL, Sophia Martini. *Comentário à Lei 14.181/2021*: A atualização do CDC em matéria de superendividamento. São Paulo: Ed. RT, 2021.

BERTONCELLO, Karen. Núcleos de conciliação e mediação de conflitos nas situações de superendividamento: conformação de valores da atualização do Código de Defesa do Consumidor com a Agenda 2030. *Revista de Direito do Consumidor*. v. 138, , p. 57-58. set./out. 2021.

HENNIGEN, Inês; GEHLEN, Gabriela. *Com a "Vida" no Vermelho: Psicologia e Superendividamento do Consumidor*. Disponível em: Com a "vida" no vermelho: Psicologia e superendividamento do consumidor (ufsj.edu.br). Acesso em: 06 maio 2023.

KARAM, Marco Antonio. Superendividamento do consumidor e o dever das empresas. *Revista de Direito do Consumidor*. São Paulo: Ed. RT, n. 31, v. 140, p. 97, mar./abr. 2022.

SCHIER, Adriana da Costa Ricardo; TRAUTWEIN, José Roberto Della Tonia. Análise da política pública de prevenção e tratamento do superendividamento dos consumidores na Lei 14.181/2021 e a efetivação do direito fundamental ao desenvolvimento. *Revista de Direito do Consumidor*. São Paulo: Ed. RT, a. 30, v. 136, p. 71, jul./ago. 2021.

O MINISTÉRIO PÚBLICO
E A NOVA LEI DO SUPERENDIVIDAMENTO

Sandra Lengruber da Silva

Mestre em Direito das Relações Sociais pela Pontifícia Universidade Católica de São Paulo (PUC-SP). Graduada em Psicologia pela Universidade Federal do Espírito Santo (UFES). Ex-presidente da Associação Nacional do Ministério Público do Consumidor (MPCON). Coordenadora Adjunta do Fórum Espírito-Santense de Combate aos Impactos dos Agrotóxicos e Transgênicos (FESCIAT). Integrante do Conselho Nacional de Defesa do Consumidor (CNDC). Promotora de Justiça no Ministério Público do Estado do Espírito Santo (MPES).

Sumário: 1. Introdução – 2. Apontamentos sobre o superendividamento no Brasil e a Lei 14.181/2021 – 3. Ministério público e tutela do consumidor – 4. Atuação do ministério público diante da Lei 14.181/2021 – 5. Considerações finais – Referências.

1. INTRODUÇÃO

O advento da Lei 14.181/2021, após quase 10 (dez) anos de trâmite legislativo, vem atender a uma demanda que já era muito expressiva naquela ocasião, trazendo consequências das mais diversas. Neste contexto, o Sistema Nacional de Defesa do Consumidor e os órgãos/entidades que o integram passaram a refletir sobre a implementação da norma, o que repercute no desafio de se pensar o papel de cada uma das instituições neste processo.

Se de um lado, alguns poucos órgãos já atendiam e buscavam tratar o consumidor superendividado, e isso antes mesmo de se iniciar o debate do tema no Poder Legislativo no ano de 2012, outros (a grande maioria), por sua vez, ainda são neófitos no tema.

Destarte, também, é imperiosa a análise do papel do Ministério Público face à nova lei, examinando-se sua missão constitucional ante aos novos fatos e sua repercussão social, procedendo-se a uma releitura necessária do alcance de sua atuação.

O presente artigo vem realizar esta reflexão, partindo-se do perfil constitucional da instituição ministerial, examinando-se como tem sido a tutela do consumidor a partir de então e do advento do Código de Defesa do Consumidor, chegando-se ao que se encontra sedimentado atualmente. A partir daí, vislumbra-se o novo ambiente social, econômico, humano e de vulnerabilidade do consumidor, lançando-se luzes sobre a atuação do Ministério Público diante do tema.

Em última análise, objetiva-se não apenas compreender o papel do Ministério Público no que se refere à prevenção do superendividamento, mas também e, especialmente, no que tange ao tratamento do consumidor superendividado.

Trata-se de tema extremamente novo, em construção e sedimentação, sendo muitos os questionamentos correlatos, o que se buscará enfrentar neste trabalho.

2. APONTAMENTOS SOBRE O SUPERENDIVIDAMENTO NO BRASIL E A LEI 14.181/2021

Em 1º de julho de 2021 foi promulgada a Lei 14.181/21,[1] conhecida como Lei do Superendividamento, pondo fim a um *iter* legislativo de quase 10 (dez) anos, e, por outro lado, ensejando o início de uma série de reflexões em torno de sua aplicação, implementação e efetividade.

Partindo da expressa definição de superendividamento, em seu art. 54-A, § 1º, como "a impossibilidade manifesta de o consumidor pessoa natural, de boa-fé, pagar a totalidade de suas dívidas de consumo, exigíveis e vincendas, sem comprometer seu mínimo existencial, nos termos da regulamentação", a nova lei tem um papel fundamental ao reforçar o dever de informação dos fornecedores de crédito, que já constava de forma genérica do Código de Defesa do Consumidor,[2] promover a oferta responsável de crédito pelos fornecedores, estabelecer conexão entre os contratos de fornecimento de produtos e de serviços, e os contratos acessórios de fornecimento de crédito, definir e proibir práticas comerciais abusivas que favorecem o superendividamento dos consumidores, e estabelecer a possibilidade de repactuação de dívidas em favor do consumidor superendividado.

Assim, vislumbra-se sua importância em garantir a utilização/contratação consciente, devidamente informada e responsável do crédito, o que, também, deve ser observado na oferta, buscando a prevenção e o tratamento do superendividamento.

Quadra registrar que referida Lei se originou do Projeto de Lei do Senado 283,[3] protocolado em agosto do ano de 2012, momento em que já era motivo de grande preocupação o número de endividados e superendividados no Brasil e sua extrema vulnerabilidade, com a consequente necessidade de criarem-se regras para garantir o crédito consciente e responsável, bem como para prevenir e tratar o superendividamento.[4]

---

1. BRASIL. *Lei 4.181, de 1º de julho de 2021*. Altera a Lei 8.078, de 11 de setembro de 1990 (Código de Defesa do Consumidor), e a Lei 10.741, de 1º de outubro de 2003 (Estatuto do Idoso), para aperfeiçoar a disciplina do crédito ao consumidor e dispor sobre a prevenção e o tratamento do superendividamento. Disponível em: https://www.planalto.gov.br/ccivil_03/_ato2019-2022/2021/lei/l14181.htm. Acesso em: 08 maio 2023.
2. BRASIL. *Lei 8.078, de 11 de setembro de 1990*. Dispõe sobre a proteção do consumidor e dá outras providências. Disponível em: https://www.planalto.gov.br/ccivil_03/leis/l8078compilado.htm. Acesso em: 08 maio 2023.
3. BRASIL. *Projeto de Lei do Senado 283, de 2012*. Altera a Lei 8.078, de 11 de setembro de 1990 (Código de Defesa do Consumidor), para aperfeiçoar a disciplina do crédito ao consumidor e dispor sobre a prevenção do superendividamento. Disponível em: https://legis.senado.leg.br/sdleg-getter/documento?dm=3910445&t-s=1630408580151&disposition=inline&_gl=1*4l56aa*_ga*MTQwNjk3MjQzMC4xNjY5MjQ0MzM3*_ga_CW3ZH25XMK*MTY4MjYzNDkxOS4xLjEuMTY4MjYzNTEwMi4wLjAuMA. Acesso em: 27 abr. 2023.
4. Abre-se um parêntese para destacar que, se a conclusão acerca da necessidade de intervenção do Estado para equilibrar uma relação desequilibrada já era nítida com o advento do Código de Defesa do Consumidor, isto se torna ainda mais evidente quando se analisa a proteção ao consumidor superendividado, e assim extremamente vulnerável, sendo imprescindível a tutela do Estado. Neste aspecto, mister compreender a extensão do conceito e os aspectos da vulnerabilidade, em especial o informacional, sendo preciosas as lições de Claudia Lima Marques, p. 338 e ss. (MARQUES, Claudia Lima. *Contratos no Código de Defesa do Consumidor*: O novo regime das relações contratuais. 8. Ed., ver. atual. e ampl. São Paulo: Ed. RT, 2016, p. 338).

Após o trâmite legislativo, e passados mais de 10 (dez) anos, estes números só aumentaram, especialmente os relativos ao endividamento das famílias, à inadimplência e ao superendividamento.[5]

Em paralelo, ao se analisarem os *rankings* nacionais de reclamações do consumidor, percebe-se que o tema do superendividamento está presente, direta ou indiretamente, há alguns anos, e especialmente no ano de 2022, destacando-se o que foi recebido no Sistema Nacional de Informações de Defesa do Consumidor (SINDEC), no ProConsumidor e na plataforma Consumidor.gov, conforme detalha-se a seguir.

No SINDEC, que é o sistema informatizado que integra o atendimento realizado pelos Procons Estaduais e Municipais, dos 4 (quatro) assuntos mais demandados no ano de 2022, 3 (três) referem-se ao tema do superendividamento, quais sejam: Banco Comercial, em primeiro lugar (11,1%); em terceiro lugar, Cartão de Crédito (6,1%); e, em quarto lugar, Financeira (5,7%). Além disso, entre as 10 (dez) empresas mais demandadas, 6 (seis) são instituições financeiras.

O ProConsumidor é o sistema nacional de atendimento ao consumidor, disponível aos órgãos de defesa do consumidor para os registros das reclamações de consumo, que está substituindo o SINDEC e já está sendo utilizado por Procons (estaduais e municipais), e Defensorias Públicas.

Dentre os assuntos mais demandados, no ano de 2022, encontra-se, em primeiro lugar, Cartão de Crédito / Cartão de Débito / Cartão de Loja (11,1%) e, em segundo, Crédito Consignado / Cartão de Crédito Consignado / RMC (reserva de margem consignável para beneficiários do INSS) (6,5%). Somado a isso, dentre as 9 (nove) empresas mais demandadas, 6 (seis) são instituições financeiras.[6]

Na plataforma Consumidor.gov, o resultado, no ano de 2022, não foi diferente. Os Bancos, Financeiras e Administradoras de Cartão foram os mais reclamados, com 26,4%, estando bem à frente do segundo lugar, Operadoras de Telecomunicações, com 17,4%. Dentre os assuntos mais reclamados, destaca-se em primeiro lugar "Cartão de Crédito / Débito /Loja", e, em terceiro, assuntos relacionados a "Crédito Consignado / Cartão de Crédito Consignado / RMC (para beneficiários do INSS)".[7]

---

5. Quanto a isso, a Pesquisa de Endividamento e Inadimplência do Consumidor (PEIC), divulgada pela Confederação Nacional do Comércio de Bens, Serviços e Turismo (CNC), demonstra que os números do endividamento, superendividamento e inadimplência bateram recorde no ano de 2022. (VALOR ECONÔMICO. *Endividamento das famílias bate recorde em 2022, diz CNC.* 19 jan. 2023. Disponível em: https://valor.globo.com/brasil/noticia/2023/01/19/endividamento-das-familias-foi-recorde-em-2022-diz-cnc.ghtml. Acesso em: 26 abr. 2023).

6. BRASIL. Ministério da Justiça e Segurança Pública. Secretaria Nacional do Consumidor. *Boletim Sindec • Boletim ProConsumidor 2022.* Disponível em: https://www.gov.br/mj/pt-br/assuntos/noticias/dia-do-consumidor-senacon-lanca-boletins-com-os-dados-de-reclamacoes-recebidas-em-2022/boletim-sindec-2022-v9.pdf. Acesso em: 18 abr. 2023.

7. BRASIL. Ministério da Justiça e Segurança Pública. *Boletim Consumidor.gov.br 2022.* 15 mar. 2023. Disponível em: https://www.gov.br/mj/pt-br/assuntos/noticias/dia-do-consumidor-senacon-lanca-boletins-com-os-dados-de-reclamacoes-recebidas-em-2022/15-03-2023-boletim_consumidor-gov-br_2022_v6.pdf/view. Acesso em: 18 abr. 2023.

Ou seja, todo o cenário que se vislumbrou, há mais de 10 (dez) anos, infelizmente veio se confirmando e consolidando, e repercutindo nos canais de recebimento de reclamações dos consumidores.

Quadra destacar que o superendividamento é um fenômeno jurídico, econômico e social, fruto das relações de consumo, com reflexos muito amplos, tanto individualmente para o consumidor quanto para a sociedade como um todo, vez que o consumidor nesta condição é excluído do próprio mercado de consumo em detrimento não apenas dos interesses do indivíduo, mas também do desenvolvimento sustentável da economia brasileira. Ou seja, o fenômeno do superendividamento extrapola as questões individuais, alcançando-se repercussão social e econômica para o mercado de consumo.[8]

Diante do ora abordado quanto ao superendividamento no Brasil, urge que sejam adotadas medidas para a implementação e efetividade da Lei 14.181/21, especialmente pelo Sistema Nacional de Defesa do Consumidor.

Pelo exposto, e, para os fins deste artigo, no próximo item será analisada a legitimidade do Ministério Público para a tutela do consumidor e, na sequência, o papel do Ministério Público brasileiro diante do contexto do superendividamento no Brasil, das normas que regem as funções institucionais e dos ditames da Lei 14.181/21.

3. MINISTÉRIO PÚBLICO E TUTELA DO CONSUMIDOR

Antes de examinar acerca do papel do Ministério Público diante da nova Lei do Superendividamento, deve-se compreender, primeiramente, como se dá sua atuação face às questões consumeristas em geral, o que será tratado a seguir.[9]

Para iniciar esta reflexão, mister partir do perfil traçado para o Ministério Público pela Constituição da República,[10] destacando-se o previsto em seu art. 127, ao estabelecer que: "O Ministério Público é instituição permanente, essencial à função jurisdicional

---

8. Em matéria veiculada pelo periódico Valor Econômico sobre a Pesquisa de Endividamento e Inadimplência do Consumidor (PEIC) do ano de 2022, aponta-se que uma das preocupações quanto a seu resultado refere-se à percepção de que o pagamento de dívidas rouba muito espaço do orçamento das famílias brasileiras. (VALOR ECONÔMICO. *Endividamento das famílias bate recorde em 2022, diz CNC.* 19 jan. 2023. Disponível em: https:// valor.globo.com/brasil/noticia/2023/01/19/endividamento-das-familias-foi-recorde-em-2022-diz-cnc.ghtml. Acesso em: 26 abr. 2023). Com o mesmo raciocínio, e em que pese datar de mais de 60 (sessenta) anos atrás, o paradigmático discurso, proferido em 1962 pelo então Presidente norte-americano John Kennedy, já esboçava preocupação com as questões envolvendo crédito, taxa de juros e proteção financeira, sobressaindo-se ainda o entendimento, constante do referido discurso, de que aumentar os esforços para fazer o melhor uso possível dos ganhos do consumidor, pode contribuir mais para o bem-estar da maioria das famílias do que esforços equivalentes para aumentar os seus ganhos (KENNEDY, John F. Presidential Library and Museum. *Special message to Congress on protecting consumer interest,* 15 march 1962. Disponível em: https://www.jfklibrary.org/ asset-viewer/archives/JFKPOF/037/JFKPOF-037-028 Acesso em: 16 maio 2022).
9. Precisa-se sublinhar que alguns Ministérios Públicos estaduais (os dos Estados de Piauí, Minas Gerais, Ceará e Paraíba) exercem também as funções administrativas de Procon, em razão de normatização estadual que assim estabelece. Tais funções, desempenhadas nesta condição, não dizem respeito, em essência, às atribuições do Ministério Público, e, portanto, não são objeto de estudo no presente trabalho.
10. BRASIL. *Constituição da República Federativa do Brasil de 1988.* Disponível em: https://www.planalto.gov.br/ ccivil_03/constituicao/constituicao.htm. Acesso em: 08 maio 2023.

do Estado, incumbindo-lhe a defesa da ordem jurídica, do regime democrático e dos interesses sociais e individuais indisponíveis", bem como no art. 129, III, ao dispor que uma das funções da instituição consiste em: "promover o inquérito civil e a ação civil pública, para a proteção do patrimônio público e social, do meio ambiente e de outros interesses difusos e coletivos".[11]

Ao se analisarem estes dispositivos e, a partir daí, a atribuição do Ministério Público para a tutela do consumidor, chega-se ao entendimento de que o Ministério Público possui legitimidade para a tutela do consumidor quando se tratar de interesses individuais indisponíveis ou de interesses com relevância social (ainda que disponíveis), o que deve ser analisado caso a caso.[12]

Como corolário disso, conclui-se que o Ministério Público não tem legitimidade para tutelar direito individual disponível, divisível, particular, heterogêneo e patrimonial do consumidor, hipótese que não se encontra no escopo institucional, eis que este pode ingressar com ação própria e não há repercussão social ou que atinja uma coletividade. Tal entendimento está consolidado institucionalmente e na jurisprudência dos tribunais.[13]

---

11. Destaque-se que a Constituição Federal consagrou a defesa do consumidor ao estabelecê-la como garantia fundamental a ser prestada pelo próprio Estado (art. 5º, XXXII), elencá-la como um dos princípios gerais para a atividade econômica (art. 170, V), e consignar sobre a elaboração do Código de Defesa do Consumidor (art. 48, ADCT), o que se ultimou com o advento da Lei 8.078/90. Quanto a isso, Mauro Cappelletti esclarece que, face à circunstância de que as Constituições mais modernas restam caracterizadas por tutelar os interesses coletivos lato sensu, as mesmas vêm sendo denominadas de Constituições de segunda geração. (CAPPELLETTI, Mauro. O acesso dos consumidores à justiça. *Revista de Processo*, São Paulo. v. 16, n. 62, p. 206, abr./jun. 1991). Este movimento tem relação direta com o delineamento da missão do Ministério Público.

12. Análise detalhada sobre as atribuições do Ministério Público na esfera cível é desenvolvida por Marcelo Zenkner, em sua obra *Ministério Público e efetividade do processo civil*, sendo que, quanto à tutela de interesses individuais indisponíveis, esclarece o autor que se busca preservar um interesse pessoal e particular, mas cuja defesa é necessária à preservação da ordem jurídica e da isonomia entre as pessoas (ZENKNER, Marcelo. Ministério Público e efetividade do processo civil. São Paulo: Ed. RT, 2006, p. 110).

  Sobre o tema, faz-se menção, também, à obra de Robson Renault Godinho, *O Ministério Público como substituto processual no processo civil.* Segundo o autor, a defesa de direitos individuais indisponíveis pelo Ministério Público consiste em hipótese de substituição processual, situação que demanda autorização normativa, sendo que, no entanto, há uma autorização constitucional genérica para tanto no art. 127, da CF. (GODINHO, Robson Renault. *O Ministério Público como substituto processual no processo civil.* Rio de Janeiro: Editora Lumen Juris, 2007, p. 25-26).

13. Nesta oportunidade, destacam-se 3 (três) recentes decisões muito elucidativas, sendo a primeira delas proferida pelo STJ, com ementa nos seguintes termos: "Agravo interno em agravo em recurso especial. Transporte aéreo. Ação coletiva de consumo retificação do nome do passageiro em bilhete. Ilegitimidade ativa do ministério público. Ausência de interesse social no caso concreto. Demanda extinta sem julgamento do mérito. Ação civil pública. Origem. Uma única reclamação de consumidor. Ausência de relevância social. Pretensão recursal. Acórdão em harmonia com entendimento da jurisprudência do STJ. Súmula 83 do STJ. Incidência. Pretensão que exige o revolvimento do conjunto fático e probatório dos autos. Súmula 7 do STJ. Incidência. Agravo interno não provido. 1. A jurisprudência do Superior Tribunal de Justiça é firme no sentido de que o Ministério Público possui legitimidade para propor Ação Civil Pública voltada à defesa de direitos individuais homogêneos, ainda que disponíveis e divisíveis, mas somente quando presente relevância social objetiva do bem jurídico tutelado. 2. ... 3. ... 4. Agravo interno não provido." (AgInt no AREsp: 2028899 RS 2021/0370228-5, Data de Julgamento: 25/04/2022, T4 – Quarta Turma, Data de Publicação: DJe 27/04/2022). Registre-se que, neste caso, em que pese ter-se utilizado a nomenclatura "ação coletiva de consumo", entende-se tratar-se de verdadeira ação individual em vista do objeto do pedido (retificação do nome do passageiro em bilhete), que não se refere a uma coletividade, nem abstratamente. Outrossim, no caso em tela, independentemente da nomenclatura utilizada, e de se questionar se a ação proposta seria individual ou coletiva/civil pública, a conclusão a que se chega é a da ilegitimidade do Ministério Público diante da constatação da disponibilidade e da ausência de relevância

Vale gizar que, em relação à necessidade de estar clara a repercussão social para justificar a legitimidade do Ministério Público, a jurisprudência também está assentada quando se trata de ações coletivas, especialmente das que buscam a tutela de direitos individuais homogêneos.[14]

Fundamental considerar também que, a partir da previsão constitucional e das situações fáticas pertinentes às relações de consumo, a atuação do Ministério Púbico, ao tutelar o consumidor, está direcionada, em regra, à coletividade. Isto decorre do sistema de produção massificado, relacionado não apenas a produtos, mas também a serviços, destacando-se a utilização de contratos de adesão, ofertas, práticas comerciais e publicidades essencialmente ligadas à coletividade de consumidores, sendo cada vez mais divulgadas pelos meios eletrônicos e redes sociais, atingindo, inclusive, alcance nacional.

Ou seja, ainda que o Ministério Público tenha legitimidade para a tutela do consumidor quando se tratar de interesses individuais indisponíveis, sua atuação refere-se, essencialmente, ao âmbito da coletividade diante da relevância social.

---

social. Com este mesmo entendimento, destaca-se, também, decisão proferida pelo TJSP: "Ação Civil Pública. Ministério Público que, por meio de procedimento administrativo de Natureza Individual (PANI), apurou a contratação de empréstimos em nome de titular de Benefício de Prestação Continuada (BPC). Sentença de primeiro grau que reconhece ausência de nulidade do instrumento firmado, afastando-se qualquer devolução de valores, bem como a pretendida reparação por danos morais. Ilegitimidade ativa do Ministério Público, por versar a demanda sobre direito individual disponível e divisível. Hipótese em que cada lesado pode propor a ação cabível, escapando a questão ao âmbito das atribuições ministeriais. Extinção da ação reconhecida, de ofício, por ilegitimidade de parte ativa. ..." (TJSP; AC 1037966-66.2021.8.26.0576; Ac. 16400210; São José do Rio Preto; Vigésima Terceira Câmara de Direito Privado; Relª Desª Lígia Araújo Bisogni; Julg. 26/01/2023; DJESP 1º.02.2023; p. 3520). E por fim menciona-se decisão do TRF-4: "Administrativo. Ação civil pública. Ministério público. Indeferimento da petição inicial. Ausência de legitimidade. Inadequação da via eleita. Manutenção da sentença. 1. No presente processo não se busca a defesa do direito à moradia, mas o distrato referente à unidade imobiliária original e a substituição por outra equivalente, tendo em vista ameaças de morte oriundas de vizinhos supostamente envolvidos com tráfico de drogas. 2. O Ministério Público não tem legitimidade para figurar no polo ativo processual, além da evidente inadequação da via eleita, pois a presente ação civil pública versa sobre direito individual heterogêneo e divisível." (TRF-4 – AC: 50130279720214047107 RS 5013027-97.2021.4.04.7107, Relator: Rogerio Favreto, Data de Julgamento: 12.04.2022, Terceira Turma).

14. Em que pese haver muitas decisões com este entendimento, veja-se a recente decisão proferida pelo STJ no REsp 1.586.515, e que vem sendo citada em decisões posteriores: "recurso especial. Consumidor e processual civil. Negativa de prestação jurisdicional. Inocorrência. Interesses individuais homogêneos. Direitos do consumidor. Sardinhas em conserva. Ação civil pública. Legitimidade ativa do ministério público. Fornecedores ou produtores. Litisconsórcio. Facultatividade. Cerceamento de defesa. Julgamento antecipado. Danos materiais. Comprovação. Momento. Vício de quantidade. Danos morais coletivos. Ocorrência. Valor. Revisão. Publicação da sentença. Jornais de ampla circulação. Limites da eficácia da sentença coletiva. ... 2. Na presente ação coletiva, o Ministério Público questiona a ocorrência de vício de quantidade e de informação na venda de sardinha enlatada em conserva pela recorrente. ... 5. O interesse individual homogêneo é um direito individual que acidentalmente se torna coletivo e, pois, indisponível, quando transcender a esfera de interesses puramente particulares, envolvendo bens, valores jurídicos superiores, cuja preservação importa à comunidade como um todo. 6. O Ministério Público está legitimado a promover ação civil pública para a defesa de direitos individuais homogêneos, quando constatada a relevância social objetiva do bem jurídico tutelado. Precedentes. ... 17. Recurso Especial desprovido." (STJ; REsp 1.586.515; Proc. 2016/0046140-8; RS; Terceira Turma; Relª Minª Nancy Andrighi; Julg. 22.05.2018; DJE 29.05.2018; p. 1750). Destaca-se ainda a recente decisão do STJ, no AgInt no REsp: 1638980 PR 2012/0020004-2 (Data de Julgamento: 19.09.2022, T4 – Quarta Turma, Data de Publicação: DJe 04.10.2022). Deve-se mencionar, ainda, a importante e esclarecedora decisão proferida pelo STF no RE 631.111/GO que, apesar de não se referir à esfera consumerista, aplica-se perfeitamente a este contexto no que tange à legitimidade do Ministério Público.

Outrossim, ao longo destes quase 35 anos de vigência da Constituição Federal, foram inúmeras as mudanças no contexto fático na sociedade brasileira, com repercussões jurídicas, o que implica uma necessidade constante de revisão e releitura da forma de atuação ministerial.

Há que se destacar, também, que o amadurecimento e a evolução institucional do Ministério Público brasileiro têm conduzido a uma reflexão sobre a racionalização de suas atividades, pautada, no âmbito cível, especialmente na análise da utilidade e efetividade de sua atuação em benefício dos interesses sociais, coletivos e individuais indisponíveis, considerando a conjuntura social e suas repercussões.

Destarte, também o exame da indisponibilidade e da relevância social demandam uma constante atualização.

Tecidas estas considerações acerca do perfil constitucional do Ministério Público e sua legitimidade para a tutela do consumidor, parte-se, no próximo item, para a compreensão de sua atuação diante do fenômeno do superendividamento.

4. ATUAÇÃO DO MINISTÉRIO PÚBLICO DIANTE DA LEI 14.181/2021

Tendo se compreendido, no item anterior, que a atuação do Ministério Público na defesa dos consumidores pode se dar coletivamente, diante da repercussão social, ou individualmente, em havendo indisponibilidade do interesse em questão, passa-se a analisar, neste item, a relação destas possibilidades com as inovações da Lei 14.181/21, ou seja, qual o papel do Ministério Público diante do fenômeno do superendividamento e do novo diploma legal.

Uma vez que a atuação do Ministério Público para a tutela do consumidor refere-se, fundamentalmente, ao âmbito da coletividade diante da relevância social, iniciar-se-á a análise sob este prisma.

Neste sentido, verificou-se que a Lei do Superendividamento visa, precipuamente, garantir a utilização consciente, devidamente informada e responsável da oferta de crédito, buscando a prevenção e o tratamento do superendividamento.

Diante disso, percebe-se, de plano, que a tutela coletiva não é compatível com o tratamento do consumidor superendividado (judicial ou extrajudicialmente, na fase conciliatória ou compulsória), nos moldes do art. 104-A, B e C, do CDC, ou seja, o tratamento individual do consumidor superendividado não implica atuação coletiva, em que pese haver repercussão social considerada a situação de forma mais ampla.

Por outro lado, analisando as inovações trazidas pela Lei 14.181/21, percebe-se que a defesa da coletividade de consumidores enseja acompanhamento e eventuais medidas no que tange a garantir o crédito consciente e responsável, seja mediante o cumprimento do dever de informação de forma ampla, especialmente por meio da oferta e publicidade, seja pelas práticas comerciais e pelos contratos disponibilizados no mercado de consumo.

Diante de tal constatação, e examinando-se os dispositivos da nova lei, mister se perquirir, sob a ótica da tutela coletiva, o cumprimento do art. 54-B e D, quanto ao dever de informação, do art. 6º, XI, e art. 54-D, II, em relação às práticas de crédito responsável, e do art. 54-C e G, a fim de garantir que as práticas comerciais, a oferta e a publicidade não incidam em tais vedações.

Traduzido para a prática, isto significa concentrar a atenção nas ofertas e publicidades veiculadas, nas práticas comerciais internalizadas e sistematizadas, e no teor dos contratos de adesão. Em todas estas situações, a oferta do crédito deve ser realizada com a devida informação, de forma consciente e responsável.

Verifica-se, ainda, que tais possibilidades de atuação, de caráter coletivo, estão voltadas para a prevenção ao superendividamento.

Deve-se gizar, também, que eventuais condutas, práticas comerciais ou formas de atuação em geral das empresas, que impliquem desrespeito aos preceitos trazidos pela Lei 14.181/21 quanto ao crédito responsável, podem se dar em casos pontuais ou de forma sistemática e internalizada, sendo que, havendo indícios desta última situação, enseja-se a atuação coletiva, com a investigação e demais medidas cabíveis.

Ocorre que, analisando as questões e demandas que têm chegado ao Sistema Nacional de Defesa do Consumidor, e o movimento que tem sido feito em busca da implementação da lei, verifica-se que a preocupação é, sim, com as ofertas, publicidades, práticas comerciais e contratos que devem considerar o respeito ao crédito responsável e consciente, mas muito maior o é em torno dos milhões de consumidores que estão com dificuldades de pagar suas dívidas sem o comprometimento do seu mínimo existencial.

Diante disso, imprescindível que se avance na reflexão em torno da atuação do Ministério Público, a fim de contemplar o debate em torno da tutela individual do consumidor superendividado, especialmente quanto ao tratamento previsto no art. 104-C, do Código de Defesa do Consumidor, que estabelece a fase conciliatória extrajudicial, pelo Sistema Nacional de Defesa do Consumidor.

Quadra registrar que a Lei 14.181/21 se originou do Projeto de Lei do Senado 283,[15] protocolado em agosto do ano de 2012, o qual, naquela oportunidade, dispunha apenas sobre o tratamento pelo Poder Judiciário concernente à fase conciliatória, nos seguintes termos:

> Art. 104-A. A requerimento do consumidor superendividado pessoa física, o juiz poderá instaurar processo de repactuação de dívidas, visando à realização de audiência conciliatória, presidida por ele ou por conciliador credenciado no juízo, com a presença de todos os credores, em que o consumidor apresentará proposta de plano de pagamento com prazo máximo de cinco anos, preservado o mínimo existencial.

---

15. BRASIL. *Projeto de Lei do Senado 283, de 2012*. Altera a Lei 8.078, de 11 de setembro de 1990 (Código de Defesa do Consumidor), para aperfeiçoar a disciplina do crédito ao consumidor e dispor sobre a prevenção do superendividamento. Disponível em: https://legis.senado.leg.br/sdleg-getter/documento?dm=3910445&t-s=1630408580151&disposition=inline&_gl=1*4l56aa*_ga*MTQwNjk3MjQzMC4xNjY5MjQ0MzM3*_ga_CW3ZH25XMK*MTY4MjYzNDkxOS4xLjEuMTY4MjYzNTEwMi4wLjAuMA. Acesso em: 27 abr. 2023.

Referido dispositivo restou praticamente inalterado na redação final da Lei 14.181/21, sendo, portanto, incorporado ao Código de Defesa do Consumidor.

Ocorre que, durante o trâmite do Projeto no Senado Federal, e diante de todo o amplo debate a que se procedeu, foram acrescentados à redação inicial tanto o tratamento judicial compulsório (art. 104-B), como o tratamento extrajudicial conciliatório pelo Sistema Nacional de Defesa do Consumidor (art. 104-C), o que se manteve na redação final da Lei 14.181/21 após todo o *iter* legislativo.

Ou seja, após tais acréscimos, a Lei do Superendividamento veio sistematizar a possibilidade de tanto o Poder Judiciário como o Sistema Nacional de Defesa do Consumidor realizarem o tratamento extrajudicial conciliatório do consumidor superendividado.

Neste aspecto, cabem duas observações.

A primeira diz respeito a que, muito antes do advento da Lei 14.181/21, e mesmo do protocolo do Projeto de Lei do Senado 283 em agosto de 2012, alguns órgãos de defesa do consumidor já faziam, de formas diversas, o tratamento extrajudicial conciliatório do consumidor superendividado, com a análise de suas dívidas em conjunto e buscando solução abrangente para todas elas.

Aqui, destaca-se o trabalho da Defensoria Pública do Estado do Rio de Janeiro que, já no ano de 2011, objetivava trabalhar a prevenção e o tratamento do consumidor superendividado, inclusive mediante a realização de audiência extrajudicial com concurso de credores, atividades estas sedimentadas em norma interna da referida instituição.[16]

A outra observação refere-se a que o Sistema Nacional de Defesa do Consumidor tem respaldo legal no art. 105 do Código de Defesa do Consumidor, que estabelece que aquele é integrado pelos órgãos federais, estaduais, do Distrito Federal e municipais e pelas entidades privadas de defesa do consumidor.

Assim, tendo-se em conta que o Ministério Púbico integra o Sistema Nacional de Defesa do Consumidor, tem-se como consequência lógica, em uma primeira leitura, que está contemplado no art. 104-C, podendo fazer o tratamento extrajudicial conciliatório do consumidor superendividado. Ou seja, o Ministério Público integra o Sistema Nacional de Defesa do Consumidor e é um órgão público, o que por si só o legitima.[17]

Apesar disso, pode-se questionar se, no momento do processo legislativo e na elaboração da redação do artigo 104-C, o Ministério Público foi pensado como um órgão

---

16. Veja-se que a Deliberação CS/DPGE 78 de 07 de outubro de 2011, que tratava da atribuição do Núcleo de Defesa do Consumidor, já dispunha sobre o Departamento de Prevenção, Tratamento e Tutela do Consumidor Superendividado (Art. 3º, III), com uma Seção específica para tanto (Seção III), e sobre a Comissão de Superendividamento. (RIO DE JANEIRO. Conselho Superior da Defensoria Pública. *Deliberação CS/DPGE 78 de 07 de outubro de 2011*. Modifica, reestrutura e detalha a atribuição e a organização administrativa do Núcleo de Defesa do Consumidor – NUDECON, destinado à defesa dos interesses e direitos individuais, difusos, coletivos e individuais homogêneos dos consumidores, previstos na Lei 8.078/90. Disponível em: https://defensoria.rj.def.br/uploads/arquivos/8d6f947f215b468180bbae668f2c24bc.pdf. Acesso em: 18 abr. 2023).

17. Registre-se que, analisar o art. 104-C, Sophia Martini Vial menciona o Ministério Público, ao lado dos Procons e Defensoria Pública. (MARQUES, Claudia Lima. et al. *Comentários à Lei 14.181/2021*: a atualização do CDC em matéria de superendividamento. São Paulo: Thomson Reuters Brasil, 2021. [livro eletrônico], RB-7.5).

que pudesse proceder ao tratamento do consumidor superendividado, nos termos do referido dispositivo, ou se vislumbrou-se apenas e, essencialmente, a atuação dos Procons, e ainda das Defensorias Públicas.

Quanto a isso, especialmente por termos, à época, acompanhado pessoalmente o debate no Senado Federal,[18] resta claro que não se vislumbrou naquele momento esta possibilidade. No entanto, a partir da entrada em vigor da lei, pode ser dada interpretação conforme, sendo fundamental considerar ainda que se trata de diploma legal muito recente, devendo ser consolidados entendimentos quanto à sua aplicação.

Outro ponto de reflexão diz respeito à obrigatoriedade ou não dessa atuação, restando claro que, pela literalidade do dispositivo ("facultativamente"), trata-se de uma possibilidade, de forma que caberá a cada Ministério Público, de acordo com seu planejamento estratégico e outras questões internas, deliberar se irá atuar ou não em tais situações, até porque o tratamento do consumidor superendividado demanda a devida estrutura física e de recursos humanos especializados para tanto.

Uma reflexão imprescindível a esta altura do desenvolvimento do tema relaciona-se a que, até então, fez-se referência à literalidade do art. 104-C, ao contemplar o Sistema Nacional de Defesa do Consumidor. Todavia, referido dispositivo deve ser interpretado em consonância com o ordenamento jurídico como um todo, especialmente com as normas que tratam do Ministério Público, com ênfase para a Carta Constitucional.

Não obstante, antes de enfrentar diretamente o tema, faz-se um parêntese para destacar que o comando do art. 104-C, ao dispor sobre a possibilidade de uma solução pela via de autocomposição, disponível aos órgãos integrantes do Sistema Nacional de Defesa do Consumidor, vem possibilitar e ampliar o acesso à justiça ao consumidor superendividado, em total sintonia com o que se busca através do Sistema Multiportas.[19]

Neste sentido, o Ministério Público é um dos órgãos que possuem o dever de estímulo aos meios autocompositivos, conforme dicção do art. 3º, § 3º, do Código de Processo Civil, o que tem pautado sua atuação.

---

18. A Lei do Superendividamento decorre do debate em torno da atualização do Código de Defesa do Consumidor, iniciado mais especificamente em dezembro do ano de 2010, com a designação de uma Comissão de Juristas por ato do então Presidente do Senado José Sarney, o que culminou com o protocolo no Senado Federal, em 02.08.2012, dos Projetos de Lei do Senado 281, 282 e 283 de 2012, versando, respectivamente, sobre comércio eletrônico, ações coletivas e superendividamento. No Senado Federal foi constituída uma Comissão Temporária de Modernização do Código de Defesa do Consumidor, tendo como Relator o Senador Ricardo Ferraço, do Estado do Espírito Santo, oportunidade em que fomos indicados para, em conjunto com o Dr. Leonardo Medeiros Garcia e o Dr. Alexandre de Castro Coura, integrar a Comissão de acompanhamento técnico do processo legislativo de atualização do CDC perante o Senado Federal.

19. Registre-se que, após o Código de Processo Civil (CPC) de 2015, com destaque para o previsto em seu art. 3º, restou sedimentado que o acesso à justiça deve ser garantido não apenas pelo Poder Judiciário, devendo ser buscadas soluções extrajudiciais para os conflitos de interesses, consagrando-se o Sistema Multiportas. (BRASIL. *Lei 13.105, de 16 de março de 2015.* Código de Processo Civil. Disponível em: http://www.planalto.gov.br/ccivil_03/_ato2015-2018/2015/lei/l13105.htm. Acesso em: 26 fev. 2021).

Isto, inclusive, resta claro nas normativas emanadas do Conselho Nacional do Ministério Público (CNMP), destacando-se a Resolução 118, de 1º de dezembro de 2014[20] e a Resolução 179, de 26 de julho de 2017,[21] que tratam, respectivamente, da Política Nacional de Incentivo à Autocomposição e do termo de ajustamento de condutas.

Além disso, tem-se preconizado a atuação resolutiva do Ministério Público brasileiro, devendo-se buscar compreender os anseios e demandas sociais, entregando-se resultados concretos, de forma proativa e efetiva, sendo totalmente incabível uma postura burocrática.

Também, aqui, há entendimento formal do Conselho Nacional do Ministério Público (CNMP), conforme evidencia a Recomendação 54, de 28 de março de 2017.[22]

Neste cenário, a possibilidade de o Ministério Público atuar na etapa conciliatória da repactuação de dívidas (fase extrajudicial prevista no artigo 104-C) dialoga diretamente com esta nova visão ministerial e implica grande avanço institucional, demonstrando total abertura aos anseios da sociedade, e especialmente a sensibilidade aos graves problemas de milhões de consumidores superendividados.

Também, por estes motivos, é perceptível que o Ministério Público brasileiro precisa se debruçar na compreensão da nova lei e buscar efetivar medidas concretas diante da grave crise social, econômica e humana, vislumbrando garantir a dignidade do consumidor com vulnerabilidade exacerbada.

Retornando ao exame do ordenamento jurídico, no que toca ao perfil constitucional do Ministério Público, e urgindo, a partir daí, compreender o previsto no art. 104-C (tratamento extrajudicial conciliatório pelo Sistema Nacional de Defesa do Consumidor) e suas implicações para a instituição ministerial, resta avaliar se esta possibilidade trazida pela nova lei se refere a uma questão individual ou coletiva, disponível ou indisponível.

Conforme já ventilado acima (itens 2 e 3), há um forte impacto social e econômico decorrente do número expressivo de consumidores superendividados, sendo evidente que estas repercussões precisam ser levadas em conta, inclusive no que tange à economia do país como um todo,[23] tendo sido apontado, quanto a isso, como o pagamento de dívidas ocupa um espaço enorme do orçamento das famílias brasileiras.

---

20. BRASIL. Conselho Nacional do Ministério Público. *Resolução 118, de 1º de dezembro de 2014.* Dispõe sobre a Política Nacional de Incentivo à Autocomposição no âmbito do Ministério Público e dá outras providências. Disponível em: https://www.cnmp.mp.br/portal/images/Resolucoes/Resolucao-118-1.pdf. Acesso em: 26 fev. 2021.

21. BRASIL. Conselho Nacional do Ministério Público. *Resolução 179, de 26 de julho de 2017.* Regulamenta o § 6º, do art. 5º, da Lei 7.347/1985, disciplinando, no âmbito do Ministério Público, a tomada do compromisso de ajustamento de conduta. Disponível em: https://www.cnmp.mp.br/portal/images/Resolucoes/Resolu%-C3%A7%C3%A3o-179.pdf. Acesso em: 26 fev. 2021.

22. BRASIL. Conselho Nacional do Ministério Público. *Recomendação 54, de 28 de março de 2017.* Dispõe sobre a Política Nacional de Fomento à Atuação Resolutiva do Ministério Público brasileiro. Disponível em: https://www.cnmp.mp,br/portal/images/Recomendacoes/Recomenda%C3%A3o-054.pdf. Acesso em: 26 fev. 2021.

23. Antes mesmo de se iniciar o trâmite legislativo no Senado Federal, o estudo do tema do superendividamento já vinha sendo feito pela Professora Cláudia Lima Marques há muitos anos, com registros para suas implicações individuais, familiares e sociais. Quanto a isso, elucidativas as lições constantes da obra Comentários à Lei

Desta forma, buscar o tratamento do consumidor superendividado é essencial para sua vida individualmente, mas também para a dinâmica da economia brasileira; no entanto, não se está jurídica e tecnicamente diante de uma hipótese de tutela coletiva.

Dito isso, e inobstante tais constatações, ao se avaliar a definição legal de consumidor superendividado (art. 54-A, § 1º), qual seja, "a impossibilidade manifesta de o consumidor pessoa natural, de boa-fé, pagar a totalidade de suas dívidas de consumo, exigíveis e vincendas, sem comprometer seu mínimo existencial, nos termos da regulamentação", pode-se caminhar para a conclusão de que se trata de uma questão meramente disponível e patrimonial.

E este é o ponto fulcral ora a ser enfrentado, passando-se a tecer algumas ponderações.

Primeiramente, vale gizar que a Lei do Superendividamento busca garantir concretamente ao consumidor superendividado o mínimo existencial,[24] e como consequência sua não exclusão social, fazendo menção a esta expressão em vários de seus dispositivos, sendo sua consideração imprescindível para a concessão do crédito (responsável), a definição de superendividamento, e para a repactuação das dívidas e elaboração dos planos de pagamento (conciliatória e judicial).[25]

Ocorre que o mínimo existencial deve ser compreendido como um direito fundamental,[26] o que, por si só, atrai a atuação ministerial porque, a partir da Constituição Federal, o Ministério Público é uma instituição de garantia dos direitos fundamentais.

Outro aspecto importante é que o consumidor superendividado, em regra, apresenta problemas dos mais diversos.

No que tange à sua saúde, considerada no mais amplo enfoque (mental, física e emocional), há relatos de situações de dependência química, alcoolismo, ansiedade, desânimo, crises de pânico, depressão, entre outros, decorrentes do superendividamento.

14.181/2021, especialmente ao tratar do "Superendividamento como fenômeno da sociedade de consumo" (MARQUES, Claudia Lima. et al. *Comentários à Lei 14.181/2021*: a atualização do CDC em matéria de superendividamento. São Paulo: Thomson Reuters Brasil, 2021. [livro eletrônico], RB-2.1).

24. A garantia do mínimo existencial é de tamanha importância que sua regulamentação pelo art. 3º do Decreto 11.150/2022, limitando-o a 25% (vinte e cinco por cento) do salário-mínimo, é objeto das ADPFs 1005 e 1006 no STF, propostas respectivamente pela Associação Nacional do Ministério Público (CONAMP) e pela Associação Nacional de Defensores Públicos (ANANDEP). (BRASIL. *Decreto 11.150, de 26 de julho de 2022.* Regulamenta a preservação e o não comprometimento do mínimo existencial para fins de prevenção, tratamento e conciliação de situações de superendividamento em dívidas de consumo, nos termos do disposto na Lei 8.078, de 11 de setembro de 1990 – Código de Defesa do Consumidor. Disponível em: http://www.planalto.gov.br/ ccivil_03/_ato2019-2022/2022/decreto/D11150.htm. Acesso em: 08 maio 2023).

25. Sobre o debate em torno do tema do mínimo existencial durante o trâmite legislativo, reporta-se às lições da Professora Cláudia Lima Marques, na obra Comentários à Lei 14.181/2021. (MARQUES, Claudia Lima. et al. *Comentários à Lei 14.181/2021*: a atualização do CDC em matéria de superendividamento. São Paulo: Thomson Reuters Brasil, 2021. [livro eletrônico], RB-2.3 e RB-2.4).

26. O tema é analisado profundamente na obra de Karen Rick Danilevicz Bertoncello, Superendividamento do consumidor, especialmente no item 2.2 Mínimo existencial no Brasil: o alicerce da dignidade. (BERTONCELO, Karen Rick Danilevicz. *Superendividamento do consumidor*: mínimo existencial: casos concretos. São Paulo: Ed. RT, 2015. (Coleção biblioteca direitos do consumidor) [livro eletrônico]).

As relações de convivência, fundamentalmente as familiares, ficam afetadas, inclusive com situações de divórcio, levando a uma maior dificuldade de a pessoa se reestabelecer. Sem contar que tudo isso repercute e desemboca, muitas vezes, no sistema público de saúde e de assistência social, e ainda tem gerado, como consequência, o aumento das pessoas em situação de rua.

Pelo exposto, resta claro que há, aqui, um componente indisponível, relacionado à saúde de forma ampla, mas também à própria vida e dignidade do ser humano e do consumidor, o que consiste em mais um motivo de implicação da instituição ministerial.

Acrescente-se que a vulnerabilidade do consumidor superendividado é tão exacerbada que, muitas das vezes, este nem sabe quais são os contratos celebrados e as dívidas contraídas, situação em que, inclusive, tem-se avaliado como se daria a colaboração dos credores em apresentar tais informações, ou se seria verdadeira obrigação de fazê-lo.

Diante disso, para se perquirir acerca da possibilidade de atuação do Ministério Público para proceder ao tratamento do consumidor superendividado na fase conciliatória (art. 104-C), devem ser percebidas as peculiaridades desta situação, e que evocam um componente de indisponibilidade de seus direitos.

Ou seja, extrapola-se a mera questão patrimonial de dívidas e empréstimos contraídos isoladamente, chegando-se a uma análise ampla e sistêmica, e vislumbrando-se que as consequências do superendividamento são muito mais complexas que as de contratos celebrados, e envolvem especialmente o direito à vida, ao mínimo existencial, à saúde, e à dignidade humana e do consumidor.

Ainda ponderando sobre os aspectos referentes à disponibilidade/indisponibilidade, e os reflexos na legitimidade do Ministério Público, traz-se à colação a doutrina de Hermes Zaneti Jr.,[27] ao tratar do princípio de disponibilidade motivada:

> Ao contrário do CPC de 1973, em que a característica do interesse público era voltada a uma interpretação formalista caracterizada por sua indisponibilidade absoluta, o que rege a atuação do Ministério Público no CPC de 2015, interpretando o interesse público à luz da pluralidade de direitos fundamentais, é o *princípio da disponibilidade motivada*. Logo, a atuação do Ministério Público se dará em *conformidade à Constituição*, com as *práticas institucionais*, com o *planejamento estratégico da instituição para consecução dos seus objetivos constitucionais na tutela dos direitos*. ... se trata de *atividade tendencialmente cognitiva*, e, para que não seja arbitrária, é preciso que respeite a *interpretação realista, moderada e responsável do ordenamento jurídico*[28] (grifos do original).

Neste sentido, o que conduz a atuação do Ministério Público é o princípio da disponibilidade motivada, ou seja, vinculada à fundamentação, o que pode ser trazido para o caso que ora se analisa, referente ao tratamento do consumidor superendividado.

---

27. ZANETI Jr., Hermes. *O Ministério Público e o Novo Processo Civil*. Salvador: JusPodivm, 2018, p. 140.
28. Na mesma obra, e ainda tratando da disponibilidade motivada, o autor enumera situações em que, embora não tenha o dever de intervenção, o Ministério Público deve ter sua atuação autorizada e até mesmo exigida pelo ordenamento jurídico por estar de acordo com o interesse público ou social. (ZANETI Jr., Hermes. *O Ministério Público e o Novo Processo Civil*. Salvador: JusPodivm, 2018, p. 174-175).

Há, ainda, outro aspecto que merece ser tratado e que se refere ao que se tem denominado de racionalização da atuação do Ministério Público no processo civil.

Conforme referido no item 3, o amadurecimento e a evolução institucional têm conduzido a uma reflexão em torno da utilidade e efetividade da atuação ministerial em benefício dos interesses sociais, coletivos e individuais indisponíveis, considerando o contexto social e suas repercussões.

Assim, vislumbra-se uma revisão da atuação do Ministério Público para buscar o máximo de resultados, observado seu perfil constitucional,[29] e priorizando-se as causas mais importantes para a sociedade.

Verifica-se que este movimento acaba por dispensar a atuação ministerial naquilo que não condizer direta e essencialmente com sua missão constitucional,[30] o que se compreende perfeitamente quando se aprofunda no exame das situações que realmente demandariam a intervenção ministerial no processo civil, especialmente enquanto fiscal da ordem jurídica.[31]

Todavia, a racionalização, em sua essência, precisa ser avaliada como via de mão dupla, ou seja, para se concluir pela não intervenção ministerial nos casos em que não se justifique, como, ao contrário, para se avaliar a atuação em temas que, anteriormente, não eram pensados.

Destarte, a racionalização deve abranger o exame da indisponibilidade e da relevância social, demandando uma constante atualização.

Uma vez trazidos todos estes elementos para o debate, defende-se, nesta oportunidade, que o Ministério Público tem legitimidade para o acolhimento do consumidor superendividado, obtenção de informações e documentos pertinentes, realização de audiência conjunta com todos os credores, acompanhamento da proposição do plano de pagamento, buscando-se a autocomposição e, ainda, a disponibilização de orientação financeira ao consumidor. Ou seja, pode exercer as atribuições conferidas ao Sistema Nacional de Defesa do Consumidor pelo art. 104-C, do CDC.

---

29. Neste contexto, destacam-se as lições de Hermes Zaneti Junior, ao tratar da constitucionalização e racionalização da intervenção, asseverando que, a partir do CPC/2015, o Ministério Público atuará nos casos que estejam em conformidade com suas funções constitucionais, conforme exposto expressamente no art. 177, do referido diploma legal. Segue esclarecendo que a racionalização da intervenção civil é esta qualificação da atuação do Ministério Público em suas prioridades constitucionais, arrematando ao afirmar que "Agente ou interveniente é a Constituição, que regula a intervenção do Ministério Público" (ZANETI Jr., Hermes. *O Ministério Público e o Novo Processo Civil*. Salvador: JusPodivm, 2018, p. 32).

30. Segundo Marcelo Zenkner, se antes o Ministério Público cresceu abocanhando atribuições, seria a hora de rever e priorizar sua atuação, dirigindo-a para os casos graves que afetam a sociedade como um todo. (ZENKNER, Marcelo. *Ministério Público e efetividade do processo civil*. São Paulo: Ed. RT, 2006, p. 140).

31. Neste sentido, destaca-se como exemplo a Recomendação 34, de 05 de abril de 2016, do Conselho Nacional do Ministério Público, que dispõe sobre a atuação do Ministério Público como órgão interveniente no processo civil, após o advento do Novo Código de Processo Civil orientando a atuação ministerial. (BRASIL. Conselho Nacional do Ministério Público. *Recomendação 34, de 5 de abril de 2016*. Dispõe sobre a atuação do Ministério Público como órgão interveniente no processo civil. Disponível em: https://www.cnmp.mp.br/portal/images/Recomendacoes/Recomenda%C3%A7%C3%A3o-0341.pdf. Acesso em: 22 abr. 2023).

Trata-se de um novo enfoque relacionado à atuação do Ministério Público, deixando-se permear, e em consonância com os novos fatos e suas repercussões, oxigenando, racionalizando e atualizando o desempenho de sua missão constitucional, com inteligência e estratégia.

Aqui, traz-se à colação a metáfora trazida por Hermes Zaneti Jr., ao abordar a atuação do Ministério Público a partir da parábola dos talentos, concluindo serem duas lições principais extraídas a partir do modelo constitucional: não existem desculpas na omissão em deixar de fazer a obra da Constituição; e, enterrando nossos talentos, perdemos as bênçãos da Constituição, de forma que outra pessoa/ente ocupará este lugar.[32]

Face as ponderações trazidas, resta claro que o Ministério Público não pode ser omisso diante do clamor social relacionado ao superendividamento, devendo maximizar seus "talentos" em atividades de grande impacto para a obra constitucional!

A percepção acerca deste novo paradigma surgiu a partir de reflexão e debate no Grupo Nacional de Defesa do Consumidor (GNDC),[33] em reunião realizada em junho de 2022, tendo-se chegado a Enunciado, que restou aprovado pelo Conselho Nacional de Procuradores-Gerais dos Ministérios Públicos dos Estados e da União (CNPG) em dezembro de 2022, nos seguintes termos:

> O Ministério Público, considerando ser órgão público integrante do Sistema Nacional de Defesa do Consumidor, possui legitimidade para atuar na fase conciliatória do processo de repactuação do consumidor superendividado, nos casos do art. 104-C, do Código de Defesa do Consumidor, por ser direito fundamental à vida, saúde e segurança, além do interesse social decorrente, dentre outros, da coletividade de consumidores hipervulneráveis e superendividados.[34]

Por fim, conforme exposto acima, quadra relembrar que o ordenamento jurídico brasileiro prevê um Sistema Nacional de Defesa do Consumidor (art. 105, do CDC), do qual fazem parte vários órgãos, os quais possuem autonomia para se desincumbirem de seu mister. Entretanto, se para a defesa do consumidor ordinariamente já se preconiza a atuação harmônica e estratégica do Sistema, muito mais quando se está diante de um tema complexo e desafiador, cuja nova lei clama por implementação de forma sistemática.

Outrossim, já há algumas iniciativas de atuação dos atores em conjunto para o atendimento ao consumidor superendividado, de forma coordenada, pautadas em convênios ou termos de cooperação.

---

32. ZANETI Jr., Hermes. *O Ministério Público e o Novo Processo Civil*. Salvador: JusPodivm, 2018, p. 38-40.
33. O Grupo Nacional de Defesa do Consumidor (GNDC) é órgão do Conselho Nacional de Procuradores-Gerais do Ministério Público dos Estados e da União (CNPG), criado por deliberação deste em reunião ordinária realizada em 25.6.2019, e tendo por finalidade definir as estratégias, metas e prioridades de atuação dos membros com atribuição na área de Defesa do Consumidor, além de fomentar a uniformização e a consolidação do posicionamento do Ministério Público.
34. BRASIL. CNPG. *Conselho Nacional dos Procuradores-Gerais de Justiça dos Ministérios Públicos dos Estados e da União*. Disponível em: https://cnpg.org.br/images/grupos/gndc/enunciados/2023/enunciado-32-2022_GNDC.pdf. Acesso em: 11 maio 2023.

Neste contexto, destaca-se o Programa de Atendimento ao Superendividado (PAS), criado pelo Ministério Público do Estado de Minas Gerais, e unindo-se ao Tribunal de Justiça, Defensoria Pública, Prefeitura de Belo Horizonte, por meio do Procon-BH, e Faculdade Milton Campos, já em atividade e com importantes resultados conquistados.[35]

Com o mesmo propósito, o Ministério Público do Estado de Santa Catarina vem organizando o seu Núcleo de Apoio ao Superendividado, alinhando-se com o Tribunal de Justiça de Santa Catarina, Defensoria Pública do Estado, Procon Estadual, Prefeitura Municipal de Florianópolis, Universidade Federal de Santa Catarina (UFSC) e Faculdade Cesusc.[36]

Talvez este seja o melhor caminho, neste momento, com união das forças, mas sempre visando que seja facilitado o acesso à justiça do consumidor superendividado, propiciando-se a obtenção de acordos fulcrados no art. 104-C, do Código de Defesa do Consumidor.

5. CONSIDERAÇÕES FINAIS

Neste artigo pretendeu-se refletir sobre o papel do Ministério Público diante da nova Lei do Superendividamento (Lei 14.181/21).

Diante disso, primeiramente, procedeu-se a um breve exame do contexto do superendividamento no Brasil, tendo se verificado como o tema tem repercutido nos canais de recebimento de reclamações dos consumidores, estando presente nos *rankings* nacionais, direta ou indiretamente, há alguns anos, e especialmente no ano de 2022, destacando-se o que foi recebido no SINDEC, no ProConsumidor e na plataforma Consumidor.gov. br. Constatou-se que, no mencionado ano, as instituições financeiras estão dentre as empresas mais demandadas, assim como, dentre os assuntos, estão aqueles relacionados ao superendividamento.

Assim, tornou-se evidente a urgência na adoção de medidas para a implementação e efetividade da Lei 14.181/21, especialmente pelo Sistema Nacional de Defesa do Consumidor e, assim, também, pelo Ministério Público brasileiro.

Na sequência, pontuou-se acerca da legitimidade do Ministério Público na defesa do consumidor, especialmente a partir de seu perfil constitucional, chegando-se ao entendimento de que está relacionada à tutela de interesses individuais indisponíveis ou disponíveis de relevância social, mas restando evidente o foco na coletividade. Constatou-se, também, que este exame demanda uma constante atualização diante das mudanças fáticas e suas repercussões.

---

35. MINAS GERAIS. Ministério Público de Minas Gerais. *Programa de Atendimento ao Superendividado.* Disponível em: https://www.mpmg.mp.br/data/files/1D/65/C1/C6/CC706810F80D2068760849A8/Apresentacao%20 PAS%20%2030.01.pdf Acesso em: 27 abr. 2023.

36. SANTA CATARINA. Ministério Público de Santa Catarina. *MPSC reúne instituições e inicia tratativas para amparar consumidor superendividado no estado.* 31 out. 2022. Disponível em: https://www.mpsc.mp.br/noticias/ mpscreuneinstituicoeseiniciatratativasparaampararconsumidorsuperendividadonoestado#:~:text=31%- 2F10%2F2022,MPSC%20re%C3%BAne%20institui%C3%A7%C3%B5es%20e%20inicia%20tratativas%20 para%20amparar%20consumidor%20superendividado,dar%20assist%C3%AAncia%20ao%20consumidor%20 superendividado. Acesso em: 24 abr. 2023.

Por fim, chegou-se ao objetivo principal deste trabalho e debruçou-se sobre a reflexão acerca da atuação do Ministério Público diante da Lei 14.181/21, sendo avaliadas as possibilidades de defesa da coletividade e de tutela individual do consumidor superendividado.

Percebeu-se que a tutela coletiva está direcionada à prevenção ao superendividamento e deve concentrar a atenção nas ofertas e publicidades veiculadas, nas práticas comerciais internalizadas e sistematizadas, e no teor dos contratos de adesão, situações em que a oferta do crédito deve ser realizada com a devida informação, e de forma consciente e responsável.

Em seguida, avançou-se na reflexão em torno da atuação do Ministério Público, a fim de contemplar o debate em torno da tutela individual do consumidor superendividado, especialmente quanto ao tratamento previsto no art. 104-C, do Código de Defesa do Consumidor, que estabelece a fase conciliatória extrajudicial, pelo Sistema Nacional de Defesa do Consumidor.

Quanto a isso, verificou-se que: 1) o Ministério Público é um órgão público que integra o Sistema Nacional de Defesa do Consumidor (art. 105, do CDC), estando contemplado no art. 104-C; 2) esta atuação consiste em uma faculdade e não em uma obrigatoriedade, de forma que cabe a cada Ministério Público, de acordo com seu planejamento estratégico e outras questões internas, deliberar quanto a isso, registrando-se a necessária estrutura física e de recursos humanos especializado para tanto; 3) o art. 104-C dispõe sobre uma solução resolutiva e pela via de autocomposição, e assim propicia a ampliação do acesso à justiça ao consumidor superendividado, em total sintonia com o que se busca através do Sistema Multiportas, sendo o Ministério Público um dos órgãos que possuem o dever de estímulo aos meios autocompositivos, o que tem sido objeto de normativas emanadas do Conselho Nacional do Ministério Público (CNMP); 4) há um forte impacto social e econômico decorrente do número expressivo de consumidores superendividados, sendo evidente que estas repercussões precisam ser tidas em conta, em que pese não se estar, jurídica e tecnicamente, diante de uma hipótese de tutela coletiva; 5) há um componente de indisponibilidade de direitos, eis que se trata de questão relacionada à vida, à saúde, ao mínimo existencial, à dignidade humana e do consumidor, e a uma extrema vulnerabilidade; 6) a racionalização da atuação do Ministério Público consiste em uma revisão das suas atividades para buscar o máximo de resultados, observado seu perfil constitucional, e priorizando-se as causas mais importantes para a sociedade; todavia, precisa ser avaliada como via de mão dupla, seja pela redução ou pelo acréscimo de possibilidades de atuação.

Desta forma, concluiu-se que a possibilidade de o Ministério Público atuar na fase conciliatória extrajudicial prevista no art. 104-C se refere a um novo enfoque que implica grande avanço institucional, demonstrando total abertura e sensibilidade aos anseios da sociedade, oxigenando e atualizando o desempenho de sua missão constitucional, com inteligência e estratégia, destacando-se os modelos de atuação em conjunto com outros órgãos do Sistema Nacional de Defesa do Consumidor.

REFERÊNCIAS

BERTONCELO, Karen Rick Danilevicz. *Superendividamento do consumidor*: mínimo existencial: casos concretos. São Paulo: Ed. RT, 2015. (Coleção biblioteca direitos do consumidor) [livro eletrônico].

BRASIL. Conselho Nacional do Ministério Público. *Recomendação 34, de 5 de abril de 2016.* Dispõe sobre a atuação do Ministério Público como órgão interveniente no processo civil. Disponível em: https://www.cnmp.mp.br/portal/images/Recomendacoes/Recomenda%C3%A7%C3%A3o-0341.pdf. Acesso em: 22 abr. 2023.

BRASIL. Conselho Nacional do Ministério Público. *Recomendação 54, de 28 de março de 2017.* Dispõe sobre a Política Nacional de Fomento à Atuação Resolutiva do Ministério Público brasileiro. Disponível em: https://www.cnmp.mp,br/portal/images/Recomendacoes/Recomenda%C3%A3o-054.pdf. Acesso em: 26 fev. 2021.

BRASIL. Conselho Nacional do Ministério Público. *Resolução 118, de 1º de dezembro de 2014.* Dispõe sobre a Política Nacional de Incentivo à Autocomposição no âmbito do Ministério Público e dá outras providências. Disponível em: https://www.cnmp.mp.br/portal/images/Resolucoes/Resolucao-118-1.pdf. Acesso em: 26 fev. 2021.

BRASIL. Conselho Nacional do Ministério Público. *Resolução 179, de 26 de julho de 2017.* Regulamenta o § 6º, do art. 5º, da Lei 7.347/1985, disciplinando, no âmbito do Ministério Público, a tomada do compromisso de ajustamento de conduta. Disponível em: https://www.cnmp.mp.br/portal/images/Resolucoes/Resolu%C3%A7%C3%A3o-179.pdf. Acesso em: 26 fev. 2021.

BRASIL. CNPG. *Conselho Nacional dos Procuradores-Gerais de Justiça dos Ministérios Públicos dos Estados e da União.* Disponível em: https://cnpg.org.br/images/grupos/gndc/enunciados/2023/enunciado-32-2022_GNDC.pdf. Acesso em: 11 maio 2023.

BRASIL. *Constituição da República Federativa do Brasil de 1988.* Disponível em: https://www.planalto.gov.br/ccivil_03/constituicao/constituicao.htm. Acesso em: 08 maio 2023.

BRASIL. *Decreto 11.150, de 26 de julho de 2022.* Regulamenta a preservação e o não comprometimento do mínimo existencial para fins de prevenção, tratamento e conciliação de situações de superendividamento em dívidas de consumo, nos termos do disposto na Lei 8.078, de 11 de setembro de 1990 – Código de Defesa do Consumidor. Disponível em: http://www.planalto.gov.br/ccivil_03/_ato2019-2022/2022/decreto/D11150.htm. Acesso em: 08 maio 2023.

BRASIL. *Lei 8.078, de 11 de setembro de 1990.* Dispõe sobre a proteção do consumidor e dá outras providências. Disponível em: https://www.planalto.gov.br/ccivil_03/leis/l8078compilado.htm. Acesso em: 08 maio 2023.

BRASIL. *Lei 13.105, de 16 de março de 2015.* Código de Processo Civil. Disponível em: http://www.planalto.gov.br/ccivil_03/_ato2015-2018/2015/lei/l13105.htm. Acesso em: 26 fev. 2021.

BRASIL. *Lei 14.181, de 1º de julho de 2021.* Altera a Lei 8.078, de 11 de setembro de 1990 (Código de Defesa do Consumidor), e a Lei 10.741, de 1º de outubro de 2003 (Estatuto do Idoso), para aperfeiçoar a disciplina do crédito ao consumidor e dispor sobre a prevenção e o tratamento do superendividamento. Disponível em: https://www.planalto.gov.br/ccivil_03/_ato2019-2022/2021/lei/l14181.htm. Acesso em: 08 maio 2023.

BRASIL. Ministério da Justiça e Segurança Pública. Secretaria Nacional do Consumidor. *Boletim Sindec • Boletim ProConsumidor 2022.* Disponível em: https://www.gov.br/mj/pt-br/assuntos/noticias/dia-do-consumidor-senacon-lanca-boletins-com-os-dados-de-reclamacoes-recebidas-em-2022/boletim-sindec-2022-v9.pdf. Acesso em: 18 abr. 2023.

BRASIL. Ministério da Justiça e Segurança Pública. *Boletim Consumidor.gov.br 2022.* 15 mar. 2023. Disponível em: https://www.gov.br/mj/pt-br/assuntos/noticias/dia-do-consumidor-senacon-lanca-boletins-com-os-dados-de-reclamacoes-recebidas-em-2022/15-03-2023-boletim_consumidor-gov--br_2022_v6.pdf/view. Acesso em: 18 abr. 2023.

BRASIL. *Projeto de Lei do Senado 283, de 2012*. Altera a Lei 8.078, de 11 de setembro de 1990 (Código de Defesa do Consumidor), para aperfeiçoar a disciplina do crédito ao consumidor e dispor sobre a prevenção do superendividamento. Disponível em: https://legis.senado.leg.br/sdleggetter/documento?dm=3910445&ts=1630408580151&disposition=inline&_gl=1*4l56aa*_ga*MTQwNjk3MjQzMC4xNjY5MjQ0MzM3*_ga_CW3ZH25XMK*MTY4MjYzNDkxOS4xLjEuMTY4MjYzNTEwMi4wLjAuMA. Acesso em: 27 abr. 2023.

CAPPELLETTI, Mauro. O acesso dos consumidores à justiça. *Revista de Processo*. São Paulo. v. 16, n. 62, p. 205-220, abr./jun. 1991.

GODINHO, Robson Renault. *O Ministério Público como substituto processual no processo civil*. Rio de Janeiro: Editora Lumen Juris, 2007.

KENNEDY, John F. Presidential Library and Museum. *Special message to Congress on protecting consumer interest,* 15 march 1962. Disponível em: https://www.jfklibrary.org/asset-viewer/archives/JFKPOF/037/JFKPOF-037-028. Acesso em: 16 maio 2022.

MARQUES, Claudia Lima. *Contratos no Código de Defesa do Consumidor*: O novo regime das relações contratuais. 8. ed., rev. atual. e ampl. São Paulo: Ed. RT, 2016.

MARQUES, Claudia Lima. *Comentários à Lei 14.181/2021*: a atualização do CDC em matéria de superendividamento. São Paulo: Thomson Reuters Brasil, 2021. [livro eletrônico].

MINAS GERAIS. Ministério Público de Minas Gerais. *Programa de Atendimento ao Superendividado*. Disponível em:

https://www.mpmg.mp.br/data/files/1D/65/C1/C6/CC706810F80D2068760849A8/Apresentacao%20PAS%20%2030.01.pdf. Acesso em: 27 abr. 2023.

RIO DE JANEIRO. Conselho Superior da Defensoria Pública. *Deliberação CS/DPGE 78 de 07 de outubro de 2011*. Modifica, reestrutura e detalha a atribuição e a organização administrativa do Núcleo de Defesa do Consumidor - NUDECON, destinado à defesa dos interesses e direitos individuais, difusos, coletivos e individuais homogêneos dos consumidores, previstos na Lei 8.078/90. Disponível em: https://defensoria.rj.def.br/uploads/arquivos/8d6f947f215b468180bbae668f2c24bc.pdf. Acesso em: 18 abr. 2023.

SANTA CATARINA. Ministério Público de Santa Catarina. *MPSC reúne instituições e inicia tratativas para amparar consumidor superendividado no estado*. 31 out. 2022. Disponível em: https://www.mpsc.mp.br/noticias/mpscreuneinstituicoeseiniciatratativasparaampararconsumidorsuperendividadonoestado#:~:text=31%2F10%2F2022,MPSC%20re%C3%BAne%20institui%C3%A7%C3%B5es%20e%20inicia%20tratativas%20para%20amparar%20consumidor%20superendividado,dar%20assist%C3%AAncia%20ao%20consumidor%20superendividado. Acesso em: 24 abr. 2023.

VALOR ECONÔMICO. *Endividamento das famílias bate recorde em 2022, diz CNC*. 19 jan. 2023. Disponível em: https://valor.globo.com/brasil/noticia/2023/01/19/endividamento-das-familias-foi-recorde-em--2022-diz-cnc.ghtml. Acesso em: 26 abr. 2023.

ZANETI Jr., Hermes. *O Ministério Público e o Novo Processo Civil*. Salvador: JusPodivm, 2018.

ZENKNER, Marcelo. *Ministério Público e efetividade do processo civil*. São Paulo: Ed. RT, 2006.

RESOLUÇÃO DE CONFLITOS NO SUPERENDIVIDAMENTO: A ATUAÇÃO ESTRATÉGICA DA ADVOCACIA SOB O MARCO REGULATÓRIO

Andrea Maia

Vice-presidente de Mediação do CBMA – Centro Brasileiro de Mediação e Arbitragem. Membro do Painel Global do CPR – International Institute for Conflict Prevention and Resolution. Vice-presidente de Mediação do CIAM – Centro Internacional de Arbitraje de Madrid. Advogada e Mediadora. Sócia-Fundadora da Mediar 360.

Fabíola Sampaio

Secretária-Adjunta da Comissão Especial de Conciliação e Mediação Nacional da OAB. Conselheira Estadual, da Ordem dos Advogados do Brasil, Seccional Mato Grosso. Pesquisadora no NIESA – Núcleo Interdisciplinar de Estudos de Saneamento Ambiental – Universidade Federal de Mato Grosso. Advogada e Mediadora.

Rissiane dos Santos Goulart

LL.M. em Direito Internacional nos Estados Unidos. Especialista em Relações Internacionais. Representante do Conselho Federal da Ordem Advogados do Brasil no GT do CNJ do Superendividamento. Secretária-Geral da Comissão Especial de Conciliação e Mediação Nacional da OAB. Advogada e Mediadora.

Sumário: 1. Introdução – 2. O marco regulatorio do superendividamento: uma breve análise; 2.1 O conceito de superendividamento; 2.2 Os princípios basilares do superendividamento: a necessidade de mudança de cultura; 2.3 As principais inovações trazidas com a nova legislação – 3. A atuação estratégica da advocacia na busca de soluções justas e efetivas para os conflitos do Superendividamento – 4. A negociação e a mediação como ferramentas eficazes na busca de uma solução para o consumidor superendividado; 4.1 O uso da negociação; 4.2 O uso da mediação e da conciliação em prol da autocomposição para o consumidor superendividado – 5. Considerações finais – Referências.

1. INTRODUÇÃO

Num mundo capitalista, em que a oferta de crédito é cada vez mais facilitada, onde por meio de um simples *click* no celular o crédito é liberado, a sociedade contemporânea assiste ao franco e desenfreado crescimento de um fenômeno: o superendividamento.

A história econômica mundial mostra que as crises financeiras estão frequentemente associadas ao endividamento excessivo das famílias e das empresas. No Brasil, a situação não é diferente e o Banco Central já constatou os riscos que o endividamento excessivo pode trazer para a economia nacional. Segundo dados do Serasa Experian, em 2023, o Brasil atingiu novo recorde de endividados, passando de 59,3 milhões em 2018 para 70,1 milhões de inadimplentes.[1]

Em contrapartida, o consumo é, sem dúvida, uma das principais formas de inclusão social na sociedade atual, visto que é por meio dele que se obtém acesso a bens e serviços necessários para uma vida digna. Ao analisar o fenômeno do superendividamento sob uma perspectiva sistêmica, é possível perceber, contudo, que os impactos desse problema citado extrapolam os limites individuais do consumidor. Na verdade, o superendividamento possui efeitos expressivos sobre o ambiente social em que o consumidor está inserido, afetando não apenas sua própria vida, mas também a de sua família, de seus credores, do comércio local, com reflexos na economia em geral.

Por esta razão, a Lei 14.181, de 1º de julho de 2021, conhecida como Marco Regulatório do Superendividamento, chega em momento propício, realizando necessária atualização ao Código de Defesa do Consumidor com o objetivo de desenvolver e implementar, por meio da atuação de vários atores, políticas públicas de prevenção, tratamento e resolução dos conflitos. O referido Marco busca ampliar a visão da relação contrato versus consumidor e dívidas, para uma visão sistêmica e mais humanizada destas relações.

Diante desse preocupante panorama, a advocacia assume um papel fundamental na defesa dos direitos do consumidor, seja por meio da utilização de suas habilidades jurídicas, seja por técnicas capazes de auxiliar e atuar, tanto na esfera individual como coletiva, garantindo o acesso à justiça e contribuindo para a solução do conflito de forma justa e efetiva.

2. O MARCO REGULATORIO DO SUPERENDIVIDAMENTO: UMA BREVE ANÁLISE

O superendividamento é um problema social que tem afetado milhões de pessoas em todo o mundo (Marques, 2012). O aumento do crédito e o incentivo ao consumo têm sido apontados como as principais causas desse fenômeno (Bacelar; Pombo, 2015). No Brasil, isso não é diferente, e é comum pessoas endividadas que, muitas vezes, recorrem a empréstimos para quitar suas dívidas, criando um ciclo vicioso que pode levar ao superendividamento. Ao analisar o perfil de um superendividado, é possível afirmar que se trata, geralmente, de pessoa de boa-fé que se endividou para atender às suas necessidades pessoais (Mazzotta, 2016). É importante ressaltar que o superendividamento pode ser ativo, quando o consumidor contribui para se colocar nessa situação, ou passivo, quando foi surpreendido por com um fator externo (Macedo, 2016).

Nesse sentido, é necessário proteger o consumidor, garantindo que os fornecedores, principalmente as instituições financeiras, não atuem de forma abusiva, de modo a manter um mínimo essencial para sua sobrevivência com dignidade (Bacelar; Pombo,

---

1. BRASIL tem recorde de endividados em janeiro. Disponível em: https://www.seudinheiro.com/2023/economia/brasil-tem-recorde-de-endividados-em-janeiro-serasa-miql/. Acesso em: 19 abr. 2023.

2015). Além disso, é fundamental que haja a possibilidade de resgatar sua capacidade econômica para que possa se inserir novamente no mercado de consumo e participar efetivamente da vida social e comunitária (Mazzotta, 2016).

Diversos países têm adotado medidas para proteger o consumidor superendividado, como a França, onde o Brasil buscou sua inspiração para o Marco Regulatório do Superendividamento, criou a figura do "comitê de proteção e acompanhamento do sobreendividamento" (Macedo, 2016), e a Alemanha, que implementou a "lei de reestruturação da dívida das pessoas naturais" (Bacelar; Pombo, 2015).

Diante desse cenário, não poderia o Brasil deixar de adotar medidas efetivas para proteger o consumidor superendividado, a fim de evitar um desequilíbrio nas relações comerciais e uma crise econômica de proporções inimagináveis diante da economia globalizada e, especialmente, após a crise pandêmica mundial.

Por conseguinte, o Marco Regulatório do Superendividamento, por meio da Lei 14.181/2021, chegou no ordenamento jurídico brasileiro em momento oportuno. Com o objetivo de alterar e atualizar a Lei 8.078, de 11 de setembro de 1990, também conhecida como Código de Defesa do Consumidor (CDC), a nova legislação possui como espinha dorsal a prevenção e o tratamento do fenômeno do superendividamento, além do foco na resolução dos conflitos. Essa ação legislativa introduziu dois capítulos inéditos ao CDC: Capítulo VI-A, dos artigos 54-A a 54-G, intitulado da prevenção e do tratamento do superendividamento, e o Capítulo V, da conciliação no superendividamento; artigos 104-A a 104-C, que serão mais bem explicadas no decorrer deste trabalho.

Pode-se, então, destacar que o Marco Regulatório objetivou aumentar a proteção de grande parcela da população que tem muitas dívidas e não consegue pagá-las, criando ainda importantes instrumentos legais, tais como:

1. Condições mais justas de negociação para quem contrata crédito;
2. Recuperação judicial;
3. Garantia do 'mínimo existencial';
4. Maior transparência;
5. Fim do assédio e pressão ao cliente;
6. Suporte ao consumidor;
7. Mais educação financeira.

2.1   O conceito de superendividamento

A partir do novo Marco Regulatório, o parágrafo 1º do Art. 54-A do CDC, traz o conceito de superendividamento, ensinando que pode ser considerado superendividado, a pessoa natural, de boa-fé, que não consegue pagar suas dívidas de consumo, de maneira reiterada e duradoura, sem comprometer seu mínimo existencial.

Com base nesse conceito, observa-se que para ser considerada situação de superendividamento, alguns requisitos precisam ser preenchidos. O primeiro deles determina que somente a pessoa natural pode ser considerada superendividada. Uma vez que na legislação nacional não há a prerrogativa da falência da pessoa natural, diferentemente de outros países, o novo Marco Regulatório vem para amparar esta lacuna da lei. O segundo requisito, qualifica a pessoal natural superendividada como, aquela de boa-fé, qualificação mandatória para que o consumidor possa se privilegiar dos benefícios ofertados por esta normativa legal. O terceiro requisito, um tanto mais obvio, refere-se à contratação de obrigações, a relação: consumidor *versus* contrato.

Tal requisito remete-se a necessidade de resguardo da função social do contrato, sendo imperativo que as partes de um contrato de consumo instituam, mutuamente, determinados deveres de conduta, ou seja, deveres jurídicos de agir com acerto, transparência, lealdade e confiança, pautados na boa-fé objetiva. Referidos deveres emergiram com a promulgação do CDC e consolidaram-se como princípios no microssistema da legislação consumerista, por meio do qual se salvaguarda a confiança daquele que confiou na conduta adequada da outra parte (Franco, 2012, p. 6038).

Num sentido mais *strictu sensu* a boa-fé no superendividamento deve ser entendida como "um pensar refletido, um pensar no outro, no *alter,* no leigo e consumidor e suas expectativas legitimas com os contratos de consumo e de crédito a boa-fé sempre pressupôs o dever de cooperar, o de cuidado com o outro, o cocontratante" (CNJ, 2022).

Em face do exposto, é fundamental que os advogados atuem na orientação e defesa dos direitos dos consumidores, garantindo uma relação contratual equilibrada e transparente (Marques, 2022, p. 289).

É importante destacar que o superendividamento vai além do descumprimento ou mora de compromisso contratual assumido. Trata-se de um conjunto de adversidades que podem comprometer a sobrevivência do consumidor superendividado e de toda sua família, levando à ruína pessoal (CNJ, 2022). Muitas são as causas que levam o consumidor ao superendividamento. Dentre as principais, estão a falta de planejamento financeiro, o consumo desenfreado, o fácil acesso ao crédito, o desemprego (em especial pós-pandemia), a queda da renda, divórcio, cláusulas abusivas nos contratos de crédito, a falta de educação financeira, assim como o desequilíbrio emocional e familiar em tempos de crise.

2.2 Os princípios basilares do Superendividamento: a necessidade de mudança de cultura

Segundo a Cartilha Sobre o Tratamento do Superendividamento do Consumidor[2] elaborada pelo Grupo de Trabalho do Conselho Nacional de Justiça (CNJ),[3] que se destina a estudar as políticas públicas para superendividamento, dez são os princípios que norteiam a Lei 14.181/2021, de modo a prevenir, oferecer tratamento, instituir o crédito

---

2. CONSELHO NACIONAL DE JUSTÇA. Cartilha Sobre o Tratamento do Superendividamento do Consumidor disponível em: https://www.cnj.jus.br/wp-content/uploads/2022/08/cartilha-superendividamento.pdf. Acesso em: 19 abr. 2023.

3. Grupo de Trabalho instituído pela Portaria 55/2022, complementado pelas Portarias 12 de 11.04.2022 e 219 de 23.06.2022.

responsável e a implementação de uma política pedagógica-financeira ao consumidor. Tais princípios, a seguir descritos, pretendem promover a transformação da cultura da dívida para a cultura do pagamento (CNJ, 2022).

A educação financeira dos consumidores, primeiro princípio, sem a qual não será possível mudar o presente cenário. Somente através de políticas públicas de orientação financeira, aliadas às ações pedagógicas se torna possível levar conhecimento e orientação para tomada de decisão mais racional por parte dos consumidores.

O combate à exclusão social, segundo princípio, está amparado no artigo 4, X *in fine* do Código de Processo Civil (CPC). De acordo com o referido dispositivo, a prevenção e o tratamento financeiro a que se refere o Marco Regulatório, busca o resgate dos consumidores superendividados para seu renascimento na vida social.

A prevenção do superendividamento, terceiro princípio, pode ser facilmente compreendido pelo ditado popular "prevenir é o melhor remédio". Por meio do acesso à informação e de políticas de ensino e ampla divulgação, é possível orientar os brasileiros nas boas práticas de consumo, no combate às fraudes e ao abuso da concessão de crédito.

O tratamento extrajudicial e judicial do superendividamento constitui o quarto princípio. Neste, o legislador apresenta nova oportunidade, um estímulo, aos consumidores superendividados de repactuarem suas dívidas. Por meio de uma audiência global de conciliação, incluindo todos os credores, o consumidor terá a chance de negociar, extrajudicial ou judicialmente,[4] apresentando um projeto de pagamento das dívidas, em prol da solução para sua crise financeira. Caso não seja acolhida a proposta de pagamento, judicialmente o superendividado poderá ter a revisão das cláusulas de todos os contratos que compõem seu processo por superendividamento.

A proteção especial do consumidor pessoa natural, quinto princípio, decorre de previsão constitucional.

O crédito responsável e o reforço da informação, sexto princípio trata a garantia de práticas de crédito responsável. Tendo como base o fácil acesso ao crédito que todos os consumidores possuem atualmente no mundo digital, sem que precisem sequer dirigir-se a uma instituição financeira, o legislador brasileiro buscou reafirmar a necessidade de informações obrigatórias e claras nos contratos de crédito, sob pena da aplicação de sanções previstas no art. 54-D da nova lei.

A preservação do mínimo existencial, sétimo princípio, não menos relevante que os anteriores, tem como base o princípio universal da dignidade da pessoa humana. A nova lei garante que nenhum brasileiro poderá ser desprovido de poder manter a si e sua família das necessidades básicas de sobrevivência em detrimento do pagamento de suas dívidas civis.

---

4. Artigos 104-A e 104-C do novo Marco Regulatório do Superendividamento.

A repactuação da dívida de forma consensual, oitavo princípio, está alinhado com o tratamento extrajudicial e judicial do superendividamento, quarto princípio anteriormente descrito.

A garantia da revisão dos contratos de crédito e venda à prazo nos contratos do consumidor superendividado, nono princípio, oportuniza ao consumidor a revisão e a repactuação de todas suas dívidas, permitindo que sua vida financeira possa ser reconstruída dentro da sua realidade.

As sanções da violação do dever de boa-fé, décimo e último dos princípios, encerra o dever sobre o qual está construída toda a base da lei de prevenção e tratamento do superendividamento.

2.3   As principais inovações trazidas com a nova legislação

O consumidor, pessoa física, muito embora seja a mola propulsora do mercado consumidor, até o advento da Lei 14.181/21,[5] ao contrário das empresas (pessoa jurídica), que contam com a solução jurídica da recuperação judicial, não possuía o mesmo tratamento para a solução do superendividamento. O Marco Regulatório preencheu essa lacuna, vindo ao encontro da necessidade de proteção do consumidor com inovações introduzidas nos Capítulos IV e V do CDC, identificadas e comentadas a seguir:

a) Capítulo IV A:

Sobre a prevenção do superendividamento, crédito responsável educação financeira (Art. 54-A);

Fornecimento de crédito responsável e informação (Arts.54-B, 54-C e 54-D); Direito de Arrependimento (Art. 54-F, § 1º);

Conexão do contrato de consumo com o contrato de crédito (Arts.52 e 54-F);

Nos cuidados e limites na cobrança (Art.54-G).

b) Capítulo V:

Conciliação em bloco de credores (Arts. 104-A e 104-C) e judicial (Art. 104-C);

Direito de revisão e pactuação da dívida (Art. 6º, XI do CDC).

Em linhas gerais, tais capítulos estabelecem maior proteção ao consumidor e a criação de um procedimento extrajudicial para renegociação de dívidas, a obrigatoriedade da oferta de crédito responsável, a inclusão de informações sobre o superendividamento nos órgãos de proteção ao crédito, entre outros dispositivos.

A primeira grande inovação trazida pelo Marco Regulatório diz respeito à criação do plano de pagamento prevista no Art.104-A. Após a audiência de conciliação, caso as partes não cheguem a um acordo, o devedor poderá apresentar um plano de pagamento

---

5. BRASIL. Lei 11.481, de 31 de maio de 2007. Disponível em: https://www.planalto.gov.br/ccivil_03/_ato2019-2022/2021/lei/l14181.htm. Acesso em: 19 abr. 2023.

das dívidas, que será analisado pelo juiz. Esse plano deverá levar em consideração a capacidade financeira do devedor e os valores das dívidas.

A segunda inovação a ser destacada, refere-se à proibição de cobrança de juros de mora e multas. Segundo a nova lei, durante o processo de negociação das dívidas, os juros de mora e as multas não poderão ser cobrados.

A terceira grande inovação está na obrigatoriedade de audiência de conciliação nos processos judiciais. O Marco Regulatório estabelece que, antes de ingressar com ação judicial para cobrar as dívidas, os credores devem participar de uma audiência de conciliação. Essa audiência será realizada no juízo do domicílio do devedor e deve contar com a presença de todas as partes envolvidas.

A possibilidade de repactuação das dívidas também se destaca como grande inovação. Tal regra prevê que os credores poderão oferecer propostas de renegociação de dívidas durante o processo de conciliação. No entanto, há estabelecimento de limites para a renegociação. Estas deverão considerar a capacidade financeira do devedor e os limites para as condições de pagamento deverão ser fixados por resolução do Conselho Nacional de Defesa do Consumidor.

A criação de um procedimento preventivo de superendividamento, além de inovar, tem efeito pedagógico para a sociedade consumidora. Tal procedimento poderá ser iniciado pelo devedor ou por terceiros. Esse procedimento terá como objetivo buscar solução consensual para a situação de endividamento. Atenta a oferta do crédito fácil, uma das grandes causas do superendividamento, a nova lei estabelece regras mais rigorosas para a contratação de crédito consignado, como a limitação da taxa de juros e a proibição de venda casada.

A mudança introduzida na legislação representa um avanço significativo no direito do consumidor. A um, porque busca combater à exclusão social do consumidor que, por consequência, atinge diretamente a dignidade da pessoa humana. A dois, porque institui mecanismos eficazes para proteger os consumidores de práticas abusivas e desequilibradas por parte do sistema financeiro. A três, porque promove diferentes oportunidades de resolução do conflito e estimula a criação de soluções por parte do próprio consumidor endividado que poderá, juntamente como seu advogado, criar um plano de pagamento de suas dívidas, de acordo com sua real situação financeira. Pode-se concluir, que os procedimentos adotados muito se assemelham aos da recuperação judicial, no caso da pessoa jurídica.

3. A ATUAÇÃO ESTRATÉGICA DA ADVOCACIA NA BUSCA DE SOLUÇÕES JUSTAS E EFETIVAS PARA OS CONFLITOS DO SUPERENDIVIDAMENTO

Os desafios da advocacia na atuação dos direitos do consumidor superendividado são muitos e complexos. De acordo com a pesquisa realizada pelo Instituto de Pesquisa Econômica Aplicada (IPEA) em parceria com a Secretaria Nacional do Consumidor (SENACON), dentre os principais desafios enfrentados pelos advogados no enfrentamento do superendividamento estão a falta de conhecimento dos consumidores sobre seus direitos, a dificuldade de acesso à justiça, a insuficiência de soluções extrajudiciais de conflitos e a falta de padronização das ações judiciais relacionadas ao tema.

Como bem apontado por Cláudia Lima Marques, na obra Proteção ao Consumidor Endividado,

> O advogado tem um papel fundamental na prevenção e resolução dos conflitos oriundos do superendividamento do consumidor, atuando tanto na esfera judicial como extrajudicial. É importante que ele esteja capacitado e atualizado sobre as normas e práticas que envolvem o mercado de crédito, para que possa prestar uma assistência adequada aos seus clientes nessa área (Marques, 2020, p. 402).[6]

Ademais, o advogado é o profissional que possui o conhecimento técnico necessário para orientar e defender os interesses dos consumidores superendividados. Ele é capaz de analisar os contratos de crédito, identificar possíveis cláusulas abusivas, negociar dívidas e ingressar com ações judiciais para proteger os direitos dos consumidores.

Com a entrada em vigor do Marco Regulatório do Superendividamento, os advogados têm papel indispensável na proteção dos direitos dos consumidores. Eles precisam se especializar na aplicação da nova legislação e na defesa dos interesses dos consumidores superendividados para a efetiva aplicação e proteção dos direitos dos consumidores.

O novo Marco inclui algumas medidas importantes, como a criação de procedimentos extrajudiciais de renegociação de dívidas e a possibilidade de ajuizamento de ação judicial para renegociação de dívidas com garantias reais. Nesse contexto, o advogado pode atuar tanto na negociação extrajudicial quanto na defesa judicial dos interesses dos consumidores (Marques, 2012).[7]

Considerando que o superendividado já trilhou um caminho de tentativas frustradas de negociações, e, por conseguinte, já existe um desgaste natural na relação devedor e credor, o advogado assume papel estratégico. As tratativas, quando realizadas por um advogado tendem a ser mais exitosas, eis que serão necessárias diversas etapas até a apresentação do plano de pagamento. Não se trata de uma simples proposta e sim de um procedimento jurídico que exige conhecimento e acompanhamento especializado, tanto na esfera extrajudicial quanto na judicial.

A nova lei prioriza que a resolução dos conflitos seja por meio de autocomposição, haja vista a introdução do Capítulo V[8] que trata a conciliação no endividamento. Isso demonstra a preocupação do legislador para que a solução seja feita de forma humanizada e que tenha resultados efetivos.

---

6. MARQUES, Cláudia Lima. Proteção ao consumidor endividado. In: SCHREIBER, Anderson et al. (Org.). *Direito do consumidor contemporâneo*. São Paulo: Ed. RT, 2020.
7. MARQUES, Claudia Lima. O novo direito brasileiro do consumidor: paradoxos e desafios. *Revista de Direito do Consumidor*, n. 81, p. 15-63, 2012.
8. BRASIL. Lei 14.181, de 31 de maio de 2007. Disponível em: https://www.planalto.gov.br/ccivil_03/_ato2019-2022/2021/lei/l14181.htm. Acesso em: 19 abr. 2023.

Nesse aspecto, o advogado tem papel fundamental, pois a questão precisará ser avaliada de forma criteriosa, além de que será também deste profissional, a responsabilidade de conscientizar o consumidor endividado sobre as várias etapas do procedimento, como a educação financeira, condição essencial para a adesão e solução do conflito.

Assim, como em outras áreas do Direito, a possibilidade de solução por meio de qualquer dos métodos autocompositivos de solução do conflito, também nos casos de superendividamento, trará benefícios a todas as partes envolvidas, diante das muitas vantagens que esses métodos proporcionam, especialmente a agilidade, a economia, a confidencialidade e o absoluto controle do proponente, que assume papel de protagonista nas propostas e soluções a serem apresentadas, mesmo considerando as disposições legais aplicáveis ao caso.

A Cartilha sobre o Tratamento do Superendividamento do Consumidor, elaborada pelo CNJ[9] trouxe um capítulo especial sobre a condução das soluções de conflito para os superendividados através dos núcleos de conciliação e mediação de conflitos oriundos do superendividamento, nos arts. 1º e 2º, a seguir reproduzidos:

> Art. 1º Recomendar aos tribunais brasileiros a implementação de Núcleos de Conciliação e Mediação de Conflitos oriundos de superendividamento, os quais poderão funcionar perante aos CEJUSCs ora existentes, responsáveis principalmente pela realização do procedimento previsto no art. 104-A, do Código de Defesa do Consumidor. Parágrafo único. A fim de assegurar a uniformidade nos procedimentos das atividades desenvolvidas nos Núcleos, recomenda-se aos magistrados e magistradas coordenadores e coordenadoras a adoção do Fluxograma, bem como do Formulário Padrão, constantes nos Anexos I e II desta Recomendação.

> Art. 2º Recomendar aos tribunais que envidem esforços para celebrar os convênios necessários à consecução dos objetivos da Política Nacional das Relações de Consumo, em especial com os órgãos integrantes do Sistema Nacional de Defesa do Consumidor (SNDC) e instituições financeiras, a fim de promoverem e facilitarem a solução de conflitos oriundos do superendividamento, e também oferecerem oficinas interdisciplinares de educação na área de finanças e preparação de proposta e plano de repactuação, além de prestar serviços de orientação, assistência social e acompanhamento psicológico dos consumidores superendividados, na medida das suas possibilidades econômico-financeiras.

Nota-se a preocupação do órgão em regular e ao mesmo tempo oferecer os meios e condições para que tais conflitos sejam solucionados por meio da conciliação e mediação, possibilitando ao consumidor acesso à oficinas de educação financeira para que possa apresentar, juntamente com seu advogado, um plano exequível para a solução do endividamento, criando uma cultura de controle e autorresponsabilidade das finanças pessoais, promovendo políticas públicas para prevenção, tratamento e resolução de conflitos do superendividamento.

Por tudo que consta do Marco Regulatório do Superendividamento, é de se concluir que o legislador inovou não só nas condições de negociação das dívidas como também

---

9. CONSELHO NACIONAL DE JUSTIÇA. Cartilha sobre o Tratamento do Superendividamento do Consumidor. Disponível em: https://www.cnj.jus.br/wp-content/uploads/2022/08/cartilha superendividamento.pdf. Acesso em: 19 abr. 2023.

se preocupou em criar condições para que os consumidores evoluam na forma de tratar suas finanças pessoais, e ainda, indica de forma clara e objetiva, que sejam utilizados pelos operadores do direito, prioritariamente, os métodos autocompositivos para a resolução desses conflitos.

A despeito das vantagens da utilização dos métodos autocompositivos, o consumidor, talvez por uma questão cultural, acredita que somente a judicialização poderá tratar o superendividamento. Caberá, então, ao advogado, demonstrar que a solução poderá ser mais efetiva se construída com ciência, em técnicas de conciliação e mediação; que, desta forma, havendo definição dos papéis de cada uma das partes envolvidas, estando o consumidor endividado, na condição de hipossuficiente, poderá honrar suas obrigações financeiras, ao mesmo tempo que estará protegido pelas melhores condições de prazo de pagamento, sem incidência de juros e multas; que poderá voltar a consumir, com a garantia de um mínimo para sua subsistência.

Todas as condições que objetivam a proteção do consumidor endividado estão previstas neste novel diploma. Caberá ao advogado informar, orientar e demonstrar ao consumidor superendividado a possibilidade de que seu conflito poderá ser resolvido de forma mais humanizada e inclusiva com métodos que coloquem as partes, notadamente o consumidor, como protagonistas da solução do conflito. Assim, a lei viabiliza o censo de autorresponsabilidade e a colaboração de forma decisiva para o alcance de seu maior objetivo, sendo a retomada do crescimento econômico saudável com base no crédito responsável e a reinserção de consumidores no mercado brasileiro.

4. A NEGOCIAÇÃO E A MEDIAÇÃO COMO FERRAMENTAS EFICAZES NA BUSCA DE UMA SOLUÇÃO PARA O CONSUMIDOR SUPERENDIVIDADO

4.1 O uso da negociação

Como mencionado anteriormente, com a entrada em vigor do Marco Regulatório do Superendividamento, os advogados passam a ter um papel ainda mais relevante na proteção dos direitos dos consumidores. No entanto, para além do conhecimento jurídico e normativo, para que se auxilie o superendividado no alcance de uma solução satisfatória e sustentável, há necessidade de que o seu advogado e os advogados dos credores tenham acesso à formação e informação sobre a conduta a ser seguida em um processo orientado pelo consenso e pela satisfação de interesses de todos os envolvidos. Percebe-se ainda, no mundo jurídico, que muitos advogados possuem poucos instrumentos de negociação e ainda pouco sabem sobre como atuar em processos autocompositivos como a mediação ou mesmo uma conciliação mais estruturada.

Nesse cenário a lição do Prof. James K. Sebenius, em entrevista para a HSM Management,[10] é muito valiosa tanto para o advogado do devedor, quanto para os advogados dos credores,

---

10. HSM Management. A Arquitetura do Acordo. Disponível em: https://pt.scribd.com/document/142768171/A--Arquitetura-Do-Acordo-HSM-1998. Acesso em: 12 maio 2023.

Encare a negociação como se fosse uma sessão conjunta de preparação. A negociação torna-se uma reunião de resolução de problemas na qual os participantes podem usar as ferramentas de preparação para construir o melhor resultado possível para todos. Posicione-se lado a lado em vez de frente a frente com seus interlocutores. *A cooperação é maior quando se está do mesmo lado*(g.n.).

E pensando nessa preparação conjunta, os advogados envolvidos na construção da solução devem considerar, sobretudo, os 4(quatro) Princípios de Harvard[11] que podemos resumir da seguinte forma:

a) Separar as pessoas do problema

Você está lidando com seres humanos e cada um deles têm emoções, valores, experiências e pontos de vista diferentes. Lembre que em uma situação de superendividamento o devedor já está fragilizado e confuso, ter oportunidade de contar sua história, sentimentos e seus desafios é parte importante do processo.

A dica para lidar bem com os problemas dessas pessoas é mudar a forma de tratar as questões, não as pessoas. Coloque-se no lugar delas, não deduza a intenção do outro com base na sua visão de mundo apenas.

Ouça o superendividado com muita atenção, afinal ele precisa ser acolhido. Como bem mencionado no Marco Regulatório, o superendividado é uma parte de boa fe que não consegue pagar suas dívidas de consumo, de maneira reiterada e duradoura, sem comprometer seu mínimo existencial e busca recuperar sua dignidade. Portanto, demonstre compreensão pelo que está sendo dito e fale para ser compreendido. Novamente, o que vem para a mesa de negociação é o problema e não as pessoas.

b) Concentre-se em interesses e não em posições

Trata-se aqui de uma negociação multipartes, muitos interesses podem não estar totalmente explícitos no início, nem sempre o que se pede é o que se quer, de fato. O problema básico em uma negociação não é o conflito de posições, mas de necessidades, desejos, preocupações e aqui não é diferente.

Nem sempre isso é óbvio. Por esta razão, lembre-se de que por trás de posições contrárias existem interesses conflitantes, mas também, surpreendentemente, interesses comuns e compatíveis. Pergunte "por quê?", "por que não?", coloque-se no lugar dos participantes e examine com cautela as posições assumidas por eles diante das reais necessidades que você identificou.

No caso do advogado do credor é importante explorar bastante esses interesses, uma vez que o acordado precisa ser sustentável para o devedor e para o grupo de credores como um bloco.

c) Gere o máximo de opções de ganhos mútuos possíveis

Invista tempo em aumentar o número de opções de soluções, busque ganhos recíprocos e incentive maneiras facilitar as decisões de todos. Aqui mais uma vez, é preciso

---

11. FISHER, Roger.; URY, William. L.; PATTON, Bruce. *Como Chegar ao Sim*: Como negociar acordos sem fazer concessões.

ter a capacidade de compreender que, para que todos os credores fechem um acordo é necessário que a solução atenda, de alguma forma, às necessidades de todos. A cada vez que se cria opções, mais chance se tem de todos aderirem ao acordo.

Defina os resultados que gostaria de obter. Identifique os interesses em comum. Uma das melhores formas de harmonizar interesses é pensar nas diversas opções e perguntar ao outro o que lhe agrada.

Nesse ponto também é necessário pensar nas formas de colocar em prática o que se combinou durante a negociação. Lembre-se de que nem tudo o que se quer, pode ser executado na prática e, por isso, é preciso testar a viabilidade das ideias e opções compartilhadas e aceitas. Esse ponto precisa especialmente ser trabalhado com o devedor.

d) Insista em usar critérios objetivos

O resultado da negociação deve se basear em critérios objetivos e claros. Todas as partes envolvidas devem sair com o sentimento de que foram atendidas ao máximo possível nos seus interesses. Trazer números, estatísticas, exemplo do que seria se manter em um processo, pode ser um bom caminho.

Por fim, vale destacar a importância da qualidade da *boa comunicação* durante todo o processo de negociação, especialmente para compreensão do devedor do que está assumindo para não deixar margem a dúvidas futuras e nem inviabilizar a sustentabilidade do acordo.

4.2 O USO DA MEDIAÇÃO E DA CONCILIAÇÃO EM PROL DA AUTOCOMPOSIÇÃO PARA O CONSUMIDOR SUPERENDIVIDADO

A advocacia reconhece que a mediação e a conciliação são valiosos instrumentos para a resolução de conflitos. Além de advogados com conhecimentos das técnicas de negociação e dispostos a trabalhar para o alcance de bons resultados, a participação de um profissional facilitador da negociação aumentará a eficiência do processo de construção de uma solução adequada ao superendividado. Isto porque esse profissional desenvolve com habilidade os papéis de conciliador e mediador, sabendo utilizar ferramentas necessárias para impulsionar uma solução adequada para o superendividado.

Isto porque, em uma mesma sessão de resolução de conflitos relacionados ao Superendividamento, várias técnicas de conciliação e mediação podem ser utilizadas concomitante e sucessivamente.

De forma geral, a conciliação é um processo consensual mais breve que a mediação, mas que também busca uma efetiva harmonização social e a restauração, dentro dos limites possíveis, da relação social das partes.

No Brasil, a conciliação é um método utilizado em conflitos mais simples e restritos, em que não exista um vínculo entre as partes antes do surgimento do conflito. Nesse procedimento o terceiro facilitador, conciliador, pode adotar uma posição mais ativa que a do mediador. No entanto, assim como na mediação, deverá se manter imparcial.

A conciliação não era utilizada com todo o seu potencial no Brasil e acabou ganhando fama de mais uma etapa burocrática do processo judicial. Porém, e mais recentemente, com o advento do Novo Código de Processo Civil, constata-se o rápido avanço qualitativo e quantitativo da utilização desse procedimento, avançando a passos largos para ampliar a qualidade e a forma de utilização desse procedimento.

Vale ressaltar que os dois mecanismos, mediação e conciliação, têm como ponto comum importantes princípios como: informalidade, simplicidade, economia processual, celeridade; decisão informada; respeito à ordem pública e às leis vigentes.

Algumas das vantagens da participação de um conciliador ou de um mediador nesse cenário do Superendividamento são:

a) Estabelecimento de regras e de uma agenda para o procedimento e para a atuação de cada parte;

b) Investigação da sustentabilidade e adequação das propostas das partes, fazendo perguntas, escutando ativamente e observando a comunicação de todos envolvidos a fim de harmonizar a dinâmica e levantar pontos sensíveis;

c) Incentivo à criatividade das partes direcionando-as ao futuro,

d) Aproximação das contextualizações do conflito apresentadas pelas partes, por meio da elaboração de listas individuais de consonâncias e dissonâncias sucessivas até que se chegue a um cenário que contemple a todos envolvidos de forma satisfatória;

e) Elaboração de perguntas pelo mediador, a fim de que sejam detectadas as propostas implícitas das partes, que se diferenciam dos pedidos e que possam destravar nós no caminho para avançar na solução de forma criativa e inovadora;

f) Verificação por um terceiro neutro e independente quanto à sustentabilidade da proposta escolhida como a melhor opção para solução do conflito de interesses.

Assim, a negociação, a mediação e a conciliação, através da advocacia nos casos de superendividamento, permitem ampliar as hipóteses de construção de um consenso entre as partes, seja pelo processo dialógico e humano que esses institutos proporcionam aos envolvidos, seja pela maximização dos ganhos mútuos que um acordo oriundo desses métodos autocompositivos pode alcançar.

5. CONSIDERAÇÕFS FINAIS

Ao longo dos anos, e especialmente pelo crescimento da cultura do consumo aliada às facilidades tecnológicas, o endividamento das pessoas e das famílias brasileiras tornaram-se quase uma epidemia.

O Brasil pós pandemia, onde as expectativas de crescimento foram totalmente frustradas, trouxe a necessidade de que se criassem alternativas para que a pessoa física tivesse, assim como as empresas, oportunidade e condições de tratar o superendividamento de maneira efetiva.

Como mencionado, o superendividamento é um problema que afeta milhares de brasileiros e o Marco Regulatório do Superendividamento estabelece importantes dispositivos para a prevenção, o tratamento e a resolução dos conflitos que surgem, ao trazer princípios fundamentais como a obrigatoriedade da educação financeira, a possibilidade de apresentar um plano conjunto de pagamento, a criação da conciliação e a questão fundamental do valor mínimo para a sobrevivência. Nesta seara, o advogado apresenta-se como parte fundamental nesse contexto, podendo atuar na educação financeira, na representação em processos judiciais, na solução extrajudicial de conflitos e no acesso à justiça para superendividados.

Neste contexto, é fundamental ressaltar a importância da advocacia em oferecer conhecimento especializado nesta área, com foco não apenas no estudo aprofundado no Marco Regulatório do Superendividamento, mas também no desenvolvimento de habilidades comportamentais, como a negociação, para compreender a resolução de problemas complexos, bem como se aprofundar em temas multidisciplinares, como economia e finanças, a fim de desenvolver planos de recuperação ou repactuação de dívidas para seus clientes consumidores.

A advocacia, portanto, tem uma função crucial na luta contra o superendividamento, assegurando a defesa dos direitos dos consumidores e trabalhando incansavelmente para restaurar a estabilidade financeira daqueles que enfrentam situações de dificuldade econômica, oferecendo uma chance real de recomeço, inclusão social e uma vida livre do fardo das dívidas.

REFERÊNCIAS

BACELAR, T.; POMBO, O. Superendividamento do consumidor: análise crítica da experiência estrangeira e proposições para o ordenamento jurídico brasileiro. *Revista de Direito do Consumidor*, v. 100, p. 119-146, 2015.

BERTONCELLO, Karen. Núcleos de conciliação e mediação de conflitos nas situações de superendividamento: conformação de valores da atualização do Código de Defesa do Consumidor com a Agenda 2030. *Revista de Direito do Consumidor*, v. 138, set./out. 2021.

BRAGA, Flávio Cheim. O advogado na defesa dos consumidores endividados. *Revista de Direito do Consumidor*, v. 119, p. 69-80, 2020.

BRASIL. Lei 14.181, de 1º de julho de 2021. Dispõe sobre o superendividamento do consumidor pessoa natural. Diário Oficial da União, Brasília, DF, 2 jul. 2021. Disponível em: http://www.planalto.gov.br/ccivil_03/_ato2019-2022/2021/lei/L14181.htm. Acesso em: 19 abr. 2023.

CARVALHO, André Luiz Santa Cruz Ramos de. O superendividamento do consumidor brasileiro e a necessidade de uma lei específica. *Revista de Direito do Consumidor*, v. 108, p. 109-135, jan./fev. 2017.

CONSELHO NACIONAL DE JUSTIÇA. Cartilha Sobre o Tratamento do Superendividamento do Consumidor. 2022. Disponível em: https://www.cnj.jus.br/wp-content/uploads/2022/08/cartilha-superendividamento.pdf. Acesso em: 19 abr. 2023.

DE WAELE, Henri. Comparative Analysis of Consumer Bankruptcy Systems: A European and International Perspective. *International Insolvency Review*, v. 20, n. 3, p. 251-266, 2011.

FISHER, Roger; URY, William; PATTON, Bruce. *Como chegar ao sim*: como negociar acordos sem fazer concessões. 2. Ed. Rio de Janeiro: Imago, 1994.

FRANCO, Marielza Brandão. *Superendividamento do consumidor*. Fenômeno social que merece regulamentação legal. Ano 1 (2012), n. 10, 6033-6053. Disponível em: http://www.idb-fdul.com/. Acesso em: 19 abr. 2023.

GIOVANNINI, Alessandro. Consumer Over-indebtedness and Debt Restructuring: Lessons from the Italian Experience. *Journal of Consumer Policy*, v. 40, n. 1, p. 57-71, 2017.

HUNT, Donna J. From Debt to Discharge: A Comparative Analysis of Consumer Bankruptcy Systems in the United States and United Kingdom. *North Carolina Journal of International Law and Commercial Regulation*, v. 41, n. 3, p. 597-628, 2016.

LÔBO, Paulo Luiz Netto. *Superendividamento do consumidor*: Lei 14.181, de 1º de julho de 2021. São Paulo: Ed. RT, 2021.

LOPES, L. A. L. Superendividamento do consumidor e o papel do advogado. In: LIMA, M. M. S.; SANTOS, M. F.; VIEIRA, R. C. (Org.). *A advocacia na defesa do consumidor*: teoria e prática. Rio de Janeiro: Lumen Juris, 2019.

MACEDO, P. H. P. de. *O superendividamento do consumidor*: a experiência brasileira e as soluções adotadas em outros países. 2016. Dissertação (Mestrado em Direito) – Universidade Federal da Bahia, Salvador, 2016.

MARQUES, Claudia Lima. *Contratos no Código de Defesa do Consumidor*: o novo regime das relações contratuais. 4. ed. rev., atual. e ampl. São Paulo: Ed. RT, 2002.

MARQUES, Claudia Lima. O novo direito brasileiro do consumidor: paradoxos e desafios. *Revista de Direito do Consumidor*, n. 81, p. 15-63, 2012.

MARQUES, Claudia Lima. Direito do Consumidor e superendividamento: lei 14.181/2021. In: MARQUES, Claudia Lima; BENJAMIN, Antonio Herman de Vasconcellos e; BESSA, Leonardo Roscoe (Org.). *Código Brasileiro de Defesa do Consumidor* comentado pelos autores do anteprojeto. 12. ed. rev., atual. e ampl. São Paulo: Ed. RT, 2022.

MARQUES, Claudia Lima. *O novo regime das relações contratuais no Código de Defesa do Consumidor*. São Paulo: Ed. RT, 2021.

MARQUES, Claudia Lima. Proteção ao consumidor endividado. In: SCHREIBER, Anderson et al. (Org.). *Direito do consumidor contemporâneo*. São Paulo: Ed. RT, 2020.

MAZZOTTA, T. L. B. *O superendividamento do consumidor*: uma análise crítica do ordenamento jurídico brasileiro. 2016. Dissertação (Mestrado em Direito) – Universidade Federal de Santa Catarina, Florianópolis, 2016.

MINISTÉRIO DA JUSTIÇA E SEGURANÇA PÚBLICA. Superendividamento. Brasília, DF, 2021. Disponível em: https://www.gov.br/justica/pt-br/assuntos/consumeristas/superendividamento. Acesso em: 19 abr. 2023.

NUCCI, Guilherme de Souza. *Manual de processo penal e execução penal*. 14. ed. São Paulo: Ed. RT, 2017.

RIZZARDO, Arnaldo. *Contratos de crédito ao consumo*. 9. ed. São Paulo: Ed. RT, 2017.

VASCONCELOS, R. A. de. Superendividamento: causas e soluções. *Jusbrasil*, 2021. Disponível em: https://www.jusbrasil.com.br/artigos/1184505369/superendividamento-causas-e-solucoes. Acesso em: 19 abr. 2023.

ZWICK, Timm; HILLEBRANDT, Frank. The French Approach to Over-Indebtedness. *Journal of Consumer Policy*, v. 30, n. 2, p. 169-193, 2007.

CONSIDERAÇÕES SOBRE O SUPERENDIVIDAMENTO E O TRATAMENTO CONFERIDO PELAS INSTITUIÇÕES FINANCEIRAS

Luis Vicente de Chiara

LLM. pela University of Virginia. Pós-graduado e Graduado pela Pontifícia Universidade Católica de São Paulo. Advogado e Diretor Jurídico da FEBRABAN.

Anselmo Moreira Gonzalez

Mestre em Direito Constitucional pelo IDP-DF. Especialista em Processo Civil pela PUC-SP. Graduado em Direito pela Mackenzie. Consultor Jurídico da FEBRABAN e Presidente da Comissão de Direito Bancário da OAB/SP (Pinheiros).

Sumário: 1. Introdução – 2. Direito ao crédito e direitos fundamentais – 3. As normas de proteção ao consumidor superendividado – 4. Apontamentos sobre a realidade do superendividamento e o mercado de crédito no Brasil – 5. Considerações sobre o mínimo existencial – 6. A autorregulação bancária na prevenção ao superendividamento – 7. Conclusão – Referências.

1. INTRODUÇÃO

A regulamentação do superendividamento, sobretudo por meio da edição da lei 14.181/21, sem dúvida foi um dos grandes marcos normativos do Direito nacional, das últimas décadas.

O tema é deveras sensível e, não por acaso, tem sido alvo de grande debate. Envolve diretamente a dignidade das pessoas naturais, a consolidação das estruturas familiares, o comportamento dos mercados financeiro e de consumo e, em aspectos macroeconômicos, o próprio desenvolvimento nacional.

O objetivo do presente artigo é justamente tecer algumas considerações sobre o tema do superendividamento, com enfoque não apenas na interpretação das normas internacionais e nacionais que contemplam suas diretrizes fundamentais, mas também, considerando o mercado de crédito e a realidade apontada pelos principais órgãos reguladores do setor financeiro.

Com isso em mente, pretendemos analisar ainda as principais iniciativas adotadas pelas instituições financeiras para prevenção e combate ao superendividamento e em que medida a regulamentação do conceito de mínimo existencial interfere no fino equilíbrio estabelecido entre controle do superendividamento e o desenvolvimento da economia nacional.

2. DIREITO AO CRÉDITO E DIREITOS FUNDAMENTAIS

A dignidade da pessoa humana é um valor constitucional fundamental, conforme disposto no artigo 1º, III da Constituição Federal. Esse valor se manifesta em diversas dimensões e, em um mundo em constante transformação impulsionado pela tecnologia e globalização, a dignidade humana assume o papel primordial. É por meio da vida digna que se sustenta um dos pilares mais importantes da "Ordem Econômica e Financeira", conforme idealizado pelo Constituinte de 1988, no caput do artigo 170.

De fato, a busca por uma vida digna, frequentemente concebida sob a ótica da justiça social, apresenta um forte componente econômico. Isso ocorre porque o cidadão, por meio de suas oportunidades financeiras de progresso, assegura efetivamente o acesso aos bens de consumo que proporcionam conforto material tanto para si mesmo quanto para sua família, o que resulta em uma plena integração aos mercados.

Quando privado do acesso aos meios que permitem explorar as oportunidades oferecidas pelo mundo moderno, o indivíduo se vê em uma situação de exclusão e abandono na sociedade. Em contraste, uma pessoa com crédito tem a oportunidade de experimentar a plenitude da inclusão social, com todos os benefícios virtuosos que dela derivam.

Com esse ponto de vista, o "direito ao crédito" assume uma conotação social significativa, visto que é por meio de sua concretização que o indivíduo se depara com oportunidades reais de progresso pessoal e de libertação das amarras estruturais que o mantêm em uma vida de privações e pobreza.

De fato, o direito ao crédito, apresenta-se como uma consequência lógica do conjunto de direitos fundamentais estabelecidos pela Constituição, servindo como uma base essencial para o desenvolvimento econômico do país e, acima de tudo, do indivíduo. O direito ao crédito é a ferramenta sem a qual várias das promessas constitucionais não poderiam ser cumpridas.

É por meio dele que se busca assegurar (i) uma vida digna (art. 1º, III), (ii) a cidadania (art. 1º, II), (iii) uma sociedade livre, justa e solidária (art. 3º, I), (iv) o desenvolvimento social (art. 3º, II), e, ao mesmo tempo, (v) erradica-se a pobreza e a marginalização (art. 3º, III), (vi) reduz-se as desigualdades sociais e regionais (art. 3º, III), e (vii) se promove o bem de todos. Há uma íntima relação, portanto, entre o direito ao crédito e os princípios estruturantes do nosso modelo constitucional.

Em 2006 essa noção ganhou uma nova dimensão quando Muhammad Yunus, um economista e banqueiro bengali, foi laureado com o prêmio Nobel da Paz. Seu trabalho por meio do *Grameen Bank* (Banco do Povo) e sua própria história de vida evidenciaram a relação estreita existente entre o direito ao crédito (no caso, o microcrédito) e a erradicação da pobreza.[1]

---

1. YUNUS, Muhammad. *Banker to the Poor*: Micro-lending and the Battle Against world poverty. Livro publicado em julho de 2003.

Yunus percebeu que, por meio de pequenos empréstimos e serviços financeiros, ele poderia ajudar pessoas com grandes dificuldade de se manterem a se libertarem da pobreza. Em 1983, estabeleceu o *Grameen Bank,* baseado na sua convicção de que o crédito é um direito humano fundamental. Em 25 anos, o Banco ergueu-se como a mais importante de uma rede de instituições similares em 100 países, permitindo que milhões de pessoas saíssem da pobreza por meio da concessão de autonomia econômica individual.

Para os mais vulneráveis, o direito ao crédito se torna também uma expressão fundamental de confiança, de autoimagem, do bom nome e de reputação, trazendo em sua concessão não só o recurso monetário, mas ganhos psicológicos de autoestima e reinclusão social, tudo em franca contribuição ao valor da dignidade da pessoa humana.

Importante destacar também que o empréstimo de recursos é típica operação representativa do sistema financeiro que, na própria expressão da Constituição, é "estruturado de forma a promover o desenvolvimento equilibrado do País e a servir aos interesses da coletividade, em todas as partes que o compõem" (art. 192 da CF). Esses são precisamente os objetivos também do exercício do direito ao crédito, visto na dimensão do espaço do indivíduo.

Portanto, o direito ao crédito, embora não verbalizado explicitamente na Constituição de 1988, é um direito real, vivo, consectário direto de vários dos direitos fundamentais lá previstos e que muito bem pode encontrar a sua *sedes materiae* no art. 5º, § 2º; e na combinação lógica e sistemática dos arts. 1º, II e III; 3º, II e III; e 170, *caput*, VII, da CF.

3. AS NORMAS DE PROTEÇÃO AO CONSUMIDOR SUPERENDIVIDADO

O Direito ao crédito não é um direito absoluto e, por isso, exige regulação equilibrada de maneira a proteger o consumidor contra práticas que podem fragilizar sua própria condição econômica.

Essa tem sido a tônica de tratamento internacional da questão desde a aprovação, em 16.04.1985, da Resolução 39/248, passando pela Resolução 1999/7, de 26.07.1999 e pela Resolução 70/186, de 22.12.2015, todas da ONU, e a adoção, ao longo desse período, das Orientações mesmo em matéria de proteção do consumidor (*"Guidelines for Consumer Protection"*).

Das questões atinentes ao oferecimento de crédito no Brasil, a que tem atraído mais atenção é a situação de superendividamento, quando ocorre a impossibilidade de o devedor pessoa física, consumidor de boa-fé, pagar todas as suas dívidas atuais e futuras de consumo sem o comprometimento de valor mínimo necessário para a sua subsistência.

Trata-se de um fenômeno global, característico da sociedade de consumo e da economia de mercado. Para prevenir esse fenômeno, é necessário assumir a responsabilidade pela oferta e pelo uso do crédito, estar ciente dos riscos do endividamento e reconhecer a importância da educação financeira. Consumo e crédito são interdependentes e só beneficiam indivíduos e sociedades quando usados com prudência e equilíbrio.

Embora o acesso ao crédito possa ser um impulsionador do progresso e do desenvolvimento social, o superendividamento afeta negativamente aspectos importantes da dignidade humana. Portanto, a oferta de crédito só será benéfica para o país se acompanhada por medidas preventivas contra o superendividamento. Restringir o acesso ao crédito não é uma dessas medidas preventivas.

No Brasil, importante passo foi dado com a promulgação da Lei 14.181, de 01.07.2021, que alterou a Lei 8.078, de 11.09.1990 (Código de Defesa do Consumidor), para "aperfeiçoar a disciplina do crédito ao consumidor e dispor sobre a prevenção e o tratamento do superendividamento".

Dentre as duas principais mudanças empreendidas no Código de Defesa do Consumidor, estão a inclusão, como princípios da Política Nacional das Relações de Consumo, o "fomento de ações direcionadas à educação financeira e ambiental dos consumidores" e a "prevenção e tratamento do superendividamento como forma de evitar a exclusão social do consumidor" (art. 4º, IX e X). Já no art. 5º do CDC foram inseridos, como novos instrumentos da PNRC, a "instituição de mecanismos de prevenção e tratamento extrajudicial e judicial do superendividamento e da proteção do consumidor pessoa natural" e "instituição de núcleos de conciliação e mediação de conflitos oriundos do superenvididamento".

A própria lei, portanto, já estabelece os instrumentos que servem para promover o crédito responsável e evitar situações de superendividamento: I) tratamento especial aos vulneráveis; II) mecanismos de conciliação e mediação de conflitos advindos do superendividamento; e III) promoção de ações dirigidas à educação financeira.

A Lei 14.181/2021 ainda fixou a definição de superendividamento como "a impossibilidade manifesta de o consumidor pessoa natural, de boa-fé, pagar a totalidade de suas dívidas de consumo, exigíveis e vincendas, sem comprometer seu mínimo existencial, nos termos da regulamentação" (novo art. 54-A, § 1º, do CDC).

E, finalmente, no plano dos princípios estruturantes da proteção do consumidor, a lei estabeleceu três novos direitos do consumidor, dentre os quais se destaca "a garantia de práticas de crédito responsável, de educação financeira e de prevenção e tratamento de situações de superendividamento, preservado o mínimo existencial, nos termos da regulamentação". Aliás, é importante destacar que *a definição de mínimo existencial foi deixado para a "regulamentação" – por meio de típica reserva regulamentar* – em, ao menos, cinco dispositivos: novo art. 6º, XI e XII; novo art. 54-A § 1º; novo art. 104-A; e novo art. 104-A, § 1º, todos do CDC.

Essa regulamentação veio por meio do Decreto 11.150, de 26.07.2022, que trouxe os seguintes pontos de destaque: I) a reafirmação do conceito de superendividamento, já fixado em lei (art. 2º); II) a definição do mínimo existencial como equivalente a "a vinte e cinco por cento do salário-mínimo vigente na data da publicação deste Decreto" (art. 3º); III) a delimitação do comprometimento do mínimo existencial por meio da "contraposição entre a renda total mensal do consumidor e as parcelas das suas dívidas vencidas e a vencer no mesmo mês", não sendo computadas "as dívidas e os limites de crédito não afetos ao consumo" (art. 4º), os limites de crédito não utilizados de cheque especial e linhas de crédito pré-aprovadas.

O quadro legislativo, portanto, expressa o enorme desafio de se encontrar o ponto de equilíbrio entre a garantia do acesso ao crédito e a prevenção ao superendividamento.

4. APONTAMENTOS SOBRE A REALIDADE DO SUPERENDIVIDAMENTO E O MERCADO DE CRÉDITO NO BRASIL

Tem sido bastante frequente a apresentação de pesquisas e estatísticas abordando a situação de endividamento das famílias brasileiras, na sua generalidade divulgadas por entidades respeitadas, cujos dados são amplamente discutidos e explorados. Contudo, a adequada interpretação dos números assim divulgados demandam alguns esclarecimentos.

Um ponto controvertido, por exemplo, diz respeito ao fato de o cartão de crédito ser o maior responsável pelas dívidas familiares. É importante dizer que o cartão de crédito (como meio de pagamento) é o ponto final do equacionamento de uma miríade de gastos mensais do indivíduo e de sua família (bens de consumo, alimentação, vestuário, higiene), não podendo ser classificado propriamente como uma despesa bancária.

Outro aspecto importante a ser levado em conta diz respeito à importante diferenciação entre os conceitos de "endividamento" e "comprometimento de renda".

O endividamento é um fenômeno que não necessariamente está relacionado ao descontrole financeiro, mas sim, à ampliação na disponibilidade de crédito. Quanto maior for esse acesso creditício, espera-se seja maior o nível de endividamento. Uma família que deixa de alugar um imóvel e passa a morar em um apartamento financiado apresenta elevação em seu nível de endividamento, mas, provavelmente, está em situação financeira muito mais vantajosa e saudável.

O comprometimento de renda, por outro lado, já é uma informação mais pertinente – embora ainda parcial – para se traçar um contexto real da situação das famílias. Variações abruptas desse número, por exemplo, podem trazer preocupação para o quadro que se apresenta.

Quando se tem um número considerado alto de endividamento, isso não é, por si só, necessariamente preocupante. Ao contrário, remete a um cenário econômico em que o crédito está chegando efetivamente às famílias.

O dado relativo a "dívidas em atraso" também precisa ser qualificado. É que a dívida em atraso preocupante – a caracterizar efetiva inadimplência – é a que supera 90 dias. Fora isso, o número não mostra ambiente anormal, mas sim cenário que, embora exija sempre o acompanhamento das autoridades públicas e do setor, não deveria remeter a um estado de preocupação aguda.

Por fim, é importante destacar que tais números não refletem apenas e tão somente as dívidas bancárias. Muito pelo contrário. As dívidas que efetivamente apresentam impacto mais significativo na situação econômica das famílias são geralmente relacionadas ao financiamento imobiliário, ao financiamento de carro, aos gastos com transporte, alimentação, vestuário, telefonia, energia elétrica, água, higiene, medicamentos, saúde etc.

Segundo dados da SERASA,[2] 28,9% das dívidas negativadas decorrem da relação estritamente bancária, enquanto 71,1% correspondem a outros setores, incluindo telefonia, varejo, serviços, *utilities* e seguradoras.

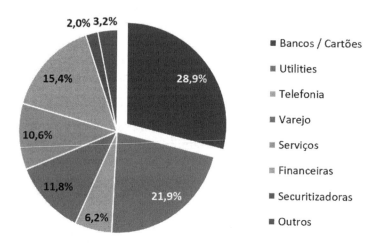

Na Pesquisa de Orçamentos Familiares (POF) promovida pelo Instituto Brasileiro de Geografia e Estatística (IBGE) de 2017-12018, observou-se que 81% da despesa de consumo mensal das famílias brasileiras era com alimentação, habitação e transporte, e 11,7% representavam gastos com outras despesas correntes, como contribuições trabalhistas e serviços bancários. Já os gastos com investimentos e pagamento de dívidas dos brasileiros correspondiam a menos de 10% dos valores totais.[3]

Ainda, para um quadro real da situação financeira das famílias, é importante considerar os dados do Banco Central e do Sistema de Informações de Crédito, também do Banco Central (SCR).[4]

Segundo os levantamentos do Banco Central,[5] o endividamento das famílias, na relação com a renda, foi de 53,1% em julho de 2022, índice superior aos 40,4% mensurados em julho de 2020 e os 40,6% de julho de 2015. Já o comprometimento de renda

---

2. Fonte: SERASA / mapa da inadimplência – levantamento novembro 2022 – https://www.serasa.com.br/limpa-nome-online/blog/mapa-da-inadimplencia-e-renogociacao-de-dividas-no-brasil/?gclid=Cj0KCQjwlPWgBhDHARIsAH2xdNezPm3W8dXkXIUznfpd5QcQhe9W6I1RXe6R6OPv-Yd2uUAp3nxCjBsaAoFAEALw_wcB. Acesso em: 24 mar. 2023.
3. POF 2017-2018 | IBGE.
4. O SCR é regulado pela Resolução BCB 4.571, de 26.05.2017.
5. Fonte BACEN – https://www3.bcb.gov.br/sgspub/localizarseries/localizarSeries.do?method=prepararTelaLocalizarSeries

das famílias atingiu o patamar de 28,6% em julho de 2022, índice bastante próximo ao de 24.4%, mensurado em julho 2020 e o de 24,6%, de julho 2015. Esses dados revelam que tanto a taxa de endividamento quanto de comprometimento de renda das pessoas naturais vem se comportando de modo estável nos últimos anos, mesmo sob os efeitos da pandemia.

O mesmo cenário de estabilização se observa nos indicadores de inadimplência da carteira pessoas físicas, ou seja, com atraso igual ou superior a 90 dias. Segundo os levantamentos do Banco Central,[6] a inadimplência total, em novembro de 2022 ficou em 3,9%, mesmo percentual observado em outubro de 2020 e em maio de 2015.

Esses dados revelam que não há uma situação de descontrole generalizado no que se refere à administração de dívidas pelas famílias brasileiras.

Em realidade, o Banco Central do Brasil, para acompanhar esse cenário de preocupação, utiliza-se do conceito de *"endividamento de risco"* para identificar o cidadão cujo volume de dívida está acima de sua capacidade de pagamento. Seus quatro indicadores são (i) inadimplemento de parcelas de crédito com atraso superior a 90 dias; (ii) comprometimento da renda mensal com o pagamento do serviço das dívidas acima de 50%; (iii) exposição simultânea a três modalidades de crédito: cheque especial, crédito pessoal sem consignação e crédito rotativo; e (iv) renda disponível mensal abaixo da linha de pobreza (US$ 5,50/dia, segundo o Banco Mundial).

Segundo os últimos dados disponíveis (divulgados em junho de 2020), do total de tomadores de crédito do SFN 4,67% se inseriam em dois dos indicadores, 0,69% acumulavam três dos indicadores e apenas 0,05% do total eram os que atendiam aos quatro indicadores.[7]

Esse, portanto, é o horizonte real de preocupação no que tange ao quadro de comprometimento financeiro das famílias. São números que sugerem a adoção de medidas direcionadas, como programas especiais de renegociação e de educação financeira.

Essa maior clareza quanto à real situação no Brasil no que se refere ao endividamento das famílias permite projetar um olhar mais aprofundado sobre o mercado de crédito.

A disponibilidade de crédito é elemento fundamental de desenvolvimento de um país e, não raras vezes, é critério para ranquear os países e seu progresso econômico. A restrição ao crédito limita as opções de compra e de despesas da família e restringe, assim, seu potencial de emancipação e crescimento social.

A propósito, o Banco Mundial, por meio de seu projeto *"Doing Business"*, aponta o crédito como indicador econômico apto a identificar a situação de determinado país a respeito da disponibilidade de crédito, financeira ou não financeira, nacional ou inter-

---

6. Fonte BACEN – acesso em https://www.bcb.gov.br/estabilidadefinanceira/scrdata?dataIn=2012=06-01-&dataFim-2022-05-31&uf_filtro=Todas&cnaeocup_filtro=Todos&porte_filtro=Todos&modalidade_filtro=Todas&origem_filtro=Todas&indexador_filtro=Todos&cliente_filtro=Todos&numSeries=1.

7. Disponível em: serie_cidadania_financeira_6_endividamento_risco.pdf (bcb.gov.br), p. 15.

nacional e sua proporção com o PIB. O mesmo mecanismo é utilizado pelo BIS (Banco de Compensações Internacionais).

Dessa forma, é essencial que se trabalhe constantemente na expansão da quantidade de crédito disponível no mercado. A ampliação responsável desse valor implica em mais autonomia para as famílias, melhoria das condições de vida e maior capacidade individual de crescimento econômico. Ainda há muito espaço para o Brasil progredir nesse aspecto.

Segundo dados do Banco Central,[8] desde janeiro de 2007, observa-se crescimento no saldo de crédito das famílias, tendo chegado em dezembro de 2022 ao *patamar de R$ 2,8 trilhões*. Por outro lado, o comprometimento de renda com dívidas bancárias observou uma relativa estabilidade, tendo atingido, em dezembro de 2022, o nível de 30%.[9]

É de se notar, portanto, que o aumento no nível do saldo de crédito disponível para as famílias não ocasionou, nestes últimos anos, em um quadro geral, uma elevação significativa no comprometimento da renda.

5. CONSIDERAÇÕES SOBRE O MÍNIMO EXISTENCIAL

A fixação de um valor para o "mínimo existencial" tem sido um ponto bastante sensível nos debate envolvendo superendividamento, uma vez que sua definição, se baseado em meras ilações genéricas sem considerar os números concretos do mercado pode reduzir, sensivelmente, o acesso ao crédito a parcela importante da população, privando-os da possibilidade de crescimento social e conquista de maior bem-estar.

O primeiro ponto que devemos considerar diz respeito ao grande desafio que há em se mensurar individualmente a efetiva renda do consumidor, afinal, cerca de 40% da população brasileira trabalha sem carteira assinada.[10] São trabalhadores que não possuem remuneração fixa mensal, passível de prévia avaliação.

Além disso, não existe uma base de dados que consiga reunir as informações de todas as dívidas contraídas pelas pessoas naturais, sejam elas bancárias, para aquisição de bens de consumo, ou junto a fornecedores de serviços públicos.

Nesse contexto, parece interessante considerarmos a hipótese de que o próprio consumidor, deveria no ato do contratação, declarar em termo, respaldado pelos princípios da boa fé, lealdade e transparência, ao fornecedor, que a contratação não irá

---

8. Disponível em: https?//valor.globo.com/finanças/notícia/2022/01/28 – Estoque de crédito no Brasil subiu 1,9% em dezembro, para R$ 4,684 trilhões, diz BC | Finanças | Valor Econômico (globo.com).

9. Fonte BACEN. Disponível em: https://www.bcb.gov.br/estabilidadefinanceira/scrdata?dataIn=2012-06-01&dataFim=2022-05-31&uf_filtro=Todas&cnaeocup_filtro=Todos&porte_filtro=Todos&modalidade_filtro=Todas&origem_filtro=Todas&indexador_filtro=Todos&cliente_filtro=Todos&numSeries=1 serie_cidadania_financeira_6_endividamento_risco.pdf (bcb.gov.br), p. 15. Acesso em: 24 ar. 2023.

10. Disponível em: https://agenciabrasil.ebc.com.br/economia/noticia/2023-02/trabalhador-sem-carteira-assinada-atingiu-numero-recorde-em-2022#:~:text=Cerca%20de%2035%2C9%20milh%C3%B5es,39%2C6%25%20 em%202022. Acesso em: 24 mar. 2023.

comprometer seu mínimo existencial, satisfazendo desse modo, a exigência legal do art. 54-D, II, do CDC, introduzida pela lei 14.181/21.

Sobre o conceito de mínimo existencial, parece mais acertada a definição que adote um conceito objetivo, determinado e fixo para todo o país.

O oposto disso, ou seja, um conceito aberto, conferiria margem a interpretações variáveis e dissonantes, seja no ato da concessão do crédito, seja em futuro processo de renegociação, o que geraria insegurança jurídica a todos.

O estabelecimento de um critério objetivo, por sua vez, além de conferir essa segurança, encontraria ressonância em diversos dispositivos do nosso ordenamento jurídico atual,[11] bem nos principais programas assistenciais lançados pelo Governo Federal.[12]

Outro ponto que merece críticas em nosso sentir diz respeito a ideia de atrelar o mínimo existencial ao valor do salário mínimo.

Segundo dados do IBGE,[13] cerca de 60% da população brasileira vive em famílias que recebem menos de um salário-mínimo per capita por mês. Sendo assim, se aplicado esse o critério, pouco mais da metade da população brasileira estaria categorizada, independentemente de dívidas, como superendividada e, consequentemente, excluída do mercado de consumo e de crédito.

Ainda, estudos demonstram que atrelar o mínimo existencial a 100% do salário mínimo poderia acarretar um impacto relevante na economia nacional, da ordem de R$ 1,036 trilhão,[14] ou seja, R$ 1,036 trilhão deixariam de ser concedidos em crédito, o que representa 43% do saldo da época do cálculo e 36% do saldo atual total de crédito concedido às pessoas físicas.[15]

Qualquer consequência de exclusão financeira da população mais vulnerável, informal ou recebedora de um salário mínimo, levaria essa população a buscar alternativas em outros ambientes, inclusive na agiotagem.

Por fim, há de se considerar que a consequente retração do crédito para setores geradores de emprego, entre os quais o imobiliário, de veículos, bens de consumo duráveis e rural, afeta o PIB brasileiro.

Torna-se, portanto, evidente que fixação de um valor de "mínimo existencial" é uma escolha política baseada em avaliação de inúmeros cenários de impactos econômicos, todos eles se referindo a delicadas escolhas de cunho social e econômico.

---

11. Elementos constitucionais do salário-mínimo (art. 7º, IV da CF), a impenhorabilidade de créditos (art. 833, CPC), requisitos para a concessão da justiça gratuita na Justiça do Trabalho (art. 790, § 3º, da CLT).

12. Vide Lei 13.982/20, que estabeleceu parâmetros adicionais de caracterização da situação de vulnerabilidade social e MP 1061/21 que instituiu o "Auxílio Brasil", ainda pendente de regulamentação complementar. (a MP 1061 foi convertida na lei 14.284/2021, a qual foi revogada pela MP 1164/2023).

13. Disponível em: https://agenciadenoticias.ibge.gov.br/agencia-noticias/2012-agencia-de-noticias/noticias/34052-em-2021-rendimento-domiciliar-per-capita-cai-ao-menor-nivel-desde-2012#:~:text=O%20rendimento%20m%C3%A9dio%20mensal%20domiciliar,hoje%20(10)%20pelo%20IBGE.

14. Cálculo Febraban com dados das instituições financeiras S1 em _Out/21 ().

15. Considerado o saldo total de crédito concedido às pessoas físicas é de R$ 2,9 trilhões – fonte Bacen – junho 2022.

6. A AUTORREGULAÇÃO BANCÁRIA NA PREVENÇÃO AO SUPERENDIVIDAMENTO

Importante destacar que as instituições responsáveis pelo oferecimento de crédito no país são as primeiras interessadas a implementar os mecanismos de prevenção ao problema do superendividamento, zelando por um ambiente socialmente sustentável. O superendividamento é prejudicial ao uso do crédito e transforma a promessa do desenvolvimento social e econômico em uma espiral de descontrole que leva ou acentua a pobreza.

A FEBRABAN (Federação Brasileira de Bancos), desde 2007, desenvolve junto com suas associadas o projeto de desenvolvimento e construção da autorregulação, tendo como uma de suas primeiras bandeiras o estudo e análise do relacionamento entre os bancos e seus consumidores pessoa física, o que levou, já em 28.08.2008, à aprovação do *"Código de Conduta Ética e Autorregulação Bancária"* no âmbito do Sistema de Autorregulação Bancária (SARB).

O SARB reforça o compromisso de todas as instituições financeiras com a transparência e eficiência:

> Regido pelos princípios da integridade, equidade, respeito ao consumidor, transparência, excelência, sustentabilidade e confiança, o SARB reflete o compromisso do sistema financeiro no seu relacionamento com o consumidor, com a livre concorrência; responsabilidade socioambiental; prevenção de situações de conflito de interesses; prevenção à fraude; combate à lavagem de dinheiro e com a adoção de medidas voltadas à anticorrupção.[16]

Ao longo desses mais de quinze anos, a SARB, por meio de seu Conselho de Autorregulação, discutiu e aprovou normativos que se harmonizaram à legislação vigente, dando-lhe mais efetividade e garantindo a aplicação de leis como o CDC (art. 37 do Código). Tais atos normativos são cogentes para aquelas instituições que aderiram ao projeto da autorregulação.

O SARB, portanto, mantém esforço contínuo de (i) acompanhar a dinâmica do mercado bancário; (ii) monitorar o desenvolvimento das questões que marcam a relação entre bancos e consumidores; (iii) manter diálogo permanente com os órgãos de defesa do consumidor e com o Banco Central; e (iv) propor soluções e mecanismos de enfrentamento dos problemas e melhoria do ambiente de governança nas atividades das instituições financeiras.

No campo específico da oferta de crédito e da prevenção ao superendividamento, o SARB tem trabalhado incansavelmente em diversas frentes principais que posteriormente foram positivadas.

Uma delas, guarda relação com o *relacionamento com os consumidores mais vulneráveis*. A autorregulação bancária vem discutindo e aprovando normativos de maneira a

---

16. Disponível em: https://www.novaconcursos.com.br/arquivos-digitais/erratas/17004/25384/item5-codigo--conduta-etica-autorregulacao-bancaria.pdf.

estabelecer diretrizes e procedimentos que promovam o aperfeiçoamento dos padrões de qualidade dos serviços das instituições financeiras no relacionamento com os consumidores que demandam atenção. Nessa linha:

i.   Normativo SARB 010/2013, aprovado em 27.06.2013 (e atualizado pela Deliberação 14, 20.06.2018 e pela Deliberação 40, de 26.10.2022), que aborda a questão do crédito responsável e o tratamento aos consumidores superendividados;

ii. Normativo SARB 12/2014, aprovado em 10.04.2014 (atualizado pela Deliberação 41, de 26.10.2022), que trata dos elementos mínimos a integrar o resumo contratual de crédito de forma a assegurar transparência, lealdade e informações objetivas;

iii. Normativo SARB 13/2014, aprovado em 10.04.2014 (atualizado pela Deliberação 19, de 24.10.2018; pela Deliberação 25, de 24.07.2019; e pela Deliberação 42, de 26.10.2022), que trata da contratação de crédito por meios remotos de forma a garantir confiança, qualidade, transparência e eficiência;

iv. Normativo SARB 015/2014, aprovado em 11.12.2014, que trata do crédito consignado;[17]

v.   Normativo SARB 018/2017, aprovado em 10.08.2017 (atualizado pela Deliberação 28, de 03.06.2022 e pela Deliberação 43, de 26.10.2022), sobre o tratamento e negociação de dívidas;

vi. Normativo SARB 019/2018, aprovado em 10.04.2018, que trata do uso consciente do cheque especial;[18]

vii. Normativo SARB 023/2020, aprovado em 20.10.2020, acerca do relacionamento com o consumidor idoso;[19] e

viii. Normativo SARB 024/2021, aprovado em 31.03.2021, que trata do relacionamento com consumidores potencialmente vulneráveis, de acordo com sua capacidade de compreensão e discernimento, grau de escolaridade, idade, renda, nível de endividamento, deficiência física ou mental, doença grave, habilidade digital, dentre outros fatores.[20]

Outra frente que merece destaque diz respeito à promoção de programas de renegociação de dívidas. Em 2021, por exemplo, foi realizada a segunda edição do *"Mutirão de Negociação e Orientação Financeira"*, que elevou para 18,7 milhões o total de contratos renegociados. Esse programa, desenvolvido com o apoio da SENACON e dos PROCONs, integra o acordo de cooperação técnica firmado entre a FEBRABAN e o Banco Central, firmado em 21.11.2019.

Cumpre destacar ainda que durante o período de pandemia, foram intensificados os esforços pelas repactuações. Os quatro maiores bancos do país apresentaram números expressivos de renegociações, chegando a um total de 22 milhões de contratos renegociados que totalizaram o saldo devedor de 1 trilhão de reais![21]

Outra frente trabalhada pela autorregulação bancária diz respeito ao incentivo e patrocínio de políticas voltadas à educação financeira. A educação financeira é promovida em todas as oportunidades de relacionamento banco-consumidor. Para o mutirão, por

---

17. 4_3 Normativo SARB 015 VF – alterado pela Deliberação 22-2019.pdf (autorregulacaobancaria.com.br).
18. Normativo SARB 019 – Cheque Especial.pdf (autorregulacaobancaria.com.br).
19. Normativo de Proteção ao Consumidor Idoso – aprovado pelo CAR em 20_10_2020_f.pdf (autorregulacao-bancaria.com.br).
20. Normativo de Relacionamento com o Consumidor Potencialmente Vulnerável – aprovada CAR 31_03_21.pdf (autorregulacaobancaria.com.br).
21. Fonte FEBRABAN.

exemplo, preparou-se página eletrônica exclusiva com o objetivo de auxiliar os devedores a se prepararem para a negociação, com informações sobre como descobrir quais são suas dívidas, quando é mais indicada a participação no mutirão, quando o orçamento pode ser destinado ao pagamento de dívidas, entre outras. O mutirão ainda teve a campanha *"A saúde do seu bolso"*, que destacou os benefícios do controle financeiro para o consumidor e alcançou mais de 55 milhões de brasileiros por meio das redes sociais, influenciadores e programas de rádio e TV.

A FEBRABAN também mantém a página *"meu bolso em dia"*[22] com informações sobre organização financeira e como pagar suas dívidas de forma sustentável. A página ainda traz o "I-SFB", Índice de Saúde Financeira do Brasileiro, por meio do qual o consumidor tem um diagnóstico de sua saúde e bem-estar financeiros.

Cumpre destacar ainda que o próprio Banco Central promove a cidadania financeira no âmbito da Estratégia Nacional de Educação Financeira (ENEF), instituída pelo Decreto 10.393, de 09.06.2020. Sua governança é conduzida pelo Fórum Brasileiro de Educação Financeira (FBEF), integrado pelo BCB, CVM, SUSEP, STN, Secretaria de Previdência, PREVIC, SENACON e MEC, sempre adotando medidas de divulgação das premissas para um bom planejamento financeiro das famílias.[23]

Tais iniciativas demonstram que a preocupação com o superendividamento também tem sido prioridade para as instituições financeiras e que, por isso, os avanços legislativos em matéria de proteção ao consumidor são, não raras vezes, antecedidos por medidas normativas e de governança do setor que atuam, assim, em confluência com o Poder Público no sentido de construção de ambiente econômico e social saudável para que a expansão do crédito possa trazer efetivamente os benefícios do desenvolvimento individual e progresso da coletividade.

7. CONCLUSÃO

Ao longo do artigo, pudemos abordar questões relacionadas ao endividamento das pessoas naturais, ao mercado de crédito e a atuação das instituições financeiras no combate e prevenção ao superendividamento e, com isso, atingimos algumas conclusões.

A dignidade da pessoa humana, entendida como a busca de uma vida digna, depende do acesso das famílias aos bens de consumo e de sobrevivência que lhes garantam conforto e bem-estar. O acesso ao crédito assegura a inclusão social, uma vez que traz reais possibilidade de crescimento individual, o que leva ao progresso social.

O direito de acesso ao crédito é meio sem o qual não se realizam as promessas dos direitos fundamentais e os princípios estruturantes da Constituição (art. 1º, II e III; art. 3º, I, II e III; art. 5º e art. 6º) e, também, o melhor instrumento de prevenção à pobreza e à miséria, garantindo ao seu titular, acima de tudo, maior confiança, autoestima e reputação.

---

22. Disponível em: https://meubolsoemdia.com.br/.
23. Cidadania Financeira (bcb.gov.br).

O oferecimento de crédito, no entanto, impõe preocupações em relação aos riscos do descontrole e do superendividamento.

No Brasil, a Lei 14.181, de 01.07.2021, alterando o Código de Defesa do Consumidor, veio para aperfeiçoar a disciplina do crédito, dispondo sobre a prevenção e tratamento do superendividamento.

Vimos também que é interesse primário das instituições financeiras a construção de ambiente social e economicamente sustentável para a disponibilização do crédito de forma que as operações ocorram com plena consciência e boa-fé de ambas as partes e, assim, se garanta o desenvolvimento social.

Nesse sentido, a FEBRABAN, por meio de sua autorregulação bancária e de parcerias com o Banco Central e os órgãos de defesa do consumidor, atua em três frentes principais na questão do superendividamento: (i) tratamento adequado aos mais vulneráveis; (ii) promoção de programas de renegociação de dívidas; e (iii) incentivo e patrocínio de políticas voltadas à educação financeira.

Tais medidas vem demonstrando evoluções nas práticas bancárias, na garantia dos direitos do consumidor e na atenuação dos efeitos do superendividamento das famílias, revelando-se como alternativas mais salutares do que políticas de restrição de crédito ou outras medidas que acabam, de modo colateral, interferindo no desenvolvimento econômico do país.

REFERÊNCIAS

ANDRADE, Fábio Martins de. *Modulação e Consequencialismo*. Rio de Janeiro: Lumen Juris, 2017.

CARDOSO, Henrique Ribeiro; PIRES, Pedro André Guimarães. LEAL, Fernando; CARDOSO, Henrique Ribeiro (Coord. Geral). VASCONCELOS, Agtta Christie Nunes; NETO Pedro Meneses Feitosa (Org.). *Direito Regulatório Comportamental e Consequencialismo* – Nudges e pragmatismo em temas de Direito. Rio de Janeiro: Lumen Juris, 2020.

GOERGEN, Jerônimo. SALOMÃO, Luís Felipe; CUEVA, Ricardo Villas Bôas; FRAZÃO, Ana (Coord.). *Lei de Liberdade Econômica e seus impactos no Direito Brasileiro*. São Paulo: Thomson Reuters, 2020.

HOLMES, Stephen; SUNSTEIN, Cass. *The cost of rights*. Why liberty depend on taxes. New York: Norton & Company, 1999.

MACKAAY, Ejan; ROUSSEAU, Stéphane. *Análise Econômica do Direito*. Trad. Rachel Sztajn. São Paulo: Atlas, 2020.

MARQUES, Claudia Lima. In: BENJAMIN, Antonio Herman et al. *Comentários à lei 14.181/21*: a atualização do CDC em matéria de superendividamento. São Paulo: Thomson Reuters, 2021.

OLIVEIRA, Daniel Almeida de. *Direito Regulatório & Teoria da Interpretação* – Como interpretar e aplicar Direitos Complexos. Rio de Janeiro: Synergia Editora, 2015.

PORTO, Antônio Maristrello; GAROUPA, Nuno. *Curso de Análise Econômica do Direito*. São Paulo: Atlas, 2022.

YUNUS, Muhammad. *Banker to the Poor*: Micro-lending and the Battle Against world poverty. Livro publicado em julho de 2003.

A INADIMPLÊNCIA, O SUPERENDIVIDAMENTO E O FATURAMENTO DAS INSTITUIÇÕES FINANCEIRAS[1]

Glauber S. Tatagiba do Carmo

Mestre em Direito do Estado (UNIFRAN/SP). Promotor de Justiça, Coordenador do Procon-MG.

Não é de hoje que se noticia que o superendividamento vem tomando proporções catastróficas (Chiara; Gerbelli, 2023; Neto, 2023) na economia e na vida de milhões de brasileiros. O superendividamento é consequência de alguns fatores presentes em uma economia de mercado. O estudo que ora se apresenta irá demonstrar essa afirmação na prática. Nesse sentido, "consumo e crédito são duas faces de uma mesma moeda, vinculados que estão no sistema econômico e jurídico de países desenvolvidos e de países emergentes, como o Brasil". (Benjamin, 2021, p. 28).

O presente artigo pretende trazer alguns elementos de modo a aclarar a relação existente entre a inadimplência, argumento recorrente das instituições financeiras, e o superendividamento

O § 1º do art. 54-A do Código de Defesa do Consumidor nos fornece o conceito que vigora no ordenamento brasileiro:

> [...] entende-se por superendividamento a impossibilidade manifesta de o consumidor pessoa natural, de boa-fé, pagar a totalidade de suas dívidas de consumo, exigíveis e vincendas, sem comprometer seu mínimo existencial, nos termos da regulamentação. (Brasil, 1990).

Já a inadimplência é o descumprimento de uma obrigação assumida e se constitui em um fator decisivo no custo para o cumprimento das obrigações financeiras. Ela é preponderante nas negociações e renegociações, levando em consideração o tempo de descumprimento de determinada obrigação.

O nível de inadimplência no Brasil é calculado por diversas entidades, como o Serviço de Proteção ao Crédito (SPC), Serasa, Confederação Nacional do Comércio de Bens, Serviços e Turismo (CNC), entre outras. As causas para o elevado nível de inadimplência no Brasil são apontadas por inúmeras fontes como sendo o desemprego,

---

1. Artigo escrito em colaboração com Joelson Sampaio – Doutor em Teoria Econômica pela Universidade de São Paulo, Doutor em Finanças Corporativas e Mercados Financeiros pela Fundação Getúlio Vargas, Professor na Escola de Economia de São Paulo da Fundação Getúlio Vargas (FGV EESP).

a diminuição da renda, a falta de crescimento econômico, inflação alta e o excesso de crédito no mercado.

O Banco Central do Brasil – Bacen, órgão regulador do sistema, tem uma métrica própria para medir a inadimplência de acordo com o tempo do atraso: é o Índice de Inadimplência por Exposição (IIE), que mede a razão entre o montante das operações com atrasos superiores a 90 dias e o total das operações. Em outras palavras, o IIE é uma medida que permite ao Bacen monitorar a proporção de operações de crédito que estão em atraso há mais de 90 dias em relação ao total de operações de crédito realizadas. Essa métrica é considerada importante para avaliar a qualidade dos empréstimos concedidos pelos bancos e a saúde do sistema financeiro como um todo.

Quanto maior for o IIE, maior será a proporção de operações de crédito em atraso, o que pode indicar uma maior inadimplência e potencialmente representar riscos para o sistema financeiro. Por outro lado, um IIE baixo pode indicar uma menor proporção de operações em atraso e uma maior qualidade das carteiras de crédito dos bancos. O uso do IIE pelo Bacen é uma forma de acompanhar a evolução da inadimplência ao longo do tempo e tomar medidas adequadas, se necessário, para garantir a estabilidade do sistema financeiro e a saúde do mercado de crédito no Brasil.

É frequente ouvirmos de entidades representativas das instituições financeiras que a inadimplência é uma das principais causas do custo dos empréstimos e a cobrança desmedida de juros e encargos, que faz com que o Brasil seja um dos líderes no *ranking* do *spread* bancário no mundo.

Spread livre e *spread* vinculado são termos utilizados no contexto do mercado financeiro para se referir às taxas de juros cobradas em operações de crédito.

O *spread* é a diferença entre a taxa de juros cobrada pelos bancos nos empréstimos que concedem e a taxa de captação de recursos, ou seja, o custo de captação de recursos pelos bancos. Essa diferença é a margem de lucro dos bancos nas operações de crédito e representa o valor adicional que os mutuários pagam em relação ao custo de captação dos bancos.

O *spread* livre é a margem de lucro que os bancos têm liberdade para determinar, sem restrições regulatórias específicas. Os bancos têm autonomia para definir o valor do *spread* livre com base em suas próprias políticas de crédito, risco, concorrência e estratégias comerciais. Assim, o *spread* livre pode variar de acordo com as condições de mercado, o perfil do cliente, o tipo de operação de crédito e outros fatores, ao contrário do que ocorre com o *spread* vinculado, que é aquele que está associado a algum tipo de referencial, como uma taxa de juros de mercado, um índice de preço ou outra variável previamente estabelecida. Ambos os conceitos são relevantes no contexto das taxas de juros cobradas pelos bancos em operações de crédito e podem influenciar os custos de financiamento para os mutuários.

Em 2017, o setor de competitividade e tecnologia da Federação das Indústrias do Estado de São Paulo – Fiesp publicou um estudo demonstrando que a inadimplência é a maior causa do *spread* bancário no Brasil e que correspondia a cerca de 46% do *spread* livre. (Coelho, 2017). O estudo demonstra, por exemplo, que, entre 2013 e 2015, a inadimplência italiana foi muito maior do que a brasileira. Ela girou ao redor de 17,5 % da carteira, contra 4,7% no Brasil. Nosso *spread*, no entanto, foi mais de oito vezes maior que o da Itália.

Entretanto, é perceptível por nós, operadores do direito, que lidamos com a área financeira, que tal argumento não se sustenta, ou seja, se a inadimplência é uma das principais causas do custo dos empréstimos bancários, por que então o volume de crédito colocado no mercado só aumenta? Por que cada vez mais consumidores inadimplentes conseguem novas linhas de crédito?

O argumento da inadimplência é lançado pelas instituições financeiras, mas é cooptado por elas para as renegociações e oferecimentos de novas linhas de créditos àquele consumidor que sequer tinha condição de arcar com o primeiro empréstimo. A inadimplência é a porta de entrada para o oferecimento de outras linhas de crédito com custos maiores, e assim se inicia um círculo vicioso: inadimplência, renegociação, contratação de outros produtos com maior custo, gerando maior endividamento. Esse é o cenário do dia a dia do atendimento ao consumidor superendividado.

Nesse ponto, destaca-se a perspectiva crítica de Zygmunt Bauman, segundo o qual há uma necessidade de se afirmar que a função da oferta é criar demanda. Esse pensamento se aplica, no mundo empresarial, a todos os produtos – sejam eles provenientes de fábricas ou sociedades financeiras. No que diz respeito à filosofia dos negócios, os empréstimos não são exceção: pensa-se, por parte das instituições financeiras, que a oferta de empréstimos deve criar e ampliar a necessidade de empréstimos. (Zygmunt, 2008).

E é dentro dessa realidade que a boa-fé objetiva, preceito basilar do CDC, é violada pelas instituições financeiras quando da concessão abusiva de crédito.

A boa-fé objetiva, cláusula geral que perpassa todas as contratações de consumo, há que prevalecer como instrumento de direção a ser observado, não podendo ser violada de maneira tão flagrante pelas instituições financeiras. Tal cláusula geral encontra-se insculpida, de maneira inicial, no art. 422 do Código Civil e no art. 4º, inciso III, do Código de Defesa do Consumidor – e, nesta interação, que é constante nos termos da boa-fé objetiva, já se antevê o forte diálogo das fontes, entre Código Civil e Código de Defesa do Consumidor. Sobre esse tópico, a doutrina brasileira relembra que: "a boa-fé objetiva vem a ser a exigência de um comportamento de lealdade dos participantes negociais, em todas as fases do negócio". (Tartuce; Neves, 2014, p. 37).

O abuso de direito na concessão do crédito a consumidores que não possuem condições de adimpli-lo deve ser lembrado como uma das principais causas do superendividamento no Brasil. Como afirma Clarissa Costa de Lima: "o superendividamento pode resultar do excesso de crédito disponível e de sua concessão irresponsável, ou seja, quando o profissional concede o crédito sabendo, ou devendo saber, que o devedor não terá condições financeiras de reembolsá-lo no futuro". (Lima, 2014).

Ademais, verifica-se o assédio ao consumo na oferta de empréstimos aos consumidores, potencializado pelas comissões ofertadas aos correspondentes bancários, que vêm substituindo paulatinamente a função das agências bancárias. Para Claudia Lima Marques:

> a prática agressiva é aquela que tenta pressionar o consumidor de forma a influenciar (paralisar ou impor) sua decisão de consumo, explorando emoções, medos, confiança em relação a terceiros, explorando a posição de expert do fornecedor e as circunstâncias especiais do consumidor. (Marques, 2016, p. 12).

No contexto mercadológico, portanto, a racionalidade dos consumidores, assediados por algumas instituições financeiras, fica muito prejudicada, o que interfere diretamente na sua decisão de consumo, resultando em escolhas sem planejamento financeiro algum.

Em um estudo estatístico, elaborado pelo economista Joelson Sampaio, foram dissecados alguns dados que refletem a percepção prática dos ganhos das instituições financeiras sobre o abuso na concessão de crédito e o consequente aumento da inadimplência.

Foram analisados o lucro médio das instituições financeiras listadas na bolsa de valores B3, ou seja, com capital aberto: Alfa Financ; Alfa Invest; Amazonia; Banese; Banestes; Banpara; Banrisul; Bradesco; Brasil; BRB Banco; BTGP Banco; Dmfinanceira; Itau Unibanco; Merc Brasil; Merc Financ; Merc Invest; Modalmais; Nord Brasil; Nu Holdings; Pine e Santander BR. O gráfico de inadimplência apresenta também a média registrada de todos as instituições financeiras fiscalizadas pelo Banco Central. A amostra de bancos na bolsa de valores é representativa estatisticamente, levando em consideração o período de dezembro/2020 a dezembro/2022.

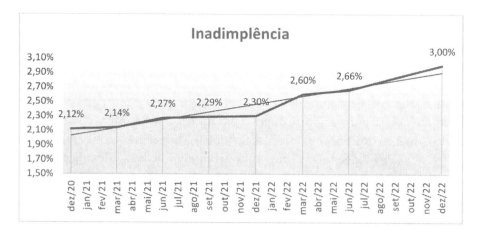

Fonte: Elaborado por Joelson Sampaio, com base em dados do Banco Central.

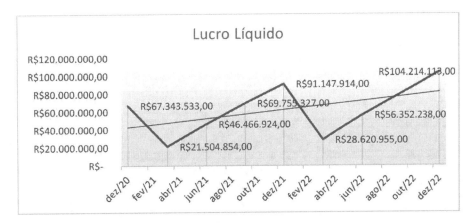

Fonte: Elaborado por Joelson Sampaio, com base em dados da Economática.

Observa-se uma relação estatisticamente significativa entre lucro e inadimplência, o que descarta a possibilidade de essa relação ser meramente resultado do acaso. Isso significa que a probabilidade de essa relação não ser verdadeira é de apenas 1%. Em outras palavras, com um raciocínio correto, pode-se afirmar que há uma relação direta com 99% de confiança.

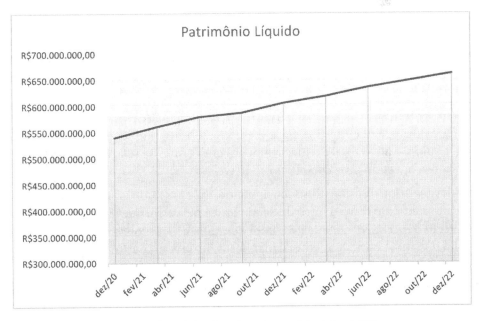

Fonte: Elaborado por Joelson Sampaio, com base em dados da Economática.

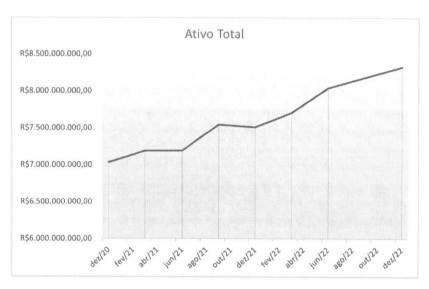

Fonte: Elaborado por Joelson Sampaio, com base em dados da Economática.

Além do lucro líquido, outros dados do balanço patrimonial das instituições financeiras (todas disponíveis por serem de capital aberto) foram analisados e confrontados com o nível da inadimplência com outras rubricas, que demonstram crescimento da empresa, tais como o patrimônio líquido e o ativo total.

O texto descreve um cenário em que as instituições financeiras estão experimentando um crescimento significativo em várias rubricas, à medida que a inadimplência aumenta. Os números são detalhados, indicando que o patrimônio líquido cresceu em 20%, o ativo total, em 42%, e o lucro, em 30% de ganho.

Isso sugere uma relação positiva entre a inadimplência e essas métricas financeiras das instituições financeiras, ou seja, à medida que a inadimplência aumenta, o patrimônio líquido, o ativo total e o lucro também crescem. Essa relação é estatisticamente significativa, havendo uma correlação confiável.

A lei que criou o empréstimo consignando, Lei 10.820, de 17 de dezembro de 2003, trouxe um elemento novo dentro dessa dinâmica perversa, que já corria sem o devido controle do Banco Central, que foi o fator compulsório da cobrança dos empréstimos consignados, independentemente da manifestação de vontade do consumidor. O artigo primeiro da referida lei prescreve que:

> Art. 1º Os empregados regidos pela Consolidação das Leis do Trabalho – CLT, aprovada pelo Decreto-Lei 5.452, de 1º de maio de 1943, poderão autorizar, de forma irrevogável e irretratável, o desconto em folha de pagamento ou na sua remuneração disponível dos valores referentes ao pagamento de empréstimos, financiamentos, cartões de crédito e operações de arrendamento mercantil concedidos por instituições financeiras e sociedades de arrendamento mercantil, quando previsto nos respectivos contratos. (Brasil, 2003).

A lei permite que as parcelas dos empréstimos tomados, muitos vinculados ao Instituto Nacional de Seguridade Social – INSS, sejam descontadas na data do pagamento do aposentado ou pensionista, ou ainda no contracheque do servidor público, na data do recebimento do salário. Isso resultou em um relaxamento por parte das instituições financeiras na obrigação da análise da situação do consumidor no momento da concessão de crédito, violando o atual preceito do art. 54-D do Código de Defesa do Consumidor:

> Na oferta de crédito, previamente à contratação, o fornecedor ou o intermediário deverá, entre outras condutas: (Incluído pela Lei 14.181, de 2021)
>
> I – Informar e esclarecer adequadamente o consumidor, considerada sua idade, sobre a natureza e a modalidade do crédito oferecido, sobre todos os custos incidentes, observado o disposto nos arts. 52 e 54-B deste Código, e sobre as consequências genéricas e específicas do inadimplemento; (Incluído pela Lei 14.181, de 2021);
>
> II – avaliar, de forma responsável, as condições de crédito do consumidor, mediante análise das informações disponíveis em bancos de dados de proteção ao crédito, observado o disposto neste Código e na legislação sobre proteção de dados; (Incluído pela Lei 14.181, de 2021). (Brasil, 2007).

O fator compulsório da cobrança do empréstimo consignado vem se estendendo para outras linhas de crédito. O consumidor entra no empréstimo pelo crédito consignado e logo refinancia ou lhe é oferecida outra linha de crédito com custo superior, mas também com a cobrança compulsória. Daí, por que a análise de crédito se a instituição financeira tem garantido o adimplemento do empréstimo independentemente da vontade do consumidor? Qual a força que o consumidor tem para renegociar essa dívida se o adimplemento é garantido?

O Sistema Estadual de Defesa do Consumidor, ainda que com apoio do Poder Judiciário, não é o ambiente adequado para a solução do superendividamento, problema que deve ser tratado na sua origem pelo órgão regulador, o Banco Central, exigindo das instituições financeiras o cumprimento dos preceitos das regulamentações em vigor, como as Resoluções nºs 1559/1988 (Banco Central do Brasil, 1988) (que dispõe sobre a análise de risco na realização de operações ativas e de prestação de garantias), 2878/2001 (Banco Central do Brasil, 2001) (que dispõe sobre procedimentos a serem observados na contratação de operações e na prestação de serviços aos clientes), 4292/2013 (Banco Central do Brasil, 2013) (que dispõe sobre a portabilidade de operações de crédito realizadas com pessoas naturais), entre tantas outras.

Com a diminuição do *spread* e um faturamento equilibrado das instituições financeiras, sob uma supervisão forte do Bacen, atuando com o devido respeito ao consumidor tomador de crédito, restará garantido o preceito talhado no art. 5º, XXXII, da Carta Magna, conduzindo a utilização saudável do crédito de forma responsável.

O superendividamento acarreta diversos impactos sociais e econômicos para o país, destacando-se como uma distorção no mercado de crédito. Um dos problemas é o baixo comprometimento dos bancos com o risco social associado à alavancagem financeira, o que pode afetar negativamente as famílias e, consequentemente, a economia como um todo. Vide os resultados positivos de crescimento dos lucros, patrimônio líquido e ativo total dos bancos.

O endividamento excessivo das famílias resulta em problemas de consumo futuro, educação e bem-estar. Essa situação é agravada pela falta de políticas de análise de crédito criteriosas e pelo baixo nível de educação financeira da população. Dentre os produtos financeiros que contribuem para esse cenário, destaca-se o crédito consignado, que é atrativo para os bancos, mas representa um alto risco financeiro para as famílias.

Apesar de os juros serem relativamente baixos em comparação com outros produtos financeiros, não há uma análise minuciosa do comprometimento da renda das famílias com o pagamento da dívida nessa modalidade. É importante ressaltar que o fato de o pagamento ser feito diretamente na fonte, de forma compulsória, reduz a autonomia das famílias na gestão de seus orçamentos. Como resultado, o aumento do crédito consignado tem causado impactos negativos no endividamento, inadimplência e orçamento das famílias brasileiras.

Dados do Banco Central evidenciam que o endividamento das famílias em relação à renda atingiu 52,5% em julho de 2022, sendo o crédito consignado o principal produto envolvido. A situação é ainda mais preocupante quando se analisa a capacidade de pagamento das famílias de menor renda. Dos 11,5 milhões de beneficiários do INSS que utilizam o crédito consignado, aproximadamente 8,3 milhões (73%) possuem renda de até dois salários-mínimos, comprometendo até 40% de sua renda com o pagamento da dívida e restando uma parcela mínima para outras despesas essenciais do orçamento familiar.

Consequentemente, essas famílias recorrem a novas fontes de empréstimos para manter um nível mínimo de consumo básico, mas o problema é que as taxas de juros dessas novas fontes são mais elevadas, conduzindo as famílias a uma espiral de dívidas e dificultando o cumprimento de seus compromissos futuros. A inadimplência tem aumentado como resultado dessa situação, com dados da Serasa de agosto de 2022 indicando que 67 milhões de pessoas estão inadimplentes no Brasil, o maior percentual desde o início da série histórica em janeiro de 2010, de acordo com pesquisa da Confederação Nacional do Comércio de Bens, Serviços e Turismo – CNC. (Neto, 2023).

Esse cenário é alarmante, pois evidencia o impacto negativo do crédito no consumo das famílias, que restringem seu consumo básico para garantir o pagamento das dívidas. Isso é especialmente prejudicial para famílias de menor renda, que têm seu consumo essencial comprometido devido ao superendividamento. Em muitos casos, mais de 80% do rendimento líquido estão comprometidos com dívidas de crédito e não de consumo.

A concessão abusiva de crédito fica latente em tais situações, desvirtuando o objetivo básico do crédito que é o crescimento econômico e o fomento ao consumo, para se tornar fonte de pagamento de outro crédito bancário, levando a um espiral de dívida, conforme dito acima, em que o crédito financia o crédito, ao invés de financiar o consumo.

Os feirões de negociação, instrumentos utilizados pelas instituições financeiras e *bureau* de créditos, com o argumento de auxiliar as famílias na sua reestruturação orçamentária, mas cujas métricas nunca são publicadas na sua integralidade, se tornaram periódicos, entretanto, o cenário do endividamento só piora, e isso porque, na verdade, parte das dívidas renegociadas, nesses feirões, acaba se transformando em novas dívidas com custos maiores para os consumidores, conforme bem identificou o Instituto Brasileiro de Defesa do Consumidor – Idec (2022), perpetuando e agravando a situação de endividamento.

Estamos vivenciando a terceira revolução monetária da história (Weatherford, 1997): a do dinheiro eletrônico ou virtual, e, como toda revolução, há uma transformação radical na forma como consumimos e utilizamos o crédito. Essa revolução monetária é marcada pelo avanço tecnológico, a internet, o uso de dispositivos eletrônicos em que o crédito se torna um mero impulso elétrico e é disseminado com uma velocidade nunca vista antes. Os Estados vêm perdendo a capacidade de controlar sua moeda frente à globalização, à criação de moedas eletrônicas internacionais e *fintechs* de movimentação financeira independente.

A primeira revolução ocorreu com a cunhagem da moeda, por volta de 600 a. d., na Lídia, cidade-estado da Grécia, onde surgiram os mercados varejistas, e a segunda, no século XV, durante a renascença italiana, com a invenção da imprensa, do papel-moeda e do sistema bancário. Em cada um desses momentos históricos, houve uma mudança radical no consumo e na forma de se negociar.

Agora, frente a essa realidade, mister a utilização de novos instrumentos mais rápidos e eficazes no combate à vulgarização do crédito abusivo, que vem acentuando o desequilíbrio na relação de consumo, tolhendo ainda mais o consumidor, que se vê desprovido de meios e força para se defender desse novo mundo virtual.

Em suma, o lucro dos bancos e a inadimplência estão diretamente relacionados, sendo o superendividamento o resultado, entre outros fatores, da falta de controle e regulação da atividade de concessão abusiva de crédito, e o combate a essa dinâmica não pode ficar sobre os ombros do SNDC, havendo uma dimensão política e econômica que deve ser enfrentada pelos órgãos públicos com atribuições para tal desígnio.

REFERÊNCIAS

BANCO CENTRAL DO BRASIL. Resolução 1559, de 22 de dezembro de 1988. Brasília, DF, *Diário Oficial da União*, 23 dez. 1988. Disponível em: https://www.bcb.gov.br/pre/normativos/res/1988/pdf/res_1559_v1_o.pdf. Acesso em: 20 abr. 2023.

BANCO CENTRAL DO BRASIL. Resolução 2.878, de 26 de julho de 2001. Brasília, DF, *Diário Oficial da União*, 27 jul. 2001. Disponível em: https://www.bcb.gov.br/pre/normativos/res/2001/pdf/res_2878_v4_L.pdf. Acesso em: 20 abr. 2023.

BANCO CENTRAL DO BRASIL. Resolução 4292, de 20 de dezembro de 2013. Brasília, DF, *Diário Oficial da União*, 23 dez. 2013. Disponível em: https://www.legisweb.com.br/legislacao/?id=263357#:~:text=Disp%C3%B5e%20sobre%20a%20portabilidade%20de,DE%2015%2F12%2F2022)%3A. Acesso em: 20 abr. 2023.

BAUMAN, Zygmunt. *Vidas para consumo*: a transformação das pessoas em mercadorias. Rio de Janeiro: Zahar, 2008.

BENJAMIN, Antonio Herman *et al*. *Comentários à Lei 14.181/2021*: a atualização do CDC em matéria de superendividamento. São Paulo: Ed. RT, Thomson Reuters, Brasil, 2021.

BRASIL. Congresso Nacional. Lei 8.078, de 11 de setembro de 1990. Dispõe sobre a proteção do consumidor e dá outras providências. Brasília, DF, *Diário Oficial da União*, 12 set. 1990 e retificado em 10 jan. 2007. Disponível em: https://www.planalto.gov.br/ccivil_03/leis/l8078compilado.htm. Acesso em: 19 abr. 2023.

BRASIL. Congresso Nacional. Lei 10.406, de 10 de janeiro de 2002. Institui o Código Civil. Brasília, DF, *Diário Oficial da União*, 11 jan. 2002. Disponível em: https://www.planalto.gov.br/ccivil_03/leis/2002/l10406compilada.htm. Acesso em: 19 abr. 2023.

BRASIL. Congresso Nacional. Lei 10.820, de 17 de dezembro de 2003. Dispõe sobre a autorização para desconto de prestações em folha de pagamento, e dá outras providências. Brasília, DF, *Diário Oficial da União*, 18 dez. 2003. Disponível em: https://www.planalto.gov.br/ccivil_03/leis/2003/l10.820.htm. Acesso em: 19 abr. 2023.

CHIARA, Márcia de; GERBELLI, Luiz Guilherme. Como os brasileiros chegaram ao endividamento recorde de R$ 4,6 mil por pessoa. 10 mar. 2023. Disponível em: https://www.estadao.com.br/economia/inadimplencia-recorde-atinge-70-milhoes-de-brasileiros/. Acesso em: 19 abr. 2023.

COELHO, José Ricardo Roriz. *Spread bancário*: evolução de seus componentes e agenda do Banco Central. São Paulo: Federação das Indústrias do Estado de São Paulo (Fiesp), Departamento de Competitividade e Tecnologia, 2017. Disponível em: https://www.fiesp.com.br/arquivo-download/?id=228197. Acesso em: 18 abr. 2023.

INSTITUTO BRASILEIRO DE DEFESA DO CONSUMIDOR (Idec). Feirões de negociação mantêm ou até aumentam dívidas dos consumidores. 1º jul. 2022. Disponível em: https://idec.org.br/release/feiroes-de-negociacao-mantem-ou-ate-aumentam-dividas-dos-consumidores. Acesso em: 20 abr. 2023.

LIMA, Clarissa Costa de. *O tratamento do superendividamento e o direito de recomeçar dos consumidores*. São Paulo: Ed. RT, 2014.

MARQUES, Claudia Lima. Prefácio. *In*: SAMPAIO, Marilia de Ávila e Silva. *Justiça e superendividamento*. Rio de Janeiro: Lumen Juris, 2016.

NETO, Luciana. *Pesquisa de endividamento e inadimplência do consumidor* (Peic) – Perfil do endividamento anual 2022. 19 jan. 2023. Disponível em: https://www.portaldocomercio.org.br/publicacoes/pesquisa-de-endividamento-e-inadimplencia-do-consumidor-peic-perfil-do-endividamento-anual-2022/459640. Acesso em: 20 abr. 2023.

TARTUCE, Flávio; NEVES, Daniel Amorim Assumpção. *Manual de direito do consumidor*: direito material e processual. 3. ed. Rio de Janeiro: Forense; São Paulo: Método, 2014.

WEATHERFORD, Jack. *A história do dinheiro*. Rio de Janeiro: Negócio Editora, 1997.

O JUÍZO UNIVERSAL NAS AÇÕES DE SUPERENDIVIDAMENTO

Andréia Fernandes de Almeida Rangel

Pós-doutoranda na UFRGS, sob a orientação da Profa. Dra. Dr. h. c. Claudia Lima Marques, com período de pesquisa na Universität Gießen – Alemanha (Prêmio Pesquisadora 2022 – CDEA). Doutora e Mestre em Direito pela UFF. Pós-graduada em Direito Privado pela UFF. Especialista em Direito do Consumidor pelo Centro de Direito do Consumo, da Universidade de Coimbra (Portugal), com Bolsa do Centro de Estudos em Direito Europeu e Alemão (CDEA). Professora Adjunta do Departamento de Direito Civil da Faculdade Nacional de Direito (FND – UFRJ). Avaliadora de Curso Superior (INEP – MEC).

Sumário: 1. Introdução – 2. Competência: a interpretação extensiva do art. 109, I CF/88; 2.1 Uma breve compreensão sobre fixação de competência; 2.2 O posicionamento dos tribunais na análise da competência do art. 109, I CF/88 – 3. A competência para processar e julgar os processos de repactuação de dívidas do consumidor superendividado (Lei 14.181/01); 3.1 Superendividamento: a falência do consumidor – 3.2 O posicionamento do STJ sobre a competência nos processos de repactuação de dívidas do consumidor superendividado – 4. Considerações finais – Referências.

1. INTRODUÇÃO

O fenômeno do superendividamento, que já vinha sendo aprimorado no Direito estrangeiro,[1] foi sinalizado em 1995, no Congresso da Associação Mundial do Direito do Consumo em Toronto, pela Profa. Claudia Lima Marques,[2] momento em que a mesma alertou para a instalação desta conjuntura nos países emergentes. Em 1996, o Prof. José Reinaldo de Lima Lopes, com o artigo: Crédito do consumidor e superendividamento,[3] também trouxe à baila o tema.

Em 2004 iniciava a pesquisa piloto no Brasil sobre o fenômeno crescente do superendividamento dos consumidores pessoas físicas, um esforço de mais de dois anos de pesquisas coletivas empíricas e qualitativas no Rio Grande do Sul e no Rio de Janeiro, estudos que inspiraram a organização da pioneira comissão de negociação voluntária

---

1. "Para evitar esta 'falência', os países desenvolvidos e industrializados, como os Estados Unidos da *América, o Canadá, a França, a Inglaterra, a Alemanha, a Bélgica, Luxemburgo e tantos outros, criaram uma série de inovações legislativas, muitas advindas da jurisprudência e por analogia com a concordata comercial, em especial um processo extrajudicial específico, de tratamento amigável ou administrativo de renegociação e parcelamento para pessoas físicas não profissionais (consumidores), permitindo um tratamento e um approach global da situação de superendividamento dos consumidores.*" MARQUES, Cláudia Lima. *Contratos no código de defesa do consumidor*: o novo regime das relações contratuais. 9. ed. São Paulo: Ed. RT, 2019. p. 1469.
2. MARQUES, Claudia Lima. Os contratos de crédito na legislação brasileira de proteção ao consumidor. *Revista de Direito do Consumidor*, v. 17, p. 36-56, jan./mar. 1996.
3. LOPES, José Reinaldo de Lima. Crédito ao consumidor e superendividamento – uma problemática geral, *Revista de Direito do Consumidor*, v. 17, p. 57-64, jan./mar. 1996.

da Defensoria Pública do Rio de Janeiro.[4] Em 2005 há a apresentação do anteprojeto de lei acadêmico no Congresso Brasileiro de Direito do Consumidor;[5] em 2006 ocorre a publicação o livro Direitos do Consumidor Endividado: superendividamento e crédito; em 2007 inicia-se o projeto do tratamento do superendividamento no TJ/RS; em 2010 ocorre o lançamento do caderno de investigação científica sobre a prevenção e o tratamento do superendividado pelo Ministério da Justiça,[6] em outubro do mesmo ano há a criação da comissão de juristas instituída pela Presidência do Senado Federal[7] e em 2012 a comissão de juristas apresentou o relatório sobre a atualização do CDC.[8]

Então em 2015 o PLS 283/2012 é aprovado por unanimidade no Senado, sendo remetido para a revisão da Câmara dos Deputados e recebe o número PL 3515/2015[9] e após um longo período de apreciação e discussão, ele é transformado na Lei Ordinária 14.181/2021,[10] ingressando assim no ordenamento jurídico batizada de Lei do Superendividamento. Uma lei com inspiração do direito francês,[11-12] que trouxe um novo

---

4. MARQUES, Cláudia Lima; e CAVALLAZZI, Rosângela Lunardelli (Org.). *Direitos do consumidor endividado I*: superendividamento e crédito. São Paulo: Ed. RT, 2006. p. 15.
5. Evento no RS avalia os 15 anos do Código do Consumidor. Disponível em: https://www.conjur.com.br/2005-set-05/evento_internacional_rs_avalia_15_anos_cdc.

   Sobre este evento, vale a leitura do Editorial. RTDC, vol. 22, 2005. Código de Defesa do Consumidor, Código Civil e Complexidade do Ordenamento. Disponível em: https://ibdcivil.org.br/wp-content/uploads/2019/06/RTDC.Editorial.v.022.pdf.
6. Prevenção e tratamento do superendividamento / elaboração de Claudia Lima Marques, Clarissa Costa Lima e Káren Bertoncello. Disponível em: https://www.defesadoconsumidor.gov.br/images/manuais/vol_1_prevencao_e_tratamento_do_superendividamento.pdf.
7. "A Comissão de Juristas, criada pelo APR 308, de 2010 e destinada a atualizar o CDC, em 180 dias, compõe-se de cinco membros. Sua instalação ocorreu, em 15 de dezembro. No objeto da Comissão, consta a apresentação de anteprojeto voltado para o crédito e o super endividamento, sem prejuízo de outras matérias pertinentes ao Código, que venham a ser consideradas pela Comissão. O mérito da redação atual, reconhecido inclusive internacionalmente, gera expectativas de poucas alterações no texto original, além dos temas acima. A Secretaria de Coordenação Técnica recebeu do Presidente do Senado nova designação, para secretariar esta comissão, além de desenvolver parte dos respectivos trabalhos técnicos". Disponível em: https://www2.senado.leg.br/bdsf/bitstream/handle/id/194039/EmPauta_162.pdf?sequence=7&isAllowed=y.
8. "Herman Benjamin destacou, entre as principais mudanças propostas, a regulamentação do comércio eletrônico, a proibição de publicidade que leve o comprador ao engano ou ao superendividamento e ajustes processuais no sentido de viabilizar solução alternativa não judicial para os conflitos de consumo, que não foram tratados pelo CDC quando de sua criação". Comissão de juristas apresenta relatório sobre atualização do CDC. Fonte: Agência Senado. Disponível em: https://www12.senado.leg.br/noticias/materias/2012/03/14/comissao-de-juristas-encerra-primeira-etapa-do-cdc.
9. Disponível em: https://www.camara.leg.br/proposicoesWeb/fichadetramitacao?idProposicao=2052490.
10. Disponível em: http://www.planalto.gov.br/ccivil_03/_ato2019-2022/2021/lei/L14181.htm. Acesso em: 22 jan. 2022.
11. Diverso da lei francesa, onde é possível a inclusão de dívidas de trabalho, aqui no Brasil a Lei 14.181/21 somente trata da relação se consumo.
12. Cabe destacar aqui os dois modelos de tratamento do superendividamento: "O primeiro modelo denominado de fresh start é adotado por países de tradição common law (Estados Unidos, Inglaterra, Canadá e Austrália). A expressão fresh start significa 'começo imediato' porque permite ao consumidor com problemas financeiros a chance de começar uma nova etapa em sua vida sem o peso das dívidas pretéritas. O objetivo principal do sistema americano tem sido conceder ao devedor honesto o perdão imediato das dívidas remanescentes após a liquidação do patrimônio disponível para o seu pagamento. O segundo modelo de tratamento, adotado pelos países europeus, identifica-se mais com a filosofia dos planos de pagamento ou da reeducação pela responsabilização dos devedores pelas obrigações assumidas. Na prática, em vez do perdão das dívidas ou da quitação direta com a liquidação dos bens, os devedores são obrigados a reembolsá-las por meio de um plano de paga-

paradigma, atualizando e incluindo dois novos capítulos no Código de Defesa do Consumidor, o Capítulo VI-A, trazendo da prevenção e do tratamento do superendividamento, com parâmetros para um crédito responsável e o Capítulo V, que traz da conciliação no superendividamento, dispondo sobre a conciliação em bloco do consumidor de boa-fé com todos os seus credores, para a elaboração de um plano de pagamento das dívidas.

Demonstrar o longo caminho percorrido, tem por escopo emergir todo o estudo, pesquisa e aprofundamento realizado antes da promulgação da lei, um diploma legal que nasceu da academia, que teve projeto piloto realizado no âmbito do Poder Judiciário e que já nasceu pronto. Contudo, a efetividade, a correta aplicação dos dispositivos legais dentro do espírito das leis, é imprescindível para que não haja um esvaziamento da norma, para que não haja aplicações deturpadas e retirem o vasto trabalho realizado na proteção do consumidor superendividado.

Assim, um ponto nevrálgico que precisa ser trazido à baila, é a efetivação do juízo universal do superendividamento, onde o juízo civil da repactuação de dívidas nas ações de superendividamento, possui atratividade para processar e julgar todas as dívidas consumeristas, mesmo aquelas com empresa pública, como por exemplo empréstimo pessoal realizado com a Caixa Econômica Federal. Tal afirmação será demonstrada pelo raciocínio jurídico que segue.

2. COMPETÊNCIA: A INTERPRETAÇÃO EXTENSIVA DO ART. 109, I CF/88

2.1 Uma breve compreensão sobre fixação de competência

A construção do posicionamento ora explanado, deve ter seu início no poder-função enraizado na própria soberania do Estado,[13] qual seja, a jurisdição, aquela que se estrutura e concretiza em função das regras do instituto da competência.[14] Nas palavras de Ada Pellegrini, Cândido Rangel e Antônio Cintra: "A função jurisdicional, que é uma só e atribuída abstratamente a todos os órgãos integrantes do Poder Judiciário, passa por um processo gradativo de concretização, até chegar-se à determinação do juiz competente para determinado processo".[15] Assim, a competência, fruto do exercício da jurisdição, será atribuída à um dado órgão do Poder Judiciário, por meio de regras legais (normas constitucionais, leis processuais e organização judiciária). Pode-se afirmar que é a caminhada da jurisdição, saindo do plano abstrato e adentrando como poder atribuído aos

---

mento que pode durar até 10 (dez) anos". MARQUES, Claudia Lima; COSTA, Clarissa Costa de; VIAL, Sophia. Superendividamento dos consumidores no pós-pandemia e a necessária atualização do Código de Defesa do Consumidor. In: MALFATTI, Alexandre David; GARCIA, Paulo Henrique Ribeiro e SHIMURA, Sérgio Seiji (Coord.). *Direito do Consumidor*: reflexões quanto aos impactos da pandemia de Covid-19. São Paulo: Escola Paulista da Magistratura, 2020, v. 1, p. 107-144. Disponível em: https://api.tjsp.jus.br/Handlers/Handler/File-Fetch.ashx?codigo=126216. Acesso em: 29 jan. 2022.

13. "A jurisdição, que integra as faculdades da soberania estatal, ao lado do poder de legislar e administrar a coisa pública (...)." THEODORO JÚNIOR, Humberto. *Curso de direito processual civil*. 44. ed. Rio de Janeiro: Forense, 2002. v. I. p. 176.

14. ALVIM, Arruda. *Manual de direito processual civil*. 20. ed. São Paulo: Ed. RT, 2021. p. 317.

15. CINTRA, Antônio Carlos de Araújo; GRINOVER, Ada Pellegrini; DINAMARCO, Cândido Rangel. *Teoria Geral do Processo*. 27. ed. São Paulo: Malheiros, 2011. p. 251.

juízes, chegando assim à realidade concreta do seu exercício, decidindo as lides levadas à apreciação do Poder Judiciário. É o âmbito do qual o órgão jurisdicional exerce de forma válida e regular a função jurisdicional do Estado.

Um trecho das palavras do processualista Arruda Alvim sobre o tema, deve ser trazido à baila: "A extensão geográfica, a diversidade de ramos do Direito e, ainda, a hierarquia existente entre os órgãos do próprio Judiciário exigem a *especialização dos órgãos que efetivam a função jurisdicional no Estado*"[16] (grifo da autora). O ponto em destaque é crucial e de especial relevo sobre a temática trazida, uma vez que demonstra no berço da competência, a importância do órgão jurisdicional especializado sobre o tema.

Como dito acima, a distribuição de competência é trazida por meio de regras legais[17] e segue critérios doutrinários para a sua fixação.[18] Assim, após a verificação de que o caso concreto é da competência da Justiça brasileira, que não se trata de competência originária do STF (art. 102, I CF/88), do STJ (art. 105, I CF/88) ou de órgão jurisdicional atípico (por exemplo, o Senado Federal – art. 52, I e II CF/88), o próximo passo é analisar se o processo será da justiça especial: militar (art. 124 CF/88), eleitoral (art. 121 CF/88) ou trabalhista (art. 114 CF/88); ou ainda da justiça comum: federal (art. 109 CF/88) ou justiça estadual, que possui a atribuição residual. A doutrina ainda segue com os critérios para a fixação da competência, contudo, o ponto nodal é exatamente aquele que envolve a justiça comum, a primeira instância, o local onde as ações de repactuação de dívidas serão levadas à apreciação.

Deste modo, o foco da discussão trazida, está centrado na justiça comum, na divisão de competência entre a justiça federal, com suas regras determinadas em razão da pessoa (*ratione* personae) ou em razão da matéria, conforme regra insculpida no art. 109 da CF/88; e a justiça estadual, com sua competência residual. Cabe destacar, com base no diploma constitucional apresentado, que será competente a Justiça Federal quando a União, seja por sua administração direta ou indireta, ou ainda por empresas públicas da União, assumirem posição processual (autor ou réu); ressalvando os casos de falência, acidentes de trabalho e as sujeitas à Justiça Eleitoral e à Justiça do Trabalho.

O âmbito de atuação da Justiça Federal, bem como os exatos termos da exclusão de sua competência – *exceto as de falência, acidentes do trabalho e as sujeitas à justiça eleitoral e à Justiça do Trabalho –*, podem ser encontrados desde os Anais da Assembleia Constituinte, em discussões trazidas nas Audiências Públicas,[19] como na Comissão da

---

16. ALVIM, Arruda. *Manual de direito processual civil*. 20. ed. São Paulo: Ed. RT, 2021. p. 317.

17. "O legislador leva em conta o modo como se apresenta em concreto cada um desses elementos [elementos da ação] em cada demanda, valendo-se deles no seu trabalho de elaboração de grupos de causas para fins de determinação da competência". CINTRA, Antônio Carlos de Araújo; GRINOVER, Ada Pellegrini; DINAMARCO, Cândido Rangel. *Teoria Geral do Processo*. 27. ed. São Paulo: Malheiros, 2011. p. 255.

18. Para o presente estudo foram utilizados os critérios para fixação da competência presente na seguinte obra: NEVES, Daniel Amorim Assumpção. *Manual de Direito Processual Civil*. Volume único. 14. ed. São Paulo: JusPodivm, 2022. p. 234.

19. SENADO FEDERAL. Audiências Públicas. Assembleia Nacional Constituinte (atas de comissões). 3. Comissão da Organização dos Poderes e Sistema de Governo. Disponível em: https://www.senado.leg.br/publicacoes/anais/asp/ct_abertura.asp. Acesso em: 24 nov. 2022.

Organização dos Poderes, onde é possível encontrar o seguinte teor: "Art. 81. Aos juízes federais compete processar e julgar: I – as causas em que a União, entidade autárquica ou empresa pública federal forem interessadas na condição de autoras, rés, assistentes ou oponentes, *exceto as de falência*, acidentes do trabalho e as sujeitas à justiça eleitoral e à Justiça do Trabalho"[20] (grifo da autora).

A compreensão histórica do dispositivo legal em comento, é mister para que seja possível constatar o imprescindível alargamento e a adequação do mesmo aos tempos atuais; a necessária interpretação extensiva[21] do art. 109, I da CF/88, para que seja uma lei para além da sociedade de 1988, conservadora, patriarcal e de pouco crédito[22] e possa atingir a sociedade de 2022 cosmopolita, hierárquica e com acesso irrestrito e imediato ao crédito.[23]

Pois bem, é esta interpretação extensiva, esta ampliação do alcance da regra constitucional, que tem sido realizada pelos órgãos julgadores, os quais tem entendido pela atratividade de juízos específicos, criando a figura do chamado juízo universal, com enfoque aos processos de falência – exceção trazida pelo art. 109 CF/88 e que possui relação quase umbilical com os processos de superendividamento dos consumidores, nos moldes da Lei 14.181/21 – o que será então, pormenorizado no tópico seguinte.

---

20. Cabe destacar que, nos arquivos disponíveis na página do Senado Federal – Anais da Assembleia Constituinte, no item Audiências Públicas, é possível identificar no arquivo 3. Comissão da Organização dos Poderes e Sistema de Governo, na página 180, o seguinte teor: "Art. 81. Aos juízes federais compete processar e julgar: I – as causas em que a União, entidade autárquica ou empresa pública federal forem interessadas na condição de autoras, rés, assistentes ou oponentes, exceto as de falência, acidentes do trabalho e as sujeitas à justiça eleitoral e à Justiça do Trabalho. (...)". SENADO FEDERAL. Audiências Públicas. Assembleia Nacional Constituinte (atas de comissões). 3. Comissão da Organização dos Poderes e Sistema de Governo. Disponível em: https://www.senado.leg.br/publicacoes/anais/asp/ct_abertura.asp. Acesso em: 24 nov. 2022.

21. "Costuma-se distinguir a analogia propriamente dita, concebida também com o nome de analogia legis, seja da analogia iuris, seja da interpretação extensiva. (...) Mas qual é a diferença entre analogia propriamente dita e interpretação extensiva? Foram imaginados vários critérios para justificar a distinção. Creio que o único critério aceitável seja aquele que procura compreender a diferença em relação aos diversos efeitos, respectivamente, da extensão analógica e da interpretação extensiva: o efeito da primeira é a criação de uma nova norma jurídica; o efeito da segunda é a extensão de uma norma a casos não previstos por ela". BOBBIO, Noberto. *Teoria do Ordenamento Jurídico*. Trad. Ari Marcelo Solon. São Paulo: EDIPRO, 2014. p. 144-145.

22. "As formas institucionalizadas de concessão de crédito para pessoas físicas/consumidores são recentes, um fenômeno vislumbrado na segunda metade do século XX. A prática da agiotagem, que possui registros a partir da década de 1870 nos Estados Unidos, estimulou a primeira forma institucionalizada e lícita de empréstimo pessoal no Brasil: o penhor da Caixa Econômica Federal. Assim, em 12 de janeiro de 1861, o Decreto 2.723 autorizou a criação a criação de uma Caixa Econômica e do Monte de Socorro, o que viria a ser o famoso penhor. A ideia do imperador Dom Pedro II ao criar o penhor era concorrer com as chamadas "casas de prego", de "macaco" ou "belchiores", instituições privadas que cobravam juros indiscriminados aos credores sem nenhuma regulamentação". MARQUES, Claudia Lima; RANGEL, Andréia Fernandes de Almeida; MUCELIN, Guilherme. *As fintechs*: vulnerabilidade dos consumidores dos bancos digitais. (no prelo).

23. "De acordo com informações do BACEN, em abril de 2022 o valor das novas operações de crédito contratadas no Sistema Financeiro Nacional por pessoas físicas foi de R$248.113.000,00 (duzentos e quarenta e oito milhões, cento e treze mil reais); em comparação, no mesmo período em 2012 foi de R$100.869.000,00 (cem milhões, oitocentos e sessenta e nove reais). Observa-se que no período de 10 anos houve um aumento de mais de 145% na concessão de crédito à pessoa física, dados que tornam visíveis o alargamento do acesso a recursos financeiros". MARQUES, Claudia Lima; RANGEL, Andréia Fernandes de Almeida; MUCELIN, Guilherme. *As fintechs*: vulnerabilidade dos consumidores dos bancos digitais. (no prelo).

2.2 O posicionamento dos tribunais na análise da competência do art. 109, I CF/88

O caso emblemático envolvendo o princípio da universalidade do juízo falimentar e que traz uma vasta discussão sobre o tema, sendo o *leading case* sobre a competência para processar e julgar a execução de créditos trabalhistas no caso de empresa em fase de recuperação judicial, é o Recurso Extraordinário 583955[24] de 2009, um julgado sob a relatoria do Min. Ricardo Lewandowski, cabendo trazer um trecho do voto:

> As regras hoje vigentes,[25] assim como as passadas,[26] consagram o princípio da *universalidade do juízo falimentar*, que exerce uma *vis attractiva* sobre todas as ações de interesse da massa falida, caracterizando a sua indivisibilidade. (...) Destarte, instala-se, no processo de falência, o denominado *juízo universal*, que atrai todas as ações que possam afetar o patrimônio da empresa em processo de quebra ou recuperação judicial. Cuida-se, em suma, do juízo competente para conhecer e julgar todas as demandas que exijam uma decisão uniforme e vinculação *erga omnes*.

O julgamento teve uma rica discussão, sendo apresentado alguns posicionamentos e visões sobre o tema, como um exemplo prática trazido pelo Min. Cezar Peluso, o qual demonstrou o impacto negativo na manutenção da diversidade de juízos:

> Imagine Vossa Excelência a Justiça do Trabalho retirar da massa, por penhora, uma porção considerável dos bens. Quem é que administra uma massa como essa? Já não se consegue administrar do jeito que está, imagine Vossa Excelência se cada juiz trabalhista resolvesse tirar uma porção da massa falida e promover sua execução particular!

Outro voto que também cabe destacar, foi o trazido pela Min. Ellen Gracie, reforçando a importância do juízo universal nas ações falimentares:

> O processo falimentar é uma execução coletiva, abarcando credores de diversa hierarquia e credores de mesma hierarquia, que não podem ser preteridos uns pelos outros. O exaurimento do patrimônio da massa falida, nas execuções individuais, impediria o justo rateio entre seus pares na execução falimentar.

Após todo o debate, o Tribunal, por maioria e nos termos do voto do relator, conheceu e negou provimento do recurso extraordinário, desdobrando ainda a decisão

---

24. Processo disponível em: https://portal.stf.jus.br/processos/detalhe.asp?incidente=2610863. Acesso em: 24 nov. 2022.
25. Lei 11. 101/2005. "Art. 76. O juízo da falência é indivisível e competente para conhecer todas as ações sobre bens, interesses e negócios do falido, ressalvadas as causas trabalhistas, fiscais e aquelas não reguladas nesta Lei em que o falido figurar como autor ou litisconsorte ativo. Parágrafo único. Todas as ações, inclusive as exceturadas no caput deste artigo, terão prosseguimento com o administrador judicial, que deverá ser intimado para representar a massa falida, sob pena de nulidade do processo".
    Disponível em https://www.planalto.gov.br/ccivil_03/_ato2004-2006/2005/lei/l11101.htm Acesso em: 25 nov. 2022.
26. Decreto-lei 7.661/1945. "Art. 7º É competente para declarar a falência o juiz em cuja jurisdição o devedor tem o seu principal estabelecimento ou casa filial de outra situada fora do Brasil. 1º A falência dos comerciantes ambulantes e empresários de espetáculos públicos pode ser declarada pelo juiz do lugar onde sejam encontrados. 2º O juízo da falência é indivisível e competente para todas as ações e reclamações sobre bens, interesses e negócios da massa falida, as quais serão processadas na forma determinada nesta lei. 3º Não prevalecerá o disposto no parágrafo anterior para as ações, não reguladas nesta lei, em que a massa falida seja autora ou litisconsorte". Disponível em: https://www.planalto.gov.br/ccivil_03/decreto-lei/del7661.htm. Acesso em: 25 nov. 2022.

na Repercussão Geral – Tema 90, com o seguinte título: "Competência para processar e julgar a execução de créditos trabalhistas no caso de empresa em fase de recuperação judicial" e a descrição: "Recurso extraordinário em que se discute, à luz do art. 114, I a IX, da Constituição Federal, qual a justiça competente para processar e julgar a execução dos créditos trabalhistas, no caso de empresa em processo de recuperação judicial, requerida com base na Lei 11.101/2005".[27]

Outras decisões caminharam no mesmo sentido, como o Conflito de Competência 123.197/SP,[28] Dje 1º.08.2012, relatoria do Min. Paulo de Tarso Sanseverino, o qual reforçou o posicionamento supracitado, em suas palavras: "As normas a disciplinarem a atratividade exercida pelo juízo da recuperação e falências deverão ser sistematicamente interpretadas, sob pena de um mais do que provável esvaziamento dos propósitos da recuperação judicial".

Todo o posicionamento apresentado, demonstra a importância do juízo universal, o papel precípuo do magistrado no concurso de credores, uma vez que, somente a unidade e a universalidade do juízo poderá assegurar a devida efetividade, seja no pagamento dos credores, na possibilidade de recuperação judicial com uma manutenção da empresa, ou mesmo em uma decretação de falência. É fato irrefutável a necessidade de concentração dos valores, a análise global do patrimônio pelo órgão julgador, uma visão financeira completa, com atuação irrestrita e indivisível de apenas um magistrado.

Seguindo na esteira do posicionamento exarado pelos tribunais superiores, mas adentrando na seara das pessoas físicas, o Recurso Extraordinário 678.162,[29] com voto vencedor do Min. Edson Fachin, Dje de 13.05.2021, analisou se a insolvência civil está, ou não, entre as exceções do artigo 109, I da CF/88, para fins de definição da competência da Justiça Federal de primeira instância.

O relator do processo em epígrafe, Min. Marco Aurélio, teve seu voto vencido por maioria no Tribunal. Dentre os argumentos trazidos, o relator destacou o fundamento apresentado pela União nas razões do recurso, enfatizando que os institutos colocados em apreciação, são diversos, nos termos recursais: "a insolvência civil e falência, embora guardem estreita correlação, são juridicamente diferentes, porquanto regidas por diplomas distintos – Leis 5.869/1973 e 11.101/2005, respectivamente".[30]

O voto vencedor do Min. Edson Fachin, caminhou em sentido oposto, iniciando seus argumentos com o enfoque na interpretação constitucional que possa traduzir maior fidelidade ao comando constitucional, afastando o elemento puramente literal, buscando na interpretação extensiva do rol de exceções à competência da Justiça Federal,

---

27. Disponível em: https://portal.stf.jus.br/jurisprudenciaRepercussao/tema.asp?num=90. Acesso em: 25 nov. 2022.

28. STJ – Conflito de Competência 123.197/SP. Processo disponível em: https://processo.stj.jus.br/processo/pesquisa/. Acesso em: 25 nov. 2022.

29. STF – RE 678.162. Processo disponível em: https://portal.stf.jus.br/processos/detalhe.asp?incidente=4218845. Acesso em: 25 nov. 2022.

30. STF – RE 678.162. Disponível em: https://portal.stf.jus.br/processos/detalhe.asp?incidente=4218845 Acesso em: 26 nov. 2022.

o entendimento de que a falência "significa tanto a insolvência da pessoa jurídica, quanto a insolvência da pessoas física, considerando que ambas envolvem, em suas respectivas essências, concurso de credores".[31]

Após discussões na Corte Constitucional, o Tribunal por maioria negou provimento ao recurso extraordinário, nos termos do voto do Min. Edson Fachin, apreciando o tema 859 da repercussão geral – competência para processar e julgar ações de insolvência civil nas quais haja interesse da União, entidade autárquica ou empresa pública federal, aprovando a seguinte tese: "A insolvência civil está entre as exceções da parte final do artigo 109, I, da Constituição da República, para fins de definição da competência da Justiça Federal".[32]

O viés civilista do Min. Edson Fachin, trouxe uma perfeita interpretação extensiva do diploma constitucional, aquele trazido no início do presente trabalho, impulsionando a finalidade do legislador constituinte e permitindo uma fixação de competência favorável à uma efetiva prestação jurisdicional, uma vez que o magistrado poderá atuar de maneira mais efetiva e precisa na falência da pessoa jurídica e também da pessoa física.

Não obstante a Constituição Federal não tenha inserido a palavra exata "insolvência civil", não há razões que justifiquem a adoção de critério distinto de fixação de competência entre a falência e a insolvência civil, as quais possuem concursos que se assemelham, sendo forçoso concluir que, a opção do constituinte foi a utilização genérica da expressão "falência".

Feita toda esta construção jurídica, caminhamos agora para a análise da competência para processar e julgar os processos de repactuação de dívidas do consumidor superendividado, na forma da Lei 14.181/01.

3. A COMPETÊNCIA PARA PROCESSAR E JULGAR OS PROCESSOS DE REPACTUAÇÃO DE DÍVIDAS DO CONSUMIDOR SUPERENDIVIDADO (LEI 14.181/01)

3.1 Superendividamento: a falência do consumidor

O título do presente capítulo já demonstra a relação que se busca fazer, o superendividamento é uma falência do consumidor, é uma insolvência civil com regramento próprio trazido pela Lei 14.181/21[33] e inserido no Código de Defesa do Consumidor; são regras específicas voltadas àqueles com vulnerabilidade amplamente reconhecida

---

31. STF – RE 678.162. Disponível em: https://portal.stf.jus.br/processos/detalhe.asp?incidente=4218845 Acesso em: 26 nov. 2022.
32. Disponível em: https://portal.stf.jus.br/jurisprudenciaRepercussao/verAndamentoProcesso.asp?incidente=4218845&numeroProcesso=678162&classeProcesso=RE&numeroTema=859. Acesso em: 28 nov. 2022.
33. BRASIL, *Lei 14.181, de 1º de Julho de 2021*. Disponível em: http://www.planalto.gov.br/ccivil_03/_ato2019-2022/2021/lei/L14181.htm. Acesso em: 22 mar. 2022.

na doutrina[34] e na jurisprudência.[35] A necessidade de proteção especial que faz jus o consumidor, remonta ao legislador constituinte, o qual desde os atos das disposições constitucionais transitórias, determina a criação de regras específicas para a sua proteção.[36]

Falência, insolvência e superendividamento, expressões usadas sob o mesmo viés, muitas vezes até de forma sinônima, seja no ordenamento pátrio ou na legislação estrangeira e guardam estreita correlação. Os três institutos giram ao redor de um patrimônio global com excessos de dívidas que excedam os bens do devedor, adotando em cada dispositivo legal uma das expressões, ora pessoa física, jurídica ou especificamente os consumidores; possuem ainda como ponto de intercessão o concurso universal de credores.

Na legislação pátria pode-se encontrar no Código Civil o art. 955, uma breve definição de insolvência: "toda vez que as dívidas excedam à importância dos bens do devedor";[37] no Código de Processo Civil o art. 797 fala que na insolvência devedor, tem lugar o concurso universal;[38] na seara da pessoa jurídica a Lei 11.101 de 09 de fevereiro de 2005 traz a recuperação judicial, a extrajudicial e a falência do empresário e da sociedade empresária;[39] e a Lei 14.101/21 traz as alterações ao Código de Defesa do Consumidor, com regras para aperfeiçoar a disciplina do crédito ao consumidor e dispor sobre a prevenção e o tratamento do superendividamento, com destaque para o art. 54-A, § 1º, o qual define que: "entende-se por superendividamento a impossibilidade manifesta de o consumidor pessoa natural, de boa-fé, pagar a totalidade de suas dívidas de consumo, exigíveis e vincendas, sem comprometer seu mínimo existencial, nos termos da regulamentação".[40]

Na legislação estrangeira, é possível trazer como exemplo a Alemanha, que utiliza de maneira geral a expressão insolvência – *Insolvenz*, como se pode depreender da Lei de Insolvência Civil – *Insolvenzordnung (InsO)*, um diploma legal que contém várias

---

34. Com destaque para a obra MARQUES, Claudia Lima; MIRAGEM, Bruno. *O novo direito privado e a proteção dos vulneráveis*. São Paulo: Ed. RT, 2012.

35. Embargos infringentes – Direito do consumidor – Cláusulas contratuais – Abusividade – Cláusula que, em contrato de empréstimo bancário, ao exigir a substituição do fiador pelo mutuário, faz depender o exercício da obrigação de exclusivos critérios do mutuante, inclusive quanto a determinação do prazo para se efetivar a substituição, e cláusula abusiva por violar a reconhecida vulnerabilidade do consumidor, tornando-se exagerada – Embargos parcialmente acolhidos (TJRS – EI 597210483 – RS – 1º Grupo de Câmaras Cíveis Rel. Des. Tupinambá Miguel Castro do Nascimento – J. 04.09.1998)

36. Constituição Federal. 1988. ADCT. "Art. 48. O Congresso Nacional, dentro de cento e vinte dias da promulgação da Constituição, elaborará código de defesa do consumidor."

37. Lei 10.406 de 10 de janeiro de 2002. Disponível em: https://www.planalto.gov.br/ccivil_03/leis/2002/l10406compilada.htm. Acesso em: 27 nov. 2022.

38. Lei 13.105 de 16 de março de 2015. Disponível em: https://www.planalto.gov.br/ccivil_03/_ato2015-2018/2015/lei/l13105.htm. Acesso em: 27 nov. 2022.

39. Lei 11.101 de 09 de fevereiro de 2005. Disponível em: https://www.planalto.gov.br/ccivil_03/_ato2004-2006/2005/lei/l11101.htm. Acesso em: 27 nov. 2022.

40. Lei 14.181 de 1º de julho de 2021. Disponível em: https://www.planalto.gov.br/ccivil_03/_ato2019-2022/2021/lei/L14181.htm. Acesso em: 27 nov. 2022.

medidas contra a chamada pobreza em massa (*die Massearmut*),[41] com procedimento aplicado a empresa,[42] bem como ao consumidor insolvente – *Verbraucherinsolvenz.*[43]

Em Portugal, há o Código da Insolvência e da Recuperação de Empresas (CIRE), pelo Decreto-lei 53/2004, de 18 de março.[44] O CIRE foi uma proposta legislativa aprovada para o tratamento do sobreendividamento[45] das famílias, ainda que não o faça de forma exclusiva e que este não seja esse o seu objetivo principal.[46] O CIRE, foi baseado no código de insolvência alemão (*insolvenzurdnung*)[47] e prevê um conjunto de normas de tratamento para o sobreendividamento dos consumidores, o qual traz no Título XII as disposições específicas da insolvência de pessoas singulares.[48] No ano de 2009 a Portaria 312/2009, regulamentou o regime aplicável ao reconhecimento dos sistemas de apoio a situações de sobreendividamento, conforme disposto no artigo 2º, prevê o reconhecimento do sobreendividamento a qualquer pessoa coletiva de direito público ou privado, não sendo exclusivo para consumidores.[49]

---

41. BORK, Reinhard. *Insolvenzordnung Unternehmensstabilisierungs und restrukturierungsgesetz.* C. H. Beck: München, 2021.

42. *InsO § 1 Ziele des Insolvenzverfahrens*

    Das Insolvenzverfahren dient dazu, die Gläubiger eines Schuldners gemeinschaftlich zu befriedigen, indemdas Vermögen des Schuldners verwertet und der Erlös verteilt oder in einem Insolvenzplan eine abweichende Regelung insbesondere zum Erhalt des Unternehmens getroffen wird. Dem redlichen Schuldner wird Gelegenheit gegeben, sich von seinen restlichen Verbindlichkeiten zu befreien."

    Disponível em: https://www.gesetze-im-internet.de/inso/index.html Acesso em 27 de novembro de 2022.

43. Procedimento previsto no *InsO § 304 -314*. Disponível em: https://www.gesetze-im-internet.de/inso/index. html. Acesso em: 27 nov. 2022.

44. Portugal, *DL 53/2004, de 18/03*, disponível em: https://www.pgdlisboa.pt/leis/lei_mostra_articulado.php?nid=85&tabela=leis. Acesso em: 20 jan. 2023.

45. A expressão sobreendividamento é usada em Portugal, ao passo que superendividamento é usado no Brasil.

46. FRADE, Catarina; MARQUES, Maria Manuel Leitão. *Regular o sobreendividamento*, disponível em: https:// docplayer.com.br/6169775-Regular-o-sobreendividamento.html. Acesso em: 05 jan. 2022.

47. MACHADO, Wilson Pantoja. O sobreendividamento do consumidor luso-brasileiro. *Revista Jurídica Luso-Brasileira* n. 4, p. 1682, 2016.

48. Código da Insolvência e da Recuperação de Empresas (CIRE), pelo Decreto-lei 53/2004, de 18 de março. "Artigo 235.º Princípio geral. Se o devedor for uma pessoa singular, pode ser-lhe concedida a exoneração dos créditos sobre a insolvência que não forem integralmente pagos no processo de insolvência ou nos cinco anos posteriores ao encerramento deste, nos termos das disposições do presente capítulo". PORTUGAL. DL 53/2004, de 18/03. Disponível em: https://www.pgdlisboa.pt/leis/lei_mostra_articulado.php?nid=85&tabela=leis. Acesso em: 20 jan. 2022.

49. "O Direito Europeu do Consumidor, que enforma grande parte do Direito Português, surge configurado como um direito de mercado, isto é, funcionalizado à construção do mercado interno. (...) mercado resulta, desde logo, a natureza relacional do conceito de consumidor. Da configuração do direito do consumidor como um direito de mercado resulta, desde logo, a natureza relacional do conceito de consumidor. Desarreigada da eticidade da cidadania, a qualidade de consumidor, aferida em cada concreta transação comercial, depende simultaneamente de a aquisição de bens serviços ou direitos ser feita a um profissional, aquele que exerce uma atividade económica que vise a obtenção de benefícios, e de essa aquisição se destinar a uso não profissional. Neste sentido, o conceito de consumidor não se confunde com o conceito geral de comprador ou adquirente de serviços, nem com outros conceitos normalmente associados ao Direito do Consumidor, como o de utente, os de assinante ou utilizador, ou, mais recentemente, o de passageiro e de viajante". PASSINHAS, Sandra passinhas. O lugar da vulnerabilidade no direito do consumidor português. *Estudos de Direito do Consumo.* p. 263-265, 2019. "A Lei 23/96, de 26 de julho, que regula os serviços públicos essenciais (serviço de fornecimento de água; serviço de fornecimento de energia elétrica; serviço de fornecimento de gás natural e gases de petróleo liquefeitos canalizados; serviço de comunicações eletrónicas; serviços postais; serviço de recolha e tratamento de águas residuais; serviços de gestão de resíduos sólidos urbano e serviço de transporte de passageiros) define

Como foi possível demonstrar nesta breve pincelada dos sistemas normativos nacional e estrangeiro, as expressões falência, insolvência e superendividamento, aparecem em diversos momentos. Essa simbiose de expressões, possui ainda maior destaque nos escritos doutrinários, como por exemplo quando o autor Fábio Ulhoa Coelho, especializado nos processos de falência e recuperação de empresas (pessoa jurídica), afirma que "para que se instaure o processo de execução concursal denominado falência, é necessária a concorrência de três pressupostos: a) devedor empresário; b) insolvência; c) sentença declaratória da falência";[50] ou ainda quando a Profa. Claudia Lima Marques dispõe que todas as soluções trazidas pela Lei 14.181/21 tem o condão de "evitar a ruína do parceiro (exceção da ruína), que seria esta sua 'morte civil', exclusão do mercado de consumo ou sua 'falência' civil com o superendividamento";[51] e na doutrina estrangeira, a autora portuguesa, Maria Manuel Leitão Marques afirma que o "sobreendividamento, também designado por falência ou insolvência civil de consumidores, refere-se às situações em que o devedor se vê impossibilitado, de forma durável ou estrutural, de pagar o conjunto das suas dívidas (...)".[52]

Demonstrar as relações das expressões, com especial enfoque ao termo falência, traz como pano de fundo o posicionamento já exarado pelo Min. Edson Fachin e que emergiu no tema 859 de repercussão geral,[53] com a interpretação extensiva do art. 109, I da CF/88 e a leitura da insolvência civil como uma das exceções da competência da Justiça Federal para processar e julgar ações com esta causa de pedir. Assim, forçoso se faz concluir que também nas causas que envolvem o superendividamento dos consumidores (insolvência civil dos consumidores), tal entendimento deve ser aplicado, para que assim o julgador possa de maneira efetiva elaborar o plano de pagamento, consumar o concurso de credores e efetivar o espírito da Lei 14.181/21.

Como já dito anteriormente, o momento atual é de construção da aplicação do complexo normativo protetivo do consumidor superendividado e o entendimento supra, ainda não está uníssono nos órgãos julgadores, sendo em alguns casos um verdadeiro entrave ao acesso à justiça, como por exemplo, o processo 5167425-86.2022.8.13.0024,[54] que tem em seu polo passivo a empresa Claro S/A, Dacasa Financeira S/A, Caixa Econômica, Banco Ole Bonsucesso Consignado S.A., Cemig – Companhia Energética De Minas Gerais e Banco Safra.

---

o seu objeto de proteção, *o utente, como 'a pessoa singular ou coletiva a quem o prestador do serviço se obriga a prestá-lo'*. Por força do Decreto-Lei 5/2018, de 2 de fevereiro, o regime da Lei 23/96, é aplicável à comercialização de GPL engarrafado" (grifo da autora). PASSINHAS, Sandra passinhas. O lugar da vulnerabilidade no direito do consumidor português. *Estudos de Direito do Consumo*. p. 263-265, 2019.

50. COELHO, Fábio Ulhoa. *Manual de direito comercial*. 23. ed. São Paulo: Saraiva, 2011. p. 50.

51. MARQUES, Claudia Lima. Breve introdução à Lei 14.181/2021 e a nova noção de superendividamento do consumidor. *Comentários à Lei 14.1818/2021*: a atualização do CDC em matéria de superendividamento. São Paulo: Ed. RT, 2022. p. 29.

52. MARQUES, Maria Manuel et al. *O endividamento dos consumidores*. Coimbra: Almedina, 2000. p .2.

53. Disponível em: https://portal.stf.jus.br/jurisprudenciaRepercussao/verAndamentoProcesso.asp?incidente=4218845&numeroProcesso=678162&classeProcesso=RE&numeroTema=859. Acesso em: 28 nov. 2022.

54. Informações disponíveis através da consulta pública no site https://pje-consulta-publica.tjmg.jus.br.

O processo em epígrafe foi distribuído inicialmente na 8ª Vara Cível da Comarca de Belo Horizonte e encontra-se em discussão sobre a competência para processar e julgar o feito. No dia 08 de agosto de 2022 o magistrado da Vara Cível proferiu a decisão que, a presença de sociedade de economia mista do Estado de Minas Gerais (Companhia Energética de Minas Gerais S.A. – CEMIG) no polo passivo da demanda, acarretaria da redistribuição do feito a uma das Varas da Fazenda Pública Estadual da Capital, declarando-se incompetente para processar e julgar o feito. O processo então foi redistribuído e no dia 18 de agosto de 2022 a juíza da 3ª Vara da Fazenda Pública e Autarquias da Comarca de Belo Horizonte também se declarou incompetente para processar e julgar o feito, uma vez que da análise dos autos verificou-se que a parte autora questiona o contrato realizado com uma empresa pública (Caixa Econômica Federal), determinando assim a remessa dos autos agora à Justiça Federal; não havendo ainda decisão sobre o caso levado à apreciação do poder judiciário.

Diverso do entendimento mineiro, é o posicionamento de vanguarda da Dra. Karen Bertoncello no processamento dos feitos que envolvem, por exemplo a Caixa Econômica Federal, nos pedidos de repactuação de dívidas, onde a magistrada designada para o Projeto de Gestão de Superendividamento,[55] adota o posicionamento do juízo universal e traz uma célere prestação jurisdicional. Ainda na esteira da proteção ao consumidor superendividado, a douta magistrada aplica o concurso de credores, mesmo quando o polo passivo estiver identificado apenas pela credora empresa pública federal, por exemplo, entendendo que, a pretensão de repactuação direcionada exclusivamente a esta, possui o corolário lógico de reconhecer a existência de outros credores, por força da natureza das obrigações integrantes do rol de despesas de sobrevivência (mínimo existencial).[56]

Todo este entendimento aplicado no Tribunal de Justiça do Rio Grande do Sul, encontra-se encampado em diversas decisões do STJ,[57] como será possível observar no tópico seguinte, onde haverá o aprofundamento de alguns julgados.

3.2 O posicionamento do STJ sobre a competência nos processos de repactuação de dívidas do consumidor superendividado

A divergência de posicionamento trazido acima, não é exemplo isolado no campo das decisões que envolvem os processos de repactuação das dívidas, sob a égide da atual

---

55. Através deste projeto, há a remessa de todos os processos eletrônicos de superendividamento do Estado do Rio Grande do Sul para serem cumpridos pela Central de Atendimento Multicomarcas (Multicon). Vide matéria disponível no site do Tribunal de Justiça do Rio Grande do Sul, disponível em: https://www.tjrs.jus.br/novo/noticia/program-i-passa-a-se-chamar-projeto-de-gestao-de-superendividamento/. Acesso em: 30 nov. 2022.

56. MARQUES, Claudia Lima; BERTONCELLO, Karen Rick Danilevicz; RANGEL, Andréia Fernandes de Almeida. O Juízo Universal do Superendividamento – Comentário ao Conflito de Competência no 193.066 do Superior Tribunal de Justiça. *Revista de Direito do Consumidor*. (no prelo)

57. Posicionamento encontrado nos seguintes julgados do Superior Tribunal de Justiça: CC 194.750/SP, relator Min. Paulo de Tarso Sanseverino, Dje de 15.02.2023; CC 192.823/SP, relator Min. Moura Ribeiro, Dje 20.12.2022; CC 190.947/DF, relatora Min. Maria Isabel Gallotti, Dje 25.10.2022.

Lei 14.181/21, o conflito de competência tem ocorrido em alguns casos e representa um verdadeiro entrave para a eficácia na aplicação da lei e no atendimento ao consumidor superendividamento. A decisão do Min. Edson Fachin nos autos do Recurso Extraordinário 678.162, que deu ensejo ao Tema 859 da repercussão geral, com o posicionamento da interpretação extensiva do art. 109, I da CF/88 nos casos de insolvência civil, já poderia ter suplantado o embate que ainda ocorre nos tribunais, uma vez que o superendividamento previsto no ordenamento supra, é uma situação clara e líquida de concurso de credores e um estado de insolvência civil do consumidor, o qual reconhecidamente vulnerável, precisa de maior aparato normativo, contudo não é isto que se constatada quando da análise de algumas decisões.

Em uma visão das decisões proferidas no âmbito do Superior Tribunal de Justiça, é possível verificar um vasto posicionamento no sentido de que, cabe à Justiça comum estadual e/ou distrital processar e julgar as demandas oriundas de ações de repactuação de dívidas decorrentes de superendividamento, aplicando-se nessas ações, a exceção do art. 109, I da CF/88, com o reconhecimento do concurso de credores e a manutenção de todos em um único processo.

Assim, em primeira análise, será trazido o conflito que chegou até o Superior Tribunal de Justiça (CC 190.947), sob a relatoria da Min. Maria Isabel Gallotti, um conflito negativo que teve início pelo Juízo Federal da 7ª Vara Cível de Brasília, Seção Judiciária do Distrito Federal, em face do Juízo de Direito da 2ª Vara Cível de Águas Claras, na mesma unidade federada, relativamente à ação de repactuação de dívidas prevista no art. 104-A do CDC (introduzido pela Lei 14.181/21) – superendividamento, proposta por Adolpho Vaz de Lima Filho em desfavor do Banco do Brasil, do Banco Bradesco, da Caixa Econômica Federal e da Portoseg S.A. – Crédito, Financiamento e Investimento.[58]

O Juízo Cível, ao receber a demanda constatou a presença da empresa pública no polo passivo, declinando assim para a Justiça Federal, a qual suscitou o mencionado conflito com base no Tema 859 (RE 678.162, Rel. Min. Edson Fachin, DJe de 13.5.2021), o qual já foi apresentado em tópico anterior. O conflito foi conhecido e declarado ainda competente o Juízo de Direito da 2ª Vara Cível de Águas Claras, DF.

Outro caso que será apresentado, é o CC 193.066 – DF, sob a relatoria do Min. Marco Buzzi, um caso que efetivou os princípios de tratamento do superendividamento da atualização do CDC através da Lei 14.181/2021, especialmente ao garantir e facilitar o acesso à Justiça (Art. 4, II, Art. 6, VIII e novo Art. 51, XVII do CDC) e permitir o combate à exclusão social que o superendividamento representa (Art. 4, X do CDC).[59]

---

58. Conflito de Competência 190.947 – DF. Disponível em: https://processo.stj.jus.br/processo/dj/documento/mediado/?tipo_documento=documento&componente=MON&sequencial=168169076&tipo_documento=-documento&num_registro=202202590508&data=20221025&formato=PDF. Acesso em: 05 abr. 2023.

59. MARQUES, Claudia Lima; BERTONCELLO, Karen Rick Danilevicz; RANGEL, Andréia Fernandes de Almeida. O Juízo Universal do Superendividamento – Comentário ao Conflito de Competência no 193.066 do Superior Tribunal de Justiça. *Revista de Direito do Consumidor*. (no prelo)

Conforme consta no relatório, o autor, com fulcro no art. 104 e seguintes do Código de Defesa do Consumidor, ajuizou ação de repactuação de dívidas por superendividamento, em face de BRB – Banco de Brasília S.A., Banco PAN S/A, Banco Santander S.A., Cartão BRB S/A e a Caixa Econômica Federal – CEF. A ação foi originalmente distribuída à 4ª Vara Federal Cível da SJDF – TRF1,[60] que declinou da competência à uma das Varas do Juizado Especial Federal. A ação foi, então, redistribuída ao Juizado Especial Cível Adjunto à 8ª Vara Federal, o qual se declarou incompetente sob a alegação do pleito possuir características de insolvência civil, o que deveria afastar as atribuições da Justiça Federal, nos termos do art. 109, I da CF/88. O processo foi novamente redistribuído, agora para a Vara de Falências, Recuperações Judicias, Insolvência Civil e Litígios Empresariais do Distrito Federal, o qual também se considera incompetente para processar e julgar o feito.[61]

Por fim, a Vara de Falências, Recuperações Judiciais, Insolvência Civil e Litígios Empresariais, nos termos do artigo 953, inciso I do Código de Processo Civil, suscitou o conflito negativo de competência em face do Juizado Especial Cível Adjunto à 8ª Vara Federal do TRF1, o qual foi apreciado pelo Superior Tribunal de Justiça (CC 193.066). Em seu voto, o relator conclui que, a competência da Justiça Comum Estadual é imperiosa, uma vez que há necessidade de concentrar todas as decisões que envolvam os interesses e patrimônio do consumidor, preservando assim o mínimo existencial e permitindo ao devedor solver suas obrigações financeiras.

Todo este posicionamento verificado nas decisões proferidas no STJ, já era apresentado na academia, como se pode observar nos enunciados aprovados nas Jornadas CDEA (Jornada de Pesquisa sobre Superendividamento e Proteção do Consumidor), quais sejam: "*Enunciado 16 da II Jornada:* Em respeito ao juízo universal, as ações de superendividamento do consumidor, conforme a Lei 14.181/2021 (LGL\2021\9138) em trâmite na Justiça Federal, analogicamente às causas de falências e recuperação extrajudicial, podem ser processadas na Justiça Estadual."(Autora: Profa. Dra. Karen D. Bertoncello),[62] "*Enunciado 7 da III Jornada:* O Juízo competente para o processamento e julgamento de ação de repactuação de dívidas do consumidor superendividado possui *vis atracttiva*, aplicando-se analogicamente o constante do art. 45, inciso I, do Código de Processo Civil em relação a ações relativas a dívidas de consumo mencionadas no art. 54-A, § 1º, do CDC, inclusive as exigidas por empresas públicas federais." (Autores: Prof. Dr. Luis Alberto Reichelt e Profa Me Fabiana Prietos Peres) e o "*Enunciado 8 da III Jornada:* É competente a Justiça Estadual para o processamento e julgamento do processo de repactuação de dívidas do consumidor superendividado também nos casos em que

---

60. Processo 0724774-70.2022.8.07.0015. Disponível em https://pje-consultapublica.tjdft.jus.br/consultapublica/ConsultaPublica/listView.seam. Acesso em: 05 abr. 2023.
61. Decisão judicial proferida no dia 28.10.2022, pelo magistrado João Henrique Zullo Castro, nos autos do processo 0724774-70.2022.8.07.0015.
62. Enunciados II Jornada de Pesquisa CDEA, disponível em: https://www.ufrgs.br/ocsc/conte-sua-historia/ Acesso em: 28 nov. 2022.

figurar como parte empresa pública federal. (Autores: Prof. Dr. Luis Alberto Reichelt e Profa Me Fabiana Prietos Peres).[63-64]

4. CONSIDERAÇÕES FINAIS

O presente estudo, teve como ponto nevrálgico, demonstrar o imperioso entendimento acerca da existência do Juízo Universal nas Ações de Superendividamento, onde o juízo civil da repactuação de dívidas nas ações de superendividamento, possui atratividade para processar e julgar todas as dívidas consumeristas, mesmo aquelas com empresa pública, uma vez que há necessidade de concentrar todas as decisões que envolvam os interesses e patrimônio do consumidor, preservando assim o mínimo existencial e permitindo ao devedor solver suas obrigações financeiras.

A decisão do Min. Edson Fachin nos autos do Recurso Extraordinário 678.162, que deu ensejo ao Tema 859 da repercussão geral, trouxe uma visão clara e didática sobre a interpretação extensiva do art. 109, I da CF/88 nos casos de insolvência civil, com a imprescindível manutenção do concurso de credores na mesma ação; deve ser essa a mesma lógica aplicada aos casos de superendividamento, uma situação clara e líquida de concurso de credores e um estado de insolvência civil do consumidor, o qual reconhecidamente vulnerável, precisa de maior aparato normativo. Tal construção tem sido aplicada na grande maioria das decisões do STJ, aqui representada pelo CC 190.947, sob a relatoria da Min. Maria Isabel Gallotti e o CC 193.066 – DF, sob a relatoria do Min. Marco Buzzi.

Entendimento diverso do acima apresentado representa um verdadeiro entrave à uma célere e eficiente prestação jurisdicional, com processos redistribuídos, conflitos de competência suscitados, acarretando uma demora no andamento processual e um agravamento da situação periclitante do consumidor superendividado, aquele que possui uma impossibilidade global de pagamento, que não possui condições de arcar com todas as suas dívidas (atual e futura) e que, em muitos casos, está com toda a sua renda comprometida, não tendo o mínimo para sua subsistência.

A Lei 14.181/2021 adentrou no ordenamento jurídico após muitos anos de estudo, nasceu na academia e emergiu como um meio capaz de retirar o consumidor superendividado da situação delicada em que se encontra. O poder da dívida sobre a subjetividade do indivíduo possui um grande impacto moral – "como ele se vê e como ele é visto no seu meio de relações",[65] bem como o impacto no seu mínimo existencial – "conjunto de garantias materiais para uma vida condigna",[66] assim, como forma de proteção do con-

---

63. Veja também os Enunciados, in MARQUES, Claudia Lima; RANGEL, Andréia Fernandes de Almeida, Enunciados das I e II Jornadas de Pesquisa CDEA, *Revista de Direito do Consumidor*, v. 139, p. 397-408, jan./fev. 2022.

64. Todos os enunciados estão disponíveis no site do Observatório do Crédito e Superendividamento (https://www.ufrgs.br/ocsc/conte-sua-historia/).

65. BERTONCELLO, Káren Rick Danilevicz. *Superendividamento do consumidor*: mínimo existencial – casos concretos. São Paulo: Ed. RT, 2015.

66. SARLET, Ingo Wolfgang; FIGUEIREDO, Mariana Filchtiner. Reserva do possível, mínimo existencial e direito à saúde: algumas aproximações. In: SARLET, Ingo Wolfgang; TIMM, Luciano Benetti (organizadores). *Direitos fundamentais, orçamento e "reserva do possível"*. Porto Alegre: Livraria do Advogado, 2008. p. 22.

sumidor superendividado, parte vulnerável na relação contratual, que o ordenamento brasileiro trouxe esta nova regulação e que precisa ser aplicada de maneira correta e efetiva, para não ocorrer o seu esvaziamento.

REFERÊNCIAS

ANDRADE, José Carlos Vieira de. Os direitos dos consumidores como direitos fundamentais na Constituição Portuguesa de 1976. *Estudos de Direito do Consumidor*, n. 5, p. 139-160, Coimbra, 2003.

ALVIM, Arruda. *Manual de direito processual civil*. 20. Ed. São Paulo: Ed. RT, 2021.

BARONE, Francisco Marcelo; SADER, Emir. Acesso ao crédito no Brasil: evolução e perspectivas. *Revista de Administração Pública*, v. 42, n. 6, Rio de Janeiro: nov./dez. 2008.

BENJAMIN, Antonio Herman; MARQUES, Claudia Lima; BESSA, Leonardo Roscoe. *Manual de direito do consumidor*. 6. ed. São Paulo: Ed. RT, 2014.

BENJAMIN, Antonio Herman; MARQUES, Claudia Lima; LIMA, Clarissa Costa; VIAL, Sophia Martini. *Comentários à lei 14.181/2021*: a atualização do CDC em matéria de superendividamento. São Paulo: Ed. RT, 2021.

BERTONCELLO, Káren Rick Danilevicz. *Superendividamento do consumidor*: mínimo existencial – casos concretos. São Paulo: Ed. RT, 2015.

BORK, Reinhard. *Insolvenzordnung Unternehmensstabilisierungs und restrukturierungsgesetz*. C. H. Beck: München, 2021.

BRASIL. *Série cidadania financeira*: estudos sobre educação, proteção e inclusão. Brasília: Banco Central do Brasil, 2020.

BRASIL. *Lei 10.406 de 10 de janeiro de 2002*. Disponível em: https://www.planalto.gov.br/ccivil_03/leis/2002/l10406compilada.htm. Acesso em: 27 nov. 2022.

BRASIL. *Lei 13.105 de 16 de março de 2015*. Disponível em: https://www.planalto.gov.br/ccivil_03/_ato2015-2018/2015/lei/l13105.htm. Acesso em: 27 nov. 2022.

BRASIL. *Lei 11.101 de 09 de fevereiro de 2005*. Disponível em: https://www.planalto.gov.br/ccivil_03/_ato2004-2006/2005/lei/l11101.htm. Acesso em: 27 nov. 2022.

BRASIL. *Lei 14.181 de 1º de julho de 2021*. Disponível em: https://www.planalto.gov.br/ccivil_03/_ato2019-2022/2021/lei/L14181.htm. Acesso em: 27 nov. 2022.

CANOTILHO, J. J. Gomes. *Direito constitucional*. 5. ed. Coimbra: Almedina, 1991.

CINTRA, Antônio Carlos de Araújo; GRINOVER, Ada Pellegrini; DINAMARCO, Cândido Rangel. *Teoria Geral do Processo*. 27. ed. São Paulo: Malheiros, 2011.

COELHO, Fábio Ulhoa. *Manual de direito comercial*. 23. ed. São Paulo: Saraiva, 2011.

COUTO E SILVA, Clóvis. *A obrigação como processo*. Rio de Janeiro: Editora FGV, 2006.

DOUGLAS, Mary. O mundo dos bens, vinte anos depois. *Horizontes Antropológicos*, Porto Alegre, v. 13, n. 28, p. 17-32, jul./dez. 2007.

DOUGLAS, Mary; ISHERWOOD, Baron. *O mundo dos bens:* para uma antropologia do consumo. Rio de Janeiro: Editora UFRJ, 2009.

FRADE, Catarina; MARQUES, Maria Manuel Leitão. *Regular o sobreendividamento*. Disponível em: https://docplayer.com.br/6169775-Regular-o-sobreendividamento.html. Acesso em: 05 jan. 2022.

GRINOVER, Ada Pellegrini et al. *Código Brasileiro de Defesa do Consumidor*. 9. ed. Rio de Janeiro: Forense, 2007.

IBGE (2020). *Pesquisa Nacional por Amostra de Domicílios Contínua* – Notas técnicas – Versão 1.7. Rio de Janeiro: IBGE.

LIMA, Clarissa Costa de. Superendividamento no Brasil. *Revista de Direito do Consumidor*. v. 102, ano 24. p. 525-528. São Paulo: Ed. RT, 2015.

LIMA, Clarissa Costa de. *O tratamento do superendividamento e o direito de recomeçar dos consumidores*. São Paulo: Ed. RT, 2014.

LOPES, José Reinaldo de Lima. Crédito ao consumidor e superendividamento – uma problemática geral, *Revista de Direito do Consumidor*, v. 17, p. 57-64, jan./mar. 1996.

MACHADO, Wilson Pantoja. O sobreendividamento do consumidor luso-brasileiro. *Revista Jurídica Luso-Brasileira*, n. 4, p. 1655-1700, ano 2, 2016.

MARQUES, Claudia Lima. *Manual do direito do consumidor*. São Paulo: Ed. RT, 2007.

MARQUES, Claudia Lima (Coord.). *Direito privado e desenvolvimento econômico*: estudos da Associação Luso-Alemã de Juristas (DLJV) e da Rede Alemanha-Brasil de pesquisas em Direito do Consumidor. São Paulo: Ed. RT, 2019.

MARQUES, Claudia Lima. *Contratos no código de defesa do consumidor*: o novo regime das relações contratuais. 9. ed. São Paulo: Ed. RT, 2019.

MARQUES, Claudia Lima. Os contratos de crédito na legislação brasileira de proteção ao consumidor. *Revista de Direito do Consumidor*, v. 17, p. 36-56, jan./mar. 1996.

MARQUES, Claudia Lima; e CAVALLAZZI, Rosângela Lunardelli (Org.). *Direitos do consumidor endividado I*: superendividamento e crédito. São Paulo: Ed. RT, 2006.

MARQUES, Claudia Lima; CAVALLAZZI, Rosângela Lunardelli; e LIMA, Clarissa Costa (Org.). *Direitos do consumidor endividado II*: vulnerabilidade e inclusão. São Paulo: Ed. RT, 2016.

MARQUES, Claudia Lima; COSTA, Clarissa Costa de; VIAL, Sophia. Superendividamento dos consumidores no pós-pandemia e a necessária atualização do Código de Defesa do Consumidor. In: MALFATTI, Alexandre David; GARCIA, Paulo Henrique Ribeiro e SHIMURA, Sérgio Seiji (Coord.). *Direito do Consumidor*: reflexões quanto aos impactos da pandemia de Covid-19. São Paulo: Escola Paulista da Magistratura, 2020. v. 1.

MARQUES, Claudia Lima; MIRAGEM, Bruno. *O novo direito privado e a proteção dos vulneráveis*. São Paulo: Ed. RT, 2012.

MARQUES, Maria Manuel Leitão et al. *O endividamento dos consumidores*. Coimbra: Almedina, 2000.

MARQUES, Maria Manuel Leitão; FRADE, Catarina. O endividamento dos consumidores em Portugal: questões principais. *Notas Econômicas*, n. 14, out. 2000.

MARQUES, Letícia. O regime especial da insolvência de pessoas singulares. v. 2 n. 2 (2013): *Revista da Faculdade de Direito da Universidade Lusófona do Porto*. Disponível em: https://revistas.ulusofona.pt/index.php/rfdulp/article/view/3260. Acesso em: 20 jan. 2022.

MIRAGEM, Bruno. *Curso de direito do consumidor*. 4. ed. São Paulo: Ed. RT, 2013.

MONTEIRO, António Pinto. O direito do consumidor no contexto português e europeu (breve apontamento). In: ALVINE, Angélica Arruda, *et al. 25 anos do Código de Defesa do Cosumidor*. Panorama atual e perspectivas futuras. Rio de Janeiro: GZ Editora, 2017.

MONTEIRO, António Pinto. *A protecção do consumidor em Portugal e na União Europeia*: o olhar de um europeu. Disponível em: https://institutoiib.org/protecao-do-consumidor/. Acesso em: 29 jan. 2022.

NEVES, Daniel Amorim Assumpção. *Manual de Direito Processual Civil*. Volume único. 14. ed. São Paulo:. JusPodivum, 2022.

PASSINHAS, Sandra. Incumprimento do contrato de crédito à habitação, cessão de créditos e direitos do consumidor. *Revista de Direito Comercial*. [v.], p. 65-120, 2021. Disponível em: https://www.revistade-direitocomercial.com/incumprimento-do-contrato-de-credito-habitacao-cessao-de-creditos-e-direitos-do-consumidor. Acesso em: 29 jan. 2022.

PASSINHAS, Sandra passinhas. O lugar da vulnerabilidade no direito do consumidor português. *Estudos de Direito do Consumo.* p. 263-265, 2019.

PEREIRA, Flávia do Canto. Da efetividade dos Órgãos de Defesa do Consumidor. In: MELGARE, Plinio (Org.). *O direito das obrigações na contemporaneidade:* estudos em homenagem ao Ministro Ruy Rosado de Aguiar Júnior. Porto Alegre: Livraria do Advogado, 2014.

PERLINGIERI, Pietro. *Perfis do Direito Civil.* Rio de Janeiro: Renovar, 1999.

PINHEIRO, Patrícia Peck; WEBER, Sandra Tomazi; OLIVEIRA NETO, Antônio Alves de. *Fundamentos dos negócios e contratos digitais.* São Paulo: Ed. RT, 2019.

PIOVESAN, Flávia. *Direitos humanos e o direito constitucional internacional.* 18 ed. São Paulo: Saraiva, 2018.

ROPPO, Enzo. *O contrato.* Coimbra: Almedina, 2009.

SARLET, Ingo Wolfgang. *Dignidade (da pessoa) humana e direitos fundamentais na Constituição Federal de 1988.* 10. ed. Porto Alegre: Livraria do Advogado, 2015.

SARLET, Ingo Wolfgang; TIMM, Luciano Benetti (Org.). *Direitos fundamentais, orçamento e "reserva do possível".* Porto Alegre: Livraria do Advogado, 2008.

SARLET, Ingo Wolfgang; FIGUEIREDO, Mariana Filchtiner. Reserva do possível, mínimo existencial e direito à saúde: algumas aproximações. In: SARLET, Ingo Wolfgang; TIMM, Luciano Benetti (Org.). *Direitos fundamentais, orçamento e "reserva do possível".* Porto Alegre: Livraria do Advogado, 2008.

SCHREIBER, Anderson. *Equilíbrio contratual e dever de renegociar.* São Paulo: Saraiva, 2018.

SCHMIDT NETO, André Perin. *Revisão dos contratos com base no superendividamento:* do Código de Defesa do Consumidor ao Código Civil. Curitiba: Juruá, 2012.

SCHMIDT NETO, André Perin. Superendividamento do consumidor: conceito, pressupostos e classificação. *Revista de Direito do Consumidor,* n. 71, p. 9-33, jul./set. 2009.

SENADO FEDERAL. Audiências Públicas. *Assembleia Nacional Constituinte.* Disponível em: https://www.senado.leg.br/publicacoes/anais/asp/ct_abertura.asp. Acesso em: 24 nov. 2022.

TEPEDINO, Gustavo; KONDER, Carlos Nelson; BANDEIRA, Paula Greco. *Fundamentos do Direito Civil.* Contratos. Rio de Janeiro: Forense. v. 3.

ZYGMUNT, Bauman. *Vidas para consumo:* a transformação das pessoas em mercadorias. Rio de Janeiro: Zahar, 2008.

KLEE, Antônia Espíndola Longoni. *Comércio eletrônico.* São Paulo: Ed. RT, 2014.

KONDER, Cíntia Muniz de Souza. A adequação da informação na concessão de crédito. *Revista de Direito do Consumidor,* v. 136, p. 91-117, 2021.

KONDER, Cíntia Muniz de Souza. Leitura civil-constitucional da concessão de crédito no ordenamento jurídico brasileiro In: SCHREIBER, A.; MONTEIRO FILHO, C. E. R.; OLIVA, M. D. (Coord.). *Problemas de direito civil.* Rio de Janeiro: Forense, 2021.

Capítulo III
PROTEÇÃO E TRATAMENTO ADEQUADO DO SUPERENDIVIDADO

O DIÁLOGO DE FONTES E A EFETIVIDADE DA LEI 14.181/2021 – ELEMENTOS HERMENÊUTICOS PARA A EFICIENTE PROTEÇÃO DO CONSUMIDOR SUPERENDIVIDADO

Cristina Gaulia

Doutora em Direito pela UVA – Universidade Veiga de Almeida. Mestra em Direito pela UNESA – Universidade Estácio de Sá. Desembargadora do TJRJ. Professora da EMERJ – Escola da Magistratura do Estado do Rio de Janeiro.

Sumário: 1. Introdução – 2. Causas e consequências; 2.1 A causa política; 2.2 A causa afetivo-social; 2.3 A causa marqueteira; 2.4 A causa da pobreza – 3. A efetiva proteção processual do consumidor superendividado; 3.1 A má-fé do consumidor superendividado; 3.2 O mínimo existencial do consumidor superendividado; 3.3 A ampliação da competência judiciária para as ações de superendividamento; 3.4 O poder-dever de agir o juiz de ofício na repactuação de dívidas do superendividado – 4. Conclusão – Referências.

1. INTRODUÇÃO

A Lei 14.181, de 1º de julho de 2021, introduz importantes modificações no sistema inaugurado pelo Código de Defesa do Consumidor que passou a vigorar no país a partir de 1991, aperfeiçoando a proteção do consumidor vulnerável e possibilitando a prevenção de uma das patologias socioeconômicas mais perversas do mundo financeirizado e virtualizado em que estamos todos mergulhados: o superendividamento.

A regulamentação da Lei 14.181 traz mecanismos normativos para o evitamento e o tratamento do hiperendividamento, construindo arcabouço que, tal como fizera anteriormente a Lei 8.078/90 que agora se vê renovada em sua teleologia protetiva, revoluciona o ordenamento jurídico brasileiro.

Benjamin (2016, p. 9) refere com propriedade que o Código de Defesa do Consumidor "colocou o Brasil na vanguarda dos países" que dão destaque ao direito do consumidor, e a Lei 8.078/90 concretizou-se como um "marco normativo revolucionário, uma das maiores conquistas legislativas do povo brasileiro na segunda metade do século XX".

No entanto, mesmo um avanço legislativo como o Código de Defesa do Consumidor não poderia prever o fenômeno agressivo, engendrado pela sociedade de mercado e pelo neoliberalismo, que foi a "pulverização do crédito" na década de 90, a partir da qual "o crédito tornou-se imprescindível à sociedade de consumo", transformando-se os contratos de empréstimo, de mútuo, de financiamento de produtos e serviços, em verdadeiros "bens existenciais" (Lima et al, 2016, p. 15 e 16).

A Lei Claudia Lima Marques[1] é inspirada no direito francês, que considera o superendividamento como "uma crise de solvência e liquidez do consumidor" (Benjamin et al, 2021, p. 125) que atinge não somente o consumidor, mas toda a sua família e que pode resultar na sua exclusão do mercado de consumo e da própria sociedade civil, e até na morte do homo economicus.[2]

O Código de Defesa do Consumidor recebeu assim inovações eficientes para prevenir a situação de superendividamento, criando deveres de informação mais amplos e completos e trazendo a concepção de fornecimento responsável de crédito por parte dos fornecedores financeiros, ao mesmo tempo em que, na seara da proteção eficaz, fortaleceu o mecanismo da revisão dos contratos, com fundamento na quebra da base do negócio jurídico[3] que gerou o superendividamento, garantindo o mínimo existencial ao vulnerável superendividado, com reeducação e possibilidade real de um recomeço econômico-financeiro ("fresh start"), "visando a reinclusão do consumidor e o combate à exclusão social" (Marques, 2021, p. 81).

Para que se possa, entretanto buscar a efetividade máxima da nova lei é preciso reflexão crítica, uma postura dialogal e dialética entre os novos paradigmas e seus opostos, o que permitirá a ampliação de conceitos e a melhor compreensão das causas do superendividamento, possibilitando que no Judiciário a hermenêutica se expanda, alargando os horizontes das possíveis soluções.

Uma lei nova requer, para além da história de seu nascimento e da compreensão dos motivos que a engendraram, uma postura criativa dos intérpretes no campo das soluções, máxime dos operadores do sistema de justiça, que possibilite o inédito, o diferente no campo das ideias e da interlocução jurídico-normativa. Como na lição de Lima Marques (2011, p. 179) "é, pois, tempo de pensar a hermenêutica de forma afirmativa", lembrando sempre que o direito é uma ciência viva.

---

1. A Lei 14.181/21 é assim chamada em homenagem à Professora Claudia Lima Marques, que foi a relatora do anteprojeto que deu origem à Lei do Superendividamento e integrou a Comissão de Juristas do Senado Federal que discutiu e atualizou, juntamente com Herman Benjamin, Clarissa Costa de Lima e outros, o referido anteprojeto, tendo sido a grande maestrina das inovações trazidas ao Código de Defesa do Consumidor em 2021.
2. "*Homo economicus*" é um conceito teórico segundo o qual os homens são completamente racionais e sempre tomam decisões financeiras com base na razão." (SELL, 2021). No âmbito de uma situação de superendividamento, entretanto, essa racionalidade e capacidade de prever metas compatíveis com as reais situações vivenciadas, cai por terra gerando uma espiral da qual o mais racional *economicus* não logra sair, acabando por ser alijado do mercado de consumo.
3. É do jurista alemão Claus Wilhelm Canaris a ampliação do instituto jurídico da "quebra da base do negócio jurídico" que, mais do que a teoria da imprevisão, expande a possibilidade, no direito alemão, de revisão dos contratos para além de acontecimentos imprevisíveis, criando a compreensão de que em várias situações, uma onerosidade extremada, mesmo sem o signo da imprevisibilidade, pode tornar impossível, e portanto inexigível, o cumprimento do pacto original. Canaris revela a ideia de "fatos supervenientes", sem qualificá-los como imprevisíveis, afastando esse obstáculo para revisão dos contratos, *in favor debilis*. Com isso Canaris expande a ideia de Karl Larenz, que primeiro trabalhou a perda da base dos negócios jurídicos, para além das facetas do mero desequilíbrio da equivalência das prestações, por equívocos subjetivos dos contratantes ou por força da destruição do próprio objeto, fim último do contrato, tornando impossível ou inútil o adimplemento, fatos sobre os quais seu mestre inicialmente trabalhara o instituto das bases do negócio jurídico. Para aprofundamento ver FRITZ, Karina Nunes. Revisão Contratual e quebra da base do negócio. *O Civilista*, 2020, https:ocivilista.com.br e CANARIS, Claus Wilhelm. O Novo Direito das Obrigações na Alemanha. *Revista da EMERJ*, v. 7, n. 27, 2004.

Caso a inovação seja vista e interpretada como tradicionalmente sempre se fez, teremos um pensamento conservador fantasiado, e estaremos diante da famosa equação cunhada no campo da política por Gramsci[4] que declarava que "o velho está morrendo e o novo não pode nascer". Nesse ponto uma nova juridicidade se faz necessária, pois às portas de uma encruzilhada contemporânea, no dizer da socióloga Sabrina Fernandes (2019), quando nos damos conta de que o velho está morrendo e "o novo a gente tem de construir", temos que cruzar o hiato formado no interregno, sob pena de, como criticava Pontes de Miranda, nos especializarmos "em fazer reformas que nada mudam" (Miranda apud Marques, 2011, p. 180).

O presente artigo se propõe a pensar algumas oportunidades de interlocuções de fontes, máxime processuais no campo das ferramentas normativas trazidas pela Lei 14.181/21, que podem vir a ajudar na aplicação eficiente desse "direito especial do superendividamento" que segundo a doutrina consumerista acaba por derrogar o direito comum, modulando a força obrigatória dos contratos.[5]

2. CAUSAS E CONSEQUÊNCIAS

Segundo os dados constantes do mais recente Mapa da Inadimplência e Negociação de Dívidas no Brasil, levantamento feito pela SERASA,[6] correspondente a fevereiro de 2023, a indicação é de que "a inadimplência no Brasil segue crescendo" e há "um aumento de mais de 430 mil pessoas", sendo que "o indicador de inadimplência aponta 70,53 milhões de brasileiros com o nome restrito." (Mapa da Inadimplência, abril/2023).

Outro dado importante de ser compreendido é o relativo à faixa etária dos inadimplentes, que segundo revela a pesquisa da SERASA tem seu maior percentual entre as idades de 26 a 40 anos (35,2% do total), seguindo-se a faixa etária entre 41 e 60 anos (34,2%), com 12,8% de endividados até 25 anos e 17,7% acima de 60 anos. (Mapa da Inadimplência, perfil, p. 9).

As informações são preocupantes e apontam para a gravidade do fenômeno do superendividamento que não poupa nenhuma faixa etária. O endividamento está pre-

---

4. Antonio Gramsci foi um intelectual, político, filósofo e jornalista, que no contexto de uma repressão política severa nos anos 20 do século passado, foi preso pelo regime político então dominante na Itália. Em seu longo período de detenção, Gramsci escreveu os "Cadernos do Cárcere", obra hoje considerada clássica no âmbito do pensamento político e "composta por densos escritos que indagam sobre vários aspectos da sociedade e que introduziram paradigmas e categorias que entraram no léxico de muitíssimas disciplinas, da história à sociologia" (MACCHIONI, 2021).

5. "Não há mais aceitação no moderno direito contratual das posições absolutas fundadas na antiga autonomia da vontade. O superamento das vicissitudes da execução das obrigações passa pela razoável flexibilização das regras que, no modelo liberal, enrijecem para atender interesses que não estão presentes no Estado social". (GARBI apud LIMA, 2014, p.77). E como efeito desta flexibilização "o direito especial do superendividamento derroga o direito comum e o princípio da força obrigatória dos contratos (...) para adaptar as condições do contrato à situação econômica do superendividado." (LIMA, 2014, p. 77).

6. "A SERASA é uma empresa privada e se consolidou como uma referência em análises e informações para decisões de crédito. Em outras palavras é um birô de crédito que reúne dados enviados por lojas, bancos e instituições financeiras." (SERASA, 2023).

sente em todas as classes econômico-sociais e atinge, como se viu, um número bastante expressivo de consumidores, que são retirados do mercado de consumo por dívidas que se acumulam umas sobre as outras, gerando um círculo vicioso do qual o sobrendividado não consegue escapar.

É intuitivo que essa problemática desborda a mera dogmática jurídica, e que sem um aprofundado diálogo das fontes, com reflexão crítica sobre causas e consequências, a partir de avaliações que permitam uma melhor compreensão da gravidade do fenômeno com a necessária atuação integrada de diversos setores,[7] pois o superendividamento atinge inclusive a liberdade e a dignidade do consumidor que acumula débitos e que acaba por atingir também os demais membros de sua família, não se logrará a efetividade engendrada pela Lei 14.181/21.

É conhecido o conceito de superendividamento sedimentado pela doutrina, e que mesmo já tendo agora se tornado conceito legal[8] deve ser ainda assim repetido com o intuito de firmar no espírito dos operadores do sistema de justiça, a *ratio* que norteou os legisladores,

> O superendividamento define-se, justamente, pela impossibilidade de o devedor-pessoa física, leigo e de boa-fé, pagar suas dívidas de consumo e a necessidade de o direito prever algum tipo de saída, parcelamento ou prazo de graça, fruto do dever de cooperação e lealdade para evitar a "morte civil" deste "falido" – leigo ou "falido" – civil. (Marques, 2011, p. 1294).

Alguns pressupostos precisam portanto ser observados, tratando-se de uma proteção/prevenção em favor do superendividado pessoa natural que deve estar de boa-fé, sendo sua impossibilidade de pagar "manifesta", o que refere uma situação econômica de tal forma desequilibrada que para pagar o débito acumulado a pessoa restará ferida em seu mínimo vital.

Igualmente consabidas as consequências geradas pela situação de acumulação de dívidas sem possibilidade a curto ou médio prazo, de pagá-las, reprogramá-las ou abatê-las, concretizando-se a ruína do consumidor superendividado e a escravização deste homem contemporâneo por bancos e instituições financeiras.

Nessa toada o superendividado perde a cidadania plena, tendo seus direitos fundamentais cerceados, e hipotecando seu futuro sem possibilidade de sozinho buscar alforria. As sequelas do superendividamento são muitas e geram uma rede de interconexões que atingem o endividado, física, moral e socialmente, desequilibrando a sua psiquê, levando a doenças, dissensos familiares, crimes e suicídios.

---

7. Muito a propósito destacou o Ministro Marco Buzzi (STJ, Eventos, 2022), em seminário que coordenou no STJ, que é necessária "uma verdadeira e concreta mudança de mentalidade" e para tanto é preciso buscar-se "a atuação integrada de diversos setores (Procons, Ministério Público, Defensoria Pública, advogados, economistas, psicólogos etc.)", que devem integrar-se ao lado do Judiciário no combate à cultura da dívida e da exclusão social.

8. Lei 8.078/80 e/c Lei 14.181/21 – Art. 54-A, § 1º Entende-se por superendividamento a impossibilidade manifesta de o consumidor pessoa natural, de boa-fé, pagar a totalidade de suas dívidas de consumo, exigíveis e vincendas, sem comprometer seu mínimo existencial, nos termos da regulamentação.

Além disso, como refere Clarissa Costa de Lima (2014, p. 39), "o superendividado torna(r)-se menos produtivo", perde o interesse em prover renda, porque não quer que tudo o que ganha passe para as mãos dos credores.

A partir daí seguem o estresse, a tensão contínua, as noites sem dormir, a desestruturação física e psicológica, até o limite da depressão profunda, drogadição, alcoolismo e outros efeitos.[9]

Para os profissionais do sistema de justiça que querem de fato buscar soluções eficientes para a problemática do superendividamento como fenômeno de grande escala ínsito à contemporaneidade, é necessário despertar a consciência em relação ao contexto em que essa situação nasce e as razões que permitem sua contínua expansão. Caso contrário continuaremos apenas no plano teórico-dogmático dos manuais de direito.

Importa ressaltar a inserção do direito na cultura, e esta é integrada por posições, atitudes, comportamentos que têm suas raízes nos hábitos sociais, estes que estão tanto no fazer como no pensar. Desconstruí-los para atingir a transformação necessária em momentos de crise, requer uma guinada do puro normativismo abstrato,[10] para uma proposta culturalista que permita a reflexão crítica para a revisão do positivismo jurídico.[11]

Nessa nova proposta legal, não se deve olvidar que o norteador maior é o asseguramento do direito fundamental de defesa do consumidor inserido no art. 5º inciso XXXII da Constituição Federal.[12] É preciso portanto reforçar cada vez mais, a transformação eficaz da hermenêutica jurídica do país, de molde a abraçar o "novo direito privado" de que nos falam Marques e Miragem, um direito privado brasileiro "diferenciado pela tendência de valorização dos direitos humanos", que busca continuamente ressignificar os "valores e ideais da Modernidade (liberdade, igualdade e fraternidade)", conformando "um direito privado com função social, um direito privado solidário". (Marques et al, 2012, p. 25).

---

9. Refere Marcelo Segredo, consultor financeiro e criador da "Clínica Financeira": "Atendo diariamente pessoas (...) com problemas de endividamento e posso afirmar que todas estão passando por algum problema de saúde ou psicológico. (...) O endividamento das famílias brasileiras continua crescendo e os índices bateram recordes neste ano. (...) Esse desequilíbrio provoca reações emocionais diante da pressão social e da sensação de impotência perante a resolução do problema. Para essas reações damos o nome de psicossomatização, que de maneira simples pode ser traduzida como transformação de uma dor emocional em uma reação fisiológica" (SEGREDO, 2018).

10. "Na concepção do "normativismo abstrato", a validade da regra é "per se stante", de maneira que por mera inferência lógica, a ela devem se conformar dadas realidades particulares: a norma como tal é o têrmo lógico conclusivo de um processo em si mesmo cerrado e lògicamente imutável, até e enquanto outro enunciado lógico não o venha substituir, pela via normativa da revogação formal. Emanada a norma e enquanto esta se mantem em vigência, o que pode ocorrer são fatos e experiências axiológicas correspondentes ou não ao esquema previsto: a juridicidade ou não decorrerá, por isto, do ajuste ou do desajuste entre o evento concreto e o enunciado da regra in abstracto" (REALE, 1958, p.27).

11. Para uma melhor compreensão do significado do culturalismo jurídico faz-se necessário visitar a obra de Tobias Barreto, e sua evolução na Escola do Recife. Borrmann (2019, p. 156) relata que, "com as formulações jurídicas, Barreto proclama que a tradição brasileira deveria voltar-se, cada vez com mais força e de forma consciente, para a resolução de problemas práticos, abandonando a tradição retórica coimbrense oriunda da herança colonial ibérica no campo jurídico".

12. CF/88 – Art. 5º Todos são iguais perante a lei, sem distinção de qualquer natureza, garantindo-se aos brasileiros e aos estrangeiros residentes no País a inviolabilidade do direito à vida, à liberdade, à igualdade, à segurança e à propriedade, nos termos seguintes: XXXII – o Estado promoverá, na forma da lei, a defesa do consumidor.

E para a melhor compreensão de que o consumidor é constitucionalmente merecedor de proteção especial, e agora o superendividado, destinatário de uma proteção especialíssima, é preciso conhecer, mesmo que superficialmente, as causas do superendividamento.

Por conseguinte, à desconstrução de uma *mens legis* civilista do XIX, esta enraizada nas codificações desde Napoleão como verdadeiras pedras filosofais, numa alquimia mística quase teosófica e capaz de conter todas as respostas necessárias à pacificação de conflitos sociais, deve ser terminantemente abandonada, levando-se em conta as diferenças e as distinções das pessoas em suas diversas matizes pessoais, sociais, econômicas e de suas realidades de vida, por mais heterodoxas que sejam.

Esgotar todas as causas que dão origem ao sobreendividamento demanda uma possibilidade maior que o presente artigo permite, motivo pelo qual serão apresentadas as que consideramos mais emblemáticas e constantes.

2.1 A causa política

O intelectual brasileiro Milton Santos revela no livro "O espaço do cidadão", que no Brasil, em face da falência do Estado Social, não se formaram cidadãos.

A cidadania é fundamento primacial do Estado Democrático de Direito conforme consta do art. 1º, II, CF/88.[13] Mas para uma imensa maioria, sequer chega a concretizar-se no plano formal do título de eleitor.

Em face de uma urbanização descontrolada, de migrações contínuas, da expansão do consumo em massa, da degradação da educação pública e do empobrecimento a níveis de miserabilidade, formando novas classes sociais abaixo da linha da pobreza e desguarnecidas de qualquer proteção estatal, de fato invisibilizadas no plano estatal, Santos (1998, p. 13) revela que a categoria cidadão foi substituída por outra categoria social: o consumidor.[14]

Instituiu-se um cenário, mutante e diferenciado em face do liberalismo econômico desenfreado, para "a busca da ascensão social". E, em lugar do *cidadão* formou-se um *consumidor,* que aceita ser chamado de *usuário*". (Santos, 1998, p. 13).

---

13. CF/88 – Art. 1º A República Federativa do Brasil, formada pela união indissolúvel dos Estados e Municípios e do Distrito Federal, constitui-se em Estado Democrático de Direito e tem como fundamentos: II – a cidadania.

14. O professor Milton Santos, sempre atual, nos apresenta uma especial lição sobre a cidadania ao apontar que é vasto o discurso "das liberdades humanas e dos direitos seus garantidores". Mas que não basta o discurso, por mais proclamado e repetido. Já que apesar disso, sem ação efetiva, continuará retórico e menosprezado. Portanto "o respeito ao indivíduo é a consagração da cidadania, pela qual uma lista de princípios gerais e abstratos se impõe como um corpo de direitos concretos individualizados. A cidadania é uma lei da sociedade que, sem distinção atinge a todos e investe cada qual com a força de se ver respeitado contra a força em qualquer circunstância." (SANTOS, 1998, p. 7). E ainda a respeito, aprofundando o tema "poderíamos dizer que no momento em que estamos a ponto de sair do século XX as sociedades se reorganizam para fazer-nos consumidores do século XXI e, como cidadãos, levar-nos de volta para o século XVIII."(CANCLINI, 1999, p. 53).

A conclusão a que se chega é relativamente simples: se uma pessoa não tem direitos fundamentais garantidos (e muitos brasileiros sequer tem documentação básica), este homem ou mulher está na categoria não cidadão ou invisível social, e a saída será a busca de outra forma, de alguma forma, mínima que seja, de inserção social. Essa se dará pela via do consumo de bens e da democracia de gasto.[15]

A respeito já refletimos anteriormente que o endividamento é um processo que "vem sorrateiro, quer por necessidades emergenciais, quer para possibilitar uma ou a realização pessoal simbólica." (Gaulia, 2016, p. 51), é a aparência, o ter, o que se pode mostrar ao grupo social, que cria uma identidade e a crença de que se é um cidadão igual numa sociedade que desqualifica e inferioriza pessoas.

Essa motivação, consciente ou inconsciente, de ser consumidor por não poder ser cidadão, deve ser compreendida, estando balizada por outras características mais perceptíveis como o analfabetismo e o analfabetismo funcional.

2.2 A causa afetivo-social

Se as pessoas dependem do consumo para terem acesso a hierarquias sociais mais visibilizadas, categorias sociais fulcradas nas aparências, é necessário tenham algum tipo de renda que viabilize este tipo de empoderamento.

Principalmente para os mais jovens, faixa para a qual é importante um mundo de aparências em que as inseguranças próprias da idade se misturam aos desejos irrealizados, o uso do afeto para sedução/manipulação dos mais idosos, avôs e avós, com renda, é hoje uma realidade inequívoca.

Os benefícios previdenciários de aposentadoria e outros pensionamentos aproximam interesses recíprocos: quem tem desejos e não tem renda se aproxima de quem tem renda e somente deseja migalhas de afeto. O afeto torna-se portanto valiosa moeda de troca, valor inequívoco para preencher os mundos solitários de uns e de outros.

A falência financeira de pessoas da terceira idade é um fato reconhecido e demonstrado em levantamentos, trabalhos e pesquisas,[16] e a contratação do crédito consignado tem sido instrumento de aproximação do idoso, de filhos e netos que se valem desta facilitação creditícia para adquirir bens supérfluos ou ferramentas de trabalho.

No Tribunal de Justiça do Estado do Rio de Janeiro várias são as ações de idosos superendividados que demonstram descontos nos respectivos contracheques de benefícios, e os contratos que dão suporte às ações judiciais são contratos de diversos tipos

---

15. Milton Santos aponta a chamada democracia do gasto e revela que na sociedade brasileira "cada um vale pelo lugar onde está: o seu valor como produtor, consumidor, cidadão, depende de sua localização no território. (...) Pessoas, com as mesmas virtualidades, a mesma formação, até mesmo o mesmo salário tem valor diferente segundo o lugar, em que vivem: as oportunidades não são as mesmas" (SANTOS, 1998, p. 81).

16. Ver a respeito o documentário COVARDIA CAPITAL, de Flávia Barbalho e Lilian Salgado, pelo Instituto Defesa Coletiva, produzido também pela Defensoria Pública do Estado de Minas Gerais e Procon da Prefeitura de Belo Horizonte.

de empréstimos, para aquisição, por exemplo, de veículos, que os idosos, por vezes enfermos e de 70 anos ou mais, jamais dirigirão.[17]

O comprometimento da renda das pessoas idosas no Brasil tem variados motivos, e é certo que o valor baixo de aposentadorias e pensões, unido às necessidades médico-medicamentosas não atendidas integralmente pelo sistema público de saúde, bem como a dificuldade de entender o sofisticado idioma econômico-financeiro, atuam em favor do endividamento destas.

Porém um fato revela a face mais dura do endividamento de aposentados e pensionistas: são eles, nas famílias pobres, os que tem renda certa, documentação em ordem, conta bancária e acesso ao crédito junto ao mercado financista.

Desse modo, e para ajudar descendentes e parentes, contraem empréstimos para o grupo familiar e/ou para alguns membros da família. A causa do endividamento é portanto o afeto.

Dados do IBGE (Oliveira et al., 2022, p.66), anteriores à pandemia, revelam que "a participação financeira dos idosos para compor a renda familiar corresponde a 53% da renda em cada domicílio". Esse percentual, podemos intuir, aumentou no pós-pandemia, pois pela instabilidade financeira gerada pela extensão dos desequilíbrios socioeconômicos oriundos do vírus, houve aumento da dissolução das famílias, mortes e perda de empregos e renda, em todos os setores mas principalmente dentre autônomos e informais, e por isso "avós, filhos, netos e bisnetos passam a conviver no mesmo domicílio", partilhando a mesma, fonte financeira dos idosos, orçamento único do grupo familiar.

Mas é também a confiança exacerbada (o afeto) que leva o idoso a ceder seu crédito e seu nome para terceiros (geralmente filhos e netos) contraírem empréstimos. E esse é o primeiro passo, muitas vezes para um longo período de endividamento, pois os débitos não são saldados no prazo devido, gerando dívidas que se tornam impagáveis.

As razões do endividamento dos idosos são por conseguinte fáceis de entender e não devem ser desprezadas na busca da solução judicial: idosos se incluem entre os hipervulneráveis, são facilmente manipulados de múltiplas formas, são vitimizados pelo amor, tornando-se presas fáceis de um sistema financeiro do qual não logram escapar.

---

17. Veja-se o julgado abaixo: Ap. Cív. 0034420-54.2018.8.19.0209, Rel. Des. Fernando Fernandy Fernandes, j. 1º.02.2021, 13ª CCível/TJRJ Apelação cível. Direito do consumidor. Contrato de mútuo com o banco réu. Novos contratos entabulados pelas partes com vista a refinanciar a dívida não paga. Pedido de revisão das cláusulas contratuais, sob alegação de que teriam sido praticados juros abusivos acima da média de mercado. Sentença de improcedência. Irresignação do consumidor. Reforma da decisão vergastada. Autor, idoso de noventa e quatro anos de idade na época do ajuizamento da ação, pensionista do INSS e que recebe aproximadamente R$1.200,00 por mês. Demandante é pessoa hipervulnerável, encontrando-se em situação de superendividamento. É certo que as instituições financeiras não se submetem às disposições da lei de usura. No entanto, os juros no caso em comento alcançaram aproximadamente 1.002% ao ano, diante das sucessivas renegociações da dívida, com violação do seu mínimo existencial. Abuso de direito. Boa fé objetiva não observada. Recurso a que se dá provimento, condenando a ré a revisar as taxas de juros aplicadas, fixando os juros médios do BACEN. Condenação da ré na devolução dos valores pagos a maior, em dobro, com a devida correção monetária e acrescidos de juros moratórios. Danos morais configurados. Montante de R$5.000,00 que se adequa ao caso em comento, atendendo aos critérios de razoabilidade e proporcionalidade. Recurso a que se dá provimento.

2.3   A causa marqueteira

A terceira causa da explosão do superendividamento, se deve ao marketing agressivo, subliminar e inebriante, e às fórmulas engendradas durante a pandemia e no pós-pandemia, que tornaram as redes sociais e a internet o paradigma maior da alegria.

As estratégias insinuantes das instituições financeiras são múltiplas e somadas ao acesso gerado por "cookies" constantes, e uma IA voltada para a sedução em que algoritmos descobrem os nossos mais recônditos desejos e nos bombardeiam com propostas permanentes de realização pessoal, fortalecem a necessidade do consumo e convencem até o mais racional e prevenido, que "a dona felicidade baterá em cada porta".[18]

Brito e Santos demarcam bem a questão, revelando que "com auxílio da Inteligência Artificial (IA), a publicidade alcançou maior poder de captura do consumidor", e esta apreensão de "gostos e preferências registrados e devidamente categorizados" tornam possíveis os anúncios publicitários diretos "de acordo com as predisposições do público- alvo", e além disso, "a promoção de produtos e serviços nas redes permite a apresentação de um link direto para a realização de compras pelo usuário-consumidor." (Brito e Santos, 2022, p. 396/7).

É interessante sublinhar que esta técnica de induzir desejos, seduzir e manipular opiniões e necessidades, fazendo com que uma pessoa questione seus próprios valores, tem inclusive hoje uma palavra-conceito nova, aplicável ao *marketing* de consumo: o "gaslighting".

O "gaslighting" é uma tática na qual indivíduos, organizações ou empresas fazem o consumidor questionar suas próprias razões e lógicas, induzindo outras posições e semeando dúvidas ao mesmo tempo em que se plantam novos desejos e necessidades anteriormente sequer cogitadas.[19]

Por meio desses processos sutis que incentivam a imitação, ao mesmo tempo em que acenam com uma diferenciação social, a publicidade mostra prazeres, as redes sociais induzem a alegria, apresentando sorrisos e projetos de felicidade possíveis com a materialização de sonhos, desejos e fama.

Acionados pelos "influencers", os destinos e vivências da sociedade de consumo passam a ser conduzidos pelos "Cristianos Ronaldo's, Kim Kardashian's e Justin's Bieber's", que mobilizam milhões de seguidores no Instagram, no Twitter, no Tik Tok e Facebook,

---

18. É de Gonzaguinha a letra e música de "A felicidade baterá em cada porta", em que o compositor aponta, como um hino ao consumo desnecessário mas colonizador, que "ioiôs e colares, e cocares, missangas e tangas e sambas para o nosso carnaval" tornarão o berço mais confortável e o sonho interminável com uma vida colorida etc. e tal.

19. A palavra "gaslighting" entrou no dicionário Merriam-Webster, como a palavra do ano, em 2022, e está tendo seu significado ampliado, como signo do marketing produzido pelas plataformas e ferramentas da internet por envolver a manipulação proposital de corações e mentes. A explicação dos experts demonstra quão insidiosa, pode ser a técnica: "É seguro dizer que o marketing mudou muito ao longo dos anos. Os criadores de marcas e os executivos de publicidade precisam trabalhar mais para criar um senso de participação, inveja e até mesmo de inadequação em uma tentativa de fazer com que o público-alvo compre o que está vendendo" (VIRAL SOLUTIONS, 2022).

vendendo aos consumidores que buscam tornar-se celebridades, uma felicidade "fake", montada sobre as "desnecessidades" do homem contemporâneo.[20]

É portanto importante entender essas causas do sobreendividamento para melhor interpretar as novas normas trazidas pela Lei 14.181/21, e rever os nossos processos de compreensão sobre a hermenêutica legal.

2.4   A causa da pobreza

Não se pode deixar de fora de uma análise minimamente realista das razões que geram o superendividamento, que entre 45% e 50% dos integrantes das classes econômico-sociais menos favorecidas no Brasil, os que se conceituam como pobres, abaixo da linha da pobreza e miseráveis, usam o crédito como complemento de renda.[21]

O crédito tornou-se portanto para essas classes sócio-econômicas a necessária ponte de sobrevivência mensal, sendo conclusão lógica que o processo reiterado de encadear um empréstimo em outro junto a bancos ou instituições financeiras, mormemente as digitais, gera um círculo vicioso de endividamento que, em poucos meses resulta no superendividamento.

A combinação dos efeitos econômicos da pandemia, o baixo crescimento da economia nacional nos últimos anos mesmo antes da COVID-19, com a precarização e a uberização do mercado de trabalho e a facilitação dos créditos consignados mesmo para quem recebe os auxílios oficiais, como Auxílio Brasil e o BPC-Benefício de Prestação Continuada, revelou-se nociva ao extremo para a maioria dos tomadores de empréstimos das classes referidas, estes que sem qualquer possibilidade de quitarem compromissos financeiros assumidos, afundam cada vez mais no endividamento extremo.

E o crédito afinal, deveria ser um fator de inclusão social...

3.   A EFETIVA PROTEÇÃO PROCESSUAL DO CONSUMIDOR SUPERENDIVIDADO

O endividamento sempre existiu, e malgrado só mais recentemente tenha escalado tomando proporções anteriormente não imagináveis, fato é que os tribunais já desde

---

20. O Grupo Consumoteca, liderado pelo antropólogo Michel Alcoforado, divulgou recentemente os resultados do estudo "Economia do mal-estar", no qual avaliou a metrificação da felicidade na era das redes sociais e como isso acaba gerando produtos que se oferecem como soluções rápidas para as angústias às vezes até agravadas por essa quase obrigatoriedade de estar e parecer feliz". Refere Alcoforado que "o principal problema dessa tirania da positividade (...) é que isso exacerba ainda mais e dá gasolina ao movimento da sociedade de consumo, porque as pessoas passam a achar que elas têm a obrigação de serem felizes e, para isso, têm também a obrigação de comprar coisas" (ROCHA, 2020).

21. "O aumento da pobreza no Brasil nos últimos quatro anos levou a maioria dos brasileiros das classes C, D e E a recorrer a empréstimos para conseguirem comer e pagar as contas básicas. É o que mostra pesquisa do Instituto Plano CDE. Nos últimos meses, entre 45 e 50% da população nesses estratos sociais disseram que solicitaram ou solicitariam créditos a familiares, amigos e bancos digitais, principalmente, para essas finalidades, o que denota a dificuldade que essas faixas populacionais estão encontrando, apesar do Auxílio Brasil, para viverem com o mínimo de dignidade" (ICL Economia, 2022).

há muito têm de lidar com os conflitos entre pessoas naturais endividadas e instituições financeiras credoras.

A par dos argumentos lastreados na força obrigatória dos contratos e na autonomia da vontade, princípios da teoria clássica dos contratos, principalmente após a Constituição Cidadã de 1988 com a entrada em cena do princípio positivado na lei da dignidade humana, uma guinada na hermenêutica possibilitou um incremento no uso das teorias da imprevisão e dos defeitos do negócio jurídico, para fundamentar decisões judiciais mais justas e equilibradas no plano do pagamento de dívidas.

Várias situações levaram os tribunais a reconhecer que determinadas circunstâncias contratuais, de forma e de materialização do contrato, caracterizariam abuso do direito com "o condão de influir no ânimo do contratante e dele retirar o livre arbítrio, a possibilidade de declarar a sua vontade com independência" (Negrão et al, 2021, p. 106).

Ainda na linha dos defeitos do negócio jurídico "o desequilíbrio latente na relação constituída em momento de grave angústia e fragilidade da parte devedora" (Negrão et al, 2021, p. 107), passa a ser visualizado como propiciador de assunção de dívidas geradoras de onerosidade excessiva afastando por força do estado de perigo, o dever de pagar conforme inicialmente pactuado.

Muito embora imediatamente após 1988 ainda não houvesse a regra legal trazida pelo Código Civil de 2002, que em seu art. 478[22] consagrou legalmente a imprevisão, esta não prevista no Código Civil de 1916 que "era silente acerca da matéria" (Schreiber, 2019, p. 281), o desenvolvimento do desequilíbrio contratual por fatos imprevisíveis, extraordinários e inevitáveis, desenvolveu-se com força, tanto na jurisprudência como na doutrina brasileiras.[23]

Mas foi o artigo 6º inciso V da Lei 8.078/90 que consagrou "como direito básico do consumidor a modificação das cláusulas que estabeleçam prestações desproporcionais, independentes da demonstração de qualquer requisito de natureza subjetiva" (MIRAGEM, 2013, p. 198), e sem qualquer necessidade de provar o consumidor fatos imprevisíveis e extraordinários.

A referida norma legal revoluciona a teoria dos contratos pois na lição de Miragem (2013, p. 201):

---

22. "Código Civil de 2002 – Art. 478. Nos contratos de execução continuada ou diferida, se a prestação de uma das partes se tornar excessivamente onerosa, com extrema vantagem para a outra, em virtude de acontecimentos extraordinários e imprevisíveis, poderá o devedor pedir a resolução do contrato.

23. "A teoria da imprevisão, que no direito francês não havia produzido tanto eco nos Tribunais cíveis, mas que ganhou a acolhida do célebre *Conseil d'Etat*, passou a ser citada por nossas cortes no enfrentamento de problemas relacionados ao desequilíbrio contratual superveniente. Embora a jurisprudência brasileira tenha passado a mencionar, com frequência, a cláusula *rebus sic stantibus* e a teoria da imprevisão, a consagração normativa das construções que embasaram o direito à revisão judicial do contrato só viria a ocorrer, entre nós, na última década do século XX, por meio de leis especiais" (SCHREIBER, 2019, p. 281/2). Nessa linha confiram-se os Acórdãos do STJ nos REsp 1321.614/SP, 3ª T., j. 16.12.2014; REsp. 945.166/GO, 4ª T., j. 28.02.12; REsp 803.481/GO, 3ª T., j. 28.06.2017, todos extremamente rígidos na exigência dos fatos extraordinários, e imprevisíveis, que só então levariam à revisão contratual.

A revisão contratual, em razão de fato superveniente, decorre da necessidade de preservação do fim útil do contrato, assim como – em vista da proteção do consumidor – assegurar sua manutenção, impedindo a aplicação de outras soluções que simplesmente determinem sua resolução (...). Neste sentido, não exige a imprevisibilidade, mas simplesmente a desproporção causada por fato superveniente como fundamento da revisão do contrato pelo consumidor. Este efeito, em conjunto com direito à modificação das cláusulas contratuais que desde logo estabeleçam prestações desproporcionais (ou seja, desde a celebração), asseguram o direito básico do consumidor ao equilíbrio contratual.

Trabalhar a nova hermenêutica contratual oriunda de uma espécie de cláusula "hardship"[24] não escrita, mas que dá unidade à concessão responsável de crédito pelos fornecedores financeiros pode, desde logo e sem prejuízo de uma futura ida ao Judiciário, em face de "um fato que altere fundamentalmente o equilíbrio do negócio" (Neves, 2021, p. 225), possibilitar a renegociação dos termos contratuais.

Com base no até aqui exposto, entendemos que alguns pontos específicos da Lei Claudia Lima Marques precisam ser bem delineados.

3.1   A má-fé do consumidor superendividado

A Lei 14.181/21 estabelece que um dos critérios essenciais de reconhecimento do superendividamento, para fins da proteção e soluções apresentadas pela novel legislação, é que o consumidor, pessoa natural que se encontre nessa particular situação, tenha resvalado para o endividamento de boa-fé.

Tanto assim é que a própria norma conceitual tenta limitar que os sistemas especiais voltados para os consumidores, pessoas naturais de boa-fé, não sejam fraudados por aquele que age, dolosamente, para atingir, de má-fé, objetivos que lesam o crédito e o mercado.

Essa a inteligência da norma do § 3º do art. 54-A do CDC.[25]

Entretanto, o consumidor superendividado de má-fé é a exceção.

E duas são as hipóteses legais a considerar no reconhecimento excepcional do superendividado de má-fé: a primeira de cunho objetivo, na contratação de produtos e serviços de luxo de alto valor, e a segunda, de cunho subjetivo, quando os contratos que levaram ao superendividamento foram dolosamente pactuados com o propósito de não realização do pagamento.

---

24. Aponta Castro Neves "a existência e uso frequente, nos contratos comerciais internacionais, das cláusulas "hardship". Essas cláusulas estabelecem que se surgir, em contratos de longa duração, um fato que altere fundamentalmente o equilíbrio do negócio, a parte prejudicada tem o direito de pleitear a renegociação dos termos do acordo. (...) A cláusula de "hardship", portanto, prevê a obrigatoriedade de discutir um reequilíbrio contratual" (NEVES, 2021, p.225).

25. Lei 8.078/90 c/c Lei 14.181/21 – Art.54-A § 3º O disposto neste Capítulo não se aplica ao consumidor cujas dívidas tenham sido contraídas mediante fraude ou má-fé, sejam oriundas de contratos celebrados dolosamente com o propósito de não realizar o pagamento ou decorram da aquisição ou contratação de produtos e serviços de luxo de alto valor.

Enquanto a hipótese objetiva é de mais fácil constatação, pois "luxo de alto valor" se apresenta via de regra, de modo realista e racional aos olhos do homem médio, já o dolo com o fim de não pagar o contratado, é fato que precisará ser comprovado no processo.

Aponte-se que tal prova cabe ao fornecedor, pois trata-se aqui de subsunção à hipótese legal do inciso II do § 3º do art. 14 do Código de Defesa do Consumidor que refere que "o fornecedor de serviços só não será responsabilizado quando provar (...) a culpa exclusiva do consumidor.[26] E mesmo em consonância com o art. 373 II do Código de Processo Civil,[27] compete ao réu-fornecedor a prova de fatos modificativos, extintivos ou impeditivos do direito do autor.

E sublinhe-se que a eventual prodigalidade do consumidor endividado, ou a compra de supérfluos, ou mesmo uma compulsão patológica por compras[28] não podem ser qualificados como atitudes dolosas para driblar o pagamento.

Ao autor da ação de superendividamento bastará provar o fato (o superendividamento!) e o nexo causal (renda que lhe resta, os contratos que geram as dívidas, a situação individual específica), e as consequências serão a ilação a ser feita pelo Judiciário quanto à impossibilidade de pagamento, sendo portanto a boa-fé presumida.[29]

E veja-se que a profissão, o grau acadêmico, a maturidade do consumidor superendividado, não é característica pessoal que evite de modo absoluto o risco de superendividamento.[30]

3.2   O mínimo existencial do consumidor superendividado

A menção a um mínimo existencial, feito na Lei 14.181/21 é uma singularidade original desta legislação protetiva e que deve ser interpretada respeitando-se a teleologia global do Código de Defesa do Consumidor.

Esse respeito ao mínimo existencial não é portanto tão somente aquele mínimo de renda que deve restar ao superendividado para que ele faça frente às suas necessidades básicas de sobrevivência.

---

26. Lei 8.078/90 Art.14 – § 3º O fornecedor de serviços só não será responsabilizado quando provar: II – a culpa exclusiva do consumidor ou de terceiro.
27. Lei 13.105/15 – Art. 373. O ônus da prova incumbe: II: ao réu, quanto à existência de fato impeditivo, modificativo ou extintivo do direito do autor.
28. Compreender determinadas consequências do consumo elevado, ou as causas alargadas do consumismo que leva ao superendividamento, é situação bem analisada por Jaime Betts, ao questionar o psicanalista gaúcho, "O que estamos buscando no consumismo? O que nos move na compulsão ao consumo? De onde provém o poder de atração tirânico dos objetos? Ou o poder das marcas sobre os consumidores?" (BETTS, 2003, p. 85) e ao mesmo tempo que conclui que "se há um sintoma comum ao sujeito moderno, além do consumismo, sem dúvida é a depressão" e é o consumismo, sempre de promessas vãs que "anda de mãos dadas com as depressões." Das compulsões modernas, todas sintomas da depressão, a compulsão pelo consumo ladeia hoje as compulsões alimentares e outras enfermidades "manifestações da psicopatologia da razão cotidiana". (BETTS, 2003, p. 100).
29. Consigna Claudia Lima Marques nessa linha que "a boa-fé se presume" e a "má-fé tem que ser provada por aquele que a alega e só assim se poderá "excluir" o consumidor." (2021, p. 242/3).
30. Conferir a respeito o trabalho de Jason J. Kilborn, em "Direitos do consumidor endividado: superendividamento e crédito", coordenação de Claudia Marques e Rosangela Cavallazzi. Ed. RT, 2006.

É preciso respeitar-se o seu mínimo existencial ao consumo, pois se está a deliberar sobre a nova cultura do adimplemento, que toma o lugar de uma vetusta cultura da dívida, ao mesmo tempo em que se mantém a ideia do crédito como fator de inclusão social, permitindo ainda ao superendividado que paga suas dívidas, um acesso ao mercado de consumo, por meio de certo crédito financeiro.

É um erro pensar que este mínimo existencial deve ser fixado em lei, em percentual sobre o salário mínimo como se fez com o Decreto 11.150/2022,[31] segundo o qual "o mínimo existencial para fins de prevenção, tratamento e conciliação de situações de superendividamento em dívidas de consumo" deveria ser de 25% do salário mínimo (art. 3º do decreto).

Não à toa o Código de Defesa do Consumidor traz agora cinco referências ao mínimo existencial, em cinco normas diferentes: no art. 6º incisos XI e XII, no art. 54-A § 1º e nos arts. 104-A *caput* e 104-C § 1º.[32]

As causas e consequências do hiperendividamento devem ser analisadas considerado, o crédito como bem existencial, de modo que as restrições e limites estabelecidos pela lei devem ter interpretação restritiva, protagonizando a maior proteção possível ao superendividamento e deixando a cargo da prova a ser fornecida pelos credores, o cerceamento dos benefícios e ferramentas de ajuste legais.

No sistema consumerista brasileiro é preciso lembrar que as normas de proteção e defesa são de ordem pública[33] e, como observa Miragem (2013, p. 58), tal caracterização "embora não torne hierarquicamente superior às demais, lhe outorga um caráter preferencial" e, por certo, no que toca sua aplicação pelo juiz da causa "a ordem pública indicada ao Código, (...) determina o seu caráter cogente" (2013, p. 59).

Nessa senda a teleologia protetiva deve ter observação estrita, cabendo ao Judiciário fazer a distinção caso a caso, conforme a *mens legis* da Lei do Superendividamento.

---

31. Decreto 11.150, de 26 de julho de 2022 – Regulamenta a preservação e o não comprometimento do mínimo existencial para fins de prevenção, tratamento e conciliação de situações de superendividamento em dívidas de consumo, nos termos do disposto na Lei 8.078, de 11 de setembro de 1990 – Código de Defesa do Consumidor.

32. Lei 8.078/90 c/c Lei 14.181/21 Art. 6º São direitos básicos do consumidor: XI – a garantia de práticas de crédito responsável, de educação financeira e de prevenção e tratamento de situações de superendividamento, preservado o *mínimo existencial*, nos termos da regulamentação, por meio da revisão e da repactuação da dívida, entre outras medidas; XII – a preservação do *mínimo existencial*, nos termos da regulamentação, na repactuação de dívidas e na concessão de crédito; Art. 54-A. § 1º Entende-se por superendividamento a impossibilidade manifesta de o consumidor pessoa natural, de boa-fé, pagar a totalidade de suas dívidas de consumo, exigíveis e vincendas, sem comprometer seu *mínimo existencial*, nos termos da regulamentação; Art. 104-A. A requerimento do consumidor superendividado pessoa natural, o juiz poderá instaurar processo de repactuação de dívidas, com vistas à realização de audiência conciliatória, presidida por ele ou por conciliador credenciado no juízo, com a presença de todos os credores de dívidas previstas no art. 54-A deste Código, na qual o consumidor apresentará proposta de plano de pagamento com prazo máximo de 5 (cinco) anos, preservados o *mínimo existencial*, nos termos da regulamentação, e as garantias e as formas de pagamento originalmente pactuadas; Art.104-C. § 1º Em caso de conciliação administrativa para prevenir o superendividamento do consumidor pessoa natural, os órgãos públicos poderão promover, nas reclamações individuais, audiência global de conciliação com todos os credores e, em todos os casos, facilitar a elaboração de plano de pagamento, preservado o *mínimo existencial*, nos termos da regulamentação, sob a supervisão desses órgãos, sem prejuízo das demais atividades de reeducação financeira cabíveis.

33. Lei 8.078/90 – Art. 1º O presente código estabelece normas de proteção e defesa do consumidor, de *ordem pública* e interesse social, nos termos dos arts. 5º, inciso XXXII, 170, inciso V, da Constituição Federal e art. 48 de suas Disposições Transitórias.

3.3 A ampliação da competência judiciária para as ações de superendividamento

A Lei 13.105/15, trouxe em suas normas iniciais o princípio da cooperação, a valer tanto no plano nacional, entre tribunais de estados diferentes, como entre jurisdições diversas, de regiões diversas (art. 6º CPC),[34] como no plano internacional (arts. 26 e 27 CPC).[35]

De importância a facilitação do julgamento de questões envolvendo consumidores superendividados, com dívidas oriundas de instituições financeiras que se submetem a jurisdições diferenciadas.

O *leading case* no STJ, foi conduzido pelo Relator Ministro Marco Buzzi, no Conflito de Competência 193066/DF (2022/036595-2) julgado em março/23, entre o Juízo de Direito da Vara de Falências, Recuperações Judiciais, Insolvência Civil e Litígios Empresariais do Distrito Federal, como suscitante, e o Juízo Federal do Juizado Especial Criminal Adjunto à 8ª Vara de Brasília/DF, como suscitado, figurando como interessados Elias Ezequiel dos Santos, autor (consumidor superendividado) e como rés (instituições credoras) Caixa Econômica Federal, BRB Banco de Brasília SA, Cartão BRB S/A. Banco Pan S.A. e Banco Santander (Brasil) S.A.

Primeiramente superando eventual questão relativa à competência do Superior Tribunal de Justiça para julgar conflito e estabelecer a competência entre a justiça especial (Juizado Criminal) e a justiça comum ordinária (Vara de Falências da Justiça do Distrito Federal), o acórdão bem refere que

> o Superior Tribunal de Justiça é competente para o conhecimento e processamento do presente incidente, pois apresenta controvérsia acerca do exercício da jurisdição entre juízos vinculados a Tribunais diversos, nos termos do artigo 105, I "d", da Constituição Federal (Acórdão, CC 193066/23, site STJ).

A seguir, na mais lídima interpretação favorável ao consumidor superendividado, e dando concretude outrossim à cooperação entre jurisdições diversas para obter a decisão judicial mais efetiva, a Instância Superior, consignou no voto condutor que:

> De fato, o procedimento judicial relacionado ao superendividamento, tal como o da recuperação judicial ou falência, possui inegável e nítida natureza concursal, de modo que, as empresas públicas federais, consoante a hipótese em liça, a Caixa Econômica Federal, excepcionalmente, sujeitam-se à competência da Justiça Estadual e/ou distrital, justamente em razão, repita-se, da existência de concursalidade entre credores, impondo-se, dessa forma, a concentração na Justiça comum estadual, de todos os credores, bem como o próprio consumidor para a definição do plano de pagamento, suas condições, o seu prazo e as formas de adimplemento dos débitos. (Acórdão, CC 193066/23, site STJ).

Nessa senda portanto, reconhece o Tribunal da Cidadania a "necessidade de concentrar todas as decisões" que dizem respeito às dívidas contraídas pelo sobreendividado, seja qual for a procedência financeira.

---

34. Lei 13.105/2015 – Art. 6º Todos os sujeitos do processo devem *cooperar* entre si para que se obtenha, em tempo razoável, decisão de mérito justa e efetiva.

35. Lei 13.105/2015 – Art. 26 A *cooperação* jurídica internacional será regida por tratado de que o Brasil faz parte e observará (...). Art. 27. A *cooperação* jurídica internacional terá por objeto (...).

Tal permite dar espaço de eficácia à norma do art. 104-A do Código de Defesa do Consumidor, que demanda "a presença de todos os credores de dívidas previstas no art. 54-A", quer assim no plano da audiência conciliatória, como na forma do art. 104-B do Código de Defesa do Consumidor, no processo judicial de superendividamento a ser conduzido pelo juiz competente.

Um passo adiante deu portanto o STJ, para uma progressista interpretação dos ditames da Lei do Superendividamento.

3.4 O poder-dever de agir o juiz de ofício na repactuação de dívidas do superendividado

A Lei 14.181/21 dá ao magistrado, na novel Ação de Revisão Judicial e Repactuação de Dívidas por superendividamento, um poder/dever de agir ao restar o consumidor superendividado frustrado na iniciativa preliminar de obter, consensualmente, um Plano de Repactuação de todas as suas dívidas: o poder/dever de, a pedido do consumidor, instaurar processo de revisão e repactuação mediante plano judicial compulsório (art. 104-B).[36]

A lei dá explicitamente ao juiz o poder de estabelecer a forma pela qual o consumidor sobreendividado irá pagar seus credores.

Essa norma apresenta uma cláusula geral, aberta, a ser integrada pelos juízes em cada caso concreto, consideradas as particularidades dos superendividados.

Evidencia a norma a confiança do legislador nos membros do Judiciário, por certo apontando que tal poder/dever não pode ser descentralizado e atribuído pelo juiz à servidores, juízes leigos ou outros colaboradores do sistema de justiça. É encargo exclusivo conferido pela lei ao juiz. Um protagonismo exigido pelo texto legal à magistratura.

Nessa senda caberá fazer um contínuo "distinguishing" entre a jurisprudência majoritária ou pacificada e o caso concreto submetido ao poder/dever do juiz, que precisará continuamente buscar os signos diferenciados das questões que lhe serão submetidas para buscar a melhor e mais eficiente repactuação das dívidas daquele autor superendividado.

Haverá que se fugir das soluções parametrizadas e, principalmente de entendimentos, inclusive oriundos de tribunais superiores, que discrepam da finalidade e teleologia da Lei 14.181/21.[37]

---

36. Lei 8.078/90 c/c Lei 14.181/21-Art. 104-B se não houver êxito na conciliação em relação a quaisquer credores, o juiz, a pedido do consumidor, instaurará processo por superendividamento para revisão e integração dos contratos e repactuação das dívidas remanescentes mediante plano judicial compulsório e procederá à citação de todos os credores cujos créditos não tenham integrado o acordo porventura celebrado.

37. Assim por exemplo, da fundamentação do voto condutor do recurso especial paradigma da controvérsia repetitiva descrita no Tema 1085/STJ, consta "que a prevenção e o combate ao superendividamento, com vistas à preservação do mínimo existencial do mutuário, não se dão por meio de uma indevida intervenção judicial nos contratos em substituição ao legislador". (REsp. 1.863.973/SP) (2020/00406610-3, site STJ). Ao contrário,

Caberá doravante ao magistrado competente para o mais eficiente julgamento da ação de revisão e repactuação de dívidas "o controle do conteúdo dos contratos de crédito que integrarão o plano judicial" (Lima et al, 2021, 331), podendo (devendo!) afastar cláusulas abusivas e oportunizando amplo acesso do consumidor aos contratos.

Mas não só, pois todas as formas de repactuação, como um período de graça, a divisão em parcelas em número maior do que o inicialmente pactuado, o estabelecimento de percentuais de pagamento ou de uma nova ordem de pagamento das dívidas, afastando as mais recentes até que as mais antigas sejam quitadas, serão possíveis e ficarão por conta de um amplo convencimento motivado do juiz.

Em alguns casos inclusive o perdão, com dispensa de qualquer pagamento de alguma ou algumas dívidas, será não só possível como inevitável.

Nesse exato sentido confira-se Clarissa Lima (2014, p.170):

> O perdão para devedores sem patrimônio e sem capacidade financeira de pagar suas dívidas deve ser adotado como um instrumento de tutela da dignidade da pessoa humana que se concretiza pela prevalência dos interesses patrimoniais, garantindo aos consumidores de boa-fé uma vida com certa qualidade.

Nesse sentido a imposição de certas condições ao consumidor poderá ser opção, como por exemplo, a frequência a grupos de consumidores compulsivos ou cursos para uma educação financeira.

Esse o grande, e talvez o maior desafio, que a nova Lei do Superendividamento traz para o Judiciário.

4. CONCLUSÃO

Giles Lipovetsky, filósofo francês, refere que vivemos a "era do vazio" numa "sociedade da decepção", e que estamos todos no século XXI submetidos à "maldição da abundância" que reina no "paraíso da mercadoria" (2007, p. 23).

A conclusão dessa submissão é que "quanto mais somos estimulados a comprar compulsivamente, mais aumenta a insatisfação" e que "a partir do momento em que conseguimos preencher alguma necessidade, surge uma necessidade nova", e tudo isso amalgamado com a facilitação do crédito na contemporaneidade gera um "ciclo em forma de *bola de neve* que não tem fim" (Lipovetsky, 2007, p. 23).

As interlocuções que propusemos no presente artigo somente farão sentido aos olhos dos operadores do sistema de justiça, se estes conseguirem sair do imobilismo jurídico positivista e, alargando horizontes de conhecimento, perceberem que os conflitos de consumidores superendividados, para os quais se volta a novel Lei 14.181/21, são mais profundos do que meros processos envolvendo dívidas.

---

a Lei 14.181/21 não só legitima a intervenção judicial, como demanda do juiz a iniciativa de intervenção nos contratos.

Não à toa a lei oportuniza três esferas diferenciadas[38] e não excludentes, para que esse hipervulnerável superendividado busque a melhor solução para o pagamento de seus débitos e sua reintegração plena no mercado do crédito e do consumo.

Entenda-se portanto que todos nós consumidores do século XXI, somos objetos de consumo ao mesmo tempo em que somos consumidos por manipulações reiteradas de desejos e metas.

O Judiciário tem agora em mãos, valioso instrumento legislativo capaz de sanear as vidas das pessoas que atingidas pelo superconsumo, pai do superendividamento, que a ele acorrem.

Necessário à superação desse desafio que se põe, é o cultivo da solidariedade, um solidarismo contratual inovador e com lastro nos direitos humanos.

Terminamos com a interpretação feita por Lenio Streck sobre "O tempo do direito" de François Ost, em que aquele consigna que o Tempo é uma instituição social que trabalha com quatro categorias: "a memória" que "liga/obriga o passado assegurando-lhe um registro", mas que deve vir seguida do "perdão" que "desliga/desobriga (...) o passado imprimindo-lhe um sentido novo portador de futuro" e que então permite que "a promessa" consolide "compromissos normativos", estes que o "requestionamento" constante e "em tempo útil", disponibilizará para "as revisões que se impõem para que na hora da mudança as promessas sobrevivam". (Streck, 2005).

Esse o momento presente do qual o Judiciário não deve descurar.

REFERÊNCIAS

BENJAMIN, Antonio Herman V. Prefácio. In: MARQUES, Claudia Lima; CAVALLAZZI, Rosângela Lunardelli; LIMA, Clarissa Costa de (Org.). *Direitos do Consumidor endividado II: vulnerabilidade e inclusão.* São Paulo: Ed. RT, 2016.

BENJAMIN, Antonio Herman V.; MARQUES, Claudia Lima; LIMA, Clarissa Costa de; VIAL, Sophia Martini. A atualização do CDC em matéria de crédito e superendividamento: o processo democrático com ampla participação e a escolha dos modelos legislativos. In: BENJAMIN, Antonio Herman; MARQUES, Claudia Lima; LIMA, Clarissa Costa de; VIAL. Sophia Martini. *Comentários à Lei 14.181/21*: a atualização do CDC em matéria de superendividamento. São Paulo: Thomson Reuters Brasil, 2021, p. 115/172.

BORRMANN, Ricardo. A luta pelo direito no Brasil: a recepção das ideias de Rudolf Von Jhering por Tobias Barreto. In: NEDER, Gizlene; SILVA, Ana Paula Barcelos Ribeiro da. (Org.). *Direito, religião e cultura política*: variações. Rio de Janeiro: Mauad X, 2019.

BRASIL. Decreto 11.150, de 26 de julho de 2022. Presidência da República, Casa Civil – Subchefia para Assuntos Jurídicos. Disponível em: https://planalto.gov.br. Acesso em: 11 maio 2023.

BRASIL. Lei 8.078, de 11 de setembro de 1990, alterada pela Lei 14.181, de 1º de julho de 2021. Presidência da República, Casa Civil – Subchefia para Assuntos Jurídicos. Disponível em: https://planalto.gov.br. Acesso em: 24 abr. 2023.

---

38. O art. 104-A da Lei 14.181/21 traz a possibilidade da formação da repactuação conciliatória; no art. 104-B a lei apresenta o processo judicial, inclusive de ofício, para a repactuação dos débitos, e, no art. 104-C, a legislação incluiu a conciliação administrativa por órgãos públicos integrantes do sistema Nacional de Defesa do Consumidor.

BRITO, Dante Ponte de; SANTOS, Lucas Emmanuel Fortes. A inteligência artificial (IA) das redes sociais como fator de indução ao superendividamento do usuário-consumidor. In: *Revista de Direito do Consumidor*. São Paulo: Ed. RT, v. 144, p.395-418. nov./dez. 2022.

BUZZI, Marco. Superior Tribunal de Justiça. Notícias – Eventos. 11.11.2022. Disponível em: https://www.stj.jus.br>sites>noticias. Acesso em: 08 maio 2023.

CANCLINI, Néstor Garcia. *Consumidores e cidadãos*: conflitos multiculturais da globalização. 4. ed. Rio de Janeiro: Editora UFRJ, 1999.

FERNANDES, Sabrina. *Entrevista*: O velho está morrendo e o novo a gente tem de construir. BdF – Brasil de Fato, 20 anos, 25.06.2019. Edição: Marcelo Ferreira. Disponível em: https://www.brasildefato.com.br. Acesso em: 15 abr. 2023.

GAULIA, Cristina Tereza. *Juizados Especiais Cíveis*: o espaço do cidadão no Poder Judiciário. Rio de Janeiro: Renovar, 2005.

ICL Economia com informações da Folha de São Paulo. 28.11.2022. Disponível em: https://icleconomia.com.br>aumento... Acesso em: 03 maio 2023.

LIMA, Clarissa Costa de. *O tratamento do superendividamento e o direito de recomeçar dos consumidores*. São Paulo: Ed. RT, 2014.

LIMA, Clarissa Costa de; CAVALLAZZI, Rosângela Lunardelli. A força do microssistema do CDC: tempos de superendividamento e de compartilhar responsabilidades. In: MARQUES, Claudia Lima; CAVALLAZZI, Rosângela Lunardelli; LIMA, Clarissa Costa de (Org.). *Direitos do consumidor endividado II*: vulnerabilidade e inclusão. São Paulo: Ed. RT, 2016.

LIPOVETSKY, Gilles, 1994. *A sociedade da decepção*. Entrevista coordenada por Bertrand Richard. Trad. Armando Braio Ara. Barueri, SP: Manole, 2007.

MACCHIONI, Mario. O sucesso de Gramsci além da Itália. In Horizontes democráticos por Alberto Aggio, 16/12/2021. Disponível em: https://horizontesdemocraticos.com.br. Acesso em: 28 abr. 23.

MAPA DA INADIMPLÊNCIA E NEGOCIAÇÃO DE DÍVIDAS NO BRASIL – fevereiro/2023, SERASA. Disponível em: https://www.serasa.com.br. Acesso em: 22 abr. 2023.

MARQUES, Claudia Lima. Breve introdução à Lei 14.181/21 e a nova noção de superendividamento do consumidor. In BENJAMIN, Antonio Herman; MARQUES, Claudia Lima; LIMA, Clarissa Costa de; VIAL, Sophia Martini. *Comentários à Lei 14.181/21*: a atualização do CDC em matéria de superendividamento. São Paulo: Thomson Reuters Brasil, 2021.

MARQUES, Claudia Lima. *Contratos no Código de Defesa do Consumidor*. 6. ed. rev., atual. e ampl. São Paulo: Ed. RT, 2011.

MARQUES, Claudia Lima; MIRAGEM, Bruno. *O novo direito privado e a proteção dos vulneráveis*. São Paulo: Ed. RT, 2012.

NASCIMENTO JR., Luiz Gonzaga do. (GONZAGUINHA). A felicidade bate a sua porta. 1973. Disponível em: https://m.letras.mus.br>gonzaguinha.

NEGRÃO, Theotonio; GOUVÊA, José Roberto Ferreira; BONDIOLI, Luis Guilherme A ; FONSECA, João Francisco Naves da. *Código Civil e legislação civil em vigor*. 39. ed. São Paulo: Saraiva Educação, 2021.

NEVES, José Roberto de Castro. *Teoria Geral dos Contratos*. Rio de Janeiro: GZ, 2021.

REALE, Miguel. *A crise do normativismo jurídico e a exigência de uma normatividade concreta*. 1958. Disponível em: https://seer.ufrgs.br>article. Acesso em: 06 maio 2023.

ROCHA, Roseani. Os impactos da felicidade fabricada para as redes sociais. 2020. *Meio § mensagem*. Disponível em: https://www.meiomensagem.com.br>... Acesso em: 02 maio 2023.

SANTOS, Milton. *O espaço do cidadão*. 4. ed. São Paulo: Nobel, 1998 (Coleção Espaço).

SCHREIBER, Anderson et al. *Código Civil comentado* – doutrina e jurisprudência. 2. Reimp. Rio de Janeiro: Forense, 2019.

SELL, Jurandir. Homo economicus: a origem, o significado e o que está por trás do conceito. *Warren Magazine*/Mercado de A a Z. Publicado em 31.08.2021, atualizado em 17.10.2022. Disponível em: https://warren.com.br. Acesso em: 28 abr. 2023.

SPC e Serasa Limpa Nome: qual é a diferença? 12.01.2023. Disponível em: https://serasa.com.br. Acesso em: 22 abr. 2023.

VIRAL SOLUTIONS-Strategize Executive Grow. Por que você deve evitar gaslighting no marketing, 9/03/2022. Disponível em: https://viralsolutions.net>avoid-gaslighting. Acesso em: 02 maio 2023.

A LEI 14.181/2021 E A NECESSIDADE DE SUPERAÇÃO DA ABORDAGEM ESTIGMATIZANTE DOS SUPERENDIVIDADOS

Anderson Schreiber

Professor Titular de Direito Civil da UERJ. Professor da Fundação Getúlio Vargas. Procurador do Estado do Rio de Janeiro. Membro da Academia Internacional de Direito Comparado. Advogado.

Sumário: 1. Introdução – 2. Inversão axiológica: recuperação de sociedades empresárias *versus* preservação da pessoa humana insolvente em estado de privação à margem da ordem jurídica – 3. A insolvência civil no direito comparado – 4. Contornos do superendividamento e a superação da abordagem estigmatizante do superendividado – 5. À guisa de conclusão: conquistas e desafios em matéria de superendividamento – Referências.

1. INTRODUÇÃO

O número de famílias endividadas no Brasil já supera 78%.[1] As taxas de inadimplência bateram recordes nos últimos ano.[2] A facilidade na contratação de financiamentos – que se situa a apenas um clique de distância de qualquer usuário da internet – e a ampliação da margem do crédito consignado[3] exprimem uma democratização do acesso ao crédito que, conquanto benéfica, traz riscos que a ordem jurídica precisa enfrentar.

Afigura-se flagrante a necessidade de uma abordagem mais responsável na oferta de financiamentos e empréstimos, bem como a instituição e manejo de instrumentos jurídicos capazes de oferecer ao devedor a capacidade de superar os momentos de crise econômica e de permanecer integrado ao mercado, em oposição ao modo como o Direito lida tradicionalmente com a insolvência civil. O binômio punição e marginalização do devedor não interessa nem a ele próprio, nem aos seus credores. A Lei 14.181/2021 veio, nesse sentido, romper com a lógica habitual no tratamento do devedor e enfrentar uma inversão axiológica que se mostrava grave no Direito Brasileiro.

---

1. Confira-se reportagem da Agência Brasil intitulada "Endividamento atinge 78,3% das famílias brasileiras, diz CNC", publicada em 04.05.2023 (www.agenciabrasil.ebc.com.br).
2. Ver, para mais detalhes, a reportagem do G1, publicada em 24.04.2023, sob o título "Inadimplência bate recorde em março; um aumento de 8% em relação ao mesmo mês em 2022" (www.g1.globo.com).
3. Confira-se a reportagem da Câmara de Notícias intitulada "Entra em vigor lei que amplia margem do consignado até o final do ano", publicada em 31.03.2021 (www.camara.leg.br).

2. INVERSÃO AXIOLÓGICA: RECUPERAÇÃO DE SOCIEDADES EMPRESÁRIAS *VERSUS* PRESERVAÇÃO DA PESSOA HUMANA INSOLVENTE EM ESTADO DE PRIVAÇÃO À MARGEM DA ORDEM JURÍDICA

A Lei 14.181/2021 não veio apenas enfrentar uma preocupação central que a doutrina consumerista já discutia há alguns anos – o superendividamento do consumidor –, mas veio também despertar de um sono secular o instituto da insolvência civil que até então era tratado pela nossa legislação de modo rígido e, em larga medida, punitivo. O Código Civil de 2002 perdeu a oportunidade de reformular o instituto da insolvência, mantendo essencialmente a abordagem da codificação anterior, que tratava de modo excludente e rigoroso o devedor insolvente, antecipando o vencimento das suas dívidas (artigos 333, I, e 1.425, II)[4] e anulando os seus negócios (artigos 158 a 160),[5] sem complacência com dificuldades financeiras momentâneas (artigo 955)[6] e sem qualquer preocupação com a sua reinserção na vida econômica.

Hoje, a rígida disciplina da insolvência, tal qual prevista no Código Civil e no Código de Processo Civil, encontra-se em absoluto descompasso com o tratamento dispensado por nosso ordenamento, por exemplo, aos empresários e às sociedades empresárias, amparados que são pelo regime bem mais flexível e protetivo da Lei 11.101/2005, que trata da recuperação judicial, da recuperação extrajudicial e da falência. Embora a Constituição tutele, com primazia, a dignidade da pessoa humana, a legislação infraconstitucional concede às sociedades empresárias inúmeras oportunidades de "recuperação", flexibilizando prazos de pagamento e atenuando os efeitos da mora, enquanto o devedor comum (a pessoa humana não empresária) continuava, até a Lei 14.181/2021, a ser tratada com rigor medieval.

A disparidade de tratamento gerava uma inconstitucionalidade flagrante, que se reeditava nas decisões judiciais, as quais, não raro, temperavam as consequências do inadimplemento das sociedades empresárias, ao argumento de que o seu falimento prejudicaria, em última análise, os seus empregados, enquanto eles próprios, empregados, permaneciam por lei submetidos à ameaça da insolvência, sem quaisquer atenuações.

---

4. "Art. 333. Ao credor assistirá o direito de cobrar a dívida antes de vencido o prazo estipulado no contrato ou marcado neste Código: I – no caso de falência do devedor, ou de concurso de credores; (...) Art. 1.425. A dívida considera-se vencida: (...) II – se o devedor cair em insolvência ou falir".
5. "Art. 158. Os negócios de transmissão gratuita de bens ou remissão de dívida, se os praticar o devedor já insolvente, ou por eles reduzido à insolvência, ainda quando o ignore, poderão ser anulados pelos credores quirografários, como lesivos dos seus direitos. § 1º Igual direito assiste aos credores cuja garantia se tornar insuficiente. § 2º Só os credores que já o eram ao tempo daqueles atos podem pleitear a anulação deles. Art. 159. Serão igualmente anuláveis os contratos onerosos do devedor insolvente, quando a insolvência for notória, ou houver motivo para ser conhecida do outro contratante. Art. 160. Se o adquirente dos bens do devedor insolvente ainda não tiver pago o preço e este for, aproximadamente, o corrente, desobrigar-se-á depositando-o em juízo, com a citação de todos os interessados. Parágrafo único. Se inferior, o adquirente, para conservar os bens, poderá depositar o preço que lhes corresponda ao valor real."
6. "Art. 955. Procede-se à declaração de insolvência toda vez que as dívidas excedam à importância dos bens do devedor."

A Lei do Superendividamento veio corrigir essa inversão axiológica, oferecendo à pessoa humana nada mais que um tratamento assemelhado à recuperação de empresas. Se sociedades empresárias podem se valer de instrumentos que mitigam o *pacta sunt servanda* para se recuperar economicamente, às pessoas humanas deve ser assegurado, no mínimo, igual tratamento.

3. A INSOLVÊNCIA CIVIL NO DIREITO COMPARADO

A maior parte dos países do Ocidente já conta com algum mecanismo de incentivo ou imposição de repactuação de dívidas em caso de endividamento excessivo da pessoa natural.[7] Os diferentes modelos de reabilitação patrimonial têm sido reconduzidos, nesta e em outras matérias, a uma dicotomia entre modelo estadunidense e modelo europeu.[8] Embora com algumas reservas quanto a essa aparente dicotomia, é possível extrair, a título de observação do fenômeno nas experiências jurídicas estrangeiras, algumas lições interessantes para iluminar o tratamento do tema no Brasil.

Em primeiro lugar, é importante notar que, mesmo países tradicionalmente vinculados ao liberalismo jurídico, como é o caso dos Estados Unidos da América, o princípio do *pacta sunt servanda* admite concessões ante o colapso econômico e financeiro do devedor. O pragmatismo do *common law* não tem deixado passar despercebida a necessidade de recuperar a economia individual do insolvente, até mesmo para que ele possa voltar a consumir no mercado, inclusive no mercado de crédito. Trata-se daquilo que lá tem se denominado *fresh start*: um fresco ou renovado início da vida econômica ao devedor.[9] Desde o *Bankruptcy Act*, de 1898, a legislação estadunidense tem se preocupado em garantir o retorno do devedor insolvente à atividade econômica e de consumo,

---

7. MARQUES, Claudia Lima. Algumas Perguntas e Respostas sobre Prevenção e Tratamento do Superendividamento dos Consumidores Pessoas Físicas. *Revista de Direito do Consumidor*, v. 75, jul./set., RT Online: "A massificação do acesso ao crédito, que se observa nos últimos anos; a forte privatização dos serviços essenciais e públicos, agora acessíveis a todos, com qualquer orçamento; as duras regras do mercado, em que o nome nos bancos de dados negativos pode significar a impossibilidade de conseguir novo emprego; a nova publicidade agressiva sobre crédito popular nas ruas; a nova força dos meios de comunicação de massa; e a tendência de abuso impensado do crédito facilitado e ilimitado no tempo e nos valores, inclusive com descontos em folha e de aposentados, podem levar o consumidor e sua família facilmente a um estado de superendividamento. Para evitar essa "falência", os países desenvolvidos e industrializados, como os Estados Unidos da América, o Canadá, a França, a Inglaterra, a Alemanha, a Bélgica, Luxemburgo e tantos outros, criaram uma série de inovações legislativas, muitas advindas da jurisprudência e por analogia com a concordata comercial, em especial um processo extrajudicial específico, de tratamento amigável ou administrativo de renegociação e parcelamento para pessoas físicas não profissionais (consumidores), permitindo um tratamento e um approach global da situação de superendividamento dos consumidores".

8. A divisão propedêutica em dois modelos é utilizada por diversos autores, BIONI, Bruno Ricardo. Superendividamento: Um Fenômeno Socioeconômico decorrente da Difusão do Consumo e a sua Análise à Luz das Evoluções Legislativas Americanas e Francesas frente ao PL 283/2012. *Revista de Direito do Consumidor*, v. 99, maio/jun. 2015, RT Online, passim; BUCAR, Daniel. *Superendividamento*: Reabilitação Patrimonial da Pessoa Humana. São Paulo: Saraiva, 2017, p. 127-166; e FILKELSTEIN, Maria Eugênia Reis; MELLO, Marcus Vinicius Ramon Soares de. Superendividamento: Conceito, Classificação, Modelos de Tratamento, Oferta De Crédito e Abordagem Atual. *Revista de Direito Bancário e do Mercado de Capitais*, v. 86, out./dez. 2019, RT Online, passim.

9. SKEEL, David A. The genius of the 1898 Bankruptcy Act. *Bankruptcy Development Journal, Philadelphia*, v. 15, p. 323-325. 1999.

e também, naturalmente, em evitar o abuso no recurso aos instrumentos de recuperação, como se vê especialmente a partir de abril de 2005, com o chamado *Bankruptcy Abuse Prevention and Consumer Protection Act* (Lei 109-8).

O recurso à proteção legal depende do preenchimento de uma série de requisitos, como renda menor do que a média auferida por pessoas do Estado federado ou declaração disponibilizada pelo órgão competente que demonstre incapacidade de o devedor pagar determinados tributos federais.[10] Também não se pode valer da proteção aquele que já a tenha invocado recentemente. Cumpridos todos os requisitos, o pedido do *fresh start* é deferido pelo juízo competente, os débitos do devedor são suspensos e os bens penhoráveis são entregues a um *trustee* da corte para avaliar e liquidar o acervo. Uma vez confirmada a regularidade patrimonial pelo *trustee*, os credores recebem uma parcela do que foi penhorado e o devedor tem direito à extinção da maior parte dos créditos desprovidos de garantia (*discharge*), passando a contar com seu patrimônio reabilitado.

Há, ainda, um procedimento destinado a devedores que possuem renda estável ou minimamente previsível e que comumente ganham conforme a média das pessoas do Estado federado.[11] Neste caso, a pessoa pode pleitear uma "*segunda chance conquistada*" (*earned chance*). O próprio devedor elabora junto aos credores um plano de pagamento e deve cumpri-lo de forma satisfatória (*repayment plan*), cujo prazo de cumprimento é de três a cinco anos. Para a elaboração do plano de pagamento, o *trustee* responsável pela avaliação do patrimônio convoca todos os credores para que negociem suas cláusulas com ampla autonomia, respeitado o limite do patrimônio penhorável. Com a aprovação do plano pelos credores, o acordo é homologado pelo juízo. No caso de impugnação por parte de algum credor, o juízo avalia a necessidade de readequação do plano ou torna o plano obrigatório aos credores dissidentes (*cram down*).[12]

---

10. Título 11 do United States Code: "§ 707 [...] (2) [...] (A) [...] (ii): "The debtor's monthly expenses shall be the debtor's applicable monthly expense amounts specified under the National Standards and Local Standards, and the debtor's actual monthly expenses for the categories specified as Other Necessary Expenses issued by the Internal Revenue Service for the area in which the debtor resides, as in effect on the date of the order for relief, for the debtor, the dependents of the debtor, and the spouse of the debtor in a joint case, if the spouse is not otherwise a dependent (...)". Sobre a Lei 109-8, vale conferir a seguinte passagem: "The new means test first asks whether the debtor earns an income above or below the median for the same size household in the debtor's state. If the debtor is below the median, that is the end of the inquiry, and the debtor may file for chapter 7. (...) For debtors with above-median incomes, the means test then turns to a complex formula to determine whether the debtor has enough disposable income to fund a chapter 13 plan. The formula is based on standards developed by the Internal Revenue Service (the federal taxing authority) to determine whether to compromise tax debts with taxpayers. Although the Internal Revenue Service intended these guidelines as internal operating guidance, Congress enshrined them in the new law. As a result, changes in federal tax collection policies could have an important effect on the bankruptcy system" (LAWLESS, Roberi M.; WARREN, Elizabeth. Shrinking the safety net: the 2005 changes in U.S. bankruptcy law. *SSRN Scholarly Paper-Social Science Research Network*, Rochesier: NY, n. 6, p. 8-9, 2006).

11. BUCAR, Daniel. *Superendividamento*: Reabilitação Patrimonial da Pessoa Humana. São Paulo: Saraiva, 2017, p. 138-139.

12. O *cram down* é encontrado, no Brasil, na Lei de Recuperação e Falências. A doutrina é enfática ao comentar o instituto: "De fato, os credores dissidentes e os ausentes deverão sujeitar-se aos efeitos da aprovação do plano pela maioria qualificada dos credores ou pela decisão judicial que a determinar (na hipótese do art. 58, § 1º, da Lei 11.101/2005), instituto denominado cram-down. É importante referir que se justifica plenamente a imposição do plano aos credores dissidentes e ausentes o que sob a perspectiva estritamente contratual não seria

Esse reinício financeiro no direito estadunidense não é interpretado como mera benesse ao devedor. Trata-se de genuína política pública que busca principalmente assegurar o bom funcionamento do mercado de consumo. A lição dos economistas é de que, sendo o consumo elemento primordial para o desenvolvimento econômico de um país, todo o consumidor também deve possuir um regime jurídico apto a promover sua recuperação e reinserção no mercado, garantindo-lhe uma segunda chance, como ocorre com o empreendedor. Qualquer distinção entre um e outro frearia a economia, relegando parte dos cidadãos, senão sua maioria, às margens da vida econômica. Isso feriria de morte o crédito, considerado, na lógica norte-americana, o oxigênio da economia.

Nesse sentido, asfixiar o devedor individual, pessoa humana, com instrumentos punitivos ou sancionatórios seria absolutamente contraproducente à economia, já que tais instrumentos nem logram satisfazer o direito dos credores, nem os beneficiam indiretamente, na medida em que podem, inclusive, fomentar crises de confiança no mercado de crédito.[13]

A experiência da Europa continental difere, em larga medida, do modelo estadunidense, mas também se inspira no afã de conceder tutela ao devedor individual para que obtenha a necessária recuperação econômica. Há forte ênfase no incentivo à renegociação, permitindo-se ao devedor alcançar a extinção de suas dívidas mediante o cumprimento integral do plano de pagamento aprovado pelos credores ou, ainda, mediante a demonstração de que se empenhou em satisfazê-lo durante o período em que buscou solucionar sua insolvência (*v.g.*, procurou emprego ou se manteve empregado, reduziu custos e despesas pessoais etc.).

---

jamais aceitável, e isso reforça, sem dúvida, que o instituto da recuperação judicial não tem natureza de negócio jurídico o que se faz com fundamento na principiologia da preservação da empresa, insculpida no art. 47 da Lei 11.101/2005" (TOLEDO, Paulo Fernando Campos Salles de; PUGLIESI, Adriana V. Objetivos da Recuperação Judicial. In: CARVALHOSA, Modesto (Coord.). *Recuperação Empresarial e Falência*. 2. ed. São Paulo: Thomson Reuters Brasil, 2018, p. 182).

13. "Countries with a high degree of banking supervision, regulated rate ceilings and harsh restrictions on usury, debt collection and intermediaries seem to have a much lower rate of exclusion than countries which follow a more liberal approach. The rational choice doctrine argues that attributing losses not only to those who are responsible for them will cause higher exclusion rates. This argument ignores the importance of a newly emerging factor in economic theory: trust. General trust among consumers and suppliers in the economy and its mechanisms will provide a significant amount of security and allow a much greater variety of products and mechanisms. Adverse selection and moral hazard may create high transaction costs, especially with those who do not expect any consideration for their fate from the system. This is why keeping overindebted people integrated into the productive parts of society may be less costly than focusing only on those who are sufficiently creditworthy. Such policy will create a feeling of protection and care, which in turn provides a higher level of consumer trust within the economy." (Commission of the European Communities, Health and Consumer Protection Directorate-General, *Consumer Overindebtedness and Consumer Law in the European Union*. Disponível em: http://www.knl.lv/raksti_data/1147/parskats_ES_2003.pdf. Acessado em: 26.4.2003). Na mesma direção, estudo encomendado pelo Banco Mundial informou que: "one of the lessons from the recent financial crisis [2008] was the recognition of the problem of consumer insolvency as a systemic risk and the consequent need for the modernization of domestic laws and institutions to enable jurisdictions to deal effectively and efficiently with the risks of individual over-indebtedness" (Working Group on the Treatment of the Insolvency of Natural Persons of World Bank, *Report on the Treatment of the Insolvency of Natural Persons*, Disponível em: openknowledge.worldbank.org/server/api/core/bitstreams/1780a7a6-1e04-53bd-99c8-dde06425bf3e/content).

Em geral, os ordenamentos europeus fornecem um amplo aparato administrativo para a solução do superendividamento, evitando a judicialização, mas também admitem que, não se logrando solução por mecanismos consensuais, haja a imposição do plano de pagamento a credores discordantes.[14]

Como se vê, diferentes experiências estrangeiras convergem no sentido de se ofertar ao devedor superendividado um procedimento administrativo ou judicial que busque uma solução consensual para o equacionamento das dívidas (por meio de prorrogação de prazos para pagamento, descontos no valor total do débito etc.) e que, mesmo na falta de consenso, possa assegurar ao devedor alguma espécie de tutela ante a insuficiência patrimonial para o pagamento de todas as suas dívidas.

A Lei 14.181/2021 não é, portanto, nenhuma jabuticaba. O tratamento protetivo do superendividado não é uma criação brasileira, mas o reflexo de instrumentos que têm sido desenvolvidos e aplicados recorrentemente em outros países para lidar com um problema que atinge, embora em diferentes medidas, quase todos os países do mundo. O que o Brasil tem de distinto, neste particular, não é o tratamento legislativo, mas uma abordagem estigmatizante do devedor que contamina o debate público em torno da aplicação da Lei 14.181/2021.

4. CONTORNOS DO SUPERENDIVIDAMENTO E A SUPERAÇÃO DA ABORDAGEM ESTIGMATIZANTE DO SUPERENDIVIDADO

A Lei 14.181/2021 define o superendividamento como "a impossibilidade manifesta de o consumidor pessoa natural, de boa-fé, pagar a totalidade de suas dívidas de consumo, exigíveis e vincendas, sem comprometer seu mínimo existencial, nos termos da regulamentação" (CDC, art. 54-A, § 1º). A lei autoriza o consumidor superendividado a requerer ao Poder Judiciário ou a determinados órgãos públicos a instauração de um processo de repactuação de dívidas, em que se realizará audiência conciliatória, na qual "o consumidor apresentará proposta de plano de pagamento com prazo máximo de 5 (cinco) anos, preservados o mínimo existencial, nos termos da regulamentação, e as garantias e as formas de pagamento originalmente pactuadas" (CDC, artigo 104-A).

Alcançando-se a conciliação com qualquer dos credores, a sentença judicial homologará o acordo, descrevendo o plano consensual de pagamento da dívida, que contemplará, entre outros aspectos, medidas de dilação dos prazos para pagamento e redução dos encargos da dívida (juros). Os efeitos do plano consensual ficarão condicionados "à abstenção, pelo consumidor, de condutas que importem no agravamento de sua situação de superendividamento" (artigo 104-A, § 4º, IV, do CDC).

Se, por outro lado, não houver conciliação, a Lei 14.181 faculta ao consumidor superendividado pleitear a abertura de um "processo por superendividamento para revisão e

---

14. FILKELSTEIN, Maria Eugênia Reis; MELLO, Marcus Vinicius Ramon Soares de. Superendividamento: Conceito, Classificação, Modelos de Tratamento, Oferta De Crédito e Abordagem Atual. *Revista de Direito Bancário e do Mercado de Capitais*, v. 86, out./dez. 2019.

integração dos contratos e repactuação das dívidas remanescentes", com vistas à emissão de um "plano judicial compulsório", que abarcará "todos os credores cujos créditos não tenham integrado o acordo porventura celebrado" (artigo 104-B do CDC). Neste caso, os credores precisarão expor "as razões da negativa de aceder ao plano voluntário ou de renegociar" as dívidas do superendividado. O plano judicial compulsório estipulará "medidas de temporização ou de atenuação dos encargos", mas assegurará aos credores, no mínimo, "o valor do principal devido, corrigido monetariamente por índices oficiais de preço", a ser liquidado em, no máximo, cinco anos contados do pagamento previsto no plano consensual de pagamento que resulte de eventual conciliação.

Há quem torça o nariz para a novidade, argumentando que isso tudo só reforça o fato de que "o Brasil é um país de devedores". Qualquer mitigação aos direitos dos credores significaria, nessa linha, um desestímulo ao cumprimento pontual dos débitos, funcionando como uma espécie de carta branca para o *calote*". No entanto, se o Brasil se tornou um país com elevado número de inadimplentes, parece evidente que este dado não pode ser dissociado das altas taxas de desemprego, da ausência de políticas públicas consistentes de inserção no mercado de trabalho e das sucessivas crises econômicas que atingem, de tempos em tempos, a capacidade de pagamento dos cidadãos brasileiros.

Também desempenha relevante papel nesse cenário a maneira como o crédito é concedido entre nós. Se a inadimplência é frequentemente atribuída por economistas à falta de planejamento ou educação financeira, não se pode tratar com indiferença a proliferação recente de instrumentos mecânicos ou automatizados de oferta massiva de financiamentos – que vão desde os conhecidos *pop-ups*, que oferecem "empréstimos a um só clique de você" em sítios eletrônicos e aplicativos de toda sorte, até as chamadas telefônicas em série, que, advindas dos números mais diversos e nos horários mais sorrateiros, nos conectam a vozes robóticas ansiosas por conceder crédito para "você que quer comprar um carro novo ou usado", que "quer dar uma joia ao seu amor no dia dos namorados" ou até mesmo para quem deseje simplesmente crédito "fácil, sem mais perguntas". A facilitação no acesso ao crédito, tão bem-vinda, não pode ser confundida com a concessão irresponsável ou desinformada de financiamentos, não raro caracterizados por taxas de juros abusivas ou descritas de modo pouco claro ao contratante.

Tem-se aí uma preocupação central da Lei 14.181/2021, que acertadamente proibiu, na oferta crédito ao consumidor, as práticas de "ocultar ou dificultar a compreensão sobre os ônus e os riscos da contratação do crédito ou da venda a prazo" e "assediar ou pressionar o consumidor para contratar o fornecimento de produto, serviço ou crédito, principalmente se se tratar de consumidor idoso, analfabeto, doente ou em estado de vulnerabilidade agravada ou se a contratação envolver prêmio", entre outros comportamentos considerados abusivos.

A nova legislação também impôs ao fornecedor de crédito, bem como ao intermediário, deveres específicos de conduta, tais como "informar e esclarecer adequadamente o consumidor, considerada sua idade, sobre a natureza e a modalidade do crédito oferecido, sobre todos os custos incidentes" e sobre "as consequências genéricas e específicas do inadimplemento", além de "avaliar, de forma responsável, as condições de crédito do consumidor, mediante análise das informações disponíveis em bancos de dados de proteção ao crédito" (artigos 54-C, III e IV, e 54-D, I e II, do CDC).

A violação a qualquer desses comandos poderá gerar não apenas o dever de indenizar o consumidor por danos patrimoniais e morais, mas também "poderá acarretar judicialmente a redução dos juros, dos encargos ou de qualquer acréscimo ao principal e a dilação do prazo de pagamento previsto no contrato original, conforme a gravidade da conduta do fornecedor e as possibilidades financeiras do consumidor" (CDC, artigo 54-D, parágrafo único), entre outras sanções.

Alguns dirão que, com essas medidas, a Lei 14.181/2021 está invertendo o jogo, ao lançar o ônus da inadimplência sobre o credor, e não sobre o devedor. Não se deve ver aí, contudo, uma inversão, mas uma distribuição mais equilibrada das responsabilidades. A tradição jurídica romano-germânica nos legou um modelo punitivo, em que o devedor é tratado como ofensor e o credor como vítima, mas o enredo nem sempre se desenvolve dessa forma, como se vê especialmente em casos de crédito consignado a pessoas idosas ou em estado de vulnerabilidade.

Não parece que a Lei 14.181/2021 tenha produzido o aumento da inadimplência por aproveitadores, como alardearam os adeptos de um certo discurso estigmatizante do superendividado. Bem ao contrário, a nova lei expressamente exclui do manto de sua proteção os devedores que contraem dívidas "mediante fraude ou má-fé", assim entendidas as dívidas que "sejam oriundas de contratos celebrados dolosamente com o propósito de não realizar o pagamento ou decorram da aquisição ou contratação de produtos e serviços de luxo de alto valor" (novo art. 54-A, § 3º, do CDC). Ao introduzir uma via conciliatória e uma via judicial para a repactuação de dívidas, a lei talvez acabe, isso sim, por incentivar uma efetiva recuperação econômica do devedor que, mesmo agindo de boa-fé, acabou por se tornar insolvente em virtude de insucessos econômicos ou circunstâncias que escaparam ao seu controle.

Em levantamento realizado ao longo de 2022, foram detalhadas as características dos consumidores que solicitaram a conciliação extrajudicial. Os novos dados apontam que, se antes o fenômeno se limitava às chamadas classes C e D, atualmente atinge também consumidores da classe B (que tem renda mensal entre 10 e 20 salários-mínimos), possivelmente como resultado da crise econômica gerada pela pandemia de covid-19. A maior parte das dívidas ocorre por motivo inteiramente legítimos e compreensíveis, como a redução involuntária de renda (53,8%), a ocorrência de doença pessoal ou familiar (25,6%), a morte de um familiar que tinha renda (16,7%) e o divórcio ou separação (3,8%).[15]

Como se vê, a Lei 14.181/2021 faz mais que oferecer instrumentos jurídicos à pessoa humana em estado de superendividamento, buscando fomentar uma verdadeira

---

15. Ver o valioso estudo de MARQUES, Claudia Lima. Primeiros 134 Casos de Conciliação no Superendividamento da Lei 14.181/2021: Comparação com os Dados Anteriores do Observatório do Crédito e Superendividamento da UFRGS. *Revista de Direito do Consumidor*, v. 145, jan./fev. 2023, RT Online, passim.

cultura de concessão responsável do crédito, com a concretização de deveres de lealdade e proteção ao financiado, além de procurar combater o estigma que caracteriza, entre nós, o tratamento fático e normativo do superendividado.

5. À GUISA DE CONCLUSÃO: CONQUISTAS E DESAFIOS EM MATÉRIA DE SUPERENDIVIDAMENTO

Embora a Lei 14.181/2021 esteja sendo aplicada a pleno vapor nos tribunais estaduais, parte dos aplicadores do direito não compreendeu a mudança cultural exigida pelo legislador brasileiro para o combate ao superendividamento. Mesmo dentro dos tribunais, há quem enxergue como oportunismo ou mera malandragem a situação do devedor individual que não consegue pagar suas dívidas, presumindo, de pronto, sua má-fé. Salvam-se empresas do declínio econômico ao argumento de que é preciso preservar os postos de trabalho, mas, quando é o próprio trabalhador que se vê em dificuldade, ainda há quem resista à aplicação da proteção legal.

Essa foi uma das razões que levou o Conselho Nacional de Justiça a instituir, por meio da Portaria 55, de 17 de fevereiro de 2022, um grupo de trabalho integrado por vinte e quatro juristas que, sob a coordenação do Ministro Marco Buzzi, do Superior Tribunal de Justiça, têm a missão de monitorar a judicialização do superendividamento, realizar eventos e atividades de capacitação de magistrados atuantes em demandas de superendividamento e apresentar propostas de recomendações, provimentos, instruções, orientações e outros atos normativos sobre a matéria (artigo 3º da Portaria CNJ 55/2022).[16]

O referido grupo de trabalho preparou uma *Cartilha sobre o Tratamento do Superendividamento do Consumidor*,[17] publicada em agosto do ano passado pelo Conselho Nacional de Justiça. Nas palavras do Ministro Marco Buzzi, a referida cartilha "não visa exaurir a temática ou esgotar os vieses de análise e questionamentos acerca da aplicação das disposições introduzidas pela Lei 14.181/2021, na medida em que ultrapassaria os limites inerentes a uma cartilha. Do contrário, lastreada em uma necessidade prática, o conteúdo ora exposto circunscreve-se a estabelecer diretrizes mínimas e procedimentos uniformes para enfrentamento do tema. O objetivo da presente cartilha é, portanto, fornecer um instrumental prático, a título de orientação, sem caráter vinculante".[18]

Nessa direção, a cartilha traz *(a)* quadros-resumos das fases do tratamento do superendividamento, *(b)* um "*passo a passo*" do atendimento aos consumidores nos Núcleos de Conciliação e Mediação de Conflitos Oriundos do Superendividamento, *(c)* modelos de convênios e termos de cooperação, *(d)* sugestão de portaria-modelo para os PROCONs, *(e)* modelo de termo de audiências de conciliação e *(f)* uma lista de perguntas e respostas sobre o superendividamento. Trata-se de instrumento importantíssimo para a implementação de uma cultura de tratamento adequado do devedor individual.

---

16. Posteriormente alterada pelas Portarias 125, de 7 de abril de 2022, e 219, de 23 de junho de 2022.
17. A íntegra da cartilha encontra-se disponível no sítio eletrônico do CNJ: https://www.cnj.jus.br/wp-content/uploads/2022/08/cartilha-superendividamento.pdf.
18. *Cartilha sobre o Tratamento do Superendividamento do Consumidor*, p. 8.

Um dos principais desafios na matéria diz respeito ao chamado patrimônio mínimo existencial.[19] Em 26 de julho de 2022, foi editado o Decreto 11.150, que se propôs a regulamentar a Lei 14.181. O artigo 3º do referido Decreto estabeleceu como "mínimo existencial a renda mensal do consumidor pessoa natural equivalente a vinte e cinco por cento do salário mínimo vigente na data de publicação deste Decreto".

Tal percentual correspondia, na data de edição do Decreto, à quantia de R$ 303,00 – valor que, de acordo com a Associação Nacional das Defensoras e dos Defensores Públicos, não permitia a compra de uma cesta básica.[20] Não seria exagero concluir que o Poder Executivo Federal, a pretexto de regulamentar a Lei do Superendividamento, acabou por frustrar a finalidade da lei, reduzindo expressamente a amplitude da noção de superendividamento.[21] O cenário modificou-se mais recentemente com o novo pacote de estímulo ao crédito do atual Governo Federal, que pretende aumentar o mínimo existencial para R$ 600,00.[22]

A definição de um mínimo existencial em um país de proporções continentais como o Brasil exprime um desafio evidente. Por um lado, é preciso assegurar a uniformidade da aplicação da lei em todo território nacional. Por outro lado, há marcantes diferenças regionais, que alteram o que se pode considerar como verba mínima para uma vida digna nas distintas cidades do Brasil. Também parece que a noção de mínimo existencial não pode acabar sendo achatada ao argumento de que pode produzir uma redução na oferta do crédito, sendo mais crível imaginar que o mercado se adaptará à nova exigência. Cada passo, contudo, tem sido medido e a exigência de precisão parece aumentar na exata medida em que a Lei 14.181/2021 passa a ser mais invocada e aplicada pelos tribunais brasileiros.

Entre conquistas e desafios, a Lei do Superendividamento vai se impondo à realidade brasileira. Pouco a pouco, a sociedade parece despertar para as vantagens de se dispensar ao superendividado um tratamento digno, voltado à sua efetiva recuperação e ao seu reingresso no mercado – circunstâncias que aumentam, necessariamente, sua capacidade de adimplir com suas obrigações. Vale dizer: a aplicação do remédio aqui não apenas cura, mas também previne a doença. Como bem resumiu o Ministro Buzzi, o que se pretende é tão-somente "passar de uma cultura da dívida e de exclusão social para uma cultura de pagamento".[23]

---

19. A expressão remete à célebre obra de FACHIN, Luiz Edson Fachin. *Estatuto Jurídico do Patrimônio Mínimo*. Rio de Janeiro: Renovar, 2001.

20. Confira-se a reportagem do jornal Valor intitulada "Mendonça levará ao plenário do STF análise sobre mínimo existencial de R$ 303 para superendividados", publicada em 06.09.2022 (www.valor.globo.com).

21. Registre-se que foram ajuizadas duas Arguições de Descumprimento de Preceito Fundamental – ADPFs 1.005 e 1.006, respectivamente –, questionando o teor do Decreto 11.105. Ambas as ações tramitam sob a relatoria do Ministro André Mendonça e ainda aguardam julgamento pelo Supremo Tribunal Federal.

22. Ver, para mais detalhes, reportagem de Folha de S. Paulo, intitulada "Governo dobra mínimo que bancos não podem tomar de superendividados", publicada 20.04.2023 (www1.folha.uol.com.br).

23. "STJ promove seminário de olho no endividamento do consumidor". Disponível em: https://www.conjur.com.br/2022-nov-11/stj-promove-seminario-olho-endividamento-consumidor.

REFERÊNCIAS

BIONI, Bruno Ricardo. Superendividamento: Um Fenômeno Socioeconômico decorrente da Difusão do Consumo e a sua Análise à Luz das Evoluções Legislativas Americanas e Francesas frente ao PL 283/2012. *Revista de Direito do Consumidor*, v. 99, p. 371-408. maio/jun. 2015, RT Online.

BRASIL. Conselho Nacional de Justiça. *Cartilha sobre o Tratamento do Superendividamento do Consumidor.* Disponível em: https://www.cnj.jus.br/wp-content/uploads/2022/08/cartilha-superendividamento.pdf.

BUCAR, Daniel. *Superendividamento*: Reabilitação Patrimonial da Pessoa Humana. São Paulo: Saraiva, 2017.

CARVALHOSA, Modesto (Coord.). *Recuperação Empresarial e Falência*. 2. ed. São Paulo: Thomson Reuters Brasil, 2018.

Commission of the European Communities Health and Consumer Protection Directorate-General. *Consumer Overindebtedness and Consumer Law in the European Union*. Disponível em: http://www.knl.lv/raksti_data/1147/parskats_ES_2003.pdf.

FACHIN, Luiz Edson Fachin. *Estatuto Jurídico do Patrimônio Mínimo*. Rio de Janeiro: Renovar, 2001.

FILKELSTEIN, Maria Eugênia Reis; MELLO, Marcus Vinicius Ramon Soares de. Superendividamento: Conceito, Classificação, Modelos de Tratamento, Oferta De Crédito e Abordagem Atual. *Revista de Direito Bancário e do Mercado de Capitais*, v. 86, p. 81-120, out./dez. 2019, RT Online.

LAWLESS, Roberi M.; WARREN, Elizabeth. Shrinking the safety net: the 2005 changes in U.S. bankruptcy law. *SSRN Scholarly Paper-Social Science Research Network*. Rochesier: NY, n. 6, p. 8-9, 2006.

MARQUES, Claudia Lima. Algumas Perguntas e Respostas sobre Prevenção e Tratamento do Superendividamento dos Consumidores Pessoas Físicas. *Revista de Direito do Consumidor*, v. 75, pp. 9-42, jul./set., RT Online.

MARQUES, Claudia Lima. Primeiros 134 Casos de Conciliação no Superendividamento da Lei 14.181/2021: Comparação com os Dados Anteriores do Observatório do Crédito e Superendividamento da UFRGS. *Revista de Direito do Consumidor*, v. 145, p. 17-40, jan./fev. 2023, RT Online.

SKEEL, David A. The genius of the 1898 Bankruptcy Act. *Bankruptcy Development Journal, Philadelphia*, v. 15, 1999.

Working Group on the Treatment of the Insolvency of Natural Persons of World Bank. *Report on the Treatment of the Insolvency of Natural Persons*. Disponível em: openknowledge.worldbank.org/server/api/core/bitstreams/1780a7a6-1e04-53bd-99c8-dde06425bf3e/content.

O CRÉDITO RESPONSÁVEL COMO DIREITO BÁSICO DO CONSUMIDOR À LUZ DA LEI 14.181/2021

Adalberto Pasqualotto

Professor Titular de Direito do Consumidor no Programa de Pós-Graduação em Direito da Pontifícia Universidade Católica do Rio Grande do Sul, PUCRS.

Flávia do Canto

Pós-Doutora em Direito pela UFRGS. Professora Titular do Curso de Graduação em Direito Pontifícia Universidade Católica do Rio Grande do Sul, PUCRS. Advogada.

Gabriel Fraga Hamester

Doutorando e Mestre pela Pontifícia Universidade Católica do Rio Grande do Sul (PUCRS), Bolsista CAPES. Advogado.

Sumário: 1. Introdução – 2. O papel do crédito na sociedade brasileira: o crédito como elemento da dignidade humana – 3. Os dados pessoais como produto no mercado de crédito – 4. Crédito responsável como um direito básico: limites objetivos às instituições bancárias – 5. Considerações finais – Referências.

1. INTRODUÇÃO

Na sociedade da informação[1] a tecnologia desempenha papel fundamental, envolvendo-se em todas as camadas e relações sociais. Na visão de Schawb, estamos na quarta revolução industrial, a qual possui como característica, para além da existência de máquinas, *softwares* e rede, fundamentos da sociedade da informação, a conexão destas "tecnologias e a interação entre os domínios físicos, digitais e biológicos".[2]

Com práticas de mercado cada vez mais eficazes e sutis, a internet tornou-se o principal meio de comunicação. Os dados pessoais dos consumidores transformam-se no ingrediente perfeito para a prática de diversas condutas abusivas. A oferta e a concessão de crédito passam a ser a doença moderna, que causa o superendividamento da população. No Brasil, milhões de pessoas buscam uma solução para os problemas financeiros ou a busca pelos sonhos vendidos por publicidades sedutoras e veiculadas pelos mais variados canais, na contramão da legislação brasileira. O crédito está introduzido no mercado como um produto de acesso rápido e fácil, sendo evitada em sua comercializa-

---

1. Sobre a "sociedade da informação" v. Lyon (1998, p. 384-402); v. Tb. Castells (1999).
2. SCHWAB, Klaus. *A quarta revolução industrial*. São Paulo: Edipro, 2016. p. 16.

ção as suas externalidades negativas. Para isso, são utilizados dados pessoais advindos de fontes sequer conhecidas, filtrados por algoritmos, que classificando pessoas-alvo de ofertas de crédito, impõe ao consumidor condições que, na maioria das vezes, não servem à promoção da saúde financeira e, em verdade, acarretam uma pandemia do endividamento.

Este contexto levou a população brasileira ao pior cenário até então registrado, com 77,9% dos brasileiros em situação de dívida. É preciso, como propõem Luci Cavalero e Verônia Gago, "tirar a dívida do armário", o que significa, segundo as autoras, "torná-la visível como problema comum. Desindividualizá-la", ou seja, "desafiar o seu poder de envergonhar e seu poder de funcionar como um 'assunto privado', como qual os deparamos fazendo contas sozinhas".[3] Centrando o seu texto na defesa das mulheres endividadas, as autoras reforçam a necessidade de falar sobre a dívida, "entender como funciona" e "de que formas de vida se aproveita, que tipos de obediência produz, tornando-se necessário destacar duas coisas fundamentais: "a diferença de gênero e a potência da desobediência".[4]

Tomando por base o método cientifico sugerido, o presente estudo enfrenta a dívida a partir de uma perspectiva constitucional humanística, fundamentada na ordem econômica, e baseia-se em outras duas premissas: que o crédito responsável não é mais uma utopia e sim um dever, um direito básico do consumidor estabelecido pela inclusão, pela Lei 14.181/21, do inciso XI no art. 6º do CDC, de modo que a oferta e concessão de crédito devem estar atrelados ao desenvolvimento da condição humana do consumidor e, igualmente, à proteção de seus dados pessoais.

No Brasil, pouco é feito para modificar a lógica creditícia instaurada com a alcunha desenvolvimentista. Pelo contrário, aparentemente, o modelo satisfaz aos interesses de muitos. O consumidor, neste contexto, é visto como uma espécie de "culpado". Se está superendividado, com certeza a culpa é sua. Afinal, as escolhas são suas e o mercado está aqui apenas para servi-lo. O *self-made man* mostrando sua pior faceta.

O crédito ao consumidor precisa urgentemente ser reposicionado. Não há mais espaço para a falácia mercadológica do crédito servir unicamente como instrumento de desenvolvimento, sempre com viés positivo e inconsequente, quando, em verdade, escraviza a população ao ser ofertado de forma abusiva, assediosa e impagável.

2. O PAPEL DO CRÉDITO NA SOCIEDADE BRASILEIRA: O CRÉDITO COMO ELEMENTO DA DIGNIDADE HUMANA

Na passagem de uma sociedade produtora, caracterizada pela acumulação da riqueza, para uma sociedade do consumo, o crédito aparece como uma forma de colo-

---

3. CAVALERO, Luci; GAGO, Verónica. *Uma leitura feminista da dívida*: vivas, livres e sem dívidas nós queremos. Porto Alegre: Criação Humana, 2021. p. 22-23.
4. CAVALERO, Luci; GAGO, Verónica, op. loc. cit.

car ao alcance das massas o acesso aos bens mercantis.[5] Eis um tipo de sociedade que substituiu a coerção pela sedução, o dever pelo hedonismo, a poupança pelo dispêndio, a solenidade pelo humor, o recalque pela liberação, as promessas do futuro pelo presente.[6] Essa mudança de perspectiva trouxe a transição do indivíduo para o ser consumista.

Assim, não se consome apenas para viver, mas se vive para consumir.[7] Isso está tão presente no contexto atual de tal modo que o consumidor que não está inserido nesse ciclo é considerado e considera a si próprio excluído da vida em sociedade.[8] Pode-se observar o crédito sob diversas perspectives, mas dois aspectos merecem relevo: enquanto eixo central de desenvolvimento da sociedade baseada no capital e, posteriormente, como um direito humano ou, melhor dizendo, como elemento da dignidade da pessoa humana.

O mercado de crédito na sociedade moderna poderia ser definido como aquele que "[...] visa fundamentalmente suprir as necessidades de caixa de curto e médio prazo dos vários agentes econômicos, seja por meio da concessão de créditos às pessoas físicas, seja por empréstimos e financiamentos às empresas".[9] Em sua acepção econômica, o crédito está inserido dentro de um sistema maior, chamado de sistema monetário, que correlaciona aqueles que se encontram em posições superavitárias de caixa e aqueles que se encontram em posição deficitária. Assim, financia não somente os que estão expandindo seus investimentos, mas também os que precisam ou desejam antecipar a aquisição de renda ou aumentar seu consumo presente.[10]

Como um fundamento da Ciência Econômica enquanto objeto de estudo, o crédito é compreendido como um recurso, partindo da ideia de que "o indivíduo e a sociedade decidem empregar recursos produtivos escassos na produção de bens e serviços de modo a distribuí-los entre as várias pessoas e grupos da sociedade, a fim de satisfazer as necessidades humanas".[11] Desta forma, compreender o crédito como um recurso é fundamental para que se possa entender que deve ser administrado de maneira adequada, tal qual quaisquer outros recursos finitos existentes em nossa sociedade, uma vez que diante de seus dois extremos (escassez e abundância) ocorrem anomalias sociais.

Reconhecer a economia de mercado (o capitalismo) como a base do modelo de desenvolvimento das sociedades, em especial as ocidentais, não é pejorativo, mas sim uma constatação indissociável da realidade. O capitalismo tem no crédito um de seus pilares de sustentação enquanto modelo econômico, pois é com base nele que o livre mercado vai se desenvolver a partir de investimentos em todas as camadas produtivas. Consequentemente, se há desenvolvimento do mercado, na outra ponta haverá a necessidade de escoamento da

---

5. LIPOVETSKY, Gilles. *A felicidade paradoxal*: ensaio sobre a sociedade do hiperconsumo. São Paulo: Companhia das Letras, 2007. p. 28.
6. LIPOVETSKY, Gilles. *A felicidade paradoxal*: ensaio sobre a sociedade do hiperconsumo. São Paulo: Companhia das Letras, 2007. p. 35.
7. DEBORD, Guy. *A sociedade do espetáculo*. Rio de Janeiro: Contraponto, 1997. p. 30.
8. OLIVEIRA, Felipe Guimarães de. *Direito do consumidor superendividado*: perspectivas para uma tutela Jurídico-Econômica no Século XXI. Rio de Janeiro: Lumen Juris, 2017. p. 39.
9. HUERTA, Jesús de Soto. *Moeda, crédito e ciclos econômicos*. São Paulo: Instituto Ludwig von Mises, 2012. p. 65.
10. HUERTA, Jesús de Soto. *Moeda, crédito e ciclos econômicos*. São Paulo: Instituto Ludwig von Mises, 2012. p. 68.
11. VASCONCELLOS, Marco Antonio Sandoval de. *Fundamentos de economia*. São Paulo: Saraiva, 2002. p. 2.

produção, do que igualmente se beneficia o capitalismo, agora na oferta de crédito para que os consumidores possam ter acesso aos bens e serviços. Pode-se compreender igualmente que o crédito tem o papel de ser "[...] instrumento de controle, indução e estímulo da economia por parte do Estado e do indivíduo, como meio de acesso ao mercado de consumo e forma de inserir cidadãos e promover sua dignidade".[12] Nesse contexto, também pode-se aferir que o crédito atua como uma ferramenta de facilitação, trazendo ao presente aquilo que habitualmente se teria após um período de poupança.

Ao se abordar o crédito como elemento do desenvolvimento da economia de mercado, se está a afirmar que o crédito é o que desenvolve o capitalismo. Tanto é que o acesso aos bens e serviços na sociedade, o desenvolvimento da indústria e do próprio Estado dependem intrinsicamente do crédito.

Quando se compreende que não há economia de mercado sem crédito, invariavelmente conclui-se que só haverá cidadania plena se houver no crédito uma concepção para além de elemento da economia de mercado. Assim, o acesso ao crédito também é reconhecidamente um elemento da dignidade da pessoa humana.

Trata-se, portanto, da dupla função do crédito e de sua disponibilidade, desta vez, como elemento da dignidade da pessoa humana, a partir da qual o ser humano passa a ser inserido no plano da dignidade material para a fruição dos mais variados tipos de bens, duráveis ou não, bem como da prestação de serviços, instantânea ou permanente.

O crédito, neste contexto de endividamento, deve ser compreendido como um elemento da dignidade da pessoa humana, principalmente no Brasil, posto que ele acaba sendo instrumento de acesso a bens e serviços que constituem o mínimo de bem-estar e dignidade a uma parcela significativa da população, principalmente às classes menos favorecidas, que recebem abaixo do salário-mínimo nacional. Como processo da evolução social, a figura do crédito passa então a ser entendida como um direito humano, permitindo que seja um instrumento de inclusão social. Contudo, a forma e o conteúdo deste crédito devem estar igualmente alinhados a tais aspectos, sob pena de conduzir não ao bem-estar, mas a um estado de endividamento eterno.[13]

3. OS DADOS PESSOAIS COMO PRODUTO NO MERCADO DE CRÉDITO

"Hoje, a violação da privacidade e dos dados pessoais torna-se um lucrativo negócio que, baseado na extração e na monetização de dados, possibilita a acumulação de um grande poder que se retroalimenta indefinidamente".[14] A informação sobre quem são e

---

12. MEIRA, Francisco; MARTINI, Sandra Regina. O paradoxo do direito humano ao crédito. In: DUTRA, Cristiane Feldemann; RUDNICKI, Dani; SCHWARTZ, Germano (Org.). *Coletânea de Direitos Humanos*: egressos do mestrado da Unirriter. São Paulo: Lumen Juris, 2018. p. 236.

13. MEIRA, Francisco; MARTINI, Sandra Regina. O paradoxo do direito humano ao crédito. In: DUTRA, Cristiane Feldemann; RUDNICKI, Dani; SCHWARTZ, Germano (Org.). *Coletânea de Direitos Humanos*: egressos do mestrado da Unirriter. São Paulo: Lumen Juris, 2018. p. 237-239.

14. FRAZÃO, Ana. Fundamentos da proteção dos dados pessoais: noção introdutórias para a compreensão da importância da Lei Geral de Proteção de Dados. In: TEPEDINO, Gustavo (Org.). *Lei Geral de Proteção de dados pessoais e suas repercussões no direito brasileiro*. 2. ed. São Paulo: Thomsons Reuters, 2020. p. 29.

o que pretendem os consumidores passou a ser tão ou mais importante do que o próprio produto ou serviço vendido, uma vez que, com o consumo personalizado e individualizado, as empresas necessitam obter a maior quantidade de dados para traçar o perfil e ofertar seus serviços. O consumidor passou a ter *status* de "[...] peça vital na economia da informação, como produtor e vendedor de dados." "Empresas como o Facebook, o Google e a Microsoft, exploram a ignorância pública sobre a Inteligência Artificial, para coletar gratuitamente dados que são deixados na internet, e é essa a fonte de renda das maiores empresas do mundo".[15]

O modelo da *Big Tech* funciona através da nossa interação com a internet, "[...] uma vez que é pela análise de nossos cliques e curtidas, depurados em retratos sintéticos de nossa personalidade, que essas empresas produzem seus enormes lucros[...]",[16] pois a "[...] inteligência gerada pela ciência mercadológica, especialmente quanto à segmentação dos bens de consumo (marketing) e a sua promoção (publicidade), os dados pessoais dos cidadãos converteram-se em um fator vital para a engrenagem da economia da informação".[17]

Vive-se uma nova era,[18] seja conectado através dos smartphones, tablets e, agora, com a expansão da internet das coisas, em que aparelhos vinculados à internet realizam as mais diversas atividades, toda a rotina das pessoas passou a ser compartilhada de forma indireta para as empresas que possuem o controle dos dados de tais aparelhos conectados. Nossa vida real e virtual acaba se chocando diariamente.

As relações contratuais virtualizadas a partir do "comércio eletrônico formam contratos por cliques que abrem termos dificilmente lidos pelos aderentes, uma vez que raramente apresentam possibilidade de negociação ou modificação",[19] de modo que nesta "sociedade tecnológica a assimetria contratual se intensifica".[20] A despersonalização deste ambiente "[...] faz do consumidor um sujeito "mudo" em frente a um tela, perdendo, inclusive o direito ao diálogo".[21] Neste contexto, alguns dos maiores riscos ao consumidor "dizem respeito à captação e o processamento de dados, pois a internet é uma estrutura tecnológica inteligente de coleta, transferência e processamento de dados em sistemas conectados entre si".[22] As pegadas digitais acabam se transformando em histórico eterno à serviço do mercado, que a partir do processamento de diversas informações aleatórias, traçam um perfil mais preciso da pessoa do que ela própria teria capacidade para se autodescrever.

---

15. POSNER, Eric A.; WEYL, Glen E. *Mercados radicais*: reinventando o capitalismo e a democracia para uma sociedade justa. Trad. Denise Bottman. São Paulo: Portofolio Penguin, 2019. p. 217.
16. MOROZOV, Hevgeny. *Big Tech*: a ascensão dos dados e a morte da política. São Paulo: Editora Ubu, 2018. p. 11.
17. BIONI, Bruno Ricardo. *Proteção de dados pessoais*: a função e os limites do consentimento. Rio de Janeiro: Forense, 2019. p. 12-13.
18. Autores vão denominar de 4ª revolução Industrial, a qual possui como característica a digitalização das relações humanas. Ver em: SCHWAB, Klaus. *A quarta revolução industrial*. [*S. l.*]: Edipro, 2019.
19. SCHMIDT NETO, Andre. *O livre-arbítrio na era do big data*. 2. ed. São Paulo: Tirant Lo Blanch Brasil, 2021. p. 152.
20. Idem. p. 153.
21. Idem. p. 153.
22. Idem. p. 154.

"O ponto de partida de toda essa engrenagem é a coleta de dados, cada vez mais maciça e muitas vezes realizada sem o consentimento e até sem a ciência dos titulares desses dados".[23] A partir da *big data*,[24] processam-se grandes quantidades de dados, ocorrendo a perfilização[25] dos consumidores pela análise de padrões comportamentais[26] por meio dos algoritmos que são moldados a partir do *design* subjetivo de interesse do próprio programador. "Os algoritmos que orquestram a nossa publicidade estão começando a orquestrar nossa vida".[27] Nesse contexto, pela extrema complexidade e poder tecnológico que envolvem tais processos, não basta apenas informar o consumidor, sob pena de incorrer em uma tutela apenas aparente, uma vez que este "déficit informacional é invencível". "Esse desequilíbrio deve ser considerado como ponto de partida em busca de formas efetivas de proteger o consumidor, buscando equalizar desiguais com vistas à concretização da isonomia".[28]

Esse processo é cíclico e não linear. Significa estabelecer que se prolonga no tempo, se ajusta, se experimenta e retorna *outputs* significativos sobre os sujeitos. Essa profundidade se intensifica nas relações de consumo e resulta possivelmente em exploração de vulnerabilidades e de manipulação: "[...] [a]prendendo constantemente mais sobre as características dos consumidores e suas respostas a dicas específicas, o potencial para a manipulação eficaz também cresce".[29]

O consumidor preenche cadastros a todo momento na internet, por vezes obrigado para acessar o conteúdo de sites. Em simples consultas, acaba colocando seu CPF, endereço pessoal, de trabalho, preferências. De outro lado, "as empresas utilizam ferramentas de

---

23. FRAZÃO, Ana. Fundamentos da proteção dos dados pessoais: noção introdutórias para a compreensão da importância da Lei Geral de Proteção de Dados. In: TEPEDINO, Gustavo (Org.). *Lei geral de proteção de dados pessoais e suas repercussões no direito brasileiro*. 2. ed. São Paulo: Thomsons Reuters, 2020. p. 27.

24. A big data possui três grandes características: (a) possibilita a análise de grandes quantidades de dados; (b) tem a pretensão de organizar o mundo real; e (c) lida com correlação e não com causalidades. MAYER-SCHONBERGER, V.; CUKIER, K. *Big data*: the essential guide to work, life and learning in the age of insight. New York: Hougnton Miffin Harcourt, 2013. p. 201.

25. Perfilização, então, pode ser definida como o processo tecnológico que se utiliza de algoritmos para a descoberta de correlações entre diferentes bases de dados, a fim de identificar e de representar uma pessoa em determinado grupo, com o objetivo de individualizá-la (perfis individuais) ou segmentá-la em grupos ou categorias menores. MUCELIN, Guilherme; BERGSTEIN, Laís; MARTINI, Sandra Regina. Precificação discriminatória no novo paradigma tecnológico do mercado de consumo: a tutela do consumidor e a defesa da concorrência contra práticas abusivas com o uso de dados pessoais. *Revista Direito Mackenzie*, São Paulo, v. 14, n. 3, p. 5, 2020.

26. "Em outras palavras, na base do "novo" processo decisório a respeito de práticas comerciais e estipulações contratuais estão os perfis hiperpersonalizados dos consumidores, criados a partir de cruzamentos de diversas fontes de dados variados, pessoais e não pessoais, os quais podem carregar consigo vieses discriminatórios e trazer prejuízos ao consumidor quando pretenda estabelecer uma relação de consumo". MARQUES, Claudia Lima. Inteligência artificial e "opacidade" no consumo: a necessária revalorização da transparência para a proteção do consumidor. In: SILVA, Rodrigo da Guia; TEPEDINO, Gustavo coordenadores *O Direito Civil na era da inteligência artificial*. São Paulo: Thomson Reuters Brasil, 2020.

27. PARISER, Eli. *O filtro invisível: o que a internet está escondendo de você*. Trad. Diego Alfaro. Rio de Janeiro: Zahar, 2012.

28. SCHMIDT NETO, Andre. *O livre-arbítrio na era do big data*. 2. ed. São Paulo: Tirant Lo Blanch Brasil, 2021. p. 162.

29. MARQUES, C. L.; MUCELIN, G. Vulnerabilidade na era digital: um estudo sobre os fatores de vulnerabilidade da pessoa natural nas plataformas, a partir da dogmática do Direito do Consumidor. *Civilistica.com*, [s. l.], v. 11, n. 3, p. 23, 25 dez. 2022.

captura de dados para usufruírem dessas informações e apresentarem uma publicidade direcionada às suas prováveis necessidades e interesses",[30] o que inevitavelmente acaba ameaçando e afetando todas as camadas da vida do consumidor. Sobre este contexto, afirmam Marques e Mucelin:

> Com o cruzamento de um incrível número de dados diferentes, pessoais e não pessoais, os perfis tornam-se cada vez mais realísticos, sendo mesmo considerados um importante ativo empresarial, cujos efeitos se fazem sentir para além do comércio eletrônico. É a transposição do analógico ao virtual, mediante a perfilização, que potencialmente carrega consigo vieses discriminatórios e aproveitamento econômico de vulnerabilidades; é também a transposição do virtual ao analógico, na exata medida em que a utilização das decisões da IA podem trazer prejuízos aos consumidores, entre os quais a limitação ou a exclusão do acesso a bens de consumo, embora isso ainda não seja facilmente perceptível aos consumidores.[31]

O cenário brasileiro frente à (má) utilização dos dados pessoais de consumidores é fértil em abusividades. Não somente no ramo bancário. Em recente decisão de 2023, o Tribunal de São Paulo manteve[32] a multa aplicada pelo Procon SP a uma grande empresa do ramo da telefonia. Na seara administrativa, o órgão identificou o vazamento de dados dos clientes, a utilização indevida para cobranças, oferta de serviços, entre outras práticas abusivas.

O assédio ao consumidor para a oferta de crédito e em especial aos idosos é um grave problema jurídico e social, pois tem potencial lesivo à economia individual, levando ao superendividamento e a prejuízos na economia do país. Dentro do espectro do assédio ao consumidor, pode-se incluir, por exemplo, a oferta de empréstimos realizadas por financeiras a partir de telefonemas que, ao fim, atribuem ao consumidor empréstimos e cartões de crédito sem que ele sequer tenham anuído expressamente, sendo condutas como essa já objeto de ações por parte do poder público.[33] Essa conduta vem caracterizando uma pandemia do crédito no Brasil. Reclamações sobre empréstimos consignados contratados sem autorização do cliente tiveram alta de 266% nos quatro primeiros meses de 2021 em relação a 2020 pelo site Reclame Aqui, sendo estes os dados mais atualiza-

---

30. BARROS, João Pedro Leite; MARANHÃO, Débora Fernandes. Direito à privacidade na publicidade comportamental eletrônica. Um estudo de direito comparado luso-brasileiro. *Revista de Direito do Consumidor*, São Paulo, v. 142, p. 152, jul./ago. 2022.

31. BARROS, João Pedro Leite; MARANHÃO, Débora Fernandes. Direito à privacidade na publicidade comportamental eletrônica. Um estudo de direito comparado luso-brasileiro. *Revista de Direito do Consumidor*, São Paulo, v. 142, p. 151-184, jul./ago. 2022.

32. SÃO PAULO. Tribunal de Justiça. Apelação Cível 1013104-14.2022.8.26.0053. Rel. Des. Marcos Pimentel Talassia, São Paulo, 29 nov. 2022.

33. BORGES, Dhiego. Banco é alvo de ação na Justiça após realizar empréstimos sem anuência de consumidores, em Uberlândia. *Diário de Uberlândia*, Uberlândia, 16 dez. 2022. Disponível em: https://diariodeuberlandia. com.br/noticia/32677/banco-e-alvo-de-acao-na-justica-apos-realizar-emprestimos-sem-anuencia-de-consumidores-em-uberlandia. Acesso em: 9 nov. 2022; MPMG pede na Justiça que Banco Pan reverta danos de empréstimos feitos sem autorização dos consumidores. *Portal Notícias*, Belo Horizonte, 20 dez. 2022. Disponível em: https://www.mpmg.mp.br/portal/menu/comunicacao/noticias/mpmg-pede-na-justica-que--banco-pan-reverta-danos-de-emprestimos-feitos-sem-autorizacao-dos-consumidores.shtml. Acesso em: 9 nov. 2022.

dos.[34] O PROCON SP[35] identificou que o recebimento de empréstimos não contratados é um dos motivos para o aumento de 249% das reclamações sobre consignados entre janeiro e maio de 2021 em relação ao mesmo período do ano passado: 4679 casos contra 1341 em 2020.[36] Igualmente, a plataforma consumidor.gov, traz em seu infográfico mais atualizado os bancos e instituições financeiras que estão no topo do ranking de reclamações. Destas, os principais problemas são: cobrança e oferta.[37]

Sob a égide da LGPD, a realização de qualquer tratamento de dados pessoais deve, necessariamente, seguir a tríade principiológica de finalidade – adequação – necessidade.[38] Portanto, a realização de quaisquer tratamentos de dados, que não aquele que especificamente sirva ao consumidor no âmbito da operação pretendida, é uma ofensa direta à LGPD. De igual forma, ofende o art. 20, § 2º do CDC que estabelece que são impróprios os serviços que se mostrem inadequados para os fins que razoavelmente deles se esperam, bem como aqueles que não atendam as normas regulamentares de prestabilidade. Os dados de idosos na oferta de empréstimos consignados, por exemplo, não estão enquadrados no "portifólio de atividades executadas pela autarquia previdenciária, de modo que o repassar de informações (de forma intencional ou não) tão precisas às instituições bancárias é uma clara afronta ao estabelecido pela LGPD".[39] Ainda sobre este ponto, há uma "omissão no que diz respeito aos empréstimos não solicitados e assédios constantes aos segurados, apesar da existência da Instrução Normativa 28/2008"[40] que prevê a proibição do contato de fornecedores de crédito no período de 180 dias após a concessão do benefício.

---

34. FONTES, Renato. Consignado: O que fazer se você receber um empréstimo sem ter pedido? *Uol*, São Paulo, 7 jun. 2021. Disponível em: https://economia.uol.com.br/noticias/redacao/2021/06/07/emprestimo-consignado-nao-solicitado.htm. Acesso em: 9 nov. 2022.

35. Sobre proteção administrativa do consumidor, Flávia do Canto em sua obra faz análise do processo administrativo sancionador nos Procons Estaduais. PEREIRA, Flávia do Canto: *Proteção Administrativa do Consumidor*: Sistema Nacional do Consumidor e a ausência de critérios uniformes para aplicação de multas. São Paulo: Ed. RT, 2021.

36. FONTES, Renato. Consignado: O que fazer se você receber um empréstimo sem ter pedido?. *Uol*, São Paulo, 7 jun. 2021. Disponível em: https://economia.uol.com.br/noticias/redacao/2021/06/07/emprestimo-consignado-nao-solicitado.htm. Acesso em: 9 nov. 2022.

37. SOBRE o consumidor. *Boletim Consumidor* 2021, Brasília, DF, p. 86. 2021. PDF.

38. Art. 6º As atividades de tratamento de dados pessoais deverão observar a boa-fé e os seguintes princípios: I – finalidade: realização do tratamento para propósitos legítimos, específicos, explícitos e informados ao titular, sem possibilidade de tratamento posterior de forma incompatível com essas finalidades; II – adequação: compatibilidade do tratamento com as finalidades informadas ao titular, de acordo com o contexto do tratamento; III – necessidade: limitação do tratamento ao mínimo necessário para a realização de suas finalidades, com abrangência dos dados pertinentes, proporcionais e não excessivos em relação às finalidades do tratamento de dados; BRASIL. Lei 13.709, de 14 de agosto de 2018. Lei Geral de Proteção de Dados Pessoais (LGPD). Brasília, DF: Planalto, 2018. Disponível em: https://www.planalto.gov.br/ccivil_03/_ato2015-2018/2018/lei/l13709.htm. Acesso em: 9 jan. 2023.

39. FAGUNDES, Patrícia Fernanda de Albuquerque. O 'assédio bancário' aos aposentados e a LGPD. *Consultor Jurídico*, [s. l.], 21 out. 2021. Disponível em: https://www.conjur.com.br/2021-out-29/fagundes-assedio-bancario-aos-aposentados-lgpd. Acesso em: 9 jan. 2023.

40. FAGUNDES, Patrícia Fernanda de Albuquerque. O 'assédio bancário' aos aposentados e a LGPD. *Consultor Jurídico*, [s. l.], 21 out. 2021. Disponível em: https://www.conjur.com.br/2021-out-29/fagundes-assedio-bancario-aos-aposentados-lgpd. Acesso em: 9 jan. 2023.

Importante destaque se dá para os dados trazidos no bojo da petição inicial da Ação Civil Pública 1041189-84.2021.4.01.3800, realizada pelo Instituto de Defesa Coletiva acerca do cenário de abusividades e (má) utilização de dados à concessão de crédito apontados. Evidencia-se mais de uma década de violações aos direitos dos consumidores, em especial de idosos, de modo que "o INSS e a DATAPREV, há pelo menos uma década, têm violado os dados pessoais de beneficiários do Regime Geral de Previdência Social em favor de Instituições Financeiras". Nesse mesmo sentido, em outras ações civis públicas ajuizadas pelo Instituto foram obtidas decisões liminares favoráveis a fim de obstar a prática abusiva, reconhecendo a violação as Instruções Normativas 28, 39 e 100 do INSS. No âmbito dos PROCONS, o cenário é igualmente preocupante, há milhares de reclamações realizadas, o que se pode observar a partir de dados levantados em diversos Estados e Cidades do Brasil, tais como: Rio Grande do Sul, Santa Catarina,[41] Paraná,[42] São Paulo,[43] Rio de Janeiro,[44] Minas Gerais,[45] Mato Grosso do Sul,[46] Goiás,[47] Fortaleza.[48]

Infelizmente, o que não faltam são exemplos de violações sistemáticas aos dados e à privacidade dos consumidores, encaminhando-os ao superendividamento a partir de condutas agressivas de *marketing*,[49] influenciadas pela inteligência artificial e voltadas à aquisição de empréstimos, negócios bancários com elevadíssimo custo.

---

41. PROCON SC registra aumento de 280% contra crédito consignado. PROCON SC, Florianópolis, 4 maio 2021. Disponível em: https://www.procon.sc.gov.br/procon-sc-registra-aumento-de-280-contra-credito-consignado/. Acesso em: 9 jan. 2023.
42. PROCON registra 132% de aumento nas reclamações sobre crédito consignado em um ano. Agência Estadual de Notícias, [*s. l.*], 27 out. 2021. Disponível em: https://www.aen.pr.gov.br/Noticia/Procon-registra-132-de-aumento-nas-reclamacoes-sobre-credito-consignado-em-um-ano. Acesso em: 9 jan. 2023.
43. EMPRÉSTIMO não solicitado faz queixa disparar no Procon-SP. *Consultor Jurídico*, [*s. l.*], 27 set. 2021. Disponível em: https://www.conjur.com.br/2021-set-27/emprestimo-nao-solicitada-faz-queixa-disparar-procon-sp. Acesso em: 9 jan. 2023.
44. PROCON-RJ Instaura processo e pode multar Autibank, suspeita de aplicar golpes de mais de R$ 100 milhões.| Educação financeira. *Valor Investe*, São Paulo, 4 nov. 2022. Disponível em: https://valorinveste.globo.com/educacao-financeira/noticia/2022/11/04/autibank-suspeita-de-aplicar-golpes-de-mais-de-r-100-milhoes.ghtml. Acesso em: 10 jan. 2023.
45. PROCON-MG obtém condenação de banco por práticas abusivas com cartão de crédito. *Notícias Consumidor, MPMG*, Belo Horizonte, 23 mar. 2022. Disponível em: https://www.mpmg.mp.br/portal/menu/comunicacao/noticias/procon-mg-obtem-condenacao-de-banco-por-praticas-abusivas-com-cartao-de-credito.shtml. Acesso em: 10 jan. 2023.
46. RAES, Airton. Procon/MS aplica R$ 785.394 em multas a empresa que prometia renegociações de dívidas. *Portal do Governo de Mato Grosso do Sul*, [*s. l.*], 7 mar. 2022.
47. PROCON alerta aposentados e pensionistas para golpe do consignado. Portal Goiás, Goiânia, 4 out. 2022. Disponível em: https://www.goias.gov.br/servico/29-consumidor/127885-procon-alerta-aposentados-e-pensionistas-para-golpe-do-consignado.html. Acesso em: 10 jan. 2023.
48. PROBLEMAS com crédito consignado crescem 370% em seis meses em Fortaleza. *G1 Ceará*, 18 jul. 2022. Disponível em: https://g1.globo.com/ce/ceara/noticia/2022/07/18/procon-fortaleza-teme-grande-endividamento-de-idosos-com-aumento-de-emprestimo-descontado-do-salario.ghtml. Acesso em: 10 jan. 2023.
49. "A frase realize os seus sonhos", amplamente utilizada pelos estabelecimentos comerciais, bancos e financeiras, impulsionam as condições que influenciam o comportamento da sociedade para o consumo de bens e serviços. Como grande motor da economia, o consumo das famílias tem aumentado pela maior disponibilidade de crédito no mercado. Na luta pela venda de crédito, as instituições financeiras investem em anúncios publicitários de forma agressiva, vendendo a "realização de sonhos" pelo imediatismo, impulso e praticidade para contratação, frequentemente envolvendo a exploração de idosos. Tudo isso por meio de mecanismos disponíveis em diversos canais". INSTITUTO BRASILEIRO DE DEFESA DO CONSUMIDOR. *Pesquisa de publicidade de crédito*. São

4. CRÉDITO RESPONSÁVEL COMO UM DIREITO BÁSICO: LIMITES OBJETIVOS ÀS INSTITUIÇÕES BANCÁRIAS

Em tempos de creditocracia,[50] sai de cena o papel desenvolvimentista do crédito e passa a vigorar o modelo de financiamento da miserabilidade. Embora a teoria seja pensada a partir da experiência estadunidense, ela é facilmente aplicada à realidade brasileira. Poder-se-ia começar, por exemplo, analisando a maior média histórica registrada por pesquisas de endividamento familiar da última década, apontando o endividamento de 78% das famílias brasileiras.[51]

A creditocracia brasileira fica evidente, por exemplo, na Lei 14.431/2022, que autorizou a utilização de parte do benefício social Auxílio Brasil,[52] para fins de empréstimo consignado.[53] Ademais, nesta mesma legislação, é autorizada a utilização de margem de 5% para fins consignáveis em cartão de crédito, uma das modalidades que mais viola direitos básicos dos consumidores.

No Brasil, os juros do crédito rotativo chegam até a 875%, oriundas de cartão de crédito, ou seja, se o consumidor possui uma dívida de R$1.000,00 (mil reais), esta passa a totalizar um valor aproximado de R$10.000,00 (dez mil), no período de 12 meses; ou seja, a creditocracia, poder-se-ia dizer, é sinônimo do crédito a negativados, "no afã de saldar uma dívida contraída em razão da impossibilidade de manter uma poupança, uma vez que grande parte da população brasileira, quando muito, recebe apenas o indispensável à sobrevivência" – e outros nem isso.[54]

A estrutura social baseada no crédito é tamanha que aquele consumidor que não consegue se sustentar considera a si próprio excluído da vida em sociedade, transfor-

---

Paulo: IDEC, 2019. Disponível em: file:///C:/Users/10086573.PORTOALEGRE/Downloads/relat%C3%B3rio--estudo-publicidade-de-cr%C3%A9dito%20(1).pdf. Acesos em: 18 jan. 2023. p. 6-7.

50. Expressão cunhada por Andrew Ross em *Creditocracy: And the Case for Debt Refusal* e vista no capítulo II. Uma creditocracia surge quando o custo dos bens, sem importar o quanto sejam básicos, tem que ser financiado com dívidas, e quando o endividamento se torna a condição não apenas para melhorias materiais na qualidade de vida, mas também para cobrir as necessidades básicas.

51. ENDIVIDAMENTO atinge 78% das famílias brasileiras, maior taxa dos últimos 12 anos. Fecomercio SP, São Paulo, 22 nov. 2023. Disponível em: fecomercio.com.br/noticia/endividamento-atinge-78-das-familias-brasileiras-maior-taxa-dos-ultimos-12-anos. Acesso em: 9 jan. 2023.

52. BRASIL. Ministério do Desenvolvimento e assistência social, família, e combate à fome. Campanha Auxílio Brasil. Brasília, DF: MDFCF, 2022. Disponível em: https://www.gov.br/cidadania/pt-br/auxilio-brasil. Acesso em: 10 jan. 2023.

53. BRASIL. Lei 14.431, de 3 de agosto de 2022. Altera as Leis 10.820, de 17 de dezembro de 2003, 8.213, de 24 de julho de 1991, e 8.112, de 11 de dezembro de 1990, para ampliar a margem de crédito consignado aos empregados regidos pela Consolidação das Leis do Trabalho, aprovada pelo Decreto-Lei 5.452, de 1º de maio de 1943, aos segurados do regime próprio de previdência social dos servidores públicos federais, aos servidores públicos federais e aos segurados do Regime Geral de Previdência Social e para autorizar a realização de empréstimos e financiamentos mediante crédito consignado para beneficiários do benefício de prestação continuada e de programas federais de transferência de renda, a Lei 13.846, de 18 de junho de 2019, para dispor sobre a restituição de valores aos cofres públicos, e a Lei 14.284, de 29 de dezembro de 2021, para alterar procedimentos relativos à concessão do Auxílio Inclusão Produtiva Urbana. Brasília, DF: Planalto, 2022. Disponível em: https://www.planalto.gov.br/ccivil_03/_ato2019-2022/2022/lei/l14431.htm. Acesso em: 10 jan. 2023.

54. SCHIMIDT NETO, André Perin. AMARAL, Augusto Jobim do. Governar pela dívida: o crédito na era dos algoritarismos. *Revista de Direito do Consumidor*, São Paulo, v. 143, p. 16, set./out. 2022.

mando-se em verdadeira mercadoria, e ser uma mercadoria é o que o torna um autêntico membro da sociedade de consumo".[55] A própria redação da Lei 14.181/21 evidencia essa correlação já destacada por Bauman, ao inserir expressamente na Política Nacional de Relação de Consumo o princípio da prevenção e tratamento do superendividamento como forma de evitar a "exclusão social do consumidor". Entendida também enquanto princípio, "tem por escopo guiar a interpretação dos operadores, colmatar lacunas integrando o sistema, conformar o fornecedor do crédito e transformar a aplicabilidade do sistema para promover a dignidade do consumidor".[56] Contudo, não se quer aqui fazer um libelo contra o crédito, posto que ele é fundamental para o desenvolvimento do Estado e de seus indivíduos. O ciclo econômico gerado pelo crédito é extremamente benéfico, na medida em que, ao permitir o acesso a bens que promovem qualidade de vida, além de gerar bem-estar a essas famílias.[57]

Desta forma, a questão fundamental que se coloca não está no objeto – crédito – em si, mas no modo e condições de seu fornecimento. De que adianta colocar à disposição do consumidor uma modalidade de crédito impagável,[58] que inevitavelmente o guiará à estrada do superendividamento? É dentro deste contexto que nasce, junto da Lei 14.181/21 que atualiza o CDC, o Direito básico à garantia de crédito responsável, ao estabelecer no art. "6º, XI – a garantia de práticas de crédito responsável, de educação financeira e de prevenção e tratamento de situações de superendividamento".[59] Filia-se a lei, portanto, diretamente à categoria de proteção nuclear do Código de Defesa do Consumidor que, por sua vez, é norma alçada à categoria de Direito Fundamental. Isto posto, cria-se ao crédito responsável "uma dimensão "positiva" (já que sua efetivação reclama uma atuação positiva do Estado e da sociedade)".[60]

Existindo então um direito ao crédito responsável, tem-se, por outro lado, um dever a ser observado pelos fornecedores que, ao infringi-lo, tornam-se objetivamente responsáveis (art. 14 CDC) pelo descumprimento sob a forma de defeito de informação e, consequentemente, pelos resultados advindos. "Os deveres são como tijolos,

---

55. BAUMAN, Zygmunt. *Vida para Consumo*: a transformação das pessoas em mercadoria. Rio de Janeiro: Zahar, 2008. p. 74.

56. MARTINS, Fernando; MARQUES, Claudia Lima. Deveres e responsabilidade no tratamento e na promoção do consumidor superendividado. *Revista do Ministério Público Brasileiro*, [s. l.], n. 1, p. 78, 2022.

57. SCHMIDT NETO, André Perin. *Revisão dos contratos com base no superendividamento*: do Código de Defesa do Consumidor ao Código Civil. Curitiba: Juruá, 2012. p. 220-221.

58. "porque pactuou com o consumidor o desconto fixo na pensão de um valor estabelecido por ele, sem informar em quantas parcelas o pagamento seria realizado, e não indicando os juros rotativos e IOF, tornando impagável a dívida". Banco é condenado por oferta de crédito com juros 'impagáveis. *Consultor Jurídico*, [s. l.], 13 nov. 2022. Disponível em: https://www.conjur.com.br/2022-nov-13/banco-condenado-oferta-credito-juros-impagaveis. Acesso em: 10 jan. 2023.

59. BRASIL. Lei 14.181, de 1º de julho de 2021. Altera a Lei 8.078, de 11 de setembro de 1990 (Código de Defesa do Consumidor), e a Lei 10.741, de 1º de outubro de 2003 (Estatuto do Idoso), para aperfeiçoar a disciplina do crédito ao consumidor e dispor sobre a prevenção e o tratamento do superendividamento. Brasília, DF: Planalto, 2021. Disponível em: https://www.planalto.gov.br/ccivil_03/_ato2019-2022/2021/lei/l14181.htm. Acesso em: 9 jan. 2023.

60. SARLET, Ingo Wolfgang; FIGUEIREDO, Mariana Filchtiner. Reserva do possível, mínimo existencial e direito à saúde: algumas aproximações. *Revista de Doutrina da 4ª Região*, Porto Alegre, n. 24, jul. 2008. Disponível em: https://revistadoutrina.trf4.jus.br/artigos/edicao024/ingo_mariana.html. Acesso em: 1º dez. 2022.

que constroem um edifício: a obrigação. Essa primeira obrigação é de cumprimento voluntário. Atente-se que este edifício obrigacional projeta sempre uma sombra, uma consequência: a segunda obrigação, impositivo, coativo".[61]

O Art. 54-D estabelece que as instituições devem avaliar, de forma responsável, as condições pessoais do consumidor para tomada do crédito. No parágrafo único residem as consequências pelo descumprimento de quaisquer dos deveres legais dos fornecedores de crédito.

> O descumprimento de qualquer dos deveres previstos no caput deste artigo e nos arts. 52 e 54-C deste Código poderá acarretar judicialmente a redução dos juros, dos encargos ou de qualquer acréscimo ao principal e a dilação do prazo de pagamento previsto no contrato original, conforme a gravidade da conduta do fornecedor e as possibilidades financeiras do consumidor, sem prejuízo de outras sanções e de indenização por perdas e danos, patrimoniais e morais, ao consumidor.[62]

O crédito irresponsável é aquele pelo qual a sua concessão é realizada de forma contrária às normas estabelecidas no CDC, na LGPD, em decorrência da sua onerosidade excessiva e da falta do dever de cuidado de solvência do tomador. Em outras palavras:

> Quando, com base nos elementos de que dispõe (sistemas de cadastro, de averiguação de renda, de averiguação de capacidade de pagamento, entre outros), a instituição financeira ou equiparada aceita disponibilizar valores para o tomador de crédito que não tem condições de pagar as parcelas da contratação sem comprometer sua subsistência ou a saúde financeira do seu negócio.[63]

Em matéria de crédito responsável não é somente o CDC que fornece subsídios. O Banco Central – BACEN, através da sua competência normativa interna via Resolução, estabelece uma série de deveres às instituições financeiras que, uma vez não observadas, se encaminham igualmente à concessão irresponsável e abusiva de crédito ao consumidor, destacando-se as Resoluções do BACEN/CMN 4.595/2017 e 4.557/2017.[64] Esta última dispõe de uma série de quesitos acerca da estrutura de gerenciamento de riscos de crédito, tendo um capítulo inteiro sobre a matéria. Na seção IV, o art. 21 define o risco de crédito como a possibilidade de ocorrência de perdas associadas a uma série de questões, como desvalorização, redução de remunerações e ganhos esperados em instrumento financeiro decorrentes da deterioração da qualidade creditícia da contraparte, aqui entendido como possibilidade de perdas.[65]

---

61. MARTINS, Fernando; MARQUES, Claudia Lima. Deveres e responsabilidade no tratamento e na promoção do consumidor superendividado. *Revista do Ministério Público Brasileiro*, [s. l.], n. 1, p. 63-89, 2022. p. 64.

62. BRASIL. Lei 8.078, de 11 de setembro de 1990. Dispõe sobre a proteção do consumidor e dá outras providências. Brasília, DF: Planalto, 1990. Disponível: http://www.planalto.gov.br/ccivil_03/LEIS/L8078.htm. Acesso em: 20 set. 2018.

63. TERRA, Renata de Alcântara e Silva; FERREIRA, Eduardo Adolfo. Superendividamento e crédito responsável: da inobservância dos deveres de compliance bancário e a promulgação da Lei 14.181/2021. *Rev. Fapad*, Curitiba, v. 2, p. 01-12, e071, 2022. p. 6.

64. Idem. p. 2.

65. BANCO DO BRASIL. Resolução 4.557, de 23 de fevereiro de 2017. Dispõe sobre a estrutura de gerenciamento de riscos e a estrutura de gerenciamento de capital. Brasília, DF: BC, 2017.

Não restam dúvidas de que há um dever objetivo de as instituições avaliarem o risco de crédito. A partir da própria definição de risco, entende-se, por exemplo, que situações de superendividamento estão contempladas dentro do escopo da atividade bancária. Logo, ofertar crédito a negativados; a juros acima da média base do mercado, a quem não pode pagar, é ir em contrário a todas as normativas regulamentadoras da relação de crédito no país, devendo as instituições, ao fazê-lo, serem objetivamente responsáveis pelos danos que causam ao consumidor. Tais práticas acabavam sendo ratificadas pela "ausência de uma orientação específica de procedimentos e diretrizes para a concessão do crédito aos clientes pessoas físicas, deixando a cargo de cada instituição financeira e equiparada dispor dos controles de políticas para estas operações".[66]

A atualização do CDC estabeleceu o dever – objetivo – de concessão de crédito responsável ao consumidor, e para além de um mandamento geral, atribuiu consequências práticas, sanções, ao ser violado. É o que mostra o art. 54 – D, parágrafo único, que prevê a redução dos encargos de acordo com a gravidade da conduta do fornecedor na violação dos deveres de informação e de concessão responsável do crédito, considerando também as condições financeiras do consumidor. Essa previsão se articula com o novo direito básico de garantia de práticas de crédito responsável e permite reconhecer a informação qualificada sobre os custos do crédito como um dever inexorável de sua concessão responsável, sob pena de se aplicar a "revisão-sanção prevista no artigo 54-D, parágrafo único, CDC.[67]

O princípio do crédito responsável representa a medida jurídica a ser realizada nas situações em que houver a quebra do princípio da confiança, levando uma das partes ao declínio de seus objetivos. Desta forma, violar a expectativa, "seja decorrente da falta de informações prestadas, seja em virtude de valores não apresentados de forma lúcida aos consumidores, leva à quebra da confiança depositada pelo consumidor no fornecedor e, portanto, à incidência do princípio do crédito responsável para responsabilizar o fornecedor pela prática ou pela omissão de atos necessários".[68]

5. CONSIDERAÇÕES FINAIS

O crédito pode oferecer liberdade. O crédito irresponsável pode oferecer cativeiro. Partindo-se desta premissa, podemos concluir que há inerentemente no crédito uma dupla faceta e igualmente um paradoxo: ele é ao mesmo tempo o que propicia o acesso a bens e serviços de consumo e o que pode gerar o endividamento. Torna-se, pois, ne-

---

66. Idem. p. 4.
67. OLIVEIRA, Andressa Jarletti Gonçalves de. A informação qualificada na concessão responsável do crédito. *Consultor Jurídico*, [s. l.], 16 nov. 2022. Disponível em: https://www.conjur.com.br/2022-nov-16/garantias-consumo-informacao-qualificada-concessao-responsavel-credito. Acesso em: 9 jan. 2023.
68. CARQUI, Vagner Bruno Caparelli. *Princípio do crédito responsável*: evitabilidade do superendividamento e promoção da pessoa humana na sociedade de consumo. 2016. Dissertação (Mestrado em Direito) – Programa de Pós-graduação em Direito na Universidade Federal de Uberlândia, Uberlândia, 2016. Disponível em: https://repositorio.ufu.br/bitstream/123456789/18854/1/PrincipioCreditoReponsavel.pdf. Acesso em: 9 jan. 2023. p. 190-191.

cessária, para a superação desse paradoxo, a promoção efetiva da educação financeira, a fim de orientar os consumidores sobre as vantagens e riscos do acesso ao crédito e, principalmente, a garantia de crédito responsável. É dever do Estado atuar diretamente na promoção, fiscalização e repressão de condutas ilícitas promovidas diariamente no mercado de consumo de crédito.

A falha no dever de crédito responsável e a violação dos dados pessoais pode ocorrer em três momentos: na oferta, concessão e na guarda dos dados dos titulares em sua base de dados, na medida em que utilizados indevidamente, com potencial de ofertar crédito a quem sabidamente não poderia pagar. Além disso, dá acesso sem o devido consentimento dos titulares, a fazer ofertas de forma deliberada, por meio de ligações telefônicas ou e-mails, perturbando o sossego do consumidor e expondo-o a práticas abusivas

A Lei 14.181/21, Lei do Superendividamento, estabelece um novo paradigma do crédito ao consumo no ordenamento jurídico brasileiro, e se coloca igualmente como instrumento hábil a modificar a cultura jurídica do País. Nesse sentido, a doutrina aponta que as modificações da legislação "reforçam a cultura do adimplemento, do dever de negociação "em detrimento da cultura da dívida".[69]

Os deveres de informação, de esclarecimento, de avaliação da situação financeira do consumidor previstos nos artigos. 52, 54-B, 54-C e 54-D, são a base do crédito responsável, junto com os deveres de entrega da cópia do contrato, de verificação da margem consignada, de pesquisa nos bancos de dados, de prestar uma informação leal e útil à compreensão dos riscos e ônus da contratação, sob a pena de incorrer na revisão-sanção do parágrafo único.

O crédito responsável para além de um direito básico, objetivo, pode e deve ser compreendido como um princípio, um *dever-ser*, uma vez que é base para a construção de uma sociedade financeiramente saudável e justa, a fim de garantir a todos uma existência digna, conforme preceitua a ordem econômica constitucional fundada na dignidade humana.

REFERÊNCIAS

ANTHES, Gary. Data brokers are watching you. *Communications of the ACM*, [s.l.], v. 58, n. 1, p. 28-30, 2015. Disponível em: https://dl.acm.org/doi/10.1145/2686740.

BARROS, João Pedro Leite; MARANHÃO, Débora Fernandes. Direito à privacidade na publicidade comportamental eletrônica. Um estudo de direito comparado luso-brasileiro. *Revista de Direito do Consumidor*, São Paulo, v. 142, p. 152, jul./ago. 2022.

BAUMAN, Zygmunt. *Vida para Consumo*: a transformação das pessoas em mercadoria. Rio de Janeiro: Zahar, 2008.

BIONI, Bruno Ricardo. *Proteção de dados pessoais*: a função e os limites do consentimento. Rio de Janeiro: Forense, 2019.

---

69. MARTINS, Fernando Rodrigues et al. Os vetos parciais sobre a Lei 14.181/21 e a necessidade de promoção suficiente dos superendividados. *Migalhas*, [s. l.], n. 5517, 31 ago. 2021. Disponível em: https://www.migalhas.com.br/depeso/350922/os-vetos-parciais-sobre-a-lei-14-181-21. Acesso em: 10 jan. 2023.

BORGES, Dhiego. Banco é alvo de ação na Justiça após realizar empréstimos sem anuência de consumidores, em Uberlândia. *Diário de Uberlândia*, Uberlândia, 16 dez. 2022.

BRASIL. Justiça Federal. Ação Civil Pública Cível 1041189-84.2021.4.01.3800. Belo Horizonte, 24 de julho de 2021.

CASALINO, Vinícius; PAULANI, Leda. Constituição e independência do Banco Central. *Revista Direito e Práxis*, [s. l.], v. 9, n. 2, p. 857, 2018.

CAVALERO, Luci; GAGO, Verónica. *Uma leitura feminista da dívida*: vivas, livres e sem dívidas nós queremos. Porto Alegre: Criação Humana, 2021.

DEBORD, Guy. *A sociedade do espetáculo*. Rio de Janeiro: Contraponto, 1997.

DELEUZE, Gilles. *Conversações*. Trad. Peter Pál Pelbart. São Paulo: Edição 34, 1992.

DIEESE. *Pesquisa nacional da cesta básica de alimentos*: salário-mínimo nominal e necessário. São Paulo: Dieese, 2022.

ENDIVIDAMENTO e inadimplência das famílias batem novo recorde em abril. *G1*, [s. l.], 2 maio 2022.

FONTES, Renato. Consignado: O que fazer se você receber um empréstimo sem ter pedido? *Uol*, São Paulo, 7 jun. 2021.

FRAZÃO, Ana. Fundamentos da proteção dos dados pessoais: noção introdutórias para a compreensão da importância da Lei Geral de Proteção de Dados. In: TEPEDINO, Gustavo (Org.). Lei geral de proteção de dados pessoais e suas repercussões no direito brasileiro. 2. ed. São Paulo: Thomsons Reuters, 2020. p. 29.

GUTTMANN, Robert; PLIHON, Dominique. O endividamento do consumidor no cerne do capitalismo conduzido pelas finanças. *Economia e Sociedade*. [s. l.], v. 17, n. p. 575-610, 2008.

HAN, Byung-Chul. *Piscopolítica*: neoliberalismo e novas técnicas de poder. Lisboa: Relógio D'Água, 2015.

HESSE, Konrad. *A força normativa da Constituição*. São Paulo: Sergio Antonio Fabris, 1991. p. 19.

HUERTA, Jesús de Soto. *Moeda, crédito e ciclos econômicos*. São Paulo: Instituto Ludwig von Mises, 2012. p. 65.

LIPOVETSKY, Gilles. *A felicidade paradoxal*: ensaio sobre a sociedade do hiperconsumo. São Paulo: Companhia das Letras, 2007.

MARQUES, C. L.; MUCELIN, G. Vulnerabilidade na era digital: um estudo sobre os fatores de vulnerabilidade da pessoa natural nas plataformas, a partir da dogmática do Direito do Consumidor. *Civilistica.com*, [s. l.], v. 11, n. 3, p. 23, 25 dez. 2022.

MARTINS, Fernando; MARQUES, Claudia Lima. Deveres e responsabilidade no tratamento e na promoção do consumidor superendividado. *Revista do Ministério Público Brasileiro*, [s. l.], n. 1, p. 78, 2022.

MAYER-SCHONBERGER, V.; CUKIER, K. *Big data*: the essential guide to work, life and learning in the age of insight. New York: Hougnton Miffin Harcourt, 2013.

MEIRA, Francisco; MARTINI, Sandra Regina. O paradoxo do direito humano ao crédito. In: DUTRA, Cristiane Feldemann; RUDNICKI, Dani; SCHWARTZ, Germano (Org.). *Coletânea de Direitos Humanos*: egressos do mestrado da Unirriter. São Paulo: Lumen Juris, 2018.

MERCADO DE CRÉDITO muda em dez anos: Brasil foca mais em consumo do que em investimento. Fecomercio, São Paulo, 11 dez. 2020.

MISSES, Von Ludwig. *Ação humana*: um tratado de economia. São Paulo: Instituto Ludwig von Mises Brasil, 2010. p. 30.

MOREIRA, Camila. Crescimento do setor de serviços do Brasil atinge máxima em quase 15 anos em março. *CNN Brasil*, [s. l.], 5 abr. 2022.

MOROZOV, Hevgeny. *Big Tech*: a ascensão dos dados e a morte da política. São Paulo: Editora Ubu, 2018. p. 11.

NASPOLINI, Samyra Haydêe Dal Farra; SANTOS, Clésia Domingos Brandão dos. A obrigação da instituição financeira na proteção do consumidor de crédito bancário no contexto da globalização. *Revista de Direito do Consumidor*, São Paulo, v. 119, p. 203-226, set./out, 2018.

OLIVEIRA, Andressa Jarletti Gonçalves de. A informação qualificada na concessão responsável do crédito. *Consultor Jurídico*, [s. l.], 16 nov. 2022.

OLIVEIRA, Felipe Guimarães de. *Direito do consumidor superendividado*: perspectivas para uma tutela Jurídico-Econômica no Século XXI. Rio de Janeiro: Lumen Juris, 2017.

PARISER, Eli. *O filtro invisível*: o que a internet está escondendo de você. Trad. Diego Alfaro. Rio de Janeiro: Zahar, 2012.

PASQUALOTTO, Adalberto. Valor e desvalor da livre-iniciativa. *Civilistica.com*. Rio de Janeiro, a. 8, n. 3, 2019.

PEREIRA, Flávia do Canto. *Proteção Administrativa do Consumidor*: Sistema Nacional do Consumidor e a ausência de critérios uniformes para aplicação de multas. São Paulo: Ed. RT, 2021.

POSNER, Eric A.; WEYL, Glen E. *Mercados radicais*: reinventando o capitalismo e a democracia para uma sociedade justa. Trad. Denise Bottman. São Paulo: Portofolio Penguin, 2019.

SARLET, Ingo Wolfgang; FIGUEIREDO, Mariana Filchtiner. Reserva do possível, mínimo existencial e direito à saúde: algumas aproximações. *Revista de Doutrina da 4ª Região*. Porto Alegre, n. 24, jul. 2008.

SCHIMIDT NETO, André Perin. AMARAL, Augusto Jobim do. Governar pela dívida: o crédito na era dos algoritarismos. *Revista de Direito do Consumidor*. v. 143. p. 17. set./out. 2022.

SCHMIDT NETO, André Perin. *Revisão dos contratos com base no superendividamento*: do código de defesa do consumidor ao código civil. Curitiba: Juruá, 2012.

SCHMIDT NETO, Andre. *O livre-arbítrio na era do big data*. 2. ed. São Paulo: Tirant Lo Blanch Brasil, 2021.

SCHWAB, Klaus. *A quarta revolução industrial*. São Paulo: Edipro, 2016.

SILVA, Rodrigo da Guia; TEPEDINO, Gustavo (Coord.). *O Direito Civil na era da inteligência artificial*. São Paulo: Thomson Reuters Brasil, 2020.

TERRA, Renata de Alcântara e Silva; FERREIRA, Eduardo Adolfo. Superendividamento e crédito responsável: da inobservância dos deveres de compliance bancário a promulgação da Lei 14.181/2021. *Rev. Fapad*, Curitiba, v. 2, . p. 6, e071, 2022.

VASCONCELLOS, Marco Antonio Sandoval de. *Fundamentos de economia*. São Paulo: Saraiva, 2002.

TRATAMENTO DO SUPERENDIVIDAMENTO E UNIDADE DO PATRIMÔNIO

Daniel Bucar

Doutor e Mestre em Direito Civil pela UERJ. Especialista em Direito Civil pela Università degli Studi di Camerino. Professor Adjunto de Direito Civil da UERJ. Professor Titular de Direito Civil do IBMEC/RJ. Procurador do Município do Rio de Janeiro.

Sumário: 1. Introdução – 2. Patrimônio e responsabilidade – 3. A impiedosa insolvência civil: a única solução do ordenamento antes da Lei 14.181/21 – 4. A saída encontrada: o tratamento superendividamento do consumidor na Lei 14.181/2021 – 5. Necessário diálogo entre o mínimo existencial e o rol de bens impenhoráveis e o mínimo existencial – 6. Notas para o porvir – 7. Conclusão – Referências.

1. INTRODUÇÃO

As sucessivas crises por que passa a economia brasileira nos últimos anos já evidenciam uma realidade, marcada pelo superendividamento de pessoas naturais que não se dedicam à atividade empresarial. Embora devam também ser consideradas atores econômicos, o que se vê é busca de compartimentalização de tratamentos diversos para a recuperação de patrimônios endividados.

Se àqueles que se dedicam à atividade empresária o ordenamento oferece robusta legislação (Lei 11.101/05, que já conta com robusta atualização[1]), aos demais atores econômicos a porta de saída é a já derrotada Insolvência Civil, ainda disciplinada nos artigos 748 e seguintes do Código de Processo Civil de 1973 (conforme determinação do art. 1052 do Diploma Processual em vigor).

Atenta ao superendividamento, a doutrina consumerista propôs – e defendeu a aprovação – do Projeto de Lei 3515/15, cujo texto, transformado na Lei 14.181 de 1º de julho de 2021, suscita desafios e esforços para a efetiva reabilitação do patrimônio endividado, a qual deve estar aliada à aplicação sistemática de outras ferramentas que o ordenamento jurídico já oferece para a recuperação do endividamento crítico.

De toda forma, um ponto de partida para a compreensão do superendividamento não pode se afastar do próprio o objeto fenômeno, qual seja, o patrimônio titularizado pela pessoa humana.

---

1. Vide a Lei 14.112/20.

2. PATRIMÔNIO E RESPONSABILIDADE

Pelo artigo 91 do Código Civil, extrai-se que o patrimônio é o complexo de relações jurídicas, de uma pessoa, de valor econômico.[2] Um dos atributos desta massa, composta por ativo e passivo, é que, salvo especialíssimas exceções,[3] cada pessoa só pode ser titular de um único patrimônio. É nesta unicidade que converge todas as relações econômicas de uma pessoa, seja esta relação derivada de um aspecto de direito público ou de direito privado.[4]

Da mesma forma, é neste único bloco econômico que está a garantia geral dos credores da pessoa que o titulariza, pois, em eventual inadimplemento, é do patrimônio que serão extraídos meios para restituição do estado anterior e/ou receber indenização decorrente de eventuais danos.

Ao lado da garantia geral do patrimônio, disposta nos artigos 391 do Código Civil e 789 do Código de Processo Civil, a disciplina da responsabilidade patrimonial ainda é complementada pelo pilar do concurso de créditos, na hipótese de endividamento crítico, bem como, no que toca à pessoa humana, do patrimônio de dignidade.[5]

A despeito da relevância técnica que o patrimônio e suas funções representam na sustentação de uma economia capitalista, o ordenamento jurídico brasileiro cuida da matéria de forma difusa e assistemática. Se para a atividade empresária conta com razoável regramento, ainda que, por vezes, aplicado de forma imprecisa, o endividamento crítico para os demais atores econômicos parece padecer de estado calamitoso perene. E o pior: diante das sucessivas crises econômicas, a instabilidade patrimonial daí decorrente desarruma o que é, já de muito, desalinhado.

O cenário, de toda forma, inspira cautela. As adversidades das crises não podem se apresentar como obstáculo instransponível para sua superação. Com rigor técnico, é possível sistematizar soluções que, de algum modo, busquem atender aos interesses coletivos que incidem sobre um patrimônio endividado.

Quanto à atividade empresária, o ordenamento jurídico oferece, como dito, soluções jurídicas para os patrimônios destinados ao empreendimento nesta seara. Contudo,

---

2. A relevância contemporânea das dívidas que gravam o patrimônio determina a necessidade, portanto, de inclusão nesta massa dos débitos e crédito BUCAR, Daniel. *Superendividamento*: reabilitação patrimonial da pessoa humana. São Paulo: Saraiva, 2017. p. 47-80. Em sentido diverso, OLIVA, Milena Donato. *Patrimônio separado*: herança, massa falida, securitização de créditos imobiliários, incorporação imobiliária, fundos de investimento imobiliário, trust. Rio de Janeiro: Renovar, 2009. p. 165.

3. Em exceção à regra mencionada, o ordenamento autoriza, por exemplo, que a pessoa jurídica que realize a atividade de incorporação (incorporadora) titularize mais de um patrimônio de afetação desde que esteja realizando mais de uma incorporação imobiliária (art. 31-A Lei 4.591/64 ou Lei do Patrimônio de Afetação).

4. Portanto, a superação da dicotomia público-privado também deve produzir efeitos na teoria do patrimônio. Sobre este paradigma do direito contemporâneo, o escrito, já clássico, de MORAES, Maria Celina Bodin de. A caminho de um direito civil constitucional. *Revista de Direito Civil, Imobiliário, Agrário e Empresarial*. v. 65, ano 17, p. 24-27, jul./set. 1993. Disponível em: http://www.direitocontemporaneo.com/wp-content/uploads/2018/03/BODIN-A-caminho-de-um-direito-civil-constitucional.pdf. Acesso em: 10 abr. 2020.

5. Para esta divisão sistemática do patrimônio da pessoa humana, BUCAR, Daniel. *Superendividamento*: reabilitação patrimonial da pessoa humana. São Paulo: Saraiva, 2017. p. 47-80.

embora fosse salutar o tratamento da matéria da forma mais unitária possível – até porque na contemporaneidade houve o movimento de democratização do crédito entre todos os atores econômicos[6] – o estudo dos efeitos da crise ainda requer uma divisão e nestas notas serão abordados unicamente os seus efeitos sobre o endividamento crítico da pessoa humana.

De todo modo, a premissa e o ponto de chegada comuns direcionam a uma conclusão lógica, que representa um dos primados da própria submissão de uma sociedade ao direito civil (ou civilizada): é o patrimônio de certa pessoa que responderá as obrigações civis por ela eventualmente inadimplidas.

3. A IMPIEDOSA INSOLVÊNCIA CIVIL: A ÚNICA SOLUÇÃO DO ORDENAMENTO ANTES DA LEI 14.181/21

Se não bastasse o panorama econômico crítico, o ordenamento jurídico brasileiro não apresentava, até o advento da Lei 14.181/21, um remédio, ainda que amargo, para o tratamento do patrimônio superendividado da pessoa humana. A ela, destinava-se exclusivamente o impiedoso processo de insolvência, regulamentado pelos artigos 748 a 786-A do Código Civil de 1973, cujo procedimento simplesmente se esqueceu que por trás dele haveria uma pessoa humana e viva.

Com efeito, o ordenamento não dispunha de um processo coletivo de renegociação de débitos da pessoa humana, de modo que não havia autonomia para tratar de forma universal suas dívidas com seus credores. Quando muito, restava-lhe a utilização de expedientes processuais para revisar, por vezes sem fundamento, determinadas dívidas e, desta forma, valer-se da morosidade do Poder Judiciário para "girar" o passivo (parcelar o pagamento ou prorrogá-lo até o momento em que haja ativos disponíveis para tanto).[7]

Uma evidência desta constatação, era – e, de certa maneira, ainda é – a enxurrada de ações individuais manejadas contra o endividamento em que o consumidor, embora não negasse o débito, buscava impedir o desconto de parcelas de mútuos em sua conta corrente, quando o total das prestações debitadas ultrapassava o limite de 35%. Note que não se tratava do denominado empréstimo consignado, em que há disposição le-

---

6. KILBORN, Jason. Two decades, three key questions, and evolving answers in European consumer insolvency law: responsibility, discretion and sacrifice. In: NIEMI, Johanna; WHITFORD, William C. (Org.). *Consumer credit, debt & bankruptcy*: comparative and international perspectives. Oxford (UK): Hart, 2009. p. 308-309.

7. Não se desconhece do favor legal previsto no art. 916 do Código de Processo Civil, o qual, conforme se diz em doutrina gera uma moratória legal. Desta forma, o dispositivo autoriza ao executado, desde que deposite trinta por cento do valor executado, acrescido de custas e honorário do advogado, reconheça a dívida, além de não opor embargos à execução, pagar o valor do débito em seis parcelas, somadas à correção monetária e à juros de 1% ao mês, TARTUCE, Flávio. O coronavírus e os contratos – Extinção, revisão e conservação – Boa-fé, bom senso e solidariedade. *Migalhas contratuais*, 27 mar. 2020. Disponível em: https://www.migalhas.com.br/coluna/migalhas-contratuais/322919/o-coronavirus-e-os-contratos-extincao-revisao-e-conservacao-boa-fe-bom-senso-e-solidariedade. Acesso em: 09 abr. 2020. Contudo, para um endividamento crítico, tal solução, por ser pontual e destinada a uma dívida cobrada por certo credor, não se presta ao tratamento coletivo do patrimônio.

gal específica para a aplicação do aludido teto de desconto.[8] Cuida-se, na realidade, de empréstimo com autorização de desconto na conta corrente do devedor.

Ante a ausência de normativa que pudesse tratar de maneira coletiva o endividamento nesses casos, o Superior Tribunal de Justiça negou a limitação – prevista apenas para uma modalidade específica de garantia de empréstimo (consignado) – e pontuou que o ordenamento jurídico, antes da Lei do Superendividamento, apenas oferecia a solução da insolvência civil.

Neste exato sentido, é o trecho do acórdão proferido no Recurso Especial 1.586.910/SP, relatado pelo Ministro Luis Felipe Salomão:[9]

> (...)
>
> 6. À míngua de novas disposições legais específicas, há procedimento, já previsto no ordenamento jurídico, para casos de superendividamento ou sobreendividamento – do qual podem lançar mão os próprios devedores –, que é o da insolvência civil.
>
> 7. A solução concebida pelas instâncias ordinárias, em vez de solucionar o superendividamento, opera no sentido oposto, tendo o condão de eternizar a obrigação, visto que leva à amortização negativa do débito, resultando em aumento mês a mês do saldo devedor. Ademais, uma vinculação perene do devedor à obrigação, como a que conduz as decisões das instâncias ordinárias, não se compadece com o sistema do direito obrigacional, que tende a ter termo.
>
> (...)

Portanto, à falta de um procedimento legal expresso de tratamento do endividamento patrimonial crítico antes da edição da Lei 14.181/21, restava à pessoa humana o castigo da insolvência, cuja execução coletiva (a) retira-lhe a autonomia negocial (o insolvente se torna a pessoa, senão um morto civil, um incapaz[10]), (b) é regulada por um concurso de credores arcaico,[11] (c) mas que, de toda sorte e após o tortuoso trâmite, é concedida a graça da irrestrita extinção de suas obrigações.[12]

A bancarrota do próprio processo de insolvência é patente: são pouquíssimas pessoas que a ele se submetem e, dado o seu caráter deliberadamente sancionatório, seu manejo acaba por ter como real objetivo uma vingança pessoal do credor, nas raras vezes em que o procedimento é encontrado.

---

8. Limite previsto no art. 1º, § 1º, da Lei 10.820/03 (Lei do Empréstimo Consignado).

9. REsp 1.586.910/SP, relator Ministro Luis Felipe Salomão, Quarta Turma, julgado em 29.08.2017, DJe de 03.10.2017. Importante ressaltar que a impossibilidade de limitação dos descontos em tais casos veio a ser objeto do Tema 1085 do Superior Tribunal de Justiça, em que se fixou a seguinte tese: "São lícitos os descontos de parcelas de empréstimos bancários comuns em conta-corrente, ainda que utilizada para recebimento de salários, desde que previamente autorizados pelo mutuário e enquanto esta autorização perdurar, não sendo aplicável, por analogia, a limitação prevista no § 1º do art. 1º da Lei 10.820/2003, que disciplina os empréstimos consignados em folha de pagamento".

10. Ao que toca a gerência de sua vida patrimonial o devedor insolvente sofre restrições severas, segundo os artigos 761, inciso I, e 763 a 767, CPC 73. Para a crítica, BUCAR, Daniel. *Superendividamento*: reabilitação patrimonial da pessoa humana. São Paulo: Saraiva, 2017. p. 85-87.

11. Os artigos 957 e 958 do Código Civil replicaram, em quase sua integralidade, os artigos 1557 e 1558 do Código de 1916, cujo texto sequer cogitava, pois não integrava a realidade social da época, dívidas oriundas, por exemplo, de quotas condominiais e pensão alimentícia.

12. Art. 780 do Código de Processo Civil de 1973.

4. A SAÍDA ENCONTRADA: O TRATAMENTO SUPERENDIVIDAMENTO DO CONSUMIDOR NA LEI 14.181/2021

A dificuldade de se encontrar uma solução para a complexa problemática do superendividamento encorajou a doutrina consumerista buscar uma saída de emergência para o tratamento do que chamaram de consumidor superendividado. A corajosa iniciativa, como dito em introdução, resultou na Lei 14.181/21, a qual, com o propósito de atualizar do Código de Defesa do Consumidor, trouxe uma disciplina para a prevenção, que não é objeto do presente estudo, e o tratamento das situações patrimoniais provocadoras do superendividamento.

No entanto, as medidas ali previstas merecem certa reflexão sob o ponto de vista subjetivo e objetivo. Se por um lado, a limitação do endividamento se restrinja a débitos oriundos de consumo (aspecto objetivo), de outro, o tratamento é apenas destinado a consumidores, dele excluindo, por exemplo, profissionais liberais e sem tratar de situações em que há pessoas naturais com regimes patrimoniais familiares próprios (aspecto subjetivo).

O problema desta setorização, reside na corriqueira simultaneidade do exercício, pela pessoa, da atividade econômica de consumidora, empregadora, tomadora de financiamentos,[13] prestadora de serviços, locatária e contribuinte.

Sob a perspectiva do tratamento do superendividamento do consumidor, o seu patrimônio, que é único e garantidor geral de todos os créditos, passaria a atender determinados credores, de modo distinto em relação a outros (o fisco, o alimentando, o empregado, o condomínio, o locador etc.). Em outras palavras, apenas os credores de uma relação de consumo seriam contemplados com o esforço do devedor para ver seus créditos pagos.[14] Já os demais, que sustentam, inclusive, posição preferencial no ordenamento brasileiro (alimentando, fisco, condomínio), deveriam continuar procurando a excussão individual ou optar pelo defasado procedimento de insolvência.

Em relação ao procedimento com vistas ao tratamento dos débitos de consumo, o Projeto prevê duas fases: (a) a primeira, conciliatória (art. 104-A do CDC) e (b) a seguinte, caso não haja acordo, judicialmente impositiva (art. 104-B).

Quanto à conciliação, o devedor poderá requerer a instauração do processo de repactuação de dívidas em que o Juiz convocará os credores de débitos de consumo para renegociar. A ausência de algum dos credores na audiência, importará na suspensão da exigibilidade do débito e a interrupção dos encargos da mora. Neste ponto, uma diferença processual já se faz presente entre a repactuação de dívidas do consumidor e a recuperação judicial de empresas. Enquanto a Lei 11.101/05 suspende a exigibilidade de créditos a partir do deferimento da recuperação (o chamado *stay period* – art. 6º), a forçar o comparecimento do credor ao juízo universal, a suspensão da atualização do

---

13. Entre tantos, cheque especial, crédito direto ao consumidor, cartão de crédito, por exemplo.
14. Por parcelamento e pagamento descontado à vista, entre outras possibilidades.

CDC se mostra insuficiente e restrita ao credor ausente, não abrangendo todos que já oneram o passivo do consumidor.

A livre negociação, de que não participam credores preferenciais e mais próximos do devedor (locador, condomínio, familiares credores), poderá resultar em acordo, ou não. Caso a tentativa de transação não haja êxito, o Juiz, a pedido do consumidor e em relação aos credores recalcitrantes, poderá instaurar processo por superendividamento para "revisão e integração dos contratos e repactuação das dívidas remanescentes mediante plano judicial compulsório".

Embora não se trate de questão atinente à revisão ou integração,[15] a ideia da instauração do processo de superendividamento seria animadora se não fosse, contudo, as amarras que o a Lei 14.181/21 impõe ao plano judicial compulsório (art. 104-B, § 4º do CDC). Sem considerar as efetivas forças do patrimônio do devedor e tampouco resguardar-lhe bens impenhoráveis (remuneração, por exemplo), o plano compulsório deverá assegurar aos credores, no mínimo, o valor principal devido, corrigido monetariamente, que deverá ser pago no prazo de 5 anos, com carência, para a primeira parcela, de 6 meses.

Desconhece-se ordenamento jurídico que imponha, para reabilitação patrimonial de um devedor, um plano que não considere, justamente, seu próprio patrimônio. Embora a iniciativa da Lei 14.181/21, diga-se mais uma vez, seja louvável, pois traz à tona a problemática, a solução não parece satisfatória, vez que deixa de cuidar da (i) proteção prioritária de credores preferenciais e (ii) e não consegue obter uma solução universal, contrariando, assim, as bases axiológicas de tratamento unitário do patrimônio, sem resolver o problema global do devedor.[16]

A inspiração desse modelo especial, apartado da insolvência civil, parecer ser proveniente da experiência francesa. Desde o trabalho pioneiro de José Reinaldo de Lima Lopes, datado de 1996,[17] até mais recentes (inclusive traduções[18]), as diversas referências à disciplina prevista no *Code de la Consommation* francês evidencia o

---

15. O inadimplemento em razão da ausência de patrimônio não é causa para se rever um contrato. Trata-se de questão, repita-se, patrimonial e abrange todas as situações econômicas (ativas e passivas) do devedor e uma revisão pontual neste sentido importaria em detrimento de uma posição creditícia em favor dos demais interessados no patrimônio endividado. A solução de problemas patrimoniais, é de se repetir, é sempre coletiva, tal como o é seu conceito (universalidade), sob pena de violação à *pars conditio creditorium*.

16. A crítica completa do projeto de lei a respeito do superendividamento e a análise da alegação de que ele seria influenciado pelo modelo francês, além da demonstração das diferenças com este ordenamento, encontra-se em BUCAR, Daniel. Superendividamento: reabilitação patrimonial da pessoa humana. São Paulo: Saraiva, 2017. p. 118-126.

17. LOPES, José Reinaldo de Lima. "Crédito ao consumidor e superendividamento: uma problemática geral". *Revista de Informação Legislativa*. Brasília, v. 33, n. 129. p. 109-115. Disponível em: https://www2.senado.leg.br/bdsf/item/id/176377. Acesso em: 04 abr. 2023.

18. São textos de autores franceses traduzidos e aqui publicados: PAISANT, Gilles. "El tratamiento del sobreendeudamiento de los consumidores en derecho francés". *Revista de Direito Do Consumidor*. São Paulo, n. 42, p. 9-26. abr./jun. 2002; BERTONCELLO, Káren Rick Danilevicz. A reforma do procedimento de tratamento do superendividamento pela lei de 29 de Julho de 1998 relativa à Luta Contra as Exclusões. *Revista de Direito Do Consumidor*. São Paulo, v. 14, n. 54, p. 193-212, abr./jun. 2005 (o artigo, como a própria autora registra, é tradução e adaptação do original "La réforme de la procédure de traitement du surendettement par la Loi du 29 juillet 1998 relative à la lutte contre les exclusions, de Gilles Paisant, *Revue Trimestrielle de Droit Commercial et de Droit Économique*. n. 51, 4, p. 743-761, oct./déc. 1998); de autoria do Ministro da Corte de Cassação Fran-

TRATAMENTO DO SUPERENDIVIDAMENTO E UNIDADE DO PATRIMÔNIO

paradigma que se pretendeu adotar no tratamento e na prevenção do superendividamento no Brasil.[19]

Contudo, ainda que o modelo francês tenha sido há bem mais tempo testado do que inovador brasileiro (a França esquadrinhou, pela primeira vez, uma disciplina para tratar o superendividamento em 1989), certo é que o *Code de la Consommation* já superou estas restrições subjetivas e objetivas, para nele tratar, ainda que em sede da normativa consumeristas, de débitos e créditos para além da relação de consumo.

---

cesa, FLORES, Philippe. A prevenção do superendividamento pelo Código de Consumo. *Revista de Direito do Consumidor*. São Paulo, v. 20, n. 78, p. 67-80, abr./jun. 2011).

19. A constatação também é feita por Porto e Butelli. PORTO, Antônio José Maristrello; BUTELLI, Pedro Henrique. "O superendividado brasileiro: uma análise introdutória e uma nova base de dados". *Revista de Direito Do Consumidor*. São Paulo, v. 23, n. 95, p. 202, set./out. 2014). Dentre os textos brasileiros que enaltecem o superendividamento francês ao tratar do tema, destacam-se os exemplos adiante. "Como vimos, a França trata o superendividamento com bastante eficiência" (MARQUES, Claudia Lima. "Sugestões para uma lei sobre o tratamento do superendividamento de pessoas físicas em contratos de crédito de consumo: proposições com base em pesquisa empírica de 100 casos no Rio Grande Do Sul". *Revista de Direito do Consumidor*. São Paulo, v. 14, n. 55, p. 38, jul./set. 2005). "O direito francês, que surge como paradigma (...); "O modelo norte-americano do *fresh start* (falência total, com perdão de dívidas, após a venda de tudo, de forma a permitir o começar de novo deste consumidor 'falido' e sua reinclusão no consumo) merece ser estudado, mas é por demais avançado para ser implantado no Brasil, uma sociedade que já conhece leis do bem de família e de limites à liquidação dos bens dos consumidores. Melhor parece ser o modelo francês" (MARQUES, Claudia Lima. Algumas perguntas e respostas sobre a prevenção e tratamento do superendividamento dos consumidores pessoas físicas. *Revista de Direito do Consumidor*. São Paulo, v. 19, n. 75, p. 32-33, jul./set. 2010). "(...) o procedimento francês é paradigmático" (KIRCHNER, Felipe. "Os novos fatores teóricos de imputação e concretização do tratamento do superendividamento de pessoas físicas". *Revista de Direito do Consumidor*. São Paulo. v. 17, n. 65, p. 97, jan./mar. 2008). "em direito comparado, o tema do superendividamento de consumidores reclama a descrição (...) das normas francesas que regulam a matéria, as quais constituem referência obrigatória dos estudiosos do assunto, em virtude do sucesso e do pioneirismo da experiência" (CARPENA, Heloisa; CAVALAZZI, Rosângela Lunardelli. "Superendividamento: proposta para um estudo empírico e perspectiva de regulação". *Revista de Direito do Consumidor*. São Paulo, a. 14, n. 55, p. 136, jul./set. 2005). O tema é tratado no tópico "A inspiração da experiência legislativa francesa nas atuais propostas para um tratamento jurídico específico do superendividamento no Brasil" (CEZAR, Fernanda Moreira. O Consumidor Superendividado: Por uma tutela jurídica à luz do Direito Civil Constitucional. *Revista de Direito do Consumidor*. São Paulo. v. 16, n. 63, p. 157-161, jul. 2007). "O Brasil se baseou na lei francesa até mesmo para nomear o instituto, pois o termo superendividamento vem da tradução do neologismo *surendettement*, traduzindo-se sur que vem do latim e tem o significado de super" (SCHMIDT NETO, André Perin, Superendividamento do consumidor: conceito, pressupostos e classificação. *Revista de Direito do Consumidor*. São Paulo, v. 18, n. 71, p. 12, jul./set. 2009). "Em nível mundial, podemos destacar dois modelos predominantes – o francês (...) e o modelo americano (...) Do estudo de ambos os modelos, creio mais pertinente à realidade brasileira adotar as sugestões advindas do modelo francês". (FRANCO, Marielza Brandão. O superendividamento do consumidor: o fenômeno social que merece regulamentação legal. *Revista de Direito do Consumidor*. São Paulo, v. 19, n. 74, p. 237, abr./jun. 2010). "Pelo exposto, apontamos a dupla solução resultante dessas linhas iniciais sobre o tema, a saber: (...) b) a elaboração de disciplina legal que passe a tutelar o fenômeno social do superendividamento, a exemplo da lei francesa, mas, seguramente, observando-se as peculiaridades da nossa cultura, cuja elucidação cumpriria a estudo autônomo (BERTONCELLO, Káren Rick Danilevicz. Bancos de dados e superendividamento do consumidor: cooperação, cuidado e informação. *Revista de Direito do Consumidor*. São Paulo, v. 13, n. 50, p. 54, abr./jun. 2004). A opção pela França é discorrida no tópico de estudo "A Preferência pela Conciliação no Tratamento do Superendividamento: Lições da França e do Brasil" (LIMA, Clarissa Costa de. O Mercosul e o desafio do superendividamento. *Revista de Direito do Consumidor*. São Paulo, v. 19, n. 73, p. 27, jan./mar. 2010). A parte do *Code de la Consommation* que trata do superendividamento é, inclusive, traduzida. (BERTONCELLO, Káren Rick Danilevicz; LAYDNER, Patricia Antunes. Código de Consumo francês: tratamento das situações de superendividamento (parte legislativa). *Revista de Direito do Consumidor*. São Paulo, n. 87, p. 314-332, maio/jun. 2013).

A última grande alteração da sistemática francesa, ocorrida em 2022 (Lei 2022-172 de 14 de fevereiro de 2022) introduziu o art. 711-1 no *Code de la Consommation*, o qual dispõe que "situação de superendividamento é caracterizada pela impossibilidade manifesta de pagar todas as suas dívidas, *tanto profissionais quanto pessoais*, exigíveis e futuras. (...). A impossibilidade de adimplir uma garantia ou pagar *solidariamente a dívida* de um empresário individual ou de uma empresa também caracteriza uma situação de superendividamento".[20]

Portanto, constata-se que o sistema francês já abrange dívidas para além daquelas estritamente consumeristas (aspecto objetivo), como também cuida do tratamento do endividamento de um sócio que garantiu ou assumiu solidariamente dívida de sua empresa. Ainda que tratado no *Code de la Consommation*, percebe-se que a reabilitação patrimonial abarca situações patrimoniais para além das relações consumeristas.

Assim, em um momento em que o patrimônio da pessoa humana certamente sofrerá acentuado golpe – seja daquelas que exercem suas atividades no denominado mercado informal, seja daquelas que poderão ser alvejadas pela perda de emprego ou pela redução do salário[21] – o tratamento de endividamento crítico merece uma atenção global para que, mais do que conceder uma tutela ao consumidor, proteja-se a própria pessoa humana em seus mais diversos espectros de exercício da economia.

5. NECESSÁRIO DIÁLOGO ENTRE O MÍNIMO EXISTENCIAL E O ROL DE BENS IMPENHORÁVEIS E O MÍNIMO EXISTENCIAL

Por outro lado, reconhecendo o caráter sinuoso do processo da insolvência civil, cujo objetivo final é a extinção das dívidas do devedor, parece que o legislador resolveu, de forma oblíqua, oferecer a certas pessoas uma proteção diferenciada, concedendo-lhe um generoso conjunto de bens impenhoráveis, formador de um patrimônio dignidade, que não responde por boa parte dos débitos contraídos pelo devedor.

A benevolência do legislador se faz evidente em dois aspectos da impenhorabilidade de bens.

O primeiro diz respeito à ausência de limite de valor impenhorável (à grande parte de obrigações do devedor[22]) para o bem de família legal (artigo 832, Código de Processo Civil c/c artigo 1º da Lei 9009/90). Não se tenha dúvida: o Brasil conta com a mais larga proteção no mundo ocidental para o bem de família. Não importa o valor do único bem imóvel de determinada pessoa – ou daquele, entre os de sua propriedade, em que reside –, é ele impenhorável.

---

20. Tradução de livre de Artigo 711-1: "La situation de surendettement est caractérisée par l'impossibilité manifeste de faire face à l'ensemble de ses dettes, professionnelles et non professionnelles, exigibles et à échoir. (...) L'impossibilité de faire face à un engagement de cautionner ou d'acquitter solidairement la dette d'un entrepreneur individuel ou d'une société caractérise également une situation de surendettement.
21. Conforme art. 7º da Medida Provisória 936/20.
22. Exceções à impenhorabilidade estão descritas no art. 3º da Lei 8009/90.

O segundo aspecto que denota a prodigalidade do ordenamento jurídico é o alto valor impenhorável[23] da remuneração, quantificada em cinquenta salários-mínimos (artigo 833, IV e §2º, Código de Processo Civil). Mais uma vez, o ordenamento brasileiro se apresenta como excessivo protetor – e neste aspecto – da remuneração.

A discrepância do alto valor da proteção não passou despercebida pelo Superior Tribunal de Justiça. Com efeito, a partir da análise de situações concretas, entendeu a Corte Especial do STJ que situações excepcionais é possível arrefecer a proteção da impenhorabilidade da remuneração para o adimplemento de dívida não alimentar. Neste sentido, é o seguinte trecho divulgado na notícia de julgamento do Embargos de Divergência em Recurso Especial 1.874.222/DF, com aspas do Ministro Relator João Otávio Noronha:

> A fixação desse limite de 50 salários-mínimos merece críticas, na medida em que se mostra muito destoante da realidade brasileira, tornando o dispositivo praticamente inócuo, além de não traduzir o verdadeiro escopo da impenhorabilidade, que é a manutenção de uma reserva digna para o sustento do devedor e de sua família.[24]

Embora seja altamente louvável a defesa de um patrimônio dignidade, o seu exagero, conjugado à inexistência de um tratamento razoável do patrimônio endividado com vistas à extinção dos débitos, apresenta um quadro problemático.

Primeiramente, uma crise econômica requer um esforço solidário da sociedade. Neste cenário, a exclusão ampla de ativos (a generosa impenhorabilidade brasileira) da garantia geral de créditos retira de circulação importante parcela de riquezas que poderia servir aos credores que suportam, em prol do mercado, o sacrifício de receber seus créditos parcialmente.

Em segundo, a tortura da insolvência civil desencoraja aqueles que efetivamente já não possuem meios[25] para promover o pagamento de seus débitos ingressar com o procedimento para haver a extinção do passivo pelo art. 780 do Código de Processo Civil de 1973.

Portanto, se por um lado, a abordagem do tratamento do superendividamento não pode deixar de averiguar a situação patrimonial do endividado, de outro, o rol de bens impenhoráveis precisa ser readequado ao que efetivamente deve ser compreendido como mínimo existencial, cuja preservação foi assegurada pelo art. 104-A, *caput*, do Código de Defesa do Consumidor.

6. NOTAS PARA O PORVIR

A necessidade de a recuperação patrimonial do superendividado abranger toda unidade do seu patrimônio conclama uma alternativa possível no manejo sistemático

---

23. Excetuada a dívida de alimentos, conforme primeira parte do § 2º do artigo 833 do Código de Processo Civil.
24. Até o fechamento do presente artigo, o acórdão não havia sido publicado, pelo que se reporta à notícia de julgamento na página de comunicação do Superior Tribunal de Justiça: https://www.stj.jus.br/sites/portalp/Paginas/Comunicacao/Noticias/2023/25042023-Corte-Especial-admite-relativizar-impenhorabilidade-do--salario-para-pagamento-de-divida-nao-alimentar.aspx. Acesso em: 25 abr. 2023.
25. Nem mesmo aqueles generosos bens impenhoráveis.

do ordenamento jurídico. Ora, se o ordenamento jurídico brasileiro tem no valor da pessoa humana o seu fundamento (art. 1º, III, Constituição da República), uma leitura axiológica do artigo 52 do Código Civil ("Aplica-se às pessoas jurídicas, no que couber, a proteção dos direitos da personalidade") permite aferir que é lícito e recomendável aplicar às pessoas humanas, no que couber, as garantias programadas para a pessoa jurídica empresária, especialmente àquelas atinentes à recuperação judicial dispostas na Lei 11.101/05.

Se materialmente, há justificativa axiológica para a transposição das técnicas de recuperação judicial de empresas para a pessoa humana, o Código de Processo Civil de 2015 também oferece instrumento processual inovador. Trata-se do dispositivo inserto no § 2º do art. 327 da lei processual, o qual prevê a possibilidade do emprego de técnicas processuais diferenciadas previstas nos procedimentos especiais que não forem incompatíveis com o procedimento comum.[26]

Desta forma, o emprego das técnicas especiais da recuperação judicial ao tratamento do superendividamento, com a suspensão de exigibilidade de créditos sobre o patrimônio superendividado[27] e a convocação de todos os credores para renegociação dos débitos[28] com a possibilidade de adjudicação do plano proposto pelo devedor e abusivamente refutado pelo credor,[29] é medida que já se encontra em vigor no ordenamento processual e que encontra fundamento nos limites da responsabilidade patrimonial do próprio devedor (art. 391, Código Civil e 833 do Código de Processo Civil).

Aliás, uma atenção foi chamada para a extensão dos instrumentos voltados a reabilitar o patrimônio de pessoas naturais. Com efeito, o Projeto de Lei 1397/20,[30] produzido para lidar com questões de recuperação judicial e falência no âmbito da crise sanitário-econômica da pandemia da COVID-19, previu, pela primeira vez, a aplicação de regras próprias de tratamento coletivo de débitos para pessoa natural não empresária, notadamente o "profissional autônomo".[31]

De toda forma, ainda que não tenha havido a aprovação do referido Projeto de Lei ou outro semelhante, há que ser encorajado o tratamento do patrimônio superendividado da pessoa humana de forma coletiva, afastando-o da falência/insolvência civil. É perfeitamente plausível, portanto, um processo em que se submetam todos os credores da pessoa humana a uma renegociação coletiva de suas dívidas, sem comprometimento de seu patrimônio de dignidade – necessário à sua sobrevivência –, tampouco da faculdade de administrar os próprios bens, mas, ao mesmo tempo, visando à extinção dos débitos.

---

26. É o que a doutrina denomina de "cláusula geral de flexibilização procedimental". DIDIER JR., Fredie; CABRAL, Antonio do Passo; CUNHA, Leonardo Carneiro da. *Por uma nova teoria dos procedimentos especiais. Dos procedimentos às técnicas.* Salvador: JusPodivm, 2018, p. 73.
27. Art. 6º, Lei 11101/05.
28. Excluídos os tributários (art. 6º, § 7º, Lei 11.101/05) e garantidos por alienação fiduciária (art. 49, § 3º).
29. Art. 58, § 1º, Lei 11.101/05.
30. Até o fechamento deste artigo, o Projeto de Lei 1397/20 já havia sido aprovado pela Câmara dos Deputados e pendia de análise pelo Senado Federal.
31. Art. 2º, § 1º, Projeto de Lei 1397/20.

Nestes termos, é notável a importância das ferramentas oferecidas pela Lei de Recuperação Judicial e Falência no tratamento da insolvência da pessoa física, sobretudo no atual cenário de crise sanitário-econômica. Não só os institutos da referida legislação, mas as orientações jurisprudenciais firmadas, ao menos em suas linhas gerais, são de utilização recomendável, no tratamento deste patrimônio em crise em interpretação sistemática com a disciplina dos artigos 104-A, 104-B e 104-C do Código de Defesa do Consumidor.

7. CONCLUSÃO

Em que pese os bons avanços que o ordenamento jurídico empreendeu para o tratamento coletivo de débitos do patrimônio em crise da atividade empresária, olvidou-se de destinar, como tantos outros países já o fizeram,[32] uma atenção mais ampla à pessoa humana endividada.

A atualização empreendida pela Lei 14.181/21 é benfazeja, corajosa e traz luz para o cuidado que se deve prestar ao superendividamento. Contudo, é preciso avançar para buscar uma efetiva recuperação patrimonial à luz da unidade, complexidade e universalidade de qualquer patrimônio (inclusive aquele vinculado à pessoa humana).

De toda forma, enquanto não editado regramento amplo de tratamento de débitos destinado à pessoa humana, isto é, para além da pessoa consumidora, nada há de obstar – senão uma interpretação obtusa e desfavorável ao valor personalista constitucional – à interpretação sistemática do Código de Defesa do Consumidor com em conjugação com a Lei 11.101/05 a patrimônios criticamente endividados de pessoas naturais não empresárias.

Para uma aplicação como tal, o que é benéfica à recuperação ampla, não se deve esquecer da necessária readequação da proteção excessiva de parte do patrimônio do devedor, ante o benevolente rol de bens impenhoráveis. Se por um lado o credor deve ceder para auxiliar a reabilitação patrimonial de seu devedor, de outro, parece que Lei 14.181/21, ao introduzir a preservação do mínimo existencial, também convoca o devedor a não se esconder por traz do rol de impenhorabilidade do Código de Processo Civil, o qual, como o próprio Superior Tribunal de Justiça vem de constatar, "se mostra destoante da realidade brasileira".

REFERÊNCIAS

BERTONCELLO, Káren Rick Danilevicz. A Reforma Do Procedimento de Tratamento Do Superendividamento Pela Lei de 29 de Julho de 1998 Relativa À Luta Contra as Exclusões. *Revista de Direito Do Consumidor*. São Paulo, v. 14, n. 54, p. 193-212, abr./jun. 2005.

BERTONCELLO, Káren Rick Danilevicz. Bancos de Dados E Superendividamento Do Consumidor: Cooperação, Cuidado E Informação. *Revista de Direito Do Consumidor*. São Paulo, v. 13, n. 50, p. 36-57, abr./jun. 2004.

---

32. O mais recente de que se tem conhecimento, o italiano Codice della crisi e dell'insolvenza, que entrará em vigor em setembro de 2021, tratou em um único texto as soluções de reabilitação de todas as espécies de patrimônio, inclusive o da pessoa humana e o da família.

BERTONCELLO, Káren Rick Danilevicz; LAYDNER, Patricia Antunes. Código de Consumo Francês: Tratamento Das Situações de Superendividamento (Parte Legislativa). *Revista de Direito Do Consumidor*. São Paulo. n. 87, p. 314-332, 2013.

BUCAR, Daniel. *Superendividamento*: reabilitação patrimonial da pessoa humana. São Paulo: Saraiva, 2017.

CARPENA, Heloisa; CAVALAZZI, Rosângela Lunardelli. Superendividamento: Proposta Para Um Estudo Empírico e Perspectiva de Regulação. *Revista de Direito do Consumidor*, São Paulo. a. 14, n. 55, p. 120-148, jul./set. 2005.

CEZAR, Fernanda Moreira CEZAR. O Consumidor Superendividado: Por Uma Tutela Jurídica À Luz Do Direito Civil Constitucional. *Revista de Direito Do Consumidor*. São Paulo. v. 16, n. 63, p. 131-164, jul. 2007.

DIDIER JR., Fredie; CABRAL, Antonio do Passo; CUNHA, Leonardo Carneiro da. *Por uma nova teoria dos procedimentos especiais*. Dos procedimentos às técnicas. Salvador: JusPodivm, 2018.

FLORES, Philippe. A prevenção do superendividamento pelo Código de Consumo. *Revista de Direito do Consumidor*. São Paulo, v. 20, n. 78, p. 67-80, abr./jun. 2011.

FRANCO, Marielza Brandão. O Superendividamento Do Consumidor: O Fenômeno Social Que Merece Regulamentação Legal. *Revista de Direito do Consumidor*. São Paulo, v. 19, n. 74, p. 227-242, abr./jun. 2010.

KILBORN, Jason. Two decades, three key questions, and evolving answers in European consumer insolvency law: responsibility, discretion and sacrifice. In: NIEMI, Johanna; WHITFORD, William C. (Org.). *Consumer credit, debt & bankruptcy*: comparative and international perspectives. Oxford (UK): Hart, 2009.

KIRCHNER, Felipe. Os Novos Fatores Teóricos de Imputação E Concretização Do Tratamento Do Superendividamento de Pessoas Físicas. *Revista de Direito Do Consumidor*. São Paulo. v. 17, n. 65, p. 63-113, jan./mar. 2008.

LIMA, Clarissa Costa de. O Mercosul E O Desafio Do Superendividamento. *Revista de Direito Do Consumidor*. São Paulo, v. 19, n. 73, p. 11-50, jan./mar. 2010.

MARQUES, Claudia Lima. Algumas Perguntas E Respostas Sobre a Prevenção E Tratamento Do Superendividamento Dos Consumidores Pessoas Físicas. *Revista de Direito do Consumidor*. São Paulo, v. 19, n. 75, p. 9-42, jul./set. 2010.

MARQUES, Claudia Lima. Sugestões Para Uma Lei Sobre O Tratamento Do Superendividamento de Pessoas Físicas Em Contratos de Crédito de Consumo: Proposições Com Base Em Pesquisa Empírica de 100 Casos No Rio Grande Do Sul. Revista de Direito do Consumidor. São Paulo, v. 14, n. 55, p. 11-52, jul./set. 2005.

MORAES, Maria Celina Bodin de. A caminho de um direito civil constitucional. *Revista de Direito Civil, Imobiliário, Agrário e Empresarial*. v. 65, ano 17, p. 21-32, jul./set. 1993.

OLIVA, Milena Donato. *Patrimônio separado*: herança, massa falida, securitização de créditos imobiliários, incorporação imobiliária, fundos de investimento imobiliário, trust. Rio de Janeiro: Renovar, 2009.

PAISANT, Gilles *Revue Trimestrielle de Droit Commercial et de Droit Économique*. n. 51, 4, p. 743-761. Oct./déc. 1998.

PAISANT, Gilles. El tratamiento del sobreendeudamiento de los consumidores en derecho francés. *Revista de Direito Do Consumidor*. São Paulo, n. 42, p. 622-643. jun. 2002.

PORTO, Antônio José Maristrello; BUTELLI, Pedro Henrique. O Superendividado Brasileiro: Uma Análise Introdutória E Uma Nova Base de Dados. *Revista de Direito Do Consumidor*. São Paulo, v. 23, n. 95, p. 185-229, set./out. 2014.

SCHMIDT NETO, André Perin, Superendividamento Do Consumidor: Conceito, Pressupostos E Classificação. *Revista de Direito Do Consumidor*. São Paulo, v. 18, n. 71, p. 9-33. jul./set. 2009.

TARTUCE, Flávio. O coronavírus e os contratos – Extinção, revisão e conservação – Boa-fé, bom senso e solidariedade. *Migalhas contratuais*, 27 mar. 2020, disponível em: https://www.migalhas.com.br/coluna/migalhas-contratuais/322919/o-coronavirus-e-os-contratos-extincao-revisao-e-conservacao-boa-fe--bom-senso-e-solidariedade. Acesso em: 23 abr. 2023.

A JORNADA DO CONSUMIDOR SUPERENDIVIDADO: DA FRAGILIDADE DO CONSUMIDOR À PRÁTICA DA PROTEÇÃO LEGAL PELA LEI 14.181/2021

Diógenes Faria de Carvalho

Pós-doutorado em Direito do Consumidor pela Universidade Federal do Rio Grande do Sul (UFRGS), sob a supervisão da Professora Dra. Cláudia Lima Marques, onde desenvolveu pesquisa com bolsa PNPD/CAPES, com o título: Contratos de Serviços: diálogos entre Brasil e Argentina. Doutorado em psicologia (Economia comportamental) pela Pontifícia Universidade Católica de Goiás (PUCGO), sob a orientação do Professor Dr. Cristiano Coelho, onde desenvolveu pesquisa com bolsa FAPEG, com título: Consumo e (super)endividamento: vulnerabilidade e escolhas intertemporais. Mestrado em direito econômico pela Universidade de Franca – SP (UNIFRAN), sob a orientação do Prof. Doutor Mário de Camargo Sobrinho, com o título: Do princípio da boa-fé objetiva nos contratos de consumo. Diploma de Direito Europeu pela Universidade de Savoie Mont Blanc – Chambery/França. Pós-Graduado em Psicanálise Clínica no Instituto de Pós-Graduação e Graduação (IPOG). Advogado e sócio do Gonçalves, Macedo, Paiva, Rassi – GMPR Advogados. É Professor Associado da Universidade Federal de Goiás (UFG) desde 2009. É professor efetivo da Pontifícia Universidade Católica de Goiás – (PUCGO), desde 2009. É professor no Centro Universitário Alves Faria (UNIALFA/FADISP) desde 2015. É professor do Instituto de Pós-Graduação e Graduação (IPOG) desde 2018. Foi coordenador do curso de graduação em Direito na Universidade Federal de Goiás (FD/UFG), desde 2017, sendo reconduzido para o biênio 2019/2021. Foi coordenador geral de consultoria técnica e sanções administrativas da Secretaria Nacional do Consumidor do Ministério da Justiça e Segurança Pública. Atualmente integra o quadro de professores permanentes do Mestrado em Direito Constitucional Econômico do Centro Universitário Alves Faria (UNIALFA/FADISP), onde desenvolve pesquisa com bolsa da FUNADESP, bem como integra o quadro de professores colaboradores do Programa de Pós-Graduação Stricto Sensu de Direito Agrário da Universidade Federal de Goiás (PPGDA). Foi presidente do BRASILCON pelo biênio de 2018/2020.

João Paulo Peixoto Stival

Aluno da graduação de direito na Universidade Federal de Goiás (UFG). Membro Fundador do UFG Finance – Estudos Avançados sobre Mercado Financeiro. Membro do Grupo de Estudos em Finanças, Empresa e Mercado da Faculdade de Direito – UFG (GEFEM).

Sumário: 1. Introdução – 2. Superendividamento e a vulnerabilidade do consumidor: o contexto histórico do superendividamento; 2.1 Do crédito ao superendividamento do consumidor: origens e conceitos; 2.2 As causas do superendividamento: fatores psicológicos e socioeconômicos; 2.3 A vulnerabilidade e o superendividamento do consumidor: economia comportamental à Lei do Superendividamento – 3. A Lei 14.181/2021: Origem, objetivos, novidades e aplicação prática; 3.1 Estudo da tramitação do PL 3.515/2015 até a aprovação da Lei 14.181/2021; 3.2 A Lei 14.1818/2021 e sua gênese, objetivos e novidades: impacto ao CDC e a proteção ao superendividado; 3.3 Efetivação e desafios da aplicabilidade prática da Lei 14.181/2021 – 4. Conclusão – Referências.

1. INTRODUÇÃO

A situação de superendividamento do consumidor pessoa natural é um problema que vem afetando econômica e socialmente diversas comunidades ao redor do mundo. No Brasil, essa questão se tornou ainda mais evidente à medida que as instituições financeiras desenvolveram mecanismos de cessão de crédito cada vez mais atrativos, combinados com a evolução de métodos de comunicação, persuasão e publicidade para a promoção de bens de consumo.

O superendividamento é resultado de diversos fatores socioeconômicos e psicológicos que influenciam o comportamento de consumo dos indivíduos. No âmbito socioeconômico, o desemprego, a baixa renda, a falta de acesso a crédito responsável, a inexistência de educação financeira e o acesso fácil ao crédito são alguns dos fatores que podem levar ao endividamento excessivo.

Já no aspecto psicológico, o consumo desenfreado, a ausência de planejamento financeiro, a busca por status e a pressão social para consumir, a falta de autocontrole, as heurísticas e os vieses comportamentais representam agentes propulsores do indivíduo ao superendividamento. Esses fatores estão inter-relacionados e afetam a vida financeira dos consumidores de maneira negativa.

O estado de superendividamento é um problema que gera diversas consequências para a vida do consumidor, como o estresse, a ansiedade, a depressão, a insônia, a diminuição da autoestima e a perda de produtividade no trabalho. Além disso, o endividamento excessivo pode levar à inadimplência e à exclusão social do indivíduo.

Diante desse cenário, a Lei 14.181/2021 surge como uma importante ferramenta para o para ampliar o tratamento das vulnerabilidades do consumidor, já abarcadas pelo Código de Defesa do Consumidor, atendendo agora, também, a questão dos superendividados outrora silente. A lei estabelece medidas para a prevenção e o tratamento do superendividamento, como a negociação extrajudicial, a renegociação de dívidas, a suspensão de ações judiciais, a educação financeira e o instituto do mínimo existencial.

Na conjuntura atual, a Lei do Superendividamento apresenta algumas deficiências que precisam ser consideradas, como a falta de clareza em relação aos critérios de elegibilidade para o tratamento do superendividamento e o conceito do mínimo existencial, a lacuna quanto à previsão de sanções para empresas que não cumprirem as regras e a falta de recursos para implementação das medidas previstas.

Dessa forma, é fundamental o estudo e a análise de todo o espectro que envolve o superendividamento a fim de desvendar as lacunas legislativas e doutrinárias que impedem a ideal tratamento do consumidor superendividado.

2. SUPERENDIVIDAMENTO E A VULNERABILIDADE DO CONSUMIDOR: O CONTEXTO HISTÓRICO DO SUPERENDIVIDAMENTO

2.1 Do crédito ao superendividamento do consumidor: origens e conceitos

A ideia e as implicações advindas do conceito e da situação de superendividamento do consumidor configuram uma pauta de estudo complexa, a qual recebe cada vez mais relevância nas discussões socioeconômicas contemporâneas. Isso pois, o acesso facilitado ao crédito e o consumo irresponsável possibilitaram que muitos indivíduos alcançassem à situação de insolvência financeira.

Por essa ótica, de início, antes de direcionar o estudo ao superendividamento, é primordial a compreensão do conceito e utilização do crédito. O crédito é um conceito fundamental no sistema financeiro moderno e tem sido utilizado por muitas pessoas ao redor do mundo. A origem do crédito remonta à Antiguidade, quando as sociedades primitivas já faziam empréstimos de bens e serviços entre si.

No livro *Money: The Unauthorized Biography* de Felix Martin,[1] é apresentado que o crédito começou a ser utilizado como um meio de troca na Grécia Antiga, onde os comerciantes faziam empréstimos para financiar suas atividades comerciais. Na Roma Antiga, também havia uma forma de crédito conhecida como uma espécie de *commodatum*, onde uma pessoa emprestava uma coisa para outra sem cobrar juros.

Ao longo dos séculos, o conceito de crédito evoluiu e se expandiu para se tornar uma ferramenta essencial no mundo moderno. Na obra: *Credit Crunch: Housing Bubbles, Globalisation and the Worldwide Economic Crisis* de Graham Turner,[2] é apresentado que o crédito se tornou uma das principais formas de financiamento para indivíduos e empresas, permitindo que as pessoas comprem bens e serviços que não poderiam pagar imediatamente.

O crédito também é uma ferramenta importante para o desenvolvimento econômico e a criação de empregos. Assim, o crédito pode estimular o crescimento econômico ao fornecer capital para empresas investirem em novas tecnologias e na expansão de suas operações.

No entanto, o crédito também pode ser uma faca de dois gumes, e o mau uso do crédito pode levar a crises financeiras e recessões econômicas. Na perspectiva individual, a utilização do crédito, de maneira irracional, pelo indivíduo o coloca em estado de endividamento, podendo evoluir ao superendividamento.

Em resumo, o crédito é um conceito fundamental no sistema financeiro moderno, permitindo que as pessoas e as empresas obtenham financiamento para investir em suas atividades e estimular o crescimento econômico. No entanto, é importante usar o crédito com responsabilidade e com um entendimento completo das consequências de seu uso.

Pois bem. Entendido o crédito, passa-se a pensar sobre o endividamento. Com um olhar em retrospecto a fim de identificar as origens do endividamento se chega ao sistema capitalista, adotado pela Constituição da República Federativa do Brasil em 1988, que possui como um de seus motores o consumo. Nessa senda, para colocar em funcionamento as engrenagens deste motor, o consumidor pessoa física é estimulado ao consumo de bens, de maneira demasiada e sem reflexão. Além disso, é certo a ausência de lastro financeiro capaz de subsidiar esse comportamento social.

---

1. MARTIN, Felix. *Money*: unauthorized biography. Random House, 2013.
2. TRUNER, Graham. *The Credit Crunch*: Housing Bubbles, Globalisation and the Worldwide Economic Crisis. Pluto Press, 2008.

Nesse contexto, o fenômeno do desenvolvimento industrial e o aprimoramento tecnológico foi capaz de gerar uma imensa produção de bens de consumo. Ligado a esse espectro, houve o aperfeiçoamento de técnicas de vendas, persuasão e obsolescência programada dos objetos de desejo, isso, em conjunto, retroalimentam o sistema capitalista, o qual é baseado no consumo, permitindo, pois, que o combustível do motor, isto é, o consumidor exercendo o ato de consumir, nunca fique sem um próximo desejo de consumo.

Todo esse cenário de assédio ao consumidor compõe o panorama ideal para instituições financeiras, em especial bancos múltiplos, ofertarem crédito a essa persona, que, de maneira constante, está sendo psicologicamente influenciada ao consumo irracional sem possuir o capital necessário para tal. Portanto, por um lado o crédito torna-se é uma necessidade frequente dos consumidores e, por outro, a sua disponibilização facilitada constitui parcela do lucro de instituições financeiras que o cedem sem grandes preocupações à saúde financeira do cessionário.

Em meio ao frenesi de crédito e estímulo ao consumo começam a surgir indivíduos extremamente endividados, assim, tem-se a gênese do termo "superendividamento" o qual foi utilizado pela primeira vez na França, na década de 1990, com o objetivo de descrever a situação de pessoas que não conseguiam mais pagar suas dívidas mesmo com a venda de todos os seus bens. Foi somente em 2003 que o conceito foi inserido no Código de Defesa do Consumidor francês, a partir da lei conhecida como *Lei Neiertz*, que criou a figura do crédito responsável e estabeleceu medidas para prevenir o superendividamento. Esse conceito encontra sua positivação no artigo L.330-1 do *Code de La Consommation* da legislação francesa,[3] que definiu o superendividamento como sendo a impossibilidade manifesta do devedor de boa-fé de honrar suas dívidas. O termo "superendividamento" pode ser a tradução do neologismo *surendettment*, onde "sur" vem do latim e significa "super".[4]

No Brasil, o termo "superendividamento" começou a ser utilizado na década de 2000, com a crescente preocupação com o endividamento das famílias e a facilidade de acesso ao crédito. Em 2010, a Comissão de Assuntos Econômicos do Senado Federal criou um grupo de trabalho para discutir o tema, que resultou na elaboração do Projeto de Lei 283/2012, que buscou criar um procedimento extrajudicial para renegociação das dívidas de consumidores, pessoa física, em situação de superendividamento.

Ainda sobre o cenário brasileiro, podemos destacar que o conceito de superendividamento foi desenvolvido pela doutrina e regulamentado no Brasil no § 1º, artigo

---

3. COSTA, Geraldo de Faria Martins da. *Superendividamento*: a proteção do consumidor de crédito em direito comparado brasileiro e francês. São Paulo: Ed. RT, 2002. p. 10. PAISANT, Gilles. A Reforma do Procedimento de Tratamento do Superendividamento pela Lei de 29 de Julho de 1998, Relativa a Luta contra as Exclusões. In: MARQUES, Claudia Lima, CAVALLAZZI, Rosângela Lunardelli (Coord.). *Direitos do Consumidor Endividado*: Superendividamento e Crédito. São Paulo: Ed. RT, 2006. p. 111. KHAYAT, Danielle. *Le droit du surendettement des particuliers*. Paris: LGDJ, 1997. p. 10-11.

4. COSTA, Geraldo de Faria Martins da. Superendividamento: solidariedade e boa-fé. In: MARQUES, Claudia Lima, CAVALLAZZI, Rosângela Lunardelli (Coord.). *Direitos do Consumidor Endividado*: Superendividamento e Crédito. São Paulo: Ed. RT, 2006. p. 231.

54-A, do novo CDC:[5] "Entende-se por superendividamento a impossibilidade manifesta de o consumidor pessoa natural, de boa-fé, pagar a totalidade de suas dívidas de consumo, exigíveis e vincendas, sem comprometer seu mínimo existencial, nos termos da regulamentação".

O superendividamento sob a perspectiva de Cláudia Lima Marques, foi definido como "a impossibilidade global de o devedor pessoa física, consumidor, leigo e de boa-fé, pagar todas as suas dívidas atuais e futuras de consumo (excluídas as dívidas com o fisco, oriundas de delitos e de alimentos)".[6] Do mesmo modo, Maria Manuel Leitão Marques teoriza o conceito de superendividamento como sendo "a impossibilidade manifesta de o devedor de boa-fé fazer face ao conjunto das suas dívidas não profissionais vencidas ou vincendas".[7]

Em linhas gerais, o conceito de superendividamento do consumidor teve origem na França e vem sendo discutido e estudado em diversos países, inclusive no Brasil. Desse modo, a consonância entre os conceitos aponta que termo representa a impossibilidade manifesta do devedor solver suas dívidas, em que estas são maiores do que seu patrimônio e renda, necessitando de auxílio financeiro para recuperar sua vida econômico-financeira.

Por fim, importante pontuar que o conceito de superendividado supra trabalhado representa o consumidor pessoa natural e portador de dívidas de consumo, sendo excluído, pois, a situação de endividamento por gastos com bens de luxo e afins.

2.2 As causas do superendividamento: fatores psicológicos e socioeconômicos

O superendividamento, antes de um problema das ciências econômicas, pertence ao escopo de estudos da psicologia comportamental. A forma como o indivíduo lida com suas finanças, bem como a maneira na qual utiliza seu capital e recorre a crédito sem possuir lastro para arcar com o débito são reflexos do comportamento psicológico do indivíduo.

A situação de superendividamento pressupõe o consumo demasiado sem a capacidade de adimplir as obrigações pecuniárias adquiridas. Para Housel o "consumo, sobretudo nos países desenvolvidos, é motivado por aspectos sociais: sutilmente influenciado por pessoas que você admira, na esperança sutil de que as pessoas também

---

5. Art. 54-A. Este Capítulo dispõe sobre a prevenção do superendividamento da pessoa natural, sobre o crédito responsável e sobre a educação financeira do consumidor. § 1º Entende-se por superendividamento a impossibilidade manifesta de o consumidor pessoa natural, de boa-fé, pagar a totalidade de suas dívidas de consumo, exigíveis e vincendas, sem comprometer seu mínimo existencial, nos termos da regulamentação.

6. MARQUES, Claudia Lima. Sugestões para uma Lei sobre o Tratamento do Superendividamento de Pessoas Físicas em Contratos de Créditos de Consumo: proposições com base em pesquisa empírica de 100 casos no Rio Grande do Sul. In: MARQUES, Claudia Lima, CAVALLAZZI, Rosângela Lunardelli (Coord.). *Direitos do Consumidor Endividado*: Superendividamento e Crédito. São Paulo: Ed. RT, 2006. p.256.

7. MARQUES, Maria Manuel Leitão; NEVES, Vitór; FRADE Catarina; LOBO, Flora; PINTO, Paula; CRUZ, Cristina. *O Endividamento dos Consumidores*. Coimbra: Almedina, 2000. p. 235.

o admirem".[8] Portanto, é factível que a escolha de consumir é irracional, movida, muitas vezes, por fatores externos, alheios à racionalidade do sujeito.

Nesse contexto, dentre fatores psicológicos, podemos destacar a pressão social e a busca por status, que leva as pessoas a gastarem além de suas possibilidades financeiras para adquirir bens que consideram importantes para sua imagem pessoal. Além disso, as emoções podem influenciar diretamente nas decisões financeiras, como o medo de perder uma oportunidade, a ansiedade em relação ao futuro, entre outras.

Ademais, outro fator psicológico relevante é a falta de autocontrole financeiro, que pode ser associado a problemas comportamentais como a impulsividade, a falta de planejamento e a procrastinação. Esses comportamentos podem levar a decisões financeiras impulsivas e ao endividamento excessivo, chegando ao estado do superendividamento.

Por outro lado, não se pode negar a existência de circunstâncias socioeconômicos, responsáveis pelo superendividamento, dentre as quais cita-se a falta de educação financeira, que resulta em uma má gestão do orçamento pessoal e em um alto nível de endividamento. Além disso, a facilidade de acesso ao crédito, geralmente com juros elevados, também pode ser apontada como um fator relevante para o superendividamento, assim como o desemprego, a queda de renda ou outras crises financeiras que podem afetar a estabilidade econômica do indivíduo. Dito isso, conclui-se que os fatores socioeconômicos decorrem de situações de exceção que o indivíduo percorre ao longo de sua trajetória.

Então, verifica-se que os fatores psicológicos podem ter um papel mais significativo no endividamento de uma pessoa, superando os fatores socioeconômicos. Isso ocorre porque a tomada de decisões financeiras é influenciada por fatores psicológicos, como a personalidade, a autoestima, a ansiedade, o estresse, a impulsividade e a compulsividade.

Por exemplo, uma pessoa pode gastar mais do que pode pagar devido à pressão social para manter um certo padrão de vida, ou devido a uma necessidade de satisfazer um desejo imediato, mesmo que isso signifique entrar em dívida, ou mesmo, como relata Housel, "um jovem advogado que pretende ser sócio de um escritório de advocacia de prestígio pode precisar manter uma aparência que eu, um escritor que pode trabalhar de moletom, não tenho necessidade de manter".[9]

Além disso, indivíduos que sofrem de ansiedade ou estresse podem usar o consumo como uma forma de lidar com esses problemas emocionais, o que corrobora com comportamentos financeiros insustentáveis.

Portanto, os fatores psicológicos podem ser uma causa superior ao endividamento em comparação com os fatores socioeconômicos, porque eles influenciam a maneira como as pessoas tomam decisões financeiras e lidam com as situações econômicas, independentemente de os fatores socioeconômicos estarem favoráveis ou não ao indivíduo. Embora os fatores socioeconômicos também possam contribuir para o endividamento,

---

8. HOUSEL, Morgan. *A Psicologia Financeira*. Rio de Janeiro: Intrínseca, 2020. p. 143.
9. HOUSEL, Morgan. *A Psicologia Financeira*. Rio de Janeiro: Intrínseca, 2020. p. 143.

como uma renda insuficiente ou o aumento dos preços, a forma como as pessoas lidam com essas situações é, também, influenciada por fatores psicológicos. Por exemplo, uma pessoa com uma renda limitada pode optar por fazer compras impulsivas em vez de economizar para emergências, mesmo que isso signifique entrar em dívida.

Dessa forma, é fato que a maneira como o indivíduo enxerga o dinheiro e ou o crédito, tendo uma postura responsável ou não, isto é, tomar a decisão de gastar ou reservar, no final, o que dita esse comportamento são fatores psicológicos.

2.3 A vulnerabilidade e o superendividamento do consumidor: economia comportamental à lei do superendividamento

O conceito de vulnerabilidade é relacional, isto é, expressa a ocorrência de algo sobre alguma coisa ou alguém. Assim, tem por significado a qualidade ou estado do que é ou se encontra vulnerável, vocábulo que, por sua vez, em sua acepção mais original, traduz a ideia de lesão, indicando também o que é frágil, prejudicado ou ofendido.[10]

Em verdade, o estado de vulnerabilidade do homem tem sua gênese com a humanidade, pois, fato incontroverso que desde as civilizações mais rudimentares ele luta contra essa situação de desvantagem, seja em relação à natureza, a exemplo das intempéries, seja frente ao seu semelhante, em um esforço pela sobrevivência, uma batalha constante pelo equilíbrio para essa situação de fragilidade.

No contexto regulatório brasileiro, de fato, a Constituição de 1988 positivou a proteção do consumidor como um dos princípios da ordem econômica, ao passo que o Código de Defesa do Consumidor, introduz direitos básicos e reconhece explicitamente a vulnerabilidade do consumidor nas relações jurídicas que trava no mercado.

Nesse sentido, mais próximo à realidade da situação de superendividamento do consumidor pessoa natural, Marques entende a vulnerabilidade como uma situação permanente ou provisória que fragiliza o sujeito de direito e desequilibra a relação.[11] Por essa perspectiva, o princípio legal da vulnerabilidade assume certas formas de expressão, quais sejam: técnica, jurídica, fática, informacional e, mais recentemente, fala-se em vulnerabilidade comportamental, que segundo os estudiosos da Economia Comportamental sugerem que todos os esforços para fornecer mais informações aos consumidores sobre os riscos dos empréstimos em demasia, muito pouco ou nada evitarão o superendividamento dos consumidores, uma vez que os "insights" cognitivos e as heurísticas são mais poderosos que a informação.[12]

Portanto, apesar da vulnerabilidade do consumidor estar presente, no Brasil, com o Código Brasileiro de Defesa do Consumidor, é factível pontuar que, hoje, com a evo-

---

10. HOUAISS, Antônio. *Dicionário Houaiss da língua portuguesa*. Rio de Janeiro: Objetiva, 2009. p. 1961.
11. MARQUES, Cláudia Lima (Coord.). *Diálogo das fontes*. Do conflito à coordenação de normas do direito brasileiro. São Paulo: Ed. RT, 2012. p. 117.
12. KAHNEMAN, D. *Rápido e devagar*: duas formas de pensar. Trad. Cássio de Arantes Leite. Rio de Janeiro: Objetiva, 2012.

lução das pesquisas no campo da Economia Comportamental, a qual verifica aspectos como a análise das emoções humanas, a atitude, a memória, a teoria da cultura do consumidor, com as questões da identidade e a análise sócio-histórica do consumo, é certo que o superendividamento tem suas raízes muito mais na maneira como o consumidor lida com seu capital e o crédito adquirido na forma de empréstimo e outras modalidades, do que com fatores socioeconômicos externos ao indivíduo. Dessa maneira, os vieses comportamentais influenciam a tomada de decisão deste consumir, que frente a sua vulnerabilidade comportamental, não consegue reagir aos impulsos de consumo provocados pelo assédio publicitário e outros fatores outrora discutidos, levando o consumidor até a situação de superendividamento.

Por fim, como foi demonstrado acima, o Código de Defesa do Consumidor, apesar de conferir ao consumidor uma proteção especial pelo fato de sua condição de vulnerabilidade, não fez previsão sobre o superendividamento, e, portanto, deixou de incluir políticas e instrumentos voltados para o enfrentamento e tratamento das graves implicações psicológicas, econômicas e sociais que tal situação acarreta para a pessoa e para o conjunto familiar no qual está inserido. Logo, verificada essas necessidades teve início o projeto lei que coadunou na lei do superendividamento.

3. A LEI 14.181/2021: ORIGEM, OBJETIVOS, NOVIDADES E APLICAÇÃO PRÁTICA

3.1 Estudo da tramitação do PL 3.515/2015 até a aprovação da Lei 14.181/2021

O superendividamento dos consumidores, como estudado no capítulo anterior, os colocam em uma situação de (hiper)vulnerabilidade em que, sozinhos, não conseguem sair deste estado de inadimplência, sendo necessário, pois, auxílio Estatal. Logo, o superendividamento começa a ser visto como um problema público, exigindo políticas para ser tratado.

Justo dizer, portanto, que o superendividamento, conforme Alencar Júnior:[13]

> É um fenômeno social que necessita de um tratamento específico por meio de uma lei forte, objetivando garantir a reinserção do consumidor no mercado de consumo, na sociedade e recuperar sua dignidade. Por essa razão deve ser criada uma política pública para solução do superendividamento do consumidor de boa-fé no Brasil.

Em consonância a esse entendimento, em 2012, o Senador José Sarney, propõe o Projeto de Lei 283 que, mais tarde, em 2021, cede lugar ao Projeto Lei 1.805/2021 o qual altera as Leis 8.078/1990 (Código de Defesa do Consumidor) e 10.741/2003 (Estatuto do Idoso), para aperfeiçoar a disciplina do crédito ao consumidor e dispor sobre a prevenção e o tratamento do superendividamento.

---

13. ALENCAR JÚNIOR, Emílison Santana. *Critérios objetivos para definição do mínimo existencial previsto na Lei 14.181/2021.* 2023. Dissertação (Mestrado) – Universidade de Brasília, 2023. p. 48.

O Projeto de Lei 283/2012, foi aprovado no Senado Federal em 2015. Ademais, foi enviado à Câmara dos Deputados com o n. 3.515/2015. A inspiração para o projeto de lei remonta aos estudos de observação de Clarissa Costa de Lima e Káren Rick Bertoncello, magistradas do Tribunal de Justiça do Rio Grande do Sul, em que, a partir da verificação do modelo de legislação francesa, identificaram que os consumidores buscavam, no Poder Judiciário, soluções para suas dívidas com o sistema financeiro individualmente, o que, por certo, se mostrava apenas como uma solução momentânea, uma vez que não abarcava a totalidade de credores.[14] Alguns anos depois, parado na Câmara por questões regimentais, diante da pressão de muitos órgãos, com um cenário econômico-financeiro ainda mais grave em decorrência da crise sanitária em função da pandemia provocada pelo vírus Covid-19, finalmente teve-se a efetiva transformação do projeto na Lei Ordinária 14.181/2021 com a sua publicação no dia 1º de julho de 2021.

Diante esse cenário, o Projeto de Lei 3.515/2015 revelou-se como a melhor hipótese para tentar solucionar o problema público do superendividamento das famílias. Válido lembrar, que a situação dos superendividados foi demasiadamente intensificado em função da pandemia global. Além disso, o contexto em que se avançou nos desdobramentos do mencionado projeto abriga-se na perspectiva na qual o endividamento das famílias brasileiras aumentava, atingindo o maior índice, desde 2010, conforme Pesquisa de Endividamento e Inadimplência do Consumidor (PEIC).[15]

O referido projeto de lei foi tido como forma de buscar alternativas para regularizar a situação financeira das pessoas em estado de superendividamento e reinseri-las no mercado de consumo. Assim, foi sancionada a Lei 14.181/2021, no dia 1º.07.2021, pelo Presidente da República, e publicado no Diário Oficial da União no dia 02.07.2021, data a partir do qual entrou em vigor.

Dessa maneira, um projeto de lei que tramitava desde 2012 após as adequações necessárias e frente a uma situação de urgência, posto os acontecimentos da pandemia causada pela COVID-19 que potencializou o superendividamento de diversos indivíduos, deu origem à Lei 14.181/2021, a qual entrou em vigor a fim de aperfeiçoar a disciplina do crédito ao consumidor e dispor sobre a prevenção e o tratamento do superendividamento.

3.2 A Lei 14.1818/2021 e sua gênese, objetivos e novidades: impacto ao CDC e a proteção ao superendividado

A Lei 14.181/2021, conhecida como a Lei do Superendividamento, como outrora discutido, entrou em vigor com o objetivo de aperfeiçoar a disciplina do crédito ao consumidor e dispor sobre a prevenção e o tratamento do superendividamento.

---

14. LIMA, Clarissa Costa de. *O tratamento do superendividamento e o direito de recomeçar dos consumidores*. São Paulo: Ed. RT, 2014, p. 12.

15. SANTOS, Paulo Márcio Reis; COSTA, Flávia Guimarães Campos Paulino da; CAMPOLINA, Roberta Maciel. Superendividamento do consumidor na pandemia: análise crítica do projeto de lei do Senado sobre a limitação de juros do cartão de crédito e cheque especial. *Revista Meritum*, Belo Horizonte, v. 15, n. 2, p. 308-320, maio/ago. 2020. DOI: https://doi.org/10.46560/meritum. v15i2.8267.

Nesse sentido, importante mencionar que o Código de Defesa do Consumidor mesmo conferindo ao consumidor a proteção, inclusive pelo fato de sua condição de vulnerabilidade, não faz previsão acerca do superendividamento. Portanto, é ausente de políticas e instrumentos direcionados à prevenção e ao tratamento das implicações psicológicas, econômicas e sociais que o estado de superendividamento desencadeia para o indivíduo e seu grupamento familiar, bem como para toda a estrutura socioeconômica.

Dessa forma, a Lei 14.181/2021, entrou em vigor para suprir as lacunas do Código de Defesa do Consumidor e tem objetivos incontroversos, quais sejam: possibilitar ao consumidor, por meio da implantação de políticas públicas de educação financeira e ambiental, obter crédito de forma responsável, para evitar, preventivamente, o seu superendividamento e, se este já estiver consumado, possibilitar o seu tratamento por meio da repactuação das dívidas de maneira adequada e justa, permitindo ao vulnerável participar ativamente da sociedade de consumo, sem estar sujeito a qualquer restrição, garantindo, sobretudo, o mínimo existencial ao indivíduo superendividado.

Destaca-se que o mínimo existencial é um montante pecuniário subjetivo capaz de garantir ao superendividado e a seus dependentes uma (sobre)vivência digna. A origem desde termo remonta à França, país em que este conceito foi inserido no Código de Consumo em 1998, do conceito de *rest a vivre*, que corresponde ao que no Brasil se denomina de "mínimo existencial". O artigo L.331-2 do Código define o *rest a vivre* como "[...] uma parte dos recursos necessários para as despesas correntes do lar".[16]

Nesse espectro específico do mínimo existencial, o consumidor desfrutará de uma melhora em seu nível de bem-estar, pois será contemplado com a possibilidade de adimplir seus débitos para com todos seus credores conjuntamente, por meio de um plano de pagamento confeccionado de forma personalizada, dentro de suas possibilidades financeiras, preservando seu mínimo existencial, e, por isso, será reinserido no mercado, atuando novamente como um agente econômico, fato que colabora para o equilíbrio da ordem econômica e proporciona incentivos ao mercado de consumo.

Em sequência, importante mencionar que a Lei 14.181/2021 trouxe outras alterações ao Código de Defesa do Consumidor como modificação nos princípios, instrumentos, direitos e cláusulas abusivas.

De início, lista-se três novos princípios trazidos pela Lei do Superendividamento ao CDC, especificamente, aditados ao artigo 4º deste referido Código, quais sejam: (a) educação financeira dos consumidores; (b) educação ambiental dos consumidores; e a (c) prevenção e tratamento do superendividamento como forma de evitar a exclusão social do consumidor.

Ademais, a lei promoveu a inserção de dois novos instrumentos à Política Nacional das Relações de Consumo. O artigo 5º previa cinco instrumentos utilizados para se executar a Política Nacional das Relações de Consumo, a Lei 14.181/2021 adicionou ao rol: (a) instituição de mecanismos de prevenção e tratamento extrajudicial e judicial

---

16. CALAIS-AULOY, Jean. *Code de la consommation*. Annotations de jurisprudence et bibliographie. Paris: Dalloz, 2000.

do superendividamento e de proteção do consumidor pessoa natural; e (b) instituição de núcleos de conciliação e mediação de conflitos oriundos de superendividamento.

De volta ao CDC, o dispositivo legal em estudo inseriu três novos direitos básicos ao consumidor, somados ao rol do artigo 6º do Código, qual seja: (a) a garantia de práticas de crédito responsável, de educação financeira e de prevenção e tratamento de situações de superendividamento, preservado o mínimo existencial, nos termos da regulamentação, por meio da revisão e da repactuação da dívida, entre outras medidas; (b) a preservação do mínimo existencial, nos termos da regulamentação, na repactuação de dívidas e na concessão de crédito; e, (c) a informação acerca dos preços dos produtos por unidade de medida, tal como por quilo, por litro, por metro ou por outra unida de, conforme o caso.

Além disso, a Lei 14.181/2021 delimitou a possibilidade de aplicação do CDC e de seus próprios institutos, posto que definiu situações específicas em que as regras supramencionadas poderiam ser utilizadas para a proteção do superendividado. A esse respeito, é certo que o consumidor superendividado para ser englobado na proteção dos dispositivos não poderia contrair dívidas mediante fraude ou má-fé, oriundas de contratos celebrados dolosamente com o propósito de não realizar o pagamento e/ou decorrente da aquisição ou contratação de produtos e serviços de luxo de alto valor.

Portanto, a Lei do Superendividamento entrou em vigor trazendo novidades, seja em aspectos procedimentais, seja no enfoque ao estabelecimento de princípios e conceitos específicos a fim de garantir a proteção ao consumidor, porém, sem prejudicar, na medida do possível, os fornecedores ao trabalhar com critérios rígidos no intuito de evitar fraudes contra credores.

3.3   Efetivação e desafios da aplicabilidade prática da Lei 14.181/2021

A Lei 14.181/2021, conforme exposição retro, representa um importante avanço na proteção dos consumidores superendividados no Brasil, no entanto, sua aplicação prática ainda enfrenta alguns desafios significativos. Um dos principais obstáculos é a dificuldade de definir o valor do mínimo existencial, que é o montante de renda necessário para garantir a subsistência básica do indivíduo e de sua família. A lei estabelece que o plano de pagamento dos credores deve garantir a manutenção do mínimo existencial, mas não fornece uma definição clara do que isso significa na prática.

Nesse cenário, o Decreto 11.150/2022 foi sancionado após 12 mês de vigência da Lei 14.181/2021 com o propósito da "preservação e o não comprometimento do mínimo existencial para fins de prevenção, tratamento e conciliação de situações de superendividamento em dívidas de consumo". Entretanto, ao invés de ser a solução para o consumidor superendividado, essa regulamentação criou um problema, vez que limitou a aplicação da Lei 14.181/2021.

Ademais, o ponto que gera desentendimentos foi estipular no artigo 3º como mínimo existencial a renda mensal do consumidor "pessoa física" equivalente a 25% (vinte e cinco por cento) do salário mínimo vigente na data da publicação. Isso posto, no processo que visa a repactuação das dívidas, o consumidor deverá comprovar que as dívidas comprometem sua renda a ponto de deixá-lo com menos de R$ 303,00 (trezentos e três reais)[17] e a criação do plano de pagamento (amigável ou compulsório) deverá preservar ao consumidor apenas R$ 303,00 até a liquidação do plano de pagamento.

No escopo de construção do plano de pagamento, é necessário, antes, compreender, brevemente, a inconsistência do Decreto 11.150/2022, que define o valor do mínimo existencial nos moldes acima informados, o que afeta diretamente a definição de um plano de pagamento sustentável e factível. Nesse cenário, é certo o impacto deste decreto no esvaziamento inconstitucional da Lei 14.181/2021.

O mínimo existencial é um conceito fundamental para garantir a dignidade humana e a proteção da renda mínima do cidadão. No entanto, o valor definido pelo Decreto 11.150/2022 não atende ao propósito de impedir e prevenir a exclusão social, especialmente no caso de consumidores superendividados que já se encontram em uma avançada situação de vulnerabilidade econômica.

Nas palavras de Amélia Rocha:

> O Decreto 11.150/2022 é ilegal e inconstitucional, carecendo de validade e eficácia, pois ignora os princípios da lei que visa regulamentar. Com 25% de um salário mínimo – valor inferior a uma cesta básica – como mínimo existencial é impossível a formulação de um plano de pagamento o que propicia a ampliação da miséria e de uma escravidão bancária. Considerá-lo válido é matar o procedimento do Superendividamento, que, após muita luta, foi conquistado com a Lei 14.181/2021.[18]

O mencionado valor do mínimo existencial invalida o plano de pagamento do superendividamento, tornando-o inócuo e prejudicando a proteção da renda do consumidor. Diante dessa situação, é certo falar em esvaziamento inconstitucional da Lei 14.181/2021, que perde sua eficácia devido à inadequação do mínimo existencial definido pelo Decreto 11.150/2022.

Nessa conjuntura, especificamente acerca da elaboração do plano de pagamento em si, este é um processo complexo que exige uma avaliação cuidadosa da situação financeira do consumidor superendividado e a negociação e a conciliação com os credores para definir as condições do acordo.

É fundamental, então, garantir que o plano seja justo e viável para o consumidor, sem impor uma carga excessiva de dívida ou sacrificar seus direitos básicos, bem como, não se pode prejudicar os credores no recebimento de seus créditos de direito, sendo essencial um equilíbrio a fim de atender ambas as partes envolvidas na lide.

---

17. BRASIL. Dispõe sobre o valor do salário-mínimo a vigorar a partir de 1º de janeiro de 2022. Lei 14.358, de 1º de junho de 2022 189. Acesso em: 28 nov. 2022. Disponível em: https://pesquisajuris.tjdft.jus.br/IndexadorAcordaosweb/sistj?visaoId=tjdf.sistj.acordaoeletronico.buscaindexada.apresentacao.VisaoBuscaAcor.

18. BRASIL. Condege aponta que decreto do mínimo existencial não possui "validade, juridicidade e eficácia". Disponível em: https://www.defensoria.ce.def.br/noticia/notacondegeminimoexistencial/. Acesso em: 04 abr. 2023.

Outro desafio é a fiscalização das autoridades competentes sobre as empresas e instituições financeiras cessionárias de crédito ao consumidor pessoa natural. É importante garantir que essas empresas cumpram suas obrigações legais e éticas e não usem táticas predatórias para aproveitar-se da vulnerabilidade dos consumidores superendividados.

A esse respeito, outro ponto positivado na Lei 14.181/2021 ainda obscuro quanto a sua aplicação prática, de maneira eficaz, refere-se ao segmento de dever educacional no âmbito financeiro. Ou seja, a responsabilidade das empresas, principalmente, instituições financeiras responsáveis pela cessão de crédito, em educar financeiramente seus consumidores, a ponto de que esses indivíduos sejam capazes de compreender todos os riscos envolvendo os serviços de obtenção de crédito, assim como estejam aptos a identificar produtos financeiros que não estão alinhados com sua capacidade econômica.

Para superar esses desafios, é fundamental investir em capacitação e formação de profissionais especializados em lidar com o superendividamento, incluindo advogados, juízes, mediadores e outros especialistas em finanças pessoais, como contadores, consultores de valores mobiliários e economistas. Justo rememorar que a Lei em estudo prevê a elaboração de um plano de pagamento factível, então, é necessário o trabalho em conjunto e interdisciplinar de diversos profissionais, seja no meio jurídico, seja no ramo econômico-financeiro a fim de garantir a aplicação prática e o cumprimento do plano de pagamento dos credores pelo consumidor superendividado. Além disso, é necessário criar sistemas eficientes de monitoramento e fiscalização para garantir o acatamento da lei e a proteção dos direitos dos consumidores.

Como observa Marques,[19] a Lei 14.181/2021 representa um marco importante na proteção dos consumidores superendividados no Brasil, mas ainda é preciso avançar na sua aplicação prática para garantir a justiça e a equidade na negociação das dívidas e a proteção dos direitos fundamentais dos consumidores. Para isso, é necessário um esforço conjunto de todos os atores envolvidos – governo, empresas, profissionais e sociedade civil – para garantir que a lei seja efetivamente aplicada e que os consumidores superendividados recebam o tratamento justo e digno que merecem.

Diante o exposto, a Lei do Superendividamento é um avanço significativo na proteção dos consumidores brasileiros, mas sua aplicação prática enfrenta desafios complexos que exigem a mobilização de recursos, esforços e compromissos por parte de todos os envolvidos. A definição clara do mínimo existencial, a elaboração justa e viável do plano de pagamento e a fiscalização eficaz das empresas cessionárias de crédito são algumas das questões que precisam ser enfrentadas para garantir a efetiva proteção dos direitos dos consumidores superendividados no Brasil.

---

19. MARQUES, Claudia Lima. Breve introdução à Lei 14.181/2021 e a nova noção de superendividamento do consumidor. In: BENJAMIN, Antonio Herman et al. Comentários à Lei 14.181/2021: a atualização do CDC em matéria de superendividamento. São Paulo: Thomson Reuters-Brasil, 2021, p. 36-43.

4. CONCLUSÃO

O superendividamento, como mostrado ao longo deste breve estudo, é um problema crescente em todo o mundo, afetando milhões de pessoas que se encontram em uma situação financeira difícil e, muitas vezes, desesperadora. A importância do tema é evidente, visto que o superendividamento pode levar a uma série de consequências negativas, como o aumento do estresse, da ansiedade e da depressão, além de problemas jurídicos e sociais. Dessa forma, é fundamental que sejam criadas soluções para ajudar as pessoas a superar o superendividamento e recuperar a estabilidade financeira, um passo importante para a superação deste obstáculo, no Brasil, foram os avanços trazidos pela Lei 14.181/2021 e todo o escopo regulatório que atua em conjunto a essa norma.

Ademais, como discutido o crédito é uma ferramenta importante para o desenvolvimento econômico e social, mas seu uso inconsequente pode levar ao superendividamento. Logo, é necessário que os indivíduos compreendam a importância de um planejamento financeiro adequado para evitar o endividamento excessivo, a fim de não comprometer seu bem-estar financeiro e sua qualidade de vida.

Outra questão trabalhada no artigo e que merece atenção, são as causas do superendividamento, as quais revelaram ser complexas e incluírem fatores psicológicos e socioeconômicos. Entre os fatores psicológicos, destacam-se o comportamento consumista impulsivo e a falta de planejamento financeiro, aliado a uma sociedade do consumo que a todo momento estimula a aquisição de bens e produtos de maneira precipitada e não racional. Já entre os fatores socioeconômicos, destacam-se a perda de emprego, a redução da renda familiar e o aumento dos juros. Nessa conjuntura, é preciso que sejam desenvolvidas soluções, por meio de deliberações do poder público, como exemplo a própria Lei 14.181/20121, que abordem esses fatores e, uma vez decifradas as causas, seja possível tecer soluções eficazes com intuito de ajudar as pessoas a não sucumbirem ao estágio de superendividamento ou se assim se encontram, poderem enxergar perspectivas para superar esse problema.

Em sequência, como supramencionado, em 2021, foi aprovada no Brasil a Lei 14.181/2021, que trata do superendividamento e estabelece regras para a renegociação de dívidas e a proteção dos consumidores em situação de endividamento excessivo. A nova lei é uma importante conquista para os consumidores brasileiros e representa um avanço na proteção dos direitos dos consumidores em situação de vulnerabilidade financeira estendendo a proteção e a compreensão de vulnerabilidade do consumido, conceito outrora abordado pelo Código de Defesa do Consumidor.

Nesse sentido, os objetivos da Lei 14.181/2021 incluíram a criação de um procedimento de renegociação de dívidas e a possibilidade de se recorrer a um processo judicial de homologação de acordo extrajudicial. Além disso, a lei criou a figura do mediador de superendividamento, que tem a função de auxiliar os consumidores em situação de endividamento excessivo a renegociar suas dívidas. Em linhas gerais, a Lei do Superendividamento entrou em vigor com o objetivo de aperfeiçoar a disciplina do crédito ao consumidor e dispor sobre a prevenção e o tratamento do superendividamento.

A implementação adequada das disposições da Lei do Superendividamento tem sido desafiadora, especialmente em relação à definição do mínimo existencial e à criação de um plano de pagamento viável para os consumidores superendividados. No entanto, a nova lei representa um avanço importante para a proteção dos direitos dos consumidores e para a promoção da estabilidade financeira.

Por fim, justo dizer que apesar dos desafios e das necessidades de aperfeiçoamento, a Lei 14.181/2021 é um símbolo que representa uma conquista considerável para os consumidores brasileiros e traduz um avanço na proteção dos direitos dos consumidores em situação de vulnerabilidade financeira. Isso dito, é essencial que sejam implementadas, na prática, soluções efetivas para auxiliar os indivíduos a superar o superendividamento e recuperar a estabilidade financeira, por meio de um planejamento financeiro adequado e de uma abordagem integrada dos fatores psicológicos e socioeconômicos.

REFERÊNCIAS

ALENCAR JÚNIOR, Emílison Santana. *Critérios objetivos para definição do mínimo existencial previsto na Lei 14.181/2021. 2023.* Dissertação (Mestrado) – Universidade de Brasília, 2023.

BAPTISTA, Gustavo Henrique Andrade. *A vulnerabilidade e sua repercussão no superendividamento do consumidor.* 2014. Dissertação (Pós-graduação) – Universidade Federal de Pernambuco, 2014.

CALAIS-AULOY, Jean. *Code de la consommation.* Annotations de jurisprudence et bibliographie. Paris: Dalloz, 2000.

COSTA, Geraldo de Faria Martins da. *Superendividamento*: a proteção do consumidor de crédito em direito comparado brasileiro e francês. São Paulo: Ed. RT, 2002.

COSTA, Geraldo de Faria Martins da. Superendividamento: solidariedade e boa-fé. In: MARQUES, Claudia Lima, CAVALLAZZI, Rosângela Lunardelli (Coord.). *Direitos do Consumidor Endividado*: Superendividamento e Crédito. São Paulo: Ed. RT, 2006.

HOUAISS, Antônio. *Dicionário Houaiss da língua portuguesa.* Rio de Janeiro: Objetiva, 2009.

HOUSEL, Morgan. *A Psicologia Financeira.* Rio de Janeiro: Intrínseca, 2020.

KAHNEMAN, D. *Rápido e devagar*: duas formas de pensar. Trad. Cássio de Arantes Leite. Rio de Janeiro: Objetiva, 2012.

KHAYAT, Danielle. *Le droit du surendettement des particuliers.* Paris: LGDJ, 1997.

LEITÃO MARQUES, M. M. et al. *O endividamento dos consumidores.* Lisboa: Almedina, 2000

LIMA, Clarissa Costa de. *O tratamento do superendividamento e o direito de recomeçar dos consumidores.* São Paulo: Ed. RT, 2014.

MARQUES, Maria Manuel Leitão; NEVES, Vitór; FRADE Catarina; LOBO, Flora; PINTO, Paula; CRUZ, Cristina. *O Endividamento dos Consumidores.* Coimbra: Almedina, 2000.

MARQUES, CLAUDIA LIMA. Breve introdução à Lei 14.181/2021 e a nova noção de superendividamento do consumidor. In: BENJAMIN, Antonio Herman et al. *Comentários à Lei 14.181/2021*: a atualização do CDC em matéria de superendividamento. São Paulo: Thomson Reuters-Brasil, 2021.

MARQUES, C. L. Sugestões para uma lei sobre tratamento do superendividamento de pessoas físicas em contratos de crédito ao consumo: proposições com base em pesquisa empírica de 100 casos no Rio Grande do Sul. In: MARQUES, Claudia Lima et CAVALLAZZI, Rosângela Lunardelli (Coord.). *Direitos do Consumidor Endividado*: superendividamento e crédito. São Paulo: Ed. RT, 2006.

MARTIN, Felix. *Money: unauthorized biography*. Random House, 2013.

PAISANT, Gilles. A Reforma do Procedimento de Tratamento do Superendividamento pela Lei de 29 de Julho de 1998, Relativa a Luta contra as Exclusões. In: MARQUES, Claudia Lima, CAVALLAZZI, Rosângela Lunardelli (Coord.). *Direitos do Consumidor Endividado*: Superendividamento e Crédito. São Paulo: Ed. RT, 2006.

SANTOS, Paulo Márcio Reis; GREVE, Regina; MATOS, Sumaia Tavares de Alvarenga. Contribuições da análise econômica do direito para a tomada de decisões do consumidor: um estudo sobre a prevenção e tratamento do superendividamento. *Revista de Direito, Globalização e Responsabilidades nas Relações de Consumo*. Comitê Científico Double Blind Review pelo SEER/OJS. 2022.

SANTOS, Paulo Márcio Reis; COSTA, Flávia Guimarães Campos Paulino da; CAMPOLINA, Roberta Maciel. Superendividamento do consumidor na pandemia: análise crítica do projeto de lei do Senado sobre a limitação de juros do cartão de crédito e cheque especial. *Revista Meritum*, Belo Horizonte, v. 15, n. 2, p. 308-320, maio/ago. 2020. DOI: https://doi.org/10.46560/meritum. v15i2.8267.

TRUNER, Graham. *The Credit Crunch*: Housing Bubbles, Globalisation and the Worldwide Economic Crisis. Pluto Press, 2008.

NOVA LEI DE PROTEÇÃO DOS SUPERENDIVIDADOS: DAS ORIGENS NA PESQUISA JURÍDICA AOS DESAFIOS NA BUSCA PELA EFETIVIDADE

André Perin Schmidt Neto

Pós-doutor em Direito pela Università degli Studi di Salerno/Itália e em Filosofia pela Pontifícia Universidade Católica do Rio Grande do Sul. Doutor e Mestre pela Universidade Federal do Rio Grande do Sul, especialista em Direito do Consumidor e Direitos Fundamentais pela mesma Universidade. Atualmente é professor da Universidade Federal do Rio Grande do Sul (UFRGS), professor da Pós-Graduação Lato Sensu em diversas instituições, bem como autor de livros e artigos jurídicos.

Guilherme Mucelin

Pós-doutorando em Direito pela Universidade Federal Fluminense (UFF). Doutor, com período de pesquisa na Universidade Nova de Lisboa, e mestre em Direito pela Universidade Federal do Rio Grande do Sul (UFRGS); especialista em Direito do Consumidor e Direitos Fundamentais pela UFRGS, em Droit comparé et européen des contrats et de la consommation pela Université de Savoie Mont-Blanc e em Direito do Consumidor pela Universidade de Coimbra. Pesquisador voluntário do Observatório de Crédito e Superendividamento UFRGS/Ministério da Justiça (2012-2013). Diretor de e-commerce e plataformização das relações humanas do BRASILCON. Assessor do Comitê Estratégico de Proteção de Dados Pessoais do Ministério Público do Estado do Rio de Janeiro.

Sumário: 1. Introdução – 2. Superendividamento em foco: o longo caminho até a Lei 14.181/2021; 2.1 A força obrigatória dos pactos e a assimetria nas relações de consumo; 2.2 Trajetória do enfrentamento do superendividamento: da pesquisa à lei – 3. Fundamentos do tratamento dos consumidores superendividados e a sua efetividade; 3.1 Alguns elementos fundamentais da Lei do Superendividamento; 3.2 Instrumentos de efetividade: revisão, tratamento global de dívidas e planos de pagamento – 4. Considerações finais – Referências.

1. INTRODUÇÃO

A Lei brasileira que trata sobre a prevenção e o tratamento do superendividamento, Lei 14.181/2021, foi promulgada em momento oportuno, em julho de 2021. Neste período, uma ampla parcela dos consumidores brasileiros se encontrava excessivamente endividada por uma série de fatores, muitos dos quais remontavam ao abalo financeiro advindo da crise sanitária internacional de coronavírus, que perdura até os dias de hoje.

Nesta conjuntura e diante desta alarmante realidade, a nova Lei surge como um importante avanço na proteção dos consumidores em situação de vulnerabilidade – sobretudo – econômica, a preservar-lhes o mínimo para que esses sujeitos vivam com dignidade, impondo deveres de cuidado e de colaboração aos fornecedores de crédito.

Por intermédio dela, novos instrumentais no que tange às obrigações foram erigidos, como o processo de repactuação de dívidas, a consideração acerca da globalidade dos passivos e a elaboração de um plano de pagamento, a fim de oportunizar ao consumidor não um perdão, mas uma maneira ponderada de cumprir com o que se comprometeu, sem abusividades.

Refira-se, entretanto, que o superendividamento não é um fenômeno novo, tampouco está subordinado aos efeitos econômicos do período pandêmico. Seus estudos, no Brasil, datam de mais de duas décadas, contando com o apoio de redes de pesquisas nacionais e internacionais para a realização de análises adequadas ao contexto do ordenamento jurídico brasileiro sobre o fenômeno, representando um longo, porém firme, caminhar até o vigor da Lei que atualiza, justamente, o Código de Defesa do Consumidor neste aspecto. E é disto que se ocupa este capítulo: da trajetória, dos elementos e dos instrumentos essenciais da Lei 14.181/21, com vistas à harmonia entre crédito e consumo, entre mercado e proteção do mínimo existencial.

Neste caminho, o artigo foi dividido em duas partes, cada uma subdivida em dois itens. A primeira parte dedica-se a verificar o longo caminho da Lei, desde um contexto de (2.1) renovação da teoria contratual e da assimetria intrínseca das relações de consumo, até, efetivamente, o (2.2) histórico da pesquisa que culminou na norma. Já na segunda parte, (3.1) abordam-se os elementos-chave introduzidos no ordenamento jurídico pela atualização do CDC para, após, (3.2) serem trazidos os instrumentais à disposição dos consumidores para fazer frente às situações de superendividamento e, sem exaurir o tema, identificar os desafios à sua plena efetividade. Vejamos.

2. SUPERENDIVIDAMENTO EM FOCO: O LONGO CAMINHO ATÉ A LEI 14.181/2021

O superendividamento é um fenômeno que afeta consumidores e suas famílias em todo o mundo e, no contexto brasileiro, sua prevalência se torna ainda mais preocupante em virtude das desigualdades socioeconômicas e da crescente oferta de crédito irresponsável e predatória. Atualmente, há remédios – aqueles instituídos pela Lei 14.181/21, a qual acrescentou no Código de Defesa do Consumidor capítulo especial destinado à prevenção e ao tratamento do superendividamento. Todavia, a trajetória não foi fácil, também não ocorreu de maneira instantânea. É a partir das evoluções da teoria contratual, bem como do reconhecimento da vulnerabilidade dos consumidores, que se tornou possível buscar soluções – da pesquisa à Lei – para o enfrentamento deste grave problema social, conforme será analisado a seguir.

2.1 A força obrigatória dos pactos e a assimetria nas relações de consumo

Por muitos anos, a aplicação inflexível do *pacta sunt servanda* impediu a revisão das obrigações, uma vez que a teoria contratual voluntarista se baseava na autonomia das partes – que se pressupunha condições de igualdade/simetria – e na decorrente força obrigatória dos contratos. A imutabilidade dos termos do acordo visando à segurança jurídica ignorou a assimetria das relações até ser posta à prova pelas guerras e revoluções do século XX, que culminaram em renovações da teoria contratual que também foram compreendidas como crises.[1]

Na realidade contemporânea das relações comerciais, os contratos deixaram de representar a expressão da autonomia privada das partes em consenso. Na sua imensa maioria, os contratos no mercado de consumo, hoje, são de adesão, impedindo ao consumidor, inserido em uma sociedade de massa, a participar da sua elaboração, discutir ou intervir efetivamente no conteúdo de suas cláusulas.[2] As técnicas de contratação de serviços também não mais correspondem ao modelo clássico de contrato. Quando envolve fornecimento crédito, o risco de o consumidor assumir mais dívidas do que pode pagar, mais do que real, é frequente e estimulada por requintados aparatos publicitários e por práticas predatórias, muitas das quais com o auxílio de sofisticadas tecnologias,[3] especialmente daqueles consumidores que têm sua vulnerabilidade, por algum fator, agravada.[4]

As relações de consumo de crédito, assim como as de consumo de modo geral, são, de fato, relações anônimas e despersonalizadas nas quais as pessoas são classificadas pela sua capacidade de consumir – o que tem se verticalizado devido às recentes tecnologias disponíveis que se tornaram constitutivas nos modelos de negócios atuais.[5] Assim é a sociedade de massas, hoje. Apesar das duras críticas, o fato é que o modelo capitalista se adaptou às crises.[6] Graças ao crédito, à "bancarização digital" por meio de *fintechs* e congêneres, à facilitação do acesso a novos serviços (Pix, investimentos

---

1. Neste sentido, veja: SILVA, Joseane Suzart Lopes da; TEIXEIRA, Rafael Carneiro d'Ávila; SOUZA, Bruno Moitinho Andrade de. *Crises contratuais do consumo*. Salvador: Paginae, 2016.
2. MARQUES, Claudia Lima. Novas regras sobre a proteção do consumidor nas relações contratuais. *Revista de Direito do Consumidor*, v. 1, p. 27, jan./mar. 1992. "Nas sociedades de consumo, com seu sistema de produção e de distribuição em massa, as relações contratuais se despersonalizaram, aparecendo os métodos de contratação e standardizados, como os contratos de adesão e as condições gerais dos contratos. Hoje esses métodos predominam em quase todas as relações entre empresas e consumidores, deixando claro o desnível entre os contratantes – um, autor efetivo das cláusulas, e outro, simples aderente. É uma realidade social bem diversa daquela do século XIX, que originou a concepção clássica e individualista de contrato, presente em nosso Código Civil de 1917. Ao Estado coube, portanto, intervir nas relações de consumo, reduzindo o espaço para a autonomia de vontade, impondo normas imperativas de maneira a restabelecer o equilíbrio e a igualdade de forces nas relações entre consumidores e fornecedores".
3. BRITO, Dante Ponte de; SANTOS, Lucas Emmanuel Fortes dos. A inteligência artificial (IA) das redes sociais como fator de indução ao superendividamento do usuário-consumidor. *Revista de Direito do Consumidor*, v. 144, p. 395-416, nov./dez. 2022.
4. Veja, por exemplo, o caso dos idosos: MARTINS, Robson; BARLETTA, Fabiana Rodrigues. O direito à moradia das pessoas idosas e o superendividamento: dignidade e patrimônio mínimo. *Revista de Direito do Consumidor*, v. 143, p. 43-67, set./out. 2022.
5. O que dá causa ao que Zuboff denomina de capitalismo de vigilância: ZUBOFF, Shoshana. *A era do capitalismo de vigilância*: a luta por um futuro humano na nova fronteira do poder. Rio de Janeiro: Intrínseca, 2021.
6. Mais recentemente a crise de 2007 a 2009. LACOURSIÈRE, Marc. Prevenção e tratamento do superendividamento dos consumidores: empréstimos hipotecários no Canadá e no Quebec. *Revista de Direito do Consumidor*. São Paulo: Ed. RT, ano 25, v. 103, p. 176, jan./fev. 2016. Também nesse sentido, se referindo à virada tecnológica e à reinvenção do capitalismo: SRNICEK, Nick. *Platform capitalism*. Cambridge: Polity Press, 2017.

por *apps*) e à moeda virtual, o sistema econômico que autoriza a exploração dos vulneráveis se mantém.[7]

Neste contexto é que se faz necessário constatar a existência de uma verdadeira economia do endividamento. Daqui, refere-se que o endividamento passa a desempenhar um papel central na atividade econômica e no comportamento dos consumidores,[8] cujas consequências futuras e não imediatas da contratação do crédito não são facilmente captadas por uma série de fatores, preponderando de forma básica a sua vulnerabilidade jurídico-científica com relação a conhecimentos especializados acerca de seus direitos, economia e contabilidade,[9] por exemplo.

Nesta economia, incentiva-se o consumo e se oferece crédito de maneira irresponsável, considerando que muitos consumidores ou não têm capacidade financeira para quitar com a globalidade das suas dívidas, sendo sabido ou ignorado pela concedente em afrontosa violação à boa-fé e aos deveres daí oriundos, como o de cooperação e lealdade, ou são acometidos por algum "acidente da vida"[10] que compromete sua capacidade de liquidez. Em um nível micro, representa a exclusão social do consumidor e, em um nível macro, contribui para uma instabilidade do sistema financeiro, de modo a catalisar crises econômicas. Daí que, mais recentemente, se reconheceu o superendividamento[11] como um fenômeno a ser equacionado por diferentes frentes, visto que afeta a toda a população.

Nos Estados Unidos, nesse sentido, os doutrinadores identificaram que o superendividamento tem aparecido cada vez com mais frequência entre a classe média.[12] Para eles, a democratização do crédito (*democratization of credit*), decorrente de um alto volume de crédito disponível, explica esta recorrente situação de superendividamento

---

7. "Ocorre que hoje mais de 65% dos créditos e compras a prazo, seja na concessão, seja no pagamento são feitos à distância, seja pelo comércio eletrônico, seja pelo PIX, cartões, Fintechs, maquininhas etc.". MARQUES, Claudia Lima. Um consumidor digital e superendividado: pela aprovação do PL 3514/2015. *Boletim Revista dos Tribunais Online*, v. 37, mar. 2023.

8. OLIVEIRA, Amanda Flávio de; CARVALHO, Diógenes Faria de. Vulnerabilidade comportamental do consumidor: por que é preciso proteger a pessoa superendividada. *Revista de Direito do Consumidor*, v. 104, p. 181-201, mar./abr. 2016.

9. "Já a vulnerabilidade jurídica ou científica146 é falta de conhecimentos jurídicos específicos, conhecimentos de contabilidade ou de economia. Esta vulnerabilidade, no sistema do CDC, é presumida para o consumidor não profissional e para o consumidor pessoa física". MARQUES, Claudia Lima. *Contratos no Código de Defesa do Consumidor*. São Paulo: Ed. RT, 2019. RB-2.1.

10. Acidentes da vida são eventos imprevistos que ocorrem devido a fatores externos e alheios à vontade e à conduta do consumidor. Esses eventos têm o potencial de impactar negativamente a situação financeira e o bem-estar emocional do indivíduo e de seu núcleo familiar. Eles podem incluir, mas não estão limitados a desemprego involuntário, acidentes ou doenças, morte de um membro da família, separação ou divórcio, desastres naturais e pandemias, contribuindo às situações de superendividamento.

11. "Por que esse sistema ainda não desabou completamente? A quem ele deve sua sobrevivência provisória? Essencialmente, ao crédito. Em face das dificuldades crescentes ao longo do século para financiar a valorização da força de trabalho, portanto para investir em capital fixo recorrer ao crédito cada vez mais massivo não constituía uma aberração; era inevitável". JAPPE, Anselm. *Crédito à morte*: a decomposição do capitalismo e suas críticas. Trad. Robson J. F. de Oliveira. São Paulo: Hedra, 2013. p. 51.

12. WARREN, Elizabeth. A new conversation about the middle class. *Harvard Journal of Legislation*, Winter, 2007. Disponível em: http://www.westlaw.com. p. 1.

de famílias desta classe,[13] que é principal consumidora desses serviços. O problema é que, enquanto a classe média americana representa grande parte de sua população, em países como o Brasil, a maioria da população tem renda de classe baixa, pois o índice de pobreza é comparativamente maior, apresentando crescimento.[14] Assim, entre nós, grande parte da população com acesso ao crédito é pobre e de baixa instrução, o que aumenta ainda mais as chances de superendividamento.

Observa-se que, em nosso país, o hábito do uso do cartão de crédito e do limite da conta corrente fez com que o endividamento se tornasse um modo de vida.[15] Mas não necessariamente de maneira voluntária por parte do consumidor, mas em função de uma série de conjunturas que acabam por refletir em necessidades básicas, considerando, a título de ilustração dentre os diversos fatores possíveis, o desemprego, baixos salários, desproteção do trabalhador e, mais recentemente, a crise pandêmica do coronavírus.[16]

Essas mudanças de comportamento nas relações de mercado se refletiram nas disposições normativas do Código de Defesa do Consumidor, com adoção, à época de uma "nova teoria contratual" que valorizou e deu destaque aos princípios como o da boa-fé[17] e da confiança. Tais princípios, que se aplicam desde o momento pré-contratual (trans-

---

13. BRAUCHER, Jean. Book Review. WARREN, Elizabeth; TYAGI, Amelia Warren. The two-income trap: why middle-class mothers and fathers are going broke. *Emory Bankruptcy Developments Journal*, 2004. Disponível em: http://www.westlaw.com. p. 1 e 9.

14. Veja a preocupando situação do mapa da pobreza no Brasil: "O contingente de pessoas com renda domiciliar per capita até 497 real mensal atingiu 62,9 milhões de brasileiros em 2021, cerca de 29,6% da população total do país. Este número em 2021 corresponde 9,6 milhões a mais que 2019, quase um Portugal de novos pobres surgidos ao longo da pandemia. A pobreza nunca esteve tão alta no Brasil quanto em 2021, desde o começo da série histórica em 2012, perfazendo uma década perdida. O ano de 2021 é ponto de máxima pobreza dessas series anuais para uma variedade de coletas amostrais, conceitos de renda, indicadores e linhas de pobreza testados". NERI, Marcelo C. *Mapa da Nova Pobreza*. Rio de Janeiro: FGV, jun. 2022. Disponível em: https://cps. fgv.br/MapaNovaPobreza. Acesso em: 27 mar. 2023.

15. Centro de Estudos Sociais da Faculdade de Economia da Universidade de Coimbra. *Endividamento e Sobreendividamento das Famílias Conceitos e Estatísticas para a sua Avaliação*. Disponível em: http://www.oec.fe.uc.pt/biblioteca/pdf/pdf_estudos_realizados/estudo_parte2%20cap_1.pdf. Acesso em: 09 jul. 2007. p. 20. Interessante salientar um aspecto levantado por este relatório que afirma que não se pode considerar como sendo fornecimento de crédito ao consumo, quando da realização de pesquisas estatísticas, todas as operações realizadas com o cartão de crédito, pois se deve distinguir quando ele é utilizado como mero meio de pagamento e quando efetivamente serve de crédito ao consumo, sob pena de "sobreavaliar o endividamento dos particulares." Centro de Estudos Sociais da Faculdade de Economia da Universidade de Coimbra. *Endividamento e Sobreendividamento das Famílias Conceitos e Estatísticas para a sua Avaliação*. Disponível em: https://bit.ly/3JIXWZa. Acesso em: 09 jul. 2023. p. 21.

16. "37% das pessoas precisaram recorrer ao empréstimo ou dinheiro emprestado, com destaque para empréstimo pessoal (fev. 21:35% – fev. 22: 44%) e empréstimo com amigos, familiares ou conhecidos (fev. 21:49% – fev. 22:35%). A quantia solicitada foi de até R$ 3.500,00 (58%) e a maior parte dos entrevistados (63%) optou pelo parcelamento em até 24 meses". SERASA. *Os impactos da pandemia no bolso dos brasileiros*. Disponível em: https://www.serasa.com.br/imprensa/os-impactos-da-pandemia-no-bolso-dos-brasileiros/. Acesso em: 27 mar. 2023.

17. CDC. Art. 4º A Política Nacional das Relações de Consumo tem por objetivo o atendimento das necessidades dos consumidores, o respeito à sua dignidade, saúde e segurança, a proteção de seus interesses econômicos, a melhoria da sua qualidade de vida, bem como a transparência e harmonia das relações de consumo, atendidos os seguintes princípios: (...) III – harmonização dos interesses dos participantes das relações de consumo e compatibilização da proteção do consumidor com a necessidade de desenvolvimento econômico e tecnológico,

parência da oferta e publicidade e o respeito ao direito de informação do consumidor), até a celebração e execução do contrato, também devem incidir no pós-contrato, em situações em que o consumidor endividado necessita reconstruir sua vida econômico-financeira para garantir a proteção ao mínimo existencial.

De fato, pelo CDC, os contratos não obrigam consumidores se não lhes for dada a oportunidade de tomar conhecimento prévio do conteúdo ou se estiverem redigidos de modo a dificultar a perfeita compreensão[18] das cláusulas. Contratos de adesão devem ser escritos em linguagem clara e letras legíveis, de modo a facilitar o entendimento do seu conteúdo pelo consumidor: as estipulações contratuais que imponham obrigações ao consumidor devem ser redigidas com destaque. A par disso, a lei considera nulas, sem qualquer valor jurídico, as cláusulas ditas abusivas elencadas no artigo 51 do CDC,[19] ampliado pela nova lei de proteção ao superendividado (Lei 14.181/21) que veio a atualizar o Código e a inaugurar um capítulo dedicado à prevenção e ao tratamento do superendividamento.

Em síntese, as normas do CDC relativas à proteção do consumidor objetivam que as relações contratuais sejam pautadas pela lealdade e transparência, observância das legítimas expectativas inerentes ao negócio, com definição clara dos direitos e das obrigações das partes, resguardando também para que o contrato não seja instrumento de obtenção de vantagem exagerada por parte do fornecedor,[20] mas que seja um "espaço" de concretização de direitos fundamentais.

O CDC, desde a promulgação da Lei 8.078/1990, vem cumprindo tais objetivos, mas foi com a aprovação da nova lei do superendividamento que este estatuto passou a regular o acesso ao crédito e, principalmente, instituir meios para o tratamento daqueles que se encontram nesta dramática situação. Deste modo, se faz necessário rememorar a longa trajetória das iniciativas que, neste âmbito, culminaram na Lei.

2.2 Trajetória do enfrentamento do superendividamento: da pesquisa à Lei

Quando se fala de superendividamento, é comum que se refira que a Lei 14.181/21 foi criada para fazer frente à situação de recessão econômica advinda da crise sanitária mundial deflagrada em 2020, devido ao momento em que entrou em vigor. É de se destacar, no entanto, que o gérmen que originou a norma data de quase duas décadas

---

de modo a viabilizar os princípios nos quais se funda a ordem econômica (art. 170, da Constituição Federal), sempre com base na boa-fé e equilíbrio nas relações entre consumidores e fornecedores.

18. CDC. Art. 46. Os contratos que regulam as relações de consumo não obrigarão os consumidores, se não lhes for dada a oportunidade de tomar conhecimento prévio de seu conteúdo, ou se os respectivos instrumentos forem redigidos de modo a dificultar a compreensão de seu sentido e alcance.

19. CDC. Art. 51. Art. 51. São nulas de pleno direito, entre outras, as cláusulas contratuais relativas ao fornecimento de produtos e serviços que: (...).

20. Do Canto, Flávia. *Da efetividade dos Órgãos de Defesa do Consumidor*. O Direito das Obrigações na Contemporaneidade: Estudos em homenagem ao Ministro Ruy Rosado de Aguiar Júnior; MELGARE, Plinio (Org.). Livraria do Advogado, Porto Alegre, 2014.

anteriores à sua promulgação, passando por uma rica história universitária, judiciária e legislativa, conforme veremos.[21]

A universidade e, para nós, a faculdade de Direito – e a pesquisa que nela se faz – desempenham um papel fundamental no enfrentamento de problemas sociais. Por meio de atividades de ensino, pesquisa e extensão, de inúmeras maneiras se contribui para a compreensão de questões complexas, buscando-se resolução, por vezes inspirada no direito estrangeiro,[22] para as pautas que demandam atuação de todos os setores sociais. Neste sentido, a atenção acerca do superendividamento no Brasil se iniciou no início do milênio, no Grupo de Pesquisa CNPq "Mercosul, Direito do Consumidor e Globalização" da Faculdade de Direito da Universidade Federal do Rio Grande do Sul, liderado pela professora Dra. Claudia Lima Marques, em conjunto com o Núcleo Civil da Defensoria Pública do Estado do Rio Grande do Sul.

Nestas instituições, entre os anos de 2003 e 2004 foi realizada a primeira pesquisa de direito comparado e empírica[23] sobre superendividamento, com cem casos pessoas naturais residentes no estado do Rio Grande do Sul. Com auxílio pesquisadores de redes internacionais (especialmente França, Alemanha e Bélgica), foi organizado um comitê de pesquisa sobre o tema com diferentes acadêmicos e profissionais em diferentes níveis (doutorandos, mestrandos, alunos de iniciação científica, juízes, advogados, defensores públicos), a fim de analisar o perfil do consumidor superendividado no Brasil em todas as classes sociais, bem como verificar o tratamento jurídico do superendividamento em outros países, notadamente França e Estados Unidos.

A pesquisa comprovou, dentre outras coisas, a necessidade do estabelecimento de formas de conciliação de dívidas de modo global, isto é, a repactuação dos passivos do

---

21. Não é a finalidade do presente capítulo elaborar uma evolução história completa da Lei do Superendividamento. Interessa-nos destacar os principais pontos que, a nosso ver, contribuíram significativamente à aprovação da norma. Neste sentido, reconhecemos que o Projeto foi levado a cabo por inúmeras pessoas e instituições e aproveitamos a oportunidade para parabenizarmos a atuação de todos os envolvidos neste importante marco jurídico de inclusão econômico-financeira e social dos consumidores na sociedade que, de fato, é de consumo.

22. Neste sentido, a análise comparativa em relação ao direito francês e direito norte-americano, especialmente no capítulo 2: BERTONCELLO, Káren Rick Danilevicz. *Superendividamento do Consumidor*: mínimo existencial – casos concretos. São Paulo: Ed. RT, 2015.

23. "Quanto à metodologia da pesquisa empírica realizada pelo Grupo de Pesquisa CNPq Mercosul e Direito do Consumidor, em conjunto com mestrandos do PPGD/UFRGS e com a ajuda dos defensores públicos, mister esclarecer que elaboramos um questionário desidentificado, muito inspirado na pesquisa portuguesa, de forma a mapear toda a situação pessoal e familiar do consumidor, o global de suas dívidas, a sua situação salarial e familiar deste consumidor, quantos credores tem, quanto paga por mês (para saber se a ideia francesa da necessidade do consumidor reter um mínimo existencial, o *restre à vivre*, existe no Brasil), como foi atingido pela publicidade do crédito, e também, para saber se as normas do Código de Defesa do Consumidor (Lei 8.078/90) estão sendo cumpridas com a população mais pobre e se a concessão de crédito foi feita de forma responsável e de boa-fé, se o consumidor recebeu informações do art. 52 do CDC e a cópia do contrato, e quando; se concedeu garantias e quais, se comprovou seus rendimentos e quando se tentou negociar com o credor ou com intervenção do Estado, de associações de defesa do consumidor, antes de recorrer à Defensoria Pública. Um total de 24 perguntas e subperguntas, fechadas e abertas... O levantamento foi feito pelos colegas defensores em 10 comarcas, na capital e no interior, cidades pequenas e grandes, em 100 casos". MARQUES, Claudia Lima. Dados das pesquisas empíricas do PPGD UFRGS. In MARQUES, Claudia Lima; LIMA, Clarissa Costa de; VIAL, Sophia Martini. *Comentários à Lei 14.181/2021*: a atuação do CDC em matéria de superendividamento. São Paulo: Ed. RT, 2022. RB-10.1.

consumidor pessoa natural para que se preserve o mínimo existencial para uma existência digna, já que verificado que a abordagem francesa era mais adequada à realidade do Brasil e do seu ordenamento jurídico, por prezar pela reeducação financeira do sujeito e pela elaboração de um plano de pagamento que não perdoa dívidas, mas possibilidade o seu adimplemento.[24] Mas foi necessário mais; foi preciso levar a cabo os resultados das pesquisas e colocar a adaptação da inspiração do modelo francês em prática.

Nesse sentido, duas magistradas, então mestrandas à época (hoje doutoras pela UFRGS), aplicaram os resultados de suas pesquisas ao implementar um projeto-piloto de conciliação voluntária entre devedores de boa-fé e todos os seus credores, com audiências realizadas a partir do esforço conjunto de servidores do Poder Judiciário, do PPGD UFRGS, do movimento donas de casa, dos PROCONs e da Cruz Vermelha, também com apoio da Escola Superior da Magistratura (AJURIS) e Defensoria Pública do Rio Grande do Sul. A isto se seguiu, em 2010, a criação do Observatório de Crédito e Superendividamento do Consumidor (OCSC) UFRGS-Ministério da Justiça, um projeto de extensão, cujo objetivo foi e é diagnosticar os principais problemas no que tange à concessão de crédito, bem como a troca de experiência sobre ações de políticas públicas e outras iniciativas relacionadas ao tratamento e à prevenção do superendividamento.[25]

Em dezembro de 2010, foi instituída uma Comissão de Juristas para apresentar anteprojeto de aperfeiçoamento do CDC no que concerne ao superendividamento e à disciplina de crédito dos consumidores, presidida pelo Min. do Superior Tribunal de Justiça, Herman Benjamin. Com um ano de meio de atuação, foram oferecidos anteprojetos e sugestões de melhorias no Código, contando com audiências públicas em várias regiões do país e com a presença de ilustres juristas, políticos, setores diretamente interessados e sociedade civil de modo bastante amplo, consagrando o espírito do debate democrático sobre a importância do crédito e sua disciplina jurídica.

O Projeto de Lei do superendividamento, no Senado Federal, recebeu o número 283, no ano de 2012, sendo aprovado por unanimidade. Quando encaminhado à Câmara dos Deputados (renumerado para PL 3515), em 2015, sofreu algumas modificações em um lapso temporal de mais cinco anos, atualizando-o pela utilização de diversificados fontes, nacionais e internacionais, inclusive contemporâneas ao trâmite. Conforme salientam Benjamin, Marques, Lima e Vial, a "conclusão parece ser no sentido que aprender com o sucesso de outras sociedades, adaptando tais normas à nossa realidade e contexto foi

---

24. Nesse sentido, Clarissa Costa de Lima traz apontamentos do Relatório da Comissão de Juristas: A Comissão de Juristas instituída para a atualização do Código de Defesa do Consumidor, concluiu que: "(...) o modelo norte-americano do *fresh start* (falência total, com o perdão das dívidas, após a venda dos bens disponíveis, de forma a permitir um recomeço para o consumidor superendividado e sua reinclusão no consumo) é por demais avançado para ser implantado no Brasil, uma sociedade que já conhece leis do bem de família e de limites à liquidação dos bens dos consumidores. Melhor parece ser o modelo francês". LIMA, Clarissa Costa de. *O tratamento do superendividamento e o direito de recomeçar dos consumidores.* São Paulo: Ed. RT, 2014. 3º capítulo.

25. MARQUES, Claudia Lima. Primeiros 134 casos de conciliação no superendividamento da Lei 14.181/2021: comparação com os dados anteriores do Observatório do Crédito e Superendividamento da UFRGS. *Revista de Direito do Consumidor*, São Paulo, v. 145, p. 17-40, jan./fev. 2023.

o caminho seguido", finalmente encontrando um ponto de consenso entre os interesses dos fornecedores de crédito e o movimento consumerista.[26]

Com a pressão fática, à época, da instalação de nova crise econômica em razão da já mencionada pandemia, a Lei foi aprovada e promulgada no dia 1º de julho de 2021, "para aperfeiçoar a disciplina do crédito ao consumidor e dispor sobre a prevenção e o tratamento do superendividamento", trazendo novos conceitos, princípios e mecanismos para tanto, destacados não exaustivamente na sequência.

3. FUNDAMENTOS DO TRATAMENTO DOS CONSUMIDORES SUPERENDIVIDADOS E A SUA EFETIVIDADE

A introdução da Lei 14.181/21 no ordenamento jurídico no Brasil, especificamente atualizando o Código de Defesa do Consumidor na matéria de superendividamento, trouxe relevantes contribuições dogmáticas e práticas para refrear a exclusão social causada por este fenômeno estruturas das sociedades capitalistas. Neste sentido, por meio de seus elementos fundamentais, notadamente as exigências de práticas de crédito responsável, a educação financeira e o reconhecimento da vulnerabilidade agravada no Direito, reforçou-se o cunho civilizatório e promocional de direitos fundamentais que é característica do CDC. Mas para que seja efetivo, não bastam direitos materiais e princípios, pois, para buscar a efetividade da Lei, deve haver instrumentos que se prestem a tal fim, como a revisão dos pactos, o tratamento global das dívidas e os planos de pagamento. Vejamos.

3.1 Alguns elementos fundamentais da Lei do Superendividamento

É necessário adotar um rigor conceitual no que tange ao superendividamento e aos seus requisitos para oportunizar a boa aplicação e interpretação da lei, com fins de possibilitar a tutela do vulnerável de boa-fé, de modo a reequilibrar relações de crédito e harmonizar os interesses dos componentes no mercado de consumo sem que se retire proveito comercial de vulnerabilidades e, possivelmente, de suas agravações.

Assim é que a lei passa a definir o fenômeno. De acordo com o art. 54-A, §§ 1º e 3º, do CDC, superendividamento é a impossibilidade global de o devedor, consumidor pessoa natural, leigo e de boa-fé, pagar as suas dívidas de consumo atuais e futuras sem que se comprometa o seu mínimo existencial. Daqui, extrai-se que dívidas que não sejam caracterizadas como de consumo, *a priori*, estariam fora do campo de aplicação da norma, assim como seria a hipótese de o consumidor agir de má-fé, por fraude ou cujas dívidas digam respeito à contratação de produtos ou serviços de luxo de alto valor.

---

26. Veja, por todos, a trajetória do Projeto de Lei: BENJAMIN, Antonio Herman; MARQUES, Claudia Lima; LIMA, Clarissa Costa de; VIAL, Sophia Martini. A atualização do CDC em matéria de crédito e superendividamento: o processo democrático com ampla participação e a escolha dos modelos legislativos. In: BENJAMIN, Antonio Herman; MARQUES, Claudia Lima; LIMA, Clarissa Costa de; VIAL, Sophia Martini (Org.). *Comentários à Lei 14.181/2021*: a atualização do CDC em matéria de superendividamento. São Paulo: Ed. RT, 2022.

Pode-se verificar elementos diferenciadores do conceito: subjetivos, materiais e finalísticos.[27] O primeiro diz respeito ao próprio superendividado (*rationae personae*), que assim se qualifica a pessoa natural e, a depender da concretude da vulnerabilidade no caso levado ao Judiciário, aos consumidores equiparados, estes eventualmente profissionais. Com a introdução deste conceito no ordenamento jurídico, cria-se à pessoa do consumidor uma espécie de "recuperação extra e judicial" financeira, a fim de prevenir-lhe ou evitar-lhe a "falência", ao par do que acontece com pessoas jurídicas, sem haver o perdão de dívidas; entretanto, aplicável somente aos consumidores de boa-fé, sendo este o segundo elemento subjetivo porque caracteriza o consumidor merecedor de tutela especial na prevenção e tratamento deste mal social.

O segundo elemento diferenciador, material ou objetivo (*rationae materiae*), dizem respeito às dívidas, mais especificamente à sua natureza (dívidas de consumo, exigíveis ou vincendas) e à impossibilidade de pagar. Em outros termos, conforme o § 2º, do art. 54-A, as dívidas aqui referidas "englobam quaisquer compromissos financeiros assumidos decorrentes de relação de consumo, inclusive operações de crédito, compras a prazo e serviços de prestação continuada", como água, luz, internet e outras de trato sucessivo cuja finalidade é o atendimento das necessidades do consumidor.

Apesar de tal limitação objetiva, é de se destacar que, dívidas não de consumo "serão contabilizadas para calcular, no caso concreto, o mínimo existencial do consumidor, mas não farão parte do plano de pagamento nem sobre elas incide o capítulo da prevenção".[28] No que concerne à impossibilidade de pagar, esta condição deverá ser verificada casuisticamente, levando-se em consideração fatores individuais, como remuneração mensal, eventual diminuição da renda, acidentes da vida, desemprego, doenças e outras situações provisórias ou permanentes.

O último elemento, finalístico, tem em consideração o forte fator social e civilizatório da lei, no que mencionamos, junto de Marques, ser esta sua dimensão social e de elevada proteção dos direitos fundamentais ao combater a exclusão do mercado de consumo, bem como ao preservar o mínimo existencial para garantir a subsistência digna e o pleno exercício da cidadania. De acordo com Karam, "o mínimo existencial pressupõe (...) a preservação de condições econômicas e sociais mínimas do consumidor que evitem a restrição ou limitação a bens relacionados à moradia, alimentação, saúde, vestuário, educação e lazer", buscando "assegurar às pessoas condições de participação na vida social e econômica com dignidade".[29]

---

27. MARQUES, Claudia Lima. Breve introdução à Lei 14.181/2021 e a nova noção de superendividamento do consumidor. In: BENJAMIN, Antonio Herman; MARQUES, Claudia Lima; LIMA, Clarissa Costa de; VIAL, Sophia Martini (Org.). *Comentários à Lei 14.181/2021*: A Atualização do CDC em Matéria de Superendividamento. São Paulo: RT, 2022. RB-2.2.

28. MARQUES, Claudia Lima. Breve introdução à Lei 14.181/2021 e a nova noção de superendividamento do consumidor. In: BENJAMIN, Antonio Herman; MARQUES, Claudia Lima; LIMA, Clarissa Costa de; VIAL, Sophia Martini (Org.). *Comentários à Lei 14.181/2021*: A Atualização do CDC em Matéria de Superendividamento. São Paulo: Ed. RT, 2022. RB-2.2.

29. KARAM, Marco Antonio. Superendividamento do consumidor e o dever das empresas. *Revista de Direito do Consumidor*, São Paulo, v. 140, p. 87-102, mar./abr. 2022. p. 6 (versão online).

Isto é diretamente relacionado à concessão, e às práticas de modo geral, de crédito realizadas de maneira responsável, consoante o art. 6º, XI, como direito básico do consumidor ("a garantia de práticas de crédito responsável"). O objetivo é cristalino: a promoção de práticas comerciais envolvendo crédito, desde a concessão até a eventual repactuação de dívidas, sustentáveis e éticas no mercado de consumo, a evitar, prevenir e remediar o endividamento excessivo, por vezes programado, e, lado outro, proteger a saúde financeira do consumidor e de sua família e, em um aspecto macro, a própria economia. Envolve, portanto, uma maior transparência, maior cuidado com os consumidores (art. 54-D[30]), mais informações relevantes (art. 54-B[31]) e condutas mais pautadas, efetivamente, na boa-fé e na lealdade, em atenção à vulnerabilidade destes sujeitos.

A vulnerabilidade, nesse sentido, do consumidor não é presumida. Ela é reconhecida: trata-se de uma constatação fática da indissociável natureza de desequilíbrio e de sobreposição de interesses dos fornecedores em relação aos consumidores que adentra no mundo jurídico como um princípio instituído no art. 4º, I, CDC,[32] que versa sobre a Política Nacional das Relações de Consumo. Neste sentir, à vulnerabilidade típica da relação de consumo podem se aglutinar outras, situacionais, estruturais ou em relação a estados pessoais, cujo efeito é que fornecedores se aproveitem, para fins comerciais, das fragilidades dos consumidores. Fala-se, nesse sentido, da vulnerabilidade agravada, justificando uma intervenção estatal na proteção do sujeito mais ampla.[33]

Tendo isso em consideração, a Lei do Superendividamento tornou no ordenamento jurídico brasileiro expressa a vulnerabilidade agravada que, embora fosse de amplo

---

30. CDC. Art. 54-C. Art. 54-D. Na oferta de crédito, previamente à contratação, o fornecedor ou o intermediário deverá, entre outras condutas: I – informar e esclarecer adequadamente o consumidor, considerada sua idade, sobre a natureza e a modalidade do crédito oferecido, sobre todos os custos incidentes, observado o disposto nos arts. 52 e 54-B deste Código, e sobre as consequências genéricas e específicas do inadimplemento; (Incluído pela Lei 14.181, de 2021) II – avaliar, de forma responsável, as condições de crédito do consumidor, mediante análise das informações disponíveis em bancos de dados de proteção ao crédito, observado o disposto neste Código e na legislação sobre proteção de dados; III – informar a identidade do agente financiador e entregar ao consumidor, ao garante e a outros coobrigados cópia do contrato de crédito.

31. CDC. Art. 54-B. No fornecimento de crédito e na venda a prazo, além das informações obrigatórias previstas no art. 52 deste Código e na legislação aplicável à matéria, o fornecedor ou o intermediário deverá informar o consumidor, prévia e adequadamente, no momento da oferta, sobre: I – o custo efetivo total e a descrição dos elementos que o compõem; II – a taxa efetiva mensal de juros, bem como a taxa dos juros de mora e o total de encargos, de qualquer natureza, previstos para o atraso no pagamento; III – o montante das prestações e o prazo de validade da oferta, que deve ser, no mínimo, de 2 (dois) dias; IV – o nome e o endereço, inclusive o eletrônico, do fornecedor; V – o direito do consumidor à liquidação antecipada e não onerosa do débito, nos termos do § 2º do art. 52 deste Código e a regulamentação em vigor.

32. CDC. Art. 4º A Política Nacional das Relações de Consumo tem por objetivo o atendimento das necessidades dos consumidores, o respeito à sua dignidade, saúde e segurança, a proteção de seus interesses econômicos, a melhoria da sua qualidade de vida, bem como a transparência e harmonia das relações de consumo, atendidos os seguintes princípios: I – reconhecimento da vulnerabilidade do consumidor no mercado de consumo; II – ação governamental no sentido de proteger efetivamente o consumidor: a) por iniciativa direta; b) por incentivos à criação e desenvolvimento de associações representativas; c) pela presença do Estado no mercado de consumo; (...).

33. MIRAGEM, Bruno. Princípio da vulnerabilidade: perspectiva atual e funções no direito do consumidor contemporâneo. In: MIRAGEM, Bruno; MARQUES, Claudia Lima; DIAS, Lucia Ancona Lopez de Magalhães. *Direito do consumidor 30 anos do CDC*: da consolidação como direito fundamental aos atuais desafios da sociedade. Rio de Janeiro: Forense, 2021. p. 243-271. p. 245.

reconhecimento da jurisprudência. Assim, inseriu no CDC o novo art. 54-C que vedou, na oferta de crédito ao consumidor, publicitária ou não, "assediar ou pressionar o consumidor para contratar o fornecimento de produto, serviço ou crédito, principalmente se se tratar de consumidor idoso, analfabeto, doente ou em estado de vulnerabilidade agravada ou se a contratação envolver prêmio".

Realmente, é um tremendo avanço na legislação brasileira, ao introduzir a figura do assédio do consumo, considerando alguns consumidores como merecedores de atenção especial, que, de acordo com Marques, "merecem do Direito uma proteção 'qualificada' ou aumentada, tendo em vista a recente prática do mercado de 'assediar' com ofertas e intermediários especializados estes 'subgrupos' de consumidores, que fica agora proibida",[34] pois é uma tendência do futuro, em direito privado, a verificação da vulnerabilidade agravada no caso concreto, a sujeitos de direitos concretos, reforçando as medidas de igualdade material efetiva[35] e um atuação do Estado democrática[36] no sentido de promover um equilíbrio entre as partes.

Para tanto, a educação, em uma perspectiva acautelatória também é fundamental e se correlaciona diretamente com o crédito responsável e com a vulnerabilidade dos consumidores, pois é uma maneira de mitigar o déficit informacional e vulnerabilidade científica, compreendida aqui como a ausência de conhecimentos especializados em termos de finanças, economia, contabilidade e mesmo direitos.

Foi nesse sentido que a Lei a introduziu como princípio (art. 4º, IX) e, como direito básico do consumidor (art. 6º, XI), "a garantia de práticas de crédito responsável, de educação financeira (...)", com o objetivo de reforçar os deveres de informação e de educação sobre o crédito a vir a ser contratado, suas implicações financeiras e orçamentárias, bem como da cooperação em termos de compreensão, por parte do consumidor, do comprometimento de sua renda em relação às suas necessidades já consolidadas. É uma forma de prevenção ao superendividamento, facilmente atribuída às instituições concedentes de crédito, correspondente a um dever pré-contratual de cuidado com o vulnerável.

Com base na garantia de práticas de crédito responsável e de educação financeira estabelecidas pela Lei, é fundamental abordar os instrumentos que auxiliam na efetividade desses princípios e na prevenção do superendividamento. Nesse contexto, os mecanismos como a revisão de pactos, o tratamento global de dívidas e os planos de

---

34. MARQUES, Claudia Lima. Comentários ao art. 54-C. In: BENJAMIN, Antonio Herman; MARQUES, Claudia Lima; LIMA, Clarissa Costa de; VIAL, Sophia Martini (Org.). *Comentários à Lei 14.181/2021*: a atualização do CDC em matéria de superendividamento. São Paulo: Ed. RT, 2022.

35. MARQUES, Claudia Lima; MIRAGEM, Bruno. *O novo direito privado e a proteção dos vulneráveis*. 2. ed. São Paulo: Ed. RT, 2014.

36. "Leis protetivas aos vulneráveis representam uma intervenção do Estado no domínio econômico. Essa intervenção ocorre em sistemas que consagram a livre iniciativa, ou seja, os Estados de Direito. A ação estatal na economia somente se destaca nos sistemas em que a liberdade econômica do particular seja a regra, pois nos sistemas em que o Estado controla os meios de produção, não há espaço para a livre iniciativa e, portanto, a ação estatal predomina". PEREIRA, Isadora Machado; CAETANO, Fernando José Resende. O julgamento da ADI 6.727 e a proteção ao idoso contra o superendividamento. *Revista de Direito do Consumidor*, v. 144, p. 295-311, nov./dez. 2022.

NOVA LEI DE PROTEÇÃO DOS SUPERENDIVIDADO **547**

pagamento desempenham um papel crucial para promover a estabilidade financeira dos consumidores, antes e após a situação de dívida. Ao longo do próximo tópico, analisaremos como esses instrumentos contribuem para a consolidação de uma gestão financeira consciente e equilibrada, garantindo o cumprimento de obrigações e o cuidado com a vulnerabilidade dos consumidores.

3.2 Instrumentos de efetividade: revisão, tratamento global de dívidas e planos de pagamento

Antes da atualização do CDC na matéria de prevenção e tratamento de superendividamento, o único meio de restabelecer a situação financeira dos indivíduos que se encontravam nesta situação era a ação revisional, que questionavam justamente a validade de cláusulas com obrigações iníquas, objetivando adequar as taxas de juros. Só que, conforme o art. 330, do Código de Processo Civil, passou-se a exigir, sob pena de inépcia, a discriminação e a quantificação do valor incontroverso para o ajuizamento de ação que tenha por objeto a revisão de obrigação decorrente de empréstimo, financiamento ou alienação de bens, de modo que a parcela incontroversa deva continuar a ser paga no tempo e modo contratados.[37]

Algumas questões merecem destaque. Primeiro, o consumidor superendividado, pessoa natural leiga, de boa-fé, tem especial dificuldade em avaliar o montante do valor que está devendo e, mais ainda, o valor incontroverso, haja vista ser necessário, para tanto, cálculos mais especializados que ultrapassam o conhecimento básico de matemática; segundo, na maioria dos casos, o consumidor já endividado não dispõe de tais valores para continuar pagando no tempo e modo contratados, pois justamente está-se comprometendo o seu mínimo existencial; terceiro, permanecem à mercê dos juros exorbitantes e de obrigações excessivamente onerosas, uma vez que, sem condições de depositar os valores e considerando o longo tempo de tramitação dos processos, há um sério risco de se agravar a situação de superendividado.

Apesar da previsão do art. 6, V do CDC, que exige tão somente uma situação de onerosidade excessiva para permitir que o magistrado avalie o equilíbrio do contrato,[38] o citado dispositivo do CPC acabou dificultando o acesso ao Judiciário ao exigir depósito em dinheiro de alguém em situação de "falência" que busca a ação revisional justamente como meio de recuperar a saúde financeira. A preocupação era o equilíbrio econômico do contrato e não necessariamente o tratamento específico dos consumidores superendividados, ainda que, em alguns casos, tal condição fosse reconhecida.[39]

---

37. CPC. Art. 330. (...). § 2º Nas ações que tenham por objeto a revisão de obrigação decorrente de empréstimo, de financiamento ou de alienação de bens, o autor terá de, sob pena de inépcia, discriminar na petição inicial, dentre as obrigações contratuais, aquelas que pretende controverter, além de quantificar o valor incontroverso do débito. § 3º Na hipótese do § 2º, o valor incontroverso deverá continuar a ser pago no tempo e modo contratados.

38. SCHMIDT NETO, André Perin. *Revisão dos contratos com base no superendividamento*: do Código de Defesa do Consumidor ao Código Civil. Curitiba: Juruá, 2012.

39. D'AQUINO, Lúcia Souza; PALACIO, Ana Laura Peres. Diálogos entre o Código de Processo Civil e o código de defesa do consumidor para a proteção do consumidor superendividado. In: MARQUES, Claudia Lima; REICHELT, Luis Alberto. *Diálogos entre o Direito do Consumidor e o Novo CPC*. São Paulo: Ed. RT, 2016. p. 249-278.

A situação é diferente com a aprovação da lei 14.181/2021, pois dota o sistema jurídico brasileiro de um novo procedimento especial próprio para o tratamento dos superendividados. Esse novo procedimento permitirá a recuperação financeira de quem possui passivo superior ao ativo, e que, hoje, mesmo negativado se vê capturado na contratação de dívidas impagáveis, porque acrescidas de vultosos juros moratórios. É a face mais cruel da *open credit Society*. Aposentados e pensionistas, pessoas que sofrem em meio a tantas crises, hoje veem na nova lei uma luz no fim do túnel. Uma chance de refazerem sua saúde financeira por meio de um procedimento específico e apartado de qualquer outro na lei brasileira.

Além de incluir a prevenção e o tratamento do superendividamento como direito básico, a nova lei traz conceitos claros, define os requisitos, os direitos e regula a publicidade e oferta de crédito, inclusive o tratamento dos contratos conexos, prevendo novas práticas abusivas no CDC, como analisamos brevemente anteriormente a partir de alguns elementos fundamentais. Todavia, para além das regras de direito material, a nova lei do superendividamento também traz um procedimento de conciliação (inserido no Capítulo V do Título III, do mesmo código), em que prevista a elaboração de um plano de pagamento que serve para revisar as obrigações de modo conjunto com os credores, resguardando um mínimo existencial e traçando um roteiro para recuperação da saúde financeira do superendividado.

Sempre exigindo a presença da boa-fé[40] do superendividado, o procedimento inicia, conforme o artigo 104-A, com um requerimento do consumidor para repactuação das dívidas, no qual ele apresenta proposta de plano de pagamento com prazo máximo de cinco anos, de modo a preservar-lhe o mínimo existencial. Conforme Marques, este "processo de repactuação de dívidas" está sendo muito bem recebido na prática, apesar de sua baixa aderência, considerando ainda o fortalecimento do dever de cooperação dos credores para evitar a ruína do consumidor.[41] O § 2º, deste artigo, reforça a importância desta iniciativa em conjunto com outros credores, pois, caso algum deles ou seu procurador com poderes para transigir não compareça à audiência de conciliação, será suspensa a exigibilidade do débito, interromper-se-ão os encargos da mora e sujeitar-se-ão compulsoriamente ao plano de pagamento da dívida, caso o montante devido seja certo e conhecido pelo consumidor, de modo que o pagamento destinado a este credor será estipulado apenas após o pagamento dos credores presentes à audiência conciliatória.

---

40. Ainda que presumida a boa-fé, este é um requisito exigido por grande parte das legislações que tratam sobre o tema. Isso porque o sistema de recuperação da saúde financeira não visa a beneficiar aqueles que propositalmente se colocam nesta situação, raros casos que podem, inclusive, vir a configurar estelionato. O § 3 do art. 54-A do CDC atualizado já traz esta exigência, além do § 5º do 54-D e do 104-A § 1º, que também é neste sentido. Assim, não há que se falar que a lei de combate ao superendividamento possa ter seu uso deturpado.

41. "Comparando dados empíricos anteriores e posteriores à entrada em vigor da Lei 14.181/2021 (LGL\2021\9138) que atualizou o CDC (LGL\1990\40) para prevenir e tratar o superendividamento dos consumidores, vemos que o comparecimento às audiências em bloco não aumentou significativamente e que o número de acordos e planos era maior antes da lei" (MARQUES, Claudia Lima. Primeiros 134 casos de conciliação no superendividamento da Lei 14.181/2021: comparação com os dados anteriores do Observatório do Crédito e Superendividamento da UFRGS. *Revista de Direito do Consumidor*, São Paulo, v. 145, p. 17-40, jan./fev. 2023.

Caso inexitosa a conciliação em relação aos credores, o juiz, a pedido do consumidor, instaurará processo por superendividamento para revisar e integrar os contratos, bem como para repactuar dívidas remanescente, mediante um plano judicial de pagamento compulsório, determinando também a citação de todos os credores[42] que, eventualmente, não tenham participado do acordo celebrado e para que, em quinze dias, justifiquem a negativa de composição voluntária. Ao final, o juiz fixará o plano judicial compulsório para pagamento do remanescente com a primeira parcela a ser paga em cento e oitenta dias contados da homologação no prazo máximo de cinco anos, corrigido monetariamente.[43]

Como expõem Consalter e Roth, a Lei 14.181/21 institui no país uma nova cultura de pagamento, pretendendo superar a exclusão social e econômica do consumidor superendividado, já que, a partir da colaboração, da boa-fé e da lealdade, torna-se mais vantajoso aos credores repactuarem a dívida em um plano global do que esperar com que o indivíduo entre em bancarrota.[44] Neste sentido, afirma-se que a nova lei vem ao encontro da necessidade de um novo direito obrigacional e da regulação das relações de crédito no mercado de consumo. Há muito o que comemorar. Mas também há muito pelo que lutar: não podemos retroceder no momento mais importante que é o de tornar a norma efetiva, na prática, convertendo o sonho e os propósitos em realidade.

4. CONSIDERAÇÕES FINAIS

O Estado tem o dever de proteção dos direitos fundamentais de seus cidadãos, incluindo a proteção dos consumidores e, especialmente, aqueles que se encontram a experimentar a ruína financeira, comprometendo-lhe o mínimo existencial, a fim de retomar, ao menos, uma sobrevivência com dignidade. Muitos países, há muito, já contam com sistemas de proteção e enfrentamento do superendividamento, buscando equilibrar a relação entre consumidores-devedores e fornecedores-credores, o que no Brasil é uma novidade.

O reconhecimento da defesa do consumidor como direito fundamental exige uma atitude de um país que afirma promover direitos fundamentais do seu cidadão.[45] Nesse

---

42. Inclusive em caso de cessão: "O juiz, diante da constatação da existência de cessão do crédito em discussão, deverá exigir a juntada do contrato de cessão e determinar que o plano judicial considere o valor original cedido para fins de sua elaboração, o que certamente será menor que o valor original da dívida. Isso impede o abuso da empresa de cobrança e o desequilíbrio em impor o plano judicial de pagamento ao consumidor superendividado com valores partindo do original da dívida com a empresa credora mas transferido por valor muito inferior à empresa de cobrança. (KARAM, Marco Antonio. Superendividamento do consumidor e o dever das empresas. *Revista de Direito do Consumidor*, São Paulo, v. 140, p. 87-102, mar./abr. 2022. p. 6 (versão online)).

43. O índice de correção monetária de que trata o § 4º do art. 104-B do CDC é outro fator importante a ser debatido, pois considerando o longo período de tramitação, a depender do índice aplicado, o montante pode variar muito. Deste modo, tanto o juiz ao homologar o plano, quanto os tribunais ao uniformizarem o índice de correção, devem levar em conta o princípio do *favor debilis* que orienta o Direito do Consumidor.

44. CONSALTER, Zilda Mara; ROTH, Elisa. A "Sociedade do Espetáculo" e o Superendividamento nas Relações de Consumo: Perspectivas sob o Prisma da Lei 14.181/2021. *Revista de Direito do Consumidor*, v. 145, p. 41-66, jan./fev. 2023.

45. "A incidência do diploma consumerista advém de normas de ordem pública, cogentes e obrigatórias para a tutela do *hipervulnerável*". WILLIAMS, Toni. JOBIM, Maria Luiza Kurban. Análise crítica à luz dos pilares da legislação consumerista e do "the bingo project". *Revista de Direito do Consumidor*. São Paulo: Ed. RT, ano 25, v. 103, p. 367, jan./fev. 2016.

sentido, a Lei 14.181/2021 é um grande avanço no combate a esta doença social, pois permite que a revisão dos contratos firmados por consumidores em estado de endividamento excessivo possa ser feita de modo geral e em conjunto, possibilitando a organização de sua vida financeira em um plano de pagamento que proporciona benefícios a todos os envolvidos, inclusive à sociedade como um todo, que padece dos efeitos funestos que o superendividamento provoca.

Em conclusão, tem-se que a trajetória da normativa que aqui comemoramos se provou eficaz, consolidou, a partir do direito comparado, o que há de melhor e tropicalizou – sem transplantes jurídicos – os elementos fundamentais de proteção do consumidor superendividado. Existente a Lei, agora o que se coloca é a sua efetividade e sua ampla utilização, considerando ainda a sua mixagem com o mundo digital que ainda não possui regulamentação própria em termos de relações de consumo, onde se caracterizam, ou se utilizam, muitas das relações de crédito. Seu sucesso dependerá da efetivação de suas normas na prática, com a colaboração de todos os envolvidos, para a construção de uma sociedade mais justa e equilibrada, em que o acesso ao crédito não signifique exclusão, senão justamente o contrário: a inclusão social do consumidor sem o sacrifício da sua dignidade e de seus direitos.

REFERÊNCIAS

BENJAMIN, Antonio Herman; MARQUES, Claudia Lima; LIMA, Clarissa Costa de; VIAL, Sophia Martini. A atualização do CDC em matéria de crédito e superendividamento: o processo democrático com ampla participação e a escolha dos modelos legislativos. In: BENJAMIN, Antonio Herman; MARQUES, Claudia Lima; LIMA, Clarissa Costa de; VIAL, Sophia Martini (Org.). *Comentários à Lei 14.181/2021*: a atualização do CDC em matéria de superendividamento. São Paulo: Ed. RT, 2022.

BERTONCELLO, Káren Rick Danilevicz. *Superendividamento do Consumidor*: mínimo existencial – casos concretos. São Paulo: Ed. RT, 2015.

BRAUCHER, Jean. Book Review. WARREN, Elizabeth; TYAGI, Amelia Warren. *The two-income trap*: why middle-class mothers and fathers are going broke. *Emory Bankruptcy Developments Journal*, 2004. Disponível em http://www.westlaw.com.

BRITO, Dante Ponte de; SANTOS, Lucas Emmanuel Fortes dos. A inteligência artificial (IA) das redes sociais como fator de indução ao superendividamento do usuário-consumidor. *Revista de Direito do Consumidor*, v. 144, p. 395-416, nov./dez. 2022.

Centro de Estudos Sociais da Faculdade de Economia da Universidade de Coimbra. *Endividamento e Sobreendividamento das Famílias Conceitos e Estatísticas para a sua Avaliação*. Disponível em: http://www.oec.fe.uc.pt/biblioteca/pdf/pdf_estudos_realizados/estudo_parte2%20cap_1.pdf.

CONSALTER, Zilda Mara; ROTH, Elisa. A "Sociedade do Espetáculo" e o Superendividamento nas Relações de Consumo: Perspectivas sob o Prisma da Lei 14.181/2021. *Revista de Direito do Consumidor*, v. 145, p. 41-66, jan./fev. 2023.

DO CANTO, Flávia. *Da efetividade dos Órgãos de Defesa do Consumidor*. O Direito das Obrigações na Contemporaneidade: Estudos em homenagem ao Ministro Ruy Rosado de Aguiar Júnior; MELGARE, Plinio (Org.). Livraria do Advogado, Porto Alegre, 2014.

JAPPE, Anselm. *Crédito à morte*: a decomposição do capitalismo e suas críticas. trad. Robson J. F. de Oliveira. São Paulo: Hedra, 2013.

D'AQUINO, Lúcia Souza; PALACIO, Ana Laura Peres. Diálogos entre o Código de Processo Civil e o código de defesa do consumidor para a proteção do consumidor superendividado. In: MARQUES, Claudia Lima; REICHELT, Luis Alberto. *Diálogos entre o Direito do Consumidor e o Novo CPC*. São Paulo: Ed. RT, 2016.

KARAM, Marco Antonio. Superendividamento do consumidor e o dever das empresas. *Revista de Direito do Consumidor*, São Paulo, v. 140, p. 87-102, mar./abr. 2022.

LACOURSIÈRE, Marc. Prevenção e tratamento do superendividamento dos consumidores: empréstimos hipotecários no Canadá e no Quebec. *Revista de Direito do Consumidor*. São Paulo: Ed. RT, ano 25, v. 103, jan./fev. 2016.

LIMA, Clarissa Costa de. *O tratamento do superendividamento e o direito de recomeçar dos consumidores*. São Paulo: Ed. RT, 2014.

MARQUES, Claudia Lima; BENJAMIN, Antonio V. Herman; MIRAGEM, Bruno. *Comentários ao Código de Defesa do Consumidor*. 5. ed. rev., atual. e ampl. São Paulo: Ed. RT, 2016.

MARQUES, Claudia Lima; MIRAGEM, Bruno. *O novo direito privado e a proteção dos vulneráveis*. 2. ed. São Paulo: Ed. RT, 2014.

MARQUES, Claudia Lima. Breve introdução à Lei 14.181/2021 e a nova noção de superendividamento do consumidor. In: BENJAMIN, Antonio Herman; MARQUES, Claudia Lima; LIMA, Clarissa Costa de; VIAL, Sophia Martini (Org.). *Comentários à Lei 14.181/2021*: A Atualização do CDC em Matéria de Superendividamento. São Paulo: Ed. RT, 2022.

MARQUES, Claudia Lima. Comentários ao art. 54-C. In: BENJAMIN, Antonio Herman; MARQUES, Claudia Lima; LIMA, Clarissa Costa de; VIAL, Sophia Martini (Org.). *Comentários à Lei 14.181/2021*: a atualização do CDC em matéria de superendividamento. São Paulo: Ed. RT, 2022.

MARQUES, Claudia Lima. *Contratos no Código de Defesa do Consumidor*. São Paulo: RT, 2019.

MARQUES, Claudia Lima. Dados das pesquisas empíricas do PPGD UFRGS. In: MARQUES, Claudia Lima; LIMA, Clarissa Costa de; VIAL, Sophia Martini. *Comentários à Lei 14.181/2021*: a atuação do CDC em matéria de superendividamento. São Paulo: Ed. RT, 2022.

MARQUES, Claudia Lima. Novas regras sobre a proteção do consumidor nas relações contratuais. *Revista de Direito do Consumidor*, v. 1, p. 27-54, jan./mar. 1992.

MARQUES, Claudia Lima. Primeiros 134 casos de conciliação no superendividamento da Lei 14.181/2021: comparação com os dados anteriores do Observatório do Crédito e Superendividamento da UFRGS. *Revista de Direito do Consumidor*, São Paulo, v. 145, p. 17-40, jan./fev. 2023.

MARQUES, Claudia Lima. Um consumidor digital e superendividado: pela aprovação do PL 3514/2015. *Boletim Revista dos Tribunais Online*, v. 37, mar. 2023.

MARQUES, Claudia Lima.; CAVALLAZZI, Rosângela Lunardelli; LIMA, Clarissa Costa de. (Coord.). *Direitos do consumidor endividado 2*: vulnerabilidade e inclusão. São Paulo: Ed. RT, 2016.

MARTINS, Robson; BARLETTA, Fabiana Rodrigues. O direito à moradia das pessoas idosas e o superendividamento: dignidade e patrimônio mínimo. *Revista de Direito do Consumidor*, v. 143, p. 43-67, set./out. 2022.

MIRAGEM, Bruno. Princípio da vulnerabilidade: perspectiva atual e funções no direito do consumidor contemporâneo. In: MIRAGEM, Bruno; MARQUES, Claudia Lima; DIAS, Lucia Ancona Lopez de Magalhães. *Direito do consumidor 30 anos do CDC*: da consolidação como direito fundamental aos atuais desafios da sociedade. Rio de Janeiro: Forense, 2021.

NERI, Marcelo C. *Mapa da Nova Pobreza*. Rio de Janeiro: FGV, jun. 2022. Disponível em: https://cps.fgv.br/MapaNovaPobreza. Acesso em: 27 mar. 2023.

OLIVEIRA, Amanda Flávio de; CARVALHO, Diógenes Faria de. Vulnerabilidade comportamental do consumidor: por que é preciso proteger a pessoa superendividada. *Revista de Direito do Consumidor*, v. 104, p. 181-201, mar./abr. 2016.

PEREIRA, Isadora Machado; CAETANO, Fernando José Resende. O julgamento da ADI 6.727 e a proteção ao idoso contra o superendividamento. *Revista de Direito do Consumidor*, v. 144, p. 295-311, nov./dez. 2022.

SCHMIDT NETO, André Perin. *Contratos na sociedade de consumo*: vontade e confiança. 2. ed. São Paulo: Thomson Reuters, 2019.

SCHMIDT NETO, André Perin. *Revisão dos contratos com base no superendividamento*: do Código de Defesa do Consumidor ao Código Civil. Curitiba: Juruá, 2012.

SERASA. *Os impactos da pandemia no bolso dos brasileiros*. Disponível em: https://www.serasa.com.br/imprensa/os-impactos-da-pandemia-no-bolso-dos-brasileiros/. Acesso em: 27 mar. 2023.

SILVA, Joseane Suzart Lopes da; TEIXEIRA, Rafael Carneiro d'Ávila; SOUZA, Bruno Moitinho Andrade de. *Crises contratuais do consumo*. Salvador: Paginae, 2016.

SRNICEK, Nick. *Platform capitalism*. Cambridge: Polity Press, 2017.

WARREN, Elizabeth. A new conversation about the middle class. *Harvard Journal of Legislation*, Winter, 2007. Disponível em: http://www.westlaw.com.

WILLIAMS, Toni. JOBIM, Maria Luiza Kurban. Análise crítica à luz dos pilares da legislação consumerista e do "the bingo project". *Revista de Direito do Consumidor*. São Paulo: Ed. RT, ano 25, v. 103, jan./fev. 2016.

ZUBOFF, Shoshana. *A era do capitalismo de vigilância*: a luta por um futuro humano na nova fronteira do poder. Rio de Janeiro: Intrínseca, 2021.

A NOVA LEI DO SUPERENDIVIDAMENTO: FUNDAMENTOS ECONÔMICOS E O MERCADO DE CRÉDITO NACIONAL[1]

Eric Brasil

Doutor e Mestre em Teoria Econômica pela Faculdade de Economia, Administração e Ciências Contábeis da Universidade de São Paulo (FEA/USP). Bacharel em Ciências Econômicas pela Fundação Escola de Comércio Álvares Penteado (FECAP). Coordenador do curso de Pós-Graduação em Economia Aplicada a Negócios da FECAP, onde também atua como pesquisador e professor dos cursos de graduação. Sócio e diretor executivo da Tendências Consultoria.

Adriana Hernandez Perez

Doutora em Economia pela Université de Toulouse, França. Mestre em Economia pela Fundação Getulio Vargas e Bacharel em Economia pela Universidade Federal do Rio de Janeiro. professora no Mestrado em Economia e Finanças da FGV-SP. Atuou em pesquisa FGV-RJ, no Banco Itaú-Unibanco e foi consultora do Banco Mundial. Integra o corpo técnico da Tendências desde 2021.

Isabela Tavares

Mestre em macroeconomia financeira pela FGV-SP. Economista graduada pela Universidade Federal do ABC. Bacharel em ciências e humanidades pela UFABC. Analista da Tendências Consultoria.

Sumário: 1. Introdução – 2. Inadimplência e endividamento das pessoas no Brasil: situação atual e evolução recente – 3. As inovações da lei do superendividamento – 4. O tratamento do superendividado e seus reflexos no mercado de crédito; 4.1 Considerações sobre os parâmetros do mínimo existencial – 5. Simulação de efeitos do mínimo existencial no curto prazo; 5.1 Efeitos sobre o mercado de crédito nacional; 5.2 Efeitos sobre a economia nacional – 6. Conclusões – Referências.

1. INTRODUÇÃO

A Lei 14.181/2021, de 1º de julho de 2021, conhecida como Lei do Superendividamento ("Lei"), alterou o Código de Defesa do Consumidor (CDC) com o objetivo

---

1. *Disclaimer*: Em 2022, a Febraban solicitou um estudo econômico à Tendências Consultoria em se que analisasse a evolução do crédito à pessoa física no Brasil, procurando identificar se há uma situação de endividamento excessivo ou seu agravamento relevante, e considerar potenciais efeitos econômicos e sociais indesejados da insegurança jurídica e de uma regulamentação da Lei do Superendividamento que seja restritiva ao crédito. Os autores deste artigo trabalharam nesse estudo, cujos resultados são apresentados neste artigo.

   Agradecimentos: os autores agradecem as contribuições de Guilherme Venturini Floresti, Gabriel Madeira, Bruno Rossini, Jayme Soares Alves Neto, Thiago Oliveira Nascimento, Angelo Marcantonio Junior, Ernesto Guedes e as revisões de Gabriel Caldini e Ana Luiza Couto. Quaisquer erros e omissões são responsabilidade dos autores.

declarado de cuidar de indivíduos com muitas dívidas afetados por imprevistos e criar mecanismos para conter assédios e pressões por parte das instituições financeiras.

Dentre outras mudanças, a Lei provocou alterações significativas no CDC por meio da criação de novos capítulos (VI-A e V) para tratar, especificamente, "da prevenção e do tratamento do superendividamento" e da "conciliação no superendividamento", disciplinando sobre o superendividamento da pessoa natural, sobre o crédito responsável e sobre a educação financeira do consumidor. Especificamente, ela incluiu entre os direitos básicos dos cidadãos (i) "a garantia de práticas de crédito responsável, de educação financeira e de prevenção e tratamento de situações de superendividamento, preservado o mínimo existencial, nos termos da regulamentação, por meio da revisão e da repactuação da dívida, entre outras medidas"; e (ii) "a preservação do mínimo existencial, nos termos da regulamentação, na repactuação de dívidas e na concessão de crédito".

A Lei do Superendividamento foi discutida durante cerca de dez anos e busca reproduzir o escopo de proteção ao consumidor presente em legislações de outros países e em recomendações de organizações multilaterais.

Sua finalidade seria evitar o superendividamento de indivíduos e famílias e impedir que a atuação das instituições financeiras eventualmente agravasse essa situação. É importante que a regulamentação e a aplicação da Lei não produzam efeitos opostos aos desejados, engessando e restringindo as operações no mercado de crédito à pessoa física, o que causaria perdas tanto para os consumidores como para as instituições financeiras.

A Lei apresenta conceitos que são muito amplos e podem acarretar elevada insegurança jurídica em sua aplicação. Um exemplo é a permissão para que um juiz arbitre a repactuação de contratos se um devedor não for bem-sucedido na negociação que ele mesmo requer. O Decreto 11.150, de 26 de julho de 2022, regulamentou o conceito de mínimo existencial em 25% do salário mínimo. Com o salário mínimo em R$ 1.212, o mínimo existencial equivaleria a R$ 303. Recentemente, há discussões no governo federal pelo aumento deste valor.[2]

Com o objetivo de discutir os fundamentos econômicos da Lei e seus potenciais impactos, o presente artigo é composto por seis seções, incluindo esta Introdução.

A Seção 2 analisa a conjuntura atual da inadimplência e o endividamento das pessoas no País. A Seção 3 descreve as inovações da Lei 14.181/2021 em relação à legislação vigente e a definição de mínimo existencial. A Seção 4 apresenta o racional econômico envolvido no tratamento do superendividado, com enfoque nas regras que definem o mínimo existencial, bem como seus possíveis efeitos sobre a economia e a experiência internacional relacionada.

A Seção 5 analisa o impacto de curto prazo da regulamentação do mínimo existencial sobre o mercado de crédito, o Produto Interno Bruto (PIB), o mercado de trabalho

---

2. Ver notícia disponível em: https://www.gov.br/secom/pt-br/assuntos/noticias/2023/04/governo-vai-ampliar--para-r-600-o-201cminimo-existencial201d-para-superendividados#:~:text=O%20Governo%20Federal%20prepara%20um,ao%20consumidor%20contra%20eventual%20superendividamento. Acesso em: 24 abr. 2023.

e a arrecadação. A Seção 6, por sua vez, faz uma análise qualitativa da sensibilidade dos efeitos da insegurança jurídica sobre esse mercado caso a Lei seja mal calibrada. Por fim, a Seção 7 reúne os principais argumentos e conclusões do trabalho.

2. INADIMPLÊNCIA E ENDIVIDAMENTO DAS PESSOAS NO BRASIL: SITUAÇÃO ATUAL E EVOLUÇÃO RECENTE

Idealmente, conforme veremos na seção a seguir, leis de superendividamento devem ser vistas como regramentos de longo prazo, e não como uma maneira de responder a pressões conjunturais. Para que haja segurança jurídica e previsibilidade, é importante que as normas sejam estáveis e duradouras. Como existe um dilema (*trade off*) entre a provisão de anteparo contra eventos adversos e de segurança aos credores a fim de motivá-los a disponibilizar o acesso ao crédito, é fundamental que os parâmetros e as regras de operação da legislação estejam bem calibrados. Preocupações conjunturais e de curto prazo podem desequilibrar este balanço, então é importante que uma lei desta natureza não seja desenhada para fazer frente a pressões imediatas.

De qualquer maneira, uma conjuntura crítica do superendividamento pode, a princípio, despertar um senso de urgência na formulação de um marco legal. Esta seção demonstra que, embora a pandemia da Covid-19 tenha gerado receios em relação ao endividamento de famílias, não se observa nos dados a emergência de uma situação crítica. Ademais, políticas desenhadas especificamente para lidar com a aguda crise decorrente da pandemia contribuíram para evitar uma situação preocupante de superendividamento.

A grave recessão econômica que acometeu o Brasil recentemente, impulsionada pelas medidas de restrição da atividade produtiva, acionou uma série de gatilhos de políticas de proteção social, como, por exemplo, o seguro-desemprego, a expansão do atendimento universal nos serviços públicos de saúde, entre outros. Além dessas políticas, em 2020 foi criado o Programa de Auxílio Emergencial, que, naquele ano, distribuiu R$ 293 bilhões à população urbana e rural mais vulnerável, atendendo (direta e indiretamente), segundo o Governo Federal, mais da metade da população do País.[3] Em 2021, também foi criado o Programa Emergencial de Manutenção do Emprego e da Renda, cujo objetivo foi oferecer medidas trabalhistas para o enfrentamento do estado de calamidade e da emergência de saúde pública decorrentes da rápida difusão do novo coronavírus.[4]

---

3. O Auxílio Emergencial foi instituído pela Lei 13.982, em 2 de abril de 2020. Foram feitos depósitos mensais de R$ 600 ou R$ 1.200, totalizando três pagamentos. Através do Decreto 10.412, de 30 de junho de 2020, este programa foi prorrogado para mais dois pagamentos, somando um total de cinco parcelas a um subgrupo da população atendida. Os dados de 2020 foram obtidos no site de transparência do Governo Federal. Ver: https://www.portaldatransparencia.gov.br/beneficios?ano=2020. Acesso em: 12 dez. 2021.

4. Este foi criado através da Medida Provisória 1.045/2021. Sobre o programa, ver: https://servicos.mte.gov.br/bem/#como-funciona. Acesso em: 12 out. 2021.

O efeito desses programas, em conjunto com a rede de proteção social pública, contribuiu para o declínio do número de consumidores inadimplentes entre março de 2020, quando houve um pico, e janeiro de 2021.

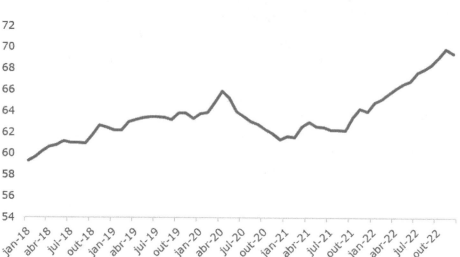

Figura 1. Consumidores inadimplentes (milhões)

Fonte: Serasa-Experian. Elaboração: *Tendências*.

Neste cenário de mitigação dos efeitos da crise, observa-se que a participação dos setores financeiro (bancos, cartões e financeiras) e não financeiro (*utilities*, telefonia, varejo, serviços etc.) na inadimplência se mantém virtualmente inalterada ao longo dos últimos anos (próximo dos 40%), de acordo com dados da Serasa-Experian.

Os resultados indicam que, enquanto os sistemas de proteção social e os novos programas estiveram em vigor, o endividamento das famílias com o setor financeiro não sofreu impacto marcante.[5]

Nesse sentido, o endividamento das famílias encerrou 2020 em 56,45%, patamar 7,6 pontos percentuais superior a 2019. Apesar da elevação na ponta, a trajetória ao longo do ano foi mais contida, haja vista a média anual de 51,1% do endividamento. Assim, entre o 2º e o 3º trimestres de 2020, o nível mais controlado do endividamento foi beneficiado pelo crescimento da massa de renda ampliada das famílias (com a oferta do Auxílio Emergencial) e pelo menor dinamismo do saldo de crédito, especialmente no que se refere ao crédito livre voltado para o consumo pelas restrições às atividades.

---

5. O endividamento das famílias é dado pela relação:

$$Endiv = \frac{\text{Valor atual das dívidas das famílias com o Sistema Financeiro Nacional}}{\text{Renda das famílias acumulada nos últimos doze meses calculada pelo Banco Central}}$$

Ver mais detalhes em: https://dadosabertos.bcb.gov.br/dataset/20400-endividamento-das-familias-com-o-sistema-financeiro-nacional-exceto-credito-habitacional-em-r. Acesso em: 12 out. 2021.

No entanto, no 4º trimestre de 2020, houve redução no *ticket* pago no âmbito do Auxílio Emergencial e, ao mesmo tempo, o crédito das famílias se expandiu com a flexibilização das medidas de isolamento. Tais fatores contribuíram para aumentar o endividamento, o que continuou ao longo de 2021.

Dessa forma, o crescimento do endividamento em 2022 tem como pano de fundo: (i) o fim do Auxílio Emergencial no início do ano e a sua posterior renovação com *ticket* menor, diminuindo a massa de renda ampliada das famílias; (ii) a lenta recuperação da massa de renda do trabalho; e (iii) os avanços do crédito à pessoa física.

No final do 1º semestre de 2021, o endividamento das famílias alcançou 59,9%, patamar 10,6 pontos percentuais superior ao mesmo período do ano anterior e 3,5 pontos percentuais acima de dezembro de 2020. Analisando os componentes do endividamento bancário, é possível observar os movimentos divergentes entre o crédito e a massa de renda, o que acaba elevando o indicador.

Figura 2. Endividamento das famílias com o Sistema Financeiro Nacional em relação à renda acumulada dos últimos doze meses (%)

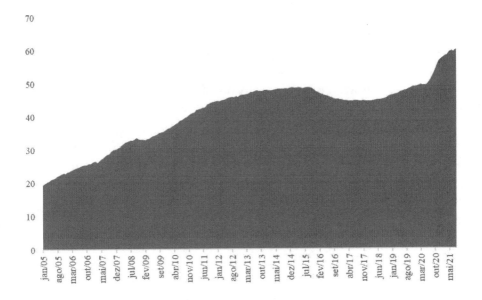

Fonte: Banco Central do Brasil. Dados observados até agosto de 2021.

Pelo lado do numerador, o saldo de crédito das famílias mostrou aceleração em 2021, após crescimento mais moderado no ano anterior. Em 2020, ele aumentou 6,4% em termos reais, após elevação de 7,3% em 2019.

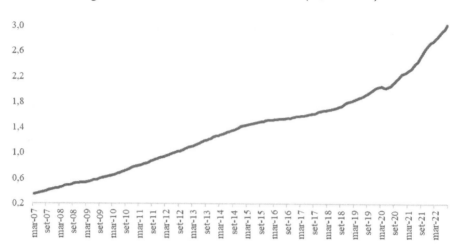

Figura 3. Saldo de crédito das famílias (R$ trilhões)

Fonte: Banco Central do Brasil. Dados observados até dezembro de 2021 e deflacionados pelo IPCA (dez/21=100).

A desaceleração do crédito no decorrer de 2020 apoiou-se no menor dinamismo do saldo de crédito livre pelos efeitos das medidas restritivas à circulação, limitando o crédito voltado ao consumo. Em 2021, por outro lado, o saldo de crédito das famílias mostra maior ritmo de crescimento, especialmente considerando o crédito livre, puxado pelo crédito pessoal e imobiliário, com efeitos da flexibilização das medidas restritivas no decorrer do 1º semestre. No mesmo ano, o saldo de crédito das famílias subiu 9,7% em termos reais, ganhando velocidade em relação a 2020.

Esse movimento é impulsionado (i) pela taxa de juros à pessoa física consistentemente em queda desde 2019, com uma pequena reversão nos últimos meses de 2021; e (ii) pelos prazos médios de pagamento da carteira de crédito alongados em 2020 e que se mantêm elevados em 2021. Ambos os movimentos reduzem significativamente o custo do crédito e facilitam o seu pagamento através de parcelas mensais menores.

Já pelo lado do denominador, no que se refere à massa de renda ampliada disponível, os resultados de 2020 mostram elevação, seguida por uma diminuição em 2021.[6] Em 2020, a massa de renda ampliada disponível aumentou 5,3% em termos reais, valor próximo ao crescimento do saldo de crédito das famílias e que ajuda a explicar a trajetória mais contida do endividamento num primeiro momento.

Finalmente, é importante ressaltar que o Brasil, em relação aos demais países emergentes,[7] possui um nível inferior de endividamento das famílias, o que significa que há espaço para que seu mercado cresça ao mesmo patamar que os de seus pares.

---

6. O cálculo da Tendências que considera massa do trabalho habitual, massa previdência, massa Bolsa Família (com Auxílio Emergencial) e outras fontes de renda, bem como desconta o pagamento com imposto de renda e contribuições previdenciárias.
7. Os países emergentes são Argentina, Brasil, Chile, China, Colômbia, República Checa, Hong Kong, Hungria, Índia, Indonésia, Israel, Coreia do Sul, Malásia, México, Polônia, Rússia, Arábia Saudita, Cingapura, África do Sul, Tailândia e Turquia.

Figura 4. Participação do crédito das famílias em relação ao PIB

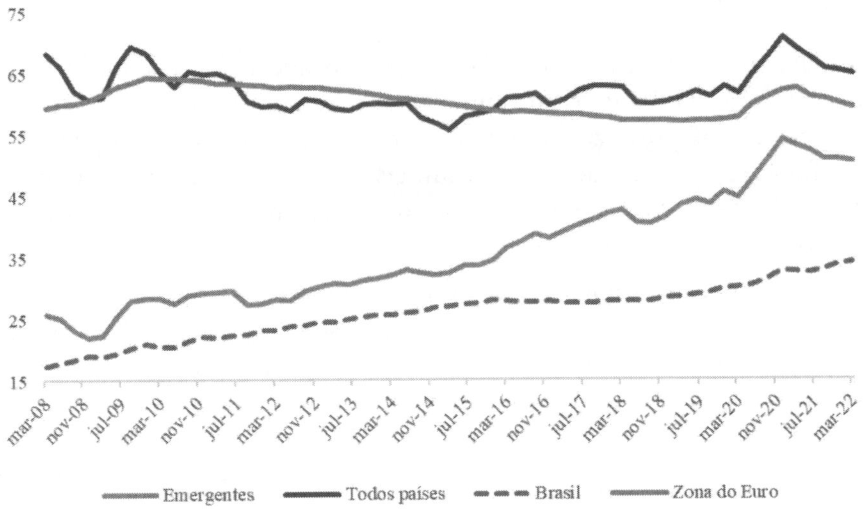

Fonte: *Bank of International Settlements.*

3. AS INOVAÇÕES DA LEI DO SUPERENDIVIDAMENTO

A Lei 14.181, ou Lei do Superendividamento, sancionada em 1º de julho de 2021, levou a diversas alterações no Código de Defesa do Consumidor ("CDC") – Lei 8.078/90 – e a uma edição pontual na Lei 10.741/03 (Estatuto do Idoso), as quais modificam a disciplina do crédito ao consumidor e dispõem sobre a prevenção e o tratamento do superendividado.

Em síntese, as inovações que acompanham essa Lei são: (i) de caráter preventivo ao superendividamento, trazendo desde normas que guiem o aspecto educacional do consumidor até a transparência das condições e dos parâmetros das contratações de crédito; e (ii) de tratamento, em que se busca lidar com o superendividado e seus credores por meio da conciliação preferencialmente extrajudicial.

O aspecto do caráter preventivo se deu por meio da inclusão de incisos em artigos do CDC referentes (i) à Política Nacional das Relações de Consumo ("PNRC") (art. 4º, adicionados os incisos IX e X); (ii) a programas e políticas de educação financeira para o consumidor e prevenção ao superendividamento como forma de evitar a exclusão social; (iii) a instrumentos da PNRC (art. 5º, adicionados os incisos VI e VII); (iv) a direitos do consumidor (art. 6º, adicionados os incisos XI, XII e XIII); e (v) a cláusulas abusivas (art. 51, adicionados os incisos XVII e XVIII).

O capítulo dedicado a esse tema – "Da Prevenção e do Tratamento do Superendividamento" – apresenta a definição de superendividamento a ser considerada no art. 54-A do CDC: "Entende-se por superendividamento a impossibilidade manifesta de o consumidor pessoa natural, de boa-fé, pagar a totalidade de suas dívidas de consumo, exigíveis e vincendas, sem comprometer seu mínimo existencial, nos termos da regulamentação".

As dívidas mencionadas pelo art. 54-A englobam aquelas de qualquer natureza que sejam decorrentes da relação de consumo, o que inclui operações de crédito, compras a prazo e serviços de prestação continuada,[8] com exceção das que forem contraídas mediante fraude ou má-fé, que "sejam oriundas de contratos celebrados dolosamente com o propósito de não realizar o pagamento ou decorram da aquisição ou contratação de produto e serviços de luxo de alto valor".[9]

Posteriormente, o mesmo trecho traz uma série de artigos que apontam os deveres de transparência do fornecedor de crédito no que se refere a condições e parâmetros do crédito, tais o como custo efetivo total, a taxa efetiva de juros mensal e o montante de prestação (art. 54-B). Ele também aponta vedações ao fornecedor no momento da oferta (publicitária ou negocial) de crédito (art. 54-C), a obrigatoriedade da prestação de deveres informacionais (art. 54-D), a necessidade de menção a contratos conexos ao de fornecimento de crédito (art. 54-F) e a vedação de práticas relacionadas à cobrança ou recusa da prestação do fornecimento de crédito (art. 54-G).

O capítulo intitulado "Da Conciliação no Superendividamento" descreve o processo de conciliação de forma similar ao mecanismo de uma recuperação judicial. Conforme disposto no art. 104-A, o consumidor superendividado poderá requerer que o juiz instaure um procedimento de repactuação de dívidas e a realização de audiência conciliatória, com a presença do devedor e todos os credores. Nesta oportunidade, deve ser apresentada uma proposta para o pagamento das dívidas em até cinco anos (art. 104-A, *caput*), prevendo medidas como dilação de prazos e suspensão de ações de cobrança e execução (art. 104-A, § 4º), desde que preservando o mínimo existencial e as garantias e formas de pagamento originalmente pactuadas (art. 104-A, § 5º).

Caso não ocorra conciliação em relação a quaisquer credores, o art. 104-B prevê que o juiz deverá instaurar um processo para estabelecimento de um plano judicial compulsório, sendo citados todos aqueles cujos créditos não tenham integrado o acordo. Tal plano assegurará aos credores, no mínimo, o valor do principal corrigido monetariamente, sendo que o pagamento deve ser quitado em até cinco anos, com o desembolso da primeira parcela previsto em 180 dias da aprovação do plano.[10]

---

8. Ver art. 54-A, § 2º: "§ 2º As dívidas referidas no § 1º deste artigo englobam quaisquer compromissos financeiros assumidos decorrentes de relação de consumo, inclusive operações de crédito, compras a prazo e serviços de prestação continuada".

9. Ver art. 54-A, § 3º.

10. Ver art. 104-B, § 4º:

"Art. 104-B. Se não houver êxito na conciliação em relação a quaisquer credores, o juiz, a pedido do consumidor, instaurará processo por superendividamento para revisão e integração dos contratos e repactuação das dívidas remanescentes mediante plano judicial compulsório e procederá à citação de todos os credores cujos créditos não tenham integrado o acordo porventura celebrado.

[...]

Ademais, o art. 104-C menciona que, durante a fase conciliatória, ocorrerá atuação facultativa de órgãos públicos integrantes do Sistema Nacional de Defesa do Consumidor para a repactuação das dívidas.

Finalmente, um dos termos-chave da Lei do Superendividamento é o "mínimo existencial", que pauta o conceito de superendividado, conforme descrito no artigo 54-A, § 1º. Esse artigo também condiciona a definição de mínimo existencial aos "termos da regulação". O Decreto 11.150, de 26 de julho de 2022, regulamentou o mínimo existencial em 25% do salário mínimo. Com salário mínimo em R$ 1.212, o mínimo existencial equivaleria a R$ 303. Enquanto se redige este artigo, há discussões no governo pelo aumento deste valor.

4. O TRATAMENTO DO SUPERENDIVIDADO E SEUS REFLEXOS NO MERCADO DE CRÉDITO

As leis de superendividamento têm o objetivo de resguardar financeiramente as famílias cujos gastos necessários para sobrevivência mais o pagamento de dívidas são maiores que a renda recebida. Vítimas de acidentes da vida, como doenças, morte e desastres naturais, e os indivíduos que não foram adequadamente informados ou não compreenderam totalmente as características dos produtos de crédito no momento de sua aquisição constituem o público que leis como essas procuram atender.

A Lei 14.181 tem o propósito de oferecer um seguro que garanta um patamar mínimo de consumo aos cidadãos, apoiando-os em situações de choques adversos, a fim de definir uma política de suporte adicional àquelas já vigentes no País.[11] Quando a sociedade é avessa ao risco em relação ao consumo, esse tipo de sistema serve ao propósito de suavizar perdas em momentos de maior vulnerabilidade financeira. No mercado de seguros, quanto maior a proteção em situação adversa, maior o "prêmio" de seguro a ser pago pelo segurado. Similarmente, no mercado de crédito, quanto mais extenso for o anteparo aos devedores, maior será o risco de o crédito não ser pago, o que se reflete em aumento das taxas de juros para todos que adquirem crédito. Adicionalmente, um risco mais elevado de inadimplência amplia a relutância dos bancos em conceder crédito, o que compromete a inclusão financeira da população.

---

§ 4º O plano judicial compulsório assegurará aos credores, no mínimo, o valor do principal devido, corrigido monetariamente por índices oficiais de preço, e preverá a liquidação total da dívida, após a quitação do plano de pagamento consensual previsto no art. 104-A deste Código, em, no máximo, 5 (cinco) anos, sendo que a primeira parcela será devida no prazo máximo de 180 (cento e oitenta) dias, contado de sua homologação judicial, e o restante do saldo será devido em parcelas mensais iguais e sucessivas".

11. Evidentemente, existem políticas de assistência social vigentes no Brasil que são aplicadas em situações como estas, que levam ao superendividamento. Vários exemplos podem ser citados: pessoas que sofrem acidentes de trânsito e recebem seguro, chamado Danos Pessoais Causados por Veículos Automotores de Via Terrestre (DPVAT); indivíduos que têm acesso ao Sistema Único de Saúde (SUS), que oferece serviços universais de atendimento médico, ambulatório e preventivo; e milhões de pessoas que, durante a pandemia, receberam o Auxílio Emergencial, de modo a garantir a sua subsistência durante um período de grave recessão econômica.

A preocupação em atender esse público em estado de vulnerabilidade constitui, de fato, um estágio inicial de identificação das pessoas que seriam elegíveis aos benefícios do tratamento oferecido pela Lei do Superendividamento. Tipicamente, os critérios para entrada no tratamento estipulam:

i. a renda máxima que o superendividado deve ter;

ii. o tempo mínimo entre tratamentos; e

iii. o volume de endividamento mínimo.

Na prática, ponderam-se os pré-requisitos para participar do tratamento, considerando que quanto mais rigorosos eles forem, menores serão as chances de uso indevido, mas também maior será a probabilidade de se excluir consumidores necessitados.

Em um segundo estágio, define-se o modo como o superendividado deve ser tratado. Nesse sentido, um conjunto de medidas pode ser contemplado. São elas:

i. a seleção dos tipos de crédito que não são abrangidos pelo tratamento;

ii. o registro do superendividado em um cadastro e os efeitos dessa classificação na aquisição futura de crédito;

iii. a inclusão dos bens e/ou da renda futura dos consumidores para o pagamento das dívidas, com definição do que seria o mínimo existencial a ser resguardado;

iv. a existência de formas extrajudiciais de tratamento;

v. a existência de regras limitando uma nova aquisição de crédito para superendividados;

vi. a obrigatoriedade de aconselhamento de crédito e de finanças pessoais;

vii. a qualidade da informação para os consumidores ao contratar crédito.

É evidente que a imposição de várias restrições ao superendividado em seu tratamento pode imbuir um caráter punitivo a um público já vulnerável. Um processo menos rígido – como, por exemplo, a retirada do registro em cadastro negativo, o maior desconto nas dívidas acumuladas ou o aumento do valor considerado como mínimo existencial – permite que o indivíduo se reestabeleça mais rapidamente.[12] No entanto, a ponderação entre um tratamento mais leniente e um tratamento mais rígido ao superendividado é essencial para cuidar de um aspecto fundamental do mercado de crédito que consiste em distinguir entre quem realmente precisa do tratamento e quem não precisa. Dado que existem benefícios envolvidos, mesmo aqueles que não necessitam do tratamento podem demandá-lo.

A dificuldade em diferenciar esses dois tipos de superendividados pode engendrar um comportamento inadequado, que induz a uma alta na média de inadimplência do crédito. Com efeito, um tratamento desproporcionalmente leniente pode levar pessoas a adquirir crédito sem intenção de pagamento, mas com o intuito de receber os benefícios

---

12. Referido na literatura como a concessão de um *fresh start* à pessoa endividada.

oferecidos pela Lei àqueles em situação de vulnerabilidade. Há, portanto, um importante efeito de contaminação no mercado que encarece o crédito a todos. Bons pagadores que se encontram em situação vulnerável pagam pelo comportamento oportunista dos maus pagadores.

Esse fenômeno, que atinge de forma perversa os bons pagadores, é comum em mercados de crédito, com o efeito de elevar o custo do crédito quando a dificuldade em separar os bons dos maus pagadores é maior.

Há uma extensa literatura acadêmica em direito e economia que investiga os impactos sobre o desenvolvimento econômico da dificuldade das pessoas e empresas para distinguir adequadamente os superendividados que precisam de um tratamento especial dos que não precisam.[13] Segundo um estudo de Djankov et al (2007) para 129 países, quando existem instrumentos que reduzem essas dificuldades, o custo do crédito tende a ser menor e o mercado de crédito tende a ser maior, o que favorece o desenvolvimento econômico.[14] Em Jun e Philip (2007), identifica-se que os empréstimos feitos em países nos quais os credores podem exercer as garantias em caso de inadimplência têm prazos de vencimento mais longos e taxas de juros mais baixas.[15]

No Brasil, existem evidências de que o efeito contaminação é significativo no mercado de crédito. Estudos realizados sobre o impacto da Lei de Falências de 2005 ilustram que havia um excesso de pedidos de falência pelas empresas antes do surgimento da legislação, o que sugere seu uso oportuno para evadir o pagamento de dívidas.[16] Assim, a análise da série de pedidos de falência no País indica uma queda abrupta nos pedidos, mesmo com um volume de crédito transacionado mais elevado e as recessões sofridas desde então.

---

13. Akerlof obteve junto com outros pesquisadores o Nobel de Economia em 2001 pelos avanços de sua pesquisa no tema. Ver AKERLOF, George A. The Market for "Lemons": Quality Uncertainty and the Market Mechanism. *Quarterly journal of Economics* 84, p. 488-500. 1970.

14. Ver DJANKOV et al. Private Credit in 129 Countries, *Journal of Financial Economics* 84, p. 299-329. 2007.

15. QIAN, Jun e STRAHAN, Philip E. How Laws and Institutions Shape Financial Contracts: The Case of Bank Loans, *The Journal of Finance* 62, 2803-2834. 2007. Ver outras referências sobre a relação entre qualidade da garantia do crédito e volume e taxas de juros dos empréstimos em: BAE, Kee-Hong e GOYAL, Vidhan K. Creditor Rights, Enforcement, and Bank Loans, *The Journal of Finance* 64, p. 823-860 2009 e HASELMANN, Rainer et al. How law affects lending, *Review of Financial Studies*. 2010.

16. Ver: ARAUJO, A. e FUNCHAL, B. A nova lei de falências brasileira: primeiros impactos. *Brazilian Journal of Political Economy*, 2009 e FUNCHAL, B. *The effects of the 2005 bankruptcy reform in Brazil*. Economic Letters. 2008.

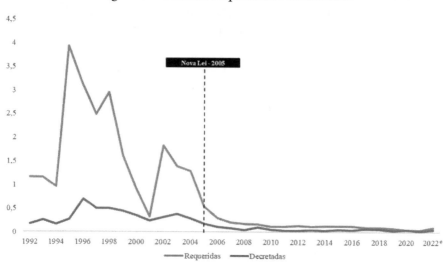

Figura 5. Falências requeridas e decretadas

Fonte: Serasa-Experian.

No mercado de crédito para pessoa física, que é o foco desta análise, as implicações são semelhantes.

Costa e Mello (2008) investigam os efeitos da incerteza da efetivação dos contratos de crédito sobre a percepção de risco do consignado em folha de pagamento.[17] Na ocasião, um juiz considerou ilegal o uso da renda futura do devedor como uma garantia do empréstimo. Mesmo sem o poder de definir precedentes para outras decisões, esta teria aumentado a percepção de risco entre os bancos nacionais. Na análise, os autores identificam que o questionamento quanto à utilização de pagamentos futuros como garantias levou a uma redução da oferta da linha de crédito consignado e a um aumento das taxas de juros cobradas. À medida que essa incerteza foi pacificada, observou-se a explosão do crédito consignado, cujos juros cobrados são inferiores à média do crédito pessoal não consignado em razão do maior suporte ao credor, conforme analisado em Arrigoni, Mello e Funchal (2010)[18] e ilustrado nas figuras a seguir.

Em um estudo mais recente, Ponticelli e Alencar (2016) estudam o papel de cortes judiciais mais ágeis na efetivação dos contratos de crédito no Brasil. Um dos resultados marcantes é que, em localidades onde as cortes são menos congestionadas, há maior concessão de crédito com garantia, maior volume de investimentos pelas empresas e maior produção, revelando um efeito importante sobre a economia real dessas localidades.[19]

---

17. COSTA, Ana Carla A. e DE MELLO, Joao M. *Judicial risk and credit market performance*: Micro evidence from Brazilian payroll loans. Financial markets volatility and performance in emerging markets. University of Chicago Press, p. 155-184.
18. ARRIGONI, C., DE MELLO, João M. e FUNCHAL, B. The Brazilian Payroll Experiment, *Review of Economics and Statistics*. 2010.
19. Ver: PONTICELLI, Jacopo e ALENCAR, Leonardo S. Court enforcement, bank loans, and firm investment: evidence from a bankruptcy reform in Brazil. *The Quarterly Journal of Economics* 131.3, p. 1365-1413. 2016.

Figura 6. Saldo de crédito pessoal consignado e não consignado como proporção do PIB

PIB

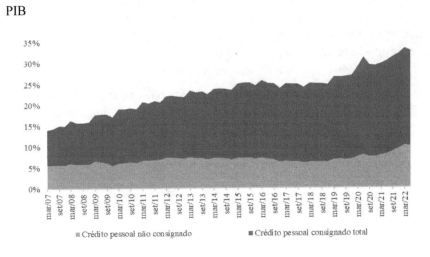

Fonte: Banco Central do Brasil. Elaboração: *Tendências*.

Figura 7. Taxa de juros anual do crédito pessoal consignado e não consignado

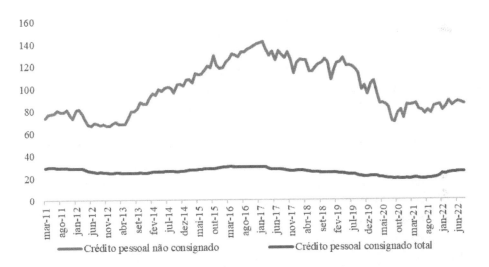

Fonte. Banco Central do Brasil.

Finalmente, a prevenção ao superendividamento deve envolver o uso de informações de crédito e renda do consumidor na concessão ao crédito. Dessa forma, é possível identificar mais precisamente o seu nível de endividamento e histórico de crédito, contribuindo para uma concessão mais responsável. No Brasil, Blum e Costa (2007) estimaram que a expansão do cadastro positivo disponibilizado pelo Banco Central do Brasil de R$ 5.000 para R$ 3.000 contribuiu para uma elevação do crédito como proporção do Produto Interno Bruto (PIB) em 7,7%, assim como uma redução de 21% na taxa de inadimplência e uma diminuição de 2,25% no *spread* bancário[20]. O Banco Central (2021) reporta que, ao final de 2020, cerca de 66% da população com idade acima de 19 anos possuía cadastro positivo ativo. Ademais, a inclusão de informações do cadastro positivo nas pontuações de crédito resultou na migração de indivíduos entre faixas de risco de crédito – cerca de 41% passaram para faixas de menor risco, 33% continuaram na mesma faixa e 26% foram para faixas de maior risco.[21]

Em linha com a literatura que relaciona as fricções no mercado de crédito – baixa efetivação de contratos, informação deficiente sobre o perfil dos tomadores de crédito, entre outros – como verdadeiras barreiras ao desenvolvimento econômico, esses estudos ilustram o potencial impacto sobre a economia real de uma implementação descuidada da Lei do Superendividamento, que busca induzir que somente o bom – mas desafortunado – pagador seja por ela tratado.

A extensa evidência que relata os efeitos positivos de um mercado de crédito maior para o desenvolvimento econômico, somada à preocupação dos países em aplicar essa legislação, reforça a relevância em se atuar com rigor e cautela nos detalhes técnicos da Lei de Superendividamento no caso brasileiro.

4.1 Considerações sobre os parâmetros do mínimo existencial

Na perspectiva da Lei do Superendividamento como um seguro social sobre o consumo dos cidadãos, a definição de um mínimo existencial constitui um elemento importante da política de resguardo dos endividados afetados por acidentes da vida. Tipicamente, as legislações que tratam de superendividamento definem o parcelamento da dívida por um período determinado sem que as necessidades básicas do devedor e de seus dependentes sejam comprometidas. O parcelamento da dívida, com data marcada para seu encerramento, é utilizado como seguro social para o indivíduo, ao mesmo tempo em que permite o pagamento de pelo menos parte dos débitos.[22]

Dois elementos devem ser considerados na definição do mínimo existencial. O primeiro é sua magnitude: quanto maior a proteção em momentos adversos, maior o "prêmio de seguro" a ser pago pela sociedade, o que, conforme discutido, se reflete em juros mais elevados e menor concessão de crédito. Em particular, se a pessoa possui uma renda inferior ao mínimo existencial, não é possível elaborar um plano de pagamento da dívida, porque simplesmente não há resíduo da renda a ser direcionado para o pagamento.

Assim, a proposição de um mínimo existencial implica proteção máxima à renda futura dos cidadãos que está abaixo desse valor. Todavia, uma análise mais cuidadosa da definição de um mínimo, cuja preocupação é *"evitar a sua exclusão social"*, conforme

---

20. Ver: BLUM, D. e COSTA, A. Registros de Informações Positivas: Impactos sobre o mercado de crédito bancário, Relatório Especial da *Tendências Consultoria Integrada*. 2007.
21. Ver: BANCO CENTRAL DO BRASIL (2021) Análise dos Efeitos do Cadastro Positivo, abril de 2021.
22. Para recomendações sobre como deve se dar o tratamento do superendividado em um contexto de assimetria da informação entre o poder público e o devedor, ver: WHITE, Michelle J. Bankruptcy reform and credit cards. *Journal of Economic Perspectives* 21.4: 175-200. 2007.

explicitado no texto da Lei 14.181, pode refletir no encarecimento do acesso ao crédito dessas pessoas em primeiro lugar. De fato, a dificuldade dos credores em recuperar o valor do empréstimo quando os devedores têm menor renda já se reflete em taxas de juros mais altas em relação àquelas aplicadas para devedores com renda mais elevada, conforme ilustrado na figura abaixo para o caso dos microempreendedores individuais (MEIs).[23]

A perspectiva de redução do valor da dívida a ser paga sob a nova Lei traz perdas não somente para os credores, mas também para os bons pagadores de baixa renda, que passam a pagar juros mais altos pelo aumento do risco de crédito para essa faixa de renda. Ao enfrentar taxas de juros ainda mais elevadas, eles se encontram excluídos do mercado de crédito e todos os seus potenciais benefícios, como a possibilidade de adiantar o consumo e o acesso a recursos para empreender em pequenos negócios.

Figura 8. Taxa de juros anual (%) de MEI por faixa de renda no 3º trimestre de 2021

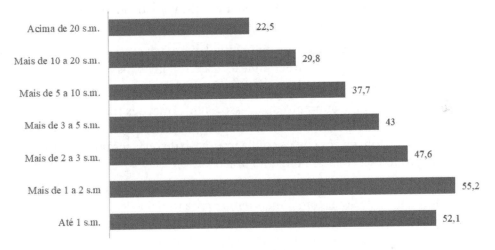

Fonte: Banco Central. Elaboração: *Tendências*.

O segundo elemento a ser considerado trata das diretrizes que norteiam a renda mínima a ser estabelecida. Em um cenário de grande diversidade socioeconômica e cultural, conforme é o caso de um país com proporções continentais como o Brasil, é esperado que diferentes localidades e esferas (extrajudicial e judicial) tenham entendimentos distintos sobre o que seria o mínimo existencial. Sem diretivas a respeito dessa definição, é possível que cada localidade adote um critério, caracterizando uma situação que tem o potencial de onerar o processo de recuperação de crédito de instituições financeiras, com impactos sobre todo o sistema, conforme já observado pela literatura acadêmica.[24]

Adicionalmente, cabe considerar as dificuldades informacionais enfrentadas por uma corte (judicial ou extrajudicial) para obter as informações adequadas com o objetivo

---

23. O número de MEIs ativos já ultrapassa 11,3 milhões de pessoas no Brasil.
24. Ver COSTA e MELLO (2008), PONTICELLI e ALENCAR (2016).

de elaborar o plano de pagamento. Várias informações são necessárias: (i) o volume total das dívidas e devedores; (ii) a renda futura do superendividado e o monitoramento de suas alterações ao longo da duração do plano de pagamento; (iii) o volume de gastos do devedor e seus dependentes; e (iv) os ativos disponíveis para o pagamento da dívida.

O levantamento das informações listadas implica diferentes graus de complexidade e custos para a corte, que muitas vezes conta somente com as declarações voluntariadas pelo superendividado. No Brasil, não há *bureau* de consulta de informações que permita identificar a renda disponível das pessoas. A renda futura e suas alterações ao longo do tempo são de difícil medida. Famílias com renda baixa, que, segundo estimativas do Instituto Brasileiro de Geografia e Estatística (IBGE), correspondem a 40,8% da população ocupada, obtêm sua subsistência informalmente e terão dificuldades em comprovar sua capacidade de pagamento[25]. Ainda neste quesito, é possível que as pessoas superendividadas em tratamento não tenham interesse em anunciar incrementos na renda após a definição do acordo, com o objetivo de não aumentar as parcelas de quitação da dívida. No que se refere aos custos, há dificuldade em identificar adequadamente quais seriam essenciais e quais seriam "inflados" pelo devedor.

Nesse contexto, da mesma forma que é difícil diferenciar um superendividado de boa-fé de um mau pagador, também é complexo discernir quais dos valores apresentados na fase de tratamento seriam fidedignos à situação do devedor.

Espera-se que, com o aumento do acesso às informações transacionais dos indivíduos promovidas pelo Banco Central do Brasil, chamada Agenda BC#, a barreira informacional relacionada aos custos com a prestação de serviços públicos (telefonia, gás, luz, energia etc.) seja menor no médio prazo.[26]

Naturalmente, quanto maior for o custo para a corte realizar esse levantamento, maior é a probabilidade de ela tomar mais tempo para tomar a decisão – em particular no caso de cortes mais congestionadas – ou atribuir valores arbitrários e inconsistentes para o mínimo existencial, o que pode encarecer a recuperação do crédito. Como amplamente documentado pela literatura, a incerteza jurídica tem efeitos marcantes no mercado de crédito, através da elevação dos juros e da redução na oferta de crédito para as pessoas que a Lei pretende proteger.

As boas regras de tratamento do superendividado devem envolver não somente o pagamento das dívidas através do comprometimento de uma parcela da renda futura, mas também a utilização de ativos disponíveis do devedor, ou seja, a venda ou retomada de bens de luxo. Especial atenção deve ser dada à preservação, dentro do possível, daqueles bens que servem ao mínimo existencial, o que inclui os instrumentos que viabilizam o trabalho do indivíduo.

---

25. Segundo os dados mais recentes da Pesquisa Nacional por Amostra de Domicílios (PNAD) Contínua, os trabalhadores que se enquadram na categoria de trabalho informal totalizam 36,3 milhões, o que corresponde a uma taxa de informalidade de 40,8% da população ocupada para o 2º trimestre de 2021.
26. Ver: https://www.bcb.gov.br/acessoinformacao/bcmais_competitividade. Acesso em: 31 jan. 2022.

Novamente, deve-se reforçar que, quanto maior for a isenção de ativos, maiores serão as chances de uso indevido do tratamento, com maus pagadores realocando seus ativos para bens isentos antes de pedir o tratamento. Ademais, os benefícios do tratamento de superendividamento, com o estabelecimento de um plano de pagamento, devem ser condicionais ao cumprimento do acordo estabelecido.

5. SIMULAÇÃO DE EFEITOS DO MÍNIMO EXISTENCIAL NO CURTO PRAZO

Esta seção é dividida em duas partes. Na primeira parte, apresenta-se a metodologia de cálculo do impacto da regulação do mínimo existencial sobre o mercado de crédito de pessoas físicas. Na segunda parte, são estimados os efeitos associados ao choque calculado no mercado de crédito sobre a economia nacional, utilizando a metodologia de Matriz de Insumo-Produto (MIP).

5.1 Efeitos sobre o mercado de crédito nacional

Com o objetivo de calcular o impacto no curto prazo da regulamentação do mínimo existencial previsto na Lei do Superendividamento, foram solicitadas informações, por intermédio da Febraban, aos principais bancos nacionais que pudessem auferir o nível de comprometimento de renda das pessoas físicas dentro da base de clientes de cada instituição bancária respondente.[27]

Os bancos calcularam o percentual do fluxo de pagamento de crédito individual impactado sobre o total de crédito se o valor regulamentado do mínimo existencial fosse de R$ 375,00. Esse levantamento foi anterior à promulgação do Decreto 11.150, de 26 de julho de 2022, que regulamentou o mínimo existencial em 25% do salário mínimo, o que equivaleria a R$ 303 para um salário mínimo em R$ 1.212.

Mais precisamente, suponha as seguintes variáveis observadas pelos bancos para cada cliente i:[28]

- $Renda_i$: renda estimada ou observada pelo banco do cliente i;

- $Fluxo\ de\ pagamentos_i$: parcelas a vencer em 30 dias somadas a parcelas em atraso dos últimos 90 dias de crédito já concedido do cliente i;

- ME: valor do mínimo existencial, igual para todos os clientes.

O cliente i é impactado pela Lei se:

$$Fluxo\ de\ pagamentos_i > Renda_i - ME$$

---

27. Os respondentes eram quatro dos maiores bancos comerciais nacionais, segundo a Febraban.
28. Não se faz referência ao núcleo familiar do cliente, mas ao indivíduo.

Se um cliente é impactado, o fluxo de pagamentos impactado – omitindo-se o subscrito i, para fins de simplicidade de exposição – é dado por:

$$Fluxo\ de\ pagamentos\ impactado\ =\ Fluxo\ de\ pagamentos\ -\ (Renda\ -\ ME)$$

A participação do fluxo de pagamentos impactado no fluxo de pagamentos total é dada pela fração α abaixo:

$$\alpha = \frac{Fluxo\ de\ pagamentos\ impactado}{Fluxo\ de\ pagamentos}$$

A fração α é uma proporção calculada por cliente dos bancos respondentes que leva em conta todo o fluxo de pagamento mapeado pelo SCR. Assim, pode-se interpretar α como uma proporção do fluxo de pagamentos que o cliente impactado não consegue pagar ao final do mês para um dado nível de mínimo existencial.

Tendo em vista que o cliente não consegue fazer frente ao percentual α do fluxo de pagamentos contratado, supõe-se que ele não deveria ter contratado a mesma proporção de crédito[29]. Assim, estima-se que o volume de crédito do cliente impactado pela regulação é dado por:

$$Volume\ de\ crédito\ impactado\ =\ \alpha * [Saldo\ de\ Crédito]$$

O exemplo numérico abaixo ilustra a metodologia proposta.

BOX 1. Exemplo numérico

Suponha um consumidor cuja renda estimada é dada por R$ 800 e um fluxo de pagamentos de R$ 500. Suponha que o governo regule o mínimo existencial a R$ 375,00. Neste caso, temos:

$$Renda - ME = 800 - 375\ =\ 425 < 500 = Fluxo\ de\ pagamentos$$

Note que R$ 425 é o máximo de recursos que o devedor deveria utilizar para saldar seus compromissos, mas seu fluxo de pagamentos mensais equivale a R$ 500. Assim, o fluxo de pagamentos impactado é R$ 75, e a fração α calculada é:

$$\alpha = {}^{75}\!/_{500} = 15\%$$

De acordo com a metodologia proposta, se o percentual do fluxo de pagamentos impactado é 15%, então esse cliente deveria ter contratado apenas 85% do total de crédito que ele atualmente possui.

Neste cenário, o cliente deveria ter contratado apenas R$ 8.500, ao invés de R$ 10.000, e o crédito impactado para ele é de R$ 1.500. Isso significa dizer que o banco teria concedido R$ 1.500 em crédito além da renda disponível do cliente, colocando este valor em risco caso o cliente efetivamente recorresse à Lei para renegociar seus compromissos de pagamento.

Os fluxos de pagamento incluem parcelas e pagamentos a vencer em 30 dias (parcelado e rotativo) e parcelas vencidas até 90 dias.[30] Esses fluxos de pagamento foram calculados a partir de dois cenários.

---

29. Esta hipótese simplificadora pressupõe uma relação linear entre capacidade de pagamento de parcelas mensais e a carteira de crédito do devedor, desconsiderando o montante da dívida que já foi amortizada.
30. De acordo com o Banco Central do Brasil, o percentual do saldo da carteira de crédito para pessoa física com parcelas em atraso entre 15 e 90 dias em dezembro de 2021 foi de 4,31%.

No primeiro, todos os produtos de crédito foram considerados. No segundo, alguns produtos de crédito foram descartados do fluxo de pagamentos por serem considerados de natureza transacional e relacionados à subsistência das pessoas, quais sejam: (i) saldo transacional de cartão de crédito; (ii) parcelas do crédito imobiliário, que podem ser gastos essenciais com moradia; e (iii) parcelas do crédito rural, que permitiriam a subsistência e a renda das pessoas. Em resumo, são duas as métricas de fluxos de pagamentos:

Cenário 1: Crédito concedido total;

Cenário 2: Crédito sem transacional, imobiliário e rural (demais créditos).

A figura a seguir ilustra os dois cenários em análise.

Figura 9. Cenários de produtos de crédito que compõem o mínimo existencial

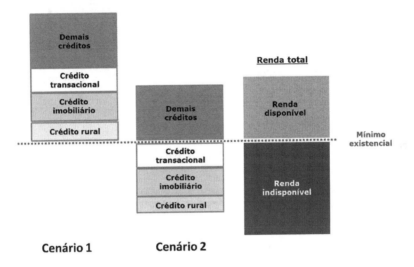

Os dados recebidos por intermédio da Febraban foram as médias por instituição bancária das frações α por faixa de renda e geral e, ainda, o percentual de clientes cujo fluxo de pagamentos foi impactado por um número total de clientes, geral e segmentado por faixa de renda, supondo-se um mínimo existencial de R$ 375. A tabela abaixo reporta a média ponderada por volume de crédito[31].

Conforme esperado, o resultado indica que os clientes mais afetados pela regulação do mínimo existencial de R$ 375 estão nas camadas mais pobres da população, uma vez

---

31. A partir de dados recebidos de quatro dos cinco maiores bancos de varejo nacionais, calculou-se a média do percentual de clientes e fluxos de pagamento impactados para o mercado nacional por faixa de renda, ponderado pelas participações de mercado desses bancos para cada conceito de crédito utilizado, segundo informado pelo IF.data/BCB (junho/2021). No cálculo dos percentuais, o denominador é o mesmo para ambos os cenários, ou seja, o fluxo de pagamentos totais para todos os créditos do cliente no sistema financeiro, segundo informado pelo SCR/BCB. Não foram informadas as frações com mínimo existencial igual a zero.

que estas terão uma parcela maior de sua renda indisponibilizada para o pagamento de dívidas. Esse resultado é válido independentemente do cenário adotado[32].

No cenário 1, multiplicou-se o percentual médio de crédito impactado de todos os consumidores – equivalente a 28% – pelo estoque total de crédito à pessoa física em agosto de 2022 – equivalente a R$ 3,041 trilhões – para se estimar o crédito impactado, de cerca de R$ 844 bilhões. No cenário 2, o saldo impactado foi estimado em R$ 663 bilhões, em torno de 22% do total da carteira PF em 2021.

Tabela 1. Simulação de fluxo de crédito,
clientes impactados (%) e saldo total impactado

Cenários	Faixas de renda	Clientes impactados (%)	Fluxo de pagamentos impactado (%)	Saldo total impactado
Cenário 1	Até 1 SM	56	62	
	Entre 1 SM e 5 SM	31	34	
	Acima de 1 SM	22	22	- R$ 844 bilhões
	Total	34	28	
Cenário 2	Até 1 SM	48	52	
	Entre 1 SM e 5 SM	17	26	
	Acima de 1 SM	11	18	- R$ 663 bilhões
	Total	22	22	

Fonte: Febraban.

Esses valores elevados sinalizam o volume de crédito que os bancos não deveriam ter concedido caso todos os clientes impactados desejassem recorrer à Lei para o não pagamento de uma fração das parcelas vincendas.

Assim, o resultado acima parte de premissas que, se por um lado extrapolam o volume de crédito que pode ser efetivamente impactado, por outro proporcionam uma medida do efeito perverso que uma regulação imperfeita pode impor sobre o mercado de crédito.

Tendo em vista os resultados obtidos, relacionados à aferição de renda (crédito rural) de gastos transacionais (cartão de crédito e imobiliário) do cliente.

A Lei do Superendividamento aparta os créditos com garantia do plano de pagamentos, mas estes podem ou não ser incluídos na definição do mínimo existencial. A inclusão de todos os tipos de crédito na análise tem o objetivo de estimar uma ordem de grandeza das perdas sobre o mercado de crédito caso a norma seja aplicada a todos os créditos impactados.

---

32. Segundo o Relatório de Cidadania Financeira publicado em 2021 pelo Banco Central do Brasil, os créditos imobiliários, cartão de crédito à vista e rural correspondem a 41% do total do crédito concedido à população de menor renda, abaixo de R$ 1,5 mil. Ver: https://www.bcb.gov.br/content/cidadaniafinanceira/documentos_cidadania/RIF/Relatorio_de_Cidadania_Financeira_2021.pdf. Acesso em: 04 fev. 2022.

5.2   Efeitos sobre a economia nacional

Com o objetivo de estimar os efeitos associados aos agregados econômicos derivados da redução do saldo de crédito das famílias em decorrência da aplicação do mínimo existencial de R$ 375 sobre a renda disponível das famílias, foram realizados dois exercícios.

O primeiro faz uso de metodologia econométrica para estimar o efeito associado sobre o crescimento do PIB nacional em 2023. O segundo exercício utiliza a Matriz de Insumo-Produto para investigar como esse choque negativo no mercado se propaga pelos diferentes setores da economia e afeta o mercado de trabalho e a arrecadação.

i.   Efeitos sobre o crescimento do PIB

O modelo econométrico utilizado para quantificar a relação entre a variação do PIB trimestral e a disponibilidade de crédito é dado pela equação linear abaixo:

$$\Delta \ln (\text{PIB famílias})_t = \alpha + \beta_1 \Delta \ln (\text{Saldo Crédito Famílias})_t + \beta_2 \Delta \ln (\text{Massa Salarial})_t$$

$$+ \beta_3 \Delta \ln (\text{Confiança do consumidor})_t + \beta_4 Dummy \text{ (Covid19)} + \varepsilon_t$$

Sendo as variáveis dadas por:

- PIB das famílias: PIB-consumo das famílias composto pela série trimestral do IBGE (em R$) a preços de 1995. A partir do PIB trimestral, foi considerada a participação média do PIB anual das famílias em relação ao PIB total;
- Saldo de crédito das famílias: série trimestral do Banco Central do Brasil (em R$);
- Massa de renda salarial habitual das famílias: série trimestral do IBGE (em R$);
- Índice de Confiança do Consumidor: série trimestral FGV-IBRE (número índice);
- *Dummy Covid19*: variável binária que assume valor 1 no 2º trimestre de 2020.

Como é usual em modelos econométricos aplicados ao contexto macroeconômico, aplica-se uma transformação logarítmica às variáveis contínuas de modo a preservar as relações funcionais entre elas, por se tratar de uma transformação monotônica na forma funcional da equação acima. Em adição, essa transformação permite uma interpretação mais intuitiva dos coeficientes, que passam a refletir a elasticidade do PIB das famílias em relação a cada variável contínua. Por exemplo, se o β1 estimado corresponde a 0,5, isso significa que a dois pontos merecem atenção. O primeiro ponto importante do exercício é o uso da *renda estimada* ou *observada* dos clientes. Em um país em que 40% da população vive de renda informal e muitas pessoas não declaram parte de sua renda, é esperado que algumas medidas de renda dos bancos sejam imprecisas.[33] Esse elemento pode contribuir para uma superestimação do valor de crédito impactado.

---

33.   Com efeito, muitos bancos utilizam outras informações além da renda estimada ou observada no momento de conceder crédito. É possível que um cliente use a conta bancária apenas para pagar uma parcela do finan-

O segundo ponto trata dos tipos de crédito utilizados na análise. Notadamente, não há distinção entre crédito com garantia e crédito sem garantia na aplicação da Lei. Apenas diferencia-se, para fins de desenho de cenários, aqueles créditos que comporiam as despesas elasticidade do PIB das famílias em relação ao saldo de crédito é 0,5. Assim, se o saldo de crédito aumenta 1%, então o PIB das famílias aumenta 0,5%.

Espera-se que todas as variáveis explicativas (lado direito da equação) tenham relação positiva com o PIB das famílias. Dessa forma, variações positivas de confiança do consumidor/massa de rendimentos do trabalho/saldo de crédito às pessoas físicas estão correlacionadas positivamente ao PIB das famílias.[34]

Partindo da estimação do modelo e utilizando dados trimestrais do intervalo entre 2012 e o segundo trimestre de 2022, foram estimados parâmetros com resultados alinhados à expectativa teórica, conforme apresentado na tabela abaixo.[35]

Tabela 2. Principais resultados da regressão linear

Parâmetro	Estimação
Saldo de crédito das famílias – $\beta 1$	+0,148***
Massa salarial – $\beta 2$	+0,248 .
Confiança do consumidor – $\beta 3$	+0,140***
Covid *dummy* – $\beta 4$	-0,072***

Nota: *** indica nível de significância estatística de 1%.

O resultado de interesse compreende a estimação do parâmetro $\beta 1$, cuja interpretação é de que um aumento de 1% no saldo de crédito das famílias está associado a um crescimento de 0,148% no PIB das famílias. Tendo em vista que a participação do PIB das famílias no PIB total é de aproximadamente 64%, isso implica, no cenário 1, que a alta prevista pela *Tendências* de 0,40% em 2023 cairia para -1,30%. No cenário 2, o efeito associado é de -0,90% pontos percentuais sobre o mesmo indicador. A tabela abaixo resume os resultados obtidos. Os efeitos associados ilustram o forte efeito de uma contração do mercado de crédito na economia nacional, o que reforça a necessidade de se ater às tecnicalidades da regulamentação do mínimo existencial no Brasil.

ii. Efeitos de Equilíbrio Geral

A adoção de políticas públicas pode causar diversos tipos de repercussões na economia. Medidas como a regulamentação do mínimo existencial estipulado pela Lei do Superendividamento são capazes de afetar as relações entre os agentes econômicos ao alterar a maneira pela qual firmas, famílias, governo e exportadores se relacionam

---

ciamento do veículo, mas tenha sua subsistência proporcionada pela família. Neste caso, a renda observada é zero, e, mesmo assim, o banco oferece crédito.

34. Os resultados de testes de raiz unitária e de estacionariedade foram realizados para um subconjunto dos dados utilizados (2013 a 2019) e são satisfatórios.

35. Mais detalhes estão sob demanda aos autores.

economicamente. A regulamentação poderia causar diversos tipos de repercussões na economia tendo em vista seu efeito associado sobre o PIB nacional, o que implicaria em impactos adicionais sobre a renda das famílias, o nível de atividade, os empregos e a arrecadação de impostos. Dessa forma, os efeitos oriundos de tal medida devem ser avaliados em um sentido mais amplo, de forma a verificar potenciais impactos sobre o nível de atividade da economia e o interesse público do país.

Para a estimação dos impactos decorrentes da regulamentação do mínimo existencial, utiliza-se o Modelo de Insumo-Produto. O modelo reporta o efeito líquido de certos choques na economia, retratando os impactos causados sobre firmas, consumidores e governo em termos de agregados macroeconômicos (produção, renda das famílias, arrecadação de impostos, valor adicionado e empregos). Essa metodologia tem a vantagem de incorporar efeitos diretos e indiretos, além de considerar os impactos ao longo de toda a cadeia produtiva.

Utiliza-se como referência uma versão estilizada da Matriz de Insumo-Produto (MIP) de 2018 estimada pela Universidade de São Paulo[36]. A MIP foi agregada para quatro setores: Rural (composto por agricultura, pecuária e pesca), Veicular (fabricação de veículos, peças, acessórios de veículos e outros equipamentos de transporte), Imobiliário (construção civil, alojamento e atividades imobiliárias) e Outros (demais setores). Isso permite que o modelo utilizado aplique em cada setor o choque diretamente direcionado a cada atividade produtiva. Tendo em vista a segmentação do mercado de crédito para a aquisição de bens e serviços (conforme é o caso do crédito imobiliário, pessoal, rural, de veículos e outros), é possível distribuir setorialmente o choque sobre o crédito das famílias. A distribuição hipotética dos choques é definida a partir da segmentação do mercado de crédito.

Os resultados abaixo apresentam os efeitos líquidos associados à regulamentação de mínimo existencial em R$ 375, conforme caracterizado anteriormente neste Estudo – ou seja, a diferença entre o cenário com e sem o choque sobre variáveis macroeconômicas como arrecadação de impostos, empregos, consumo das famílias, entre outros.

Tabela 3. Impactos econômicos[37]

	Cenário 1		Cenário 2	
	(R$ bi)	Δ%	(R$ bi)	Δ%
Produção	-331	-2,16%	-232	-1,51%
Arrecadação de impostos	-12	-1,03%	-8	-0,65%
Renda das famílias	-74	-1,89%	-44	-1,13%
Valor adicionado (PIB)	-150	-1,96%	-115	-1,50%
Empregos (mil ocupações)	-2.321	-2,22%	-1.833	-1,76%

---

36. Disponível em: http://www.usp.br/nereus/wp-content/uploads/MIP-BR-CN10-68S-2018.xlsx. Acesso em: 08 dez. 2021.
37. Resultados em termos monetários de 2021. O IPCA foi usado como deflator.

Em efeito, o impacto negativo sobre o PIB reduz o valor adicionado (pagamento dos fatores de produção), diminuindo a remuneração das famílias, o que implicaria em queda de consumo. A partir disso, dado que os consumidores demandam menos, as firmas reduziriam os seus níveis de operação, o que, além de comprimir o nível de produção, também geraria diminuição no emprego. Por fim, com a queda generalizada do nível de atividade econômica, a arrecadação de impostos também sofreria um efeito negativo.

Para os choques previamente citados, são esperados impactos econômicos negativos em todos os cenários para todas as variáveis. São esperadas quedas de R$ 232 bilhões e R$ 331 bilhões (-1,51% e -2,16%) na produção, de R$ 44 bilhões e R$ 74 bilhões (-1,13% e -1,89%) na renda das famílias e de 1,8 milhões e 2,3 milhões (-1,76% e -2,22%) nos empregos, dependendo do cenário. Sobre a arrecadação tributária, o Modelo de Insumo-Produto estima impactos sobre tributos indiretos, tais como o Imposto sobre Produtos Industrializados (IPI) e o Imposto sobre Circulação de Mercadorias e Serviços (ICMS). Apenas para tais tributos são estimadas perdas entre R$ 8 bilhões e R$ 12 bilhões (-0,65% e -1,03%). A esse efeito seria somada a redução na arrecadação sobre o Imposto sobre Operações Financeiras (IOF), que recentemente foi majorado a 4,08% para pessoas físicas a partir de janeiro de 2022[38], estimada em R$ 12,3 bilhões no cenário 1 e R$ 9,7 bilhões no cenário 2. Dessa forma, a diminuição total na arrecadação[39] seria de R$ 24,3 bilhões no cenário 1 e de R$ 17,7 bilhões no cenário 2.

Tabela 4. Efeito arrecadatório total (R$ bi)

	Impostos indiretos estimados via MIP (A)	IOF (B)	Efeito total (A+B)
Cenário 1	-12	-12,3	-24,3
Cenário 2	-8	-9,7	-17,7

Conclui-se, portanto, que a regulamentação do mínimo existencial, conforme simulada, está associada a múltiplos efeitos negativos para a economia. As perdas atingiriam diversos tipos de agentes, implicando em piora nas condições para famílias, firmas e governo. Espera-se efeitos adversos sobre a produção, a renda das famílias, o valor adicionado, a arrecadação de impostos e os empregos em todos os cenários estimados. Além disso, as perdas monetárias seriam significantes, atingindo quantias bilionárias para todos os agregados macroeconômicos considerados.

---

38. Ver Decreto 10.797, de 16 de setembro de 2021. Disponível em: https://www.in.gov.br/en/web/dou/-/decreto-n-10.797-de-16-de-setembro-de-2021-345435328. Acesso em: 08 dez. 2021. Nesta estimação de perda de arrecadação com IOF, utilizou-se a taxa de juros média de pessoa física em outubro de 2022, estimada em 35,85% ao ano, conforme reportado pelo Banco Central do Brasil (SGS) em 14 de abril de 2023.
39. Notadamente, a MIP calcula os impactos diretos e indiretos sobre a arrecadação, o que, em teoria, deveria incluir impostos como o IOF. Neste sentido, é esperado que a soma do valor estimado através da MIP e a perda direta em arrecadação do IOF tenha alguma dupla contagem. Todavia, entende-se que essa dupla contagem seja limitada.

6. CONCLUSÕES

A Lei do Superendividamento, aprovada em 2021, é uma reforma muito aguardada, que tem como objetivo diminuir riscos a pessoas em situação de vulnerabilidade. Ela não permite que o pagamento de dívidas por essas pessoas comprometa suas rendas a ponto de deixá-las abaixo de um mínimo existencial.

Essa Lei é frequentemente tratada como uma política complementar às demais políticas de proteção social já vigentes no País, uma vez que oferece uma forma de seguro sobre o consumo das pessoas, apoiando-as quando sofrem um choque adverso na vida. Tal sistema de proteção serviria ao propósito de suavizar perdas em momentos de maior vulnerabilidade financeira. No entanto, ele pode ter como consequência não intencional limitar o acesso a crédito e aumentar o seu custo, especialmente para indivíduos de baixa renda. O presente artigo discorre sobre os riscos de um marco de superendividamento mal calibrado e sobre a relevância de que os parâmetros empregados – incluindo o mínimo existencial – sejam estabelecidos com cautela e atenção a detalhes técnicos.

Similar ao mercado de seguros, no mercado de crédito, quanto maior o conjunto de situações em que o pagamento é dispensado (potencialmente protegendo o pagador de uma situação adversa), maior o risco de o crédito não ser pago, o que se reflete em aumento das taxas de juros e limitação da oferta de crédito. Com a Lei de Superendividamento, tomadores com renda muito próxima ao mínimo existencial terão dificuldade em conseguir crédito, uma vez que o risco deles se enquadrarem em uma situação de isenção de pagamento torna-se muito provável.

A capacidade de consumidores se comprometerem a saldar compromissos (poder de comprometimento) é reconhecidamente relevante para que eles tenham acesso a crédito e a condições contratuais vantajosas. Com efeito, várias reformas no mercado de crédito nacional ocorridas ao longo dos anos 2000 aumentaram a capacidade dos credores para recuperar crédito em casos de não pagamento. Dentre elas, destacam-se a Lei do Consignado, de 2003, a Lei de Falências, de 2005, e a consolidação da Lei de Alienação Fiduciária[40]. O impacto positivo no mercado de crédito foi identificado pela literatura brasileira sobre o tema, com redução do custo do crédito pessoal e empresarial, bem como sua expansão em relação ao PIB.

A adoção de uma Lei de Superendividamento com um mínimo existencial muito elevado tende a limitar a capacidade de comprometimento – e, por conseguinte, o acesso a crédito   especialmente a um público de baixa renda que, a princípio, poderia extrair grandes benefícios do acesso a serviços financeiros. Assim, a imposição de restrições ao superendividado em seu tratamento pode imbuir um caráter punitivo a um público já vulnerável. Um tratamento menos rígido – como, por exemplo, a rápida retirada do registro em cadastro negativo, a isenção indiscriminada de ativos do endividado do

---

40. Respectivamente, Lei 10.820, de 17 de dezembro de 2003, Lei 11.101, de 9 de fevereiro de 2005, e Lei 9.514, de 20 de novembro de 1997.

plano de pagamentos, um maior desconto nas dívidas acumuladas ou o aumento do valor considerado mínimo existencial – permite que o devedor se reestabeleça mais rapidamente. No entanto, a ponderação entre um tratamento mais leniente e outro mais rígido é essencial para cuidar de um aspecto fundamental do mercado de crédito, que consiste em distinguir entre quem realmente precisa do tratamento (acesso a crédito) e quem não precisa. Dado que existem benefícios no tratamento, mesmo aqueles que não necessitam dele podem tentar usá-lo.

A complexidade em diferenciar esses dois tipos de superendividados pode engendrar um comportamento inadequado, que induz um aumento na média de inadimplência do crédito. De fato, um tratamento desproporcionalmente leniente pode levar pessoas a adquirir crédito sem intenção de pagamento, mas com o intuito de receber os benefícios do tratamento oferecido pela Lei aos indivíduos em situação de vulnerabilidade. Há, portanto, um importante efeito de contaminação no mercado que encarece o crédito para todos. Bons pagadores pagam pelo comportamento oportunista dos maus pagadores.

Esse fenômeno é comum em mercados de crédito, com o efeito de aumentar o custo do crédito nos mercados em que a dificuldade em separar os bons dos maus pagadores é maior. Tipicamente, as leis de superendividamento internacionais definem o parcelamento da dívida por um período determinado sem que as necessidades básicas do devedor e seus dependentes sejam comprometidas, com atenção a parâmetros de cálculo que coíbam o mau uso do tratamento. Ademais, o tratamento do superendividamento também abrange ativos disponíveis para a quitação da dívida.

Nesse processo, existem importantes barreiras informacionais para a obtenção das informações sobre a renda e os custos dos endividados. Quanto maior a dificuldade para a corte judicial em realizar este levantamento, maiores as chances de ela levar mais tempo para tomar a decisão – em especial em cortes mais congestionadas –, o que pode encarecer a recuperação do crédito.

Como amplamente documentado pela literatura, a incerteza jurídica tem efeitos deletérios no mercado de crédito, através da elevação dos juros e da redução da oferta de crédito para as pessoas que a legislação pretende proteger. É importante ater-se às minúcias da Lei para que o mercado de crédito se expanda de forma funcional e sustentável.

Uma simulação com base em dados do sistema bancário indica que, se os bancos considerassem apenas a renda disponível líquida do mínimo existencial de R$ 375 na concessão de crédito, ao menos R$ 663 bilhões não deveriam ter sido concedidos às pessoas – cerca de 22% do total da carteira para pessoa física. Caso os bancos retirassem este montante do mercado, o efeito associado no PIB em 2023 seria de redução de até 1,3 ponto percentual. Considerando-se a estrutura produtiva do Brasil, são estimadas perdas de até 2,3 milhões de postos de trabalho, com perdas na arrecadação com impostos de até 24,3 bilhões.

REFERÊNCIAS

AKERLOF, George A. The Market for "Lemons": Quality Uncertainty and the Market Mechanism. *Quarterly journal of Economics* 84, p. 488-500. 1970.

ARAUJO, A. e FUNCHAL, B. A nova lei de falências brasileira: primeiros impactos. *Brazilian Journal of Political Economy*, 2009.

ARRIGONI, C., DE MELLO, João M. e FUNCHAL, B. The Brazilian Payroll Experiment, *Review of Economics and Statistics*. 2010.

BAE, Kee-Hong e GOYAL, Vidhan K. Creditor Rights, Enforcement, and Bank Loans, *The Journal of Finance* 64, p. 823-860 2009.

BLUM, D. e COSTA, A. Registros de Informações Positivas: Impactos sobre o mercado de crédito bancário, Relatório Especial da *Tendências Consultoria Integrada*. 2007.

COSTA, Ana Carla A. e DE MELLO, Joao M. *Judicial risk and credit market performance*: Micro evidence from Brazilian payroll loans. Financial markets volatility and performance in emerging markets. University of Chicago Press, 2008.

DJANKOV et al. Private Credit in 129 Countries, *Journal of Financial Economics* 84, p. 299-329. 2007.

FUNCHAL, B. *The effects of the 2005 bankruptcy reform in Brazil*. Economic Letters. 2008.

HASELMANN, Rainer et al. How law affects lending, *Review of Financial Studies*. 2010.

PONTICELLI, Jacopo e ALENCAR, Leonardo S. Court enforcement, bank loans, and firm investment: evidence from a bankruptcy reform in Brazil. *The Quarterly Journal of Economics* 131.3, p. 1365-1413. 2016.

QIAN, Jun e STRAHAN, Philip E. How Laws and Institutions Shape Financial Contracts: The Case of Bank Loans, *The Journal of Finance* 62, 2803-2834. 2007.

WHITE, Michelle J. Bankruptcy reform and credit cards. *Journal of Economic Perspectives* 21.4: 175-200. 2007.

ASPECTOS PRÁTICOS DA REPACTUAÇÃO DE DÍVIDAS DO CONSUMIDOR PESSOA NATURAL

Francisco Emilio de Carvalho Posada

Doutorando e Mestre em Direito Processual pela Universidade do Estado do Rio de Janeiro (UERJ). Pós-graduado em Direito Público e Privado pela Escola da Magistratura do Estado do Rio de Janeiro (EMERJ). Professor da Escola da Magistratura do Estado do Rio de Janeiro (EMERJ). Juiz de Direito do Tribunal de Justiça do Estado do Rio de Janeiro. Membro do Instituto Brasileiro de Direito Processual – IBDP. *E-mail*: francisco_ecp@hotmail.com.

Sumário: 1. Introdução – 2. Art. 104-A, *caput*, do CDC – 3. § 1º do art. 104-A do CDC – 4. § 2º do art. 104-A do CDC – 5. §§ 3º e 4º do art. 104-A do CDC – 6. § 5º do art. 104-A do CDC – 7. Art. 104-B, *caput*, do CDC – 8. § 1º do art. 104-B do CDC – 9. § 2º do art. 104-B do CDC – 10. § 3º do art. 104-B, do CDC – 11. § 4º do art. 104-B, do CDC – 12. § 1º do art. 20-B da lei 11.101/05 – 13. Considerações finais.

1. INTRODUÇÃO

A Lei 14.181/2021 alterou diversos dispositivos do Código de Defesa do Consumidor (CDC) e do Estatuto do Idoso com o objetivo de *aperfeiçoar a disciplina do crédito ao consumidor e dispor sobre a prevenção e o tratamento do superendividamento*. Para tanto, em meio a outras modificações, foi incluído o Capítulo VI-A no Livro I do CDC, que versa sobre os direitos do consumidor, bem como foi inserido o Capítulo V no Livro III do CDC, que, por sua vez, veicula especificidades da defesa do consumidor em juízo.

O novo Capítulo VI-A do Livro I do CDC conta com seis artigos (o art. 54-E foi vetado) e tem por objeto a prevenção e o tratamento do superendividamento. Os dispositivos definem superendividamento, estabelecem condutas que devem ser observadas pelos fornecedores de crédito, vedam práticas publicitárias, disciplinam contratos conexos e preveem consequências para o descumprimento dos comandos normativos.

O recém-criado Capítulo V do Livro III do CDC tem por título *da conciliação no superendividamento* e é composto de três artigos com diversos parágrafos (art. 104-A a 104-C). O arcabouço normativo se destinou à instituição de verdadeira *recuperação judicial* do consumidor pessoa natural superendividado, com a estipulação de um procedimento em etapas, iniciando-se com uma fase conciliatória extrajudicial e culminando com uma fase judicial adjudicatória, dividida em duas subfases.

A previsão do procedimento de repactuação (i) concretiza o direito do consumidor ao tratamento de situações de superendividamento por meio da revisão e repactuação de dívidas, com preservação de seu mínimo existencial (art. 6º, X e XI, do CDC); e (ii) se consubstancia em instrumento típico de tratamento extrajudicial e judicial do superendividamento (art. 5º, VI, do CDC) previsto para alcance do objetivo de evitar a exclusão social do consumidor (art. 4º, X, do CDC).

São dois dos dispositivos (art. 104-A e 104-B) que integram o procedimento de recuperação financeira e social do consumidor que servirão de objeto central a essas breves reflexões, voltadas primordialmente a questões *de ordem prática*.

2. ART. 104-A, *CAPUT*, DO CDC

Art. 104-A. A requerimento do consumidor superendividado pessoa natural, o juiz poderá instaurar processo de repactuação de dívidas, com vistas à realização de audiência conciliatória, presidida por ele ou por conciliador credenciado no juízo, com a presença de todos os credores de dívidas previstas no art. 54-A deste Código, na qual o consumidor apresentará proposta de plano de pagamento com prazo máximo de 5 (cinco) anos, preservados o mínimo existencial, nos termos da regulamentação, e as garantias e as formas de pagamento originalmente pactuadas.

O dispositivo trata da fase inicial, pré-processual ou extrajudicial de repactuação de dívidas em razão do superendividamento. De caráter conciliatório e preventivo, a etapa é obrigatória, já que, como se verá adiante, o art. 104-B, *caput*, do CDC[1] pressupõe a ausência de êxito da fase conciliatória para a instauração da fase processual ou judicial. Ademais, o § 2º do art. 104-B[2] também pressupõe a realização da fase extrajudicial, já que baliza o conteúdo da defesa do credor na fase judicial às razões pelas quais ele não quis aceder ao plano apresentado pelo consumidor na fase conciliatória. Cumpre apontar que não é novidade a estipulação de um dever jurídico de comparecimento a ato processual com escopo de autocomposição (*v.g.* art. 334, § 8º, do CPC;[3] art. 2º, § 1º, da Lei 13.140[4]).

Dada a natureza extrajudicial **e** conciliatória da etapa obrigatória, ela deve ser conduzida no âmbito dos Centros Judiciários de Solução de Conflitos e Cidadania (CEJUSCs), que têm atribuição para a realização e gestão de sessões e audiências de mediação e de conciliação (art. 165 do CPC[5] e art. 8º da Res CNJ 125/2010[6]). Conforme

---

1. Art. 104-B. Se não houver êxito na conciliação em relação a quaisquer credores, o juiz, a pedido do consumidor, instaurará processo por superendividamento para revisão e integração dos contratos e repactuação das dívidas remanescentes mediante plano judicial compulsório e procederá à citação de todos os credores cujos créditos não tenham integrado o acordo porventura celebrado.
2. § 2º No prazo de 15 (quinze) dias, os credores citados juntarão documentos e as razões da negativa de aceder ao plano voluntário ou de renegociar.
3. § 8º O não comparecimento injustificado do autor ou do réu à audiência de conciliação é considerado ato atentatório à dignidade da justiça e será sancionado com multa de até dois por cento da vantagem econômica pretendida ou do valor da causa, revertida em favor da União ou do Estado.
4. § 1º Na hipótese de existir previsão contratual de cláusula de mediação, as partes deverão comparecer à primeira reunião de mediação.
5. Art. 165. Os tribunais criarão centros judiciários de solução consensual de conflitos, responsáveis pela realização de sessões e audiências de conciliação e mediação e pelo desenvolvimento de programas destinados a auxiliar, orientar e estimular a autocomposição.
6. Art. 8º Os tribunais deverão criar os Centros Judiciários de Solução de Conflitos e Cidadania (Centros ou Cejuscs), unidades do Poder Judiciário, preferencialmente, responsáveis pela realização ou gestão das sessões e audiências de conciliação e mediação que estejam a cargo de conciliadores e mediadores, bem como pelo atendimento e orientação ao cidadão.

previsão do art. 104-C, *caput*, do CDC,[7] a etapa conciliatória pode ser conduzida também, no que couber, por qualquer órgão integrante do Sistema Nacional de Defesa do Consumidor (SNDC).

Tendo em conta que a etapa inicial do art. 104-A é extrajudicial e que é de atribuição dos CEJUSCs a sua condução, o *juiz* a que se refere o dispositivo legal, destinatário do requerimento formulado pelo consumidor superendividado, é o Juiz Coordenador do centro (art. 9º da Res CNJ 125/2010[8]).

Extrai-se da redação do dispositivo legal que é necessário que o consumidor formule um requerimento para a repactuação de suas dívidas, vedando-se a atuação oficiosa do Poder Judiciário. Ademais, a noção de superendividamento se restringe ao consumidor pessoa natural. Assim, em que pese o entendimento de que a pessoa jurídica, quando comprovada a sua vulnerabilidade, pode ser consumidora (teoria finalista mitigada), o conceito de superendividamento e a disciplina legal sobre o seu tratamento se aplicam apenas à pessoa natural.

A fase conciliatória se inicia, portanto, com o requerimento do consumidor pessoa natural dirigido ao Juiz Coordenador do CEJUSC, que *poderá* acolhê-lo, instaurar o procedimento de repactuação de dívidas e designar a audiência conciliatória. De acordo com o dispositivo legal, o Juiz Coordenador do CEJUSC não está vinculado ao requerimento formulado pelo consumidor, que deve ser indeferido se, de plano, não estiver caracterizada a situação de superendividamento, tal como definida pelo § 1º do art. 54-A do CDC.[9]

Instaurado o procedimento e designada a audiência específica, a ela deverão comparecer todos os credores das dívidas de consumo exigíveis e vincendas, aí inseridas as decorrentes de operações de crédito, compras a prazo e dos serviços de prestação continuada (art. 54-A, § 2º, do CDC[10]). Os credores deverão ser notificados para comparecimento à audiência e da notificação deverá constar a informação de que se trata da etapa conciliatória de repactuação de dívidas de consumidor superendividado, bem como que o ato designado é aquele previsto no art. 104-A, *caput*, do CDC.

O consumidor terá de apresentar, até a data da audiência, uma proposta de plano de pagamento que, cumulativamente, (i) preserve seu mínimo existencial; (ii) preserve as garantias e as formas de pagamento originalmente pactuadas; e (iii) tenha prazo máximo de pagamento de cinco anos. Veja-se que é ônus do consumidor a apresentação de

---

7. Art. 104-C. Compete concorrente e facultativamente aos órgãos públicos integrantes do Sistema Nacional de Defesa do Consumidor a fase conciliatória e preventiva do processo de repactuação de dívidas, nos moldes do art. 104-A deste Código, no que couber, com possibilidade de o processo ser regulado por convênios específicos celebrados entre os referidos órgãos e as instituições credoras ou suas associações.

8. Art. 9º Os Centros contarão com um juiz coordenador e, se necessário, com um adjunto, aos quais caberá:
   I – administrar o Centro;
   II – homologar os acordos entabulados;

9. § 1º Entende-se por superendividamento a impossibilidade manifesta de o consumidor pessoa natural, de boa-fé, pagar a totalidade de suas dívidas de consumo, exigíveis e vincendas, sem comprometer seu mínimo existencial, nos termos da regulamentação.

10. § 2º As dívidas referidas no § 1º deste artigo englobam quaisquer compromissos financeiros assumidos decorrentes de relação de consumo, inclusive operações de crédito, compras a prazo e serviços de prestação continuada.

proposta de plano de pagamento até a data da audiência, sob pena de não realização do ato e, a critério do Juiz Coordenador, de arquivamento do procedimento. Ao consumidor incumbe apresentar aos credores uma proposta de plano de pagamento que cumpra os requisitos legais, pois é o requerente e proponente da solução consensual que deve, de início, submeter à outra parte os termos almejados para uma possível autocomposição.

Não nos foge a realidade de que o consumidor superendividado pode ignorar a totalidade de suas dívidas, tanto em razão da desorganização financeira e do consequente estado de vulnerabilidade daí decorrente, como em razão de sucessivas renegociações e substituições de produtos de crédito com as instituições financeiras. A própria legislação admite a hipótese de o consumidor não saber o montante certo de sua dívida (art. 104-A, § 2º[11]). Por tal motivo, a proposta de plano de pagamento do consumidor pode se limitar à indicação (i) de sua renda mensal; (ii) de suas despesas mensais; (iii) do saldo mensal disponível para quitação das dívidas; (iv) do prazo de pagamento, observado o limite de cinco anos; e, facultativamente, (v) de quaisquer medidas previstas no § 4º do art. 104-A do CDC.

3. § 1º DO ART. 104-A DO CDC

§ 1º Excluem-se do processo de repactuação as dívidas, ainda que decorrentes de relações de consumo, oriundas de contratos celebrados dolosamente sem o propósito de realizar pagamento, bem como as dívidas provenientes de contratos de crédito com garantia real, de financiamentos imobiliários e de crédito rural.

O dispositivo legal veicula as rubricas que não se inserem no procedimento de repactuação das dívidas do consumidor pessoa natural. O legislador houve por bem excluir da possibilidade de repactuação as dívidas provenientes de contratos de crédito com garantia real, de financiamentos imobiliários e de crédito rural.

O custo do crédito com garantia real é notoriamente mais baixo do que o de outros produtos financeiros em razão do menor risco tomado pelo mutuante. Assim, a exclusão de tais dívidas da possibilidade de repactuação tem por escopo não aumentar o custo do produto financeiro. Os financiamentos imobiliários são comumente dotados de garantia real – que recai sobre o próprio bem financiado – de modo que a previsão legal em separado pode ser tida até mesmo por redundante.

Os contratos de crédito rural também preveem, em sua maioria, proteção ao credor por meio de hipoteca ou penhor, em que pese admitir-se na lei de regência a prestação de garantia pessoal. A exclusão se dá, do mesmo modo, pelo custo diferenciado do produto financeiro, que conta, muitas vezes, com subsídio estatal.

---

11. § 2º O não comparecimento injustificado de qualquer credor, ou de seu procurador com poderes especiais e plenos para transigir, à audiência de conciliação de que trata o caput deste artigo acarretará a suspensão da exigibilidade do débito e a interrupção dos encargos da mora, bem como a sujeição compulsória ao plano de pagamento da dívida se o montante devido ao credor ausente for certo e conhecido pelo consumidor, devendo o pagamento a esse credor ser estipulado para ocorrer apenas após o pagamento aos credores presentes à audiência conciliatória.

Não podem ser incluídas no procedimento de repactuação as dívidas, ainda que decorrentes de relações de consumo, que são oriundas de contratos celebrados já com o propósito de não se realizar o pagamento. O § 1º do art. 104-A faz menção à contratação dolosa, enquanto o § 3º do art. 54-A[12] se refere à fraude e à má-fé. Em que pese a distinção dos vocábulos, o objetivo do legislador é impedir a repactuação de dívidas contraídas pelo consumidor que já imaginava, ao tempo da contratação, não as pagar. Conforme será abordado adiante, a boa-fé do consumidor se presume, cabendo ao credor que eventualmente requeira, na fase judicial, a exclusão da dívida do processo de repactuação, a demonstração da atuação dotada de má-fé.

Ainda que não previstas no § 1º do art. 104-A, excluem-se do procedimento de repactuação as dívidas decorrentes de contratações de serviços ou produtos de luxo de alto valor, já que a noção de superendividamento as não abrange (§ 3º do art. 54-A do CDC). O texto é permeado por conceitos jurídicos indeterminados (luxo e alto valor) que deverão ser concretizados pelo Juiz Coordenador do CEJUSC no caso concreto.

4.   § 2º DO ART. 104-A DO CDC

> § 2º O não comparecimento injustificado de qualquer credor, ou de seu procurador com poderes especiais e plenos para transigir, à audiência de conciliação de que trata o caput deste artigo acarretará a suspensão da exigibilidade do débito e a interrupção dos encargos da mora, bem como a sujeição compulsória ao plano de pagamento da dívida se o montante devido ao credor ausente for certo e conhecido pelo consumidor, devendo o pagamento a esse credor ser estipulado para ocorrer apenas após o pagamento aos credores presentes à audiência conciliatória.

O dispositivo legal disciplina as consequências jurídicas da ausência injustificada do credor à audiência conciliatória designada pelo Juiz Coordenador do CEJUSC. Assim como ocorre com a audiência do art. 334 do CPC, o credor pode comparecer ao ato pessoalmente ou por meio de procurador habilitado (CPC, art. 334, § 10[13]). O procurador deve ter poderes específicos para transigir, já que, nos termos do art. 105 do CPC,[14] a procuração para o foro em geral não outorga ao mandatário os poderes para transigir em nome do mandante.

Observe-se que a lei veicula os adjetivos *especiais* e *plenos* para qualificar os poderes do procurador presente ao ato. A previsão do adjetivo *plenos* não enseja mais do que um reforço ao objetivo da lei de que o ato não seja frustrado em razão da falta de poderes adequados do representante constituído pelo credor. O instrumento de procuração

---

12. § 3º O disposto neste Capítulo não se aplica ao consumidor cujas dívidas tenham sido contraídas mediante fraude ou má-fé, sejam oriundas de contratos celebrados dolosamente com o propósito de não realizar o pagamento ou decorram da aquisição ou contratação de produtos e serviços de luxo de alto valor.

13. § 10. A parte poderá constituir representante, por meio de procuração específica, com poderes para negociar e transigir.

14. Art. 105. A procuração geral para o foro, outorgada por instrumento público ou particular assinado pela parte, habilita o advogado a praticar todos os atos do processo, exceto receber citação, confessar, reconhecer a procedência do pedido, transigir, desistir, renunciar ao direito sobre o qual se funda a ação, receber, dar quitação, firmar compromisso e assinar declaração de hipossuficiência econômica, que devem constar de cláusula específica.

deverá, portanto, contar com a outorga de todos os poderes necessários à realização, sem embaraço, do ato processual. Noutras palavras, não pode haver deficiência de representação do credor a ponto de frustrar a realização do ato, não sendo necessária, contudo, a apresentação de instrumento com *plenos poderes*, cujo escopo notoriamente extrapola a representação do outorgante numa audiência de conciliação.

É importante anotar que os credores não são obrigados a formular *propostas de acordo* ou *contrapropostas* à minuta de plano de pagamento apresentada pelo consumidor. O dever jurídico é de comparecimento ao ato processual e não está atrelado ao sucesso da audiência conciliatória. A lei já prevê tratamento mais benéfico para os credores que transigem na fase extrajudicial e estipula que as "razões da negativa de aceder ao plano voluntário ou de renegociar" (art. 104-B, § 2º, do CDC) deverão ser declinadas na fase judicial. De tal modo, não há como, a nosso sentir, criar-se uma sanção ao credor que, tendo comparecido ao ato por si ou por seu procurador regularmente constituído, se negar a transigir na fase conciliatória.

Havendo lacuna na lei, aplica-se o art. 362, § 1º, do CPC,[15] que prevê o momento da abertura da audiência como limite para comprovação – e não para a mera alegação – da justificativa de ausência ao ato.

Sofrerá as consequências legais previstas no § 2º do art. 104-A do CDC (i) o credor que injustificadamente não comparecer à audiência conciliatória; (ii) o credor que, embora não compareça justificadamente à audiência conciliatória, não comprove seu impedimento até o início do ato; (iii) o credor que se fizer representar por procurador que injustificadamente não comparecer à audiência conciliatória; (iv) o credor que se fizer representar por procurador que, embora não compareça justificadamente à audiência conciliatória, não comprove seu impedimento até o início do ato; e (v) o credor que se fizer representar por procurador que, embora presente à audiência, não esteja investido de poderes especiais para transigir.

Ocorrendo uma das hipóteses acima, a lei prevê três consequências jurídicas distintas e cumulativas ao credor tido por ausente. É válido anotar que, para a legislação, credor *ausente* é aquele que se encontre em *qualquer* das cinco hipóteses acima delineadas. A primeira e a terceira consequências jurídicas se aplicam a qualquer credor ausente, enquanto que a segunda se aplicará apenas ao credor ausente cujo valor do crédito seja certo e conhecido pelo consumidor.

A *suspensão da exigibilidade do crédito e a interrupção dos encargos da mora* se consubstanciam na primeira consequência imposta ao credor ausente à audiência conciliatória. Essa consequência se aplica a todo e qualquer credor ausente, não importando se o montante de seu crédito é ou não certo ou conhecido, mas se submete à *condição resolutiva* a seguir esmiuçada se o montante devido ao credor ausente *não for* certo e conhecido a ponto de poder ser incluído compulsoriamente no plano voluntário.

---

15. § 1º O impedimento deverá ser comprovado até a abertura da audiência, e, não o sendo, o juiz procederá à instrução.

Por sua vez, a *sujeição compulsória* do credor ausente ao plano de pagamento que vier a ser homologado na fase extrajudicial só se aplicará àquele cujo valor do crédito seja *certo e conhecido* pelo consumidor. Isso porque apenas pode ser incluído no plano de pagamento a ser homologado um crédito cujo montante seja conhecido, sob pena de revelar-se se inviável definir a forma de pagamento, os valores das parcelas ou as reduções dos encargos da dívida ou do valor principal.

A terceira consequência decorrente da ausência do credor é a estipulação de que o pagamento a ser feito a ele apenas ocorrerá *após o pagamento realizado aos credores presentes à audiência*. Aqui abrem-se duas possibilidades. Se o crédito do credor ausente for certo e conhecido pelo consumidor, como visto, ele também se submeterá ao plano homologado, do qual constará a previsão de pagamento após a quitação das dívidas contraídas com os credores presentes e que acederam ao plano de pagamento voluntário. Contudo, se o valor do crédito do credor ausente não for conhecido pelo consumidor, ele não será incluído no plano voluntário a ser homologado, mas, ainda assim, *a sanção persistirá*.

Relembre-se que, em razão da ausência do credor, haverá a *suspensão da exigibilidade do crédito e a interrupção dos encargos da mora*, de modo que não há prejuízo ao consumidor na dilatação do prazo para pagamento. No entanto, *será necessário* que o consumidor, na hipótese de insucesso na fase conciliatória por ausência de credor com crédito desconhecido, requeira a instauração da fase judicial (art. 104-B do CDC), sob pena de cessar a eficácia da sanção imposta de *suspensão da exigibilidade do crédito e a interrupção dos encargos da mora*.

A fase judicial é necessária para a submissão à repactuação dos créditos de titularidade do credor ausente cujos montantes se desconheça. Assim, como a *suspensão da exigibilidade do crédito e a interrupção dos encargos da mora* não poderão viger eternamente sem que haja previsão de pagamento da dívida, o consumidor deverá se valer da fase judicial *no prazo de até sessenta dias* a contar da data da imposição da sanção. Diante da ausência de previsão legal, aplica-se, por analogia, aquela constante do § 1º do art. 20-B da Lei 11.101/2005,[16] que estipula o aludido prazo nas hipóteses de tutela cautelar antecedente a pedido de recuperação judicial com escopo de suspensão de execuções a fim de viabilizar tratativas autocompositivas. É justamente a hipótese aqui prevista: a suspensão da rolagem das dívidas a fim de implementar solução autocompositiva antecedente a procedimento multipolar e concursal.

Por fim, compete ao Juiz Coordenador do CEJUSC a imposição das sanções previstas no art. 104-A, § 2º do CDC, já que o procedimento conciliatório é extrajudicial

---

16. § 1º Na hipótese prevista no inciso IV do caput deste artigo, será facultado às empresas em dificuldade que preencham os requisitos legais para requerer recuperação judicial obter tutela de urgência cautelar, nos termos do art. 305 e seguintes da Lei 13.105, de 16 de março de 2015 (Código de Processo Civil), a fim de que sejam suspensas as execuções contra elas propostas pelo prazo de até 60 (sessenta) dias, para tentativa de composição com seus credores, em procedimento de mediação ou conciliação já instaurado perante o Centro Judiciário de Solução de Conflitos e Cidadania (Cejusc) do tribunal competente ou da câmara especializada, observados, no que couber, os arts. 16 e 17 da Lei 13.140, de 26 de junho de 2015.

e conduzido perante o centro. Some-se a isso, o fato de que, pela sistemática inserta na legislação, pode se fazer necessária a imposição das sanções sem que se cogite de instauração da fase judicial e compulsória. Tenha-se presente, por exemplo, a hipótese em que há sucesso da repactuação consensual com os credores presentes à audiência e que os créditos de todos os credores ausentes sejam certos e conhecidos. Não há razões para seguir-se à fase judicial e, ainda assim, as consequências legais decorrentes da ausência do credor devem ser efetivadas.

5. §§ 3º E 4º DO ART. 104-A DO CDC

§ 3º No caso de conciliação, com qualquer credor, a sentença judicial que homologar o acordo descreverá o plano de pagamento da dívida e terá eficácia de título executivo e força de coisa julgada.

§ 4º Constarão do plano de pagamento referido no § 3º deste artigo:

I – medidas de dilação dos prazos de pagamento e de redução dos encargos da dívida ou da remuneração do fornecedor, entre outras destinadas a facilitar o pagamento da dívida;

II – referência à suspensão ou à extinção das ações judiciais em curso;

III – data a partir da qual será providenciada a exclusão do consumidor de bancos de dados e de cadastros de inadimplentes;

IV – condicionamento de seus efeitos à abstenção, pelo consumidor, de condutas que importem no agravamento de sua situação de superendividamento.

Também será o Juiz Coordenador do CEJUSC quem homologará, por sentença, o acordo entabulado entre as partes (art. 9º da Res CNJ 125/2010[17]). Nos termos da legislação, o acordo terá eficácia de título executivo e fará coisa julgada.

A previsão de eficácia de título executivo é corroborada pelo inciso III do art. 515 do CPC.[18] Aplicam-se à eventual necessidade de cumprimento forçado do título que homologar o plano as previsões do § 1º do art. 515[19] e do inciso III do art. 516 do CPC.[20] Aquele que requerer a execução forçada da transação homologada deverá, portanto, direcionar sua pretensão de cumprimento de sentença ao juízo cível competente e requerer a citação do executado, já que não haverá processo judicial anterior. Há classe específica na Tabela Processual Unificada aprovada pela Resolução CNJ 46/2007 para

---

17. Art. 9º Os Centros contarão com um juiz coordenador e, se necessário, com um adjunto, aos quais caberá:
    I – administrar o Centro;
    II – homologar os acordos entabulados;
18. Art. 515. São títulos executivos judiciais, cujo cumprimento dar-se-á de acordo com os artigos previstos neste Título:
    (...)
    III – a decisão homologatória de autocomposição extrajudicial de qualquer natureza;
19. § 1º Nos casos dos incisos VI a IX, o devedor será citado no juízo cível para o cumprimento da sentença ou para a liquidação no prazo de 15 (quinze) dias.
20. Art. 516. O cumprimento da sentença efetuar-se-á perante:
    (...)
    III – o juízo cível competente, quando se tratar de sentença penal condenatória, de sentença arbitral, de sentença estrangeira ou de acórdão proferido pelo Tribunal Marítimo.

o cumprimento de sentença de homologações realizadas pelo Juiz Coordenador do CEJUSC (Código 12251).

O acordo homologado pelo juiz descreverá o plano de pagamento da dívida, do qual *deverão* constar a definição acerca das situações expostas no § 4º do art. 104-A. A redação legal é impositiva, de modo que não há facultatividade em prever ou não as cláusulas expostas no dispositivo, a não ser que os pressupostos fáticos para sua incidência não se verifiquem.

As previsões do inciso I sempre se farão presentes, já que se consubstanciam na própria estrutura do plano de pagamento. Note-se que, à exceção da limitação legal do prazo de pagamento de até cinco anos (104-A, *caput*), a redação do dispositivo possibilita a previsão de qualquer medida que *facilite* o pagamento da dívida, incluindo-se descontos do valor principal. A previsão é mais *benéfica* ao consumidor do que aquela constante da fase judicial, pois, no plano compulsório, deverá ser garantido, no mínimo, o pagamento do valor principal corrigido (104-B, § 4º).

Sempre que houver processos judiciais em trâmite que tenham por objeto um ou mais contratos *abrangidos pelo plano de pagamento, é obrigatória* a estipulação de cláusula que preveja a sorte da ação judicial (inciso II do § 4º). A cláusula deve abranger tanto as demandas propostas pelo consumidor quanto aquelas ajuizadas pelo credor. Aqui não se aplica a limitação temporal prevista pelo § 4º do art. 313 do CPC para a suspensão de processos em fase de conhecimento em razão da especialidade do art. 104, *caput*, do CDC, que prevê o prazo de cinco anos como limite do plano de pagamento. Em relação aos processos de execução, não há limitação temporal para suspensão do feito, nos termos do art. 922 do CPC,[21] aplicável às demandas que estiverem em fase de cumprimento de sentença (CPC, art. 771[22]).

Quanto ao ponto, anote-se que nada impede que o plano aprovado abranja direitos e obrigações tratados em demandas que tramitem em outros juízos. Ao revés, é esperado que tal fato ocorra, pois é possível presumir que o consumidor superendividado tenha contra si ações de cobrança, monitórias ou execuções ajuizadas. O escopo da repactuação das dívidas por meio de plano único de pagamento é justamente dotar de certa racionalidade e organicidade a situação financeira do consumidor, em geral baralhada pelas sucessivas contratações de produtos de crédito com distintos fornecedores.

O ideal é que, em cenários tais, pactue-se expressamente a *novação* das dívidas para que seja possível a extinção das ações judiciais em curso que tenham por objeto contratos submetidos ao plano de pagamento. Ao contrário da opção feita pelo legislador no art. 59, *caput*, Lei 11.101/2005, a homologação do plano não enseja, *ipso jure*, a novação dos créditos, o que não impede, contudo, a pactuação de cláusula nesse sentido.

---

21. Art. 922. Convindo as partes, o juiz declarará suspensa a execução durante o prazo concedido pelo exequente para que o executado cumpra voluntariamente a obrigação.
22. Art. 771. Este Livro regula o procedimento da execução fundada em título extrajudicial, e suas disposições aplicam-se, também, no que couber, aos procedimentos especiais de execução, aos atos executivos realizados no procedimento de cumprimento de sentença, bem como aos efeitos de atos ou fatos processuais a que a lei atribuir força executiva.

Se o credor houver pedido a abertura de cadastro em banco de dados de inadimplentes em nome do consumidor, o plano *deverá* prever o momento de sua exclusão (inciso III do § 4º). O objetivo da lei é reabilitar social e financeiramente o consumidor superendividado e de boa-fé (art. 4º, X, do CDC), de modo que é passo necessário para o alcance de tal escopo a exclusão de registros abertos em seu nome em cadastros negativos.

A previsão do inciso IV sempre será obrigatória. Ao mesmo tempo em que o objetivo da legislação é a reabilitação social e financeira do consumidor superendividado, a sua reeducação financeira também surge como componente necessário do sistema (art. 4º, IX, do CDC). O consumidor deve se abster de adotar condutas que agravem a sua situação, sob pena de os efeitos do plano de pagamento não mais se verificarem. São inconciliáveis a reorganização financeira construída no procedimento e o agravamento voluntário da situação fática que justamente levou à necessidade da reestruturação pactuada, daí a necessária previsão da condição legal resolutiva dos efeitos do plano.

6. § 5º DO ART. 104-A DO CDC

§ 5º O pedido do consumidor a que se refere o caput deste artigo não importará em declaração de insolvência civil e poderá ser repetido somente após decorrido o prazo de 2 (dois) anos, contado da liquidação das obrigações previstas no plano de pagamento homologado, sem prejuízo de eventual repactuação.

A legislação deixa clara a opção de *não equiparar* o procedimento de repactuação das dívidas do consumidor superendividado com a insolvência civil. Como já mencionado, a repactuação por superendividamento se assemelha a uma recuperação judicial da sociedade empresária, enquanto a insolvência civil se equipara à figura da falência. Dessa forma, não poderia a legislação destinada a recuperar o equilíbrio financeiro do consumidor prever a equiparação às consequências gravosas da insolvência civil, tais como a impossibilidade de administração dos próprios bens em decorrência da necessidade de sua arrecadação para pagamento da massa em execução de caráter universal.

O consumidor pessoa natural apenas poderá formular igual pedido *após decorridos dois anos* contados da liquidação das obrigações previstas no plano de pagamento homologado pelo Juiz Coordenador do CEJUSC. A previsão legal no final do parágrafo no sentido de que o consumidor apenas poderá se valer do mesmo requerimento após decorrido o prazo mencionado "*sem prejuízo de eventual repactuação*" pode se revelar confusa. Como o nome de todo o procedimento de que se vem tratando é justamente *repactuação de dívidas*, a previsão legal seria suicida se vedasse novo requerimento com o mesmo objeto por dois anos e, ao mesmo tempo, ressalvasse a possibilidade de formulá-lo.

A única saída interpretativa é, portanto, o mau uso do vocábulo *repactuação*, de modo a fixar-se que o que se permite é que as partes (consumidor e credores) revejam o que fora por elas acordado, o que só poderia se dar, por certo, durante o período de liquidação das obrigações, do que decorre a necessidade de ressalva de tal possibilidade.

Ao longo de cinco anos – prazo máximo para cumprimento do plano de pagamento – a situação financeira do consumidor pode se alterar; tanto pode haver deterioração da renda familiar, como incremento nos valores percebidos. Tais mudanças podem ensejar uma revisitação às cláusulas do plano de pagamento para adequação à nova realidade do consumidor. Diante da previsão do art. 505, I, do CPC,[23] a força de coisa julgada em razão da homologação do plano em nada conflita com a revisão prevista pela parte final do § 5º do art. 104-A.

A revisão deve se fundar em alteração do estado de fato da situação financeira do consumidor que não seja decorrente de conduta voluntariamente por ele adotada e que agravara a sua situação de superendividamento. Como visto acima, tal hipótese enseja a suspensão dos efeitos do plano e não a possibilidade de sua revisão.

7. ART. 104-B, *CAPUT*, DO CDC

> Art. 104-B. Se não houver êxito na conciliação em relação a quaisquer credores, o juiz, a pedido do consumidor, instaurará processo por superendividamento para revisão e integração dos contratos e repactuação das dívidas remanescentes mediante plano judicial compulsório e procederá à citação de todos os credores cujos créditos não tenham integrado o acordo porventura celebrado.

O dispositivo disciplina a segunda fase do procedimento de repactuação. Em reforço à *obrigatoriedade da fase inicial*, a redação legal, além de se iniciar pressupondo a realização da fase conciliatória, alude às *dívidas remanescentes* e aos créditos *que não tenham integrado o acordo porventura celebrado*. Há verdadeira *restrição ao objeto de cognição* da fase judicial, que pressupõe, repise-se, a realização da fase anterior.

Assim como na fase anterior, veda-se a atuação oficiosa, dependendo a instauração da fase judicial de requerimento do consumidor. A necessidade de instauração da fase judicial pode se dar em *três hipóteses*: (i) em que pese a presença de um ou mais credores na fase conciliatória, não houve anuência com os termos do plano de pagamento proposto pelo consumidor e não foi apresentada proposta alternativa, ou, tendo sido apresentada, não foi aceita pelo consumidor; (ii) ao menos um dos credores não compareceu à audiência conciliatória e o seu crédito não era de montante conhecido e certo, de modo que não se submeteu compulsoriamente ao plano voluntário da fase anterior; ou (iii) houve transação na fase anterior, mas sem que tenha abrangido todas as dívidas do consumidor, ou bem porque algum credor não anuiu com os termos da proposta, ou bem porque o consumidor não anuiu com eventual alternativa trazida, ou, ainda, porque um ou mais credores não compareceram e seus créditos não tinham valor conhecido e certo.

Ao contrário do que ocorre na fase conciliatória, o rito da fase judicial se inicia com a apresentação de uma petição inicial subscrita por quem tenha capacidade postulatória e dirigida ao juízo cível competente e não mais ao juiz coordenador do CEJUSC. O objeto

---

23. Art. 505. Nenhum juiz decidirá novamente as questões já decididas relativas à mesma lide, salvo:
    I – se, tratando-se de relação jurídica de trato continuado, sobreveio modificação no estado de fato ou de direito, caso em que poderá a parte pedir a revisão do que foi estatuído na sentença.

da fase judicial *não é* a designação de audiência de conciliação para debate e construção de um plano de pagamento voluntário a partir de uma proposta concreta do consumidor. Nos termos da lei, a fase judicial serve à *revisão e à integração dos contratos*, além da *repactuação* das dívidas remanescentes, *mediante a imposição de plano judicial compulsório*.

Trata-se de *procedimento especial*, que *não tem por escopo a prolação de sentença* em cognição exauriente com a certificação de um direito e a declaração de uma situação jurídica ou de seu modo de ser, ou a constituição ou a desconstituição de relação jurídica ou, ainda, a condenação do réu ao cumprimento de alguma prestação. O *rito especial* tem por único objetivo a elaboração de um *plano judicial compulsório de pagamento*, por meio do qual o consumidor repactuará as dívidas listadas na inicial que não foram objeto de transação na fase conciliatória.

Assim, *o rito judicial da repactuação* não é o *locus* adequado para se pleitear a anulação de contratos por vício de vontade ou de cláusulas contratuais tidas por abusivas, a revisão de taxas de juros por se reputarem excessivas ou acima da média de mercado, a extirpação de tarifas tidas por indevidas, ou, ainda, para pleitear-se a condenação ao pagamento de indenizações por danos morais ou a restituição de valores alegadamente pagos sem causa. Reforçando-se: o ato final do rito *não é* uma sentença que possa ter cunho condenatório ou desconstitutivo, mas, apenas uma sentença que imporá um plano judicial compulsório de pagamento de dívidas.

O consumidor que desejar rediscutir de forma ampla aspectos dos contratos financeiros celebrados, deverá fazê-lo por ação própria, que tramite de acordo com o procedimento comum, sendo inviável a cumulação objetiva de demandas na hipótese ora aventada, nos termos do art. 327, § 1º, III, do CPC.[24]

A correta interpretação sistemática do *rito judicial da repactuação*, que conjuga a possibilidade de revisão dos contratos – prevista no art. 104-B, *caput*, do CDC – com a ausência de uma sentença de cunho condenatório, aponta para o reconhecimento de que o consumidor superendividado poderá valer-se, *apenas*, da alegação constante do parágrafo único do art. 54-D do CDC.[25]

O dispositivo legal está inserido no capítulo atinente à prevenção e ao tratamento do superendividamento e prevê consequências jurídicas certas e específicas ao fornecedor de produtos financeiros que descumprir os deveres estipulados na legislação. As consequências coincidem em parte justamente com as possibilidades que o juiz cível, competente para apreciar a *fase judicial da repactuação*, tem para a imposição do plano judicial compulsório.

---

24. § 1º São requisitos de admissibilidade da cumulação que:

   I – os pedidos sejam compatíveis entre si;

   II – seja competente para conhecer deles o mesmo juízo;

   III – seja adequado para todos os pedidos o tipo de procedimento.

25. Parágrafo único. O descumprimento de qualquer dos deveres previstos no *caput* deste artigo e nos arts. 52 e 54-C deste Código poderá acarretar judicialmente a redução dos juros, dos encargos ou de qualquer acréscimo ao principal e a dilação do prazo de pagamento previsto no contrato original, conforme a gravidade da conduta do fornecedor e as possibilidades financeiras do consumidor, sem prejuízo de outras sanções e de indenização por perdas e danos, patrimoniais e morais, ao consumidor.

O parágrafo único do art. 54-D do CDC estipula que o descumprimento de deveres pelo fornecedor de crédito "poderá acarretar judicialmente a *redução dos juros, dos encargos ou de qualquer acréscimo ao principal e a dilação do prazo de pagamento* previsto no contrato original, conforme a gravidade da conduta do fornecedor e as possibilidades financeiras do consumidor (...)". Como se verá adiante com mais vagar, o plano judicial compulsório deverá assegurar, no mínimo, o valor principal devido corrigido monetariamente, podendo o juiz decotar todo o restante da dívida.

Assim, está *dentro do espectro de atuação* do juiz cível e do objeto do rito judicial da repactuação a análise do descumprimento de deveres por parte dos fornecedores e a sua relação com o estado de superendividamento do consumidor, a fim de calibrar as sanções legais taxativamente previstas no parágrafo único, primeira parte, do art. 54-D do CDC quando da imposição do plano judicial compulsório.

Em suma, na fase judicial, o consumidor poderá pedir a revisão e integração de contratos com exclusivo fundamento no descumprimento de deveres do fornecedor, nos termos do parágrafo único, primeira parte, do art. 54-D do CDC. O juiz cível poderá impor as sanções de *redução dos juros, dos encargos ou de qualquer acréscimo ao principal e a dilação do prazo de pagamento* previstas no mesmo dispositivo legal quando da imposição do plano judicial compulsório.

A fase judicial, em razão da restrição cognitiva expressa, apenas pode ter por objeto dívidas que constaram da fase anterior, vedando-se ao consumidor a inclusão de contratos que não foram discriminados anteriormente.

Os credores serão citados para responder à demanda, de modo que *não deve ser* designada qualquer audiência para fins conciliatórios. Os credores acionados nesta fase judicial da repactuação já tiveram a oportunidade de transacionar e optaram por não o fazer, de modo que o rito especial de que se cuida *não prevê* a realização de novo ato com o mesmo escopo, a não ser que haja requerimento expresso de ambas as partes.

8. § 1º DO ART. 104-B DO CDC

§ 1º Serão considerados no processo por superendividamento, se for o caso, os documentos e as informações prestadas em audiência.

O dispositivo legal faz referência à audiência da fase conciliatória e estipula que serão considerados na fase judicial *os documentos e as informações prestadas em audiência*. A previsão contraria o princípio da confidencialidade que informa a conciliação (art. 166, *caput* e § 1º, do CPC[26]), de modo que cumpre investigar qual é o seu real objetivo.

---

26. Art. 166. A conciliação e a mediação são informadas pelos princípios da independência, da imparcialidade, da autonomia da vontade, da confidencialidade, da oralidade, da informalidade e da decisão informada.

    § 1º A confidencialidade estende-se a todas as informações produzidas no curso do procedimento, cujo teor não poderá ser utilizado para fim diverso daquele previsto por expressa deliberação das partes.

O melhor modo de compatibilizar o § 1º do art. 104-B do CDC com os princípios norteadores da conciliação e da mediação é, de início, admiti-lo como específico. A previsão legal ora tratada é posterior ao CPC e se insere em procedimento especial em que há específica exceção à confidencialidade dos documentos e das informações prestadas em audiência. Nos termos do art. 30 da Lei 13.140/2015, a confidencialidade pode ser afastada com anuência das partes ou "quando sua divulgação for exigida por lei ou necessária para cumprimento de acordo obtido pela mediação".

Os documentos e as informações prestadas em audiência precisam, no rito especial, ser acessados pelo juiz cível competente para a fase judicial. Serão justamente os documentos e informações – que, presume-se, serão atinentes às operações financeiras contratadas pelas partes e à demonstração da situação financeira do consumidor – que balizarão a atuação de eventual administrador (§ 3º do art. 104-B do CDC) e a definição dos termos do plano judicial compulsório (§ 4º do art. 104-B do CDC).

A hipótese, portanto, é de expressa exigência legal de afastamento da confidencialidade em relação às informações e documentos apresentados em audiência. Nada impede que, à luz de uma informação ou documento específicos e que se mostrarem desnecessários ao desenvolvimento da fase judicial, a parte interessada requeira a imposição de confidencialidade, matéria a ser decidida pelo Juiz Coordenador do CEJUSC.

9. § 2º DO ART. 104-B DO CDC

§ 2º No prazo de 15 (quinze) dias, os credores citados juntarão documentos e as razões da negativa de aceder ao plano voluntário ou de renegociar.

O texto legal deixa expressa a orientação no sentido de que os credores serão citados para, em quinze dias, (i) juntar documentos; e (ii) declinar as razões da negativa de aceder ao plano voluntário ou de renegociar. Tem-se mais uma indicação da legislação de que não há, no *rito especial*, pretensão condenatória ou desconstitutiva a ser formulada ou contestada. O credor não é citado para *contestar* os pedidos.

A determinação legal de juntada de documentos por parte dos credores se destina a instrumentalizar a primeira subfase do procedimento judicial de repactuação de dívidas, que se destina à revisão e integração dos contratos. Será com a juntada dos documentos que o juiz decidirá pela necessidade de integração do contrato, caso haja lacuna a ser suprida, ou de *revisão* do que fora pactuado, nos termos e limites do art. 54-D, parágrafo único, primeira parte, do CDC.

A ordem de citação no *procedimento especial* já inclui, por expressa previsão legal, a determinação de apresentação dos documentos referentes aos contratos listados na inicial. Caso não apresente a documentação, o credor deverá articular os motivos da recusa em fazê-lo, aplicando-se o art. 400, *caput* e parágrafo único, do CPC.[27]

---

27. Art. 400. Ao decidir o pedido, o juiz admitirá como verdadeiros os fatos que, por meio do documento ou da coisa, a parte pretendia provar se:

No mesmo prazo, o credor terá a oportunidade de expor os motivos pelos quais optou por não transigir na fase conciliatória, seja aderindo à proposta de plano de pagamento do consumidor, seja renegociando de outro modo. É esse o momento que o credor terá para alegar que um ou mais créditos não estão sujeitos ao procedimento de repactuação de dívidas por superendividamento, por estarem incluídos nas previsões dos art. 104-A, § 1º e 54, § 3º.

Na mesma manifestação, o credor, que deverá juntar os contratos relacionados, se manifestará sobre a oferta responsável do crédito, já que, repise-se, o objetivo da primeira subfase do procedimento judicial de repactuação de dívidas é a integração de revisão dos contratos. Havendo prévio e certo objeto definido no rito processual, o credor citado para integrar a relação processual (CPC, art. 238[28]), já estará ciente de que deverá se manifestar sobre a questão posta.

Em que pese a lacuna da lei, impõe-se a intimação do requerente para que se manifeste sobre os argumentos eventualmente trazidos pelo réu no sentido da exclusão de uma ou mais dívidas do processo de repactuação (CDC, 104-A, § 1º e 54, § 3º) ou de eventual defesa processual (CPC, art. 351). Por fim, quando documentos forem juntados (CPC, art. 437, § 1º[29]), o requerente também deve ser intimado, já que, rememore-se, esse é um dos objetivos do ato citatório (CDC, art. 104-B, § 2º).

Findas as manifestações, o juiz deverá proferir decisão, se se fizer necessário, revisando e integrando os contratos objeto do procedimento, suprindo eventuais lacunas e/ou impondo eventuais sanções ao fornecedor de produtos financeiros, nos termos e limites do art. 54-D, parágrafo único, primeira parte, do CDC, a fim de orientar e balizar a formulação do plano compulsório de pagamento.

10. § 3º DO ART. 104-B, DO CDC

§ 3º O juiz poderá nomear administrador, desde que isso não onere as partes, o qual, no prazo de até 30 (trinta) dias, após cumpridas as diligências eventualmente necessárias, apresentará plano de pagamento que contemple medidas de temporização ou de atenuação dos encargos.

Supridas as lacunas e revisados os contratos, o juiz, se necessário, poderá se valer da nomeação de administrador para a confecção do plano judicial compulsório de pagamento. Em que pese a nomenclatura de *administrador*, a figura da lei mais se equipara a um perito. Não há propriamente exercício de fiscalização ou administração tal como previsto no art. 22 da Lei 11.101/05. A bem da verdade, a legislação prevê a nomeação

---

I – o requerido não efetuar a exibição nem fizer nenhuma declaração no prazo do art. 398;

II – a recusa for havida por ilegítima.

Parágrafo único. Sendo necessário, o juiz pode adotar medidas indutivas, coercitivas, mandamentais ou sub-rogatórias para que o documento seja exibido.

28. Art. 238. Citação é o ato pelo qual são convocados o réu, o executado ou o interessado para integrar a relação processual.

29. § 1º Sempre que uma das partes requerer a juntada de documento aos autos, o juiz ouvirá, a seu respeito, a outra parte, que disporá do prazo de 15 (quinze) dias para adotar qualquer das posturas indicadas no art. 436.

de um profissional que auxilie o juiz na confecção de plano de pagamento à luz das possibilidades financeiras do consumidor.

A ausência de possibilidade de oneração das partes em razão da aludida nomeação é previsão que dificulta a tramitação do procedimento, uma vez que limita a relação de profissionais de que dispõe o juiz.

O consumidor, por certo, não poderia suportar a remuneração do administrador/perito, já que se encontra em estado de superendividamento. Para o legislador, tampouco tal custo deve ser suportado pelo fornecedor de produtos financeiros. De tal modo, o juiz cível ou bem se valerá de peritos contábeis cadastrados nos tribunais e que atuam em demandas em que o requerente da produção da prova pericial é beneficiário da gratuidade de justiça (CPC, art. 98, VI) ou bem nomeará profissionais que atuem, em razão de convênios por ventura firmados entre os tribunais e faculdades de economia ou contabilidade, nos núcleos de conciliação e mediação de conflitos oriundos de superendividamento (CDC, art. 5º, VII). O administrador/perito pode ser substituído quando ocorrerem as hipóteses do art. 468 do CPC.

Pressupõe-se que, nesse momento processual, os contratos que serão objeto do plano de pagamento já estejam nos autos, pois foram objeto de integração e revisão, de modo que as diligências necessárias a que faz menção o dispositivo legal não devem dizer respeito a eles. A previsão tem por escopo abarcar alguma especificidade do caso concreto que venha a ser apontada pelo administrador/perito, como, por exemplo, informações atualizadas sobre renda e despesa do núcleo familiar do consumidor.

O plano de pagamento – a ser apresentado em até trinta dias, prorrogáveis justificadamente – contemplará, nos termos do dispositivo legal, medidas de temporização ou de atenuação de encargos. Em que pese a previsão do vocábulo *ou* o plano poderá prever medidas de ambas as ordens, temporais e de atenuação de encargos, de acordo com as possibilidades do consumidor e observada, ainda, eventual vigência de plano voluntário que tenha sido pactuado na fase anterior.

A atenuação dos encargos não diz respeito à estipulação, no plano, dos encargos já revisados pelo juiz em razão da imposição de eventuais sanções nos termos e limites do art. 54-D, parágrafo único, do CDC. Tais balizas serão seguidas pelo administrador/perito para a confecção do plano. No entanto, para além da mandatória aplicação das revisões empreendidas pelo juiz, o administrador/perito poderá sugerir outras em seu plano de pagamento, adequadas à realidade e às circunstâncias financeiras do consumidor. Essas sim são as previstas no dispositivo legal e encontram limites objetivos na redação do § 4º seguinte.

11. § 4º DO ART. 104-B, DO CDC

§ 4º O plano judicial compulsório assegurará aos credores, no mínimo, o valor do principal devido, corrigido monetariamente por índices oficiais de preço, e preverá a liquidação total da dívida, após a quitação do plano de pagamento consensual previsto no art. 104-A deste Código, em, no máximo,

5 (cinco) anos, sendo que a primeira parcela será devida no prazo máximo de 180 (cento e oitenta) dias, contado de sua homologação judicial, e o restante do saldo será devido em parcelas mensais iguais e sucessivas.

O último dispositivo legal da fase judicial de repactuação das dívidas do consumidor superendividado pessoa natural versa sobre o plano judicial compulsório. A exemplo do *cram down* previsto no § 1º do art. 58 da Lei 11.101/05,[30] a legislação consumerista prevê a imposição pelo Poder Judiciário de um plano de pagamento pelo devedor com o qual não consentiram os credores.

O dispositivo ora objeto de comentário prevê limitações em relação *aos descontos do valor da dívida*, bem como em relação ao *aspecto temporal* para pagamento. No que diz respeito aos descontos do valor da dívida, o plano judicial compulsório poderá extirpar todo e qualquer encargo – ainda que não seja decorrência da imposição de sanções previstas no art. 54-D, parágrafo único, do CDC – garantindo ao credor apenas o valor principal devido com correção monetária pelos índices oficiais de preço. Ou seja, ainda que não tenha havido prática de conduta ilícita pelo fornecedor de produtos financeiros, o plano judicial compulsório pode decotar todos os encargos que orbitem e extrapolem o valor principal.

No que diz respeito ao *aspecto temporal*, a redação legal merece atenção. Ao mesmo tempo que prevê a quitação total dos contratos objeto da fase judicial apenas após a quitação dos contratos que foram objeto do plano consensual extrajudicial, com igual teto de parcelamento em sessenta meses (cinco anos), há comando no sentido de que a primeira parcela deve ser pagar em *até* 180 (cento e oitenta) dias após a homologação do plano judicial.

As previsões temporais são excludentes, pois é possível que a primeira parcela do plano judicial – a ser paga em até 180 (cento e oitenta) dias após a homologação do plano – tenha seu vencimento antes de escoado o prazo pactuado para a quitação das obrigações do plano voluntário. Assim, haverá, em alguns casos, pagamento concomitante das parcelas do plano voluntário e do plano judicial compulsório, em que pese seja natural que os pagamentos do plano voluntário estejam consideravelmente adiantados em relação aos do plano judicial compulsório.

O administrador/perito, como adiantado, levará em consideração inclusive o comprometimento da renda do consumidor com o pagamento das parcelas do plano compulsório.

---

30. § 1º O juiz poderá conceder a recuperação judicial com base em plano que não obteve aprovação na forma do art. 45 desta Lei, desde que, na mesma assembleia, tenha obtido, de forma cumulativa:

I – o voto favorável de credores que representem mais da metade do valor de todos os créditos presentes à assembleia, independentemente de classes;

II – a aprovação de 3 (três) das classes de credores ou, caso haja somente 3 (três) classes com credores votantes, a aprovação de pelo menos 2 (duas) das classes ou, caso haja somente 2 (duas) classes com credores votantes, a aprovação de pelo menos 1 (uma) delas, sempre nos termos do art. 45 desta Lei;

III – na classe que o houver rejeitado, o voto favorável de mais de 1/3 (um terço) dos credores, computados na forma dos §§ 1º e 2º do art. 45 desta Lei.

Para além disso, veja-se que, no plano judicial, deve incidir a *consequência jurídica* decorrente da ausência do credor na audiência da fase conciliatória. Se, na fase judicial, houver mais de um credor e se um deles não houver comparecido à audiência conciliatória da fase extrajudicial, a *consequência jurídica* prevista no § 2º do art. 104-A do CDC deve ser observada, de modo que o credor tido por ausente – em qualquer das cinco hipóteses já tratadas – receberá seu crédito, na forma do plano judicial compulsório, apenas após os credores que tenham comparecido ao ato previsto no art. 104-A, *caput*, do CDC.

Assim, na prática, não se poderá sempre aguardar para que os pagamentos do plano judicial sejam iniciados apenas após a quitação do plano voluntário. A baliza temporal é clara: o prazo máximo das parcelas previstas no plano judicial compulsório também é de sessenta meses e a carência é de 180 (cento e oitenta) dias para o vencimento da primeira parcela, tenha ou não sido quitado o plano voluntário eventualmente pactuado anteriormente.

12. § 1º DO ART. 20-B DA LEI 11.101/05

§ 1º Na hipótese prevista no inciso IV do caput deste artigo, será facultado às empresas em dificuldade que preencham os requisitos legais para requerer recuperação judicial obter tutela de urgência cautelar, nos termos do art. 305 e seguintes da Lei 13.105, de 16 de março de 2015 (Código de Processo Civil), a fim de que sejam suspensas as execuções contra elas propostas pelo prazo de até 60 (sessenta) dias, para tentativa de composição com seus credores, em procedimento de mediação ou conciliação já instaurado perante o Centro Judiciário de Solução de Conflitos e Cidadania (Cejusc) do tribunal competente ou da câmara especializada, observados, no que couber, os arts. 16 e 17 da Lei 13.140, de 26 de junho de 2015.

Em que pese não fazer parte da estrutura do procedimento bifásico de rito especial, nos parece importante inserir comentário a respeito da aplicação, por analogia, do § 1º do art. 20-B da Lei 11.101/05 aos processos de repactuação de dívidas do consumidor pessoa natural superendividado regido pelos art. 104-A e 104-B do CDC.

A experiência prática informa que a situação financeira do consumidor superendividado pode ser tal que não lhe seja possível aguardar, sem prejuízo de sua subsistência ou de sua família, pela data designada pela audiência conciliatória global prevista no art. 104-A do CDC.

Em casos tais, é necessário que o consumidor possa se valer da tutela jurisdicional para salvaguardar a sua subsistência e a de sua família enquanto aguarda pela possibilidade de construção de um consenso global com seus credores. Assim, impõe-se compatibilizar a premência do consumidor com a observância ao procedimento bifásico previsto pela legislação, que se inicia com uma fase pré-processual.

A solução, a nosso sentir, é permitir que o consumidor se valha da possibilidade de concessão de tutela cautelar, pelo juízo cível, sem que isso afaste a fase pré-processual prevista no art. 104-A do CDC. Como visto, a fase prévia é obrigatória e necessária à sistemática trazida pela legislação consumerista.

Não é nova no ordenamento jurídico a possibilidade de análise de tutelas cautelares para posterior instauração de procedimentos que não venham a tramitar no mesmo juízo que as apreciou, tal qual ocorre aquelas previstas no art. 22-A da Lei 9.307/1996[31] e no art. 20-B, § 1º, da Lei 11.101/05 – veja-se que pode ou não haver recuperação judicial posterior.

Assim, há compreensões já existentes e consolidadas que pavimentam a ideia de que o consumidor superendividado pode se valer de uma tutela cautelar, a ser analisada pelo juízo cível competente, sem que tal requerimento prejudique a correta observância à fase conciliatória obrigatória prevista no art. 104-A do CDC.

É importante notar que o consumidor poderá ser valer da tutela cautelar antes ou após formulado o requerimento previsto no art. 104-A, *caput*, do CDC. Em que pese seja esperado que o consumidor superendividado já se encontre em grau de insuportabilidade de sua condição financeira que comprometa a sua subsistência, dada a própria noção de superendividamento (art. 54-A, § 1º, do CDC), as circunstâncias e vicissitudes da vida cotidiana e massificada podem informar a cessação de ajudas informais ou solução de continuidade de rendimentos esperados após a formulação do requerimento do art. 104-A, *caput*, do CDC.

Assim, não deve ser fator impeditivo da análise de eventual tutela cautelar formulada ao juízo cível a existência de requerimento já formulado ao juiz coordenador do CEJUSC para designação da audiência global de conciliação, valendo anotar que o juiz coordenador do CEJUSC não pode conceder tal tutela jurisdicional, mas, apenas e tão somente, aplicar as sanções tipicamente previstas no § 2º do art. 104-A do CDC. Anote-se, ainda, que não faltará *interesse* ao consumidor, pois a sanção de suspensão da exigibilidade do débito e a interrupção dos encargos da mora apenas se verificará no caso de ausência do credor.

Por fim, se o consumidor se valer de eventual tutela cautelar para suspensão da exigibilidade de suas dívidas antes de formular o requerimento do art. 104-A, *caput*, do CDC, ele deverá dirigir seu requerimento ao CEJUSC em até sessenta dias, sob pena de perda da eficácia da decisão proferida, já que não se pode acautelar algo indefinidamente.

13. CONSIDERAÇÕES FINAIS

O procedimento especial bifásico de repactuação das dívidas do consumidor superendividado pessoa natural implementado previsto nos art. 104-A e 104-B do CDC, inseridos pela Lei 14.181/2021, tem o escopo de concretizar o tratamento do superendividamento e reintroduzir o consumidor no mercado de crédito, evitando sua exclusão social (CDC, art. 4º, X), tanto de modo extrajudicial como judicial (CDC, art. 5º, VI).

Para tanto, o completo – e complexo – procedimento, de natureza concursal e multipolar, é estruturado em fases escalonadas que não podem ser cindidas ou ignora-

---

31. Art. 22-A. Antes de instituída a arbitragem, as partes poderão recorrer ao Poder Judiciário para a concessão de medida cautelar ou de urgência.

das, sob pena de comprometer-se o sistema engendrado. O caráter obrigatório da fase conciliatória pré-processual, que tem lugar perante um CEJUSC, é um pilar do procedimento e sua previsão vai ao encontro da expansão da política de consensualidade que, com vagar, mas na direção certa, alcança com densidade cada vez mais áreas do Direito.

A atuação do juiz coordenador do CEJUSC, com a efetiva imposição das consequências jurídicas legal e tipicamente previstas pela legislação, quando presentes suas hipóteses de incidência, será de fundamental importância para a manutenção da higidez do rito legal, que, por intermédio de tais medidas indiretas (suspensão da exigibilidade do débito e a interrupção dos encargos da mora; sujeição compulsória ao plano de pagamento da dívida; recebimento em momento posterior) estimula a consensualidade e a autocomposição.

Superada a fase conciliatória pré-processual, a fase judicial tem clara restrição cognitiva e a fiel observância ao seu estrito escopo – integração e revisão de contratos remanescentes da fase anterior e aprovação de plano de pagamento compulsório – é outro pilar do procedimento. A cognição quanto à integração e revisão dos contratos remanescentes deve ficar adstrita às sanções tipicamente previstas no parágrafo único, primeira parte, do art. 54-D do CDC. Qualquer ampliação cognitiva tende a desnaturar o procedimento, que não contará com uma sentença condenatória.

A nosso sentir, são, portanto, três os pilares do procedimento especial bifásico de repactuação de repactuação das dívidas do consumidor superendividado pessoa natural implementado previsto nos art. 104-A e 104-B do CDC: (i) o caráter obrigatório da fase pré-processual do art. 104-A do CDC; (ii) a atuação do juiz coordenador do CEJUSC com a efetiva aplicação das medidas indiretas típicas e legalmente indutoras da consensualidade; e (iii) a restrição cognitiva da fase judicial, de modo a não se desnaturar e se desvirtuar o objetivo do procedimento especial.

O desafio para uma efetiva implementação da legislação é enorme, mas nos parece que, com observância aos três pilares do rito especial, o caminho será mais facilmente percorrido.

A INFORMAÇÃO INADEQUADA NO CONTRATO DE CARTÃO DE CRÉDITO CONSIGNADO: DIFICULDADES DE QUALIFICAÇÃO

Cíntia Muniz de Souza Konder

Doutora em Direito Civil pela UERJ. Mestre em Direito e Sociologia pela UFF. Professora do Departamento de Direito Civil da Faculdade de Direito da UFRJ. Professora do curso de Pós-graduação *lato sensu* em Direito Civil Constitucional da UERJ.

Não pode pagar sua dívida? Em primeiro lugar, nem precisa tentar: a ausência de débitos não é o estado ideal. Em segundo lugar, não se preocupe: ao contrário dos emprestadores insensíveis de antigamente, ansiosos para reaver seu dinheiro em prazos prefixados e não renováveis, nós, modernos e benevolentes credores, não queremos nosso dinheiro de volta. Longe disso, oferecemos *mais créditos* para pagar a velha dívida e ainda ficar com algum dinheiro extra (ou seja, alguma dívida extra) a fim de pagar novas alegrias. Somos os bancos que gostam de dizer 'sim'. Seus bancos amigos. Bancos que 'sorriem', como diziam uma de suas mais criativas campanhas publicitárias.[1]

Sumário: 1. Introdução – 2. Cartão de crédito consignado – 3. Um olhar sobre algumas decisões do Tribunal de Justiça do Estado do Rio de Janeiro – 4. Necessidade de sistematização das soluções pela doutrina – 5. Conclusão – Referências.

1. INTRODUÇÃO

Zygmunt Bauman, ao analisar a crise do crédito no ano de 2010, se perguntava se essa crise se devia ao "fracasso dos bancos ou ao seu extraordinário sucesso".[2] Durante a sua reflexão, ressalta que a ideia dos mutuantes contemporâneos é que os mutuários não quitem as suas dívidas, eis que a principal fonte dos lucros das financeiras são justamente os juros decorrentes das dívidas não pagas. Conclui o sociólogo polonês que os bancos alcançaram "sucesso ao transformar uma enorme maioria de homens, mulheres, velhos e jovens numa raça de devedores. Alcançaram seu objetivo: uma raça de devedores eternos e a autoperpetuação do 'estar endividado'".[3]

A realidade apresentada por Bauman não é diferente no Brasil. As instituições financeiras, outrora seletivas, excludentes e burocráticas, concedentes de crédito apenas para uma parcela privilegiada da sociedade, após a expansão do crédito tornaram-se justamente o contrário: com a entrada em vigor da Lei 10.820/2003 – Lei do crédito

---

1. BAUMAN, Zygmunt. *Vida a crédito*: conversas com Citali Rovirosa-Madrazo. Rio de Janeiro: Zahar, 2010, p. 30.
2. BAUMAN, Zygmunt. *Vida a crédito*: conversas com Citali Rovirosa-Madrazo. Rio de Janeiro: Zahar, 2010, p. 25.
3. BAUMAN, Zygmunt. *Vida a crédito*: conversas com Citali Rovirosa-Madrazo. Rio de Janeiro: Zahar, 2010, p. 31.

consignado, passaram a vincular massivas propagandas sobre "crédito sem burocracia", "dinheiro fácil", utilizando-se de figuras públicas, como atores e atrizes conhecidas do público, principalmente de idosos, a gerar uma imagem de credibilidade e segurança para os serviços e produtos que anunciavam.

A publicidade passou a ser direcionada para aposentados, servidores públicos e algumas classes de trabalhadores que permitiam o desconto do empréstimo consignado a juros na folha de pagamento. As lojas das financeiras passaram a ter outro *design*, mais atrativo, com balões coloridos nas portas, atendentes jovens e sorridentes, bem diferente do clima austero, cinza e excludente encontrado nos bancos em outros tempos. Permitiu-se a contratação por telefone, no caixa eletrônico, por e-mail, *online*, enfim, por todas as formas possíveis. Tudo isso, somado à necessidade de metas que precisavam ser alcançadas pelos funcionários dos bancos, produziria resultados preocupantes. O endividamento relatado por Bauman nos Estados Unidos e na Grã-Bretanha tomou contornos nefastos no Brasil:[4] o superendividamento de boa parcela dos consumidores chegou a níveis alarmantes, sem que existisse uma lei específica para esse problema, que é, ao mesmo tempo, social, econômico e jurídico. A relevância do tema levou à aprovação da Lei 14.181/2021, que alterou diversos dispositivos do Código de Defesa do Consumidor e possui um capítulo especial para a prevenção e o tratamento do superendividamento, demonstrando a necessidade do crédito responsável.

O superendividamento do consumidor é definido pela Lei 14.181/2021 como a "a impossibilidade manifesta de o consumidor pessoa natural, de boa-fé, pagar a totalidade de suas dívidas de consumo, exigíveis e vincendas, sem comprometer seu mínimo existencial, nos termos da regulamentação". O mínimo existencial de que trata a nova lei foi regulamentado pelo Decreto 11.150 de 26 de julho de 2022. Embora a lei do superendividamento seja uma ótima novidade, o Decreto pecou em definir, no art. 3º, a título de mínimo existencial, a renda mensal do consumidor pessoa natural equivalente a vinte e cinco por cento do salário-mínimo vigente na data da sua publicação. Ademais, deixou claro que não haverá atualização do valor em caso de reajuste do salário-mínimo, deixando o tema a cargo do Conselho Monetário Nacional. Esse percentual foi conside-

---

4. "A particularidade brasileira desse crescente endividamento ocorre principalmente pelos seguintes produtos e serviços financeiros: cartão de crédito, de acesso restrito às camadas de renda mais alta na década de 1980, hoje amplamente ofertado e que corresponde à maior parcela de endividados; crédito consignado, regulamentado no governo Lula já em seu primeiro ano de mandato, que facilitou a cessão de créditos para funcionários públicos, aposentados e pensionistas; crédito imobiliário, priorizando as camadas de rendimentos mais baixas nos anos 2000, principalmente com os recursos disponíveis para o programa Minha Casa, Minha Vida após 2009; e o crédito para compra de automóveis, facilitados com a expansão da produção do setor automotivo. Outros serviços financeiros, como cheque pré-datado, cheque especial e carnês do comércio, também representam parcelas importantes do endividamento. Contudo, com a facilitação das outras modalidades, estes apresentam um decréscimo constante de seu uso". (RIBEIRO, Rodrigo Fernandes; LARA, Ricardo. O endividamento da classe trabalhadora no Brasil e o capitalismo manipulatório. *Revista Serviço Social e Sociedade*, n. 126, p. 340-359, maio/ago 2016, p. 345). Cf. BERTONCELLO, Karen Rick Danilevicz. Superendividamento e Direito do Consumo: relatório brasileiro. *In*: Michel Fromont, Marie-Anne Frison-Roche, Thales Morais da Costa, Gustavo Cerqueira, Bibiana Graeff, Tanísia Martini Vilarino. (Org.). *Direito francês e direito* brasileiro: perspectivas nacionais e comparadas. São Paulo: Saraiva, 2017, v., p. 1031-1067; MORA, Mônica. *A evolução do crédito no Brasil*. Rio de Janeiro, IPEA, 2014.

rado irrisório pelos juristas especializados,[5] o que gerou, até agora, a proposição de duas Arguições de Descumprimento de Preceito Fundamental (ADPF) perante o Supremo Tribunal Federal para contestar a inconstitucionalidade do Decreto, por entendê-lo violador da dignidade da pessoa humana, dentre outros dispositivos constitucionais.[6]

Muitas são as razões pelas quais uma pessoa pode restar superendividada. Uma dessas razões é o contrato de cartão de crédito consignado, também designado contrato de reserva de margem de crédito consignável (RMC) via cartão de crédito consignado, por vezes entendido pelo consumidor como empréstimo consignado, confusão que, como se verá, tem consequências nefastas.

Tomando-se como premissa que o cartão de crédito consignado pode ser uma das causas do superendividamento, busca-se, nesse artigo, cumprir quatro objetivos: (i) demonstrar como o cartão de crédito consignado, na forma como vem sendo contratado, pode enganar o consumidor; (ii) apresentar os principais problemas decorrentes desse tipo de contratação verificados no âmbito de algumas Câmaras de Direito Privado do Tribunal de Justiça do Estado do Rio de Janeiro; (iii) analisar as soluções que as Câmaras do Tribunal em referência têm apresentado para tais problemáticas e, ao final, (iv) demonstrar a necessidade de sistematização, pela doutrina, de tais remédios.

2. CARTÃO DE CRÉDITO CONSIGNADO

No Brasil, o crédito consignado modernamente compreendido é viabilizado por meio de alguns tipos contratuais cuja oferta depende do perfil do consumidor. Para o consumidor em geral, são oferecidos o *empréstimo consignado* e o *cartão de crédito consignado*. Para os beneficiários e pensionistas do INSS, além das mencionadas categorias de concessão de crédito, adiciona-se mais uma, denominada *cartão consignado de benefício*.

O contrato de *empréstimo consignado* em folha de pagamento, atualmente previsto na Lei 10.820 de 17 de dezembro de 2003, é uma modalidade de concessão de crédito em que o valor contratado é disponibilizado na conta bancária do tomador. É um tipo de empréstimo no qual o prazo, os juros e o valor das prestações são fixos e previamente definidos. O tomador do crédito sabe de antemão o que será descontado dos seus vencimentos, podendo efetuar o seu planejamento financeiro com mais tranquilidade. As prestações são descontadas na própria folha de pagamento, e por isso a possibilidade de inadimplemento é bem menor em relação às demais formas de concessão de crédito, contribuindo para que os juros sejam mais baixos nessa modalidade de concessão.

---

5. MARQUES, Claudia Lima. Decreto 11.150/22: a inconstitucional tentativa de esvaziar a Lei 14.181/21 e retroceder o dever do Estado de proteção do consumidor. *Migalhas*. Disponível em: https://shorturl.at/eHNV9. Acesso em: 16 abr. 2023; FERREIRA, Vitor Hugo do Amaral. Decreto 11.150/2022 e a miserabilidade no mínimo existencial. *Consultor Jurídico*. Disponível em: https://shorturl.at/gFTUZ. Acesso em: 16 abr. 2023, MARTINS, Fernando Rodrigues. Basilcon – Nota Técnica: O Decreto 11.150/22 que regulamenta o mínimo existencial. *Consultor Jurídico*. Disponível em: https://shorturl.at/emnDW. Acesso em: 16 abr. 2023.

6. Arguição de Descumprimento de Preceito Fundamental 1005, proposta pela Associação Nacional dos Membros do Ministérios Público e Arguição de Descumprimento de Preceito Fundamental 1006 proposta pela Associação Nacional das Defensoras e Defensores Públicos.

Em 2015, com a edição da Medida Provisória 681, posteriormente convertida na Lei 13.172 de 21 de outubro de 2015, surgiu o *cartão de crédito consignado*. É um tipo de contrato muito diferente do empréstimo consignado: trata-se de um verdadeiro contrato de cartão de crédito, com a diferença de se poder consignar apenas um pequeno percentual na folha de pagamento do contratante: somente 5% do valor total devido. Ou seja, é preciso que o consumidor entenda que ele precisa pagar por boleto o restante da dívida, sob pena de, descontando-se apenas o valor mínimo da dívida, o restante permanecer devido e acumulado, com a incidência de juros do cartão de crédito rotativo.

Sobre essa intricada espécie de contratação, Clarissa Costa de Lima e Rosângela Lunardelli Cavallazzi ressaltam:

> O desconto mensal é, invariavelmente, da parcela mínima. O consumidor vai sucessivamente ampliando sua dívida, à medida que o aparente crédito com baixos juros torna-se impagável. Não tem o direito de escolha do pagamento integral e o desconto ocorre no pagamento do valor mínimo da fatura do cartão, sendo o saldo adicionado à fatura do próximo mês e, neste caso, com o acréscimo dos juros do crédito rotativo.[7]

O desconto mensal da parcela mínima leva, consequentemente, à adição dos mais altos juros do crédito rotativo. Como exemplo, no final do ano de 2002, a taxa de juros do rotativo chegou a 409,3%.[8] Na conclusão das autoras, "a modalidade cartão de crédito consignado resulta em uma prisão para o consumidor",[9] pois é "uma dívida que nunca se paga".[10]

No didático exemplo de Lucíola Fabrete Lopes Nerilo:

> O consumidor que autorizar a consignação em seu benefício para pagar cartão de crédito terá, mensalmente, o desconto em folha de um valor que equivalha ao que for possível dentro de sua margem consignável. Por exemplo: se a fatura do cartão de crédito do aposentado "X" neste mês foi de R$ 350,00, e sua margem consignável lhe permite que o desconto seja de apenas R$ 200,00, restarão, para o mês seguinte os outros R$ 150,00, sobre os quais incidem os nada módicos juros de cartão de crédito".[11]

---

7. LIMA, Clarissa Costa de; CAVALLAZZI, Rosangela Lu Nardelli. O retrocesso desmedido da Medida Provisória 1.106, de 17 de março de 2022, e a precarização da proteção do consumidor idoso. *Revista de Direito do Consumidor*. v. 141. ano 31. p. 437-442. São Paulo: Ed. RT, p. 2, maio/jun. 2022.

8. CARLA, Joyce. *Crédito rotativo*: entenda como funciona e quais os riscos. Disponível em: https://www.serasa.com.br/ecred/blog/credito-rotativo-como-funciona/. Acesso em: 09 mar. 2023.

9. LIMA, Clarissa Costa de; CAVALLAZZI, Rosangela Lu Nardelli. O retrocesso desmedido da Medida Provisória 1.106, de 17 de março de 2022, e a precarização da proteção do consumidor idoso. *Revista de Direito do Consumidor*. São Paulo: Ed. RT, v. 141. ano 31. p. 2. maio./jun. 2022.

10. LIMA, Clarissa Costa de; CAVALLAZZI, Rosangela Lu Nardelli. O retrocesso desmedido da Medida Provisória 1.106, de 17 de março de 2022, e a precarização da proteção do consumidor idoso. *Revista de Direito do Consumidor*. São Paulo: Ed. RT, v. 141. ano 31. p. 2. maio/jun. 2022.

11. NERILO, Lucíola Fabrete Lopes. As fraudes e abusividades contra o consumidor idoso nos empréstimos consignados e as medidas de proteção que devem ser adotadas para coibi-las. *Revista de Direito do Consumidor*. São Paulo: Ed. RT, v. 109. ano 31. p. 2. jan./fev. 2017. Outro didático exemplo: "Nesse contexto, exemplificativamente, se o consumidor, no final do mês, encontra-se sem dinheiro, e precisa urgentemente de determinado medicamento, dirigir-se-á à farmácia e, lá, comprará à crédito o produto. Utilizado o cartão, no mês seguinte ser-lhe-á remetida fatura constando a discriminação dos débitos: (a) se quitada integralmente a fatura, quita-se a dívida para com o banco; (b) se não quitada ou quitada parcialmente, o saldo residual passará ao rotativo, com a incidência de pesada taxa de juros; e (c) se pago apenas o valor mínimo (ou seja, somente os juros da

Há, ainda, para os beneficiários do Instituto Nacional do Seguro Social (INSS), o denominado *cartão consignado de benefício*, previsto no parágrafo 5º do art. 6º da Lei 10.820/2003 e no inciso III do art. 3º da Instrução Normativa 138 de 10 de novembro de 2022. Trata-se, na verdade, de uma margem extra de consignação – mais 5 % além do percentual para o cartão consignado e para o empréstimo consignado –, com a diferença da obrigação de oferecer auxílio funeral, seguro de vida com valor mínimo estipulado e descontos em farmácias conveniadas.

A principal problemática envolvendo a diferença entre as contratações ocorre quando o consumidor entende que "cartão de crédito consignado" e "crédito consignado" representam o mesmo tipo contratual, acreditando – ou sendo convencido de – que está diante de um tipo de empréstimo consignado, quando na verdade contratou esse complexo contrato envolvendo cartão de crédito. A situação jurídica e econômica se agrava ainda mais quando o consumidor entende que o desconto do que ele entendia como empréstimo consignado já está sendo realizado na conta e não verifica saldo devedor a pagar mediante boleto. Milton Rodrigo Gonçalves explica essa complexa situação:

> Sinteticamente, a partir da adesão e da conseguinte instituição de RMC, a casa bancária deve remeter à residência do consumidor a tarjeta, que se encontrará dotada de limite de crédito. De posse do cartão, o consumidor poderá, se quiser, desbloqueá-lo, e, a partir de então, poderá, se assim entender, utilizá-lo regularmente.
>
> [...]
>
> O ponto central a ser, aqui, destacado é o seguinte: em grande parte dos casos concretos, o 'saque' via cartão de crédito consignado não é efetivado da forma como se descreveu – ou seja, não há a recepção da tarjeta, o seu conseguinte desbloqueio e, enfim, o saque em espécie, no caixa ou no terminal de autoatendimento. A operação é, no maior das vezes, operacionalizada mediante a subscrição de termo, no qual consta não só a adesão ao produto, mas, inclusive, o saque do limite do cartão, que é transferido via TED, de imediato, à conta corrente do consumidor. Em outras palavras, a adesão e o saque ocorrem concomitantemente; este, aliás, ocorre antes mesmo de o cartão de crédito consignado existir fisicamente.[12]

3. UM OLHAR SOBRE ALGUMAS DECISÕES DO TRIBUNAL DE JUSTIÇA DO ESTADO DO RIO DE JANEIRO

Um exame inicial de como o Poder Judiciário do Estado do Rio de Janeiro vem tratando os casos de cartão de crédito consignado evidenciam a importância do problema.

---

operação), enfim, mantém-se o valor principal, financiando-o para o próximo mês – adianta-se, aqui, que, de modo geral, nos contratos de cartão de crédito consignado, o desconto efetivado no benefício do consumidor serve, única e exclusivamente, ao pagamento do valor mínimo das faturas, ou seja serve, tão somente, a quitar os juros" (GONÇALVES, Milton Rodrigo. A interpretação dos negócios jurídicos à luz da boa-fé: as operações de saque via cartão de crédito consignado efetivado por consumidores hipervulneráveis, no período ligeiramente posterior à edição da Lei 13.172/2015. *Revista do Instituto de Direito Constitucional e Cidadania*, Londrina, v. 4, n. 1, p. 64, 2019).

12. GONÇALVES, Milton Rodrigo. A interpretação dos negócios jurídicos à luz da boa-fé: as operações de saque via cartão de crédito consignado efetivado por consumidores hipervulneráveis, no período ligeiramente posterior à edição da Lei 13.172/2015. *Revista do Instituto de Direito Constitucional e Cidadania*, Londrina, v. 4, n. 1, p. 64, 2019.

No Tribunal de Justiça do Estado do Rio de Janeiro, somente nos três primeiros meses do ano, a segunda instância julgou 375 recursos envolvendo cartão de crédito consignado. O exame de alguns acórdãos das Câmaras de Direito Privado apontou algumas soluções interessantes e com fundamentos e efeitos diferentes entre si, conforme será demonstrado a seguir.

No primeiro caso, a autora afirma que contratou empréstimo consignado com o desconto do percentual mensal diretamente na sua folha de pagamento. No entanto, verificou nos seus contracheques que havia um desconto referente a "empréstimo sobre RMC". Na primeira instância, entendeu-se que a instituição financeira não comprovou ter informado a autora das condições do negócio que contratava, violando o direito à informação. Observou-se, também, que a autora não realizou compras no cartão de crédito, e por isso não havia nenhuma fatura a ser quitada. Com base na falha da prestação de serviço e nos descontos considerados ilegítimos, houve a revisão da cláusula para aplicar a taxa de juros do contrato de empréstimo consignado, e a condenação à repetição do indébito dos valores pagos a maior e à indenização por dano moral.[13] Na segunda instância, entendeu-se que "a ré apresentou contrato sem qualquer relação com o objeto da presente demanda, não há como se entender pela ciência inequívoca da consumidora a respeito da natureza jurídica da avença celebrada entre as partes", reformando-se apenas a parte do dano moral, por concluir-se que não houve violação a qualquer direito da personalidade.[14]

No segundo caso, a autora alega que solicitou à instituição financeira a celebração de contrato de empréstimo consignado, mas que, ao contrário do que desejava, fora celebrado contrato de cartão de crédito consignado. A julgadora de primeira instância entendeu que o contrato intitulado "Contrato de Cédula de Crédito Bancário" possuía termos e condições bastante claros e que a autora utilizava o cartão de crédito regularmente por meio de saque em dinheiro.[15] Entendeu, assim, que ela contratou cartão de crédito consignado.[16] No segundo grau de jurisdição, a 19ª Câmara de Direito Privado entendeu que os documentos dos autos demonstram que "as partes celebraram Contrato de Crédito Bancário, mas na modalidade crédito consignado, *não havendo nele uma só referência a cartão de crédito e, tampouco, que haveria desconto de valor mínimo da fatura em contracheque*".[17] O relator enfatiza que o desconto será em folha, no valor e

---

13. TJRJ. 3ª Vara Cível da Comarca de Nova Iguaçu. Processo 0007792-51.2021.8.19.0038. Juíza Adriana Costa dos Santos, j. 10.06.2022.
14. TJRJ. 10ª Câmara de Direito Privado. Apelação Cível 0007792-51.2021.8.19.0038. Rel. Des. Antônio Carlos Arrabida Paes, julg. 23.03.2023.
15. TJRJ. 2ª Vara Cível da Comarca Regional de Campo Grande. Processo 0017157-16.2021.8.19.0205. Juíza Paula Regina Adorno Costa, julg. 18.11.2022.
16. "[...] A autora indiscutivelmente realizou um contrato de Cartão de Crédito, no qual reconhece a emissão de plástico (cartão) e o desconto em folha apenas do pagamento mínimo do cartão, cuja contratação foi reputada válida na forma da jurisprudência deste E. Tribunal, levantando o numerário pretendido a título de saque a crédito [...]. TJRJ. 2ª Vara Cível da Comarca Regional de Campo Grande. Processo 0017157-16.2021.8.19.0205. Juíza Paula Regina Adorno Costa, julg. 18.11.2022.
17. TJRJ. 19ª Câmara de Direito Privado. Apelação Cível 0017157-16.2021.8.19.0205. Des. Rel. Werson Rêgo, julg. 16.03.2023 (grifou-se).

com os juros indicados na cláusula, o que, na sua visão, não permite a tutela do direito da autora, justamente porque o contrato celebrado pela autora foi justamente aquele que ela alegou ter celebrado.[18]

No caso seguinte, a autora alega que manifestou a vontade de contratar empréstimo consignado, mas foi surpreendida com a celebração de contrato de cartão de crédito consignado. O instrumento contratual assinado pela autora é denominado "Termo de Adesão/Autorização para Desconto em Folha Empréstimo Consignado e Cartão de Crédito". Na primeira instância, entendeu-se que a autora concordou com a forma de pagamento escolhida pelo réu e que não houve irregularidade praticada pela instituição financeira.[19] No julgamento da Apelação Cível, houve a reforma da decisão de primeiro grau, por vários fundamentos: diante das opções a serem marcadas no instrumento contratual apresentado pelo réu, não se assinalou nem empréstimo, nem cartão de crédito. Consta a natureza da operação como empréstimo consignado, mas os juros e encargos são preenchidos na parte de cartão de crédito, o que, na visão do Relator, configura intenção de venda casada, com o objetivo de confundir a consumidora. Ressaltou-se que a requerente não efetuou compras, apenas saques. Assim, concluiu-se, por unanimidade, que a autora não teve a informação prévia e clara sobre o negócio jurídico que celebraria, nem tampouco as cláusulas contratuais apresentam a clareza necessária para o entendimento do cartão de crédito consignado. No entender da Câmara, configurou-se prática abusiva, por abusividade e lesividade ao consumidor. Concluiu-se, também, que se a autora soubesse que a obrigação seria praticamente insolúvel, jamais teria celebrado o negócio jurídico, configurando-se erro substancial. Anulou-se o negócio jurídico de cartão de crédito consignado, mantendo-se o dever de quitação dos valores emprestados e o recebimento de dano moral.[20]

No próximo julgado, o autor argumentou ter sido induzido a acreditar que contratava empréstimo consignado, mas foi surpreendido ao perceber que contratara cartão de crédito consignado atrelado ao empréstimo. Esse fato levou ao desconto do valor mínimo do crédito consignado mensalmente, fazendo com que o restante sofresse os juros do crédito rotativo. O juízo de primeira instância entendeu que no momento da contratação não foram observados os deveres correlatos à boa-fé de lealdade, transparência e informação por parte do réu, e por não existir ciência do autor sobre a cobrança do cartão que a ele foi imposto, considerou abusiva a cláusula que autoriza os descontos no pagamento mínimo do cartão de crédito consignado. Assim, entendeu-se que embora presente vício do consentimento, a melhor solução é a revisão das cláusulas contratuais. Embora conste da sentença que houve conversão para contrato de crédito consignado, entende-se que houve erro material, pois toda a fundamentação tende à conversão

---

18. TJRJ. 19ª Câmara de Direito Privado. Apelação Cível 0017157-16.2021.8.19.0205. Des. Rel. Werson Rêgo, julg. 16.03.2023 (grifou-se).

19. TJRJ. 5ª Vara Cível da Comarca de Campos dos Goytacazes. Processo 0028831-21.2017.8.19.0014. Juíza Lindalva Soares Silva, julg. 13.09.2022.

20. TJRJ. 7ª Câmara de Direito Privado. Apelação Cível 0028831-21.2017.8.19.0014. Des. Rel. Alcides da Fonseca Neto, julg. 16.03.2023.

para empréstimo consignado, tanto é que se determinou a aplicação dos juros médios publicados pelo BACEN para essa modalidade contratual.[21]

Em sede de apelação, entendeu-se que a instituição financeira violou o direito à informação e o próprio sistema de empréstimo consignado, por violar o limite da consignação. Por fornecer produto sem solicitação do consumidor, por prevalecer-se de sua fraqueza e ignorância, tendo em vista a sua idade, por exigir vantagem manifestamente excessiva, configura-se prática abusiva, reformando-se a sentença de primeira instância apenas para majorar o valor do dano moral.[22]

O contrário também acontece, e no caso que passa a ser examinado a contratação se deu por telefone. Em maio de 2018, por contato telefônico, a autora recebeu proposta de cartão de crédito típico, para eventual uso, aceitando-a. O problema é que o cartão de crédito nunca chegou ao seu domicílio, e em junho do mesmo ano, ao examinar o seu extrato bancário, percebeu que o réu depositou o valor de R$3.166,00 na conta em que recebe a sua aposentadoria, ocorrendo descontos na sua folha de pagamento, como se a requerente houvesse contratado empréstimo consignado. Descobriu, também, a contratação de um seguro de vida que jamais havia requerido. O cartão de crédito jamais fora utilizado, tendo a autora depositado em juízo o valor que o réu transferiu para a sua conta.

Entendeu-se, assim, na primeira instância, pela falha na prestação de serviço, em razão de a autora não ter sido informada sobre todas as cláusulas do cartão que lhe foi oferecido, decretando-se a rescisão do contrato, a devolução simples dos valores descontados e dano moral.[23] Na segunda instância, a relatora entendeu que ainda que o réu tenha apresentado um "Termo de Adesão – Cartão de Crédito Consignado", contratado na forma eletrônica, não logrou êxito em comprovar a regularidade da contratação, incidindo em falha na prestação de serviço, ressaltando-se que a autora jamais utilizou-se do valor transferido por TED e que, no momento em que tomou ciência da transferência, solicitou ao banco que realizasse o estorno, mas a financeira se negou a fazê-lo. Assim, reformou-se a sentença somente para condenar a devolução em dobro dos valores descontados.[24]

4. NECESSIDADE DE SISTEMATIZAÇÃO DAS SOLUÇÕES PELA DOUTRINA

O Poder Judiciário fluminense vem enfrentando esse tormentoso problema com variados instrumentos disponíveis no ordenamento jurídico. Cabe à doutrina, portanto, sistematizar as soluções, de forma a garantir isonomia, coerência e uniformidade

---

21. TJRJ. 1ª Vara Cível da Comarca de São João de Meriti. Processo 0014424-79.2020.8.19.0054. Juíza Raquel Gouveia da Cunha, julg. 14.05.2021.
22. TJRJ. 27ª Câmara Cível. Apelação Cível 0014424-79.2020.8.19.0054. Rel. Des. Marcos Alcino de Azevedo Torres, julg. 06.10.2022.
23. TJRJ. 5ª Vara Cível da Comarca de Campos dos Goytacazes. Processo 0024448-92.2020.8.19.0014. Juiz Marco Antônio Novaes de Abreu, julg. 04.05.2022.
24. TJRJ. 18ª Câmara de Direito Privado. Apelação Cível 0024448-92.2020.8.19.0014. Des. Rel. Leila Santos Lopes, julg. 28.03.2023.

às sanções, para viabilizar o diálogo entre as normas de Direito do Consumidor e as normas de Direito Civil, tais como os defeitos do negócio jurídico, a distinção entre inexistência, anulabilidade e nulidade do negócio jurídico e os seus efeitos, as cláusulas e práticas abusivas, o dever de informar e o direito a ser informado, bem como a falha na prestação de serviços e a violação à prevenção do superendividamento.

A contratação de produtos e serviços envolvendo o consumidor perpassa por um elemento essencial: a informação. Em todos os julgados analisados, o papel da informação está destacado de várias formas: o consumidor não foi devidamente informado sobre o tipo contratual e os respectivos encargos que contratou, o instrumento contratual era dúbio, intricado, impreciso, houve abuso da fraqueza e ignorância ou então o consumidor entendeu que contratava uma modalidade e na verdade contratava outra. A depender do caso, é possível configurar violação dos princípios e direitos básicos do consumidor, falha na prestação de serviços, publicidade enganosa, prática abusiva, violação dos dispositivos de prevenção ao superendividamento e defeitos do negócio jurídico. Para cada hipótese, há sanção específica.

A informação adequada e clara sobre bens ou serviços é um dos direitos considerados básicos do consumidor. Insere-se entre os princípios da Política Nacional de Relações de Consumo a "educação e informação de fornecedores e consumidores, quanto aos seus direitos e deveres, com vistas à melhoria do mercado de consumo".[25] Faz parte, portanto, do que destaca Claudia Lima Marques, ao afirmar que "o consumidor foi identificado constitucionalmente (art. 48 do ADCT) como agente a ser necessariamente protegido de forma especial".[26] O inciso III do art. 6º do Código de Defesa do Consumidor prevê que é direito básico do consumidor "a informação adequada e clara sobre os diferentes produtos e serviços, com especificação correta de quantidade, características, composição, qualidade, tributos incidentes e preço, bem como sobre os riscos que apresentem", informações que devem estar acessíveis, também, para as pessoas com deficiência. Basta um minuto de pesquisa na *internet* para verificar que inúmeras financeiras oferecem "dinheiro fácil para negativados", "empréstimo sem burocracia", "dinheiro sem burocracia e na sua conta no mesmo dia", "empréstimo *online* e rápido", "dinheiro na hora e sem burocracia", "empréstimo *online* e seguro". Decerto, à medida que os meses passarem após a celebração do contrato, o consumidor verá que foi enganado: o dinheiro não é fácil, tampouco o contrato é seguro.

O direito fundamental à informação, que corresponde a um dever de informar, não é absoluto, sendo imprescindível a determinação de critérios ou parâmetros para o seu exercício, sem os quais a atividade no mercado de consumo tornar-se-ia inviável.[27]

---

25. Art. 4º, IV, da Lei 8.078/90.
26. MARQUES, Claudia Lima; BENJAMIN, Antônio Herman V; MIRAGEM, Bruno. *Comentários ao Código de Defesa do Consumidor*. 2. ed. São Paulo: Ed. RT, 2006, p. 175.
27. Nesse sentido, afirmam Gustavo Tepedino e Anderson Schreiber: "Estes deveres anexos, todavia, não incidem de forma ilimitada. Seria absurdo supor que a boa-fé objetiva criasse, por exemplo, um dever de informação apto a exigir de cada contratante esclarecimentos acerca de todos os aspectos da sua atividade econômica ou de sua vida privada. Assim, se é certo que o vendedor de um automóvel tem o dever – imposto pela boa-fé objetiva

Esses critérios devem servir de guia para o intérprete, diante da realidade em exame, flexíveis o suficiente para permitir a sensibilidade às circunstâncias relevantes do caso concreto, mas oferecendo segurança jurídica para garantir isonomia e previsibilidade das decisões. A análise desses parâmetros está inexoravelmente fundada na ligação entre a informação adequada e o princípio da boa-fé. Sob a ótica da boa-fé objetiva, o dever de informar é indicado como dever anexo ou lateral do contrato, pois é inviável o estabelecimento de confiança sem a adequada informação. O fornecimento da informação, na formação do contrato, é requisito para a lealdade na relação, pois viabiliza a formação da vontade, na medida em que oferece os elementos básicos para a decisão racional.[28]

Os deveres de informação adstringem as partes, segundo António Manuel da Rocha e Menezes Cordeiro "à prestação de todos os esclarecimentos necessários à conclusão honesta do contrato. [...] Podem ser violados por acção, portanto com indicações inexactas, como por omissão, pelo silêncio face a elementos que a contraparte tinha interesse objetivo em conhecer".[29] Tomada a informação como elemento que assegura uma decisão racional de contratar e, por conseguinte, garante o livre exercício da liberdade de contratar, a instituição financeira tem o dever de informação, que se intensifica e se modifica conforme a situação concreta em que se encontra o consumidor. Tratando-se de consumidor, em especial em casos de grande vulnerabilidade, o dever de esclarecimento se qualifica e não pode ser suprido apenas pela quantidade de informação, que, em excesso, pode mesmo prejudicar o processo decisório.

A falha na prestação de serviço pode ser caracterizada nos contratos de concessão de crédito justamente por falta de informação clara e adequada, com base no art. 14 da Lei 8.078/90. Afirma-se que "o dispositivo responsabiliza os prestadores de serviços pelos *defeitos extrínsecos* quando os respectivos contratos de prestação de serviços ou os meios publicitários não prestam informações claras e precisas a respeito da fruição".[30]

A ausência ou a forma de transmissão da informação pode caracterizar, dependendo do contexto, publicidade enganosa por ação ou por omissão. Claudia Lima Marques define publicidade, no âmbito de aplicação do Código de Defesa do Consumidor, como "toda informação ou comunicação difundida com o fim direto ou indireto de promo-

---

– de informar o comprador acerca dos defeitos do veículo não tem, por certo, o dever de prestar ao comprador esclarecimentos sobre sua preferência partidária, sua vida familiar ou seus hábitos cotidianos. Um dever de informação assim concebido mostrar-se-ia não apenas exagerado, mas também irreal, porque seu cumprimento seria, na prática, impossível tendo em vista a amplitude do campo de informações. Faz-se necessário, portanto, identificar o critério que determina os limites do dever de informação e dos demais deveres anexos, sob pena de inviabilizar a própria aplicação da cláusula geral de boa-fé". (TEPEDINO, Gustavo; e SCHREIBER, Anderson. Os efeitos da Constituição em relação à cláusula da boa-fé no Código Civil e no Código de Defesa do Consumidor. *Revista da EMERJ*, v. 6, n. 23, p. 146, 2003).

28. Sobre o tema, seja consentido remeter a KONDER, Cíntia Muniz de Souza. A adequação da informação na concessão de crédito. *Revista de Direito do Consumidor*, v. 136, p. 91-117, 2021.

29. CORDEIRO, António Manuel da Rocha e Menezes. *Da boa fé no Direito Civil*. Coimbra: Almedina, 2001, p. 583.

30. DENARI, Zelmo. Capítulo IV. Da qualidade de produtos e serviços, da prevenção dos danos e da reparação dos danos. In: GRINOVER, Ada Pellegrini et al *Código Brasileiro de Defesa do Consumidor*: comentado pelos autores do anteprojeto. 7. ed. Rio de Janeiro: Forense Universitária, 2011, p. 174.

ver, junto aos consumidores, a aquisição de um produto ou a utilização de um serviço, qualquer que seja o local ou o meio de comunicação utilizado".[31] A publicidade se torna enganosa, nos termos do art. 37 da Lei 8.078 /90, sempre que qualquer modalidade de informação ou comunicação for falsa ou parcialmente falsa, ou por qualquer outro modo, podendo ocorrer por ação – ao se afirmar, por exemplo, que o consumidor fará empréstimo consignado, quando na verdade se embutirá na contratação do empréstimo cartão de crédito consignado, ou mesmo se contratará cartão de crédito consignado em vez da modalidade de empréstimo consignado – ou por omissão, quando se deixa de informar dado essencial do produto ou serviço, hábil a induzir em erro o consumidor a respeito de quaisquer dados acerca destes.

Sob a perspectiva do Código Civil, se há engano na contratação, a solução envolve os defeitos ou vícios da vontade, também denominado vícios do consentimento, que ocorrem no exato instante da celebração do negócio jurídico, notadamente o erro e o dolo. Assim, a questão que se coloca, naturalmente, é: quando o contrato foi celebrado, o consumidor estava ciente de que o que celebrava era, de fato, um contrato de cartão de crédito consignado, com taxas de juros e condições bastante diferentes do contrato de empréstimo consignado? Em caso negativo, o negócio jurídico é defeituoso, viciado. Duas possibilidades se apresentam: ou ele se enganou espontaneamente ou foi enganado.

Se é o próprio consumidor que se engana sobre o tipo de contrato que celebra, pode ser caracterizado erro. Conforme Caio Mario da Silva Pereira "Quando o agente, por desconhecimento ou falso conhecimento das circunstâncias fáticas, age de um modo que não seria a sua vontade, se conhecesse a verdadeira situação, diz-se que procede com erro".[32] Dessa forma, se em razão das circunstâncias o consumidor entende de modo errado o tipo de contrato que celebra, presentes os requisitos do erro, o contrato pode ser invalidado.

Por outro lado, se o preposto da instituição financeira, por ato comissivo ou omissivo induziu o consumidor a erro, estará presente o dolo. Segundo Pontes de Miranda, "Dolo, causa de não validade dos atos jurídicos, é o ato, positivo ou negativo, com que, conscientemente, se induz, se mantém, ou se confirma outrem em representação errônea".[33] Dessa forma, se o preposto do banco atua de forma comissiva – por exemplo – informando ao consumidor dados que não são verdadeiros sobre o tipo de contrato ou outras características que são determinantes para a contratação, caracteriza-se o dolo. Se tais informações são omitidas pelo preposto ou se este sabe que o consumidor tem as informações erradas – por exemplo, se o consumidor acredita que o contrato que celebrará é de empréstimo consignado e não percebe que é um contrato de cartão de crédito consignado, ou um contrato que compreende empréstimo e cartão de crédito –

---

31. MARQUES, Claudia Lima; BENJAMIN, Antonio Herman V; MIRAGEM, Bruno. *Comentários ao Código de Defesa do Consumidor*. 2. ed. São Paulo: Ed. RT, 2006, p. 528.

32. PEREIRA. Caio Mario da Silva. *Instituições de Direito Civil*. 27. ed. Atual. Maria Celina Bodin de Moraes. Rio de Janeiro: Forense, 2014, v. 1, p. 434.

33. MIRANDA, Francisco Cavalcanti Pontes de. *Tratado de direito privado*. 2. ed. Rio de Janeiro: Borsoi, 1954, , t. IV, p. 326.

com essa ciência, o preposto tem o dever legal de esclarecê-lo. Se não o faz, o contrato é viciado por dolo por omissão, na forma do art. 147 do Código Civil.

Diante de todas essas possibilidades de tutela jurídica é importante verificar as sanções que podem decorrer de cada tese que pode ser arguida perante o Poder Judiciário.

A falha na prestação de serviços, inclusive por informações inadequadas, prevista no art. 14 do Código de Defesa do Consumidor, atrai a obrigação de reparação dos danos suportados pelo consumidor. A violação de direitos básicos, a publicidade enganosa e as práticas abusivas são consideradas antijurídicas. Tal fato pode atrair ações individuais e coletivas.

Diante da nova redação dada ao Código de Defesa do Consumidor pela Lei 14.181 de 2021, a falta de informações adequadas acerca do contrato de crédito consignado que se está a celebrar pode ensejar a violação dos dispositivos de prevenção ao superendividamento previstos no art. 54-B, 54-C e 54-D, atraindo, por decisão judicial, a redução dos juros, dos encargos ou de qualquer acréscimo ao principal e a dilação do prazo de pagamento previsto no contrato original, conforme a gravidade da conduta do fornecedor e as possibilidades financeiras do consumidor, sem prejuízo de outras sanções e de indenização.

Vale ressaltar, por fim, a diferença das espécies de invalidade. A nulidade, também denominada nulidade absoluta, é considerada a categoria mais grave de invalidade. Por isso, pode ser arguida a qualquer tempo e em qualquer grau de jurisdição. Diante de uma hipótese de nulidade, deve o juiz reconhecê-la de ofício. Afirma-se que a nulidade "é a declaração legal de que a determinados atos jurídicos se não prendem os efeitos produzidos pelos atos semelhantes".[34] Diferente é a sanção de anulabilidade ou nulidade relativa. Considerada categoria menos grave de invalidade, depende de requerimento do interessado, por isso não pode ser reconhecida *ex officio*. Diferentemente do ato nulo, o ato anulável pode ser ratificado e é convalidado pelo passar do tempo. O interessado tem prazo para arguir a anulabilidade perante o Poder Judiciário, sob pena de decadência ou caducidade. De acordo com Caio Mario da Silva Pereira, sobre a anulabilidade, "nela não se vislumbra o interesse público, porém a mera conveniência das partes, já que na sua instituição o legislador visa à proteção dos interesses privados".[35]

5. CONCLUSÃO

A trajetória percorrida até aqui indica que se está diante de uma era de democratização do crédito, com várias espécies de contratação, inclusive do chamado "crédito consignado". Dentre as possibilidades de contratação, destacam-se o empréstimo consignado e o cartão de crédito consignado. Para os aposentados e pensionistas do INSS, acumula-se uma terceira espécie, o cartão consignado de benefício.

---

34. BEVILAQUA, Clovis. *Teoria Geral do Direito Civil*. 2. ed. rev. e atual. por Prof. Caio Mario da Silva Pereira. Rio de Janeiro: F. Alves, 1976, p. 257.
35. PEREIRA. Caio Mario da Silva. *Instituições de Direito Civil*. 27. ed. Atual. Maria Celina Bodin de Moraes. Rio de Janeiro: Forense, 2014, v. 1, p. 434.

Os principais problemas verificados com as contratações envolvendo cartão de crédito consignado, principalmente no âmbito das Câmaras de Direito Privado do Tribunal de Justiça do Estado do Rio de Janeiro são voltados ao desconhecimento da contratação em si, de entender que se está contratando empréstimo consignado, quando na verdade se contrata cartão de crédito consignado, ou mesmo se contrata os dois, bem como os detalhes desse tipo de contratação. As consequências dessa falta de informação, como se viu, são nefastas: além de causa do superendividamento, pode acarretar inúmeras violações de direitos do consumidor, principalmente aqueles relacionados à informação adequada e à boa-fé contratual.

Casos como esses não são de fácil interpretação, pois ninguém, além do consumidor e do preposto presenciaram o momento da contratação. É certo que alguns julgadores têm utilizado a análise da linguagem dos formulários preenchidos pelo consumidor ao aderir ao contrato. Outros, verificam se o consumidor se comportou como alguém que contratou um cartão de crédito, ao examinar se efetivamente realizou compras, utilizando-se da tarjeta, para definir se o contrato celebrado foi o de empréstimo consignado ou o de cartão de crédito consignado. São várias as situações e inúmeras as possibilidades de interpretação.

A instrução do processo na primeira instância e a realização da audiência de instrução e julgamento é imprescindível para que o julgador possa, por meio do depoimento pessoal do autor e do réu, bem como, se for o caso, o depoimento das testemunhas, determinar se houve engano e violação do dever de informar na contratação. A prova produzida no juízo de primeiro grau, que pode ter o contato com as partes, pode ajudar a revelar como se deu a formação do contrato e a presença ou não de defeitos e violação de direitos.

REFERÊNCIAS

BAUMAN, Zygmunt. *Vida a crédito*: conversas com Citali Rovirosa-Madrazo. Rio de Janeiro: Zahar, 2010.

BERTONCELLO, Karen Rick Danilevicz. Superendividamento e Direito do Consumo: relatório brasileiro. In: FROMONT, Michel; FRISON-ROCHE, Marie-Anne; COSTA, Thales Morais da; CERQUEIRA, Gustavo; GRAEFF, Bibiana; VILARINO, Tanísia Martini (Org.). *Direito francês e direito brasileiro*: perspectivas nacionais e comparadas. São Paulo: Saraiva, 2017.

BEVILAQUA, Clovis. *Teoria Geral do Direito Civil*. 2. ed. rev. e atual. por Prof. Caio Mario da Silva Pereira. Rio de Janeiro: F. Alves, 1976.

CARLA, Joyce. *Crédito rotativo*: entenda como funciona e quais os riscos. Disponível em: https://www.serasa. com.br/ecred/blog/credito-rotativo-como-funciona/. Acesso em: 09 mar. 2023.

CORDEIRO, António Manuel da Rocha e Menezes. *Da boa fé no Direito Civil*. Coimbra: Almedina, 2001.

DENARI, Zelmo. Capítulo IV. Da qualidade de produtos e serviços, da prevenção dos danos e da reparação dos danos. In: GRINOVER, Ada Pellegrini et al. *Código Brasileiro de Defesa do Consumidor*: comentado pelos autores do anteprojeto. 7. ed. Rio de Janeiro: Forense Universitária, 2011.

FERREIRA, Vitor Hugo do Amaral. Decreto 11.150/2022 e a miserabilidade no mínimo existencial. *Consultor Jurídico*. Disponível em: https://shorturl.at/gFTUZ. Acesso em: 16 abr. 2023.

GONÇALVES, Milton Rodrigo. A interpretação dos negócios jurídicos à luz da boa-fé: as operações de saque via cartão de crédito consignado efetivado por consumidores hipervulneráveis, no período ligeiramente posterior à edição da Lei 13.172/2015. *Revista do Instituto de Direito Constitucional e Cidadania*, Londrina, v. 4, n. 1, p. 64. 2019.

KONDER, Cíntia Muniz de Souza. A adequação da informação na concessão de crédito. *Revista de Direito do Consumidor*, v. 136, p. 91-117, 2021.

LIMA, Clarissa Costa de; CAVALLAZZI, Rosangela Lu Nardelli. O retrocesso desmedido da Medida Provisória 1.106, de 17 de março de 2022, e a precarização da proteção do consumidor idoso. *Revista de Direito do Consumidor*. São Paulo: Ed. RT, v. 141. ano 31. p. 437-442. maio/jun. 2022.

MARQUES, Claudia Lima. Decreto 11.150/22: a inconstitucional tentativa de esvaziar a lei 14.181/21 e retroceder o dever do Estado de proteção do consumidor. *Migalhas*. Disponível em: https://shorturl. at/eHNV9. Acesso em: 16 abr. 2023.

MARQUES, Claudia Lima; BENJAMIN, Antônio Herman V; MIRAGEM, Bruno. *Comentários ao Código de Defesa do Consumidor*. 2. ed. São Paulo: Ed. RT, 2006.

MARTINS, Fernando Rodrigues. Basilcon – Nota Técnica: O Decreto 11.150/22 que regulamenta o mínimo existencial. *Consultor Jurídico*. Disponível em: https://shorturl.at/emnDW. Acesso em: 16 abr. 2023.

MIRANDA, Francisco Cavalcanti Pontes de. *Tratado de direito privado*. 2. ed. Rio de Janeiro: Borsoi, 1954. t. IV.

MORA, Mônica. *A evolução do crédito no Brasil*. Rio de Janeiro, IPEA, 2014.

NERILO, Lucíola Fabrete Lopes. As fraudes e abusividades contra o consumidor idoso nos empréstimos consignados e as medidas de proteção que devem ser adotadas para coibi-las. *Revista de Direito do Consumidor*. São Paulo: Ed. RT, v. 109. ano 31. p. 397-421. jan./fev. 2017.

PEREIRA. Caio Mario da Silva. *Instituições de Direito Civil*. 27. ed. Atual. Maria Celina Bodin de Moraes. Rio de Janeiro: Forense, 2014. v. 1.

RIBEIRO, Rodrigo Fernandes; LARA, Ricardo. O endividamento da classe trabalhadora no Brasil e o capitalismo manipulatório. *Revista Serviço Social e Sociedade*, n. 126, p. 340-359, maio/ago. 2016,

TEPEDINO, Gustavo; e SCHREIBER, Anderson. Os efeitos da Constituição em relação à cláusula da boa-fé no Código Civil e no Código de Defesa do Consumidor. *Revista da EMERJ*, v. 6, n. 23, 2003.

TJRJ. 3ª Vara Cível da Comarca de Nova Iguaçu. Processo 0007792-51.2021.8.19.0038. Juíza Adriana Costa dos Santos, j. 10.06.2022.

TJRJ. 10ª Câmara de Direito Privado. Apelação Cível 0007792-51.2021.8.19.0038. Rel. Des. Antônio Carlos Arrabida Paes, julg. 23.03.2023.

TJRJ. 2ª Vara Cível da Comarca Regional de Campo Grande. Processo 0017157-16.2021.8.19.0205. Juíza Paula Regina Adorno Costa, julg. 18.11.2022.

TJRJ. 2ª Vara Cível da Comarca Regional de Campo Grande. Processo 0017157-16.2021.8.19.0205. Juíza Paula Regina Adorno Costa, julg. 18.11.2022.

TJRJ. 19ª Câmara de Direito Privado. Apelação Cível 0017157-16.2021.8.19.0205. Des. Rel. Werson Rêgo, julg. 16.03.2023.

TJRJ. 19ª Câmara de Direito Privado. Apelação Cível 0017157-16.2021.8.19.0205. Des. Rel. Werson Rêgo, julg. 16.03.2023.

TJRJ. 5ª Vara Cível da Comarca de Campos dos Goytacazes. Processo 0028831-21.2017.8.19.0014. Juíza Lindalva Soares Silva, julg. 13.09.2022.

TJRJ. 7ª Câmara de Direito Privado. Apelação Cível 0028831-21.2017.8.19.0014. Des. Rel. Alcides da Fonseca Neto, julg. 16.03.2023.

TJRJ. 1ª Vara Cível da Comarca de São João de Meriti. Processo 0014424-79.2020.8.19.0054. Juíza Raquel Gouveia da Cunha, julg. 14.05.2021.

TJRJ. 27ª Câmara Cível. Apelação Cível 0014424-79.2020.8.19.0054. Rel. Des. Marcos Alcino de Azevedo Torres, julg. 06.10.2022.

TJRJ. 5ª Vara Cível da Comarca de Campos dos Goytacazes. Processo 0024448-92.2020.8.19.0014. Juiz Marco Antônio Novaes de Abreu, julg. 04.05.2022.

TJRJ. 18ª Câmara de Direito Privado. Apelação Cível 0024448-92.2020.8.19.0014. Des. Rel. Leila Santos Lopes, julg. 28.03.2023.

LEI DO SUPERENDIVIDAMENTO E A IMPOSSIBILIDADE DE SE DEFINIR O VALOR MÍNIMO EXISTENCIAL UNIVERSAL

Paulo Skaf

Empresário.

Em julho de 2021 entrou em vigor a Lei 14.181/2021, que passou a ser conhecida como Lei do Superendividamento. A lei alterou o Código de Defesa do Consumidor e o Estatuto do Idoso para regulamentar normas de prevenção e tratamento do chamado "superendividado".

Por este instrumento legal o "superendividado" é definido como o devedor na pessoa física que manifesta, de boa-fé, não possuir meios financeiros para pagar o serviço de suas dívidas contraídas e, simultaneamente, manter condições materiais mínimas para sobreviver.

As empresas e pessoas jurídicas, de forma geral, sempre dispuseram de mecanismos de renegociação de dívidas: o antigo estatuto da concordata e o atual regime de Recuperação Judicial cumprem o complexo papel de se construir uma estratégia de pagamento das dívidas e ao mesmo tempo garantir recursos para a operação comercial da empresa.

Fazia-se necessária a criação de mecanismo semelhante para as pessoas físicas, de forma a evitar a penalização dos indivíduos muito endividados por meio de medidas, como a perda do acesso a serviços financeiros e de crédito, penhora de bens e até medidas mais radicais que, igualmente, tomadas no agregado viriam a ter um efeito deletério na economia e, principalmente, na vida das pessoas e empresas envolvidas.

Segundo dados do Banco Central[1] o endividamento das pessoas físicas em percentual de suas rendas acumuladas nos 12 meses anteriores tem crescido de forma contínua desde 2005, data de início da série histórica, quando o endividamento das famílias com o Sistema Financeiro Nacional era de 16,5% em relação à toda a renda acumulada por estas famílias nos doze meses anteriores. Em janeiro de 2020 esta proporção da renda comprometida já havia saltado para 41,6%, e, com o advento da pandemia do Coronavírus, em apenas um ano e meio – julho de 2021, data de entrada em vigor da lei – este percentual já havia aumentado para 45,2%, tornando urgente a tomada de medidas que pudessem mitigar os efeitos nocivos deste alto grau de endividamento das famílias.

---

1. SGS – Sistema Gerenciador de Séries Temporais do Banco Central. Dados extraídos em 21.03.2023.

Gráfico 1: Endividamento das famílias com o Sistema Financeiro Nacional em relação à renda acumulada dos últimos doze meses (%)

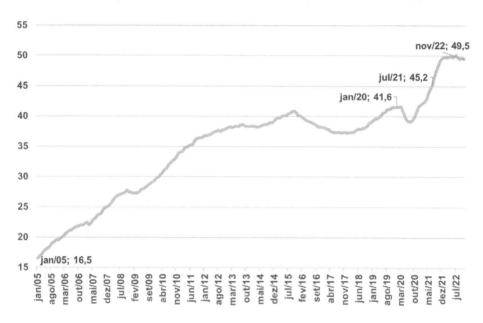

Fonte: SGS – Sistema Gerenciador de Séries Temporais do Banco Central. Dados extraídos em 21.03.2023.

Neste cenário de alto endividamento, a lei fornece uma alternativa anterior à aplicação destas medidas mais extremas ao promover uma forma de recuperação negociada dos débitos, que possa ser arbitrada pela justiça, se necessário, garantindo ao credor e ao devedor condições favoráveis para a quitação da dívida e garantia de recursos para manutenção de sua existência em condições dignas.

A aplicação da lei vem ganhando volume cada vez mais relevante, com ações e projetos de divulgação e orientação sendo realizados por diversos órgãos de defesa do consumidor e entidades públicas de todos os entes federativos.

Em um primeiro momento, o consumidor endividado é orientado a realizar uma negociação extrajudicial com seus credores a fim de renegociar as condições de pagamento de sua dívida sem envolvimento da Justiça, de forma a facilitar e agilizar o processo para ambas as partes. Não sendo possível chegar a um acordo, o consumidor é orientado sobre os trâmites do processo judicial para a repactuação das dívidas prevista pela lei.

O procedimento se assemelha em alguns aspectos a uma recuperação judicial, o consumidor pode requerer uma audiência de conciliação, em que serão convocados todos os seus credores, e o requerente deverá apresentar uma proposta de pagamento das suas dívidas. Havendo um acordo que satisfaça todas as partes a Justiça emite um título executivo de dívida que deverá ser cumprido. Não sendo possível uma conciliação caberá ao juiz determinar uma repactuação e estipular um plano compulsório a ser seguido pelo consumidor endividado.

O endividado deve reduzir seus gastos para gerar recursos para fazer frente ao pagamento do principal e dos juros de sua dívida. Aqui entramos no ponto mais delicado desta discussão: a sintonia fina entre a possibilidade de pagamento do devedor e suas necessidades financeiras para garantir as condições mínimas de sobrevivência é o ponto mais crítico a ser analisado. A Lei 14.181/2021 prevê a existência do chamado Valor Mínimo Existencial, definido como o valor mínimo a ser preservado para a subsistência do cidadão na renegociação das dívidas. Este valor foi regulado posteriormente via decreto presidencial (decreto 11.150/2022), em junho de 2022, como sendo a parcela de 25% do salário-mínimo (R$ 303 reais, à época).

Tal valor foi duramente criticado por órgãos de defesa do consumidor como sendo excessivamente baixo para subsistência, além de linear para todos os cidadãos independentemente do nível de renda. Este mínimo estabelecido, no entanto, não vem sendo aplicado, com a jurisprudência em alguns casos, na Justiça do Distrito Federal e de São Paulo, tendo acatado solicitações da defesa dos requerentes de limitar os descontos para o pagamento das dívidas em 70% dos rendimentos totais do devedor, mediante à apresentação de um plano factível de pagamento neste escopo.[2] Na prática, portanto, o que tem ocorrido é o estabelecimento pela jurisprudência de um mínimo existencial de 30% dos rendimentos totais do endividado.

Assim vemos que a principal discussão em torno desta lei tem sido no sentido de estabelecer alguma espécie de norma vinculante para servir de parâmetro geral a balizar todos os casos submetidos à justiça. Este, no entanto, não é um caminho desejável, muito pelo contrário. Qualquer parâmetro fixo que seja definido – se aplicado de forma horizontal e independente das especificidades financeiras das partes envolvidas em cada caso particular – irá, necessariamente, ser injusto por tratar de forma igual pessoas em condições muito diferentes. Apenas para ficar em um exemplo extremo: uma mãe com filhos, sem companheiro, e que mora de aluguel não pode ter o mesmo tratamento de um devedor solteiro com renda equivalente, porém sem filhos e que mora com os pais. Neste sentido, qualquer regra que seja definida como sendo um proporcional fixo da renda irá ser injusta, pois as necessidades financeiras mínimas entre cada devedor são muito particulares à sua situação pessoal.

De forma mais ampla, pode-se argumentar por uma lógica econômica geral; qualquer definição de uma regra fixa irá gerar oportunidade para o cometimento de injustiças com alguma das partes envolvidas, seja pela cobrança de valores que impõe um mínimo necessário abaixo do que o devedor realmente precisa para viver condignamente, ou, no sentido contrário, garanta uma renda acima da indispensável para as necessidades básicas de um devedor em particular que possua um nível menor de gastos em relação

---

2. RODRIGUES, Luiz Felipe Ribeiro. Justiça começa a deferir liminares com base na lei do superendividamento. *Jornal Estado de Minas*, 1º.12.2022. Disponível em: https://www.em.com.br/app/colunistas/direito-e-inovacao/2022/12/01/noticia-direito-e-inovacao,1428195/justica-comeca-a-deferir-liminares-com-base-na-lei-do--superendividamento.shtml. Acesso em: 24 mar. 2023.

aos seus ganhos, de forma a prejudicar o recebimento por parte dos credores e estabelecer um estímulo à inadimplência.

Adicionalmente, a aplicação da lei não pode passar ao largo da própria dimensão do país, com suas profundas desigualdades econômicas e regionais. A Pesquisa de Orçamentos Familiares realizada pelo IBGE revela uma imensa assimetria entre a proporção de renda gasta com itens essenciais como alimentação e habitação entre as camadas mais pobres da sociedade – famílias que recebem até 1.908 reais mensais – e as mais abastadas – famílias que recebem valores superiores a 23.860 reais. Enquanto os mais pobres comprometem 73% de toda a renda familiar recebida apenas com estes dois tipos de artigos, a mesma proporção entre os mais ricos fica em apenas 20%. Não há, portanto, possibilidade de uma cobrança justa que seja proporcionalmente igual para perfis de gastos tão proporcionalmente diferentes. Inexiste parâmetro único para definição do Valor Mínimo Existencial que não vá agir com injustiça quando aplicado sobre indivíduos pertencentes a camadas tão díspares em termos econômicos.

Gráfico 2: Participação dos Gastos com Alimentação e Habitação nas Faixas de Renda mais Alta e mais Baixa da Sociedade Brasileira

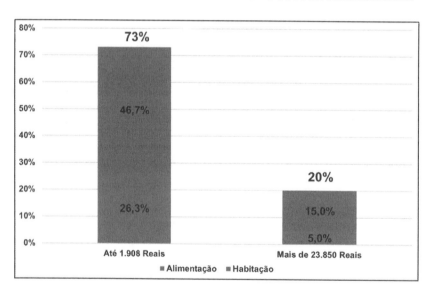

Fonte: IBGE – INSTITUTO BRASILEIRO DE GEOGRAFIA E ESTATÍSTICA. Pesquisa de Orçamentos Familiares 2018. Rio de Janeiro: IBGE, 2021. Disponível em: https://sidra.ibge.gov.br/pesquisa/pof/tabelas. Acesso em: 27 mar. 2023.

Similarmente, o fator geográfico também é capaz de gerar grandes injustiças se não o considerarmos no momento de aplicação da lei. É natural inferir, a partir da diferença já observada entre o perfil de gastos de pobres e ricos, que, igualmente, em regiões com renda média mais baixa, como no norte e no nordeste, o chamado Valor Mínimo Existencial precisaria preservar uma parcela maior da renda dos endividados para que estes pudessem manter, de fato, as condições mais básicas de subsistência. Ao mesmo tempo não é possível assumir que um indivíduo, por residir em determinada região, esteja submetido às condições econômicas médias desta região, de forma a reforçar a necessidade já apontada de que a análise seja feita caso a caso pela justiça.

Gráfico 3: PIB Per Capita Anual *vs.* População Residente – Grandes Regiões

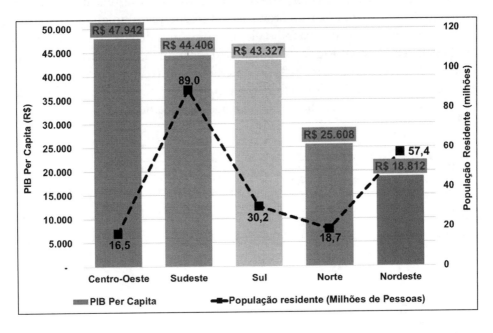

Fonte: IBGE – INSTITUTO BRASILEIRO DE GEOGRAFIA E ESTATÍSTICA. Produto Interno Bruto dos Municípios. Estimativa da População. Rio de Janeiro: IBGE, 2021. Disponível em: https://sidra.ibge.gov.br/pesquisa/pib-munic/tabelas. Acesso em: 27 mar. 2023.

Além dos fatores de ordem econômica, também há que se considerar as circunstâncias que levaram o consumidor à situação de superendividamento. Existem diversos caminhos e motivos bem distintos que podem conduzir um consumidor a esta situação, e as circunstâncias de cada caso precisam ser levadas em conta para garantir a dosimetria na decisão da justiça.

A seguir apresentamos quatro fatores que levam as pessoas ao estado de superendividamento como forma de segmentar os fatores que devem ser levados em conta na definição do Valor Mínimo de Subsistência.

i. Nos casos mais corriqueiros ocorre algum imprevisto na vida do indivíduo que fragiliza temporariamente suas condições financeiras. Perda do emprego e gastos, como o adoecimento de algum familiar, são algumas das circunstâncias muito comuns que funcionam como gatilho para o início de um processo de endividamento descontrolado.

ii. Mesmo quando não há algum imprevisto, a própria volatilidade que o Brasil apresenta em termos econômicos, torna bastante complexo o processo de planejamento financeiro, sobretudo em prazos mais longos, mesmo quando não ocorre nenhum imprevisto na vida pessoal do consumidor. Tome-se, por exemplo, a taxa de desemprego medida pela PNAD (Pesquisa Nacional por Amostra de Domicílios). No trimestre que se encerrou em janeiro de 2015 a taxa de desemprego no país estava em 6,9%, este valor saltou para 13,9% em pouco mais de dois anos, no trimestre encerrado em março de 2017. Entre os meses de julho de 2020 e agosto de 2021, com a pandemia do coronavírus, o desemprego flutuou entre 14% e 15%, gerando uma enorme instabilidade para uma grande faixa dos trabalhadores brasileiros. Com a posterior recuperação da economia, em janeiro de 2023 a taxa de desemprego já havia recuado novamente para um patamar de 8,4%. Como um pai de família que decidisse, em 2015, comprar um imóvel, por exemplo, poderia se antever à tanta instabilidade no mercado de trabalho?

Gráfico 4: Taxa de Desocupação (%) – PNAD Mensal

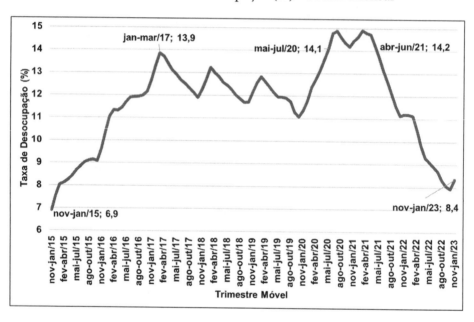

Fonte: IBGE – INSTITUTO BRASILEIRO DE GEOGRAFIA E ESTATÍSTICA. Pesquisa Nacional por Amostra de Domicílios. Rio de Janeiro: IBGE, 2022. Disponível em: https://sidra.ibge.gov.br/pesquisa/pnadca/tabelas. Acesso em: 27 mar. 2023.

Outro exemplo muito pertinente é o da própria taxa Selic, que baliza o custo do crédito no país. No início de 2021 a pesquisa Focus – realizada pelo Banco Central com 100 a 120 analistas de bancos e consultorias, que prospecta as expectativas de mercado a respeito de alguns indicadores da economia brasileira – previa que a meta para a taxa Selic encerraria o ano por volta de 3,5%, quando, em dezembro daquele ano, a taxa já havia superado o dobro do que era esperado, encerrando o ano em 9,25%. Se mesmo os especialistas de mercado que são consultados pelo Banco Central previam valores tão discrepantes do que foi efetivamente apurado, não é razoável esperar que o consumidor comum e o aposentado tenham uma percepção muito acurada dos riscos envolvidos no processo de tomada de crédito e estejam preparados para lidar com a volatilidade destes indicadores.

Gráfico 5: Meta da taxa Selic definida pelo Banco Central – Expectativa de Mercado e Meta Efetiva

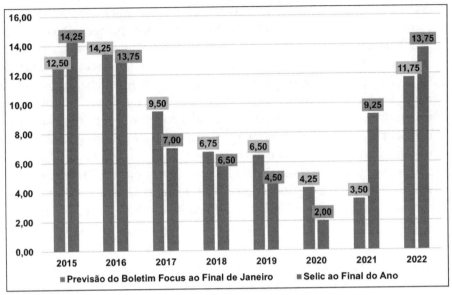

Fonte: SGS – Sistema Gerenciador de Séries Temporais do Banco Central. Dados extraídos em 26.03.2023.

iii. Um cenário bem distinto ocorre quando alguma das partes age de forma pouco ética com relação aos termos estabelecidos no processo de concessão de crédito. Infelizmente é comum que as instituições financeiras utilizem de práticas sutis, e, as vezes até ilegais, para induzir o cliente a aumentar sua dívida com a referida instituição. O oferecimento de crédito não solicitado é uma realidade constante para muitos usuários de serviços financeiros no Brasil, porém esta é só faceta mais visível do problema. Práticas como venda casada, juros abusivos (especialmente em linhas de fácil acesso, como é o caso do cheque especial) e envio de cartões de crédito não solicitados são comuns no mercado financeiro, e podem ter um impacto devastador no estímulo ao endividamento dos clientes, em especial aqueles que possuem menor instrução para reconhecer as ações abusivas quando submetidos a elas. A Lei 14.181/2021 prevê a garantia de práticas de crédito responsáveis, de educação financeira e de transparência acerca dos produtos ofertados, bem como medidas de punição em caso de descumprimento comprovado destes termos, sendo passíveis medidas judiciais de redução dos juros, dos encargos e a dilação do prazo de pagamento previsto no contrato original, conforme a gravidade da conduta do fornecedor e as possibilidades financeiras do consumidor. Assim, reforça-se a necessidade de um olhar mais atento por parte da Justiça, particularmente em litígios mais antigos, cujo contrato tenha sido assinado antes da entrada em vigor destas novas diretrizes.

iv. Há, ainda, a possibilidade de o consumidor ser o agente a agir de forma pouco ética, aproveitando-se da assimetria de informação na hora da assinatura dos contratos. No jargão econômico define-se o risco moral como a ocasião em que uma das partes envolvidas em um acordo assume riscos que normalmente não assumiria, sabendo que os possíveis prejuízos desta tomada de risco extra seriam compartilhados com a outra parte. Assim, uma pessoa que saiba que não será penalizada pelo eventual não pagamento de sua dívida, ou que a penalização será menor do que o valor da dívida em si, pode agir de forma a endividar-se para além do que sabe ser sua capacidade de pagamento. Ao estabelecer um desconto fixo a ser cobrado de todos os endividados, a lei irá incentivar o comportamento oportunista por parte de alguns destes, que poderiam, por exemplo, gerar uma dívida cujo serviço seja superior à parcela de desconto da sua renda, resultando em um ganho líquido para o devedor, no caso de inadimplência. Tal afirmação não deve ser entendida no sentido de estigmatizar o consumidor superendividado, pois é sabido que os que incorrem neste tipo de conduta são uma minoria deste contingente de pessoas. Ainda assim é preciso que haja esta consideração e que, caso constatado desvio de conduta por parte do consumidor, a circunstância seja levada em consideração pela Justiça no momento de estabelecimento da decisão.

Como base nos quatro pontos apresentados acima, o presente artigo conclui ser inviável o estabelecimento de um Valor Mínimo Existencial definido por meio de decreto presidencial ou mesmo via jurisprudência. Assim como já ocorre com as empresas e pessoas jurídicas durante o processo de recuperação judicial, não se deve estabelecer nenhum nível de pagamento definido em lei, assegurando-se que em cada processo devem ser analisados os motivos que levaram o indivíduo ao Superendividamento se foi por um imprevisto, se foi por abuso da instituição financeira ou se foi um ato deliberado de quem esperava de alguma forma não ter que arcar com os pagamentos da operação de crédito.

Dependendo de cada situação ocorrida, deve ser estabelecido de forma individualizada um valor justo a ser retido pelo devedor que leve em conta factualmente suas devidas necessidades individuais e particularidades do seu processo de endividamento para que a aplicação da lei seja cumprida de forma efetiva e justa.

REFERÊNCIAS

IBGE – INSTITUTO BRASILEIRO DE GEOGRAFIA E ESTATÍSTICA. Pesquisa de Orçamentos Familiares 2018. Rio de Janeiro: IBGE, 2021. Disponível em: https://sidra.ibge.gov.br/pesquisa/pof/tabelas. Acesso em: 27 mar. 2023.

IBGE – INSTITUTO BRASILEIRO DE GEOGRAFIA E ESTATÍSTICA. Produto Interno Bruto dos Municípios. Estimativa da População. Rio de Janeiro: IBGE, 2021. Disponível em: https://sidra.ibge.gov.br/pesquisa/pib-munic/tabelas. Acesso em: 27 mar. 2023.

IBGE – INSTITUTO BRASILEIRO DE GEOGRAFIA E ESTATÍSTICA. Pesquisa Nacional por Amostra de Domicílios. Rio de Janeiro: IBGE, 2022. Disponível em: https://sidra.ibge.gov.br/pesquisa/pnadca/tabelas. Acesso em: 27 mar. 2023.

RODRIGUES, Luiz Felipe Ribeiro. Justiça começa a deferir liminares com base na lei do superendividamento. *Jornal Estado de Minas*, 1º.12.2022. Disponível em: https://www.em.com.br/app/colunistas/direito-e-inovacao/2022/12/01/noticia-direito-e-inovacao,1428195/justica-comeca-a-deferir-liminares-com-base-na-lei-do-superendividamento.shtml. Acesso em: 24 mar. 2023.

O PROCEDIMENTO ESPECIAL DE REPACTUAÇÃO DE DÍVIDAS NA LEI DO SUPERENDIVIDAMENTO DO CONSUMIDOR

Catarina de Macedo Rodrigues Buzzi

Pós-graduada em Direito Eleitoral pelo Instituto Brasileiro de Ensino, Desenvolvimento e Pesquisa (IDP). Bacharela em Direito e em Administração de Empresas. Advogada.

Rodrigo Garcia Duarte Rodrigues Buzzi

Bacharel em Direito pela Universidade de Brasília (UnB). Membro-fundador da Liga Acadêmica de Processo Civil da UnB (LAPROC).

João Pedro de Souza Mello

Doutorando, Mestre e Bacharel em direito pela Universidade de Brasília (UnB). Advogado.

Sumário: 1. O procedimento especial de repactuação de dívidas: a necessidade de técnicas diferenciadas para a tutela do consumidor superendividado – 2. Estrutura procedimental – 3. Competência – 4. Tutela provisória – 5. Recursos, coisa julgada e sua revisão – Referências.

1. O PROCEDIMENTO ESPECIAL DE REPACTUAÇÃO DE DÍVIDAS: A NECESSIDADE DE TÉCNICAS DIFERENCIADAS PARA A TUTELA DO CONSUMIDOR SUPERENDIVIDADO

A Lei 14.181/2021 (Lei do Superendividamento do Consumidor) estabeleceu um procedimento especial, de jurisdição contenciosa, para a tutela dos direitos subjetivos consumeristas criados pela mesma lei. Efetivou, assim, no âmbito específico, a ideia de superação do dogma da uniformidade procedimental, e a de que a cada direito deve corresponder uma forma processual apta a dar-lhe concretude.[1]

Procedimento é espécie do gênero técnica processual. O procedimento especial caracteriza-se, segundo Luiz Guilherme Marinoni, por dois fatores: a aceleração da prática de atos processuais e as restrições cognitivas.[2] Assim, para compreender no que consiste o procedimento especial de repactuação de dívidas, é preciso responder a duas perguntas: que cortes cognitivos o procedimento impõe, e que meios de aceleração procedimental adota (em relação ao procedimento comum). O procedimento especial

---

1. MARINONI, Luiz Guilherme. Do processo civil clássico à noção de direito à tutela adequada ao direito material e à realidade social. *Revista dos tribunais*, v. 824, p. 34-60. 2004.
2. MARINONI, Luiz Guilherme. *Técnica processual e tutela dos direitos*. São Paulo: Ed. RT, 2010, p. 148 e ss.

– isto é, a aceleração procedimental e a cognição restrita – podem ser imprescindíveis para a adequada tutela do direito material – assim como outras técnicas processuais, tais como a execução específica, a técnica antecipatória etc.[3]

No procedimento especial da Lei do Superendividamento, como se verá, as principais características são: (i) a análise sumária (sem fase instrutória) do direito do autor à repactuação (i.e., se o autor se caracteriza como consumidor superendividado e se as dívidas se enquadram nas hipóteses da lei); (ii) a restrição horizontal da cognição, que limita o debate a se o consumidor-autor é ou não superendividado; (iii) a audiência de conciliação "em bloco"[4] com os credores, com sanções específicas e adequadas ao credor ausente; (iv) a possibilidade de imposição, pelo juiz, de plano de pagamento compulsório, em caso de frustração da conciliação. Apesar da enganosa rubrica do capítulo V do Título III do Código de Defesa do Consumidor ("Da conciliação no superendividamento"), o procedimento estabelecido pela lei é verdadeiramente de jurisdição contenciosa, com o objetivo de tutelar, de forma coercitiva, o direito do consumidor à superação da situação de superendividamento. A nota fundamental é que, não sendo o fluxo do procedimento interrompido pela conciliação, seu ato final é a imposição judicial de plano de pagamento compulsório aos credores.

A criação de direitos materiais é inócua sem a existência de técnicas processuais adequadas e efetivas para dar-lhes tutela. No entanto, as teorias sobre a ação processual sempre tiveram, no dizer de Ovídio Baptista da Silva, o objeto ideológico de "legitimar a universalização do procedimento ordinário, como a única forma de tutela processual compatível com os valores e padrões culturais da civilização moderna".[5]

A Lei 14.181/2021 trouxe um tratamento legislativo específico para o fenômeno do superendividamento do consumidor, que se transformou em verdadeira mazela estrutural na sociedade brasileira. O superendividamento é a condição de manifesta impossibilidade de o devedor cumprir com as suas obrigações pecuniárias sem prejudicar a sua subsistência ou de sua família.[6] Esse conceito passou a ser mais claro com a nova lei, que passou a prevê-lo nos parágrafos do artigo 54-A do Código de Defesa do Consumidor.[7] Não se trata, portanto, de algo episódico ou de uma situação momentânea, mas sim da constatação de que aquele devedor se encontra em tão gravemente

---

3. MARINONI, Luiz Guilherme. *Técnica processual e tutela dos direitos*. São Paulo: Ed. RT, 2010, p. 150.

4. A expressão "conciliação em bloco" tem sido utilizada por autores sobre o tema. (BENJAMIN, Antônio Herman; MARQUES, Claudia Lima; LIMA. Clarissa Costa de; VIAL, Sophia Martini. *Comentários à Lei 14.181/2021*: a atualização do CDC em matéria de superendividamento. São Paulo: Thomson Reuters Brasil, 2022, p. 311. Edição do Kindle".

5. BAPTISTA DA SILVA, Ovídio. *Curso de processo civil*. 4. ed. Rio de Janeiro: Forense, 1998, v. 1, p. 115. Completa o autor gaúcho: "se a 'ação' é uma e abstrata, então não haveria razão para continuar a repetir os 'equívocos' dos praxistas quando estes procuravam distinguir e classificar as inúmeras espécies de ações".

6. MARQUES, Claudia Lima. Sugestão para uma lei sobre o tratamento do superendividamento de pessoas físicas em contratos de crédito ao consumo: proposições com base em pesquisa empírica de 100 casos no Rio Grande do Sul. In: MARQUES, Claudia Lima; CAVALLAZZI, Rosângela Lunardelli (Org.) *Direitos do consumidor endividado*: superendividamento e crédito. São Paulo: Ed. RT, 2006, p. 256.

7. Art. 54-A. Este Capítulo dispõe sobre a prevenção do superendividamento da pessoa natural, sobre o crédito responsável e sobre a educação financeira do consumidor.

inadimplente que já não há mais perspectivas de sair dessa situação sem comprometer a sua dignidade. Nesse sentido, Marinoni alerta que as formas procedimentais devem atender não apenas às características dos direitos materiais, mas também as necessidades concretas das posições sociais dos litigantes:

> A ausência dessa adequação, diante da preferência pelo procedimento único, é um defeito que tem marcado várias codificações processuais, entre as quais as do direito continental europeu – nas palavras de Trocker, demasiadamente preocupadas em desenhar um sistema linear e puro.[8]

O superendividamento é um problema, antes de mais nada, coletivo. Para além dos aspectos humanitários que envolvem a proteção daqueles que suportam as pesadas consequências de serem rotulados como inadimplentes contumazes e não poderem, por exemplo, angariar crédito ou financiamento, também há o aspecto econômico de se ter, como no caso brasileiro, uma grande parcela da população na situação de superendividamento, o que é um atraso para o desenvolvimento econômico sustentável para qualquer nação responsável, porque afasta seus cidadãos do consumo.

No Brasil, os números evidenciam que há uma verdadeira crise de superendividamento.[9] Há várias possíveis raízes para isso, todas relacionadas à dinâmica da sociedade do consumo e muitas vezes ligadas à estrutura de crédito e financiamento na sociedade brasileira. O Brasil enfrenta o problema de que são concedidos empréstimos em desrespeito à boa-fé, mascarando-se o efetivo risco assumido pelo consumidor, tendo em vista a grande assimetria informacional e demais circunstâncias, exógenas ou não, que o colocam em situação de vulnerabilidade.

Feita essa breve consideração, o presente trabalho não se aprofundará nas razões para esse problema estrutural, mas sim nas soluções apresentadas pela Comissão de Juristas e pelo Congresso Nacional ao editarem a Lei 14.181/2021, com foco nos seus aspectos processuais e, especialmente, na instituição do procedimento especial de repactuação de dívidas pelos arts. 104-A e seguintes, acrescentados ao Código de Defesa do Consumidor.

Tanto pessoas naturais como pessoas jurídicas enfrentam uma pandemia de superendividamento. É muito comum que empresas no Brasil não consigam arcar com as dívidas contraídas e entram em situação de insolvência absoluta. Contudo, o risco para

---

§ 1º Entende-se por superendividamento a impossibilidade manifesta de o consumidor pessoa natural, de boa-fé, pagar a totalidade de suas dívidas de consumo, exigíveis e vincendas, sem comprometer seu mínimo existencial, nos termos da regulamentação.

§ 2º As dívidas referidas no § 1º deste artigo englobam quaisquer compromissos financeiros assumidos decorrentes de relação de consumo, inclusive operações de crédito, compras a prazo e serviços de prestação continuada.

§ 3º O disposto neste Capítulo não se aplica ao consumidor cujas dívidas tenham sido contraídas mediante fraude ou má-fé, sejam oriundas de contratos celebrados dolosamente com o propósito de não realizar o pagamento ou decorram da aquisição ou contratação de produtos e serviços de luxo de alto valor.'

8. MARINONI, Luiz Guilherme. *Técnica processual e tutela dos direitos*. São Paulo: Ed. RT, 2010, p. 152.

9. A Confederação Nacional do Comércio (CNC) apontou, em 2022, que o endividamento das famílias alcança o percentual de 77,9%. Os órgãos de proteção do crédito, como o Serasa, ao constituírem o Mapa de Inadimplências e Negociação de Dívidas, constataram que há quase 70 (setenta) milhões de brasileiros inadimplentes e com restrições creditícias.

as pessoas jurídicas é claramente diferente, e uma das razões para isso é a possibilidade de se liquidar todas as dívidas por meio dos procedimentos da Lei de Recuperação Judicial e Falência, cujo núcleo é a proteção da empresa endividada, o que permite uma série de mecanismos que garantem o sustento da empresa e a repactuação das suas dívidas, a suspensão das execuções em curso e até mesmo a liquidação total por meio do processo de falência.[10]

Essa proteção especial, contudo, não se aplica às pessoas naturais, desprotegidos pelo ordenamento. O procedimento de execução do devedor insolvente está regulamentado em nosso sistema pelo arts. 748 a 753 do CPC/73, cujo tratamento para a matéria é bastante rigoroso e não oferece uma tutela adequada para o superendividado, como evidenciado pelo art. 752 do CPC/73, que comandava a perda do direito de o devedor administrar os seus bens e de dispor deles, até a liquidação da massa. Durante anos, os consumidores, a doutrina e sociedade civil aguardaram por um tratamento legislativo mais adequado.

É esse o panorama que a Lei 14.181/2021 almeja alterar, ao prever normas e procedimentos muito semelhantes aos encontrados na Lei 11.101/2005, com foco na repactuação das dívidas, na suspensão das ações executivas em curso e na oferta de tempo para que o devedor se organize para os pagamentos. Desde já, portanto, entende-se que é possível a aplicação analógica de dispositivos da Lei de Recuperação Judicial e Falência quando a Lei de Superendividamento for omissa ou lacunosa, dadas as semelhanças entre as duas e a clara inspiração desta por aquela.

O cerne da Lei 14.181/2021 é o reforço aos deveres de boa-fé na oferta e concessão de crédito e de venda a prazo, com foco na prevenção e tratamento extrajudicial do superendividamento. A grande novidade é o tratamento, com inspiração no sistema francês, judicial e extrajudicial do superendividamento, disciplinado no capítulo V do Título II, do CDC, cujo foco é a repactuação de dívidas, por meio da formatação de um plano de pagamento, voluntário ou compulsório, que vincula todos os credores participantes.

2. ESTRUTURA PROCEDIMENTAL

O procedimento especial de repactuação de dívidas do consumidor se distingue em duas etapas distintas: a consensual, e judicial ou forçada, em que aquela antecede esta. A primeira etapa se inicia, nos termos do art. 104-A, pelo requerimento apresentado pela pessoa natural que se afirmar superendividada por dívidas de consumo. Ao contrário do que fez o art. 51 da Lei 11.101 de 2005 (Lei de Falências e Recuperações Judiciais) a respeito do requerimento de recuperação judicial, o CDC não elenca os requisitos da petição inicial nem os documentos que deverão instrui-la. A petição, contudo, deve logicamente expor a situação de superendividamento, com indicação da renda do autor,

---

10. Sobre o paralelo entre recuperação judicial da empresa e reabilitação do consumidor superendividado, cf. CERVASIO, Daniel Bucar. *Superendividamento*: reabilitação patrimonial da pessoa humana. São Paulo: Saraiva, 2017, p. 53.

bem como o elenco detalhado das dívidas que a comprometem, buscando satisfazer o conceito de superendividamento previsto nos parágrafos do art. 54-A do CDC.

A condução da fase consensual poderá ser feita, geralmente, nos Centros Judiciários de Solução de Conflitos e Cidadania (CEJUSCs), integrados por juízes formados e tecnicamente preparados para lidar com o processo. Inclusive, esse também é um dos grandes pilares da lei: o incentivo à cooperação e à resolução consensual do conflito, inserido no CDC por meio da inclusão dos incisos VI e VII ao art. 5º.[11] Conforme explicitado na Cartilha do CNJ sobre a Lei do Superendividamento, a fase conciliatória pode ocorrer "de forma pré-judicial nos CEJUSCs (art. 104-A) ou para-judicial, nos PROCONs (ou demais órgãos integrantes do Sistema Nacional de Defesa do Consumidor, conforme o art. 104-C)" e, até mesmo, por outros especialistas ligados à academia e às organizações da sociedade civil, mas a audiência global com os credores só pode ser feita nos termos do art. 104-C. As vantagens de se utilizar o CEJUSC, os órgãos integrantes do Sistema Nacional de Defesa do Consumidor e outros atores possíveis são evidentes.

As previsões da nova lei reforçam o crescente movimento de valorização dos métodos alternativos de resolução, como a conciliação, a mediação, a negociação e a arbitragem. Não por outra razão, o CPC, logo no seu art. 3º, §§ 2º e 3º determina que o Estado promoverá e incentivará, sempre que possível, a solução consensual dos conflitos, o que levou o Conselho Nacional de Justiça a instituir uma "Política Judiciária Nacional de Tratamento dos Conflitos de Interesses". Sob determinado ponto de vista, a via judicial passou a ser a última *ratio* dentre as outras formas legítimas de resolução. Chega-se a dizer que o Brasil teria adotado o modelo da justiça multiportas.[12]

Para além da maior celeridade, tendo em vista a "tragédia da justiça" –[13] caracterizada pela enxurrada de processos que assola o Poder Judiciário - também se tem vantagens como o informalismo (art. 22 da Lei 9.784/99), o mapeamento de interesses, melhor tratamento das informações e visualização de alternativas possíveis flexíveis. A única limitação em relação aos acordos feitos nessa fase consensual é o estabelecimento

---

11. VI – instituição de mecanismos de prevenção e tratamento extrajudicial e judicial do superendividamento e de proteção do consumidor pessoa natural; VII – instituição de núcleos de conciliação e mediação de conflitos oriundos de superendividamento.

12. Recentemente, tem-se falado na adoção de um modelo de justiça multiportas (LESSA NETO, João Luiz. O Novo CPC adotou o modelo multiportas!!! E Agora? *Revista de Processo*. São Paulo: Ed. RT, v. 244, 2015), que permite ao jurisdicionado escolher métodos alternativos de solução de disputas como a mediação, a conciliação, a arbitragem etc. (DIDIER JR., Fredie. ZANETI JR., Hermes. Justiça multiportas e tutela constitucional adequada: autocomposição em direitos coletivos. *Revista da Procuradoria-Geral do Estado do Espírito Santo*, v. 15, n. 15, p. 111-142, 1º sem. 2017). Contudo, como bem marcou Michele Taruffo, a jurisdição permanece sendo a "via mestra" para a resolução das controvérsias e, quando se trata de direitos indisponíveis, é mesmo a única via (TARUFFO, Michele. *Ensaios sobre o processo civil*: escritos sobre processo e justiça civil. Porto Alegre: Livraria do Advogado, 2017, p. 34-35).

13. Erik Navarro Wolkart, criativamente, faz uma analogia entre a atual gestão de processos no Brasil e o clássico problema econômico da "tragédia dos comuns" para demonstrar que a excessiva utilização do sistema de justiça por centenas de milhares de jurisdicionados e por litigantes habituais condena a justiça à inefetividade, pois é buscada por todos e, consequentemente, satisfaz a ninguém (WOLKART, Erik Navarro. *Análise econômica do processo civil*: como a economia, o direito e a psicologia podem vencer a tragédia da justiça. 2. ed. São Paulo: Thomson Reuters Brasil, 2020).

de cláusulas que condicionem ou limitem o acesso aos órgãos do Poder Judiciário (art. 51, inc. XVII, do CDC).

Proposta a ação, o juiz "poderá" instaurar processo de repactuação de dívidas. Aqui, o uso de um verbo que exprime possibilidade não é por acaso, porque o juiz deve verificar o preenchimento das condições meritórias de procedibilidade, quais sejam: (i) o requerente se encaixar no conceito de superendividado; (ii) as dívidas que criam a condição de superendividamento não terem sido contraídas manifestamente mediante fraude ou má-fé, não serem oriundas de contratos celebrados dolosamente com o propósito de não realizar o pagamento ou decorrerem da aquisição ou contratação de produtos e serviços de luxo de alto valor" (§ 3º do art. 54-A, do CDC); (iii) as dívidas não serem provenientes de contratos com garantia real, de financiamento imobiliário e de crédito rural (art. 104-A, § 1º, do CDC); (iv) o consumidor não ter se beneficiado do procedimento de repactuação de dívidas nos últimos 2 anos (art. 104-A, § 5º, do CDC).

Embora a Lei não o preveja, a garantia constitucional do contraditório (art. 5º, LV, da Constituição Federal) impõe que se proceda à intimação dos credores e seja concedido prazo para se manifestarem, em prazo razoável, sobre essas condições meritórias de procedibilidade. Como o procedimento é de cognição restrita no âmbito horizontal – isto é, restrita quanto à amplitude do debate entre as partes[14] – a defesa dos credores deverá estar restrita ao não preenchimento das referidas condições de procedibilidade. Questões distintas, ainda que possam ter repercussão sobre a relação jurídica debatida pelo superendividamento, deverão ser objeto de ação autônoma.

É possível, contudo, que haja instrução no processo e, se assim o juiz entender necessário, a realização de diligências que lhe permitam concluir, ao menos superficialmente, acerca da extensão da dívida do consumidor, a fim de adequar o plano às condições de pagamento para não ferir o seu mínimo existencial.

Importa mencionar que, embora também não haja previsão expressa nesse sentido, vislumbramos a possibilidade do cabimento de pedido de tutela de urgência como, por exemplo, cautelar, a fim de suspender as ações, de conhecimento ou executivas, em andamento, ou mesmo extinguir as ações de cobrança em andamento.[15] Adicionalmente, o pedido do consumidor pela instauração do processo de repactuação das dívidas não importará em declaração de insolvência civil.

A demonstração de que as dívidas foram contraídas "manifestamente mediante fraude ou má-fé" ou "dolosamente como o propósito de não realizar o pagamento" parece sugerir a necessidade eventual de dilação probatória. Isso não será possível no procedimento de repactuação de dívidas, o qual se caracteriza também pela sumariedade. Para o debate aprofundado dessas questões, com cognição ampla, também será necessária

---

14. Sobre as várias modalidades de cognição para a concepção de processos com procedimentos diferenciados, cf. WATANABE, Kazuo. *Cognição no processo civil*. 4. ed. São Paulo: Saraiva, 2012, p. 76 e ss.

15. CAPEZ, Fernando. *Nova Lei do Superendividamento*: uma rápida visão. Sítio Consultor Jurídico, out. de 2021. Disponível em: https://www.conjur.com.br/2021-out-21/controversias-juridicas-lei-superendividamento-rapida-visao. Acesso em: 03 set. 2023.

a propositura de ação declaratória autônoma. A instrução será direcionada, portanto, ao conhecimento do panorama maior das dívidas e da sua capacidade de pagamento, para que seja possível a elaboração de um plano que seja possível de ser cumprido sem o comprometimento do seu mínimo existencial e de sua família. O juiz deverá, portanto, adotar as diligências que se mostrarem necessárias a fim de apurar os montantes das dívidas e averiguar o real estado de superendividamento, o que poderá exigir a nomeação de um administrador judicial com conhecimento técnico para desempenhar essa função.

A decisão que, após o contraditório facultado aos credores, admite o procedimento de repactuação de dívidas tem eficácia declaratória: reconhece a condição de superendividado do autor e a natureza repactuável de seus débitos. Trata-se, portanto, de decisão interlocutória de mérito, recorrível por meio de agravo de instrumento (art. 1.015, II, do CPC). Se a decisão for de inadmissão, no entanto, terá natureza de sentença. Isso porque, não havendo qualquer previsão específica, prevalece o conceito de sentença do procedimento comum (art. 203, § 3º, do CPC) – e será cabível, portanto, o recurso de apelação.

À semelhança da constatação prévia regida pela Lei de Recuperação Judicial e Falências, no seu art. 51-A, incluído pela Lei 14.112/2020, o juiz poderá, no entanto, indeferir liminarmente a inicial, caso constate de plano o não preenchimento das condições. O Juiz poderá, portanto, adotar quatro providências ao analisar a petição inicial, tendo em vista a aplicação analógica da LRJF e subsidiária do CPC: instaurar o procedimento, após contraditório dos credores; determinar a emenda da petição inicial; indeferir a inicial; ou julgar liminarmente improcedente o pedido. O fluxograma a seguir ilustra a sequência de atos processuais possíveis nessa fase inicial, até a realização da audiência de conciliação:

Após a audiência de conciliação, o juiz poderá homologar o plano voluntário, que deverá ser cumprido em até cinco anos e tem que dispor a respeito dos temas exigidos no § 4º do art. 104-A. Se não houver êxito na conciliação, de forma parcial ou total com os credores, o juiz, a pedido do consumidor, instaurar o processo por superendividamento "para revisão e integração dos contratos e repactuação das dívidas remanescentes", apresentando, ele mesmo, um plano judicial compulsório – o qual poderá ser construído com base em manifestações das partes.

Essa etapa é exclusivamente judicial, e nela, por expressa previsão legal (art. 104-B), o juiz deverá determinar nova citação dos credores que não tenham feito parte do acordo eventualmente celebrado. Nesse ponto, a lei merece crítica. O legislador poderia ter aproveitado as conquistas do processo sincrético – que, em reforma do procedimento comum, dispensou a necessidade de instalação de nova relação processual para o início da fase executiva – e dispensado a necessidade de nova citação, tendo em vista que os credores, a esta altura, já receberam comunicação para participar da audiência de conciliação, inclusive com sanção para o não comparecimento.

Aqui, há exceção em relação ao regime geral da conciliação, que preza pela confidencialidade e pela não utilização das informações produzidas em audiência para finalidades estranhas à própria conciliação (art. 166, caput §§ 1º e 2º do CPC). Na ação de repactuação de dívidas, há expressa autorização legal para a consideração, no processo, das informações produzidas na audiência de conciliação (art. 104-B, § 1º).

Após nova citação, os credores poderão apresentar nova manifestação, no prazo de 15 dias (art. 104-B, § 2º). A Cartilha do CNJ menciona a possibilidade de se determinar a inversão do ônus da prova, nos termos do art. 6º, inc. VIII, do CDC, o que entendemos como positivo e compatível com a proteção do consumidor que, muitas vezes, encontra-se em uma situação de absoluta assimetria informacional em relação às condições de oferta e concessão de crédito. A contestação deverá expor, fundamentadamente, as razões da negativa em aderir ao plano voluntário, e também será o momento processual adequado para arguir má-fé do consumidor ou outras defesas, inclusive processuais.

Após o decurso do prazo para a contestação, à semelhança da sistemática da lei de recuperação judicial e falência, poderá o juiz nomear um administrador judicial que possua conhecimento específico e técnico. A Lei, contudo, não deixou claro a quem caberia custear a remuneração do administrador judicial, dispondo apenas que não deverá onerar as partes. Ao buscar resposta para a questão, nos parece acertada a solução proposta por Behlua Ina Amaral Maffessoni e Ana Paula Alves Alcântara no sentido de que a remuneração do administrador judicial seria custeada com recursos alocados no orçamento da União, do Estado ou do Distrito Federal, à semelhança da situação da remuneração de auxiliares do juízo em processos cuja parte é beneficiária da justiça gratuita,[16] mas também entendemos que os recursos dos fundos públicos de defesa do consumidor podem ser utilizados para o custeio dessas despesas e de eventual remuneração de um perito designado pelo juiz.

Importa mencionar que antes de apresentar o plano compulsório de pagamentos, o juiz poderá proceder à "revisão e integração dos contratos", podendo, inclusive, declarar a nulidade das cláusulas abusivas e "analisar se é caso de aplicação das sanções aos credores que não observaram as práticas vedadas na oferta de crédito (art. 54-C)".[17]

Não há impedimento de que o plano seja proposto pelas partes, desde que respeitados os requisitos legais: prazo máximo de 5 anos, vencimento da primeira parcela em

---

16. MAFFESSONI, Behlua Ina Amaral; ALCÂNTARA, Ana Paula Alves. Aspectos processuais da lei do superendividamento. Rio de Janeiro: *Revista Eletrônica de Direito Processual*, ano 17, v. 24, n. 1. p. 100-127. jan./abr. 2023.

17. BENJAMIN, Antônio Herman; MARQUES, Claudia Lima; LIMA. Clarissa Costa de; VIAL, Sophia Martini. *Comentários à Lei 14.181/2021*: a atualização do CDC em matéria de superendividamento. Edição do Kindle. São Paulo: Thomson Reuters Brasil, 2022, p. 334.

no máximo 180 dias, a contar da homologação, e parcelamento em prestações mensais, sucessivas e iguais (art. 104-B, § 4º).

3. COMPETÊNCIA

A tramitação do processo será, a princípio, na Justiça Comum, impossibilitada a tramitação perante os Juizados Especiais, tendo em vista que se trata de procedimento especial, com características próprias. Nesse sentido é o enunciado 08 do Fórum Nacional dos Juizados Especiais: "As ações cíveis sujeitas aos procedimentos especiais não são admissíveis nos Juizados Especiais".

Ademais, mesmo que se tenha no polo passivo da demanda, como credora do consumidor superendividado, um ente federal, como normalmente o é a Caixa Econômica Federal, entendemos que não deverá haver o deslocamento da competência para Justiça Federal. Discordamos, portanto, de parte da doutrina, que sustenta que deveria haver o deslocamento da competência,[18] e nos alinhamos com o posicionamento de Pablo Stolze e Carlos Elias, no ponto.[19] O art. 109, I, da Constituição Federal, apesar de prever a competência da Justiça Federal para julgar as causas de interesse da União, entidade autárquica ou empresa pública federal, excetua essa competência absoluta nas causas de falência, e, como o sistema da Lei do Superendividamento é, por analogia, a falência da pessoa natural, entendemos que cabe aqui interpretação mais ampla, até para não provocar tumultos e digressões desnecessárias a um procedimento que se pretende célere. O Superior Tribunal de Justiça adotou esse posicionamento, no julgamento de Conflito de Competência da relatoria do Ministro Marco Buzzi, cuja ementa se reproduz abaixo:

> Conflito de competência – Código de Defesa do Consumidor – Ação de Repactuação de Dívidas – Superendividamento – Concurso de credores previsto nos artigos 104-A, B e C, do CDC, na redação conferida pela Lei 14.181/21 – Polo passivo composto por diversos credores bancários, dentre eles, a Caixa Econômica Federal – Exceção à regra de competência prevista no art. 109, I, da CF/88 – Exegese do col. Supremo Tribunal Federal definida em repercussão geral – Declaração de competência da justiça comum do Distrito Federal. 1. O Superior Tribunal de Justiça é competente para o conhecimento e processamento do presente incidente, pois apresenta controvérsia acerca do exercício da jurisdição entre juízos vinculados a Tribunais diversos, nos termos do artigo 105, I, "d", da Constituição Federal. 2. A discussão subjacente ao conflito consiste na declaração do juízo competente para o processar e julgar ação de repactuação de dívidas decorrentes do superendividamento do consumidor, em que é parte, além de outras instituições financeiras privadas, a Caixa Econômica Federal. 3. A alteração promovida no Código de Defesa do Consumidor, por meio do normativo legal 14.181/2021, de 1º de julho de 2021, supriu lacuna legislativa a fim de oferecer à pessoa física, em situação de vulnerabilidade (superendividamento), a possibilidade de, perante seus credores, rediscutir, repactuar e, finalmente, cumprir suas obrigações contratuais/financeiras. 4. Cabe à Justiça comum estadual e/ou distrital

---

18. MAFFESSONI, Behlua Ina Amaral; ALCÂNTARA, Ana Paula Alves. Aspectos processuais da lei do superendividamento. Rio de Janeiro: *Revista Eletrônica de Direito Processual*, ano 17, v. 24, n. 1. p. 100-127. jan./abr. 2023.
19. OLIVEIRA, Carlos E. Elias de; GAGLIANO, Pablo Stolze. Lei do Superendividamento: questões práticas no procedimento judicial de repactuação das dívidas. *Migalhas*, dez. de 2021. Disponível em: https://www.migalhas.com.br/amp/depeso/356092/lei-do-superendividamento-questoes-praticas-no-procedimento-judicial. Acesso em: 03 set. 2023.

processar e julgar as demandas oriundas de ações de repactuação de dívidas decorrentes de supe-rendividamento – ainda que exista interesse de ente federal – porquanto a exegese do art. 109, I, do texto maior, deve ser teleológica de forma a alcançar, na exceção da competência da Justiça Federal, as hipóteses em que existe o concurso de credores. 5. Conflito conhecido para declarar a competência do r. juízo comum do Distrito Federal e Territórios para processar e julgar a ação de repactuação de dívidas por superendividamento, recomendando-se ao respectivo juízo, ante à delicada condição de saúde do interessado, a máxima brevidade no exame do feito.

(CC 193.066/DF, relator Ministro Marco Buzzi, Segunda Seção, julgado em 22.03.2023, DJe de 31.03.2023).

Aliás, nesse sentido é o art. 45, I, do CPC, que excepciona a competência da Justiça Federal também na hipótese da insolvência civil.

4. TUTELA PROVISÓRIA

Como a característica do consumidor superendividado é o comprometimento do seu mínimo existencial, não raro será necessária, para a adequada e tempestiva tutela do direito, a concessão de tutela provisória para que o autor possa suportar o tempo do processo.[20]

Não se pode olvidar que o direito à proteção adequada e tempestiva dos direitos abrange o direito à técnica antecipatória, quando sem essa não for possível a tutela eficaz do direito material. Na síntese de Marinoni: existe o direito constitucional à liminar.[21]

O objeto da tutela provisória não poderá ser, como propôs boa parte da jurispru-dência anterior à solução da questão pelo STJ, a simples limitação do comprometimento da renda do consumidor-autor a percentual predefinido. O parâmetro analógico do § 1º do art. 1º da Lei 10.820/2003, que disciplina os empréstimos consignados em folha de pagamento foi rechaçado pelo STJ no julgamento do tema de recurso especial repetitivo 1.035. Confira-se excerto da ementa do julgamento do representativo da controvérsia:

(...) 6.3 A prevenção e o combate ao superendividamento, com vistas à preservação do mínimo exis-tencial do mutuário, não se dão por meio de uma indevida intervenção judicial nos contratos, em substituição ao legislador. A esse relevante propósito, sobreveio – na seara adequada, portanto – a Lei 14.181/2021, que alterou disposições do Código de Defesa do Consumidor, para aperfeiçoar a disciplina do crédito ao consumidor e dispor sobre a prevenção e o tratamento do superendivida-mento. 7. Ratificação da uníssona jurisprudência formada no âmbito das Turmas de Direito Privado do Superior Tribunal de Justiça, explicitada por esta Segunda Seção por ocasião do julgamento do REsp 1.555.722/SP. 8. Tese Repetitiva: São lícitos os descontos de parcelas de empréstimos bancários comuns em conta-corrente, ainda que utilizada para recebimento de salários, desde que previamente autorizados pelo mutuário e enquanto esta autorização perdurar, não sendo aplicável, por analogia, a limitação prevista no § 1º do art. 1º da Lei 10.820/2003, que disciplina os empréstimos consignados em folha de pagamento. 9. Recurso especial provido. (REsp 1.877.113/SP, relator Ministro Marco Aurélio Bellizze, Segunda Seção, julgado em 09.03.2022, DJe de 15.03.2022).

---

20. MORAES, Daniela Marques; PEREIRA FILHO, Benedito Cerezzo. O Tempo da Justiça no Código de Processo Civil. *Rev. Fac. Direito UFMG*, Belo Horizonte, n. 76, p. 135-154, jan./jun. 2020.

21. MARINONI, Luiz Guilherme. O direito à adequada tutela jurisdicional: o caso da proibição da concessão das liminares e da execução provisória da sentença nas ações cautelares e no mandado de segurança. *Revista dos tribunais*, v. 663, p. 243-247. 1991.

Apesar da falta de parâmetro objetivo, se o juiz verificar, em cognição sumária, que o autor terá o seu mínimo existencial comprometido durante o curso do procedimento, não podendo aguardar seu encerramento para a satisfação de necessidades básicas, deverá valer-se da técnica antecipatória para tutelar provisoriamente esse direito, suspendendo a exigibilidade dos créditos que, na análise concreta da situação financeira do consumidor, forem necessários para a preservação do mínimo existencial.

5. RECURSOS, COISA JULGADA E SUA REVISÃO

Aqui, já introduzimos a ideia de que, embora não haja previsão expressa na Lei 14.181/2021 sobre quais recursos seriam cabíveis contra as decisões proferidas no Processo por Superendividamento, entendemos que é o caso de aplicação analógica da Lei de Recuperação Judicial e Falências e complementar do CPC.

Nessa linha, as decisões interlocutórias, como a que instaura o procedimento de repactuação de dívidas e a que defere uma tutela de urgência, será recorrível imediatamente por meio do agravo de instrumento. Já as decisões de mérito serão recorríveis por meio do recurso de apelação, como a que rejeita a instauração do procedimento de repactuação de dívidas e a que homologa o plano de pagamento, compulsório ou voluntário. Entendemos, também, que em havendo flagrante omissão, obscuridade ou contradição, poder-se-ia utilizar dos embargos de declaração, a depender do caso.

Embora o art. 104-A, § 3º, do CDC confira eficácia de coisa julgada e força de título executivo judicial somente à sentença que homologar o plano de pagamento consensual, entendemos que, logicamente, os mesmos efeitos devem ser conferidos à sentença que homologa o plano de pagamento compulsório definido pelo juiz.

Interessa notar que como o plano de repactuação, consensual ou compulsório, foi criado justamente para viabilizar a liquidação das dívidas do consumidor para que possa ser reinserido no mercado de consumo, deve-se admitir a possibilidade de repactuação a qualquer tempo, a pedido do devedor. Para isso, bastará o devedor peticionar em juízo, alegando e demonstrando, por exemplo, a redução na sua capacidade de pagamento.

Assim, poderá o credor ajuizar ação revisional, propondo adequação do pacto para as suas condições atuais reais de pagamento. Tecnicamente, podem ser feitas críticas à perspectiva de que "o plano judicial compulsório carrega implicitamente uma cláusula *rebus sic stantibus*",[22] porque o uso dessa antiga cláusula, cujo conceito e aplicação variou consideravelmente ao longo do tempo, pode ser anacrônico a depender da situação examinada.[23] De todo modo, fato é que deve-se evitar fazer afirmações como a de que,

---

22. OLIVEIRA, Carlos E. Elias de; GAGLIANO, Pablo Stolze. Lei do Superendividamento: questões práticas no procedimento judicial de repactuação das dívidas. *Migalhas*, dez. 2021. Disponível em: https://www.migalhas.com.br/amp/depeso/356092/lei-do-superendividamento-questoes-praticas-no-procedimento-judicial. Acesso em: 03 set. 2023.

23. NERY, Rodrigo; DUARTE, Rodrigo. STF, coisa julgada, relações jurídicas de trato continuado e anacronismo (?): reflexões críticas sobre o julgamento do RE 955227 (Tema 885) e do RE 949297 (Tema 881). *Revista de Processo*, São Paulo, v. 340, p. 127-145, jun. 2023.

alteradas as circunstâncias fáticas de pagamento, dever-se-ia relativizar a coisa julgada formada no processo por superendividamento.[24] A nosso ver, não se trata de hipótese de relativização de coisa julgada e nem de afirmar que a sentença proferida nesse processo carrega implicitamente uma cláusula *rebus sic stantibus*, mas, sim, que alterando-se as circunstâncias fáticas, tem-se nova causa de pedir, que origina a ação revisional.

REFERÊNCIAS

BAPTISTA DA SILVA, Ovídio. *Curso de processo civil*. 4. ed. Rio de Janeiro: Forense, 1998. v. 1.

BENJAMIN, Antonio Herman; MARQUES, Claudia Lima; LIMA. Clarissa Costa de; VIAL, Sophia Martini. *Comentários à Lei 14.181/2021*: a atualização do CDC em matéria de superendividamento. Edição do Kindle. São Paulo: Thomson Reuters Brasil, 2022.

CAPEZ, Fernando. Nova Lei do Superendividamento: uma rápida visão. *Sítio Consultor Jurídico*, out. de 2021. Disponível em: https://www.conjur.com.br/2021-out-21/controversias-juridicas-lei-superen-dividamento-rapida-visao. Acesso em: 03 set. 2023.

CERVASIO, Daniel Bucar. *Superendividamento*: reabilitação patrimonial da pessoa humana. São Paulo: Saraiva, 2017.

DIDIER JR., Fredie. ZANETI JR., Hermes. Justiça multiportas e tutela constitucional adequada: autocom-posição em direitos coletivos. In: *Revista da Procuradoria-Geral do Estado do Espírito Santo*, v. 15, n. 15, p. 111-142, 1º sem. 2017.

LESSA NETO, João Luiz. O Novo CPC adotou o modelo multiportas!!! E Agora?. *Revista de Processo*. São Paulo: Ed. RT, 2015. v. 244.

MAFFESSONI, Behlua Ina Amaral; ALCANTARA, Ana Paula Alves. Aspectos processuais da lei do supe-rendividamento. *Revista Eletrônica de Direito Processual*, Rio de Janeiro, ano 17, v. 24, n. 1. p. 100-127. jan./abr. 2023.

MARINONI, Luiz Guilherme. O direito à adequada tutela jurisdicional: o caso da proibição da concessão das liminares e da execução provisória da sentença nas ações cautelares e no mandado de segurança. *Revista dos Tribunais*, v. 663, p. 243-247. 1991.

MARINONI, Luiz Guilherme. Do processo civil clássico à noção de direito à tutela adequada ao direito material e à realidade social. *Revista dos tribunais*, v. 824, p. 34-60. 2004.

MARINONI, Luiz Guilherme. *Técnica processual e tutela dos direitos*. São Paulo: Ed. RT, 2010.

MARQUES, Claudia Lima. Sugestão para uma lei sobre o tratamento do superendividamento de pessoas físicas em contratos de crédito ao consumo: proposições com base em pesquisa empírica de 100 casos no Rio Grande do Sul. In: MARQUES, Claudia Lima; CAVALLAZZI, Rosângela Lunardelli (Org.). *Direitos do consumidor endividado*: superendividamento e crédito. São Paulo: Ed. RT, 2006.

NERY, Rodrigo; DUARTE, Rodrigo. STF, coisa julgada, relações jurídicas de trato continuado e anacronismo (?): reflexões críticas sobre o julgamento do RE 955227 (Tema 885) e do RE 949297 (Tema 881). *Revista de Processo*, São Paulo, v. 340, p. 127-145, jun. 2023.

OLIVEIRA, Carlos E. Elias de; GAGLIANO, Pablo Stolze. Lei do Superendividamento: questões práticas no procedimento judicial de repactuação das dívidas. *Migalhas*, dez. 2021. Disponível em: https://www.migalhas.com.br/amp/depeso/356092/lei-do-superendividamento-questoes-praticas-no-procedimen-to-judicial. Acesso em: 03 set. 2023.

---

24. Busca-se evitar, à semelhança de afirmações que são feitas acerca do art. 15 da Lei de Alimentos, confusões acerca da superveniência de fato ou direito novo e a desconstituição ou relativização da coisa julgada.

TARUFFO, Michele. *Ensaios sobre o processo civil*: escritos sobre processo e justiça civil. Porto Alegre: Livraria do Advogado, 2017.

WATANABE, Kazuo. *Cognição no processo civil*. 4. ed. São Paulo: Saraiva, 2012.

WOLKART, Erik Navarro. *Análise econômica do processo civil*: como a economia, o direito e a psicologia podem vencer a tragédia da justiça. 2. ed. São Paulo: Thomson Reuters Brasil, 2020.

Capítulo IV
SUPERENDIVIDAMENTO E TECNOLOGIA

TECNOLOGIA E RELAÇÕES DE CONSUMO: AS DUAS FACES DE UMA MESMA MOEDA NO SUPERENDIVIDAMENTO

Fernanda Bragança

Doutora em Direito pela Universidade Federal Fluminense. Pesquisadora do Centro de Inovação, Administração e Pesquisa do Judiciário da FGV Conhecimento. Pesquisadora visitante na Université Paris 1 Pantheón Sorbonne. Advogada.

Juliana Loss

Diretora Executiva da Câmara de Mediação e Arbitragem da FGV. Coordenadora Acadêmica do Centro de Inovação, Administração e Pesquisa do Judiciário da FGV Conhecimento.

Renata Braga

Pós-Doutora pela Universidade de Coimbra. Doutora em Direito pela Universidade Federal de Santa Catarina. Professora Adjunta da Universidade Federal Fluminense. Pesquisadora colaboradora externa do Centro de Inovação, Administração e Pesquisa do Judiciário da FGV Conhecimento.

Sumário: 1. Introdução – 2. Contextualização da Lei do Superendividamento – 3. Tecnologia, economia comportamental e consumo – 4. Considerações finais – Referências.

1. INTRODUÇÃO

O mapa da inadimplência e negociação de dívidas no Brasil, consolidado pela Serasa,[1] é um levantamento mensal sobre a relação dos brasileiros com os seus débitos. Em março de 2023, a pesquisa indicou um aumento contínuo da inadimplência no país, após um breve período de desaceleração em dezembro de 2022.

O mês de março registrou mais de 70 milhões e 700 mil inadimplentes com um valor total de dívidas que somou mais de 334,5 bilhões. O valor médio do débito por pessoa chega a 4.731,62 reais. O estado mais inadimplente é o Rio de Janeiro, onde o percentual de endividados alcança o percentual de 52,65% da população.

---

1. SERASA. Mapa da inadimplência e negociação de dívidas no Brasil, mar. 2023. Disponível em: https://cdn.builder.io/o/assets%2Fb212bb18f00a40869a6cd42f77cbeefc%2F1ef0171fccf64092a03deb566e2bacb5?alt=media&token=6714ef1e-9c08-4a45-b05b-be83d15dcbcf&apiKey=b212bb18f00a40869a6cd42f77cbeefc. Acesso em: 02 abr. 2023.

Com relação ao perfil dos inadimplentes, a faixa etária dos brasileiros mais endividados é dos 26 aos 40 anos, que concentra 34,8% do total de devedores. Em seguida, o grupo de 41 a 60 anos de idade representa 34,7% das pessoas em situação de inadimplência. Os segmentos que acumulam as principais dívidas são: cartão de crédito (31,03%); *utilities* (que são contas básicas de água, luz e gás, 22,02%); e varejo (11,29%).

Esse cenário de inadimplência no país conta com um longo registro histórico e, por isso, se fazia urgente uma legislação protetiva do consumidor e preventiva no que diz respeito à resolução de conflitos decorrentes do superendividamento. Depois de quase 10 anos de tramitação no Legislativo, a Lei 14.181 de 2021 foi publicada com o escopo de promover o aperfeiçoamento da disciplina do crédito ao consumidor, assim como um tratamento mais eficiente dos conflitos decorrentes do superendividamento. Essa legislação se inspirou em modelos estrangeiros como o norte-americano e de países europeus, tendo em vista conferir uma chance mais efetiva à reestruturação financeira de pessoas superendividadas.

Esse artigo tem o objetivo de aprofundar sobre a Lei n°. 14.181 de 2021, assim como as iniciativas do Conselho Nacional de Justiça (CNJ) para consolidar uma política pública em prol dos endividados. Somado a isso, o estudo trata, também, de alguns aspectos do uso da tecnologia, a qual pode ser empregada tanto para prevenir quanto para ampliar os problemas decorrentes do superendividamento. Com viés contributivo, apresentam-se algumas recomendações que podem ser adotadas pelas autoridades competentes, a fim de ensejar um melhor tratamento da questão no país.

2. CONTEXTUALIZAÇÃO DA LEI DO SUPERENDIVIDAMENTO

Em linhas gerais, o superendividamento corresponde ao estado em que o indivíduo de boa fé não tem mais condições de pagar as suas dívidas sem o comprometimento do seu mínimo existencial.[2] Essa questão é regulada por diversos países, com destaque para os EUA e para a França, que foram os pioneiros a disciplinar sobre a matéria na década de 1970. Assim, em 1978, foi publicada a Lei francesa *Scrivener*, que dispôs sobre a proteção do consumidor em determinadas operações de crédito e, no mesmo ano, o *Bankruptcy Reform Act* passou a fazer parte do ordenamento jurídico norte-americano. Em ambos os contextos, o cenário social[3] estava caracterizado por um endividamento individual preocupante.

Na França, a proteção ao consumidor superendividado, com maior semelhança ao modelo atual, se deu com a publicação da Lei 89-1010, de 31.12.1989, também conhecida

---

2. GAGLIANO, Pablo Stolze; OLIVEIRA, Carlos Eduardo Elias de. Comentários à Lei do Superendividamento (Lei 14.181, de 1º de julho de 2021) e o princípio do crédito responsável. Uma primeira análise. *Revista Jus Navigandi*, Teresina, ano 26, n. 6575, 2 jul. 2021. Disponível em: https://jus.com.br/artigos/91675. Acesso em: 21 mar. 2022.

3. SILVA, Joseane Suzart Lopes. Superendividados devem ser protegidos com a aprovação urgente do PL 3515. *Conjur*, Direito Civil Atual, 1º jun. 2020. Disponível em: https://www.conjur.com.br/2020-jun-01/direito-civil-atual-superendividados-protegidos-aprovacao-pl#_ftn1. Acesso em: 21 mar. 2022.

como Lei *Neiertz*. Em 1997, foi inserido o Livro III que dispõe sobre o tratamento das situações de superendividamento no *Code de La Consommation*.[4] Atualmente, a questão está regulada no Livro VII desse diploma legal.

O pedido de tratamento de situação de superendividamento é dirigido à *commission de surendettement des particuliers*, cuja composição e funcionamento são regulados pelo *Conseil d'État*, órgão máximo de jurisdição administrativa daquele país. Essa comissão tem a prerrogativa de propor ou estabelecer medidas para o tratamento das dívidas, assim como pode direcionar ao juiz competente para abertura de um procedimento judicial de restruturação financeira (arts. L712-1; L712-2 e L712-4 do *Code de La Consommation*).

O sistema francês de tratamento dos conflitos dos superendividados está estruturado em 3 premissas: tentativa de solução extrajudicial dessas demandas, com apoio de uma comissão instituída especificamente para tratar desses problemas; educação financeira; e preferência pela composição entre as partes, inclusive no transcorrer do procedimento judicial.

Assim, a qualquer momento do processo, a comissão pode orientar o devedor a solicitar um auxílio ou medida de ação social que pode incluir um programa de educação orçamentária ou um acompanhamento social personalizado (arts. L712-9 do *Code de La Consommation*).

Em 2012, o Banco Mundial[5] aprovou um relatório com o objetivo de sensibilizar e fornecer orientações para a criação e modernização dos regimes de insolvência de pessoas físicas. A instituição reconhece que não é possível definir uma única abordagem como a mais apropriada, pois o tema engloba uma grande diversidade de situações sociais, políticas e econômicas em cada país. Além disso, alerta para o risco sistêmico de falência em massa dos consumidores, diante da ausência de uma regulamentação adequada sobre o assunto.

Em 2019, a Organização para Cooperação e Desenvolvimento Econômico (OCDE) adotou a Recomendação do Conselho de Proteção ao Consumidor na área do crédito ao consumo (*Recommendation of the Council on Consumer Protection in the field of Consumer Credit*).[6]

O acesso do consumidor ao crédito tem uma relevância expressiva para a economia. É importante que esse crédito seja oferecido e concedido de forma justa e responsável, tanto quanto possível, de modo a evitar o superendividamento e os problemas relacionados.

---

4. ROCHA, Amélia Soares; FREITAS, Fernanda Paula Costa de. O superendividamento, o consumidor e a análise econômica do Direito. *Anais do XIX Encontro Nacional do CONPEDI* realizado em Fortaleza, Ceará. Florianópolis: Conpedi, 2010, p. 480-496. Disponível em: http://www.publicadireito.com.br/conpedi/manaus/arquivos/anais/fortaleza/4007.pdf. Acesso em: 22 mar. 2022.

5. THE WORLD BANK. Insolvency and Creditor/Debtor Regimes Task Force. Report on the Treatment of the Insolvency of Natural Persons, 2012, p. 4-5. Disponível em: https://documents1.worldbank.org/curated/en/663381468331807627/pdf/771700WP0WB0In00Box377289B00PUBLIC0.pdf. Acesso em: 5 abr. 2022.

6. OCDE. Recommendation of the Council on Consumer Protection in the field of Consumer Credit, OCDE Legal Instruments, 1º jul. 2019. Disponível em: https://legalinstruments.oecd.org/en/instruments/OECD-LEGAL-0453. Acesso em: 05 abr. 2022.

A Recomendação referendada pela OCDE está dividida nos seguintes tópicos: estrutura legal, regulatória e supervisora; papel dos órgãos de supervisão; tratamento equitativo e justo dos consumidores; divulgação e transparência; educação financeira e conscientização; conduta de negócios responsável; proteção dos bens do consumidor contra fraude e uso indevido; proteção de dados do consumidor e privacidade; tratamento, reparação de reclamações e concorrência.

No Brasil, em que pesem os reconhecidos avanços e inovações trazidas pelo Código de Defesa do Consumidor na década de 1990, esse diploma legal não tratou sobre o superendividamento. Desde 2006, na ADI 2591, o STF confirmou que os serviços bancários e financeiros estão abarcados pelo CDC. Era urgente a atualização do ordenamento jurídico brasileiro, tendo em vista que a vulnerabilidade dos consumidores nesse mercado se apresenta de forma ainda mais latente, sobretudo em razão da complexidade e assimetria de informações.[7] Em 2012, o Projeto de Lei 283, de origem do Senado Federal, buscou estabelecer mecanismos para prevenir o superendividamento de pessoa física.

Assim, essa proposta de legislação buscou aproveitar e internalizar a experiência internacional no tratamento do superendividamento, como também atualizar o CDC com novas situações que impactaram a sociedade nos últimos anos.[8] De fato, é possível perceber muitas semelhanças do PL brasileiro com a legislação francesa e com a Recomendação adotada pela OCDE.

O texto original do PL foi estruturado em 3 pilares. O primeiro deles dispôs sobre a necessidade de aprimoramento da proteção contratual dos consumidores com a maior transparência nos contratos, lealdade e cooperação entre as partes para um entendimento efetivo das condições de contratação do crédito. Nesse sentido, o dever de informação ganhou contornos mais precisos e a responsabilidade na concessão do crédito gerou obrigações explícitas.

O segundo fundamento consistiu no reconhecimento da importância da educação e da cultura do planejamento financeiro, com a disponibilização de materiais e outros recursos para que os cidadãos, em geral, consigam ficar mais familiarizados com o assunto, de modo a serem capazes de implementar na vida cotidiana.

O terceiro ponto foi a previsão de mecanismos consensuais de renegociação de dívidas, inicialmente com foco na conciliação, com apoio dos órgãos integrantes do Sistema Nacional de Defesa do Consumidor.[9] Algumas iniciativas pontuais[10] coordenadas

---

7. SENACON. Nota Técnica 3/2020/CGARI/GAB-SENACON/SENACON/MJ. Disponível em: https://www.defesadoconsumidor.gov.br/images/Notas_Técnicas/SEI_MJ_-_11961716_-_Nota_Técnica_3_2020.pdf. Acesso em: 05 abr. 2023.

8. MARTINS, Fernando Rodrigues et al. *Os vetos parciais sobre a Lei 14.181/21 e a necessidade de promoção suficiente dos superendividados*: análise das quatro culturas desperdiçadas do Direito do consumidor. *Migalhas*, migalhas de peso, 31 ago. 2021. Disponível em: https://www.migalhas.com.br/depeso/350922/os-vetos-parciais-sobre-a-lei-14-181-21. Acesso em: 05 abr. 2022.

9. MARQUES, Claudia Lima; MARTINS, Fernando Rodrigues. As recomendações da OCDE quanto ao crédito do consumidor e o PL 1805/21. *Conjur*, opinião, 1º jul. 2021. Disponível em: https://www.conjur.com.br/2021-jul-01/marques-martins-recomendacoes-ocde-pl-180521. Acesso em: 05 abr. 2023.

10. SENADO FEDERAL. Projeto de Lei do Senado 283, de 2012. Altera a Lei 8.078, de 11 de setembro de 1990 (Código de Defesa do Consumidor), para aperfeiçoar a disciplina do crédito ao consumidor e dispor sobre a

por órgãos como o Poder Judiciário, a Defensoria Pública e os Procons já sinalizavam os resultados positivos do uso de abordagens negociais nesses casos. A proposta retratou um incentivo forte à desjudicialização[11] dessas demandas.

O PL tramitou por 9 anos no Congresso Nacional e, em 2021, finalmente foi publicada a Lei 14.181 que manteve os pilares do texto original. A publicação ocorreu em um momento delicado na economia em decorrência da pandemia, que repercutiu intensidade sobre os mais vulneráveis.[12]

A doutrina civilista também se refere a esses consumidores como hipervulneráveis, que são aqueles indivíduos mais frágeis em relação aos fornecedores e às ações do mercado, como idosos, pessoas de baixa escolaridade, crianças, dentre outros.[13] Essa nova legislação trouxe fundamentos importantes como o reforço ao adimplemento e o dever de renegociação.[14]

Esse adimplemento se baseia na ideia de que o consumidor de boa fé pode sofrer com acontecimentos que fulminam a sua vida financeira e, consequentemente, a sua capacidade de pagamento. Nesse sentido, essa pessoa tem direito a uma repactuação dos valores devidos nos limites das suas forças econômicas, ou de seu núcleo familiar, para quitar suas dívidas e voltar a ter acesso ao crédito.

O dever de renegociação também foi impulsionado, tendo em vista que foram estabelecidas sanções ao credor que deixa de comparecer, injustificadamente, à audiência de composição entre as partes, conforme o art. 104-A, § 2º do CDC.

A Lei 14.181 de 2021 prevê a criação de núcleos de conciliação e mediação voltados ao endividamento, o que em termos de organização judiciária corresponde à instituição de Centros Judiciários de Solução de Conflitos e Cidadania (Cejuscs) específicos para essa matéria e estabelece um procedimento próprio para a renegociação de dívidas, com vistas a propiciar ao consumidor um novo recomeço, a exemplo do direito francês.[15]

Esse procedimento prestigia a solução consensual entre as partes (art. 104-A do CDC). Ou seja, o legislador deu preferência às tratativas negociais entre credor(es) e o devedor, inclusive em fase anterior ao ajuizamento de demandas, para a reestruturação da dívida.

Assim, o consumidor superendividado interessado na negociação da sua dívida pode procurar a justiça estadual para que seja direcionado a esse núcleo de mediação

---

prevenção do superendividamento. Disponível em: https://legis.senado.leg.br/sdleg-getter/documento?dm=3910445&ts=1630408580151&disposition=inline. Acesso em: 07 abr. 2023.

11. MARQUES, Claudia Lima; MARTINS, Fernando Rodrigues. As recomendações da OCDE quanto ao crédito do consumidor e o PL 1805/21. Op. cit.

12. PINTO, Cristiano Sobral. A Lei do Superendividamento e os JECS. *Conjur*, garantias do consumo, 11 ago. 2021. Disponível em: https://www.conjur.com.br/2021-ago-11/garantias-consumo-lei-superendividamento--jecs#_ftn5. Acesso em: 07 abr. 2023.

13. Ibidem.

14. MARTINS, Fernando Rodrigues et al. Os vetos parciais sobre a Lei 14.181/21 e a necessidade de promoção suficiente dos superendividados: análise das quatro culturas desperdiçadas do Direito do consumidor. Op. cit.

15. MARTINS, Fernando Rodrigues et al. Os vetos parciais sobre a Lei 14.181/21 e a necessidade de promoção suficiente dos superendividados: análise das quatro culturas desperdiçadas do Direito do consumidor. Op. cit.

e conciliação especializado. Cabe ressaltar que esse serviço já é oferecido em alguns tribunais do país.[16] Assim, a Lei do superendividamento representa um avanço importante no acesso à justiça e concretiza a política nacional das relações de consumo (art. 5º, VI e VII CDC).

É importante destacar, também, que todos os órgãos que compõem o Sistema Nacional de Defesa do Consumidor devem contribuir para o tratamento das demandas desses consumidores, uma vez que constituem uma rede de apoio para a contenção do endividamento e diminuição da judicialização desses casos.

Caso não seja possível um acordo entre as partes, instaura-se um outro procedimento por superendividamento para revisão e integração dos contratos e repactuação das dívidas remanescentes (art. 104-B do CDC), do qual resultará um plano judicial compulsório.

A Lei 14.181 de 2021 ressalta a necessidade de uma conduta transparente e de boa fé das instituições financeiras nos contratos de concessão de crédito, bem como estabelece uma série de deveres acessórios nos arts. 54-B, 54-D e 54-F. Em síntese, o objetivo é concretizar de maneira ainda mais efetiva o oferecimento do crédito de forma responsável,[17] conforme dispõe o art. 6º do CDC.

A legislação propõe uma dinâmica de negociação em bloco, ou seja, os superendividados poderão renegociar todas as suas dívidas ao mesmo tempo. Essa é uma das principais inovações em relação aos mutirões de pagamento de dívidas, uma vez que esses débitos costumam ser negociados um a um.[18] Além disso, o art. 104-B, § 4º do CDC ainda impõe uma moratória e estipula o pagamento da primeira parcela até 180 dias depois da homologação judicial do plano.

Em 2022, por meio da Portaria 55,[19] o CNJ criou um grupo de trabalho voltado à criação e aperfeiçoamento do fluxo das demandas relacionadas aos superendividados. Um dos produtos do trabalho desse GT foi a elaboração de uma cartilha,[20] além de outras iniciativas. A partir da análise de algumas experiências exitosas já implantadas por

---

16. PINTO, Cristiano Sobral. A Lei do Superendividamento e os JECS. Op. cit.
17. MARQUES, Claudia Lima; BERGSTEIN, Lais Gomes. Nova lei do superendividamento: um respiro para o consumidor. A sanção da lei 14.181/21 contribui para uma necessária evolução do mercado de crédito, bancário e financeiro para o paradigma do crédito responsável. *Migalhas*, Migalhas de Peso, 27 jul. 2021. Disponível em: https://www.migalhas.com.br/depeso/349083/nova-lei-do-superendividamento-um-respiro-para-o-consumidor. Acesso em: 10 maio 2023.
18. CONSELHO NACIONAL DE JUSTIÇA. CNJ Serviço: o que muda com a Lei do Superendividamento? Agência CNJ de Notícias, 6 ago. 2021. Disponível em: https://www.cnj.jus.br/cnj-servico-o-que-muda-com-a-lei-do--superendividamento/. Acesso em: 10 maio 2023.
19. CNJ. Portaria 55 de 17 fev. 2022. Institui Grupo de Trabalho para aperfeiçoar os fluxos e procedimentos administrativos para facilitar o tramite dos processos de tratamento do superendividado. Disponível em: https://atos.cnj.jus.br/atos/detalhar/4378#:~:text=RESOLVE%3A-,Art.,processos%20de%20tratamento%20do%20superendividado. Acesso em: 07 abr. 2023.
20. Cf. CNJ. Cartilha sobre o tratamento do superendividamento do consumidor. Brasília: CNJ, 2022. Disponível em: https://www.cnj.jus.br/wp-content/uploads/2022/08/cartilha-superendividamento.pdf. Acesso em: 12 maio 2023.

alguns tribunais (como o TJRS,[21] TJPR,[22] TJPE[23] e TJDFT[24]), a cartilha busca estabelecer algumas diretrizes na matéria do superendividamento, inclusive com a recomendação de um fluxo de trabalho no âmbito dos Cejuscs especializados.

Com o propósito de acompanhar a concretização dessa política pública, é recomendável que sejam realizadas pesquisas que monitorem a implantação desses Cejuscs, bem como a quantidade de casos, percentual de resolução por meio de acordo entre as partes, dentre outras questões.

3. TECNOLOGIA, ECONOMIA COMPORTAMENTAL E CONSUMO

A internet tem contribuído, significativamente, para o consumo, sobretudo após a pandemia. Desde grandes empresas até pequenos empreendedores comercializam suas mercadorias e produtos no ambiente digital. O comércio eletrônico teve um crescimento significativo nos últimos anos. Em 2022, o e-commerce brasileiro movimentou mais de R$118,6 bilhões de reais, com um aumento de 6% de ganhos financeiros em relação a 2021.[25]

A pesquisa *social commerce*[26] identificou que 86% dos brasileiros fazem compras on-line, sendo 74% por meio das redes sociais. Desse grupo, 37% fazem visitas às lojas virtuais uma vez por mês e 23% o fazem semanalmente. Como o número de usuários das redes avança, a expectativa é que as relações consumeristas nessas plataformas cresçam continuamente.

Esse crescimento do uso das redes sociais para o consumo, ao mesmo tempo em que permite facilidades de busca e de pagamento, apresenta riscos relacionados ao impulsionamento do consumismo; o que reverbera no superendividamento. As *big techs* como Meta, Facebook e Google usam algoritmos para rastrear a navegação dos seus usuários e lhes direcionar produtos, conforme os *likes* e buscas prévias realizadas. Esses algoritmos conseguem traçar um perfil comportamental do consumidor e, por meio do direcionamento de postagens, influenciam nas suas escolhas e incentivam o consumo.

Outro fator relevante nesse contexto é o tempo que os brasileiros passam nas redes sociais. O estudo *Digital 2022: Global Overview Report* identificou que a população brasileira é uma das que mais dispende tempo nas redes sociais, com uma média que

---

21. Cf. CEJUSC DO CIDADÃO ON-LINE: Agilidade e segurança marcam primeiro acordo. Notícias do TJRS, 14 set. 2020. Disponível em: https://www.tjrs.jus.br/novo/noticia/cejusc-do-cidadao-on-line-agilidade-e-seguranca-marcam-primeiro-acordo/. Acesso em: 05 maio 2023.

22. Cf, https://www.tjpr.jus.br/cejuscendividados. Acesso em: 05 maio 2023.

23. TJPE. Proendividados. Disponível em: https://www.tjpe.jus.br/web/resolucao-de-conflitos/proendividados. Acesso em: 05 maio 2023.

24. Cf. Programa Superendividados do TJDFT é destaque no STJ Notícias. TJDFT Notícias, set. 2019. Disponível em: https://www.tjdft.jus.br/institucional/imprensa/noticias/2019/setembro/programa-sobre-superendividamento-do-tjdft-e-destaque-no-stj-noticias. Acesso em: 05 maio 2023.

25. Cf. NielsenIQ Ebit. 47. ed. Webshoppers, Versão Free, fev. 2023. Disponível em: https://company.ebit.com.br/webshoppers/webshoppersfree. Acesso em: 08 de maio 2023.

26. Cf. *Social Commerce*: 74% dos brasileiros usam redes sociais para comprar, 22 jun. 2021. Disponível em: https://mercadoeconsumo.com.br/22/06/2021/inovacao/social-commerce-74-dos-brasileiros-usam-redes-sociais-para-comprar/. Acesso em: 2 abr. 2023.

supera as 10 horas diárias. Assim, permanecem um longo tempo recebendo estímulos para adquirir mais produtos e serviços.

É nesse contexto que surgiu o termo *"nudge"*, traduzido para o português como estímulo ou "empurrão". Os autores Cass Sunstein e Richard Thaler[27] usaram pela primeira vez esse termo para expressar que determinados estímulos são capazes de mudar o comportamento das pessoas.

Esses incentivos estão presentes em publicidades baseadas na manipulação de dados pessoais e no perfil comportamental dos consumidores.[28] Os *nudges* estão ligados ao ramo da economia comportamental e alavancam uma limitação cognitiva por meio do direcionamento de comportamentos, de modo a proporcionar melhores escolhas aos indivíduos. Um exemplo típico é o posicionamento de alimentos saudáveis nas filas das lanchonetes, tendo em vista aumentar as chances de consumo desses produtos.

No ambiente digital, é cada vez maior a utilização de *nudges*. Nesse contexto, eles correspondem a elementos de *design* que guiam a interface dos usuários no meio virtual; o que concretiza a máxima de que "o que é escolhido depende de como a escolha é apresentada".[29] Os especialistas[30] no tema ressaltam, inclusive, que não há escolhas neutras. Por exemplo, o aplicativo de pagamento Square[31] incentiva as pessoas a darem gorjetas, definindo o padrão como "gorjeta" para que os clientes selecionem ativamente a opção "sem gorjeta" se não quiserem pagá-la. Essa mudança no *design* que projetou esse "empurrão" aumentou os valores das gorjetas, especialmente onde pouco ou nenhum valor era concedido.[32]

Contudo, nem sempre os *nudges* são voltados a estimular bons comportamentos do consumidor. Mais recentemente, os autores[33] têm colocado luzes sobre a importância do uso ético desses incentivos, pois não é incomum que algumas empresas empreguem esses meios para ganhos a curto prazo, mas com repercussão de publicidade negativa.

Um exemplo de *nudge* digital são os *cookies*, inicialmente pensados para facilitar os usuários nas suas compras de Internet, de modo a guardar informações sobre os itens

---

27. SUNSTEIN, Cass; THALER, Richard. *Nudge*: o empurrão para a escolha certa. São Paulo: Campos, 2008.
28. Cf. *Nudges*, algoritmos e superendividamento: o que são nudges digitais e como eles contribuem para o superendividamento? Estado de Minas, Direito e Inovação, 15 dez. 2021. Disponível em: https://www.em.com.br/app/colunistas/direito-e-inovacao/2021/12/15/noticia-direito-e-inovacao,1331347/nudges-algoritmos-e-superendividamento.shtml. Acesso em: 09 maio 2023.
29. WEINMANN, Markus; SCHNEIDER, Christoph; VOM BROCKE, Jan. *Digital Nudging*. Business & Information Systems Engineering, v. 58, p. 433-436, 2016.
30. MANDEL, Naomi; JOHNSON, Eric. When Web Pages Influence Choice: Effects of Visual Primes on Experts and Novices. *Journal of Consumer Research*, vol. 29, n. 2, p. 235-245, 2002. Disponível em: https://doi.org/10.1086/341573.
31. Cf. Square Point of Sale: Payment. Disponível em: https://play.google.com/store/apps/details?id=com.squareup&hl=en_US&pli=1. Acesso em: 05 maio 2023.
32. CARR, Austin. How Square Register's UI Guilts You Into Leaving Tips: square, the mobile payments service, has mastered the art of guilt tipping. Fast Company, innovation by design, 12 dez. 2013. Disponível em: https://www.fastcompany.com/3022182/how-square-registers-ui-guilts-you-into-leaving-tips. Acesso em: 10 maio 2023.
33. MANDEL, Naomi; JOHNSON, Eric. When Web Pages Influence Choice: Effects of Visual Primes on Experts and Novices. Op. cit.

selecionados por eles. Ao longo do tempo, essa concepção sofreu alterações e passou a ter uma atuação, de certa forma, perniciosa, por rastrear hábitos de navegação, preferências e comportamento na web. Isso permite aos anunciantes uma grande vantagem em termos de publicidade, uma vez que conseguem direcionar e disparar mais produtos de acordo com o perfil do usuário.

Contudo, o uso de *nudges* digitais não está circunscrito ao oferecimento de facilidades ao indivíduo. Vale destacar, ainda, que a lei que tratou sobre o superendividamento não dispôs sobre essas novas abordagens de publicidade baseadas na utilização de dados pessoais e no perfil comportamental dos consumidores.

Um dos produtos que mais impactam na vida do consumidor é o oferecimento de crédito. De forma perniciosa, *nudges* têm sido constantemente utilizados para estimular essa contratação; o que tem impactado, sobretudo, nas pessoas em situação de maior vulnerabilidade, como os idosos.[34]

Por outro lado, muitos outros *nudges* têm sido pensados, justamente, para impulsionar o pagamento de dívidas e ajudar no controle financeiro. Nesse sentido, o autor Sung Kwan Lee[35] analisou o efeito que um aplicativo de monitoramento de gastos no celular provoca na diminuição de despesas. Quando os gastos atingiam um determinado patamar, o aplicativo enviava uma notificação ao usuário como uma espécie de *nudge*, a fim de gerar um alerta e mudar o comportamento do indivíduo. O autor aferiu que a eficácia desse recurso se deu por conta da personalização da mensagem, além de ser enviada como um *feedback* imediato a uma ação do usuário.

Diante dessas novas possibilidades, é importante que o legislador atualize a Lei n°. 14. 181 de 2021, de modo a passar a tratar sobre esse tipo de publicidade gerada a partir de dados pessoais e do perfil comportamental dos consumidores. Somado a isso, é relevante a elaboração de diretrizes e orientações, inclusive por parte do próprio CNJ, no sentido de desestimular empregos da tecnologia que possam ampliar os problemas decorrentes do superendividamento, tendo em vista que vão em sentido contrário aos objetivos da política pública conduzida pelo Poder Judiciário.

4. CONSIDERAÇÕES FINAIS

O Brasil publicou tardiamente uma legislação protetiva específica aos consumidores superendividados. Não obstante, desde então, o país avançou rapidamente em termos de implementação de uma política pública voltada ao tratamento adequado dos conflitos decorrentes dessa questão. Nesse sentido, é importante que se realize o contínuo monitoramento da atuação dos Cejuscs especializados para acompanhar os resultados desses órgãos judiciários.

---

34. SCHMIDT NETO, André Perin. *Revisão dos contratos com base no superendividamento*: do Código de Defesa do Consumidor ao Código Civil. Curitiba: Juruá, 2012.

35. LEE, Sung Kwan. *Fintech Nudges*: Overspending Messages and Personal Finance Management. NYU Stern School of Business.

Com o decorrer do tempo, o emprego da tecnologia para direcionar determinadas publicidades e até mudar o comportamento dos indivíduos deixou de ter uma contribuição, essencialmente, benéfica à sociedade. Hoje, é possível apontar diversos exemplos sobre como certos recursos tecnológicos repercutem, negativamente, sobre o consumo e sobre o maior endividamento da população, sobretudo, segmentos mais vulneráveis. Nesse sentido, é recomendável uma atualização legislativa na Lei n°. 14. 181 de 2021, bem como a criação de diretrizes pelos órgãos competentes, com o intuito de assegurar a efetividade das políticas públicas relacionadas ao superendividamento.

REFERÊNCIAS

BRASIL. Lei 14. 181 de 1 de julho de 2021. Altera a Lei 8.078, de 11 de setembro de 1990 (Código de Defesa do Consumidor), e a Lei 10.741, de 1º de outubro de 2003 (Estatuto do Idoso), para aperfeiçoar a disciplina do crédito ao consumidor e dispor sobre a prevenção e o tratamento do superendividamento. Disponível em: http://www.planalto.gov.br/ccivil_03/_ato2019-2022/2021/lei/L14181.htm. Acesso em: 05 abr. 2023.

BRASIL. Lei 8.078 de 11 de setembro de 1990. Dispõe sobre a proteção do consumidor e dá outras providências. Disponível em: http://www.planalto.gov.br/ccivil_03/leis/l8078compilado.htm. Acesso em: 05 abr. 2023.

CARR, Austin. *How Square Register's UI Guilts You Into Leaving Tips*: square, the mobile payments service, has mastered the art of guilt tipping. Fast Company, innovation by design, 12 dez. 2013. Disponível em: https://www.fastcompany.com/3022182/how-square-registers-ui-guilts-you-into-leaving-tips. Acesso em: 10 maio 2023.

CEJUSC DO CIDADÃO ON-LINE: Agilidade e segurança marcam primeiro acordo. Notícias do TJRS, 14 set. 2020. Disponível em: https://www.tjrs.jus.br/novo/noticia/cejusc-do-cidadao-on-line-agilidade--e-seguranca-marcam-primeiro-acordo/. Acesso em: 05 maio 2023.

CONSELHO NACIONAL DE JUSTIÇA. CNJ Serviço: o que muda com a Lei do Superendividamento? Agência CNJ de Notícias, 6 ago. 2021. Disponível em: https://www.cnj.jus.br/cnj-servico-o-que-mu-da-com-a-lei-do-superendividamento/. Acesso em: 10 maio 2023.

CNJ. Cartilha sobre o tratamento do superendividamento do consumidor. Brasília: CNJ, 2022. Disponível em: https://www.cnj.jus.br/wp-content/uploads/2022/08/cartilha-superendividamento.pdf. Acesso em: 12 maio 2023.

CNJ. Portaria 55 de 17 fev. 2022. Institui Grupo de Trabalho para aperfeiçoar os fluxos e procedimentos administrativos para facilitar o tramite dos processos de tratamento do superendividado. Disponível em: https://atos.cnj.jus.br/atos/detalhar/4378#:~:text=RESOLVE%3A-,Art.,processos%20de%20 tratamento%20do%20superendividado. Acesso em: 07 abr. 2023.

GAGLIANO, Pablo Stolze; OLIVEIRA, Carlos Eduardo Elias de. Comentários à Lei do Superendividamento (Lei 14.181, de 1º de julho de 2021) e o princípio do crédito responsável. Uma primeira análise. *Revista Jus Navigandi*, Teresina, ano 26, n. 6575, 2 jul. 2021. Disponível em: https://jus.com.br/artigos/91675. Acesso em: 21 mar. 2023.

LEE, Sung Kwan. Fintech Nudges: Overspending Messages and Personal Finance Management. *NYU Stern School of Business*, 17 jun. 2019. Disponível em: https://papers.ssrn.com/sol3/papers.cfm?abstract_ id=3390777. Acesso em: 07 maio 2023.

MANDEL, Naomi; JOHNSON, Eric. When Web Pages Influence Choice: Effects of Visual Primes on Experts and Novices. *Journal of Consumer Research*, v. 29, n. 2, p. 235-245, 2002. https://doi.org/10.1086/341573.

MARQUES, Claudia Lima; BERGSTEIN, Lais Gomes. Nova lei do superendividamento: um respiro para o consumidor. A sanção da Lei 14.181/21 contribui para uma necessária evolução do mercado de crédito, bancário e financeiro para o paradigma do crédito responsável. *Migalhas*, Migalhas de Peso, 27 jul. 2021.

Disponível em: https://www.migalhas.com.br/depeso/349083/nova-lei-do-superendividamento-um-respiro-para-o-consumidor. Acesso em: 10 maio 2023.

MARQUES, Claudia Lima; MARTINS, Fernando Rodrigues. As recomendações da OCDE quanto ao crédito do consumidor e o PL 1805/21. *Conjur*, opinião, 1 jul. 2021. Disponível em: https://www.conjur.com.br/2021-jul-01/marques-martins-recomendacoes-ocde-pl-180521. Acesso em: 05 abr. 2023.

MARTINS, Fernando Rodrigues et al. Os vetos parciais sobre a lei 14.181/21 e a necessidade de promoção suficiente dos superendividados: análise das quatro culturas desperdiçadas do Direito do consumidor. *Migalhas*, migalhas de peso, 31 ago. 2021. Disponível em: https://www.migalhas.com.br/depeso/350922/os-vetos-parciais-sobre-a-lei-14-181-21. Acesso em: 05 abr. 2023.

NUDGES, algoritmos e superendividamento: o que são nudges digitais e como eles contribuem para o superendividamento? Estado de Minas, Direito e Inovação, 15 dez. 2021. Disponível em: https://www.em.com.br/app/colunistas/direito-e-inovacao/2021/12/15/noticia-direito-e-inovacao,1331347/nudges-algoritmos-e-superendividamento.shtml. Acesso em: 09 maio 2023.

OCDE. Recommendation of the Council on Consumer Protection in the field of Consumer Credit, OCDE Legal Instruments, 1º jul. 2019. Disponível em: https://legalinstruments.oecd.org/en/instruments/OECD-LEGAL-0453. Acesso em: 05 abr. 2023.

PINTO, Cristiano Sobral. A Lei do Superendividamento e os JECS. *Conjur*, garantias do consumo, 11 ago. 2021. Disponível em: https://www.conjur.com.br/2021-ago-11/garantias-consumo-lei-superendividamento-jecs#_ftn5. Acesso em: 07 abr. 2023.

PROGRAMA Superendividados do TJDFT é destaque no STJ Notícias. TJDFT Notícias, set. 2019. Disponível em: https://www.tjdft.jus.br/institucional/imprensa/noticias/2019/setembro/programa-sobre-superendividamento-do-tjdft-e-destaque-no-stj-noticias. Acesso em: 05 maio 2023.

ROCHA, Amélia Soares; FREITAS, Fernanda Paula Costa de. O superendividamento, o consumidor e a análise econômica do Direito. *Anais do XIX Encontro Nacional do CONPEDI* realizado em Fortaleza, Ceará. Florianópolis: Conpedi, 2010, p. 480-496. Disponível em: http://www.publicadireito.com.br/conpedi/manaus/arquivos/anais/fortaleza/4007.pdf. Acesso em: 22 mar. 2023.

SCHMIDT NETO, André Perin. *Revisão dos contratos com base no superendividamento: do Código de Defesa do Consumidor ao Código Civil.* Curitiba: Juruá, 2012.

SENACON. Nota Técnica 3/2020/CGARI/GAB-SENACON/SENACON/MJ. Disponível em: https://www.defesadoconsumidor.gov.br/images/Notas_Técnicas/SEI_MJ_-_11961716_-_Nota_Técnica_3_2020.pdf. Acesso em: 05 abr. 2023.

SENADO FEDERAL. Projeto de Lei do Senado 283, de 2012. Altera a Lei no. 8.078, de 11 de setembro de 1990 (Código de Defesa do Consumidor), para aperfeiçoar a disciplina do crédito ao consumidor e dispor sobre a prevenção do superendividamento. Disponível em: https://legis.senado.leg.br/sdleg-getter/documento?dm=3910445&ts=1630408580151&disposition=inline. Acesso em: 07 abr. 2023.

SERASA. Mapa da inadimplência e negociação de dívidas no Brasil, mar. 2023. Disponível em: https://cdn.builder.io/o/assets%2Fb212bb18f00a40869a6cd42f77cbeefc%2F1ef0171fccf64092a03deb566e2bacb5?alt=media&token=6714ef1e-9c08-4a45-b05b-be83d15dcbcf&apiKey=b212bb18f00a40869a6cd42f-77cbeefc. Acesso em: 02 abr. 2023.

SILVA, Joseane Suzart Lopes. Superendividados devem ser protegidos com a aprovação urgente do PL 3515. *Conjur*, Direito Civil Atual, 1º jun. 2020. Disponível em: https://www.conjur.com.br/2020-jun-01/direito-civil-atual-superendividados-protegidos-aprovacao-pl#_ftn1. Acesso em: 21 mar. 2023.

SOCIAL Commerce: 74% dos brasileiros usam redes sociais para comprar, 22 jun. 2021. Disponível em: https://mercadoeconsumo.com.br/22/06/2021/inovacao/social-commerce-74-dos-brasileiros-usam-redes-sociais-para-comprar/. Acesso em: 2 abr. 2023.

SUNSTEIN, Cass; THALER, Richard. *Nudge: o empurrão para a escolha certa.* São Paulo: Campos, 2008.

THE WORLD BANK. Insolvency and Creditor/Debtor Regimes Task Force. Report on the Treatment of the Insolvency of Natural Persons, 2012, p. 4-5. Disponível em: https://documents1.worldbank.org/curated/en/668381468331807627/pdf/771700WP0WB0In00Box377289B00PUBLIC0.pdf. Acesso em: 5 abr. 2023.

TJPE. Proendividados. Disponível em: https://www.tjpe.jus.br/web/resolucao-de-conflitos/proendividados. Acesso em: 05 maio 2023.

WEINMANN, Markus; SCHNEIDER, Christoph; VOM BROCKE, Jan. Digital Nudging. *Business & Information Systems Engineering*, v. 58, p. 433-436, 2016.

O PROCESSO DE REPACTUAÇÃO DA LEI DO SUPERENDIVIDAMENTO E A INTERNET DAS PESSOAS: POR UM MODELO DIGITAL PROTETIVO, INCLUSIVO E DE EFETIVIDADE NA SOLUÇÃO DE CASOS DE RUÍNA PESSOAL

Fernando Rodrigues Martins

Doutor e Mestre em Direito pela Pontifícia Universidade Católica de São Paulo (PUC-SP), Professor da graduação e da pós-graduação da Universidade Federal de Uberlândia (UFU), membro do Ministério Público do Estado de Minas Gerais e presidente do Brasilcon.

Sumário: 1. Desequilíbrio existencial por 'decisões da vida' – 2. Breves considerações sobre a Lei do Superendividamento – 3. Os desafios da realização do plano global: quantidade e qualidade das dívidas; conteúdo; preservação do mínimo existencial – 4. Diretrizes gerais das plataformas digitais de repactuação – 5. Considerações finais – Referências.

1. DESEQUILÍBRIO EXISTENCIAL POR 'DECISÕES DA VIDA'

O surgimento da '*sociedade superendividada*' despertou o mundo. Exigiu a busca de respostas globais e propositivas de naturezas política e legislativa que contemplassem remédios (tratamento) e imunizações (prevenção). A carência de resoluções específicas para essa patologia excludente, que irrompia especialmente entre núcleos familiares, descortinava a clara percepção de enorme desajuste entre os infortúnios das ruínas sociais e o direito.[1]

O atendimento ao 'equilíbrio contratual' pelos mecanismos das 'obrigações excessivamente onerosas' (CC, art. 156 e 157) e da 'onerosidade excessiva' (CC, art. 748 e 749; CDC, art. 6º, inc. V), previstos tanto no 'macrossistema' quanto no 'microssistema' consumerista, apesar da relevância dogmática própria, mostraram-se modelos insuficientes para tratar diretamente do '*desequilíbrio existencial*' do consumidor, já que o superendividamento, ainda que possa impactar as prestações obrigacionais do contrato, se afina, preponderantemente, com os 'acidentes da vida'[2] que anulam a dignidade da pessoa natural, para além do contrato.

---

1. LOSANO, Mario G. *Os grandes sistemas jurídicos*: introdução aos sistemas jurídicos europeus e extraeuropeus. Trad. Marcela Varejão. São Paulo: Martins Fontes, 2007, p. XVII, com apoio em Noberto C. Dagrossa aponta: "Quando a correspondência entre normas jurídicas e sistema produtivo decai, as normas envelhecidas caem desuso, ou são substituídas por novas normas emanadas pelo órgão competente. A adequação entre economia e direito não é imediata, o que acarreta um desajuste entre a realidade e o direito".
2. GAULIA, Cristina Tereza. As diversas possibilidades do consumidor superendividado no plano judiciário. *RDC*. São Paulo: Ed. RT, v. 75. p. 136-165. 2010. Na lembrança dos consumidores que "recorriam a bancos e instituições financeiras de crédito por terem sido surpreendidos por acidente na vida, como doença, separação conjugal, desemprego, morte na família, nascimento de filhos".

Tudo isso sem se descurar de duas análises causais relevantes: uma setorial, outra modal.

A primeira refere-se à 'sociedade de mercado',[3] autoproclamada 'eficiente' e 'provedora': ao nosso ver historicamente responsável pela subjugação da vontade contratual da parte reconhecidamente mais fraca.[4] Se com a massificação (própria da revolução industrial) o controle da vontade se deu pelos contratos 'padronizados' e depois de 'adesão' (*adesão ao poder econômico do predisponente*, diga-se), atualmente na 'virtualização' das relações (peculiar à revolução dígito-tecnológica) o que se percebe é o domínio prévio sobre comportamento dos consumidores, mediante intensas publicidades, vieses, atalhos mentais e impulsionamentos (*Nudges*) que influenciam definitivamente na tomada de decisão dos vulneráveis.[5]

No Brasil e em outras nações em que a educação financeira não é prestigiada, nem como política pública e nem no momento de oferta ao crédito, o controle comportamental[6] do consumidor pode levar a decisões com consequências desastrosas, são as '*decisões da vida*',[7] que impactam o livre desenvolvimento da personalidade e causam bancarrota de milhões de consumidores. Estratégias 'pós-modernas' de 'felicidades efêmeras' configuram outra hipótese de abalo ao projeto das constituições emancipatórias.[8]

---

3. SLATER, Don; TONKISS, Fran. *Sociedade de mercado*: mercado e teoria social moderna. São Paulo: EDUSP, 2022. A passagem do mercado como modelo para mercados como instituições da sociedade.

4. RIBEIRO, Joaquim de Sousa. *Direito dos contratos*: estudos. Coimbra: Coimbra Editora, 2007, p. 33. Obtempera: "Na verdade, a Constituição subjaz, sem dúvida, uma concepção do homem como sujeito livre e responsável, capaz de autodeterminação, senhor do seu destino e gestor dos seus interesses na convivência com os demais. Mas também, e simultaneamente, do homem, nas palavras de DAMM, como 'sujeito deficitário', dependente de poderes fácticos e exposto a riscos que individualmente não controla. Daí a dialéctica entre a função defensiva (contra os poderes públicos) e função tuteladora dos direitos fundamentais, vistos, por um lado, como competências para a acção, para o livre empreendimento de iniciativas e a livre manifestação de preferências pessoais, mas também, por outro, como mecanismos de salvaguarda, de contenção de abusos e compensação".

5. HARVEY, David. *Condição pós-moderna*: uma pesquisa sobre as origens da mudança cultural. Trad. Adail Ubirajara Sobral e Maria Stela Gonçalves. São Paulo: Edições Loyola, 1992, p. 64. Concluindo: "Isso dirige a nossa atenção para a produção de necessidades e desejos, para a mobilização do desejo e da fantasia, para a política da distração como parte do impulso para manter nos mercados de consumo uma demanda capaz de conservar a lucratividade da produção capitalista".

6. RAMSAY, Ian. A sociedade de crédito ao consumidor e a falência pessoal do consumidor (*bankruptcy*): reflexões sobre os cartões de crédito e a *bankruptcy* na economia da informação. *RDC*. São Paulo: Ed. RT, v. 63. p. 231-258. 2007. Exemplifica com o cartão de crédito: "A verdade nos contratos de crédito é baseada também em um modelo de tomadas de decisão de um "consumidor racional", e a doutrina sobre economia comportamental sugere que a divulgação de informações baseada neste modelo pode ser limitada como uma forma de intervenção para diminuir ou acabar com uma predisposição do consumidor (*debiasing information*). Se há irracionalidades sistemáticas no processo de decisão dos consumidores, e estes são deliberadamente tratados como alvos das companhias de cartões de crédito, por exemplo, através de aumentos automáticos nos limites de crédito. Então, aqueles que cuidam das políticas devem ser muito mais cuidadosos ao desenharem políticas efetivas de informação ou se engajarem em uma regulação direta da atividade. Por exemplo, a descoberta psicológica de que as pessoas dão mais ênfase às perdas, do que aos ganhos pode sugerir uma campanha de informação direcionada a estudantes, focando nas danos de longo-prazo causado pelo uso imprudente de cartões de crédito".

7. As consequências das 'errôneas decisões de vida': expressão essa de muita relevância trabalhada no Núcleo de Apoio ao Superendividado da Faculdade de Direito da Universidade Federal de Uberlândia.

8. CANOTILHO, J.J. Gomes. *Constituição dirigente e vinculação do legislador*: contributo para a compreensão das normas constitucionais programáticas. Coimbra: Editora Coimbra, 2001. p. VII. Assim lamenta: "Mas as atitudes, gestos, teorias e lógicas, globalmente designadas por orientações pós-modernas, vão irromper com

Sociedade de mercado com lógica própria: busca pelos investimentos, poupança, liberdade de capitais, inovação e tecnologia financeiras, baixo nível de inflação e elevado 'nível de educação'.[9] Neste último tópico claro ponto de encontro entre a economia e o direito, especialmente no Brasil que adotou, agora pela Lei 14.181/21, a 'educação financeira' como princípio (CDC, art. 4º, inc. IX) e direito básico (CDC, art. 6º, inc. XI). Mesmo assim, carentes da necessária efetividade.

A segunda, concernente ao crédito, que se antes era 'fomento' exclusivamente destinado a setores específicos de reconhecida seletividade produtiva e distributiva (comércio, indústria, agropecuária etc.), na etapa presente popularizou-se dentro dos 'núcleos familiares', desencadeando oportunidades e, ao mesmo tempo, sendo destacado indutor de risco ao superendividamento.[10]

Créditos contratados sem a verificação da capacidade de endividamento, solvência e compreensão do consumidor, e muitas vezes sem a necessária vigilância pelas instituições públicas com finalidades específicas quanto a eventuais distorções e abusividades em face de vulneráveis.[11] Vale o exemplo do cartão de crédito rotativo cujos juros chegam ao patamar de 411% anuais no Brasil.[12]

De fato, os efeitos deletérios do crédito desprovido de '*deveres de consideração*' (*Rücksichtspflichten*),[13] assim compreendidos os 'deveres de proteção em não lesar' (desdobrados em deveres de informação, esclarecimento, transparência, assunção de riscos, assim como deveres de abstenção, especialmente o assédio) são para o 'tomador' – *expressão própria e neutra do direito cartular que não leva em consideração a vulnerabilidade*

---

vigor, sobretudo a partir dos começos da década de oitenta, colocando na defensiva a crença na subjetividade projetante da modernidade. De uma forma ou de outra, é inegável, que todo o constitucionalismo – do liberal ao programático-social – se insere no projecto da modernidade. As constituições eram corolários da razão política e do humanista, constituíam propostas do devir político e social. Tudo isto será posto em causa. Para os quadrantes do nihilismo pós-moderno e da ideologia antimodernista dos neoconservadores, as constituições liberais e sociais, mas mais estas do que aquelas, escondem no seu bojo um pecado mortal, a lógica da narratividade emancipatória, a ideia do progresso do homem, a utopia da desalienação, a promessa da felicidade para as mulheres e homens do presente e das futuras gerações".

9. Ver DEHESA, Guillermo de la. El papel de los mercados financieros en la autoalimentación y contagio de las crisis financieras. *Moneda y Crédito*. Madrid: Gráficas Villa, 2000, p. 9.

10. Novamente com DEHESA, Guillermo de la. El papel de los mercados financieros en la autoalimentación y contagio de las crisis financieras. *Moneda y Crédito*. Madrid: Gráficas Villa, 2000, p. 11. Explica: "Existen dos hipótesis generales sobre el funcionamiento de los sistemas financieros que tienden a producir riesgos sístémicos. La primera es la de la información asimétrica de los mercados de crédito (Mishkin 1995) que tiende a generar una subestimación del riesgo y, por tanto, una tendencia al sobreendeudamiento, lo que, a su vez, da lugar a una mayor fragilidad financiera que produce un fuerte aumento del coste de la intermediación y/o una estrangulación del crédito".

11. OST, François. ¿*Para qué sirve el derecho?... Para contar hasta tres*. Disponível em: www.cervantesvirtual.com/nd/ark:/59851/bmc0877612. Acesso em: 02 maio 2023. Sobre a imparcialidade da lei e o equilíbrio distributivo da justiça, manifesta: "la imparcialidad del Derecho tiene que ver en su vocación normativa y nutre su fuerza simbólica, que explica, por lo demás, y esta vem en el plano constatativo, que el Derecho puede seemir en determinadas ocasiones como arma para la emancipación de los más débiles".

12. Dados divulgados pelo Banco Central, ver: https://exame.com/invest/minhas-financas/juros-do-cartao-de-credito-rotativo-tem-nova-alta-e-passa-de-411-ao-ano. Acesso em: 1º maio 2023.

13. LARENZ, Karl. *Derecho de Obligaciones*. Trad. Jaime Santos Briz. Madrid: Revista de Derecho Privado, 1964. t. 1. p. 10.

da pessoa natural consumidora[14] – extremamente lesivos e, muitas vezes, excludentes e nesse ponto a lei do superendividamento potencializa a boa-fé como princípio voltado à 'exceção da ruína'.[15]

Gize-se, contudo, que outro desafio para atendimento dos superendividados no Brasil diante da entrada no mundo jurídico da Lei 14.181/21 é justamente materializar o 'processo de repactuação de dívidas' (CDC, art. 104-A), mediante audiência de conciliação, com a presença de todos os credores e apresentação de proposta de plano de pagamento distribuído no máximo até cinco anos, garantido o mínimo existencial.

Para fazer valer tais proposições é de ressaltar que a adoção das tecnologias e inovações para criação de 'plataformas digitais consensuais e de tratamento' – não disruptivas, públicas, supervisionadas pela ação humana, inclusivas, com respeito à ética, aos direitos humanos e aos valores democráticos – contribui acentuadamente para o atendimento do consumidor em situação de superendividamento, bem como para a promoção do desenvolvimento econômico sustentável, do bem-estar da sociedade, sem prejuízo de melhoria do serviço público.

2. BREVES CONSIDERAÇÕES SOBRE A LEI DO SUPERENDIVIDAMENTO

A Lei 14.181/21 inaugurou nova fase na promoção do consumidor no Brasil.[16] Tratou de atualizar o Código de Defesa do Consumidor, inserindo novos princípios e novos direitos básicos, sem se descurar ainda em apresentar modelos específicos de prevenção e tratamento ao superendividamento, fenômeno econômico, social, jurídico, cultural, e de preocupação política global. Em síntese, a entrada em vigor da nova lei fortaleceu a hermenêutica a favor dos consumidores.[17]

---

14. MIRAGEM, Bruno. Fundamento e finalidade da aplicação do Código de Defesa do Consumidor às instituições financeiras. Comentários à sumula 297 do STJ. *RDC*. São Paulo: Ed. RT, v. 82, p. 359-373. 2012. Aborda o tema: "A interpretação finalista de consumidor fatalmente afastaria a caracterização do contrato como relação de consumo. Por outro lado, a presença de vulnerabilidade nesse caso pode fomentar a interpretação do finalista aprofundada, equiparando a consumidor o tomador de crédito, especialmente quando empresário, identificando sua vulnerabilidade em relação à instituição financeira cocontratante, e sua exposição a uma situação de desigualdade conforme bem se interpreta o art. 29 do CDC".

15. MARQUES, Claudia Lima. Algumas perguntas e respostas sobre prevenção e tratamento do superendividamento dos consumidores pessoa física. *RDC*. São Paulo: Ed. RT, v. 75, p. 9-42. 2010. Já anotado: "Boa-fé se presume, e em todos os países que possuem leis sobre a prevenção e tratamento do superendividamento dos consumidores aquele que é protegido é sempre o consumidor pessoa física de boa-fé contratual. A boa-fé é a base do combate ao superendividamento dos consumidores. Como já afirmamos muitas vezes, a imposição do princípio da boa-fé objetiva às relações de crédito com consumidores (art. 4º, III, do CDC) leva à existência de um dever de cooperar dos fornecedores para evitar a ruína desses consumidores".

16. Como já enfrentado, se trata de 'atualização' do microssistema consumerista e não reforma ou recodificação, exatamente porque não houve alteração metodológica do CDC, mantendo-se estruturas e funcionalidades, entretanto inovando em razão das complexas, imediatas e múltiplas fontes materiais que se seguiram desde 1994. Ver: BENJAMIN, Antônio Herman de Vasconcelos; MARQUES, Claudia Lima; LIMA, Clarissa Costa de; VIAL, Sophia Martini. *Comentários à Lei 14.181/2021*: a atualização do CDC em matéria de superendividamento. São Paulo: Thomson Reuters, 2021.

17. BENJAMIN, Antônio Herman de Vasconcelos; MARQUES, Claudia Lima; LIMA, Clarissa Costa de; VIAL, Sophia Martini. *Comentários à Lei 14.181/2021*: a atualização do CDC em matéria de superendividamento. São Paulo: Thomson Reuters, 2021, p. 110. Explicam: "Em resumo, a hermenêutica deve ser sempre a favor do

O tema superendividamento que já estava sendo tratado empiricamente no Brasil a partir de 2006,[18] sem prejuízo de noções gerais versadas em 1996,[19] aos poucos ganhou a atenção de estudiosos nacionais, não apenas considerando a edição de estudos comparatistas,[20] mas, sobretudo, as consequências excludentes do fenômeno que eram (e são) exigentes de constantes buscas de soluções justas e amparadas pela efetividade. A notória 'ausência de fôlego' dos institutos jurídicos clássicos é perceptível na medida em que não aliviam suficientemente a situação de ruína dos devedores.

O trâmite por penosos nove anos perante o parlamento nacional da proposta legislativa – inicialmente através do PLS 283/2012 (Senado Federal), secundado do PL 3515/15 (Câmara dos Deputados) e concluindo no PLS 1805/21 (novamente Senado Federal) – foi seguido de vetos presidenciais 'desnecessários'[21] em meados de 2021, quando a pandemia Sars Covid 19 já havia ceifado vidas de milhares de brasileiros e proporcionado sérios danos: existenciais e econômicos (estes tanto macro e como micro).

Mais especificamente em relação aos vetos presidenciais, dada a robustez axiomática e normativa do PL então aprovado por unanimidade pelo Senado (mérito em grande parte da Comissão de Juristas responsável pela elaboração), os dispositivos defenestrados no controle 'checks and balances' exercido pelo Poder Executivo não desidrataram as diretrizes fundantes (princípios, direitos básicos, prevenção e tratamento) da novel legislação que passou a viger em 2021.

Também cabe o registro respeitante à intensa vigília realizada por professores, universidades, entidades de defesa do consumidor, PROCONs, Ministérios Públicos e Defensorias Públicas, o que sempre evidenciou a natureza 'pro hominis' do direito do consumidor na agenda cidadã dos direitos humanos (resistência, mobilização e eman-

---

consumidor, fato agora revitalizado pela Lei 14.181/21, seus princípios de combate à exclusão social (art. 6º, X), de fomento à educação financeira em que o próprio contrato educa e as informações e esclarecimentos que devem ser prestados de forma obrigatória (art. 6º, IX, art. 54-B, art. 54-D e §§ 1º e 2º do art. 54-G) e de proteção especial ao consumidor pessoa natural (art. 5º, VI, in fine) e suas garantias de práticas responsáveis, do mínimo existencial, de práticas de prevenção e de tratamento extrajudicial ou, se necessário, judicial de práticas da boa-fé de cooperação para revisão e a repactuação da dívida (art. 6º, XI) [...] tudo converge e aponta para uma hermenêutica mais favorável ao consumidor: é a nova ordem pública do consumidor do CDC (art. 1º) ainda mais reforçada pela Lei 141.81/21".

18. MARQUES, Claudia Lima. Sugestões para uma lei sobre tratamento do superendividamento de pessoas físicas em contratos de crédito ao consumo: proposições com base em pesquisa empírica de 100 casos no Rio Grande do Sul. *Revista de Direito do Consumidor*. São Paulo: Ed. RT, v. 55. p. 11-52. 2005.

19. LOPES, José Reinaldo de Lima. Crédito ao consumidor e superendividamento: uma problemática geral. *RDC*. São Paulo: Ed. RT, v. 17, p. 57-64. 1996.

20. COSTA, Geraldo de Faria Martins da. *Superendividamento*: a proteção do consumidor de crédito em Direito Comparado brasileiro e francês. São Paulo: Ed. RT, 2002.

21. MARTINS, Fernando Rodrigues; MARTINS, Guilherme Magalhães; VIAL, Sophia Martini. *Os vetos parciais sobre a Lei 14.181/21 e a promoção suficiente dos superendividados*: uma ode às quatro culturas: desperdiçadas do direito do consumidor. Na ocasião defendemos: "os vetos desprezaram incontáveis e evidentes irritações próprias do "gargalo social", deixando de contribuir na melhoria e avanços do sistema jurídico para solução dos mais intricados desafios relativos aos consumidores e outros vulneráveis perante o mercado. Se na contemporaneidade já é difícil aprovar iniciativas legislativas meramente pontuais e desprovidas de substrato promocional e protetivo, o que dizer daqueles projetos de lei densamente caracterizados por novos valores para transformação de obsoletas estruturas?" *RDC*. São Paulo: Ed. RT, v. 138. p .17-47. 2021.

cipação). Tratar do superendividado é, sobretudo, evitar lógicas 'abstratas' ou 'localistas' dos direitos humanos, para situá-lo numa silhueta complexa, onde o excluído está na periferia e não no centro.[22]

Essa vigília é contínua e se intensifica até os dias atuais, agora e mais nomeadamente pela revogação do Decreto 11.150/22 que pretensamente ao 'tentar' regulamentar o 'mínimo existencial' utilizou critérios distantes da razoabilidade fundamental, da promoção humana e da erradicação da pobreza, assim como inscreveu regras de conduta opostas àquelas estabelecidas na Lei 14.181/21.[23]

3. OS DESAFIOS DA REALIZAÇÃO DO PLANO GLOBAL: QUANTIDADE E QUALIDADE DAS DÍVIDAS; CONTEÚDO; PRESERVAÇÃO DO MÍNIMO EXISTENCIAL

O número aproximado a quarenta milhões de pessoas naturais superendividadas no Brasil é muito revelador, porque alerta para quantidade considerável de consumidores engazopados por controles comportamentais do mercado e em decorrência disso fustigados pelos efeitos decorrentes do acesso a crédito não responsável, dentre eles a exclusão social.

Daí a intensa preocupação em coroar com efetividade os interesses jurídicos de tantas pessoas em situação jurídica de distanciamento dos direitos fundamentais, muitas delas abaixo da linha de pobreza (mais pobres pretos que brancos, mais crianças hipervulneráveis, mais desigualdades sociais)[24] e para tanto não apenas as técnicas processuais de tutela de direitos são essenciais, assim como outros modelos científicos.

---

22. FLORES, Joaquin Herrera. Direitos humanos, interculturalidade e racionalidade. Trad. Carol Proner. *Sequência Estudos Jurídicos Políticos*, v. 23, n. 44, p. 9-30. 2002. Adiciona: "Por essa razão, a visão complexa dos direitos aposta por situar-nos na periferia. Centro há somente um. O que não coincida com ele é abandonado à marginalidade. Periferias, no entanto, existem muitas. Na realidade, tudo é periferia, se aceitamos que não há nada puro e que tudo está relacionado. Uma visão, a partir da periferia dos fenômenos, indica-nos que devemos abandonar a percepção de "estar no entorno", como se fôssemos algo afastado do que nos rodeia e que deve ser dominado ou reduzido ao centro que inventamos. Não estamos no entorno. "Somos o entorno"."

23. Ver, nesse sentido, a ADPF 1005 proposta pela CONAMP em trâmite no Supremo Tribunal Federal. A propósito vale o destaque de excerto do parecer da Procuradoria-Geral da República oferecido nos autos da mencionada ação: "4. O art. 3º, caput e §§ 2º e 3º, do Decreto presidencial 11.150/2022, ao revelar o sentido e fixar o alcance do que se considera mínimo existencial para fins de consumo, afronta diretamente os preceitos fundamentais da dignidade humana, do dever legal do Estado de proteger o consumidor, além de se opor ao objetivo da República Federativa do Brasil de erradicar a pobreza e a marginalização e reduzir as desigualdades sociais. 5. O regulamento, ainda que tenha como intuito integrar normas jurídicas sob uma determina ótica, não há de se mostrar alheio a preceitos fundamentais do Estado, sob o risco de esvaziar os fundamentos e os objetivos republicanos da democracia brasileira. 6. Os arts. 4º e 5º do Decreto presidencial 11.150/2022 inovam na ordem infraconstitucional, estabelecendo situações restritivas não vedadas pelo CDC, fragilizando as condições adequadas e mínimas de existência digna do consumidor".

24. *Síntese de indicadores sociais*: uma análise das condições de vida da população brasileira: 2022 / IBGE, Coordenação de População e Indicadores Sociais. Rio de Janeiro: IBGE, 2022, p. 49. Esta última pesquisa do IBGE demonstra o aumento das desigualdades regionais e da pobreza monetária no Brasil: "Com um mercado de trabalho ainda pouco dinâmico em 2021, em um contexto marcado pela continuidade da pandemia de CO-VID-19 com redução na cobertura e volume do Auxílio Emergencial, este capítulo mostra que houve ampliação da vulnerabilidade de renda da população brasileira, com aumento do número e proporção de pessoas nas faixas

Vale a lembrança que o 'tempo do processo' é diferente do 'tempo da pessoa',[25] razão pela qual todos os meios em direito válidos, desde que com pertencialidade à legalidade constitucional devem compor o cardápio de ferramentas aptas à evitabilidade do superendividamento e ao também à 'purga justa e equânime' das dívidas daqueles que já estão em situação de ruína e de uma série de abalos biopsicológicos.[26]

O 'aperfeiçoamento' do microssistema para proteção dos consumidores tem que sair do papel (*law in books*), acudir os vulneráveis excluídos reinserindo-os na sociedade (*law in action*) e atrelar-se a pautas significativas como a (i) educação financeira e (ii) o aumento do índice de desenvolvimento humano, desencadeando o atendimento aos Objetivos de Desenvolvimento Sustentável (ODS).[27]

Evidente que o art. 104-B do CDC inaugura 'a ação por superendividamento' à disposição do superendividado: verdadeira garantia constitucional,[28] com escopo de proporcionar a revisão e integração dos contratos e repactuação das dívidas remanescentes mediante plano judicial 'compulsório'. Enfim, trata-se da 'vinculatividade' do credor ao 'dever de renegociação' como corolário da dignidade humana. Entretanto, não é essa a única base vocacionada na atualização do CDC proporcionada pela Lei 14.181/21. Há outra diretriz que se situa muito mais no âmbito da 'desjudicialização', mediante conciliação e mediação (afinadas com deveres de proteção do Estado) do que a tradicional postulação.

Observe que na atualização no art. 5º do CDC – matriz das diretrizes da *'política nacional das relações de consumo'* e, portanto, indicativa dos modos de atuação do

---

de menor rendimento. A consequência desta dinâmica foi o aumento da desigualdade e da pobreza, cujo efeito foi mais intenso entre determinados grupos populacionais, como mulheres, crianças, e pessoas de cor preta ou parda, além da população que reside nas Regiões Norte e Nordeste do País".

25. MARINONI, Luiz Guilherme. *Tutela de urgência e tutela da evidência*: soluções processuais diante do tempo da Justiça. 3. ed. rev. e atual. São Paulo: Ed. RT, 2019.

26. Segundo pesquisa perfil e comportamento do endividamento brasileiro 2022, realizada pelo SERASA, 83% dos endividados têm dificuldade para dormir por conta das dívidas; 78% têm surtos de pensamentos negativos devido aos débitos vencidos; 74% afirmam ter dificuldade de concentração para realizar tarefas diárias; 62% dos entrevistados sentiram impacto no relacionamento conjugal; 61% viveram ou vivem sensação de "crise e ansiedade" ao pensar na dívida; 53% dos pesquisados revelam sentir "muita tristeza" e "medo do futuro"; 51% dos entrevistados têm vergonha da condição de endividado; 33% não se sentem mais confiantes em cuidar de suas próprias finanças; 31% pararam de frequentar reuniões familiares.

27. MARQUES, Claudia Lima; ATZ, Ana Paula. A efetivação das metas do objetivo de desenvolvimento sustentável – ODS 12 no Brasil: pela aprovação do PL 3514/2015 de um consumo digital e sustentável. In: *Revista de Direito Ambiental*. São Paulo: Ed. RT, v. 107, p. 195-233. 2022. Observam no caso brasileiro: "a pobreza e os índices do desenvolvimento humano constituem obstáculos para a promoção do desenvolvimento e do consumo sustentável. No cenário pós pandemia brasileiro, percebe-se que os índices relacionados a pessoas na faixa da pobreza e extrema pobreza aumentaram, assim como a taxa de desemprego. Na educação, o Enem registrou baixa adesão da camada mais pobre da população. Cresceu o número de consumidores endividados e superendividados, que foram contemplados com a promulgação da Lei 14.181, de 2021, que trata da prevenção e do tratamento do superendividamento dos consumidores, atualizando o CDC nessa matéria e conferindo maior sustentabilidade econômica nas relações de consumo".

28. MARTINS, Fernando Rodrigues; LIMA, Clarissa Costa de. *Ação por superendividamento (CDC, art. 104-B) e norma constitucional injuntiva*: da consensualidade ao plano compulsório. Disponível em: https://www.migalhas. com.br/coluna/migalhas-contratuais/369501/acao-por-superendividamento-e-norma-constitucional-injuntiva. Acesso em: 03 maio 2023.

Estado ao consumidor – foram inseridos dois dispositivos que garantem a adequada e constitucional funcionalidade da tutela do consumidor. Há através destes dois novos dispositivos uma ampla dialogicidade e coordenação entre os chamados 'deveres de proteção' pelo Estado e a 'função procedimental' dos direitos fundamentais.

Pelo primeiro, previsto no inciso VI são criadas estruturas normativas para prevenção e tratamento do superendividamento, reafirmando a necessidade proteção do consumidor pessoa natural.[29] Aqui se identificam os 'deveres de proteção do Estado'[30] voltado ao consumidor superendividado na medida em que os próprios sujeitos da relação jurídica privada (notadamente os agentes financeiros) estão vinculados aos direitos fundamentais, não cabendo a exclusão social do vulnerável. A tarefa protetiva do Estado é dar concretude à evitabilidade do 'dano de exclusão'.

Pelo segundo, no inciso VII, são instituídos núcleos de conciliação e mediação de conflitos oriundos de superendividamento. Esta hipótese relaciona-se com normas organizacionais e procedimentais de direitos fundamentais, cujo escopo é 'concretizar' no plano dos 'fenômenos fáticos' os valores e os preceitos estabelecidos na Constituição Federal.[31] Tais núcleos de conciliação e mediação de apoio aos superendividados (NAS), que já começam a se espalhar pelo Brasil, somam-se enquanto instituições públicas de promoção ao consumidor e compõem, ao lado dos PROCON's, Ministérios Públicos, Defensorias Públicas, SENACON e entidades civis de proteção ao consumidor, o Sistema Nacional de Defesa do Consumidor (CDC, art. 105).[32]

Os pontos fulcrais, subjacentes e exigentes da Lei 14.181/21 se ligam necessariamente à criação de marcos jurídicos eficientes na promoção dos consumidores frente à

---

29. A ideia posta a partir da 'pessoa natural' está voltada ao não profissional, a justamente aquele que sofre as falhas do mercado e neste caso trata-se do vulnerável. Contudo, não se perde de vista que empresas familiares de subsistência têm conseguido a expansão e equiparação ao conceito de consumidor.

30. SILVA, Jorge Pereira da. *Deveres do Estado de protecção de direitos fundamentais*: fundamentação e estrutura das relações jusfundamentais triangulares. Lisboa: Universidade Católica Editora, 2015, p. 106. A lição é clara: "Função de protecção e a função de vinculação intersubjectiva intersectam-se reciprocamente: não porque caiba aos poderes públicos obrigados pelos deveres de protecção levantar do chão a eficácia vinculativa dos sujeitos privados; ao invés, o dever de protecção existe precisamente porque (e na exacta medida em que) os particulares se encontram de antemão constitucionalmente vinculados num sentido muito amplo, ao respeito aos direitos fundamentais uns dos outros. Os deveres de protecção representam, assim, um plus que assenta sobre a ideia de uma vinculação preexistente dos sujeitos privados aos direitos fundamentais".

31. SARLET, Ingo Wolfgang. Os direitos fundamentais, sua dimensão organizatória e procedimental e o direito de saúde: algumas aproximações. *Revista de Processo*. v. 175. São Paulo: Ed. RT, 2009, p. 9-33. Observa: "a partir do conteúdo das normas de direitos fundamentais é possível se extrair consequências para a aplicação e interpretação das normas procedimentais, mas também para uma formatação do direito organizacional e procedimental que auxilie na efetivação da proteção aos direitos fundamentais, de modo a se evitarem os riscos de uma redução do seu significado e conteúdo material. Neste contexto, há que considerar a íntima vinculação entre direitos fundamentais, organização e procedimento, no sentido de que os direitos fundamentais são, ao mesmo tempo e de certa forma, dependentes da organização e do procedimento, mas simultaneamente também atuam sobre o direito procedimental e as estruturas organizacionais".

32. A propósito, entendemos que os Núcleos de Apoio aos Superendividados devem ter assento e representatividade no Sistema Nacional de Defesa do Consumidor, encampando algumas das competências contidas no art. 4º do Decreto 2.181/21, dentre elas: dar atendimento aos consumidores, processando, regularmente, as reclamações fundamentadas; fiscalizar as relações de consumo; e funcionar, no processo administrativo, como instância de instrução e julgamento e conciliação.

'falência' pessoal, objetivando também, e indiretamente, o apoio aos núcleos familiares impactados por dívidas, inclusive com reflexos para microempresas de subsistência sobreviventes às custas de garantias pessoais. E, nessas circunstâncias, como se trata de notória relação jurídica de consumo nada mais adequado que no próprio microssistema alocar tais inovações normativas.

Ao lado da intensa movimentação interna, o Banco Mundial nos termos da competência que lhe cabe internacionalmente, passou a recomendar aos Tribunais dos países participantes – tema esse que importa ao Conselho Nacional de Justiça[33] – a imunização das externalidades negativas do superendividamento propondo a criação de 'mecanismos de quitação' para a abertura do *direito ao recomeço* (*right to restart*) aos consumidores, orientando ainda à remoção de obstáculos jurídico-financeiros (como o de custas processuais) e obstáculos jurídicos de acesso (como procedimentos burocráticos e confusos).[34]

Diga-se de passagem, além de orientar os países participantes quanto ao tema da 'falência pessoal' (*personal bankruptcy*) e meios de quitação das dívidas, o Banco Mundial na hipótese específica brasileira tomou compromisso do 'Estado-governança' quanto às seguintes pautas: *i* – apoio na consolidação orçamentária e promoção a eficácia do governo na prestação de serviços de modo 'sustentável', 'inclusivo' e 'eficiente'; *ii* – inserção de investimentos do setor privado, maior produtividade e 'mais empregos'; e *iii* – avanço em direção a um desenvolvimento mais 'equitativo' e 'sustentável'. Portanto, impossível na condição de país participante de inúmeros organismos internacionais, o Brasil quedar-se em atender sugestões de inegáveis caracteres propositivos e que se afinam com a *ratio juris* da legalidade constitucional.[35]

A Lei 14.181/21 tem o ineditismo de introduzir no Brasil o 'processo de repactuação das dívidas', buscando a solução harmoniosa entre os interesses econômicos dos credores e preservando a capacidade de pagamento do superendividado, sem se descurar da preservação do mínimo existencial. Portanto, na medida em que se está possibilitando o 'direito ao recomeço' do consumidor, mediante o tratamento desta patologia, também se tem igualmente em mira o modelo de reeducação "mediante o sacrifício da renda do consumidor que ficará comprometida com o pagamento do plano consensual ou judicial".[36]

---

33. BRASIL. Conselho Nacional de Justiça. Portaria 55/2022. Institui Grupo de Trabalho para aperfeiçoar os fluxos e procedimentos administrativos para facilitar o tramite dos processos de tratamento do superendividado.

34. Já em 2010 o Banco Mundial recomendava ações e políticas para o superendividamento. O último relatório agora de 2022 estampa a necessidade de modelos para "melhorar a capacidade institucional de administrar a insolvência". Ver em: https://openknowledge.worldbank.org/server/api/core/bitstreams/709a167c-cf-21-5926-899f-5c3ad80e3169/content. Acesso em: 10 maio 2023.

35. Dentre elas a consolidação de uma sociedade justa e solidária, erradicando-se a pobreza.

36. BENJAMIN, Antônio Herman de Vasconcelos; MARQUES, Claudia Lima; LIMA, Clarissa Costa de; VIAL, Sophia Martini. *Comentários à Lei 14.181/2021*: a atualização do CDC em matéria de superendividamento. São Paulo: Thomson Reuters, 2021, p. 317. Em outras palavras: "o modelo escolhido na atualização segue uma linha inclusiva e humanista do sujeito que se superendividou e, nessa medida, afasta-se do paradigma concursal da insolvência ou da recuperação empresarial que liquidam o patrimônio do consumidor e o inabilitam para o mercado a fim de satisfazer os credores".

Essa tarefa é espinhosa, considerando os seguintes elementos do plano de pagamento: quantidade (i), qualidade e (ii) das dívidas; conteúdo do plano (iii) e preservação do mínimo existencial (iv).

A *quantidade* de dívidas que o superendividado traz consigo é asfixiante. Aqui o aspecto 'subjetivo' dos credores é o que importa. Materializam-se em instituições financeiras, administradoras de cartão de crédito, varejistas, lojas e supermercados com linhas de crédito, concessionárias de serviço público, sem prejuízo de demais segmentos que atuam sobre as despesas ordinárias do dia a dia do núcleo familiar (como no exemplo do acesso à Internet ou planos de saúde).

Os credores são fornecedores (CDC, art. 3º), assim inseridos no setor empresarial (CC, art. 966), pessoas jurídicas empreendedoras e que desenvolvem atividades, estando desprovidas, pois, de vulnerabilidade. Formam um corpo homogêneo atuante no mercado (especialmente financeiro) em que seus interesses devem ser cooperativos e colaborativos (derivados da boa-fé objetiva) para a situação do consumidor superendividado.

As reclamações formuladas nos órgãos de proteção indicam geralmente, por consumidor superendividado, cerca de dez a vinte credores, o que demonstra densa teia de interessados com créditos a serem satisfeitos concentrados no polo passivo e que, por imperativo legal (CDC, art. 104-A), a fim de que a repactuação consensual seja possível, devem estar presentes à unanimidade na audiência de conciliação.[37] Uma 'conciliação em bloco': concentram-se todos os débitos para o planejamento e facilitação da quitação.[38]

Observe que os expedientes formais dos núcleos de apoio aos superendividados, PROCONS e demais instituições (inclusive CEJUSCs), mesmo que para um só consumidor nesta situação jurídica, é complexa, porque demandará muitas notificações, infraestrutura com espaços aptos em comportar partes, advogados e, se for o caso, representantes de equipe multidisciplinar. Tudo isso a demandar as despesas decorrentes à prestação de serviço processual.

Advirta-se que mesmo em caso de expedientes consensuais, haverá necessidade de instauração de *processo judicial* ou *processo administrativo*, porquanto ao final haverá *decisão* homologatória (se for acordo judicial) ou *decisão* referendada (se acordo extrajudicial pelo SNDC).[39]

A *qualidade* das dívidas já é fator objetivo. O ponto de partida é verificar a natureza da dívida: se oriunda de cartão de crédito, crédito consignado, empréstimo pessoal

---

37. Bertoncello, Káren Rick Danilevicz. Superendividamento do consumidor: mínimo existencial – casos concretos. *Revista dos Tribunais*, p. 122. 2015. Adverte: "é justamente a possibilidade de coleta simultânea e/ou sucessiva das propostas na mesma sessão, permitindo que o consumidor superendividado possa escolher, se for o caso, a ordem de pagamentos, conforme critérios pessoais de capacidade de reembolso ou, até mesmo, da natureza da dívida".

38. BENJAMIN, Antonio Herman de Vasconcelos; MARQUES, Claudia Lima; LIMA, Clarissa Costa de; VIAL, Sophia Martini. *Comentários à Lei 14.181/2021*: a atualização do CDC em matéria de superendividamento. São Paulo: Thomson Reuters, 2021, p. 322.

39. BENJAMIN, Antônio Herman de Vasconcelos; MARQUES, Claudia Lima; LIMA, Clarissa Costa de; VIAL, Sophia Martini. *Comentários à Lei 14.181/2021*: a atualização do CDC em matéria de superendividamento. São Paulo: Thomson Reuters, 2021, p. 464. Ver sugestão de portaria-modelo para PROCONs (com regulação do mínimo existencial).

bancário, despesas correntes etc., assim como as finalidades para quais foram realizadas, levando-se como critérios a essencialidade ou não essencialidade das negociações de onde surgiram.

A natureza da dívida em jogo repercute diretamente sobre a vida do consumidor, especialmente quando não solucionada emergencialmente e seja oriunda de contratos relacionais ou de longa duração, com riscos de 'solução de continuidade'. Portanto, alguns débitos merecem prioridade na satisfação, suspensão e escalonamento justamente para não importar em cessação de serviços essenciais.

É comum, por exemplo, dívidas oriundas de crédito consignado sobre folha de pagamento de servidor público em tratamento de saúde estar impactando o pagamento das mensalidades oriundas de contrato coletivo de saúde (que conta ainda com subsídio estatal), o que pode levar ao seu cancelamento e sérios percalços à vida do consumidor. Nesta hipótese, para continuidade do atendimento aos procedimentos relativos à saúde, e com a devida emergência, a conciliação deverá dar prioridade à referida dívida (negociando sua dilação ou até moratória temporária).

O *conteúdo* do plano de repactuação também envolve questões que exigem atenção: *a* – tempo de duração (cinco anos); *b* – medidas revisoras de negociação (dilação de prazos de pagamento, redução de encargos); *c* – interrupção de adjudicações processuais (suspensão ou extinção de disputas judiciais); *d* – providências restaurativas do fôlego financeiro do consumidor (exclusão de dados de bancos restritivos); *e* – condutas de abstenção pelo consumidor (elementos de reeducação financeira).

Se cotejarmos aos dias atuais, é de fácil conclusão que a quantidade de núcleos familiares superendividados no Brasil somada à extensão de tais débitos descortina a óbvia necessidade em melhorarmos, mediante *conciliação* e *deveres de consideração da boa-fé objetiva*, ao menos dois pontos do plano repactuação: *a* – a extensão do prazo de duração dos escalonamentos; *b* – dentre as medidas revisoras, em alguns casos, a adoção de perdão parcial (*fresh start*). Aqui não se trata de ir além da Lei 14.181/21, mas evidentemente atender os princípios reitores dela (na vedação da exclusão social) e conceder à conciliação o caráter mais amplo possível, diante das excepcionalidades verificadas.[40]

Por fim, do 'mínimo existencial' – verdadeira pedra angular da Lei 14.181/21 de proteção adequada e suficiente da vida digna do consumidor – advém os '*limites do sacrifício*' do superendividado no plano de repactuação. A despeito do Decreto 11.150/21, que pretextou regulamentar a Lei 14.181/21 ainda estar vigendo, a inerente

---

40. MOURA, Mario Aguiar de. A tentativa de conciliação no processo civil. *Doutrinas essenciais de processo civil.* São Paulo: Ed. RT, 2011, v. 2. p. 725-733. Indica: "Destarte, é dos direitos versados nas obrigações e nos direitos das coisas, na província do direito material, que advém a matéria sujeita à tentativa de conciliação, como ato procedimental. [...] A bem dizer, salta aos olhos a finalidade próxima da conciliação. Reside ela na busca da mais rápida solução da demanda, além de vir ao encontro do princípio da economia processual, eis que, efetivada, dispensa a prolação de sentença sobre o mérito, bem como obsta a interposição de recurso, fator de desafogo do segundo grau. Como a conciliação, pelo menos em tese, é o encontro de equilíbrio dos interesses em jogo, serviria ela de minimizar o sentimento de frustração que atinge o vencido. Aí estaria a finalidade mediata, nem por isso menos importante, de ser a conciliação elemento de normalização da estabilidade social".

inconstitucionalidade e ilegalidade lhe retiram a aplicação, porque de sua invalidade tem-se como 'não escrito'.

Entendemos que a fixação do 'mínimo existencial' nos planos de repactuação deve atender dois pontos em tensão: *i* – a renda mensal do consumidor, assim compreendida a parcela da remuneração periódica recebida a qualquer título, necessária ao custeio das despesas que assegurem sua subsistência digna e acesso a bens essenciais, assim como das pessoas que dele dependam; *ii* – as despesas relativas à locação do imóvel em que resida o consumidor e aos serviços essenciais de água e energia elétrica, telefone ou Internet, alimentação própria, educação formal, medicamentos, saúde e higiene, assim como as decorrentes de obrigações de caráter alimentar de que seja devedor, e as de natureza tributária.[41]

Enfim, os elementos do plano de repactuação indicam que o tratamento, como resposta jurídica adequada aos consumidores superendividados, é tema de complexidade aprofundada a exigir soluções e modelos variados.

4. DIRETRIZES GERAIS DAS PLATAFORMAS DIGITAIS DE REPACTUAÇÃO

Para dar efetividade tanto à Lei 14.181/21, bem como às iniciativas do Banco Mundial, a instalação de *'plataformas digitais consensuais e de tratamento'* por certo contribuirá na promoção dos consumidores em situação de superendividamento. Não faz sentido, os tribunais e demais instituições que atuam no mundo jurídico já utilizarem ambientes virtuais para processos e expedientes eletrônicos e justamente os órgãos que atuam no complexo acervo de proteção do consumidor superendividado permanecer em estratégias exclusivamente presenciais e físicas.

Para tanto, abordaremos algumas possibilidades.

Em primeiro lugar, a plataforma de tratamento proposta não se confunde com ODR (*Online Dispute Resolution*) e muito menos com feirões e mutirões de renegociação, exatamente porque (i) não será apenas um 'canal' de aproximação entre fornecedores e consumidores superendividados, senão ambiente de exercício de deveres de proteção de direitos fundamentais,[42] (ii) não estará vocacionada apenas para mecanismos de quitação de dívidas, mas principalmente de educação financeira.

Em segundo lugar, o ambiente virtual não extinguirá as necessidades decorrentes da presença física de todos os atores. A tutela (defesa + proteção) se dará de maneira

---

41. Aliás essa é exatamente a proposta do Instituto Brasileiro de Política e Direito do Consumidor para a regulamentação do 'mínimo existencial'. Ver MIRAGEM, Bruno; MARTINS, Fernando Rodrigues. Proposta de regulamentação do CDC por decreto presidencial – mínimo existencial. *RDC*. São Paulo: Ed. RT, v. 139, p.409-414. 2022. Na oportunidade frisamos: "a regulamentação do mínimo existencial exige o necessário cuidado, rigor e perspectiva da mais alta reverência, tendo em vista a origem derivada do assento constitucional; o conteúdo do mínimo existencial, tendo sido recebido pelo Direito Privado na Lei 14.181/21, é garantido por conceito indeterminado de eficácia direta e imediata".

42. As ODRs também são utilizadas pelas instituições públicas, como no caso da plataforma *'consumidor.gov'* da Senacon, ausente, no entanto, o necessário dever de proteção.

híbrida, levando-se em conta especialmente as preocupações de acolhimento, atendimento multidisciplinar, orientação e educação financeira daquele que está em situação de superendividamento.[43] É de se recordar que em muitas situações nem mesmo acesso à conectividade o consumidor terá, pois é um excluído digital.

Em terceiro lugar, percebe-se ao menos certa tentativa de transformação dos ambientes virtuais. Se o mundo da 'Internet das coisas' está coroado pela (*des*)localização das relações, (*des*)materialização dos contratos e de (*des*)personificação das pessoas, as plataformas de tratamento conseguirão corrigir essa enorme clivagem, possibilitando a (*re*)localização dos tratos pelas audiências; a (*re*)materialização dos negócios mediante os constantes deveres de informação e a (*re*)personificação, especialmente do superendividado que será necessariamente ouvido. Enfim, a plataforma de (re)pactuação é ambiente, sobretudo, da 'Internet das pessoas.'[44]

A entrada em vigor da Lei 14.129/21 que introduziu as regras e instrumentos do Governo Digital, além de ser aplicável aos poderes públicos da federação, adota princípios que auxiliam na criação das plataformas de repactuação,[45] dentre eles aqueles que gerenciam e monitoram riscos próprios da prestação digital de serviços públicos com vistas à proteção das liberdades civis e direitos fundamentais, nos termos do art. 48, inciso IV. Em outras palavras: as plataformas de repactuação e tratamento não podem, na base, serem prejudiciais aos consumidores superendividados.

Igualmente e à luz do direito digital,[46] entendemos como cabíveis as seguintes diretrizes para as plataformas digitais aqui propostas: controle humano, público e democrático; presença do Estado; transparência e interpretação favorável.

Tais plataformas, mesmo que desfrutem de sistemas inteligentes (especialmente para a realização do cálculo e verificação do mínimo existencial), assim como registrem, armazenem e compartilhem dados, devem estar sob o '*controle da decidibilidade humana*', dependendo de soluções previamente estabelecidas e discutidas, conforme a

---

43. RAMOS, Fabiana D'Andrea. Métodos autocompositivos e respeito à vulnerabilidade do consumidor. *RDC*. São Paulo: Ed. RT, v. 109, p. 333-348. 2017. Na aguda observação: "por fim, deve-se considerar ainda outra característica de extrema conversão pertinente aos meios consensuais de composição de conflitos, que é o acolhimento dos sentimentos e sentimentos das partes. A via judicial contenciosa certamente não comporta essa característica tão importante para a efetivação das relações sociais".

44. DUNKER, Christian. Psicanálise da vida digital. In: GOLDBERG, Leonardo e AKIMOTO, Claudio. *O sujeito na era digital*: ensaios sobre psicanálise, pandemia e história. São Paulo: Edições 70, 2021, p. 15.

45. BRASIL. Lei 14.129 de 29 de março de 2021. Dispõe sobre princípios, regras e instrumentos para o Governo Digital e para o aumento da eficiência pública. Brasília-DF. Diário Oficial da União, 2021. São eles com pertinência em relação a esta pesquisa: "1 – a desburocratização, a modernização, o fortalecimento e a simplificação da relação do poder público com a sociedade, mediante serviços digitais, acessíveis inclusive por dispositivos móveis; ii – a possibilidade aos cidadãos, as pessoas jurídicas e aos outros entes públicos de demandar e de acessar serviços públicos por meio digital, sem necessidade de solicitação presencial; iii – o uso de linguagem clara e compreensível a qualquer cidadão; iv – o uso da tecnologia para otimizar processos de trabalho da administração pública; iv – a presunção de boa-fé do usuário dos serviços públicos; v – a permanência da possibilidade de atendimento presencial, de acordo com as características, a relevância e o público-alvo do serviço; vi – a proteção de dados pessoais; vii – a acessibilidade da pessoa com deficiência ou com mobilidade reduzida".

46. HOFFMANN-RIEM, Wolfgang. *Teoria geral do direito digital*: transformação digital: desafios para o direito. 2. ed. Rio de Janeiro: Forense, 2022, p. 159.

legislação (Lei 14.181/21), até porque são ambientes próprios do poder público (com interesse público fundamental voltado ao consumidor superendividado). Sujeitas, pois, ao domínio *democrático e constitucional*.[47]

Ainda como elas são administradas pelo poder público, têm em si a '*presença do Estado*', não apenas como destinatário dos vínculos de acessibilidade nas plataformas, mas exatamente porque lhe cumpre os deveres fundamentais de proteção ao consumidor,[48] nos termos do art. 5º, inc. XXXII da Constituição Federal.

A '*transparência*' é essencial para desnudar como os agentes públicos envolvidos e a própria plataforma atuam e decidem no tratamento digital e presencial dos superendividados, inclusive com a expedição de relatórios e demais informações que não sejam caracterizadas pelo sigilo. Em situações tais, a transparência conduz à legitimidade dos sistemas inteligentes, já que permite 'ex Populi' a verificação do atingimento de metas referentes às políticas públicas de tratamento ao superendividamento. E nesse ponto, novamente há ampla coordenação com o CDC, que insere como princípio informador das relações de consumo o dever de transparência.[49]

Por fim, a '*interpretação favorável*' que é própria do CDC, art. 47, já que a vulnerabilidade ou a vulnerabilidade agravada, indicativas das falhas de mercado sobre as pessoas, impõem feridas, desigualdades, discriminações, danos e exclusão. Já que se trata de sujeito identificado constitucionalmente não faz sentido tratá-lo em situações dispares de forma isonômica, mas sempre tentando imunizar as diferenças.

5. CONSIDERAÇÕES FINAIS

Como visto, variados desafios impactam a efetividade da Lei 14.181/21. Entretanto, seus fundamentos são sólidos, não apenas no âmbito interno, como na esfera internacional, sendo dever de todas as instituições públicas (assim como o setor privado, especialmente de crédito) buscar mecanismos satisfativos de aplicação da legislação e promoção dos superendividados, em situação de exclusão social.

As plataformas digitais, desde que humanizadas e controladas têm enorme possibilidade de ajudar nesta tarefa extremamente humanitária e inclusiva.

---

47. Com NOVAIS, Jorge Reis. *A dignidade da pessoa humana*. Coimbra: Almedina, 2018, v. 1. p. 176. Aqui, dentre as funções da dignidade humana, a de controle: "a dignidade da pessoa humana desempenha um papel fundamental no controle da constitucionalidade das restrições aos direitos fundamentais, não apenas enquanto fonte de dedução dos restantes limites aos limites, mas também enquanto critério ou parâmetro material autônomo de controlo".

48. Ver MARQUES, Claudia Lima; MAGALHÃES, Simone; MARTINS, Fernando Rodrigues. Manifestação do Brasilcon no Tema 1085 – Recursos Especiais 1.863.973/SP, 1.877.113/SP e 1.872.441/SP. *RDC*. São Paulo: Ed. RT, v. 140, p. 417-443. 2022.

49. LIMBERGER, Têmis. Proteção de dados pessoais e comércio eletrônico: os desafios do século XXI. *RDC*. São Paulo: Ed. RT, v. 67. p. 215-241, 2008. Com apoio em Claudia Lima Marques: "transparência significa informação clara e correta sobre o produto a ser vendido, sobre o contrato a ser firmado, significa lealdade e respeito nas relações entre consumidor e fornecedor, mesmo na fase pré-contratual. Desta forma, a transparência demonstra ser uma integração do princípio da publicidade conjugado com o direito à informação e o princípio democrático".

REFERÊNCIAS

BENJAMIN, Antônio Herman de Vasconcelos; MARQUES, Claudia Lima; LIMA, Clarissa Costa de; VIAL, Sophia Martini. *Comentários à Lei 14.181/2021*: a atualização do CDC em matéria de superendividamento. São Paulo: Thomson Reuters, 2021.

BERTONCELLO, Káren Rick Danilevicz. *Superendividamento do consumidor*: mínimo existencial – casos concretos. Ed. RT, 2015.

CANOTILHO, J.J. Gomes. *Constituição dirigente e vinculação do legislador*: contributo para a compreensão das normas constitucionais programáticas. Coimbra: Editora Coimbra, 2001.

COSTA, Geraldo de Faria Martins da. *Superendividamento*: a proteção do consumidor de crédito em Direito Comparado brasileiro e francês. São Paulo: Ed. RT, 2002.

DEHESA, Guillermo de la. El papel de los mercados financieros en la autoalimentación y contagio de las crisis financieras. *Moneda y Crédito*. Madrid: Gráficas Villa, 2000.

DUNKER, Christian. Psicanálise da vida digital. In: GOLDBERG, Leonardo e AKIMOTO, Claudio. *O sujeito na era digital*: ensaios sobre psicanálise, pandemia e história. São Paulo: Edições 70, 2021.

FLORES, Joaquin Herrera. Direitos humanos, interculturalidade e racionalidade. Trad. Carol Proner. *Sequência Estudos Jurídicos Políticos*, v. 23, n. 44, 2002.

GAULIA, Cristina Tereza. As diversas possibilidades do consumidor superendividado no plano judiciário. *RDC*. v. 75. São Paulo: Ed. RT, 2010.

HARVEY, David. *Condição pós-moderna*: uma pesquisa sobre as origens da mudança cultural. Trad. Adail Ubirajara Sobral e Maria Stela Gonçalves. São Paulo: Edições Loyola, 1992.

HOFFMANN-RIEM, Wolfgang. *Teoria geral do direito digital*: transformação digital: desafios para o direito. 2. ed. Rio de Janeiro: Forense, 2022.

LARENZ, Karl. *Derecho de Obligaciones*. Trad. Jaime Santos Briz. Madrid: Revista de Derecho Privado, 1964. t. 1.

LIMBERGER, Têmis. Proteção de dados pessoais e comércio eletrônico: os desafios do século XXI. *RDC*. São Paulo: Ed. RT, 2008. v. 67.

LOPES, José Reinaldo de Lima. Crédito ao consumidor e superendividamento: uma problemática geral. *RDC*. São Paulo: Ed. RT, 1996. v. 17.

LOSANO, Mario G. *Os grandes sistemas jurídicos*: introdução aos sistemas jurídicos europeus e extraeuropeus. Trad. Marcela Varejão. São Paulo: Martins Fontes, 2007.

MARINONI, Luiz Guilherme. *Tutela de urgência e tutela da evidência*: soluções processuais diante do tempo da Justiça. 3. ed. rev. e atual. São Paulo: Ed. RT, 2019.

MARQUES, Claudia Lima. Algumas perguntas e respostas sobre prevenção e tratamento do superendividamento dos consumidores pessoa física. *RDC*. São Paulo: Ed. RT, 2010. v. 75.

MARQUES, Claudia Lima. Sugestões para uma lei sobre tratamento do superendividamento de pessoas físicas em contratos de crédito ao consumo: proposições com base em pesquisa empírica de 100 casos no Rio Grande do Sul. *Revista de Direito do Consumidor*. São Paulo: Ed. RT, 2015. v. 55.

MARQUES, Claudia Lima; ATZ, Ana Paula. A efetivação das metas do objetivo de desenvolvimento sustentável – ODS 12 no Brasil: pela aprovação do PL 3514/2015 de um consumo digital e sustentável. *Revista de Direito Ambiental*. São Paulo: Ed. RT, v. 107. 2022.

MARQUES, Claudia Lima; MAGALHÃES, Simone; MARTINS, Fernando Rodrigues. Manifestação do Brasilcon no Tema 1085 – Recursos Especiais 1.863.973/SP, 1.877.113/SP e 1.872.441/SP. *RDC*. São Paulo: Ed. RT, v. 140. 2022.

MARTINS, Fernando Rodrigues; LIMA, Clarissa Costa de. *Ação por superendividamento (CDC, art. 104-B) e norma constitucional injuntiva*: da consensualidade ao plano compulsório. Disponível em: https://www.migalhas.com.br/coluna/migalhas-contratuais/369501/acao-por-superendividamento-e-norma-constitucional-injuntiva. Acesso em: 03 maio 2023.

MARTINS, Fernando Rodrigues; MARTINS, Guilherme Magalhães; VIAL, Sophia Martini. Os vetos parciais sobre a Lei 14.181/21 e a promoção suficiente dos superendividados: uma ode às quatro culturas: desperdiçadas do direito do consumidor. *RDC*. São Paulo: Ed. RT, v. 138. 2021.

MIRAGEM, Bruno. Fundamento e finalidade da aplicação do Código de Defesa do Consumidor às instituições financeiras. Comentários à sumula 297 do STJ. *RDC*. São Paulo: Ed. RT, 2012. v. 82.

MIRAGEM, Bruno; MARTINS, Fernando Rodrigues. Proposta de regulamentação do CDC por decreto presidencial – mínimo existencial. *RDC*. São Paulo: Ed. RT, 2022. v. 139.

MOURA, Mario Aguiar de. A tentativa de conciliação no processo civil. *Doutrinas essenciais de processo civil*. São Paulo: Ed. RT, 2011. v. 2.

NOVAIS, Jorge Reis. *A dignidade da pessoa humana*. Coimbra: Almedina, 2018. v. 1.

RAMOS, Fabiana D'Andrea. Métodos autocompositivos e respeito à vulnerabilidade do consumidor. *RDC*. São Paulo: Ed. RT, 2017. v. 109.

RAMSAY, Ian. A sociedade de crédito ao consumidor e a falência pessoal do consumidor (*bankruptcy*): reflexões sobre os cartões de crédito e a *bankruptcy* na economia da informação. *RDC*. São Paulo: Ed. RT, v. 63. 2007.

RIBEIRO, Joaquim de Sousa. *Direito dos contratos*: estudos. Coimbra: Coimbra Editora, 2007.

SARLET, Ingo Wolfgang. Os direitos fundamentais, sua dimensão organizatória e procedimental e o direito de saúde: algumas aproximações. *Revista de Processo*. v. 175. São Paulo: Ed. RT, 2009.

SILVA, Jorge Pereira da. *Deveres do Estado de protecção de direitos fundamentais*: fundamentação e estrutura das relações jusfundamentais triangulares. Lisboa: Universidade Católica Editora, 2015.

SLATER, Don; TONKISS, Fran. *Sociedade de mercado*: mercado e teoria social moderna. São Paulo: EDUSP, 2022.

DA NECESSIDADE DE IMPLANTARMOS UMA PLATAFORMA PARA O TRATAMENTO DO CONSUMIDOR SUPERENDIVIDADO[1]

Leonardo Garcia

Mestre em Direito Difusos e Coletivos pela PUC/SP. Professor de diversos cursos e autor de diversas obras jurídicas. Procurador do Estado do Espírito Santo. Foi assessor do Relator no Senado dos projetos de lei de atualização do CDC.

Sumário: 1. Introdução – 2. Configuração do tratamento do consumidor superendividado pela Lei 14.181/2021 – 3. Desafios na implementação do tratamento do consumidor superendividado – 4. A utilização de uma plataforma para tratar o consumidor superendividado – 5. Vantagens da utilização de uma plataforma para o tratamento do consumidor superendividado – 6. Conclusão – Referências.

1. INTRODUÇÃO

Após mais de 9 anos de trâmite no Congresso Nacional, finalmente foi aprovada a Lei 14.181/2021 (de 1º de julho de 2021) que altera o CDC e o Estatuto do Idoso para tratar de um dos temas mais sensíveis da nossa sociedade, nas últimas décadas.

Após o Código de Defesa do Consumidor, que impactou diretamente toda a sociedade (afinal de contas, nos moldes das palavras do presidente Kennedy, "consumidores, por definição, somos todos nós"[2]), a Lei 14.181/2021 (chamada de Lei de Superendividamento), sem dúvidas, é a lei mais importante que já tivemos para a sociedade brasileira. Isso porque não tivemos, desde a edição do CDC, uma lei que impactasse (ou que, ao menos, tivesse este objetivo) de modo tão assertivo a sociedade brasileira.[3]

Atualmente, mais de 70% da população brasileira encontra-se endividada (o que não significa que esteja superendividada).[4] Porém, 30% da população está inadimplente, percentual alarmante e que demonstra um grave problema que estamos enfrentando.

---

1. Artigo elaborado com base na palestra proferida no dia 30/11/2022 no STJ no Seminário "O tratamento do consumidor superendividado à luz da Lei 14.181/2021".
2. Discurso do presidente do Estados Unidos John Kennedy, no dia 15 de março de 1962, declarando ao Congresso dos EUA alguns direitos importantes do consumidor.
3. Conforme se verá, a Lei do Superendividamento veio para tratar mais de 30 milhões de brasileiros que estão excluídos da sociedade de consumo e para mudar a cultura atual da concessão irresponsável do crédito.
4. *Número de brasileiros endividados chega a 71,4%, o maior desde 2010*. Disponível em: https://agenciabrasil.ebc.com.br/radioagencia-nacional/economia/audio/2021-08/numero-de-brasileiros-endividados-chega-714-o-maior-desde-2010#:~:text=Economia-,N%C3%BAmero%20de%20brasileiros%20endividados%20chega%20a,4%25%2C%20o%20maior%20desde%202010. Acesso em: 27 out. 2021.

Estima-se que metade destes inadimplentes estejam em situação de superendividamento, ou seja, mais de 30 milhões de brasileiros não conseguem mais pagar suas dívidas.[5] E, em razão pandemia do coronavírus, a tendência é que este número aumente.

O superendividamento ocorre quando as dívidas se tornam impagáveis. Ou seja, o passivo – envolvendo as dívidas do consumidor (inclusive as vincendas) – se tornam maiores que o ativo – envolvendo a renda, o salário e o patrimônio do consumidor. Nesse sentido, ocorre uma "impossibilidade manifesta" de "pagar a totalidade" das dívidas de consumo", nos dizeres da lei (art. 54-A).

Esta situação que torna o consumidor superendividado, antes de ser um problema jurídico, é um problema social. O superendividamento causa exclusão social (expressamente reconhecido no texto do CDC, art. 4º, X), uma vez que acarreta uma série de problemas na vida do cidadão/consumidor, em sua família e, por via reflexa, na sociedade. O superendividamento gera na vida do consumidor e de sua família uma existência indigna, sem acesso a padrões mínimos de subsistência.

Além disso, os estudos demonstram que esta situação de superendividamento ocasiona baixa autoestima na pessoa endividada, trazendo para si e para todos que convivem ao seu redor (principalmente cônjuge, filhos e pais) uma situação de insegurança e desconforto constante.

Os problemas financeiros são fontes de atritos familiares, causando divórcios, negligência na educação dos filhos, mudança de lares para honrar com os compromissos, depressão e outros problemas na saúde, além de baixa produtividade no trabalho. O consumidor devedor acaba com o nome inscrito nos órgãos de proteção ao crédito, sendo estigmatizado socialmente como alguém "fracassado", encontrando sérias dificuldades de encontrar emprego formal, uma vez que vários empregadores veem nesta situação de endividamento um empecilho para a contratação.[6-7-8]

---

5. .Cresce número de endividados; saiba organizar as finanças. Disponível em: https://idec.org.br/idec-na-imprensa/cresce-numero-de-endividados-saiba-organizar-financas. Acesso em: 27 out. 2021.
6. Rafael Zanatta, citando estudo da matemática Cathy O'Neil sobre a preocupação com a utilização de dados dos birôs de crédito, salienta que "O'Neil relata casos de empresas de recrutamento (recursos humanos) que utilizam as bases de dados de birôs de crédito para seleção de pessoas que estão concorrendo a um emprego. Essas pessoas não sabem que estão sendo discriminadas e que o potencial empregador leva em consideração seu *credit scoring* (sistema de pontuação de crédito) e o "grau de risco" determinado de forma matemática, alocando a pessoa dentro de um "grupo social" estatisticamente modelado" ZANATTA, R. A. F. *Perfilização, Discriminação e Direitos*: do Código de Defesa do Consumidor à Lei Geral de Proteção de Dados Pessoais. ResearchGate, 2019. Disponível em: https://www.researchgate.net/publication/331287708_Perfilizacao_Discriminacao_e_Direitos_do_Codigo_de_Defesa_do_Consumidor_a_Lei_Geral_de_Protecao_de_Dados_Pessoais. Acesso em: 08 nov. de 2021.
7. LIMA, Clarissa Costa de. *O Tratamento do superendividamento e o direito de recomeçar dos consumidores*. São Paulo: Ed. RT, 2014, p. 27.
8. A pesquisa realizada em 2018 pela Confederação Nacional de Dirigentes e Logistas (CNDL) e SPC Brasil intitulada "Inadimplência: Impactos nas Emoções", demonstrou que as pessoas inadimplentes há 90 dias tiveram vários sentimentos maléficos como ansiedade, estresse, angústia, culpa, depressão, tristeza, desânimo, vergonha, sentimentos de derrota e fracasso, falta de paciência, irritação, entre outros. Disponível em: https://www.spcbrasil.org.br/wpimprensa/wp-content/uploads/2018/10/analise_perfil_inadimplente_emocoes.pdf. Acesso em: 11 nov. 2021.

O problema do superendividamento no Brasil agravou-se com a democratização do crédito ocorrida no início dos anos 2000. Conforme bem ilustra a magistrada e professora Clarissa Costa de Lima, 29 milhões de brasileiros, entre 2003 e 2009, saíram da pobreza e ingressaram na classe C, passando a ter novos bens de consumo e ao crédito. Nunca foi tão fácil solicitar empréstimos (acesso facilitado ao crédito) e contrair dívidas.[9] Nos dizeres da Profa. Claudia Lima Marques, "consumo e crédito são duas faces de uma mesma moeda".[10]

Visando conter e amenizar este grave problema social, a Lei 14.181/2021 trouxe princípios e diretrizes fundados em dois pilares/objetivos: *prevenir* (para evitar a ocorrência do superendividamento) e *tratar* (aqueles que já se encontram superendividados).

A prevenção é o objetivo central. Assim, como toda doença (lembrando que o superendividamento é uma doença social), o que se pretende é que ela não chegue a acontecer.

Como toda doença, o tratamento muitas vezes é demorado e complexo. Exige exames, consultas, medicação e vários procedimentos. Da mesma forma, o tratamento do superendividado é complexo, não bastando simplesmente renegociar as dívidas do consumidor.

O que se pretende é o resgate da dignidade do cidadão superendividado, fazendo com que não mais entre nesta situação (de inadimplência permanente). Para isso, é necessário entender os motivos que levaram ao superendividamento, contar com apoio psicológico e de assistentes sociais, contar com economistas para elaboração de um plano de pagamento viável e que reserve uma quantia para o mínimo existencial, além, é claro, do apoio da estrutura dos órgãos públicos visando conciliar as dívidas e, caso necessário, implementar um plano compulsório.

Nesse sentido é que a Lei 14.181/2021 trouxe um arcabouço próprio visando tratar o consumidor superendividado através dos arts. 104-A ao 104-C, incluindo vários *players* como responsáveis por este desiderato: judiciário (art. 104-A) e órgãos públicos do Sistema Nacional, mais especificamente os Procons, Defensorias Públicas e Ministérios Públicos (art. 104-C).

Assim, diante da nova lei, um novo desafio se impõe: como tratar, de maneira efetiva, mais de 30 milhões de brasileiros superendividados? Nossos órgãos estão preparados para tal desafio?

2. CONFIGURAÇÃO DO TRATAMENTO DO CONSUMIDOR SUPERENDIVIDADO PELA LEI 14.181/2021

Inicialmente, o projeto elaborado pela comissão de juristas somente previa a possibilidade do tratamento judicial (art. 104-A). A justificativa pela escolha do tratamento

---

9. LIMA, Clarissa Costa de. *O Tratamento do superendividamento e o direito de recomeçar dos consumidores*. São Paulo: Ed. RT, 2014, p. 25.

10. MARQUES, Claudia Lima. Sugestões para uma lei sobre o tratamento do superendividamento de pessoas físicas em contratos de crédito ao consumo: proposições com base em pesquisa empírica de 100 casos no Rio Grande do Sul. *Revista de Direito do Consumidor*, São Paulo: Ed. RT, v. 55, p. 11-52. 2005.

judicial foi que as "as experiências de audiências no judiciário no Brasil foram mais exitosas, face ao respeito que os credores têm pela Instituição e à presença de magistrados ajudando os conciliadores, como já havia sido comprovado na comparação da experiência do TJRS com a experiência pioneira da Defensoria Pública do Estado do Rio de Janeiro".[11]

Durante a tramitação no Senado Federal, como assessor do Relator (o então senador Ricardo Ferraço), sugeri a inclusão do tratamento extrajudicial (art. 104-C) e do tratamento judicial compulsório (art. 104-B), através de emendas redigidas pelo Brasilcon.

Se o único caminho fosse o tratamento judicial, os tribunais ficariam sobrecarregados (mais do que estão!), e perderíamos a oportunidade de incluir órgãos que detêm aptidão para a defesa do consumidor, como é o caso dos Procons, Defensorias Públicas e Ministério Público.

E sem a possibilidade do tratamento compulsório (art. 104-B), bastaria o fornecedor comparecer à audiência judicial do art. 104-A e não aceitar o plano de pagamento (simplesmente para não sofrer as sanções). Ou seja, o consumidor superendividado continuaria sem a possibilidade de ser tratado. Atualmente, com o art. 104-B, ainda que o fornecedor não aceite o plano de pagamento apresentado pelo consumidor, o juiz definirá (compulsoriamente) as condições do plano.

Com a conjuntura atual da Lei 14.181/2021, abriu-se, então, para o consumidor superendividado, 3 possibilidades:

a) Tratamento judicial pré-processual, através de solicitação de audiência conciliatória (que normalmente ocorrem nos CEJUSCs), situação que não necessita de advogado.

b) Tratamento judicial processual, ajuizando uma ação de repactuação de dívidas, situação que necessita de estar representado por advogado ou defensor público (aqui, nada impede de a audiência conciliatória ser realizada também nos CEJUSCs).

c) Tratamento extrajudicial junto aos órgãos públicos do Sistema Nacional de Defesa do Consumidor (Procons, Defensoria Pública e Ministério Público).

Na hipótese do tratamento extrajudicial, aplica-se, no que couber, todas as disposições previstas para o tratamento pré e processual (art. 104-A).

3. DESAFIOS NA IMPLEMENTAÇÃO DO TRATAMENTO DO CONSUMIDOR SUPERENDIVIDADO

Os desafios na implementação do tratamento do consumidor superendividado são enormes. A finalidade da lei é o resgate da dignidade do consumidor e de sua família, reinserindo-os novamente na sociedade de consumo. Não basta somente renegociar as dívidas existentes. É preciso entender os motivos que levaram o consumidor a esta situação degradante, permitindo que, ao sair, não volte a se superendividar.

---

11. *Atualização do Código de Defesa do Consumidor*. Relatório. Anteprojetos. Publicação do Senado Federal. p. 154.

PLATAFORMA PARA O TRATAMENTO DO CONSUMIDOR SUPERENDIVIDADO **673**

O tratamento do consumidor, assim, é complexo e multidisciplinar.

Para este mister, é necessário primeiramente providenciar o acolhimento do consumidor superendividado. Antes de qualquer providência, é necessário possibilitar ao cidadão superendividado a possibilidade de atendimento psicológico (não raras vezes há relatos de consumidores que entram pela porta dos Procons chorando em razão da situação de superendividamento e dizendo que querem tirar a própria vida.)

Em segundo lugar, é necessário, em muitos casos, entender os motivos que levaram o consumidor a superendividar. É preciso compreender a realidade familiar, com análise do quantitativo de renda e dos custos de vida. Avaliar se estamos diante de um superendividado ativo e/ou passivo.[12] Para tanto, é preciso contar com auxílio de assistentes sociais que detém expertise para esta análise.

Em terceiro lugar é necessário contar com economistas para a elaboração do plano de pagamento do consumidor, de modo que ele consiga efetuar os pagamentos no decorrer do tempo (lembrando que o prazo máximo por lei é 5 anos) e ainda consiga sobreviver com dignidade (reserva do mínimo existencial).

A elaboração de um plano de pagamento, sem entender a realidade do consumidor e de sua família, não servirá para tratarmos efetivamente o superendividamento. O consumidor não conseguirá pagar as prestações ajustadas e acordadas, voltando à situação de superendividado e, portanto, excluído socialmente. É como se adotássemos o tratamento errado para a doença. Ou seja, a doença (superendividamento) persistirá, podendo até mesmo se agravar.

Por fim, é necessário que os órgãos, incluindo o poder judiciário, contem com servidores treinados para receberem o consumidor no atendimento prévio; para realizarem as intimações dos credores; analisarem a documentação referente às dívidas; para ajudarem o consumidor na elaboração do plano e do mínimo existencial; para acompanharem o pagamento do plano (verificarem se o consumidor está adimplente em relação ao acordado no plano); conciliadores e mediadores para realizarem a audiência global, além de estrutura física e operacional para o cumprimento de todas estas funções.

Considerando a necessidade de equipe multidisciplinar e estrutura suficiente para atender mais de 30 milhões de superendividados, espalhados por todos os cantos deste país, é necessário praticamente uma "nova" estrutura dos órgãos administrativos e também do judiciário para tratar, eficientemente, o superendividamento.

---

12. O superendividado ativo é aquele consumidor que se endivida voluntariamente, iludido pelas estratégias de *marketing* das empresas fornecedoras. Esta categoria se subdivide em duas: o superendividado ativo consciente e ativo inconsciente. O consciente é aquele que de má-fé contrai dívidas convicto de que não poderá pagá-las, com intenção deliberada de fraudar os credores (é o consumidor de má-fé). Por outro lado, o inconsciente é aquele que agiu impulsivamente, de maneira imprevidente e sem malícia, deixando de fiscalizar seus gastos. Acabou, por assim dizer, "gastando mais do que deveria". São consumidores de boa-fé que acreditavam que conseguiriam honrar com suas obrigações.

Já o superendividado passivo é aquele que se endivida em decorrência de fatores externos chamados de "acidentes da vida", tais como desemprego; divórcio; nascimento, doença ou morte na família; necessidade de empréstimos; redução do salário etc.

Isso sem contar a necessidade de criação de novos núcleos, principalmente dos Procons e das Defensorias Públicas, em praticamente todas as cidades (aos menos comarcas), para a realização do atendimento e tratamento do consumidor.

Em relação ao judiciário, haverá também a necessidade de mais juízes e estrutura para realização de audiências globais com os credores, com instalação de novos CEJUSCs no interior dos estados. As audiências de conciliação, dependendo da quantidade de credores, podem durar até 4 horas (ou mais!), dificultando a organização de uma agenda de audiências (realização de audiências a cada hora, como se faz normalmente).[13]

Nas cidades que não são comarcas e nem possuem Procons e Defensorias Públicas, haverá a necessidade de instalação, ao menos, de um polo de acolhimento e atendimento ao consumidor para recebimento da documentação referente às dívidas, pois, na grande maioria das vezes, o consumidor superendividado não tem condições de se deslocar até uma comarca ou cidade mais próxima para buscar auxílio do Procon ou da Defensoria Pública ou até mesmo requerer a audiência conciliatória no judiciário.

Enfim, os desafios para implantar de maneira efetiva o tratamento do consumidor superendividado são enormes e demandará do poder público uma força tarefa e criatividade para atender às necessidades de mais de 30 milhões de brasileiros.

Em quase dois anos de vigência da lei, a realidade é que destes mais de 30 milhões de superendividados, ousaria dizer que não atendemos nem 1% da população que está excluída socialmente.

Assim, é preciso pensarmos numa solução que consiga, de maneira mais efetiva, abarcar o número máximo de consumidores espalhados nas regiões mais longínquas deste país, possibilitando restaurar a dignidade para todos e não somente para aqueles que possuem acesso aos Procons, Defensorias Públicas e ao poder judiciário.

4. A UTILIZAÇÃO DE UMA PLATAFORMA PARA TRATAR O CONSUMIDOR SUPERENDIVIDADO

Estamos diante de um cenário novo para a sociedade brasileira. Nunca antes tivemos a necessidade de resolver uma situação com tamanha complexidade e gravidade e que tem causado inúmeros problemas sociais.

Conforme já explanado, o tratamento do superendividamento é complexo, exigindo equipe multidisciplinar, estrutura diferenciada, servidores capacitados etc. Realizar o atendimento individual presencial (como atualmente é feito), demanda tempo do servidor, estrutura física, espaço para audiências globais contendo vários credores, servidores responsáveis pelo envio das notificações, mediadores e conciliadores etc.

---

13. Tive a oportunidade de assistir uma audiência virtual no CEJUSC de Porto Alegre em agosto de 2022 que durou mais de 3 horas. Eram 7 credores e um consumidor idoso com mais de 80 anos sem estar assistido por advogado ou defensor público. Não houve apresentação de plano de pagamento por parte do consumidor. A iniciativa da proposta partia de cada credor. Para cada proposta apresentada, havia toda uma discussão sobre as condições, possibilidade de pagamento por parte do consumidor etc.

Fora que, diante da realidade brasileira, é praticamente impossível disponibilizar toda esta estrutura de pessoal e física, em todos os municípios brasileiros, para possibilitar que todos os cidadãos, que se encontrem na situação de superendividamento, sejam tratados.

O que tem acontecido é que, diante da falta da estrutura dos órgãos administrativos, principalmente fora das capitais, o consumidor tem buscado a solução do tratamento junto às vias judiciais (tratamento judicial pré e processual), gerando uma sobrecarga de trabalho no judiciário.

Embora o consumidor tenha a opção do tratamento no judiciário (art. 104-A), o ideal é que tenhamos uma estrutura administrativa para abarcar o tratamento (através dos órgãos do art. 104-C), deixando para o judiciário somente o tratamento compulsório, nas hipóteses em que não houver acordo na fase conciliatória.

Para isso, a implementação de uma plataforma para a realização do tratamento do consumidor superendividado é uma alternativa que propus, quando da minha participação no grupo de trabalho instituído pelo CNJ e coordenado pelo ministro do STJ Marco Buzzi.

5. VANTAGENS DA UTILIZAÇÃO DE UMA PLATAFORMA PARA O TRATAMENTO DO CONSUMIDOR SUPERENDIVIDADO

A utilização de uma plataforma traria inúmeras vantagens. Primeiramente, bastaria o consumidor ter acesso à internet, através de um aplicativo instalado no celular ou através de um site, para iniciar o tratamento do superendividamento, sem a necessidade de se dirigir presencialmente a um órgão público.

Sabe-se que muitos consumidores deixam de reclamar seus direitos e também de buscar ajuda para a situação de superendividamento, em razão da dificuldade encontrada em se fazer presente aos órgãos públicos.[14]

Muitas vezes, a ida ao órgão público representa um dia de trabalho perdido. Assim, possibilitar que o consumidor, através de um simples *app* ou site, solicite ajuda para o tratamento do superendividamento é um passo crucial para conseguirmos dar acesso, de maneira mais efetiva, aos consumidores superendividados espalhados por cada canto deste país.

Claro que a possibilidade de utilização de uma plataforma (*app* ou site) não retiraria a oportunidade de o consumidor superendividado comparecer pessoalmente a um órgão público, caso assim optasse. A disponibilização da plataforma daria acesso facilitado a qualquer consumidor e, como veremos, facilitará o trâmite dos procedimentos que o tratamento exige.[15]

---

14. Maioria dos consumidores não reclama por seus direitos. Pesquisa realizada pelo Centro de Justiça e Sociedade (CJUS) da FGV Direito Rio. Disponível em: https://direitorio.fgv.br/noticia/maioria-dos-consumidores-nao--reclama-por-seus-direitos. Acesso em: 05 abr. 2023.

15. Poder-se-ia questionar que a utilização de uma plataforma excluiria os analfabetos digitais ou os que não dispõem de acesso à internet, situação infelizmente de muitos superendividados, principalmente idosos. Para resolver este problema, bastaria os municípios disponibilizarem alguma secretaria ou local para o recebimento do con-

Em uma abordagem mais direta e objetiva, destacamos as principais vantagens da utilização da plataforma:

1) A possibilidade de a plataforma abranger o cidadão domiciliado em qualquer município do país, independentemente, de se ter um Procon, Defensoria Pública ou Ministério Público na localidade;

2) A facilidade de o consumidor enviar todos os dados das dívidas (contratos), bem como inserir os dados dos custos de vida e de sua família através do site ou do aplicativo, não precisando se deslocar presencialmente para solicitar o tratamento;

3) A possibilidade, caso o consumidor requeira ou a própria plataforma sugira, de atuação de um psicólogo ou assistente social, que poderá atender o consumidor de maneira online (pela própria plataforma);[16]-[17]

4) A possibilidade de o consumidor, de modo fácil, através do celular, enviar a denúncia de abuso na concessão do crédito (podendo enviar fotos, documentos etc.), e a plataforma notificar o fornecedor imediatamente da reclamação/denúncia (caso este fornecedor já esteja cadastrado). A participação do consumidor como "fiscal da concessão do crédito" é importante para concretizarmos a fase preventiva da lei;

5) A possibilidade de o envio das intimações e/ou notificações dos credores pela própria plataforma, com comprovação de recebimento, não necessitando do envio de cartas por AR, gerando economia de tempo e custos;

6) A possibilidade de elaboração de um plano de pagamento automatizado, a partir dos dados inseridos pelo consumidor superendividado (dívidas e renda), com parâmetros do mínimo existencial, não necessitando de um profissional de economia para a realização de cada plano;

7) A possibilidade de a plataforma mostrar, com base no *big data* disponível, gráfico que indique propostas, considerando o credor e o tipo de dívida, com maiores chances de êxito;

8) A possibilidade, embora a lei não preveja, de o credor poder enviar uma proposta de pagamento (os termos em que aceitaria uma repactuação), mesmo antes da apresentação do plano de pagamento, gerando praticidade e transparência;

---

sumidor. Não precisaria ser necessariamente o Procon ou a Defensoria Pública (até porque em várias cidades estes dois órgãos são inexistentes). Bastaria um servidor municipal para scanear os documentos, referentes às dívidas e a renda do consumidor, inserir os dados na plataforma, dando início ao tratamento. Esse consumidor, analfabeto digital e/ou sem acesso à internet, principalmente nas localidades sem órgãos públicos de defesa do consumidor, estão excluídos não somente da sociedade de consumo, mas também do tratamento que a lei disponibiliza para eles. Assim, a utilização da plataforma, com acesso através de parceria com os municípios, possibilitaria acesso a estas pessoas.

16. Na hipótese de o consumidor analfabeto digital ou sem acesso à internet, bastaria o município (nas localidades sem órgãos de defesa do consumidor) disponibilizar uma sala com acesso a câmeras para o atendimento. Algo muito fácil de se fazer atualmente, principalmente após a pandemia!

17. Fora que não seria necessário ter psicólogos ou assistentes sociais em cada cidade do país. Bastaria uma central com vários psicólogos e/ou assistentes sociais que poderiam atender os consumidores dos seus próprios consultórios (ou até de casa mesmo).

PLATAFORMA PARA O TRATAMENTO DO CONSUMIDOR SUPERENDIVIDADO | 677

9) A possibilidade de realização de audiências assíncronas (as partes não precisam estar em contato ao mesmo tempo – simultaneamente), com o envio do plano de pagamento para todos os credores, possibilitando, em determinado prazo, que cada um se manifeste pela anuência ou não e, em caso negativo, que esclareça as razões pelo não aceite do plano apresentado. Dentro deste prazo, cada credor terá tempo suficiente para avaliar os dados enviados pelo consumidor, podendo aferir, por exemplo, a veracidade das informações.

10) A realização da audiência assíncrona é eficiente porque:

   a) O consumidor e os credores não precisam se deslocar até a sede do Procon ou da Defensoria Pública para a realização da audiência;

   b) Facilita a participação dos credores que não precisam manter representantes e advogados em cada cidade do país;

   c) Possibilita um tempo para que os credores avaliem a veracidade das informações prestadas pelo consumidor;

   d) Possibilita um tempo de análise do plano de pagamento por parte dos credores;

   e) Evita o constrangimento de o consumidor estar por algumas horas sendo exposto aos credores;

   f) Gera economia porque não necessita de estrutura física para as audiências globais e nem de servidores (conciliadores e mediadores) para os atos;

   g) Em caso de aceite do credor ao plano de pagamento, é gerado automaticamente o termo de acordo, não necessitando de servidor para redigir o termo;

   h) Em caso de não aceite do credor ao plano, há possibilidade (em caso de convênio) de envio direto ao poder judiciário para o ajuizamento da ação de revisão e repactuação de dívidas (art. 104-B), com atuação de um advogado ou Defensor Público;

11) A possibilidade de registro do resumo histórico da negociação, principalmente em caso de não acordo, para subsidiar o magistrado na definição do plano de pagamento compulsório (art. 104-B), avaliando principalmente se o credor se portou com boa-fé ao tentar conciliar;

12) A possibilidade de acompanhamento do pagamento das prestações do plano acordado e/ou do plano compulsório instituído pelo magistrado.

13) A desjudicialização do tratamento do superendividamento. A plataforma sendo efetiva e com acesso facilitado, o consumidor optará pelo tratamento extrajudicial, deixando o judiciário somente para as hipóteses de não acordo (plano judicial compulsório), gerando economia de custos para a sociedade, uma vez que o processo judicial é extremamente caro.

6. CONCLUSÃO

São inúmeras as vantagens que o uso de uma plataforma pode proporcionar no tratamento do consumidor superendividado. São mais de 30 milhões de brasileiros que se encontram nesta triste realidade e que precisam da ajuda do poder público para terem restabelecida a sua dignidade.

O modelo praticado atualmente é insuficiente para conseguirmos resolver o problema do superendividamento. É preciso de uma nova realidade para combatermos, de maneira mais efetiva, este mal que tem assolado a sociedade. A vigência da lei nestes quase dois anos foi suficiente para demonstrar que os órgãos públicos e o poder judiciário não disponibilizam de estrutura e servidores para darmos acesso a todos (ou ao menos a maioria) dos brasileiros superendividados.

A utilização de uma plataforma elaborada especificamente para o superendividamento certamente dará acesso a mais consumidores e gerará facilidades de operacionalização e fluxo do tratamento, com menos servidores e com economia de custos relevantes.

Nos dizeres de Bauman, "não são as crises que mudam o mundo, e sim nossa reação a elas".[18] Estamos vivendo a maior crise do endividamento e superendividamento da história, e que vem sendo agravada fortemente pela pandemia da COVID/19.[19] Precisamos, assim, reagir a esta crise (doença) com a vacina correta. Talvez a plataforma seja uma luz nesse sentido...

REFERÊNCIAS

GARCIA, Leonardo de Medeiros. *Direito do Consumidor. Código Comentado.* Salvador: JusPodivm, 2023.

LIMA, Clarissa Costa de. *O Tratamento do superendividamento e o direito de recomeçar dos consumidores.* São Paulo: Ed. RT, 2014.

MARQUES, Claudia Lima. Sugestões para uma lei sobre o tratamento do superendividamento de pessoas físicas em contratos de crédito ao consumo: proposições com base em pesquisa empírica de 100 casos no Rio Grande do Sul. *Revista de Direito do Consumidor.* São Paulo: Ed. RT, v. 55, p. 11-52. 2005.

SENADO FEDERAL. Atualização do Código de Defesa do Consumidor. Relatório. Anteprojetos. Publicação do Senado Federal.

ZANATTA, R. A. F. *Perfilização, Discriminação e Direitos: do Código de Defesa do Consumidor à Lei Geral de Proteção de Dados Pessoais.* ResearchGate, 2019. Disponível em: https://www.researchgate.net/publication/331287708_Perfilizacao_Discriminacao_e_Direitos_do_Codigo_de_Defesa_do_Consumidor_a_Lei_Geral_de_Protecao_de_Dados_Pessoais. Acesso em: 08 nov. 2021.

---

18. Em entrevista à revista ISTOÉ, em 2010.
19. Número de inadimplentes no Brasil atinge recorde em 2022, diz CNC. Disponível em: https://www.poder360.com.br/economia/numero-de-inadimplentes-no-brasil-atinge-recorde-em-2022-diz-cnc/. Acesso em: 05 abr. 2023.

A VULNERABILIDADE DO CONSUMIDOR NO AMBIENTE DIGITAL E A QUESTÃO DO SUPERENDIVIDAMENTO: A ATUAÇÃO DO SETOR DE TELECOMUNICAÇÕES NO DESENVOLVIMENTO DE BOAS-PRÁTICAS PARA A PROTEÇÃO DO CONSUMIDOR VIRTUAL

Marcos Ferrari

Doutor em economia, pelo Instituto de Economia Industrial da UFRJ. Presidente--Executivo da Conexis Brasil Digital e da Confederação Nacional de Tecnologia de Informação e Comunicação. Foi Diretor de Infraestrutura e Governo do BNDES. Foi também secretário de Assuntos Econômicos do Ministério do Planejamento, de 2016 a 2018, e anteriormente chefe da Assessoria Econômica do Ministério do Planejamento e secretário adjunto de Política Econômica do Ministério da Fazenda. Exerceu o papel de presidente da Fundação de Amparo à Pesquisa do Espírito Santo.

Maria Eliza Mac Culloch

MBA Executivo pela FGV em Economia e Gestão: Regulação Políticas Públicas. Pós-graduada em Direito Tributário e Finanças Públicas pelo IDP. Graduada pela PUC-SP. Membro do Grupo de Trabalho do CNJ de superendividamento e suplente no Comitê de Defesa dos Usuários de Serviços de Telecomunicações (CDUST). Advogada regulatória de telecomunicações há 15 anos, atua como coordenadora de regulação e autorregulação na Conexis Brasil Digital, com ênfase na área de relações de consumo.

Carlos Eduardo Marques Silva

Mestrando em Direito Econômico e Desenvolvimento pelo IDP. . Bacharel em Direito pelo Universidade Federal de Goiás – FD/UFG. Autor de artigos e capítulos jurídicos. Possui certificação em Proteção de Dados Pessoais pela Fundação Getúlio Vargas – FGV/RJ. Advogado atuante na seara do Direito Regulatório na Conexis Brasil Digital.

Sumário: 1. Introdução – 2. A vulnerabilidade comportamental do consumidor no ambiente digital – 3. Perfilização, assédio de consumo e a questão do superendividamento – 4. Setor de telecomunicações – proteção de dados pessoais e defesa do consumidor – 5. Conclusão – Referências.

1. INTRODUÇÃO

O consumidor teve sua vulnerabilidade agravada na pós-modernidade com a evolução significativa da indústria tecnológica e o avanço das práticas que envolvem a coleta e o manejo de seus dados pessoais como estratégia de mercado. Atualmente, muito se discute a respeito dos fatores que levam o consumidor à situação de superendividamento, uma das razões para isso pode ser o assédio comercial, que é uma prática que incentiva o consumo e é realizada de várias maneiras, incluindo o ambiente digital.

As grandes empresas, a partir da coleta dos dados pessoais dos consumidores, conseguem criar perfis de consumo e realizar uma propaganda mais assertiva, com o direcionamento de produtos e serviços a pessoas que, em algum momento pesquisaram nos sítios eletrônicos ou redes sociais, ou até mesmo pela criação de perfis de consumo em mercados locais, no qual o agente do estabelecimento observa quais são as preferências dos consumidores e criam ofertas nesses moldes.

No Brasil, dentre as diversas leis que resguardam o direito do consumidor, destaca-se duas importantes normas a respeito das questões apresentadas, incialmente a Lei Geral de Proteção de Dados Pessoais que veda a coleta e manejo indiscriminado de dados pessoas e a Lei do Superendividamento que proíbe a realização do assédio de consumo.

No entanto, apenas a previsão normativa não é suficiente para o enfrentamento da questão, é necessária uma atuação conjunta entre o poder público e os entes privados para a realização de programas sobre o consumo consciente do mesmo modo como são realizadas as campanhas publicitárias, com o objetivo de mitigar a exposição do consumidor aos riscos acima delineados.

Desse modo, o presente estudo tem por objetivo apresentar as formas mais efetivas para a proteção do consumidor no ambiente digital e as vias utilizadas para mitigar as chances de superendividamento, apresentando, em especial, a atuação do setor de telecomunicações nessa busca.

Portanto, o estudo foi realizado utilizando-se o método dedutivo, a partir de uma pesquisa bibliográfica em leis, códigos de boas-práticas e normativos setoriais, artigos científicos e experiências comerciais documentadas.

Assim, o artigo foi organizado em três capítulos, sendo que no primeiro deles pretende-se apresentar um panorama geral a respeito da vulnerabilidade do consumidor no ambiente digital, fazendo uma breve digressão para a compreensão do princípio da vulnerabilidade, fundamento da proteção ao consumidor, que vem primeiramente delineada na Constituição Federal. Além disso, pretende-se demonstrar que atualmente, vivemos em uma sociedade de consumo que expõe as pessoas a diferentes tipos de violação, sendo que sua vulnerabilidade se torna agravada com as novas técnicas e ferramentas existentes de vieses comportamentais, como é o caso do *neuromarketing*, que acaba por mitigar, ou mesmo anular a autonomia da vontade do consumidor, tornando-o hipervulnerável.

No segundo capítulo, pretende-se demonstrar como a questão da exploração de dados pessoais dos consumidores no mercado de consumo tem servido de substrato para as grandes empresas conseguirem garantir a efetividade de suas vendas. Isto é, a partir de um instrumento denominado perfilização, que só é possível devido à exploração de dados de acesso dos consumidores no ambiente digital que são gerados desde sua presença em redes sociais até o histórico de buscas de sítios eletrônicos. Assim, as grandes marcas, ao obterem esses dados, podem, por meio de técnicas avançadas de análise, elaborar perfis de consumo, muitas vezes auxiliados pela inteligência artificial, direcionando o consumo ao perfil do consumidor, garantindo, portanto, maior efetividade da venda.

Nessa dinâmica, buscou-se relacionar a perfilização com o assédio de consumo, ao passo que, a partir dela o consumidor começa a receber exaustivamente ofertas de produtos e serviços que são, em tese, do seu interesse, o que acarreta, geralmente, no hiperconsumo, que tem como consequência o superendividamento.

No terceiro e último capítulo, buscou-se apresentar a atuação do setor de telecomunicações, na parte que lhe compete, para mitigar a exploração indevida dos dados pessoais dos usuários dos serviços de telecomunicações que por meio do Sistema de Autorregulação das Telecomunicações (SART),[1] possui normativos que objetivam o aperfeiçoamento para a realização de ofertas, telemarketing, atendimento e cobrança, além do Código de Boas Práticas de Proteção de Dados para o Setor de Telecomunicações.[2]

2. A VULNERABILIDADE COMPORTAMENTAL DO CONSUMIDOR NO AMBIENTE DIGITAL

A defesa do consumidor encontra fundamento na Constituição Federal, que no inciso XXXII, do art. 5º, prevê como papel do Estado, na forma da lei, o dever de promovê-la, possuindo, portanto, o status de direito fundamental. Desse modo, com fundamento neste inciso, surge o Código de Defesa do Consumidor, datado de 1990 e que funciona como um normativo principiológico bastante robusto.

Nesse compasso, o Código de Defesa do Consumidor consolidou um sistema protetivo que encontra o seu ápice no estabelecimento da Política Nacional das Relações de Consumo. Essa, por sua vez, encontra fundamento no art. 4º do estatuto consumerista, e "tem por objetivo o atendimento das necessidades dos consumidores, o respeito à sua dignidade, saúde e segurança, a proteção de seus interesses econômicos, a melhoria da sua qualidade de vida, bem como a transparência e harmonia das relações de consumo". Ademais, o inciso I do referido art. 4º do CDC, assegura, entre outras buscas, o "reconhecimento da vulnerabilidade do consumidor no mercado de consumo".

Observa-se, portanto, que a proteção e defesa dos clientes surge da observação de sua vulnerabilidade no mercado de consumo. Os compradores são considerados essencialmente vulneráveis em relação aos fornecedores e prestadores de serviços, e há várias maneiras de se olhar para essa vulnerabilidade, desde questões comportamentais sobre a incitação ao consumismo, até a ausência de conhecimento técnico para compreender sobre os ricos de aceitar a utilização de cookies em sites da web.

Por se tratar de um conceito jurídico indeterminado, a palavra "vulnerabilidade" possui diversas conceituações, sendo que a mais aceita atualmente no âmbito da lite-

---

1. Disponível em: https://conexis.org.br/autorregulacao/sart/institucional/sobre-o-sart/.
2. Disponível em: https://conexis.org.br/autorregulacao/protecao-de-dados/.

ratura jurídica especializada é aquela que vai caracterizá-la como uma fraqueza, ou inferioridade de uma parte em relação à outra. Nesse viés, Fernando Azevedo e Cauê Andrezza[3] asseveram que a vulnerabilidade é uma característica que o ordenamento jurídico brasileiro presume em relação a todos os consumidores no âmbito do mercado de consumo, não havendo distinções, sendo que a sua proteção jurídica de forma incisiva tem por objetivo igualá-los, por serem faticamente desiguais.

Entrementes, pode-se dizer que a compreensão da vulnerabilidade do consumidor pode servir de guia orientativo para a melhor interpretação das normas consumeristas, isto é, servirá como um guia em busca da igualdade e da justiça equitativa. Assim, o reconhecimento da vulnerabilidade e a tutela do consumidor a partir disso tem como consequência a busca por uma equalização da relação dos envolvidos na relação de consumo.[4]

A vulnerabilidade possui alguns atributos de análise que importam muito à literatura jurídica especializada, desse modo, os autores Azevedo e Andrezza[5] sintetizam os quatro tipos mais aceitos pela literatura, sendo eles a vulnerabilidade técnica, jurídica, fática e informacional, portanto:

> A vulnerabilidade técnica se manifesta pela ausência de conhecimentos específicos do consumidor sobre o produto ou serviço contratado, o que possibilita que seja enganado quanto às características ou utilidades daquilo que pretende consumir. A vulnerabilidade jurídica (ou científica) se manifesta pela ausência de conhecimentos jurídicos e/ou econômicos em relação à contratação de determinado produto ou serviço, gerando um dever ainda maior para o fornecedor de prestar informações precisas, o que pode ser percebido em contratos bancários que possuem várias e complexas cláusulas, por exemplo. A vulnerabilidade fática (ou socioeconômica) se manifesta pelo enfoque do fornecedor que, muitas vezes, exerce um monopólio ou oligopólio fático ou jurídico sobre produto/serviço fornecido de forma que todos os consumidores estão sujeitos àquelas determinadas condições impostas previamente para a contratação. A vulnerabilidade informacional se manifesta pela ausência de conhecimento das informações relativas aos produtos e serviços por parte do consumidor. A vulnerabilidade informacional se aproxima da técnica, porém, se manifesta também pelo excesso de informações (sobretudo com o advento da internet) que podem ser prestadas de forma equivocada, manipulada ou até mesmo desnecessária, ou seja, a vulnerabilidade informacional está relacionada com a carência de informação e com a má informação.

No entanto, em que pese as características apontadas acima sejam vastamente exploradas pela literatura, estudos contemporâneos remetem para outros modelos,

---

3. AZEVEDO, Fernando Costa de; ANDREAZZA, Cauê Molina. A vulnerabilidade comportamental do consumidor. *Revista de Direito do Consumidor*. São Paulo: Ed. RT, v. 138. ano 30. p. 109-130. nov./dez. 2021. Acesso via Plataforma: Revista dos Tribunais Online, em 05 abr. 2023.
4. MIRAGEM, B. *Direito do Consumidor*: fundamentos do direito do consumidor; direito material e processual do consumidor; proteção administrativa do consumidor; direito penal do consumidor. São Paulo: Ed. RT, 2012. Apud CARVALHO, Diógenes Faria. *Consumo e (Super)endividamento*: vulnerabilidade e escolhas intertemporais. 2015. Tese de Doutorado. Doutorado em Psicologia. Goiânia, 2015. p. 90.
5. AZEVEDO, Fernando Costa de; ANDREAZZA, Cauê Molina. A vulnerabilidade comportamental do consumidor. *Revista de Direito do Consumidor*. São Paulo: Ed. RT, v. 138. ano 30. p. 109-130. nov./dez. 2021. Acesso via Plataforma: Revista dos Tribunais Online, em 05 abr. 2023.

como é o caso do autor Paulo Valério Dal Pai Moraes,[6] que aponta para a existência de uma vulnerabilidade neuropsicológica do consumidor. Isso significa dizer que os consumidores são influenciados emocionalmente a optarem pelo consumo através de estímulos, seja por aromas, sons, cores e até mesmo frases.

No ambiente digital a vulnerabilidade do consumidor agrava-se. Isto é, diante das inúmeras ferramentas desenvolvidas na pós-modernidade, a sociedade de consumo especializou-se, de modo que existem técnicas dos mais variados modelos capazes de incitar o ato de consumir. Nesse compasso, questiona-se inclusive a efetividade da autonomia da vontade, ao passo que o consumidor deixa de fazer escolhas racionais para proceder de forma induzida ou influenciada no consumo de determinado produto ou serviço, devido ao super estímulo promovido pelo fornecedor.

A vulnerabilidade neuropsicológica foi amplamente debatida pelos autores Daniel Glória e Sumaia Matos[7] quando da investigação de características da economia comportamental e a influência que algumas técnicas publicitárias exercem sobre a decisão de compra do consumidor. Do mencionado estudo pode-se concluir que o *neromarketing* prejudica a racionalidade do consumidor incitando-o ao consumo inconsequente, ou melhor dizendo, ao consumismo. Nessa perspectiva, o consumidor tem prejudicada a sua autonomia da vontade, tornando-se hipervulnerável e passível de escolhas ruins, o que pode, inclusive, acarretar situações de superendividamento, na medida em que o consumidor renuncia a uma escolha racional para tomar uma decisão emocional e influenciada e acaba por consumir desenfreadamente.

Nesse contexto de influências e controle é possível identificar a vulnerabilidade do consumidor com relação ao tratamento de dados pessoais. Isso pode ser visto pela dificuldade que ele tem de controlar o fluxo de seus dados e informações pessoais que são coletadas no âmbito do mercado cotidianamente, além das dificuldades que ele encontra para se proteger com relação à essa coleta indiscriminada e ao processamento de dados que acarreta diversas consequências, inclusive à discriminação no mercado de consumo.[8]

Muito se discute a respeito das novas práticas de marketing direcionado, posto que a personalização da oferta pode sim servir como um instrumento benéfico ao consumidor, no entanto, quando isso é feito de forma indiscriminada e sem o seu consentimento, surgem diversos riscos a ele. Assim, na maioria dos casos a pessoa para ingressar em determinada página eletrônica necessita, obrigatoriamente, aceitar os *cookies*, que com

---

6. MORAES, Paulo Valério Dal Pai. *Código de Defesa do Consumidor*: o princípio da vulnerabilidade no contrato, na publicidade, nas demais práticas comerciais. 3. ed. Porto Alegre: Livraria do Advogado, 2009.
7. GLÓRIA, Daniel Firmato de Almeida; MATOS, Sumaia Tavares de Alvarenga. Apontamentos sobre a racionalidade limitada das decisões do consumidor com base na economia comportamental e neurociência aplicada ao direito. *Revista de Direito do Consumidor*. São Paulo: Ed. RT, v. 143. ano 31. p. 189-212. set./out. 2022. Acesso via plataforma: Revista dos Tribunais Online, em 11 abr. 2023.
8. MENDES, Laura Schertel. A vulnerabilidade do consumidor quanto ao tratamento de dados pessoais. *Revista de Direito do Consumidor*. São Paulo: Ed. RT, v. 102. p. 19-43. nov./dez. 2015. Acesso via Plataforma: Revista dos Tribunais Online, em 12 abr. 2023.

base do guia orientativo da ANPD,[9] dentre outras finalidades, viabilizam o funcionamento de páginas eletrônicas e a prestação de serviços na internet, incluindo a medição do desempenho de uma página e a apresentação de anúncios personalizados, concordando com as condições estipuladas, além de se sujeitar a algum tipo de rastreamento das atividades que realiza na internet.

A fragilidade do consumidor diante de todos esses processos modernos levou a literatura a chamar o consumidor na atual sociedade de consumo de "consumidor de vidro", denotando a sua extrema fragilidade decorrente da exposição que ele possui no mercado de consumo, o que ocorre pela ação dos inúmeros agentes de mercado que armazenam suas informações em seus bancos de dados,[10] com o fim específico de utilizá-los para incitar o consumo.

Tanto é assim que a literatura elenca três hipóteses de extrema vulnerabilidade do consumidor no que se refere ao processamento dos dados pessoais, sendo eles: (i) o consentimento aparente; (ii) a ausência de transparência no tratamento e (iii) o risco de discriminação.

Portanto, quanto à questão do consentimento aparente do consumidor, Laura Mendes aponta que é o caso em que o consumidor adere a cláusulas genéricas que não necessariamente esclarecem, ou permitem ao consumidor ter uma compreensão específica a respeito da coleta, tratamento e processamento de seus dados. Ademais, a autora aponta que em um cenário ideal, baseando-se em modelos de outros países como no direito espanhol e alemão, deveria haver a possibilidade de revogação do consentimento para o tratamento de dados, inclusive sem a necessidade da apresentação de uma justificativa. Nesse sentido, a Lei Geral de Proteção de Dados, seguindo o modelo de outros países, previu em seu artigo 8º, § 5º, a possibilidade da revogação do consentimento a qualquer momento mediante manifestação expressa do titular, por procedimento gratuito e facilitado.

Entrementes, a autora elenca alguns pressupostos[11] para que o consentimento seja válido, sendo eles:

i) que o titular de dados que emita o consentimento o faça por sua livre vontade;

ii) que o consentimento seja voltado a uma finalidade específica e

iii) que o titular seja informado acerca do objetivo da coleta, do processamento e do uso dos dados, assim como das consequências de não consentir com o tratamento.

Nesse viés, pode-se dizer que há uma obrigação por parte dos agentes de mercado, no âmbito do direito pátrio, de agirem de acordo com a boa-fé objetiva, qual seja, a boa-fé de comportamento, e não estenderem a sua atuação no processamento de dados para

---

9. Disponível em: https://www.gov.br/anpd/pt-br/documentos-e-publicacoes/guia-orientativo-cookies-e-pro-tecao-de-dados-pessoais.pdf. Acesso em: 11 maio 2023.

10. LACE, Susane. *The Glass Consumer*: life in a surveillance Society. Bristol: Policy Press, 2005. Apud. MENDES, Laura Schertel. Op. cit. p. 25.

11. MENDES, Laura Schertel. Op. cit. p. 27.

além daquilo que se propôs inicialmente e informou ao consumidor para obtenção de seu consentimento.[12]

Lado outro, a falta de transparência do tratamento de dados também pode ser vista como um obstáculo para a efetividade da proteção do consumidor e que deixa estanque a sua vulnerabilidade. Isto é, a obscuridade no tratamento de dados pode acabar por colocar o consumidor à margem do mercado de consumo, excluindo-o. Isso ocorre atualmente no sistema de *credit scoring*, em que são beneficiados aqueles consumidores considerados "bons" e prejudicados aqueles considerados "ruins", sendo que a esses últimos serão oferecidas linhas de crédito com juros mais elevados, ou nenhuma linha de crédito, entre outras abusividades levadas à cabo pelas empresas que se valem dessa dinâmica,[13] portanto, Mendes[14] propõe como solução à essa questão:

> Desse modo, condição para a legitimidade do scoring é que ele se baseie em um critério matemático-estatístico reconhecido e passível de comprovação, conforme se extrai da Lei Federal de proteção de dados alemã (BDSG, § 28 b, 1). Ademais, é fundamental que o titular tenha acesso não apenas ao próprio "valor" ou "nota" que lhe foi atribuído, como também possa reconhecer a lógica do scoring, quais os dados envolvidos e quais os fatores que interferem de forma negativa ou positiva nesse valor.

A autora[15] prossegue afirmando que:

> Percebe-se, portanto, que a transparência, a correção e a objetividade são características essenciais para assegurar a legitimidade do sistema de avaliação dos consumidores. Por consequência, compreende-se que caso o consumidor tenha restringido o seu acesso a determinados bens e produtos no mercado de consumo em razão desse sistema de avaliação, é fundamental que os critérios desse sistema sejam transparentes e públicos. Ademais, a sua utilização deve estar prevista por norma específica e o consumidor deve ter sido previamente informado sobre a sua realização, os critérios e os seus defeitos. Do contrário, ele violará os princípios da proteção de dados pessoais e será, portanto, ilegítimo.

Portanto, a questão da transparência é fundamental para o tratamento dos dados pessoais de maneira legal e em harmonia com os princípios protetivos.

Ao final, cumpre esclarecer a respeito dos riscos de discriminação que também acaba por agravar a vulnerabilidade do consumidor conforme mencionado em linhas pretéritas, ao passo que fere não somente o estatuto de proteção de dados, como também o princípio da igualdade e isonomia, preceitos constitucionais. Portanto, com arrimo tanto na questão da transparência quanto da boa-fé objetiva que deve ser observada pelos agentes de tratamento, a autodeterminação informativa do usuário é imprescindível.

Desse modo, conforme demonstrado, se o ambiente, a música, as cores e afins são capazes de influenciar na escolha do consumidor, as novas técnicas da sociedade de consumo, via de regra apoiadas pela Inteligência Artificial e alimentadas pelos dados pessoais dos consumidores sinalizam para um aumento desenfreado de consumo, isto

---

12. Idem. p. 27.
13. Idem. p. 28.
14. Idem. p. 28.
15. Idem. p. 30.

é, o novo mercado digital veio como um instrumento dessa sociedade, valendo-se das mais variadas estratégias de assédio de consumo, relacionadas ao consumo emocional, mitigando, mais uma vez, mas dessa de forma bem mais efetiva, a autonomia da vontade do consumidor, conforme será demonstrado no capítulo a seguir.

3. PERFILIZAÇÃO, ASSÉDIO DE CONSUMO E A QUESTÃO DO SUPERENDIVIDAMENTO

O novo mercado digital move-se pelos dados pessoais. Isto é, a economia existente nesse nicho de mercado é denominada de "economia de dados", já que os algoritmos e a Inteligência Artificial são principalmente alimentados com os dados dos consumidores, que servem como combustível à máquina de incitação ao consumo.

Nesse contexto, os agentes de mercado utilizam-se cada vez mais da coleta e do processamento de dados pessoais dos usuários de plataformas digitais. Dessa forma, uma técnica bastante usual na contemporaneidade é a criação de um perfil de consumo, técnica denominada de *profiling,* que nada mais é do que uma perfilização, isto é, cria-se virtualmente uma identidade para o usuário, geralmente consumidor, de modo que esse perfil consegue identificar o comportamento, os hábitos, as preferências, as expectativas, as necessidades, dentre inúmeros outros padrões que são inferidos a partir da navegação do usuário na rede.

De modo mais específico, a literatura[16] explica que:

> De modo geral, pode-se conceituar perfilização como um conjunto de tecnologias e processos que são destinados a criar, descobrir ou construir conhecimento por meio de correlações matemáticas em grandes bases de dados. Conforma-se na aglutinação de diferentes aparatos tecnológicos (*harwares*), como sensores, RFID-*tags,* biometrias e computadores e celulares, com diferentes técnicas de data analytics (*software*), como IA, data *mining*, data *aggregation e machine learning*. É essa simbiose entre *hardware* e *software* que torna possível a criação e a aplicação de perfis.

Entrementes, a legislação brasileira não previu um conceito jurídico para o instituto, de modo que, para melhor compreensão do que se trata, socorre-se ao RGPD, portanto:[17]

> O RGPD preocupa-se com a questão conceitual da definição de perfis e da tomada de decisões automatizadas com base neles de modo expresso. O seu artigo 4(4), que trata sobre as definições aplicáveis, conceitua a prática de profiling como "qualquer forma de tratamento automatizado de dados pessoais que consista em utilizar esses dados pessoais para avaliar certos aspectos pessoais de uma pessoa singular", exemplificando seus objetivos e suas utilizações principais, que versam sobre "analisar ou prever aspectos relacionados ao seu desempenho profissional, a sua situação econômica, saúde, preferências pessoais, interesses, fiabilidade, comportamento, localização ou deslocações".

---

16. MARTINS, Guilherme Magalhães; MUCELIN, Guilherme. Inteligência artificial, perfis e controle de fluxos informacionais: a falta de participação dos titulares, a opacidade dos sistemas decisórios automatizados e o regime de responsabilização. *Revista de Direito do Consumidor*. São Paulo: Ed. RT, v. 146. ano 32. p. 93-127. mar./abr. 2023. Disponível em: http://revistadostribunais.com.br/maf/app/document?stid=st-rql&marg=D-TR-2023-3305. Acesso em: 14 abr. 2023.

17. Idem. p. 8.

É nesse contexto que se percebe, portanto, que a economia de produção flexível demanda um quantitativo exuberante de dados que são cotidianamente coletados dos consumidores, principalmente relacionados aos hábitos de pesquisa e preferência para a formação do que convencionou-se chamar de perfil de consumo. Ademais, essa dinâmica existe para que sejam produzidos produtos e serviços customizados, o que logicamente exige um *marketing* customizado que somente pode ser alcançado a partir da vigilância do consumidor, sendo que, a essa lógica dá-se o nome de imperativo da vigilância.[18]

A coleta indiscriminada de dados pessoais acaba por macular a autodeterminação informativa do consumidor, ao passo que esse se torna incapaz de compreender quais são os seus dados que estão em circulação no mercado. Outrossim, essa dificuldade enfrentada pelo consumidor acaba por reduzir ainda mais a sua autonomia, posto que ele será influenciado por vieses personalizados para o consumo, sem, contudo, entender que os seus dados foram coletados para aquela finalidade, havendo uma espécie de vício de consentimento.

Em que pese a personalização do consumo possa ser elogiada por parte da literatura, especialmente por aqueles que acabam por realizar a análise pautada na maximização dos lucros da empresa, existem riscos à perfilização que nem sempre são discutidos. Um desses riscos é a questão da discriminação do consumidor no mercado de consumo. Isto é, a partir do momento em que são coletados e tratados, os dados pessoais passam a formar um banco de dados complexo, que contém as mais variadas informações a respeito deles. Nesse compasso, pode ser que seja negado ao indivíduo acesso a bens e serviços, de modo que ele passa a ter as suas chances de vida diminuídas.[19]

Outro grande risco da perfilização diz respeito a assertividade das técnicas de assédio de consumo, que pode ter como consequência o superendividamento do consumidor. Nessa lógica, a publicidade direcionada, apesar de ser benéfica em muitos casos, pode apresentar riscos ao consumidor na medida em que ele não está apto a fazer escolhas racionais. No âmbito da literatura, Bruno Bioni[20] explica sobre esse tipo de publicidade da seguinte forma:

> a publicidade direcionada é uma prática que procura personalizar, ainda que parcialmente, tal comunicação social, correlacionando-a um determinado fator que incrementa a possibilidade de êxito da indução ao consumo. Essa prática subdivide-se em publicidade (direcionada) contextual, segmentada e comportamental – espécies do gênero publicidade direcionada.

Nesse contexto,[21] as estratégias publicitárias foram repensadas, isto é, a nova metodologia de mercado passou a basear-se em dados, de modo que:

---

18. SCHWENKE, Mattias. *Individualisierung und Detenschutz*. Wiesbaden: Deutscher Universitats-Verlag 2006. p. 42. Apud. MENDES, Laura Schertel. A vulnerabilidade do consumidor quanto ao tratamento de dados pessoais. *Revista de Direito do Consumidor*. São Paulo: Ed. RT, v. 102. p. 24. nov./dez. 2015. Acesso via Plataforma: Revista dos Tribunais online, em 12 abr. 2023.

19. MENDES, Laura Schertel. Op. cit., p. 24.

20. BIONI, Bruno Ricardo. *Proteção de dados pessoais a função e os limites do consentimento*. 2. ed. Rio de Janeiro: Forense, 2021, p. 15.

21. Idem. p. 17.

(...) a ciência mercadológica percebeu que a Internet poderia proporcionar uma abordagem publicitária mais efetiva. Por meio de diversas ferramentas tecnológicas, dentre as quais se destacam os cookies, tornou-se possível rastrear a navegação do usuário e, por conseguinte, inferir seus interesses para correlacioná-los aos anúncios publicitários.

Por meio do registro da navegação dos usuários cria-se um rico retrato das suas preferências, personalizando-se o anúncio publicitário. A abordagem publicitária passa a ser atrelada com precisão ao perfil do potencial consumidor. Sabe-se o que ele está lendo, quais os tipos de websites acessados, enfim, tudo aquilo em que a pessoa está efetivamente interessada e, em última análise, o que ela está mais suscetível a consumir com base nesse perfil comportamental.

Portanto, resta claro que essa personalização e direcionamento somente são possíveis a partir da excessiva coleta de dados pessoais no âmbito digital, conforme foi demonstrado alhures, a partir da criação de um perfil de consumo.

Nesse contexto, o consumidor, como sujeito frágil, tem sua situação agravada pelo que a literatura jurídica chama de vulnerabilidade algorítmica, que acomete a todos os usuários de dispositivos eletrônicos e digitais na contemporaneidade. A respeito dessa questão:[22]

A vulnerabilidade algorítmica decorre da captação, tratamento e difusão indevidos dos dados pessoais do consumidor, às vezes por intermédio de dispositivos dotados de inteligência artificial, em franca violação aos direitos da personalidade, como a privacidade e intimidade, por exemplo. Também, essa nova espécie de vulnerabilidade decorre da insuficiência tecno-normativa do Direito para a adequada tutela da hiperconfiança do consumidor nesse admirável e igualmente perigoso, mundo virtual, desestabilizando o senso de realidade e de perigo aos riscos a que está exposto. Em outras palavras, a insuficiência normativa, o abstencionismo estatal e o protagonismo das grandes plataformas virtuais criam as condições ideais para a concretização dos danos no ciberespaço.

Atestam ainda os autores que:[23]

A modulação algorítmica tem por objetivo influenciar comportamentos com a manipulação da mídia, incita a singularidade dos indivíduos por meio do Big Data. É fato que a modulação algorítmica é superior à manipulação midiática por ter como base a mediação de algoritmos, a inteligência artificial (Machine Learning), sendo subsidiada por gigantescas bases de dados (Big data) com o objetivo de influenciar a retenção da atenção e as decisões de compra predefinidas por profissionais de marketing e desenvolvedores de softwares.

Conforme foi demonstrado, a Inteligência Artificial, por meio dos algoritmos que são programados para tanto, realiza uma interface entre o consumidor e o consumo, facilitando, portanto, o processo de compra. Entrementes, a partir dessa interface, que só é possível graças aos métodos oriundos da vigilância do consumidor, este começa a ser influenciado, senão incitado, a um consumo emocional. Isto é, é levado a renunciar a sua racionalidade, sendo mitigada sua autonomia da vontade, e acaba realizando a

---

22. VERBICARO, Dennis. VIEIRA, Janaína. A nova dimensão da proteção do consumidor digital diante do acesso a dados pessoais no ciberespaço. Apud. OHANA, Gabriela. et al. Inteligência artificial e consumo identitário: contraposições entre empoderamento e acentuação da vulnerabilidade do consumidor. *Direitos da vulnerabilidade na era do capitalismo de vigilância*. Brasília, DF: Editora Venturoli, 2022, p. 168-169.

23. Idem.

compra de itens supérfluos, que em outras circunstâncias faria um melhor juízo de valor e ponderaria sobre a compra ou não, levando em consideração o orçamento e sua real capacidade de pagar por aquele produto ou serviço. Potencializando, portanto, o risco do superendividamento.

Nessa perspectiva, a literatura jurídica especializada no tema[24] irá definir a questão do Superendividamento da seguinte forma:

> O Superendividamento pode ser definido como a impossibilidade global do devedor-pessoa física, consumidor, leigo e de boa-fé, de pagar todas as suas dívidas atuais e futuras de consumo (excluídas as dívidas com o Fisco, oriundas de delitos e de alimentos) em um tempo razoável com sua capacidade atual de rendas e patrimônio.

De modo mais detalhado:[25]

> Essa minha definição destaca que o superendividamento é um estado da pessoa física leiga (o não profissional ou o não empresário, que pode falir), um devedor de crédito que contraiu de boa-fé, mas que agora se encontra em uma situação de impossibilidade (subjetiva) global (universal e não passageira) de pagar todas as suas dívidas atuais (já exigíveis) e futuras (que vão vencer) de consumo com a sua renda e patrimônio (ativo) por um tempo razoável (a indicar que teria que fazer um esforço por longos anos, quase uma escravidão ou hipoteca do futuro, para poder pagar suas dívidas). Neste mesmo sentido, vale lembrar que a referia lei francesa (*Cade de la Consommation*, no art. L 330-1) define a situação de superendividamento de pessoas físicas-consumidores como caracterizada "pela impossibilidade manifesta do devedor de boa-fé fazer face ao conjunto de suas dívidas não profissionais, exigíveis e vincendas.

Portanto, pode-se dizer que a situação de superendividamento do consumidor, em linhas gerais, pode ser considerada como aquela em que o consumidor, pessoa física, se encontra impossibilitado de pagar as suas dívidas, sem comprometer a sua sobrevivência.[26]

Portanto, verificada a relação entre a vulnerabilidade algorítmica e o assédio de consumo, resta evidenciada também a correlação delas com a questão do superendividamento do consumidor. Nessa perspectiva, deve haver medidas aptas a coibir ou mitigar que esse tipo de prática ocorra sem o consentimento do consumidor. Nesse mister, é patente a necessidade de consagrar o princípio da transparência no processo de coleta, tratamento e manejo dos dados pessoais dos consumidores, para que ele possa consentir com tais práticas.

Conforme será delineado a seguir, iniciativas do setor privado, no âmbito da elaboração e implementação de processos de governança de dados e segurança da informação podem ser eficazes para evitar a concretização dos problemas apresentados.

---

24. MARQUES, Claudia Lima. Algumas perguntas e respostas sobre prevenção e tratamento do superendividamento dos consumidores pessoas físicas. *Revista de Direito do Consumidor*, São Paulo, Ed. RT, v. 75, p. 13, jul./set. 2010. Acesso via plataforma: Revista dos Tribunais Online em 20 abr. 2023.

25. Idem. p. 13.

26. SCHMIDT NETO, André P. Superendividamento do consumidor: conceito, pressupostos e classificação. *Revista de Direito do Consumidor*. São Paulo: Ed. RT, v. 71. p. 09-33. jul./set. 2009. Acesso via plataforma: Revista dos Tribunais Online em 19 abr. 2023.

4. SETOR DE TELECOMUNICAÇÕES – PROTEÇÃO DE DADOS PESSOAIS E DEFESA DO CONSUMIDOR

Recentemente o Brasil consagrou, via Emenda Constitucional 115/2022, o Direito à Proteção de Dados Pessoais como um direito fundamental. Portanto, é basilar a compreensão de que existe todo um arcabouço protetivo que tem avançado na contemporaneidade. Entrementes, diversas são as tentativas de regular os instrumentos de coleta, desde as plataformas digitais até a própria Inteligência Artificial, o que demonstra a preocupação real da coletividade com relação as novas questões trazidas com a sociedade de consumo.

Diante disso, verifica-se no cenário fático uma maior preocupação por parte da sociedade para que haja uma tutela efetiva com relação aos dados pessoais. Não obstante o avanço normativo, com a consagração via emenda constitucional de um novo direito fundamental, a proteção de dados tem encontrado cada vez mais espaço no âmbito do mercado como um diferencial competitivo entre as grandes empresas.

Desse modo, a criação de uma cultura de proteção de dados sólida pode aumentar a credibilidade da empresa, conforme salienta a literatura:[27]

> O conceito de Privacy by Design em sua origem, está atrelado ao trabalho de Ann Cavoukian, então comissária de província de Ontário, no Canadá, na década de 1990, que formulou sete princípios. Entre eles está a eliminação da aparente contrariedade entre a privacidade e os interesses do agente de tratamento, em uma lógica win-win. Ou seja, aumentando-se os controles e se ampliando a privacidade e, consequentemente, eliminando-se os riscos, os agentes de tratamento são capazes de extrair benefícios do incremento da maior proteção. Na época, muito se duvidou dessa lógica, mas hoje se constata o crescente comportamento das empresas quanto à minoração de riscos de modo a, consequentemente, conferirem maior entrega de valor ao mercado, em notório diferencial competitivo.

Nessa perspectiva, portanto, o investimento na segurança dos dados dos usuários, geralmente consumidores, pode ser visto como uma vantagem para a empresa. Portanto, o investimento em boas-práticas de governança de dados é imprescindível nesse novo mercado. Desse modo:[28]

> A busca por padrões mais eficazes de governança está ligada à competitividade. Um bom sistema de governança é fator de harmonização de interesses e, ao contribuir para os resultados corporativos menos voláteis, aumenta a confiança dos investidores e facilita operações de fusões e aquisições de empresas, cada vez mais comuns em um mundo globalizado.

Não somente por isso, mas ainda pela possibilidade de as empresas melhor estruturarem seus processos que envolvem dados, a adequação à LGPD pode sinalizar uma otimização dos resultados pretendidos, portanto:[29]

---

27. MALDONADO, Viviane Nóbrega. Contextualização da proteção de dados no Brasil e no mundo e elementos essenciais da LGPD. p. 11-32. *Manual do DPO (Data Protection Officer)*. São Paulo: Ed. RT, 2021.
28. GADELHA, Gisela Pimenta. Boas práticas e governança corporativa. p. 179-207. *Manual do DPO (Data Protection Officer)*. São Paulo: Ed. RT, 2021.
29. Idem. p. 176.

Tendo em vista a complexidade da LGDP, a princípio pode parecer que ela só traz vantagens aos titulares de dados pessoais, o que não é verdade. A LGPD provocou a necessidade de revisão, pelos controladores, dos processos que envolvem coleta, processamento de dados pessoais de clientes e colaboradores. Assim, os dados poderão ser utilizados de forma estratégica, com maior segurança da informação e uma política de privacidade mais robusta e, portanto, com menos risco de vazamento de dados. Além de todos os benefícios citados ao longo do texto, a LGPD demonstra comprometimento com a ética e com a transparência e prestação de constas, o que certamente agregará maior valor à marca da empresa, seu principal patrimônio intangível.

A proteção do consumidor no ambiente digital perpassa inicialmente por uma tutela efetiva quanto aos seus dados pessoais. Portanto, o reforço protetivo levado a cabo tanto pelo poder público quanto pelos agentes de marcado é imprescindível para que se garanta a efetividade dessa proteção.

Nessa perspectiva, portanto, antes da publicação e entrada em vigor da LGPD o setor de telecomunicações já possuía um regramento para o aumento da eficiência na gestão de dados e diminuição dos riscos operacionais, com a instituição de Política de Governança de Dados da Agência Nacional de Telecomunicações.[30]

Com a publicação da LGPD em 2018, o Setor de Telecomunicações se organizou para a criação de uma área específica só para o tratamento de dados e, após a estruturação interna, em atenção ao disposto na Seção II, artigos 50 a 51 da LGPD, foi iniciado um árduo trabalho para a elaboração do Código de Boas Práticas de Proteção de Dados para o Setor de Telecomunicações.

Dessa forma, as associadas da Conexis Brasil Digital,[31] principais empresas de telecomunicações do Brasil, se uniram para a elaboração do código de boas práticas, vez que detêm grande parte da base de dados da população brasileira e um total de 340 milhões de acessos, entre telefonia celular, banda larga, telefonia fixa e TV por assinatura.[32]

O código foi lançado em meados do ano de 2022 e é dividido em duas partes, sendo a primeira parte destinada a explorar o marco normativo que permeia o encontro entre a proteção de dados e a regulação setorial, bem como analisa a atuação regulatória e os mecanismos de autorregulação, que marcam o setor. Ademais, são tratados os principais conceitos da LGPD, o âmbito de aplicação do Código e os principais conceitos da lei aplicados ao setor.

Já a segunda parte estabelece protocolos operacionais, que visam orientar de forma concreta a aplicação da LGPD no setor de telecomunicações, como por exemplo protocolos para: armazenamento de dados pessoais, compartilhamento de dados, transferência internacional de dados, garantia do direito dos titulares, avaliação de legítimo interesse, dentre outros.

---

30. Portaria 1.502, de 22 de dezembro de 2014. Disponível em: https://informacoes.anatel.gov.br/legislacao/portarias-normativas/2014/1318-portaria-1502. Acesso em: 10 maio 2023.
31. A Conexis Brasil Digital é o Sindicato Patronal das grandes empresas do setor de telecomunicações.
32. Disponível em: https://conexis.org.br/numeros/estatisticas/.

Desse modo, recentemente as empresas de telecomunicações, por meio da Conexis atestaram que:

O papel central do tratamento de dados pessoais no âmbito dos serviços de telecomunicações evidencia a importância da aplicação da LGPD, de modo a proteger os dados dos consumidores adequadamente e consolidar a confiança da sociedade na infraestrutura de comunicação e nos serviços executados pelas prestadoras. Nesse sentido, o provimento de serviços seguros, confiáveis e que atendam às expectativas dos usuários é, para além de uma obrigação legal, uma atuação estratégica, rumo a um serviço competitivo, inovador e fundado no respeito aos direitos do cidadão.[33]

Em consonância com o Código de Boas Práticas de Proteção de Dados, o Setor também possui o Sistema de Autorregulação das Telecomunicações, denominado SART, que é um conjunto de princípios, regras, estruturas organizacionais, instrumentos, mecanismos de deliberação e procedimentos de autodisciplina que visam permitir uma regulação efetiva e eficiente do setor de telecomunicações no âmbito da Conexis.

Após a criação do SART, foram desenvolvidos cinco normativos. São eles: (i) Código de Autorregulação das Telecomunicações, que estrutura o Sistema de Autorregulação das Telecomunicações no Brasil; (ii) Normativo de Telemarketing, que estabelece um código de conduta para ações de telemarketing ativo desenvolvidas pelas Prestadoras Signatárias do SART e por seus agentes credenciados; (iii) Normativo de Atendimento, que disciplina o tratamento das demandas de Atendimento relacionadas a serviços e produtos comercializados pelas Prestadoras Signatárias do SART e por seus agentes credenciados; (iv) Normativo de Ofertas, que disciplina como serão tratadas as Ofertas que envolvam serviços e produtos comercializados pelas Prestadoras Signatárias do SART e por seus agentes credenciados, e (v) Normativo de Cobrança, que disciplina como será feita a Cobrança dos serviços e produtos comercializados pelas Prestadoras Signatárias do SART e por seus agentes credenciados.

O objetivo do setor com o estabelecimento do SART e seus normativos é a melhoria contínua no relacionamento com o consumidor, com regras claras e transparentes, aumentando a confiança e a segurança dos usuários, além da melhoria no índice de satisfação dos consumidores, já constatada nos últimos anos. Assim, todas essas iniciativas somadas ao Código de Defesa do Consumidor, com a incorporação da Lei do Superendividamento, possuem o foco primordial de fornecer um serviço de qualidade, com clareza em suas ofertas, zelando pelo consumidor.

5. CONCLUSÃO

O consumidor, tido como vulnerável no âmbito das relações de consumo, possui um agravamento dessa vulnerabilidade no âmbito do mercado digital, principalmente quanto ao tratamento de seus dados pessoais. Isso porque, além de carecer de informações técnicas suficientes para compreender o processo de coleta, armazenamento, tratamento

---

33. Disponível em: https://conexis.org.br/wp-content/uploads/2022/08/LGPDBoasPraticasDesktop.pdf, p. 12. Acesso em: 08 maio 2023.

e utilização desses dados, é o alvo de toda uma indústria baseada no assédio de consumo, que busca cotidianamente garantir o sucesso na venda de seus bens e serviços.

Desse modo, é imperioso, e isso tem sido feito, que haja uma tutela e uma preocupação por parte do poder público em conjunto com os organismos privados, para mitigar os efeitos dessas práticas comerciais e cada vez mais empoderar o consumidor com informações que permitam a ele autodeterminar-se a ponto de escolher se concorda ou não com o tratamento de seus dados, e todas as consequências advindas disso.

Em que pese a existência de um arcabouço protetivo ao consumidor no âmbito do mercado de consumo, este encontra-se em situação de vulnerabilidade agravada dado aos novos enlaces desse novo mercado. A mudança de paradigma do consumo, na contemporaneidade pautada no imperativo da vigilância, tem o colocado em uma posição de consumidor de vidro, conforme atesta a literatura jurídica especializada. Isso ocorre porque novos tipos de vulnerabilidade surgiram no contexto da digitalização da sociedade e principalmente da nova economia cujo modelo se baseia em dados. Portanto, tanto a vulnerabilidade algorítmica, ligada à inteligência artificial e às decisões tomadas por máquinas, quanto a vulnerabilidade quanto ao tratamento de dados pessoais se tornaram uma preocupação contemporânea.

No contexto do superendividamento do consumidor, fica claro que os artifícios alhures comentados são certeiros em aumentar as chances de sua ocorrência. Isto é, diante dos artifícios do novo mercado digital e da economia baseada em dados, alguns instrumentos como a perfilização facilitam o processo de assédio de consumo do consumidor, garantindo, no mais das vezes, o hiperconsumo, haja vista que os agentes de mercado passam a possuir o poder de influenciar diretamente o comportamento de consumo desse consumidor.

No entanto, muito tem sido feito tanto pelo Estado quanto pela iniciativa privada para mitigar os efeitos dessas vulnerabilidades. O Brasil possui atualmente legislações robustas a respeito da proteção de dados e ainda uma lei específica que regulamenta a questão do superendividamento do consumidor, prevendo a coibição e o controle de práticas de mercado abusivas, como o assédio de consumo.

Entrementes, não apenas em sede legislativa, mas no âmbito coorporativo, especialmente no Setor de Telecomunicações, existem diversas iniciativas que visam justamente conferir maior protetividade ao consumidor. Portanto, desde a criação de normativos voltados à melhorar a experiência do usuário dos serviços e produtos, como ocorre no SART (Sistema de Autorregulação das Telecomunicações), que conta hoje com diversos normativos voltados a regulamentar a questão da oferta, cobrança, telemarketing, entre outros.

Outrossim, a Conexis Brasil Digital, entidade que representa as grandes prestadoras de telefonia, cuidou de se adequar às novas dinâmicas digitais estabelecendo um código de boas-práticas sobre dados pessoais, um código robusto que normatiza questões extremamente sensíveis e importantes para o sucesso da proteção de dados dos usuários dos serviços de telecomunicações.

Desse modo, fica claro que a atuação conjunta da iniciativa privada nessa lógica responsiva e autorregulatória é essencial para a persecução das garantias e direitos dos consumidores, ainda mais no âmbito do novo mercado instaurado mundialmente, cujo controle seja da inteligência artificial, seja da própria internet e dos mercados digitais como um todo se torna cada dia mais uma utopia, haja vista a complexidade e a incompreensão existente a respeito dos limites que esses organismos possuem.

Assim, conclui-se que toda essa dinâmica sedimentada no presente estudo, que evidencia uma necessidade de tutela dos dados pessoais dos consumidores e a sua proteção especial no âmbito digital, são imprescindíveis para o tratamento da questão do superendividamento do consumidor de modo preventivo. Isso porque, atuando nas frentes de controle da propaganda abusiva e mitigando as situações de assédio de consumo, é possível permitir ao consumidor um consumo consciente de bens e serviços, o que acaba por permitir-lhe tomar decisões racionais, afastando as situações de vulnerabilidade comportamentais apresentadas.

Diante do cenário acima apresentado, verifica-se ser patente a necessidade do estabelecimento de processos e protocolos empresariais, principalmente de boas-práticas de governança corporativa com vistas ao resguarde e à tutela dos dados pessoais dos consumidores, usuários de serviços ou produtos. Entrementes, é urgente a propagação desses ideais no âmbito do mercado para que haja uma comunidade que valorize tais práticas a ponto de, de fato, ser um diferencial competitivo a internalização desses valores.

REFERÊNCIAS

AZEVEDO, Fernando Costa de; ANDREAZZA, Cauê Molina. A vulnerabilidade comportamental do consumidor. *Revista de Direito do Consumidor*. São Paulo: Ed. RT, v. 138. ano 30. p. 109-130. nov./dez. 2021. Acesso via Plataforma: Revista dos Tribunais Online, em 05 abr. 2023.

BIONI, Bruno Ricardo. *Proteção de dados pessoais a função e os limites do consentimento*. 2. ed. Rio de Janeiro: Forense, 2021.

CARVALHO, Diógenes Faria. *Consumo e (Super)endividamento*: vulnerabilidade e escolhas intertemporais. 2015. Tese de Doutorado. Doutorado em Psicologia. Goiânia, 2015.

GADELHA, Gisela Pimenta. Boas práticas e governança corporativa. p. 179-207. *Manual do DPO (Data Protection Officer)*. São Paulo: Ed. RT, 2021.

GLÓRIA, Daniel Firmato de Almeida; MATOS, Sumaia Tavares de Alvarenga. Apontamentos sobre a racionalidade limitada das decisões do consumidor com base na economia comportamental e neurociência aplicada ao direito. *Revista de Direito do Consumidor*. São Paulo: Ed. RT, v. 143. ano 31. p. 189-212. set./out. 2022. Acesso via plataforma: Revista dos Tribunais Online, em 11 abr. 2023.

LACE, Susane. *The Glass Consumer*: life in a surveillance Society. Bristol: Policy Press, 2005.

MALDONADO, Viviane Nóbrega. Contextualização da proteção de dados no Brasil e no mundo e elementos essenciais da LGPD. p. 11-32. *Manual do DPO (Data Protection Officer)*. São Paulo: Ed. RT, 2021.

MARQUES, Claudia Lima. Algumas perguntas e respostas sobre prevenção e tratamento do superendividamento dos consumidores pessoas físicas. *Revista de Direito do Consumidor*, São Paulo, Ed. RT, v. 75, p. 13, jul./set. 2010. Acesso via plataforma: Revista dos Tribunais Online em 20 abr. 2023.

MARTINS, Guilherme Magalhães; MUCELIN, Guilherme. Inteligência artificial, perfis e controle de fluxos informacionais: a falta de participação dos titulares, a opacidade dos sistemas decisórios automatizados e o regime de responsabilização. *Revista de Direito do Consumidor*. São Paulo: Ed. RT, v. 146. ano 32. p. 93-127. mar./abr. 2023. Disponível em: http://revistadostribunais.com.br/maf/app/document?stid=st-rql&marg=DTR-2023-3305. Acesso em: 14 abr. 2023.

MENDES, Laura Schertel. A vulnerabilidade do consumidor quanto ao tratamento de dados pessoais. *Revista de Direito do Consumidor*. São Paulo: Ed. RT, v. 102. p. 19-43. nov./dez. 2015. Acesso via Plataforma: Revista dos Tribunais Online, em 12 abr. 2023.

MIRAGEM, B. *Direito do Consumidor*: fundamentos do direito do consumidor; direito material e processual do consumidor; proteção administrativa do consumidor; direito penal do consumidor. São Paulo: Ed. RT, 2012.

MORAES, Paulo Valério Dal Pai. *Código de Defesa do Consumidor*: o princípio da vulnerabilidade no contrato, na publicidade, nas demais práticas comerciais. 3. ed. Porto Alegre: Livraria do Advogado, 2009.

SCHMIDT NETO, André P. Superendividamento do consumidor: conceito, pressupostos e classificação. *Revista de Direito do Consumidor*. São Paulo: Ed. RT, v. 71. p. 09-33. jul./set. 2009. Acesso via plataforma: Revista dos Tribunais Online em 19 abr. 2023.

SCHWENKE, Mattias. *Individualisierung und Detenschutz*. Wiesbaden: Deutscher Universitats-Verlag 2006.

VERBICARO, Dennis. VIEIRA, Janaína. A nova dimensão da proteção do consumidor digital diante do acesso a dados pessoais no ciberespaço. Apud. OHANA, Gabriela. et al. Inteligência artificial e consumo identitário: contraposições entre empoderamento e acentuação da vulnerabilidade do consumidor. *Direitos da vulnerabilidade na era do capitalismo de vigilância*. Brasília, DF: Editora Venturoli, 2022.

ANOTAÇÕES